# 中国版权年鉴

CHINA COPYRIGHT YEARBOOK

2022

中国版权年鉴编委会 编

中国人民大学出版社
·北京·

2021 年 3 月 29 日，中宣部副部长张建春在京主持召开推进使用正版软件工作部际联席会议第十次全体会议，研究部署推进使用正版软件工作。（国家版权局供图）

2021 年 6 月 1 日至 2 日，国家版权局在京举办 2021 中国网络版权保护与发展大会，会上部署打击网络侵权盗版“剑网 2021”专项行动重点任务并发布“2020 年度全国打击侵权盗版十大案件”。中宣部副部长张建春出席大会并致辞。（国家版权局供图）

2021 年 10 月 16 日至 18 日，第八届中国国际版权博览会在杭州举行，中宣部副部长张建春出席开幕式并致辞。（国家版权局供图）

2021 年 10 月 16 日至 17 日，2021 国际版权论坛在杭州举办，世界知识产权组织总干事邓鸿森视频致辞。（国家版权局供图）

2021 年 3 月 29 日，中宣部副部长张建春在京主持召开推进使用正版软件工作部际联席会议第十次全体会议，研究部署推进使用正版软件工作。（国家版权局供图）

2021 年 6 月 1 日至 2 日，国家版权局在京举办 2021 中国网络版权保护与发展大会，会上部署打击网络侵权盗版“剑网 2021”专项行动重点任务并发布“2020 年度全国打击侵权盗版十大案件”。中宣部副部长张建春出席大会并致辞。（国家版权局供图）

2021 年 10 月 16 日至 18 日，第八届中国国际版权博览会在杭州举行，中宣部副部长张建春出席开幕式并致辞。（国家版权局供图）

2021 年 10 月 16 日至 17 日，2021 国际版权论坛在杭州举办，世界知识产权组织总干事邓鸿森视频致辞。（国家版权局供图）

2021 年 10 月 16 日，江西省景德镇市获“全国版权示范城市”授牌，成为第 13 个全国版权示范城市。中宣部副部长张建春（左）向景德镇市市长胡雪梅（右）授牌。（江西省版权局供图）

2021 年 10 月 16 日，中宣部副部长张建春（左）向江苏省苏州市吴江区委副书记钱斌（右）颁发“世界知识产权组织版权保护优秀案例示范点（吴江丝绸产业）”牌匾。（江苏省版权局供图）

2021 年 10 月 16 日至 17 日，2021 国际版权论坛在杭州举办，中宣部副部长张建春出席论坛并致辞。（国家版权局供图）

2021 年 10 月 16 日，在第八届中国国际版权博览会开幕式上，国家版权局和世界知识产权组织颁发了 2020 中国版权金奖，包括作品奖、推广运用奖、保护奖和管理奖四个奖项。图为中宣部副部长张建春（中）颁发作品奖。（浙江省版权局供图）

2021 年 11 月 5 日，第四届虹桥国际经济论坛与第四届中国国际进口博览会在上海同期举行，中宣部副部长张建春出席知识产权保护与营商环境优化分论坛并致辞。（国家版权局供图）

2021 年 4 月 25 日，国务院新闻办公室举行贯彻落实“十四五”规划纲要，加快建设知识产权强国新闻发布会。国家知识产权局局长申长雨（左二）、副局长何志敏（右二），中宣部版权管理局局长于慈珂（右一）出席发布会并答记者问。（国家版权局供图）

2021 年 2 月 26 日，最高人民法院在京召开新闻发布会，介绍最高人民法院知识产权法庭成立两周年工作情况，并发布《最高人民法院知识产权法庭年度报告（2020）》。（最高人民法院供图）

2021 年 4 月 8 日，在 2021 马栏山版权保护与创新论坛开幕式上，长沙市正式启动“全国版权示范城市”创建工作。（长沙市版权局供图）

2021 年 4 月 15 日，国家版权局在京组织召开《著作权集体管理条例》修订座谈会。（摄影：底建琴）

2021 年 4 月 21 日，中国音像著作权集体管理协会在浙江省嘉兴市举办“全面构建浙江省卡拉 OK 领域版权市场秩序”集体签约仪式。（中国音像著作权集体管理协会供图）

2021 年 4 月 23 日，河南省版权局为 12 家单位颁发“河南省版权示范单位”牌匾。（河南省版权局供图）

2021 年 4 月 26 日，由北京市委宣传部（北京市版权局）、世界知识产权组织中国办事处、北京市文学艺术界联合会联合主办的“落实《著作权法》、保护文化传承暨《视听表演北京条约》生效周年庆”活动在颐和园举行。（北京市版权局供图）

2021 年 4 月 26 日，天津市版权局组织“公仆走进直播间”电台直播活动，宣传版权保护，解读政策，现场热线答疑。（天津市版权局供图）

2021 年 4 月 28 日，陕西省新闻出版（版权）工作会议在西安召开。（摄影：张亮）

2021 年 5 月 17 日，由中宣部版权管理局、电影局指导，中国电影著作权协会主办的“短视频版权集体管理研讨会”在京举办。（摄影：底建琴）

2021 年 5 月 21 日，宁夏回族自治区软件正版化工作培训班在石嘴山市开班。（宁夏版权局供图）

2021 年 5 月 26 日至 28 日，由国家版权局主办、中国新闻出版传媒集团承办的 2021 年版权热点问题专题培训班在京举办。（摄影：隋明照）

2021 年 6 月 16 日至 18 日，国家版权局在福建省龙岩市举办 2021 年第一期版权执法监管工作培训班。（国家版权局供图）

2021 年 6 月 21 日至 26 日，国家版权局在贵阳举办 2021 软件正版化工作培训班，并向全国版权示范单位（软件正版化）授牌。（国家版权局供图）

2021 年 7 月 7 日至 9 日，由国家版权局和世界知识产权组织联合举办的 2021 版权产业国际风险防控培训班在厦门举行。（国家版权局供图）

2021 年 7 月 8 日，国家版权局和世界知识产权组织到福建省泉州市德化县调研版权保护工作。（福建省版权局供图）

2021 年 7 月 20 日至 22 日，国家版权局在江西省井冈山市举办 2021 年第二期版权执法监管工作培训班。（国家版权局供图）

2021 年 9 月 2 日，云南省推进使用正版软件工作联席会议全体会议在昆明召开。（摄影：刘畅）

2021 年 9 月 3 日，在国产软件应用高峰论坛暨国产软件雏鹰计划发布会上，北京市版权局、首都版权协会表彰了 10 家“2020 年度北京地区使用正版软件先进企业”和 6 家“2020 年度北京地区正版软件销售和服务优秀企业”。（北京市版权局供图）

2021 年 9 月 18 日，海南省政府机关使用正版软件工作培训会议在海口召开。（海南省版权局供图）

2021 年 9 月 24 日至 25 日，2021 成都数字版权交易博览会在中国西部国际博览城举办。本届数博会以“版权新价值 数字新生态”为主题，聚焦数字版权的发展趋势。（成都市版权局供图）

2021 年 9 月 30 日，泰国驻华大使到访中国版权保护中心，就《边城》一书版权输泰事宜举行会谈，达成合作。（中国版权保护中心供图）

2021 年 10 月 16 日至 18 日，第八届中国国际版权博览会期间，国家版权局举办著作权法实施 30 周年成就展。（国家版权局供图）

2021 年 10 月 21 日，2021 重庆数字版权产品开发者大会成功举行，大会主题为“聚焦数字版权 助力行业升级”。（重庆市版权局供图）

2021 年 11 月 18 日，第十二届中国国际影视动漫版权保护和贸易博览会在广东省东莞市开幕。（漫博会组委会供图）

2021 年 11 月 25 日，由安徽省版权交易中心暨安徽文化产权交易所开发的版权登记服务平台“安徽版权在线”开通运营。（摄影：刘玉才）

2021 年 12 月 20 日，2021 年中国版权年会主论坛“远集坊未来高峰论坛”在京举办。（中国版权协会供图）

# 中国版权年鉴

## 2022

（总第十四卷）

中国版权年鉴编委会　编

中国人民大学出版社
· 北京 ·

**图书在版编目（CIP）数据**

中国版权年鉴. 2022 / 中国版权年鉴编委会编. --
北京：中国人民大学出版社，2023.3
ISBN 978-7-300-31448-8

Ⅰ. ①中… Ⅱ. ①中… Ⅲ. ①版权-中国-2022-年
鉴 Ⅳ. ①D923.41-54

中国国家版本馆 CIP 数据核字（2023）第 028629 号

**中国版权年鉴 2022**
（总第十四卷）
中国版权年鉴编委会　编
Zhongguo Banquan Nianjian 2022

**出版发行**　中国人民大学出版社
**社　　址**　北京中关村大街 31 号　　**邮政编码**　100080
**电　　话**　010－62511242（总编室）　010－62511770（质管部）
010－82501766（邮购部）　010－62514148（门市部）
010－62515195（发行公司）　010－62515275（盗版举报）
**网　　址**　http：//www.crup.com.cn
**经　　销**　新华书店
**印　　刷**　涿州市星河印刷有限公司
**开　　本**　890 mm×1240 mm　1/16　　**版　　次**　2023 年 3 月第 1 版
**印　　张**　28.25 插页 47　　**印　　次**　2023 年 3 月第 1 次印刷
**字　　数**　930 000　　**定　　价**　350.00 元
**广告经营许可证**　京海工商广字第 0086 号

# 《中国版权年鉴 2022》编纂委员会

陈　诚　新疆维吾尔自治区党委宣传部副部长
武勇超　陕西省委宣传部副部长
周　青　四川省委宣传部副部长、省新闻出版局（版权局）局长
周亚平　中国音像著作权集体管理协会副理事长兼代理总干事
赵秀玲　中央宣传部版权管理局副局长、一级巡视员
查结联　安徽省委宣传部一级巡视员
钟　华　山东省委宣传部一级巡视员
敖　然　中国音像与数字出版协会常务副理事长兼秘书长
徐　炯　上海市委宣传部副部长、市新闻出版局（版权局）局长
卿立新　湖南省委宣传部常务副部长、省新闻出版局（版权局）局长
栾国栋　吉林省委宣传部副部长、省新闻出版局（版权局）局长
崔朝阳　广东省委宣传部常务副部长、省电影局局长
梁　勇　江苏省委宣传部常务副部长、省新闻出版局（版权局）局长
蒋建民　海南省委宣传部副部长
虞汉胤　浙江省委宣传部副部长
谭福森　河南省委宣传部副部长、省新闻出版局（版权局）局长
黎隆武　江西省委宣传部副部长、省新闻出版局（版权局）局长

# 《中国版权年鉴2022》特约编辑

（以姓氏笔画为序）

王　成　云南省委宣传部版权管理处副处长
王大树　广东省委宣传部版权和印刷管理处处长
王丹若　中国文字著作权协会总干事助理、办公室主任
王亚军　宁夏回族自治区党委宣传部版权管理处处长
王金根　海南省委宣传部出版印刷发行处（版权处）三级调研员
卢　莹　最高人民法院知识产权审判庭正处级法官助理
史文霞　中国电影著作权协会副秘书长
付成久　青海省委宣传部政策法规研究室（版权管理处）副主任、副处长
朱严政　中国音乐著作权协会副总干事
刘先基　内蒙古自治区党委宣传部版权管理处处长
闫富东　湖北省委宣传部版权管理处处长
许　炜　中央宣传部版权管理局社会服务处处长、二级巡视员
严庆荣　浙江省委宣传部版权处处长
杜中伟　河北省委宣传部版权管理处二级调研员
李　青　山东省委宣传部版权管理处副处长
李文卫　天津市委宣传部版权管理处副处长
杨学斌　甘肃省委宣传部版权管理处副处长
吴进科　重庆市委宣传部版权管理处处长

# 《中国版权年鉴 2022》编辑部

**主　　编：** 王志成
**副 主 编：** 汤兆志　白连永　于　波
**编辑部主任：** 李方丽
**策划编辑：** 王宏霞
**责任编辑：** 刘　阳　张　月
**执行编辑：** 姜　倩　刘艳花　肖　力
**装帧设计：** 迟海玉

# 编纂说明

一、《中国版权年鉴》由国家版权局组织编纂，中国人民大学国家版权贸易基地与中国人民大学出版社编辑出版，是我国唯一全面系统反映全国版权创造、运用、保护、管理和服务基本概貌的大型专业性工具书。本年鉴于2009年创刊，逐年编纂，连续出版，每年一卷，2022年卷为第十四卷。

二、本卷年鉴主要汇辑2021年全国版权保护与版权产业发展的综合概况、动态信息、文献资料、统计数据和港澳台版权信息。

三、本卷年鉴采用分类编辑法。根据2021年我国版权创造、运用、保护、管理和服务的基本情况与主要特点，采用类目、分目和条目三个层次的结构，以文章、条目、条文和图表的形式表述。全书共设12个类目，分列21个分目或次分目。

四、本卷年鉴在延续前十三卷编纂总体框架下，为实现年鉴的整体性和在有限篇幅里反映高度密集有效信息，对年鉴内容进行了必要的补充及调整，使之方便读者查阅。

1. 特载：刊登中共中央、国务院《知识产权强国建设纲要（2021—2035年）》，国务院《“十四五”国家知识产权保护和运用规划》和国家版权局《版权工作“十四五”规划》。

2. 专文：刊载国家版权局文件《加强版权保护 促进创新发展》，中央宣传部副部长张建春文章《守正创新推进版权强国建设》、主旨讲话《全面加强版权保护 推动构建新发展格局》以及在2021国际版权论坛、第四届虹桥国际经济论坛“知识产权保护与营商环境优化”分论坛上的致辞。

3. 版权工作概览：全面记录2021年我国各级版权行政管理部门、版权司法审判机构及版权管理与社会服务组织开展的版权工作概况。

4. 版权要闻：刊载由国家版权局公布的2021年中国版权十件大事，翔实记载2021年全国版权相关立法、司法、行政管理、宣传教育、交流研讨、社会管理与服务、国际交流与合作、产业发展等方面的动态信息及港澳台版权信息。

5. 年度报告：刊载《2020年中国版权产业的经济贡献》和《2021年中国网络版权保护报告》。

6. 典型案件：刊登2021年全国著作权司法保护典型案件、2021年度全国打击侵权盗版十大案件和2021年地方著作权司法保护典型案件。

7. 法律法规及规章文件：汇辑国际条约《关于为盲人、视力障碍者或其他印刷品阅读障碍者获得已出版作品提供便利的马拉喀什条约》，《最高人民法院关于审理知识产权民事案件适用惩罚性赔偿的解释》《最高人民法院关于知识产权侵权诉讼中被告以原告滥用权利为由请求赔偿合理开支问题的批复》等司法解释，以及《国家版权局、文化和旅游部关于规范卡拉OK领域版权市场秩序的通知》《国家版权局关于做好2021年全国知识产权宣传周版权宣传活动的通知》《国家版权局关于2021年全国著作权登记情况的通报》等工作文件。

8. 年度表彰：刊登2021年度全国版权示范单位、示范单位（软件正版化）和示范园区（基地）以及 2021 年（第十三届）全国大学生版权征文获奖名单。

9. 理论研究：集中展示 2021 年全国版权领域的理论研究成果。对 2021 年中国著作权法理论研究现状进行了梳理和回顾；刊登 2021 年度著作权热点问题研究十佳论文导览及 2021 年度著作权学术论文摘要；对 2021 年出版的版权相关图书进行了简要介绍。

10. 统计资料：收集 2021 年全国作品登记情况统计表、2021 年全国版权合同登记情况统计、2021 年全国版权执法情况统计、2021 年全国引进出版物版权汇总表、2021 年全国输出出版物版权汇总表。

11. 名录：刊登版权主管部门、版权公共服务机构、版权协会、著作权集体管理组织、版权代理公司及国家级版权交易机构最新的通信联络信息。

12. 索引：采用内容分析和主题词检索的方式，按汉语拼音字母顺序编制本卷内容的主题索引。

五、本卷年鉴中所载内容除特别说明外，均按时间先后顺序排列；涉及各省（自治区、直辖市）的内容，均以全国行政区划为序。因组稿条件有限，本卷年鉴未包含香港、澳门特别行政区和台湾省的版权工作概况及相关统计数据。

六、本卷年鉴配备双重检索系统：书前刊有详细目录，书后备有内容索引。

七、本卷年鉴在组稿和编辑过程中，得到了中央宣传部版权管理局、中国人民大学知识产权学院、地方版权局版权管理处及其他版权相关单位的大力支持和帮助，在此一并谨致谢意。

八、因为编辑部人员的水平和能力所限，本卷年鉴中定存有疏漏与错误之处，诚请版权界同人和广大读者给予批评、指正。

# 目　　录

## 特　　载

知识产权强国建设纲要（2021—2035 年） 3
“十四五”国家知识产权保护和运用规划 7
版权工作“十四五”规划　国家版权局 18

## 专　　文

加强版权保护　促进创新发展　国家版权局 27
守正创新推进版权强国建设　张建春 30
全面加强版权保护 推动构建新发展格局　张建春 35
在 2021 国际版权论坛上的致辞　张建春 38
在第四届虹桥国际经济论坛“知识产权保护与营商环境优化”分论坛上的致辞　张建春 40

## 版权工作概览

**2021 年全国版权工作** 45
2021 年全国版权行政管理工作　中央宣传部版权管理局 45
2021 年全国版权司法保护工作　最高人民法院知识产权审判庭 48
2021 年版权工作大事记　中央宣传部版权管理局 50

**2021 年地方版权工作** 52
北京市　李盼盼 52
天津市　单震宇 53
河北省　杜中伟 55
山西省　郝子谋 57
内蒙古自治区　马　达 59
辽宁省　侯庆凯 60
吉林省　李冰锐 62
黑龙江省　张凯涵 63
上海市　戴　怡 64

江苏省 震耀东 66
浙江省 严庆荣 68
安徽省 胡 子 71
福建省 郑开辟 72
江西省 何宏勇 74
山东省 蒋金坤 75
河南省 张卜元 76
湖北省 张 威 78
湖南省 张荣涛 80
广东省 沈 欣 81
广西壮族自治区 陈 妤 83
海南省 王金根 84
重庆市 吴进科 86
四川省 李晓曦 88
贵州省 徐 梅 89
云南省 王 成 90
西藏自治区 德 吉 92
陕西省 张 亮 93
甘肃省 杨学斌 96
青海省 付成久 97
宁夏回族自治区 郝 辉 98
新疆维吾尔自治区 张新革 100

**2021 年版权公共服务机构与社会服务组织工作** 101
中国版权保护中心 常 夷 101
中国版权协会 曾 晋 102
中国音乐著作权协会 张 群 107
中国音像著作权集体管理协会 简 巍 110
中国文字著作权协会 王丹若 112
中国摄影著作权协会 林 涛 116
中国电影著作权协会 史文霞 117

## 版权要闻

**十大事件** 123
2021 年中国版权十件大事 123

**动态百条** 125
**立 法** 125
最高人民法院出台知识产权惩罚性赔偿司法解释 125
最高法：知产侵权案可向滥用权利的原告索赔 125
反垄断法修正草案首次提请全国人大常委会会议审议 125
全国人大常委会会议表决通过关于批准《马拉喀什条约》的决定 125
《山西省知识产权保护工作条例》2021 年 7 月起施行 126

《辽宁省知识产权保护条例》2021 年 10 月正式实施 126
北京知识产权保护条例提请审议 126
《北京市知识产权保护条例（草案）》进行二审 127
《上海市浦东新区建立高水平知识产权保护制度若干规定》2021 年 12 月起施行 127
《海南自由贸易港知识产权保护条例》发布 127

**司 法** 127
最高法：不能将源程序比对作为确定软件相同或实质相似的唯一标准 127
最高法 2020 年知识产权案件判赔金额同比增长 79.3% 128
最高人民法院通报 2020 年知识产权保护情况 128
2020 年检察机关共起诉侵犯知识产权犯罪 12 163 人，同比上升 10.4% 129
最高人民法院发布第 28 批指导性案例 129
全国检察机关 2021 年上半年起诉侵犯知识产权犯罪 6 017 人 129
电视剧《红高粱》被诉侵权案一审判决不构成剽窃或抄袭 130
《三生三世十里桃花》著作权纠纷案百度被判赔百万 130
浙江出台意见全面加强知识产权司法保护 130
“非诚勿扰”著作权案再审判决华谊兄弟胜诉 131
“大嘴猴”著作权案二审维持原判 131
8 省市试点知识产权检察办公室 131
KTV 擅自提供百余部歌曲被判侵权 132
浙江在 14 个检察院设立知识产权检察办公室 132
国航公司因航班擅自提供歌曲被判侵权 132
《杜鹃山》案二审判决原被告共同享有版权 133
北京市检察院召开新闻发布会通报 2020 年度知识产权保护工作情况 133
首例短视频模板侵权案判决二被告赔偿 6 万元 133
2020 年北京互联网法院受理著作权案件约 2.9 万件 134
迅雷擅自提供《三生三世十里桃花》下载链接被判赔 70 万余元 134
上海检察院发布《2020 年上海知识产权检察白皮书》 135
广西：著作权案件收案数位居首位 135
《哪吒之魔童降世》侵权案一审驳回原告全部诉讼请求 135
北京互联网法院高效化解社交媒体平台著作权纠纷 135
重庆市第一中级人民法院裁定禁止擅自播放《斗罗大陆》 136
电竞赛事直播著作权侵权第一案判决虎牙获赔 100 万元 136
重庆知识产权法庭正式成立 137
《明朝那些事儿》二审判决被告赔偿 9.7 万余元 137
“小猪佩奇”信息网络传播权纠纷案二审判决被告赔偿 7.8 万元 137
《西虹市首富》被诉侵权案二审判决不侵权 137
斗鱼因冯提莫等主播未经授权演唱《小跳蛙》被判赔 2.9 万元 138
北京知识产权法院通报著作权合同纠纷案件审理情况 138
国内首个涉外知识产权争议商事调解规则正式实施 139
苹果公司因侵害《人民的名义》等作品信息网络传播权被判赔 1 200 余万元 139
杂技作品《俏花旦——集体空竹》诉《俏花旦》侵权胜诉 139
娃哈哈侵权使用美术作品被判赔 8 800 元 140
深圳检察机关发布知识产权刑事法律保护工作白皮书 140

浙江省高院在全省推广“版权 AI 智审” 140
“人人影视字幕组”侵权案判决被告人获刑三年半 141
游戏擅用金庸小说元素构成侵权，完美世界起诉获赔约 2 005 万元 141
广东高院判决游戏地图“换皮”构成侵权 141
广州互联网法院发布全国首例不当投诉构成“错误通知”案件 142
腾讯起诉云游戏平台侵权获赔 88 万元 142
上海高院出台《关于卡拉 OK 经营者著作权侵权纠纷案件损害赔偿数额计算问题的解答》 142
法院首次判定短视频特效有著作权 143

**行政管理** 143
李克强对保护知识产权、打击侵权假冒工作作出重要批示 143
王勇出席 2021 年全国打击侵权假冒工作电视电话会议并讲话 143
国务院印发《“十四五”国家知识产权保护和运用规划》 144
三部门联合部署开展集中行动严厉打击春节档院线电影盗录传播 144
科技部、深圳市人民政府：支持深圳开展知识产权证券化试点 144
《推动知识产权高质量发展年度工作指引（2021）》印发 144
推进使用正版软件工作部际联席会议第十次全体会议在京召开 145
国家版权局与文旅部规范卡拉 OK 领域版权市场秩序 145
贯彻落实“十四五”规划纲要、加快建设知识产权强国发布会在京召开 146
打击院线电影盗录传播集中行动成效显著 146
国家电影局：加强电影版权保护，依法打击短视频侵权盗版行为 147
知识产权质押融资入园惠企三年行动方案印发 147
国家版权局要求网络平台不得非法传播东京奥运会节目 147
市场监管总局依法对腾讯作出责令解除网络音乐独家版权等处罚 148
国新办举办奋力开启知识产权强国建设新征程新闻发布会 148
《北京 2022 年冬奥会和冬残奥会奥林匹克标志知识产权保护专项行动方案》印发 149
《版权工作“十四五”规划》发布 149
山东潍坊力争到 2022 年创建为全国版权示范城市 150
北京执法总队对侵犯环球影城卡通形象行为进行惩处 150
佛山出台全国版权示范城市两年行动计划 150
江苏南通召开创建全国版权示范城市推进大会 151
北京启动 2021 年软件正版化工作 151
2020 年度广东省版权十大案件出炉 151
湖南多项举措加强知识产权质押融资 152
吉林召开版权示范工作经验交流会 152
北京查处侵犯革命纪念场馆作品著作权首案 152
河南强化联席会议制度优势推进软件正版化工作 153
北京部署打击网络侵权盗版“剑网 2021”专项行动 153
山东济南一起销售侵权盗版中小学教科书案件刑罚 8 人 153
河南警方侦破一起涉案金额 9 000 余万元的盗版教辅案 153
浙江警方逮捕卖盗版热播剧夫妻 154
上海发布“知识产权金融 16 条” 154
四川天府新区获批国家版权创新发展基地 154
北京多措并举加大冬奥会知识产权保护 154

“剑网 2021”专项行动取得阶段性成果 155
佛山印发版权发展“十四五”规划 155
石家庄警方成功劝返一涉嫌侵犯著作权外逃人员 155
浙江杭州办理两起侵犯著作权案件 156
北京市文化市场综合执法“十大案件”发布 156
重庆警方侦破一起网络下载音乐类著作权侵权案件 156
安徽省四部门率先建立知识产权案件行刑衔接机制 156
西北五省区建立版权执法协作机制 157
江苏警方破获一起侵犯网络游戏著作权案 157

**宣传教育** 157
2021 年全国知识产权宣传周活动启动 157
国家版权局在京举办 2021 年全国版权工作培训班 158
《视听表演北京条约》生效周年庆活动举办 158
2021 年国家版权局第一期版权执法监管工作培训班在福建龙岩市举行 158
第十三届全国大学生版权征文获奖名单公布 158
第八届中国国际版权博览会在杭州举行 158
“著作权法实施 30 周年成就展”亮相版权博览会 159
第十二届中国国际影视动漫版权保护和贸易博览会举办 159
“2021 重庆版权宣传月”开启 159
北京举办《著作权法》普法课堂 159
安徽启动知识产权示范企业软件正版化工作 160
重庆启动高校“版权杯”文创设计大赛 160
中国作协“著作权保护主题月”活动启动 160
甘肃举办软件正版化工作培训班 160
2021 年版权热点问题专题培训班举行 160
16 所高校共同组建知识产权学科联盟 161
《2020 年中国网络版权保护报告》发布 161
2021 年版权产业国际风险防控培训班在福建厦门举行 161
总台发声加大东京奥运会版权保护力度 161
安徽省版权局举办全省版权工作培训班 162
吉林组织“扫黄打非”暨版权业务培训 162
2021 成都数字版权交易博览会举办 162
中国信通院发布《“十三五”中国网络版权治理白皮书》 162
音乐界倡议共建数字音乐版权健康新生态 163
广东深圳市知识产权局开展版权创新发展培训 163
国内首个数字文创自律公约发布 163
吉林表彰全省版权保护示范单位 163
河南举办 2021 年度版权执法监管暨软件正版化工作培训班 164
贵州省举办 2021 年红色文化版权保护行动成果展 164

**交流研讨** 164
2021 中国网络版权保护与发展大会在京召开 164
第四届虹桥国际经济论坛知识产权保护与营商环境优化分论坛在沪举行 165
2021 马栏山版权保护与创新论坛在长沙举办 165

2021 阳光知识产权论坛在京举办 166
中国版权科技创新论坛在京举行 166
短视频版权治理研讨会在京举行 166
短视频版权集体管理研讨会在北京举行 167
福建省版权协会召开纪念《著作权法》实施 30 周年座谈会 167
知识产权刑事保护研讨会在中国人民大学举办 167
版权产业创新及知识产权保护东湖论坛在武汉召开 168
中国版权协会举办网络直播领域音乐正版化发展研讨会 168
数字版权产业融合创新发展峰会在成都举行 168
2021 声音探索者大会暨北京广播节音频版权论坛落幕 169
第二届中国国际著作权集体管理高峰论坛举办 169
2021 重庆数字版权产品开发者大会举办 170
业界热议二创短视频诉前禁令适用标准 170
2021 数字版权保护与发展论坛在京举办 170

**社会管理与服务** 171
2020 年全国著作权登记总量超 500 万件 171
2020 年文著协收取版权费超 2 230 万元 171
2020 年湖北省作品登记突破 5 万件 171
2020 年安徽作品版权登记量达 8.47 万件 172
福建 2020 年版权登记同比增长 46.3% 172
DCI 实验室入选国家新闻出版署重点实验室名单 172
深圳成功落地国内首单版权资产证券化产品 172
快手推出直播间场景音乐版权结算标准 172
广东广州市版权投资服务中心正式揭牌 173
重庆市版权协会正式成立 173
上海启动数字文创版权保护“易盾计划” 173
音数协知识服务与数字版权保护技术工委成立 173
文著协发布作家、作品及使用者排行榜 173
音集协与贵阳文娱行业集体签约许可卡拉 OK 版权 174
音集协推动卡拉 OK 版权许可合作 174
上海音乐谷举行“长三角（中国）音乐版权服务平台”揭牌仪式 174
可信数字版权生态与标准重点实验室揭牌 174
重庆成立数字版权区块链服务中心 175
“中国版权链”上线 175
400 家权利人联合发布保护广播和表演获酬权倡议书 175
上海交响乐团试水版权开放 175
音著协 2020 年总收入税前达 4.08 亿元 175
音数协数字音乐工作委员会在京成立 176
上海成立国内首家汉服版权专业服务平台 176
影著协建起了“智囊团”和“调解站” 176
广州首个区级版权服务和保护工作站永久落户永庆坊 177
大湾区（黄埔）版权金融服务平台发布 177
音集协与百家娱乐行业协会达成合作 177
全国首个知识产权保险中心落户广州 178

长三角知识产权信息公共服务平台正式上线　178
上海浦东率先开展跨地域作品版权登记　178
“安徽版权在线”上线运营　178
《网络短视频内容审核标准细则》修订版发布　178
北京市版权保护中心已签发 230 余万张数字版权证书　179
广东佛山成立版权产业发展联盟　179

**国际交流与合作**　179
WIPO 年度报告：中国多项知识产权申请量居全球首位　179
2021 国际版权论坛助力版权普惠于民　179
中国巴基斯坦签署关于经典著作互译出版的备忘录　180
中韩签署关于经典著作互译出版的备忘录　180
CCTSS 中巴翻译工作坊搭建互译平台　180
中伊签署关于经典著作互译出版的备忘录　180
中老签署关于经典著作互译出版的备忘录　180
中国出版单位集体亮相线下法兰克福书展　180
中亚签署关于经典著作互译出版的备忘录　181
中国 2025 年将初步形成便捷高效国际知识产权风险预警和应急机制　181

**产业发展**　181
2020 年中国电影总票房达 204.17 亿元　181
“中国视听大数据”系统发布 2020 年度收视综合分析　182
2020 年全国规模以上文化及相关产业企业营业收入增长 2.2%　182
2021 年春节档电影票房 78.22 亿元　182
2020 年国产电视动画片发行总量共 374 部 116 687.5 分钟　182
广电总局发布《2020 年全国广播电视行业统计公报》　182
2020 年我国持证及备案机构网络视听收入超 2 900 亿元　183
2020 中国网络文学发展报告：我国网络文学用户数达 4.6 亿　183
2020 年中国新闻出版产业数字化业务收入保持增长　183
2020 年全国文化及相关产业增加值为 44 945 亿元　184
2020 年泛知识付费行业市场规模逾 230 亿元　184
上海网络出版企业“走出去”成绩亮眼　184
中国足协与 PP 体育解除中超独家版权协议　184
微博 2020 年营收达 116 亿元　185
国际唱片业协会发布全球音乐报告　185
阅文集团 2020 年全年总收入 85.3 亿元　185
腾讯控股发布 2020 年年报　185
B 站港股二次上市：50%募资将投入内容生态　186
新华文轩 2020 年实现净利润 12.63 亿元　186
中文传媒 2020 年实现归属净利润 18.05 亿元　186
欢喜传媒 2020 年亏损 2.36 亿港元　186
猫眼娱乐 2020 年净亏损达 6.5 亿元　186
凤凰新华 2020 年实现汇总营收 90.64 亿元　187
我国数字阅读产业规模达 351.6 亿元　187
掌阅科技版权产品收入 5 亿元增超九成　187

喜马拉雅发布 2021 年听书报告 187
华策影视 2020 年扭亏为盈 187
掌趣科技 2020 年营收同比增长 10.65%至 17.89 亿元 188
完美世界 2020 年营收 102.25 亿元 188
中国电影 2020 年亏损 5.56 亿元 188
阿里发布 2021 财年财报 188
蚂蚁链助力打造“IP 新零售模式” 188
《2020 年中国网络表演（直播）行业发展报告》发布 189
腾讯音乐、网易相继与索尼音乐达成合作 189
互联网大厂布局虚拟偶像赛道 189
上海游戏市场规模超 1 200 亿元 189
快手、腾讯与咪咕获奥运新媒体版权 190
2021 年我国休闲电竞游戏市场规模预计达 116.4 亿元 190
斗鱼、虎牙签署终止合并协议 190
《中国互联网发展报告（2021）》发布 190
阿里、腾讯、字节等 33 家互联网平台签署反垄断自律公约 190
国内影院复工一周年票房达 477 亿元 190
爱奇艺成为英超联赛独家新媒体转播平台 191
咪咕联合小米发布基于云技术的游戏分发计划 191
国际奥委会与中央广播电视总台达成新周期奥运版权合作 191
科大讯飞推出讯飞音乐厂牌 191
爱奇艺、优酷、腾讯相继取消超前点播服务 191
快手宣布与 NBA 达成战略合作 191
网易云音乐与摩登天空达成战略合作 192
今日头条、西瓜视频并入抖音 192
哔哩哔哩全资收购有妖气原创漫画平台 192
蜻蜓 FM 完成新一轮融资 192
网易云音乐在港交所上市 192
B 站获英格兰足总杯三年数字媒体独家版权 192
微博在港挂牌上市 193
豆瓣、爱回收、唱吧等 106 款 APP 被工信部下架 193
青瓷游戏赴港上市 193
《2021 年中国游戏产业报告》发布 193
京东上线灵稀数字藏品交易平台 194
2020 年北京市数字出版产业收入规模同比增长 27.8% 194
腾讯音乐推出虚拟音乐世界产品 TMELAND 194
抖音直播发布 2021 年生态服务报告 194
百度智能云推出数字人平台“曦灵” 194
抖音与中国唱片集团达成音乐版权合作 194

**港澳台版权信息** 195
香港公众对保护知识产权的意识维持高水平 195
香港海关破获历来最大宗售卖盗版电子试题库案件 195
2021 粤港知识产权与中小企业发展线上讲座顺利举行 195
澳门经科局向澳门妇联青年协会介绍知识产权 195

澳门经科局支持协会举办知识产权研讨会 196
香港特区政府就更新香港版权制度咨询公众 196
香港海关打击售卖或提供侵权卡拉 OK 歌曲 196

## 年度报告

2020 年中国版权产业的经济贡献 中国新闻出版研究院 199
2021 年中国网络版权保护报告 国家版权局网络版权保护研究基地 215

## 典型案件

**2021 年全国著作权司法保护典型案件** 227

**2021 年度全国打击侵权盗版十大案件** 235

**2021 年地方著作权司法保护典型案件** 238
北京市 238
天津市 238
辽宁省 239
黑龙江省 240
上海市 240
江苏省 241
浙江省 242
安徽省 243
山东省 245
河南省 245
湖北省 246
广东省 247
广西壮族自治区 248
海南省 249
重庆市 250
四川省 251
贵州省 253
陕西省 253
甘肃省 256
青海省 258
新疆维吾尔自治区 259

## 法律法规及规章文件

**国际条约** 263
关于为盲人、视力障碍者或其他印刷品阅读障碍者获得已出版作品提供便利的马拉喀什条约 263

**司法解释** 268
最高人民法院关于审理侵害知识产权民事案件适用惩罚性赔偿的解释 268
最高人民法院关于知识产权侵权诉讼中被告以原告滥用权利为由请求赔偿合理开支问题的批复 269

**工作文件** 270
国家版权局、文化和旅游部关于规范卡拉 OK 领域版权市场秩序的通知 270
国家版权局关于做好 2021 年全国知识产权宣传周版权宣传活动的通知 271
国家版权局关于 2020 年全国著作权登记情况的通报 272
2021 年度第一批重点作品版权保护预警名单 273
2021 年度第二批重点作品版权保护预警名单（院线电影） 274
2021 年度第三批重点作品版权保护预警名单 274
2021 年度第四批重点作品版权保护预警名单（院线电影） 276
2021 年度第五批重点作品版权保护预警名单 277
2021 年度第六批重点作品版权保护预警名单（院线电影） 277
2021 年度第七批重点作品版权保护预警名单（院线电影） 278
2021 年度第八批重点作品版权保护预警名单 278
2021 年度第九批重点作品版权保护预警名单（院线电影） 279
2021 年度第十批重点作品版权保护预警名单 280
2021 年度第十一批重点作品版权保护预警名单（院线电影） 280
2021 年度第十二批重点作品版权保护预警名单（院线电影） 281
2021 年度第十三批重点作品版权保护预警名单（院线电影） 281
2021 年度第十四批重点作品版权保护预警名单（院线电影） 282
2021 年度第十五批重点作品版权保护预警名单（院线电影） 282
人民法院知识产权司法保护规划（2021—2025 年） 283
最高人民法院关于加强新时代知识产权审判工作为知识产权强国建设提供有力司法服务和保障的意见 286

## 年度表彰

2021 年度全国版权示范单位、示范单位（软件正版化）和示范园区（基地） 293
2021 年（第十三届）全国大学生版权征文获奖名单 295

## 理论研究

继往开来，守正创新，构建知识产权强国建设新体系
——2021 年中国著作权法研究综述　孙　山　王　优 303
2021 年著作权学术论文导览 321
2021 年著作权图书简介 388

## 统计资料

**2021 年中国版权统计资料** 405
2021 年全国作品登记情况统计表 405
2021 年全国版权合同登记情况统计 406
2021 年全国版权执法情况 407
2021 年全国引进出版物版权汇总表 407
2021 年全国输出出版物版权汇总表 408

## 名 录

版权主管部门 411
版权公共服务机构 413
版权协会 414
著作权集体管理组织 417
版权代理公司 417
国家级版权交易机构 418

## 索 引

索 引 423

# 特 载

TE ZAI

版权

# 知识产权强国建设纲要（2021—2035年）

为统筹推进知识产权强国建设，全面提升知识产权创造、运用、保护、管理和服务水平，充分发挥知识产权制度在社会主义现代化建设中的重要作用，制定本纲要。

## 一、战略背景

党的十八大以来，在以习近平同志为核心的党中央坚强领导下，我国知识产权事业发展取得显著成效，知识产权法规制度体系逐步完善，核心专利、知名品牌、精品版权、优良植物新品种、优质地理标志、高水平集成电路布图设计等高价值知识产权拥有量大幅增加，商业秘密保护不断加强，遗传资源、传统知识和民间文艺的利用水平稳步提升，知识产权保护效果、运用效益和国际影响力显著提升，全社会知识产权意识大幅提高，涌现出一批知识产权竞争力较强的市场主体，走出了一条中国特色知识产权发展之路，有力保障创新型国家建设和全面建成小康社会目标的实现。

进入新发展阶段，推动高质量发展是保持经济持续健康发展的必然要求，创新是引领发展的第一动力，知识产权作为国家发展战略性资源和国际竞争力核心要素的作用更加凸显。实施知识产权强国战略，回应新技术、新经济、新形势对知识产权制度变革提出的挑战，加快推进知识产权改革发展，协调好政府与市场、国内与国际，以及知识产权数量与质量、需求与供给的联动关系，全面提升我国知识产权综合实力，大力激发全社会创新活力，建设中国特色、世界水平的知识产权强国，对于提升国家核心竞争力，扩大高水平对外开放，实现更高质量、更有效率、更加公平、更可持续、更为安全的发展，满足人民日益增长的美好生活需要，具有重要意义。

## 二、总体要求

（一）指导思想。坚持以习近平新时代中国特色社会主义思想为指导，全面贯彻党的十九大和十九届二中、三中、四中、五中全会精神，紧紧围绕统筹推进“五位一体”总体布局和协调推进“四个全面”战略布局，坚持稳中求进工作总基调，以推动高质量发展为主题，以深化供给侧结构性改革为主线，以改革创新为根本动力，以满足人民日益增长的美好生活需要为根本目的，立足新发展阶段，贯彻新发展理念，构建新发展格局，牢牢把握加强知识产权保护是完善产权保护制度最重要的内容和提高国家经济竞争力最大的激励，打通知识产权创造、运用、保护、管理和服务全链条，更大力度加强知识产权保护国际合作，建设制度完善、保护严格、运行高效、服务便捷、文化自觉、开放共赢的知识产权强国，为建设创新型国家和社会主义现代化强国提供坚实保障。

（二）工作原则

——法治保障，严格保护。落实全面依法治国基本方略，严格依法保护知识产权，切实维护社会公平正义和权利人合法权益。

——改革驱动，质量引领。深化知识产权领域改革，构建更加完善的要素市场化配置体制机制，更好发挥知识产权制度激励创新的基本保障作用，为高质量发展提供源源不断的动力。

——聚焦重点，统筹协调。坚持战略引领、统筹规划，突出重点领域和重大需求，推动知识产权与经济、科技、文化、社会等各方面深度融合发展。

——科学治理，合作共赢。坚持人类命运共同体理念，以国际视野谋划和推动知识产权改革发展，推动构建开放包容、平衡普惠的知识产权国际规则，让创新创造更多惠及各国人民。

（三）发展目标

到2025年，知识产权强国建设取得明显成效，知识产权保护更加严格，社会满意度达到并保持较高水平，知识产权市场价值进一步凸显，品牌竞争力大幅提升，专利密集型产业增加值占GDP比重达到13%，版权产业增加值占GDP比重达到7.5%，知识产权使用费年进出口总额达到3 500亿元，每万人口高价值发明专利拥有量达到12件（上述指标均为预期性指标）。

到2035年，我国知识产权综合竞争力跻身世界前列，知识产权制度系统完备，知识产权促进创新创业蓬勃发展，全社会知识产权文化自觉基本形成，全方位、多层次参与知识产权全球治理的国际合作格局基本形成，中国特色、世界水平的知识产权强国基本建成。

## 三、建设面向社会主义现代化的知识产权制度

（四）构建门类齐全、结构严密、内外协调的法律体系。开展知识产权基础性法律研究，做好专门法律法规之间的衔接，增强法律法规的适用性和统一性。根据实际及时修改专利法、商标法、著作权法和植物新品种保护条例，探索制定地理标志、外观设计等专门法律法规，健全专门保护与商标保护相互协调的统一地理标志保护制度，完善集成电路布图设计法规。制定修改强化商业秘密保护方面的法律法规，完善规制知识产权滥用行为的法律制度以及与知识产权相关的反垄断、反不正当竞争等领域立法。修改科学技术进步法。结合有关诉讼法的修改及贯彻落实，研究建立健全符合知识产权审判规律的特别程序法律制度。加快大数据、人工智能、基因技术等新领域新业态知识产权立法。适应科技进步和经济社会发展形势需要，依法及时推动知识产权法律法规立改废释，适时扩大保护客体范围，提高保护标准，全面建立并实施侵权惩罚性赔偿制度，加大损害赔偿力度。

（五）构建职责统一、科学规范、服务优良的管理体制。持续优化管理体制机制，加强中央在知识产权保护的宏观管理、区域协调和涉外事宜统筹等方面事权，不断加强机构建设，提高管理效能。围绕国家区域协调发展战略，制定实施区域知识产权战略，深化知识产权强省强市建设，促进区域知识产权协调发展。实施一流专利商标审查机构建设工程，建立专利商标审查官制度，优化专利商标审查协作机制，提高审查质量和效率。构建政府监管、社会监督、行业自律、机构自治的知识产权服务业监管体系。

（六）构建公正合理、评估科学的政策体系。坚持严格保护的政策导向，完善知识产权权益分配机制，健全以增加知识价值为导向的分配制度，促进知识产权价值实现。完善以强化保护为导向的专利商标审查政策。健全著作权登记制度、网络保护和交易规则。完善知识产权审查注册登记政策调整机制，建立审查动态管理机制。建立健全知识产权政策合法性和公平竞争审查制度。建立知识产权公共政策评估机制。

（七）构建响应及时、保护合理的新兴领域和特定领域知识产权规则体系。建立健全新技术、新产业、新业态、新模式知识产权保护规则。探索完善互联网领域知识产权保护制度。研究构建数据知识产权保护规则。完善开源知识产权和法律体系。研究完善算法、商业方法、人工智能产出物知识产权保护规则。加强遗传资源、传统知识、民间文艺等获取和惠益分享制度建设，加强非物质文化遗产的搜集整理和转化利用。推动中医药传统知识保护与现代知识产权制度有效衔接，进一步完善中医药知识产权综合保护体系，建立中医药专利特别审查和保护机制，促进中医药传承创新发展。

## 四、建设支撑国际一流营商环境的知识产权保护体系

（八）健全公正高效、管辖科学、权界清晰、系统完备的司法保护体制。实施高水平知识产权审判机构建设工程，加强审判基础、体制机制和智慧法院建设。健全知识产权审判组织，优化审判机构布局，完善上诉审理机制，深入推进知识产权民事、刑事、行政案件“三合一”审判机制改革，构建案件审理专门化、管辖集中化和程序集约化的审判体系。加强知识产权法官的专业化培养和职业化选拔，加强技术调查官队伍建设，确保案件审判质效。积极推进跨区域知识产权远程诉讼平台建设。统一知识产权司法裁判标准和法律适用，完善裁判规则。加大刑事打击力度，完善知识产权犯罪侦查工作制度。修改完善知识产权相关司法解释，配套制定侵犯知识产权犯罪案件立案追诉标准。加强知识产权案件检察监督机制建设，加强量刑建议指导和抗诉指导。

（九）健全便捷高效、严格公正、公开透明的行政保护体系。依法科学配置和行使有关行政部门的调查权、处罚权和强制权。建立统一协调的执法标准、证据规则和案例指导制度。大力提升行政执法人员专业化、职业化水平，探索建立行政保护技术调查官制度。建设知识产权行政执法监管平台，提升执法监管现代化、智能化水平。建立完善知识产权侵权纠纷检验鉴定工作体系。发挥专利侵权纠纷行政裁决制度作用，加大行政裁决执行力度。探索依当事人申请的知识产权纠纷行政调解协议司法确认制度。完善跨区域、跨部门执法保护协作机制。建立对外贸易知识产权保护调查机制和自由贸易试验区知识产权保护专门机制。强化知识产权海关保护，推进国际知识产权执法合作。

（十）健全统一领导、衔接顺畅、快速高效的协同保护格局。坚持党中央集中统一领导，实现政府履职尽责、执法部门严格监管、司法机关公正司法、市场主体规范管理、行业组织自律自治、社会公众诚信守法的知识产权协同保护。实施知识产权保护体系建设工程。明晰行政机关与司法机关的职责权限和管辖范围，健全知识产权行政保护与司法保护衔接机制，形成保护合力。建立完善知识产权仲裁、调解、公证、鉴定和维权援助体系，加强相关制度建设。健全知识产权信用监管体系，加强知识产权信用监管机制和平台建设，依法依规对知识产权领域严重失信行为实施惩戒。完善著作权集体管理制度，加强对著作权集体管理组织的支持和监管。实施地理标志保护工程。建设知识产权保护中心网络和海外知识产权纠纷应对指导中心网络。建立健全海外知识产权预警和维权援助信息平台。

## 五、建设激励创新发展的知识产权市场运行机制

（十一）完善以企业为主体、市场为导向的高质量创造机制。以质量和价值为标准，改革完善知识产权考核评价机制。引导市场主体发挥专利、商标、版权等多种类型知识产权组合效应，培育一批知识产权竞争力强的世界一流企业。深化实施中小企业知识产权战略推进工程。优化国家科技计划项目的知识产权管理。围绕生物育种前沿技术和重点领域，加快培育一批具有知识产权的优良植物新品种，提高授权品种质量。

（十二）健全运行高效顺畅、价值充分实现的运用机制。加强专利密集型产业培育，建立专利密集型产业调查机制。积极发挥专利导航在区域发展、政府投资的重大经济科技项目中的作用，大力推动专利导航在传统优势产业、战略性新兴产业、未来产业发展中的应用。改革国有知识产权归属和权益分配机制，扩大科研机构和高校知识产权处置自主权。建立完善财政资助科研项目形成知识产权的声明制度。建立知识产权交易价格统计发布机制。推进商标品牌建设，加强驰名商标保护，发展传承好传统品牌和老字号，大力培育具有国际影响力的知名商标品牌。发挥集体商标、证明商标制度作用，打造特色鲜明、竞争力强、市场信誉好的产业集群品牌和区域品牌。推动地理标志与特色产业发展、生态文明建设、历史文化传承以及乡村振兴有机融合，提升地理标志品牌影响力和产品附加值。实施地理标志农产品保护工程。深入开展知识产权试点示范工作，推动企业、高校、科研机构健全知识产权管理体系，鼓励高校、科研机构建立专业化知识产权转移转化机构。

（十三）建立规范有序、充满活力的市场化运营机制。提高知识产权代理、法律、信息、咨询等服务水平，支持开展知识产权资产评估、交易、转化、托管、投融资等增值服务。实施知识产权运营体系建设工程，打造综合性知识产权运营服务枢纽平台，建设若干聚焦产业、带动区域的运营平台，培育国际化、市场化、专业化知识产权服务机构，开展知识产权服务业分级分类评价。完善无形资产评估制度，形成激励与监管相协调的管理机制。积极稳妥发展知识产权金融，健全知识产权质押信息平台，鼓励开展各类知识产权混合质押和保险，规范探索知识产权融资模式创新。健全版权交易和服务平台，加强作品资产评估、登记认证、质押融资等服务。开展国家版权创新发展建设试点工作。打造全国版权展会授权交易体系。

## 六、建设便民利民的知识产权公共服务体系

（十四）加强覆盖全面、服务规范、智能高效的公共服务供给。实施知识产权公共服务智能化建设工程，完善国家知识产权大数据中心和公共服务平台，拓展各类知识产权基础信息开放深度、广度，实现与经济、科技、金融、法律等信息的共享融合。深入推进“互联网＋”政务服务，充分利用新技术建设智能化专利商标审查和管理系统，优化审查流程，实现知识产权政务服务“一网通办”和“一站式”服务。完善主干服务网络，扩大技术与创新支持中心等服务网点，构建政府引导、多元参与、互联共享的知识产权公共服务体系。加强专业便捷的知识产权公共咨询服务，健全中小企业和初创企业知识产权公共服务机制。完善国际展会知识产权服务机制。

（十五）加强公共服务标准化、规范化、网络化建设。明晰知识产权公共服务事项和范围，制定公共服务事项清单和服务标准。统筹推进分级分类的知识产权公共服务机构建设，大力发展高水平的专门化服务机构。有效利用信息技术、综合运用线上线下手段，提高知识产权公共服务效率。畅通沟通渠道，提高知识产权公共服务社会满意度。

（十六）建立数据标准、资源整合、利用高效的信息服务模式。加强知识产权数据标准制定和数据资源供给，建立市场化、社会化的信息加工和服务

机制。规范知识产权数据交易市场，推动知识产权信息开放共享，处理好数据开放与数据隐私保护的关系，提高传播利用效率，充分实现知识产权数据资源的市场价值。推动知识产权信息公共服务和市场化服务协调发展。加强国际知识产权数据交换，提升运用全球知识产权信息的能力和水平。

## 七、建设促进知识产权高质量发展的人文社会环境

（十七）塑造尊重知识、崇尚创新、诚信守法、公平竞争的知识产权文化理念。加强教育引导、实践养成和制度保障，培养公民自觉尊重和保护知识产权的行为习惯，自觉抵制侵权假冒行为。倡导创新文化，弘扬诚信理念和契约精神，大力宣传锐意创新和诚信经营的典型企业，引导企业自觉履行尊重和保护知识产权的社会责任。厚植公平竞争的文化氛围，培养新时代知识产权文化自觉和文化自信，推动知识产权文化与法治文化、创新文化和公民道德修养融合共生、相互促进。

（十八）构建内容新颖、形式多样、融合发展的知识产权文化传播矩阵。打造传统媒体和新兴媒体融合发展的知识产权文化传播平台，拓展社交媒体、短视频、客户端等新媒体渠道。创新内容、形式和手段，加强涉外知识产权宣传，形成覆盖国内外的全媒体传播格局，打造知识产权宣传品牌。大力发展国家知识产权高端智库和特色智库，深化理论和政策研究，加强国际学术交流。

（十九）营造更加开放、更加积极、更有活力的知识产权人才发展环境。完善知识产权人才培养、评价激励、流动配置机制。支持学位授权自主审核高校自主设立知识产权一级学科。推进论证设置知识产权专业学位。实施知识产权专项人才培养计划。依托相关高校布局一批国家知识产权人才培养基地，加强相关高校二级知识产权学院建设。加强知识产权管理部门公职律师队伍建设，做好涉外知识产权律师培养和培训工作，加强知识产权国际化人才培养。开发一批知识产权精品课程。开展干部知识产权学习教育。进一步推进中小学知识产权教育，持续提升青少年的知识产权意识。

## 八、深度参与全球知识产权治理

（二十）积极参与知识产权全球治理体系改革和建设。扩大知识产权领域对外开放，完善国际对话交流机制，推动完善知识产权及相关国际贸易、国际投资等国际规则和标准。积极推进与经贸相关的多双边知识产权对外谈判。建设知识产权涉外风险防控体系。加强与各国知识产权审查机构合作，推动审查信息共享。打造国际知识产权诉讼优选地。提升知识产权仲裁国际化水平。鼓励高水平外国机构来华开展知识产权服务。

（二十一）构建多边和双边协调联动的国际合作网络。积极维护和发展知识产权多边合作体系，加强在联合国、世界贸易组织等国际框架和多边机制中的合作。深化与共建“一带一路”国家和地区知识产权务实合作，打造高层次合作平台，推进信息、数据资源项目合作，向共建“一带一路”国家和地区提供专利检索、审查、培训等多样化服务。加强知识产权对外工作力量。积极发挥非政府组织在知识产权国际交流合作中的作用。拓展海外专利布局渠道。推动专利与国际标准制定有效结合。塑造中国商标品牌良好形象，推动地理标志互认互保，加强中国商标品牌和地理标志产品全球推介。

## 九、组织保障

（二十二）加强组织领导。全面加强党对知识产权强国建设工作的领导，充分发挥国务院知识产权战略实施工作部际联席会议作用，建立统一领导、部门协同、上下联动的工作体系，制定实施落实本纲要的年度推进计划。各地区各部门要高度重视，加强组织领导，明确任务分工，建立健全本纲要实施与国民经济和社会发展规划、重点专项规划及相关政策相协调的工作机制，结合实际统筹部署相关任务措施，逐项抓好落实。

（二十三）加强条件保障。完善中央和地方财政投入保障制度，加大对本纲要实施工作的支持。综合运用财税、投融资等相关政策，形成多元化、多渠道的资金投入体系，突出重点，优化结构，保障任务落实。按照国家有关规定，对在知识产权强国建设工作中作出突出贡献的集体和个人给予表彰。

（二十四）加强考核评估。国家知识产权局会同有关部门建立本纲要实施动态调整机制，开展年度监测和定期评估总结，对工作任务落实情况开展督促检查，纳入相关工作评价，重要情况及时按程序向党中央、国务院请示报告。在对党政领导干部和国有企业领导班子考核中，注重考核知识产权相关工作成效。地方各级政府要加大督查考核工作力度，将知识产权强国建设工作纳入督查考核范围。

# “十四五”国家知识产权保护和运用规划*

为贯彻落实党中央、国务院关于知识产权工作的决策部署，全面加强知识产权保护，高效促进知识产权运用，激发全社会创新活力，推动构建新发展格局，依据《中华人民共和国国民经济和社会发展第十四个五年规划和2035年远景目标纲要》和《知识产权强国建设纲要（2021—2035年）》，制定本规划。

## 一、规划背景

“十三五”时期，党中央、国务院把知识产权保护工作摆在更加突出的位置，加强顶层设计，部署推动一系列改革，出台一系列重大政策，建立健全国务院知识产权战略实施工作部际联席会议制度，重新组建国家知识产权局，完善知识产权法律法规体系，推进知识产权领域司法改革，有效提升了知识产权领域治理能力和治理水平。五年来，各地区、各有关部门深入实施《“十三五”国家知识产权保护和运用规划》，持续推进知识产权战略实施，知识产权创造能力稳步提高，国内每万人口发明专利拥有量从“十二五”末的6.3件增加到15.8件，专利、商标、版权、植物新品种等知识产权数量位居世界前列，质量稳步提升。知识产权运用效益持续提高，交易运营更加活跃，转移转化水平不断提升，专利密集型产业增加值占国内生产总值（GDP）比重超过11.6%，版权产业增加值占GDP比重超过7.39%。知识产权保护力度明显加大，保护体系不断完善，保护能力持续提升，知识产权保护社会满意度提高到80.05分。知识产权公共服务体系进一步健全，知识产权服务业加快发展。知识产权人才队伍不断壮大，全社会尊重和保护知识产权意识明显提升。知识产权国际合作不断深化，与世界知识产权组织、共建“一带一路”国家和地区、金砖国家、亚太经合组织等的知识产权合作扎实推进，形成“四边联动、协调推进”的知识产权国际合作新局面。总的看，“十三五”规划主要目标任务如期完成，知识产权事业实现了大发展、大跨越、大提升，知识产权保护工作取得了历史性成就，有效支撑了创新型国家建设和全面建成小康社会目标实现。

当今世界正经历百年未有之大变局，新一轮科技革命和产业变革深入发展，国际力量对比深刻调整，国际环境日趋复杂，不稳定性不确定性明显增加，新冠肺炎疫情影响广泛深远。我国正处于实现中华民族伟大复兴的关键时期，经济已由高速增长阶段转向高质量发展阶段，创新驱动发展战略深入实施，现代产业体系建设加快推进，高水平对外开放不断深化。创新是引领发展的第一动力，保护知识产权就是保护创新。知识产权保护工作关系国家治理体系和治理能力现代化，关系高质量发展，关系人民生活幸福，关系国家对外开放大局，关系国家安全。当前，知识产权对激励创新、打造品牌、规范市场秩序、扩大对外开放正发挥越来越重要的作用，但我国知识产权工作还面临不少问题和短板，主要表现为：关键核心技术领域高质量知识产权创造不足，行政执法和司法衔接机制不够完善，知识产权侵权易发多发和侵权易、维权难的现象仍然存在，知识产权转移转化成效有待提高，知识产权服务供给不够充分，海外知识产权纠纷应对能力不足，知识产权制度促进经济社会高质量发展的作用需要进一步发挥等。“十四五”时期，做好知识产权工作要统筹国内国际两个大局，增强机遇意识和风险意识，在危机中育先机、于变局中开新局，充分发挥知识产权制度在推动构建新发展格局中的重要作用，为全面建设社会主义现代化国家提供有力支撑。

## 二、总体要求

（一）指导思想。

坚持以习近平新时代中国特色社会主义思想为指导，全面贯彻党的十九大和十九届二中、三中、四中、五中全会精神，统筹推进“五位一体”总体布局，协调推进“四个全面”战略布局，坚持稳中求进工作总基调，立足新发展阶段，完整、准确、全面贯彻新发展理念，构建新发展格局，坚持以推

* 2021年10月9日，《国务院关于印发“十四五”国家知识产权保护和运用规划的通知》（国发〔2021〕20号）印发，此为规划全文。

动高质量发展为主题，以全面加强知识产权保护为主线，以建设知识产权强国为目标，以改革创新为根本动力，深化知识产权保护工作体制机制改革，全面提升知识产权创造、运用、保护、管理和服务水平，深入推进知识产权国际合作，促进建设现代化经济体系，激发全社会创新活力，有力支撑经济社会高质量发展。

（二）基本原则。

**坚持质量优先。**坚持高质量发展方向不动摇，加快推动知识产权工作由追求数量向提高质量转变，促进知识产权高质量创造、高效益运用、高标准保护、高水平服务，更好服务现代化经济体系建设。

**坚持强化保护。**加强知识产权全链条保护，统筹推进知识产权审查授权、行政执法、司法保护、仲裁调解、行业自律、公民诚信等工作，构建严保护、大保护、快保护、同保护的工作格局，全面提升保护能力，着力营造公平竞争的市场环境。

**坚持开放合作。**推动知识产权更大范围、更宽领域、更深层次对外开放，统筹推进知识产权国际合作，积极参与全球知识产权治理体系建设，加强知识产权领域多边合作，持续提升知识产权国际影响力和竞争力，服务开放型经济发展。

**坚持系统协同。**树立系统观念，健全知识产权工作协同推进机制，强化部门协同、上下联动、区域协作、社会共治，综合运用法律、行政、经济、技术、社会治理等手段，提高知识产权领域系统治理效能。

（三）主要目标。

到 2025 年，知识产权强国建设阶段性目标任务如期完成，知识产权领域治理能力和治理水平显著提高，知识产权事业实现高质量发展，有效支撑创新驱动发展和高标准市场体系建设，有力促进经济社会高质量发展。

**——知识产权保护迈上新台阶。**知识产权保护法治化水平不断提高，知识产权保护衔接机制更加完善，知识产权侵权惩罚性赔偿制度有效实施，侵权易发多发现象得到有效遏制，知识产权保护社会满意度达到并保持较高水平，关键核心技术领域高质量知识产权更多涌现，有效提升产业链供应链现代化水平，知识产权制度激励创新的基本保障作用充分发挥。

**——知识产权运用取得新成效。**知识产权转移转化体制机制更加完善，知识产权归属制度更加健全，知识产权流转更加顺畅，知识产权转化效益显著提高，知识产权市场价值进一步凸显，专利密集型产业增加值和版权产业增加值占 GDP 比重稳步提升，推动产业转型升级和新兴产业创新发展。

**——知识产权服务达到新水平。**知识产权信息化、智能化基础设施建设取得显著成效，知识产权保护实现线上线下融合发展，知识产权公共服务体系进一步完善，知识产权服务业有序发展，服务机构专业化水平明显提升，进一步促进创新成果更好惠及人民。

**——知识产权国际合作取得新突破。**我国在全球知识产权治理体系中的作用更加凸显，知识产权国际协调更加有力，“一带一路”知识产权合作实现新进展，海外知识产权获权维权能力进一步提高，有力推进高水平对外开放。

**“十四五”时期知识产权发展主要指标**

| 指标 | 2020 年 | 2025 年 | 累计增加值 | 属性 |
|---|---|---|---|---|
| 1. 每万人口高价值发明专利拥有量①（件） | 6.3 | 12 | 5.7 | 预期性 |
| 2. 海外发明专利授权量（万件） | 4 | 9 | 5 | 预期性 |
| 3. 知识产权质押融资登记金额②（亿元） | 2 180 | 3 200 | 1 020 | 预期性 |
| 4. 知识产权使用费年进出口总额（亿元） | 3 194.4 | 3 500 | 305.6 | 预期性 |
| 5. 专利密集型产业增加值占 GDP 比重（%） | 11.6③ | 13.0 | 1.4 | 预期性 |
| 6. 版权产业增加值占 GDP 比重（%） | 7.39④ | 7.5 | 0.11 | 预期性 |
| 7. 知识产权保护社会满意度（分） | 80.05 | 82 | 1.95 | 预期性 |
| 8. 知识产权民事一审案件服判息诉率（%） | — | 85 | — | 预期性 |

注：①“每万人口高价值发明专利拥有量”是指每万人口本国居民拥有的经国家知识产权局授权的符合下列任一条件的有效发明专利数量：1. 战略性新兴产业的发明专利；2. 在海外有同族专利权的发明专利；3. 维持年限超过 10 年的发明专利；4. 实现较高质押融资金额的发明专利；5. 获得国家科学技术奖、中国专利奖的发明专利。

②“知识产权质押融资登记金额”是指经国家知识产权局登记的知识产权质押融资金额。

③④为 2019 年值。

## 三、全面加强知识产权保护，激发全社会创新活力

（四）完善知识产权法律政策体系。

**健全知识产权法律法规。**开展知识产权基础性法律研究。统筹推进专利法、商标法、著作权法、反垄断法、科学技术进步法、电子商务法等相关法律法规的修改完善。加强地理标志、商业秘密等领域立法，出台商业秘密保护规定。完善集成电路布图设计法规。推进修订植物新品种保护条例。制定中医药传统知识保护条例。完善与国防建设相衔接的知识产权法律制度。全面建立并实施知识产权侵权惩罚性赔偿制度，加大损害赔偿力度。研究建立健全符合知识产权审判规律的特别程序法律制度。适应科技进步和经济社会发展需要，依法及时推动知识产权法律法规立改废释。（中央宣传部、最高人民法院、最高人民检察院、科技部、工业和信息化部、司法部、农业农村部、商务部、国家卫生健康委、市场监管总局、国家国防科工局、国家林草局、国家中医药局、国家知识产权局、中央军委装备发展部等按职责分工负责）

**专栏1　商业秘密保护工程**

**健全商业秘密保护政策。**完善行政执法程序，细化处罚标准，完善刑事司法程序，加强商业秘密行政执法与民事、刑事司法审判的联动配合，合理划定举证责任。加强商业秘密司法鉴定能力建设，提升司法鉴定水平。

**提升市场主体商业秘密保护能力。**推动行业组织加强商业秘密保护自律，指导市场主体制定并严格执行全面的商业秘密管理制度，推动有条件的地方建设国家级商业秘密保护基地。建立健全跨境商业秘密保护援助体系。开展商业秘密保护及法律风险培训，强化市场主体特别是中小企业商业秘密保护意识。（市场监管总局牵头，最高人民法院、最高人民检察院、公安部等按职责分工负责）

**完善知识产权保护政策。**健全大数据、人工智能、基因技术等新领域新业态知识产权保护制度。研究构建数据知识产权保护规则。完善开源知识产权和法律体系。完善电子商务领域知识产权保护机制。健全遗传资源获取和惠益分享制度，建立跨部门生物遗传资源获取和惠益分享信息共享制度。制定传统文化、民间文艺、传统知识等领域保护办法。建立与非物质文化遗产相关的知识产权保护制度。完善体育赛事节目、综艺节目、网络直播等领域著作权保护制度。完善红色经典等优秀舞台艺术作品的版权保护措施。完善服装设计等时尚产业知识产权保护政策。健全药品专利纠纷早期解决机制，制定相关配套措施。完善中医药领域发明专利审查和保护机制。健全绿色技术知识产权保护制度。完善高校知识产权保护管理规定。建立知识产权侵权损害评估制度。（中央宣传部、中央网信办、最高人民法院、教育部、财政部、生态环境部、文化和旅游部、市场监管总局、广电总局、国家林草局、国家中医药局、国家药监局、国家知识产权局等按职责分工负责）

**专栏2　数据知识产权保护工程**

**构建数据知识产权保护规则。**深入研究数据的产权属性，探索开展数据知识产权保护相关立法研究，推动完善涉及数据知识产权保护的法律法规。完善数据知识产权保护政策，探索建立分级分类的数据知识产权保护模式。推动建立数据知识产权保护行业规范，加强数据生产、流通、利用、共享过程中的知识产权保护。研究推动数据知识产权保护国际规则制定。

**促进数据资源利用和安全保护。**支持有条件的地区开展数据知识产权保护和运用试点。在保护个人信息安全和国家数据安全的基础上，促进数据要素合理流动、有效保护、充分利用。积极开展数据知识产权保护国际合作与交流。（中央宣传部、中央网信办、最高人民法院、外交部、工业和信息化部、公安部、司法部、商务部、市场监管总局、国家知识产权局等按职责分工负责）

**完善维护国家安全的知识产权政策。**研究制定事关国家安全的关键核心技术知识产权保护规则。依法管理涉及国家安全的知识产权对外转让行为，完善知识产权对外转让审查制度。完善知识产权反垄断、公平竞争相关法律法规和政策措施。推进我国知识产权有关法律规定域外适用。研究建立针对进口贸易的知识产权境内保护制度。完善跨境电商知识产权保护规则。（中央宣传部、中央网信办、国家发展改革委、科技部、工业和信息化部、商务部、市场监管总局、国家国防科工局、国家知识产权局等按职责分工负责）

（五）加强知识产权司法保护。

**完善知识产权司法保护体系。**加强知识产权司法资源配置，加强知识产权审判体系建设。健全知识产权案件上诉机制，完善专门法院设置。深入推进知识产权民事、刑事、行政案件“三合一”审判机制改革。完善知识产权检察体制机制。建立健全与审判机制、检察机制相适应的案件管辖制度和协调机制。完善知识产权司法案件繁简分流机制，开展适应知识产权审判特点的简易程序试点，提高审判质量和效率。探索依当事人申请的知识产权纠纷行政调解协议司法确认制度。推动建立跨行政区域知识产权案件审理机制，充分发挥法院案件指定管辖机制作用，有效打破地方保护。（最高人民法院、最高人民检察院等按职责分工负责）

**提升知识产权司法保护能力。**加强司法保护与行政确权、行政执法、调解、仲裁、公证存证等环节的信息沟通和共享，促进行政执法标准和司法裁判标准统一，形成有机衔接、优势互补的运行机制。强化民事司法保护，研究制定符合知识产权案件规律的诉讼规范。完善刑事法律和司法解释，加大刑事打击力度，准确适用知识产权领域行政执法移送刑事司法标准和刑事案件立案追诉标准，规范刑罚适用。加强知识产权司法工作人员培养和选拔，加强技术调查官队伍建设。（最高人民法院、最高人民检察院、公安部等按职责分工负责）

（六）加强知识产权行政保护。

**健全知识产权行政保护机制。**加强中央在知识产权保护的宏观管理、区域协调和涉外事宜统筹等方面事权。加强知识产权快保护机构建设。在条件成熟的地区建设国家知识产权保护试点示范区。加强知识产权行政执法指导制度建设。建立行政保护技术调查官制度。健全知识产权侵权纠纷行政裁决制度。健全跨区域、跨部门知识产权行政保护协作机制。加强商贸流通领域知识产权保护，制定商品交易市场知识产权保护国家规范，持续推进知识产权保护规范化市场建设，净化消费市场。（国家知识产权局牵头，中央宣传部、文化和旅游部、市场监管总局等按职责分工负责）

**专栏 3　知识产权保护机构建设工程**

提升知识产权保护机构服务能力。在优势产业集聚区布局建设一批知识产权保护中心，构建知识产权快速协同保护体系，提供集快速审查、快速确权、快速维权于一体的知识产权一站式综合服务，加快提升知识产权快速协同保护运行管理能力。加强人员配备和职业化专业化建设，优化人才选聘机制和管理激励机制，加大培训力度，打造知识产权保护高素质、复合型人才队伍。

加强维权援助统筹协调。强化部门协同和区域协作。推动维权援助体系向基层延伸，完善中国知识产权维权援助线上服务平台，加强全国维权援助资源整合，实现维权援助服务全国一张网。（国家知识产权局负责）

**提高知识产权行政保护效能。**更好发挥全国打击侵犯知识产权和制售假冒伪劣商品工作领导小组作用，加强部门协同配合，开展关键领域、重点环节、重点区域行政执法专项行动，重点查处假冒专利、商标侵权、侵犯著作权、地理标志侵权假冒等违法行为。加大行政处罚力度，加强侵权纠纷行政裁决，有效遏制恶意侵权、重复侵权、群体侵权。完善专利、商标侵权判断标准。加强植物新品种保护体系建设。强化知识产权海关保护。加强特殊标志、官方标志、奥林匹克标志保护。加强知识产权行政执法和行政裁决队伍人员配备和能力建设，提升知识产权行政执法装备现代化、智能化水平，利用新技术手段畅通投诉举报渠道，提升打击侵权假冒行为的效率及精准度。依法规制知识产权滥用行为，不断完善防止知识产权滥用相关制度。（中央宣传部、农业农村部、文化和旅游部、海关总署、市场监管总局、国家林草局、国家知识产权局等按职责分工负责）

**专栏 4　植物新品种保护体系建设工程**

完善植物新品种保护体制机制。推动建立实质性派生品种制度，研究加入《国际植物新品种保护公约》（UPOV）1991 年文本，有效激励种业自主创新。加快国家植物品种测试徐州、三亚中心建设，探索建立品种权区域性审查协作中心和第三方测试机构。加快国家种质资源库、遗传物质保存库和无性繁殖植物保存圃等基础设施建设。加快建立国际测试报告互认机制，深度参与国际在线申请平台建设，鼓励向海外申请品种权。

提升植物新品种保护能力。大力开展维权打假专项行动，加大品种权行政执法案件查处力度，定期向全社会公布典型案例。探索建立品种保护专业审查员制度，建立国家品种保护培训基地，培养一批种业知识产权管理、新品种审查测试、行政执法、政策研究等领域的高素质专业人才。（农业农村部、国家林草局、国家知识产权局等按职责分工负责）

**专栏5 地理标志保护工程**

实施地理标志保护提升行动。推进建立地理标志统一认定和立体化保护机制。深化地理标志专用标志使用核准改革试点，强化地理标志专用标志使用监管，推动市场主体使用地理标志专用标志覆盖率达到80%以上。构建新型地理标志保护标准体系，推进地理标志保护基础通过国家标准的制定。开展地域特色农产品资源普查，建立资源目录。建成100个国家地理标志产品保护示范区。完善地理标志保护监管年度报告制度。探索建立地理标志联动保护机制，推动形成生产地、流通地、销售地联动查处地理标志侵权违法行为的工作格局。（国家知识产权局牵头，市场监管总局、农业农村部等按职责分工负责）

实施地理标志农产品保护工程。加强原生地种质资源和特色品种保护培育，强化特色品质保持技术集成和检测。加强生产环境保护和设施条件改善，完善地理标志农产品质量技术规程，推进全产业链标准化，打造一批地理标志农产品核心基地。推进地理标志农产品与绿色有机农产品、重要农业文化遗产等融合发展，打造区域农产品公用品牌。加强地理标志农产品质量安全监管，全面实施追溯管理。建立健全地理标志农产品培育、保护和发展机制。（农业农村部、国家知识产权局等按职责分工负责）

（七）加强知识产权协同保护。

**完善知识产权纠纷多元化解决机制。**培育和发展知识产权调解组织、仲裁机构、公证机构。鼓励行业协会、商会建立知识产权保护自律和信息沟通机制。建立健全知识产权调解、仲裁、公证、社会监督等人才的选聘、培养、管理、激励制度。推动完善知识产权纠纷投诉受理处理、诉讼调解对接、调解仲裁对接、行政执法与调解仲裁对接等机制。探索维权援助社会共治模式，鼓励高校、社会组织等开展维权援助工作。建立完善知识产权侵权纠纷检验鉴定工作体系，加强知识产权鉴定机构专业化、规范化建设，推动建立知识产权鉴定技术标准。建立国防领域知识产权纠纷多元化处理机制。（国家知识产权局牵头，中央宣传部、最高人民法院、司法部、国家国防科工局、中央军委装备发展部、中国贸促会等按职责分工负责）

**加强知识产权领域诚信体系建设。**推进建立知识产权领域以信用为基础的分级分类监管模式，积极支持地方开展工作试点。制定覆盖专利、商标、版权等领域的信用信息基础目录。推进知识产权领域信用承诺制建设。规范知识产权领域严重失信主体名单认定标准和程序，依法依规对严重失信主体实施惩戒。推进知识产权信用修复制度建设。推动全国知识产权信用信息共享平台与全国信用信息共享平台实现数据共享。（中央宣传部、国家发展改革委、农业农村部、人民银行、市场监管总局、国家林草局、国家知识产权局等按职责分工负责）

（八）加强知识产权源头保护。

**促进知识产权高质量创造。**健全高质量创造支持政策，加强人工智能、量子信息、集成电路、基础软件、生命健康、脑科学、生物育种、空天科技、深地深海探测等领域自主知识产权创造和储备。加强国家科技计划项目的知识产权管理，在立项和组织实施各环节强化重点项目科技成果的知识产权布局和质量管理。优化专利资助奖励等激励政策和考核评价机制，突出高质量发展导向。完善无形资产评估制度，形成激励与监管相协调的管理机制。（科技部、工业和信息化部、财政部、国家知识产权局等按职责分工负责）

**提高知识产权审查质量和审查效率。**完善适应创新发展需求的知识产权审查管理体系，优化专利、商标审查协作机制。提升专利商标审查机构能力水平，强化专利、商标、版权、地理标志、植物新品种全流程审查质量管控，提升知识产权授权确权质量。提高专利、商标审查业务精细化管理水平，优化审查资源配置，加强智能化技术运用，提升审查效能，缩短审查周期。完善专利、商标审查模式，加强审查与产业发展的政策协同和业务联动，满足产业绿色转型和新领域新业态创新发展等社会多样化需求。（中央宣传部、工业和信息化部、农业农村部、国家林草局、国家知识产权局等按职责分工负责）

**专栏 6　一流专利商标审查机构建设工程**

**建设高水平审查员队伍。**对标国际先进水平，完善审查人才培养体系，优化队伍结构，健全保障和激励机制，增强审查人员职业荣誉感。

**提高审查智能化便利化水平。**以大数据、云计算、人工智能等技术为支撑，以智能审查和智能检索为核心，加强智能分类建设，推进专利、商标审查系统智能化建设。优化远程审查保障。完善数据资源保障，提高基础数据完整性、安全性、可靠性、适用性。

**提升审查质量。**适时修改专利审查指南，制定专利申请指南，完善商标审查审理标准。建立健全专利、商标审查质量保障和评价体系。加强审查业务指导体系协同。专利审查质量用户满意度指数保持在 85 以上，商标审查质量满意度保持在较高水平。

**提高审查效率。**发明专利审查周期压缩至 15 个月以内，专利无效结案周期控制在 6 个月以内。商标变更和续展首次审查周期压缩至 15 天以内，商标转让首次审查周期压缩至 1 个月以内，商标驳回复审案件平均审理周期压缩至 5.5 个月以内，商标异议审查周期进一步压缩。（国家知识产权局负责）

**强化知识产权申请注册质量监管。**完善以质量和价值为导向的知识产权统计指标体系，健全知识产权质量统计监测和反馈机制。严格规范专利申请、商标注册和版权登记行为，严厉打击不以保护创新为目的的非正常专利申请和代理行为，以及不以使用为目的的恶意商标注册和代理行为，依法依规对相关行为进行处置。加强信用监管和行业自律，严厉打击无资质专利代理等违法违规行为。（国家知识产权局牵头，中央宣传部、国家统计局等按职责分工负责）

## 四、提高知识产权转移转化成效，支撑实体经济创新发展

（九）完善知识产权转移转化体制机制。

**推进国有知识产权权益分配改革。**强化国家战略科技力量，深化科技成果使用权、处置权、收益权改革，开展赋予科研人员职务科技成果所有权或长期使用权试点。充分赋予高校和科研院所知识产权处置自主权，推动建立权利义务对等的知识产权转化收益分配机制。有效落实国有企业知识产权转化奖励和报酬制度。完善国有企事业单位知识产权转移转化决策机制。（国家发展改革委、教育部、科技部、财政部、人力资源社会保障部、国务院国资委、中科院、国家国防科工局、国家知识产权局等按职责分工负责）

**优化知识产权运营服务体系。**推动在重点产业领域和产业集聚区建设知识产权运营中心。培育发展综合性知识产权运营服务平台，创新服务模式，促进知识产权转化。支持高校和科研院所加强市场化知识产权运营机构建设，提升知识产权转化能力。加强知识产权运营专业化人才队伍建设。建立完善专利开放许可制度和运行机制。拓宽专利技术供给渠道，推进专利技术供需对接，促进专利技术转化实施。指导规范知识产权交易，完善知识产权质押登记和转让许可备案管理制度，加强数据采集分析和披露利用。加强知识产权转移转化状况统计调查。（中央宣传部、教育部、科技部、财政部、国家统计局、国家知识产权局等按职责分工负责）

**积极稳妥发展知识产权金融。**优化知识产权质押融资体系，健全知识产权质押融资风险管理机制，完善质物处置机制，建设知识产权质押信息平台。支持银行创新内部考核管理模式，推动银行业金融机构用好单列信贷计划和优化不良率考核等监管政策，在风险可控的前提下扩大知识产权质押贷款规模。鼓励知识产权保险、信用担保等金融产品创新，充分发挥金融支持知识产权转化的作用。在自由贸易试验区和自由贸易港推进知识产权金融服务创新。健全知识产权价值评估体系，鼓励开发智能化知识产权评估工具。（国家知识产权局牵头，中央宣传部、国家发展改革委、财政部、人民银行、银保监会、证监会等按职责分工负责）

**促进产业知识产权协同运用。**推动企业、高校、科研机构知识产权深度合作，引导开展订单式研发和投放式创新。围绕关键核心技术联合攻关加强专利布局和运用。引导建立产业专利导航决策机制，优化战略性新兴产业发展模式，增强产业集群创新引领力。推动在数字经济、智能制造、生命健康、新材料等领域组建产业知识产权联盟，构筑产业专利池。促进技术、专利与标准协同发展，研究制定标准必要专利许可指南，引导创新主体将自主知识产权转化为技术标准。健全知识产权军民双向转化工作机制。（教育部、科技部、工业和信息化部、市场监管总局、中科院、国家国防科工局、国家知识产权局、中央军委装备发展部等按职责分工负责）

**专栏7 专利导航工程**

**完善专利导航工作体系。**推动出台地方专利导航产业发展配套落实措施。引导企业、高校、科研机构、行业协会等推广实施专利导航指南国家标准，突出专利导航服务、评价、培训、组织实施标准化引领。加强专利导航理论研究、实务指导、技术支撑，推动建设专利导航业务指导中心，支持在重点区域、重点产业园区建设专利导航服务基地。开展专利导航示范项目建设，加强专利导航项目评价，引导规范专利导航市场化服务。

**深化专利导航运用模式。**完善以产业数据、专利数据为基础的专利导航决策机制，创新专利导航服务模式，打造专利导航深度应用场景。组织开发专利导航数据产品、分析工具、应用平台。推动实施重点领域、重点产业专利导航项目，引导关键核心技术攻关，加强产业专利布局，助力保障产业链供应链稳定和安全。（国家知识产权局牵头，教育部、科技部、工业和信息化部、中科院等按职责分工负责）

（十）提升知识产权转移转化效益。

**提升创新主体知识产权管理效能。**推动创新主体加强知识产权管理标准化体系建设，推动实施创新过程知识产权管理国际标准。推动中央企业建立完善知识产权工作体系，打造一批具备国际竞争优势的知识产权强企。深化实施中小企业知识产权战略推进工程。分级分类开展企业、高校、科研院所知识产权优势培育和建设工作。引导创新主体建立健全知识产权资产管理制度，推动企业做好知识产权会计信息披露工作。建立健全财政资助科研项目形成知识产权的声明制度和监管机制。（教育部、科技部、工业和信息化部、财政部、国务院国资委、税务总局、市场监管总局、中科院、国家知识产权局等按职责分工负责）

**专栏8 中小企业知识产权战略推进工程**

**提升知识产权管理水平。**鼓励有条件的中小企业实施企业知识产权管理规范国家标准，加大中小企业知识产权托管服务力度。

**提升知识产权运用能力。**开展工业企业知识产权运用试点工作，发挥知识产权运营平台和运营基金作用，促进中小企业知识产权转移转化，鼓励国有企业通过并购等方式支持中小企业知识产权转移转化，完善中小企业知识产权维权援助工作机制。

**拓宽中小企业知识产权融资渠道。**鼓励各类金融机构创新知识产权金融服务，丰富金融产品供给，加大中小企业知识产权质押融资支持力度，完善风险分担补偿机制。（工业和信息化部牵头，中央宣传部、人民银行、国务院国资委、市场监管总局、银保监会、证监会、国家知识产权局等按职责分工负责）

**推动知识产权融入产业创新发展。**培育专利密集型产业，探索开展专利密集型产品认定工作，指导地方制定专利密集型产业培育目录，健全专利密集型产业增加值核算与发布机制，加强专利密集型产业培育监测评价。实施商标品牌战略，加强驰名商标保护，提升品牌国际影响力。实施版权创新发展工程，打造版权产业集群，强化版权发展技术支撑。推动地方建立地理标志产品产值统计制度，健全地理标志产业发展利益联结机制，发挥龙头企业带动作用，吸引更多市场主体参与地理标志产业融合发展。完善绿色知识产权统计监测，推动绿色专利技术产业化，支撑产业绿色转型。（中央宣传部、农业农村部、市场监管总局、国家统计局、国家知识产权局等按职责分工负责）

**专栏9 商标品牌建设工程**

**建立健全商标品牌推进工作体系。**完善产品质量监督体系，健全监督信息交流共享机制，提升商标品牌质量。引导行业协会、高校、科研机构等服务商标品牌发展，对品牌质量进行研究、评价、监测。发展区域品牌，推动新型农业、先进制造业、现代服务业等产业集群品牌商标化。推动设立商标品牌指导站，强化商标品牌培育帮扶指导。

**推动企业实施商标品牌战略。**加强商标品牌资产管理，强化商标使用导向。支持开展商标海外布局，培育具有市场竞争力、国际影响力的知名商标品牌，支持开展中国国际商标品牌节等宣传活动，加强中国商标品牌的全球推广。（国家知识产权局牵头，工业和信息化部、农业农村部、市场监管总局等按职责分工负责）

**专栏 10　版权创新发展工程**

构筑版权产业发展新优势。面向省、市、县及园区持续推进版权示范工作。建设国家版权创新发展基地。建立全国版权展会授权交易体系。持续推进文化文物单位文化创意产品开发试点工作。完善版权登记体制机制。优化资源配置，打造一批符合国家战略、反映产业和区域特点的优质版权产业集群。

推进版权交易、保护、服务一体化发展。拓宽版权作品国际合作与宣传渠道。打造一批精品广播电视和网络视听版权资源。推动中国优秀作品走出去、外国优秀作品引进来。推进版权保护技术、标准的研究和应用，加强各类作品价值评估、登记认证、质押融资等服务。探索在版权确权、用权、维权中引入区块链技术。（中央宣传部牵头，文化和旅游部、广电总局等按职责分工负责）

**助力区域经济协调发展。**优化央地合作会商机制，持续推动知识产权强省强市建设，面向省、市、县及园区深入开展知识产权强国建设试点示范工作，探索支撑创新发展的知识产权运行机制。强化区域间合作互助，促进东、中、西部和东北地区知识产权工作共同发展。鼓励地方探索构建符合区域发展需求的知识产权政策体系。推动京津冀高端知识产权服务业集聚发展。强化长三角区域一体化知识产权保护。推动粤港澳大湾区打造知识产权国际合作高地。推动成渝地区双城经济圈建立知识产权金融生态区。支持深圳建设中国特色社会主义先行示范区，打造保护知识产权标杆城市。支持香港建设区域知识产权贸易中心。加强涉农知识产权运用，助力乡村振兴。（国家知识产权局牵头，国家发展改革委、农业农村部、人民银行、国家林草局等按职责分工负责）

**专栏 11　知识产权助力乡村振兴工程**

推进专利技术强农。开展专利信息帮扶，提升农业专利技术成果转化应用水平。

推进商标品牌富农。开展涉农产品商标品牌培育，遴选优质地理标志产品进行扶持，加强涉农品牌宣传。

推进地理标志兴农。开展地理标志助力乡村振兴行动，推动建设地理标志特色优势园区，实施农业生产“三品一标”提升行动，推进品种培优、品质提升、品牌打造和标准化生产，打造地理标志农产品引领乡村特色产业发展的县域样板。

推进新品种惠农。加强优秀植物新品种培育和产业化，促进农作物育种创新，加快培育具有自主知识产权的优良品种，培育和转化运用一批优质林草新品种。（农业农村部、市场监管总局、国家林草局、国家知识产权局等按职责分工负责）

## 五、构建便民利民知识产权服务体系，促进创新成果更好惠及人民

（十一）提高知识产权公共服务能力。

**加快知识产权新型基础设施建设。**依托全国一体化大数据中心体系，完善国家知识产权大数据中心和公共服务平台，提升知识产权公共服务智能化水平。推进地方知识产权公共服务平台和专题数据库建设，优先支持战略性新兴产业集群所在地建设知识产权公共服务平台，推动知识产权公共服务平台与行业、产业信息服务平台互联互通，提高知识产权公共服务可及性和普惠性。加强知识产权网络安全建设，健全网络安全综合防控体系，持续增强网络安全综合保障能力。（国家知识产权局牵头，中央网信办、国家发展改革委、财政部等按职责分工负责）

**专栏 12　知识产权公共服务信息化智能化建设工程**

建设国家知识产权大数据中心。汇聚全球专利、商标、地理标志、集成电路布图设计等知识产权数据，实现知识产权数据与经济、科技、产业等信息融合。利用机器学习、人工智能等技术，加强对知识产权注册登记、公布公告、纠纷调解、质押许可等信息的智能监测，进行创新态势分析等主题挖掘。提供智能数据服务，实现对各类知识产权数据的智能分析，为科学决策等提供数据支撑。

完善国家知识产权公共服务平台。对接全国一体化政务服务平台、国家“互联网+监管”系统，优化知识产权行政执法保护支撑、行政复议、知识产权注册簿登记簿应用、电子商务领域知识产权保护、知识产权代理监管、非正常申请监管、知识产权咨询等政务服务。面向

社会公众提供专利、商标、地理标志、集成电路布图设计等一站式智能查询检索服务，实现知识产权公共服务便利化、集约化、高效化。（国家知识产权局牵头，中央网信办、国家发展改革委、财政部等按职责分工负责）

**完善知识产权公共服务体系。**完善知识产权公共服务网络，健全公共服务支持创新工作机制。推动公共服务骨干节点分级分类建设，省级公共服务机构实现全覆盖，地市级公共服务机构覆盖率力争达到50%，鼓励有条件的县（市、区）设立综合性公共服务机构。支持开展跨行政区域知识产权公共服务合作。优化知识产权公共服务网点布局，提升高校、科研机构、科技社团、公共图书馆、科技情报机构、产业园区生产力促进机构等知识产权信息公共服务能力。重点支持技术与创新支持中心、高校国家知识产权信息服务中心、国家知识产权信息公共服务网点有序发展。（国家知识产权局牵头，教育部、科技部、工业和信息化部、文化和旅游部、中科院、中国科协等按职责分工负责）

**提高知识产权公共服务供给水平。**加强知识产权数据标准制定，提高数据质量，维护数据安全，完善知识产权基础数据资源管理和服务规范。加强知识产权信息传播利用，加大知识产权基础数据开放力度，促进数据资源共享。完善知识产权信息利用相关规范，开展知识产权信息利用研究分析和发布。积极参与国际知识产权数据标准制定，加强国际知识产权数据交换。加大政府购买服务力度，创新公共服务形式，丰富公共服务产品供给。加强知识产权公共服务规范化、标准化建设，明晰知识产权公共服务事项和范围，建立知识产权公共服务清单制度。（国家知识产权局负责）

（十二）促进知识产权服务业健康发展。

**培育发展知识产权服务业。**引导知识产权代理、法律、信息、咨询、运营服务向专业化和高水平发展，拓展知识产权投融资、保险、资产评估等增值服务，促进知识产权服务业新业态新模式发展。加快制定实施知识产权服务业基础标准、支撑标准、产品标准、质量标准。深入实施专利代理机构执业许可审批告知承诺改革。引导国际高水平知识产权服务机构依规在华设立常驻代表机构。开展品牌价值提升行动，培育一批国际化、市场化、专业化知识产权服务机构。建设国家知识产权服务出口基地。全国执业专利代理师达到4万人。完善知识产权服务业统计制度。支持知识产权服务行业协会组织开展公益代理和维权援助。（国家知识产权局牵头，中央宣传部、司法部、商务部、国家统计局等按职责分工负责）

**促进知识产权服务业与区域产业融合发展。**聚焦重点区域、重点产业需求，优化知识产权服务业集聚区建设，引导知识产权服务链上下游优势互补、多业态协同发展。建立知识产权服务对接重点产业、重大项目工作机制，重点提供专利导航等高端服务。鼓励知识产权服务机构为创新主体提供全链条、专业化知识产权服务，支持企业创新发展和产业转型升级。（国家知识产权局牵头，工业和信息化部等按职责分工负责）

**加强知识产权服务业监管。**规范计划制定、名单抽取、结果公示、数据存档等各项抽查检查工作程序，实现“双随机、一公开”监管全覆盖。建立知识产权服务业监管长效机制。健全跨部门、跨区域协同监管机制。完善年度报告、经营异常名录、严重失信主体名单制度，开展信用评价并推广应用评价结果。建立知识产权服务业质量监测机制，利用新技术手段快速精准发现违法违规行为线索，提升监管效能。充分发挥知识产权服务行业协会作用，加大行业自律惩戒力度。建设知识产权服务业评价系统，及时公开服务机构和从业人员评价数据。（国家知识产权局负责）

## 六、推进知识产权国际合作，服务开放型经济发展

（十三）主动参与知识产权全球治理。

**积极参与完善知识产权国际规则体系。**加强与世界知识产权组织的合作磋商，推动完善知识产权及相关国际贸易、国际投资等国际规则和标准。积极参与遗传资源、传统知识、民间文艺、非物质文化遗产、广播组织等方面的知识产权国际规则制定。积极研究和参与数字领域等新领域新业态知识产权国际规则和标准的制定。（中央宣传部、外交部、商务部、文化和旅游部、国家知识产权局等按职责分工负责）

**积极推进与经贸相关的多双边知识产权谈判。**妥善应对国际知识产权争端，加强与主要贸易伙伴的知识产权合作磋商。在相关谈判中合理设置知识产权议题。深入参与世界贸易组织有关知识产权谈判。积极推进同其他国家和地区自贸协定知识产权议题谈判。研究推动与更多国家和地区开展地理标志协定谈判。（中央宣传部、外交部、商务部、国家知识产权局等按职责分工负责）

（十四）提升知识产权国际合作水平。

**加强知识产权国际合作机制建设。**巩固和完善“一带一路”知识产权合作，充分利用“一带一路”知识产权合作平台，扩大合作项目规模和储备。深度参与金砖国家、中美欧日韩、中日韩、中国—东盟等小多边知识产权合作，加强与各方政策和业务规则交流，支持产业界积极参与相关合作机制。完善跨境司法协作安排，加强防范打击侵犯知识产权犯罪国际合作。（中央宣传部、最高人民法院、最高人民检察院、外交部、公安部、商务部、海关总署、国家知识产权局等按职责分工负责）

**专栏 13 “一带一路”知识产权合作工程**

加强“一带一路”知识产权合作机制建设。打造共建“一带一路”国家和地区知识产权高层次合作平台。将知识产权合作同“数字丝绸之路”、“创新丝绸之路”等建设协调推进。推进知识产权信息、数据资源等领域合作。

强化知识产权能力提升项目实施。向共建“一带一路”国家和地区提供专利检索、审查、培训等多样化服务。开展面向共建“一带一路”国家和地区的知识产权培训。（国家知识产权局牵头，外交部、商务部、国际发展合作署等按职责分工负责）

**优化知识产权国际合作环境。**深化与国际和地区组织、重点国家和地区的知识产权合作，完善合作布局。加强面向周边和发展中国家的知识产权培训，支持发展中国家知识产权能力建设。加强药物及新冠病毒疫苗研发等重点领域的知识产权国际合作。与贸易对象国建立企业知识产权事务沟通协调机制。（中央宣传部、外交部、工业和信息化部、商务部、国家卫生健康委、市场监管总局、国际发展合作署、国家药监局、国家知识产权局、中国贸促会等按职责分工负责）

（十五）加强知识产权保护国际合作。

**便利知识产权海外获权。**强化知识产权审查业务合作，拓展“专利审查高速路”国际合作网络，重点推动相关国家共享专利、植物新品种等审查结果。引导创新主体合理利用世界知识产权组织全球服务体系等渠道，提高海外知识产权布局效率。（国家知识产权局牵头，中央宣传部、农业农村部、国家林草局等按职责分工负责）

**加强知识产权海外维权援助。**建立国际知识产权风险预警和应急机制，建设知识产权涉外风险防控体系。建立国际趋势跟踪研究基地，加强对商业秘密保护、互联网企业走出去等重点前沿问题的研究。提升海外知识产权信息服务能力，建立健全国外展会知识产权服务站工作机制。鼓励保险机构开展知识产权海外侵权保险业务。积极发挥贸易投资促进机构作用，不断加强知识产权海外服务保障工作。（中央宣传部、商务部、市场监管总局、银保监会、国家知识产权局、中国贸促会等按职责分工负责）

**专栏 14 对外贸易知识产权保护工程**

加强海外知识产权纠纷应对指导体系建设。建立与知识产权有关的贸易对象国调查报告机制。拓展打击知识产权侵权犯罪国际执法协作渠道，开展重大案件跨国联合执法行动。建立海关跨境合作机制，加强知识产权海关执法信息情报交换共享。

提升海外知识产权风险防范能力。制定跨境电商知识产权保护指南，引导跨境电商平台防范进出口贸易中的知识产权风险，有效支持跨境电商平台企业国际化发展。加强对海外知识产权制度环境的研究，编制发布重点国家知识产权保护国别指南。（中央宣传部、中央网信办、最高人民检察院、公安部、商务部、海关总署、国家知识产权局等按职责分工负责）

## 七、推进知识产权人才和文化建设，夯实事业发展基础

（十六）加强知识产权人才队伍建设。

**优化知识产权人才发展环境。**推进知识产权学科建设，支持学位授权自主审核单位依程序设置知识产权一级学科点，支持有关单位依程序设置知识产权二级学科点，研究设置知识产权硕士专业学位。推动知识产权相关专业升级和数字化改造，开发一批知识产权精品课程。鼓励支持有条件的理工科高校开设知识产权相关专业和课程。设立一批国家知识产权人才培养基地。做好知识产权职称制度改革实施工作，完善知识产权人才评价体系。（教育部、人力资源社会保障部、国家知识产权局等按职责分工负责）

**提升知识产权人才能力水平。**完善知识产权人才分类培训体系，健全人才保障机制。加强知识产权理论研究，完善知识产权研究管理机制，强化智库建设，鼓励地方开展政策研究。加强知识产权行政管理、行政执法、行政裁决人员培养，分层次分

区域持续开展轮训。加强企事业单位知识产权人才培养，建设理论与实务联训基地。建立知识产权服务业人才培训体系，提高服务业人才专业能力。大力培养知识产权国际化人才。（国家知识产权局牵头，中央宣传部、市场监管总局等按职责分工负责）

（十七）加强知识产权文化建设。

**构建知识产权大宣传格局。**围绕知识产权强国建设，统筹传统媒体与新兴媒体，用好融媒体，健全知识产权新闻发布制度。建立健全政府活动宣传、媒体传播报道、学界文章影响、国际文化交流相互促进的知识产权传播大矩阵。持续做好全国知识产权宣传周、中国知识产权年会等品牌宣传活动。讲好中国知识产权故事，展示文明大国、负责任大国形象。（国家知识产权局牵头，中央宣传部、中央网信办、广电总局等按职责分工负责）

**专栏 15　知识产权普及教育工程**

推动知识产权普及教育进校园。支持大中小学开展知识产权基础性普及教育。鼓励知识产权专家进校园，促进知识产权教育与学校创新实践活动相融合，持续推进全国中小学知识产权教育工作和全国大学生版权征文活动。推动技工院校普及知识产权教育，将知识产权普及教育作为全国专业技术人员继续教育的重要内容。

推动知识产权进干部培训课堂。优化知识产权课程设置，加强对党政领导干部和国有企业负责人的知识产权宣传培训。（国家知识产权局牵头，中央组织部、中央宣传部、教育部、人力资源社会保障部、中国科协等按职责分工负责）

**厚植知识产权文化理念。**增强全社会尊重和保护知识产权的意识，推动知识产权文化与法治文化、传统文化、创新文化、诚信文化深度融合。大力宣传锐意创新和诚信经营的典型企业，引导企业自觉履行尊重和保护知识产权的社会责任。开展贴近时代、贴近百姓、贴近生活的知识产权文化惠民活动。加强知识产权文化基础设施建设。探索建立"互联网+"知识产权保护云博物馆。加大对中西部地区知识产权文化建设投入。开展知识产权文化建设理论和学术研究，以文化为媒，提升文化软实力。（国家知识产权局牵头，中央宣传部、司法部、文化和旅游部等按职责分工负责）

## 八、实施保障

（十八）加强组织领导。

坚持党对知识产权工作的全面领导，充分发挥国务院知识产权战略实施工作部际联席会议作用，完善工作机制，形成工作合力，确保党中央、国务院关于知识产权工作的各项决策部署落到实处。各地区、各有关部门要强化责任意识，密切协调配合，结合实际进一步明确工作重点，落实好本规划部署的各项任务措施。国家知识产权局要加强组织协调，明确责任分工，细化目标任务，加强宣传解读，制定年度推进计划，确保规划有序推进。相关社会组织和行业协会要积极参与规划实施，主动作为，发挥作用。（国家知识产权局牵头，有关部门与地方各级人民政府按职责分工负责）

（十九）鼓励探索创新。

各地要发扬基层首创精神，针对规划实施中的痛点、难点问题，主动作为、创新思路，积极探索积累务实管用、科学精准的具体举措，不断丰富完善有关政策措施。各有关部门要营造有利环境，支持有条件的地区先行先试。（地方各级人民政府与有关部门按职责分工负责）

（二十）加大投入力度。

完善多渠道投入机制，推进规划重大工程项目落地，促进规划有效实施。加强对知识产权工作的政策和资源支持。鼓励社会资本积极参与，创新投入模式和机制，充分发挥市场在资源配置中的决定性作用。（有关部门与地方各级人民政府按职责分工负责）

（二十一）狠抓工作落实。

国家知识产权局会同有关部门加强对规划实施情况的跟踪监测，通过第三方评估等形式开展规划实施的中期评估、总结评估，总结推广典型经验做法，发现规划实施中存在的问题并研究解决对策。强化监督检查，确保任务落实，重要情况及时报告国务院。（国家知识产权局牵头，有关部门按职责分工负责）

# 版权工作“十四五”规划

国家版权局

“十四五”时期是我国全面开启建设社会主义现代化国家新征程的第一个五年。为贯彻落实党中央、国务院决策部署，深入贯彻新发展理念，加快构建新发展格局，有效实施创新驱动发展战略，有力支撑创新型国家建设和文化强国、知识产权强国建设，统筹推进版权强国建设，全面提升版权创造、运用、保护、管理、服务水平，不断完善版权工作体系，推进版权治理体系和治理能力现代化，根据中共中央、国务院印发的《知识产权强国建设纲要（2021—2035年）》和《“十四五”国家知识产权保护和运用规划》等有关规划，结合版权工作实际，编制本规划。

## 一、面临的形势和任务

“十三五”时期，以习近平同志为核心的党中央把知识产权工作摆在更加突出的位置。中央政治局就加强知识产权保护进行集体学习，充分体现了以习近平同志为核心的党中央对知识产权保护工作的高度重视和殷切期望。习近平总书记关于知识产权工作的系列重要讲话深刻阐明了事关知识产权事业改革发展的一系列方向性、根本性、原则性理论和实践问题，为新时代全面加强知识产权保护工作提供了根本遵循和行动指南。在党中央、国务院的坚强领导下，各级版权主管部门奋力进取，我国版权事业取得显著成效，工作组织体系不断健全，法律制度体系逐步完善，执法监管力度持续加强，社会服务水平稳步提升，国际交流合作逐渐深入，版权产业蓬勃发展，版权创造、运用、保护效果显著提升，全社会版权意识大幅提高，版权工作在激发全社会创新活力、促进文化繁荣发展、建设社会主义现代化国家进程中发挥了重要作用。

“十四五”时期，版权作为知识产权的组成部分、文化的基础资源、创新的重要体现和国民经济的支柱产业，在加快构建新发展格局以及建设创新型国家和文化强国、知识产权强国进程中，地位越来越重要、作用越来越显著。同时，版权作为国家综合实力的重要指标，成为国际竞争的核心要素。加强版权国际交流与合作，积极推动建立平衡有效的国际版权体系，加快提升我国版权国际影响力和话语权，任务紧迫而艰巨。当前，我国正在从知识产权引进大国向知识产权创造大国转变，知识产权工作正在从数量跃升向质量提高转变。不断完善版权工作体制机制，强化版权全链条保护，积极促进版权创造和运用，有效应对版权新问题、新挑战，持续提升全社会版权意识，推进版权治理体系和治理能力现代化，推动版权事业和产业高质量发展，尤为重要而迫切。中共中央、国务院印发《知识产权强国建设纲要（2021—2035年）》，是以习近平同志为核心的党中央面向知识产权事业未来十五年发展作出的重大决策部署，描绘了建设知识产权强国的宏伟蓝图，为新时代进一步做好版权工作提供了历史机遇、指明了前进方向。全面提升我国版权工作水平，大力激发全社会创新活力，加快建设中国特色、世界水平的版权强国，对提升国家核心竞争力，扩大高水平对外开放，实现更高质量、更有效率、更加公平、更可持续、更为安全的发展，满足人民日益增长的美好生活需要，建设社会主义现代化强国，具有重要意义。

## 二、指导思想、基本原则和发展目标

### （一）指导思想

“十四五”时期，版权工作以习近平新时代中国特色社会主义思想为指导，全面贯彻党的十九大和十九届历次全会精神，认真落实党中央、国务院决策部署，坚持稳中求进、守正创新，坚持保护版权就是保护创新的理念、大力实施创新驱动发展战略，坚持立足新发展阶段、贯彻新发展理念、构建新发展格局，坚持服务宣传思想工作大局、维护意识形态安全、促进文化繁荣发展，坚持推进版权治理体系和治理能力现代化，以建设版权强国为中心目标，以全面加强版权保护、加快版权产业发展为基本任务，以进一步完善版权工作体系为主要措施，不断提升版权工作水平和效能，为推动高质量发展、建设创新型国家和文化强国、知识产权强国提供更加有力的版权支撑。

（二）基本原则

1. 坚持守正创新。坚持正确政治方向，加强党的全面领导，增强“四个意识”、坚定“四个自信”、做到“两个维护”，服务党和国家工作大局。开拓创新版权工作思路，坚持把新发展理念贯穿版权工作全过程和各领域，不断改革完善版权管理体制机制，主动适应新技术、新产业、新业态、新模式，激发优质版权作品创作活力，促进文化和科学事业繁荣发展。

2. 坚持全面保护。不断提高版权工作法治化水平，进一步健全中国特色版权法律制度体系。强化版权全链条保护，不断提升版权执法的质量、效率、公信力，发挥法治在版权治理体系和治理能力现代化中的积极作用。把全面保护作为版权工作主基调，把网络版权保护作为主战场，强化保护力度、拓展保护范围、突出保护重点、增强保护实效，不断提升版权保护水平，维护良好的版权秩序和环境。

3. 坚持质量优先。充分认识版权在推动我国经济社会高质量发展中的重要作用，坚持以人民为中心的工作导向，鼓励有益于社会主义精神文明、物质文明建设的作品的创作和传播，满足人民美好生活需要。做好版权社会服务工作，提升著作权登记质量，完善版权确权、授权和交易机制，注重版权资产管理，提升版权交易水平，促进版权转化运用，推动版权产业特别是核心版权产业高质量发展。

4. 坚持开放合作。全面展现负责任大国形象，实施更大范围、更宽领域、更深层次版权开放合作，积极参与版权国际事务，大胆吸收和借鉴版权保护国际经验，立足现实和国情，坚持开放包容、平衡普惠的原则，深度参与世界知识产权组织、世界贸易组织等国际组织框架下的全球版权治理，深化与共建“一带一路”国家和地区，以及同我有双边版权合作协议重点国家的交流合作，开创更高水平开放型版权发展新局面。

5. 坚持统筹协调。坚持以我为主、人民利益至上、公正合理保护，既严格保护版权，又确保公共利益和激励创新。坚持立法与执法、保护与发展、监管与服务、网下与网上、国内与国际并重。注重体系建设和机制创新，构建版权工作社会共治新模式新格局，综合运用法律、政策、经济、行政和技术等手段，做好分类指导和区域布局，推动总体提升与重点突破相结合，打通版权创造、运用、保护、管理、服务全链条，推进版权工作水平和效能更好适应新时代新要求。

（三）发展目标

到 2025 年，版权强国建设取得明显成效。版权重要领域和关键环节改革取得重要进展，版权法律制度体系更加完善，版权工作法治化水平大幅提高；版权执法监管不断加强，版权保护水平显著提升；版权社会服务能力明显提高，版权产业高质量发展成效显著；版权涉外工作深入推进，在国际版权体系中的话语权、传播力和影响力不断提升；版权宣传教育持续深入开展，尊重版权的社会风尚更加浓厚，版权营商环境明显优化，版权保护社会满意度保持较高水平。

各级版权主管部门加大版权工作力度。国家版权局推动完成与著作权法配套的行政法规、部门规章及规范性文件的制定和修订工作；每年组织开展 2 次全国性版权执法专项行动；每年组织开展 1 次软件使用情况年度核查；每年授予 2 至 3 个全国版权示范城市、5 至 10 家全国版权示范园区（基地）、20 至 30 家全国版权示范单位。著作权登记制度更加完善，登记质量显著提升，登记数量不断增长，作品登记数量年均增长 10%以上，2025 年全国作品登记数量超过 500 万件；计算机软件著作权登记数量年均增长 12%以上，2025 年全国计算机软件著作权登记数量超过 300 万件。到 2025 年，版权产业增加值占国内生产总值的比重提高到 7.5%左右，核心版权产业增加值占国内生产总值的比重提高到 4.75%左右。

## 三、重点任务和主要措施

（一）进一步完善版权法律制度体系

坚持时代化、精细化和中国化的原则，积极推动制定、修订与著作权法配套的行政法规、部门规章，推进有关著作权国际条约的磋商制定、批准和实施工作，进一步提高版权工作法治化水平。

1. 健全版权法律法规和政策制度。开展基础性版权法律制度和政策研究，制定、修订版权行政执法、著作权集体管理组织监管、作品登记、马拉喀什条约实施等有关著作权行政法规、部门规章和规范性文件。加强对地方著作权立法工作的指导和支持，鼓励各地区在立法权限范围内因地制宜制定地方性法规和规章，保障各项著作权法律法规在各地区有效实施。

**专栏 1　版权法律制度体系完善项目**

推动修订完善著作权法规和部门规章。制定、修订《中华人民共和国著作权法实施条例》《著作权集体管理条例》《信息网络传播权保护条例》《计算机软件保护条例》和民间文学艺术作品著作权保护条例，以及《著作权行政处罚实施办法》《作品自愿登记试行办法》《计算机软件著作权登记办法》等著作权法配套行政法规、部门规章。完善版权管理体制机制，健全新领域新业态版权保护制度。

2. 推进有关著作权国际条约的磋商制定和批准工作。深度参与世界知识产权组织框架下全球版权治理，积极参与、推动相关著作权国际条约的磋商、制定工作。推动国内著作权法律法规与我国已参加的国际公约协调和对接。配合全国人大常委会、国务院推进马拉喀什条约等国际版权条约的批准及落地实施。

**专栏 2　版权助力文化普惠项目**

持续推进版权助力文化成果惠及更广大民众。以我国批准马拉喀什条约为契机，进一步完善便于盲人、视力障碍者等阅读障碍者使用作品的版权制度，并向公众特别是著作权人，阅读障碍者，为阅读障碍者制作、提供作品无障碍格式版的机构等利益相关方重点宣传推广。开展对无障碍格式版制作、提供机构的指导和监管工作。大力加强无障碍格式版跨境交换国际合作，在为国内阅读障碍者丰富作品资源的同时进一步扩大我国优秀作品海外传播覆盖面。

3. 完善版权管理体制机制。充分发挥国家和省级版权主管部门的组织、部署、协调、指导和监督检查职责，支持各级版权、文化市场综合执法部门开展版权执法工作。推行版权权力清单、责任清单、负面清单制度，实行动态管理。加大版权领域简政放权力度，强化依法行政，坚持放管结合，不断优化版权领域营商环境。

（二）进一步完善版权行政保护体系

坚持全面加强版权保护，加大版权执法监管力度，健全版权侵权查处机制，实施版权严格保护，做好行政执法与刑事司法有效衔接，强化事中事后监管，突出大案要案查处和重点行业专项治理，加大侵权行为惩治力度，完善执法监管保障，有效营造和维护尊重版权的社会环境。

1. 全面加强版权保护。将全面加强版权保护作为版权执法监管工作的主要基调和基本导向，利用版权手段加强意识形态管理，充分发挥行政执法优势，加大行政执法力度，对群众反映强烈、社会舆论关注、侵权盗版多发的重点领域和区域坚决持续整治。贯彻中央“放、管、服”决策部署，强化事中事后监管，形成事前预防、事中监管和事后严惩的全面监管机制。加强版权行政执法指导制度建设，不断提升版权执法效能，加大案件查办力度，提高案件办理质量。完善版权快速维权与维权援助机制，缩短侵权事件处理周期。

2. 推动新业态新领域版权保护。将网络领域作为版权保护主阵地，不断提升版权管网治网能力。加强大数据、人工智能、区块链等新技术开发运用，提升传统文化、传统知识等领域的版权保护力度，完善体育赛事、综艺节目、网络直播、电商平台等领域版权保护制度。依托国家版权监管平台，进一步扩大监管范围和监管对象，深入开展对新型传播平台的版权重点监管工作。支持数字版权保护技术研发运用，充分利用新技术创新版权监管手段，提高执法有效性和精准度，提升版权保护水平。加强对版权治理热点难点问题的研究与监管，完善打击网络侵权盗版的快速反应机制。

**专栏 3　版权行政保护重点项目**

持续开展专项行动。针对关键领域、重要环节、重点群体，持续开展打击网络侵权盗版“剑网”专项行动。指导各地积极查办侵权盗版案件，突出大案要案和典型案件的查处，加大对反复侵权、恶意侵权、规模侵权等行为的处罚力度。加强新闻作品版权保护。完善红色经典等优秀舞台作品的版权保护措施。

不断强化重点监管。加强对网络服务商的版权重点监管和重点作品版权保护预警，推动互联网企业全面履行主体责任。建立重点关注市场名录，针对电商平台、展会、专业市场、进出口等关键领域和环节构建行政执法快速处理渠道。

3. 加强版权执法协作。进一步加强对文化市场综合执法机构的指导，有效发挥文化市场综合执法机构的版权执法职能。加强与工信、公安、海关、市场监管、网信等部门的执法协作。巩固加强两法衔接机制，进一步推动版权行政执法与刑事司法的有效衔接。在案件多发地区探索建立仲裁、调解优先推荐机制。建立健全版权案件分流制度，推进案件繁简分流机制改革。充分发挥全国打击侵权假冒领域行政执法与刑事司法衔接工作信息共享平台和国家版权监管平台的作用，加强数据管理和有效应用，提高衔接工作效率和规范化水平。

**专栏 4 版权行政执法协作项目**

推动完善各级文化市场综合执法机构落实版权执法任务的工作机制。健全部门间重大案件联合查办和移交机制。建立健全与司法机关信息共享、案情通报、案件移送制度，完善案件移送标准和程序，及时向公安部门移送涉嫌犯罪案件。健全跨区域、跨部门版权行政执法协作机制，推动发展水平相近、地理位置接近的地区加强跨地区线索移转、案情会商、案件协查、联合办案等。完善版权纠纷化解工作机制，推动建立专业化版权纠纷调解机构。

4. 强化社会监督共治。广泛整合运用社会力量，加强与版权协会、版权保护中心、版权服务机构、著作权集体管理组织的协作，逐步构建全社会共治的版权保护机制。积极推动权利人及组织与互联网企业和行业协会建立版权合作保护机制，建立完善网站版权信息库、权利人维权绿色通道和海外知识产权援助机制，引导权利人通过调解、仲裁、诉讼等多种渠道依法快速解决纠纷。在优势产业集聚区、产业园区、产业基地布局建设一批版权维权工作站，建立案件快速受理和科学分流机制，提供快速确权、维权“一站式”纠纷解决方案。建立健全版权保护志愿者制度，畅通投诉举报渠道，提高投诉处理质量和效率。完善侵权盗版举报奖励机制，鼓励和引导权利人积极投诉侵权盗版行为，激发社会公众参与版权保护积极性和主动性。支持编制发布企业版权保护指南和制定合同范本、维权流程等操作指引，鼓励企业加强风险防范机制建设，持续优化大众创业万众创新的版权保护环境。

5. 加强长效机制建设。加强版权行政执法能力建设，统一执法标准，完善执法程序，提高执法专业化、信息化、规范化水平。完善案件挂牌督办、监督检查、补助奖励、信息公开与年度考核等制度，落实行政执法责任制和责任追究制度。大力提升行政执法人员专业化、职业化水平。探索建立版权行政保护技术调查官制度，协助行政执法部门准确高效认定技术事实。进一步完善国家版权监管平台，建设权利人及侵权盗版等信息库，实现对侵权盗版行为的及时发现、源头追溯、有效监控、准确取证、属地查处，提高监管效能。

**专栏 5 版权信用体系建设项目**

推动建立版权领域市场主体信用分级分类监管模式。会同市场监管、发展改革等部门，建立健全版权信用监管体系，制定版权领域严重违法行为清单和惩戒措施清单，建立完善市场主体诚信档案“黑名单”制度，建立重复侵权、故意侵权企业名录社会公布制度，依法依规对版权领域严重失信行为实施联合惩戒。依法及时公开侵权盗版行政处罚案件信息。

（三）进一步完善使用正版软件工作体系

充分发挥推进使用正版软件工作部际联席会议制度优势，加强统筹协调、督促检查、服务指导和宣传培训，完善软件正版化工作监管体系，巩固政府机关软件正版化工作成果，持续深入推进企事业单位软件正版化工作，推动重要行业和重点领域软件正版化工作制度化规范化。

1. 巩固完善软件正版化工作制度。充分发挥制度引领作用，巩固完善推进使用正版软件工作部际联席会议等软件正版化工作制度。加强推进使用正版软件工作部际联席会议成员单位协调配合，提升联合监管效能。推动各地区各部门进一步完善软件正版化工作机制和督查考核等制度。

2. 巩固扩大软件正版化工作成果。加强对各地区各部门软件正版化工作政策指导，进一步推动各地区各部门落实《政府机关使用正版软件管理办法》《正版软件管理工作指南》等软件正版化工作政策要求。加强与重要行业和重点领域主管部门协调配合，推动文化、教育、卫生、金融、能源、交通、新闻出版等重要行业和重点领域软件正版化工作制度化规范化。加强部门联动，创新工作方法，加快推进民营企业和中小企业软件正版化工作。

3. 深入开展软件使用情况年度核查。进一步加大督促检查和考核评议力度，扩大软件正版化工作督查覆盖面。继续加强推进使用正版软件工作部际联席会议联合督查，聘用第三方机构以基础软件、工业软件、平台软件为重点对各级各类单位软件使用情况进行年度核查，重点核查重要行业和重点领域使用正版软件情况，并向社会公布核查结果。进一步完善软件正版化工作考核评价体系，加大督查考核结果通报和问责力度，发挥舆论监督作用，推动各地区各部门进一步落实主体责任。

**专栏 6 软件正版化监管优化项目**

建立健全软件正版化工作动态监管体系。坚持制度建设与技术手段并重，充分发挥技术手段在软件正版化工作信息报送、正版软件管理、正版软件检查等方面的优势，进一步完善软件正版化工作信息报送制度和正版软件智能检查工具。组织开展软件兼容性测试，以制度建设、软件采购、使用管理、日常检查、年度报告和考核评议为基础，以基础软件、工业软件、平台软件为重点，探索建立软件正版化工作大数据中心和正版软件防伪溯源平台。

4. 大力推进软件正版化工作与信息安全工作结合。结合网络强国建设和软件产业高质量发展政策要求，坚持软件正版化工作与信息化建设、信息安全工作紧密结合，相互支持、相互促进。推动各地区各部门部署建设的信息系统同步实现软件正版化，并兼容国产基础软件、国产工业软件、国产平台软件等国产软件，防范在信息化建设过程中“重硬轻软”，强化网络信息安全保障，助推软件产业高质量发展。

（四）进一步完善版权社会服务体系

完善版权社会服务体系，优化版权社会服务体制机制，创新工作方式方法，引导和规范版权社会服务机构建设，全面提升版权社会服务能力。

1. 完善著作权登记体制机制。推进建立全国统一的著作权登记体系，进一步规范作品登记、计算机软件著作权登记、著作权质权登记、涉外著作权合同登记、著作权专有许可使用合同及转让合同备案等工作，充分发挥著作权登记机构的作用，不断提升著作权登记的质量，逐步实现著作权登记在线办理，为社会各界和产业发展提供更优质更便捷的服务。

2. 健全中国特色著作权集体管理制度。适应管理体制变化、法律法规修改和技术革新发展的新形势，加强相关管理部门联动协调，优化监管机制，形成监管合力。引导著作权集体管理组织在创新许可和管理机制、落实著作权法定许可、深化国际合作和交流等方面不断拓展业务，为权利人和使用者提供更顺畅更高效的服务。鼓励著作权集体管理组织与相关行业协会合作，增进社会公众对著作权集体管理的认知，为著作权集体管理营造良好社会环境。

3. 规范涉外著作权认证工作。进一步健全机制，加强境外著作权认证机构和国际著作权组织常驻中国代表机构监管，协同相关部门做好机构管理、活动备案和年检审核等工作。指导境外著作权认证机构和国际著作权组织常驻中国代表机构依法开展各类版权有关活动，巩固和发挥其在中外版权交流合作中的桥梁和纽带作用。

4. 提升版权社会组织服务水平。充分利用各种社会资源和力量，发挥各级各类版权协会、版权保护中心、版权交易中心、版权服务站、行业版权联盟、版权代理机构和高校、科研院所等单位的作用，加强对版权社会组织的支持和管理，引导版权社会组织在资产管理、版权运营、鉴定评估、版权金融、监测预警、宣传培训、法律服务、纠纷调处等方面发挥专业性优势。支持版权社会组织之间的交流合作，推进版权社会组织的规范化发展。

**专栏 7 版权社会服务提升项目**

规范著作权登记工作。进一步细化著作权登记标准，规范登记流程，提升著作权登记数字化水平，研究建设著作权数据服务信息化平台，推动实现著作权登记、查询、监测、维权一体化服务。健全著作权登记公示查询、数据报送和统计分析等制度，提高著作权登记工作的统一性。

规范著作权集体管理活动。推进著作权集体管理活动规范化透明化，在权利信息查询、版权使用费标准、版权使用费收取和转付等方面加强管理，不断提升著作权集体管理组织社会公信力。

5. 加强版权宣传引导。把贯彻落实党中央、国务院的战略决策部署作为版权宣传工作的着眼点，建设常态化、立体化和精准化的版权宣传机制。综合运用多种媒体形态，不断提升版权宣传的生动性和有效性，及时准确回应社会关注、产业关切、群众关心的版权热点焦点问题，营造尊重版权的良好文化氛围，提高全社会版权意识。强化版权涉外宣传工作，进一步提升版权国际传播力，以塑造良好形象、维护国家利益、传播中华优秀传统文化为主要任务，把握大势、区分对象、精准施策，助力提高国家文化软实力和中华文化影响力。通过国家版权局英文网站、版权重点事件、多双边交流场合等开展日常对外宣传，主动发声，增信释疑。继续与世界知识产权组织开展版权保护优秀案例示范点调研项目，并通过世界知识产权组织等国际多边平台贡献中国智慧和中国方案。

6. 推进版权人才培养和队伍建设。进一步加大人才培养力度，加强版权理论研究和学科建设。重视版权领军人才、国际化专业人才的引进和培养。加强版权执法、版权登记、版权交易、版权代理、版权资产管理等专业化人才培养，构建政府、高校、社会组织和企事业单位互为补充的版权人才培训体系。充分发挥专家学者的优势，建立版权专家智库，整合以高校、科研院所等专业机构为主体的版权工作咨询团队，培养一批政治素质好、业务水平高的版权业务骨干。培育版权工作国际化急需的实务人才，提升版权国际问题研究能力。推进优化版权专业人员职业分类体系，制定版权专业人员职业标准，完善版权专业人员评价机制，形成有利于版权人才养成的良好环境。

**专栏8　版权宣传教育项目**

加强宣传推广。持续开展“全国知识产权宣传周”活动。大力宣传打击侵权盗版专项行动、软件正版化、著作权登记、版权示范创建、中国国际版权博览会、版权国际合作等重点工作成效。开展“兴文化 展形象——提升国际版权影响力项目”。以版权优秀案例、民间文艺保护等为突破口，打造一批国外受众愿意听、听得懂的中国版权好故事。

加强普及教育。扩大版权宣传活动影响力，深入推动版权宣传进社区、进机关、进学校、进企业、进农村、进家庭。继续开展“中国版权金奖”评选、版权保护优秀案例示范点调研、网络版权保护与发展大会、版权国际论坛等工作。持续做好版权执法、软件正版化、版权社会服务、版权涉外管理、版权风险防控等版权工作培训，推动构建多层次立体化宣传培训体系。

（五）进一步完善版权涉外工作体系

继续加强版权多双边合作，积极参与版权国际规则构建，进一步提升版权国际话语权，营造良好版权国际环境，提高中华文化影响力。

1. 加强版权多双边合作应对。深度参与世界知识产权组织框架下的全球版权治理，推动建立更加平衡有效的国际版权体系，进一步提升版权国际影响力和话语权。深入推进与联合国教科文组织、世界贸易组织、亚太经合组织等国际组织的交流合作，积极参与世界贸易组织贸易政策审议等多边对话机制。大力深化合作共赢的版权双边关系。继续与发展中国家开展版权友好对话。继续推进海峡两岸以及与香港、澳门版权交流工作。加强与立法、司法机关，以及外交、商务、知识产权等领域的部门联系沟通，强化对地方有关部门工作的管理和指导，推动建立多部门、多层级、多行业的国际版权联动应对机制，切实维护国家版权核心利益。

**专栏9　版权国际合作项目**

推动保护广播组织条约、保护传统文化表现形式条约等国际版权规则和标准制定。

积极参与区域性版权协定磋商，配合做好《区域全面经济伙伴关系协定》核准后的实施工作和《全面与进步跨太平洋伙伴关系协定》等相关工作。深化与共建“一带一路”国家和地区高层次版权交流合作，巩固和发展与有版权合作协议的重点国家版权对话合作机制。

2. 建立健全版权国际贸易服务机制。进一步加强版权产业国际运营能力，利用多双边版权对话机制协调解决版权国际贸易中的突出问题，推动构建国际性的版权交易平台，为版权产业“走出去”保驾护航。与世界知识产权组织等版权国际组织合作，编制重点国家、地区版权营商环境指南，指导企业开展版权海外业务。继续开展版权海外风险防控工作，支持我国企业在海外开展版权保护与维权。支持我国著作权集体管理组织、版权保护中心、版权行业组织加入国际版权组织或参加相关活动，与海外同类机构建立相互联系合作或代表关系。

3. 推动民间文艺版权保护国内立法实践和国际推广联动。坚持文化自信，依托国内丰富的多民族和民间文艺资源，坚持交流互鉴、开放包容、以我为主、为我所用的原则，推动完善民间文艺版权保护国内立法，着力解决我国在传统文化表现形式的传承、利用、保护和弘扬等方面存在的版权问题，大力发展民间文艺相关版权产业。积极推动国际民间文艺版权对话交流，以国内立法和实践经验为基础，深度参与相关国际规则制定，贡献中国经验和中国智慧。

**专栏10　民间文艺版权保护与促进项目**

启动并持续推进民间文艺版权保护与促进工作。以制定民间文学艺术作品著作权保护条例为契机，摸清我国民间文艺的现状和保护诉求。开展民间文艺领域的作品登记、宣传推广、版权转化和版权保护工作，选取民间文艺较为集中的部分省市为试点，培育民间文艺版权园区（基地）、示范单位，搭建民间文艺国际版权交易平台，大力发展民间文艺相关版权产业，进一步激活民间文艺领域的版权价值。以版权护航中华优秀传统文化“走出去”为切入点，推动中华优秀传统文化创造性转化、创新性发展。

（六）进一步完善版权产业发展体系

积极推动完善版权产业发展制度和政策，促进版权创造和运用，实现由数量和速度向质量和效益转变，推动版权产业高质量发展。

1. 深化版权示范创建工作。完善全国版权示范创建工作相关管理规定和措施，持续开展国家版权示范城市、示范园区（基地）和示范单位创建工作。支持和推动相关地区和部门制定出台相关产业促进政策，引导版权示范创建工作向纵深发展。更好发挥全国版权示范城市的联合协调作用，加强版权示范创建工作培训和交流推广，指导各地区结合本地实际开展版权示范创建工作。

2. 强化国家版权创新发展基地建设。融合国家战略决策、版权激励创新属性、地区发展特点，继续开展国家版权创新发展基地建设。紧密结合自由贸易试验区（港）建设、区域发展战略和服务贸易创新发展试点等工作，运用国家版权创新发展基地建设的举措，在版权产业集聚、商业模式创新、版权金融试点、体制机制创新等方面加大探索和试点力度。及时总结、提炼和推广国家版权创新发展基地的经验，发挥其引领和辐射作用。

3. 打造全国版权展会授权交易体系。继续打造以中国国际版权博览会为龙头，以北京、上海、山东青岛、江苏南京、四川成都、广东东莞等各地方版权授权大会、交易会、博览会为组成部分的全国版权展会授权交易体系。通过展会授权交易等相关活动，进一步拓展范围、整合资源、优化生态，大力推动版权成果的转化和运用，大力推动版权工作与各相关产业深度融合发展。

4. 推进全国版权交易中心建设。巩固和提升国家（国际）版权交易中心和贸易基地在促进版权产业发展中的地位和作用，突出版权交易中心和贸易基地在版权评估、版权交易、版权融资、监测维权、版权咨询等方面的功能。紧密结合地方资源优势，开展专门化、专业化版权交易中心建设。充分发挥国家版权交易中心联席会议的聚集、协同和服务作用，推动版权交易中心之间的资源共享和协作发展。

**专栏 11　版权创新发展项目**

持续推进版权示范工作，培育版权优势示范企业。完善全国版权展会授权交易体系，健全版权交易和服务平台，建设专门化、专业化版权交易中心。加强作品资产评估、登记认证、质押融资等服务，拓展版权作品国际合作与宣传渠道。推进版权保护技术、标准的研究和应用。开展国家版权创新发展基地创建工作，打造一批符合国家战略、反映产业和区域特点的优质版权产业集群。

5. 加强推进版权产业发展的支撑工作。持续开展年度中国版权产业经济贡献率调研工作，鼓励、支持地方开展版权产业的调研工作。指导网络版权产业研究基地开展年度网络版权产业发展研究。推动开展与版权产业有关的指标体系研究。组织软件、游戏、影视、音乐、网络文学等重点行业开展版权资产管理调研，推动版权资产管理师职业认定和培训工作，带动全社会各领域加强版权资产管理。推动自由贸易试验区（港）、服务贸易创新发展、文化体制改革等领域相关政策落地，完善版权质押融资相关体制机制，推动版权金融试点工作。

## 四、保障措施

（一）加强组织领导。全面加强党对版权工作的领导。推动将版权工作纳入各级党委和政府的重点规划和重点工作。加强对各级版权主管部门的指导协调，发挥中央和地方两个层面的积极性。推动各级版权主管部门结合工作实际，研究制定具体政策措施，协同推进版权工作体系建设。

（二）完善扶持政策。积极与财政、金融、税务、发展改革等部门沟通协调，推动将版权工作纳入各地重大规划，争取财政及其他相关政策支持。引导地方政府给予版权工作专项资金或优惠政策。对西部欠发达地区、少数民族地区版权重点工作加强指导、扶持。

（三）强化考核评价。建立健全考核评价制度，加强对各级版权主管部门的督促检查，确保各项工作要求有效落实。推动地方将版权工作纳入党委和政府绩效考核及营商环境评价体系。完善通报约谈机制，推动地方党委和政府加大版权工作力度。

# 专文

ZHUAN WEN

# 加强版权保护　促进创新发展*

国家版权局

党的十八大以来，以习近平同志为核心的党中央把知识产权保护工作摆在了更加突出的位置，作出一系列重要部署，充分体现了对知识产权保护工作的高度重视和殷切期望。特别是习近平总书记在主持十九届中央政治局第二十五次集体学习时的重要讲话，高屋建瓴、思想深邃、内涵丰富，系统总结并充分肯定了十八大以来我国知识产权保护取得的历史性成就，深刻阐明了事关知识产权事业改革发展的一系列方向性、原则性、根本性理论和实践问题，为新时代全面加强知识产权保护工作提供了根本遵循和行动指南，具有重大而深远的意义。

## 一、学习领会习近平总书记重要讲话精神，充分认识全面加强版权保护的重大意义

习近平总书记强调，知识产权保护工作关系国家治理体系和治理能力现代化，关系高质量发展，关系人民生活幸福，关系国家对外开放大局，关系国家安全。这为我们充分认识全面加强版权保护的重大意义，提供了强大的理论武装和思想指引。作为知识产权的重要内容，版权保护在激发全社会创新活力、健全现代化经济体系、推动构建新发展格局、建设社会主义现代化国家进程中发挥着重要支撑作用。

**全面加强版权保护是激励民族创新精神、提高国家竞争力的必然要求。**习近平总书记强调，保护知识产权就是保护创新。加强知识产权保护是完善产权保护制度最重要的内容，也是提高中国经济竞争力最大的激励。知识产权制度作为激励创新、优化资源配置、推进产权有序流转的重要法律制度，日益成为一个国家经济社会发展和决定国际分工格局与地位的关键性因素，是各国增强国际竞争力、维护国家利益和经济文化安全的战略性选择。在日益激烈的国际竞争中，要善于运用知识产权这一战略性制度为全面建设社会主义现代化国家、实现中华民族伟大复兴服务。

**全面加强版权保护是推进国家治理体系和治理能力现代化的迫切需要。**习近平总书记要求，加强产权和知识产权保护，建设高标准市场体系，完善公平竞争制度，激发市场主体发展活力，使一切有利于社会生产力发展的力量源泉充分涌流。社会主义市场经济是公平竞争的经济，也是法治经济、信用经济。侵权盗版行为侵犯了权利人的合法利益，严重破坏了市场经济运行规则和公平竞争秩序。严厉打击侵权盗版行为，是建设高标准市场体系、构建高水平社会主义市场经济体制、提升国家治理效能的题中应有之义。

**全面加强版权保护是实施创新驱动战略、推动高质量发展的重要保障。**习近平总书记指出，加强知识产权保护，不仅是维护内外资企业合法权益的需要，更是推进创新型国家建设、推动高质量发展的内在要求。在知识经济时代，受版权保护的智力成果，作为一种具有财富属性、产品属性和高附加值属性的重要生产要素和财富资源，支撑着新闻出版、广播影视、文学艺术、文化娱乐、工艺美术、计算机软件、信息网络等版权产业的健康发展。有关统计显示，2019 年我国版权产业行业增加值达 7.32 万亿元，占 GDP 的比重为 7.39%，版权产业对我国经济结构优化升级和高质量发展发挥了重要的作用。

**全面加强版权保护是推进文化繁荣发展、满足人民日益增长的美好生活需要的现实需要。**习近平总书记要求，要坚持以我为主、人民利益至上、公正合理保护，既严格保护知识产权，又确保公共利益和激励创新兼得。版权作品涵盖了文学、科学和艺术领域内的一切成果，版权工作覆盖了文化创作、生产、传播、使用、交易全链条，它关系发展先进文化生产力，关系保护民族文化创造力，关系提升国家文化软实力。近年来，版权制度不断完善，社

* 本文刊登于《求是》杂志 2021 年第 3 期。

会版权意识不断提升，激励了文学艺术作品创作生产，人民群众在文化需求方面的获得感、幸福感不断增强。

**全面加强版权保护是进一步扩大对外开放、优化营商环境的重要举措。**习近平总书记要求，继续完善公开透明的涉外法律体系，强化知识产权保护，维护外资企业合法权益，以优质服务营造更好环境。通过强化版权保护，进一步改善营商环境，维护我国在国际事务中讲信誉、负责任的大国形象，在更大范围、更广领域和更高层次上参与国际竞争和文化经济技术合作，不断提高对外开放水平。

## 二、全面理解习近平总书记重要讲话精神，客观总结中国特色版权发展成就

习近平总书记指出，我国知识产权事业不断发展，走出了一条中国特色知识产权发展之路，知识产权保护工作取得了历史性成就，全社会尊重和保护知识产权意识明显提升。伴随着改革开放的进程，我国现代版权保护制度从无到有，并不断发展完善，取得了举世瞩目的历史性成就。具有中国特色的版权法律体系基本完备，版权保护状况明显改善，版权产业发展迅猛，社会各界版权意识显著提高，为推动我国文化繁荣、科技进步和经济社会发展发挥了重要作用。

**中国特色版权法律制度体系基本完备。**经过多年努力，我国已形成了以宪法为指导、著作权法为统领、刑法和司法解释及 6 部行政法规为基础、8 部部门规章为配套、50 件规范性文件为补充的较为完备的制度体系，为调整和规范作品的创作、传播和使用提供了充分法律依据。自 1992 年起，我国先后加入了《伯尔尼保护文学和艺术作品公约》等 7 个国际公约，符合中国实际、与国际规则相衔接的版权法律制度体系基本完备。党的十八大以来，习近平总书记对知识产权工作作出了一系列重要指示，党中央、国务院陆续印发了《国务院关于新形势下加快知识产权强国建设的若干意见》《关于强化知识产权保护的意见》等一系列关系版权工作的重要政策文件和国家重点专项规划，版权保护的政策保障日益完善、有力。

**中国特色司法与行政并行的版权保护体制逐步完善。**相对于最基本的版权法律救助手段的司法审判，版权行政执法监管具有及时、快捷和程序相对简便等特征。从 1985 年国务院批准成立国家版权局开始，全国 31 个省、自治区、直辖市相继设立了版权局，版权行政管理机构逐渐向基层延伸。特别是文化综合执法改革的推进，有效改变了过去版权管理体制“高位截瘫”（即地市以下基本无版权行政机构）的状况，充实了执法力量，提高了执法效率，构建了以版权管理部门为基础、文化市场综合执法部门为骨干的版权执法监管工作新机制。2018 年，按照党和国家机构改革方案，中央宣传部对外加挂新闻出版署（国家版权局）牌子，统一管理版权工作，体现了党中央对宣传思想和知识产权工作的高度重视。

**全面加强党的领导，政府强力推动，版权保护生态体系不断优化。**各级版权行政管理部门认真贯彻落实中央决策部署，把尊重和保护著作权、打击侵权盗版行为作为一项长期性的重要工作统筹安排。强化日常监管，积极开展专项整治，加大版权保护工作力度，有效维护了著作权人合法权益和公平竞争的市场秩序。党的十八大以来，各级版权行政执法部门查办侵权盗版案件 3.5 万余件，收缴各类侵权盗版制品 1.15 亿件。国务院批准建立了推进使用正版软件工作部际联席会议制度，大力推动软件正版化工作。以著作权登记、集体管理、交易平台、中介服务等为主要内容的版权社会服务体系初步构建。出台政策措施，激励作品创作生产，促进著作权流转使用，推动版权产业快速发展。

**相互支持，合作共赢，版权国际影响力、话语权、传播力进一步提升。**积极推动建立平衡有效的国际版权体系，深化与世界知识产权组织等国际组织和双边协议国家、地区的对话合作机制，积极参与版权国际规则制定。持续拓宽与“一带一路”相关国家版权合作，通过国家版权局英文网、版权保护优秀案例等多种方式讲好中国版权保护故事。积极推动《视听表演北京条约》于 2020 年 4 月 28 日生效，成为新中国成立以来第一个在我国缔结、以我国城市命名的国际知识产权条约，也成为国际知识产权保护领域的一个重要里程碑，体现出国际社会对我国近年来版权保护工作的高度关注和认可。

## 三、贯彻落实习近平总书记重要讲话精神，努力开创版权保护工作新局面

习近平总书记在肯定知识产权保护工作取得历史性成绩的同时，也指出要清醒看到不足。我们必须从国家战略高度和进入新发展阶段要求出发，全面加强知识产权保护工作，促进建设现代化经济体系，激发全社会创新活力，推动构建新发展格局。由于我国版权工作起步晚、基础差，版权社会环境和保护现状与经济社会发展要求还不完全相适应，

版权保护工作面临的问题与挑战仍然较为严峻。要坚决贯彻落实习近平总书记重要讲话精神，积极为建设创新型国家和社会主义文化强国、实现中华民族伟大复兴做出贡献。

**加强版权保护工作统筹谋划。**适应新形势新特点，立足于保护权利、鼓励创作、促进传播和平衡利益原则，研究制定版权工作“十四五”规划，明确“十四五”时期版权工作的目标、任务、举措和实施蓝图，为贯彻新发展理念，构建新发展格局，推动高质量发展提供有力支撑。

**提高版权保护工作法治化水平。**准确把握著作权法第三次修改重点内容，落实中央部署，回应时代发展，兼顾各方诉求，积极推进配套法规、规章的修改、制定工作。进一步开发、利用和保护著作权，充分发挥法律制度对版权产业的规范、引导、促进和保障作用。进一步实施版权严格保护，加大保护力度，突出保护重点，拓展保护范围，提升保护效能。不断培育尊重创作、抵制盗版、诚信守法的版权文化，增强全社会尊重和保护版权的意识。

**强化版权全链条保护。**综合运用法律、政策、经济、行政、技术、社会治理等多种手段，加强部门间协同配合，打通版权创造、运用、保护、管理、服务全链条，促进运用与防止滥用并举，不断推进版权治理体系和治理能力现代化。充分调动社会各方面积极性参与版权治理，努力形成政府监管、司法保护、行业自律、社会监督相结合的版权保护社会共治新格局。

**完善版权管理体制机制。**深入推进文化市场综合执法改革，进一步健全完善版权管理体制机制，提升运用著作权促进创新发展的能力。研究实行差别化的版权产业和区域政策，在有关重点地区开展国家版权创新发展基地试点工作。健全新领域新业态版权保护制度，改进作品登记工作，加强著作权集体管理监管。研究制定民间文艺版权保护条例，促进我国优秀传统文化创造性转化和创新性发展。

**统筹推进版权领域国际合作和竞争。**牢固树立人类命运共同体和可持续发展理念，深度参与世界知识产权组织框架下的全球版权治理，推动治理体制向着更加公正、开放、包容、公平的方向发展，积极参与、推进《保护广播组织条约》《保护传统文化表现形式条约》等谈判进程，继续扩大版权国际交流与合作。拓展影响版权国际舆论的渠道和方式，讲好中国版权故事，展示文明大国、负责任大国形象。

**维护版权领域国家安全。**要加强多双边版权交流合作，深化拓展同共建“一带一路”沿线国家和地区版权交流，营造良好国际合作氛围，拓宽国际版权交易渠道。开展版权产业海外风险问题研究，形成高效的国际版权风险预警和应急机制，建设版权涉外风险防控体系，加大对我国企业海外版权维权援助，为我国版权企业走出去保驾护航。

# 守正创新推进版权强国建设

张建春*

党的十八大以来，以习近平同志为核心的党中央高度重视知识产权工作。习近平总书记围绕知识产权工作作出一系列重要指示，提出一系列重要论断，为包括版权工作在内的知识产权工作指明了前进方向、提供了根本遵循。近期，中共中央、国务院印发《知识产权强国建设纲要（2021—2035年）》，对未来15年知识产权事业发展作出重大部署，绘就了新时代建设知识产权强国的宏伟蓝图。党的十九届六中全会通过的《中共中央关于党的百年奋斗重大成就和历史经验的决议》强调，坚持实施创新驱动发展战略，强化知识产权创造、保护、运用，激发全民族文化创新创造活力，加快建设创新型国家。站在新的历史起点上，我们要以习近平新时代中国特色社会主义思想为指导，从党的百年奋斗历程中汲取智慧力量，着眼建成文化强国、知识产权强国，持续开拓创新，加快推进版权强国建设，在实现中华民族伟大复兴的历史进程中谱写版权工作新篇章。

## 一、我国版权事业取得显著成绩

在以习近平同志为核心的党中央坚强领导下，我国版权事业蓬勃发展，取得显著成绩。当前，我国已经建设成为版权创造、运用、保护、管理和服务水平较高的国家，具备了向版权强国迈进的制度基础、文化基础、市场环境基础和产业发展基础。

### （一）版权制度体系日益完备，成为推进国家治理体系和治理能力现代化的重要内容

近年来，我国版权事业在制度体系上不断发力。一是建立了较为完备的版权法律制度体系。该体系以宪法为指导、以著作权法为统领、以行政法规为基础、以部门规章和司法解释为配套、以规范性文件为补充，既具有中国特色又符合国际规则，为调整和规范作品的创作、传播和使用提供了充足法律依据。二是建立了司法保护与行政保护并行、多部门协调配合、惩治力度不断加大的版权双轨保护体系。三是建立了覆盖作品登记、宣传教育、版权交易、产业发展等全产业链的版权社会服务体系。四是建立了多边合作和双边交流相结合、充分展现我国国际话语权和影响力的版权国际合作体系。这四个体系科学规范、运行有效，构成了具有中国特色的版权制度体系，充分体现了中国特色社会主义制度的本质特征和显著优势，集中反映了新时代版权事业发展的新要求和人民群众的新期待。

### （二）版权作品极大丰富，有力促进了社会主义文化和科学事业繁荣发展

版权涵盖文学、艺术和科学领域内具有独创性并能以一定形式表现的智力成果，覆盖文化创作、生产、传播、使用、交易全链条，关系发展先进文化生产力，关系保护民族文化创造力，关系提升国家文化软实力，既有鲜明的意识形态属性、文化属性，又有典型的知识产权属性。近年来，以鼓励有益于社会主义精神文明、物质文明建设的作品的创作和传播，促进社会主义文化和科学事业的发展与繁荣为根本出发点，版权作品的创作生产得到了极大促进。党的十八大以来，我国共出版图书、报纸、期刊、音像制品和电子出版物4 241.68亿册（份/盒/张），涌现出一大批优秀版权作品，网络文学、视频、游戏、音乐、直播等迅速崛起，遗传资源、传统知识和民间文学艺术的使用、传播方式越发多样化。同时，科学领域的优秀版权作品，对提升我国科学教育水平和科技创新能力发挥了重要作用。优秀版权资源在传承优秀文化、促进文化繁荣、推动产业升级等方面的成效不断提升、作用充分显现。

### （三）版权保护日趋严格，为维护市场经济秩序、构建新发展格局提供了有力保障

各级版权主管部门认真贯彻落实党中央、国务院决策部署，把尊重和保护版权、打击侵权盗版作为一项重要工作统筹安排，强化日常监管和专项整

---

* 张建春，中央宣传部副部长。

治相结合，全面加强版权保护，不断加大惩治力度，有效维护了著作权人合法权益和公平竞争市场秩序。

党的十八大以来，各级版权行政执法部门查办侵权盗版案件3.5万余件，收缴各类侵权盗版制品1.15亿件。持续深入推进使用正版软件工作，维护了软件市场公平竞争秩序，促进了软件产业健康快速发展。巩固和拓展以合作共赢为核心的新型版权双边关系，积极参与和推动《视听表演北京条约》《马拉喀什条约》等国际版权条约的制定生效，有力提升了版权国际影响力和话语权，提高了版权国际保护水平。积极实施版权严格保护，充分发挥其对内激励创新、对外促进开放的作用，有效维护了我国讲信誉、负责任的大国形象，为建设更高水平开放型经济新体制，畅通国内大循环和国内国际双循环提供了有力保障。

（四）版权产业快速发展，为实施创新驱动战略、推动经济高质量发展提供了重要支点

版权是重要的资源要素，具有法律、文化和财产属性，成为新闻出版、广播影视、文学艺术、文化娱乐、信息网络等产业健康发展的重要支撑。党的十八大以来，作品登记、集体管理、版权交易、中介服务等版权社会服务水平显著提升。著作权登记数量呈现逐年增长态势，2020年著作权登记量达到503.95万件。版权示范创建、版权交易中心建设等产业促进措施不断深化，共授予全国版权示范城市13个、全国版权示范单位194个、全国版权示范园区（基地）52个，在深圳前海、上海浦东、四川天府新区设立“国家版权创新发展基地”，设立18个国家版权交易中心（贸易基地）。版权成果转化成效明显，版权产业快速发展，2019年我国版权产业行业增加值7.32万亿元，占GDP的比重为7.39%。新冠肺炎疫情期间，在线教育、网络文学等相关版权产业更是逆势而上，呈现出强劲的发展势头。广大著作权权利人和影视、音乐、文学等市场主体更加重视版权资源的运营和保护，版权资源的经济价值日益突显。

## 二、新时代版权工作面临新形势新要求

从现在起到2035年是党和国家在全面建成小康社会、实现第一个百年奋斗目标之后，乘势而上开启全面建设社会主义现代化国家新征程、向第二个百年奋斗目标进军的关键阶段，也是深入实施《知识产权强国建设纲要（2021—2035年）》、加快推动版权治理体系和治理能力现代化的重要时期，版权工作面临新任务新挑战。

从国内看，以习近平同志为核心的党中央把知识产权工作摆在更加突出的位置。十九届中央政治局就加强我国知识产权保护工作举行集体学习，习近平总书记发表重要讲话，深刻阐明了知识产权事业改革发展的一系列方向性、根本性、原则性重大理论和实践问题，为新时代知识产权事业发展提供了根本遵循和行动指南。版权作为知识产权的组成部分、文化的基础资源、创新的重要体现和国民经济的支柱产业，在加快构建新发展格局以及建设创新型国家和文化强国、知识产权强国进程中，地位越来越重要、作用越来越显著。当前，我国版权工作与经济社会发展要求还不完全适应，版权质量效益还有待提升，版权精品力作还不够多，版权资源还没有得到充分挖掘利用。加快推动版权事业高质量发展，尤为重要而迫切。必须紧紧围绕党和国家工作大局，坚持以人民为中心的工作导向，促进版权精品创作和传播，满足人民美好生活需要。

从国际看，知识产权作为国家综合实力的重要指标，日益成为国际竞争的核心要素。加强版权国际交流与合作，不断提升我国版权国际影响力和话语权，积极推动建立平衡有效的国际版权治理体制，任务紧迫而艰巨。版权工作要坚持开放包容、平衡普惠的原则，深度参与世界知识产权组织、世界贸易组织等国际组织框架下的全球版权治理，深化与共建“一带一路”国家和地区，以及与我有双边版权合作协议重点国家的交流合作，积极营造良好版权国际环境，建设更高水平开放型版权发展新格局。

同时，新一轮科技革命和产业变革深入发展，国际产业分工格局和竞争态势深度调整，区块链、大数据、人工智能等技术手段日新月异，侵权盗版行为网络化、高技术化特点愈加明显，这些都对版权保护提出了新挑战、新要求。版权工作要强化全链条保护，把全面保护作为版权工作主基调，把网络版权保护作为主战场，强化保护力度、拓展保护范围、突出保护重点、增强保护实效，不断提升版权保护水平，维护良好的版权秩序和发展环境。

## 三、深刻把握版权强国建设的战略目标

《知识产权强国建设纲要（2021—2035年）》指出，到2035年，中国特色、世界水平的知识产权强国基本建成。这对提升国家核心竞争力，扩大高水平对外开放，实现更高质量、更有效率、更加公平、更可持续、更为安全的发展，满足人民日益增长的美好生活需要，具有重要意义。加快版权强国建设，是文化强国、知识产权强国建设的重要内容，也是

有效实施创新驱动发展战略、服务全面建设中国特色社会主义现代化国家的现实需要。

做好新形势下的版权工作，要以习近平新时代中国特色社会主义思想为指导，全面贯彻落实党中央、国务院决策部署，紧紧围绕统筹推进“五位一体”总体布局和协调推进“四个全面”战略布局，坚持稳中求进、守正创新，以建设版权强国为奋斗目标，以全面加强版权保护、推动版权产业高质量发展为基本任务，以进一步完善中国特色版权工作体系为主要措施，全面提升版权创造、运用、保护、管理和服务水平，推进版权治理体系和治理能力现代化。到 2035 年，版权强国建设取得显著成效，版权重要领域和关键环节改革取得重大进展，版权综合实力不断壮大，版权治理能力大幅提升，版权保护力度持续加强，版权发展环境明显优化，版权国际合作更加深入，版权产业行业增加值 GDP 占比达到世界领先水平，具有中国特色、世界水平的版权强国基本建成。

一是版权综合实力不断壮大。版权产业实力和规模达到世界前列，市场主体创造、运用、保护、管理、服务版权的能力显著增强，涌现出若干以版权为核心竞争力的龙头企业。作品创作质量显著提高，涌现出一批国际知名的作品及作者。版权国际竞争力和话语权显著提升，成为引领国际版权格局变化、引导国际版权规则制定的主要国家之一。

二是版权治理能力大幅提升。现代化版权管理体系更加完备，行政决策科学合理，审批备案便捷快速，版权执法规范高效。版权领域法律制度结构严密、体系健全，对经济发展、文化繁荣和社会进步的促进作用明显发挥。新兴领域和特定领域版权规则体系更加合理，对大数据、人工智能、区块链以及传统文化、传统知识等领域治理需求应对有效。版权登记质量显著提升，版权社会服务体系持续优化，中国特色著作权管理制度不断健全。

三是版权保护力度持续加强。以严格、公正、高效、协同为一体的版权保护格局基本形成，具有中国特色的司法与行政并行的版权保护体制更加完善。现代化版权执法监管体系基本建立，文化市场综合执法机构作用充分发挥，重点监管与专项治理相结合的监管模式不断演进延伸，打击侵权盗版快速反应机制不断完善，版权执法效能不断提升。分工明确、权责清晰、各司其职、快速高效的版权社会共治模式不断优化，侵权盗版行为明显减少，版权市场环境得到有效净化，社会满意度显著上升。

四是版权发展环境明显优化。版权展会授权交易体系更加完善，版权示范城市、园区（基地）、单位等示范引领作用充分发挥，国家版权创新发展基地探索出一系列可推广的经验，版权产业高质量发展。常态化的版权宣传教育机制更加健全，社会公众版权意识大幅提升，尊重创作、尊重版权的社会风尚基本养成。版权人才培养和队伍建设机制更加完善，有利于版权人才成长的社会环境基本形成，版权人才专业化、职业化水平不断提高。

五是版权国际合作更加深入。坚持开放包容、平衡普惠的原则，深度参与全球版权治理，促成更加公平合理的版权国际规则体系。与版权相关国际组织、共建“一带一路”国家和地区的版权交流合作更加深入，多双边版权对话合作机制不断巩固和发展。版权海外应急预警和维权机制不断健全，版权国际纠纷应对能力有力提升，我国企业“走出去”版权保障力度得到加强。版权国际舆论的渠道和方式有效拓展，我国版权国际话语权和影响力不断扩大。

## 四、积极探索版权强国建设的有效路径

习近平总书记强调，知识产权保护工作关系国家治理体系和治理能力现代化，关系高质量发展，关系人民生活幸福，关系国家对外开放大局，关系国家安全。要从国家战略高度和进入新发展阶段要求出发，全面加强知识产权保护工作，促进建设现代化经济体系，激发全社会创新活力，推动构建新发展格局。做好新时代版权工作必须全面贯彻落实习近平总书记重要指示精神，围绕立足新发展阶段、贯彻新发展理念、构建新发展格局，统筹好版权的文化属性与产业属性、法律规制与行业自律、国内保护与国际交流，不断探索版权强国建设的路径举措。

### （一）提高版权工作法治化水平

习近平总书记指出，要加强知识产权保护工作顶层设计，提高知识产权保护工作法治化水平。面向新征程，版权工作要加强顶层设计、科学谋划和统筹安排，及时研究制定阶段性版权工作规划，贯彻实施好新修改的著作权法，提高法治化水平。要完善版权管理体制机制，健全中国特色版权法律制度体系，充分发挥法治在版权治理体系和治理能力现代化中的积极作用，持续推进版权成果惠及广大人民群众。要统筹保护权利、鼓励创作、促进传播和平衡利益，认真开展基础性版权法律制度和政策研究，制定、修订有关版权行政执法、集体管理组织监管、著作权登记等著作权相关行政法规、部门规章和规范性文件。要加强对地方著作权立法工作

的指导和支持，鼓励各地在立法权限范围内因地制宜制定地方性法规和规章，保障各项著作权法律法规在各地区有效实施。要积极参与、推动著作权相关国际条约的磋商、制定工作，推动国内著作权法律法规与我国已参加的国际公约的协调和对接。要健全新领域新业态版权保护制度，加强数字版权保护技术研发运用指导，充分利用新技术创新版权监管手段，提高版权保护有效性和精准度，提升版权保护水平。

（二）强化版权全链条保护

习近平总书记强调，知识产权保护是一个系统工程，覆盖领域广、涉及方面多，要综合运用法律、行政、经济、技术、社会治理等多种手段，从审查授权、行政执法、司法保护、仲裁调解、行业自律、公民诚信等环节完善保护体系，加强协同配合，构建大保护工作格局。面向新征程，版权工作要牢牢把握加强知识产权保护是完善产权保护制度最重要的内容和提高国家经济竞争力最大的激励，坚持“严格保护、提升效能、分类监管、引导规范”的工作思路，综合运用多种手段，强化版权全链条保护。要全面加强版权保护，充分发挥国家和省级版权主管部门的组织、部署、协调、指导和监督检查职责，加大版权执法监管力度，持续保持对侵权盗版高压严打态势。要突出大案要案查处，加大侵权行为惩治力度，对群众反映强烈、社会舆论关注、侵权盗版多发的重点领域和区域坚决持续整治。要加强版权行政执法能力建设，统一执法标准，完善执法程序，提高执法专业化、信息化、规范化水平，大力提升行政执法人员专业化、职业化水平。要加强版权执法协作，强化对文化市场综合执法机构的指导，密切与“扫黄打非”、工信、公安、海关、市场监管、网信等部门的协调配合，巩固加强“两法衔接”机制，进一步推动版权行政执法与刑事司法的有效衔接。要持续深入推进软件正版化工作，充分发挥推进使用正版软件工作部际联席会议制度优势，加强统筹协调、督促检查、服务指导，完善软件正版化工作监管体系，巩固拓展软件正版化工作成果。要建立健全版权保护志愿者制度，完善侵权盗版举报奖励机制，畅通投诉举报渠道，激发社会公众参与版权保护积极性和主动性。要广泛整合运用社会力量，加强与版权协会、版权保护中心、版权服务机构、著作权集体管理组织的协作，健全社会共治的版权保护机制。

（三）推进版权产业高质量发展

习近平总书记指出，要打通知识产权创造、运用、保护、管理、服务全链条，健全知识产权综合管理体制，增强系统保护能力。面向新征程，版权工作要充分发挥版权在推动我国经济社会高质量发展中的重要作用，立足服务和推动高质量发展，提升著作权登记质量，完善版权确权、授权和交易机制，注重版权资产管理，提升版权交易水平，促进版权转化运用，打通版权发展全产业链，推动版权产业特别是核心版权产业高质量发展。要完善著作权登记体制机制，推进建立全国统一的著作权登记体系。要健全中国特色著作权集体管理制度，加强对著作权集体管理组织、境外著作权认证机构以及国际著作权组织常驻中国代表机构的指导和监管。要深化版权示范创建，开展国家版权创新发展基地建设，完善全国版权展会授权交易体系，推进全国版权交易中心建设，推动版权工作与各相关产业深度融合发展。要推进民间文艺版权保护与促进工作，进一步激活民间文艺领域的版权价值，促进中华优秀传统文化创造性转化和创新性发展。要加强对版权社会组织的支持和管理，引导版权社会组织在资产管理、版权运营、鉴定评估、版权金融、监测预警、法律服务、纠纷调处等方面发挥专业性优势，推进版权社会服务组织的规范化发展。要推进版权人才培养和队伍建设，加强版权执法、版权登记、版权交易、版权代理、版权资产管理等专业化人才培养，构建政府、高校、社会组织和企事业单位互为补充的版权人才培训体系。要加强版权宣传引导，建设常态化、立体化和精准化的版权宣传机制，不断提升版权宣传的生动性和有效性，营造尊重版权的良好文化氛围，提高全社会版权意识。

（四）统筹推进版权领域国际合作

习近平总书记强调，要深度参与世界知识产权组织框架下的全球知识产权治理，推动完善知识产权及相关国际贸易、国际投资等国际规则和标准，推动全球知识产权治理体制向着更加公正合理方向发展。面向新征程，版权工作要坚持人类命运共同体理念，坚持多边主义立场，加强版权多双边交流合作，深化合作共赢的版权多双边关系，深入推进与世界知识产权组织、世界贸易组织、联合国教科文组织、亚太经合组织等国际组织的交流合作，深化与共建“一带一路”国家和地区的版权交流，进一步提升版权国际影响力和话语权。要建立健全版权国际贸易服务机制，加强版权产业国际运营能力，利用多双边版权对话机制协调解决版权国际贸易中的突出问题，推动构建国际性的版权交易平台，为版权产业“走出去”保驾护航。要强化版权涉外宣传工作，加大版权对外宣传力度、深度和广度，拓展版权对外宣传渠道和方式，讲好中国版权故事，营造良好版权国际环境，进一步提升版权国际传播力，展示文明大国、负责任大国形象，助力提高国家文化软实力和中华文化影响力。要继续与世界知识产权组织联合开展版权保护优秀案例示范推广工作，通过世界知识产权组织等国际平台为版权全球治理提供中国智慧和中国方案。同时，要敢于斗争、善于斗争，决不放弃正当权益，决不牺牲国家核心利益，要坚决守护好版权领域国家安全。

推进版权强国建设，责任重大，使命光荣。我们要更加紧密地团结在以习近平同志为核心的党中央周围，不忘初心、牢记使命，增强“四个意识”、坚定“四个自信”、做到“两个维护”，心怀“国之大者”，把党的领导贯穿到版权工作的各领域各环节，增强新形势下做好版权工作的本领，奋力开创新时代中国版权事业新局面，为全面建设社会主义现代化国家、实现中华民族伟大复兴做出新的更大贡献！

# 全面加强版权保护 推动构建新发展格局*

张建春

著作权法实施30年来，我国的版权事业从小到大、由弱到强，走上了高质量发展道路，取得了令人瞩目的巨大成就。特别是党的十八大以来，以习近平同志为核心的党中央把知识产权保护工作摆在了更加突出的位置，习近平总书记高度重视，围绕知识产权保护作出一系列重要部署，发表一系列重要论述。2020年11月30日，习近平总书记主持中央政治局第二十五次集体学习时发表重要讲话，系统总结并充分肯定了我国知识产权保护取得的历史性成就，深刻阐明了事关知识产权事业改革发展的一系列方向性、原则性、根本性理论和实践问题，为新时代全面加强知识产权保护工作指明了前进方向、提供了根本遵循。回顾30年来，特别是党的十八大以来我国版权事业发展取得的历史性成就，可以概括为以下几个方面：

一是版权体系日益完备，成为推进国家治理体系和治理能力现代化的重要内容。30年来，我们建立了集“一法六条例”、8个国际公约以及地方性法规、部门规章、司法解释于一体，既具有中国特色又符合国际规则、既适应市场经济要求又体现新技术发展的比较完备的版权法律制度体系，建立了司法与行政并行、多部门协调配合、惩治力度不断加大的版权双轨保护体系，建立了覆盖作品登记、宣传教育、版权交易、产业发展等全产业链的版权社会服务体系，建立了多边合作和双边交流相结合、充分展现我国国际话语权和影响力的版权国际合作体系。这四个体系科学规范、运行有效，构成了具有中国特色的版权体系，充分体现了中国特色社会主义制度的本质特征和显著优势，集中反映了新时代版权事业发展的新要求和人民群众的新期待。

二是版权作品极大丰富，有力促进了社会主义文化繁荣发展。版权涵盖文学、艺术和科学领域内的一切智力成果，覆盖文化创作、生产、传播、使用、交易全链条，它关系发展先进文化生产力，关系保护民族文化创造力，关系提升国家文化软实力，既具有典型的知识产权属性，又具有鲜明的文化和意识形态属性。30年来，版权制度体系不断完善，社会版权意识不断提升，极大激励了文学艺术作品创作生产。2019年我国共出版图书50.59万种、105.97亿册（张），比1990年增加42.57万种、49.61亿册（张），分别增长了5.3倍和88%；出版报纸317.59亿份、期刊21.89亿册，比1990年分别增加106.29亿份、3.99亿册；生产发行各类影片1 037部，比1990年增加528部、增长了1倍多。人民群众在文化需求方面的获得感、幸福感不断增强。

三是版权保护日趋严格，为维护市场经济秩序、构建新发展格局提供了有力保障。30年来，各级版权部门认真贯彻落实党中央决策部署，把尊重和保护版权、打击侵权盗版行为作为一项重要工作统筹安排，强化日常监管和开展专项整治相结合，不断加大对侵权盗版的惩治力度，有效维护了著作权人的合法权益和公平竞争的市场秩序。党的十八大以来，各级版权行政执法部门共查办侵权盗版案件3.5万余件，收缴各类侵权盗版制品1.15亿件；积极参与和推动《视听表演北京条约》《马拉喀什条约》等国际版权条约的制定生效，大大提升了版权国际影响力和话语权，提高了版权国际保护水平。实施版权严格保护，充分发挥了对内激励创新、对外促进开放的作用，有效维护了我国讲信誉、负责任的大国形象，为在更大范围、更广领域和更高层次上参与国际竞争和文化经济技术合作，不断提高对外开放水平，进而畅通国内大循环和国内国际双循环提供了有力保障。

四是版权产业快速发展，为实施创新驱动战略、推动经济结构优化升级提供了重要支点。版权是重

* 本文根据中央宣传部副部长张建春2021年6月1日在“2021中国网络版权保护与发展大会”上的主旨讲话整理而成，内容略有删减。

要的资源要素，具有法律、文化和财产属性，支撑着新闻出版、广播影视、文学艺术、文化娱乐、信息网络等版权产业的健康发展。30 年来，作品登记、集体管理、版权交易、中介服务等版权社会服务水平显著提升，版权示范创建、版权交易中心建设等产业促进措施不断深化，著作权登记总量大幅增长，版权成果转化成效明显，版权产业快速发展，尊重知识、尊重创作、尊重版权的良好氛围正在逐步形成。2020 年我国著作权登记总量达到 503.9 万件，2019 年我国版权产业行业增加值达 7.32 万亿元，占国内生产总值（GDP）的比重为 7.39%。2020 年疫情期间，在线教育、网络文学、网络游戏等相关版权产业更是逆势而上，呈现出强劲的发展势头。现在，越来越多的影视、音乐、文学企业通过版权资源的运营和保护来获得收益，越来越多的权利人也因此获得作品的报酬，特别是优质 IP 受到资本青睐，版权资源的价值日益凸显。可以说，版权已经成为文化产业发展最重要的基础资源，版权产业已经成为我国国民经济的重要支柱。

在充分肯定版权事业取得巨大成就的同时，我们也必须从国家战略高度和进入新发展阶段的要求出发，清醒认识存在的问题和不足。由于起步晚、基础差，我国版权工作与经济社会发展要求还不完全适应，仍然面临着不少问题与挑战。一是打击侵权盗版形势依然严峻。随着网络技术的发展，作品的复制、传播愈发便捷，侵权盗版行为呈现网络化、新型化、复杂化、高技术化等特点，给版权保护工作带来了很大挑战。二是版权质量效益还有待提升。版权作品数量近年来不断增长，但精品力作还不多，有“高原”缺“高峰”的问题仍然没有得到较好解决。对版权产业的扶持政策仍存在不足，促进版权价值转移转化的市场机制还不够完善，版权资源还没有得到充分挖掘利用。三是版权国际应对环境复杂多变。某些西方国家将版权问题与经贸问题挂钩，版权涉外应对形势愈加复杂，任务更加艰巨。

2021 年是中国共产党成立 100 周年，也是“十四五”开局之年、全面建设社会主义现代化国家新征程起步之年。面对新形势新任务，我们要进一步提高政治站位，认真贯彻落实习近平总书记关于全面加强知识产权保护的重要讲话精神，不断提高做好版权工作的政治判断力、政治领悟力、政治执行力，进一步总结著作权法实施 30 年来的宝贵经验，把握新时代版权工作的新特点、新规律、新要求，以高度的政治责任感和历史使命感，全面加强版权保护，推动构建新发展格局，为庆祝建党百年营造良好的文化舆论氛围。

一要强化版权工作顶层设计，提高版权工作法治化水平。习近平总书记强调，要准确判断国内外形势新特点，谋划好知识产权保护工作；要坚持以我为主、人民利益至上、公正合理保护，既严格保护知识产权，又防范个人和企业权利过度扩张，确保公共利益和激励创新兼得。我们要立足于保护权利、鼓励创作、促进传播和平衡利益原则，研究制定版权工作“十四五”规划，明确“十四五”时期版权工作的目标、任务、举措和实施蓝图，为贯彻新发展理念、构建新发展格局、推动高质量发展提供有力支撑。要准确把握《著作权法》第三次修改重点内容，贯彻实施好新修改的《著作权法》，积极推进配套法规、规章的修改、制定工作，充分发挥著作权法律制度的规范、引导、促进和保障作用。

二要强化版权全链条保护，筑牢意识形态安全屏障。习近平总书记强调，知识产权保护是一个系统工程，覆盖领域广、涉及方面多，要综合运用法律、行政、经济、技术、社会治理等多种手段，从审查授权、行政执法、司法保护、仲裁调解、行业自律、公民诚信等环节完善保护体系，加强协同配合，构建大保护工作格局。我们要深化落实中办、国办联合印发的《关于强化知识产权保护的意见》，坚持“严格保护、提升效能、分类监管、引导规范”的监管工作思路，综合运用多种手段，强化版权全链条保护。要突出大要案件查处和重点行业专项治理，集中力量抓大案、抓关键，加大对侵权盗版的惩治力度，坚决做到重拳出击、整治到底、震慑到位。要充分运用新修改的《著作权法》赋予的执法手段，积极主动履责，提升执法效能，继续保持对侵权盗版高压严打态势。要紧紧抓住日常监督检查、年度考核评议等关键环节，持续深入推进软件正版化工作。要积极引导规范，充分调动发挥行业、企业、个人等各方面积极性，努力形成政府监管、司法保护、行业自律、社会监督相结合的版权保护社会共治新格局。

三要强化版权管理体制机制建设，推进版权产业持续健康发展。习近平总书记强调，加强知识产权保护，不仅是维护内外资企业合法权益的需要，更是推进创新型国家建设、推动高质量发展的内在要求。我们要着眼抓长抓常，进一步健全版权社会服务体制机制，全面推进版权登记规范化建设，加大对著作权集体管理组织的指导和监管，不断完善境外著作权认证制度，深入开展版权示范创建，积极探索国家版权创新发展基地建设，努力打造全国版权展会授权交易体系。要加强对版权产业的培育、促进、优化和提质，研究实行差别化的版权产业区域政策，不断增强全社会尊重和保护版权的意识，促进版权资源向现实生产力转化。要抓紧研究制定民间文艺版权保护条例，促进我国优秀传统文化创造性转化和创新性发展。

四要强化对国际版权合作和竞争的统筹协调，坚决维护版权领域国家安全。习近平总书记强调，知识产权是国际竞争力的核心要素，也是国际争端的焦点。我们要牢固树立人类命运共同体理念，深度参与世界知识产权组织框架下的全球版权治理，推动全球版权治理体制向着更加公正、开放、包容、公平的方向发展。要积极拓展影响版权国际舆论的渠道和方式，讲好中国版权故事，展示文明大国、负责任大国形象。要加强多双边版权交流合作，深化同“一带一路”沿线国家和地区版权交流，营造良好国际合作氛围，拓宽国际版权交易渠道。要建设版权涉外风险防控体系，形成高效的国际版权风险预警和应急机制，加大对我国企业海外版权维权援助，为版权企业“走出去”保驾护航。同时，面对国际版权竞争，我们也要敢于斗争、善于斗争，决不放弃正当权益，决不牺牲国家核心利益，以坚定决心和坚强意志守护好版权领域国家安全。

五要强化网络空间治理，营造风清气正的网络版权生态。习近平总书记强调，网络空间是亿万民众共同的精神家园，网络空间天朗气清、生态良好，符合人民利益。国家版权局、中央网信办、公安部、工信部连续 17 年联合开展“剑网行动”，网络版权环境显著改善。我们要进一步提高网络综合治理能力，努力构建党委领导、政府管理、企业履责、社会监督、网民自律，经济、法律、技术等多种手段相结合的治理格局，共同维护风清气正的网络版权生态。版权管理工作要继续把网络作为主阵地、主战场，不断强化互联网思维，坚持政策引导和依法管理并举、执法监管和服务发展并重，切实维护网络版权安全。要进一步发挥好网络版权执法的震慑作用，针对群众反映强烈的网络新闻、短视频、直播等领域的侵权盗版乱象，加大专项整治力度。要积极探索建立适合互联网特点的授权机制，着力改变网络环境下作品授权难、使用难的状况，促进网络海量作品的授权与使用。要推动互联网企业切实履行主体责任，不断建立健全平台版权管理体系，进一步增强网络版权保护的主动性。

30 年砥砺前行，30 年春华秋实。“三十而立”的著作权法与中国版权事业，正朝气蓬勃迈向新征程！让我们更加紧密地团结在以习近平同志为核心的党中央周围，进一步增强“四个意识”、坚定“四个自信”、做到“两个维护”，不忘初心，牢记使命，奋力开创新时代中国版权事业新局面，为全面建设社会主义现代化国家、实现中华民族伟大复兴做出新的更大贡献！

# 在 2021 国际版权论坛上的致辞*

张建春

尊敬的邓鸿森总干事，各位嘉宾，女士们、先生们：

很高兴能够和大家相聚杭州，出席中国国家版权局和世界知识产权组织共同举办的 2021 国际版权论坛，就加强版权多双边合作，推动建立更加平衡有效的国际版权保护体系进行深入探讨交流。首先，我谨代表中国国家版权局，向线上线下各位参会嘉宾表示热烈欢迎，向长期关心、支持中国版权事业的世界知识产权组织和海内外朋友表示衷心感谢！

众所周知，版权制度与创新相辅相成，共同发展。当今世界，疫情起伏不定，经济艰难复苏，借助平衡有效的国际版权保护体系，加强版权保护，发展创意产业，成为各国提高核心竞争力的共同选择。在此形势下，本次论坛聚焦“促进文化普惠，为视障者提供版权便利”的《马拉喀什条约》和“促进文化创意，推动视听产业发展”的《视听表演北京条约》，可谓意义重大。这两个条约是世界知识产权组织与其 193 个成员国共同推动取得的版权多边成果，充分考虑了各国的国情、发展阶段、历史文化和承受能力，是多边合作共赢理念的直接体现。

中国一直积极参与、推动条约缔结和生效工作，2020 年生效的《视听表演北京条约》是新中国成立以来第一个在我国缔结、以我国城市命名的国际知识产权条约；《马拉喀什条约》本月即将由全国人大常委会审议批准。批准这些条约，充分表达了中国积极参与世界知识产权组织框架下国际版权事务、携手各国为全球版权保护做出贡献的美好愿望。

邓鸿森总干事曾表示，世界知识产权组织工作目标是建设包容平衡、充满活力、有前瞻性的全球知识产权生态体系，为各国社会经济创新发展服务。这与中国的知识产权发展方向高度一致。1980 年 6 月，中国政府以积极姿态加入了世界知识产权组织，以实际行动履行着对国际社会的承诺。今年是中国共产党百年华诞，也是著作权法实施 30 周年。过去几十年，特别是 1991 年 6 月著作权法实施以来，在党中央、国务院高度重视下，在版权从业者共同奋斗下，我国版权法律体系逐步完善，版权作品极大丰富，版权保护日趋严格，版权产业快速发展，全社会版权意识大幅提高，版权国际影响力逐步增强，在推动文化繁荣、科技进步和经济社会发展方面发挥了重要作用，取得了举世瞩目的巨大成就。

这些成绩的取得，既凝聚着中国广大版权工作者的心血智慧，也离不开国际社会的鼎力支持。在此，我谨对为中国版权事业做出贡献的世界知识产权组织、联合国教科文组织、国际作者和作曲者协会联合会等国际组织，对长期与中国国家版权局保持良好合作关系的英国知识产权局、日本文化厅、韩国体育观光部等中外版权同人表示崇高的敬意和感谢！

作为世界上最大的发展中国家，中国的版权制度建立时间虽然还不长，版权保护方面也还存在一些不足，但是，中国在保护版权上的态度是明确而坚定的。特别是党的十八大以来，习近平总书记就全面加强知识产权保护工作发表一系列重要讲话，为做好版权工作提供了根本遵循，中共中央、国务院印发《知识产权强国建设纲要（2021—2035 年)》，为未来开展版权工作指明了方向。下一步，我们将从以下方面进一步做好版权工作：

**一是高度重视，不断完善版权法律体系。**强化版权在经济、文化和社会政策中的导向作用，顺应全球经济科技发展新形势，努力创造权利人、使用人和社会公众等各方和谐发展的制度环境。

**二是加大力度，依法严厉打击侵权盗版行为。**有序推进“剑网行动”等专项工作，共同构建打击侵权盗版社会共治格局，切实保护权利人利益，为版权产业发展营造公平竞争的版权秩序。

**三是全面提升，大力提高版权创造、运用、保护、管理和服务水平。**引导和支持市场主体创造、

* 本文为中央宣传部副部长张建春 2021 年 10 月 16 日在 2021 国际版权论坛上的致辞。

运用版权，充分发挥集体管理组织、行业协会等在版权市场化中的作用，大力提升社会公众版权保护意识。

**四是互利共赢，坚定维护多边国际版权规则。**继续深化对外开放，同各方在制度完善、信息共享、人才培养等方面密切合作，为构建平衡有效的国际版权保护体系，推动创造美好的国际版权未来做出更大贡献。

女士们、先生们，今天，众多版权界有识之士线上线下相聚论坛，可谓“群贤毕至，少长咸集”，我期待大家集思广益，畅所欲言，就版权助力文化普惠于民、推动文化创意创新，达成更多共识，也期待今后在版权领域有更多机会沟通和交流，为建立更加完善的国际版权环境而共同努力。

最后，预祝 2021 国际版权论坛取得圆满成功！

谢谢！

# 在第四届虹桥国际经济论坛“知识产权保护与营商环境优化”分论坛上的致辞*

张建春

各位来宾，女士们、先生们：

大家下午好！

很高兴在第四届中国国际进口博览会期间，由国家版权局与中国贸促会、国家知识产权局共同举办“知识产权保护与营商环境优化”分论坛，同来自国内外知识产权机构、产业界和学术界的朋友们相聚一堂，共同就加强版权在内的知识产权多双边合作，共建市场化、法治化、国际化的营商环境进行深入探讨和交流。借此机会，我谨代表中共中央宣传部、中国国家版权局，向长期关心支持中国版权事业发展的海内外朋友表示衷心的感谢，向大家的到来表示热烈的欢迎！

作为知识产权的重要内容，版权保护在激发全社会创新活力、健全现代化经济体系、推动构建新发展格局、建设社会主义现代化国家进程中发挥着越来越重要的支撑作用。特别是随着中国以更加开放的姿态拥抱世界、走向未来，全面加强版权保护已经越来越成为进一步扩大对外开放、优化营商环境的重要举措。党的十八大以来，以习近平同志为核心的党中央高度重视包括版权在内的知识产权保护工作。习近平主席强调，知识产权保护工作关系国家治理体系和治理能力现代化，关系高质量发展，关系人民生活幸福，关系国家对外开放大局，关系国家安全；要以更大力度加强知识产权保护国际合作，要继续完善公开透明的涉外法律体系，强化知识产权保护，维护外资企业合法权益，以优质服务营造更好环境。国家版权局认真贯彻落实习近平主席重要指示和党中央决策部署，坚持以国际化、社会化、专业化建设为抓手，推动版权国际合作交流，突出版权严格保护和有效运用，积极推进版权强国建设，各项工作取得显著成效，在推动文化繁荣、科技进步和经济社会发展方面发挥了重要作用。特别是通过强化版权保护，进一步改善了营商环境，维护了中国在国际事务中讲信誉、负责任的大国形象，推动中国在更大范围、更广领域和更高层次上参与国际竞争和文化经济技术合作，不断提高对外开放水平。具体来说，主要开展了以下三个方面的工作：

**一是高度重视、主动作为，高站位推动建立平衡有效的国际版权体系。**经过多年努力，中国已经建立了适合中国国情并与国际规则接轨的较为完整的版权法律体系，积极参与版权国际规则制定并承担相关国际义务。近年来，我们不断深化与世界知识产权组织等国际组织和多双边协议国家、地区的对话合作机制，持续拓宽与“一带一路”相关国家、地区的版权合作；不断提升版权国际传播力，通过国家版权局英文网、版权保护优秀案例示范点，以及与世界知识产权组织共同颁发“中国版权金奖”等多种方式，讲好中国版权保护故事。特别是，中国一直积极参与、推动国际版权条约的缔结和生效工作，2020 年生效的《视听表演北京条约》是新中国成立以来第一个在我国缔结、以我国城市命名的国际知识产权条约；《马拉喀什条约》也于上月刚刚由全国人大常委会审议批准。这些条约的缔结和批准，充分表达了中国积极参与世界知识产权组织框架下国际版权事务、携手各国为全球版权保护做出贡献的坚定决心和美好愿景，也离不开国际社会对我国版权保护工作的关心关注和大力支持。

**二是强化执法、密切协作，高水平提升版权治理能力。**各级版权行政管理部门认真贯彻落实中央决策部署，把尊重和保护版权、打击侵权盗版行为作为一项长期重要工作统筹安排，强化日常监管，积极开展专项整治，加大保护力度，有效维护了中外版权人的合法权益和公平竞争的市场秩序。国家

* 本文为中央宣传部副部长张建春 2021 年 11 月 5 日在第四届虹桥国际经济论坛“知识产权保护与营商环境优化”分论坛上的致辞。

版权局会同相关部门连续17年开展“剑网”专项行动，查办网络侵权盗版案件7 821件，依法关闭侵权盗版网站10 555个，没收侵权盗版制品1 474万件，处置删除侵权盗版链接689万余条。其中，美国电影协会、国际唱片业协会、商业软件联盟、国际出版商协会、国际标准化组织等国外权利人和权利人组织投诉举报的案件占相当大的比例。针对当前大量盗版网站将服务器设置在境外的违法新动向，我们一方面加强版权重点监管，对境内外重点作品开展预警保护，另一方面积极组织、指导权利人开展海外维权，强化打击盗版跨境执法协作机制。特别是通过相关重大案件的查办，有效震慑和打击了侵权盗版行为，营造了良好的营商环境，得到了国际社会的高度评价。

**三是深化改革、引领创新，高质量推进版权产业健康快速发展。**近年来，我们已初步构建起以版权登记、集体管理、交易平台、中介服务等为主要内容的版权社会服务体系，陆续出台促进版权流转使用的利好政策，形成鼓励作品创作、激励创新创造的良好环境。据统计，2019年版权行业增加值已突破7.32万亿元人民币（占GDP的7.39%），2020年著作权登记总量达到504万件，软件登记量达到172万件。特别值得一提的是，我国连续多年开展的软件正版化工作产生了明显的示范效应，为中外软件产业发展提供了良好的市场环境和创新动力。

女士们、先生们，作为世界上最大的发展中国家，中国的版权制度建立时间虽然还不长，版权保护方面也还存在一些不足，但是，中国在保护版权上的态度是明确而坚定的。特别是党的十八大以来，习近平主席就全面加强知识产权保护工作发表一系列重要讲话、作出一系列重要部署，为做好版权工作指明了前进方向、提供了根本遵循。前段时间，中共中央、国务院印发《知识产权强国建设纲要（2021—2035年）》，开启了我国向知识产权强国迈进的新征程，也为新时代版权工作描绘了宏伟蓝图、标定了发展航向。下一步，我们将坚决贯彻落实习近平主席重要指示精神，进一步强化版权工作顶层设计，不断完善著作权法律体系，提高版权保护法治化水平；进一步加大版权保护力度，强化版权全链条保护，不断提升版权保护水平；进一步完善版权管理机制体制，加强对版权产业的培育、促进、优化和提质，推进版权产业持续健康发展；进一步统筹推进版权国际合作机制，牢固树立人类命运共同体和可持续发展理念，深度参与世界知识产权组织框架下的全球版权治理，为构建更加平衡有效的国际版权保护体系做出更大贡献，为创造更加美好的国际版权未来提供更多的中国智慧！

最后，预祝本次论坛取得圆满成功！

谢谢大家。

# 版权工作概览

BAN QUAN GONG ZUO GAI LAN

# 2021年全国版权工作

## 2021年全国版权行政管理工作

中央宣传部版权管理局

2021年是实施“十四五”规划开局之年和开启全面建设社会主义现代化国家新征程的起步之年。一年来，国家版权局以习近平新时代中国特色社会主义思想为指导，全面贯彻党中央、国务院决策部署，认真落实习近平总书记关于宣传思想工作和知识产权保护工作重要讲话精神，按照部务会要求，坚持稳中求进、守正创新，统筹做好疫情防控，不断提升版权工作效能、加强版权强国建设，为庆祝建党百年营造良好版权环境，为实施创新驱动发展战略、建设社会主义文化强国贡献版权力量。

### 一、加大版权保护力度，强化版权生态治理

（一）开展打击侵权盗版专项整治

会同公安部等相关部门联合开展打击院线电影盗录传播集中行动，严厉打击春节档院线电影盗录传播违法犯罪行为，规范电影市场版权秩序。集中行动期间，全国各地版权执法部门出动执法人员3.65万余人次，开展市场巡查4 926次，检查影院、点播影院等场所1.18万家次，巡查网站（APP）2 682家次，督导各电信运营商、社交平台、网盘、电商平台等网络服务商删除涉院线电影侵权链接3万余条，查办涉院线电影侵权重点案件39件，有效遏制了院线电影盗录传播势头。会同网信办等部门开展“剑网2021”专项行动，严厉打击短视频、网络直播、体育赛事、在线教育等领域的侵权盗版行为，持续巩固新闻作品、网络音乐、网络文学、电商平台等领域专项治理成果，查办网络侵权案件1 031件，关闭侵权盗版网站（APP）1 066个，处置删除侵权盗版链接119.7万条，为庆祝中国共产党成立100周年营造了良好的网络版权环境。

（二）加强指导督办大案要案

以案件查办为版权执法监管工作重中之重，指导各地积极查办各类侵权盗版案件。全年各级版权执法部门查办侵权盗版案件3 095件，检查实体市场相关单位36.17万家次。扩大联合挂牌督办主体，首次将全国“双打”办、文化和旅游部纳入联合督办单位，会同相关部门联合挂牌督办67起侵权盗版大要案件，解决地方在查办案件中存在的瓶颈问题。加大案件查办补贴力度。加强对重点院线电影和视听作品的版权保护，全年共公布15批106部重点作品版权保护预警名单。

### 二、规范软件使用管理，促进网络信息安全

（一）加强统筹协调和联合监管

充分发挥联席会议制度优势，组织召开了推进使用正版软件工作部际联席会议第十次全体会议，总结软件正版化工作阶段性成效，研究部署重点工作。联席会议办公室加强统筹协调，联席会议各成员单位根据职责分工，持续细化工作要求，相互支持、密切配合，共同推进、联合监管软件正版化工作，树立国家保护知识产权良好形象。

（二）推动软件正版化工作规范化

加强对各地区各部门软件正版化工作政策指导，持续巩固党政机关软件正版化工作成果。党政机关软件正版化工作机构、制度建设、推进措施不断完善。持续拓展企业软件正版化工作，在巩固中央企业和大中型金融机构软件正版化工作基础上，推动省属国有企业总部实现软件正版化。持续推动文化、教育、卫生、交通、能源、新闻出版等重要行业软件正版化工作制度化规范化。

（三）开展软件使用情况年度核查

部际联席会议办公室在继续加强部际联席会议联合督查的基础上，聘用第三方机构对20家中央和国家机关、10家中央企业、15家金融机构，以及7个省（区、市）软件使用情况进行年度核查，共核查单位205个、计算机4.5万台。

## 三、优化版权社会服务，激发版权创新活力

（一）完善著作权登记机制

进一步完善著作权登记制度，提升著作权登记工作效能。深入调研部分地区著作权登记工作，启动《作品自愿登记试行办法》《计算机软件著作权登记办法》修订工作，形成修订稿初稿。2021 年，全国著作权登记总量达 626.4 万件，同比增长 24.30%，其中作品登记 398.4 万件，同比增长 20.13%；计算机软件著作权登记 228 万件，同比增长 32.34%。

（二）规范著作权集体管理和境外著作权认证

开展对著作权集体管理组织的检查和核查工作，加强对著作权集体管理组织监管。联合文化和旅游部出台《关于规范卡拉 OK 领域版权市场秩序的通知》，解决卡拉 OK 领域版权问题，巩固卡拉 OK 领域版权治理成果，推进构建体现中国国情、符合国际惯例的卡拉 OK 版权授权体制。配合北京市公安局完成 6 家境外著作权认证机构驻华代表处的年检备案工作，完成国际唱片业协会北京代表处相关变更事项的备案工作，批复日本内容产品海外流通促进机构设立常驻中国代表机构，指导境外著作权认证机构依法开展各类活动，不断巩固和发挥其中外著作权交流的桥梁和纽带作用。

（三）深化全国版权示范创建和国家版权创新发展基地建设

充分发挥版权示范典型在提升创新能力、推动经济发展等方面的重要作用，深化全国版权示范创建和国家版权创新发展基地试点工作。授予江西省景德镇市为全国版权示范城市，授予 15 个园区（基地）为全国版权示范园区（基地）、49 家单位为全国版权示范单位、25 家单位为全国版权示范单位（软件正版化），启动长沙市、温州市全国版权示范城市创建工作。围绕成渝地区双城经济圈建设战略决策，设立四川天府新区为国家版权创新发展基地，推动深圳前海、上海浦东、四川天府新区积极探索版权保护、运用、服务新机制和新举措，先行先试，以点带面推动版权工作创新发展。

（四）打造全国版权展会授权交易体系

举办第八届中国国际版权博览会，为各地版权相关单位、企业提供了集中展示版权作品、开展版权交流、进行版权交易的重要平台。设立景德镇国家陶瓷版权交易中心，指导四川成都、广东东莞等地举办版权交易博览会、交易会，推动各级版权交易中心优化机制，进一步建设完善版权展会授权交易体系，促进版权的转化和运用，推进版权产业健康发展。2020 年我国版权产业行业增加值达到 7.51 万亿元，占 GDP 的比重为 7.39%。核心版权产业发展稳中向好，占全部版权产业的比重达到 63%，对版权产业发展的支持引领作用更加明显。版权产业对我国经济结构优化升级和高质量发展发挥了重要的作用。

## 四、深度参与全球版权治理，提高版权国际影响力

（一）加强版权国际话语体系建设

参与保护广播组织条约、保护民间文艺条约等国际条约磋商，参与加入《全面与进步跨太平洋伙伴关系协定》（CPTPP）研究工作，推进《区域全面经济伙伴关系协定》（RCEP）相关条款在国内落实，积极推动版权相关国际规则完善，维护我国版权利益。合作举办国际版权论坛、版权圆桌会议等，大力宣传我国版权保护、产业发展的做法和经验，树立我国版权保护的良好形象，争取有利于我国发展的国际版权环境。积极推动国际组织平台宣传《视听表演北京条约》；推动全国人大常委会于 2021 年 10 月 23 日批准《马拉喀什条约》，保障阅读障碍者平等获取文化和教育的权利。

（二）巩固版权多双边交流合作

持续巩固与世界知识产权组织、世界贸易组织等国际组织在版权方面的交流合作，参加相关成员国大会及地区会议。不断巩固以合作共赢为核心的新型双边版权关系，妥善处理并加强中美、中欧、中英、中日、中韩等重要双边版权磋商及合作事务。深化中英版权《战略合作备忘录》项下中英版权合作，线上召开版权工作政府间会谈，积极参与中英经济财金对话领导小组项下的中英版权磋商。继续与欧盟保持密切合作，参与中欧知识产权工作组相关工作。参与中韩、中日、中俄、中瑞知识产权工作组磋商。继续配合商务部参与中美经贸磋商相关工作。推动海峡两岸和香港、澳门的知识产权工作落实。

（三）健全版权国际应对联动机制

指导国际版权研究基地等机构开展版权重点、热点议题专项研究，积极研判版权国际形势变化。密切与立法机关、司法机关及外交、商务、市场监管等部门的联系沟通，加强对相关企业海外版权保护指导，不断提高涉外版权保护能力。

## 五、做好宣传培训，建设版权良好人文环境

（一）营造尊重版权良好氛围

围绕“4·26”世界知识产权日“全面加强版权

工作，推动构建新发展格局”宣传主题，开展多角度、多层次、全方位版权宣传工作，加强版权正面引导，培养公民自觉尊重和保护版权的行为习惯。举办“2021中国网络版权保护与发展大会”、第十三届大学生版权征文活动，发布《2020年度中国网络版权保护年度报告》《2020年度全国打击侵权盗版十大案件》，编辑出版《中国版权年鉴2020》《2020年软件正版化工作汇编》，评选发布中国版权十件大事，集中宣传版权保护成果，持续提升社会公众版权意识。做好《中国新闻出版广电报》版权周刊的专题宣传，联动国家版权局网站、微博、微信公众号等媒体传播形式，及时解读政策措施，对焦点话题、热议问题等增信释疑，形成覆盖完整的版权全媒体传播格局。

（二）讲好中国版权故事

落实习近平总书记“讲好中国故事，传播好中国声音”的重要指示精神，向世界展现真实、立体、全面的中国版权工作。利用国家版权局英文网对外宣传平台，开展国际版权宣传；利用世界知识产权组织的平台，以《视听表演北京条约》生效一周年、《马拉喀什条约》在国内批准、著作权法实施30周年等重大事件为契机，充分展示我国版权保护、运用成果，贡献中国智慧和中国方案，切实增强版权国际传播力建设。

（三）做好版权教育培训

举办地方版权部门负责人及版权执法监管、软件正版化、版权社会服务、版权海外风险防控等相关领域人员培训班，分别对各省（区、市）版权局、各直辖市文化市场综合执法部门相关人员，中央主要媒体新闻记者，产业界涉外版权工作人员等进行针对性专题培训，全面提升基层人员版权工作水平。

# 2021 年全国版权司法保护工作

最高人民法院知识产权审判庭

2021 年，人民法院坚持以习近平新时代中国特色社会主义思想为指导，深入贯彻习近平法治思想及关于加强知识产权保护的重要指示精神，认真落实《知识产权强国建设纲要（2021—2035 年）》要求部署，版权司法保护工作稳步发展，有效服务和保障社会主义文化和科学事业的发展与繁荣。

## 一、依法妥善审理著作权案件，提升司法保护质效

随着文化产业的迅速发展和著作权权利人维权意识的提高，著作权案件数量持续增加。2021 年，人民法院新收著作权民事一审案件 360 489 件，同比上升 14.99%，占全部知识产权民事一审案件的 65.51%；新收著作权行政一审案件 19 件，比 2020 年增加 7 件；新收著作权刑事一审案件 313 件，同比上升 14.65%，占全部知识产权刑事一审案件的 5%。一年来，人民法院审结了一批具有较大社会影响的著作权案件。依法审结了“空竹”杂技作品著作权权属及侵权案，有效保护杂技艺术作品，促进传统文化发展，激发传统文化新活力。依法审结了 KTV 经营者侵害著作权纠纷系列案，明确电子证据认定法律适用问题，减轻当事人举证负担，切实维护权利人合法权利。依法审结大量网络著作权案件，加强网络空间的法治治理，保护互联网领域创新创造。在 2021 年知识产权宣传周期间，最高人民法院发布了 2021 年中国法院十大知识产权案件和 50 件典型知识产权案例，共有 13 件著作权案件入选。

## 二、加强审判指导，统一著作权案件裁判标准

随着新技术新业态新模式蓬勃发展，网络游戏等方面新类型案件层出不穷，疑难复杂法律适用问题亟须解决。2021 年 5 月，最高人民法院发布了互联网十大典型案例，其中包括网络游戏侵害金庸武侠小说改编权案等典型案例，为各级法院做好网络著作权案件审判工作提供交流指引。为明确实用艺术品著作权保护的法律适用标准，2021 年，最高人民法院发布了第 157 号指导性案例“左尚明舍家居用品（上海）有限公司诉北京中融恒盛木业有限公司、南京梦阳家具销售中心侵害著作权纠纷案”，明确对于具有独创性、艺术性、实用性、可复制性，且艺术性与实用性能够分离的实用艺术品，可以认定为实用艺术作品，并作为美术作品受著作权法的保护。经过不懈努力，在著作权司法领域，已经初步形成了指导性案例、公报案例、典型案例等体系，使法律适用标准有案例参照、有规则指引，推进裁判标准统一。

## 三、依法保护红色经典和传统文化，大力弘扬社会主义核心价值观

人民法院依法妥善审理涉及红色经典有关案件，坚持尊重历史、尊重法律、尊重权利，兼顾经典传承和权利保护，努力实现法律效果、政治效果、社会效果的统一。严厉制裁侵害红色经典作品的行为，规范文化传播秩序，引导公众自觉抵制历史虚无主义，抵制低俗、庸俗、媚俗，旗帜鲜明保护红色资源，传承红色基因。加强传统文化、传统知识、民间文艺等知识产权保护，促进非物质文化遗产的整理和利用，促进中华优秀传统文化创造性转化、创新性发展。江西景德镇中院设立知识产权法庭，为国家陶瓷文化传承创新试验区建设和景德镇陶瓷特色产业发展提供有力司法服务和保障。福建泉州法院设立海丝史迹保护巡回法庭，加大非物质文化遗产保护力度。

## 四、加强调查研究，完善新类型案件司法裁判规则

随着我国互联网行业高速发展，网络环境下的知识产权保护日益成为知识产权审判的重点。2021 年 6 月 1 日，新修改的《著作权法》正式施行。人民法院围绕修改重点，结合工作实际情况，积极开展调研，不断从司法实践层面完善作品认定与保护

规则，确保著作权案件依法审理，促进文化产业规范健康发展。最高人民法院多次就网络直播画面中的著作权法律问题、视听作品片段著作权保护法律问题等进行专题研讨，积极完善明确相关裁判规则。一些地方法院对于网络著作权纠纷案件、侵害音像作品著作权案件法律适用问题进行深入研究。深入总结开源代码软件著作权保护等新类型案件的裁判思路和裁判要旨，对涉开源软件案件的诉讼主体资格、开源协议许可的撤销、限制商业使用条款的效力等法律适用问题予以明确指引，引导相关行业在法治轨道上健康发展。

## 五、加强与行政职能部门协同配合，推动构建大保护工作格局

人民法院积极健全知识产权行政保护与司法保护衔接机制，加强与行政职能部门协同配合。推动与国家版权局等部门建立信息资源共享机制，推进最高人民法院与中央有关部门数据专线连接工作，进一步推动知识产权保护线上线下融合发展，促进形成知识产权保护合力。最高人民法院扎实推进中国特色一站式多元纠纷解决机制建设，积极对接中央有关单位、全国性行业协会，以人民法院调解平台为载体，推动建立自上而下、全面覆盖的“总对总”多元解纷机制。目前，“总对总”合作单位有12家，全国四级法院以及7.8万个调解组织、6.9万家基层治理单位、32.8万名调解员在调解平台开展调解工作，为当事人提供菜单式、集约式、一站式解纷服务，平均每个工作日有4.7万件纠纷在法院调解平台进行调解，平均每分钟有57件成功化解在诉前。2021年，各地法院委派诉前调解涉知识产权纠纷案件超过2万件，其中著作权纠纷案件占了相当大的比重。最高人民法院就高校校园网使用他人作品侵权问题组织研讨会，主动向教育主管部门发出司法建议函，搭建沟通桥梁，推动教育主管部门、视频企业、科研高校形成共识，有效化解纠纷。

## 六、加强著作权审判队伍建设，提升司法服务保障能力

高度重视新时代著作权审判队伍建设，坚持以党建带队建促审判，深入开展党史学习教育和队伍教育整顿，着力加强政治建设，筑牢政治忠诚，加强法官专业化培养和职业化选拔，增强著作权审判队伍服务大局意识和能力。最高人民法院通过召开专业研讨会议、组织业务培训、完善司法数据库、出版业务指导书籍、开展干部交流等方式，大力提升著作权审判队伍能力素质，服务著作权保护司法需求。截至2021年12月，全国具有著作权纠纷民事案件管辖权的基层人民法院已达207家，著作权审判队伍不断壮大，队伍素质不断提升，相关审判组织和法官先后获评“中国版权金奖·保护奖”、查处侵权盗版有功单位和有功个人。

# 2021 年版权工作大事记

中央宣传部版权管理局

2021 年 1 月 12 日，国家版权局批复湖南省长沙市创建全国版权示范城市。

2021 年 1 月 15 日，国家版权局、国家互联网信息办公室、工业和信息化部、公安部等四部门发布“剑网 2020”专项行动十大案件。

2021 年 2 月 1 日，《求是》杂志第 3 期发表中共中央总书记、国家主席、中央军委主席习近平的重要文章《全面加强知识产权保护工作 激发创新活力推动构建新发展格局》。

2021 年 2 月 1 日，《求是》杂志第 3 期发表国家版权局署名文章《加强版权保护 促进创新发展》。

2021 年 2 月 5 日，国家版权局发布 2020 年中国版权十件大事。

2021 年 2 月 7 日，中宣部版权管理局、中宣部电影局、公安部食品药品犯罪侦查局联合部署开展打击院线电影盗录传播集中行动。

2021 年 3 月 15 日，国家版权局启动第十三届全国大学生版权征文活动。

2021 年 3 月 18 日，国家版权局发布 2020 年全国著作权登记情况通报。

2021 年 3 月 18 日，国家版权局启动 2021 年全国版权示范创建评选工作。

2021 年 3 月 18 日，国家版权局批复 2020 年度全国版权示范，授予全国版权示范园区（基地）15 家、全国版权示范单位 49 家、全国版权示范单位（软件正版化）25 家。

2021 年 3 月 29 日，推进使用正版软件工作部际联席会议第十次全体会议在京召开。中宣部副部长张建春主持会议。

2021 年 3 月 30 日至 4 月 1 日，国家版权局在北京举办全国版权工作培训班。

2021 年 3 月，国家版权局启动《中华人民共和国著作权法实施条例》修订工作。

2021 年 4 月 2 日，国家版权局、文化和旅游部联合发布《关于规范卡拉 OK 领域版权市场秩序的通知》（国版发〔2021〕1 号）。

2021 年 4 月 20 日至 26 日，国家版权局组织全国集中开展 2021 年全国知识产权宣传周版权宣传活动。

2021 年 4 月 25 日，国务院新闻办公室在京举行贯彻落实“十四五”规划纲要新闻发布会。中宣部版权管理局局长于慈珂出席发布会并答记者问。

2021 年 4 月 28 日，中宣部版权管理局发布《关于进一步做好版权执法信息报送工作的通知》。

2021 年 5 月 21 日，全国打击侵权假冒工作电视电话会议在京召开。中宣部副部长张建春、中宣部版权管理局副局长汤兆志出席。

2021 年 5 月 26 日至 28 日，国家版权局在北京举办面向中央主流媒体的 2021 年版权热点问题专题培训班。

2021 年 5 月，国家版权局启动《著作权行政处罚实施办法》修订工作。

2021 年 6 月 1 日，第三次修改的《中华人民共和国著作权法》正式实施。

2021 年 6 月 1 日，国家版权局在北京举办 2021 中国网络版权保护与发展大会，中宣部副部长张建春出席大会并作主旨讲话。

2021 年 6 月 1 日，国家版权局发布 2020 年度全国打击侵权盗版十大案件。

2021 年 6 月 3 日，国家版权局、文化和旅游部联合挂牌督办 7 起重点侵权盗版大要案件。

2021 年 6 月 9 日，国家版权局、工业和信息化部、公安部、国家互联网信息办公室联合启动“剑网 2021”专项行动。

2021 年 6 月 11 日，国家版权局等六部门联合挂牌督办 22 起重点侵权盗版大要案件。

2021 年 6 月 15 日至 19 日，国家版权局在福建龙岩举办第一期版权执法培训班。

2021 年 6 月 28 日至 7 月 1 日，世界知识产权组织版权及相关权常设委员会第四十一届会议在瑞士日内瓦举行。中国版权协会经批准成为世界知识产权组织版权及相关权常设委员会观察员。

2021年7月7日至9日，国家版权局和世界知识产权组织在福建厦门联合举办2021年版权产业国际风险防控培训班。

2021年7月8日，国家版权局、工业和信息化部、公安部、国家互联网信息办公室联合召开“剑网2021”专项行动通气会。

2021年7月8日，国家版权局批复同意在江西省景德镇市设立“景德镇国家陶瓷版权交易中心”。

2021年7月8日，国家版权局批复同意日本内容产品海外流通促进机构设立北京代表处。

2021年7月12日至16日，国家版权局在贵州贵阳举办软件正版化培训班。

2021年7月19日至23日，国家版权局在江西井冈山举办第二期版权执法培训班。

2021年7月22日，国家版权局启动2020年东京奥运会版权重点保护工作。

2021年7月25日，国家版权局批复同意设立“国家版权创新发展基地（四川天府新区）”。

2021年7月，中共中央、国务院印发《知识产权强国建设纲要（2021—2035年）》。

2021年8月27日，中宣部版权管理局在京召开著作权集体管理工作会议。

2021年9月24日至25日，国家版权局指导四川省成都市举办“2021成都数字版权交易博览会”。

2021年9月25日，国家版权局批复授予江西省景德镇市“全国版权示范城市”称号。

2021年9月30日，国务院新闻办公室在京举行奋力开启知识产权强国建设新征程新闻发布会。中宣部版权管理局局长于慈珂出席发布会并答记者问。

2021年9月，中宣部会同国家网信办等19个部门联合启动区块链创新应用试点工作。

2021年10月4日至8日，世界知识产权组织成员国大会第62届系列会议在瑞士日内瓦举行。中宣部版权管理局局长于慈珂、副局长赵秀玲分别当选世界知识产权组织表演和录音制品条约联盟大会副主席、伯尔尼联盟大会副主席。

2021年10月9日，国务院印发《“十四五”国家知识产权保护和运用规划》。

2021年10月16日至18日，国家版权局在杭州举办第八届中国国际版权博览会。

2021年10月16日，世界知识产权组织和国家版权局于第八届中国国际版权博览会期间联合举办“2020中国版权金奖”颁奖仪式。

2021年10月16日，国家版权局和世界知识产权组织为“世界知识产权组织版权保护优秀案例示范点（吴江丝绸产业）”授牌。

2021年10月16日至17日，国家版权局、世界知识产权组织主办的2021国际版权论坛在浙江杭州举行。中宣部副部长张建春出席并致辞。

2021年10月16日至18日，国家版权局于第八届中国国际版权博览会期间举办“著作权法实施30周年成就展”。

2021年10月23日，十三届全国人大常委会第三十一次会议表决通过了全国人大常委会关于批准《关于为盲人、视力障碍者或其他印刷品阅读障碍者获得已出版作品提供便利的马拉喀什条约》的决定。

2021年11月5日，国家版权局、中国贸促会、国家知识产权局在第四届中国国际进口博览会期间共同举办第四届虹桥国际经济论坛“知识产权保护与营商环境优化”分论坛。中宣部副部长张建春出席并致辞。

2021年11月12日，国家版权局与英国知识产权局在英国驻华大使馆举行2021年中英版权政府间工作会谈（司局级）。

2021年11月19日，国家版权局等六部门联合挂牌督办38起重点侵权盗版大要案件。

2021年11月，国家版权局会同国家知识产权局、国家市场监督管理总局联合开展2021年知识产权保护实地检查考核工作。

2021年12月21日，国家版权局批复同意在泰山新闻出版小镇设立“泰山国家图书版权交易中心”。

2021年12月24日，国家版权局印发《版权工作“十四五”规划》。

2021年12月31日，国家版权局发布“2020年中国版权产业经济贡献”调研报告。

2021年12月，国家版权局对19起重点侵权盗版案件查办地区予以办案经费补贴。

2021年12月，国家版权局会同全国打击侵犯知识产权和制售假冒伪劣商品工作领导小组办公室等部门开展“双打”考核工作。

2021年1月至12月，国家版权局共发布15批106部重点作品版权保护预警名单。

2021年6月至7月，国家版权局发布《关于奖励2020年度查处重大侵权盗版案件的决定》。

2021年7月至12月，国家版权局牵头对20家中央和国家机关、10家中央企业、15家金融机构，以及7个省（区、市）软件使用情况进行年度核查，共核查单位205家、计算机4.5万台。

# 2021年地方版权工作

## 北 京 市

### 一、版权宣传工作

（一）投放地铁公交版权公益广告

围绕“4·26”世界知识产权日、“6·1”新修改《著作权法》施行日等重要时间节点，按照国家版权局统一部署，北京市版权局创新推出主题宣传、公益广告、线上课堂、征文比赛、优秀案例评析等版权系列宣传活动。其间，以“新修改《著作权法》正式施行”为主题，通过地铁媒体、公交媒体投放为期一个月的版权公益广告，覆盖人次日均1 000万，在全社会营造尊重版权的良好氛围。

（二）组织参加2021年中国国际服务贸易交易会

聚焦“版权＋文化”“版权＋科技”，组织版权链全国运营服务平台优秀版权项目、北京市正版软件认证平台优秀软件服务商等参加2021年中国国际服务贸易交易会，现场展示29个版权链优秀示范项目和4家优秀国产软件，线上展示11家文创及软件企业、4家版权服务机构，引起社会各界广泛关注。

（三）组织参加第八届中国国际版权博览会

2021年10月16日至18日，“首都版权”展区正式亮相中国国际版权博览会。展区以“弘扬传统文化、推动‘两区’建设”为重点，通过实用性文创产品展示与群众互动相结合的方式，助推首都传统文化“走出去”。中宣部副部长张建春视察“首都版权”展区并给予充分肯定。开幕式上，世界知识产权组织与国家版权局联合颁发“2020中国版权金奖”，北京市版权局版权管理处获评管理奖。

### 二、版权执法监管工作

（一）推动全市知识产权综合立法

市版权局与市高院、公安、行政执法等部门，组织五次专题工作会，在日常监管信息交流、重点领域调研和宣传培训方面加强协作配合，合力推进版权保护能力建设，持续强化落实《关于加强版权保护的意见》。

（二）全面开展“剑网2021”专项行动

召开由各区版权监管部门和互联网企业100余名代表参加的“剑网2021”专项行动动员会，全面部署相关工作，印发《关于北京市开展打击网络侵权盗版“剑网2021”专项行动的通知》；强化专项行动联动工作机制，联合专项行动领导小组成员单位，在网络版权纠纷处置、重点平台治理等重点工作中多点联动引导、共治促进。

（三）开展侵权案件线索收集固证工作

向有关地区通信管理部门投诉了128家小网站侵权传播作品问题，并移交了有关线索；向市文化市场综合执法总队移交拼多多平台多家书店销售盗版图书案件线索函，其中一家书店销售量达8 000多册，总队查实后移送公安机关；收集固证拼多多平台21家书店销售侵权盗版出版物（7家在京出版单位）案件的线索；继续推动某音乐平台侵权传播音乐作品案的刑事侦办。

（四）持续开展网络版权监测

主要监测重点自媒体平台、热门影视作品、新闻评论、漫画、游戏、音乐、小说、体育赛事等领域。截至2021年12月31日，监测发现侵权链接总计1 991.4万条，根据重点保护作品预警名单和权利人授权，针对1 072.5万条侵权链接发出维权通知，相关平台下线/断链总计1 001.8万条，下线/断链率约93.4%。

（五）持续推动版权纠纷调解

市版权局指导支持北京版权调解中心与北京互联网法院协作，上线北京版权矛盾纠纷多元化解调解平台并开通案件受理线上通道，协调首都版权协会全面加强版权纠纷调解工作。截至2021年12月31日，共受理版权纠纷调解案件10 246件，调解成功4 768件，调解成功率为48.2%。其中“诉非”云平台受理3 139件，调解成功3 028件，调解成功率为96.5%。

（六）开展查处重大侵权盗版案件奖励组织工作

组织全市公检法、行政执法部门向国家版权局报送2020年度查处重大侵权盗版案件有功单位和有功个人推荐材料，经国家版权局终评决定，北京市

8家单位被评为全国有功单位，24人获评全国查处侵权盗版有功个人。

### 三、软件正版化工作

（一）召开全市软件正版化工作动员部署会

根据《北京市2021年软件正版化工作方案》，北京市使用正版软件工作联席会议办公室于2021年4月组织召开2021年北京市软件正版化工作动员部署会，共计140个分会场、526人参会。

（二）举办软件正版化工作培训班

举办2021年北京市软件正版化工作培训班，全市党政机关、市属国有企业、市卫生健康系统、市教育系统、各区软件正版化工作人员共计431人参训。

（三）召开软件正版化试点工作座谈会

市版权局会同市教委有关部门在北京建筑大学召开软件正版化工作座谈会，启动市属高校软件正版化试点工作，并帮助北京建筑大学解决软件正版化工作中遇到的困难和问题。

（四）召开市属国有企业软件采购谈判工作会

组织由各市属国企集团总部的信息化专家和领导组成的谈判专家组参加2021年北京市属国有企业软件采购谈判工作会，国内主流国产软件厂商踊跃参与，起到了规范市场秩序、降低用户采购风险和成本、解决各种采购疑难问题的作用。

（五）开展全市软件正版化年终考核

根据《北京市2021年度软件正版化工作考核标准》，自2021年9月中旬至12月底，安排若干检查组对市区党政机关、市属国企、市卫生健康系统、市教育系统等进行软件正版化年终考核。

（六）完成北京市软件正版化检查服务项目立项和招投标工作

该项目完成后，形成"即时自查、远程检查"的工作模式，实现国家软件正版化检查常态化管理、软件资产精细化管理、软件侵权预警事前提示、决策分析辅助支持等功能，助力全市软件正版化服务管理效率提升。

（七）举行国产软件"雏鹰计划"发布会

在中国国际服务贸易交易会上，举办了国产软件应用专题论坛和国产软件"雏鹰计划"发布会。

### 四、版权外事与社会服务工作

（一）加强版权国际交流与合作

深入推动国际交往中心建设，推进与世界知识产权组织（WIPO）版权调解与仲裁业务的进一步合作，积极推荐我方权威专家学者担任WIPO调解员与仲裁员，以文化软实力争取国际版权领域话语权。

（二）提升出版业国际传播能力建设

紧紧抓住内容、渠道、翻译等出版"走出去"关键环节，聚焦重点企业、重点项目、重点平台，突出数字出版新兴业态，奖励和资助在北京地区注册企业所从事的面向国外的版权输出、实物出口、翻译、交流推介、渠道建设等业务与项目，共有20个项目获得2021年北京市提升出版业国际传播能力特别项目奖励扶持。

（三）积极推动版权登记公共服务能力建设

版权登记全面实现一网通办和登记数据的数字化服务，完善"版权链—天平链"共治机制，配合法院完成多起"版权链—天平链"协同质证案件的审理，推出多种形式的链上确权示范案例，推进行政司法协同治理。截至2021年12月31日，已完成约234.9万件数字版权登记证书签发和上链工作，完成103.3万件作品、图书、出版物各项登记工作，北京版权登记和版权保护工作正式进入数字化时代。

（四）稳步推进版权示范体系建设

扶持和推动版权示范园区建立版权服务机制，组织优秀版权示范企业参加第八届中国国际版权博览会进行自我展示。完成对各区推荐的园区（基地）、单位进行评审、核查及候选名单公示工作，评定12家企业和10个园区为2021年市级版权示范单位、版权示范园区（基地）。经部务会审议，推荐4家企业和5个园区参加全国版权示范评选。

（李盼盼）

## 天　津　市

### 一、首次组团参加版博会，实现"零"的突破

中国国际版权博览会自2008年创办以来，天津市只有个别版权企业零星参加，从未组团整体参展。2021年4月，接到国家版权局关于组织参加第八届中国国际版权博览会的预通知后，天津市委宣传部高度重视，部领导明确指出，第八届版博会是在中国共产党成立100周年、我国开启全面建设社会主义现代化国家新征程、"十四五"规划开局起步、著作权法实施30周年的大背景下举办的，时间特别、意义重大。天津版权界要积极筹划，组建展团，重装参展，实现"零"的突破，要面向全国，面向世界，充分展示天津版权建设成果，展示天津城市形象。

在广泛动员的基础上，天津市版权局对拟参展的20多家单位进行全面考查、择优遴选后，确定天

津出版传媒集团、天津中新生态城动漫产业园、未来电视有限公司、天津市南开区泥人张美术馆、天津大行道动漫文化发展有限公司、中恒星云影业（天津）有限公司、天津海顺印务集团等版权示范单位参展。

在第八届版博会现场，天津展团亮点纷呈，在展区内设置活动分享区和特色文化互动交流区，陈列展品几百种，组织开展丰富多彩的版权推广展示活动，展示天津版权发展成果，推介天津城市形象，成为本届版博会上的亮点之一。开幕式当天上午，中宣部副部长张建春现场执笔为杨柳青年画《连年有余》的津娃娃“点睛”，为宣传天津版权、推广“津味”文化助力加油；版博会期间，天津展馆内的观展人流络绎不绝，参观者对天津版权展示成果表现出了极大的兴趣。央视《新闻联播》节目在报道第八届中国国际版权博览会消息时，特选用天津展区画面。天津展团因工作突出，被组委会授予优秀组织奖。

**二、加大版权保护力度，严厉打击侵权盗版行为**

（一）开展“剑网 2021”专项行动

天津市“剑网 2021”专项行动自 2021 年 7 月 14 日启动至 11 月初结束，其间，天津市版权局会同市委网信办、市通信局、市公安局、市文化市场行政执法总队等五部门开展了系列打击网络侵权盗版工作，进一步规范了网络版权秩序，净化了网络空间，为庆祝中国共产党成立 100 周年营造了良好的网络环境。

专项行动期间，天津市版权局对天津市网络进行再次摸底调查，公布举报电话、联合开展检查、深挖案件源头、查办大案要案。文化执法部门共出动执法人员 1 553 人次，开展网络巡查 2 467 家次、实地检查巡查 448 家次，约谈网络文化企业 14 家次，共查办侵犯著作权案件 4 起，行政罚款 17.1 万余元；公安机关连续侦破赵某制售盗版图书案、薄某侵犯著作权案等一系列大要案件，查扣各类侵权盗版图书 100 余万册，涉案价值 3 000 余万元，其中侦破部督案件 3 起，发起集群战役 1 起，对天津市各大网站等互联网经营单位联合检查 20 余次。

（二）召开查处侵权盗版案件有功单位和有功个人工作座谈会

2021 年上半年，天津市版权局组织召开经验座谈会，请相关同志介绍查办案件先进经验、交流办案体会，对 2020 年度查处重大侵权盗版案件的 7 家有功单位和 14 名有功个人进行了表彰，进一步激发了版权相关执法部门查处侵权盗版案件的积极性和主动性，充分彰显了查处侵权盗版案件先进典型的引导和示范作用。

（三）开展院线电影版权保护集中整治行动

按照中宣部版权管理局、中宣部电影局要求，天津市版权局联合市电影局向市文化市场行政执法总队、各区版权局及电影主管部门印发《关于进一步加强我市院线电影版权保护的通知》，要求各区相关部门强化监管、联动共治，严厉打击盗录传播行为。市区两级开展了联合检查，宣传引导推动形成全面保护格局。

集中行动期间，全市各部门共开展执法检查 131 次，开展网络在线巡查 82 家次，出动检查人员 849 人次，检查影院等场所 210 家；警示约谈属地网站和自媒体账号 2 家次，关闭违规网站 2 家；办理案件 26 起，注销网站 ICP 备案号 3 家，涉及电影类行政案件 16 起。

（四）构建版权领域多元化纠纷解决渠道

加强与天津市高级人民法院的交流沟通和业务研讨，推进著作权司法保护与行政监管的协作配合，共同推动著作权纠纷诉源治理，就著作权纠纷多元化解机制达成工作合作共识，签署《天津市高级人民法院、天津市版权局关于推进著作权纠纷多元化解工作合作备忘录》，建立和完善调解、仲裁等社会治理渠道，建立多元化版权纠纷解决机制，促进文化产业健康发展。

**三、强化实效，开展版权服务**

（一）充分发挥版权示范工作引领作用

天津市版权局积极开展版权示范创建工作，天津大学出版社有限公司、天津大行道动漫文化发展有限公司、天津智慧山科技文化创意产业园荣获 2020 年度国家版权示范称号；经各区推荐、企业报名、专家评审，评选出 5 家市级版权示范单位；2 家单位荣获 2021 年度国家版权示范称号；挂牌设立天津出版传媒集团、天津青年创业园等 2 家优质版权资源单位为版权服务工作站，进一步完善服务体系，提升版权公共服务能力。

（二）面向企业与社会广泛开展版权咨询服务

一是开展“全国知识产权宣传周版权保护”咨询服务活动，在图书大厦设立版权服务咨询台，开展现场宣传和咨询服务等。二是开展“公仆走进直播间”电台直播活动，就社会普遍关注的版权问题进行政策解读，现场热线答疑，进一步提升版权服务的影响力。三是赴天津市文联进行版权工作专题座谈。向重点权利人集中区域开展著作权保护宣传，宣讲《著作权法》第三次修订的意义和作用，发放著作权法宣传页，张贴宣传海报，营造宣传氛围。四是结合作品登记工作管理办法，对作品登记初审部门有针对性地开展业务技能提升培训，提升全市版权服务的社会化水平和管理水平，2021年天津市共计办理作品著作权登记91 424件。五是组织开展中小版权企业研讨会。宣传周活动期间，中国版权协会、天津市版权局、天津市版权协会在天津青年创业园联合开展主题研讨会。

（三）召开天津市版权征文活动总结表彰大会

组织召开2021年天津市大学生版权征文活动交流座谈会，全面总结全市版权宣传进校园系列活动，总结表彰在全国大学生版权征文活动中荣获奖项的单位和个人。2021年天津市版权局首次荣获全国优秀组织奖，天津市共计有四所高校六篇学术论文荣获全国奖项，其中全国一、二、三等奖各两名。

**四、强化落实主体责任，深入推进软件正版化工作**

按照国家推进使用正版软件工作部际联席会议的工作要求，结合工作实际，制定《天津市2021年推进使用正版软件工作计划》，并印发全市。同时，指导市级机关和各区版权局制定本单位、本系统和本地区的软件正版化工作计划，有序开展相关工作。

加强对重点领域的软件正版化工作推进，强化与规划建设、交通、卫生健康等部门、系统的工作协调沟通，提出指导意见与建议，切实解决实际问题，以点带面，推进软件正版化工作。

辅导各单位从正版软件检查工具安装情况、正版软件安装使用情况、使用正版软件责任落实及软件资产管理情况、现场检查计算机情况等入手，进一步做好自查自检工作。

开展全市软件正版化工作情况考核评定，抽取河东、红桥、北辰、武清四个区和市公安局、市财政局、市商务局、市金融局、市信访办、市合作交流办等六家单位，采取听取汇报、查阅资料和现场检查等方式，现场反馈检查情况和有关意见建议，推动全市各区各部门落实软件正版化工作主体责任，进一步巩固政府机关软件正版化工作成果。

**五、创新宣传手段，版权宣传社会影响力大幅提高**

（一）建立多元化传播途径，创新宣传内容，讲好版权故事

一是拍摄版权公益宣传片。天津市版权局策划拍摄了代表天津城市形象的版权主题公益宣传片，宣传片内容结合新修订的著作权法内容、突出代表天津城市特点的版权创造和版权产业等要素，展现了一幅天津版权产业奋进新时代的美好画面，以艺术感染力强化版权宣传传播力。二是打出天塔、地铁、影院、新媒体相互结合的宣传组合拳。设计策划天塔灯光秀版权主题宣传，组织安排地铁、中心城区户外LED屏以及电影院的片前公益广告循环播映天津版权主题宣传片。同时，组织新媒体进行互动宣传，联合新浪微博发起“天津版权 为你点赞”话题宣传互动活动，阅读量超过11.1万次，有效激发社会关注，营造了良好舆论氛围。宣传周期间，地铁1、5、6、9号线滚动播放版权保护公益宣传片，每天播放量达10.8万次，总播放量超过75.6万次；全市户外及楼宇LED显示屏2 000余块，市区40余家电影院共计240块荧幕播映版权公益片前广告，累计播放11 000多场次，取得了良好的宣传效果。全市共计印制2 000张主题宣传海报，在重点产业园区、城市广场等地进行了广泛的张贴宣传。16个区通过区融媒体中心所属有线电视台、官网、微博、微信公众号和户外LED显示屏等媒介广泛进行主题宣传，营造了良好的舆论氛围。三是组织开展“天津市大学生版权征文活动启动仪式暨专场辅导讲座”。市版权局联合市教委、团市委共同成立天津市大学生版权征文活动小组，统筹推进全市大学生积极参加第十三届全国大学生版权征文活动，活动采用“现场讲座＋网络直播”两种方式同时进行，线上线下观看人次共计约5.3万。

（二）宣传效果明显，版权保护宣传关注度持续增长

天津版权宣传工作得到了中央和市级媒体的广泛宣传报道，宣传周期间《天津日报》共计刊发了三篇版权宣传报道；津云新媒体集团跟踪报道，在版权宣传周期间发表了6篇版权宣传活动报道，其中制作推出系列新媒体产品“《著作权法》专题宣传图册”三期，典型宣传专题两期，深度报道版权示范单位的经验做法，充分发挥示范引导宣传作用。4月29日，《中国新闻出版广电报》及其官方微信公众号“版人版语”刊发《天津版权宣传点亮天塔》一文，对天津版权宣传活动进行了报道。宣传周期间，中央和市级媒体共计刊发、转发天津版权宣传工作报道共计近30条次。

（单震宇）

## 河　北　省

**一、持续推进软件正版化工作**

根据人事变动情况，河北省及时调整推进使用

正版软件工作联席会议，省委常委、省委宣传部部长张政任总召集人。2021 年上半年，组织 41 家省直机关软件正版化工作负责人开展业务培训工作，传达国家版权局全覆盖检查精神，对高质量迎接国家检查提出工作要求。加大督促检查力度，先后对 41 家省级政府机关进行了两轮检查，对 13 家国有企业、6 家医院进行了督查。压实各地各单位主体责任，组织 10 家新闻出版单位、12 家日报社在版权宣传周启动仪式现场签订了包括使用正版软件在内的版权保护承诺书；组织省直各单位、各市和雄安新区联席会议主要负责人与省联席会议签订《使用正版软件承诺书》。省委宣传部（省版权局）与省教育厅、省委网信办联合印发《河北省教育系统推进使用正版软件工作方案》，推动各地各学校软件正版化工作。

2021 年 9 月 26 日至 30 日，推进使用正版软件工作部际联席会议聘用第三方机构对 41 家省级政府机关软件使用情况进行了现场检查，共检查 7 406 台计算机。经检查，41 家机关单位计算机杀毒软件正版率为 100%，操作系统软件正版率为 99.99%，办公软件正版率为 99.92%，操作系统软件和办公软件正版率均高于 2020 年全国平均水平。10 月 11 日至 13 日，推进使用正版软件工作部际联席会议联合督查组对省级政府机关软件正版化工作进行了督查，现场督查了省教育厅、省市场监管局软件正版化工作，并召开督查情况反馈会议，对河北省软件正版化工作给予了充分肯定。10 月 14 日，省推进使用正版软件工作联席会议向 41 家省级政府机关印发《关于开展软件正版化整改工作的通知》，各单位根据联合督查组提出的问题清单，于 10 月底前完成了全部问题整改工作。

**二、组织开展“剑网 2021”专项行动**

根据《国家版权局等关于开展打击网络侵权盗版“剑网 2021”专项行动的通知》精神，省委宣传部（省版权局）与省公安厅、省互联网信息办公室、省通信管理局于 2021 年 6 月至 10 月联合开展河北省第 17 次打击网络侵权盗版“剑网”专项行动。专项行动期间，全省各级版权、网信、通信管理、公安、检察等版权执法部门聚焦权利人和人民群众反映强烈的网络侵权盗版问题，不断加大网络版权执法监管力度，强化网络平台治理，严厉打击短视频、网络直播、体育赛事、在线教育等领域的侵权盗版行为，持续巩固新闻作品、网络音乐、网络文学、电商平台等领域专项治理成果，努力为庆祝中国共产党成立 100 周年营造良好的网络环境。其间，全省共出动网络执法人员 3 907 人次，检查各类网络企业 885 家，巡查网站或自媒体 33 028 个，约谈网站或自媒体责任人 222 人，查处侵权盗版网站和违法违规 APP 485 个，删除侵权盗版链接 3 351 条（其中涉东京奥运会赛事节目短视频侵权链接 1 020 条），屏蔽、过滤、删除违法有害信息数量 35 146 条，办理国家版权局移送河北省有关侵权投诉线索 5 个。

**三、严厉查处侵权盗版大案要案**

在国家版权局的指导和大力支持下，全省各级版权执法部门坚持问题导向，以查办案件为切入点，加强沟通协作与信息共享，有力推动了涉嫌侵犯著作权案件的查处，提升了执法能力，扩大了社会影响。2021 年河北省各级版权执法部门共查办各类侵权盗版案件 30 件（其中网络案件 5 件）。行政部门自行立案并办结 17 件（全部依法公开），行政部门移送公安机关 11 件，公安机关自行立案 2 件；全部案件涉案金额共计 2 223.36 万元，网络案件涉案金额 189.27 万元。重点查处了保定市永泰印刷有限公司销售盗版图书案、石家庄市“韩剧 TV”网涉嫌侵犯著作权案、廊坊市王某吉涉嫌销售侵权盗版图书案。其中，保定市永泰印刷有限公司销售盗版图书案被中宣部版权管理局等四部门列为 2020 年联合挂牌督办案件；石家庄市“韩剧 TV”网涉嫌侵犯著作权案被中宣部版权管理局等六部门列为 2021 年联合挂牌督办案件；廊坊市王某吉涉嫌销售侵权盗版图书案被中宣部版权管理局等六部门列为 2021 年联合挂牌督办案件。

**四、积极开展版权示范创建和社会服务**

2021 年 3 月，宁晋县工笔画艺术学校、“21 世纪避暑山庄”文化旅游产业园两家单位被国家版权局授予 2020 年度“全国版权示范单位”称号，河北教育出版社有限责任公司被授予“全国版权示范单位（软件正版化）”称号。2021 年下半年，河北省又向国家版权局提交推荐沧州市申请创建全国版权示范城市的请示，同时推荐河北精英动漫文化传播股份有限公司等四家单位申报全国版权示范单位，河北人民出版社有限责任公司申报全国版权示范单位（软件正版化），华斯裘皮产业园申报全国版权示范园区（基地）。

印发《河北省版权局关于进一步加强版权服务站建设的通知》，计划在市级版权服务站全覆盖的基础上，用两年时间完成县（区）级版权服务站建设，实现全省县级版权服务站全覆盖。申请专项资金 240 万元用于开发、完善河北省版权服务平台，平台围绕“互联网+社会服务”理念升级后，进一步简化了作品登记流程，增强了企业用户版权管理能力，大幅提高了著作权人登记效率。截至2021年11月29日，平台实名用户超过22 000名，完成作品登记51 244件，同比增长率均接近100%。

**五、开展版权社会宣传和展示交流**

按照国家版权局《关于做好2021年全国知识产权宣传周版权宣传活动的通知》要求，河北省委宣传部（省版权局）自2021年4月20日至26日组织开展了2021年版权宣传周系列活动。2021年版权宣传周系列活动紧紧围绕“全面加强版权工作，推动构建新发展格局”的主题，结合迎接建党100周年和“十四五”规划开局起步，大力宣传河北省版权工作成效。在版权宣传周启动仪式上，公开向版权示范单位授牌，表彰获得全国查处侵权盗版案件有功单位和有功个人，进一步强化先进典型的社会影响和示范导向作用。同时，在新闻媒体公布2020年度全省打击侵权盗版典型案件和2020年度全省“扫黄打非”十大案件，利用反面典型案件发挥警示教育作用，营造尊重版权、尊重创新的良好氛围。组织开展版权保护进企业、进单位、进社区、进学校、进网络活动，分别在白洋淀景区、西柏坡革命纪念馆、雄安市民服务中心、石家庄市第42中学开展版权服务，并通过河北省新闻网、长城网、河青网等省内各大媒体发布《共享版权价值 共创美好生活》版权宣传片，不断提高全社会特别是创新创业主体知识产权保护意识。

2021年10月16日至19日，河北省组织近30家企事业190余件（种）作品参加第八届中国国际版权博览会，充分展示了河北省版权产业发展和版权保护的成果，学习了先进省市的版权产业发展、保护和运用经验，进一步扩大了交流合作。中宣部副部长张建春、中宣部版权管理局局长于慈珂先后到河北省展厅参观指导，并给予充分肯定，河北省荣获优秀组织奖。《河北日报》、河北广播电视台、长城新媒体对展会盛况进行了宣传报道，产生了良好的社会效果。

（杜中伟）

## 山 西 省

**一、以打击侵权假冒工作为统领，认真做好版权执法监管工作**

（一）加强领导，做好版权领域“双打”工作

2021年5月，李克强总理对打击侵权假冒工作作出重要批示。山西省版权局按照相关要求，进一步加强统筹谋划，层层压实责任，强化组织协调，对版权领域打击侵权假冒工作进行了认真梳理，制定了全年的工作计划并认真实施。与公安、网信、通信管理、市场监管、文化执法等有关部门沟通配合，紧密协作联动，加强线索互通，联合挂牌督办，牢筑打击侵权盗版的坚强阵地，坚决落实各项工作任务，2021年版权领域的“双打”工作以满分通过了全国考核。

（二）聚焦热点，开展院线电影版权保护

2021年2月9日，山西省版权局与山西省电影局联合下发了《关于做好院线电影版权保护工作的通知》，组织各市版权部门和电影主管部门切实做好院线电影版权保护的牵头工作，积极协调当地公安、文化市场综合执法等部门，认真组织开展院线电影版权保护工作。省版权局、省电影局、省公安厅共同召开了院线电影版权保护工作协调会，畅通协作机制、强化组织部署、互通工作情况，在春节期间多次研究具体工作。积极与中宣部电影质检所沟通，请求协助搜集案源线索，畅通了线索移转渠道。行动期间，全省共出动执法人员5 600人次，检查影院358家次，检查点播影院（影吧）516家次，未发现盗录传播等侵权行为。行动中发放各类宣传资料3 000余份，张贴各类标语、海报2 900余张（条），播映宣传条屏、户外电子滚动屏13 000余次。部分地方融媒体中心、微信公众号、抖音、快手等各类新媒体组成网络宣传矩阵，转载转发盗录传播院线电影典型案例和相关法律法规。

（三）突出重点，整顿网络空间版权秩序

按照国家版权局等四部门关于开展打击网络侵权盗版“剑网2021”专项行动的通知要求，联合省委网信办、省公安厅、省通信管理局于2021年6月至10月开展打击网络侵权盗版专项治理“剑网行动”。聚焦权利人和人民群众反映强烈的网络侵权盗版问题，不断加大网络版权执法监管力度，强化网络平台治理，严厉打击短视频、网络直播、体育赛事、在线教育等领域的侵权盗版行为，持续巩固新闻作品、网络音乐、网络文学、电商平台等领域专项治理成果，不断提升版权管网治网能力，推进构建社会共治格局，维护清朗的网络空间秩序，为庆祝中国共产党成立100周年营造良好的网络环境。全省全年查处省级督办案件5件，查办各类侵权盗版案件56件。

**二、加强版权宣传教育，优化版权发展社会环境**

为全面落实习近平总书记关于知识产权工作的

重要指示精神，深入做好新修订的《中华人民共和国著作权法》学习、宣传、贯彻工作，山西省版权局围绕“全面加强版权工作，推动构建新发展格局”的主题，于2021年4月20日至26日组织各市扎实开展版权宣传活动，全省上下营造出“尊重版权、崇尚创新”的良好舆论氛围。

（一）广泛提高传播力，力求宣传活动平实务实

省版权局组织相关部门、广泛动员社会力量，找准学校、机关、企业、社区、媒体、车站、商业街区、版权消费场所等人流密集场所和宣传重点部位，针对性地开展了宣传“八进”活动。充分利用各级党报党刊、广播电视、门户网站、融媒体中心、客户端、公众号、广告栏、短信平台、公交移动电视、户外LED屏等宣传平台，采用播放公益视频、刊登公益海报、设置专业专栏、发放宣传资料、开设公益讲座等形式，大力宣传党的知识产权政策和著作权法律法规。宣传活动特别强调厉行节约、注重实效。

（二）着重突出引导力，力促版权知识入脑入心

山西省贴近受众需求，注重分众化、定制化靶向传播、精准宣传。根据不同宣传对象和人群，找准对接点、共鸣点，努力做到深入浅出、讲透讲薄，将版权法律法规等“大道理”转变为“接地气”的百姓语言和表达方式，增强感染力、说服力。省版权局、省出版传媒集团专题制作宣传海报4幅、公益视频2个。全省各市、县均结合各自特点，开展了丰富多彩的宣传活动。以太原市为例，制作宣传海报8种、宣传视频5个，除《太原日报》、《太原晚报》、太原新闻网、“版权太原”公众号连续开展版权宣传外，太原全市主要路口、车站、广场、楼宇户外大屏，公共交通、商业街区、文化娱乐场所广告屏，机关企业、学校社区宣传栏，都成为宣传活动的重要阵地。仅太原市图书馆及太原市54个影院的宣传活动受众就达到了20余万人次。

（三）紧密围绕执行力，力争版权宣传落细落实

山西省努力将宣传活动作为为群众排忧解难、帮助解决实际问题的重要平台，把提供版权服务、受理投诉举报贯穿于版权宣传全过程。省版权保护中心制作了作品版权登记宣传海报，广泛宣传作品登记工作。宣传活动中，各市积极搜集侵权投诉、现场调解版权纠纷、解答版权法律问题，主动上门宣传版权法律法规，超前服务预防侵权。将征文活动作为强化大学生版权意识、激发大学生创新创造活力、落实国家知识产权战略的重要抓手，组织省内高校参与全国大学生版权征文活动。

（四）加强版权培训，力争提升版权执法能力

为深入做好新修订实施的《中华人民共和国著作权法》的学习、宣传、贯彻工作，切实提升基层版权管理、执法人员和版权产业从业人员的业务素质，结合疫情防控的有关规定，省版权局于2021年12月21日至22日委托中国版权协会组织优秀师资举办全省线上版权工作培训班。培训内容包括新《著作权法》下的版权治理、版权执法监管工作解读、新发展阶段的中国版权产业、执法工作经验分享、推进使用正版软件工作情况介绍、软件正版化检查工具使用介绍等内容，其间累计6.7万余人次参加了培训。

**三、注重服务能力建设，做好版权公共服务工作**

一是加大版权示范单位、示范园区（基地）创建力度，全年创建全国版权示范单位四个，数量居当年全国第四。二是主动服务预防侵权，认真组织开展作品登记工作，完成作品登记467件。三是推动建设省级版权公共服务网络平台，积极开展相关调研工作，提高山西省作品登记、版权咨询、版权交易、维权援助、侵权监测等版权服务工作水平，提升公众获得版权服务的便捷度和满意度。四是积极开展著作权法律咨询和纠纷调解服务，在节约行政和司法资源的同时，有效实现了定分止争，保护了重点作品权利。五是与省市场监管局共同出台了鼓励知识产权质押融资的相关政策，对版权质押融资相关机构和单位给予补贴。六是指导太原市开展国家知识产权运营服务体系重点城市建设，提供版权方面的指导性意见。七是组织省内版权示范单位参加第八届中国国际版权博览会，获优秀组织奖。

**四、重新部署超前规划，强化软件正版化工作长效管理**

山西省坚持紧跟国家部署、狠抓机制建设、注重使用管理、力求质量过硬的工作原则，聚焦责任落实、采购安装、建章立制、自查整改、检查督查等重点环节，继续组织开展政府机关、省属国有企业使用正版软件工作。

（一）认真安排部署

下发了《山西省2021年推进使用正版软件工作计划》，确立了坚持统一领导、属地（行业）管理、科学有序、逐步推进的工作原则，进一步巩固软件正版化工作机制，完善管理考核制度，做好政府机关软件正版化工作长效管理，继续推动省属国有企业软件正版化工作，加强推动银行业金融机构软件正版化工作，探索逐步推动民营企业和其他特定行

业软件正版化工作。

（二）统筹安排推进

山西省软件正版化工作注重与信息化工作相结合。按照山西省高标准打造“数字化政府”和“一朵云、一张网、一平台、一系统、一城墙”的工作要求，统筹做好软件配置工作。要求部署建设的信息系统要注意兼容国产操作系统软件、国产办公软件等国产软件，倡导使用国产软件。加强软件采购管理，要求政府机关严格执行《政府机关办公通用软件资产配置标准（试行）》等相关规定，确保软件采购价格不超过价格上限。

（三）严格督促检查

省推进使用正版软件工作领导小组办公室下发了《关于开展政府机关使用正版软件督促检查工作的通知》，要求各市、各部门认真做好对本市、本单位软件正版化工作的督促检查。在此基础上结合疫情防控形势，下发了《关于开展政府机关使用正版软件工作抽查检查的通知》，对长治市、晋城市软件正版化工作情况进行抽查，抽查结果显示上述两市软件正版化工作情况良好。2021年10月至11月，省国资委、省版权局对全省省属国有企业软件正版化工作情况进行了全面检查，山西省省属国有企业推进使用正版软件工作任务基本完成。

（四）报送年度报告

下发了《关于开展政府机关使用正版软件工作年度总结的通知》，组织开展年度自查和年度报告工作。对各市软件正版化工作责任制度、日常管理、软件配置、软件台账、安装维护等方面进行逐项书面检查评议，并形成了整体评议结果。省版权局认真汇总全省数据后，形成全省使用正版软件工作年度报告，按时提交国家版权局。

（郝子谋）

## 内蒙古自治区

### 一、推动建设便民利企的版权公共服务体系

（一）开展作品登记，激发文化创新活力

2021年，内蒙古自治区版权局着重加强覆盖全面、服务规范、智能高效的版权公共服务供给，持续推广作品免费登记服务，激发文化创新活力。2021年，全区登记作品6 007件，同比增长155%，社会公众版权保护意识显著提升。

（二）规范登记流程，加强意识形态把关

利用政务服务平台对作品登记审查标准及相关登记信息进行公示和发布（可查询）。结合著作权法的修改进一步健全著作权登记制度，完善著作权登记机制，严格执行登记审查制度，加强对作品意识形态的审核把关。

（三）参加版权博览会，展示版权成果

2021年10月16日至18日，组织区内20余家文创企业参加了国家版权局在浙江省杭州市举办的第八届中国国际版权博览会，全方位、多层面展现了内蒙古特色文化和优秀版权作品。

（四）开展宣传培训，提升公众版权意识

2021年“4·26”知识产权宣传周期间，以“全面加强版权工作，推动构建新发展格局”为主题，组织全区各级版权管理部门开展版权集中宣传活动。联合自治区司法厅、内蒙古广播电视台共同主办播出《给你说法——著作权专题访谈节目》，邀请区内知名专家学者对新修订《著作权法》进行权威解读，营造了浓厚的舆论氛围，增强了全社会的版权保护意识。

### 二、推动建设支撑一流营商环境的著作权保护体系

（一）深化专项整治，加强版权保护

组织开展了“剑网”“电影院线整治”“打击侵权假冒”等专项行动，不断加强版权保护力度，从严打击侵权盗版行为，维护作品传播秩序。

（二）运用多种手段，加大案件查办力度

加强业务指导，探索新业态新领域中新型版权案件查办方式方法，督办呼和浩特市执法部门查处了全区首起“电商平台侵权案”，首起“微信短视频侵权案”。完善案件挂牌督办、督导检查、线索通报、年度考核等制度，加强案件查办力度。2021年共查处侵权盗版案件12起，处没罚金3.7万元。

（三）加强制度建设，起草地方性著作权法规

自治区版权局联合自治区知识产权局建立行政调解快速处理机制，完善版权纠纷多元解决机制。对接自治区人大、司法厅等机构，推动起草立项内蒙古自治区地方性著作权法规，提升著作权行政保护水平。

### 三、推动建设常态化规范化软件正版化管理体系

（一）强化制度引领，推动软件使用规范化

充分发挥制度引领作用，加强推进使用正版软件联席会议成员单位协调配合，坚持巩固执行联席会议、《政府机关使用正版软件管理办法》等软件正版化工作制度和文件。推动各地区各部门认真落实国务院印发的《政府机关办公通用软件资产配置标准（试行）》和《正版软件管理工作指南》。

（二）加强业务指导，巩固正版化工作成果

组织开展全区软件正版化工作培训，安排技术人员赴各区直单位开展技术指导 40 余次，督促和帮助各单位扎实做好软件采购管理和日常使用工作，实现了保障信息安全、节约财政资金、确保软件正版化率的多重目标。

（三）加大督查力度

连续六年将软件正版化工作列入盟市厅局领导班子年度绩效考核，聘用第三方机构对政府机关软件正版化工作进行全覆盖检查，共检查计算机 5 760 余台，立改问题 20 余项。

**四、推动建设激励创新发展的市场机制**

（一）开展调研分析，积蓄优质版权作品资源

按年度编纂《内蒙古自治区版权作品登记统计》，对全区 12 个盟市、16 类作品内容进行系统分析。筛选优质特色专题 27 个，将音乐专题编印成《内蒙古音乐著作权登记作品选编》，为决策部门和版权企业提供了可供参考的依据。

（二）开展试点工作，推动版权创新保护运用

积极争取中宣部版权管理局首批民间文艺作品版权保护试点。会同有关专家学者及有关单位加强对全区民间音乐、民间工艺美术等民间文艺资源的摸底研究，探索民间文艺作品版权保护新路径，推动民间优秀传统文化创造性转化和创新性发展。

（三）发挥行业优势，设立专门版权登记服务

进一步发挥行业优势，在自治区电影集团设立视听作品版权服务工作站，在自治区文联设立文字作品版权服务工作站，在自治区知识产权保护中心设立版权综合服务工作站，推动知识产权和版权成果的结合、交易、转化。

（四）推动版权示范，发挥版权引领示范作用

在国家版权局版权示范创建的基础上，严格标准和程序，推选新城区创新创业园、内蒙古电力集团参评全国版权示范园区（基地）和示范单位。对示范园区（基地）、示范单位进行调研培训，交流经验做法，充分发挥其示范带动作用，推动版权示范工作向纵深发展。

（马　达）

## 辽　宁　省

**一、巩固扩大软件正版化工作成果**

（一）组织召开省联席会议全体会议

根据省联席会议制度要求，2021 年 5 月 20 日，辽宁省推进使用正版软件工作联席会议召开全体会议，联席会议总召集人、省委常委、省委宣传部部长刘慧晏出席会议并讲话。印发《辽宁省 2021 年推进使用正版软件工作计划》《辽宁省推进使用正版软件工作联席会议全体会议纪要》，部署全省年度软件正版化工作，对各市版权局和省直单位做好工作指导。

（二）举办省推进使用正版软件工作培训班

传达推进使用正版软件工作部际联席会议第十次会议精神和辽宁省联席会议全体会议精神，强调年度工作重点，做好国检动员，培训软件正版化工作业务知识，不断提高软件正版化工作水平。

（三）组织开展软件正版化督查

联合省国资委开展省属国企软件正版化督查工作。强调软件正版化工作重要意义和紧迫性，提出限期达标要求，督促指导各省属国企总部和二级企业加快推进进度，扩大软件正版化覆盖面。在推进使用正版软件工作部际联席会议对辽宁省部分省直部门和省属国有企业抽检工作中，受检单位操作系统的正版率为 99.93%，办公软件的正版率为 99.74%，杀毒软件的正版率为 100%，均高于 2020 年全国平均水平。推进使用正版软件工作部际联席会议督查组对辽宁省工作给予充分肯定。

**二、强化版权执法监管，严厉打击侵权盗版**

（一）开展打击院线电影盗录传播专项行动

按照中宣部版权管理局、中宣部电影局、公安部食品药品犯罪侦查局联合部署开展院线电影版权保护集中行动的工作要求，开展全省严厉打击院线电影盗录传播等违法犯罪行为的联合行动，维护正版权利人的合法权益。

（二）开展重点版权作品保护预警工作

根据国家版权局统一部署，及时发布预警通知，各地版权执法人员加大对网站、院线影院等场所的巡查力度，坚持严格执法，震慑盗版行为，维护了良好的正版市场秩序。全年共发布预警公告 15 批次，涉及 106 个重点版权作品。

（三）开展 2020 年度查处案件有功奖励推荐工作

为进一步加大执法监管工作力度，严厉打击侵权盗版，激励群众投诉举报侵权盗版和各级执法人员查办侵权盗版大案要案的积极性和主动性，组织各市版权局推荐 2020 年度举报、查处侵权盗版案件有功单位和有功个人，经省版权局复审，报送国家版权局。国家版权局分批次对有功单位和有功个人给予奖励。

（四）开展全省“剑网 2021”专项行动

按照国家版权局统一部署，组织相关各部门开

展“剑网2021”专项行动，共排查网站7 100余家次，查处案件72件，依法删除侵权盗版链接44条，关闭侵权网站或APP 13家（个）。“剑网”专项行动中，全省各级版权、公安、互联网信息内容主管部门及文化市场综合执法队伍，充分运用约谈、预警、责令整改等工作方式，健全“两法衔接”工作机制，加大对网络侵权盗版案件的行政处罚和刑事打击力度，对网络侵权盗版违法犯罪行为实施全环节、全链条、全覆盖打击。

1. 加大短视频版权治理力度

重点打击公众账号经营者未经授权对电影、电视剧等视听作品删减切条、改编合辑制作短视频，以及未经授权复制抄袭短视频并上传网络平台进行传播的行为。严厉打击未经授权在短视频中使用他人音乐、美术、文字等作品的行为，以及通过智能终端、视频播放器等流媒体软硬件传播侵权盗版短视频的行为。着力整治短视频平台、社交平台以用户上传为名滥用“避风港”规则、以合理使用为名传播侵权盗版作品的行为。

2. 整治网络直播版权乱象

重点打击网络主播在直播中未经授权复制、表演传播他人影视、音乐、摄影、文字、游戏等作品或录音录像制品的行为。严厉打击通过网络直播销售盗版图书、音像制品、电子出版物等侵权盗版制品的行为。着力整治网络直播平台未经授权向主播提供他人作品或录音录像制品的行为。

3. 规范体育赛事版权秩序

重点打击公众账号未经授权集中批量在网络平台上传、传播东京奥运会、中国足球超级联赛、亚足联冠军联赛、中国男子职业篮球联赛、美国男子职业篮球联赛等大型体育赛事节目的行为。严厉打击公众账号提供体育赛事节目盗播链接的行为。着力整治网站、APP等未经授权非法转播大型体育赛事节目的行为。

4. 强化在线教育版权监管

重点打击非法传播“学习强国”学习平台的文字、图片、音频、视频的行为，以及生产、销售“学习强国”侵权衍生品的行为。严厉打击未经授权制作电子教材、音像制品、课件视频、电子试卷，以及通过公众账号、APP、朋友圈、论坛等渠道传播教育培训侵权盗版作品的行为。着力整治通过电商平台、社交媒体、网盘等方式销售侵权网络课程和盗版教育培训出版物的行为。

5. 巩固重点领域治理成果

进一步加强对电商平台、社交平台、知识分享平台的版权监管，着力规范网络新闻、网络音乐、游戏动漫、网络文学、计算机软件的版权传播秩序，推动各地结合自身实际因地制宜巩固扩大工作成果。

（五）加强挂牌案件督办力度

加强与公安、检察院、法院、文旅执法部门的沟通协调，跟踪督办三起由中宣部版权局等四部门联合挂牌督办的侵权盗版案件。

**三、强化版权服务，促进版权产业发展**

（一）深入开展全国版权示范创建工作

经国家版权局批复，东软集团股份有限公司、大连出版社股份有限公司获“全国版权示范单位”称号，北方国家版权交易中心产业园获“全国版权示范园区（基地）”称号，实现了全国版权示范创建工作“零”的突破。在“4·26”版权宣传周期间，分别为三家示范单位、示范园区（基地）进行授牌。

（二）探索“版权＋科技＋金融”全版权服务新模式

发挥北方国家版权交易中心专业版权交易平台的作用，提高作品著作权登记数量，提高优质版权作品的登记数量。探索搭建版权等权利收益权挂牌交易系统平台，初步实现版权资产化运作。

（三）组织参加国家级展会

组织省内重点出版单位和版权单位参加图书和版权展会活动。9月中旬组织全省18家出版单位和运营实体参加第二十八届北京国际图书博览会，实现了版权交易成果180项。10月中旬，组织省内9家版权单位参加第八届中国国际版权博览会，荣获第八届中国国际版权博览会优秀组织奖。

（四）做好作品版权自愿登记服务工作

依托北方国家版权交易中心扩大作品登记数量，提高作品登记质量，全年作品登记15 813件，同比增长31%，引进外国图书著作权合同备案登记290件。

**四、强化版权宣传培训，提高全社会版权保护水平**

（一）组织开展版权知识宣传

以“全面加强版权工作，推动构建新发展格局”为主题，运用宣传海报、普法手册、环保袋、短视频、现场活动等方式，宣传普及党和国家关于版权服务管理的决策部署和版权知识。以网络媒体、广播电视、报纸、“学习强国”平台，抖音、快手、优酷、新浪、腾讯、今日头条等商业平台，以及公共交通工具、写字楼、图书馆、主要街路门市店面等公共资源为集中宣传主阵地，投放省、市版权部门设计制作的宣传海报和宣传短片。同时，组织版权领域专家深入社区、公园、地铁、广场、文化企业、创意园区等人员集中的区域开展形式多样的版权宣传活动，通过发放宣传品、互动问答、案例讲解，让市民积极参与、轻松学习版权知识，通过调研指导，帮助解决版权方面的难题，提高版权保护意识，使版权保护理念更加深入人心。

（二）组织版权执法培训

2021 年 11 月，举办版权执法培训班，聘请中宣部版权局有关同志进行授课，了解最新的知识和执法工作要求。同时，加强对基层执法人员的培训，实地指导与集中培训相结合，切实提高版权执法人员素质，版权执法成效明显提高。

（侯庆凯）

## 吉 林 省

**一、多举措预防和查处侵权盗版行为，充分发挥监管职能**

2021 年 7 月，吉林省版权局与省网信办、省通信管理局、省公安厅联合印发了《吉林省 2021 年打击网络侵权盗版专项治理“剑网”行动工作方案》，启动吉林省“剑网 2021”专项行动。为落实好专项行动各项工作任务，省版权局认真分析了吉林省涉网侵权行为的特点、种类，明确了各级版权执法机关的重点工作方向，采取针对性的措施落实监管任务。

（一）开展重点领域巡查，进行主动监管

全省版权管理部门面向省内主要新闻信息类网站进行监控，梳理存在的问题及侵权行为风险点，对相关负责人进行约谈，指导其进行整改，规范使用他人新闻作品的行为，建立起授权使用作品的良性秩序。各地区针对本辖区内的重点网站进行梳理巡查，汇总问题及信息线索，上报省版权局。省版权局与省网信办密切合作，针对上报汇总的信息线索，逐一核查认定，对存在侵权风险的网站进行督促整改。

（二）开展省内重点城市互联网视听网站和微信公众号专项治理

吉林省版权局组织各有关文化市场综合执法机构对互联网视听网站和微信公众号进行专项治理，进一步规范了网络版权秩序。指导查办涉电商平台侵权案件。省版权局指导梅河口市版权管理部门查办“李某某拼多多精品素材店销售盗版图书案”。案件现已处理终结，依法做出罚款 0.2 万元的行政处罚。

“剑网行动”期间，全省各级版权执法机关纷纷结合本地实际情况开展了专项执法检查行动，有效净化了网络环境。

**二、稳步推进全省软件正版化工作，努力完成阶段性任务**

（一）加强组织协调，全面安排部署

省推进使用正版软件工作联席会议办公室（省版权局）协调联席会议各有关成员单位，完善工作机制及各项制度，努力形成整体工作合力。2021 年 2 月，省版权局制定了《吉林省 2021 年推进使用正版软件工作计划》，印发给全省各级政府及有关部门，全面部署本年度全省软件正版化工作，明确工作目标任务。省内各市、县级软件正版化工作领导小组按照省版权局要求制定完成了本地区软件正版化工作实施方案，健全、完善了软件正版化工作机制，明确了领导小组各成员单位的责任分工和工作任务，有针对性地组织开展软件正版化工作。

（二）加强督促检查，完善软件正版化长效工作机制

根据《政府机关使用正版软件管理办法》和《吉林省 2021 年推进使用正版软件工作计划》，省推进使用正版软件工作联席会议聘请第三方公司，对部分地区、省级党政单位及重点行业、省国资委监管企业软件正版化工作进行抽查。2021 年省版权局组织开展了面向长春市、吉林市、四平市、通化市和白山市下属的 25 个县市区、125 个党政机关单位的软件正版化工作核查，累计检查计算机 4 841 台。对在检查中发现的问题及时给予了现场反馈并提出了整改要求。

（三）落实整改采购要求，确保机关单位正版软件全覆盖

督促、指导各省级党政机关单位及各市县级政府软件正版化工作牵头业务部门，按照上级有关部门督查反馈意见，结合本单位自查情况，统计正版软件实际需求，做好新增正版软件采购和软件升级工作，持续推进各级党政机关单位正版软件全覆盖。

（四）加强宣传培训，提高软件正版化工作水平

2021 年，为进一步提高市县级机关单位软件正版化和软件资产管理水平，省版权局举办了一期政府机关软件正版化工作培训，125 名政府部门的软件正版化工作负责人参加了培训。全省各级版权管理部门利用“4·26”世界知识产权日、“3·15”消费者权益日等时间节点对使用正版软件工作相关法律要求进行宣传，提高社会公众的认识，为软件正版化工作的开展营造了良好的社会氛围。

**三、创新开展版权宣传工作，扩大版权社会影响**

2021年，版权管理处在版权宣传工作中全面展示了吉林省在版权创造、保护、运用和管理等方面取得的成果，广泛宣传了版权保护在深入实施东北振兴战略，加快推动新时代吉林全面振兴、全方位振兴发展中的地位和作用。

（一）以案释法，加强教育警示

面向社会公开发布了2020年度全省侵权盗版典型案件。树立典型，坚持示范引领。利用中国吉林网平台对全省16个版权示范单位的版权保护经验进行连续宣传，宣传周期长，连续性好，覆盖面广。

（二）直播聚焦，锁定重点人群

对《他乡的春天》著作权侵权纠纷案进行庭审直播，邀请吉林大学法学院教授、博士生导师王国柱，延边大学法学院副教授、硕士生导师方勇男同步解读庭审活动，以案说法。

（三）提前介入，直面行业痛点

版权管理部门邀请知识产权法庭和行业协会代表就KTV经营者商业性使用歌曲的授权问题与行业内单位代表进行交流磋商。

（四）全省联动，实现同频共振

全省版权管理部门积极筹划，充分运用媒体融合平台，努力扩大宣传范围，提升公众的版权保护意识。全省各地形成了处处可见的宣传态势，极大地激发了公众了解版权、尊重原创的热情。

2021年，吉林省版权局高度重视信息发布工作，取得了较好成绩。吉林省版权工作信息相继被中宣部每日要情、国家版权局网站、《中国新闻出版广电报》、省委办公厅每日要情、《宣传导报》、“学习强国”吉林学习平台、吉林发布、《吉林日报》、中国吉林网采用。全年累计发布各类工作信息38篇。

**四、积极推动版权示范创建工作全面展开**

2020年以来，全省各级版权管理部门积极推动、加强政策引导；深入调研、拓宽版权示范领域；分层培训、不断提升基层版权服务能力；广泛宣传、突出版权示范效果，取得了较好的成绩。

2021年5月14日，吉林省版权局在长春市组织召开了全省版权示范工作经验交流会，贯彻落实党中央、国务院关于知识产权的重大决策和部署，特别是习近平总书记关于知识产权工作的重要指示，总结交流2020年吉林省版权示范工作，分析新形势，部署2021年版权工作任务。中宣部版权管理局社会服务处相关同志出席会议，对吉林省版权示范工作给予了较高评价。

经自主申报和考核确认，2021年吉林省评定产生新的省级版权保护示范单位13个，省级版权保护示范园区（基地）1个。目前吉林省累计成功创建全国版权示范园区（基地）2个，全国版权示范单位2个，全省版权示范园区（基地）3个，全省版权示范单位30个。

**五、农村版权服务工作扎实展开**

2020年以来，为推动智慧农业、创意农业发展，激发和保护农民“大众创业、万众创新”热情，吉林省版权局围绕乡村振兴战略，主动寻找版权保护服务“三农”的发力点，为农民作品版权的运用和推广探索崭新路径，依托新时代文明实践中心，分批次设立农村版权保护服务工作站，开展农村版权保护服务试点工作。吉林省成为全国首个创新开展此项工作的省份。农村版权保护服务工作站的设立，延伸了版权服务触角，拓展了版权服务领域，这是新时代吉林版权服务的积极探索。2021年，在首批设立8个农村版权服务工作站的基础上，吉林省版权局又考核设立了11个农村版权服务工作站。通过不懈努力，版权管理部门打通了服务农村文化创意产业、服务农村创作者的“最后一公里”，将版权保护宣传和服务送到农民家门口。

**六、作品登记工作有序开展**

作品自愿登记是版权管理部门的一项基础性社会服务工作，省版权局对此高度重视，始终把作品登记作为促进创新创作、提升全社会版权法律意识的重要举措来抓。2021年吉林省累计开展作品登记6 849件、出版外国图书合同登记204件。

（李冰锐）

## 黑龙江省

**一、推进版权体制机制改革，完善版权保护格局**

为落实版权保护属地责任，推动管理体制和运行机制更加顺畅，按照新修订的《著作权法》关于“县级以上地方主管著作权的部门负责本行政区域的著作权管理工作”的要求，积极主动与省编办汇报沟通，推动落实黑龙江省各市（地）、县（市、区）党委宣传部加挂版权局牌子，全部完成挂牌工作，形成机制贯通、运行顺畅的版权管理工作格局。

**二、加大版权执法监管力度，维护版权保护秩序**

组织开展黑龙江省打击院线电影盗录传播集中

行动，着力规范春节档院线电影版权传播秩序，集中行动期间，查办盗播春节院线影片行政案件四起，取缔违法经营场所两家。持续开展打击网络侵权盗版“剑网2021”专项行动，严厉打击短视频、网络直播、体育赛事、在线教育等领域的侵权盗版行为，巩固新闻作品、网络音乐、网络文学、电商平台等领域专项治理成果。专项行动期间，各地版权部门共检查单位5 053家次，出动执法人员13 023人次，查处侵权盗版行政案件12起，较2020年增长30%；停止侵犯著作权案链接29个，其中大庆侵犯网络游戏著作权案和哈尔滨“5·28”侵犯著作权案已被国家版权局、公安部食药环局等部门联合督办。黑龙江省1家单位和3名执法人员荣获国家版权局打击侵权盗版有功单位和有功个人荣誉称号。

**三、推进软件正版化工作，巩固版权保护成果**

重新确认省推进使用正版软件工作联席会议组成人员和联络员，保证工作连续性。召开省推进使用正版软件工作联席会议暨软件正版化工作推进会，联席会议总召集人贾玉梅出席会议并讲话，部署全年工作。组织省推进使用正版软件工作联席会议成员单位对42家省直单位和10家国资委出资企业总部的软件正版化工作进行现场检查，对检查情况分两批进行通报，要求相关单位针对存在的问题迅速整改，做好迎接国家软件正版化检查的准备，对存在问题较多的单位进行“回头看”检查。召开重要行业软件正版化工作推进会，审议通过推进黑龙江省重要行业软件正版化工作方案，拓展软件正版化工作成果。

**四、强化版权服务工作，优化版权保护环境**

持续开展黑龙江省版权示范单位核查创建工作。哈尔滨工业大学出版社、佳木斯马华赫哲鱼皮文化有限公司等两家单位被评为全国版权示范单位。重新修订《黑龙江省版权示范单位和示范园区（基地）认定管理办法》，开展省级版权示范单位认定工作，经各市（地）推荐申报、材料审核、实地核查、综合评审研究，认定哈尔滨市石桥印务有限公司、哈尔滨慧文书院文化传媒集团有限公司等七家单位为2021年度黑龙江省版权示范单位。版权社会服务工作成效明显，2021年作品登记数量2 844件，较2020年增长38%。完成出版外国图书合同登记108件。组织出版单位参加第二十八届北京国际图书博览会，黑龙江省13家图书出版单位围绕建党百年、迎冬奥、抗疫防疫、黑龙江地域特色等主题进行重点宣传，参展出版物达600多种，充分展示黑龙江优秀版权作品，推进黑龙江版权“走出去”。

**五、加强版权宣传培训，营造版权保护氛围**

围绕“全面加强版权工作，推动构建新发展格局”主题，组织“4·26”系列宣传活动。制作公益海报、短视频等宣传素材，省、市、县（区）三级联动，利用线上线下全媒体资源，多角度多渠道共同推进。邀请法学专家围绕新《著作权法》在龙江讲坛举办公益讲座。举办黑龙江省暨哈尔滨市集中销毁侵权盗版和非法出版物活动，扩大版权宣传影响。组织开展第二届全省大学生版权征文活动，推荐108个优秀作品参加全国大学生版权征文活动，黑龙江省两名学生在活动中获奖。组织全省软件正版化工作培训班和版权业务培训班，提高相关工作人员业务能力。

（张凯涵）

## 上　海　市

**一、围绕中心工作，推进实施重点项目**

（一）助力浦东新区打造社会主义现代化建设引领区

上海市委宣传部（市版权局）推出《支持浦东新区建设国家版权创新发展基地的若干措施》，支持先导式创新，突破作品登记现有机制，在浦东新区率先以“著作权行为发生地”原则开展跨地域作品登记；支持高质量发展，围绕浦东新区重点产业和重点项目，强化版权资产管理，实现版权全生命周期管理；支持“浦东版”保护，深化浦东新区版权行政管理和版权执法职能统一履行；支持高水平服务，指导浦东新区定期发布作品登记、软件著作权登记等产业动态和预警信息；支持创新型人才培养，实现版权高级人才的集聚效应。

（二）成立全国首个汉服版权综合服务平台

在东华大学设立上海汉服版权中心，依托东华大学学科优势，立足于各民族传统服饰文化谱系，以汉服设计为切入点，为相关原创设计提供全方位版权服务。中心首次在第八届中国国际版权博览会上亮相即获业内外各方好评。中心与上海市服饰学会、大学生创新创业孵化基地等单位签订合作协议，为现代汉服设计提供版权登记、确权、维权等专业服务；加强汉服历史研究，致力于打造全国最权威的汉服纹样资源库；激活创新设计源头，筹备举办全国性汉服设计大赛，促进版权交易；牵头构建传统服饰设计行业规范，助力上海“设计之都”建设和城市文化软实力的提升。

（三）部署实施“剑网2021”专项行动

联合市公安局、市通信管理局、市委网信办、市文旅局执法总队等单位，联合制定上海实施方案。以大要案件查处为抓手，实施整治短视频、网络直播、体育赛事以及在线教育等四项重点任务，提出加强组织领导、加强举报投诉、加大查处力度、强化主体责任、加强宣传教育、加强信息沟通等六项工作要求。各成员单位积极落实，“剑网行动”推进有力，取得阶段性成果。市公安局、市文旅局执法总队等部门整合优势力量，充分发挥技术手段，案件查处数量有了显著提升，打击效果有了显著改善。

## 二、加强政策引导，促进产业发展

（一）扎实推进版权示范创建培育工作

继续发挥好版权示范创建的辐射引领作用。按照国家关于全国版权示范单位、示范园区（基地）创建和管理的要求，加强对园区和企业的指导、培训及战略分析，认真做好申报、考核、授牌和监督管理等工作，引导和推动版权产业加快发展。2021年，上海阅文信息技术有限公司等三家单位荣获全国版权示范单位、示范园区（基地）称号。

（二）大力实施版权产业扶持政策

1. 文创资金资助

积极配合市文创办做好文创资金（版权产业类）项目申报、评审等工作。2021年共资助13家企业18个项目，包括10个图书版权“走出去”项目和8个版权保护及应用项目，资助总金额100万元。

2. 版权优质项目推荐

为进一步提升上海版权创造、保护、运用水平，开展版权优质项目推荐活动，徐汇区版权优秀企业打造平台、自贸区“4·26”知识产权宣传周活动、金山区“以画说法”助推版权服务、杨浦区版权服务助力科创板上市企业合规建设、嘉定区版权推广公共平台——“我嘉市集”等项目入选。

3. 实施上海翻译出版促进计划

促进文化价值与市场价值俱佳的优秀版权产品走向海外。共收到16家在沪出版单位申报的27种图书，项目涉及英文、法文、意大利文、朝鲜文、日文、阿拉伯文、乌尔都文、俄文、哈萨克文、蒙古文、越南文、马来文等12个语种。经专家组评审，5种图书获得资助。

（三）组织参加国际图书博览会和中国国际版权博览会

积极推动上海版权“走出去”工作。精心组织全市近30家出版社携2 000种图书参加第二十八届北京国际图书博览会，展会期间，出版社充分利用展会搭建的交流平台，积极与海外出版公司进行业务洽谈，共达成138项版权贸易项目，其中意向输出24项，签订输出合同50项；意向引进37项，签订引进合同20项，意向合作出版协议7项。以“版权点亮传统文化复兴”为主题，积极组织上海汉服版权中心、锐字潮牌字库、大吉兔、萌芽熊、颜无界等上海服务平台、品牌和热点IP集体亮相第八届中国国际版权博览会，展现近年在上海涌现的优秀版权作品和版权创造、保护、应用成功案例的风采，大获好评。市版权局获评优秀组织奖。

（四）有效开展版权产业统计

1. 上海版权产业统计

市版权局继续与市统计局、上海海关、国家外汇管理局上海市分局加强对接，完成上海版权产业数据收集工作。指导上海知识产权研究所对数据进行科学、严谨的统计、分析，开展上海版权产业统计与分析工作。统计数据显示，2020—2021年，上海版权产业增加值达到3 723.13亿元，比上一年增加133.16亿元，占当年上海GDP的9.56%，实际增长速度为2.47%，对GDP的经济贡献率达到13.87%。其中，核心版权产业的产业增加值为2 746.50亿元，比上一年增加105.38亿元，占当年上海GDP的7.05%，实际增长速度为2.69%，对GDP的经济贡献率达到11.14%。

2. 上海版权贸易统计

统计数据显示，2021年上海共引进各类版权1 350种，其中，图书版权1 222种，录音制品35种，录像制品5种，电子出版物15种，软件13种，电影9种，电视节目51种。共输出各类版权1 608种，其中，图书版权648种，电子出版物35种，电影2种，电视节目923种。与2020年相比，图书版权输出增加54种，同比上升9.1%，电视节目输出版权增加16种，同比上升1.8%。

## 三、提升管理效能，完善公共服务

（一）推动自贸区版权服务中心有效开展工作

积极指导自贸区版权服务中心逐步优化服务功能，整合版权资源，探索版权快速登记、快速监测、快速维权创新机制，实现作品登记周期由30天缩短到10天。

（二）推动作品著作权登记量再创新高

全力保障作品著作权登记工作高效运转。积极探索大数据、区块链等技术在版权管理中的应用，不断完善登记系统功能，利用现代技术手段辅助人工进行登记审查，提高网络版权作品的登记、确权、交易、监测能力。自动识别党政敏感词汇，把好作品登记工作的政治导向。2021年，全市作品登记总量34万余件。

（三）推动高水平的版权社会服务

指导上海影视版权服务中心做好影视企业培训、政策咨询、人才培养、纠纷调解等版权服务工作。指导编制《影视版权一本通》，帮助服务中心从实务角度为影视单位所面临的版权问题提供指引。加强对各区版权工作站的管理和年度评估，从人员、经费、建章立制等方面规范工作站运作。深入开展作品登记、宣传培训等基础性工作，指导工作站不断提升服务能级，开展重点企业一对一的定制服务，搭建平台促成版权交易。工作站年度评估结果纳入市政府对各区营商环境考核体系。

**四、加强监督管理，强化版权保护**

（一）完善机制，实现版权保护综合治理

充分发挥版权综合治理机制作用，主动联合市“扫黄打非”办公室、市公安局、市检察院等部门有效推进案件集中查处，积极配合做好作品版权认证、案件协调等工作。配合公安部门成功破获郑某等人涉嫌侵犯网络游戏著作权案、朱某涉嫌销售盗版光盘案等大案要案，鉴于案情重大，及时报告国家版权局并申请挂牌督办。

（二）聚焦重点，开展网络版权主动监管

为从源头防控影视剧作品被侵权盗版的风险，以国家版权局公布的重点影视剧作品名单为监测重点，加大线索搜集力度，定期发布监测报告，及时向执法部门移送侵权线索。监测作品包括《长津湖》《我和我的父辈》等 79 部国家版权局重点作品版权保护预警名单作品，《正青春》《小舍得》《光荣与梦想》《春满东方——2021 东方卫视春节晚会》《梦圆东方——2021 东方卫视跨年盛典》等 5 部上海地区同期热播作品以及 49 部主流视频平台版权作品和在线教育平台“作业帮”网课等作品，覆盖了电影、电视剧、综艺节目、体育赛事、在线教育等领域。对重点作品侵权链接总体通知下线率超过 90%。向本市执法部门移送 10 余起重大侵权盗版线索，有效净化上海地区网络版权环境。

（三）落实责任，开展企业自查自纠

组织拼多多、小红书、哔哩哔哩、SMG、喜马拉雅、虎扑网、我图网等上海主要互联网企业开展自查自纠工作，针对发现的问题，及时要求企业做出整改。

**五、加强版权宣传，提升版权意识**

（一）发布年度十大版权典型案例

为提升全社会特别是创新创业主体的版权保护意识，优化尊重知识价值的营商环境，上海市版权局从 2006 年起，连续 16 年开展“十大版权典型案例”评选发布工作，以案说法，挖掘宣传报道的重点亮点，集中展示上海在打击盗版侵权、强化版权治理方面所取得的最新成果，得到了社会各界的广泛认同，公众的关注度越来越高，对知识创新产业的保护和发展起到了积极有效的示范和推动作用。

（二）加强市区联动，加大宣传覆盖面和影响力

遍布各区的版权工作站开展了形式多样、丰富多彩的活动：嘉定区开展版权主题系列活动，发布版权文创项目、版权知识系列微课，新建版权服务点，举行版权沙龙，举办版权服务进商圈、进社区、进园区培训，启动“版权知识全嘉赛”云定向小程序；长宁区版权工作站围绕“知识产权和中小企业：把创意推向市场”的主题开展了一系列宣传活动；杨浦区版权工作站举办“剧本杀”版权保护座谈会，为参会企业分享了如何使用版权保护积极维护上下游权益，引领行业探索规范化道路，促进“剧本杀”行业健康、规范发展；金山区版权工作站利用本土特色文化，从“听”“说”“绘”“书”“观”五个维度助推“金山农民画”的版权宣传。

（三）加强线上宣传，扩大版权宣传社会影响力

通过抖音官方账号发布上海版权宣传片，制作上海市十大版权典型案例宣传视频，开展“全面加强版权保护，推动构建新发展格局”主题月活动，取得良好效果。通过网络媒体、平面媒体和电视媒体多形式、多角度、多渠道积极参与，做好宣传工作，扩大宣传影响，形成全社会积极保护版权的舆论氛围。

（戴　怡）

# 江　苏　省

**一、积极推动版权产业发展**

（一）“吴江丝绸模式”向全球推广

2021 年 10 月 16 日，国家版权局和世界知识产权组织共同发布吴江丝绸产业版权保护优秀案例示范点调研报告《版权赋能 丝路无疆——版权保护与丝绸纺织产业高质量发展研究》，中宣部副部长张建春向吴江颁授“世界知识产权组织版权保护优秀案例示范点”牌匾。世界知识产权组织中国办事处主任刘华参加相关活动。吴江丝绸产业成为继南通家纺和德化陶瓷之后，我国第三个世界知识产权组织版权保护优秀案例示范点。世界知识产权组织副总干事西尔维·福尔班评价说：“吴江通过将传统和创意有机结合，使该行业发展成为全球丝绸产品的一个主要生产区和出口来源地。”“版权在促进和保护当地产业发展方面可以发挥重要作用，为丝绸纺织品等传统产品增加文化和经济价值。”“吴江将现代版权制度运用到实践中的创新方式可以成为提高其

他传统产业质量、生产率和竞争力的灵感来源。”“‘吴江模式’能为其他行业和国家发展创意经济提供有益的参考。”中宣部版权管理局局长于慈珂认为：“‘吴江丝绸模式’的全球推广，是我国版权强国建设的重要体现，也是中国参与世界知识产权组织框架下的全球知识产权治理、讲好中国版权故事的优秀案例。”

（二）积极参加第八届中国国际版权博览会

江苏省版权局组织省内“全国版权示范城市”和部分设区市的34家优秀版权密集型企业参加第八届中国国际版权博览会，分别在江苏展区、世界知识产权组织版权保护优秀案例示范点（吴江丝绸、南通家纺）展区、苏州展区，展示拥有自主版权的丝绸、刺绣、水晶、紫砂、家纺、图书、音像、软件、工艺美术等各具特色的优秀作品近千种。展会期间，中宣部副部长张建春亲临江苏省展区视察指导。

（三）开展优秀版权作品产业转化重点培育项目遴选推荐

江苏省开展第二届优秀版权作品产业转化重点培育项目遴选推荐活动，共收到申报项目96个，经过资格审查、项目初审、专家评审、技术性复审和评审委员会终审，共有39个项目获得通过，均为美术作品项目。涉及投资2.98亿元，产品销售9.70亿元。

（四）加大江苏国家版权贸易基地建设力度

全年实现贸易总额19.19亿元。升级江苏版权服务平台，提高版权综合服务能力，平台注册用户达13 200多个。运用区块链、时间戳、数字指纹、大数据及人工智能等先进技术研发升级监测取证中心，有效解决著作权人举证取证难题。优化江苏版权纠纷调解中心流程，全年共受理有效案件1 466件，成功调解366件，结案标的827.40万元，调解成功率达25%，同比提高了6个百分点。有力推进江苏省版权示范创建。

（五）持续开展全国版权示范创建工作

大力推广版权保护促进产业发展“南通经验”和“吴江模式”，指导各地结合自身优势资源，发展地方特色版权产业。新增全国版权示范单位6家。修订颁发《江苏省版权示范城市、示范单位和示范园区（基地）管理办法》，开展省级版权示范单位、示范园区（基地）创建工作，组织对9个设区市的29家单位和3个园区进行实地验收，授予苏州东方丝绸文化创意产业园有限公司等21个单位江苏省版权示范园区（基地）和示范单位称号。

（六）发布2019年度版权产业经济贡献率调查报告

连续八年开展版权产业经济贡献率调查，2019年，江苏省版权产业增加值8 490.12亿元，占江苏省当年GDP的8.61%，同比增长0.03%。其中，核心版权产业增加值6 170.04亿元，占江苏省GDP的6.25%，比2019年中国核心版权产业增加值占全国GDP的比重（4.63%）高出1.62个百分点。

（七）大力推动版权输出

组织省内18家出版单位参加第二十八届北京国际图书博览会，举办“凤凰集团与越南国家政治出版社主题出版在线研讨会”“中国当代科学界的《徐霞客游记》——真菌学家臧穆教授科考日记《山川纪行》分享会”“《我要做好孩子》巴基斯坦英文版发布会”等5场线上线下重点活动。与海外著名出版集团和版权代理机构进行了近60场线上线下版权贸易洽谈活动，共实现非华语地区版权输出协议110项。

**二、持续加强版权执法监管**

全年共立侵权盗版案641起，其中行政案件196起，刑事案件36起，调解案件409起，涉案金额1.6亿余元。国家六部门联合督办案件2起，组织评选2020年度江苏省打击侵权盗版十大案件，扬州“2・15”侵犯影视作品著作权案、淮安“2・22”销售侵权盗版图书案入选2020年度全国打击侵权盗版十大案件。省委宣传部版权管理处等29个单位、50名个人被评为2020年度全国查处侵权盗版案件有功单位及有功个人，获奖数量位居各省（区、市）第一。

连续四年开展江苏省打击网络侵权盗版集中办案周行动，广泛摸排疑似案件线索，对符合管辖权限的疑似案件线索进行远程勘验和分析研判，筛查整理侵犯著作权案件57起，取得了练兵、办案双成效。中宣部版权管理局执法监管处以及山西、内蒙古、辽宁、安徽、福建、湖北、云南、陕西等8省（区）版权主管部门版权执法相关负责人现场观摩集中办案周行动。会同省公安厅、省委网信办、省通管局联合开展“剑网2021”专项行动。加强与省委网信办、省高院、省“扫黄打非”办、省通管局等相关部门协调配合，在案件信息共享、督查督办、技术支持等方面共同推进网络空间版权环境治理。加强与公安合作，与省公安厅食品药品环境侦察总队进行座谈研讨，探索进一步健全版权领域“两法衔接”机制。与腾讯、爱奇艺、优酷等视频平台，网易、美国电影协会北京代表处、韩国著作权委员会北京代表处等作品权利人机构，微信、支付宝等支付平台，字节跳动、百度等广告平台建立沟通协查机制，累计发出协查函 20 余次，协调涉案信息 300 余条，畅通了案件办理渠道，提高了案件查办效率。

积极参与《江苏省知识产权促进和保护条例》涉及版权部分内容的制定。完成中宣部版权管理局交办的《作品自愿登记试行办法》《著作权行政处罚实施办法》修订相关工作、民间文艺版权保护立法调研工作。下发《关于进一步加强版权执法信息报送工作的通知》，进一步规范执法信息报送。

**三、巩固扩大正版化推进成果**

年初，经省委、省政府领导同意，充实完善省软件正版化工作领导机构，根据推进使用正版软件工作部际联席会议第十次全体会议精神，召开省推进使用正版软件工作领导小组（扩大）会议，审议通过《2021 年江苏省推进使用正版软件工作计划》。举办全省推进使用正版软件工作线上培训班，党政机关和国有企业 2 000 余人上线培训。严格对照国家推进使用正版软件工作部际联席会议印发的《正版软件管理工作指南》，落实软件采购、安装使用、升级维护、监督检查、资产管理和考核追究等制度。将版权示范创建与软件正版化工作有机结合，在新修订颁发的《江苏省版权示范城市、示范单位和示范园区（基地）管理办法》中，将软件正版化列为重要评定指标，明确要求上报省级版权示范的单位和园区（基地）必须完成软件正版化工作。

会同省机关事务管理局、省财政厅开展省级机关国有资产管理绩效评价工作，对 26 家省级机关软件正版化工作进行现场核验。领导小组办公室抽取无锡 10 个党政机关和 2 个国有企业、连云港 10 个党政机关进行全覆盖检查，以查促整，进一步巩固全省软件正版化工作推进成果。江苏凤凰出版传媒集团有限公司、华泰证券股份有限公司、南京银行股份有限公司、国网江苏省电力有限公司等 4 家单位荣获“2020 年度全国版权示范单位（软件正版化）”称号，入选数量位列全国首位。

**四、着力提升公共服务水平**

2021 年，全省新建 9 家基层版权工作站，调整关闭 10 家，目前总数为 184 家，专兼职工作人员 400 余人。举办全省作品登记线上培训班，600 余人参加培训。全年共接收用户注册申请 2.08 万个，通过 1.9 万个，其中个人用户 1.47 万个，单位用户 0.43 万个。现累计注册用户达 7.87 万个。全年共收到全省作品登记申请材料 58.35 万件，登记通过 37.17 万件，通过率为 63.7%，登记量同期增长 31.84%。接受查档申请 2 519 批次，涉及作品2 817 件。境外图书出版合同登记工作实现线上全流程操作，登记图书进口合同 647 份。

**五、不断创新版权宣传方式**

制作设计版权保护、软件正版化宣传公益视频、音频和海报，深入优秀版权企业，策划拍摄《我与版权的故事》系列宣传片，重点宣传习近平总书记关于加强知识产权工作的重要指示，省委、省政府贯彻落实习近平总书记重要指示的具体部署，以及江苏省版权创造、保护、运用和管理等方面取得的成果。在南京市江北新区举行 2021 年江苏省暨南京市版权宣传周现场活动，向社会发布 2019 年江苏省版权产业经济贡献率调查报告，公布 2020 年度江苏省打击侵权盗版十大案件。在全省开展新《著作权法》知识竞赛，宣传普及著作权法知识，468 万人次参与竞赛答题。在全省各地电视台、网络、户外大屏等平台投播版权保护视频公益广告，在全省收听率较高的电台播放音频公益广告，在公交地铁站点、公共阅报栏、学校、社区等公共场所投放版权保护公益海报，在微博、网易、凤凰、央视频、现代快报等客户端连续推出《我与版权的故事》10 个系列宣传片。宣传周活动期间全省版权宣传线上活动累计点击量超3 600万次。通过正面宣传和警示教育，营造尊重版权、保护版权、崇尚创新的良好环境。

（震耀东）

## 浙　江　省

**一、开展版权宣传教育活动，营造版权保护氛围**

（一）深入学习习近平总书记在中央政治局第二十五次集体学习时的重要讲话精神

2020 年 11 月 30 日，中央政治局就加强我国知识产权保护工作举行第二十五次集体学习，习近平总书记在主持学习时用“五个关系”深刻阐明加强知识产权保护的重大意义，将知识产权保护工作提升到了前所未有的高度。浙江省各级主管著作权的部门将学习习近平总书记重要讲话精神作为一项重要的政治任务，通过专题学习会、培训、讲座等形式进行传达学习，切实把重要讲话精神作为新发展阶段版权工作的行动纲领和根本遵循。

（二）学习宣传贯彻新修订的《著作权法》

贯彻落实中宣部办公厅《关于学习宣传贯彻〈中华人民共和国著作权法〉的通知》精神，扎实做好新修订《著作权法》的学习宣传和贯彻实施工作。

2021年6月1日，即新修订《著作权法》正式施行当天，浙江省版权局举办新修订《著作权法》专题辅导讲座，来自各地著作权主管部门、新闻出版单位及版权核心产业相关企业的300余人参加。全省各级主管著作权的部门周密安排部署，通过组织学习培训、开展普法宣传、加强行政执法和监督检查等形式，广泛开展新修订《著作权法》学习宣传活动，确保落实落地落细、取得扎实成效。

（三）组织开展知识产权宣传周版权宣传活动

严格落实《国家版权局关于做好2021年全国知识产权宣传周版权宣传活动的通知》要求，制定下发《关于组织开展2021年浙江省知识产权宣传周版权宣传活动的通知》，要求以“全面加强版权工作，推动构建新发展格局”为主题，积极筹划、精心组织浙江省版权宣传活动。浙江省版权局与湖州市委宣传部、湖州市教育局、湖州师范学院联合举办浙江省第九届“知识产权杯”创意设计大赛，十余所院校1 500多名大学生参与，共收到创意设计作品1 057件，评选出获奖作品157件，并为获奖作品进行免费登记。2021年4月26日，颁奖典礼在湖州师范学院举行，《中国新闻出版广电报》《浙江日报》等新闻媒体进行报道。全省各级主管著作权的部门通过集中销毁侵权盗版及非法出版物、组织普法宣传活动及联合执法行动等形式，广泛开展知识产权宣传周版权宣传活动，形成省市县三级联动、政企学民各方参与的强大声势和浓厚氛围。

（四）组织开展各类版权业务培训

2021年7月6日，浙江省版权局组织对各市、县和省级预算单位、省属国有企业的260余人开展培训，加强对软件正版化相关政策措施解读和专业知识培训，提高各地各部门软件正版化工作人员政策水平和专业能力。2021年8月2日至3日，组织对各市版权相关处室负责人及执法人员130余人进行培训，邀请业界专家进行版权执法实务教学和执法经验分享交流，提高基层执法监管工作能力和业务水平。

**二、加大侵权盗版打击力度，版权市场环境得到改善**

（一）加大侵权盗版案件查处力度

以新修订《著作权法》《行政处罚法》实施为契机，加强对各地版权执法部门的工作指导和与公安、法院等部门的沟通联系，强化案件线索核查，加大案件查办力度，依法查处群众意见强烈、社会危害大的侵权盗版分子。2021年前三季度，全省版权执法共检查单位3 269家次，出动执法人员8 955人次，删除侵权盗版链接2 687条，关闭侵权盗版网站或APP 50个，查办案件55件，涉案金额42万余元，罚款超70万元。经对接争取，宁波“3·10”盗录院线电影案、浙江忠简文具有限公司涉嫌侵犯著作权案等4个案件入选国家版权局挂牌督办案件，为案件查办争取到了必要的支持。

（二）开展打击网络侵权盗版“剑网2021”专项行动

根据国家版权局、工业和信息化部、公安部、国家互联网信息办公室《关于开展打击网络侵权盗版“剑网2021”专项行动的通知》要求，浙江省版权局制定印发《浙江省打击网络侵权盗版“剑网2021”专项行动实施方案》，加大短视频版权治理力度，整治网络直播版权乱象，规范体育赛事版权秩序，强化在线教育版权监管，并进一步加强对电商平台、社交平台、知识分享平台的版权监管，着力规范网络新闻、网络音乐、游戏动漫、网络文学、计算机软件的版权传播秩序，巩固扩大工作成果。

（三）开展打击院线电影盗录传播集中行动

根据中宣部版权管理局、中宣部电影局《关于进一步加强院线电影版权保护的通知》要求，积极部署开展浙江省打击院线电影盗录传播集中行动。第一时间交办金华、宁波等地春节档院线电影盗录传播线索，向国家版权局申请对盗录视频进行检验，赴宁波实地指导开展案件查办工作，助力加快重点案件查办进度。金华“2·19”盗录传播春节档院线电影案、宁波盗录传播春节档院线电影案入选国家版权局打击院线电影盗录传播集中行动重点案件，前者还入选公安部打击侵犯知识产权典型案例，《法治中国60分》《热线12》等栏目予以报道。

（四）维护卡拉OK领域版权市场秩序

2021年4月21日，中国音像著作权集体管理协会在嘉兴举办“全面构建浙江省卡拉OK领域版权市场秩序”集体签约仪式，旨在通过集体协商、集体签约的合作机制，稳定和完善卡拉OK版权许可使用新秩序新机制，更好地推动卡拉OK行业健康发展。浙江省42家地方娱乐行业协会参与本次集体签约仪式，市场合作率达93%，浙江省成为直辖市以外卡拉OK版权使用费缴费比例最高、合作行业协会最广泛的省份。

（五）争取查处重大侵权盗版案件奖励

根据《国家版权局关于开展2020年度举报、查处重大侵权盗版案件奖励工作的通知》要求，第一时间向浙江省公安厅和各市新闻出版局（版权局）转发通知，并在各单位自主报送的基础上，严格按照《查处重大侵权盗版案件奖励工作初评细则》逐一进行排摸筛选并上报。浙江省共获评有功单位一等奖 3 家、二等奖 8 家、三等奖 2 家，有功个人一等奖 2 人、二等奖 1 人、三等奖 3 人。

**三、持续推进使用正版软件，信息安全防线切实筑牢**

（一）召开省推进使用正版软件工作联席会议第三次全体会议

2021 年 6 月 7 日，浙江省推进使用正版软件工作联席会议召开第三次全体会议，省财政厅、省审计厅、省国资委等单位负责人出席。会议传达学习推进使用正版软件工作部际联席会议第十次全体会议精神，审议通过《2020 年浙江省推进使用正版软件工作总结》《2021 年浙江省推进使用正版软件工作计划》。

（二）充实工作机构

根据国家推进使用正版软件工作部际联席会议关于重点推进金融、医疗、教育、交通、新闻出版等特定行业和重点领域软件正版化工作的要求，将浙江省教育厅、浙江省交通运输厅、浙江省卫生健康委纳入省推进使用正版软件工作联席会议成员单位，为下一步推进特定行业和重点领域软件正版化工作打下较好的组织基础。

（三）完善考评办法

根据《政府机关使用正版软件管理办法》和省委办公厅关于精简对市、县考核检查项目的有关要求，对《浙江省政府机关使用正版软件工作考核细则》相关考核项目进行了必要调整，结合实际工作开展情况对非必要考核项目予以分类重组或剔除，优化调整了 5 个考核项目，分别以设区市和省级单位为考核对象重新出台《浙江省推进使用正版软件工作考评办法》，为科学评判各地各部门推进使用正版软件工作成效提供了有力依据。

（四）强化考核责任

在《2021 年度设区市党政领导班子有关宣传工作绩效考核指标》中，将软件正版化工作列入对各市党委（党组）意识形态工作责任制落实情况的考核范围，明确提出“市委加强对软件正版化工作的督促和指导，落实主体责任”，通过考核指标的刚性约束，进一步强化各设区市党委（党组）和政府机关落实推进软件正版化工作的主体责任。

**四、全面助力中心大局工作，版权服务功能逐步完善**

（一）全力筹备第八届中国国际版权博览会

中国国际版权博览会是我国版权领域唯一的综合性、国际性、国家级版权专业博览会。由国家版权局主办、浙江省版权局和杭州市人民政府承办的第八届版博会于 2021 年 10 月 16 日至 18 日在杭州市举办。浙江省版权局会同杭州市开展版博会期间疫情风险评估，成立工作专班，完善工作方案，做好国家版权局、各省区市版权局、省内各设区市等多方协调工作，指导做好展区设置和活动安排，全程做好版博会各项筹备工作，将本届版博会办出特色、办出影响、办出成效。

（二）组织参加第二十八届北京国际图书博览会

北京国际图书博览会是中国书展第一品牌，稳居全球第二大国际书展地位，也是我国开展对外文化交流、展示国家形象的重要平台。浙江省展区主要展示了主题图书、获奖图书、重点图书和“走出去”图书等四大板块精品图书，还安排了诗歌之夜、新书首发、作者对谈、合作签约等 10 场展场活动和线上直播活动，集中展现了浙江省“走出去”重点成果和最新一批具有传播度、辨识度、认可度的主题出版、重点出版、品牌出版产品。

（三）上线“版权桥”一站式数字版权服务平台

浙江省版权局会同浙江省文投集团谋划开发“版权桥”一站式数字版权服务平台，在作品自愿登记平台的基础上，依托 5G、区块链、大数据等技术，按照“成熟一个、上线一个”的要求，分阶段开发上线八大功能。作品登记、侵权监测、法律服务等三大功能已上线。

（四）大力推进版权示范创建活动

2021 年 4 月 20 日，国家版权局发函同意温州市创建全国版权示范城市。2021 年 5 月 28 日，温州市召开全国版权示范城市创建工作动员部署会，正式启动为期两年的创建活动。温州成为继杭州创成全国首批版权示范城市后、浙江省启动创建的第二个设区市。结合浙江省实际，制定下发《浙江省版权示范工作管理办法》，明确浙江省版权示范城市、示范单位和示范园区（基地）创建条件和要求，为省级版权示范创建提供有力依据。

（五）设立基层版权服务工作站

2021 年 4 月 26 日，湖州市吴兴区版权服务工作站作为湖州市首个版权服务工作站在织里镇童装城挂牌成立。2021 年 9 月 26 日，衢州市首个版权服务工作站挂牌成立，进一步推动版权服务触角向基层延伸覆盖。

（六）做好作品自愿登记等工作

2021 年，浙江省作品登记 45 743 件，同比增长 40.36%。核准登记出版境外图书合同 800 件，办理涉外图书、音像制品、电子出版物制作合同登记

997件，计算机软件著作权合同备案311件。

**五、其他工作**

（一）参与知识产权相关政策文件编制工作

加强与浙江省市场监管局（省知识产权局）等部门的对接，积极提供版权领域“十三五”工作成果及“十四五”工作思路等相关内容，参与编制《浙江省知识产权发展“十四五”规划》《关于深入贯彻〈知识产权强国建设纲要（2021—2035年）〉打造知识产权强国建设先行省的实施意见》等知识产权相关政策文件。

（二）完成浙江省版权协会换届工作

2021年3月29日，浙江省版权协会第三届会员代表大会召开，选举产生了由28名常务理事、64名理事组成的第三届理事会，浙江出版联合集团有限公司副总裁朱勇良当选会长，省委宣传部版权处处长严庆荣当选常务副会长，浙报传媒控股集团有限公司副总经理童杰等6人当选副会长。大会审议通过了《浙江省版权协会第二届理事会工作报告》《浙江省版权协会第二届理事会财务报告》，并对《浙江省版权协会章程》进行了修改。

（严庆荣）

## 安　徽　省

2021年，安徽省扎实推进各项版权工作，取得较好成效：1家单位入选国家“区块链＋版权”创新应用试点；6家单位入选全国版权示范单位、示范园区（基地），数量居全国第一；46个单位和个人荣获全国查处重大侵权盗版案件有功奖励。

**一、严厉打击侵权盗版行为**

安徽省各级版权主管部门聚焦权利人和人民群众反映强烈的重点领域，全面加强版权执法监管。

（一）强化日常监管

加大日常巡查力度，建立日监测、月通报、季抽查、年总结的监管制度，不断强化版权市场监管。累计出动执法人员96 415人次，检查相关单位38 088家次，有力维护了市场版权秩序。

（二）狠抓大案要案查办

组织开展打击网络侵权盗版“剑网2021”专项行动、打击院线电影盗录传播等专项整治，全年查处侵权盗版案件154件，办结120件，较上年分别增长83.3％和57.9％。9个案件获全国挂牌督办，较上年增长50％。

（三）加强部门协作联动

安徽省版权局会同省高级人民法院建立全省版权刑事案件信息定期沟通机制。联合省公安厅印发《关于加强协作配合强化版权保护的通知》，建立健全信息共享、案情通报、案件移送等制度。

（四）发挥考核引领作用

安徽省版权局推动将版权保护工作新增纳入省政府对各市政府目标绩效管理考核，全力做好打击侵权假冒、知识产权保护等考核工作。2021年国家知识产权保护检查考核中，安徽省得分较上年增加6.5分，为优秀等级。

**二、全面推进使用正版软件**

（一）健全完善长效机制

安徽省版权局发挥省软件正版化工作联席会议统筹协调作用，调整充实成员单位，修改完善工作职责，制定印发年度实施方案，健全完善督查机制。

（二）巩固夯实已有成果

安徽省版权局将正版化与信息化、信息安全相结合，督促全省各级党政机关不断完善软件管理制度和台账，排查整改薄弱环节。全省新购国产软件22.5万套，采购资金1.32亿元，省市两级党政机关实现软件正版化100％全覆盖。

（三）积极拓展覆盖范围

安徽省版权局联合有关部门推进特定行业、重点领域软件正版化工作。28家省属企业及所属200余家二、三级企业，100余家省市级公立医院，以及71家国家级知识产权示范企业软件正版化工作顺利完成，新购各类正版软件5.86万余套，采购资金1.77亿元。

（四）加强预装软件管控

全省年度生产的4 000多万台电脑全部预装正版软件。其中，联宝科技公司相关电脑全部规范预装正版操作系统；卓怡恒通公司相关电脑全部预装国产统信操作系统。

**三、健全完善社会服务体系**

（一）开展版权登记便民服务

安徽省版权局升级“安徽版权在线”作品登记系统，提升版权服务规范化便捷化水平。2021年，全省作品著作权登记数量达到175 896件，超过前十年登记数量总和。

（二）发挥示范引领作用

安徽省版权局积极组织开展版权示范创建，安徽日报报业集团（安徽日报社）、安徽殷港艺创小镇等6家单位入选全国版权示范单位、示范园区（基地），入选数量位居全国第一；认定全省版权示范单位、示范园区（基地）和软件正版化示范单位51家。安徽广播电视台报经省编办批准新设“媒资版权与短视频运营中心”，安徽出版集团安徽画报社“图片安徽云平台”上线运营，合肥高新创业园拥有软件著作权等自主知识产权 4 894 项，合肥市蜀山区版权输出经验做法被商务部、中宣部等四部门列入首批 13 个创新实践案例并向全国宣传推广。

（三）推动版权产业化开发

安徽省版权局协同省经信厅等单位主办安徽省第八届工业设计大赛，开展全省优秀著作权登记作品遴选，推动精品版权转化运用。组织省内知名企事业单位参加第八届中国国际版权博览会，中宣部副部长张建春等参观安徽展区并予以肯定，安徽省版权局荣获优秀组织奖。

（四）引入先进技术提升工作成效

安徽省版权局引入区块链等先进技术提升版权服务水平，安徽省文化产权交易所入选中央网信办、中宣部等 16 个部委联合开展的国家区块链创新应用试点。

**四、积极开展宣传教育**

（一）扎实推进版权保护“六进”行动

安徽省版权局制作发布系列精品课程，借助“安徽干部教育在线”网络平台宣传解读新修改的《著作权法》，全省党政机关干部在线学习上万人次。联合有关部门采取庭审直播、新闻发布、宣讲培训、播放公益广告、张贴公益海报等方式广泛开展“4·26”系列版权宣传。深入殷港艺创、安庆黄梅戏剧院、双岗街道、颐和中学等 30 多家单位开展版权交流。安徽省版权局官方网站“安徽版权网”发稿约 2 400 篇，浏览量近 6 000 万，较上年翻倍增长。《中国新闻出版广电报》、《中国知识产权报》和国家版权局官网等平台宣传报道安徽版权工作成效和做法 30 余次。

（二）加强版权业务培训

安徽省市两级版权部门累计举办专项业务培训 54 次，参加人员约 4 300 人次。安徽省版权局举办全省版权工作培训班，邀请中国科学技术大学、华中科技大学知名专家授课。首次联合省公安厅举办全省版权执法监管工作网上培训班，各市、县（区）版权执法骨干、公安民警近 800 人参加。

（三）注重人才培养

安徽省版权局会同省高级人民法院举办全省版权保护短视频暨海报设计大赛。联合省教育厅组织开展第二届全省大学生版权征文活动。会同省教育厅组织省内 20 多所高校参加全国大学生版权征文活动，安徽省参赛作品数量连续第三年稳居全国第一，荣获奖项 12 个，是上年的三倍，安徽省版权局获优秀组织奖。

（胡　子）

## 福　建　省

**一、广泛开展新著作权法宣传培训，营造尊重知识、尊重创作的氛围，提高社会各界版权保护意识**

2021 年是《著作权法》实施 30 周年，根据国家版权局 2021 年知识产权宣传周版权宣传工作要求，福建省版权局制定宣传方案，组织全省各级版权管理部门大力开展著作权法宣传活动。在“4·26”知识产权宣传周期间，省版权局在福州市举行版权宣传周启动仪式，发布了福建省 2020 年十大版权案件，举行福建省首部主题为音乐版权保护的版权微电影《红岭之恋》首映式，为 2020 年度获得全国版权示范单位（3 家）和示范园区（1 家）称号的企业授牌，举办新《著作权法》专题培训班，对全省各市、县分管版权工作的负责同志进行培训，扩大版权宣传覆盖面，提高各地版权管理部门对版权工作重要性的认识，提高了版权管理专业素质和业务能力。宣传周期间，积极利用“福建版权”今日头条和抖音账号，进一步实现分众化精准宣传，关注国内外版权最新动态、解剖分析版权典型案例、解答读者版权留言咨询，较好地宣传普及了版权法律知识，全面展示福建省版权事业和版权产业发展态势。

各地市版权宣传精彩纷呈。全省各县融媒体中心积极播放版权微电影《红岭之恋》和公益宣传片，提升社会关注度；福州市开展“版权你我他”宣传活动，连续推出著作权法普法周历海报，在《福州日报》和《福州晚报》分别推出《这件事儿关乎你我，还有他》《领证了领证了》两篇宣传文章，在新闻网、微信、微博等十多个新媒体平台推送宣传文章，浏览量累计 2 万多人次，扩大宣传影响，为新修订的《著作权法》施行营造良好氛围；厦门市邀请著名电影人就影视行业、短视频影视领域等受大众关注的影视版权问题进行直播探讨，观看直播活动的人数达到了 11.8 万人次。泉州市结合庆祝建党百年宣传，讲好泉州版权事业发展壮大的不平凡历程和取得的成就，为推动版权事业高质量发展，打造海丝名城、智造强市营造良好的舆论氛围。德化县“陶瓷知识产权保护教育基地”揭牌开馆，拍摄首部陶瓷版权保护微电影《爆款》并发布展映。三明市尤溪县融媒体中心推出《保护知识产权 让生命更有生命》知识产权宣传公益广告，获评第三届全国知识产权公益广告电视类优秀作品，是全国唯一入选的县级融媒体中心电视类优秀作品。

5月30日，省版权局联合省版权协会举办了“福建省纪念《著作权法》实施三十周年座谈会”，总结福建省《著作权法》实施三十年来的工作经验，研讨产业发展的版权之路，汇聚各界版权保护意识。

**二、认真开展版权执法监管，规范版权秩序，强化版权全链条保护**

（一）做好春节档院线电影版权保护工作

2021年初，省版权局会同省电影局联合下发《关于做好院线电影版权保护工作的通知》，部署全省版权、电影、文化综合执法部门和院线、影院采取预警保护、检测监管、联控协作、宣传引导等措施强化版权保护，严防盗录盗播。春节期间共对全省217家影院开展检查485场次，累计张贴宣传海报、警示标语2 960张次，推送电子海报2.6万场次，覆盖观影人群205.4万人次，有力地保障电影产业健康发展。

（二）开展打击网络侵权盗版“剑网2021”专项行动

2021年5月，省版权局会同省工信局、省公安厅、省委网信办等部门，制定并下发福建省“剑网2021”专项行动工作方案，要求各级监管部门加大网络版权执法监管力度，强化网络平台治理，严厉打击短视频、网络直播、体育赛事、在线教育等领域的侵权盗版行为，持续巩固新闻作品、网络音乐、网络文学、电商平台等领域专项治理成果，不断提升版权管网治网能力，推进构建社会共治格局，维护清朗的网络空间秩序。8月初，省委宣传部组织相关省直单位、各地市版权管理、执法等部门负责人，召开福建省打击网络侵权盗版“剑网2021”专项行动推进会，统一思想认识，部署重点任务，加强各部门协调联动。9月，组织做好福建省2020年度查处重大侵权盗版案件有功单位和有功个人的表彰奖励工作，鼓舞激励各级执法工作人员，进一步提升士气。

（三）加大技术研发，提高管网治网能力

省版权局指导有关单位开发完成网络侵权盗版监管平台，对全省20多万备案网站进行全面监管，及时发现侵权盗版行为，有力地为版权执法监管提供技术保障。自上线以来，对全省备案的近21万个网站开展主动巡查，对3万多个网站进行重点监管核查，发现可疑线索2 256个，经过各相关部门的进一步分析研判，查询备案信息6 374条次，有254条线索反映存在不同程度的违规行为，其中涉及侵权盗版案件的68条线索已由相关执法部门进一步调查。

据统计，2021年福建省各级版权执法部门出动各类执法巡查4万人次，检查1万多家市场实体单位，重点对网吧、KTV、书店等各类文化场所进行检查，对各辖区内新媒体平台用户进行巡查，依法查办版权类案件126起，其中网络侵权盗版案件87起。福建省“制售侵权盗版幼儿教辅系列案”入选国家版权局发布的“2020年度全国打击侵权盗版十大案件”。

**三、全面推进软件正版化工作**

（一）强化全面部署

2021年5月，福建省推进使用正版软件工作厅际联席会议组织召开第八次全体会议。会议传达了国家推进使用正版软件工作部际联席会议第十次全体会议精神，通报了2020年全国推进使用正版软件工作情况和福建省软件正版化工作情况，厅际联席会议成员单位及党政机关、国有企业、金融机构代表分别发言。会议研究审议并通过《福建省2021年推进使用正版软件工作实施方案》，从巩固长效工作机制、聚焦重点工作任务、规范软件采购使用、深化优化督促核查、维护市场公平秩序等五方面对全省工作进行部署，同时要求各地结合实际制定年度软件正版化工作实施方案。12月，部署各地报送软件正版化工作总结和统计数据。

（二）进行全面培训

2021年10月，组织开展2021年全省软件正版化培训班，来自厅际联席会议成员单位、各设区市版权局、省级机关单位、事业单位、国有企业和福州市、区两级机关及事业单位软件正版化工作业务部门的负责人近300人参训。受疫情影响，培训班首次采用线上模式，邀请中宣部版权管理局相关业务负责人、工信部电子五所相关研发人员进行远程授课，培训成效明显、反响良好。

（三）开展全面核查

为规范核查标准，提升核查效能，推动建立软件正版化常态化监督核查制度，于8月牵头启动“委托第三方机构参与我省2021年度软件正版化核查工作项目”，经询价、现场开标和专题会议研究等流程确定中标单位。9月，下发核查通知，确定核查单位175家，涵盖20家省级机关、95家省级事业单位、30家省属国有企业和30家福州市、区级机关及事业单位。10月至11月对以上单位开展核查工作，内容包括软件正版化制度建设和责任落实情况、软件采购和日常管理情况、计算机软件安装使用情况等，实际核查的 174 家单位软件正版化工作完成率达 97.13%。经过核查，有力促进各单位软件正版化工作，提升使用正版软件的自觉性，强化了做好软件正版化工作的责任感、使命感，确保福建省软件正版化工作持续、有效、规范开展。12 月，启动 2021 年度省直机关推进使用正版软件考核评议工作，考核对象为 79 家省直机关。

**四、提升版权公共服务，助推产业健康发展**

结合“再学习、再调研、再落实”活动，省版权局走访福建省国家级版权示范企业，了解企业在版权保护方面的需求和建议。落实国家版权局关于规范卡拉 OK 领域版权市场秩序的要求，会同省文旅厅联合下发文件，指导卡拉 OK 企业积极通过著作权集体管理组织解决版权授权许可问题，保护权利人及使用者的合法权益。积极推广德化经验，配合国家版权局及世界知识产权组织中国办事处开展相关调研，进一步学习推广德化版权保护促进产业发展的经验做法。开展 2021 年全国版权示范创建工作，组织福建省大学生积极参加全国大学生版权征文活动。强化作品登记工作指导，每月通报全省各设区市、平潭综合实验区作品登记统计数据，指导各地开展工作。全方位提升作品自愿登记工作效能，指导企业作品创新创作，不断提高作品登记质量。截至 2021 年底，共完成作品登记 176 768，继续保持全国前列。为在闽的台港澳作品版权登记开通绿色通道，共完成 87 件作品登记工作。推荐福建省 15 个单位、18 名个人参评国家版权局 2020 年度打击侵权盗版有功单位、有功个人。推荐 7 家单位和 2 个园区参评 2021 年度全国版权示范单位、示范园区。

（郑开辟）

## 江　西　省

**一、版权执法取得新成效**

江西省版权局以案件查办为抓手，与多部门通力合作，查办了一批大案要案，版权执法工作取得新成效。

（一）重大案件办理能力加强

2021 年，江西南昌张某某等涉嫌销售侵权盗版图书系列案、江西九江“3·16”涉嫌侵犯著作权案两起案件由国家六部委联合挂牌督办；江西上饶“7·2”侵犯手机游戏著作权案、江西新余“7·13”侵犯影视作品著作权案两起国家挂牌督办案件顺利宣判。

（二）执法力度持续加大

2021 年，江西版权案件查处的数量进一步提升，共办结侵权盗版案件 141 起（含 5 起刑事案件），全省 11 个设区市案件查办实现全覆盖。江西一诺新材料有限公司计算机软件侵犯著作权案处行政罚款 45 万元，为江西省近年来行政处罚金额最高的案件。

（三）多起案件获得典型宣传

2021 年 10 月，在第八届中国国际版权博览会上，电影版权保护展厅展示了江西办理的江西南昌黄某某侵犯电影著作权案、江西兴国刘某等盗录传播院线电影案等案件；音乐产业版权保护历程展区展示的两起案例分别为江西南昌“0791DJ 音乐网”侵犯音乐作品著作权案和江西南昌“摇头网”侵犯音乐作品著作权案。“4·26”知识产权宣传周期间，评选并发布“江西省 2020 年度打击侵权盗版十大案件”。

（四）版权执法成果丰硕

2021 年 6 月，江西省版权局推荐的“南昌‘0791DJ 音乐网’侵犯音乐作品著作权案”成功入选国家版权局 2020 年度打击侵权盗版十大案件。2021 年 7 月，江西省共 14 个单位（含专案组）和 51 名个人（含专案组）获国家版权局 2020 年度查处重大侵权盗版案件表彰，版权执法工作得到国家版权局充分肯定，江西省委宣传部版权管理处连续五年获全国有功单位一等奖。

（五）执法保障有效落实

为激励基层办案的积极性，解决基层案件查办过程中经费短缺难题，2021 年，江西省版权局向基层拨付省级办案经费近 70 万元，缓解了案件查办中的经费短缺难题，激发了基层案件查办的积极性。

（六）执法培训取得成效

2021 年 7 月，江西省版权局协助国家版权局举办 2021 年版权执法监管工作培训班，参训人员来自全国 14 个省份，共 200 余人。培训交流了经验，分享了成果，提升了能力。

**二、软件正版化工作有序推进**

（一）部署软件正版化工作

江西省版权局制定《2021 年江西省推进使用正版软件工作实施方案》，在全省范围内部署开展 2021 年度江西省推进使用正版软件工作。

（二）举办软件正版化工作培训

2021 年 7 月，江西省使用正版软件工作领导小组办公室在井冈山举办专题培训，参训人员共计

150余人。

（三）开展软件正版化工作督导检查

2021年9月，江西省使用正版软件工作领导小组办公室牵头，组织对省级党政机关软件正版化工作进行全覆盖核查。实地核查了71家省级党政机关，共计检查了6 316台计算机软件安装情况。对设区市软件正版化进行了抽查。

**三、版权服务助力文化强省建设**

（一）示范创建成绩斐然

2021年4月，以陶瓷知识产权保护为重点的景德镇知识产权法庭挂牌成立，这是继宁波、苏州之后设立的全国第三家非省会城市的知识产权法庭。7月，国家版权局批复同意设立景德镇国家陶瓷版权交易中心，这是全国第一家面向特定行业的国家级版权交易中心。9月25日，国家版权局批复授予景德镇市“全国版权示范城市”称号，景德镇市成为中部地区首个、全国第13个全国版权示范城市。

（二）版权服务健康发展

2021年4月25日，由江西省版权局主办、江西省赣鄱云融媒体中心和江西省知识产权学院联合承办的“新《著作权法》与文化创新发展”论坛在江报传媒大厦举行，论坛取得了良好效果，论坛网络观看量达102万人次。

（三）“区块链＋版权”有序推进

根据中央网信办秘书局、中央宣传部办公厅等16个部门关于推进“区块链＋版权”试点工作要求，经江西省版权部门推荐申报，景德镇新闻传媒有限责任公司获批“区块链＋版权”试点单位。

**四、开展“剑网2021”专项行动**

根据国家版权局等四部委工作部署，江西省版权部门结合工作实际，于2021年6月至10月在全省范围内开展“剑网2021”专项行动。

（一）案件查办成效明显

江西省版权部门聚焦网络重点领域，开展版权专项整治。专项行动期间共办结网络版权案件26起，其中刑事案件2起。

（二）工作联动得到加强

2021年9月，江西省版权局联合省公安厅、省互联网信息办公室等相关单位召开“专项行动”协调会，就江西网络版权案件的特点、堵点进行交流，强化了工作联动。

（三）因地制宜强化治理

江西省版权部门结合工作实际，在国家“剑网行动”方案的基础上，开展了加强网络音乐版权管理和提升融媒体版权治理水平的专项治理。

**五、做好版权作品登记**

2021年，江西省版权保护中心不断加大服务力度，克服疫情影响，全年作品版权登记量达到35 323件，同比增长近60%。为一批向上向善、歌颂乡村振兴伟大成就和反映人民群众为实现美好幸福生活而不懈奋斗的精品进行了版权登记。

（何宏勇）

## 山　东　省

**一、版权执法监管力度不断加大**

山东省版权管理部门扎实开展“剑网2021”专项行动，2021年查处网络侵权盗版案件155起，刑事移交10起，关闭侵权网站11家，删除盗版链接32个。山东淄博“9·1”制售盗版教材教辅案等6起案件列入中宣部版权管理局等六部门联合挂牌督办案件。山东菏泽“11·7”侵犯著作权案被评为“剑网2020”专项行动十大案件。在国家版权局2020年度查处侵权盗版案件通报表彰中，山东省获有功单位30家、有功个人49名，奖金总额为16.9万元，位居全国前列，山东省委宣传部版权管理处获有功单位一等奖。

**二、软件正版化长效工作机制不断完善**

充分发挥省软件正版化工作联席会议各成员单位职责职能，综合运用法律、行政、经济、技术等手段推进软件正版化工作，提升联合监管效能。在巩固扩大党政机关软件正版化工作成果基础上，有序推进重点行业企业软件正版化工作，国产软件使用数量不断增加，软件保护环境明显改善。继续采用场地授权服务模式，投入财政资金160余万元，为省直机关统一配置国产办公软件，有效解决省直单位新增计算机配置办公软件问题。持续开展软件正版化核查工作，聘用第三方专业机构对全省16市软件正版化工作进行核查，共抽查机关140余家、计算机16 906台，综合正版率达97.57%。

**三、版权社会服务水平不断强化提高**

2021年底，完成山东省版权保护与服务平台升级改造，进一步健全各市、重点园区（基地）的版权登记服务网络体系。大力加强对版权服务工作站的管理与服务，著作权登记工作规范化、标准化、信息化水平不断提高，作品登记质量稳步上升。进一步加强图书、影视剧等作品涉外版权合同的登记备案工作，有效推进作品的传播和保护。2021年，全省著作权作品登记达23万份，共办理引进输出图书版权合同 620 余份。

**四、版权展会授权交易体系不断健全**

充分利用第八届中国国际版权博览会平台功能和综合性带动作用，山东省版权展区设置“五大板块”，汇聚 40 余家企业参展，突出展示山东省版权产业顶层政策设计与创新举措，包括山东在推动版权贸易、提升版权保护水平、完善版权管理体制、优化版权保护发展环境等方面的亮点成效；展示山东省数字版权的融合发展成果和优秀作品，培育新经济，释放新动能；展示山东省版权产业具有代表性的新创作、新产品、新技术。山东省版权局获第八届中国国际版权博览会优秀组织奖。

**五、版权示范创建工作不断深化**

山东省深化版权示范城市、示范单位、示范园区（基地）创建工作，加强对已授予称号的示范城市、单位和园区（基地）的监督管理，充分发挥版权示范创建工作对版权产业发展的引领带动作用，形成了以点带面的建设格局。2021 年，山东天成书业有限公司等 4 家单位获批全国版权示范单位、示范园区（基地），泰山新闻出版小镇获批国家级图书版权交易中心。培育公布山东省版权示范单位、示范园区（基地）30 家，批准设立山东音乐版权交易中心等 3 家省级版权交易中心。

**六、版权社会影响力不断扩大**

以“4·26”知识产权宣传周为切入点，在潍坊市举办了山东省版权宣传周启动仪式，在《大众日报》推出工作综述，并整版刊登了版权公益广告；在山东省委机关办公大院设置展板，通过以案说法的形式，普及著作权法；联合省教育厅组织驻鲁高校积极参加国家版权局主办的全国大学生版权征文活动，提升大学生版权认知水平，提高大学生创新能力，山东省版权局获优秀组织奖；制作了版权知识系列微动画，充分发挥报纸、杂志、宣传册等纸质媒介作用，利用“学习强国”山东平台、大众网、文明网、闪电新闻等网络媒体，打造“报、网、端、微、屏”相结合的宣传风暴，形成全覆盖宣传。

（蒋金坤）

## 河 南 省

**一、强化版权执法监管，提升保护质量水平**

河南省把严格保护作为版权工作主基调，坚持线上和线下相结合，保护和惩戒相结合，日常监管和专项整治相结合，不断强化保护意识、落细保护举措，提高违法成本、保持高压态势，维护了良好的版权秩序和生态。

（一）加强日常监督管理

紧紧围绕庆祝建党 100 周年，深入开展“双随机、一公开”抽查。自 2021 年 6 月起，河南省委宣传部副部长、河南省版权局（省新闻出版局）局长谭福森带队先后赴新乡、南阳、许昌、安阳、平顶山等多地进行督导，通过抽样检查、现场查看、源头追溯等手段，强化对印刷复制源头企业、出版物仓储物流运输企业、出版物批发零售经营商家的监督管理。河南省文化和旅游厅、河南省新闻出版局根据《中华人民共和国著作权法》修订行政处罚裁量标准，进一步规范文化市场综合执法行政处罚行为。强化对文化市场综合行政执法的指导监督、教育培训，推进依法行政，提升执法效能。2021 年，河南省版权执法部门共检查经营单位 43 631 个，捣毁窝点 36 个，查处各类侵权盗版案件 77 宗，较好发挥了日常监管执法作用，有力打击了侵权盗版行为。

（二）聚焦查处大案要案

突出重要治理领域和重要时间节点，强化版权保护力度，拓展版权保护范围，加大惩处力度，保持高压态势，发挥震慑作用。春节期间，围绕群众高度关注的春节档电影，开展打击院线电影盗录传播集中行动，其中河南邓州“3·1”侵犯著作权案涉及盗版包括《你好，李焕英》等春节档院线电影在内的 6 万余部影视作品，现场查扣播放设备 27 台（套）、服务器 2 台，抓获犯罪嫌疑人 31 名，有力维护了河南电影市场秩序。2021 年 4 月 26 日，在国务院新闻办举行的新闻发布会上，中央宣传部版权管理局通报了打击院线电影盗录传播集中行动，发布了河南邓州“3·1”侵犯著作权案等重点案件，在全国产生了广泛影响。2021 年，河南许昌“1·5”涉嫌侵犯著作权案、河南开封“2·21”涉嫌制售侵权盗版教辅案等 8 个案件被列为中央宣传部版权管理局等六部门联合挂牌督办案件。河南省积极完善案件挂牌督办、督导检查等制度，推广集中办案模式，组织执法办案骨干集中、快速办理，提高案件办理的数量和质量。在国家版权局 2021 年 6 月份印发的奖励决定中，河南省有 28 家单位、67 名个人荣获查处重大侵权盗版案件有功单位、有功个人荣誉称号。

（三）挺进互联网主战场

河南省版权局聚焦权利人和人民群众反映强烈的网络侵权盗版问题，联合省网信办、省公安厅等五部门集中开展“剑网 2021”专项行动。

1. 广泛宣传，扩大影响

组织省属重点新闻网站在其“两微一端”首页首屏的显著位置开设专题专栏，及时发布新修订《著作权法》《行政处罚法》原文和权威解读，普及法律法规知识，教育广大群众知法懂法守法。广泛推送“剑网2021”专项行动工作安排，引导网民关注互联网领域版权治理，树立“尊重版权、鼓励创新”意识，自觉营造网络清朗环境。

2. 统筹谋划，形成合力

结合河南省实际，研究制定《关于开展打击网络侵权盗版“剑网2021”专项行动的通知》，从工作目标、工作重点、工作分工等方面提出了明确要求。统筹“扫黄打非”、公安、网信等成员单位力量，将“剑网2021”与“昆仑2021”、“净网2021”、“雷霆行动”等一同谋划、一同部署，凝聚合力，形成声势。尤其是借助“2021年国家网络安全宣传周”、第八届中国国际版权博览会等重大活动，加大对版权工作宣传力度，引导全社会同话网络版权保护、共商网络安全建设。

3. 抓住关键，重点突破

紧抓短视频、网络直播、体育赛事、在线教育等关键领域，加强对大型网络服务商的监管，扩大监管范围和监管对象，严格落实“两个所有”要求，夯实网络企业主体责任。紧抓“七一”“十一”等关键节点，加强对院线电影、电商平台、网络游戏及网络直播、自媒体、知识社区问答等新媒体的专项治理，对群众意见强烈、社会危害大的侵权盗版行为，坚决依法严肃查处。2021年6月至10月，河南省版权执法部门共检查单位27 378家次，行政立案26起，处置违法违规APP和网站3 087个，清理空壳网站5.1万个，删除有害链接684 614个，有力打击了网络侵权盗版犯罪行为，压缩了其生存空间，遏制了其发展蔓延势头，维护了清朗的网络空间秩序，为庆祝中国共产党成立100周年营造了良好网络环境。

**二、推进使用正版软件，不断扩大工作成果**

河南省推进使用正版软件工作联席会议（以下简称“省联席会议”）认真贯彻落实推进使用正版软件工作部际联席会议第十次全体会议精神，完善长效机制，加强督促检查，不断推动政府机关、企业单位和重点行业、重点领域软件正版化工作制度化规范化。

（一）联席会议制度优势充分发挥

巩固完善河南省推进使用正版软件工作联席会议等软件正版化工作制度，河南省委常委、省委宣传部部长王战营担任省联席会议总召集人，省市党政机关均建立了“一把手”负责制，牢牢扛起软件正版化工作的第一责任。加强协调配合、凝聚部门合力，省联席会议成员单位按照职责分工，细化工作要求，加强对各自监管领域的督查指导。

（二）党政机关软件正版化工作持续巩固

2021年，结合网络强国建设和软件产业高质量发展政策要求，推动软件正版化工作与信息化建设、信息安全紧密结合、相互支持、相互促进，党政机关软件正版化工作机构、计算机软硬件采购、软件使用管理、考核评议、年度报告等软件正版化工作持续规范，工作成果持续巩固。2021年，完成党政机关核查2 301家次，举办党政机关软件正版化培训479次，参训单位3 260家次，参训人员13 062人次；党政机关采购操作系统、办公软件、杀毒软件384 299套，同比增长275%。省联席会议统筹疫情防控，对鹤壁市、商丘市、周口市、信阳市的市级政府机关开展核查，操作系统、办公软件、杀毒软件正版率达到100%。

（三）重要行业和重点领域软件正版化工作持续拓展

深入推进文化、教育、卫生、金融、能源、交通、新闻出版等重要行业和重点领域软件正版化工作。2021年，河南省版权局联合河南省教育厅、河南省卫生健康委以线上线下相结合的方式，对河南246所高等院校、省属中等职业学校、中小学校和30家省直医疗卫生机构进行了软件正版化工作培训。对郑州银行和河南出版产业园、河南省创意印刷包装产业园内的12家重点新闻出版、印刷包装企业2 600余台计算机的操作系统、办公软件、工业软件等进行了全面核查，并对核查中发现的问题有针对性地提出整改意见。

（四）企业单位软件正版化工作持续推进

2021年，河南省各地共推进854家企业完成软件正版化工作，采购操作系统、办公软件、杀毒软件25 480套，同比增长52%；完成企业培训152次，参训企业898家次，参训人数6 125人次。河南省工商联组织开展企业自查，120家执委以上民营企业共核查计算机1 568台；核查河南省房地产商会、河南商超供应商商会等27家河南省直商会的7 066家会员企业，其中5 583家企业安装正版操作系统，5 583家企业安装正版办公软件，7 066家企业使用正版杀毒软件。河南省联席会议聘用第三方机构对河南海乐影业有限公司、舞阳农民画院、河南约克动漫影视股份有限公司、河南鼎德律师事务所、河南羲和网络科技股份有限公司等 26 家企业近 3 000 台计算机安装的操作系统、办公软件、杀毒软件进行了核查，其中 12 家企业正版率达到 100%。

**三、深化版权社会服务，促进文化繁荣发展**

版权是重要的资源要素，支撑着新闻出版、广播影视、文学艺术、文化娱乐、信息网络等版权产业的健康发展。2021 年，河南省深入开展版权社会服务，主动作为，上下联动，保障企业，服务群众，推动版权意识落地生根，推动版权产业繁荣发展，助推文化强省建设。

*（一）参加版权博览会，讲好河南版权故事*

以“老家河南 出彩中原”为主题组织参加第八届中国国际版权博览会，向世界推出了一批优秀的河南版权企业和版权精品产品，19 件“唐宫夜宴”文创产品入选国家版权局举办的“著作权法实施 30 周年成就展”，向世界传播河南文化、讲述河南版权故事，展示了河南良好形象。

*（二）编印版权案例专著，宣传普及新《著作权法》*

2021 年是第三次修订的《著作权法》实施的第一年，河南省版权局组织专家团队编写出版《新著作权法人人懂》，以简明清晰、通俗易懂的语言，生动、典型的案例，向全社会宣传普及新《著作权法》。

*（三）优化版权作品登记，保护文化创新创造*

通过传统媒体、新媒体等平台，加大对版权作品登记的意义、流程的宣传，调动群众主动登记版权作品的积极性。在郑州、洛阳设立版权作品登记工作站，深入企业开展登记工作，提升服务能力和水平。2021 年河南版权作品登记量同比增长 65%，引进图书合同备案量同比增长 6%。

*（四）开展特色宣传活动，提升群众版权意识。*

开展版权进企业、进机关、进军营、进学校等系列活动，特别是在 2021 年“4・26”知识产权宣传周版权宣传活动中，借用“唐宫夜宴”热点流量，邀请“唐宫小姐姐”为河南版权代言，向群众赠送“唐宫小姐姐”海报，发放“唐宫小姐姐”宣传品。组织河南各地各级版权主管部门联动，传统媒体和新媒体互动，河南广播电视台用观众喜爱的“唐小妹”3D 卡通形象精心制作版权普法宣传片，并在全台各个频道高频播出。大象新闻客户端开设“唐小妹带你开启一周知识产权奇妙游”板块，面向广大用户每天普及一个版权相关的知识点。各县级融媒体中心开设版权知识专栏、版权保护微博话题等，全方位、多角度、多渠道开展版权宣传。

*（五）开展版权示范创建，推动版权产业发展*

深入贯彻《全国版权示范城市、示范单位、示范园区（基地）管理办法》，组织开展 2021 年河南省版权示范园区（基地）、示范单位创建，授予 12 家单位“河南省版权示范单位”称号、3 家园区“河南省版权示范园区（基地）”称号。积极申报国家级示范园区（基地）、示范单位，引领带动全省版权单位诚信守法经营，推动版权产业发展。2021 年，河南出版产业园荣获“全国版权示范园区（基地）”称号，河南博物院、大象出版社有限公司荣获“全国版权示范单位”称号，郑州银行股份有限公司荣获“全国版权示范单位（软件正版化）”称号，填补了河南省“全国版权示范园区（基地）”“全国版权示范单位（软件正版化）”两项空白。

（张卜元）

# 湖 北 省

**一、强化版权行政指导**

湖北省版权局牢固树立版权强省战略，认真落实《版权工作“十四五”规划》，对照工作要求明确工作目标和主要任务，确定打击重点领域，细化工作措施，确保按时保质保量完成各项工作任务。强化组织领导，督促各市、州结合自身实际认真部署，抓好工作落实，要求各部门加强协调配合，发挥各自专业优势，形成工作合力，扎实推进工作有序开展。建立完善信息报送机制，督促各市、州按时报送工作情况统计表、查处案件信息表，重大问题和疑难案件及时报送。强化工作督办，先后提请国家版权局对黄冈“1・6”侵犯手机游戏软件著作权案等三起重大案件进行挂牌督办，及时跟进重点案件查办进展，确保各市、州严格按照时间节点完成各项工作任务。

**二、加强版权宣传教育**

2021 年 6 月 1 日，新修订的《著作权法》正式施行，省版权局紧盯这一宣传热点，组织开展全省巡回宣讲活动，先后组织了荆州、咸宁、黄冈、黄石和十堰等五场专场宣讲活动，普及宣讲《著作权法》修订内容，累计宣讲对象 1 500 余人次，有效提升社会公众及版权从业者维权用权护权意识。突出“3・15”消费者权益保护日、“4・26”世界知识产权日版权宣传周活动、“12・4”国家宪法日等重点时段，密集组织开展各类宣传活动，投放各类宣传素材，大力宣传著作权法及其相关法律法规知识。4 月 22 日至 26 日，咸宁、黄石、孝感、天门、荆州等地先后举办“4·26”世界知识产权日版权宣传周活动启动仪式暨侵权盗版及非法出版物集中销毁活动，现场销毁侵权盗版及非法出版物。4月25日，《湖北日报》以《全面加强版权工作 推动构建新发展格局》为题大篇幅报道了湖北省“十三五”期间版权工作情况，围绕“四个聚焦”谋划“十四五”时期版权工作蓝图。4月26日当天，由湖北省委宣传部、武汉市委宣传部主办的第十届“法理争鸣——湖北高校法学专业辩论赛暨2021年武汉市大学生版权辩论赛”决赛在武汉举行，大力提升大学生版权意识。省版权局积极组织武汉大学、中南财经政法大学、华中师范大学等部属、省属重点大学参与国家版权局主办的全国大学生版权征文活动，提升大学生群体对版权的关注度。

**三、强化版权行政执法**

突出网络版权市场秩序治理这个重点，持续开展院线电影版权保护专项行动和“剑网2021”专项行动，紧盯开学季、黄金周等关键时间节点，完善多部门协同合作，高效运用技术手段，实现案件查办数量和质量双提升。2021年1月至11月，全省各级版权执法部门检查单位21 504家次，出动执法人员47 377人次；立案查处各类侵权盗版案件66件，其中行政案件47件，刑事案件18件，行政调解1件。完善“两法衔接”机制，强化重点侵权案件跟踪督办，提高案件成案率和结案率。仙桃市查办的百度文库店铺“电子教案与课件的店”涉嫌未经授权通过互联网销售他人视频课程侵权案，为全国首例涉及“学习强国”著作权行政处罚案件；武汉“10·16”涉嫌制售侵权盗版图书案和黄冈“1·6”涉嫌侵犯手机游戏著作权案被中宣部版权管理局、全国打击侵权假冒工作领导小组办公室等六部门联合挂牌督办；武汉“10·16”易某侵犯著作权案、肖某某侵犯著作权案和鄂州程某冬等四人侵犯著作权案等七起刑事案件均已一审判决，犯罪嫌疑人易某、肖某某、程某冬、赵某晓、刘某峰等因犯侵犯著作权罪分别被判处有期徒刑二至三年不等刑罚，并处罚金合计400多万元。湖北“91资源”系列网站侵犯著作权案被国家版权局和全国“扫黄打非”工作小组办公室选定为2020年度全国打击侵权盗版十大案件并向社会予以公布。

**四、推进正版化工作创新发展**

进一步完善省使用正版软件工作领导小组成员单位联席会议制度，及时调整完善成员单位组成，确保软件正版化工作有人抓、有人管、落到实处。5月27日召开省使用正版软件工作领导小组成员单位联席会议，省委宣传部副部长陈树林出席会议并讲话，会议研究通过了《湖北省2021年推进使用正版软件工作计划》《湖北省2021年推进使用正版软件工作督查考核实施方案》，并结合实际在全国第一个出台了《湖北省推进使用正版软件三年行动计划（2021—2023）》，有效巩固软件正版化工作成果，推动重点行业和重点领域软件正版化工作常态化制度化规范化。7月1日至10月30日，按照督查考核实施方案，省版权局先后组织1个省直督查组、6个市州督查组和8个行业督查组赴全省各市州开展软件正版化督查检查工作，累计检查省直单位22家，省属国有企业13家，证券公司4家，银行保险4家，核查计算机7 555台次；督查6个市州60家市直单位（企业），核查计算机2 813台次。

**五、注重社会共治，着力构建版权大保护工作格局**

2021年，省版权保护协会完成第三次会员大会换届选举工作，充实调整了一大批新业态优质版权行业企业会员，增设了专家指导委员会并聘任了首批专家顾问，通过发挥专家顾问的指导作用，更好地帮助会员提高版权的创造、运用、保护和管理水平，有效发挥协会的桥梁纽带作用，推进湖北版权产业深层次高质量发展。同步举办了省版权保护协会新一届理事会的首场活动——首届“版权产业创新与知识产权保护东湖论坛”，中宣部版权管理局副局长汤兆志、湖北省委宣传部副部长陈树林、新华社湖北分社总编辑周甲禄、湖北省高级人民法院副院长周佳念、湖北省人民检察院副检察长冯新华、湖北省版权保护协会理事长李晓平等出席论坛并致辞，来自学术界、司法界、产业界的200余位嘉宾参与，共同探讨版权产业发展和知识产权保护的相关问题，《中国新闻出版广电报》《中国知识产权报》《法制日报》等媒体专题报道此次活动。协会换届以来，先后组织协调处理了“鄂西山泉”公司涉嫌侵犯他人作品著作权、四川宏业建设软件公司被侵权等群众投诉，组织协会会员企业对接方正字库、金山等软件企业，探索建立字库、办公软件团购等业务合作模式，帮助降低企业经营成本。

**六、完善工作机制，提升知识产权保护系统化水平**

强化培训机制，加强队伍建设，提升版权行政执法管理队伍能力素质。省版权局连续9年举办软件正版化工作培训班和版权行政执法监管工作培训班。7月初，省推进使用正版软件工作领导小组办公室在武汉举办了 2021 年全省软件正版化工作培训班，省直单位软件正版化工作人员，市州软件正版化工作分管领导和科长，市直财政、经信等部分成员单位分管科长，省属金融、新闻出版行业国企分管领导及工作人员共计 200 多人参训，通报 2020 年软件正版化工作情况，部署安排 2021 年重点工作。7 月底，省版权局在宜昌举办 2021 年湖北省版权行政执法监管工作培训班，中宣部版权管理局有关负责人授课，重点解读“剑网 2021”专项行动具体任务和工作方法，全省各市州版权管理部门人员、各级版权行政执法人员共计 140 余人参加培训。自 9 月份始，黄石、孝感、荆门、恩施、荆州等地先后举办版权行政执法工作培训班，邀请省局支援授课，有效提升基层版权行政执法部门执法办案能力。注重发挥奖励激励机制，有效调动版权行政执法人员能动性、主动性和积极性。在国家版权局组织的 2020 年度全国查处重大侵权盗版案件有功单位和有功个人评奖活动中，湖北省有 19 家单位、10 人次获评有功单位和有功个人，获得奖金 10.6 万元。省版权局全额拨付有功单位和个人奖金 10.6 万元，确保专款专用，充分发挥推进打击侵权盗版工作、调动版权相关执法人员工作积极性的作用。强化示范机制，深入开展版权示范单位、示范园区（基地）创建活动，培育了一批省级和国家级示范典型，其中创建省级示范单位 43 个、园区 9 个；国家级示范单位 12 个、园区 5 个，充分发挥版权示范带动作用，为国家版权示范创建工作提供了“湖北样本”。强化版权服务流程管理，在大力推动作品在线登记的基础上，按照省政务办的要求，进一步减材料减流程缩时限，2021 年全省一般作品登记数量再上新台阶，截至 2021 年 12 月 26 日，作品登记量达到 75 088件，较 2020 年增长 49.6%。强化交流机制，有效落实版权产业“走出去”战略。2021 年 10 月，省版权局再次组织省内 20 余家版权企业亮相第八届中国国际版权博览会，有效展示湖北省版权企业创新发展成果，提升湖北版权关注度。

（张　威）

## 湖　南　省

### 一、围绕中心大局，强化产业服务

举办重大活动。在国家版权局的指导下，湖南省版权局联合长沙市、马栏山园区及省内重点文化企业，共同举办“2021 马栏山版权保护与创新论坛”。同期举办湖南版权产业展、湖南优秀版权作品云展等活动，版权交易现场签约 1.44 亿元。活动得到中宣部版权管理局领导充分肯定，赢得了参会嘉宾与企业普遍好评。

积极宣传推介。以“魅力马栏山，视听新湖南”为主题，组织马栏山视频文创产业园区、中南传媒等省属重点版权企业参加第八届中国国际版权博览会，以新颖的形式呈现广播电视、图书出版以及湘绣、陶瓷、烟花、折纸等特色领域近百件作品。湖南省版权局获评优秀组织奖。

健全工作机制。以“为人民群众办实事”活动为契机，经广泛调研和精心辅导，在湖南省动漫游戏协会、醴陵市陶瓷产业学院新设了两家湖南省版权基层工作站，有效推动版权公共服务走进重点产业。

### 二、强化执法监管，规范市场秩序

统筹安排周密部署。湖南省版权局联合省公安厅、省通信管理局、省互联网信息办公室印发《湖南省打击网络侵权盗版“剑网 2021”专项行动实施方案》，启动 2021 年打击网络侵权盗版专项整治工作。

推进大案要案查办。指导查处《紧急救援》《悬崖之上》等热播影片盗录案，强化院线电影版权保护。推动岳阳、常德、益阳等地立案查处网络游戏私服案件，打击侵犯网络游戏著作权行为。湖南郴州“6·6”涉嫌侵犯著作权案、湖南益阳孙某等涉嫌侵犯网络游戏著作权案被列为中宣部版权管理局六部门联合挂牌督办案件。

据统计，2021 年全省共巡查网站、微博微信账号 8 130 家，主动监管网站 1 569 家，提请删除侵权盗版链接 50 条，关闭侵权盗版网站、公众号 32 个。出动检查人员 8 567 人次，检查实体单位 7 011 家次，捣毁侵权盗版窝点 6 个。全年查办侵权盗版案件 119 起（含刑事案件 16 起），涉案金额达 3.37 亿元，有效震慑了各类侵权盗版行为。

### 三、强化监督检查，巩固软件正版化成果

强化工作部署。在充分征求各成员单位意见的基础上，省版权局制定印发了《湖南省 2021 年推进使用正版软件工作计划》，明确全年工作重点和实施要求。长沙、衡阳、邵阳、岳阳、益阳等地召开了推进使用正版软件工作联席会议，长沙将软件正版化工作纳入“全国版权示范城市”创建六大工程之一。

加强监督检查。采取“双随机、一公开”“四不两直”的方式，对 5 家省直机关、3 家省属国企，以及岳阳、衡阳两市各 8 家市直机关进行检查，及

时反馈意见并督促整改。持续开展政府机关软件正版化审计监督工作。将市州软件正版化工作纳入全省“平安”建设考核体系，提升考评实效。

据统计，2021 年全省新投入采购资金 58 073.96 万元，采购软件 168 527 套。128 家企业完成软件正版化检查整改。年内共检查政府机关 761 家次，组织专题培训 60 班次，2 520 家政府机关和企事业单位的 7 700 余人次参加了培训。

**四、广泛调研，提升服务品质**

开展重点调研。先后赴马栏山园区、出版集团等单位开展调研，召开马栏山“大干一百天”专题对接现场办公会，推动马栏山视听节目国际版权交易中心建设。落实湖南省版权局等五部门《关于提高行政审批效能优化马栏山视频文创产业营商环境的若干措施》的要求，强化园区对接服务。

规范作品登记。指导湖南出版物产品质量监测中心承办登记业务，强化监督指导，建立健全作品登记审核制度。全年实现作品登记 5.99 万件，同比增长达 625%。

夯实基础工作。优化审批备案程序，办理出版外国图书合同登记 338 件，基本做到即来即办；办理境外委托印刷著作权人授权证明备案 71 件，与相关处室实行联合承办，办理时限压缩一半。

**五、积极开展宣传培训，优化工作环境**

开展版权重大活动宣传。联系近 30 家中央和省市媒体，聚焦 2021 马栏山版权保护与创新论坛，刊发原创稿件近 70 篇，学习强国、新湖南、红网等 150 余家网站、平台转载转发，全网阅读流量超亿次，马栏山版权保护与创新理念引起强烈社会共鸣。

精心组织开展社会宣传。部署开展“4·26”世界知识产权日版权主题宣传，建立省市联动、主管部门与行业组织协同的宣传机制，开展版权进校园、进企业、进社区活动，充分利用重点城市室外电子显示屏，滚动播出版权宣传语，推动社会宣传取得新的突破。

加强版权人才队伍建设。成功举办全省版权行政执法暨全省软件正版化工作培训会、省属监管企业正版化培训班，突出实务操作，聘请省内外名师授课，有效提升宣传培训的针对性、实效性。

积极做好版权评优推荐。全省共 13 家单位、29 名个人（含专案组个人）获评 2020 年全国查处重大侵权盗版案件有功单位和有功个人。马栏山视频文创产业园获评“全国版权示范园区”，长沙市获批创建“全国版权示范城市”。

（张荣涛）

## 广　东　省

**一、完善版权保护工作制度**

（一）推动《广东省版权条例》地方立法工作

为充分发挥版权地方立法对版权保护的法制保障作用，广东省版权局积极与省司法厅、省人大等相关单位沟通协调，将《广东省版权条例》纳入省人大立法规划。推动立法专项调研和专家论证，文本起草工作已完成，并按程序报送省政府常务会议审议，省司法厅已面向社会公开征求意见。

（二）完善版权行政执法长效机制

为进一步强化版权行政执法监管工作，提高版权执法监管工作效能，省版权局印发了《关于进一步强化版权行政执法监管工作的通知》，推动各地市完善重大案件督办、执法协作、版权十大案件评定发布、信息报送等相关制度，并对重大督办案件进行办案经费补贴。指导广东省版权保护联合会建立版权调解工作机制，化解版权侵权纠纷。

（三）建立版权纠纷便民服务工作机制

下发《关于进一步强化版权纠纷便民服务工作的通知》，要求各地市一方面畅通举报投诉渠道，在本部门官方网站公布侵权盗版举报投诉受理电话和邮箱，为打击侵权盗版违法行为提供便捷渠道；另一方面构建版权纠纷多元解决机制，在持续强化版权行政执法的基础上，进一步发挥版权基层工作站、版权协会、专业版权调解机构等版权社会服务组织的作用，提高版权纠纷多元解决工作效能，完善拓展便民服务的制度化渠道。

**二、提升版权执法监管工作质效**

（一）开展打击院线电影盗录传播专项行动

根据中宣部版权管理局等工作部署，省版权局联合省电影局下发了《关于进一步加强全省院线电影版权保护工作的通知》。专项行动期间，全省共出动执法人员 4 596 人次，检查 735 次，检查场所 1 314家次，累计巡查网站 1 752 家，删除链接 115 条，查办案件 7 宗。累计张贴海报和播放相关宣传视频 10.2 万余次（张）。

（二）开展打击网络侵权盗版“剑网 2021”专项行动

省版权局联合省通信管理局、省公安厅、省互联网办公室等单位，连续第 17 年开展打击网络侵权盗版“剑网”专项行动。“剑网 2021”专项行动期间，广东省相关版权执法监管部门共查处网络侵权盗版案件 69 宗，移送司法机关 7 宗，删除侵权盗版链接 1 021 条，将 178 家网站（平台）列为重点监管网站（平台），网络版权专项治理取得明显成效。在国家版权局 2021 年查处重大侵权盗版案件有功单位、有功个人评定中，广东省获得 53 项荣誉，创历年新高。

（三）开展打击网络侵权盗版集中办案专项行动

针对侵权盗版向网上转移的新趋势，为加大网络侵权盗版案件的查处力度，省版权局联合省通信管理局、省公安厅、省互联网办公室、省文化旅游厅、各地市版权局和文化综合执法机构等单位，组织开展打击网络侵权盗版集中办案专项行动，突破了一批大案要案，有效维护了网络版权秩序。

（四）开展专项督查考核

将广东省版权保护工作纳入“法治广东建设”和“双打”工作考评，以版权保护为重点，根据珠三角地区和粤东西北地区版权产业发展的阶段性差异，科学设置考评指标，以考促建，推动全省各地强化侵权案件的查处工作，提升了全省版权保护工作水平。

**三、巩固软件正版化工作成果**

（一）及时完成省级软件正版化领导机构调整工作

按照推进使用正版软件工作部际联席会议要求，根据省联席会议人员变动情况，及时调整了省推进使用正版软件工作联席会议总召集人、召集人、成员和联络员。

（二）建立软件正版化工作常态化推进机制

广东省自 2012 年建立省推进使用正版软件工作联席会议制度以来，每年召开广东省推进使用正版软件工作联席会议全体成员会议，贯彻落实推进使用正版软件工作部际联席会议工作部署，研究推动广东省软件正版化工作。2021 年广东省推进使用正版软件工作联席会议全体会议于 10 月下旬在广州召开。

（三）开展政府机关软件正版化工作检查

2021 年初，省推进使用正版软件工作联席会议办公室对佛山市 68 家市直单位和清远市 64 家单位进行了现场全覆盖检查，共现场检查 9 981 台计算机的软件安装使用情况。通过现场检查整改，进一步提升了广东省党政机关软件正版化工作水平。

（四）组织开展省国资委监管二级企业和省属重点采购单位软件正版化工作检查

根据工作安排，省版权局对省属国有企业共 50 家二级企业进行了全覆盖检查。此外，省版权局联合省委网信办、省财政厅对惠州市、中山市的重点采购单位进行了软件正版化工作检查。下一步，省版权局将以问题为导向抓好整改落实，不断推进软件正版化工作向制度化、规范化和标准化方向发展。

**四、提升版权社会服务工作水平**

（一）深入开展版权宣传工作

举办“4·26”版权宣传周主题活动，结合第 21 个世界知识产权日公开发布“2020 年广东省版权十大案件”，展示了广东省打击侵权盗版的工作成果。举办第三届广东省大学生版权知识演讲大赛，推动版权知识进校园。开展新修改《中华人民共和国著作权法》学习宣传系列工作，先后在广州、佛山、中山、潮州等市举办专题宣讲活动 11 场，宣传普及版权知识。

（二）积极开展版权示范创建工作

向国家版权局推荐有关单位参评全国版权示范单位、示范园区（基地），推动深圳市前海深港现代服务业合作区落实国家版权创新发展基地创建措施，并协助国家版权局开展佛山市创建全国版权示范城市工作考核验收工作。广州欧科信息技术股份有限公司、广州漫友文化科技发展有限公司、深圳广播电影电视集团、广东蒙创致远新材料科技有限公司、中国（广州）超高清视频创新产业园区获评 2021 年全国版权示范单位和示范园区（基地）。

（三）组织 55 家单位参加第八届中国国际版权博览会，精心打造广东展馆

2021 年 10 月 16 日至 18 日，广东省版权局组织广东展团参加国家版权局在杭州举办的第八届中国国际版权博览会。广东展团设 1 个广东展馆和广州、深圳、佛山、东莞 4 个市馆。广东展馆以镬耳屋结构布局，展出 125 件版权作品，涉及新闻出版、文化艺术、计算机软件、影视、动漫、游戏、传统手工艺品、创意设计等 8 个领域，充分展示了岭南风格、广东特色，特别是“科技赋能版权保护”成为一大亮点，省版权局荣获优秀组织奖。在新华社与《光明日报》《南方日报》等 20 多家媒体刊发新闻报道 50 篇，网络浏览量超过 30 万人次。

（四）有序开展作品登记工作

实施省内疫情防控主题作品和医务工作者创作作品免费登记制度。2021 年，全省作品登记总量为 33.69 万件，同比增长 10.8%。其中，一般作品登记量为 6.69 万件，同比增长 4.5%；计算机软件作品登记量为 27 万件，同比增长 12.5%，位居全国第一。

（沈　欣）

## 广西壮族自治区

### 一、严厉打击侵权盗版

广西壮族自治区版权局会同自治区通信管理局、公安厅、网信办等部门，印发《广西打击网络侵权盗版“剑网2021”专项行动方案》，举办广西“剑网2021”专项行动暨版权业务培训班，组织全区各市版权管理部门、文化市场综合执法支队、公安局、网信办等相关部门以“剑网2021”专项行动为抓手，围绕版权执法工作重点，加强组织领导，压实主体责任，大力查办案件，不断加大版权执法监管力度，加大视听作品、网络直播、体育赛事转播、在线教育、社交平台等重点领域版权治理力度，规范线上线下版权秩序，巩固重点领域治理成果。

截至2021年12月底，全区共出动执法人员超过3万人次，检查各类市场主体超过1.7万家次，立案查处各类侵权盗版案件28起，其中移送司法机关刑事案件7起，捣毁侵权盗版地下窝点20个。其中，灵山县“4·2”侵犯著作权案捣毁地下印刷窝点18个，查缴侵权盗版出版物20余万册、印刷设备8台（套），案值预估2 500余万元，传唤涉案人员24名，其中刑事拘留7名，另已批捕2名。自治区版权局重点指导、协调柳州市办结国家版权局等四部门联合挂牌督办的重大网络培训平台侵犯著作权案件1起，全部涉案人员侵犯著作权罪罪名成立，均被判处有期徒刑2年至2年6个月并处罚金人民币8万元至10万元不等的刑罚。该案作为全国首例网络侵犯考试题库著作权的新型案件，在区内乃至全国都具有很好的示范意义，办案经验被《中国新闻出版广电报》等媒体报道。

### 二、推进软件正版化工作

2021年4月27日，自治区推进使用正版软件工作厅际联席会议2021年全体会议召开，研究制定推进软件正版化工作措施，明确分工，印发了《2021年广西推进使用正版软件工作方案》《关于加快推进全区宣传思想文化系统企事业单位使用正版软件工作的通知》等文件。与自治区财政厅联合下发《关于开展区直单位软件采购需求统计的通知》，并协调自治区教育厅、卫健委、交通厅、发展改革委等有关系统主管部门，分行业推进事业单位软件正版化工作，取得积极效果。

加大督查考核力度。在2021年上半年开展的全区高校落实意识形态工作责任制督查中，软件正版化工作被纳入督查范围。自治区版权局将软件正版化工作列为全区精神文明建设专项绩效考评指标，对各区直机关、各市提出要求，进一步运用好绩效考核抓手，加大工作力度。此外，将自治区文明城市、文明单位评比，自治区版权示范城市、示范单位、示范基地评选，以及开展软件正版化工作的情况也纳入考核衡量范围。

2021年11月初起，自治区版权局组织4个考核组，分头对全区14个设区市进行软件正版化工作2021年度考核，共现场抽查市级机关210家，按照“双随机、一公开”的要求，实行检查结果通报机制，推动后进单位加强整改，确保年度目标实现。

### 三、积极开展版权示范创建

2021年3月，由自治区版权局推荐的两家单位——接力出版社、南宁峰值文化传播有限公司获得国家版权局授予的“全国版权示范单位”称号，自治区实现全国版权示范单位“零”的突破。受此鼓舞，自治区版权局组织开展了2021年全国版权示范单位创建工作，推荐桂林电子科技大学、广西文化产业集团等5家单位申报2021年全国版权示范单位。

在国家版权局的指导下，自治区版权局开展自治区版权示范创建活动，起草《广西壮族自治区版权示范城市、示范单位和示范园区（基地）管理办法》。

### 四、推进版权社会共治

自治区版权局积极应对近年来卡拉OK领域音乐作品著作权纠纷多发的问题，发动社会各界力量参与版权治理，构建版权社会共治格局。一是会同自治区文旅厅研究制定相关措施，向全区印发通知，规范卡拉OK领域版权市场秩序。二是积极指导各市治理卡拉OK领域问题。经过积极协调和多轮磋商，柳州市文化娱乐行业协会与中国音像著作权集体管理协会签订音乐作品收费协议，消除纠纷多发、诉讼不断的现象，实现行政调解化解纠纷、减少司法诉讼的效果，为行业健康发展奠定坚实的基础。三是加大电影院线巡查力度，协调各市加大对重点版权保护预警名单作品的保护力度，严防死守春节等重要时间节点上线电影版权安全，有力维护电影市场良好秩序。

推进自治区作品版权登记工作，开展网上登记。2021年4月底，调试后的广西版权登记管理平台正式运行，可实现网上登记作品并发放版权登记证书。目前该平台共拥有注册用户520人，完成线上作品登记1 160件，已发放版权登记证书706个。截至2021年12月底，全区通过线上和线下共登记作品

1 499件。

**五、创新形式开展版权宣传**

自治区版权局提早谋划，会同自治区有关部门在2021年4月22日举办了广西强化知识产权保护工作新闻发布会，介绍广西2020年打击侵权盗版工作的做法、亮点及成效，重点宣传了新《著作权法》的修改背景、特点和作用，发出版权宣传的权威声音。与广西广播电视台《凡事说理》《说事论理》栏目组对接，邀请专家录制解读新《著作权法》访谈节目，在“4·26”世界知识产权日宣传周期间播出，节目收视率位列全国31个卫视节目第12名。邀请广西旅游推广大使于添琪担任版权公益大使，为“4·26”世界知识产权日广西版权宣传代言；制作了一部3分多钟的版权宣传短片及一批相关的短视频和音频节目，在喜马拉雅有声读物等平台上推出；指导广西版权保护协会在南宁市民主路小学举办了“版权教育，开创未来”版权宣传主题活动，创新了“版权进校园”方式。协调相关部门将新《著作权法》列为2021年广西干部培训必修课，纳入普法考试范围，在广西干部网络学院、广西网上党校、广西普法考试网等平台上推出，使著作权法宣传效果长效化。

自治区版权局组织广西出版传媒集团、广西文化产业集团等15家单位，首次组团参加2021年10月在杭州举办的第八届中国国际版权博览会，从特色版权产业、版权示范创建、版权工作措施创新、版权宣传推广等方面展示近年来广西版权工作成果，荣获组委会颁发的优秀组织奖。

（陈　妤）

## 海　南　省

**一、有效推进软件正版化工作**

（一）取得的工作成效

1. 国家机关软件正版化工作成果持续巩固

各项工作深入开展，督查考核培训逐步常态化规范化，日常管理更加科学合理，正版软件授权做到全覆盖，正版率进一步提高，成果得到巩固延伸。截至2021年底，海南省各级国家机关持有正版操作系统软件8.39万套、办公软件8.42万套、杀毒软件7.88万套，实现正版软件全覆盖。

2. 国有企业软件正版化工作加快推进

2021年，省国资委多次召开全省国有企业软件正版化推进会议，研究部署推进工作方案，落实省属国有企业软件正版化工作监督管理主体责任，指导省属国有企业建立软件正版化工作责任制度，持续推动省属国有企业正版化工作，巩固已有成果。在完成省属二级国有企业检查基础上，对省属三级以下国有企业开展软件正版化工作督查。制定印发市县直属国有企业软件正版化工作计划，启动市县直属国有企业软件正版化工作，并着手开展检查整改工作。截至2021年底，省属国有企业采购操作系统1 808套、办公软件7 627套、工业设计软件83套，实现通用正版软件全覆盖、工业设计软件逐步正版化，省属国有企业软件正版化工作进一步规范。

3. 金融机构软件正版化工作进展顺利

一是银行业保险业法人机构软件正版化工作全面完成。海南银保监局及时向辖区内银行业保险业法人机构传达省使用正版软件工作厅际联席会议第六次全体会议精神，转发中国银保监会以及省版权局印发的软件正版化工作文件，督促机构从软件采购、资产管理、监督审计等环节加强制度建设、统一工作流程和使用标准，组织开展软件正版化自查整改，加大教育培训力度，进一步巩固拓展软件正版化工作成果。截至2021年底，辖区内银行业保险业法人机构共44家，完成软件正版化工作43家。各机构共采购操作系统226套、办公软件5 110套、杀毒软件183套、其他软件184套，投入采购经费724.86万元、升级及维护经费43.11万元。

二是证券期货机构软件正版化工作进展顺利。海南证监局通知要求辖区内证券期货机构重视软件正版化工作，督促机构编制年度预算，保障经费投入，并加强员工培训教育，加强监督检查，针对存在的问题制定相应整改方案，不断提升软件正版化率，多措并举确保机构软件正版化工作取得实效。截至2021年底，辖区内期货证券机构共采购操作系统300套、办公软件29套、杀毒软件1 500套，投入采购经费127.49万元、升级及维护经费28.77万元。

4. 行业单位软件正版化工作推进有序

进一步延伸软件正版化工作成果，加大行业单位软件正版化工作推进力度，协调各主管部门，积极推进重点行业软件正版化工作。印发2022—2024年全省教育和卫生健康行业推进使用正版软件工作三年行动计划。组织举办全省能源、交通运输行业使用正版软件工作培训班。深入推进新闻出版、广电、旅游、勘察设计行业单位软件正版化工作。截至2021年底，省属经营性国有文化单位（新闻出版广电行业单位）共14家，累计完成12家；省属国有旅游文化事业单位共16家，累计完成6家；省属勘察设计行业企事业单位共2家，累计完成2家；6家省属教育行业单位全面完成软件正版化工作。

5. 事业单位软件正版化工作初显成效

在巩固机关软件正版化工作成果的基础上，软件正版化工作由机关逐步向事业单位拓展延伸，势头较好。据统计，截至2021年底，248家省直事业单位中有110家已完成软件正版化工作，完成率达44.35%。

（二）采取的工作措施

1. 发挥体制机制优势，做好部署统筹

召开省使用正版软件工作厅际联席会议第六次全体会议，省委常委、省委宣传部部长肖莺子出席并讲话，审定印发2021年海南省推进使用正版软件工作计划并督促各市县、各单位抓好落实。增加省发展改革委、省政府政务服务中心（省公共资源交易中心）为厅际联席会议成员单位。通过厅际联席会议部署统筹，协调推进国有企业、重点行业、民营企业等领域使用正版软件工作。

2. 持续开展督查考核，促进整改提升

完成全省国家机关使用正版软件工作督查考核，共抽查国家机关300多家次、检查计算机1.5万台次，印发问题整改通知单近200份，向各市县、各单位印发督查考核结果通报。多次组织开展省属国有企业软件正版化督查检查，共检查计算机约2 000台次。对2020年软件正版化督查考核中存在问题的省属经营性国有文化单位开展“回头看”，检查海南广播电视总台等4家单位，并督促整改。各市县、各单位也相应开展督查检查及考核，通过督查考核，推进问题和隐患整改，促使各市县、各单位进一步提升软件正版化工作水平。

3. 广泛开展宣传培训，营造良好氛围

分别举办2021年海南省国家机关使用正版软件工作培训会议、2021年海南省市县国有企业暨全省能源、交通行业单位使用正版软件工作培训班，培训300余人次。组织开展“4·26”知识产权宣传周版权宣传活动，提高公众的版权保护意识。各市县、各单位通过印发规章制度、OA网宣传、举办培训班等方式，传达宣传软件正版化有关政策措施以及业务知识，在全社会营造坚持正版、抵制盗版的浓厚氛围。

4. 进一步加强审查指导，规范采购安装

推行新购计算机软硬件备案管理，要求各级党政机关严格执行计算机软硬件采购完成后10个工作日内向本级著作权主管部门报备制度，对各单位采购软硬件是否违规进行监督。与省公共资源中心加强沟通合作，掌握了解海南省政府采购网上商城上架软件的版权状况和各单位采购软硬件情况，同时加强日常工作指导，提醒督促个别市县、单位对违规采购的软硬件进行整改，对不符合正版要求的网上商城软件予以下架和处理。

5. 推进集中联合采购，加快工作进度

2021年，省财政拨款300万元为省、市、县（区）三级国家机关集中购置金山WPS办公软件场地授权，实现全省县（区）以上各级国家机关办公软件授权全覆盖。省国资委根据省属企业需求，继续以海南省信息产业投资有限公司作为牵头单位，组织企业采取集中谈判、集中签约等方式采购操作系统、办公软件、工业设计软件，有效缓解企业软件采购的资金压力，大大加快了省属企业软件正版化的进度。

6. 大力倡导使用国产软件，确保信息安全

督促各市县、各单位将软件正版化与信息化、信息安全相结合，部署建设的信息系统要兼容国产操作系统软件、办公软件等国产软件，大力倡导使用国产软件，防范信息安全风险。截至2021年底，全省省级、市级国家机关基本实现国产正版软件全覆盖，有力推动了正版化工作与信息化工作的相互促进和共同提升。

**二、严厉打击侵权盗版行为**

（一）取得的工作成效

2021年，海南省进一步加强版权执法工作，各级版权主管部门积极指导、协调文化市场行政执法部门开展出版物市场专项整治，深化网络版权治理，全力查处侵权盗版案件，取得明显成效。全省共立案查处侵权盗版案件12件，同比增长500%，其中刑事案件、网络侵权案件、影视侵权案件明显增多。办结陈某言侵犯著作权案、陈某容侵犯著作权案两个刑事案件；海口市“昊伦影视”网涉嫌侵犯著作权案移交省公安厅，并列入中央宣传部版权管理局、文化和旅游部文化市场综合执法监督局联合督办事项。

（二）开展的工作

1. 组织开展海南省打击网络侵权盗版“剑网2021”专项行动

按照国家版权局等四部委通知要求，召开专项行动工作协调会，印发专项行动实施方案，组织各市县开展拉网式巡查，指导各级版权执法部门查处网络侵犯著作权案件。专项行动期间，共巡查互联网企业1 013家次、影院296家次、电商平台10家次、社交平台公众号（个人账号）552个次、KTV

102 家次、网吧 152 家次、教育（在线教育）机构 52 家次、实体书店（印刷企业）190 家次，共出动执法人员 3 603 人次，发现了微信号“yulj2012”、“昊伦影视”网、晚风影咖民宿等一批案件和线索。

2. 开展“扫黄打非・秋风 2021”专项行动

积极组织出版物市场专项整治，重点对书店、报刊亭、文具店等出版物经营销售场所和游商摊点进行不间断检查，严厉打击非法出版物及侵权盗版行为。截至 2021 年 12 月，暗访检查累计 200 余天，涉及全省 19 个市县、100 多个乡镇，检查书店、音像店、报刊亭（社）、印刷复制企业、文具店、流动摊贩、网站媒体等各类出版物单位 5 000 余家次，共收缴非法出版物 40 000 余册（本）。

3. 举办 2021 年海南省版权执法骨干培训暨“剑网 2021”专项行动总结会

邀请江西省南昌市文化市场执法支队、琼山区法院、省旅游和文化广电体育厅业务专家讲授办理网络侵权案件的技巧和手段，对全省开展“剑网 2021”专项行动情况进行总结分析，就各市县在版权执法过程中存在的问题提出解决办法和指导意见。

**三、大力开展版权宣传**

（一）举办海南青少年知识产权宣传创意设计大赛

省委宣传部（省版权局）与省知识产权局、团省委联合举办海南青少年知识产权宣传创意设计大赛，共征集有效参赛作品 1 051 件，参与学生总数达到 3 600 余人，共评出获奖作品 48 件、优秀组织单位 5 家。通过赛事文件精神的学习和创作实践，增强广大青少年群体尊重和保护知识产权意识，引导青少年主动担当社会责任，成为学习、传播、解读知识产权法律法规和基本知识的优秀宣传员。

（二）指导市县开展版权宣传活动

转发《国家版权局关于做好 2021 年全国知识产权宣传周版权宣传活动的通知》，并制定标语口号，指导市县结合本地实际，配合知识产权部门做好知识产权宣传周版权宣传活动。

（三）参加省高院组织的知识产权相关活动

派员参加全省法院知识产权审判工作会议、海南法院知识产权司法保护新闻发布会和知识产权司法与行政保护座谈会暨联席会议等，与参会单位探讨知识产权案件办理中遇到的问题并提出意见建议。

（四）举办新《著作权法》专题辅导学习会

省委宣传部举办新《著作权法》专题辅导学习会，邀请海南大学副校长、法学教授王崇敏为部机关干部职工做专题辅导，参会人数近 200 人。

**四、积极做好版权社会服务工作**

（一）依法开展著作权登记

2021 年，海南省共登记各类作品 334 件，审核备案涉外版权贸易合同 133 个，引进网络游戏版权 2 种、图书版权 63 种，输出图书版权 24 种。

（二）拟订《海南省版权示范单位和示范园区（基地）管理办法》

拟订《海南省版权示范单位和示范园区（基地）管理办法》，并呈省功勋荣誉表彰奖励工作协调小组办公室审批。

（三）作品自愿登记业务

授权海南国际知识产权交易中心受理作品自愿登记业务，在海南国际知识产权交易中心设立作品自愿登记信息采集工作点。

（王金根）

## 重　庆　市

**一、抓专项、提质量，版权执法工作有力有效**

（一）传导责任压力，推动任务落实

重庆市版权管理部门将执法工作情况纳入市“双打”考核、意识形态专项考核，有力传导版权执法工作的责任压力，进一步落实意识形态工作责任制，不断优化营商环境。召开由各区县宣传部分管副部长、区县执法支队主要负责人参加的全市版权执法工作部署会，通报全市各区县查办侵权盗版案件情况，部署下一阶段版权执法工作重点任务。

（二）健全督办制度，提升办案质效

严格落实中宣部版权管理局《关于进一步做好版权执法信息报送工作的通知》要求，把案件查办每月督办工作作为一项行之有效的制度安排，建立重大侵权盗版案件挂牌督办机制。2021 年以来，结合开展打击网络侵权盗版专项行动，重庆市共查处侵权盗版案件 140 件，删除侵权盗版链接 371 个，关闭侵权盗版网站 11 个，案件查办数量跃升至全国前列。

（三）加强业务培训，提高执法水平

2021 年 6 月上旬，邀请中宣部版权管理局、江苏省扬州市文化市场综合执法支队、华东政法大学等的领导专家来渝培训授课，以“现场培训＋同步网络培训”相结合的方式，对各区县宣传部分管副部长、文化市场综合执法支队主要负责人及执法骨干等 400 余名同志开展现场培训，对其他区县执法骨干等700多名同志进行同步网络培训。

二、抓核查、严考核，软件正版化工作规范有序

（一）强机制、严核查，夯实正版化工作主体责任

2021年4月20日，重庆市召开2021年全市推进使用正版软件工作联席会议，传达推进使用正版软件工作部际联席会议全体会议精神，听取各成员单位工作汇报，审议本年度全市推进使用正版软件工作计划。将软件正版化工作情况统筹纳入意识形态督查和市级部门考核。10月中旬至11月中旬，会同第三方机构，对50个市级部门、12个区县、36个市属国有重点企业及4个重点行业事业单位开展正版化专项检查，核查计算机21 780台，印发督查通报，传导责任压力。

（二）重统筹、抓重点，保持正版化工作领先态势

市委宣传部（市版权局）会同市国资委、市经济信息委，选取涉及公共服务、国计民生和金融等重点领域的17家市属国有重点企业及所属的二、三级企业为试点对象，率先开展信息系统建设兼容国产软件工作。会同市教委、市卫生健康委等重点单位制定工作文件，分别召开软件正版化工作专题会议，经过不懈努力，教育、卫生等重点领域在软件正版化工作方面存在的问题得到初步解决。

（三）强平台、出政策，营造社会共治良好环境

加快市软件正版化服务中心运营步伐，指导中国赛宝重庆工业技术研究院组建专业团队，为广大软件企业和用户提供行业分析、信息咨询、技术攻关、成果展示、人才培养等服务。在政策创新方面主动作为，10月底，与市经济信息委共同出台《促进软件产业高质量发展和加强软件版权保护十条措施》，用“真金白银”的政策支持软件正版化，起到了推动企业、产品、创新、人才等要素有效集聚的作用，受到业界的高度关注和普遍好评。

三、抓创建、重研究，版权产业发展可圈可点

（一）以园区企业为基础，为版权产业发展强基固本

2021年，新培育市级版权示范园区3个、市级版权示范单位4个。迄今，市级版权示范园区增至11个、市级版权示范单位增至29个。其中，全国版权示范园区3个、全国版权示范单位8个。

（二）以孵化平台为载体，为版权产业发展增强后劲

组建市版权协会，吸纳58家骨干版权企业作为会员单位。在8所高校设立重庆市版权研究基地，建成1个数字版权学院。在区块链数字经济产业园建成市数字版权区块链服务中心，会同有关国企建设市原创音乐和艺术版权孵化中心，指导梁明玉艺术团队建设市时尚设计版权服务中心。

（三）以推广活动为抓手，为版权产业发展赋能添彩

2021年3月，以“链接川渝版权价值，助推高质量发展”为主题的川渝版权项目集中签约仪式在渝举办，重庆市版权协会与四川省版权协会、两江新区与天府新区，以及14家川渝版权企业相互签订了项目合作协议。4月，在两江新区举办第二届重庆数字版权项目推介会，会上发起成立重庆市版权示范园区联盟。5月和9月，分别举办两届重庆数字版权产品开发者大会，共吸引600多名企业高管、行业精英等参与，签约40余个项目。2021年下半年，以“意起·创新”为主题，每月在九龙意库文创园常态化举办重庆创意版权市集，实现版权价值生活化场景化。

四、抓服务、强质量，版权社会化服务有点有面

（一）著作权登记

抓住著作权登记这一核心工作，严守作品登记意识形态底线，版权登记提质增量。全市作品登记18.32万件，同比增长7%，年登记量居全国第七；软件著作权登记4.11万件。《中国新闻出版广电报》以《重庆三个创新助推版权登记提质增量》为题对作品登记工作进行深度报道。结合新修订的《著作权法》，制定出台规范性文件《重庆市版权服务工作站管理办法（试行）》，进一步优化审查流程，规范审查尺度，严把作品登记质量关。全年驳回登记作品1 900余件，登记驳回率1.04%。在“重庆日报·视觉重庆”设立版权服务工作站，为海量影像作品登记、保护提供服务，推动重庆影像版权事业发展，已登记作品3万余件。

（二）打造版权服务体系

结合党史学习教育，以行政区域、行业领域、重点群体为抓手，通过组织开展“创新发展 版权同行”版权服务基层行活动，进一步形成横向到边、纵向到底的服务模式。进入金山意库园区、四川美术学院等版权重点园区和单位开展作品登记、法律咨询、教育培训、版权交易“四个上门”服务10余次，提供咨询100余次，登记作品2万余件。为重庆出版集团、西南师范大学出版社等单位提供版权贸易服务100余次。

（三）打造版权服务团队

精选版权工作理论界、司法界、实务界的专家组建版权工作专家库，为重庆市版权保护工作提供有效智力支持。

（四）打造版权服务品牌

通过举办“IP·创未来”青少年艺术版权暨商标设计活动打造重庆市版权服务品牌。活动覆盖29个区县，300余所中小学校，吸引了近10万人参与，共收到参赛作品近2万件，评选出优秀作品600余件。

**五、抓统筹、创品牌，版权宣传普及声势壮大**

（一）积极参加专业展会，提升重庆版权工作知名度

2021年10月，重庆首次组团参加中国国际版权博览会，组织重庆出版集团、广电英度传媒、帕斯亚游戏、猫耳FM等8家版权企业和园区代表赴杭州参加展会。重庆展区以“行千里·致广大”为主题，分“视、听、互动”三板块，用数字化、交互式的形式全面展现重庆版权工作特色亮点、风采风貌。各方评价该展区美轮美奂、充满科技元素，展现了山水之城的数字版权魅力。重庆市获第八届中国国际版权博览会优秀组织奖。

（二）统筹谋划系列主题活动，推动宣传普及深入人心

2021年4月至5月，市委宣传部（市版权局）以“4·26”世界知识产权日为重要节点，举办“2021年重庆市版权宣传月”系列活动，包含著作权法知识有奖竞答、版权执法骨干“微访谈”、西南纺织品纹样创意大赛等10项子活动。宣传月期间，发放手册12 000余份，覆盖全市38个区县和500余家企业的基层群众。制作《著作权法微讲堂》动画宣传视频，浏览量超15万人次。结合“我为群众办实事”实践活动，7—8月，组织20余家版权企业赴石柱县桥头镇、江津区聂帅纪念馆等地，创新开展“普及版权·服务基层”主题活动。每月在华龙网推出一期《重庆版权大讲堂》，共推出12期。

（三）坚持举办专项赛事，加快设计成果市场转化

发挥重庆市高校版权研究基地的阵地作用，2021年4月至9月，在全市50余所高校，举办第二届重庆高校“版权杯”文化创意设计大赛。在复赛和决赛环节，精心组织了有80余家版权企业参加的创业就业服务大会，共有120余名大学生与相关单位签订了实习实践、预就业协议，58件定制类作品获得版权授权交易机会，成果转化率接近30%。

（吴进科）

# 四川省

**一、版权宣传工作**

一是制定印发《关于做好2021年全国知识产权宣传周版权宣传活动的通知》，创新开展版权法律直播，开展版权线上展示宣传，组织川渝“著作权法知识竞赛”活动，制作发布版权宣传片及线上海报，及时发布版权典型案例。

二是指导全省各地制作版权保护宣传横幅、标语、展板近2 000个，发放版权宣传资料100余种、10万余份，张贴版权保护主题宣传海报5万余张。50篇稿件被全国120家媒体转载200余次，相关话题登上成都同城微博热搜，微博话题阅读量超过1 000万，全网阅读量超过4 000万。

三是组织开展首届四川省大学生版权征文比赛。省委宣传部（省版权局）会同省教育厅广泛发动全省高校参与，评选出50名获奖学生，10名优秀指导教师，5所高校获优秀组织奖，3所大学获评审组特别奖，激励青年学生关注版权事业、投身版权建设，积极营造尊重知识、尊重创作、尊重版权的良好社会氛围。

**二、版权执法监管工作**

一是加强院线电影版权保护。印发《关于进一步加强院线电影版权保护的通知》，严格对院线电影特别是2021年春节档院线电影的版权保护工作，提前防范、及时处置院线电影盗录传播等侵权盗版行为。

二是狠抓大案要案查办。联合公安、文化执法部门重拳出击，查办了一批大案要案，案件数量、质量较上年均有较大提升。查办侵权盗版案件54件，在2020年全年案件数量（27件）基础上实现翻倍，涉案金额达30 524万元，其中刑事案件7件、行政案件47件。其中，宜宾“2·5”侵犯著作权案抓获犯罪嫌疑人21人，查获盗版光碟、U盘36万余份，共10余吨，涉案金额达3亿多元；泸州“4·1”网络销售侵权盗版出版物案成功打击覆盖四川、北京、广东、河南、山西五省市的盗版销售团伙，涉案金额约300万元。

三是开展“剑网2021”专项行动。按照国家版权局等四部门统一部署，全省共出动执法人员1 500余人次，检查网络平台、经营单位3 000余家次，删除侵权盗版链接574条，关闭侵权盗版网站/APP 5个。共立案4件，涉案金额合计390.13万元，其中行政处罚案件2件，移送司法机关2件。四川省

版权协会开展知识产权纠纷调解110件，调解成功率为36.9%，将知识产权纠纷化解在法庭之外。

**三、软件正版化工作**

召开2021年省推进使用正版软件工作联席会议，及时传达学习推进使用正版软件工作部际联席会议精神，审议通过全省软件正版化年度工作计划，部署安排2021年工作重点任务。按照《四川省2021年推进软件正版化工作计划》，抽调省级联席会议成员单位人员组成5个检查组，对35家省直机关单位、19家省属国有企业、21个市（州）部分机关单位和国有企业等200个单位开展实地检查，共核查电脑6 767台。经查，各地使用正版软件情况总体良好，管理制度得到较好执行，操作系统软件和办公软件正版率分别达到92%和91%。

**四、版权社会服务工作**

一是四川天府新区继深圳前海、上海浦东之后获批全国第三家“国家版权创新发展基地”。二是做好作品版权登记、版权贸易合同备案登记工作。全省作品版权登记数量超过18.32万件；完成版权贸易合同备案登记1 091件，其中引进553件、输出538件，均创历史新高。三是开展版权示范工作。自贡海天文化股份有限公司、成都银行获“全国版权示范单位”称号。修订完善《四川省版权示范单位和示范园区（基地）管理办法》，评选出一批省级版权示范单位和示范园区（基地）。四是发布两批川版图书版权保护书目，为71种川版图书提供版权保护，开展版权预警提示工作。

（李晓曦）

## 贵　州　省

**一、版权行政执法工作**

按照国家版权局部署，贵州省持续加大版权行政执法力度，把按月进行版权行政执法案件信息统计作为促进版权案件办理的抓手，将案件办理情况纳入年度市州考核，督促各地加强版权案件办理，每月及时统计案件完成情况并上报。2021年全省共完成版权案件34件，其中，网络案件6件，线下案件28件，公安部门办理的5件，上报国家版权局等部门联合督办案件2件。黔东南州、贵阳市2起行政部门移送司法侵权盗版案件成功宣判，侵权盗版犯罪分子被追究法律责任，有力震慑了侵权盗版行为。

圆满完成“打击侵犯知识产权和制售假冒伪劣商品”专项行动中版权行政执法、实施软件正版化的各项考核目标。根据国家版权局“剑网行动”相关要求，及时下发贵州省2021年“剑网”专项行动通知，启动实施2021年“剑网行动”，加大对网络侵权盗版的打击和整治力度。9月举办了全省版权行政执法培训班，科学配置课程、师资，确保培训实效，学员反映培训内容结合实际、可操作性强，培训班达到预期效果。

开展执法表彰活动，经推荐，贵州省1家单位获国家版权局查处侵权盗版案件有功单位第二批表彰、3人获有功个人第三批表彰。

**二、软件正版化工作**

2021年，贵州省委宣传部（省版权局）深入贯彻落实推进使用正版软件工作部际联席会议第十次会议全体会议精神，不断完善软件正版化工作制度。根据省政府领导分工变化，及时调整省推进使用正版软件工作领导小组成员。结合软件正版化工作实际，制定下发《贵州省2021年软件正版化工作计划》，对全年软件正版化工作进行安排部署，并将该项工作列入2021年版权工作要点，进一步强化对该项工作的统筹指导。7月，组织召开全省软件正版化工作会议，全面总结2020年全省软件正版化工作，安排部署下阶段工作，贵州省委常委、省宣传部部长卢雍政出席会议并作重要讲话，为做好下阶段软件正版化工作指明了方向。2021年下半年，全省组织开展了软件正版化检查督查，对部分市州和省直20家单位软件正版化情况进行督查，进一步扩大软件正版化工作面。

承办部际联席会议办公室举办的全国软件正版化工作培训班，来自全国七个省份的政府机关人员和部分国有企业人员参加培训。为提高贵州省软件正版化工作业务水平，组织全省60余家省直单位和各市（州）党委宣传部软件正版化工作具体负责人参加培训。

**三、开展民间文学艺术版权保护工作**

贵州省是多民族省份，民族民间文化资源丰富，相关创意产业发展正在起步。为深入贯彻落实习近平总书记2021年2月视察贵州时关于传承和发扬民族民间文化的重要指示精神，加大民族民间文化的传承和保护力度，按照党史学习教育和调研安排，深入安顺市、黔东南州、毕节市等市州开展调研活动，指导省版权登记中心对民族民间文化版权服务工程实施情况进行调研。

在2020年开展的“激活价值 驻力攻坚——贵州民族民间文化版权保护工程”基础上，以中宣部在贵州省试点开展民间文学艺术版权保护工作为契机，启动实施主题为“激活价值 致力振兴”的民族民间文化版权保护工程，在深入基层做好民族民间文化版权服务的同时，探索建立区域内民族民间文学艺术版权保护制度体系，努力为实现乡村振兴贡献版权行业力量。服务工程到访省内 50 余县、200 余家企业，上门服务 40 余场次，登记民族民间版权作品近 3 000 件。凭借民族民间文化版权保护工程开展所取得的经验和成效，和江苏、四川一同被中宣部版权管理局列为民间文艺版权保护试点省份。11 月，获国家版权局批准同意设立“国家民族民间文化版权贸易基地（西南）”，标志着民族民间文化版权保护工作新阶段的开始。

**四、启动实施红色文化资源版权保护行动**

为进一步抓好红色文化资源版权保护工作，推动红色文化资源版权保护与民族民间文化版权保护相互辉映、互相促进，让贵州大地上厚重的红色文化得到深挖、提炼、扩面、广传，打造多彩贵州特色文化版权保护品牌，凝聚高质量发展精神文化力量，立足于贵州省丰富的红色文化资源，启动实施了主题为“奋进百年 红色印记”的贵州红色文化版权保护行动，为 300 余件红色版权作品提供版权登记为主的服务，活动中推出视频 50 条，浏览量 200 多万次；与贵州省委党史研究室共同推出贵州省红色 IP 线路，组织贵州红色文化版权保护行动成果展一次。活动中包装推出、宣传一批既有经济价值又有红色文化宣传意义的版权创意产品，《中国知识产权报》以《“贵州红”打开红色故事新大门》为题做专题报道，详细报道版权保护行动中涌现、发掘的双效俱佳的红色文创产品。

**五、精心组织版权宣传活动**

在“4·26”知识产权宣传周活动中，贵州省委宣传部（省版权局）精心准备系列宣传活动，参与发布贵州省知识产权保护白皮书，并就版权保护工作答记者问，此外，指导各市（州）结合各自工作实际，开展了丰富多彩的版权宣传推广活动。组织开展了 2021 年全省大学生版权征文活动。向省内部分高校下发了相关征文活动通知，要求各高校动员学生参与，共收到参赛论文 32 篇，经推荐，1 篇作品获评全国大学生版权征文活动二等奖。

**六、版权社会服务工作深化推进**

2021 年，贵州省首次组团参加中国国际版权博览会，组织了数字版权、红色文化版权、民族民间文化版权三个展区，300 余件版权作品及运用区块链技术开发的版权存证登记平台等亮相第八届版博会，苗绣、银饰、蜡染等多幅作品入选国家版权局主办的“著作权法实施 30 周年成就展”。贵州省版权局获此次版博会优秀组织奖。

持续做好作品版权登记工作。2021 年贵州省作品登记平台登记作品 20 万件。贵州省作品登记平台创新运用大数据技术手段，不断完善线上登记流程，发挥平台“让数据跑，登记人不跑”的最大优势，克服了传统线下登记的缺陷，全流程持续为版权人提供优质版权社会服务。

（徐　梅）

## 云 南 省

**一、打击侵权盗版力度持续加大**

云南省各级版权主管部门、文化市场综合行政执法机构密切配合、通力合作，坚持日常巡查和专项行动相结合，针对热点问题、重要领域、关键行业开展专项整治和重点监管，严格版权保护，始终对侵权盗版行为保持高压态势。

（一）*版权行政执法机制不断完善*

省版权局与省文化和旅游厅按照中共中央办公厅、国务院办公厅印发的《关于深化文化市场综合行政执法改革的指导意见》，以及中宣部、文化和旅游部、国家广电总局和国家文物局联合印发的《关于进一步完善文化市场综合执法运行机制的通知》文件精神，参照文化和旅游部印发的《文化市场综合行政执法事项指导目录》，确定全省版权行政执法事项交由文化市场综合行政执法机构行使的权责清单，保障版权行政执法的有效性、合法性。

（二）*“剑网”专项行动成效明显*

按照“剑网 2021”专项行动的统一部署，省版权局整合网信、公安、通信管理、文化旅游等部门的装备、技术、人员力量，组织全省版权管理人员和执法骨干 30 余人，首次开展“云南省打击网络侵权盗版集中办案周”行动，以短视频、网络直播、在线教育、网络新闻、网络音乐、游戏动漫、网络文学、计算机软件等领域为重点，对云南境内管辖的相关互联网平台进行巡查，共计排查出新闻出版类行政案件线索 51 条，版权案件线索 31 条，移送公安机关涉嫌著作权犯罪线索 7 条，有效维护云南省网络版权环境和秩序。各州（市）版权局联合当地相关部门，认真开展“剑网 2021”专项行动。

（三）*行政执法效能明显提升*

在全省各级版权主管部门和行政执法机构共同努力下，全年立案调查侵权盗版案件 39 起，结案 30 起，捣毁制售侵权盗版窝点 2 个，著作权行政处罚案件数量年增长超20%，立案率增长30%，查办案件数量逐年稳步提升。其中，昆明市查办的“太牛”APP擅自转载新华社新闻作品侵权案是云南省第一起行政处罚的新闻作品侵权案件，为全省维护新闻转载版权秩序提供实践经验。2021年，全省共有5个单位和1名个人被国家版权局表彰为2020年查处重大侵权盗版案件有功单位和有功个人。

**二、推进使用正版软件工作持续深入**

根据推进使用正版软件工作部际联席会议第十次全体会议精神，云南省各级版权主管部门结合本地实际，围绕党政机关、国有企业、医疗、教育、金融、交通、能源、新闻出版等重点单位和行业领域，深入推进使用正版软件工作，完善长效机制、创新工作方法、强化督促检查，全省软件正版化工作不断取得新成效、新进展。

（一）主体责任落实到位

各州（市）均建立了软件正版化工作机制，州（市）版权局认真履行软件正版化工作牵头单位职责，制定本地年度工作计划，各地区各部门各单位按照国务院办公厅印发的《政府机关使用正版软件管理办法》要求，建立工作机制、制度，明确工作任务和主体责任，安装使用正版软件数量大幅提升。2021年，省推进使用正版软件工作联席会议对全省9个州（市）442家党政机关进行全覆盖检查，其中6个州（市）正版率达90%以上，137家单位正版率达100%。

（二）重点工作有效推进

召开省推进使用正版软件工作联席会议全体会议，总结“十三五”时期云南省软件正版化工作，对下一步工作做出部署，审议并印发《云南省着力推进使用正版软件工作要点》。结合信息安全，各地版权主管部门积极倡导优先使用国产软件，鼓励各部门各单位优先采购国产软件产品及服务，把规范国产软件正版化管理列入重点工作范畴。截至2021年底，全省统一采购的金山WPS办公软件下载安装达52万次，同时，各地区各部门各单位购买其他国产软件5万余套，国产软件在省内安装使用量呈稳步上升趋势。

（三）考核评议不断强化

进一步促进软件正版化各项相关制度落地生效，省级有关单位把软件正版化工作纳入对全省意识形态工作责任制、打击侵权假冒工作考评范围，省审计厅在全省预算执行、社保资金、经济责任和信息系统等审计项目中开展软件正版化结合式审计项目15个。全省7个州（市）把软件正版化工作纳入本州（市）级党政意识形态考核范围，3个州（市）结合本地区工作实际，对本地区各部门各单位软件采购资金管理使用和软件资产管理等情况开展审计。

**三、版权社会共治水平持续提升**

2021年，全省各级版权主管部门围绕构建版权“严保护、大保护、快保护、同保护”体系，着眼新时代云南经济社会发展需要和著作权人需求，以新视野实施新举措，进一步加强社会共治机制建设、提高版权社会服务效能、扩大宣传培训范围，全省版权社会共治建设成效明显。

（一）版权服务工作站建设不断加强

严格落实版权服务工作站管理规定，在全省新增15家版权服务工作站，撤销工作消极、有名无实的服务工作站4家。截至2021年底，全省共设有版权服务工作站28家，遍及9个州（市）。全年版权服务工作站登记作品共计14 069件，占年登记总量的60.2%。设有服务工作站（软件正版化）1个，为年度检查提供技术力量，参与软件正版化工作培训授课18场次。

（二）作品登记系统作用发挥明显

2021年6月至8月，省版权局对云南省作品登记系统进行全面升级改造，优化、新增系统功能19项，进一步完善系统功能，为著作权人提供更安全便捷的服务。2021年，全省作品登记量再创新高，达23 368件，较上年增长12 239件，同比增长109.97%，为全省营造良好的版权保护氛围，为优化营商环境提供积极支撑。

（三）广泛开展版权宣传培训

全省各级版权主管部门始终贯彻开放共享的新发展理念，以“4·26”知识产权宣传周为重要平台，配合版权重点工作有计划开展宣传，发挥宣传部门职能优势，借助主流媒体宣传优势资源，对版权工作进行多层次、多维度、多形式的宣传报道。2021年，省版权局协办全省知识产权宣传周专场新闻发布会，印制主题宣传系列公益海报，举办“最美蓝花楹·版权伴你行”线下主题版权宣传活动，开展网络集中宣传专题系列报道。一是在云南网开设《版权工作在云南》专栏，刊发各地各部门版权工作动态新闻报道百余篇，浏览总量达4 096 232人次；二是开设版权知识在线参与互动答题游戏，参与人数达70 038人；三是在“云南版权”微信公众号共发布165条推文，对云南省版权工作和业界热点内容进行宣传报道，全年粉丝数量增长达万余人；四是联合省委教育工委开展大学生版权征文活动，向国家版权局选送的论文获得全国大学生版权征文活动一等奖；五是面向全社会征集云南版权标识，进一步促进云南版权品牌形象建设。各州（市）版权局结合“全民阅读”“集中销毁”等活动开展知识产权周版权宣传活动。

培训工作方面，省版权局举办“2021 年软件正版化暨版权工作培训班”，全省 16 个州（市）委宣传部分管版权工作的副部长、版权管理部门的负责人、文化市场综合行政执法机构业务骨干、省级有关单位业务负责同志等 200 余人参加培训。各州（市）版权局根据工作实际，分别组织开展本地区的各项培训 20 余场次。

**四、持续推动版权产业发展**

全省各级版权主管部门积极推动本地区版权产业发展，把握版权产业发展动态，主动搭建平台、创造机会，帮助企业探索版权价值转化和运用能力提升，逐步形成版权产业发展的良好环境。

（一）支持企业开展版权贸易活动

各级版权主管部门积极支持版权及相关企业开展活动。2021 年，云南开屏信息技术公司、云南音像出版社在版权网络交易运营探索中取得明显成效，建立交易平台基础运营系统，实现云南省版权交易平台“零”的突破。昆明市版权局指导昆明文化创意产业协会开展“金茶花”文创设计大赛，促进云南省企业在版权创造领域与其他省份进行有效交流，为拓展国内外版权交易提供平台。

（二）拓展相关企业交流合作渠道

在各州（市）版权局和相关协会、企业的积极支持配合下，省版权局组织 10 家省内优秀版权企业组团首次参加中国国际版权博览会，以“版权花开彩云南”为主题展示云南民族特色版权产品，使参展企业得到同版权产业发达地区、国际性版权产业组织进行深入沟通交流学习的机会，为云南版权创造、贸易合作、版权运用转化、版权产业发展扩宽渠道。

（三）积极响应版权示范创建

在各级版权主管部门的宣传引导下，各州（市）和相关企业、机构对版权示范创建工作更加重视，2021 年共有 39 家单位报名参与创建活动，按照评选标准，省版权局评定出 9 家省级示范单位、示范园区（基地），并向国家版权局选送。同时，2021 年 4 月，云南丽江滇秀唐卡文化艺术有限公司、建水紫陶产业园区分别被国家版权局评选为 2020 年度全国版权示范单位、示范园区（基地）。

（王　成）

## 西藏自治区

**一、加强版权执法监管，有效整治侵权盗版行为**

一是开展打击网络侵权盗版“剑网 2021”专项行动，加大音乐版权保护力度。组织自治区文化厅等相关单位对中国音像著作权集体管理协会西藏联络处开展的规范卡拉 OK 版权许可工作进行检查和指导。对歌舞娱乐行业负责人加强法制宣传，明确行业义务，为促进著作权集体管理制度健康发展，推动完善网络音乐版权授权体系打下了良好的基础。二是督办并指导拉萨市文化市场执法队成功办理“抓典糠噗梅朵”作品侵权案件，根据《中华人民共和国著作权法》对侵权人进行了行政处罚，有效净化了文化市场环境。三是开展 2020 年度举报、查处重大侵权盗版案件奖励评选和推荐工作，自治区版权局 1 名同志被国家版权局评为全国查处侵权盗版案件有功个人。

**二、持续巩固软件正版化成果**

一是进一步调整充实各地市、各部门联席会议领导小组成员单位及成员，推进政府机关落实软件正版化工作主体责任，建立健全长效机制建设，为开展软件正版化工作提供有力的组织保障。二是加快推进医疗、新闻出版等特定行业和重点领域软件正版化工作。从源头上实现软件正版化，自治区卫健委部分医疗单位更换 488 套正版软件、新闻出版单位更换 10 套正版软件。三是加强软件正版化工作核查。对自治区市场监管局、自治区商务厅等 10 家自治区单位及林芝市、山南市等地市开展了 2021 年全区软件正版化工作核查，通过查阅资料、现场检查等对各地市、各单位成立软件正版化工作机构、正版软件管理、正版软件日常检查、台账建立等软件日常使用管理情况进行了核查，形成了核查工作报告。

**三、不断优化版权社会服务**

一是进一步优化作品登记服务，激发创意设计热情，作品登记的工作力度不断加强。作品登记的类别和形式更加多元化，2021 年共受理作品登记 20 件。二是创建自治区版权示范单位，在版权相对集中的单位成立版权资产管理机构，开展 2021 年西藏自治区版权示范单位创建评选工作，充分发挥示范带动作用。三是积极组织各出版单位参加第八届中国国际版权博览会，荣获优秀组织奖。

**四、开展版权宣传培训工作**

一是“4·26”世界知识产权日当天围绕宣传主

题，结合新修订的《著作权法》开展针对性版权宣传活动，组织自治区高级人民法院与中级人民法院等相关单位向经济开发区60多家企业开展“全面加强版权工作，推动构建新发展格局”知识产权宣讲活动。二是首次自主设计藏汉双语主题宣传海报、版权主题宣传布袋，精心设计制作版权基本知识笔记本，征订《〈中华人民共和国著作权法〉导读与释义》1 000册，向七地市委宣传部发放宣传海报和宣传品、宣传资料，扩大版权宣传社会影响力和覆盖面。三是为推动《中华人民共和国著作权法》的学习宣传贯彻工作，积极开展版权宣传进社区、正版服务送上门活动。在拉萨市城关区吉崩岗社区居委会、便民警务站、茶馆书屋等地，组织社区居委会工作人员张贴版权宣传海报130张、向市民发放版权宣传品及宣传资料100套，并在茶馆书屋现场宣传知识产权保护、著作权解读，解答群众疑问，对群众关心的版权热点问题，以案说法、讲述百姓身边的版权事例，帮助大家解答如何通过著作权作品登记、商标注册等实现知识产权应有的价值等问题，有效倡导公众尊重创作、支持正版，共同维护版权创新环境，提升在保护自身文化创新活动中的获得感、幸福感。四是组织基层新闻出版人员参加2021年软件正版化工作培训班；联合相关部门开展“扫黄打非”、版权执法、审读业务培训班，不断提高基层新闻出版、版权执法工作人员的业务能力和工作水平。

（德　吉）

## 陕　西　省

### 一、严格保护，强化版权行政执法监管

（一）精心部署版权专项治理工作

根据国家版权局、国家互联网信息办公室、工业和信息化部、公安部四部门《关于开展打击网络侵权盗版“剑网2021”专项行动的通知》要求，2021年6月，省版权局召开陕西省打击网络侵权盗版“剑网2021”专项行动协调会，与省通信管理局、省公安厅、省互联网信息办公室联合印发《关于开展打击网络侵权盗版“剑网2021”专项行动的通知》，聚焦广大权利人和人民群众反映强烈的网络侵权问题，加大版权行政执法监管力度，强化网络平台治理，严厉打击短视频、网络直播、体育赛事、在线教育等领域的侵权盗版行为，持续巩固专项治理成果，不断提升版权管网治网能力，推进构建版权共治格局，维护清朗的网络空间秩序，为庆祝中国共产党成立100周年营造良好的网络环境。

（二）加大版权案件查办力度

以《著作权法》修订为契机，结合“双打”工作和“剑网2021”专项行动工作安排，省版权局印发《关于做好2021年全省行政版权执法工作的通知》，提升政治站位，紧抓工作重点，提升执法水平，量化目标责任，强化督导检查等环节，确保年度任务的圆满完成。根据国家版权局案件移转函，指导西安市文化综合执法支队查处陕西省首例短视频著作权侵权案，依法对当事人作出没收违法所得1.4万余元、罚款1.6万元的行政处罚，有力震慑了短视频领域的侵权行为。联合省电影局开展院线电影保护专项行动，出动执法人员600余人次，巡查影院300余场，检查私人点播影院50余家，查处2起盗录电影作品案。全年共查办各类版权案件28件。

（三）加强版权行政执法协作

为探索建立高效的版权执法协调处置工作机制，提升版权执法效能，2021年6月开始，省版权局在全省范围开展版权行政执法调研工作，撰写了《陕西版权行政执法情况调研报告》。积极参与建立西北五省（区）版权执法协作机制，2021年11月，西北五省（区）版权局联合印发《西北五省（区）版权执法协作机制的通知》，按照区域协防、信息共享、资源互用、横向联动、快捷高效的原则，开展跨区域版权保护，强化版权联合执法和执法协作，助力西北各省区经济社会高质量发展。

（四）做好版权保护奖励

根据《国家版权局关于开展2020年度举报、查处重大侵权盗版案件奖励工作的通知》要求，认真做好有功单位和有功个人奖励推荐工作。在国家版权局2020年度打击侵权盗版有功单位和有功个人评选中，全省共获得11个奖项，其中西安“8·23”侵犯著作权案专案组5人获评有功个人一等奖，14人获评有功个人三等奖；省委宣传部版权管理处、省高级人民法院刑事审判二庭获评有功单位三等奖。

（五）开展版权行政执法培训

2021年9月27日，省版权局召开全省版权行政执法线上培训会，省委宣传部副厅级干部沙庆超出席会议并作动员讲话，在线邀请了中宣部版权管理局执法监管处负责同志进行专题授课，版权一线执法人员结合案件查办工作分享办案经验，共有426人参加了培训，取得了良好效果。

### 二、多措并举，巩固提升软件正版化工作成果

（一）完善工作机制

根据《陕西省推进使用正版软件工作联席会议

制度》文件及联席会议成员变动情况，经报请省委同意，对省推进使用正版软件工作联席会议成员进行了及时调整，强化联席会议成员单位协调配合，增强工作合力。2021年4月28日，省推进使用正版软件工作联席会议第三次全体（扩大）会议在西安召开，省委常委、省委宣传部部长、省推进使用正版软件工作联席会议总召集人王晓主持会议并讲话，省委宣传部副部长、省版权局局长程宁博出席。会议传达了国家推进使用正版软件工作部际联席会议第十次全体会议精神，通报了陕西省软件正版化工作情况和2021年陕西省软件正版化工作重点，审议了《陕西省2021年推进使用正版软件工作实施方案》，省公安厅、陕西历史博物馆、省地电集团、咸阳市相关负责人作了交流发言，各市（区）委宣传部分管副部长、相关科（处）室负责人参加会议。推动省级党政机关及各地各部门完善工作机制，各市（区）参照省上做法，成立了相应机构，逐步形成了软件正版化工作上下联动、齐抓共管的格局。

（二）加强督导检查

2021年3月，省版权局印发《陕西省推进使用正版软件工作联席会议办公室关于开展省直机关2021年软件使用情况核查的通知》，3月下旬至4月上旬，组织第三方分三个核查组对省直党政机关81家单位进行全覆盖核查，现场检查计算机1 125台，反馈问题250余个，印发《关于2021年软件正版化工作核查情况的通报》，逐单位印发《关于软件正版化核查问题反馈及整改意见的函》，逐项指出核查中发现的问题。将软件正版化工作纳入全省意识形态工作责任制落实情况督查内容，开展实地检查考核，进一步巩固提升了软件正版化成果。顺利完成了推进使用正版软件工作部际联席会议对陕西省省级政府机关年度核查（督查）的组织协调工作。

（三）开展工作培训

按照省推进使用正版软件工作联席会议第三次全体会议工作安排，2021年5月，省版权局在西安举办2021年省直党政机关软件正版化工作培训会。省委宣传部副厅级干部沙庆超出席会议并作动员讲话，通报2021年软件正版化核查情况，安排部署迎接国家软件正版化全覆盖核查工作。邀请中宣部版权管理局执法监管处负责同志进行现场授课，来自省直党政机关和人民团体软件正版化工作负责同志90余人参加了培训。

**三、开拓创新，推动版权产业高质量发展**

（一）推进陕西版权贸易与保护平台建设

按照“大基础、大平台、大运行、大保护”的总体构想，加快陕西版权贸易与保护平台（以下简称“平台”）建设。2021年4月9日，召开平台建设工作专家研讨会，版权领域十余位专家学者参加会议，就平台定位、建设运营等重点问题进行深入研讨；4月26日，平台核心载体“丝路版权网”PC端正式上线运营。5月上旬，由平台建设工作专班成员、专班办公室主任、省委宣传部副厅级干部沙庆超带队，分别走访陕西日报社、陕西广电融媒体集团、西部电影集团等单位，围绕版权资源梳理、资产交易等内容进行座谈交流；5月20日，平台建设工作专班办公室与版权业界专家围绕平台“丝路版权网”PC端功能优化升级、版权资产交易等内容进行深入研讨。6月21日，平台建设工作专班会议在陕西文化大厦召开，省委宣传部常务副部长、专班组长王吉德出席会议并讲话，省委宣传部副部长、省版权局局长、专班副组长程宁博主持会议。会议通报了陕西版权贸易与保护平台建设运营方案及平台工作专班主要职责、工作规则及成员单位工作职责等情况，听取平台建设进展情况汇报，交流工作、统一思想、凝聚共识，安排平台建设近期重点工作。专班成员、专班办公室成员、相关版权专家等共计40余人参加会议。6月29日，“丝路版权网”移动端建设顺利完成，上架小米、华为等国内主流应用市场，平台建设项目如期完成。平台专班办公室指导西部国家版权交易中心积极开展版权资源梳理、登记和统计工作，建成版权资源大数据库；积极协调专班各成员单位入驻平台，开展版权交易，截至2021年底，入驻平台店铺500余家，上传作品近3万件，实现版权交易额近500万元。

（二）积极开展版权示范创建工作

扎实做好2021年度陕西省版权示范创建工作。在广泛调研和征求意见基础上，对原《陕西省版权示范单位和示范园区（基地）管理办法》进行修订，强化省市联合，设立专项扶持资金，省版权局对荣获陕西省版权示范单位、示范园区称号的单位和园区分别给予5万元和10万元的扶持资金，对荣获全国版权示范单位、示范园区称号的单位和园区分别给予10万元和20万元的扶持资金，推动全省版权示范创建工作向纵深发展。2021年3月，省委宣传部部务会审议通过新修订的《陕西省版权示范单位和示范园区（基地）管理办法》；4月，印发通知，指导各市（区）、各单位深入开展版权示范创建工作。经各单位申报、主管部门推荐、省版权局审核、专家评审会评议和实地考核、省委宣传部部务会会议审议和网上公示等环节，评选出陕西人民出版社等9家陕西省版权示范单位、老钢厂设计创意产业园等2家陕西省版权示范园区（基地）；9月，印发《关于授予陕西人民出版社有限责任公司等陕西省版权示范单位和示范园区（基地）称号的通知》；10月，推荐6家单位参评全国版权示范单位、2家园区参评全国版权示范园区。2021年5月18日至19日，中宣部版权管理局副局长赵秀玲来陕考察调研版权示范创建工作，先后到西部国家版权交易中心、西部电影集团有限公司和荣信文化产业发展股份有限公司实地考察，并对陕西版权示范创建工作给予充分肯定。

（三）牵头组织省内相关企业参加各类展会

2021年9月14日至18日，第二十八届北京国际图书博览会在中国国际展览中心举办。省委宣传部副厅级干部沙庆超带队，陕西新华出版传媒集团等单位组成陕西展团参展，围绕参展主题，立足陕西实际，遴选800余种精品图书，歌颂中国共产党百年芳华，讲述陕西红色文化和优秀传统文化，面向“一带一路”沿线国家开展版权交易，与俄罗斯、阿联酋等国家签署版权输出协议5项。10月16日至18日，第八届中国国际版权博览会在杭州举行，省委宣传部副部长、省版权局局长程宁博，省委宣传部副厅级干部沙庆超带队参展，出席相关签约仪式，指导参展工作。省版权局在广泛征集50余家单位众多作品基础上，遴选新闻出版、戏曲影视、非遗文创等领域参展作品1 500余件，开启了“1个IP、10个授权、100个衍生品”的陕西馆寻宝之旅。精选的马勺脸谱、陕北剪纸、版贸图书等30余件展品亮相“著作权法实施30周年成就展”主通道，充分展示了陕西优秀版权创意成果，受到中宣部领导的肯定。展会期间，中宣部副部长张建春在实地参观“著作权法实施30周年成就展”时，对陕西展出的剪纸作品给予充分肯定和赞赏。中宣部版权管理局局长于慈珂、副局长赵秀玲等专程到陕西馆参观，对陕西的参展工作给予高度评价。陕西展团荣获展会优秀组织奖。

**四、深入宣传，优化提升版权社会服务水平**

（一）开展版权宣传周活动

2021年4月26日，省委宣传部（省版权局）、西安市委宣传部（市版权局）等单位在西咸新区沣东新城举办“全面加强版权工作，推动构建新发展格局”版权主题宣传活动，省委宣传部副部长、省版权局局长程宁博出席会议并讲话，省委宣传部副厅级干部沙庆超参加。活动结合庆祝中国共产党成立100周年和“十四五”开局起步，通过播放版权主题宣传片、发布2020年度陕西省打击侵犯版权典型案件、启动陕西版权贸易与保护平台“丝路版权网”等一系列活动，生动展现了陕西在版权创造、运用、保护、管理和服务等方面的丰硕成果，活动全程采用“5G＋VR”技术进行现场直播。宣传周期间，全省各地各相关部门同频共振、上下联动，开展了版权宣传进企业、进校园、进社区、进影院等内容丰富、形式多样的宣传活动，制作了版权宣传片和公益海报，利用线上线下全媒体资源，多角度多渠道进行了发布。

（二）做好常态化版权宣传

2021年2月，省版权局印发《关于学习宣传贯彻〈中华人民共和国著作权法〉的通知》，指导各市（区）、各相关单位扎实做好新《著作权法》学习宣传贯彻活动。4月28日，全省新闻出版（版权）工作会议在西安召开，省委宣传部副部长、省版权局局长程宁博出席会议并讲话，会议强调要贯彻落实全国宣传部长会议精神，安排部署2021年全省新闻出版（版权）工作，持续巩固提升软件正版化成果，加大版权执法和版权侵权惩治力度，做好版权宣传和社会服务工作，营造和维护尊重版权的良好社会环境。省版权局通过专题讲座和培训，邀请版权领域专家教授就新《著作权法》亮点进行专题解读；组织相关人员走访省文化和旅游厅、西安曲江文化产业发展中心等单位开展新《著作权法》培训；利用“陕西版权”微信公众号对新《著作权法》条款进行常态化解读和宣传，取得了良好的效果。

（三）提升版权社会服务水平

2021年4月，陕西省作品版权登记系统正式上线运行，极大地提高了作品登记效率和便民服务水平。2021年6月，中宣部版权管理局调研组来陕西省调研《作品自愿登记试行办法》，先后走访西部国家版权交易中心和陕西动漫产业平台，开展座谈交流和实地考察，征求修订意见建议。完善版权服务站管理办法，对《陕西省版权服务工作站管理办法（试行）》进行修订，2021年11月，省委宣传部部务会会议审议通过《陕西省版权工作服务站管理办法》，通过强化监督管理、完善激励措施、建立考评机制，推动服务站建设向全省各市（区）拓展，进一步优化服务站布局，提升作品登记数量和质量。全年共登记各类作品29 610件，同比增长47.1%；其中美术作品10 774件，占比36.4%；摄影作品9 213件，占比31.1%；视听作品7 430件，占比25.1%；文字作品1 869件，占比6.3%；其余作品占比1.1%。

（张　亮）

# 甘 肃 省

## 一、抓认识部署，不断加强版权工作统筹谋划

持续深入学习贯彻习近平总书记关于全面加强知识产权保护的重要讲话精神，坚持从事关国家安全、高质量发展的高度，深刻认识版权工作的重要性，切实增强工作责任感。省委宣传部部务会会议及时学习中共中央、国务院印发的《知识产权强国建设纲要（2021—2035 年）》，结合全省版权工作实际，提出贯彻落实的具体措施和办法，配合省知识产权局制定《甘肃省知识产权强省建设纲要（2021—2035 年）》。深入学习新修订的《著作权法》和国家版权局有关文件会议精神，准确把握版权工作相关法律法规、政策规定和部署要求。制定印发 2021 年度全省版权工作、推进使用正版软件工作方案和计划，明确时间表、路线图和任务书。对标对表知识产权保护和打击侵权假冒考核体系，加强督促指导、协调推进和考核评估，确保各项任务要求有效落实。

## 二、抓督促核查，深入推进使用正版软件工作

省委办公厅、省政府办公厅发文调整了省使用正版软件工作领导小组组长、副组长，省使用正版软件工作领导小组办公室印发了领导小组成员名单。督促全省各地各部门深入贯彻落实《政府机关使用正版软件管理办法》《正版软件管理工作指南》《关于进一步加强全省党政机关正版软件使用管理工作的通知》等部署要求，持续推进软件正版化工作科学化规范化制度化。2021 年 5 月至 7 月，部署督促各市州和省直各部门（单位）对软件正版化工作进行自查；7 月至 9 月，抽调人员组成 5 个工作组，深入 14 个市州、兰州新区和 56 个省直部门（单位）、16 家省属企业（金融机构），通过听取汇报、查阅资料、上机检查、综合评分等方式，对软件正版化工作进行了实地核查评估。总体来看，省直部门（单位）软件正版化工作持续巩固，市（州）、县（市、区）软件正版化工作稳步提升，省属企业软件正版化工作有效拓展，各地区各部门（单位）使用正版软件的意识不断增强，全省软件正版化工作呈现出良好发展态势。据统计，此次共核查有关地区和部门（单位）计算机 66 058 台，56 个省直部门（单位）计算机操作系统、办公软件、杀毒软件的平均正版率达 96.56%，其中 47 个部门（单位）的正版率为 100%；16 家省属企业（金融机构）计算机软件平均正版率达 96.06%，其中 11 家省属企业（金融机构）的正版率为 100%；14 个市（州）和兰州新区计算机软件平均正版率达 87.46%，其中 6 个市和兰州新区的正版率在 90%以上。宣传推进、鼓励使用优秀国产软件。2021 年，全省采购操作系统软件 58 957 套，其中采购国产操作系统软件 58 441套，占比 99.12%；采购办公软件 63 340 套，其中采购国产办公系统软件 63 330 套，套数占比 99.98%；采购杀毒软件 13 739 套，均为国产。总体来看，全省使用正版国产软件意识明显增强，软件正版化品质不断提升。

## 三、抓案件查办，切实加大版权执法工作力度

省委宣传部、省文旅厅等部门制定印发《关于进一步健全完善全省文化市场综合行政执法运行机制的通知》，指导各级版权行政管理部门与文化市场综合行政执法机构形成权责界限清晰、任务目标明确、分工协同合作、规范有序高效的版权行政执法格局。通过召开专题座谈会、案情分析会、函件督办等方式，加大版权领域侵权盗版案件查办力度。在 2021 年国家版权局公布的 2020 年度查处重大侵权盗版案件三批名单中，甘肃省 3 个市（州）文化市场综合行政执法队被评为有功单位，2 名个人被评为有功个人。2021 年 1 月至 12 月，全省出动版权执法人员 9 167 人次，检查实体市场 4 802 家次，关闭侵权盗版网站 2 个，捣毁制作贩卖侵权盗版出版物窝点 2 个，查办版权案件 33 件，较 2020 年查处案件数有了大幅提升。积极协调有关市县、部门，完成国家版权局等督办的案件 1 件，完成省版权局挂牌督办案件 2 件。会同省知识产权局认真办理省政协有关建议和省领导批示要求，就规范和加强短视频版权保护做出安排部署。认真组织开展打击网络侵权盗版“剑网行动”，压紧压实互联网企业版权保护主体责任，加强新型传播平台监管，及时发现和查处网络侵权盗版行为。健全案件挂牌督办、监督检查、补助奖励、信息报送与年度考核等制度，落实行政执法责任制和责任追究制度，着力构建版权执法工作责任体系。

## 四、抓引导宣传，健全完善版权社会服务体系

严格落实意识形态工作责任制，严把著作权登记审查关，确保版权作品意识形态安全。指导协调丝绸之路国际知识产权港不断完善甘肃版权综合服务平台，多措并举拓宽作品来源，实现了版权登记数量质量双提升。2021 年，新增注册用户 663 个，全年受理作品 36 244 件，审批通过 30 040 件，比 2020 年增长一倍。注重筹划指导、加强重点培育，推动全省版权示范创建活动走向深入。继 2020 年读

者出版集团、丝绸之路国际知识产权港公司入选全国版权示范单位之后，2021年又有甘肃集优品网络科技公司和甘肃土木工程科学研究院2家单位被评为全国版权示范单位。认真组织开展版权宣传工作，2021年“4·26”世界知识产权日版权宣传周活动期间，全省共发放《著作权法》《作品自愿登记办法（试行）》、宣传海报、手册等宣传材料3.4万份（册），悬挂横幅3 200余条，滚动播放标语15.6万余次，刊发宣传新闻稿件120余篇，制作展板620余块，接受版权咨询11万余人次。组织全省高校开展大学生版权征文活动，激励大学生创新创造精神，增强尊重版权、保护版权意识。在2021年国家版权局公布的第十三届全国大学生版权征文活动获奖名单中，兰州大学1名同学撰写的论文《新〈著作权法〉视域下虚拟文字角色的可版权性分析》荣获研究生组二等奖。常态化组织开展版权宣传进机关、进学校、进社区、进企业、进网络活动，着力营造版权工作良好氛围。

**五、抓交流交易，大力推动版权产业快速发展**

组织省内版权企业参加中国国际版权博览会和有关地方版权交易会、展览会，展销甘肃优秀版权产品，学习外省版权工作经验，提升甘肃版权产业发展水平。2020年12月至2021年5月，省版权局等省直部门组织指导丝绸之路国际知识产权港公司与深圳科幻基金共同举办了首届中国敦煌科幻创作邀请赛。活动以“百年后的敦煌”为主题，征集到科幻文学、动漫等版权作品1 268件，评选出入围作品356件、赛事大奖作品17件。颁奖典礼期间，同步举办了科幻产业发展论坛，对打造版权全生命周期服务体系、推动版权产业发展做了积极探索和有益尝试。

**六、抓学习培训，不断提升版权工作能力水平**

积极组织省内有关人员参加国家版权局举办的各类培训班，2021年全省共有20余名业务骨干接受培训。2021年5月，举办全省软件正版化工作暨版权产业培训班，邀请中宣部版权管理局领导及省外专家就《著作权法》、版权产业发展、软件正版化工作等进行了辅导讲解，共110余人参加培训。督促指导省文旅厅于12月举办了全省文化市场行政执法（含版权执法）专题培训班。应邀派人赴有关市州和省直有关部门（单位）举办的培训班，讲解版权工作有关法律法规、理论政策，传授工作方式方法，交流推广先进经验，深入查找问题不足，研究探讨对策措施，有效带动提升了全省版权行业人员的政治素质、业务能力和工作水平。

同时，全省版权工作还存在着短板和不足：一是个别地区（部门）对版权工作的认识和重视程度还不高，组织领导、协调推进、督促落实等方面还存在一定差距；二是软件正版化工作进展不平衡，个别地区（部门）软件正版率还比较低；三是版权行政执法体制机制还不够健全顺畅，有的市州还存在执法能力较弱、执法力量不足、查办重大案件数量偏少等问题；四是版权产业发展基础还比较薄弱，人才缺乏、龙头企业少。

甘肃省版权局将继续坚持守正创新、积极作为，进一步提升版权工作能力水平，全面做好版权工作谋划部署，深入推进软件正版化工作向纵深发展，严厉打击版权领域侵权盗版行为，大力营造版权工作良好环境，加快推动版权相关产业高质量发展，为甘肃文化强省、知识产权强省建设做出积极贡献。

（杨学斌）

## 青 海 省

**一、版权宣传教育**

2021年4月26日，青海省委宣传部（省版权局）在西宁市中心广场举行2021年知识产权宣传周版权宣传活动启动仪式，集中开展版权宣传活动。省级、西宁市市区级相关版权产业人员共计500余人参加了活动。活动现场组织了“尊重知识、保护版权、从我做起”签名活动，摆放展板70余块，悬挂条幅20余条，发放各类宣传资料5 000余份，通过展出展板，张贴、发放海报、宣传资料等方式，集中展示宣传了青海开展打击侵犯知识产权和制售假冒伪劣商品专项行动、推进全省政府机关软件正版化、版权保护工作取得的成果。同时，充分利用网络媒体进行宣传。宣传周期间，《青海日报》刊登了《青海省“十三五”版权工作综述》，全面宣传报道了“十三五”时期全省开展版权保护工作取得的显著成效；青海广播电视台在青海卫视、青海经济生活、青海都市频道每天循环播出《版权追踪》版权公益宣传片；青海新闻网、大美青海客户端、《青海日报》客户端同时转载了公益宣传片和相关报道；在全省移动、联通、电信手机客户端发送“全面加强版权保护，维护权利人合法权益；增强社会公众版权保护意识，推动青海省版权产业健康发展”版权宣传公益短信。汇集线上线下全媒体资源，多角度多渠道共同推进，积极营造了“尊重知识、崇尚创新、诚信守法、保护版权”的良好社会氛围，增强了公众的版权保护意识。

**二、开展“扫黄打非·新风 2021”集中行动**

根据全国“扫黄打非”工作要求，部署开展了“扫黄打非·新风 2021”集中行动，严厉打击假媒体、假记者站、假记者，自媒体从事虚假新闻、扰乱网络传播秩序活动，以及侵权盗版等经营行为。在行动中，印发政治性有害出版物查缴目录 9 批 265 种，查缴非法报纸、期刊 6 382 件，清理注销记者证 74 个，收缴侵权盗版出版物 2 万余件。

**三、开展打击网络侵权盗版“剑网 2021”专项行动**

结合青海实际，制定印发了《青海省开展打击网络侵权盗版“剑网 2021”专项行动实施方案》，对全省开展“剑网行动”作出了安排和部署，积极组织开展短视频、网络直播、体育赛事、在线教育专项整治，巩固重点领域版权治理成果，重点查办网络侵权盗版案件。截至 2021 年 12 月，查处网络侵权盗版案件 1 件，给予当事人没收违法所得1 672.1元、罚款 3 000元的行政处罚，有效维护了网络版权正常秩序。

**四、推进软件正版化工作**

（一）加强组织领导，狠抓工作落实

制定印发了《青海省 2021 年推进使用正版软件工作实施方案》，从加强制度建设，强化督促检查，完善长效机制，巩固扩大工作成果，全面推进全省软件正版化工作规范化、常态化、制度化、信息化等方面，开展了卓有成效的工作。

（二）加强督促检查，巩固工作成果

2021 年 8 月至 10 月对全省各市州软件正版化工作进行了督查，对各地各单位存在的问题进行了全省通报，并要求限期整改。加强源头管理，规范软件采购。省版权局对省福利彩票发行中心等 10 家省直机关及事业单位拟采购的 25 台电脑、218 套各类软件（操作系统 105 套、办公软件 84 套、杀毒软件 5 套、工业软件 24 套）（采购金额 530 余万元）进行了审核把关。

（三）加强业务培训，提升管理水平

2021 年 6 月，组织 10 家省属国有企业软件正版化工作负责人赴贵州参加了国家版权局举办的 2021 年软件正版化工作培训班。在海东市、海西州、省监狱管理局、省应急管理厅、省工信厅等地区和单位举办软件正版化工作培训 7 期，参训人员 900 余人次，有效提升了软件正版化工作人员的能力和水平。

（四）稳步推进企业软件正版化

印发了《2021 年推进省属企业使用正版软件工作实施方案》，将省属国有企业软件正版化工作作为工作重点推进。

**五、开展版权日常监管服务工作**

加强院线电影版权保护工作，对院线电影版权保护工作进行了安排部署，严厉打击院线电影盗录传播违法犯罪活动。联合省教育厅组织开展了第十三届大学生版权征文活动。开展评先推优工作，组织推荐报送了青海省 2020 年度查处重大侵权盗版案件有功单位和有功个人，1 名同志获得 2020 年度全国查处侵权盗版案件有功个人三等奖。开展版权咨询服务，提供版权咨询服务 400 余人次，著作权作品登记 22 件。组织开展版权执法检查，据不完全统计，2021 年全省共出动版权执法检查人员 1 万余人次，检查出版物市场经营单位 4 400 余家次，查办著作权行政处罚案件 3 件，查缴各类侵权盗版出版物 2 万余件，罚款 3.3 万元。

（付成久）

## 宁夏回族自治区

**一、开展版权宣传教育**

（一）开展《著作权法》学习宣传

宁夏回族自治区版权局组织全区各地各有关部门分层分类开展《著作权法》学习宣传活动。举办了《著作权法》学习报告会，邀请西南政法大学易健雄教授为 220 名区直宣传文化系统干部解读新修订的《著作权法》。为宣传部机关干部订购《〈中华人民共和国著作权法〉导读与释义》《〈中华人民共和国著作权法〉学习问答》等学习培训教材 100 本，进一步提高了宣传干部在工作中运用著作权法维护人民权益的能力和水平。

（二）开展知识产权宣传周活动

启动第 21 个世界知识产权宣传周版权活动，制作版权宣传公益广告 2 则、宣传片 1 部，印制版权宣传海报 13 000 张、宣传册 9 000 册、手提袋 500 个、围裙 1 000 个、铅笔袋 1 000 个等。4 月 26 日当天，现场发放宣传材料 12 000 份，现场接受法律政策咨询 630 余次，进一步扩大了知识产权保护的知晓率。

（三）开展版权保护宣传教育

充分利用网站、微博、微信等渠道宣传著作权有关法律法规和“剑网 2021”专项行动，会同宁夏市场监督管理厅公布 10 起侵犯知识产权典型案例。通过典型案件发挥警示引导作用，加强版权宣传普及，增强全民版权保护意识。

**二、组织版权执法监管**

认真履行版权执法监管职责，协调指导全区版权执法机关开展版权侵权案件查处和执法监管工作，3 个单位和 10 名个人获评全国查处侵权盗版案件有功单位及有功个人，受到国家版权局表彰。

（一）加大打击侵权盗版查处力度

坚持日常监管与专项行动相结合，严厉打击各类侵权盗版行为。全区共检查经营单位 136 家，给予警告 17 次，查处侵权盗版案件 4 起，集中销毁侵权盗版及非法出版物 34 659 册。

（二）开展“剑网 2021”专项行动

将网络作为履行版权监管职责的重要阵地，不断净化网络版权环境，按照国家版权局等部门要求组织开展了第 17 次打击网络侵权盗版专项治理“剑网行动”，对全区 1.4 万多家网站、28 万个微信公众号、1 090 万个微博账号信息内容进行巡查，对 1 500多款涉宁移动应用程序（APP）开展违规内容常态化巡查监看，维护清朗的网络秩序，为庆祝中国共产党成立 100 周年营造良好的网络环境。

（三）加强执法监管人员培训

进一步加强全区版权行政执法监管能力，提高网络执法水平，组织五市七名执法人员参加国家版权局在江西井冈山举办的版权执法监管培训班。根据工作部署，对全区宣传部分管负责同志和执法工作人员 115 人进行执法监管培训。

（四）建立版权协助机制

联合陕西、甘肃、青海、新疆等省区共同建立西北五省区区域性版权执法协助机制，强化跨区域版权保护，积极推动证据互认，畅通会商渠道，互通裁量标准，加强联合执法，提高执法办案水平和效率。

**三、推进软件正版化工作**

（一）完善联席会议机制

宁夏推进使用正版软件工作联席会议不断强化顶层设计和统筹协调，充分发挥牵头引领作用，不断健全完善工作机制。召开了自治区推进使用正版软件工作联席会议第六次全体会议，对年度工作进行部署安排。各地各部门不断完善内部管理机制，将正版软件的推进使用与计算机硬件系统更新配置同步推进、同步建设。

（二）压实工作责任

宁夏各级党政机关将正版软件工作纳入年度重点工作，列入年度工作责任目标绩效考核范围。先后制定出台《宁夏回族自治区政府机关使用正版软件管理办法》《宁夏回族自治区政府机关使用正版软件工作考核细则》，对全区政府机关使用正版软件工作明确了标准。宁夏财政厅将正版软件采购纳入年度财政预算，并对各级政府预算执行情况进行跟踪督导。宁夏审计厅将政府机关正版软件管理使用情况作为审计重点内容之一，对审计项目中存在的相关问题要求限时整改。其他成员单位各司其职、密切配合、相互支持，带头使用正版软件，确保各项工作落到实处。

（三）加强督查检查

宁夏版权局采取联合督查、随机抽查、专项检查等方式，不断完善正版软件工作督查检查机制，加大检查通报和曝光力度。对 8 所高等院校和 3 家银行软件正版化工作进行了检查，组成综合检查组对 9 个市县、37 家区直机关单位、39 家企事业单位的计算机软件采购安装使用等情况进行检查，发现问题及时通报并跟踪问效。购买 600 套正版软件检查工具配发各单位，提高了检查质量和时效。高标准完成推进使用正版软件工作部际联席会议督查组对宁夏回族自治区（5 个政府机关和 5 家区属国有企业）软件使用情况的督查要求，全区检查的所有计算机操作系统软件、办公软件和杀毒软件的正版率均为 100%，被国家版权局通报表扬。

**四、提升版权服务水平**

（一）优化作品登记审批流程

进一步规范作品登记程序，严格作品登记审查标准，简化作品登记程序，积极与宁夏政府办公厅政改办和宁夏政务服务大厅沟通协调，在宁夏政务服务网系统开通宁夏版权作品登记网上办理业务，完全实现了信息化、无纸化的审批办理，办理时限由过去的 20 个工作日缩短为 5 个工作日，提高了作品登记的数量和时效。2021 年，共完成著作权登记 6 107 件，其中作品登记 568 件，登记量同比增长 30%；软件登记 5 539 件，同比增长 49.81%。全年共有2 700多个著作权人进行了软件登记，著作权人数量同比增长 43.63%。

（二）不断改进版权服务方式

将版权服务工作作为“我为群众办实事”实践活动，在银川市建发大阅城举办的 2021 年宁夏黄河流域非遗作品创意大赛现场开设版权服务登记点，组织银川地区两家版权服务工作站现场为非遗传承人的参赛作品开展登记工作，提高非遗传承人对各自作品的版权保护意识。4 次深入市县（区）进行版权工作调研，5 次到 30 余家企业普及宣传版权知识，提高群众版权保护意识。

（三）加大版权经费保障

宁夏回族自治区版权局与自治区财政厅、市场监管厅联合下发《宁夏回族自治区知识产权补助资金管理办法》，加大对优秀版权作品和版权示范单位的补助力度。同时，将版权产业发展纳入自治区知识产权“十四五”规划和文化发展“十四五”规划之中，为全区版权产业发展创造良好环境。

（四）开展版权示范创建活动

宁夏版权局高度重视版权示范创建引领作用，认真组织各地各单位开展版权示范创建工作，积极向国家推荐参评版权示范单位。2021 年，宁夏盛天彩数字科技股份有限公司、宁夏回族自治区测绘地理信息院、宁夏交通投资集团有限公司等三个单位被国家版权局授予“全国版权示范单位”称号。

（五）积极参加版权博览会

首次组织宁夏艺盟礼益文化艺术品有限公司、宁夏巴鸟文化产业有限公司、宁夏微元素文化传播有限公司、宁夏郝氏雕刻有限公司、宁夏奇人匠心文化科技有限公司等五家优秀版权企业组团参加第八届中国国际版权博览会，宁夏展馆以“激活版权资源，激发创意活力”为主题，通过线下参观平台、产品和线上直播等方式，展示宁夏版权保护和版权产业发展成果。博览会期间，参展商线下销售 2 万余元，线上销售 10 万余元，现场签订合作意向协议 18 个。宁夏版权局获国家版权局颁发的第八届中国国际版权博览会优秀组织奖。

（郝　辉）

## 新疆维吾尔自治区

### 一、加强版权执法，强化日常监管

2021 年，新疆维吾尔自治区区委宣传部（自治区版权局）组织各地常态化开展版权执法检查，全年开展执法行动 320 次，检查各类文化市场 4 万余家次，立案查处侵权盗版案件 25 件，收缴侵权盗版图书光碟 5 000 余册（张），罚款 12 万元，向公安机关移送涉嫌犯罪案件 1 起，调解著作权纠纷 3 起，督办案件 2 起，案件信息公开 25 件。开展专项整治，落实国家版权局等四部委通知要求，开展打击网络侵权盗版“剑网 2021”专项行动，严厉打击短视频、网络直播、在线教育等领域的侵权盗版行为，共检查网站 6 802 家、微信公众号 3.1 万个，微博、自媒体账号 7.1 万个，巡查网上信息 698 万条，下发网站整改通知书 13 份，约谈违规网站 3 家，删除侵权盗版链接 61 个，关闭仿冒、假冒网站 12 家，下架侵权新闻 53 条，净化了网络版权环境。年内，区内 2 家单位获评 2020 年度全国查处侵权盗版案件有功单位，5 人获评全国查处侵权盗版案件有功个人。

### 二、推进软件正版化工作

巩固拓展软件正版化工作成果。制定印发《2021 年新疆维吾尔自治区推进使用正版软件工作计划》《开展软件正版化考核的通知》，对全区 14 个地州市、158 家自治区级机关事业单位及国有企业单位软件正版化工作进行了考核评定。推动全区党政机关、企事业单位共投入 9 697 万元新购置正版软件 28 万套。加强软件正版化工作监管。对自治区 20 家党政机关、事业单位，16 家国有企业软件正版化工作进行核查，指导各地对属地单位软件正版化工作开展核查，共核查计算机 18.5 万台；使用正版软件管理系统对全区软件正版化工作进行动态监管。对全区 14 个地州市、159 家自治区党政机关、企事业单位落实软件正版化工作情况开展年度考核评议。协调自治区审计部门对全区各地 197 家单位软件正版化资金使用进行审计，有力促进了工作落实。

### 三、开展版权宣传培训

贯彻落实中宣部（国家版权局）通知精神，大力宣传普及新修改的《著作权法》，组织全区版权部门开展“全面加强版权工作，推动构建新发展格局”主题宣传活动。制作发放宣传册 8 万余份、公益海报 5 万余份，制作宣传展板、横幅 3 500 块（条），通过各级电台、电视台以及网站、微博、微信、移动客户端推送版权保护公益宣传片，播放版权保护案例、著作权法知识、知识产权保护助力高质量发展等消息 1 000 余篇，总阅读量 60 万人次。组织网上和现场宣传 300 余场次，参加 5 800 余人次。增强了公众“尊重版权、保护创新”的版权意识。加强著作权培训工作。举办自治区版权执法监管工作培训班、自治区软件正版化工作培训班，培训自治区党政机关、企事业单位及各地（州、市）版权工作人员 400 余人次。指导昌吉州、伊犁州等部分地州开展版权执法和软件正版化工作培训，培训 600 余人次。组织 16 家国资委监管企业、各地州市版权部门负责人 30 人参加国家版权局培训，增强了版权工作人员素质。

### 四、优化版权社会服务工作

依法开展作品登记工作。审核申请登记作品的内容导向，规范审核程序，压缩审核时限，全年办理各类作品登记 1 150 件，同比增长 22%。接待咨询群众 1 000 余人次。做好涉外版权工作。引导出版单位与周边国家、“一带一路”沿线国家开展版权合作，实施对外版权输出、合作出版项目，传播中华文化，展示真实新疆。审核备案引进出版外国图书 8 种。

（张新革）

# 2021年版权公共服务机构与社会服务组织工作

## 中国版权保护中心

2021年，中国版权保护中心（以下简称“中心”）深入学习贯彻习近平总书记关于宣传思想工作的重要思想和关于知识产权版权工作的重要讲话精神，结合新时代版权工作实际，提出版权工作“五个服务”，即“服务国家经济主战场、服务科技创造创新、服务文化繁荣发展、服务人民美好生活、服务创作人权益”的工作理念，聚焦推动版权保护和版权服务工作高质量发展，进一步在党和国家大局中找准事业定位，创新开展工作。

**一、计算机软件和作品版权登记工作**

（一）*努力满足高速增长的登记需求*

2021年，中心共完成软件著作权登记2 280 063件，同比增长32.34%；完成各类作品著作权登记527 492件，同比增长81%；完成著作权质权登记372件，涉及主债务金额45.29亿元。京内两个和京外五个版权登记大厅共接待登记申请人14万余人次，受理计算机软件登记申请115 897件，作品著作权登记申请131 139件。根据国家版权局要求，继续做好全国作品登记信息统计工作，2021年全国作品登记信息数据库管理平台审核通过并公告作品登记信息3 983 943件，同比增长20.13%。

（二）*系统优化重构版权登记工作流程*

建设启用位于北京密云版权档案库房的呼叫服务中心、邮件处理中心、档案管理中心，围绕全新业务场景和运行逻辑，再造业务流程，统一工作标准，不断加强“三个中心”联动以及与登记部门的深度协同，以模块化的工作机制实现同类工作集中完成，进一步提升版权登记工作效率和用户申请体验。全年版权服务呼叫中心累计接听各类咨询电话138 131个，给予“非常满意”评价的约占97%。邮件处理中心接收邮件56 987件，未出现遗失、错漏材料情况。档案管理中心完成新增各类著作权登记档案上架2 300 870件，研究开发档案库房管理系统，为把“死档案”变为“活数据”开发利用打下基础。

（三）*规范审查标准，强化技术支撑*

修订完善《中国版权保护中心作品登记审查规范》，围绕建党百年相关作品登记成立专门审查工作小组，通过技术手段“人机结合”不断提高版权登记审查质量和效率。加快版权登记数字化转型，在中国著作权登记业务平台（三期）基础上，进一步提升登记业务数字化支撑水平，加快进度推动版权登记“无纸化”升级改造，为“业务数字化”重塑奠定基础。

**二、版权法律服务与版权保护工作**

（一）*应对侵权新特点，提升版权维权和法律服务水平*

针对版权侵权行为愈加复杂隐蔽的情况，在技术手段与专业知识结合方面积极探索，扎实完成版权鉴定工作，全年出具鉴定报告64份，委托来源以公安机关立案侦查的刑事案件为主，为打击侵权盗版、维护权利人合法权益提供专业支撑。依托网络视频音频版权监测及调查取证服务平台，扩大监测服务范围至112个国内外平台，提供“7×24小时”维权服务。全年监测维权业务共处理侵权链接325 928条，删除侵权链接316 048条，删除率为96.97%。快速维权业务共处理侵权链接74 271条，删除侵权链接70 667条，删除率为95.15%。

（二）*担当行业责任，创新版权保护和版权服务模式*

立足中国国情，创新版权协同治理模式。启动拟建“国家版权纠纷调解中心”可行性研究。完成对8家知识产权纠纷调解执行和管理机构的调研，探索建立版权纠纷多元化调解工作机制，切实降低权利人维权成本，减轻法院案件审判负担，探索在版权矛盾纠纷化解领域提供具有鲜明特色的“专业调解”中国版权服务方案。

持续开展版权资产管理与质押融资等创新性业务，努力打造示范性、引领性、标杆性项目。2021年完成人民卫生出版社有限公司版权资产管理咨询服务项目，助力企业建立规范化管理和精细化运营的版权资产管理机制。联合北京市委宣传部、北京市西城区人民政府、北京银行总行共同谋划建设“北京版权资产管理与金融服务中心”，探索解决版权密集型企业“融资难”等问题的有效途径。

关注版权运营新业态，从支撑“剧本杀”发展关键的剧本版权切入开展调研分析，形成以剧本版权合规治理为抓手、引导“剧本杀”新业态健康发展的行业治理调研报告。筹建“剧本杀”旗舰体验馆，努力探索一条对新兴沉浸式文化体验新业态规范治理与促进发展并重的新路了。

**三、面向互联网空间清朗治理的版权工作**

（一）整合推动DCI体系建设取得新进展

加快构建互联网版权服务新机制，深化版权服务技术、模式和机制的体系化创新，以数字版权链（DCI体系3.0）建设为目标，服务国家数字经济、版权经济建设主战场，服务互联网空间清朗治理。重点推进了阿里巴巴、华为等重要机构和平台企业的战略合作与新技术研发集成，完成了覆盖摄影作品的阿里巴巴电商领域“触网即确权”DCI标准化升级和华为HMS生态根服务——DCI版权服务（DCI Kit）基础能力构建，同期面向更多平台机构开展了DCI体系共建调研。在关键性新技术研发集成和覆盖摄影作品的典型场景落地应用等方面取得实质性突破。

（二）推进联合实验室建设，培育数字版权登记新业务

2021年2月，DCI实验室入选国家新闻出版署“出版业科技与标准重点实验室”名单；12月，DCI体系版权服务基础设施建设、数字版权唯一标识符（DCI）标准研制与应用两项成果申报分别获评国家新闻出版署“2021年出版业科技与标准创新示范项目”科技创新成果及标准创新成果；牵头组织华为、新华网等8家主体共同申报中宣部、网信办等18部委共同推动的国家区块链创新应用试点并获批准。基于DCI体系前期成果，着手积极开展“中国版权保护与服务工程”（暂定名）重大项目立项预研工作。

承担中国标准录音制品编码（ISRC）中心执行机构相关工作，研究探索将ISRC标准与DCI标准进行体系化整合应用，形成“DCI＋ISRC”双标驱动，积极探索加强数字音乐产业内容管理与高质量发展一体化创新路径。2021年全年完成基于DCI标准的数字版权登记6.6万余件，发放ISRC编码6万余件。

**四、版权研究与人才培养工作**

（一）创新推动版权领域专业人才培养工作

与中国人事科学研究院联合开展版权人才培养开发框架体系研究工作，形成《版权人才培养开发框架体系研究报告》；启动申请设立版权学作为出版学一级学科下的二级学科进学科目录；启动筹备与北京印刷学院等高校共建二级版权学院和版权研究所。以硕士研究生招生为起点，为系统化培养高层次版权人才提供支撑。以线上线下形式举办“数字出版与版权管理”等三期继续教育培训班、“版权文化公开课”等三次网络公益直播课。

（二）发挥引领作用，推进版权智库建设

开展《知识产权强国建设实施纲要（2021—2035年）》专题学习，完成“《著作权法》配套计算机软件登记制度研究”“《著作权法》配套作品登记制度研究”等课题研究，为《著作权法》配套制度修订、《版权工作“十四五”规划》起草制定建言献策，多数意见被采纳。筹建中国版权保护服务专家咨询委员会，为解决版权领域现实问题、制定版权相关政策提供智力支持。加强对版权领域基本问题的研究，组织研究版权的起始本源、历史脉络和发展轨迹，努力填补版权史学术研究空白。

**五、指导所属企业开展业务工作**

指导所属企业中华版权代理有限公司聚焦版权服务主业，打造核心竞争力。围绕版权代理、版权贸易、版权文化“新三版”业务布局，发挥版权贸易传统优势，全年代理图书类作品授权500余部，影视类作品100余部。强调把助力中华文化“走出去”作为工作重点，高度重视，加大投入，实现多部优秀中国作品版权输出国外。将在中国近代文学史上具有独特地位的沈从文先生作品《边城》成功输泰，泰国公主将亲自负责翻译出版发行，泰国驻华大使专程来访推动，促进了中泰文化交流，取得良好社会反响。

落实主办单位责任，坚持政治家办刊原则，指导杂志社办好《中国版权》《创意中国》两本期刊。创新优化栏目设置和内容选题，体现版权史、版权经济、版权文化等更加丰富全面的内容。开展了“第三届新时代版权强国青年征文活动”，收到原创作品600余篇，覆盖高校、科研单位、司法界、产业界、律所等版权专业青年群体。举办11场“中国版权共享课堂”。其中，2020年著作权典型案例法官巡讲两个系列六节公益直播课，邀请到三大知识产权法院和三大互联网法院的六名法官在线授课，累计听课人数近三万人次。

（常　夷）

## 中国版权协会

2021年，中国版权协会（以下简称“协会”）深入学习贯彻党的十九届六中全会精神和习近平总书记“七一”重要讲话精神，围绕国家版权工作大

局，改进、创新工作方法，努力提高为会员服务的能力，在行业服务、行业自律、行业交流、行业维权等方面做了大量工作。

**一、围绕中心，积极开展各项版权相关工作**

（一）培训工作

会员免费培训班是协会为会员单位提供的一项重要服务内容，每年举办一至二期，邀请版权领域的领导和专家，围绕版权产业的热点、难点问题进行解读。2021年，由于疫情原因，无法开展线下培训工作，为满足会员需求，协会分别于3月和11月举办了两期线上培训班。分别邀请到时任中宣部版权管理局局长于慈珂、华东政法大学教授王迁、对外经济贸易大学法学院教授卢海君、最高人民法院民三庭审判长秦元明、北京知识产权法院法官冯刚等专家学者，围绕《著作权法》的修订、版权行政管理工作进展情况、数字版权维权等热点问题进行了讲解，累计超8 000人次在线收看。部分会员单位根据自身需要，组织员工进行了集体学习，取得了良好的学习效果。

（二）杂志与征文相关工作

由协会主办的杂志《版权理论与实务》（月刊）自2021年1月发行创刊号以来，稿件在理论高度、学术水平和应用领域方面，都达到了较高的水平。中宣部副部长张建春、世界知识产权组织副总干事王彬颖、国际著名版权专家菲切尔、中国法学会副会长甘藏春、中宣部版权管理局局长于慈珂、最高人民法院民三庭庭长林广海、中南财经政法大学原校长吴汉东、中国法学会知识产权法学研究会会长刘春田、华东政法大学教授王迁、北京大学教授易继明等领导和专家学者在杂志上刊发文章。截至2021年10月31日，杂志订阅量超2 100份，文章被《新华文摘》全文转载3篇、论点摘编1篇，杂志得到了版权业界普遍好评。

2020年底启动的，由协会主办、作业帮协办的“第一届全国中小学生版权征文大赛”于2021年4月完成全部评选工作并正式发布评选结果。大赛得到全国中小学的广泛支持，共收到征文3 000余篇，最终评选出特等奖5名、一等奖30名、二等奖60名、三等奖90名。辽宁出版集团为本次大赛获奖学生提供了价值7.8万元的优质图书作为奖品。

（三）论坛与研讨会相关工作

2021年4月10日，由中国版权协会、中国出版传媒股份有限公司指导，华文出版社、北京市社会科学院联合主办的“《日新集——师友笔下阎崇年》出版座谈会”在远集坊举办，中国版权协会理事长阎晓宏出席活动并发言。

4月23日，阎晓宏理事长出席由中国知识产权报社、世界知识产权组织中国办事处共同主办的“中国知识产权保护高层论坛”，并就著作权保护作主旨发言。国务委员、国务院党组成员王勇，国家知识产权局局长申长雨，最高人民法院常务副院长贺荣，北京市人民政府副市长殷勇出席论坛并先后作主旨演讲。

4月24日，协会与阅文集团联合举办了“中国网络文学版权保护”专家研讨会，中国版权协会理事长阎晓宏，中国作家协会副主席陈崎嵘，中宣部版权管理局局长于慈珂，阅文集团首席执行官、腾讯集团副总裁程武，阅文集团总裁侯晓楠，中国知识产权法学研究会会长刘春田等近20位有关行业专家出席会议。会议聚焦2020年度网络文学保护系统发展、市场现状以及行业侵权情况的变化，旨在共同探讨网络文学版权保护议题，共同推动数字内容产业健康有序发展。

4月27日，由协会主办的中国版权科技创新论坛在北京召开。中宣部版权管理局局长于慈珂，北京市委宣传部副部长、市新闻出版局（市版权局）局长王野霏，人民教育出版社社长、党委书记黄强，腾讯集团副总裁江波，爱奇艺首席内容官王晓晖等中国版权协会会员代表，司法、行政部门等有关部门的领导，著作权人、权利人组织及版权产业界的代表，版权教学科研、法律事务、新闻媒体代表等100余人出席了此次论坛。会议聚焦“版权科技创新”主题，探讨如何抓住科技创新的机遇，充分发挥科技对版权保护的作用，拥抱科技化版权治理新模式。旨在共同打造鼓励原创、尊重原创、保护原创的社会环境，推进社会主义文化强国建设。

6月1日，在国家版权局举办的“2021年中国网络版权保护与发展大会”中，协会主办了“技术创新与版权保护”分论坛。最高人民法院民事审判第三庭庭长林广海、中宣部版权管理局副局长汤兆志、掌阅科技股份有限公司创始人张凌云等出席论坛。论坛上，举办了“中国版权链”上线仪式，并由中国版权协会副理事长兼秘书长孙悦发布了由协会编写的《新技术在版权产业的应用》报告。协会会员代表，著作权人、国内外权利人组织及版权产业界的代表，版权教学科研、法律事务、新闻媒体代表等共100余人出席了论坛。

6月5日，由澳门中联办、澳门特区政府指导，中国版权协会、澳门自强文创智库主办的“内地与澳门数字文化产业发展与合作论坛”在澳门举行，阎晓宏理事长出席活动并致辞。本次论坛旨在提升内地与澳门文化产业的交流和合作水平，推动澳门数字文化产业的发展，与会业界代表、专家学者从不同维度就数字文化产业领域热点展开讨论。

7月，协会在吉林长春举办“新技术助推版权产业新发展”专题研讨会，就如何在新时代、新形势下，运用新技术有效助推我国版权产业健康发展展开讨论。中国版权协会理事长阎晓宏，中国出版集团董事、党组副书记刘伯根，人民出版社原社长黄书元，中国教育出版集团总经理殷忠民，人民教育出版社党委书记、社长黄强，掌阅科技创始人张凌云，腾讯公司副总裁江波，吉林出版集团原董事长刘丛星，青岛出版集团原董事长孟鸣飞，陕西师范大学出版总社董事长刘东风，中国版权协会副理事长兼秘书长孙悦等出席会议。

9月3日，由商务部、工业和信息化部、北京市人民政府、中国科学技术协会、人民日报社主办，中国电子学会、中国工业互联网研究院、人民日报数字传播有限公司承办的2021年服贸会“数字贸易发展趋势和前沿高峰论坛”在北京国家会议中心举行。阎晓宏理事长出席论坛，并发表了题为“数字版权贸易：新时代的活跃力量”的主旨演讲。

9月5日，由协会主办的“网络直播领域音乐正版化发展研讨会”在京举办。中宣部版权管理局局长于慈珂、最高人民法院民事审判第三庭审判长秦元明、中国传媒大学副教授李小莹、腾讯音乐娱乐集团技术副总裁傅鸿城、快手总法律顾问贾弘毅、虎牙总法律顾问柯磊、太合音乐集团高级副总裁刘鑫等主管部门、行业协会、司法机构、高校以及企业代表出席研讨会，并就当下网络直播音乐正版化发展环境深入探讨。

（四）版权年会及重大活动

在国家版权局指导下，协会每年定期举办“中国版权年会”，现已连续举办十二届。2021年，因疫情原因，无法组织大型线下活动。根据协会领导的部署和安排，“2021年中国版权年会”的举办形式有所调整，于2021年12月至2022年1月，在远集坊举办多场活动，采用线上与线下相结合的方式，充分利用新媒体平台进行传播。主要活动包括“远集坊未来高峰论坛”（主论坛）、2021年度最具版权价值排行榜发布会、远集坊文化讲坛第41期“从不列颠百科全书到中国大百科全书”，以及“区块链推动数字文创行业健康发展”论坛、“新形势下的著作权集体管理组织面临的新问题和新挑战”论坛、“传统阅读和数字化阅读的对话”论坛、“软件版权二十年回顾与展望”论坛、“游戏产业前沿发展与版权保护”论坛、“短视频版权保护与发展的痛点难点探讨”论坛等多个主题论坛。

10月，协会受邀参加由国家版权局主办，浙江省版权局、杭州市人民政府承办的第八届中国国际版权博览会。会上，协会以“版权——就在你身边”为主题，组织协会各二级委员会及多家会员单位等共同策划，利用图文视频、实物展示、场景体验、互动交流等方式，向观众讲述了协会成立30年来的工作成果，沉浸式地普及了艺术、软件、文字、游戏等方面的版权发展历程和相关版权知识，宣传我国版权行业近年来取得的成绩。中宣部副部长张建春，中国文联副主席、书记处书记胡孝汉，浙江省委常委、省委宣传部部长朱国贤，中宣部版权管理局局长于慈珂，世界知识产权组织中国办事处主任刘华等领导嘉宾亲临中国版权协会展位参观指导，充分肯定并高度赞扬了协会在版权行业服务、交流、维权等方面取得的突出成绩。协会荣获国家版权局颁发的第八届中国国际版权博览会优秀组织奖。

2020年，协会与国家对外文化贸易基地（深圳）联合发起了“2020年度最具版权价值排行榜”评选活动。榜单于2020年12月10日在珠海举行的“2020年中国版权年会”上公布，得到了相关产业的广泛关注。2021年，协会继续开展并扩大评选活动，评选范围在原有的图书、网络文学、网络游戏、国产软件基础上，增加了音乐、长视频、短视频三大类。

（五）新技术与版权链相关工作

“中国版权链”于2021年6月1日正式上线。7月，协会与中央广播电视总台签订了战略合作协议，在2020年东京奥运会期间，与总台配合，顺利完成了东奥会的电视节目监测维权工作，“中国版权链”得到了总台的高度评价。项目累计监测侵权链接38 789条并上链存证，保护奥运版权。协会为2022年北京冬奥会、中央广播电视总台春晚等重点节目持续提供版权监测及存证服务。

由协会牵头，组织下辖的艺术品版权工作委员会、软件版权工作委员会、文字版权工作委员会、游戏版权工作委员会的代表企业以及相关著作权人代表联合申报由中央网信办、中央宣传部、国务院办公厅等18个部门和单位组织开展的国家区块链创新应用试点。

知识产权宣传周期间，协会携手抖音发起了“全民知识守护者”活动，邀请到阎崇年、刘春田、唐家三少、樊登、罗振宇、丁海峰、阿朵等数十位各领域的知名人士，以短视频的形式开展了系列公益宣传活动。该活动为倡导全社会提升尊重知识、保护版权的意识起到了一定的积极作用，吸引了网友的广泛参与和关注，话题页总播放量达3.4亿次，成为知识产权宣传周的一大亮点。

（六）展会

9月24日，“2021成都数字版权交易博览会”在成都开幕。该活动由国家版权局、中国版权协会、四川省版权局、四川省版权协会、成都市版权局、成都市版权协会等单位支持与指导，成都市广播电视台主办。阎晓宏理事长出席开幕式并致辞。该会以“版权新价值 数字新生态”为主题，旨在全面辐射数字版权产业全产业链，全面聚焦数字版权创新发展与成果交易，健全上中下游产业交易模式、交易场景和交易平台。

（七）闭门协商与纠纷调解相关工作

5月29日，协会召开了“短视频版权工作闭门会”，中国版权协会理事长阎晓宏、中宣部版权管理局局长于慈珂，以及优酷、百度、爱奇艺、腾讯视频、抖音、快手、哔哩哔哩、新浪微博、咪咕、芒果TV等国内各主要长短视频相关代表，以及部分主要影视制作公司代表出席会议，旨在促进各平台通过平等协商，互利共赢，构建长短视频行业版权新秩序和新生态，共同探讨长短视频版权保护行业共治之路。

7月22日，由中宣部版权管理局指导，中国版权协会主办，国家版权局网络版权保护研究基地协办的“2020东京奥运会权利预警和版权保护工作协调会”在京举行，中宣部版权管理局副局长、一级巡视员汤兆志，中国版权协会副理事长兼秘书长孙悦，中央广播电视总台总经理室副召集人于小青及来自各互联网门户网站、长短视频平台的代表等出席了会议。会议督促各相关平台对2020年东京奥运会的转播内容主动防范预警，严格监控和审核平台内相关内容，屏蔽下线未经授权的相关内容和链接，配合国家版权局的部署安排，积极做好奥运会赛事节目的版权保护工作。

（八）版权鉴定工作

协会下设鉴定委员会，依据民政部批准的业务范围开展版权鉴定工作，是北京市高级人民法院指定的知识产权鉴定机构。2021年，协会共开展了七项版权相关鉴定工作，作品类型涉及美术、文字、音乐等，其中五项确认承接并形成了鉴定报告，报告的专业性、时效性受到了委托方的广泛认可。

鉴定项目包括：受腾讯公司委托，对《王者荣耀》网络游戏中人物形象与涉嫌侵权产品形象比对鉴定；受上海市公安局静安分局委托，对“芭比娃娃”系列产品形象与涉嫌侵权产品形象比对鉴定；受九江市公安局委托，对人教社出版的系列教材与涉嫌侵权产品内容比对鉴定；受深圳市公安局龙岗分局委托，对“小猪佩奇”系列形象与涉嫌侵权产品形象比对鉴定等。

（九）国际及台港澳地区版权交流

经中宣部推荐，世界知识产权组织（WIPO）批准，协会作为社会组织，于6月正式成为世界知识产权组织版权及相关权常设委员会观察员。

中国版权协会与海峡两岸商务协调会、台湾著作权保护协会形成了互访机制，并已在北京、西安、银川、长春等地成功举办了十一届海峡两岸版权保护研讨会。两岸版权交流的这一形式，已经形成了务实合作的有效机制，成为推动两岸版权交流的一个平台。2021年因疫情等原因，互访暂停。

2021年，中国版权协会工作有创新、有发展、有开拓，协会整体运行情况良好，不断提升服务水平，得到广大会员单位的认可与支持。

**二、积极协助中宣部版权管理局推进各项版权工作**

2021年，协会受中宣部版权管理局委托，承办了一期软件正版化工作培训班，两期版权行政执法监管培训班，来自全国各省（自治区、直辖市）政府部门的600余名公职人员参加了培训。协助国家版权局完成了对内蒙古自治区、河北省、陕西省省级政府机关的软件正版化全覆盖现场核查工作，对宁夏回族自治区、湖北省、辽宁省的软件正版化抽查工作，以及对国家市场监督管理总局、全国政协办公厅、国务院参事室等20家中央国家机关，航天科工集团、电子科技集团、海洋石油集团等10家中央企业，工商银行、国家开发银行、大连商品交易所等15家银行及金融机构的软件正版化现场核查工作。

受中宣部版权管理局委托，协会邀请全国司法、立法、行政、学术领域专家及行业知名专家对“2020中国版权十件大事”进行评选。评选结果已由国家版权局于2021年2月5日正式发布，并在各大媒体上进行宣传，扩大版权工作影响，提升全社会版权意识。

为了做好新技术在版权领域应用研究，中宣部版权管理局委托中国版权协会对新技术在版权创造、运用、保护、管理和服务等方面的应用情况进行调研，总结版权领域新技术应用经验做法，分析研究新技术对版权产业发展的贡献，以及新技术给版权工作带来的挑战和应对策略。协会在查阅行业资料、专家座谈、问卷调查、实地走访等工作基础上，组织专门人员，围绕版权的创造、运用、保护和管理等环节，形成了《新技术在版权产业的应用》调研报告。

**三、举办“远集坊”讲坛及相关活动**

秉持“坚持正确导向、倡导平等交流、碰撞思想火花、汇集八方智慧”的主旨，协会与国家版权创新基地于2017年共同创立了“远集坊”文化交流平台。

截至2021年12月底共举办远集坊文化讲坛9期，“远集坊——创新与发展”系列讲座3期，陈晋、阎崇年、朱永新、邬书林、甘藏春、周氏山作、崔如琢、刘世锦、王春法、李岩、司晓、杨牧之等17位主讲嘉宾先后为远集坊带来了高屋建瓴、别开生面的精彩演讲，近200位特邀嘉宾莅临远集坊活动现场，参与互动交流，发表了他们的真知灼见。

其中，远集坊文化讲坛第34期，由原中共中央文献研究室副主任陈晋主讲的《毛泽东与中共早期领导群体》，内容被编辑、转载到全国政协网上书院漫谈群，全国政协主席汪洋给予充分肯定并批示。

远集坊得到了各主流媒体和新媒体的大力支持，在腾讯、爱奇艺、抖音、快手、优酷、网易、搜狐、咪咕、火山、西瓜视频等多家新媒体平台进行同步直播，每期活动在线观看人数稳定在50万人以上。自首期讲坛起，远集坊坚持制作短视频，凝聚精华，广泛传播。

为庆祝建党100周年，远集坊特别举办“初心与使命——庆祝建党100周年 远集坊书法邀请展”，邀请到沈鹏、张海、黄藩、杨再春、苏士澍、修福金、戚建国、王登平、黄树贤、孙晓云、吕章申、林阳、徐里、黄君、吴为山、陈洪武、叶培贵等17位名家，创作书法作品，书写丹心豪情，纪念党的百年华诞。展览于2021年5月10日正式开展，展期5个月。其间，数百位嘉宾到现场参观了展览。在征得各位作者的同意后，本次展览所有参展作品已于当年10月10日全部捐献给了西柏坡纪念馆。

**四、二级委员会工作情况**

（一）艺术品版权工作委员会

中国版权协会艺术品版权工作委员会（简称“艺委会”）持续开展中国艺术品鉴证备案服务，通过高新技术和行业资源推出为艺术品建立“身份证”信息的服务。截至2021年11月30日，共为74位艺术家的10 289幅作品进行了鉴证备案，总计5 000余位知名艺术家加入鉴证备案行列，16万余幅作品进入鉴证备案数据库，全面保障了艺术家权益。

艺委会与雅昌艺术网结合鉴证备案业务开展网上保真拍卖专场，2021年共举办网上“鉴证备案当代书画保真专场拍卖”47场。针对艺术品市场鉴定难、造假、卖假等诚信缺失现象，举办了“见证诚信的力量——艺术品鉴证服务线上直播论坛”，对艺术品诚信体系的打造进行探讨，研讨当下对造假现象的看法，分析造假手段和趋势以及如何来保护艺术家、藏家的权益等，维护艺术品市场的健康发展。

2021年，艺委会继续为艺术家、艺术机构提供版权确权登记、维权调解等工作，年度共登记原创版权1 200余件，解决版权纠纷案件110余件。同时，艺委会为会员提供全方位的版权维权、交易服务，与多家艺术机构、知识产权机构达成了版权授权、交易、维权合作，跨地区多维度地为我国艺术品版权构建版权保护和交易的服务平台。

（二）软件工作委员会

中国版权协会软件工作委员会（简称“软工委”）积极参与协会倡议和组织的各项活动，软工委成员单位通过正版软件服务为北京2022年冬奥会和冬残奥会贡献力量，结合赛会实际，定制专属协同办公服务，助力北京冬奥会赛事组织能力水平提升。

2021年2月底至3月初，软工委组织成员单位就《版权工作“十四五”规划（征求意见稿）》进行学习并征集反馈建议，多家单位参与意见反馈。

7月，联合美团、京东、快手、爱奇艺、好未来等互联网企业代表，举办“互联网企业办公效能融合创新研讨会”，共同探讨互联网企业提升办公效能的新视角、新理念和新方法。

10月，软工委参加第八届中国国际版权博览会，设立了以“国魂重器 崛起之时”为主题的软件工作委员会展区，通过软件合影墙、实机操作区，展现国产软件产品的发展历程和风采，集中呈现了近年来软件版权工作的优异成绩和多年积累的版权价值。

12月，在“2021年中国版权年会”中，组织召开“软件版权二十年回顾与展望主题论坛”，邀请软件版权领域的领导、专家齐聚一堂，共同回顾总结软件版权工作的经验与启示，探索展望软件版权工作的蓝图和路径。

（三）网络游戏版权工作委员会

中国版权协会网络游戏版权工作委员会（简称“游戏工委”）致力于促进我国网络游戏版权生态发展，推动游戏内容产业链版权创造、运用、保护和管理工作，宣传普及版权知识等，开展了一系列卓有成效的工作。2021年，发展北京微梦创科网络技术有限公司、北京百度网讯科技有限公司、厦门极致互动网络技术股份有限公司、厦门吉比特网络技术股份有限公司4家企业加入委员会。

1月29日，由最高人民法院民三庭主办、游戏工委承办的“游戏直播画面中的著作权法律问题研讨会”在线上举行。会议围绕游戏以及游戏直播内容的作品类型，游戏直播上下游的权利义务关系、游戏直播合理使用等理论和实务热点问题进行了深入研讨。

4月17日，由游戏工委主办的“南湖论坛——网络游戏新生态法律治理分论坛”在武汉召开。来自腾讯、网易、三七互娱、百度、虎牙、西山居、搜狐畅游、上海通力律师事务所、冠勇科技等会员单位、实务机构和华东政法大学、华中科技大学法学院等高校研究机构的20余位专家和代表参加了此次分论坛。

10月，游戏工委首次亮相版博会，策划设置了“图文展示”、“视频动画”和“互动体验”三个独立的展台，向公众展示我国网络游戏版权行业的发展历程和发展现状，网络游戏版权法律保护的相关知识，以及游戏工委成立以来开展的一系列活动。

11月13日，游戏工委联合上海交通大学知识产权与竞争法研究院举办“新法背景下的网络游戏保护问题”研讨会，并发布了《游戏版权年度报告(2020—2021)》。会上，各方专家一同探讨了游戏产业近些年的技术革新和生态变化，以及新《著作权法》下游戏版权保护的现状和未来。

截至2021年底，“游戏版权委员会”公众号发布55期游戏版权行业热点解读周动态，20余篇原创网游版权分析文章。为给会员单位提供更加优质的服务，游戏工委策划推出了“网游法律讲堂”系列培训讲座，围绕会员单位关心的游戏行业前沿法律问题，邀请各界专家进行专题分享，已举办两期活动。此外，游戏工委正式推出“游法论坛”活动，和知名高校联合举办，聘请委员会会员单位专家以游戏委员会特约讲师的身份赴高校宣讲游戏版权保护知识，将网络游戏开发、授权、传播以及保护过程中的相关网络游戏行业知识、版权专业知识普及给作为网络游戏核心参与主体的广大高校学生，截至2021年底已举办五期。

（四）文字版权工作委员会

中国版权协会文字版权工作委员会（简称“文字委”）在2021年先后通过了南方出版传媒股份有限公司和浙江出版联合集团有限公司的入会申请。截至2021年11月，文字委的会员单位达到28家。

5月，文字委在北京召开业务研讨会。会议邀请到中国版权协会理事长阎晓宏，四川省上市公司协会会长、新华文轩出版传媒股份有限公司原董事长何志勇，黑龙江出版集团党委书记、董事长李久军，广东省出版集团党委副书记、总经理杜传贵，浙江出版联合集团副总裁朱勇良，掌阅科技创始人张凌云，原北京市高级人民法院法官苏志甫以及阅文集团的法务总监何广越等20余位领导和嘉宾出席并发言。研讨会兼顾理论研究和实务探讨，对促进会员单位及行业同人在文字版权相关方面的沟通、交流与合作具有重要作用。

10月，文字委参加了第八届中国国际版权博览会。文字委精心挑选成员单位的产品参展，通过文字作品常见的呈现类型进行版权宣传，展出了包括《新编英汉学习词典》、《汉字源流精解字典》、《中国读本》、“课文作家作品”系列、“最美中国”系列等数十册各具特色的图书。

（曾　晋）

## 中国音乐著作权协会

**一、会员发展**

2021年中国音乐著作权协会（以下简称“音著协”）发展新会员数为723人（家），其中曲作者517人、词作者165人、继承人18人、其他2人、出版公司21家，会员总数达到11 356人（家）（见图1）。

在新发展的会员中，较有影响力的会员有：北京数聚变换科技有限公司（抖音）、爱贝克思（北京）文化传媒有限公司、李建衡、赵兆、杨阳、林林、秦新民、罗怡林、洪凯、柏鹤、冯天一、楚博仁、吴健培、欧中建、邹铁夫、田地、刘颜嘉等。

**二、音乐作品版权信息管理**

音著协应用音乐著作权大集成服务系统（Integrated System of Music Copyright，ISMC）对音乐作品版权信息进行数字化管理。ISMC由音著协开发，并于2021年8月正式上线运行，是音乐作品信息数据和著作权服务一体化的集大成平台，该系统依托音著协覆盖全球范围的音乐作品著作权信息管理大数据系统（Documentation Innovation Visionary Art，DIVA）和横贯各主要行业的音乐使用监测大数据系统，为音乐著作权人、音乐使用者等产业主体提供高效便捷的著作权服务，一站式解决作者入会、作品登记、权利查询、许可管理、使用费分配等问题，

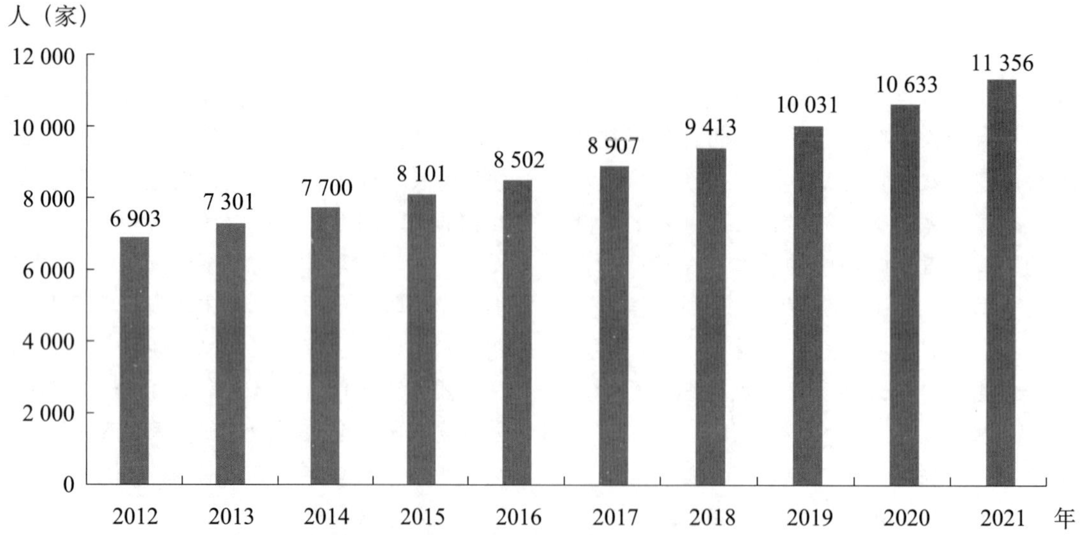


**图 1　2012—2021 年音著协会员增长图**

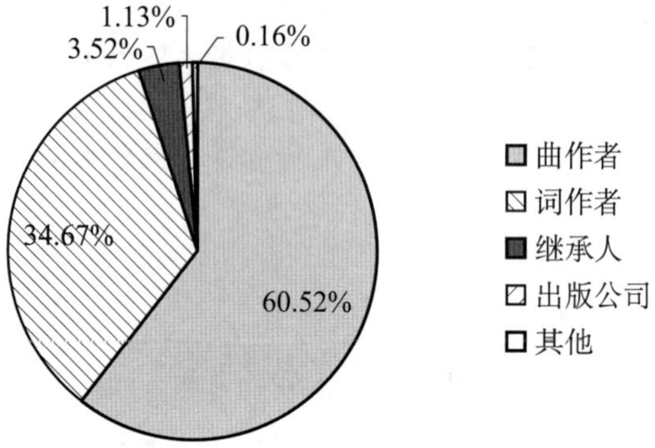


**图 2　2021 年音著协会员构成图**

在促进音乐产业繁荣的同时，该系统还可以为维护国家和社会的文化安全贡献力量。音著协目前管理范围覆盖全球 300 多万词曲著作权人、超过 1 500 万首音乐作品。

**三、音乐作品使用许可**

2021 年，音著协许可总收入财务到账金额约为人民币 4.42 亿元（签约金额则已超过 5 亿元），较 2020 年增长约 8.3%，5 年内年度许可收入实现翻番（见图 3）。

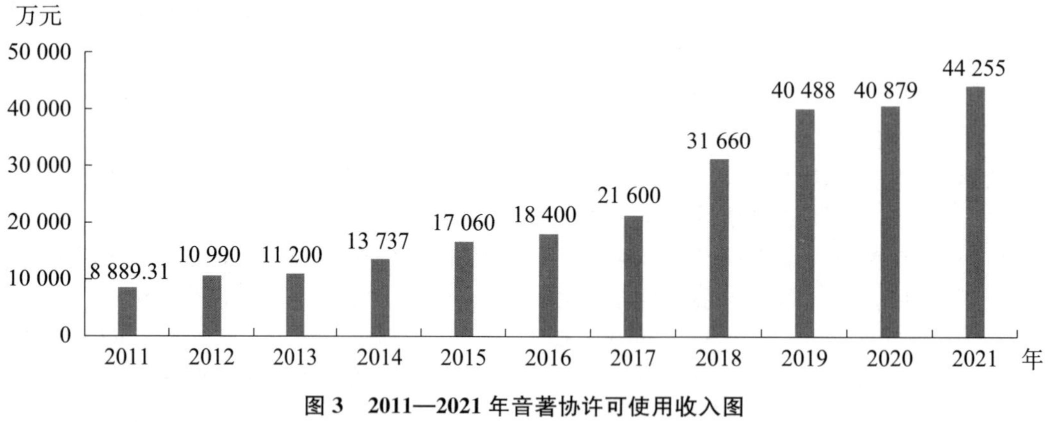


**图 3　2011—2021 年音著协许可使用收入图**

截至 2021 年底，音著协历年许可收费总额达到人民币 30.3 亿元，参与分配金额约 24.9 亿元。

（一）表演权许可工作

2021 年，音著协表演权许可收入约人民币 1.24 亿元，较 2020 年增长约 6.56%。

在音著协的各项许可收入中，表演权许可业务受疫情影响较大。2021 年初，国内疫情防控转为平稳，各地复工、复产，但是由于国外疫情形势严峻，致使我国局部疫情呈点状散发，并贯穿全年，对国内的文旅、专卖店、商超等行业，尤其是演出行业仍带来了较大的影响。

背景音乐方面，全年总许可金额约 6 045 万元，较疫情前 2019 年的许可收入增长了约 928 万元。

现场表演方面，全年总许可金额约 750 万元。其中常规演唱会、音乐会约 305 万元，新兴活动类演出（如虚拟人物演唱会等）的许可金额约 445 万元，活动类演出与疫情前 2019 年许可收费相比增长了 300 万余元。

卡拉 OK 方面，许可收入总额 5 696 万余元，迷你 KTV 收入 18.8 万余元。

（二）广播权许可工作

2021年，音著协广播权许可总收入约4 457.3万元。其中，广播电台缴纳许可使用费约453.68万元，电视台缴纳许可使用费4 003.62万元。由于新冠肺炎疫情的持续，广播电台、电视台等传统媒体的广告收入骤减，对广播权许可收入产生了一定的影响。

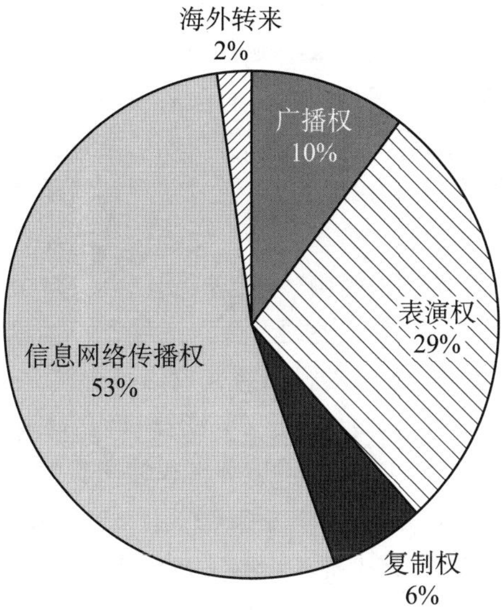


**图4　2021年音著协许可收入构成图**

截至2021年底，已同音著协达成许可付酬协议的电视台56家，广播电台75家，共计131家。

（三）复制权许可工作

2021年，音著协复制权许可收入约人民币2 754万元，较2020年增长约109%。这主要由于2021年建党100周年期间爱国主义主题歌曲的广泛使用，使得许可数额呈现激增。此外，影视剧中申请使用音乐作品的情况也逐年递增，主流影视公司逐步与音著协形成了相对稳定的许可合作关系。

（四）信息网络传播权许可工作

2021年，音著协信息网络业务许可继续保持较高的许可收入水准，总额达到人民币2.34亿元，比2020年增长约6%。

至2021年，与音著协达成许可合作的主要网络平台包括中宣部“学习强国”学习平台、苹果音乐、抖音、快手、天猫精灵、陌陌、爱奇艺、芒果TV等，涵盖了大部分主流平台。音著协多年来在互联网领域开拓推广的音乐著作权许可合作模式已经成为名副其实的网络音乐正版化主渠道。

**四、音乐作品许可使用费分配**

2021年共完成四期13次分配，涉及许可收入金额约4.69亿元，扣除增值税后约为4.42亿元，音著协管理费比例约占16.6%（见表1）。

**表1　2021年音著协音乐作品著作权许可使用费分配表**　　单位：万元

| 期数 | 分配号 | 许可金额（扣增值税后） | 分配金额（扣管理费后） |
|---|---|---|---|
| 第一期 | M202（2020年复制权许可使用费第二次分配） | 887 | 731 |
| | P191（2019年表演权许可使用费第一次分配） | 1 105 | 884 |
| | B191＋192（2019年互联网许可使用费第一次分配） | 13 877 | 12 162 |
| 第二期 | P192（2019年表演权许可使用费第二次分配） | 4 701 | 3 761 |
| | 2019年机械表演许可使用费分配 | 311 | 296 |
| | K191－192（2019年卡拉OK许可使用费分配） | 6 367 | 5 094 |
| | B193－194（2019年互联网许可使用费第二次分配） | 6 179 | 5 137 |
| 第三期 | P193（2019年广播权许可使用费第一次分配） | 1 943 | 1 555 |
| | M211（2021年复制权许可使用费第一次分配） | 1 073 | 876 |
| | B195－196（2019年互联网许可使用费第三次分配） | 1 942 | 1 554 |
| 第四期 | P194（2019年广播权许可使用费第二次分配） | 2 504 | 2 051 |
| | O201（2020年海外转来许可使用费分配） | 861 | 818 |
| | B197（2019年互联网许可使用费第四次分配） | 2 476 | 1 986 |

**五、诉讼维权**

2021年，音著协共向侵犯音乐著作权的使用者发函（律师函、法务部函）89封，对侵权行为取证7件，起动诉讼程序181件。采取以上维权行动后，经谈判、和解、调解或判决，音著协为音乐著作权人索赔和追回的著作权使用费达人民币 688 万余元、待执行款 418 万余元，共计 1 106 万余元。相关数据见表 2。

**表 2　2021 年中国音乐著作权协会维权数据统计**

| | 证据保全（件） | 起动诉讼程序（件） |
|---|---|---|
| 复制权 | 0 | 7 |
| 表演权（现场表演） | 1 | 19 |
| 表演权（机械表演） | 2 | 61 |
| 广播权 | 4 | 47 |
| 信息网络传播权 | 0 | 44 |
| 合同违约 | 0 | 3 |
| 合计 | 7 | 181 |

注：发函数量以函号计算，同一函号可能涉及多家单位。

**六、国际事务**

2021 年，在国际作者和作曲者协会联合会（CISAC）的国际版权保护体系下，音著协已与近 80 家海外同类组织签订了著作权相互代表协议。

**七、信息公开及宣传**

2021 年，音著协继续通过网站、微信公众号、《理事工作简报》、《会讯》、年报等形式，向会员、使用者、政府、社会公众通报具体工作，主动做到公开、透明。

2021 年 3 月，音著协开通了“微信订阅号”。音著协官方 APP 应用程序《音著协》于 2020 年 5 月 29 日正式上线，该 APP 是我国集体管理领域内的第一个手机 APP 应用程序。2021 年，音著协对会员“使用费分配”功能进行了全新升级，新设“分配报告”功能，会员可随时查询当年、三年、五年内的各项使用费分配情况，并获得一定的数据分析。

（张　群）

## 中国音像著作权集体管理协会

2021 年，中国音像著作权集体管理协会（以下简称“音集协”）认真贯彻落实国家版权局、文化和旅游部《关于规范卡拉 OK 领域版权市场秩序的通知》要求，创新“二合一”许可机制，实现著作权集体管理工作水平显著提升，卡拉 OK 许可签约覆盖率和收费额双双创历史新高。在新《著作权法》赋予的录音制品获酬权等新兴领域，音集协对法律依据、使用者情况、费率制定等相关方面做了深入研究和广泛探索，打开了音像著作权集体管理工作的新格局。在疫情防控形势严峻、多地歌舞娱乐场所停工停产的困难环境下，音集协实现 2021 年度财务总收入 38 166 万元，同比增长 52%；其中著作权使用费收入 37 442 万元，同比增长 54%。

**一、积极落实卡拉 OK 领域“二合一”版权许可机制，收取使用费创历史新高**

2021 年，音集协在卡拉 OK 领域坚决落实两部委《关于规范卡拉 OK 领域版权市场秩序的通知》精神，坚持通过著作权集体管理解决该领域版权问题，坚持“二合一”版权许可机制，坚持先许可后使用，坚持协商合作优先，通过与中国音乐著作权协会（以下简称“音著协”）、中国文化娱乐行业协会（以下简称“中娱协”）紧密合作，与 134 家地方娱乐协会进行了集体签约及合作，与 10 034 家卡拉 OK 场所签署了12 929份《著作权许可合同》，覆盖包房239 177 间，签约卡拉 OK 著作权使用费金额达 4.64 亿余元，实现卡拉 OK 著作权使用费财务收入 29 390 万元，相比 2020 年度增长 48%，签约卡拉 OK 场所数量同比上涨 25.8%，创历史新高。

音集协在 2021 年与音著协、中娱协召开三次联席会议，与音著协召开四次沟通会议，就“二合一”版权许可机制等卡拉 OK 版权市场相关问题行充分沟通和讨论，相关制度安排不仅稳定了卡拉 OK 版权市场，也让广大权利人对著作权集体管理组织更有信心。

爱贝克思、飞碟唱片等 113 家优秀的唱片公司在 2021 年加入音集协，这些唱片公司代表的 196 家权利人带来诸多高点播量的热门歌曲，丰富了音集协管理的卡拉 OK 曲库。截至 2021 年 12 月 31 日，音集协共有会员单位 469 家，涉及 1 037 家权利人，会员数量同比增长 31.37%，会员授权音集协管理的视听作品总数达 255 145 首，视听作品数量同比增长 35.15%。音集协会员覆盖了所有的主流唱片公司，音集协管理的视听作品也覆盖了绝大部分市场流行的作品。以音集协委托第三方出具的《2020 年度卡拉 OK 点播排行报告》为依据计算，音集协管理的视听作品的点击率市场份额达 71.22%，充分彰显了音集协作为著作权集体管理组织的广泛代表性。

此外，会员就信息网络传播权领域向音集协登记授权录音制品 19.8 万首。在新《著作权法》生效的半年时间里，会员就广播和表演获酬权领域向音集协登记录音制品 144 万首，此项登记工作还在进行中。2021 年，音集协会员已经涵盖了录音制品的主要权利人，在录音制品登记工作完成后也将涵盖市场上主要的常用录音制品。

**二、疫情下为企业纾困解难，减免版权费 9 100 万元，获民政部通报表扬**

为认真贯彻落实党中央、国务院关于减税降费重大决策部署，落实疫情防控举措，减轻疫情对歌舞娱乐行业带来的影响，全面支持行业复工复产，音集协根据卡拉 OK“二合一”版权许可机制于 2020 年与音著协、中娱协共同研商制定了 2020 年卡拉 OK 版权使用费减免政策，为卡拉 OK 经营场所减免著作权使用费 9 100 余万元，受到了广大权利人、卡拉 OK 经营场所和社会各界的肯定，产生了良好的社会效果。2021 年 12 月，音集协在参与“我为企业减负担”专项行动的 886 家全国性行业协会商会中因成效突出获得民政部通报表扬。

**三、广播和表演获酬权业务全面开局，互联网与实体场所同时破冰**

2021 年 6 月 1 日，新《著作权法》正式施行，其中第 45 条为录音制作者赋予了广播和表演获酬权，成为音乐产业最重要的新增内容。音集协迅速推进第 45 条落地实施工作，在新领域取得著作权集体管理工作新突破。

在互联网短视频领域，音集协与字节跳动、微视、全民小视频、彩视达成短视频背景音乐使用合作，并经过长达两年的不懈努力与快手平台达成短视频背景音乐版权使用合作。至此，音集协与市场上主要的短视频平台均达成合作。

在网络直播领域，音集协与字节跳动、腾讯云、随播、撕歌等多个互联网平台达成直播数据调研合作，全年回收 1 452 万条使用数据，这些数据为制定直播市场付酬机制提供了重要依据。2021 年 12 月，音集协同中国音像与数字出版协会共同启动了直播中使用录音制品获酬权的费率协商工作，各唱片公司等版权方的代表和直播平台的代表共同就法理依据、付酬主体、付酬标准、付酬方式、监督机制等相关问题进行了充分的讨论。这些工作为在直播领域建立有效的著作权许可机制打下了基础。

在实体场所领域，音集协与 SKP 商城、马丁鞋、朵云书院、GAP 等实体商铺使用者达成录音制品使用付酬签约，与胡桃里等酒吧行业龙头达成了付费意向，与冬（残）奥组委就赛事中使用录音制品达成付酬协议，收取广播和表演获酬权领域第一笔使用费，实现“零”的突破。

在广播电台、电视台领域，音集协于 2021 年 6 月与中国广播电视组织联合会电视版权委员会进行了座谈，就费率和收费模式等问题进行了协商，上海台、湖南台等五大地方电视台代表参加了协商会，双方充分交换了意见。

此外，音集协还与葫芦音乐等流媒体播放器达成了信息网络传播权合作。

**四、重大案件胜诉，法律适用创新，著作权集体管理司法实践取得新成果**

（一）获得重大案件胜诉，丰富了著作权集体管理理论体系

2021 年，音集协在与天合集团及其子公司合同纠纷案的一审、与天语同声和中音传播合同纠纷案的终审中均取得胜诉，彻底结束了商业公司染指著作权集体管理事业，致使著作权集体管理活动的非营利性、公益性的制度规范遭受质疑，给音集协的著作权集体管理活动造成损害的局面，大幅度降低了音集协管理成本，为音集协健康发展清理了历史遗留的法律风险和隐患，对音集协的未来，甚至对我国著作权集体管理制度的长期健康发展都具有极其重要的意义。

其他诸如广东六家 KTV 诉音集协垄断捆绑交易案等反垄断相关案件，音集协全部胜诉。著作权集体管理组织是否受《反垄断法》规制，以及如何按照《著作权集体管理条例》规范自身的执业行为一直是行业乃至学界的热点问题，上述案件的审理和判决对我国著作权集体管理的理论和实践具有指导意义，对著作权集体管理制度的发展和完善产生重要影响。

（二）用集体管理制度解决卡拉 OK 领域著作权纠纷

2019 年起，对侵权使用音集协管理作品的卡拉 OK 经营场所，音集协主张根据 2006 年国家版权局公告的《卡拉 OK 经营行业版权使用费标准》，以包房为单位计算的版权费作为侵权损害赔偿的依据。经过三年的努力，上述诉讼“新思路”获得了越来越多支持。其中比较有代表性的有：上海高院于 2021 年 11 月出台《关于卡拉 OK 经营者著作权侵权纠纷案件损害赔偿数额计算问题的解答》，提出了以版权使用费标准为依据计算损失、以单次点播/单次使用费价格为依据计算损失及以许可使用费为基础的法定赔偿三种损害赔偿计算方式；云南高院以当地使用费标准来全面支持“新思路”诉讼，同时支持追溯场所三年版权费及重复侵权的惩罚性赔偿；广东地区同时也有了“新思路”判赔“零”的突破。

同时，音集协将“协商优先、和解优先”的原

则贯穿于诉讼全流程，2021 年卡拉 OK 维权诉讼中和解结案 1 557 件，切实贯彻了国家版权局“积极以协商沟通方式解决问题”的指导精神，为化解卡拉 OK 领域著作权纠纷起到良好作用。

（三）勇于担当责任，破解非会员权利人商业维权诉讼难题

近几年来，非会员权利人发起的大规模商业维权诉讼呈愈演愈烈的态势，给音集协的著作权集体管理工作带来严重干扰。2021 年，音集协共处理非会员权利人诉已缴费卡拉 OK 场所案件 6 323 起，比 2020 年增加 3 193 起，案件分布于我国 29 个省份地区，涉及非会员权利人 44 家，其中退会会员 13 家，词曲权利人 8 人，其余绝大部分为版权代理公司。

针对这种情况，音集协大量地做法院工作，2021 年全国越来越多的法院也逐渐在非会员权利人案件判决中参考《卡拉 OK 经营行业版权使用费标准》，由此将整个卡拉 OK 领域不同主体之间发生的著作权纠纷统一到集体管理组织使用费标准下，解决了部分法院按单曲判赔导致判赔额与实际市场价值相背离的问题，取得了稳定市场秩序、建立正确预期的良好法律效果，推动卡拉 OK 版权市场秩序朝着更加健康的方向发展。

**五、以新《著作权法》施行为契机，大力宣传相关领域著作权保护**

2021 年，音集协以新《著作权法》施行为契机，深入北京、上海、浙江、广东、广西、吉林、贵州、云南、福建、甘肃、陕西等 10 多个省市，联合各地政府宣传部门、文旅行业管理部门、娱乐行业协会、各级法院、权利人和使用者代表等，通过论坛、讲座、座谈会等方式宣讲新《著作权法》和行业著作权集体管理制度，总结版权许可机制的实践经验，探讨新《著作权法》实施环境下行业著作权集体管理的机遇与挑战，同行业各相关方凝聚发展共识、增强协作互信、开拓前进方向。

音集协还以新《著作权法》第 45 条广播和表演获酬权为重点，积极开展行业交流活动，探讨行业热点问题，推动新领域著作权集体管理工作。6 月 2 日，音集协在“2021 中国网络版权保护与发展大会”上成功举办新法环境下著作权集体管理问题研究与未来展望论坛，400 家音集协会员单位在论坛上联合发布了《保护录音制作者广播和表演获酬权联合倡议书》。10 月 16 日，音集协参加第八届中国国际版权博览会，并在开幕式上荣膺“中国版权金奖·管理奖”。10 月 18 日，音集协成功举办“第二届中国国际著作权集体管理高峰论坛”，政府管理部门领导、法官、集体管理组织负责人、知识产权领域专家学者、音乐权利人代表、律师代表与会致辞并发表主题演讲，行业各界代表、新闻媒体以及关注版权保护事业的社会人士等近百名嘉宾参加论坛。论坛还举行了音集协与百家娱乐行业协会代表合作及签约仪式、向十大音乐权利人颁发“卡拉 OK 音乐版权贡献奖”等主题活动。

（简　巍）

## 中国文字著作权协会

2021 年，中国文字著作权协会（以下简称“文著协”）切实履行报刊转载和教科书法定许可稿酬收转的法定职能，扎实开展文字作品汇编权、戏剧表演权和信息网络传播权等权利的集体管理；为国内院团引进多部海外戏剧，输出中国优秀剧本多部；稳步推进版权代理工作，大力推广会员作品，维护会员合法权利；继续推进“中俄文学作品互译出版项目”，加强国际交流和国际版权贸易，对《著作权集体管理条例》的修订建言献策。

**一、著作权使用费整体收转分配情况**

文著协是向著作权人转付报刊转载和教科书等法定许可使用文字作品著作权使用费的法定机构。协会采取主动查找作者、主动核实作者信息和转载信息、主动发放转载稿酬的“三主动”方法，向作者转付报刊转载和教科书选文稿酬，确保把每一笔稿酬发放到真正的权利人手中。协会制定了严格的稿酬转付流程，给作者的每一笔稿酬都有作品使用明细单。协会保证每个月进行一次较大范围稿酬转付工作，同时，随时处理个别作者的稿酬申领要求。

（一）著作权使用费收取情况

2021 年，文著协共收取著作权使用费 2 455 万元，较上年增长 9.4%，在新冠肺炎疫情的不利影响下，仍然实现了正增长。协会收取的著作权使用费连续多年呈梯度增长，整体呈现出良性的发展态势。其中，信息网络传播权、汇编权等集体管理业务收取的著作权使用费占总收费额的 86%，同比有较大幅度增长，凸显了协会在集体管理工作方面取得的成绩；报刊转载和教科书法定许可业务收取的著作权使用费占 12%；其余则为版权代理、维权以及其他业务收入。

（二）著作权使用费分配情况

2021 年，文著协完成著作权使用费分配和转付共计 38 次，向会员和其他权利人转付和分配著作权

使用费 1 055 万元，惠及作者近千人，涉及文章 5 000多篇次，发放样书 889 册。

（三）走访权利人，上门送稿费

2021 年，文著协利用“4·26”世界知识产权日等时间节点，登门拜访了著名儿童文学作家葛冰，近代气象学家、地理学家、教育家竺可桢的权利继承人，著名作家汪曾祺、王愿坚、黄药眠的权利继承人，著名诗人李瑛和李小雨的权利继承人，儿童文学作家严文井之女严欣久，高士其之子高志其，陈伯吹之子陈佳洱，俞大缜的权利继承人彭鸿远。

协会工作人员将稿酬送到这些权利人手中，协助他们办理个税汇算清缴。同时认真汇报协会工作，耐心解答权利人的问题，倾听其版权需求和对协会工作的意见建议，提供专业的版权法律服务。

（四）提供著作权使用费清单

文著协重视在稿酬分配过程中向权利人提供准确翔实的著作权使用费清单，主动做好与权利人的对账工作。协会通过信件、邮箱、微信等方式向权利人提供明细清单，让权利人对自己的版权收入一目了然，增强了与作者的互动，提高了作者的满意度，受到权利人的肯定。

**二、会员发展工作**

（一）发展会员，增加作者信息

会员是著作权集体管理组织的立会之本。文著协始终坚持“让权利人利益最大化，促进产业发展”的宗旨，通过坚持不懈地为广大权利人办实事、办好事，维护他们的合法权益，在社会上产生了良好反响。2021 年，协会新增 200 余位权利人信息，更新了 308 位权利人信息，会员总数已达 10 400 人。

协会通过定期转付著作权使用费、登门拜访会员、组织“会员开放日”等活动，加深了与会员的关系，许多权利人主动填写入会申请表要求加入协会，老会员寄来新的作品备案，主动要求入会合同续展。

（二）获得独家版权管理授权

基于文著协多年为会员提供的专业服务，继陈伯吹之子陈佳洱之后，越来越多的会员将自己的著作权授权协会独家管理。

2021 年，著名儿童文学作家金近的遗孀颜学琴与协会签订金近作品版权独家管理协议。俞大缜曾编写《英国文学史纲》、与人合译《泰戈尔作品集》《萧伯纳戏剧集》等，其女彭鸿远与协会签订俞大缜作品版权独家管理协议。

**三、法定许可稿酬收转业务**

2021 年，文著协在报刊转载法定许可稿酬收转工作上有所突破，收取的著作权使用费同比增长一倍，新签约的报刊社有《故事会》《中国校外教育》《当代中学生报》《公务员文萃》等共计 9 家。新签约的教科书出版单位共计 3 家，涉及教科书 4 个品种。同时，协会继续与《读者》、《青年文摘》和人民教育出版社、机械工业出版社、凤凰教育出版社、外语教学与研究出版社等出版机构合作，履行法定职能，收转法定许可稿酬。

2021 年，文著协为香港教育局审定的小学教材、澳门青年教育局委托人教社编写的小学教材转付稿酬；与语文出版社等出版单位协商少数民族统编教科书、普通话水平测试教科书、对外汉语教材的稿酬转付问题；根据会员投诉，整理九年制义务教育语文教科书、大学语文、职业教育语文教科书的选文篇目，陆续向法院起诉。

**四、版权集体管理业务**

（一）信息网络传播权

2021 年，文著协继续与北京世纪卓越信息技术有限公司（亚马逊中国）、北京学而思教育科技有限公司、东方网、《现代快报》以及部分微信公众号合作，通过数字新媒体平台授权推广会员作品，收取著作权使用费，为会员创造更多的收益。

2021 年，文著协作为中央宣传部“学习强国”学习平台的版权顾问/服务单位，继续为其提供专业的著作权授权和稿酬转付服务，共提交 316 篇作品清单，经过该平台审核，发放稿酬 48 篇次。

2021 年，中宣部宣传舆情研究中心委托文著协解决一批革命经典作品的信息网络传播权授权。协会与所涉出版单位、作者逐一联络，查找核对版权信息，最后确定了每本图书相应的版权情况，解决了《苦菜花》《林海雪原》《子夜》《死水微澜》《风云初记》《党费》《敌后武工队》《寒夜》《淘金记》共九部图书的授权，协调出版社提供了授权书和图书的 PDF 版本。目前，这些图书已经上传于“学习强国”学习平台。

同时，文著协积极向“学习强国”平台授权会员作品，向多位作者介绍该平台的情况，及时反馈工作中出现的新问题新情况，并提出相应解决方案。通过协会的努力工作，保障了平台对文字作品的正常运营，同时理顺了平台与很多作者的关系，广大作者对“学习强国”平台遵守著作权法、尊重作者合法权益的做法高度赞扬，很多作者和会员主动挑选优秀作品，委托文著协授权该平台使用和传播。

（二）汇编权

2021 年，文著协与中国大百科全书出版社、中国少年儿童新闻出版总社、北京师范大学出版社集团、二十一世纪出版集团、外语教学与研究出版社、教育科学出版社、上海教育出版社、四川教育出版社、明天出版社、译林出版社、广东经济出版社、山东文艺出版社、山东画报出版社、湖南少年儿童出版社、安徽少年儿童出版社、鹭江出版社和北京学而思教育科技有限公司、北教小雨文化传媒（北京）有限公司、北京翰文弘智图书有限公司等上百家出版社和民营文化公司签订了300余份协议，一揽子解决400余种图书选用文章汇编权的授权和稿酬提存转付问题，涉及巴金、茅盾、郭沫若、铁凝、高洪波、金波、葛翠琳、毕淑敏、冰波等著名作家的文章，共计5 000多篇次，收取著作权使用费1 326万元。

2021年，向文著协交纳著作权使用费最多的十大使用者是：人民教育出版社、北教小雨文化传媒（北京）有限公司、北京翰文弘智图书有限公司、福州功成传媒有限公司、上海教育出版社、天津七彩时光文化传媒有限公司、湖北弘岩文化科技有限公司、北京竹石文化传播有限公司、北京沐文珑尚文化传媒有限公司和山东画报出版社。2021年，上述十家使用者支付的著作权使用费超过1 000万元。

2021年，经文著协授权的最受欢迎的十大作品为：《一只想飞的猫》（作者陈伯吹）、《“歪脑袋”木头桩》（作者严文井）、《小鲤鱼跳龙门》（作者金近）、《孤独的小螃蟹》（作者冰波）、《爷爷的爷爷哪里来》（作者贾兰坡）、《小狗的小房子》（作者孙幼军）、《小英雄雨来》（作者管桦）、《稻草人》（作者叶圣陶）、《细菌世界历险记》（作者高士其）、《看看我们的地球》（作者李四光）。上述作品包括儿童文学经典、科普名著、红色经典以及寓言文学，高度契合社会主义核心价值观的根本要求，因此备受欢迎。

2021年，最受欢迎的十大作家为：陈伯吹、贾兰坡、金近、严文井、高士其、李四光、冰波、孙幼军、管桦、叶圣陶。2021年，文著协为这十位作家收取的著作权使用费总额超过500万元。

（三）戏剧公开表演权

2021年，文著协为国内院团引进多部海外戏剧。

（1）为上海意幕文化传播有限公司引进俄罗斯经典音乐剧《青春禁忌游戏》。这是以俄罗斯戏剧研究专家、中央戏剧学院教师童宁翻译的中文剧本为基础改编的俄罗斯音乐剧，是一次大胆的尝试、全新的演绎，是全球范围内对该作品进行的第一次音乐剧改编。该音乐剧将于2022年全国巡演。此前，国内多家院团排演话剧《青春禁忌游戏》，均由协会授权。

（2）为北京丰硕果实文化传媒有限公司引进俄罗斯经典话剧《两个人的车站》、《车库》和俄罗斯当代话剧《高级病房》。《高级病房》是文著协承担的“中俄互译出版项目”的成果。该剧编剧亚历山大·科洛夫金是原中央电视台引进的俄罗斯电视连续剧《情迷彼得堡》的编剧之一。话剧《高级病房》将于2022年全国巡演。

（3）为北京人民艺术剧院引进俄罗斯经典话剧《我可怜的马拉特》并上演。

（4）为北京人民艺术剧院引进英国话剧《情人》。《情人》是2005年诺贝尔文学奖得主、英国剧作家哈罗德·品特的作品，译者秦亚青、金莉的中文剧本版权也由文著协解决。该话剧演出大获成功。两位译者也因此加入协会。

（5）北京人民艺术剧院第二轮上演由文著协引进的俄罗斯经典话剧《老式喜剧》，该剧由著名演员李幼斌和史兰芽夫妇第二轮演出，盛况空前。

2021年，文著协国际版权部整理了数十部俄罗斯经典与当代剧作家和英国著名剧作家的剧目信息，陆续向国内院团推荐。

同时，文著协也为多家出版单位解决多部图书的表演权和信息网络传播权，推动会员作品广泛传播，为会员争取应得的版权收益。

（四）影印复制权和数字化复制权

2021年，受到新冠肺炎疫情影响，国际复制权组织联合会（IFRRO）全球会议和亚太委会议只能采取线上形式举行。文著协作为该联合会的会员单位，继续与美国、澳大利亚等国复制权集体管理组织保持沟通，寻求合作机会。同时也与国内有关平台洽谈，探讨在报刊文章和图书片段的影印复制和数字化复制方面的授权。

**五、版权代理工作**

（一）版权引进和输出

2021年，文著协为接力出版社代理引进了《鲸鱼极地游记》《口袋小矮人的黑色珍珠》《像猫头鹰一样的狼》三部俄罗斯自然文学作品版权；为广西师范大学出版社代理引进了《塔尔科夫斯基诗集（第一卷）》及其内文插图的版权；为新蕾出版社代理引进了俄罗斯米哈尔科夫国际青少年文学大奖赛获奖作品《忧郁快乐的小矮人》一书的版权；与俄罗斯经典作品《七色花》的权利继承人沟通，解决了国内多家出版单位转付稿费问题，化解了出版单位的版权风险。

2021年，文著协与国际文凭组织、俄罗斯著作权协会、俄罗斯儿童文学出版社、俄罗斯FTM版权代理公司、日本株式会社公文教育研究会、新加坡名创教育出版集团、台湾南一书局、香港时信出版公司、香港牡丹花版权代理公司等机构或权利人签订了15份版权代理合同，向海外输出或引进多部作品。

同时，文著协与俄罗斯圣彼得堡大学出版社签署版权输出协议，向俄罗斯输出田汉、邹静之、刘恒等名家的戏剧作品，大力开展版权贸易，践行“一带一路”倡议，推动中外文明交流互鉴和中华文化“走出去”。

（二）举办俄罗斯童书推荐会

2021年3月，文著协主办“俄罗斯童书推介会”。此次活动由《出版广角》《传播与版权》《新阅读》杂志协办，地方出版社及文化公司版权业务代表共计16人参会。协会搜集整理了俄罗斯2020年图书市场、主要文学奖项信息，为国内出版社带来了最新的俄罗斯图书版权资讯。通过此次活动，协会与明天、新蕾等多家知名少儿出版社进行了有效沟通，为国内图书市场提供了更多样的发展方向，达成多个版权引进意向。

（三）搜集整理俄罗斯图书信息

2021年，文著协搜集整理了俄罗斯百余部图书信息，根据国内出版社需求及时推荐书目，进一步做好图书版权的引进和输出工作。

**六、继续推进“中俄现代与经典作品互译出版项目”**

2021年，在文著协的督促下，俄方完成了七部中文作品的翻译与出版，分别是：《人生》（作者路遥）、《姐妹》（作者毕飞宇）、《己卯年雨雪》（作者熊育群）、《茧》（作者张悦然）、《取火：海子作品集》、《元杂剧》和《宋代笔记小说选》。中方出版俄罗斯文库图书已有56种，俄方出版中国文库图书已有45种。

在2021年中国国际图书博览会（BIBF）期间，文著协设有虚拟云展位，为此，协会花大力气整理翻译上传所有被展示书籍的信息和图片，做好“中俄互译出版项目”成果的宣传推介工作。同时，协会指派专人协助无法来华参加BIBF的俄罗斯翻译学院参展，提供样书，值守展台，推介版权项目。

9月末，“中俄互译出版项目”92种图书成果入选中宣部主办的“庆祝中国共产党成立100周年精品出版物展”，凸显了该项目在整个“中外互译项目”中举足轻重的地位。

**七、积极维护会员权益**

（一）教科书法定许可维权

2021年，文著协就多位会员投诉教科书法定许可使用文字作品未支付报酬一事，经多次沟通未果后，陆续起诉数家出版社。

（二）日常维权工作

文著协每年举办“会员开放日”“合作单位接待日”活动，通过电话、电邮、微信等多种形式常年免费为权利人和使用者提供版权法律咨询服务，义务审查图书出版合同、委托创作合同、委托翻译合同、授权改编合同等版权合同，出具维权意见书，通过举办研讨会、在媒体上发表文章等方式，宣传新修改的《著作权法》和协会的法定职能与业务工作。协会的这些工作得到社会各界的普遍肯定和欢迎，很多权利人对协会更加信任，愿意加入协会，把相关版权权利交由协会行使；多数使用者愿意委托协会处理有关作品的授权，使用通过合法渠道授权的作品，愿意委托协会处理有关版权纠纷，有效化解版权风险。协会的社会影响力和公信力逐渐提升。

2021年，文著协多次义务为著名作家蓝蓝、须一瓜，翻译家顾蕴璞，儿童文学作家葛翠琳等审核图书出版合同、影视改编合同。

2021年，文著协举办“会员开放日”三次，“合作单位接待日”一次，邀请作家、使用单位代表来到协会，了解他们遇到的版权难题，提出相应解决方案。

（三）其他维权

（1）就会员阿成《缔造者计划——中国特工在欧美》一书的出版和百花洲文艺出版社进行沟通，解决阿成的疑虑，增加会员对协会的信任和依赖。

（2）根据翻译家高莽女儿宋晓岚的投诉，与海豚出版社交涉未经著作权人授权，出版翻译家高莽翻译的作品《莱蒙托夫书信集》版权纠纷，促使双方达成和解。

（3）处理作者李林栋就《网络史记》一书的出版与新华出版社的合同纠纷，成功促使新华出版社按照合同约定支付拖欠作者的稿酬。

（4）就广东启德文化传媒公司未经授权使用会员刘荣跃翻译的图书《鲁滨孙漂流记》一事进行沟通，进入调解程序。

2021年，文著协还成功协调解决了个别海外华文作家与国内出版社多年版税支付等问题。

八、版权公共服务与版权研讨

（一）成功承办“著作权法实施30周年成就展”

2021年10月，在中宣部版权管理局主办的第八届中国国际版权博览会上，“著作权法实施30周年成就展”成为亮点。受中宣部版权管理局委托，文著协作为承办单位，承担了该成就展展览大纲的起草、照片、音视频和实物展品的征集、整理、挑选、分类、现场摆放、讲解等工作，前后历时三个多月，成就展共展出照片126幅、实物230余件、图表14张、图书100余种，涉及单位逾百家。整个展览分为版权立法、版权保护、版权产业、国际交流与合作和版权宣传教育培训研讨等五个工作板块，每个板块都以习近平总书记有关重要指示为统领，通过图片、图表数据、实物展品、音视频等形式，全面总结和展示了国家版权工作在贯彻习近平新时代中国特色社会主义思想，全面实施《著作权法》30年来在推动经济社会发展、科技进步和文化发展繁荣等方面的伟大成就。这是《著作权法》实施30年来，我国第一次以专项展览形式全面系统总结和展示版权工作成就。展览内容新颖、条理清晰、实物丰富，获得中宣部领导的肯定和与会者的关注与好评，新华社、中央广播电视总台新闻联播等媒体多次进行报道。展览结束后，中宣部版权管理局据此开通了网络成就展和部机关实物展。

（二）承担《著作权集体管理条例》修改调研和专家建议稿起草工作

2021年，受中宣部版权管理局委托，文著协承担《著作权集体管理条例》修改课题调研和修改专家建议稿的起草工作。协会召开多个调研座谈会，邀请国际作者和作曲者协会联合会（CISAC）以及各集体管理组织的代表走访多家单位和多个权利人进行调研，征集对《著作权集体管理条例》修改的意见建议。

文著协还在会员和合作伙伴中开展《条例》修改意见征集工作，并进一步向有关专家征询修改意见和建议，最终完成了《著作权集体管理条例》修改调研报告及修订草案专家建议稿，十余条意见建议被中宣部版权管理局的修改草案征求意见稿所采纳。随后，在中宣部版权管理局两轮定向征求意见时，文著协提出了修改建议。

（三）完成课题研究项目

2021年，文著协完成了中宣部版权管理局委托的“图书版权国际贸易风险防控课题研究”项目。

文著协还承办了两次中宣部版权管理局主办的“区块链＋版权”评审会，12个项目入选国家区块链创新应用试点，承办两次全国软件正版化督查阶段总结会等。

2021年，文著协负责人参与主持完成国家社科基金一般项目一个，参与国家社科基金一般项目两个；作为主要参与单位，与浙江传媒学院成功联合申报国家社科基金重大项目一个（课题名称：双循环背景下数字版权贸易国际竞争力研究）。

（四）追踪研究新问题

文著协追踪研究“区块链＋版权”等新问题，参与有关课题研究。针对郑渊洁停办《童话大王》维权、九旬教授赵德馨诉知网胜诉等热点版权事件，较早组织研讨，及时发声，阐明立场，研究问题的实质，提出解决建议。同时与有关高校科研机构、出版机构、法院、有关行业协会就热点问题进行研讨、交流。

九、国际交往

2021年，文著协参加了国际复制权组织联合会（IFRRO）线上工作会议，介绍了最新的中国版权发展情况及立法形势，尤其是新《著作权法》实施的重大意义，同时征集IFRRO各成员单位对《著作权集体管理条例》提出的意见和建议。

2021年，文著协参加了“中俄文化互译和汉学国际传播高峰论坛”及“俄罗斯太平洋文学节”线上会议，并就“幻想文学的昨天与今天”这一主题与线上嘉宾进行了分享。

（王丹若）

## 中国摄影著作权协会

2021年，中国摄影著作权协会（以下简称“摄著协”）在推动提升摄影人法律地位，深度推进教科书法定许可收费和转付，推动摄影版权保护国际合作，大力发展会员等方面成绩显著。

一、紧密配合国家修改《著作权法》

中国摄影著作权协会成立后努力工作积极争取，尤其是在2012年国家正式启动修改《著作权法》后，以《世界知识产权组织版权条约》对摄影版权保护的最新规定为依据，积极呼吁、努力推动修法进程。在2020年全国人大常委会三次修法审读会上，摄著协抓住机遇，力争延长摄影版权保护期限。2020年11月11日全国人大常委会通过新版《著作权法》，实现了延长摄影版权保护期，新法把摄影版权保护期延长到作者终身和去世后再保护50年的全新高度，在法律面前实现摄影家与其他艺术家地位平等。

**二、深度开展教科书法定许可收费工作**

为了把教科书法定许可这一涉及全国广大摄影著作权人切身利益的收费工作做好，2021年摄著协总结以往多年向出版社收费的工作经验，选择几家有代表性的出版社，把其在教科书中使用的摄影作品进行量化统计，把统计使用摄影作品的数量落实到每册教科书的每一页，得出每册教科书真实的作品使用数量，依此按照法律赋予摄著协的职能与出版社进行深入谈判，切实推进出版社依法付酬。

经过多轮谈判，2021年此项收费额度比上一年增长了50%。另外，摄著协自2019年启动200余万元教科书稿酬转付工作以来，努力做好稿酬转付和分配工作，努力通过各种渠道查找权利人，使得2021年分配数额大幅度增长。

**三、促进摄影版权保护国际化合作**

2019年5月，在日本东京召开的国际作者和作曲者协会联合会（CISAC）会员大会中，摄著协因积极开拓进取，业务行为规范符合CISAC的入会准则要求，顺利加入CISAC，成为全球最具影响力的版权保护组织会员。

2019年11月，摄著协总干事随中宣部版权管理局代表团出访欧洲三国，在版权管理局领导的见证下，摄著协与西班牙艺术家版权协会（VEGAP）签订了版权相互代表协议，获得了超现实主义绘画大师萨尔瓦多·达利（Salvador Dalí）等一批国际艺术家的权利，加之以前与比利时SABAM签订版权相互代表协议，获得著名艺术大师《丁丁历险记》作者比利时画家埃尔热的版权，摄著协成为国内唯一一家拥有多名世界级艺术大师权利的协会。

近年来摄著协与国际相关版权集体管理组织开展的合作富有成效，2020年又有巴西、挪威、捷克、匈牙利、丹麦、厄瓜多尔等6个国家的版权组织提出与摄著协签署相互代表协议，摄著协与国际组织的版权保护合作向着更广更深层面发展。

**四、发展壮大摄影权利人队伍**

近几年，摄著协建立了包括全国300多个地市级城市和30个全国性行业摄影协会的首席代表工作机制，把发展会员的工作触角延伸到基层，连续五年保持会员人数高增长。截至2020年摄著协会员已达到21 000人，成为国内五家著作权集体管理组织会员人数最多的协会。

**五、重拳打击网络侵权**

2021年摄著协加大为会员诉讼维权工作力度，全年共起诉网络侵犯会员作品版权案件数十起。协会通过诉讼沉痛打击了网络侵犯摄影版权的行为，鼓舞了会员依法维权的士气，保护了会员的合法权益，赢得了摄影著作权人的赞赏。

（林　涛）

## 中国电影著作权协会

**一、换届工作**

中国电影著作权协会（以下简称“影著协”）第二届理事会由2014年6月召开的会员大会选举产生，任期四年，应于2018年换届。尽管2020年底，中央和国家机关工委暂停协会换届工作，但是协会一直在积极开展相关准备工作。国家版权局的领导也非常重视此事，一方面要求协会现任负责人推荐下一届负责人候选人，另一方面协调相关部门，助推协会换届工作。2021年9月，影著协参加民政部召开的全国性社会组织未按期换届督促整改会议。会后，影著协落实会议精神并按要求定期向民政部有关部门报送换届进展情况。在国家版权局的高度重视和多方协调下，影著协初步确定了主要负责人候选人员。

**二、宣传与交流工作**

（一）参与立法、司法和行政管理机关相关活动

1. 参加《著作权集体管理条例》和《著作权法实施条例》修改相关工作

影著协通过专家意见稿、座谈会以及定向征求意见等方式参与《著作权集体管理条例》和《著作权法实施条例》等著作权法配套文件的修改工作。

2. 参加著作权集体管理组织“双查”总结会

2021年6月，影著协参加著作权集体管理组织“双查”总结会。2020年11月至2021年6月，国家版权局依法对著作权集体管理组织进行检查和核查。虽然影著协未被列入检查和核查范围，但是其通过认真听取其他协会存在问题的通报，对照自查，改进相关工作，为未来发展打好基础。

3. 按要求开展著作权集体管理组织收费自查工作

2021年7月，按照国家版权局《关于开展2021年度著作权集体管理组织收费自查工作的通知》要求，认真落实《国务院办公厅关于进一步规范行业协会商会收费的通知》（国办发〔2020〕21号）精神，开展自查工作并报送信息。

4. 参加中宣部召开的关于资产脱钩工作会

2021年11月，中宣部财务资产管理和采购处就著作权集体管理组织资产脱钩问题召开关于资产脱钩工作会，影著协按要求参会。会上有关负责人

介绍了《中央宣传部关于中国音乐著作权协会等5家脱钩协会国有资产使用方案》及相关工作。影著协对方案无不同意见并书面回复。这标志着协会脱钩工作的完成。该负责人还解读了财政部、民政部制定的《脱钩后行业协会商会资产管理暂行办法》,对完成脱钩的协会提出资产管理要求。

5. 参加管理部门主办的其他会议和活动

2021年6月,参与国家版权局主办的“中国网络版权保护与发展大会”,并承办配套活动——短视频版权保护的挑战与协同治理。7月,参加国家版权局召开的“剑网2021”专项行动通气会。同月,参加民政部、国家发展改革委、市场监管总局联合召开的行业协会商会乱收费专项清理整治工作动员部署电视电话会议。10月,参加国家版权局主办的第八届中国国际版权博览会,并参与国家版权局与世界知识产权组织合作开展的“中国版权金奖”相关奖项的推荐和颁奖活动。

(二)加强与权利人、使用者及相关机构的交流与调研

1. 沟通立法、司法和行政管理部门与权利人

协助湖南省宣传部等部门核实影视版权。配合协会开展短视频相关著作权集体管理工作,积极联系权利人、使用者以及播出平台等多家机构,听取各方意见。

2. 持续跟进教材使用电影海报、截图等素材的版权问题

继2020年多家出版社人员联系协会咨询电影相关的图片使用问题后,协会重点跟进陕西出版社计划出版的大学教科书使用相关素材的授权许可情况并提供初步解决方案。目前,书已经过审,但发行数量尚未确定,有待后续沟通。

3. 参与其他业界节展活动

影著协通过作为支持单位等方式参与“2021成都数字版权交易博览会”“2021第二届中国国际著作权集体管理高峰论坛”等活动,加强与各界的交流。

**三、版权管理相关工作**

(一)为“学习强国”平台提供版权服务

根据双方签署的服务协议,为“学习强国”学习平台提供版权咨询、协调、内容推荐、文件起草、公版片目更新等服务。

(二)短视频相关著作权集体管理

2021年4月,73家影视机构发表联合声明,呼吁短视频创作者尊重原创、保护版权。同月,国家版权局和国家电影局均明确表示,将加大对短视频侵权行为的整治力度,推动平台切实履行责任,并鼓励支持电影著作权集体管理组织加强自身建设,依法开展电影作品著作权集体管理,发挥好维护权利人合法权利、便利使用人合法使用的纽带作用。为落实以上指示,切实发挥协会作用,解决好行业问题,协会积极开展以下工作:

1. 召开短视频版权集体管理研讨会

2021年5月17日,在国家版权局和国家电影局指导下,影著协在北京召开短视频版权集体管理研讨会。时任中宣部版权管理局局长于慈珂出席会议致辞时,要求影著协加强自身建设,勇于克服困难,积极开展电影作品著作权集体管理,发挥好维护权利人合法权利和便捷使用人合法使用的纽带桥梁作用。国家版权局、国家电影局和北京市文化市场综合执法总队的有关负责人参加会议。来自清华大学、厦门大学和中国社科院知识产权中心的专家学者以及学习强国、新华社、中影集团、博纳影业、CCTV-6电影频道、腾讯、字节跳动、快手、B站、新浪微博等约30家制片机构和网络平台的代表参会。与会代表初步交流短视频著作权集体管理模式的意见建议。

2. 以召开内部研讨会和走访等形式听取各方意见并形成文件

2021年5月31日,影著协召开短视频合规与集体管理法律研讨会,邀请来自中国人民大学、中国政法大学、中央民族大学、北京反侵权假冒联盟、北京市天驰君泰律师事务所、北京市大成律师事务所等方面的专家学者、资深律师和前庭长等共同论证短视频集体管理相关法律问题并形成基本共识。

在走访调研若干家影视制作、发行机构、短视频平台和创作机构,广泛听取权利人、使用方的具体意见和建议,对比研究国外经验和学界文章基础上,影著协初步形成一套不限于短视频相关影视版权管理和许可的解决方案,以帮助权利人和使用者在日新月异的技术和使用场景中快速解决版权问题。6月23日,影著协召开权利人代表座谈会,邀请中影集团、上影集团、博纳影业、华策影视、SMG尚世五岸、华谊兄弟、欢喜传媒、大地传媒、CCTV-6电影频道等十余家权利人代表深入座谈,与会代表均表示支持协会开展集体管理工作并就协会解决方案中的具体问题展开讨论。

根据各方反馈意见进行修改后,影著协向有关单位发送《视听作品著作权集体管理合同(建议稿)》《视听作品著作权集体管理意向协议(建议稿)》,每个文件分为权利人和使用者两个版本。已有多家权利人和使用者与影著协签订《视听作品著

作权集体管理意向协议》，其中不乏头部机构。

3. 设立法律工作委员会和争议调解委员会

短视频著作权集体管理工作重点解决的是法律和商业两个层面的专业问题，既要在法律框架下将权利厘清，又要在商业操作中将利益平衡。这需要在跟权利人（原始片方和权利继受方）和使用者（短视频传播平台和创作人/机构）反复沟通协商后，通过制定授权协议和许可使用协议以及著作权使用费的收取模式和收费标准等大量专业性很强的具体工作来落实。为协调各方力量形成合力，提高工作效率，克服秘书处人员数量缺乏和经验不足等问题，经常务理事会批准，影著协设立法律工作委员会和争议调解委员会。来自主要制片厂、长短视频传播机构、高校、律所的首批28位委员不仅运用自身的专业经验为协会工作出谋划策，还利用各种机会宣传协会工作，推动视听作品著作权集体管理工作的进展。

4. 委托专业机构开展“在先视听作品对短视频授权模式”专题调研

随着短视频相关著作权集体管理工作的逐步推进，影著协发现在促成在先视听作品授权短视频使用相关作品片段的过程中，各方对一些授权模式问题尚不明确。为全面摸清在先视听作品创作者、传播机构、短视频制作者及其传播机构的具体想法和顾虑，为协会正在开展的集体管理工作提供参考，影著协委托相关机构开展“在先视听作品对短视频授权模式”专题调研。

5. 委托技术公司开发影视版权服务平台

针对短视频线上使用在先视听作品具有大量作品、权利人和使用者的特点，影著协提供以影视版权服务平台为工具的综合解决方案，融版权管理、监测、许可、维权、谈判、分配为一体。当然，这套方案不仅仅适用于短视频的著作权集体管理，还可根据权利人的需求扩大到其他著作权集体管理领域以及其他授权许可形式。2021年10月，影著协委托技术公司提供“影视版权服务平台”功能模块的技术开发和维护，并与协会网站链接。同时，为尽快落地该解决方案，尽早为权利人和使用者提供服务，影著协将整理好的已经过版权保护期的电影作品名录先行开发公版作品库，供使用者查询使用。

（史文霞）

# 版权要闻

BAN QUAN YAO WEN

# 十大事件

## 2021 年中国版权十件大事

［编者按］　2022 年 1 月 25 日，国家版权局发布其评选产生的“2021 年中国版权十件大事”。

2021 年是中国共产党成立 100 周年，也是“十四五”规划开局之年，版权工作大事多、要事多。经向社会广泛征集，国家版权局评选出“2021 年中国版权十件大事”，现予发布。

**一、新修改的《著作权法》正式实施**

2021 年 6 月 1 日，第三次修改的《著作权法》正式实施，这对我国著作权事业发展具有里程碑意义。新修改的《著作权法》立足于保护权利、鼓励创作、促进传播和平衡利益的原则，积极回应了经济社会发展新需要和社会公众新期待。新修改的《著作权法》不仅完善了著作权法律制度，强化了对著作权的保护，还加强了与其他法律的衔接，落实了近年来我国加入的版权国际条约中规定的义务，为维护版权秩序、提升版权治理效能、促进社会主义文化和科学事业的发展与繁荣提供了重要的法律支撑。

**二、全国人大常委会批准《马拉喀什条约》**

2021 年 10 月 23 日，十三届全国人大常委会第三十一次会议表决通过了关于批准《关于为盲人、视力障碍者或其他印刷品阅读障碍者获得已出版作品提供便利的马拉喀什条约》的决定。该条约是世界上迄今为止唯一一部版权领域的人权条约。该条约的批准有利于更好地保障我国广大阅读障碍者的文化权益，使其能够平等地欣赏作品、接受教育，推动文化成果普惠于民。同时，也为我国向海外阅读障碍者提供无障碍格式版创造了条件，对推动我国优秀作品海外传播具有重要作用。

**三、版权司法保护力度加大**

2021 年 3 月 1 日，《刑法修正案（十一）》正式实施。《刑法修正案（十一）》将信息网络传播权、表演者权纳入刑事保护范围；提高了涉及侵犯著作权两项罪名的法定刑上限，侵犯著作权罪法定刑最高可达 10 年，销售侵权复制品罪法定刑最高可达 5 年。2021 年 3 月 3 日，最高人民法院发布《最高人民法院关于审理侵害知识产权民事案件适用惩罚性赔偿的解释》，指导各地法院准确适用惩罚性赔偿，惩处严重侵害知识产权行为。上述刑法修正案和司法解释的实施，进一步加大了版权司法保护的力度，对维护良好版权秩序具有重要意义。

**四、国家版权局印发《版权工作“十四五”规划》**

党的十九届六中全会将强化知识产权创造、保护、运用写入全会决议，体现党对知识产权事业发展的充分肯定。为全面贯彻习近平总书记关于知识产权工作重要讲话精神，认真落实《知识产权强国建设纲要（2021—2035 年）》《“十四五”国家知识产权保护和运用规划》，国家版权局加强版权工作顶层设计，于 2021 年 12 月 24 日印发《版权工作“十四五”规划》，对“十四五”时期版权工作的指导思想、基本原则、发展目标、重点任务等进行了安排谋划。这为全面贯彻落实党中央关于知识产权工作重大部署，建设创新型国家和文化强国、知识产权强国提供了重要版权支撑。

**五、版权执法监管亮剑新业态新领域**

2021 年，版权执法监管积极应对新业态、新领域版权问题，主动探索版权保护新方法、新路径。中宣部版权管理局会同有关部门联合开展打击院线电影盗录传播集中行动，强化院线电影版权保护社会共治体系建设。国家版权局等部门开展“剑网 2021”专项行动，将短视频、网络直播、体育赛事等领域版权保护作为重点任务，并将东京奥运会赛事节目纳入 2021 年重点作品版权保护预警名单。

“2021 中国网络版权保护与发展大会”聚焦版权保护发展的前沿问题，展示版权保护成果，引领版权产业发展。

**六、维护数字音乐产业版权市场秩序**

2021 年 7 月，国家市场监督管理总局对腾讯控股有限公司作出行政处罚决定，责令腾讯及关联公司采取三十日内解除独家音乐版权、停止高额预付金等版权费用支付方式、无正当理由不得要求上游版权方给予其优于竞争对手的条件等恢复市场竞争状态的措施。该案有利于重塑相关市场的竞争秩序，使竞争者均有机会公平参与市场竞争。国家版权局持续引导数字音乐产业各方完善版权授权模式、营造良好市场生态，指导各方通过协商、调解等方式有效解决版权纠纷，推动各方将版权运营重点转移到鼓励原创、提升用户体验等方面，促进数字音乐产业健康有序发展。

**七、规范卡拉 OK 领域版权市场秩序**

2021 年 4 月 2 日，国家版权局与文化和旅游部联合印发《关于规范卡拉 OK 领域版权市场秩序的通知》，规定了通过著作权集体管理解决卡拉 OK 领域版权问题、卡拉 OK 领域实施“二合一”版权许可机制等规范卡拉 OK 领域集体管理活动的 8 项措施。这是加强著作权集体管理活动的监管、完善著作权集体管理制度的重要举措，对保护权利人合法权益、便利使用者合法使用、促进行业健康发展具有重要意义。

**八、第八届中国国际版权博览会在杭州成功举办**

2021 年 10 月，第八届中国国际版权博览会在浙江省杭州市成功举办，同期举办了“中国版权金奖”颁奖仪式等十余项活动。博览会充分展现了我国版权产业发展成果，为集中展示版权作品、开展版权交流、进行版权交易提供了重要平台。为庆祝中国共产党成立 100 周年，国家版权局在博览会期间举办“著作权法实施 30 周年成就展”，全面回顾了 30 年来在党的领导下，我国在版权立法、版权保护、版权产业和版权国际交流合作等方面取得的重大成就。

**九、版权保护“吴江模式”全球推广**

2021 年 10 月 16 日，“世界知识产权组织版权保护优秀案例示范点（吴江丝绸产业）”授牌暨《版权赋能 丝路无疆——版权保护与丝绸纺织产业高质量发展研究》新书发布仪式在杭州举行，为该示范点调研项目画上圆满句号。版权保护赋能丝绸纺织产业发展的“吴江模式”，是继“南通模式”“德化模式”之后我国加强版权国际传播能力、为完善全球版权治理贡献中国智慧的又一优秀示范。世界知识产权组织十分重视该项工作，通过其平台向全球推广调研成果。

**十、“人人影视字幕组”侵犯著作权案宣判**

2021 年 11 月 22 日，上海市第三中级人民法院公开开庭审理了梁永平涉嫌侵犯著作权案，并当庭作出一审判决，以侵犯著作权罪判处被告人梁永平有期徒刑三年六个月，并处罚金人民币一百五十万元；违法所得予以追缴，扣押在案的供犯罪所用的本人财物等予以没收。“人人影视字幕组”被追究刑事责任的判决结果，厘清了影视作品翻译“字幕组”行为的性质，彰显了我国打击侵权盗版、加强版权保护的决心。

# 动态百条

## ◆立 法

**【最高人民法院出台知识产权惩罚性赔偿司法解释】** 2021年3月3日，《最高人民法院关于审理侵害知识产权民事案件适用惩罚性赔偿的解释》发布，自发布之日起施行。《解释》的亮点包括：

一是厘清“故意”和“恶意”之间的关系。《民法典》规定惩罚性赔偿主观要件为“故意”，《商标法》第六十三条第一款、《反不正当竞争法》第十七条第三款规定为“恶意”。《解释》认为，应对“故意”和“恶意”作一致性解释，防止产生“恶意”适用于商标、不正当竞争领域，而“故意”适用于其他知识产权领域的误解。

二是明晰“情节严重”的认定标准。“情节严重”是惩罚性赔偿的构成要件之一，主要针对行为人的手段方式及其造成的后果等客观方面，一般不涉及行为人的主观状态。

三是明确惩罚性赔偿基数的计算方式。关于惩罚性赔偿基数的计算方式及惩罚性赔偿是否包括合理开支，不同法律存在差异，故《解释》第五条规定“法律另有规定的，依照其规定”，是指不同案件类型分别适用所对应的部门法。《解释》将参考原告的主张和提供的证据所确定的赔偿数额作为基数的一种。同时规定，对于提供虚假账簿、资料的，将依据《民事诉讼法》第一百一十一条追究法律责任。

（资料来源：人民法院新闻传媒总社，作者：孙航）

**【最高法：知产侵权案可向滥用权利的原告索赔】** 2021年5月31日，最高人民法院审判委员会会议通过《最高人民法院关于知识产权侵权诉讼中被告以原告滥用权利为由请求赔偿合理开支问题的批复》，该司法解释自2021年6月3日起施行。

《批复》称，在知识产权侵权诉讼中，被告提交证据证明原告的起诉构成法律规定的滥用权利损害其合法权益，依法请求原告赔偿其因该诉讼所支付的合理的律师费、交通费、食宿费等开支的，人民法院依法予以支持。被告也可以另行起诉请求原告赔偿上述合理开支。

（资料来源：界面新闻）

**【反垄断法修正草案首次提请全国人大常委会会议审议】** 2021年10月19日，反垄断法修正草案提请十三届全国人大常委会第三十一次会议初次审议。草案明确了竞争政策的基础地位和公平竞争审查制度的法律地位，对反垄断相关制度规则作了进一步完善：规定经营者不得滥用数据和算法、技术、资本优势以及平台规则等排除、限制竞争；规定经营者不得组织其他经营者达成垄断协议或者为其他经营者达成垄断协议提供实质性帮助；规定具有市场支配地位的经营者利用数据和算法、技术以及平台规则等设置障碍，对其他经营者进行不合理限制的，属于滥用市场支配地位的行为；规定国务院反垄断执法机构应当依法加强对民生、金融、科技、媒体等领域经营者的集中审查。

草案提出，建立“安全港”制度，规定达成垄断协议的经营者能够证明其在相关市场的市场份额低于国务院反垄断执法机构规定的标准的，原则上不予禁止；建立经营者集中审查期限“停钟”制度，规定在经营者未按规定提交文件、资料导致审查工作无法进行，以及出现对经营者集中审查具有重大影响的新情况、新事实需要进行核实等情况下，国务院反垄断执法机构可以决定中止计算经营者集中的审查期限。此外，草案还进一步加强了对反垄断执法的保障，并加大了处罚力度。

（资料来源：新华社，作者：赵文君）

**【全国人大常委会会议表决通过关于批准《马拉喀什条约》的决定】** 2021年10月23日，十三届全国人大常委会第三十一次会议表决通过了全国人大常委会关于批准《关于为盲人、视力障碍者或其他印刷品阅读障碍者获得已出版作品提供便利的马拉喀什条约》的决定。

《条约》由序言、约尾和22条正文组成，主要内容包括：规定了条约受益人不仅包括盲人，还包括更广义的视力障碍者和其他印刷品阅读障碍者；规定了受益人使用作品的无障碍格式版除传统的盲文版外，还包括大字号版和有声读物；规定了条约适用于以文字、符号、图示形式表现的文学艺术作品；规定了缔约方应在其版权法中对复制权、发行权、信息网络传播权进行适当的限制，便于受益人制作和使用无障碍格式版、便于被授权实体以非营利方式为受益人制作和提供无障碍格式版；规定了缔约方应允许为受益人跨境交换、进口合法制作的无障碍格式版；规定了对技术措施的法律保护不得妨碍受益人享受条约规定的权利限制；规定了缔约方可以根据本国国情在其国内法中为受益人实施其他权利限制。

（资料来源：新华社）

**【《山西省知识产权保护工作条例》2021 年 7 月起施行】** 2021 年 5 月 28 日，《山西省知识产权保护工作条例》发布，于 2021 年 7 月 1 日起施行。

《条例》明确了知识产权保护工作涉及的市场监管、农业农村、林业和草原、著作权管理等部门的具体职责，规定县级以上人民政府应当加强对知识产权保护工作的领导，将知识产权保护工作纳入国民经济和社会发展规划，完善知识产权保护体系，并将所需经费纳入本级财政预算。

《条例》从行政保护和社会保护两个方面对加强知识产权保护进行了规范。行政保护着眼于行政管理的角度，主要包括行政指导、风险预警、维权援助、联合惩戒和行政执法等方面内容。社会保护从社会共治的角度入手，主要涉及自身保护、行业保护、电商平台保护、展会保护、广告保护和服务活动等方面内容。

针对知识产权纠纷解决成本高、周期长、信息不对称等问题，《条例》对知识产权纠纷解决的相关制度作了设计和规范。一是鼓励采取自行协商、行政裁决、调解、仲裁、诉讼等方式解决知识产权纠纷。二是规定应当完善立案协助、调查取证、证据互认和应急联动等工作程序，实现知识产权保护信息共享和执法、监督互助互动。三是规定建立和完善知识产权保护行政执法和司法衔接机制，推动行政机关和司法机关在违法线索、监测数据、典型案例等方面，互通共享信息。

（资料来源：《中国质量报》，作者：秦海峰）

**【《辽宁省知识产权保护条例》2021 年 10 月正式实施】** 2021 年 7 月 27 日，辽宁省十三届人大常委会第二十七次会议通过《辽宁省知识产权保护条例》，《条例》于 2021 年 10 月 1 日起正式实施。

该条例共 7 章 49 条，就加强知识产权行政保护、司法保护、社会保护，建立健全协同工作机制，严厉追究法律责任等作出明确规定。

《条例》规定，省、市、县（区）政府应加强领导，建立协调机制，把知识产权保护工作纳入国民经济和社会发展规划，将经费列入本级财政预算；知识产权主管部门负责组织推动知识产权保护工作；知识产权管理部门依法履行知识产权保护工作职责。

为加强行政保护，《条例》规定，省、市、县（区）知识产权主管部门应围绕重点产业链推动标准制定和专利布局有效衔接；省知识产权主管部门应为重点发展产业和战略性新兴产业提供专利优先审查通道，推动建立知识产权保护中心，开展快速审查、快速确权、快速维权；依法查处恶意商标注册申请和非正常专利申请行为；建立健全统一的行政执法和司法裁判信息共享平台，建立健全知识产权保护行政执法案例指导机制。

《条例》专设“司法保护”一章，对司法机关相关制度建立提出明确要求，省法院、省检察院应建立和推行知识产权司法案件类案检索制度，加强案例指导；省、市、县（区）公安机关应依法办理知识产权犯罪案件，协同同级知识产权主管和管理部门开展相关行政执法工作；支持著作权人利用司法区块链平台上传作品，维护合法权益；法院应依法适用惩罚性赔偿制度。

为强化社会保护，《条例》规定，企业、高校、科研机构应建立健全知识产权保护机制，在开展对外投资、招商引资等业务时进行知识产权情况调查。高校、科研机构等可依法处置其职务技术成果。《条例》明确了行业组织、市场经营者、展会主办方等在相关活动中保护知识产权等责任，并鼓励人民调解组织等建立知识产权纠纷调解机制，鼓励保险机构开展知识产权保险业务。

《条例》还对建立协同工作机制作出规定，要求建立知识产权信息化综合服务平台，加强行刑衔接，创建技术调查官专家库。同时，对在知识产权领域的失信行为规定了惩戒措施。

（资料来源：辽宁省人民政府网）

**【北京知识产权保护条例提请审议】** 2021 年 9 月 23 日，北京市十五届人大常委会举行第三十三次会议，会上《北京市知识产权保护条例（草案）》提请审议。《条例（草案）》规定，网络服务提供者应当依法履行知识产权保护义务，包括建立健全网络用户管理规则，要求网络用户遵守知识产权保护法律法规，不得从事知识产权侵权违法行为；采取与其技术能力、经营规模以及提供服务的性质、方式相适应的预防侵权措施；以显著方式公示权利人提交侵权通知的渠道，不得采用限定渠道、限制次数等方式限制或者变相限制权利人提交通知；及时对外公示侵权通知、不存在侵权行为声明、采取措施的主要内容；对违反知识产权保护法律法规的网络用户，采取警示、限制或者终止服务等必要措施。

根据《条例（草案）》，网络服务提供者如违反条例，未履行知识产权保护义务的，由文化和旅游、市场监督管理等部门责令限期改正；逾期不改正的，处五万元以上二十万元以下的罚款，情节严重的，责令停业整顿。

（资料来源：《北京商报》）

**【《北京市知识产权保护条例（草案）》进行二审】** 2021年11月25日，北京市十五届人大常委会第三十五次会议对《北京市知识产权保护条例（草案）》进行了二审。常委会组成人员和有关方面提出，北京作为全国文化中心，作品创作高度活跃，因此，应当对著作权保护和促进分别作出专门规定。条例草案二审稿提出，版权、文化和旅游部门应当加强对著作权侵权违法行为的监管，制定适应网络环境和数字经济形态的著作权保护措施。北京市版权部门应当依法确定重点监管网站，建立重点作品预警制度，对国家和本市版权部门确定的重点监管网站加强监管。

考虑到北京大型赛事、演出活动密集等特点，条例草案二审稿增加了一条关于体育、文化活动中知识产权保护的规定：体育、文化等重要活动的主办方、承办方，应当在知识产权保护管理部门的指导下，依法加强知识产权保护，规范知识产权使用行为。

在知识产权领域严重失信，将受到处罚和“曝光”等多重惩戒。在知识产权信用监管方面，二审稿提出，本市建立健全知识产权信用评价和失信惩戒机制，依法对知识产权领域严重失信行为实施相应管理和惩戒措施。知识产权保护管理部门应当依法将有关行政处罚等信息共享到本市公共信用信息服务平台，并向社会公布。

（资料来源：《北京日报》，作者：张楠　高枝）

**【《上海市浦东新区建立高水平知识产权保护制度若干规定》2021年12月起施行】** 2021年12月1日，《上海市浦东新区建立高水平知识产权保护制度若干规定》正式施行。

《若干规定》共16条，特别强调了知识产权“快保护”和“严保护”。在“快保护”方面，大力推行调解优先机制，建立履行调解协议后处罚适当减免的特别规定，促进知识产权纠纷快速调解等。在“严保护”方面，《若干规定》在法律层面严格了保护规则。比如，采取更大力度的惩罚性赔偿和多次违法处罚等。此外，近年来，浦东新区的会展数量和规模走在了前列，基于此，《若干规定》强化了会展主办单位的知识产权保护责任，创制了对会展活动举办方未履行保护义务的行政处罚，以此增强会展单位的知识产权保护意识。

（资料来源：《中国知识产权报》，作者：姜旭）

**【《海南自由贸易港知识产权保护条例》发布】** 2021年12月1日，海南省第六届人民代表大会常务委员会第三十一次会议通过《海南自由贸易港知识产权保护条例》，该条例于2022年1月1日实施。

《海南自由贸易港知识产权保护条例》共六十二条，分为总则、行政保护、司法保护、社会共治、运用与服务、监督管理、法律责任、附则等八章，是关于知识产权“大保护”的地方性法规，规定了立法目的、基本原则和工作职责，突出重点领域知识产权行政保护，强化建立健全知识产权司法保护的工作机制和制度，强化知识产权社会共治，强化知识产权的运用与服务、打通知识产权保护全链条，严格知识产权的监督管理和法律责任，构建“大保护”全链条工作格局。

（资料来源：《南国都市报》，作者：蒙健）

## ◆司　法

**【最高法：不能将源程序比对作为确定软件相同或实质相似的唯一标准】** 2021年2月25日，最高人民法院知识产权法庭审结新思科技有限公司与武汉芯动科技有限公司侵害计算机软件著作权纠纷一案。

新思公司一审诉称，其系一家美国公司，主要为全球集成电路设计提供电子设计自动化（EDA）软件工具，此前研发完成了包含“IC Compiler”软件在内的多项电子设计自动化软件，并应用于芯片系统开发。芯动公司未经许可，复制、使用新思公司享有著作权的计算机软件“IC Compiler”，侵害了其计算机软件著作权。一审法院经审理认定芯动公司存在侵犯新思公司计算机软件著作权的行为，判令芯动公司停止侵权、赔偿损失。一审判决后，新思公司、芯动公司均不服，向最高人民法院提起上诉。新思公司主张一审判决赔偿金额过低，应全额支持其诉讼请求。芯动公司主张其未实施侵犯新思公司计算机软件著作权的行为。

最高人民法院经审理认为，计算机软件著作权侵权判定应当根据个案具体情况进行区别处理，既要尽力查明客观事实，同时也需充分考虑当事人的举证能力，不能将源程序的比对作为认定软件相同或实质相似的唯一标准。如果权利人已经举证证明被诉侵权软件与主张权利的软件界面高度近似，或者被诉侵权软件存在相同的权利管理信息、设计缺陷、冗余设计等特有信息，可以认为权利人完成了初步举证责任，此时举证责任转移至被诉侵权人，应由其提供相反证据以证明其未实施侵权行为。

本案根据案件保全结果可知，芯动公司的电脑中存在与新思公司涉案计算机软件的名称、目录结构、错误信息等方面均相同的软件信息，故芯动公司存在侵犯新思公司计算机软件著作权的较大可能性。芯动公司虽否认其使用新思公司软件，但未能对命令探查中发现的计算机软件标注的著作权人为新思公司作出合理解释。因此原审法院认定芯动公司侵害新思公司涉案软件著作权，并无不当。同时，原审法院在考虑涉案软件知名度及参考许可使用费的情况下判定的赔偿金额亦无不当。据此，最高人民法院二审判决驳回上诉，维持原判。

（资料来源：最高人民法院知识产权法庭）

**【最高法 2020 年知识产权案件判赔金额同比增长 79.3%】** 2021 年 3 月 8 日，第十三届全国人民代表大会第四次会议举行全体会议，最高人民法院院长周强作最高人民法院工作报告。周强提到，服务创新驱动发展，2020 年，人民法院审结一审知识产权案件 46.6 万件，同比上升 11.7%；出台知识产权民事诉讼证据等 10 个司法解释和规范性文件，进一步方便当事人举证，缩短诉讼周期、降低维权成本、提高赔偿数额，知识产权案件判赔金额同比增长 79.3%，促进形成鼓励自主创新、推动科技进步的法治环境；制定司法解释，落实惩罚性赔偿制度。

（资料来源：澎湃新闻）

**【最高人民法院通报 2020 年知识产权保护情况】** 2021 年 4 月 22 日，最高人民法院召开新闻发布会，通报全国法院 2020 年知识产权司法保护的总体情况，发布《人民法院知识产权司法保护规划（2021—2025 年）》以及 2020 年度知识产权 10 大案件、50 件典型案例。

在提高服务高质量发展能力方面，2020 年，全国法院共新收一审、二审、申请再审等各类知识产权案件 525 618 件，审结 524 387 件，比 2019 年分别上升 9.1%和 10.2%，其中包括一批服务高质量发展的大案要案。审结“红牛”商标权属纠纷案，平等保护中外商标权利人合法利益，明确传递了加大知识产权司法保护力度的强烈信号。

最高人民法院出台涉及商业秘密、专利授权确权、网络知识产权、知识产权刑事保护、知识产权民事诉讼证据等方面的 10 个司法解释和规范性文件，明晰裁判规则，解决法律适用疑难问题，统一司法标准，加大知识产权保护力度，严惩侵权行为。集中清理知识产权类司法解释，修改 18 件、废止 4 件，保证民法典和知识产权专门法律准确统一适用。举办第四届全国知识产权优秀裁判文书和第二届全国知识产权优秀调研成果评比活动，对 146 篇知识产权优秀裁判文书和 64 篇优秀调研成果进行表彰。发布年度知识产权 10 大案件和 50 件典型案例，加强案例指导，提高审判质效。加大专利、集成电路布图设计、计算机软件、植物新品种等领域知识产权保护力度，推动解决“卡脖子”问题。妥善审理人工智能、大数据、体育赛事和网络游戏直播等新类型案件，促进新兴业态规范发展。加强商标权保护，规范市场竞争行为，持续打造市场化、法治化、国际化营商环境。加强在线诉讼服务，确保“疫情防控”和“司法审判”两不误。依法严惩涉疫情防控的商标抢注、假冒商标、商业诋毁、虚假宣传等扰乱市场秩序的行为，保障疫情防控工作顺利开展。

在推进构建知识产权大保护格局方面，最高人民法院出台《关于全面加强知识产权司法保护的意见》等司法政策，充分运用司法手段加强知识产权保护，强化知识产权全链条保护，推动形成强大合力，为企业创新发展提供有力保障，大力推进科技强国建设。指导长三角地区三省一市高级人民法院和知识产权行政部门签署合作备忘录，推动知识产权司法与行政一体化保护。推进专利民行交叉案件协同审理，建立专利民事侵权程序和授权确权程序交叉案件的汇聚、转递、联络、处理、反馈机制，分步骤规范和指引不同程序、不同法院之间开展协同，从机制层面推动提高案件审理效率。有序推进知识产权审判“三合一”改革工作，积极探索知识产权案件跨区域集中管辖，为加速推动京津冀协同发展、长三角一体化发展、粤港澳大湾区建设、海南自由贸易港建设等区域发展战略发挥重要作用。

在完善知识产权司法保护体制机制方面，2020 年，人民法院不断深化知识产权审判体制机制改革创新，知识产权审判力量不断增强，目前已形成以最高人民法院为龙头，以北京、上海、广州、海南自贸港知识产权法院为示范，以22家地方法院知识产权法庭为重点，以高、中级法院和部分基层法院知识产权审判庭为支撑的知识产权审判格局。完善诉讼证据制度，正确适用证明责任，制裁举证妨碍行为，减轻权利人举证负担；不断发挥知识产权专门化审判优势，缩短审理周期；提高案件审判效率，加大对维权合理开支的支持力度，降低权利人维权成本；做好垄断和不正当竞争行为司法审查，尤其加强涉互联网平台经济反垄断审判，促进创新要素自主有序流动、高效配置，维护公平有序竞争秩序。健全“全国法院技术调查人才库”及“全国法院技术调查人才共享机制”，已入库450余名技术调查官，覆盖30多个技术领域。完善以技术调查官制度为基础，以技术咨询、专家陪审、专家辅助、技术鉴定为重要组成部分的多元化技术事实查明机制，有效缓解技术事实“查明难”问题。

在统筹推进知识产权国内法治和涉外法治方面，人民法院积极运用现有法律和公认国际规则解决域外平行诉讼问题，依法作出具有“禁诉令”性质的行为保全裁定，并适用日罚金措施，有效维护了国家利益、司法主权和企业合法权益。深度参与世界知识产权组织框架下的全球知识产权治理，派员参加多项重要国际会议和双边、多边谈判，推动中国知识产权司法在国际知识产权治理领域的话语权和影响力不断提升。

《人民法院知识产权司法保护规划（2021—2025年）》，明确了“十四五”时期知识产权司法保护的指导思想、基本原则、总体目标和重点工作举措；《中国法院知识产权司法保护状况（2020年）》和2020年中国法院10大知识产权案件及50件典型知识产权案例则分别从不同视角全面展示了中国法院过去一年来知识产权审判的新成效。

（资料来源：最高人民法院）

**【2020年检察机关共起诉侵犯知识产权犯罪12 163人，同比上升10.4%】** 2021年4月25日，最高人民检察院发布2020年度检察机关保护知识产权典型案例。该批典型案例共12件，包括侵犯商业秘密刑事案件4件，侵犯著作权刑事案件4件，侵犯商标权刑事案件2件，知识产权民事、行政监督案件2件。

2020年，全国检察机关共批捕侵犯知识产权犯罪3 918件7 155人，同比分别下降9.8%和3.7%，起诉5 847件12 163人，同比分别上升7.6%和10.4%。从起诉数据看，侵犯商标权案件占总数的94.2%，侵犯著作权案件占总数的5.3%，侵犯商业秘密案件占总数的0.5%。

2020年，经检察机关建议，行政执法机关移送侵犯知识产权涉嫌犯罪案件228件262人；经检察机关监督，公安机关立案181件230人，监督撤案243件304人。与此同时，检察机关依法开展审判监督，纠正确有错误的刑事判决，提出二审抗诉、审判监督抗诉共计57件。

2020年，检察机关依法开展民事行政知识产权检察监督工作，纠正了一批确有错误的知识产权民事、行政裁判，统一了裁判尺度，切实维护了当事人合法权益。如此次发布的“福建厦门市市场监督管理局不履行法院生效判决行政检察监督案”中，由于行政机关怠于履行生效行政裁判，造成行政相对人诉讼维权目的落空，损害了司法公正和司法权威。检察机关通过制发检察建议，依法监督厦门市市场监管局及时履行法院生效判决，为激励和保护创新、营造良好营商环境提供了法治保障。

（资料来源：央广网，作者：张潇祎）

**【最高人民法院发布第28批指导性案例】** 2021年7月23日，最高人民法院发布第28批共6件指导性案例，均为知识产权类案例（指导案例157—162号）。其中，和著作权直接相关的案例为指导案例157号左尚明舍家居用品（上海）有限公司诉北京中融恒盛木业有限公司、南京梦阳家具销售中心侵害著作权纠纷案。该案明确了实用艺术作品作为美术作品受著作权法保护的要件和边界。我国现行《著作权法》第三条第九项规定作品包括“符合作品特征的其他智力成果”，但未明确实用艺术作品的保护方法和范围，《伯尔尼公约》及国际通行的做法是将实用艺术作品作为美术作品进行保护。本案例明确了实用艺术作品可以作为美术作品受著作权法的保护，且著作权法保护的是实用艺术作品的艺术性而非实用性。本案例具有较强的典型性，对于现阶段实用艺术作品侵权认定具有重要指导意义。

（资料来源：《人民法院报》，作者：孙航）

**【全国检察机关2021年上半年起诉侵犯知识产权犯罪6 017人】** 2021年7月25日，最高人民检察院发布2021年1月至6月全国检察机关主要办案数据。

数据显示，在刑事检察方面，全国检察机关办案力度明显加大，2021 年上半年共起诉侵犯知识产权犯罪 6 017 人，同比上升 12.6%，起诉率达到 91.8%，高于整体刑事犯罪 6.2 个百分点，并且这是近 5 年来的最高点。侵犯知识产权犯罪案件呈现两个特点：一是罪名集中，主要为假冒注册商标罪和销售假冒注册商标的商品罪，分别起诉 2 676 人和 2 138 人，合占起诉总数的 80%；二是发案地集中，以东南经济较发达地区为主，其中广东起诉 1 463人，上海起诉 987 人，浙江起诉 416 人，河南起诉 371 人，江苏起诉 341 人，五地合占全国起诉总数的 59.5%。

在民事检察方面，涉知识产权类案件数量也明显上升，1 月至 6 月，全国检察机关共受理涉知识产权与竞争纠纷的民事生效裁判、调解书监督案件 100 件，同比上升 88.7%；其中知识产权权属、侵权纠纷 63 件，占总数的 63%，知识产权合同纠纷 28 件，占 28%。对办理的生效裁判监督案件提出抗诉 5 件，提出再审检察建议 1 件。

（资料来源：《中国知识产权报》，作者：冯飞）

**【电视剧《红高粱》被诉侵权案一审判决不构成剽窃或抄袭】** 2021 年 1 月 5 日，海淀法院微信公众号发布案件信息称，法院一审判决驳回原告诉讼请求，判定《红高粱》不构成对《红盖头》的剽窃或抄袭。

因认为《红高粱》剽窃了《红盖头》的内容，金百星影视以侵犯著作权为由将出品方山东卫视、青岛凤凰影视、乐视花儿影视以及该剧制片人、音像制品销售商等多方诉至法院，要求法院判令被告立即停止侵犯著作权、停止复制发行和传播，在全国主流媒体公开道歉并赔偿原告经济损失 1 800 万元及相应维权损失。

经审查鉴定机构资质、鉴定程序方法及鉴定意见依据等方面，法院判定《红高粱》不构成对《红盖头》的剽窃或抄袭，并未侵犯金百星影视就《红盖头》享有的著作权，本案八被告不应当承担侵权责任。最终，法院判决驳回了原告的全部诉讼请求。宣判后，原被告双方尚未明确表示上诉。

（资料来源：《北京商报》，作者：郑蕊）

**【《三生三世十里桃花》著作权纠纷案百度被判赔百万】** 2021 年 1 月 7 日，中国裁判文书网公布了优酷网络技术（北京）有限公司与北京百度网讯科技有限公司侵害作品信息网络传播权纠纷二审民事判决书，裁判结果为驳回上诉，维持原判。另外，二审案件受理费 38 800 元，由优酷负担；二审案件受理费 8 800 元，由百度负担。

根据一审民事判决书，原告优酷公司诉称，其经授权依法享有热播影视作品《三生三世十里桃花》信息网络传播权的专有使用权。自涉案作品在卫视首轮开播后，虽经优酷公司发送预警函及 78 封权利通知邮件，仍取证到 11 000 余条百度网盘用户利用网盘服务侵权分享涉案作品视频文件的链接。一审裁判结果为：被告北京百度网讯科技有限公司赔偿原告优酷网络技术（北京）有限公司经济损失 100 万元及合理开支 3 万元。

（资料来源：中国新闻网）

**【浙江出台意见全面加强知识产权司法保护】** 2021 年 1 月 19 日，浙江省高级人民法院召开“全面加强知识产权司法保护工作”新闻发布会，发布《关于全面加强知识产权司法保护工作的实施意见》（以下简称《意见》），着力破解知识产权维权举证难、周期长、成本高、赔偿低等社会各界反映强烈问题，推动法院与相关职能部门合力促进知识产权全链条保护。

《意见》共五部分二十六条，围绕全省知识产权司法保护工作的总体思路和总体要求、精准服务保障全省创新驱动发展战略的顺利实施、着力破解“四难”问题、强化法院与相关职能部门联动协作、强化对司法保护工作的保障力度五个方面提出具体要求。

《意见》要求，加大证据保全、依职权调查取证力度，大力推行律师调查令，着力破解“举证难”问题；通过繁简分流、加大适用简易程序和小额诉讼程序、推进示范诉讼、严格规范中止诉讼等，着力破解“周期长”问题；推进诉前调解、有效规制恶意诉讼、开展在线诉讼、推广知识产权诉讼保险解决海外维权难等，着力破解“成本高”问题；加大打击源头侵权、积极适用惩罚性赔偿、推进侵权损害评估等，着力破解“赔偿低”问题。

《意见》强调，要依托司法大数据发布“知识产权司法保护指数”，对故意、重复侵权等行为人建立“黑名单”制度，营造激励创新、诚实守信的良好营商环境；完善“三服务”长效机制，3 年内在 100 家重点企业、科研院所等单位建立省级知识产权司法保护调研联系点；健全特邀行政调解机制，支持开展专利行政裁决；建立“标准化物证室”机制，探索研发以 3D 扫描技术为基础的电子物证保存应用管理系统；依托司法链智能合约探索解纷新路径，实现将合同的签约、履约、违约、催告等行为全流程自动存证和执行，努力使浙江成为知识产权司法保护示范地，争创国际知识产权司法保护优选地。

《意见》还明确，开展杭州亚运会知识产权司法保护行动，依法快速惩戒侵犯涉亚运会名称、吉祥物、会徽、会旗、会歌、宣传口号以及擅自转播等违法行为，切实保障杭州亚运会顺利举行。

（资料来源：中国法院网，作者：余建华　宋朵云）

**【“非诚勿扰”著作权案再审判决华谊兄弟胜诉】** 2021年1月29日，北京高院作出（2020）京民申5203号裁定认为，金阿欢在电影《非诚勿扰》上映后，未经许可将涉案“非誠勿擾”申请注册为商标，并且金阿欢和非诚勿扰婚介所在其经营的非诚勿扰婚恋交友网站上未经许可擅自使用涉案“非誠勿擾”的行为，构成对华谊兄弟公司享有著作权的侵害。一审和二审法院认定事实清楚，适用法律正确，故驳回再审申请人金阿欢、非诚勿扰婚介所的再审申请，维持一审和二审判决。

再审中，原被告双方围绕“非誠勿擾”是否具有独创性等问题开展了辩论。北京高院经审查认为，所谓作品“具有独创性”，一般是指作品系作者独立完成并能体现作者特有的选择与安排。涉案“非誠勿擾”由繁体字“誠擾”和简体字“非勿”构成，字体大小不一，分上下两行排列，“非”字下部使用粉色心形图案与第二行首字“誠”相连，“誠”字的“言”部首中的“、”笔画由粉色心形图案代替。涉案“非誠勿擾”经过设计在整体外观上体现了作者特有的选择和安排，具有审美意义，构成美术作品。金阿欢、非诚勿扰婚介所未经许可注册“非誠勿擾”商标，同时在企业网站上擅用“非誠勿擾”的行为，侵犯了华谊兄弟公司的著作权，故作出上述裁定。

（资料来源：《中国知识产权报》，作者：侯伟）

**【“大嘴猴”著作权案二审维持原判】** 2021年2月6日，江苏省高级人民法院就宏联国际贸易有限公司起诉周金生珠宝首饰有限公司侵犯著作权案作出二审判决，认定周金生公司生产销售的“大嘴猴”形象立体造型黄金吊坠侵犯了宏联公司就“大嘴猴”美术作品享有的著作权，需停止侵权并赔偿经济损失等共计13万元，驳回了周金生公司的上诉请求，维持了一审判决。

1995年，美国保罗·弗兰克实业有限责任公司创作完成涉案美术作品。2016年，宏联公司经保罗·弗兰克公司授权成为涉案美术作品在中国市场上所有商品类别上的独占被许可方。2018年初，宏联公司发现江苏徐州某商场的周金生专柜内销售的被诉吊坠与涉案美术作品构成实质性相似，相关行为涉嫌构成著作权侵权，遂将周金生公司起诉至法院，并索赔经济损失。一审法院经审理后认为，被诉吊坠的卡通形象主要为大嘴大耳的猴脸形象，其形象特征与宏联公司享有著作权的“大嘴猴”形象特征构成实质性相似，因此应认定被诉吊坠构成对“大嘴猴”美术作品的复制。周金生公司未经许可，生产、销售被诉吊坠的行为，侵犯了宏联公司美术作品的复制权、发行权，应当承担相应的侵权责任。一审法院在综合考虑涉案美术作品类型、侵权行为的性质、后果等因素后，酌情确定周金生公司赔偿宏联公司经济损失等13万元。

一审判决后，周金生公司不服，上诉至江苏高院。周金生公司认为，被诉吊坠与涉案美术作品不构成近似，涉案美术作品系平面图形，有比较明显的猴子特征，而被诉吊坠系三维物件，整体外观不能确定为猴子外形特征，其突出特征为大帽子，二者特征明显不同。同时，被诉吊坠未使用“大嘴猴”的文字或图形，仅标注“足金吊坠”，且周金生公司仅为品牌运营商，不是实际经营者，不应由周金生公司承担责任等。江苏高院经审理后，驳回了周金生公司的上诉请求，维持了一审判决。

（资料来源：《中国知识产权报》，作者：姜旭　李伟）

**【8省市试点知识产权检察办公室】** 2021年2月8日，最高人民检察院举行“依法加强知识产权司法保护 服务保障创新型国家建设”新闻发布会。会议透露，日前，最高检已经下发试点方案，决定在北京、上海等8个省市检察机关开展为期一年的知识产权检察职能集中统一行使试点工作，同时鼓励其他非试点地区检察机关因地制宜推进知识产权检察工作。

为加强对知识产权的综合司法保护，2020年11月，最高检决定整合知识产权刑事、民事、行政检察职能，以专门办案组织的形式成立了知识产权检察办公室。最高人民检察院第四检察厅厅长、知识产权检察办公室主任郑新俭认为，成立知识产权检察办公室是为了适应网络信息化时代知识产权犯罪呈现高技术化、智能化、产业化、链条化的新特征，实现机构专门化，并以此推进建立高素质的知识产权检察队伍。

（资料来源：新华网，作者：陈慧娟）

**【KTV 擅自提供百余部歌曲被判侵权】** 2021 年 3 月 11 日，北京知识产权法院就北京乐扬知识产权代理有限公司起诉北京影人盛世休闲娱乐有限公司侵犯作品放映权案作出二审判决，认定影人盛世公司未经许可通过在其经营场所的点歌设备，以营利为目的放映乐扬公司享有权利作品的行为，侵犯了乐扬公司就涉案作品享有的放映权，须停止侵权并赔偿经济损失 4.17 万元。

一审法院经审理认为，影人盛世公司在未经许可也未支付报酬的情况下，通过其经营的“影人娱乐”点歌设备以营利为目的放映涉案作品，属于通过技术设备公开再现涉案作品的行为，侵犯了乐扬公司对涉案作品享有的放映权。综合多种因素，一审法院判令影人盛世公司须赔偿乐扬公司经济损失 4.17 万元。

影人盛世公司不服一审判决，上诉至北京知识产权法院。影人盛世公司的主要上诉理由为：乐扬公司提供授权书的署名日期是 2017 年 4 月 19 日，但其授权期限是 2015 年 12 月 1 日至 2018 年 11 月 30 日。从授权书来看，授权书还没有签署就开始计算授权期限，明显不符合法律规定。且乐扬公司并未取得延长授权期限的证明；乐扬公司 2018 年 7 月 17 日取证，2020 年 9 月提起诉讼，时间跨度大，经济赔偿标准和水平差异明显。且 2020 年受疫情影响，公司几乎没有收入，生存困难，涉案作品传唱度低，北京怀柔作为郊区消费水平较低，一审判额明显偏高；公证过程中没有对设备进行清洁性检查等。北京知识产权法院结合在案证据，作出上述判决，驳回了影人盛世公司的全部上诉请求。

（资料来源：《中国知识产权报》，作者：姜旭）

**【浙江在 14 个检察院设立知识产权检察办公室】** 2021 年 3 月 14 日消息，浙江省检察院决定在包括省检察院，杭州、宁波、温州三个市级检察院以及杭州市上城区、江干区，宁波市海曙区、鄞州区、余姚市，温州市瓯海区、瑞安市、乐清市、嘉善县、义乌市等基层检察院在内的 14 个检察院开展知识产权检察职能集中统一履行试点工作，整合知识产权刑事、民事、行政检察职能，组建知识产权检察办公室，专业化全方位从事知识产权检察综合性司法保护工作。

该项试点工作主要通过组建知识产权检察办公室（专业办案组），集中统一履行知识产权刑事、民事、行政检察职能，构建知识产权全方位综合性司法保护机制，全面落实知识产权专业化办案体系。据介绍，试点工作将重点加强民事、行政检察监督协同推进，依法履行民事生效裁判检察监督职能；关注不服涉知识产权行政行为的行政诉讼裁判监督，畅通行政执法信息共享和移送机制，促进知识产权行政机关依法行政；探索不同诉讼程序间证据转化衔接，研究对侵犯知识产权不同惩罚手段的灵活运用。

（资料来源：《检察日报》，
作者：范跃红　荀晓阳）

**【国航公司因航班擅自提供歌曲被判侵权】** 2021 年 3 月 25 日，北京知识产权法院作出二审判决，认定上海风华公司系涉案专辑《RELOADED》（《重启》）中 10 首涉案歌曲的词曲著作权人，中国国际航空股份有限公司（以下简称“国航”）未经许可，擅自在其运营的客机中向公众提供涉案专辑的在线点播服务行为，侵犯了上海风华公司就涉案专辑《RELOADED》（《重启》）中 10 首涉案歌曲享有的信息网络传播权。

一审法院认为，《有点儿意思》《诺言》《致爱》《勋章》《冒险时间》歌词，其转让真实有效，上海风华公司依法享有其著作权，上海风华公司有权对相关侵权行为提起诉讼；《有点儿意思》《诺言》《致爱》《勋章》《冒险时间》曲谱，《Lu》曲谱及歌词，无法认定其著作权发生真实有效的转让，故无法认定上海风华公司享有其著作权，上海风华公司就此提出的诉讼请求，一审法院不予支持。国航公司使用涉案歌曲及涉案录音制品未获得授权，其相关使用行为侵犯了上海风华公司对《有点儿意思》《诺言》《致爱》《勋章》《冒险时间》歌词享有的信息网络传播权，及作为涉案专辑录音制作者享有的许可他人通过信息网络传播录音制品的权利，应当承担侵权责任。不过对于上海风华公司关于国航公司侵犯涉案歌曲复制权及录音制品复制权的主张，一审法院未予支持。综合考虑涉案歌曲的知名度、市场价值，国航公司侵权具体方式、主观过错程度等因素，一审法院酌情确定国航公司赔偿原告经济损失及合理开支共计 6 万元。

一审判决后，上海风华公司不服，上诉至北京知识产权法院。在上海风华公司是否为涉案歌曲著作权人问题上，二审法院认为，上海风华公司提交的《作品登记证书》显示其经受让取得了涉案专辑《RELOADED》（《重启》）中 10 首涉案歌曲音乐作品的著作权，同时还提交了显示为相关作者签署的转让协议及部分作者证照，二审审理中提交的公证书还显示知名在线音乐平台、网站标注上海风华公司系著作权人。此外，依照上海风华公司提交的上述证据，可以初步证明其系涉案专辑《RELOADED》(《重启》) 中 10 首涉案歌曲的词、曲著作权人，国航公司虽对此不予认可，但未提交反证，故应认定上海风华公司系涉案专辑《RELOADED》(《重启》) 中 10 首涉案歌曲的词、曲著作权人。国航公司在其运营的客机中通过局域网向公众提供涉案专辑的在线点播服务，乘客个人可在飞机座椅终端设备点播，并非在机舱内公开播放涉案歌曲，该行为受信息网络传播权控制，不受表演权控制，不构成侵犯表演权。由于国航公司未举证证明其实施上述行为系经合法许可，故其行为属于侵犯上海风华公司就涉案词、曲享有的著作权中的信息网络传播权以及就涉案录音制品享有的录音制作者权中的信息网络传播权利的侵权行为，应当承担相应侵权责任。此外，二审法院维持了一审关于被告赔偿原告经济损失等共计 6 万元的判决。

（资料来源：中国知识产权资讯网，作者：李伟）

**【《杜鹃山》案二审判决原被告共同享有版权】** 2021 年 3 月 31 日，北京知识产权法院就歌剧演员韩延文与北京歌舞剧院有限责任公司（以下简称“北歌公司”）之间的版权纠纷案作出二审判决，确认韩延文与北歌公司共同享有歌剧《杜鹃山》的版权，但北歌公司单独享有歌剧中音乐作品的版权。

一审法院经审理认为，北歌公司与案外人郑某就歌剧乐谱创作签订合作协议，并支付郑某相关费用，故对韩延文提出的其与北歌公司共同享有歌剧乐谱版权的主张不予支持。在歌剧版权归属问题上，一审法院认为，歌剧剧本系北歌公司委托案外人胡某创作，且该剧本由北歌公司实际掌握，韩延文提供的各项指导、咨询意见并不直接产生歌剧《杜鹃山》剧本，因此，韩延文不享有涉案歌剧的版权。

韩延文不服，上诉至北京知识产权法院。北京知识产权法院经审理认为，涉案歌剧是受委托创作的合作作品，案外人郑某、胡某作为受委托合作创作该歌剧的作者，二人对该歌剧共同享有版权。因该歌剧的音乐部分、文字部分可分割使用，故郑某就其创作的音乐作品单独享有版权，胡某就其创作的文字作品单独享有版权。北歌公司通过与案外人胡某和郑某签订合同，先后取得涉案歌剧的版权。根据韩延文提交的证据，韩延文曾与北歌公司达成关于共同享有歌剧版权的共同委托人内部约定，在北歌公司取得歌剧版权后，韩延文有权依此内部约定与北歌公司共享歌剧版权。基于此，北京知识产权法院认定韩延文与北歌公司共同享有涉案歌剧的版权。但法院同时认为，在案证据不足以证明韩延文的创意和指导行为构成对歌剧中音乐作品的创作行为，不足以构成其主张共同享有歌剧中音乐作品版权的依据。

（资料来源：《中国知识产权报》，作者：李伟）

**【北京市检察院召开新闻发布会通报 2020 年度知识产权保护工作情况】** 2021 年 4 月 15 日，北京市人民检察院召开 2020 年度知识产权保护工作报告暨典型案例新闻发布会。

北京市检察院党组成员、副检察长张家贞发布了《2020 年度北京市检察机关知识产权保护工作情况》。2020 年北京市共依法批准逮捕涉及侵犯知识产权犯罪案件 116 件 179 人，依法起诉 131 件 216 人；经建议，行政执法机关移送刑事案件 48 人；共受理知识产权行政诉讼监督案件 75 件，提请抗诉 2 件，发出再审检察建议 1 份；共受理知识产权民事诉讼监督案件 32 件，提出抗诉 1 件。

会上通报了 2020 年度北京市检察机关知识产权保护典型案例。这 12 个典型案例涉及商业秘密、商标权、著作权的刑事保护和知识产权民事检察监督，不乏利用“爬虫”等技术手段实施的新型侵犯知识产权案件。北京市检察机关通过发布办案要旨，分享商业秘密、商标标识等的认定思路，解决实践争议难点，促进执法裁判标准的统一。

会上发布了《北京市检察机关涉商业秘密案件保密工作指南》系列文件和《北京市检察机关对高新技术企业商业秘密保护与合规风险提示》，通过多种举措来保障权利人合法权益，提高企业知识产权维权意识和能力，努力营造尊重知识产权、保护知识产权的良好氛围。

（资料来源：北京市人民检察院）

**【首例短视频模板侵权案判决二被告赔偿 6 万元】** 2021 年 4 月 16 日，杭州互联网法院对原告深圳脸萌科技有限公司、北京微播视界科技有限公司与被告杭州某科技有限公司、杭州某创新科技股份有限公司著作权侵权纠纷一案进行宣判，判决二被告立即停止在 Tempo APP 中提供涉案短视频模板，赔偿经济损失及合理费用共计 6 万元。

2020 年 2 月 27 日，制作人“阿宝”在剪映 APP 上发布了“为爱充电”短视频模板，用户可通过替换模板中的可更换素材形成自己的视频。上述二原告经制作人授权取得相关著作权权利。同年2月28日，二被告在运营的Tempo APP上传了被控侵权视频。二原告主张二被告侵害其信息网络传播权、复制权、改编权及汇编权。二被告辩称涉案短视频模板不具有独创性，不构成作品，不应受到著作权保护。

法院在判定涉案短视频模板“独创性”时的具体考量因素首先为是否独立创作完成。法院认为本案制作者将剪映APP中的创作元素进行选择与编排制作出的短视频模板与既有各个独立的元素存在客观明显的差异，且没有证据证明在发布前存在相似的短视频模板，故应当认定由制作者独立创作完成。

其次，是否具有创作性，具体体现在剧情的安排和画面的组合上。法院认为该短视频模板构成了一个有机统一的视听整体，其中包含了制作者多方面的智力劳动，制作者根据想要表达的思想主题，奠定风格基调，寻找各种元素并进行整合，整个创作过程存在智力创造空间，具有独特的选择、安排与设计，体现了制作者的个性化表达。

另外，涉案短视频模板的展现具备连续动态效果的表现形式，具备摄制在一定介质上，由一系列有伴音或者无伴音的画面组成，并且借助适当装置放映或者以其他方式传播的特性，故而认定其属于类电作品。

（资料来源：南方都市报，作者：徐冰倩　于典）

**【2020年北京互联网法院受理著作权案件约2.9万件】** 2021年4月20日，北京互联网法院召开涉网著作权案件审理情况新闻通报会，通报2020年北京互联网法院涉网著作权案件审理情况。2020年度，北京互联网法院共受理著作权案件28 946件，审结27 925件，结收比为96%。从结案方式上看，以调解和撤诉方式结案21 714件，占比78%，以判决等其他方式结案6 236件，占比22%，息诉解纷成效明显。从审判周期上看，案件平均审理周期为51天，知识产权权利人的维权周期大大缩短。

北京互联网法院受理的涉网著作权案件纠纷呈现以下特点：一是案件数量处持续高位，侵权行为呈多发态势，辖区内文创产业发达，互联网企业云集，作品的创作和传播行为呈规模化、集群化，由此引发的侵权纠纷亦呈现多发态势；二是类型化诉讼占比高，维权主体相对集中，约80%的案件呈现出明显的类型化、同质化特点，且此类案件的起诉主体较为集中，具有较明显的商业化维权特点；三是涉案作品形式丰富，新型创作成果不断涌现，高科技的发展直接推动了新型创作方式和作品样态的产生，此类成果应否被认定为著作权法所保护的作品，应当适用何种保护规则，成为司法亟待解决的新问题；四是涉案侵权行为多样，新型传播方式不断出现，传统传播方式被新的网络信息流动方式所替代，如何合理平衡权利人、传播者和社会公众之间的利益关系，为司法保护工作带来了前沿挑战；五是涉案技术应用繁多，新型商业模式不断呈现，数字经济背景下，多行业呈现混业融合发展，推动版权领域产业生态发生新的变革，亟须探索与数字经济发展相适应的数字化版权治理体系。

（资料来源：中国知识产权资讯网，作者：赵瑞科）

**【迅雷擅自提供《三生三世十里桃花》下载链接被判赔70万余元】** 2021年4月21日，北京知识产权法院作出二审判决，认定深圳市迅雷网络技术有限公司未经许可，擅自向用户提供《三生三世十里桃花》的下载链接和“会员加速”下载服务的行为侵犯了优酷网络技术（北京）有限公司就涉案电视剧享有的信息网络传播权，应立即停止侵权行为，并赔偿经济损失共计70万余元。

2017年，优酷公司发现，用户使用迅雷软件可以搜索涉案电视剧以及下载涉案电视剧，并且迅雷公司还向用户提供“会员加速”的下载服务。优酷公司认为迅雷公司的行为涉嫌侵犯优酷公司就《三生三世十里桃花》所享有的信息网络传播权。随后，优酷公司向迅雷公司发送侵权告知，要求迅雷公司将相关涉案电视剧下架，并且清除盗版链接，包括切断后端所有的盗链和非法设链行为。沟通未果后，将迅雷公司起诉至北京市海淀区人民法院，请求法院判令迅雷公司停止侵权，并赔偿经济损失共计2 930万余元。

一审法院结合在案证据认为，迅雷公司在接到告知函后并未对被诉网站中的相关内容进行断开处理，应当就此承担相应的侵权法律责任。在赔偿金额方面，考虑到涉案电视剧播放量大、知名度高，优酷公司为取得涉案电视剧的相关授权支出的成本较高，以及迅雷公司系网络下载服务商，并未直接向用户提供涉案电视剧的在线播放服务等因素，酌情确定赔偿经济损失共计70万余元。

迅雷公司不服，上诉至北京知识产权法院。北京知识产权法院受理该案后进行了公开开庭审理，驳回了迅雷公司的上诉请求，维持了一审原判。

（资料来源：中国知识产权资讯网，作者：李伟）

**【上海检察院发布《2020年上海知识产权检察白皮书》】** 2021年4月25日，上海市检察院召开新闻发布会，发布中英双语版《2020年上海知识产权检察白皮书》，分析2020年上海检察机关办理的知识产权犯罪案件，研究知识产权违法犯罪活动的特点和发展趋势，立足检察职能提出强化知识产权司法保护的对策建议。发布会还发布了10件知识产权犯罪典型案例和《企业知识产权保护指南》。

2020年，上海检察机关受理侵犯知识产权犯罪案件1 537件3 554人，其中商标权类案件量增长76%。在2019年基础上，检察机关同步加大挽回知识产权权利人损失工作力度，共有90名犯罪嫌疑人在捕诉环节主动退赔人民币合计4 123.47万元。通过行刑衔接移送线索案件2件。立案监督63件，追捕41人，追诉同案犯25人。抗诉案件3件。此外，上海市知识产权公诉案件生效判决407件816人，其中，判处三年以下（包含三年）有期徒刑或者拘役的人员占比90.2%，平均罚金数额19.55万元，罚金最高额达1 200万元。

（资料来源：最高人民检察院）

**【广西：著作权案件收案数位居首位】** 2021年4月25日，广西壮族自治区高级人民法院举行新闻发布会，通报知识产权司法保护工作情况，发布2020年广西法院知识产权司法保护状况白皮书及知识产权审判十大典型案例。

2020年广西法院共受理各类知识产权案件4 438件，其中，著作权案件收案数位居首位，为2 435件（不包括计算机软件著作权），占比54.9%；审结知识产权民事案件3 775件、行政案件9件、刑事案件55件，结案率为86.5%，比2019年上升1.71个百分点，实现案件收结良性循环。广西法院聚焦当前知识产权审判中存在的“举证难、赔偿低、成本高、周期长”等突出问题，依法严惩假冒等严重侵犯知识产权犯罪，审结一批涉贵州茅台、五粮液、西凤酒等知名品牌的假酒案件。

（资料来源：《人民法院报》，作者：吴琪　魏素娟）

**【《哪吒之魔童降世》侵权案一审驳回原告全部诉讼请求】** 2021年5月28日，北京知识产权法院公开宣判电影《哪吒之魔童降世》被诉侵害《五维记忆》改编权纠纷一案。法院认定，整台《五维记忆》舞台剧不构成戏剧作品或其他作品，舞台剧中“供舞台演出的作品”部分构成戏剧作品，但仍与电影《哪吒》在人物设置、诸多情节及其他元素上，不构成实质性相似，判决驳回原告中影华腾（北京）影视文化有限公司的全部诉讼请求。

2019年，中影华腾公司将《哪吒之魔童降世》的导演及片方等六被告告上法庭。原告诉称，其系戏剧作品《五维记忆》的著作权人，主张《五维记忆》舞台剧构成《著作权法》所规定的戏剧作品或者其他作品，且主张电影《哪吒之魔童降世》在人物设定、故事情节、其他要素表达方面与《五维记忆》构成实质性近似，六被告在创作该电影的过程中亦具有实际接触《五维记忆》的可能性，侵犯了原告的改编权，请求法院判令被告立即停止侵权、刊登声明以消除影响、连带赔偿经济损失5 000万元并承担合理费用100万元。

法院经审理认为，本案中，电影《哪吒之魔童降世》与舞台剧《五维记忆》中“供舞台演出的作品”部分属于不同形式的作品。在对不同类型的作品进行著作权层面的相似性判断时，应当注意同一作品的不同受众基于个人独特的思想感情、生活经历等因素会产生不同的主观感受，作品的创作者对于其作品也会有其个性化的理解；不同形式的文学艺术作品给予受众主观感知的差异程度会有所不同。因此，特别是在对包含语言文字、音乐、图画、舞蹈等多种形式形成的不同作品进行著作权层面的相似性比对时，应当以外观主义为原则，以广大受众的一般感受为基础，而不能受创作者对作品的个性化理解的限制。经比对，原告主张的关于人物设定（包括人物形象、人物性格及人物关系）、8个故事情节以及纱幕结界的内容，二者均不构成实质性相似。北京知识产权法院一审判决驳回原告全部诉讼请求。

（资料来源：中国新闻网，作者：宋宇晟）

**【北京互联网法院高效化解社交媒体平台著作权纠纷】** 2021年6月1日，北京互联网法院召开互联网社交媒体平台案件审判情况新闻发布会。会上，北京互联网法院院长张雯介绍，2018年9月9日至2021年5月31日，该院共受理案件10.25万余件，其中涉及社交媒体平台的2.37万余件，占比23.18%。社交媒体平台纠纷中，著作权纠纷占比最高，为87.71%。

社交媒体平台纠纷涉诉主体较为集中，截至2021年5月31日，数量排名前10的社交媒体平台共计涉诉2.04万余件，占该类案件总收案的85.79%，主要涉及社交类APP及各大门户网站。

北京互联网法院调研发现，社交媒体平台发展中存在诸多问题，比如混业经营下，运营链上涉及平台、主播、品牌方、卖家、消费者等多方主体，可能涉及多重法律关系，且复合平台需要分业监管，易导致监管重叠或监管空白。针对这些问题，北京互联网法院依托审判职能作用，积极探索诉源治理、典型案例示范调解、协同治理等创新机制、输出规则。据介绍，针对要求社交媒体平台披露涉嫌侵权主体身份信息案件，北京互联网法院建立了信息披露类案件诉前化解机制，运行近一年来，在诉前调解阶段成功调解该类案件 2 350 件，平均用时不足 30 天，高效化解了纠纷。针对社交媒体平台纠纷主体集中化、问题类型化的特点，进一步将调解延伸到纠纷立案前，通过一个示范性判决，一揽子化解潜在未成讼的大批量案件。

（资料来源：《中国知识产权报》，作者：侯伟）

**【重庆市第一中级人民法院裁定禁止擅自播放《斗罗大陆》】** 2021 年 6 月 4 日，重庆市第一中级人民法院作出裁定，北京微播视界科技有限公司应立即删除抖音 APP 上用户名为“忆三漫剪”“言笑剪辑”“小山追剧”等多个账号中存在的涉嫌侵犯《斗罗大陆》权利的视频，并立即采取有效措施过滤和拦截其他用户上传和传播涉嫌侵权视频。

《斗罗大陆》由知名网络作家唐家三少的同名小说改编而来，腾讯公司拥有该剧的独家信息网络传播权，并在腾讯视频上独家播放。《斗罗大陆》播出期间，腾讯公司发现，抖音 APP 等短视频平台内存在大量账号通过剪辑、切片等方式直接搬运或剪切某一集《斗罗大陆》全部或部分内容的侵权视频。随后，腾讯公司向这些短视频平台发送侵权告知函，要求对方立即停止传播侵权视频并采取合理措施，采取有效措施阻止侵权视频的上传。截至裁定作出前，网上存在大量《斗罗大陆》动漫侵权视频。腾讯公司认为，《斗罗大陆》正处于热播期，如不立即采取行为保全措施，将严重侵犯申请人的合法权益，并造成难以弥补的损害，遂向重庆市第一中级人民法院提交诉前行为保全申请，请求裁定抖音 APP 运营方微播视界采取有效措施删除平台内涉嫌侵权的视频，并采取有效措施过滤和拦截用户上传和传播涉嫌侵权视频。

法院在受理上述申请后，围绕申请人的请求是否具有事实基础和法律基础、不采取行为保全措施是否会使申请人的合法权益受到难以弥补的损害、采取行为保全措施是否损害社会公共利益以及是否会造成申请人与被申请人之间的利益失衡等问题进行了审查。其中，在申请人的请求是否具有事实基础和法律基础上，法院认为，其关键在于权利基础是否稳定以及是否具有胜诉的可能性。根据我国《民法典》第一千一百九十五条规定，网络用户利用网络服务实施侵权行为的，权利人有权通知网络服务提供者采取删除、屏蔽、断开链接等必要措施。网络服务提供者接到通知后，应当及时将该通知转送相关网络用户，并根据构成侵权的初步证据和服务类型采取必要措施。微播视界公司作为抖音 APP 的主办方，对于网络用户利用网络服务实施侵权的行为，负有采取删除、屏蔽、断开链接等必要措施的义务。因此，申请人就涉案被诉侵权行为提起侵权诉讼具有极高的胜诉可能性。另外，在不采取行为保全措施是否会使申请人的合法权益受到难以弥补的损害问题上，法院经审查后认为，涉案《斗罗大陆》是正在热播的动漫作品，可以为申请人带来较高的广告流量和 VIP 会员收入。抖音 APP 上“斗罗大陆话题”最高达 214.7 亿次播放量，可见用户数量庞大，且在抖音 APP 平台上传被控侵权视频的用户数量多、传播范围广，如不及时制止被控侵权行为，将导致申请人市场交易机会丧失，给申请人造成流量降低、收入减少和竞争优势削弱等难以弥补的损害。据此，重庆市第一中级人民法院作出上述裁定。

（资料来源：中国知识产权资讯网，作者：姜旭）

**【电竞赛事直播著作权侵权第一案判决虎牙获赔 100 万元】** 2021 年 6 月 5 日，广州互联网法院对外公布虎牙诉斗鱼电竞赛事著作权侵权及不正当竞争一案一审结果。法院认定，被告斗鱼盗播原告虎牙涉案电竞赛事直播节目的行为构成著作权侵权，前者被判向虎牙赔偿 100 万元。据悉，此案是国内首次认定电竞赛事直播著作权侵权案。

判决书显示，虎牙公司在 2020 年 2 月与 ESL（ESL Gaming GmbH）公司达成战略合作，取得 IEM Katowice 2020 、ESL One LA 以及 EPL 第 11 季赛事的中文直播权后，分别于 2020 年 2 月 24 日、3 月 17 日发现斗鱼直播平台在未获授权的情况下，擅自直播 IEM 系列赛事、EPL 系列赛事。公开资料显示，ESL 公司是位于德国的知名电竞公司，IEM 和 EPL 是由该公司主办的全球性电竞系列赛事。

判决书还显示，斗鱼在收到 2 份通知函后，于 2020 年 3 月、4 月期间仍持续不断侵权，且侵权时间几乎与虎牙的直播同步，反复侵权的时间长达整个赛季，涉及 32 场 EPL 赛事。法院认为，斗鱼直播平台作为专业的直播平台，在明知未获得权利人授权许可的情况下，通过信息网络提供了被诉侵权赛事直播，而该直播节目视频中大量使用了原告享有著作权的 ESL PRO LEAGUE 第 11 季赛事画面，侵害了原告虎牙公司的著作权益。

（资料来源：极目新闻，作者：顾光）

**【重庆知识产权法庭正式成立】** 2021 年 6 月 16 日，经最高人民法院、重庆市委批复，重庆知识产权法庭在重庆市第一中级人民法院正式揭牌成立。重庆市委副书记、市长唐良智，最高人民法院党组成员、副院长李少平出席揭牌仪式并为重庆知识产权法庭揭牌。重庆市委常委、政法委书记刘强，重庆市政府副市长、市公安局局长胡明朗出席揭牌仪式，重庆市高级人民法院党组书记、院长李永利主持仪式。

根据最高人民法院批复，重庆知识产权法庭主要管辖发生在重庆市辖区内有关专利、技术秘密、计算机软件、植物新品种、集成电路布图设计、涉及驰名商标认定及垄断纠纷的第一审知识产权民事和行政案件；发生在重庆市辖区内除基层人民法院管辖范围之外的第一审知识产权民事和行政案件；不服重庆两江新区人民法院（重庆自由贸易试验区人民法院）审理的第一审知识产权民事案件的上诉案件，以及不服重庆市渝中区人民法院审理的第一审知识产权民事、行政、刑事案件的上诉案件。

（资料来源：《人民法院报》，
作者：刘洋　李错）

**【《明朝那些事儿》二审判决被告赔偿 9.7 万余元】** 2021 年 7 月 26 日，天津市高级人民法院就华著盛阅（天津）文化产业有限公司（以下简称“华著公司”）起诉深圳爱问科技股份有限公司（以下简称“爱问公司”）侵犯作品信息网络传播权纠纷一案作出二审判决，爱问公司未经许可，擅自在其经营的网站上提供涉案作品在线阅读和下载服务的行为，侵犯了华著公司的信息网络传播权，须赔偿经济损失共计 9.7 万余元。

涉案作品《明朝那些事儿》是一部网络连载作品，2006 年首次在天涯社区发表，一经面世，收获无数好评。2020 年，华著公司发现“爱问共享资料”网站对外提供涉案作品在线阅读及下载服务，华著公司认为，对方涉嫌侵犯其信息网络传播权。随后，华著公司将“爱问共享资料”网站的经营主体爱问公司起诉至天津市第三中级人民法院。爱问公司辩称，“爱问共享资料”网站中之前存在的涉案作品均为网友上传，爱问公司无法对海量内容进行甄别。

天津市第三中级人民法院经审理认为，爱问公司虽然主张涉案作品由网络用户上传，但未提供充足证据予以证实，故应就其提供涉案作品的侵权行为承担相应的法律责任。法院在综合考虑涉案作品的独创性、类型等因素后，酌情确定爱问公司赔偿华著公司经济损失 9.7 万余元。一审判决后，爱问公司不服，向天津市高级人民法院提起上诉。二审法院经审理后维持了一审原判。

（资料来源：《中国知识产权报》，作者：李伟）

**【“小猪佩奇”信息网络传播权纠纷案二审判决被告赔偿 7.8 万元】** 2021 年 7 月 30 日，广州知识产权法院就艾斯利贝克戴维斯有限公司、娱乐壹英国有限公司与广州荔支网络技术有限公司侵害作品信息网络传播权纠纷案作出二审判决：维持原判，荔支公司应在判决生效之日起十日内赔偿戴维斯公司、娱乐壹公司共计 78 000 元。

中国裁判文书网公示了艾斯利贝克戴维斯有限公司、娱乐壹英国有限公司等与广州荔支网络技术有限公司侵害作品信息网络传播权纠纷一审民事判决书。

该诉讼发生于 2019 年。原告艾斯利贝克戴维斯、娱乐壹是知名动画片《小猪佩奇》的制片者，对该片享有完整著作权。未经原告许可，被告荔枝 FM 向公众提供了《小猪佩奇》四季音频的在线播放服务，被告行为侵害了原告的信息网络传播权，原告方对其提出约 117 万元赔偿诉求。2020 年 12 月 31 日，一审法院广州互联网法院下达民事判决书，判决结果显示：被告应在本判决生效之日起十日内赔偿原告共计 78 000 元。

（资料来源：《大河报》，作者：杨霄）

**【《西虹市首富》被诉侵权案二审判决不侵权】** 2021 年 9 月 29 日，电影《西虹市首富》著作权权属、侵权纠纷二审案在北京知识产权法院公开宣判，法院维持了一审原判。

2019 年，编剧王某认为，电影《西虹市首富》剽窃了其原创剧本《财产继承者之“有钱了”》的核心独创情节，严重地侵害了原告依法享有的著作权，对其剧本的后续影视化造成了实质性妨碍。故王某以著作权受到侵害为由，起诉包括电影编剧和开心麻花影业等制片方在内的六名被告侵权。

一审法院审理后认为，涉案电影与王某的作品在具体表达上并不相同，并且王某也没有提交证据证明其与六名被告实际接触或存在接触的可能，故判决驳回王某的诉求。

王某不服，向北京知识产权法院提起上诉。

2021 年 3 月 18 日，本案二审公开审理。法庭上，王某表示曾将剧本通过微信发给被上诉人之一林某某。《西虹市首富》在人物设定、特殊事件、特殊场景以及结局的反转剧情上，与原告剧本存在大量近似之处。二者在表述上虽有所不同，但这些相似点不是概括性的、一般性的叙事情节，而是具体到了一定程度足以产生感知特定作品来源的特有欣赏体验的情节，这些设定应当被视为上诉人王某具有独创性的表达。

针对王某的诉求，六被上诉人辩称，从未接触过涉案剧本，王某诉称的侵权行为缺乏事实基础及法律要件。此外，被上诉人指出《西虹市首富》系基于合法授权独立创作改编自电影《布鲁斯特的百万横财》，人物关系、核心故事情节均具有合法的改编来源。王某诉称的相似内容，部分在《布鲁斯特的百万横财》中已经存在，部分不构成实质性相似，王某所称的侵权行为并不成立。

9 月 29 日，电影《西虹市首富》被指侵权案在北京知识产权法院二审宣判，法院维持了一审原判。

（资料来源：《新京报》，作者：张静姝）

**【斗鱼因冯提莫等主播未经授权演唱《小跳蛙》被判赔 2.9 万元】** 2021 年 9 月 30 日，北京知识产权法院审结上诉人武汉斗鱼网络科技有限公司与被上诉人北京麒麟童文化传播有限责任公司侵害著作权纠纷案，判决撤销一审判决书，改判斗鱼公司赔偿麒麟童公司经济损失 2.9 万元及合理开支 1.2 万元。

原告一审时主张，麒麟童公司合法取得歌曲《小跳蛙》在全世界范围内的著作财产权，依法享有该歌曲的词曲著作权之表演权。冯提莫等 12 名主播以营利为目的，2016 年至 2019 年期间在斗鱼直播间演唱《小跳蛙》59 次，并接受粉丝巨额打赏礼物，获得巨大的经济利益。直播完毕后，其形成的相应直播视频在互联网传播，供所有用户点击、浏览、播放、分享、下载。原告认为，斗鱼公司作为斗鱼网站的著作权人及开发运营者，与其主播未经许可，在直播活动中以营利为目的多次演唱涉案歌曲，严重侵害麒麟童公司对涉案歌曲依法享有的词曲著作权之表演权及著作权法第十条第十七项规定的其他权利。原告请求法院判令赔偿麒麟童公司经济损失 11.8 万元，并赔偿律师费 1.2 万元。斗鱼公司对主播在其直播间演唱涉案歌曲的行为侵害了麒麟童公司的著作权不持异议，但提出其仅为技术服务提供者，不应成为承担责任的主体。

一审法院经审理认为，本案中，斗鱼公司在应当意识到涉案直播行为存在构成侵权较大可能性的情况下，未采取与其获益相匹配的预防侵权措施，对涉案侵权行为主观上属于应知，构成侵权，应承担相应的民事责任。因此，一审法院判决斗鱼公司赔偿麒麟童公司经济损失 3.74 万元及合理开支 1.2 万元。

斗鱼公司不服一审判决，上诉至北京知识产权法院，要求撤销一审判决，改判驳回麒麟童公司的一审诉讼请求。北京知识产权法院经审理认为，网络直播平台的服务方式多种多样，应当根据平台的服务类型确定其性质和法律责任。实践中，网络直播平台的服务方式主要包括平台服务方式和主播签约方式。本案中，麒麟童公司主张斗鱼平台存在三种侵权行为：一是网络主播在斗鱼平台直播时形成被诉侵权视频；二是被诉侵权视频的存储及播放平台虽非斗鱼平台，但被诉侵权视频带有“斗鱼”水印或“斗鱼”房间号；三是斗鱼公司签约主播在斗鱼平台及其他网络平台直播被诉侵权视频。针对前两种被诉侵权行为，斗鱼平台作为网络服务提供者，对主播的直播行为没有直接的控制力和决定权，应当适用一般注意义务。鉴于斗鱼公司对网络主播的侵权行为不具有明知或应知的过错，不应当承担间接侵权的法律责任。针对第三种被诉侵权行为，因斗鱼公司与签约主播系劳动关系或者具有特殊的收益分成约定，故斗鱼公司应当承担直接侵权的法律责任。

北京知识产权法院认为斗鱼公司的部分上诉请求成立，撤销一审判决，改判斗鱼公司赔偿北京麒麟童公司经济损失 2.9 万元及律师费支出 1.2 万元。

（资料来源：《北京日报》，作者：徐慧瑶）

**【北京知识产权法院通报著作权合同纠纷案件审理情况】** 2021 年 10 月 9 日，北京知识产权法院通报了著作权合同纠纷案件审判情况，同时发布 7 个著作权合同纠纷典型案例。

北京知识产权法院副院长宋鱼水介绍，著作权合同纠纷突出体现在文化创意产业的新业态新领域，近年来案件数量增长较快。“我院受理的著作权合同纠纷二审案件从 2015 年的 37 件，到 2018 年的 81 件，再到 2021 年前三个季度的 44 件，涉及广播影视、动漫游戏、演艺娱乐、媒体融合等文娱热地、文化传承的创意创新发展领域，纠纷数量的逐年变化侧面反映出我国文化创意产业呈现加速发展的态势。”

（资料来源：央广网，作者：孙莹）

**【国内首个涉外知识产权争议商事调解规则正式实施】** 2021年10月29日，中国贸促会调解中心发布《中国国际贸易促进委员会/中国国际商会调解中心知识产权争议调解规则》，并于11月1日正式实施。《中国国际贸易促进委员会/中国国际商会调解中心知识产权争议调解规则》是国内首个面向解决涉外知识产权争议的商事调解规则。

统计显示，2013年以来，全国法院共审结知识产权案件229.2万件，年均增长24.5%。目前，知识产权纠纷案件面临着“案多人少”的局面。调研显示，知识产权领域的纠纷很大程度上在于解决知识产权创造者与使用者之间商业利益平衡问题，传统用诉讼的方式解决知识产权纠纷往往耗时长、成本高，企业普遍期待一种高效、友好、一揽子解决争议的纠纷解决方式，帮助各方快速实现利益平衡，达到双赢。

中国贸促会调解中心知识产权专业委员会委员王正志表示，在国际上，大量知识产权纠纷案件采用和解方式结案。相较于诉讼，调解无疑能更好地回应争议当事人友好解决争议的诉求，同时也能更好地弥合文化差异、化解多边争议。此外，知识产权制度国际化使得国际调解成为解决跨境知识产权争议的可选项。

（资料来源：《经济日报》，作者：朱琳）

**【苹果公司因侵害《人民的名义》等作品信息网络传播权被判赔1 200余万元】** 2021年11月1日，中文在线公司全资子公司中文在线（天津）文化发展有限公司诉美国苹果公司侵害作品信息网络传播权纠纷系列案件收到天津滨海区法院一审判决，法院判决美国苹果公司侵害了作品《人民的名义》《国家公诉》《康熙大帝》《家》《春》《秋》等数十部作品的信息网络传播权，共计赔偿金额为1 200余万元。

一审法院判决认定，苹果公司作为App Store程序应用商店的实际经营者，根据其自身规划的商业模式和运营政策及协议条款，对App Store网络服务平台具有很强的控制力和管理能力。基于苹果公司对应用程序商店的控制与管理能力，被告苹果公司在应当知晓涉案应用程序为应用程序开发商未经许可提供的情况下，仍未采取合理措施，故可以认定被告并未尽到合理注意义务，具有主观过错，其涉案行为构成侵权，应承担相应的法律责任。

（资料来源：《中国证券报》，作者：于蒙蒙）

**【杂技作品《俏花旦——集体空竹》诉《俏花旦》侵权胜诉】** 2021年11月1日，北京知识产权法院就中国杂技团有限公司与吴桥县桑园镇张硕杂技团、深圳市腾讯计算机系统有限公司、许昌市建安区广播电视台著作权权属、侵权纠纷案作出终审判决：维持原判，驳回上诉，即张硕杂技团赔偿中国杂技团经济损失4万元，许昌市建安区广播电视台赔偿中国杂技团经济损失1万元等。

由中国杂技团推出的杂技节目《俏花旦——集体空竹》，凭借其较强的艺术魅力和扎实的真功夫征服了国内外观众。2017年，因认为腾讯视频网站播放的许昌市建安区广播电视台举办的2017年春节联欢晚会中的杂技节目《俏花旦》与《俏花旦——集体空竹》高度相似，侵犯了其相关著作权益，中国杂技团将腾讯公司、许昌市建安区广播电视台以及表演单位张硕杂技团诉至北京市西城区人民法院，索赔10万元。

腾讯公司辩称，作为网络服务提供者，其未对上传者提供的涉案视频做任何修改、删减，涉案视频已被及时删除，同时也未从上传者提供的涉案视频中直接获得经济利益。许昌市建安区广播电视台辩称，电视节目录制过程经过张硕杂技团的合法授权，其没有过错，不应承担赔偿责任。而张硕杂技团辩称，原告的节目不是原创作品，“抖空竹”是中国传统的杂技节目，自己有权利进行表演。张硕杂技团自2003年开始从事“抖空竹”杂技表演，涉案节目内容由自己创作，参考对象是沧州某杂技节目。

一审法院认为，《俏花旦——集体空竹》是杂技艺术作品，主要表达内容为“集体抖空竹”，但其中穿插、融合的戏曲动作、舞蹈动作，已经与“抖空竹”技能动作密不可分，形成一个艺术表达整体。“俏花旦抖空竹”舞台艺术形象富有感染力，杂技动作鲜活灵动，与编导作者、著作权人之间形成特定化联系，构成著作权法意义上的作品，该作品区别于既有的“抖空竹”民间技艺，应当受到著作权法保护。一审法院认为，张硕杂技团涉案行为侵犯了中国杂技团对涉案杂技节目《俏花旦——集体空竹》享有的表演权、获得报酬权；许昌市建安区广播电视台涉案行为侵犯了中国杂技团对《俏花旦——集体空竹》享有的广播权、信息网络传播权；腾讯公司不构成帮助侵权。据此，法院判决张硕杂技团赔偿中国杂技团经济损失 4 万元，许昌市建安区广播电视台赔偿中国杂技团经济损失 1 万元等。张硕杂技团不服一审判决，提起上诉。张硕杂技团称，中国杂技团在起诉时自述涉案杂技节目《俏花旦——集体空竹》源于“王氏天桥杂技”，《俏花旦——集体空竹》并不具有独创性。

二审法院北京知识产权法院认为，《俏花旦——集体空竹》中的“抖空竹”亦属于杂技，虽然中国杂技团自述相关技艺源自“王氏天桥杂技”，但不能就此简单认定其中的具体动作、技巧均属于公有领域，进而认定其不具有独创性。本案中，从《俏花旦——集体空竹》内容看，其诸多“抖空竹”动作额外融入了包含我国传统戏曲元素、舞蹈元素的动作乃至表情设计。此外，其在具体走位、连续动作的衔接和编排上亦存在个性化安排，使得相应连贯动作在展示高超身体技巧的同时传递着艺术美感。二审法院认为，《俏花旦——集体空竹》中的形体动作编排设计体现了创作者的个性化选择，属于具备独创性的表达，构成著作权法规定的杂技作品，遂驳回上诉，维持原判。

（资料来源：《中国知识产权报》，作者：侯伟）

**【娃哈哈侵权使用美术作品被判赔 8 800 元】** 2021 年 11 月 3 日，北京听涛网络科技有限公司（以下简称“听涛公司”）与杭州娃哈哈集团有限公司相关侵害作品信息网络传播权纠纷一审法律文书公布。

判决文书显示，听涛公司于 2015 年 5 月 11 日在其运营的微信公众号“牛哄哄一家人”上发表文章《牛 B 哄哄一家人：你是这样堕落的!》，文章中有涉案 11 幅美术作品，每幅作品中均有“牛哄哄一家人”图案。听涛公司提交了上述作品的手绘创作底稿和涉案作品中的“牛哄哄一家人”图案商标注册证书。

听涛公司于 2020 年 6 月 29 日在联合信任时间戳服务中心通过互联网申请取证，存证页面显示微信公众号“娃哈哈微学堂”于 2015 年 12 月 18 日发布文章《个人素质 65——如果你有，说明你正在堕落》，使用涉案作品 11 幅。取证时，微信公众号“娃哈哈微学堂”的账号主体为娃哈哈公司。经核实，涉案美术作品已删除。

法院查明后认为，原告系涉案美术作品的著作权人，娃哈哈公司在其经营的微信公众号中未经听涛公司许可使用了涉案作品，应当承担停止侵害、赔偿损失等侵权责任。最终判决结果为，被告娃哈哈公司赔偿原告听涛公司经济损失 8 800 元。

（资料来源：中国网，作者：李静）

**【深圳检察机关发布知识产权刑事法律保护工作白皮书】** 2021 年 11 月 16 日，《检察日报》刊登了广东省深圳市检察院发布《深圳检察机关知识产权刑事法律保护工作白皮书（2017—2021）》的新闻，这是该院首次全面梳理并发布深圳检察机关知识产权刑事法律保护工作情况。

白皮书通报，2017 年至 2021 年 8 月，深圳检察机关共受理侵犯知识产权犯罪审查逮捕案件 1 801 件 3 433 人、审查起诉案件 1 705 件 3 169 人。案件数呈先升后降趋势。2017 年至 2021 年 8 月，深圳检察机关每年受理侵犯知识产权犯罪审查起诉案件分别是 358 件 680 人、439 件 760 人、394 件 739 人、292 件 517 人、222 件 473 人。

侵犯商标权类犯罪案件的件数和人数分别占总数的 97.5％和 97.04％；侵犯著作权类犯罪案件的件数和人数分别占总数的 1.84％和 1.9％；侵犯商业秘密类犯罪案件的件数和人数分别占总数的 0.66％和 1.06％。在所有案件中，97％以上案件与侵犯商标权有关。

2017 年至 2021 年 8 月，深圳检察机关依法监督侦查机关立案 4 件 6 人，撤案 1 件 2 人；发现并纠正违法取证、不当查封扣押冻结财物等侦查违法行为 13 件次；共追捕漏犯 10 人，追诉漏犯漏罪 35 人次；依法提出抗诉 11 件。

（资料来源：《检察日报》）

**【浙江省高院在全省推广“版权 AI 智审”】** 2021 年 11 月 17 日，浙江省高级人民法院知识产权审判庭下发明传，在全省知识产权审判中推广“版权 AI 智审”单图溯源应用。在图案类著作权侵权纠纷中遇到权属不明情况，浙江省法院可委托柯桥区人民法院启用智审系统溯源模块，提高相关案件的审判效率。

“版权 AI 智审”项目是浙江全域数字法院改革重点应用项目，由柯桥法院主导开发，2021 年 4 月正式投用。据悉，这是全国首个“版权 AI 智审”系统，开发了单图溯源、创新比对、相似比对三项功能，分别应对三种不同诉讼场景，法官可在办案、办公、庭审中直接调用智审模块，着力破解版权保护中花样版权原创情况难查、创新程度难定、事实认定难断、市场秩序混乱等司法难点问题。截至目前，已累计为 129 个印花图案进行溯源比对。溯源比对的准确率取决于数据库，“版权AI智审”系统投用以来，柯桥法院不断更新扩充数据库，收录作品数量从10万余张增加到21万余张，作品类型从印花图案拓展为含美术作品、摄影作品在内的全品类图案。

（资料来源：《绍兴日报》，作者：杜珊珊）

**【“人人影视字幕组”侵权案判决被告人获刑三年半】** 2021年11月22日，上海市第三中级人民法院（以下简称“上海三中院”）公开开庭审理了上海市人民检察院第三分院提起公诉的被告人梁某平涉嫌犯侵犯著作权罪一案，并当庭作出一审判决，以侵犯著作权罪判处被告人梁某平有期徒刑三年六个月，并处罚金人民币一百五十万元；违法所得予以追缴，扣押在案的供犯罪所用的本人财物等予以没收。

经审理查明，自2018年起，被告人梁某平先后成立武汉链世界科技有限公司、武汉快译星科技有限公司，指使王某航（另案处理）雇佣万某某、徐某、熊某、姜某某、田某、温某、文某、王某某、胡某某、阳某某（上述人员均另案处理）等人作为技术、运营人员，开发“人人影视字幕组”网站及Android、IOS、Windows、MacOSX、TV等客户端，由谢某洪（另案处理）等人组织翻译人员，从境外网站下载未经授权的影视作品，翻译、制作、上传至相关服务器，通过所经营的“人人影视字幕组”网站及相关客户端向用户提供在线观看和下载服务。

经审计及鉴定，“人人影视字幕组”网站及相关客户端内共有未授权影视作品32 824部，会员数量共计约683万。其间，被告人梁某平以接受“捐赠”的名义通过涉案网站及客户端收取会员费；指使谢某翔（另案处理）以广西三江县海链云科技有限公司等公司的名义，对外招揽广告并收取广告费用；指使丛某某（另案处理）对外销售拷贝有未授权影视作品的移动硬盘。经审计，自2018年1月至案发，通过上述各渠道，非法经营额总计人民币1 200余万元。2021年1月6日，被告人梁某平在其居住地被公安人员抓获归案，到案后如实供述了犯罪事实。

上海三中院经审理认为，被告人梁某平以营利为目的，未经著作权人许可，复制发行他人作品，属于有其他特别严重情节，其行为已构成侵犯著作权罪，依法应予惩处。在共同犯罪中，被告人梁某平起主要作用，系主犯，应按照其所参与的或者组织、指挥的全部犯罪处罚。被告人梁某平到案后如实供述自己的罪行，系坦白，可以从轻处罚。被告人梁某平到案后自愿认罪认罚，并预缴了部分罚金，可以从宽处理。综合本案的犯罪事实、性质、情节和对社会的危害程度等，决定对梁某平从轻处罚，遂作出上述判决。

（资料来源：上海三中院）

**【游戏擅用金庸小说元素构成侵权，完美世界起诉获赔约2 005万元】** 2021年11月26日，北京知识产权法院就北京玩蟹科技有限公司与完美世界（北京）软件科技发展有限公司相关不正当竞争纠纷作出二审判决。

文书显示，一审原告完美世界公司诉称，于2016年支付巨额授权费获得作家金庸《射雕英雄传》《神雕侠侣》等四部小说及元素在游戏改编开发、发行及运营方面的独占权利，而被告玩蟹科技在与该公司达成上述小说相关授权协议期满后，仍使用涉案小说元素。一审法院认为，玩蟹公司侵犯完美世界公司对涉案小说享有的改编权，且构成不正当竞争，判决其赔偿完美世界公司约2 005万元。

玩蟹公司上诉称，完美世界公司获得涉案小说相关权利授权的链条存在瑕疵；一审判决认定涉案游戏内容构成著作权侵权的情况下，同时认定玩蟹科技对涉案游戏的介绍构成不正当竞争，系对同一行为进行重复法律评价。

二审法院审理认为，有关完美世界公司获得涉案小说相关权利授权链条存在瑕疵等主张缺乏依据；玩蟹公司未经许可，擅自将涉案小说改编成涉案游戏，侵犯完美世界公司对涉案小说享有的改编权，并构成著作权侵权及不正当竞争；一审判决酌定赔偿金额尚属合理。故此，驳回玩蟹公司上诉，维持原判。

（资料来源：蓝鲸财经）

**【广东高院判决游戏地图“换皮”构成侵权】** 2021年12月6日，广东省高级人民法院对深圳市腾讯计算机系统有限公司与畅游云端（北京）科技有限公司、英雄互娱科技股份有限公司等著作权侵权及不正当竞争纠纷上诉案公开宣判，判决畅游云端公司、英雄互娱公司等停止侵权行为，并赔偿腾讯公司经济损失2 500多万元。这是全国首例对于游戏地图“换皮”侵权纠纷的生效判决。

《穿越火线》由韩国一家企业开发，腾讯公司是其在中国大陆地区的独家代理运营商。《全民枪战》

是一款由畅游云端公司开发、英雄互娱公司等运营推广的移动端射击类网络游戏。2017 年，腾讯公司起诉畅游云端公司、英雄互娱公司等著作权侵权及不正当竞争，索赔 9 800 万元。深圳市中级人民法院一审判决，认定《全民枪战》被诉六幅地图构成著作权侵权，判令各被告停止侵权，并判赔 4 500 余万元。

广东高院审理认为，游戏地图构建的虚拟空间在一定程度上是模拟现实世界的数字化表达，是实现虚拟与现实交互的重要平台，当游戏地图的空间布局结构足够具体，符合图形作品的特征，可以作为图形作品获得保护。射击类游戏地图开发过程分为若干阶段，包括主题创意策划、平面设计图、3D 建模、美术效果完善等阶段。其中，美术效果相当于游戏地图的“皮肤”，可以根据游戏场景风格任意替换，而前几个阶段相当于为游戏地图搭建起“骨架”与“血肉”。对于射击类游戏而言，游戏场景地图处于美术表皮之下的空间布局结构才是其创作关键和核心表达，应认定为图形作品。

据此，广东高院最终认定四幅游戏地图构成侵权。对于两幅未认定侵权的游戏地图，法院认为两幅游戏地图的不同点远远多于相同点，不构成实质性相似。关于赔偿数额，法院按照“《全民枪战》获利×游戏地图对于游戏整体贡献率×侵权游戏地图在全部游戏地图中使用率”的方式计算，最终认定侵权游戏地图获利 2 500 多万元。

（资料来源：中国长安网）

**【广州互联网法院发布全国首例不当投诉构成“错误通知”案件】** 2021 年 12 月 8 日，广州互联网法院发布全国首例不当投诉构成“错误通知”的案件。该案中，华纳公司声称虎牙直播 APP 上存在多条短视频侵犯其音乐作品著作权，要求苹果应用商店对涉案 APP 作下架处理。虎牙则向法院请求裁定华纳立即停止向苹果的投诉，并为此提供了 50 万元的担保。

广州互联网法院审理认为，华纳的投诉行为具有一定的不当性。本案中，苹果和虎牙针对投诉内容均已采取必要措施，苹果收到华纳侵权投诉后，即向虎牙转发。虎牙在华纳仅提交查询指引并未提交初步权属证据的情况下，已删除被投诉的具体侵权内容，并将包括涉案音乐作品在内的其他视频全部删除。而华纳持续向苹果投诉并坚持要求下架涉案应用程序的行为属于权利滥用。

同时，法院认为不采取行为保全措施会使虎牙的合法权益受到难以弥补的损害，华纳要求苹果下架虎牙公司涉案 APP，将有可能导致平台上其他主播和用户上传的合法内容被一并下架，不仅会损害他人的正当权益，而且不利于促进直播和短视频领域的发展以及社会主义文化事业的繁荣。此外，申请人虎牙已提供 50 万元银行存款作为担保。在被申请人华纳没有举证证明可能因执行行为保全措施所遭受的损失的情况下，上述担保已经初步符合保全担保要求。

最终法院裁定，华纳公司的行为构成“错误通知”，应在收到裁定之日起立即停止针对申请人虎牙公司的应用程序虎牙直播平台向苹果应用商店的投诉行为。

（资料来源：蓝鲸财经）

**【腾讯起诉云游戏平台侵权获赔 88 万元】** 2021 年 12 月 21 日，据广州互联网法院发布，腾讯诉“5G 芝麻”云游戏平台著作权侵权、不正当竞争纠纷案宣判。腾讯公司经授权取得《英雄联盟》《QQ 飞车》《逆战》《地下城与勇士》《穿越火线》等知名游戏软件及全部游戏内元素的著作权。腾讯公司认为祺韵公司在“5G 芝麻”云游戏平台未经其授权预装涉案网络游戏，供用户在该平台上操作；利用上述游戏的知名度和吸引力来夺取本应属于腾讯公司的用户和流量、云游戏平台市场份额，分别构成著作权侵权和不正当竞争。同时，优视公司提供“5G 芝麻”云游戏平台的下载和分发服务，对祺韵公司的侵权提供帮助，构成共同侵权。故腾讯公司将祺韵公司和优视公司诉至法院。广州互联网法院判决：祺韵公司在判决生效之日起十日内赔偿腾讯公司的经济损 800 000 元及维权合理开支 80 000 元。

（资料来源：广州互联网法院）

**【上海高院出台《关于卡拉 OK 经营者著作权侵权纠纷案件损害赔偿数额计算问题的解答》】** 上海市高级人民法院经深入调研，制定出台《关于卡拉 OK 经营者著作权侵权纠纷案件损害赔偿数额计算问题的解答》。

依托上海法院知识产权案件管理系统的大数据分析平台，上海高院经统计、调研发现在审理卡拉 OK 经营者著作权侵权纠纷案件时，各地法院普遍以某一固定的单曲判赔金额乘以涉案歌曲数量来计算每个案件的判赔金额，该做法不能准确体现知识产权的市场价值，容易出现判赔金额畸高或畸低情形，并诱发以营利为主要目的的商业化维权。

2021年6月，上海高院召开卡拉OK版权保护座谈会，主动听取中国音像著作权集体管理协会、上海市文化娱乐行业协会及相关企业代表意见建议，与会代表一致认为，著作权保护应以鼓励创作和促进作品传播为目的，法院应进一步完善司法保护举措，通过正确裁量知识产权价值，合理计算侵权赔偿数额，减少非理性诉讼。

上海高院通过对全国法院相关案件裁判规则进行调研梳理，并运用经济学分析方法拟定了版权使用费和单次点播使用费两种损害赔偿计算依据，同时还规范了以许可使用费为基础的法定赔偿适用，提请上海法院知识产权价值评估咨询专家进行科学性和可行性论证，最终制定出台了《解答》。《解答》以“司法主导、严格保护、分类施策、比例协调”的知识产权司法保护政策为基本原则，明确无论起诉的权利主体是集体管理组织还是未加入集体管理组织的著作权权利人，均给予同等水平的严格保护，同时规定针对全曲库和个别曲目两种不同的诉讼标的，分别采取版权使用费和单次点播使用费作为损害赔偿计算依据，在点播次数无法查清的情形下，采用以许可使用费为基础的法定赔偿方式计算损害赔偿数额。

（资料来源：上海市高级人民法院，作者：郭燕）

**【法院首次判定短视频特效有著作权】** 杭州互联网法院判决，抄袭抖音“窗花剪剪”的特效道具下架，抄袭方赔偿抖音20万元。

本案涉及的特效道具是2021年抖音十大最受欢迎趣味特效之一的“窗花剪剪”，2月4日于抖音上线后，在湖南卫视小年夜春节联欢晚会大范围推广，是抖音牛年春节的主推特效。其主要功能是提供窗景和红色纸张页面，通过识别用户鼻尖的运行轨迹，将用户用鼻尖作剪刀在屏幕上“剪”窗花的效果动态呈现出来。

“窗花剪剪”上线约10天后，抖音发现，某短视频平台出现了极为相似的剪窗花特效道具，遂将该平台告上法庭。

抖音认为，“窗花剪剪”特效构成视听作品，被告的抄袭行为侵犯了抖音的著作权；但被告主张，该设计属于思想范畴，不受著作权法保护。

杭州互联网法院审理后认为，剪窗花、贴窗花是概念，属于思想范畴，但如何展示剪窗花、贴窗花可以具象为具体的表达。

在本案中，“窗花剪剪”的情境设置包括了“鼻尖识别定位”、“鼻尖痕迹复制”、“纸张选择”、“场景设置”和“展开方式”等步骤和内容，体现了制作者在场景设置、元素创作、画面衔接等方面的具象创作。这种表达方式是对剪窗花这一思想的独创性表达，理应受到著作权法保护。

法院认为，被告特效道具的外观虽与“窗花剪剪”存在差异，但整体展示过程和元素内容高度相似，很难用巧合解释。因此，法院最终认定两者构成实质性相似，判处被告承担侵权责任。

（资料来源：《北京青年报》，作者：温婧）

## ◆ 行政管理

**【李克强对保护知识产权、打击侵权假冒工作作出重要批示】** 2021年5月21日消息，中共中央政治局常委、国务院总理李克强对保护知识产权、打击侵权假冒工作作出重要批示。批示指出：保护知识产权、打击侵权假冒事关创新型国家建设和人民群众健康安全。近年来，各地区各有关部门积极推进打击侵权假冒工作，坚决打击侵权假冒违法犯罪行为，激发了全社会创新活力，但对存在的问题仍不可忽视。要坚持以习近平新时代中国特色社会主义思想为指导，认真贯彻党中央、国务院决策部署，进一步加强统筹谋划，完善法律法规，层层压实责任，持续开展重点领域重点环节侵权假冒专项整治。强化行政执法和司法衔接，完善“双随机、一公开”监管、信用监管、跨部门协同监管等有效做法，深化国际交流合作，加强知识产权全链条保护，着力打造市场化、法治化、国际化营商环境，维护公平竞争的市场秩序，更大激发市场主体活力和社会创造力，为促进创业创新、推动高质量发展、保障和改善民生做出新贡献。

（资料来源：新华社）

**【王勇出席2021年全国打击侵权假冒工作电视电话会议并讲话】** 2021年5月21日，2021年全国打击侵权假冒工作电视电话会议在京召开，国务委员、全国打击侵权假冒工作领导小组组长王勇出席会议并讲话。他强调，要深入贯彻习近平总书记关于加强知识产权保护和打击侵权假冒工作的一系列重要指示精神，落实李克强总理批示要求，坚持统筹发展和安全，进一步完善工作机制，加大整治力度，严厉打击侵权假冒违法行为，切实维护公平竞争的市场秩序和安全放心的消费环境。

王勇指出，加强知识产权保护和打击侵权假冒是服务构建新发展格局、推动高质量发展的内在要求和迫切需要。各地区各有关部门要进一步加强组织领导、压实各方责任，强化协同联动和行刑衔接，继续保持对侵权假冒高压严打态势。深入开展互联网消费、农业农村市场、食品药品防疫物资等重点领域专项整治，加大跨部门跨区域、线上线下一体化监管执法力度，坚决做到重拳出击、整治到底、震慑到位。针对侵权假冒行为新变化新特点，创新监管方式，深化国际合作，推进社会共治，切实增强全社会保护创新、公平竞争意识，更好保障人民群众生命健康安全和促进经济社会高质量发展。

（资料来源：新华社）

**【国务院印发《“十四五”国家知识产权保护和运用规划》】** 2021 年 10 月 9 日，国务院印发《“十四五”国家知识产权保护和运用规划》。

《规划》指出，坚持质量优先、强化保护、开放合作、系统协同，到 2025 年，知识产权强国建设阶段性目标任务如期完成，知识产权领域治理能力和治理水平显著提高，知识产权事业实现高质量发展，有效支撑创新驱动发展和高标准市场体系建设，有力促进经济社会高质量发展。《规划》提出知识产权保护迈上新台阶、知识产权运用取得新成效、知识产权服务达到新水平、知识产权国际合作取得新突破等四个主要目标，设立“每万人口高价值发明专利拥有量”等八个主要预期性指标。

《规划》围绕五个方面部署了重点任务：一是全面加强知识产权保护，激发全社会创新活力，完善知识产权法律政策体系，加强知识产权司法保护、行政保护、协同保护和源头保护；二是提高知识产权转移转化成效，支撑实体经济创新发展，完善知识产权转移转化体制机制，提升知识产权转移转化效益；三是构建便民利民知识产权服务体系，促进创新成果更好惠及人民，提高知识产权公共服务能力，促进知识产权服务业健康发展；四是推进知识产权国际合作，服务开放型经济发展，主动参与知识产权全球治理，提升知识产权国际合作水平，加强知识产权保护国际合作；五是推进知识产权人才和文化建设，夯实事业发展基础。围绕五大任务，《规划》还设立了商业秘密保护工程等十五个专项工程。

《规划》从加强组织领导、鼓励探索创新、加大投入力度、狠抓工作落实等四个方面保障实施，确保目标任务落到实处。

（资料来源：人民网，作者：任妍）

**【三部门联合部署开展集中行动严厉打击春节档院线电影盗录传播】** 2021 年 2 月 8 日，国家版权局官网发布要闻信息显示，近日，中宣部版权管理局、中宣部电影局、公安部食品药品犯罪侦查局联合部署开展院线电影版权保护集中行动，严厉打击春节档院线电影盗录传播等违法犯罪行为，规范电影市场版权秩序。集中行动将围绕重点院线电影特别是纳入国家版权局重点作品版权保护预警名单的春节档院线电影，通过开展预警保护、组织巡查监测、强化线索摸排、密切执法协作、加强“两法衔接”等措施，严厉打击影院偷拍、非法传播等侵权盗版行为，深挖源头、打掉团伙、摧毁网络，对权利人意见强烈、社会危害大的案件，依法从重处罚。同时，将充分发挥院线、影院、网络服务商、行业协会的作用，落实主体责任，加强联动配合，共同强化院线电影版权保护的社会共治体系。

（资料来源：国家版权局）

**【科技部、深圳市人民政府：支持深圳开展知识产权证券化试点】** 2021 年 2 月 25 日，科技部、深圳市人民政府印发《中国特色社会主义先行示范区科技创新行动方案》的通知。

通知要求，建设科技创新治理样板区。以系统推进全面创新改革试验为统领，完善科技创新法律法规和政策，深化科技体制改革，建设科技创新治理样板区。支持深圳制定新型研发机构项目申请、分类支持等配套政策。推进创业板改革，实行注册制，推进发行、上市、信息披露、交易、退市等基础性制度改革。优化政策环境，重点支持符合国家战略的高新技术产业和战略性新兴产业领域的高新技术企业在创业板上市。支持深圳开展知识产权证券化试点，完善知识产权价值评估、企业融资增信和知识产权质押融资等制度，拓宽知识产权融资渠道，促进科技成果资本化。

（资料来源：中新经纬）

**【《推动知识产权高质量发展年度工作指引（2021）》印发】** 2021 年 3 月 3 日，国家知识产权局印发《推动知识产权高质量发展年度工作指引（2021）》。

《工作指引》突出四个方面的原则：坚持系统观念，加强顶层设计；坚持问题导向，深化改革创新；坚持统筹兼顾，实施分类指导；坚持法治思维，强化能力建设。《工作指引》确定三个方面的重要任务。一是强化知识产权高质量发展标杆引领，主要围绕准确把握高质量发展的内在要求，提出持续推动“十四五”知识产权高质量发展指标体系实施落实，因地制宜设置地方“十四五”指标体系，高标准推进知识产权强国建设试点示范工作等重点任务。二是强化知识产权高质量发展政策配套实施，主要围绕加强知识产权宏观政策研究、健全知识产权保护政策、完善知识产权运用促进政策、优化知识产权公共服务政策、深化知识产权国际合作等重要任务，针对性地提出各项措施举措，为促进实体经济高质量发展提供有力支撑。三是强化知识产权高质量发展统计监测，提出加强知识产权指标统计监测工作、健全地方知识产权指标统计监测体系等重要任务，加强重要指标的统计评价、产业相关数据的统计发布、指导地方做好开展高质量发展情况的监测评估和统计报送等工作。

根据《工作指引》确定的主要目标，到2021年底，我国知识产权顶层设计进一步强化、知识产权工作法治化水平不断提高、知识产权高质量创造导向更加凸显、知识产权运用效益持续提升、知识产权服务水平稳步提高、知识产权保护国际合作和竞争统筹推进、知识产权保护得到全面加强，为贯彻新发展理念、构建新发展格局、推动高质量发展提供有力保障。

（资料来源：国家知识产权局）

**【推进使用正版软件工作部际联席会议第十次全体会议在京召开】** 2021年3月29日，中央宣传部副部长张建春在京主持召开推进使用正版软件工作部际联席会议第十次全体会议。张建春就做好2021年推进使用正版软件工作提出四点要求。第一，强化组织领导，进一步发挥制度引领作用。随着软件正版化工作的不断深入，遇到的新情况越来越多、越来越复杂，需要进一步加强组织领导和统筹协调，更好地发挥软件正版化工作机制的优势和作用，在巩固和完善制度上下功夫，在推动制度落地生根上下功夫，不断提升工作整体效应和合力。第二，突出工作重点，进一步巩固扩大工作成果。以制度建设、软件采购、使用管理、日常检查、年度报告和考核评议为重点，切实巩固党政机关、中央企业和金融机构软件正版化工作成果。深入推动地方国有企事业单位以及特定行业和重点领域，加快实现软件正版化，持续推进工业设计软件正版化工作，不断扩大软件正版化工作覆盖面。第三，强化督促检查，进一步落实主体责任。进一步完善联席会议联合督查和聘用第三方审计机构现场核查相结合的督查工作机制，推动建立常态化随机督查制度。加大督查通报和约谈工作力度，对检查发现大量使用盗版软件的企业依法予以查处。第四，抓住关键环节，进一步推动安全发展两促进。推进正版化与信息化、信息安全相结合，坚持同规划、同部署、同实施，保障信息安全。综合运用法律、行政和技术手段，加强软件产品研发指导，进一步改善软件版权保护环境，为软件产业高质量发展提供更优质的保障。会议审议通过了联席会议2020年工作总结和2021年工作计划。

（资料来源：《中国新闻出版广电报》，作者：赖名芳）

**【国家版权局与文旅部规范卡拉OK领域版权市场秩序】** 2021年4月2日，国家版权局、文化和旅游部联合下发《关于规范卡拉OK领域版权市场秩序的通知》，作出坚持通过著作权集体管理解决卡拉OK领域版权问题、坚持卡拉OK领域“二合一”版权许可机制等八项规定。

坚持通过著作权集体管理解决卡拉OK领域版权问题。卡拉OK领域版权问题具有权利人众多和使用者众多的特点，“点对点”的版权许可方式无法满足权利人和使用者的实际需要。要统筹兼顾权利人和使用者利益，坚持通过著作权集体管理解决卡拉OK领域版权问题，完善体制机制，创新方式，提升效能。

坚持卡拉OK领域“二合一”版权许可机制。根据《著作权集体管理条例》第二十六条规定，在自愿基础上推动卡拉OK领域继续实施“二合一”版权许可机制。中国音乐著作权协会（以下简称“音著协”）管理的音乐作品表演权和中国音像著作权集体管理协会（以下简称“音集协”）管理的音乐电视作品放映权，统一由音集协向卡拉OK经营者发放许可、收取使用费，使用费由音集协和音著协经协商分配。音集协和音著协应当加强合作，在许可内容、许可方式、许可效率、费用分配等方面完善工作机制，为权利人和使用者提供更高水平服务。

坚持“先许可后使用”原则。卡拉OK经营者应当按照“先许可后使用”原则，与音集协签订许可使用合同后合法使用作品，许可使用合同以音集协官方网站公布的文本为准。未经许可，不得使用相关作品。版权使用费以国家版权局公告的使用费标准为基准，合理兼顾权利人的合法权益与卡拉OK经营者的实际需要。鼓励卡拉OK经营者通过相关行业协会或代表与音集协开展集体协商，就许可范围、许可期限、许可费用、支付方式等内容达成统一协议。

坚持协商合作优先机制。卡拉 OK 领域各相关方应当加强合作，通过联席会议、定期磋商等方式及时通报信息、交流经验，化解风险、解决纠纷。对于卡拉 OK 领域与版权有关的法律适用、许可机制和商业模式等普遍性或复杂性问题，优先以协商沟通方式解决，积极寻求非诉纠纷解决途径。对于无法协调一致或者其他重大事宜，应当及时向主管部门报告。

坚持著作权集体管理信息公开透明。音集协和音著协应当建立权利信息查询系统，供权利人和使用者查询其管理的权利种类、作品和录音录像制品的名称、权利人姓名或名称等信息；应当依法通过财务报告、工作报告和其他业务资料及时向有关主体通报作品许可使用情况和版权使用费相关情况，向社会公开年度报告、联系方式，接受权利人、使用者和社会各界监督。音集协应当在官方网站公布许可使用合同文本、许可流程和规范、从事许可的工作人员等信息。

坚持著作权集体管理组织非营利性原则。音集协和音著协应当进一步强化非营利性法人定位，不得委托、支持、纵容商业机构介入卡拉 OK 领域著作权集体管理事务。其他任何组织和个人不得介入卡拉 OK 领域著作权集体管理活动，破坏“二合一”版权许可机制，扰乱版权市场秩序。未经批准擅自从事著作权集体管理活动的，由主管部门依法查处；构成犯罪的，依法追究刑事责任。

坚持依法监管著作权集体管理组织。国家版权局依法监管音集协和音著协在卡拉 OK 领域的著作权集体管理活动，检查相关业务工作，核查相关财务资料。对音集协和音著协违反法律法规和有关政策的，依法依规采取诫勉谈话、责令限期改正、责令罢免或者解聘有关主管人员、提出暂缓年检建议和吊销许可证等措施。

坚持依法加强卡拉 OK 行业管理。文化和旅游行政部门加强对卡拉 OK 领域的行业监管和内容监管，支持和引导相关行业协会与音集协、音著协落实卡拉 OK 领域“二合一”版权许可机制，配合相关部门建立健全科学合理的卡拉 OK 领域版权保护机制，切实维护权利人和使用者的合法权益，促进行业规范发展。

（资料来源：《中国新闻出版广电报》，
作者：赖名芳）

**【贯彻落实“十四五”规划纲要、加快建设知识产权强国发布会在京召开】** 2021 年 4 月 25 日，国务院新闻办公室在京举行贯彻落实“十四五”规划纲要、加快建设知识产权强国新闻发布会。会上发布 2020 年中国知识产权保护状况，通报我国在知识产权领域取得的五方面成果。国家知识产权局局长申长雨、副局长何志敏，中宣部版权管理局局长于慈珂出席发布会并答记者问。

会上通报，2020 年，我国知识产权各项工作取得显著成效。一是知识产权保护全面加强。知识产权保护社会满意度提升至 80.05 分。在版权领域，完成著作权法修改，建立侵权惩罚性赔偿制度。全国立案查办侵权盗版案件 1 826 起，移送司法机关 213 起。二是知识产权创造量质齐升。2020 年作品登记量 331.6 万件，计算机软件著作权登记量 172.3 万件。世界知识产权组织发布的《2020 年全球创新指数报告》中，中国排名第 14 位，较 2015 年提升 15 位。三是知识产权运用效益加速显现。统计显示，2019 年全国版权产业行业增加值达到 7.3 万亿元，占当年国内生产总值的 7.39%。四是知识产权领域改革持续深化。大力推进知识产权领域“放管服”改革。最高人民检察院组建知识产权检察办公室，最高人民法院设立海南自由贸易港知识产权法院。五是知识产权国际合作取得新进展。与世界知识产权组织续签“一带一路”知识产权合作政府间协议。首个在我国缔结并以我国城市命名的知识产权国际条约《视听表演北京条约》正式生效。启动批准《马拉喀什条约》国内程序。发布会上，于慈珂介绍了“十三五”期间我国版权工作取得的四项成就：版权法律制度体系不断完善，版权保护水平不断提升，版权工作质量效益不断提高，版权国际交流不断深化。

（资料来源：《中国新闻出版广电报》，
作者：赖名芳）

**【打击院线电影盗录传播集中行动成效显著】** 2021 年 4 月 26 日，国务院新闻办公室在京举行《中国知识产权保护与营商环境新进展报告（2020）》新闻发布会。中宣部版权管理局副局长汤兆志在答记者问时介绍，2021 年 2 月至 3 月，中宣部版权管理局、中宣部电影局、公安部食品药品犯罪侦查局联合部署开展打击院线电影盗录传播集中行动，采取多种有效措施，严厉打击春节档院线电影盗录传播违法犯罪行为。

一是部署预警保护。2 月 8 日，国家版权局发布

《2021年度第二批重点作品版权保护预警名单》，将《你好，李焕英》等7部春节档院线电影纳入预警保护，要求提供内容、存储、搜索链接、电商网站、应用程序商店等各类网络服务商采取有效措施，提前防范、及时处理院线电影盗录传播等侵权盗版行为。

二是加强巡查监测。各地版权、电影主管部门加强对电影院的巡场管理，严防偷拍盗录，并加大网络巡查和盗版监测力度。集中行动期间，各地版权、电影主管部门以7部春节档院线电影放映传播情况为检查巡查重点，出动执法人员3.65万余人次，检查影院、点播影院等场所1.18万家次，巡查网站/APP 2 682家次。

三是快速处置侵权。各地版权、电影主管部门安排多班值守、多线应对，对权利人投诉和群众举报的信息进行认真筛选和系统梳理，督导各社交平台、网盘、电商平台等网络服务商采取紧急措施，快速删除涉春节档院线电影侵权链接3万余条。

四是查办大要案件。各地版权、电影主管部门和公安机关强化线索摸排，积极拓展案源，排查锁定多名偷拍盗录嫌疑人员，并由公安机关开展刑事调查，依法追究不法分子刑事责任，推动案件查办工作追根溯源、打掉团伙、摧毁网络。截至发布会举办，各地已查办涉院线电影侵权盗版重点案件39件，关闭侵权网站/公众号45个，有效遏制了院线电影盗录传播势头。

（资料来源：国家版权局）

**【国家电影局：加强电影版权保护，依法打击短视频侵权盗版行为】** 2021年4月28日，针对部分影视行业协会、影视公司和演员等倡议的抵制短视频侵权问题，国家电影局在其官网发文称，将加强电影版权保护，依法打击短视频侵权盗版行为。2021年4月9日，包括中国电视艺术交流协会、中国电视剧制作产业协会等在内的国内超70家影视传媒单位发布联合声明，称针对当前网上短视频侵权现象，将发起法律维权行动，呼吁短视频平台、公众账号和生产运营者切实提升版权保护意识。2021年4月23日，上述单位以及多位影视作品权利人再次联合发布更加具体的倡议书，针对当前网上短视频侵权现象发布具体的维权行动建议和指南。

国家电影局在文中明确表示，支持电影著作权集体管理组织加强自身建设，依法开展电影作品著作权集体管理，鼓励与院线电影版权保护联盟等共同开展电影版权维权，一方面维护电影版权权利人的合法权利，一方面便利使用人合法使用。针对当前比较突出的“××分钟看电影”等短视频侵权盗版问题，国家电影局在文中称，将认真贯彻落实中央关于全面加强知识产权保护的安排部署，配合国家版权局继续加大对短视频侵犯电影版权行为的打击力度，坚决整治短视频平台及自媒体、公众账号生产运营者未经授权复制、剪辑、传播他人电影作品的侵权行为，积极保护广大电影版权权利人的合法权益。

对于此次集体维权，2021年4月25日，中宣部版权管理局局长于慈珂在国务院新闻办公室召开的新闻发布会上作出回应，表示将继续加大打击力度，并推动平台落实主体责任。

（资料来源：中国新闻网，作者：高凯）

**【知识产权质押融资入园惠企三年行动方案印发】** 2021年6月16日，国家知识产权局、银保监会、国家发展改革委印发《知识产权质押融资入园惠企行动方案（2021—2023年）》。《方案》提到，通过三年行动，力争实现知识产权质押融资惠及“百园万企”的目标。到2023年底，知识产权质押融资政策可及性和服务便利度大幅提升，产业园区知识产权质押融资服务的普及面显著扩大，被质押专利的实施率明显提高，100个以上产业园区的知识产权质押项目数和质押融资金额年度增长率在20%以上，新增上万家中小微企业利用知识产权实现融资。

方案提出，支持银行业金融机构建立适应知识产权融资特点的授信尽职和内部考核管理模式，鼓励银行业金融机构通过在产业园区设立的科技支行，重点营销知识产权质押融资产品；推动银行业金融机构用好单列信贷计划和优化不良率考核等监管政策，鼓励在风险可控的前提下扩大知识产权质押贷款。

同时，建立健全政府引导的知识产权质押融资风险分担和补偿机制，综合运用保险、担保、风险补偿等方式降低信贷风险；对于资金长期闲置的，要及时调整优化管理办法和使用方式，并加大对产业园区的支持倾斜力度；探索风险补偿的前置模式，在融资出现不良时，先行按比例拨付补偿金，待质物处置后再行清算。

（资料来源：《经济参考报》，作者：汪子旭）

**【国家版权局要求网络平台不得非法传播东京奥运会节目】** 2021年7月22日，国家版权局对外公布“2021年度第十批重点作品版权保护预警名单”。

名单中只涉及东京奥运会相关节目，明确其有关权利人是国际奥委会和中央广播电视总台，获得该节目信息网络传播权的网络服务商是中央广播电视总台、中国移动咪咕、腾讯和快手。这意味着其他任何未获得授权的机构传播东京奥运会赛事节目，都属于非法传播行为。

当天下午，由中宣部版权管理局指导，中国版权协会主办的“2020 东京奥运会权利预警和版权保护工作协调会”在京举行。中宣部版权管理局副局长、一级巡视员汤兆志在会上表示，2021 年和 2022 年是体育赛事大年，“剑网 2021”专项行动将体育赛事节目版权保护作为重点任务之一。国家版权局在以下三方面加大规范力度：重点打击公众账号特别是短视频、直播平台账号未经授权集中批量在网络平台上传、传播东京奥运会赛事节目的行为；严厉打击公众账号提供奥运会节目盗播链接的行为；着力整治网站、APP 等未经授权非法转播奥运会赛事节目的行为。

就如何加大东京奥运会赛事节目版权保护工作，汤兆志要求，各网络平台要认真落实企业主体责任，严格按照国家版权局预警要求，提高注意义务，主动采取措施，不得未经授权传播预警作品、不得以用户上传为名传播预警作品、不得放任拖延处理预警作品权利人的通知。各平台要制定东京奥运会赛事节目版权保护方案，主动采取技术措施禁止用户上传未经授权的奥运内容，并在相关页面显著位置提示用户未经授权不得上传东京奥运会相关内容。非白名单的合作平台不得以聚合、合集等形式提供东京奥运会赛事侵权内容，更不能为用户提供相关侵权内容的推荐功能。各平台方应当确定东京奥运会赛事期间处理侵权的联络员，且保证通道顺畅，确保赛事期间能快速处理权利人关于删除侵权内容或断开侵权链接的侵权通知。要优化简化“通知—删除”处置流程，取消受理侵权通知数量限制，完善内部版权管理管控规则，健全侵权快速处理工作机制，对群众举报、执法监管部门通报的侵权盗版信息应迅速核查、删除，切实履行好“通知—删除”等法定责任，不得为侵权盗版行为提供帮助。同时要加强自查，对发现的侵权行为及时处理，对反复侵权的公众账号依法严格处置。发现侵权线索，要积极投诉举报，积极配合执法部门查办案件。与此同时，国家版权局将持续向各地版权执法部门移转案件线索。

（资料来源：《中国新闻出版广电报》，作者：赖名芳）

**【市场监管总局依法对腾讯作出责令解除网络音乐独家版权等处罚】** 2021 年 7 月 24 日，市场监管总局依法对腾讯控股有限公司收购中国音乐集团股权违法实施经营者集中行为作出行政处罚决定，责令腾讯及其关联公司解除独家版权、停止高额预付金等版权费用支付方式等，恢复市场竞争状态。本案为我国《反垄断法》实施以来对违法实施经营者集中行为采取必要措施恢复市场竞争状态的第一起案件。

2021 年 1 月，市场监管总局根据举报，对腾讯 2016 年 7 月收购中国音乐集团股权涉嫌违法实施经营者集中行为立案调查。调查表明，该案相关市场为中国境内网络音乐播放平台市场。正版音乐版权是网络音乐播放平台运营的核心资产和关键性资源。2016 年腾讯和中国音乐集团在相关市场份额分别为 30％和 40％左右，腾讯通过与市场主要竞争对手合并，获得较高的市场份额，集中后实体占有的独家曲库资源超过 80％，可能有能力促使上游版权方与其达成更多独家版权协议，或要求给予其优于竞争对手的交易条件，也可能有能力通过支付高额预付金等版权付费模式提高市场进入壁垒，对相关市场具有或者可能具有排除、限制竞争效果。

根据《反垄断法》第四十八条、《经营者集中审查暂行规定》第五十七条规定，按照发展和规范并重的原则，市场监管总局依法作出行政处罚决定，责令腾讯及关联公司采取三十日内解除独家音乐版权、停止高额预付金等版权费用支付方式、无正当理由不得要求上游版权方给予其优于竞争对手的条件等恢复市场竞争状态的措施。腾讯三年内每年向市场监管总局报告履行义务情况，市场监管总局将依法严格监督其执行情况。腾讯方面回应称，公司将认真遵守决定，严格落实监管要求，依法合规经营，切实履行社会责任，维护市场的良性竞争。腾讯将压实责任，与腾讯音乐等关联公司在规定时限内制定整改措施方案，按照处罚决定要求全面不折不扣地完成，确保整改到位。

（资料来源：第一财经）

**【国新办举办奋力开启知识产权强国建设新征程新闻发布会】** 2021 年 9 月 30 日，国务院新闻办公室在京举行奋力开启知识产权强国建设新征程新闻发布会。国家知识产权局局长申长雨、副局长甘绍宁，中宣部版权管理局局长于慈珂，最高人民法院民事审判第三庭庭长林广海，市场监管总局执法稽查局局长燕军，科技部科技成果转化与区域创新司副司长黄圣彪出席发布会并答记者问。

于慈珂介绍了国家版权局贯彻落实《知识产权强国建设纲要（2021—2035 年）》的思路和打算：版权是知识产权的重要组成部分，涉及文学、艺术和科学领域，不断做好版权工作，对于保护、鼓励优秀作品的创作与传播，促进社会主义文化与科学事业的发展和繁荣，具有重要意义。版权工作一是要提高版权工作法治化水平。立足于保护权利、鼓励创作、促进传播和平衡利益原则，根据形势变化和既有经验，科学进行顶层设计，统筹作出总体安排，着力解决新业态、新领域版权保护、运用相关问题，构建版权法律、法规、规章及规范性文件统一协调，现代化、精细化、特色化的版权法律制度体系，充分发挥版权法律制度的规范、引导、促进和保障作用。二是要强化版权全链条保护。把全面保护作为版权工作主基调，把网络版权保护作为主战场，强化保护力度、拓展保护范围、突出保护重点、讲求保护实效。坚持“严格保护、提升效能、分类监管、引导规范”的监管工作思路，综合运用多种手段，强化版权全链条保护。突出大要案件查处和重点行业专项治理，集中力量抓大案、抓关键。加大对侵权盗版惩治力度，坚决做到重拳出击、整治到底、震慑到位，维护良好的版权环境和秩序。三是要推进版权产业高质量发展。进一步健全版权社会服务体制机制，深入开展版权示范创建，持续推进国家版权创新发展基地建设，打造更加完善的全国版权展会授权交易体系，扩大版权有效供给，提升版权交易水平，推动版权全面运用，推进版权资源向现实生产力转化。四是要统筹推进版权领域国际合作。坚持实施更大范围、更宽领域、更深层次版权开放合作，积极参与版权国际事务，加强多双边版权交流合作，深度参与世界知识产权组织、世界贸易组织等国际组织框架下全球版权治理，讲好中国版权故事，推动全球版权治理体系向着更加公正、开放、包容、公平的方向发展，推动构建开放包容、平衡普惠的版权国际规则体系。

（资料来源：国家版权局）

**【《北京 2022 年冬奥会和冬残奥会奥林匹克标志知识产权保护专项行动方案》印发】** 2021 年 10 月 15 日，国家知识产权局、国家市场监督管理总局联合印发《北京 2022 年冬奥会和冬残奥会奥林匹克标志知识产权保护专项行动方案》，明确此次专项行动的重大意义、总体要求、重点任务、阶段安排以及工作要求，充分保护 61 件北京 2022 年冬奥会、冬残奥会有关标志的知识产权。

《方案》明确了此次专项行动的五项重点任务：

一是夯实保护基础，推进立体化保护。根据《奥林匹克标志保护条例》，加强对奥林匹克标志和残奥会有关标志的保护；根据专利法、商标法等法律规定，做好有关奥林匹克标志的外观设计专利、注册商标等各类型知识产权的立体化保护。

二是完善工作体系，全面细致排查。加强市场违法信息排查，建立案件信息移交快速反应机制，及时处置案件线索，做好监管保护各环节的工作协调和衔接。

三是加强宣传教育，增强保护意识。面向全社会，采用群众喜闻乐见的方式，广泛开展奥林匹克标志保护宣传，持续加强奥林匹克标志相关知识产权普法，提升社会公众的保护意识。

四是聚焦关键环节，开展专项整治。结合地方实际，全面开展专项整治活动，重点强化商品生产集中地、销售集散地、电商平台总部所在地奥林匹克标志保护，推动违法线索互联、监管标准互通、行政执法信息共享。

五是正确适用法律，加大打击力度。正确适用《奥林匹克标志保护条例》及我国商标法、专利法、广告法等相关法律、行政法规，从严处置侵犯奥林匹克标志相关专利、商标等知识产权的违法行为。

（资料来源：《中国知识产权报》，作者：王晶）

**【《版权工作“十四五”规划》发布】** 2021 年 12 月 24 日，国家版权局正式印发《版权工作“十四五”规划》。《规划》明确，到 2025 年版权强国建设取得明显成效，版权重要领域和关键环节改革取得重要进展，版权法律制度体系更加完善，版权工作法治化水平大幅提高；版权执法监管不断加强，版权保护水平显著提升；版权社会服务能力明显提高，版权产业高质量发展成效显著；版权涉外工作深入推进，在国际版权体系中的话语权、传播力和影响力不断提升；版权宣传教育持续深入开展，尊重版权的社会风尚更加浓厚，版权营商环境明显优化，版权保护社会满意度保持较高水平。

《规划》从进一步完善版权法律制度体系、完善版权行政保护体系、完善使用正版软件工作体系、完善版权社会服务体系、完善版权涉外工作体系、完善版权产业发展体系 6 个方面提出了 26 项重点任务，包括健全版权法律法规和政策制度，推动修订完善《中华人民共和国著作权法实施条例》《著作权集体管理条例》等著作权法规和部门规章，推进有关著作权国际条约的磋商制定和批准工作，完善版权管理体制机制等；坚持全面加强版权保护，推动新业态新领域版权保护，加强版权执法协作，强化社会监督共治，加强长效机制建设等；巩固完善软件正版化工作制度、扩大软件正版化工作成果等；完善著作权登记体制机制，健全中国特色著作权集体管理制度，规范涉外著作权认证工作，提升版权社会组织服务水平等；加强版权多双边合作应对，建立健全版权国际贸易服务机制等；深化版权示范创建工作，强化国家版权创新发展基地建设，打造全国版权展会授权交易体系，推进全国版权交易中心建设，加强推进版权产业发展的支撑工作等各个方面。

《规划》明确，到 2025 年，全国作品登记数量超过 500 万件；计算机软件著作权登记数量年均增长 12%以上，全国计算机软件著作权登记数量超过 300 万件。版权产业增加值占国内生产总值的比重提高到 7.5%左右，核心版权产业增加值占国内生产总值的比重提高到 4.75%左右等具体工作指标。

围绕重点任务和主要措施，《规划》明确了版权法律制度体系完善项目、版权助力文化普惠项目、版权行政保护重点项目、版权行政执法协作项目、版权信用体系建设项目、软件正版化监管优化项目、版权社会服务提升项目、版权宣传教育项目、版权国际合作项目、民间文艺版权保护与促进项目和版权创新发展项目 11 个工作项目的内容与要求。

《规划》还提出加强组织领导、完善扶持政策、强化考核评价等 3 项保障措施，确保目标和任务落到实处。

（资料来源：《中国新闻出版广电报》，作者：赖名芳）

**【山东潍坊力争到 2022 年创建为全国版权示范城市】** 2021 年 3 月 9 日，山东潍坊市人民政府新闻办公室召开新闻发布会。潍坊市文化和旅游局一级调研员梁玉华介绍，2021 年，潍坊市将以实施版权“创造、运用、管理、保护”四大工程为重点，力争到 2022 年创建为全国版权示范城市，并实现建成全省领先、全国一流的版权强市的奋斗目标，具体工作包括：

一是深入实施版权创新创造工程。加强版权作品登记，确保版权登记量年增长率 15%以上。培育版权创新企业，培育一批知名版权品牌和龙头企业。积极打造版权创新产业集群，开展版权示范单位（园区）评选。二是深入实施版权运用提升工程。编制《潍坊市版权产业发展规划》。扶持家庭教育、婚纱摄影、纺织服装、书画、艺术品等领域版权项目转化实施。探索对创新型中小企业的版权质押融资实施，拓宽投融资渠道。三是深入实施版权管理服务提升工程。加快完善版权管理体制，健全覆盖市县乡三级的版权服务体系，着力加强市、县两级版权管理工作职能，依托镇街文化站、文化大院等，在重点行业、企业、园区和大专院校、科研院所建立版权工作站。培育发展版权中介机构和社会组织，尽快研究建立版权保护协会和版权纠纷调解人民委员会等组织机构。继续培育打造高水平版权服务平台。四是深入实施版权保护提升工程。推进软件正版化，完善党政机关和企事业单位正版软件管理长效机制。持续加大侵权盗版打击力度，开展“剑网”“秋风”“护苗”等专项执法行动，强化大案要案办理。尽快完善出台著作权纠纷司法调解、行政调解、人民调解和司法诉讼实施办法，探索更加便捷、高效的著作权纠纷化解新机制。

（资料来源：齐鲁网，作者：于刚）

**【北京执法总队对侵犯环球影城卡通形象行为进行惩处】** 2021 年 3 月 18 日，北京市文化市场综合执法总队接到尤尼维瑟城电影制片厂有限责任公司、梦工场动画影片公司举报称，北京某文化传播有限公司未经授权，擅自将环球公司和梦工场动画影片公司享有著作权的“小黄人”及“功夫熊猫”卡通形象作为某 KTV 经营门店内部装修使用，请求严肃查办。接到举报后，执法总队立即成立专案组，启动快速办案机制，对线索开展核查工作。经查证，2016 年 9 月至 2021 年 3 月期间，当事人未经著作权人环球影业有限责任公司、梦工场动画影片公司许可，复制著作权人的“小黄人”及“功夫熊猫”系列美术作品作为其经营性场所某 KTV 门店内部装修使用。2021 年 4 月 7 日，执法总队依法对其作出罚款 25 万元的行政处罚。

（资料来源：《中国新闻出版广电报》，作者：李婧璇）

**【佛山出台全国版权示范城市两年行动计划】** 2021 年 3 月 30 日，佛山市人民政府办公室印发《佛山市创建全国版权示范城市两年行动计划（2021—2022 年）》。

《行动计划》提出要争取打造世界知识产权组织版权保护优秀案例、建成佛山市版权发展服务中心、召开版权与产业融合发展研讨会等多项任务，保障版权事业健康发展。

佛山作为制造业大市，结合《行动计划》部署，紧紧围绕陶瓷、童装、工业设计等特色产业集群，继续举办“工业设计版权保护”系列活动、中国（佛山）陶瓷设计周系列活动、中国（佛山）童装时尚设计周等活动，促进版权运用和产业融合发展，推动佛山产业发展迈向中高端。对于部分尚未实现版权与产业深入融合的产业，比如文化影视、珠宝玉器等，《行动计划》给予明确指引。比如佛山将强化珠宝玉器的设计赋能，支持南海平洲、顺德伦教等珠宝玉器产业集群地区开展行业高水平设计赛事，加强版权保护和运用指引，推动珠宝玉器设计与生产充分融合落地。

在强化版权保护方面，《行动计划》明确全力构建良好法治和市场环境，包括做好软件正版化工作，开展“剑网”专项行动，提升著作权案件司法审判效率与质量，发布佛山版权十大典型案例。为在全社会营造良好的版权保护氛围，《行动计划》提出要开展版权形象塑造行动，如积极开展摄制佛山版权纪录片，参与并申请承办中国国际版权博览会，对外展示佛山版权发展成果，推介佛山版权精品，促进版权交易等。

（资料来源：《佛山日报》，作者：莫璇）

**【江苏南通召开创建全国版权示范城市推进大会】** 2021年4月14日，江苏南通市召开创建全国版权示范城市推进大会，动员全市上下全力以赴做好全国版权示范城市创建各项工作。南通市委副书记、市长王晖出席会议并作动员讲话。

王晖强调，创建工作要求高、标准严、难度大，必须集中力量、集中资源，全力打赢全国版权示范城市创建攻坚战。要加大版权保护力度，加快构建全方位、全过程、全覆盖的大保护格局，切实保护企业核心竞争力、城市持续创新力。要提升版权转化运用能力，加快人才集聚、扩大品牌影响、提升创作质量，促进版权产业繁荣发展。要推动软件正版化，强化建章立制、源头管控、侵权打击，压紧压实工作责任。要增强全社会版权保护意识，多渠道、全方位开展版权宣传，在全社会营造尊重知识、尊重版权的良好氛围。他要求，各地、各部门牢固树立“一盘棋”思想，精心组织，全力推进，做到组织领导到位、资金投入到位、责任落实到位、督查指导到位，全面推动示范城市创建工作落到实处。

（资料来源：法制网，作者：汤晓峰　李彤）

**【北京启动2021年软件正版化工作】** 2021年4月16日，北京市2021年软件正版化工作动员部署会议在京召开，全市软件正版化工作全面启动。会议通报了北京市2020年的软件正版化工作情况：在年终检查考核的5.041 8万台计算机中，操作系统软件正版率达到99.92%，办公软件正版率达到99.27%，杀毒软件正版率达到99.94%，国产办公软件使用率为63%。此外，华夏银行、北京银行双双荣获“2019年度全国版权示范单位（软件正版化）”称号。

会议部署了2021年的软件正版化重点任务，按筹备、部署、启动，清查、整改、推进，督导、检查、考核，评分、考核结果运用、总结等四个阶段推进。会议要求，提高政治站位，牢固树立做好软件正版化工作的高标准，建设软件版权保护首善之区；把握特点规律，着眼工作领域、内容、体系三个维度，着手提升服务管理工作的科学性，着力构建与新经济相适应的软件版权保护生态；坚持问题导向、目标牵引，强化组织领导、细化服务管理、优化宣传培训、深化督导考核，提高软件国产化率，实现正版化与信息化融合发展，全面推动软件正版化各项工作任务的落实。

（资料来源：中国知识产权资讯网，作者：窦新颖）

**【2020年度广东省版权十大案件出炉】** 2021年4月26日，广东省版权局、东莞市版权局在东莞联合举办以“全面加强版权工作，推动构建新发展格局”为主题的广东省“4·26”版权宣传周主题活动。活动现场发布了广东省版权局和广东省“扫黄打非”办联合评定的2020年度广东省版权十大案件。

十大案件具体包括：广州市有平印刷有限公司、刘某某侵犯著作权案；可乐游戏工作室侵犯网络游戏著作权案；中山“2·15”侵犯著作权案；大千视界（深圳）文化传媒有限公司侵犯著作权案；潘某某侵犯美术作品著作权案；江门杨某某等侵犯影视作品著作权案；佛山万某侵犯著作权案；佛山黄某侵犯计算机软件著作权案；东莞市东坑蚂蚁软件工作室侵犯著作权案；广东莹圭陶瓷科技有限公司侵犯著作权案。十大案件的类型涵盖出版物、网络游戏、影视作品、美术作品、电子杂志、计算机软件等领域。其中，网络侵权盗版案件6件、传统领域侵权盗版案件3件、计算机软件作品侵权盗版案件1件，网络侵权盗版已经成为侵权盗版的主要形式。

（资料来源：《中国新闻出版广电报》，作者：徐平）

**【湖南多项举措加强知识产权质押融资】** 2021年4月29日，湖南省市场监督管理局会同银保监部门印发《关于进一步加强知识产权质押融资工作的指导意见》，围绕知识产权质押融资工作发布多项举措，进一步加强全省知识产权质押融资工作。

《指导意见》指出，湖南省将积极开展知识产权质押融资业务，在风险可控的前提下，通过单列信贷计划、专项考核激励等方式支持知识产权质押融资业务发展，支持具有发展潜力的创新型（科技型）企业培养知识产权质押融资专门人才。《指导意见》要求，根据知识产权质押融资特点，建立完善风险评估、授信审查、授信尽职和奖惩制度；鼓励各银行保险机构创新产品和服务，完善知识产权质押贷款业务、保险业务品种；认真按照规定进行贷前尽职调查，针对知识产权特点确定质物调查重点，严格进行贷款担保审查；鼓励利用专利执行保险加强质押项目风险保障，缓释金融机构风险；进一步推动知识产权质押融资风险补偿制度，适时扩大风险补偿资金规模和支持范围，引入更多的金融机构和服务机构参与，降低企业融资门槛和融资成本。鼓励和支持各市州建立知识产权质押融资风险补偿资金。

（资料来源：《中国知识产权报》，作者：周闯　吴廷瑞）

**【吉林召开版权示范工作经验交流会】** 2021年5月14日，吉林各市（州）党委宣传部主管版权管理工作相关负责人，吉林首批农村版权服务工作站负责人，部分版权示范单位、园区（基地）负责人齐聚长春，参加由吉林省委宣传部、吉林省版权局主办，中共长春市委宣传部承办的吉林省版权示范工作经验交流会。

这次会议主要总结交流2020年吉林版权示范工作，分析新形势，部署2021年版权工作任务。吉林省委宣传部副部长、省新闻出版局（省版权局）局长栾国栋要求，要进一步提高政治站位，增强工作责任感、使命感，不断强化版权创造、运用、保护和管理能力，积极探索版权保护与乡村振兴结合的新路径，努力为吉林全面实现乡村振兴贡献版权力量。

吉林省加大版权工作力度，各地相继出台了版权工作措施，积极探索版权保护与乡村振兴结合新路径：长春市委、长春市人民政府制定了《关于完善产权保护制度依法保护产权的实施意见》，鲜明提出支持版权示范创建工作。长春新区、中韩（长春）国际示范区推出了“创新券”，对软件著作权登记给予财政补贴；吉林市重视实地调研，摸清企业情况，找准工作切入点，选取地域文化特色突出的版权企业重点帮扶，逐渐形成引领效应；四平市委、市政府出台了《四平市加强知识产权建设若干措施》，对申请作品著作权登记的给予登记费用补贴，对被授予国家级和省级“版权示范单位”称号的单位给予资金奖励；辽源市将市、县、乡、村都纳入版权示范创建关注的范围，与“版权进乡村”工作有机结合，积极进行版权示范单位培育；白城市聚焦“版权进乡村”主线，开展宣传活动20余场，协助开展版权登记近300件；松原市、延边州通过召开座谈会、发放宣传单、组织培训等多种形式，提高了企业参与版权示范创建的积极性；通化市和白山市相继将版权示范园区创建申报工作写入政府工作报告，彰显了对此项工作的高度重视。在吉林省各级版权管理部门的共同努力下，吉林已有全国版权示范园区（基地）2个、全国版权示范单位2个、全省版权示范园区（基地）2个、全省版权示范单位17个。

（资料来源：《中国新闻出版广电报》，作者：张席贵）

**【北京查处侵犯革命纪念场馆作品著作权首案】** 2021年6月21日，北京市文化市场综合执法总队查处某网站借庆祝建党百年名义征集全国革命纪念场馆摄影作品侵权案。

据北京市文化市场综合执法总队相关负责人介绍，总队执法人员通过巡查发现，某网站开展“庆祝建党100周年大型征图活动”，征集全国范围内党史相关革命根据地、博物馆、纪念地、英烈故居等摄影作品，所征集的摄影作品包含革命纪念场馆展览实景、革命历史文物、英烈形象雕塑等，系珍贵的革命历史资料和党史学习教育资料。该网站征集后集中展示并销售牟利，严重侵犯了相关革命纪念场馆的合法权益，性质恶劣。总队迅速组织精干力量对该网站存在的侵权行为展开立案调查，责令该网站立即停止非法侵权行为，并依法对该网站经营者未经著作权人许可，通过信息网络向公众传播其作品的违法行为，作出警告及罚款25万元的行政处罚。该案是北京市查处侵犯革命纪念场馆摄影作品著作权第一案，也是自2021年6月1日起新修改《中华人民共和国著作权法》正式实施后，北京市查处的一起侵犯著作权典型案例。

（资料来源：《中国新闻出版广电报》，作者：李婧璇）

**【河南强化联席会议制度优势推进软件正版化工作】** 2021年6月25日，河南省推进使用正版软件工作联席会议在郑州召开，会议学习传达推进使用正版软件工作联席会议第十次全体会议精神，研究安排重点任务。河南省委宣传部副部长、省版权局局长谭福森以及联席会议成员单位的负责同志出席会议。

会议指出，软件正版化工作政策性、专业性强，要强化联席会议制度优势、职能作用，全面加强省联席会议各成员单位的协调配合，形成各司其职、相互配合、齐抓共管的工作格局。要抓好党政机关软件正版化长效机制建设，落实软件正版化工作主体责任，抓紧抓好源头监管、使用管理、日常检查、年度报告和考核评议等关键环节，推进软件正版化工作规范化、标准化；要遵循“安全性、适用性、经济性、正版化”的原则，严格抓好国有企业计算机软硬件采购源头监管；要鼓励先进民营企业率先规范起来，带动更多民营企业落实软件正版化工作要求；要推进能源、医疗、教育、交通、新闻出版等特定行业和重点领域软件正版化工作，不断扩大软件正版化工作覆盖面。

（资料来源：《中国新闻出版广电报》，作者：吴明娟）

**【北京部署打击网络侵权盗版“剑网2021”专项行动】** 2021年7月9日，北京市“剑网2021”专项行动动员会举行。北京市版权局、北京市文化市场综合执法总队、北京市通信管理局、北京市公安局、北京市互联网信息办公室，联合部署北京市第17次打击网络侵权盗版专项治理“剑网行动”。

据介绍，北京市“剑网2021”专项行动加大短视频版权治理力度、整治网络直播版权乱象、规范体育赛事版权秩序、强化在线教育版权监管，并进一步加强对电商平台、社交平台、知识分享平台的版权监管，着力规范网络新闻、网络音乐、游戏动漫、网络文学、计算机软件的版权传播秩序，巩固扩大工作成果。

会议还对本市“剑网2020”专项行动进行总结。“剑网2020”专项行动期间，市通信管理局加强网站备案登记的实名制管理和对APP的数据安全监测，实施各类约谈60余次。市版权局印发《关于进一步改善图片版权经营秩序相关工作的通知》，并陆续走访检查13家企业。市版权局开展网络版权监测，市文化市场综合执法总队共巡查网站4 000余家次；依法查处各类侵权盗版案件18起，其中向公安机关移送案件1起。

（资料来源：《北京日报》，作者：路艳霞）

**【山东济南一起销售侵权盗版中小学教科书案件刑罚8人】** 2021年7月13日，中国打击侵权假冒工作网显示，全国“扫黄打非”办公室挂牌督办的济南一图书公司销售侵权盗版图书案在济阳区人民法院一审宣判。张某等8名被告人犯侵犯著作权罪被依法判处三年六个月至一年六个月、缓刑两年不等的有期徒刑，并处一百万元至十万元不等的罚金，扣押在案的侵权盗版中小学教科书29.9万册被依法处理。

2020年7月14日，根据群众举报，济南市文化执法支队在济南某图书公司仓库内查获侵权盗版中小学教科书45种29.9万册，总码洋300.7万元，认定非法经营额195.4万元。主犯张某被当场抓获，其余7名参与盗版印刷、发行的犯罪嫌疑人相继归案。

（资料来源：山东省“扫黄打非”办公室）

**【河南警方侦破一起涉案金额9 000余万元的盗版教辅案】** 2021年7月28日，在河南省公安厅的统一指挥部署下，平顶山市公安局湛河分局与平顶山市治安支队、机动支队共同成立抓捕专案组，在平顶山、许昌、郑州进行统一抓捕，“3·19”印刷销售盗版教辅图书案主要目标犯罪嫌疑人悉数落网。该案中，公安机关共抓获犯罪嫌疑人65人，捣毁仓储窝点7处，查封印刷厂2家，现场扣押机器设备34套、印刷预涂感光版2 000余张、盗版图书50余万册，涉案金额9 000余万元。随后，又有3名犯罪嫌疑人被抓获，共计68名犯罪嫌疑人已全部到案。

2021年2月20日，平顶山市文化局执法支队向平顶山市公安局湛河分局食药环侦大队移送案件线索：平顶山市湛河区神马大道某仓库内发现大量侵权盗版考研、司考类出版物。经调查，李某通过3家网络平台销售侵权盗版出版物，案值高达154万元。2021年3月19日，食药环侦大队对该案立案侦查，初步查明该案背后涉及1个生产、销售盗版书籍的全链条犯罪团伙。犯罪嫌疑人李某自2019年以来在某网络平台注册了3家书店，以鹤某某仓库为窝点，通过网络平台从事销售侵权盗版出版物犯罪活动。李某的上线为承某某等10余人，该团伙长期盘踞在郑州，利用实体门店和网店向全国各地批发销售大量侵权盗版出版物，涉及出版社47家，现场查扣涉案物品价值3 000余万元。以承某某为首的犯罪团伙内多人因销售侵权复制品被处理过，为了逃避打击，他们通过冒用他人身份信息，采用流动仓库，频繁更换销售途径、结算方式及联络方式等多种手段，开展犯罪活动。

（资料来源：《中国知识产权报》，作者：木子）

**【浙江警方逮捕卖盗版热播剧夫妻】** 2021 年 8 月下旬，浙江省温州市公安局龙湾区分局民警在日常工作中发现有人在聊天软件中销售盗版政法题材热播剧，并以此大肆牟利的线索。接报后，温州市公安局立即成立市、区两级联合专案组介入调查。专案组成员辗转广东、四川、山东、北京等地询问查证数十人，并对多名涉案人员采取刑事强制措施，扣押手机、笔记本电脑等作案物品若干。

侦查员在对山东青岛抓获的犯罪嫌疑人罗某和徐某某开展审讯过程中，发现两人是夫妻关系。该二人于 8 月中旬，在网上找到相关网盘资源后，以网盘链接的形式在诸多微信群里大肆销售，一段时间后资源被屏蔽，罗某又找到上家用户，以 12.88 元的价格购买了全集网盘链接后，伙同其丈夫徐某某再以 4.88 元至 5.88 元不等的价格在相关网络群里销售，短短一个月内销售额达到 7 万余元。除销售盗版影视作品外，罗某和徐某某还涉及传播各类事件、网红黑料等淫秽视频资源多达 200 余部。

罗某和徐某某因涉嫌侵犯著作权、传播淫秽物品罪被依法采取刑事强制措施，并报检察机关批准逮捕。

（资料来源：中国新闻网）

**【上海发布“知识产权金融 16 条”】** 2021 年 9 月 16 日，上海市知识产权局会同中国人民银行上海分行、上海银保监局、市地方金融监管局、市版权局联合印发《关于进一步加强本市知识产权金融工作的指导意见》。“知识产权金融 16 条”共包含完善知识产权金融工作机制建设、推动知识产权金融服务能级提升、加大知识产权金融宣传培训力度、强化知识产权金融业务工作保障等四方面内容共 16 条，主要从加强政府支持和发挥金融机构作用两个维度着力。

在加强知识产权金融工作支持力度方面，“知识产权金融 16 条”提出由 5 部门组成上海市知识产权金融工作推进小组，共同推动本市知识产权金融工作相关支持政策的制定实施，并明确将知识产权金融工作纳入党政领导班子绩效考核的重要指标；鼓励各区人民政府完善知识产权金融扶持政策；加快推进本市知识产权运营服务体系建设，组织开展知识产权金融服务“入园惠企”、“银企对接”及论坛、巡讲等宣传培训活动，从根本上改善知识产权投融资氛围。

在发挥金融机构作用方面，“知识产权金融 16 条”提出加强知识产权金融管理制度建设，指定专门部门负责推进知识产权金融工作；加强对知识产权资产评估机构的合作准入与持续管理，为科技创新型中小企业提供知识产权体检增值服务；在稳步推进原有知识产权金融业务的基础上，充分用好支持政策，推动知识产权金融产品、金融服务创新，培养知识产权金融业务专门人才，提升知识产权金融业务服务水平，积极探索建立多元化知识产权投融资服务机制，帮助科技创新型中小企业有效拓宽融资渠道。

（资料来源：《解放日报》，作者：俞陶然）

**【四川天府新区获批国家版权创新发展基地】** 2021 年 9 月 24 日，在“2021 成都数字版权交易博览会”开幕式上，中宣部版权管理局局长于慈珂宣读国家版权局关于同意在四川天府新区设立国家版权创新发展基地的函，天府新区成为继深圳前海、上海浦东之后全国第三家“国家版权创新发展基地”。

于慈珂在宣读批复函时说，近年来，在四川省委、省政府领导下，成都市委、市政府高度重视版权工作，天府新区版权工作机制健全，版权服务措施创新，版权保护富有成效，版权产业健康发展。天府新区区位优势突出，交通设施完备，产业基础良好，科教实力雄厚。在强化版权全链条保护、整合数字版权资源、探索版权金融创新、辐射西部地区长江经济带和促进版权产业高质量发展等方面，具备独特优势。

会上，于慈珂和四川省委宣传部副部长、四川省新闻出版局（省版权局）局长周青为“国家版权创新发展基地（四川天府新区）”授牌。

（资料来源：《中国新闻出版广电报》，作者：隋明照）

**【北京多措并举加大冬奥会知识产权保护】** 2021 年 9 月 26 日，为加强奥林匹克运动会知识产权保护工作，北京市文化市场综合执法总队五支队与北京 2022 年冬奥会和冬残奥会组织委员会法务部权益保护处及市场开发部品牌保护处在京召开座谈会，就北京 2022 年冬奥会知识产权保护问题进行交流。

北京市文化市场综合执法总队相关负责人表示，将多措并举，从速从严从重推进奥运知识产权保护。

座谈会上，北京冬奥组委法务部权益保护处与市场开发部品牌保护处针对此届冬奥会的知识产权保护现状及问题分别进行了介绍，并就冬奥会知识产权许可途径以及保护诉求与五支队进行交流。会上，双方一致认为奥运会知识产权的保护意义重大，亟须推进奥运知识产权保护合作。北京市文化市场综合执法总队五支队具体做出如下部署：知识产权保护预警，明确奥运会知识产权保护范围，加强普法宣传，主动监控、识别、切断侵权链，以首善标准提供高质量的行政保护；建立业务协调机制，以北京冬奥组委知识产权保护监管为源头，业务筛选分流，承接知识产权行政保护工作，构建奥运知识产权保护立体化格局；开展专项整治行动，收集汇总侵权线索，以点带面，办理大案要案，集中力量精准打击违法侵权行为，努力做好北京2022年冬奥会知识产权保护工作。

（资料来源：《中国知识产权报》，作者：木易）

**【“剑网2021”专项行动取得阶段性成果】** 2021年9月28日，国家版权局发布“剑网2021”专项行动阶段性成果。截至发布日，各级版权执法监管部门查办网络侵权案件445件，关闭侵权盗版网站/APP 245个，处置删除侵权盗版链接61.83万条，推动网络视频、网络直播、电子商务等相关网络服务商清理各类侵权链接846.75万条，主要短视频平台清理涉东京奥运会赛事节目短视频侵权链接8.04万条。

2021年6月，国家版权局、工业和信息化部、公安部、国家互联网信息办公室四部门联合启动打击网络侵权盗版“剑网2021”专项行动。“剑网2021”专项行动重点整治五个领域版权秩序：一是加大短视频版权治理力度，重点打击公众账号经营者未经授权对电影、电视剧等视听作品删减切条、改编合辑制作短视频，以及未经授权复制抄袭短视频并上传网络平台进行传播等行为；二是整治网络直播版权乱象，重点打击网络主播在直播中未经授权复制、表演、通过网络传播他人影视、音乐、摄影、文字、游戏等作品及录音录像制品等行为；三是规范体育赛事版权秩序，重点打击公众账号未经授权集中批量在网络平台上传、传播东京奥运会等大型体育赛事节目等行为；四是强化在线教育版权监管，严厉打击未经授权制作电子教材、音像制品、课件视频以及通过公众账号、APP、朋友圈等渠道传播教育培训侵权盗版作品等行为；五是巩固重点领域治理成果，进一步加强对电商平台、社交平台、知识分享平台的版权监管，着力规范网络新闻、网络音乐、计算机软件等版权传播秩序。

（资料来源：《中国新闻出版广电报》，作者：赖名芳）

**【佛山印发版权发展“十四五”规划】** 2021年9月30日，中共佛山市委宣传部网站发布佛山市版权局印发的《佛山市版权发展“十四五”规划》。

《规划》提出，“十四五”期间作品版权登记年均增长5%，至2025年全市作品的版权登记总量突破8万件，全市软件著作权登记总量突破6万件。

《规划》提出，要促进版权转化运用，加速版权价值实现，提升版权交易水平。特别是做强做大传媒出版产业，推进南方影视中心建设，加强工业设计版权应用转化，推动数字信息产业发展，促进文化艺术繁荣发展，提升陶瓷产业设计能力，增强家纺服装玩具等传统行业竞争力，引导珠宝玉器产业探索新发展模式。到2025年，建成全国版权示范园区（单位）5家，建成省级版权兴业示范基地15家，形成具有一定规模的版权核心产业及相关产业集群或产业园区、版权龙头企业。

《规划》指出，“十四五”期间，佛山要构建“原创内容保护＋产品设计开发＋授权生产增值”的版权交易平台，为版权产品交易、评估、融资提供全方位服务。在核心版权产业的行业协会、核心版权产业集聚区域实现版权基层服务站全覆盖。版权行政执法案件年结案率达95%以上，版权案件司法审判年结案率达90%以上，著作权纠纷“一门式”和解机制调解率达95%以上。

（资料来源：《佛山日报》，作者：黄碧云）

**【石家庄警方成功劝返一涉嫌侵犯著作权外逃人员】** 2021年10月8日，在办案民警近三年的不懈努力下，河北省石家庄市公安局新华分局成功劝返了一名因涉嫌侵犯著作权出逃境外的在逃人员。

据了解，2018年12月，国家“剑网行动”办公室联合公安部、工信部等部门向新华分局下发一条线索，称我国境内一网站擅自盗用并发布韩国某电视台拥有版权的两部影视作品，非法获利300余万元，涉嫌侵犯著作权。2019年1月，新华分局组织警力前往吉林省延边朝鲜族自治州延吉市，一举将该网站主要运营人员方某等5名犯罪嫌疑人抓获。在对犯罪嫌疑人进行讯问后得知，该网站建立及运营的经费均由犯罪嫌疑人姜某提供。办案人员立即对姜某展开抓捕工作，发现姜某已逃往韩国，公安机关立即对其进行网上追逃。

两年多来，新华分局高度重视，按照“有逃必追、一追到底”的原则，成立了追逃工作专班，多次前往犯罪嫌疑人姜某老家——吉林延吉，开展追逃工作。2021 年 9 月 23 日，在家属的积极配合下，办案民警终于做通了姜某的思想工作，姜某决定回国投案自首，结束自己近三年担惊受怕的逃亡生涯。

（资料来源：《中国知识产权报》，作者：木子）

**【浙江杭州办理两起侵犯著作权案件】** 2021 年 10 月 12 日，据中国打击侵权假冒工作网消息，浙江省杭州市西湖区针对辖区科技企业开展著作权犯罪案件线索摸排，查获有价值线索 4 条，抓获犯罪嫌疑人 5 名，立案处理案件 2 起。

犯罪嫌疑人陈某明知《乱世曹操传》《吞噬无界》两款手游软件拥有计算机软件著作权，在未取得著作权人杭州鲜芋科技有限公司授权的情况下，通过下载上述两款手游软件并反编译破解的方式，获取软件源代码，修改部分参数，开发运营《乱世曹操传》《吞噬无界》两款手游私服，通过向手游玩家出售元宝、装备及人物角色的方式非法获利，并招募代理进行推广、传播该私服游戏。截至案发，犯罪嫌疑人陈某非法经营数额共计人民币 15 万余元。

犯罪嫌疑人朱某某未经百度授权擅自利用他人公开的源代码，出版《Apollo 源码剖析》《Autoware 源码剖析》《Cartographer 源码剖析》三部曲，利用社交软件拉群推销的方式，销售 300 余本，涉案金额 12 万余元，获利超 5 万元。朱某某因涉嫌非法经营罪被采取刑事强制措施。

（资料来源：浙江省“扫黄打非”办公室）

**【北京市文化市场综合执法“十大案件”发布】** 2021 年 10 月 27 日，北京市文化市场综合执法总队发布“铁军·铸剑——2021 年北京市文化市场综合执法‘十大案件’”。这些案件包括新闻出版、营业性演出、广播电影电视、网络文化、著作权、旅游、文物和宗教领域，有新中国成立以来出版物领域罚没款数额最大案件、全国文化市场首例未成年人沉迷网络游戏案，以及北京市首例脱口秀演出存在禁止内容案等一批具有广泛影响力的大案要案，形成了一系列具有全国借鉴意义的经验做法。

“十大案件”分别为：北京某文化传媒有限公司发行其他非法出版物案，北京某文化发展有限公司举办营业性演出有危害社会公德情形案，北京某智能科技信息有限公司擅自从事专网及定向传播视听节目服务案，北京某信息技术有限公司在限定时间外向未成年人提供网络游戏服务案，北京某文化传播有限公司侵犯环球公司“小黄人”等美术作品著作权案，北京某文化艺术发展有限公司未经许可经营旅行社业务案，北京某发展有限公司未在施工前报请市文物行政管理部门擅自组织考古发掘单位进行考古调查、勘探案，北京某广告设计有限公司擅自从事宗教出版物印刷案，北京某网络科技有限公司提供含有禁止内容的互联网文化产品案，北京某图书有限公司擅自从事出版物的出版业务案。

（资料来源：《北京日报》，作者：路艳霞）

**【重庆警方侦破一起网络下载音乐类著作权侵权案件】** 2021 年 11 月 15 日，重庆渝中警方侦破一起网络下载音乐类侵犯著作权案件，在重庆市同类侵权案中尚属首次。

2021 年初，重庆市公安局渝中区分局食药环支队在工作中获取线索：有人开设音乐论坛网站，并提供收费的国内外高品质音乐下载服务，涉嫌侵犯著作权犯罪。警方成立专案组，通过外围侦查，初步掌握了犯罪嫌疑人的身份信息及犯案手法：黄某是位音乐发烧友，其受利益驱使，从 2014 年起租用某公司服务器，先后购买 10 多个网络硬盘，逐渐搭建起一个音乐论坛网站。随后，黄某在未经著作权人许可情况下，通过从国外专业音乐网站下载，或自行购买唱片上传等途径，将 10 万多首经典热门音乐存放于网络硬盘中，再利用社交软件在各个音乐发烧友圈内进行网络传播和推广，提供付费下载服务。黄某从中非法牟利达 121 万元。

办案民警经取证、固证，最终确认该网站上存在 580 余部音乐作品涉嫌侵犯著作权。11 月 15 日，专案组发起收网行动，在重庆市渝中区将黄某成功抓捕归案，嫌疑人对其未经著作权人许可，扒来歌曲挂网上供付费下载，并以此非法牟利的犯罪事实供认不讳。

（资料来源：央视新闻，作者：牟亮）

**【安徽省四部门率先建立知识产权案件行刑衔接机制】** 2021 年 12 月 1 日消息，安徽省市场监督管理局联合省高院、省检察院、省公安厅印发《关于建立知识产权行政执法与刑事司法衔接工作机制的通知》，在全国率先对知识产权领域涉嫌违法犯罪案件行刑衔接工作机制和运行规则做出规定。《通知》要求，各单位要共同推进行刑衔接机制建设，依法推动知识产权领域涉嫌违法犯罪案件的移送，合理做好案件查办工作。省市场监管局、省高院、省检察院、省公安厅在行刑衔接工作中分别行使行政处罚权、审判权、法律监督权、侦查权。

《通知》明确，四部门要建立行刑衔接工作联席会议制度和工作信息共享制度，定期通报知识产权领域案件情况、行刑衔接工作情况，研究行刑衔接工作中存在的问题，提出加强行刑衔接工作的对策等；推进行刑衔接工作信息共享平台建设，实现行政执法与刑事司法信息互联互通、案件信息查询和信息共享。建立沟通协作机制和联合执法督办机制，省市场监管局可以就刑事案件立案追诉标准、证据的固定和保全等问题向省检察院、省公安厅咨询，省检察院、省公安厅可以就案件办理中专业性问题咨询省市场监管局；根据违法犯罪形势，四部门在重点领域、重点区域、重要节点开展联合整治行动，对案情重大、影响恶劣、涉案范围广的知识产权领域违法犯罪案件可以实施联合挂牌督办。

（资料来源：《安徽法制报》，作者：徐奥萍）

**【西北五省区建立版权执法协作机制】** 2021年12月2日消息，宁夏回族自治区版权局联合陕西、甘肃、青海、新疆等省区版权局共同建立西北五省区区域性版权执法协作机制，深入助力西北各省区经济社会高质量发展，强化跨区域版权保护，加强联合执法和协作执法。西北五省区区域性版权执法协作机制以联席会议的形式，每年召开一次或根据需要召开专题会议，为相关省区版权执法机构提供互助、互动、互惠的协作平台。联席会议办公室设在宁夏回族自治区版权局，负责协作过程中的日常工作。

随着西北五省区版权执法协作机制的正式建立，陕西、甘肃、宁夏、青海、新疆等五省区构建全领域、全链条、无死角的版权新型执法协作机制，并在此基础上建立西北各省区版权执法业务骨干（专家）库、执法案例库、政策文件库，探索制定版权执法相互支援、优势互补的互帮共享机制，推动西北各省区版权执法工作协同发展。同时，通过这一协作机制，积极推动证据互认，探索建立案件异地受理机制。针对新型、疑难、典型案件，畅通会商渠道，互通裁量标准，共同提高执法办案水平和效率。

（资料来源：《中国新闻出版广电报》，作者：田野）

**【江苏警方破获一起侵犯网络游戏著作权案】** 2021年12月7日，江苏省徐州市公安局铜山分局通报破获一起侵犯网络游戏著作权案件，抓获犯罪嫌疑人4名，打掉了一个以搭建游戏“私服”进行牟利的黑色游戏产业利益链条。

2021年8月，铜山警方接到辖区一科技公司法定代表人报警，称发现某网站上存在一款未经游戏版权人授权的私服游戏，违法人员在该网站大肆介绍该游戏私服，并通过私设服务器进行非法经营，分流了部分玩家，对科技公司造成了较大的经济损失。办案民警对涉案私服推广网站的地址进行查询，迅速查明该网站实际经营人系王某。随后，办案民警根据该网站信息查到王某名下的私服开发公司，通过对该私服开发公司服务器及公司营业数据等信息进行研判，得知其运行模式为招收代理人员通过非法网站链接，利用官方的游戏版本私自制作登录器，招募玩家后，通过各种充值链接，引诱玩家充值，资金转到相关涉案人员那里成为获利资金。

办案民警重点围绕这些资金流向展开调查，最终确定了人员身份、层级架构等信息。办案民警先后到江苏省泰州市、安徽省合肥市开展取证和抓捕工作，成功打掉两个网络侵权犯罪团伙，抓获犯罪嫌疑人4名，关停涉嫌侵权的网络游戏私服30余个，涉案金额80余万元，有力维护了网络游戏经营秩序。

（资料来源：中新网，作者：朱志庚　王弋林）

## ◆ 宣传教育

**【2021年全国知识产权宣传周活动启动】** 2021年3月26日，国家知识产权局官方微信号发布了《关于开展2021年全国知识产权宣传周活动的通知》，将4月20日至26日作为重点宣传时段。

2021年全国知识产权宣传周版权宣传活动的主题是“全面加强版权工作，推动构建新发展格局”。活动主要围绕以下三方面内容展开：一是结合庆祝中国共产党成立100周年宣传，讲好各地区各部门在党的领导下版权事业发展壮大的不平凡历程和取得的光辉成就，讲好各地区各部门在党的领导下版权产业发展、脱贫攻坚、乡村振兴、疫情防控过程中涌现的先进事迹，讲好各地区各部门在党的领导下版权工作中展现的模范先锋的故事，以优异成绩献礼中国共产党成立100周年。二是结合“十四五”开局起步，总结宣传“十三五”时期各地区各部门在推动版权创造、保护、运用等方面的生动实践，在制度完善、执法监管、产业发展、国际合作等方面的突出成就，宣讲阐释“十四五”期间版权工作的思路、目标、任务和举措，为全面开启建设社会主义现代化国家新征程凝聚奋进力量、提供坚强保障。三是结合著作权法修改实施、打击侵权盗版案件、软件正版化、著作权登记、版权示范创建、版权展会授权交易活动、“中国版权金奖”评选、大学生版权征文等相关工作，宣传版权法律法规和基本知识，发挥典型案例的教育作用，聚焦版权运用转化和产业发展，宣传报道可借鉴、可复制、可推广的好经验和好做法，推动版权理念进一步深入人心。

（资料来源：《民主与法制报》，作者：张晓娜）

**【国家版权局在京举办 2021 年全国版权工作培训班】** 2021 年 3 月 30 日至 4 月 1 日，国家版权局在北京举办全国版权工作培训班。中央宣传部版权管理局局长于慈珂出席培训班并作辅导报告。北京大学法学院教授易继明和华东政法大学教授王迁受邀作专题讲座。各省（自治区、直辖市）版权局和各直辖市文化市场综合执法部门负责同志和相关处室负责人近 100 人参加培训。

（资料来源：国家版权局）

**【《视听表演北京条约》生效周年庆活动举办】** 2021 年 4 月 26 日，由中宣部版权管理局指导，北京市委宣传部（市版权局）、世界知识产权组织（WIPO）中国办事处等主办的“落实《著作权法》、保护文化传承暨《视听表演北京条约》生效周年庆”活动在京举办。全国政协文化文史和学习委员会副主任、中国版权协会理事长阎晓宏，中宣部版权管理局副局长赵秀玲，北京市委宣传部副部长、市版权局局长王野霏，WIPO 中国办事处主任刘华，北京市文联副主席刘开阳等出席活动并致辞。

与会专家代表就《著作权法》与《视听表演北京条约》对推动传统文化保护、促进文化产业发展的指导意义及深远影响进行了深入细致的讨论。活动现场，首都版权协会与北京戏剧家协会理事马力、国家级非遗项目“风筝哈”代表性传承人哈亦琦、吉兔坊泥彩塑艺术家邱洋等 3 位传统文化艺术家代表签订了全方位版权保护服务协议。活动还对《视听表演北京条约》相关系列书籍进行了荐读，并发布了《著作权法》宣传系列活动。

（资料来源：《中国新闻出版广电报》，作者：李婧璇）

**【2021 年国家版权局第一期版权执法监管工作培训班在福建龙岩市举行】** 2021 年 6 月 30 日，国家版权局 2021 年第一期版权执法监管工作培训班在福建龙岩市开班。来自黑龙江、山东、吉林、安徽等 14 个省份的 180 名版权工作人员及龙岩市 23 名执法人员同期参训。中宣部版权管理局副局长汤兆志，福建省委宣传部副部长、省新闻出版局局长肖贵新，龙岩市委常委、市委宣传部部长詹昌建出席开班仪式。

来自华东政法大学、工信部信息通信管理局、最高人民检察院、中宣部版权管理局的有关专家就新修改的《著作权法》，新类型、新领域侵权盗版案件查办工作任务，版权刑事保护工作进展及典型案例解读，互联网执法工作实务等展开授课。

（资料来源：文旅龙岩）

**【第十三届全国大学生版权征文获奖名单公布】** 2021 年 9 月 24 日，国家版权局公示了第十三届全国大学生版权征文活动获奖名单。本次获奖名单包括优秀论文特等奖 3 名，研究生组与本科生组一等奖各 10 名、二等奖各 20 名、三等奖各 30 名，优秀论文奖 30 名，优秀指导老师奖 20 名，优秀组织奖 20 个。

本征文活动由国家版权局主办，中国人民大学国家版权贸易基地承办。征文活动主题范围包括版权法基本理论研究、版权行政保护研究、版权司法保护研究、著作权集体管理制度研究、版权产业相关问题研究、国际版权法治研究、版权热点问题研究（包括但不限于自媒体、网络文学、体育赛事节目、短视频、直播等领域热点问题）等。

论文奖项评审工作采取匿名评审方式，评审专家组由国内立法、行政、司法和版权实务部门及高等院校和科研机构的专家学者组成，评审专家从论文主题、论文内容、论文表达和论文创新等 4 个方面对参赛论文进行评分，根据得分情况确定评审结果。

（资料来源：中国人民大学国家版权贸易基地）

**【第八届中国国际版权博览会在杭州举行】** 2021 年 10 月 16 日，由国家版权局主办的第八届中国国际版权博览会在杭州开幕。版博会为期 3 天，设有国内展区、国际展区、版权产业展区和浙江展区等多个展区，重点展示图书音像、影视音乐、动漫游戏、计算机软件、工艺美术等优秀版权作品，充分展示近年来我国版权产业发展成果。300 余家版权相关单位、机构和企业参展。

开幕式上，世界知识产权组织与中国国家版权局联合举行了“2020 中国版权金奖”颁奖仪式。《攀登者》等 6 部作品获作品奖；景德镇陶溪川文创街区等 5 家单位获得推广运用奖；最高人民法院民事审判第三庭第五合议庭等 5 家单位获得保护奖；北京市版权局版权管理处等 4 家单位获得管理奖。博览会期间，国家版权局主办的“著作权法实施 30 周年成就展”全面展示了 30 年来在中国共产党的领导下我国在版权立法、版权保护、版权产业和版权国际交流合作等方面取得的重大成就。此外，还举办了版权保护促进电影产业发展论坛等 10 余项主题活动。

（资料来源：《中国知识产权报》，作者：窦新颖）

**【“著作权法实施 30 周年成就展”亮相版权博览会】** 2021 年 10 月 16 日，在浙江杭州举办的第八届中国国际版权博览会上，由国家版权局主办的“著作权法实施 30 周年成就展”与观众见面。展览全面展示了《著作权法》实施 30 年来，在中国共产党的领导下，我国在版权立法、版权保护、版权产业和版权国际交流合作等方面取得的重大成就。

展览现场的展品包括 1990 年 9 月 7 日全国人大常委会通过的《著作权法》以及此后三次修订的版本，还有《中国版权年鉴》《版权的丰碑》《难忘版权十三年》等书籍，以及《中国版权》《中国出版》等期刊。展览中还展出了颇具地方特色的作品，如赫哲族鱼皮浮雕画、德化白瓷等。

（资料来源：《中国新闻出版广电报》，作者：隋明照）

**【第十二届中国国际影视动漫版权保护和贸易博览会举办】** 2021 年 11 月 18 日至 21 日，由国家广播电视总局、广东省人民政府主办的第十二届中国国际影视动漫版权保护和贸易博览会在广东东莞举办，来自海内外的 500 家影视动漫原创企业机构及动漫衍品制造企业、1 000 余个 IP 亮相展会。

本届漫博会通过“动漫＋IP”“动漫＋平台”“动漫＋授权”“动漫＋游艺”“动漫＋潮玩”等内容，演绎“展城”融合、“展产”结合、“展需”协同连带效应，呈现东莞动漫潮玩、智能制造、家居用品等产业发展成果，擦亮“国际制造名城”产业招牌，彰显东莞的城市形象；特设“创新时代，科技添彩——动漫游艺互动展区”“创意动漫，潮玩艺术——动漫潮玩展区”，突出国内特别是东莞本土优秀国潮内容和潮玩品牌展示、对接，促进东莞影视动漫潮玩产业破圈发展，充分展现东莞青春之城潮流魅力；特设中国原创动漫成果展区、粤港澳大湾区动漫交流展区和国际动漫 IP 专区，邀请湾区优质动漫企业、制造企业组团参展，吸引湾区优秀原创企业来莞落户，为东莞影视动漫产业高质量发展注入新活力。

此外，本届漫博会还邀约奥飞动漫、华强方特等湾区重点动漫企业携高品质 IP 参展，吸引宝可梦、加菲猫、阿童木等国际知名 IP 组团参展，展示国内外高水平文化内容；汇集湾区影视动漫潜力 IP，为东莞制造转型升级提供高水平文化支撑；组织中国影视动画产业发展论坛等两大重量级主题论坛，电竞赛事、COSPLAY 大赛、签售会等公众活动，打造引领文化潮流的高水平文化平台。

（资料来源：中国新闻网）

**【“2021 重庆版权宣传月”开启】** 2021 年 3 月 30 日，“2021 重庆版权宣传月”正式启动，以进一步加大版权保护宣传力度，提升全民版权保护意识，展示创新创造成果，营造“尊重原创、保护版权”的浓厚氛围。

重庆两江新区金山意库文创园的 COOLMART 以“创意版权”为主题，呈现出集购、玩、体验于一体的生动版权市集。西南纺织品纹样创意大赛聚焦西南民族服饰文化，展现西南少数民族传统服饰在传承与发展中的蓬勃生命力。权威专家访谈每周将邀请一位来自重庆市高法院、重庆市检察院、重庆市公安局、重庆两江人民法院（自贸区法院）等单位的版权专家，就当下版权热点话题进行探讨。

（资料来源：新华网，作者：陶玉莲）

**【北京举办《著作权法》普法课堂】** 2021 年 4 月 16 日，由北京市委宣传部（市版权局）主办、首都版权协会承办的《著作权法》普法课堂在京举办。普法课堂活动共举办四期，本期为第一期，第二期至第四期分别在 5 月至 7 月间举办。

北京市委宣传部副部长、市版权局局长王野霏出席普法课堂并做开班动员。首期《著作权法》普法课堂邀请到全国人大常委会法工委民法室副处长孙艺超现场授课，围绕 2020 年《著作权法》的修订背景、修订过程、主要修订内容，孙艺超进行了讲解。

北京市版权局、版权保护中心、新闻出版研究中心、出版物鉴定中心等单位相关同志，以及北京版权调解中心调解员参与了此次普法课堂的培训。

（资料来源：《中国新闻出版广电报》，作者：李婧璇）

**【安徽启动知识产权示范企业软件正版化工作】** 2021年4月21日，安徽省对全省71家国家知识产权示范企业推进使用正版软件工作进行了动员部属和业务培训，要求示范企业充分发挥示范引领作用，不仅要在专利发明创新中做好示范、当好表率，也要在知识产权保护、使用正版软件工作中发挥示范引领和带头作用。此前，安徽省版权局和省市场监管局对知识产权示范企业开展使用正版软件工作进行了专题部署，在全国率先启动了知识产权示范企业推进使用正版软件工作。

各示范企业纷纷表示，要积极发挥示范引领作用，要作为使用正版软件的火种，带领和带动各行各业积极主动开展使用正版软件工作，坚决抵制侵权盗版，停止使用侵权盗版软件，大力开展使用正版软件工作，不断提升企业的知识产权保护水平。

（资料来源：安徽省版权局）

**【重庆启动高校“版权杯”文创设计大赛】** 2021年4月25日，第二届重庆高校“版权杯”文化创意设计大赛正式启动。本届大赛由重庆市版权局、重庆市教委主办，以“百年风华庆伟业，版权保护促发展”为主题，由主题创作和命题定制两大板块组成，分为产品设计、平面设计、动画视频、新媒体设计等4种类型。所有参赛作品免费进行版权登记，并颁发版权证书。

重庆市委宣传部副部长、重庆市新闻出版局（市版权局）局长李鹏表示，强化知识产权全链条保护，要加强各方的协同配合，推动构建大保护工作格局。“版权杯”大赛正是打通版权全链条、校地携手推动构建大保护工作格局的一项务实举措，应以大赛为契机，进一步推动高校版权作品的创造、保护和运用，增强大学生版权保护意识，激发创新创造活力，把活动举办的过程作为全面宣传普及版权保护知识的过程，大力营造“尊重版权、保护原创”的浓厚氛围。

（资料来源：《中国知识产权报》，作者：侯伟）

**【中国作协“著作权保护主题月”活动启动】** 2021年4月，中国作家协会社会联络部（权益保护办公室）正式启动“著作权保护主题月”活动，以宣传推广新修改的《著作权法》，营造浓厚的著作权保护氛围，增强广大作家尊法学法守法用法的意识和能力，探索著作权保护工作的新思路、新办法。

此次活动内容包括举办著作权法普法讲座，组织著作权保护座谈会，开展面向网络作家的普法直播，举办全国基层作协负责人著作权法培训，开展打击著作权侵权行为的维权行动，举办“我的著作权故事”征集活动，走访调研与著作权法制定、实施、监督、执法等有关的单位和部门，修订出版新版《作家维权实用指南》，制作著作权普法海报并张贴，开展形式多样的著作权法普法宣传等。

（资料来源：中国知识产权资讯网，作者：侯伟）

**【甘肃举办软件正版化工作培训班】** 2021年5月21日，甘肃省软件正版化工作暨版权产业发展培训班在兰州举办。此次培训班由甘肃省委宣传部举办，旨在进一步提升全省各地各部门各单位软件正版化工作能力，深入推进各行业各系统软件正版化工作，巩固发展软件正版化成果。

甘肃省委宣传部副部长、省新闻出版局（省版权局）局长、省使用正版软件工作领导小组副组长兼办公室主任王成勇在开班仪式上介绍，近年来，甘肃省软件正版化工作成效显著，版权事业和产业稳步发展。通过加大年度核查力度，对成绩不达标者采用通报、约谈、问责等手段，实现全省软件正版化工作核查制度化、经常化。同时，全省版权战线工作人员的业务素质、专业能力不断增强，自觉承担推广使用优秀国产软件责任，国产软件使用意识和使用占比稳步上升。截至目前，全省版权示范创建活动有序推进，产生了4个全国版权示范单位和3个全省版权示范单位，为全省版权事业和产业发展、软件正版化工作提供了榜样。

（资料来源：《中国新闻出版广电报》，作者：田野）

**【2021年版权热点问题专题培训班举行】** 2021年5月26日至28日，由国家版权局主办、中国新闻出版传媒集团承办的2021年版权热点问题专题培训班在京举办，近40家中央及地方媒体的编辑、记者及法务人员参加培训。

两天的培训中，7位授课人结合各自领域实践，多角度展现了版权工作的发展状况，解答了媒体学员们关心的版权问题。中宣部版权管理局局长于慈珂从“取版权之势：认识版权工作的形势和趋势”“明版权之道：把握版权工作的本质、规律和特点”“优版权之术：完善版权工作的规则、方法和措施”三个方面介绍版权工作。华东政法大学博士生导师王迁着重讲授了新修改《著作权法》对新闻媒体的影响；中央广播电视总台总经理室版权运营中心副主任严波提醒媒体一定要重视版权资源管理，并结合实践给出版权运营方面的建议；江西省版权局版权管理处处长阙米秋重点解析了典型版权执法案例以及版权执法工作对于版权产业的推动作用；广东省佛山市委宣传部副部长方华刚介绍了创建版权示范城市创新做法及对于区域经济文化发展的作用；北京知识产权法院法官冯刚通过多个案例解答了司法领域与媒体紧密相关的著作权热点问题；腾讯在线视频平台运营部总经理王伟介绍了互联网公司的版权运营实践。

（资料来源：《中国新闻出版广电报》，作者：隋明照）

**【16 所高校共同组建知识产权学科联盟】** 2021 年 5 月 27 日，由同济大学主办的全国高校知识产权人才培养与学科建设研讨会在上海举行，会上全国 16 所高校共同组建知识产权学科联盟，在推动高校改革试点、确立标准规范等方面开展合作，着力探索知识产权学科改革和人才培养新路径。

作为首批联盟成员单位，与会高校共同签署《知识产权学科建设合作备忘录》。《合作备忘录》指出，知识产权具备交叉学科属性，具有广泛的市场需求和社会基础。联盟应当通过规划顶层设计、制定培养计划等举措抢抓构建新发展格局机遇，推动部分拥有自主学科设置权限的高校实施改革试点，积极争取将知识产权一级学科纳入国务院学位委员会学科目录。

（资料来源：《中国知识产权报》，作者：薛佩雯）

**【《2020 年中国网络版权保护报告》发布】** 2021 年 6 月 1 日，国家版权局在“2021 中国网络版权保护与发展大会”上发布了《2020 年中国网络版权保护报告》。

《报告》认为，2020 年我国网络版权保护呈现新的态势：党中央对知识产权保护工作的高度重视和顶层设计，为推动构建网络版权保护新的发展格局指明了方向；三网融合持续为网络版权产业发展提供基础性的设施和支撑，催生出新的需求、新的业态和新的模式，极大促进了传播范围、传播内容以及传播形态的扩展、丰富与繁荣，推动网络版权产业营商理念、服务方式以及竞争机制的优化和变革；我国 5G 技术和应用进入快车道，VR、AR、人工智能、云计算等新兴技术发展迅速，流媒体环境下网络版权产品的生产、传播与再利用具有新的意义，区块链 ERM 等数字版权管理与保护的技术成为网络版权保护的重要手段，在维护内容传播的安全、确定权属关系以及固定侵权证据等方面发挥着重要的作用。

《报告》显示，2020 年网络版权行政执法显著加强，“剑网 2020”专项行动共删除侵权盗版链接 323.94 万条，关闭侵权盗版网站 2 824 个，查办网络侵权盗版案件 724 件，调解网络版权纠纷案件 925 件。司法保护更加有力，民事保护力度不断加强，各级人民法院 2020 年新收知识产权民事一审案件 44 万余件，同比上升 11%，新收著作权一审案件 31 万余件，同比上升近 7%。刑事打击力度进一步提升，各级人民法院新收侵犯知识产权刑事一审案件 5 544 件，同比上升近 6%，新收侵犯著作权类刑事案件 288 件，同比上升 37%。

（资料来源：《中国青年报》，作者：吴晓东）

**【2021 年版权产业国际风险防控培训班在福建厦门举行】** 2021 年 7 月 7 日至 9 日，国家版权局和世界知识产权组织联合在厦门举办 2021 年版权产业国际风险防控培训班。中宣部版权管理局副局长赵秀玲和世界知识产权组织中国办事处主任刘华出席培训班开班仪式。来自全国各省（区、市）版权行政管理部门、版权服务机构及版权核心产业的 100 多名负责人参加了培训。

在培训班开班仪式上，赵秀玲指出，中国版权产业蓬勃发展，越来越多的企业走出国门，积极拓展国际市场。中国企业在“走出去”时不可避免地面临众多版权方面的困难和风险，特别对以内容产品或者版权要素为主的企业来说，版权国际风险更为突出。为此，要从政府、企业和行业协会等层面，高度重视版权国际风险防控工作，积极构建国际风险防控体系，增强中国版权产业的国际风险防控意识和能力。

刘华表示，近年来全球创意经济不断扩大，中国在创意产品和服务贸易中占据了主导地位。此外，中国的版权产业发展迅猛，地位凸显。世界知识产权组织看好中国知识产权事业的发展前景，会进一步深化和拓展与中国在版权领域的合作，为中国各方提供更紧密、更及时、更优质的知识产权服务。

（资料来源：厦门市文旅局）

**【总台发声加大东京奥运会版权保护力度】** 2021 年 7 月 20 日，中央广播电视总台发布《关于第 32 届夏季奥林匹克运动会版权保护的声明》。在声明中，总台称其具有 2020 年东京奥运会在中国大陆地区（含澳门）的独家全媒体及分授权权利，已经获得了总台授权的包括中国移动咪咕、腾讯、快手3家。除中国移动咪咕、腾讯、快手已获得总台授权以外，其他任何机构均未获授权传播2020年东京奥运会赛事节目。

除上述已获授权机构，未经总台总经理室书面许可，任何机构或个人均不得在中国大陆地区（含澳门）通过电视、广播、互联网、移动通信网、IPTV、互联网电视、移动媒体电视、各类应用软件及其他任何音视频转播技术或平台以直播、延迟播出、点播、轮播、回看、下载或剧场院线播放、公共场所播放及其他任何方式使用2020年东京奥运会的音视频节目内容、广播电视信号或任何相关素材，或从事其他利用、搭借2020年东京奥运会的行为。总台将联合各方加大维权力度，依法采取有效措施，坚决打击侵犯奥运节目版权和利用总台奥运节目资源从事不正当竞争的行为，追究相关主体的法律责任。

（资料来源：央广版权）

**【安徽省版权局举办全省版权工作培训班】** 2021年9月14日至16日，安徽省版权局在合肥举办全省版权工作培训班。各市版权主管部门分管负责人及版权业务科室负责人、文化市场综合执法支队队长、省直宣传文化单位有关部门和部分子公司负责人等近80人参加培训。

本次培训的主要任务是学习习近平总书记关于全面加强知识产权保护工作的重要讲话及指示精神，学习新修改的《著作权法》，掌握当前版权工作的重点任务和要求。培训班邀请中国科学技术大学知识产权研究院院长宋伟、华中科技大学法学院副院长熊琦，以及省发展改革委、省文化和旅游厅有关处室负责人授课。培训内容涵盖全面加强知识产权保护、安徽省“十四五”国民经济和社会发展规划纲要解读、安徽省数字创意产业发展谋划与思考、移动互联网时代的版权产业与制度等。

（资料来源：安徽省版权局）

**【吉林组织“扫黄打非”暨版权业务培训】** 2021年9月17日，吉林省2021年全省“扫黄打非”暨版权工作业务培训会在吉林省抚松县举行。

会议强调，各地“扫黄打非”部门要进一步发挥好组织优势，不断加强统筹协调，积极凝聚各方力量、创新工作思路，认真抓好新制定的《工作规则》的落地落实，深入推动集中行动有效开展，不断抓好基层基础建设，认真做好年度各项工作的收官。各地要以此次培训活动为契机，思想上再重视，力度上再加大，速度上再加快，措施上再压实，全力完成好年初部署的各项工作任务。

（资料来源：《中国新闻出版广电报》，作者：张席贵）

**【2021成都数字版权交易博览会举办】** 2021年9月24日至25日，2021成都数字版权交易博览会在四川成都中国西部国际博览城举行。2021成都数字版权交易博览会由国家版权局、四川省版权局、中国版权协会指导，成都市广播电视台主办。本届数博会以“版权新价值数字新生态”为主题，聚焦我国数字版权的发展趋势，深度布局数字版权全产业链，全力推动数字版权产业与数字新经济深度融合。来自腾讯、阿里、网易、字节跳动、北京版淘科技等与数字版权密切相关的120余家国内外知名企业参展参会。

展会期间，斑马中国区块链技术研发的数字版权综合服务平台宣布正式升级上线，举办了数字版权产业融合创新发展峰会，成都市广播电视台会同部分城市台成立了中国城市台数字版权产业联盟，2020—2021年度成都优秀版权作品也在开幕式现场发布。

（资料来源：《中国新闻出版广电报》，作者：赵新乐）

**【中国信通院发布《“十三五”中国网络版权治理白皮书》】** 2021年9月26日，2021首届数字化社会论坛在京召开，中国信息通信研究院发布《“十三五”中国网络版权治理白皮书》。

白皮书核心观点包括：一是网络版权治理理念由追求数量向提高质量转变。在顶层设计上，党和国家对知识产权认识更加科学、深化，对知识产权工作的引导不断符合技术发展规律和知识产权发展的内生性需求，知识产权在党和国家工作全局中的地位不断提升。我国深度参与全球知识产权治理，主动作为，传播中国智慧，谋求建立更加公正、更加合理的知识产权国际秩序。二是网络版权治理机制由分散粗放向统筹规划转变。调整版权统一管理机构，统筹规划内容与宣传，司法审判专业化趋势加强，为版权专业化治理提供组织保障。跨地区、跨部门协同工作机制进一步完善，优化监管资源整合配置。区块链、智能算法、云计算等技术措施融入版权保护，推进网络盗版问题的全链条治理。三是网络版权治理手段由“单行”向“并行”转变。“以政策与法律为引领、以政府治理与司法保护为保障、以社会共治为重要组成部分”的网络版权治理格局逐步形成，多种路径优势互补，形成治理合力。在立法层面，建立起较为完备的版权法律制度体系，既适应市场经济要求又体现新技术发展。在司法层面，主动适应互联网发展趋势，探索新类型案件的审判规则，助推网络空间法治化。在行政层面，“剑网行动”成效显著，执法机关将主动监管与重点监管有效结合，灵活使用多种监管方式，引导热点领域规范发展。在社会层面，非政府主体承担越来越多的版权治理职能，逐渐形成市场机制与社群参与的多元治理模式，在版权治理中发挥重要作用。四是网络版权治理成效显著，产业规模持续扩张，用户付费意识提升，网络版权在数字贸易中的影响力不断扩大，成为中国文化“走出去”的重要助力。

（资料来源：中国信息通信研究院）

**【音乐界倡议共建数字音乐版权健康新生态】** 2021 年 10 月 17 日，第八届中国国际版权博览会之数字音乐版权发展分论坛在杭州举办，与会代表共同探讨版权开放共享新模式下如何共建全新的健康音乐版权生态。

中宣部版权管理局局长于慈珂指出，经过行业各方共同努力和综合治理，数字音乐市场版权秩序持续好转，但还面临不少新问题、新任务、新挑战，既要积极巩固近年来数字音乐版权的治理成果，持续推动授权模式和商业生态的完善，也要创新工作举措，推动版权价值的开发，探索健康、开放的版权流通体系。

来自中国音数协音乐产业促进工作委员会、网易云音乐、环球唱片、源泉音乐等的业界代表就构建完善的版权体系、解决授权体系构建等问题进行探讨。论坛上，各方代表发布了倡议书，倡议行业秉持自律自觉、开放共享、创新共赢的理念，共建产业健康新生态，营造市场新秩序，助推我国音乐产业高质量发展。

（资料来源：中国知识产权资讯网，作者：窦新颖）

**【广东深圳市知识产权局开展版权创新发展培训】** 2021 年 10 月 28 日，由广东深圳市知识产权局主办，深圳市版权协会、国家版权创新发展基地（前海）承办的版权创新发展培训在福田区博林圣海伦酒店顺利举办。来自互联网及新媒体企业、游戏动漫及衍生品行业、文创及授权业、服装设计行业的知识产权从业人员、管理人员、研发及设计人员等 70 多位代表参会。

此次培训向与会企业及代表普及了区块链、NFT 技术如何运用，作品存证、侵权监测、电子证据固定在维权中的作用，以及如何通过区块链技术的运用提升数字作品的版权价值，提高与会企业利用创新科技手段开展版权保护、版权授权、版权纠纷处理的能力。

（资料来源：《晶报》，作者：魏格格）

**【国内首个数字文创自律公约发布】** 2021 年 10 月 31 日，在由中宣部版权管理局指导、国家版权交易中心联盟主办的“2021 中国·北京国际版权授权大会”上，国家版权交易中心联盟联合中国美术学院、浙江省杭州互联网公证处、央视动漫集团、湖南省博物馆、蚂蚁集团、京东科技、阿里拍卖、腾讯云等多个机构共同发布了《数字文创行业自律公约》，倡导共建良性的数字文创行业发展生态，助力中国文创产业发展。

这是国内首个面向数字文创领域的行业公约，共包括 11 项共识，分别为：赋能实体经济、弘扬民族文化、促进行业发展、坚持原创正版、保证价值支撑、保护消费者权益、联盟链技术可控、维护网络信息安全、杜绝虚拟货币、防范投机炒作和金融化风险，以及防范洗钱风险。

《公约》提出，要坚守区块链技术服务数字文创产业发展初心，为数字文创作品确权及流转提供创新解决方案，让创作者的作品能更好触达市场，促进原创文化行业繁荣发展。充分运用区块链技术保护链上数字文创作品版权，保护创作者合理权益。抵制炒作是《公约》的重要共识，《公约》提出坚决抵制任何形式的以数字文创作品为噱头，实质发行和炒作虚拟货币的行为；坚决抵制任何形式的数字文创作品价格恶意炒作，防范投机炒作和金融化风险。

（资料来源：央视新闻，作者：曾文甫）

**【吉林表彰全省版权保护示范单位】** 2021 年 11 月 30 日消息，吉林省版权局根据《吉林省版权保护示范单位、示范园区（基地）管理办法（试行）》等相关规定，结合各地版权示范创建工作实际情况，授予长春上信科技有限公司等 13 家单位“全省版权保护示范单位”称号，授予通榆墨宝园文化产业发展有限公司“全省版权保护示范园区（基地）”称号。

吉林省版权局要求各市（州）党委宣传部、长白山开发区党工委宣传部、扩权强县试点市党委宣传部指导相关单位，以习近平新时代中国特色社会主义思想为指导，认真贯彻习近平总书记关于知识产权工作的重要论述，积极落实《关于强化知识产权保护的意见》等文件精神，加强对版权示范创建工作的指导和管理，提升工作水平，突出工作实效，推动版权的创作、运用、保护、管理和服务，促进区域经济、文化、科技和社会事业全面发展，为支撑高质量发展、“十四五”规划开局和建设版权强国做出更大贡献。

（资料来源：《中国新闻出版广电报》，作者：张席贵）

**【河南举办 2021 年度版权执法监管暨软件正版化工作培训班】** 2021 年 12 月 9 日，河南省以线上线下相结合的方式举办 2021 年度全省版权执法监管暨软件正版化工作培训班，省委宣传部副部长、省版权局局长谭福森出席开班仪式并讲话，中宣部版权管理局执法监管处张辉、郑晓飞分别围绕软件正版化工作、版权执法监管工作授课。

会议指出，2021 年河南各级版权主管部门始终把严格保护作为版权工作的主基调，打击侵权盗版更加有效，使用正版软件更加普及，版权社会服务更加扎实，营造了版权保护的浓厚氛围，推动了版权产业的发展。会议强调，2022 年要自觉站位全局、服务大局，围绕河南省打造国家创新高地、全面实施“十大战略”等中心工作，进一步严格版权执法监管，深入开展社会服务，促进文化繁荣发展。会议要求，版权工作要做到“四加强四确保”：一是加强执法监管，确保版权保护更加有力；二是加强督查考核，确保正版软件扩容扩面；三是加强社会服务，确保版权产业高效发展；四是加强宣传培训，确保版权意识全面提升。

各省辖市、济源示范区和部分县（市、区）版权主管部门、文化综合执法部门，40 余家省直机关，246 所高等院校、省属中等职业学校、中小学，30 家省直医疗卫生单位，13 家省国资委监管企业，36 家民营企业相关负责人共计 2 000 余人参加了培训。

（资料来源：大河网）

**【贵州省举办 2021 年红色文化版权保护行动成果展】** 2021 年 12 月 10 日，以“百年奋进红色印记”为主题的贵州省 2021 年红色文化版权保护行动成果展在贵阳市 CCDI 版权工作基地举行。

此次成果展是对贵州省“百年奋进红色印记——贵州省 2021 年红色文化版权保护行动”，以及“激活价值 致力振兴——贵州省 2021 年民族民间文化版权保护工程”两项版权服务工程的一次总结分享。本次成果展上还邀请了五位优秀的贵州红色文化推广者讲述他们自身的版权故事，现场集体组织观看了“百年奋进红色印记——贵州省红色 IP 之旅”宣传片，并对国家版权示范单位和贵州省民族民间文化版权保护试点单位进行了授牌仪式。

（资料来源：《贵州日报》，作者：陈江南）

## ◆ 交流研讨

**【2021 中国网络版权保护与发展大会在京召开】**

2021 年 6 月 1 日，国家版权局在京举办 2021 中国网络版权保护与发展大会。中宣部副部长张建春出席大会并作主旨讲话。

张建春表示，我国《著作权法》实施 30 年来，版权事业从小到大、由弱到强，版权法律制度体系、双轨保护体系、社会服务体系、国际合作体系日益完备，成为推进国家治理体系和治理能力现代化的重要内容；版权作品极大丰富，有力促进了社会主义文化繁荣发展，人民群众在文化需求方面的获得感、幸福感不断增强；版权保护日趋严格，为维护市场经济秩序、构建新发展格局提供了有力保障；版权产业快速发展，为实施创新驱动战略、推动经济结构优化升级提供了重要支点。

在充分肯定我国版权事业取得巨大成就的同时，张建春认为，必须从国家战略高度和进入新发展阶段要求出发，清醒认识存在的问题和不足：打击侵权盗版形势依然严峻，版权质量效益还有待提升，版权国际应对环境复杂多变。他强调，一要强化版权工作顶层设计，提高版权工作法治化水平。要立足于保护权利、鼓励创作、促进传播和平衡利益原则，明确“十四五”时期版权工作的目标、任务、举措和实施蓝图，为贯彻新发展理念、构建新发展格局、推动高质量发展提供有力支撑。二要强化版权全链条保护，筑牢意识形态安全屏障。要坚持“严格保护、提升效能、分类监管、引导规范”的工作思路，综合运用多种手段，强化版权全链条保护。三要强化版权管理体制机制建设，推进版权产业持续健康发展。要着眼抓长抓常，进一步健全版权社会服务体制机制，全面推进版权登记规范化建设，加大对著作权集体管理组织的指导和监管，不断完善境外著作权认证制度，深入开展版权示范创建，积极探索国家版权创新发展基地建设，努力打造全国版权展会授权交易体系。四要强化对国际版权合作和竞争的统筹协调，坚决维护版权领域国家安全。五要强化网络空间治理，营造风清气正的网络版权生态。要进一步发挥好网络版权执法的震慑作用，针对群众反映强烈的网络新闻、短视频、直播等领域的侵权盗版乱象，加大专项整治力度，推动互联网企业切实履行主体责任，进一步增强网络版权保护的主动性。

会上，中宣部版权管理局局长于慈珂部署“剑网2021”专项行动重点任务，副局长汤兆志发布“2020年度全国打击侵权盗版十大案件”。国家版权局网络版权保护研究基地发布《2020年中国网络版权保护报告》，国家版权局网络版权产业研究基地发布《2020年中国网络版权产业发展报告》。

（资料来源：《中国新闻出版广电报》，作者：赖名芳）

**【第四届虹桥国际经济论坛知识产权保护与营商环境优化分论坛在沪举行】** 2021年11月5日，第四届中国国际进口博览会在上海开展。在同期举行的第四届虹桥国际经济论坛知识产权保护与营商环境优化分论坛上，中宣部副部长张建春出席并致辞。第四届虹桥国际经济论坛2021年首次设置知识产权分论坛，由中国贸促会、国家知识产权局、国家版权局共同主办。

张建春指出，党的十八大以来，以习近平同志为核心的党中央高度重视包括版权在内的知识产权保护工作。国家版权局认真贯彻落实习近平主席重要指示和党中央决策部署，坚持以国际化、社会化、专业化建设为抓手，推动版权国际合作交流，突出版权严格保护和有效运用，积极推进版权强国建设，各项工作取得显著成效，在推动文化繁荣、科技进步和经济社会发展方面发挥了重要作用。特别是通过强化版权保护，连续17年开展“剑网”专项行动，有效震慑和打击了侵权盗版行为，进一步改善了营商环境，维护了中国在国际事务中讲信誉、负责任的大国形象，推动中国在更大范围、更广领域和更高层次上参与国际竞争和文化经济技术合作，不断提高对外开放水平。

张建春强调，国家版权局将坚决贯彻落实习近平主席重要指示精神，进一步强化版权工作顶层设计，不断完善著作权法律体系，提高版权保护法治化水平；进一步加大版权保护力度，强化版权全链条保护，不断提升版权保护水平；进一步完善版权管理机制体制，加强对版权产业的培育、促进、优化和提质，推进版权产业持续健康发展；进一步统筹推进版权国际合作机制，牢固树立人类命运共同体和可持续发展理念，深度参与世界知识产权组织框架下的全球版权治理，为构建更加平衡有效的国际版权保护体系做出更大贡献，为推动创造更加美好的国际版权未来提供更多的中国智慧。

（资料来源：国家版权局）

**【2021马栏山版权保护与创新论坛在长沙举办】** 2021年4月8日上午，2021马栏山版权保护与创新论坛在湖南长沙开幕。此次论坛以“创版权高地，筑文创高峰”为主题，旨在践行“三高四新”战略，展示湖南优质版权产品，繁荣版权交易，聚焦当前版权产业发展的新理念、新技术、新趋势，助推打造全国视频文创版权高地。论坛由国家版权局指导，中国版权协会、湖南省委宣传部（湖南省版权局）、长沙市人民政府主办，湖南省版权协会、湖南广播影视集团（湖南广播电视台）、湖南出版集团、长沙市委宣传部（长沙市版权局）、马栏山视频文创产业园管委会承办。湖南省委常委、省委宣传部部长张宏森，中宣部版权管理局局长、中国版权协会常务副理事长于慈珂，长沙市委常委、市委宣传部部长陈刚出席开幕式并致辞。

张宏森表示，站在新起点，湖南将持续优化版权管理和服务，加强版权执法和协调联动，持续创新监管手段，提升版权执法精准度；将坚持融合创新发展，依托媒体内容创作与版权管理平台实验室，加快建设以数字作品为核心，上下游纵深延展、配套产业充分发育、版权价值深度挖掘的全产业链；将打造一流版权高地，培育一批富有湖湘特色、具有国际影响力的高质量版权创作主体，推动湖南版权“走出去”，打造版权密集型产业集群。

于慈珂指出，版权工作由于其内在的激励创新属性，横跨文化、科技和经济，贯通国内与国际，在湖南省建设“三高四新”中大有可为。多年来，“文化湘军”在全国举足轻重，无论是广电湘军、出版湘军、动漫湘军，还是娱乐湘军、创意湘军或者移动互联湘军，都属于典型的核心版权产业，都离不开版权工作的保障和支撑。于慈珂表示，下一步国家版权局将继续深入调研，加强指导，积极扶持，同时也希望湖南继续夯实基础，集聚资源，开拓创新。

开幕式上，《马栏山版权宣言》正式对外发布，马栏山视频文创产业园被国家版权局授予“全国版权示范园区”称号，长沙“全国版权示范城市”创建行动正式启动。本次论坛为期两天，除了举行开幕式暨主旨演讲、圆桌讨论等主论坛活动，还举办了版权交易展演签约活动、湖南版权产业展、湖南版权作品云展、“走进马栏山”参观活动、马栏山文创市集等一系列线上线下活动。

（资料来源：《人民日报》，作者：申智林）

**【2021 阳光知识产权论坛在京举办】** 2021 年 4 月 10 日，由中国人民大学知识产权学院、最高人民法院知识产权司法保护理论研究基地、最高人民检察院知识产权检察研究基地、中国人民大学国家版权贸易基地主办的 2021 阳光知识产权论坛——《中华人民共和国著作权法》三十年暨新《著作权法》实施论坛在北京举行。来自全国人大常委会法工委、中宣部版权管理局、最高人民法院、最高人民检察院、中国人民大学知识产权学院、西南政法大学民商法学院等的有关代表出席会议。本次论坛旨在通过对新《著作权法》有关问题进行探讨，准确把握立法精神，确保法律的正确实施。

与会人员先后围绕视听作品保护新特点、新《著作权法》对音乐产业的影响、游戏行业著作权争议前沿问题、《著作权法》与《民法典》等相关议题展开深入的研讨。

（资料来源：《人民法院报》，作者：唐亚南）

**【中国版权科技创新论坛在京举行】** 2021 年 4 月 27 日，由中国版权协会主办的中国版权科技创新论坛在北京召开。

全国政协文化文史和学习委员会副主任、中国版权协会理事长阎晓宏在致辞中指出，随着互联网技术和新业态的发展，侵权的形式、手段逐渐多样化、隐蔽化，因此，既要加强司法行政等多方面的保护，也要发挥科技在版权保护中的重要作用。数字版权保护的难点，正是确权难、取证难、维权成本高，所以要充分利用互联网思维和科技手段，去保护原创者的智力成果。

北京市委宣传部副部长、市新闻出版局（市版权局）局长王野霏在致辞中表示，2021 年是“十四五”开局之年，知识产权已经进入全面竞争的时代，高新技术产业成为核心竞争领域，国家将知识产权保护的重要性提到前所未有的高度。因此，“十四五”期间应该重点研究科技创新与版权的关系，这也标志着我国版权保护进入了创新发展的最前沿。

论坛上，工信部中国电子技术标准化研究院主任李鸣、中国音像著作权集体管理协会副理事长兼代理总干事周亚平、华东政法大学知识产权学院教授丛立先、腾讯云区块链产品总监秦青、广州互联网法院副院长田绘、北京微芯区块链与边缘计算研究院副院长任常锐、北京互联网法院综合审判二庭副庭长张连勇等嘉宾就版权科技创新主题进行交流与分享。

中宣部版权管理局局长于慈珂在总结发言中指出，在版权制度的产生和发展过程中，版权制度和技术发展相伴相生。版权要实现价值转换，版权产业要高质量发展，一方面需要技术作为内生动力，不断推动版权保护制度的完善，为版权行业发展保驾护航；另一方面需要充分发挥技术在工具应用层面的意义，积极探索区块链、人工智能、量子技术等在版权保护场景的创新应用，尤其是区块链技术在版权确权、授权、维权领域要充分发挥作用。要在版权管理领域更多地应用科技创新，使科技创新在版权高质量发展中起到更好、更强大的作用。

（资料来源：中国经济网）

**【短视频版权治理研讨会在京举行】** 2021 年 5 月 14 日，中国新闻出版传媒集团和中国传媒大学联合在京主办短视频版权治理研讨会。

全国政协文化文史和学习委员会副主任、中国版权协会理事长阎晓宏出席会议并作主旨发言。阎晓宏从短视频界定、作品概念、合理使用三个方面对短视频领域版权保护问题进行了阐述。他认为，究竟什么是“短视频”并不十分重要，关键是看它能否构成著作权法意义上的作品，只有构成著作权法意义上的作品，才是著作权法保护的客体，才能适用“版权治理”的概念。阎晓宏认为，《著作权法》第三次修订对作品概念进行了新的界定，即具有独创性，是智力成果，能以某种形式呈现。只有符合这 3 个特征，才是著作权保护的客体。但是对于独创性和智力成果这两项标准如何认定，要根据作品的具体情况进行具体分析。阎晓宏认为，治理侵权盗版要重点打击以牟利为目的的团伙性侵权行为，达到刑事“门槛”的一定要追究刑事责任。同时，平台要负起责任，充分运用技术手段最大限度过滤、删除侵权内容。

中国新闻出版传媒集团编委会主任、《中国新闻出版广电报》总编辑丁以绣，中国传媒大学副校长段鹏代表主办方分别致辞。中宣部版权管理局、国家电影局等行政部门以及来自司法机关、行业组织、高校、相关企业的专家学者代表参加会议。《中国新闻出版广电报》副总编辑冯文礼主持会议。

研讨会设置了“短视频行业版权生态优化”和“短视频版权治理新机制构建”圆桌讨论环节，16位相关领域专家学者围绕合理使用、平台责任、授权渠道、许可制度等进行了交流。

（资料来源：《中国新闻出版广电报》，作者：樊凡　洪玉华）

**【短视频版权集体管理研讨会在北京举行】**
2021年5月17日，由中宣部版权管理局、电影局指导，中国电影著作权协会主办的短视频版权集体管理研讨会在北京举行，影视作品权利人代表，短视频平台方代表，版权管理部门、集体管理组织代表，以及知识产权学者齐聚一堂，围绕集体管理如何在短视频版权秩序规范方面发挥作用这一问题进行沟通。

中宣部版权管理局局长于慈珂出席会议并致辞。他说，有关各方要在法律框架下充分协调协商，共同维护版权良好秩序，营造视频发展良好生态。著作权集体管理是维护和实现权利人合法利益、便捷作品使用人传播使用的有效制度和手段，中国电影著作权协会要加强自身建设，勇于克服困难，积极开展电影作品著作权集体管理，发挥好维护权利人合法权利和便捷使用人合法使用的纽带桥梁作用。

主题发言环节中，专家就社会讨论度高的短视频版权问题提出建议。中国社会科学院知识产权中心研究员李明德提醒，版权方维权的法律途径不只有打官司，也可以采用发律师函、向行政机关投诉等方式。北京市文化市场综合执法总队五支队队长刘立新介绍，实践中发现，影视切条侵权行为较多，而目前打击侵权的难点在于侵权者确定。

关于集体管理可以在哪些方面发挥作用、版权作品权利方和使用者又有什么诉求，厦门大学知识产权研究院院长林秀芹认为，通过集体管理赋能短视频二次创作具有法源基础和可行性。清华大学法学院知识产权中心主任崔国斌建议集体管理组织建立标准化的许可机制以降低交易成本。

会上，12426版权监测中心主任吴冠勇发布了《2021年中国短视频版权保护白皮书》。调研发现，短视频版权存在确权机制不完善、平台治理的过滤审核机制参差不齐、维权难度大等问题。

（资料来源：《中国新闻出版广电报》，作者：隋明照）

**【福建省版权协会召开纪念《著作权法》实施30周年座谈会】** 2021年6月1日，福建省版权协会在福州召开以“坚持全面依法治国，严格执行《著作权法》”为主题的纪念《著作权法》实施30周年座谈会，总结《著作权法》实施30年工作经验，进一步引导福建省版权协会会员和全省版权相关单位严格执行新修改《著作权法》。会上，来自法院、企业和行业协会等领域的专家作交流发言，总结版权工作经验，分析版权领域存在的问题，探讨版权产业发展的未来。

福建省委宣传部副部长、一级巡视员、省版权局局长肖贵新说，福建高度重视《著作权法》的实施，先后印发相关文件。2011年6月，福建省政府办公厅印发《关于进一步加强版权保护和管理工作的意见》；2016年，省政府印发《福建省加快知识产权强省建设实施方案》；2020年，省委办公厅、省政府办公厅印发《福建省强化知识产权保护的实施方案》。“在取得成绩的同时，我们也要看到短板和不足。如今，社会公众版权保护的意识仍比较薄弱，尊重版权、尊重创作的氛围还不够浓厚。各地版权执法队伍的建设也亟待加强。”肖贵新表示，接下来，福建将全面深化版权工作，打击盗版保护正版的力度将进一步加大，加强版权队伍建设以及版权行业建设，提升版权行政管理和执法人员的业务水平。

（资料来源：《中国新闻出版广电报》，作者：张福财）

**【知识产权刑事保护研讨会在中国人民大学举办】** 2021年6月9日，由中国人民大学知识产权学院、最高人民法院知识产权司法保护理论研究基地、最高人民检察院知识产权检察研究基地、北京市海淀区人民检察院、北京市海淀区人民法院主办，中国人民大学国家版权贸易基地承办的知识产权刑事保护研讨会在京召开。中国人民大学知识产权学院院长刘春田、副院长郭禾，中国人民法学院教授黄京平、时延安，中国人民大学国家版权贸易基地主任白连永，最高人民法院民三庭法官许常海，最高人民检察院知识产权检察办公室李薇薇，北京市海淀区人民法院副院长张弓，北京市海淀区人民检察院副检察长杜邈，以及来自高等院校、司法部门、行业企业的代表100余人参与研讨会。

刘春田在开幕致辞中指出，知识产权刑事保护不仅是学术理论问题，也是司法实践问题，学术界与司法界在对知识产权的研究尺度上应当相对统一。在《民法典》的全方位统领下，知识产权法很多新东西能够从《民法典》中挖掘依据，知识产权法的发展也出现了新面貌。刘春田表示，在知识产权法出现上述新变化后，知识产权保护的理念与制度也相应改变，目前试点的知识产权检察办公室就是一种有益尝试。刘春田认为，面对世界百年未有之大变局与国际关系新格局，我们应当在整理好内部规则体系的同时，熟悉并不断完善国际规则体系，争取更多的国际话语权。

在主旨演讲中，与会嘉宾围绕知识产权案件刑民衔接问题、知识产权犯罪追溯标准、数据安全的刑法保护、知识产权犯罪案件的区域特点与司法应对、海淀法院知识产权案件“三合一”审判情况、网络黑产的危害与治理、销售软件激活码行为的法律属性等问题进行了深入分析。在圆桌对话环节，与会嘉宾从商标、著作权、商业秘密等角度探讨了知识产权刑事保护的难点，并从转变保护理念、优化工作机制、完善法律制度等方面分析了应对思路。

（资料来源：人大新闻网）

**【版权产业创新及知识产权保护东湖论坛在武汉召开】** 2021 年 6 月 18 日，由湖北省版权局指导，湖北省版权保护协会等联合主办的首届版权产业创新及知识产权保护东湖论坛在武汉举办。论坛上，围绕“版权产业创新发展的变革与困境”和“知识产权保护的新形式新问题”主题，来自小米集团、好未来教育集团、华著盛阅、腾讯音乐娱乐集团的代表分别就产业变革下的知识产权保护趋势、在线教育版权侵权的原因与一体化保护机制的构建、网络文学产业知识产权保护体系的构建等发表演讲。

与会嘉宾指出，为了积极应对全球诉讼风险，企业应该定期或按需开展知识产权风险测评，做好诉前预防，包括对高风险许可项目制定诉讼对抗方案、展开禁令监控等。由于新技术的滥用，当前网络文学呈现侵权传播途径杂多，盗版链条全产业链覆盖等特征。为有效进行知识产权保护，权利人可通过以下手段维权：一是发函投诉，对于纯粹的信息存储空间和搜索链接，可向平台方进行投诉，对于小说 APP 等，可向应用商店发函要求下架侵权盗版 APP；二是进行行政投诉，可根据属地原则，向各省版权局和文化执法部门投诉；三是采用普遍的维权策略进行民事诉讼；四是进行刑事举报，针对专业化、集团化的侵权方，向公安机关举报。

武汉大学知识产权与竞争法研究所主任宁立志、中央财经大学知识产权研究中心主任杜颖、中南财经政法大学知识产权研究中心副主任彭学龙等分别围绕短视频法治之路、新修改的《著作权法》的理解与适用、古籍首版新编的邻接权保护、新修改的《著作权法》视野下的知识产权案件分析等话题展开演讲。论坛活动中，湖北省版权保护协会专家指导委员会为首批专家顾问授牌。

（资料来源：中国知识产权资讯网，作者：窦新颖）

**【中国版权协会举办网络直播领域音乐正版化发展研讨会】** 2021 年 9 月 5 日，由中国版权协会主办的网络直播领域音乐正版化发展研讨会在京召开，来自版权主管部门、行业协会、司法机构、高校及网络直播企业的代表、专家聚焦这一问题展开探讨。

全国政协文化文史和学习委员会副主任、中国版权协会理事长阎晓宏指出，直播行业规范发展，需要上下游共同努力。

最高人民法院民事审判第三庭法官秦元明认为，著作权法保护创作和传播，创作是源泉，没有创作就没有传播和后续的使用。因此，创作者应该获利，这是最基本的原则。

中宣部版权管理局局长于慈珂表示，近年来，网络音乐侵权盗版现象在多方共同努力下得到了有效遏制，版权秩序和环境持续向好，数字音乐市场发展态势趋于稳定，各大平台营收规模稳步扩大，商业模式日趋完善，竞争焦点从版权比拼向生态构建转移。下一步，将加强直播领域音乐作品版权的正版化保护工作，建立更加完善的版权保护机制，提升网络直播使用音乐作品的正版率，共同营造良好的版权生态，推动网络音乐版权健康、长远、高质量发展。

会上，多方代表共同发起网络直播领域音乐版权保护行业倡议，提出了关于网络直播行业版权保护的新期待。

（资料来源：新华社，作者：史竞男）

**【数字版权产业融合创新发展峰会在成都举行】** 2021 年 9 月 24 日至 25 日，数字版权产业融合创新发展峰会在成都中国西部国际博览城举行，百余名嘉宾以“版权创造与运用”为主题，共同探讨了数字版权经济发展新路径。全国政协文化文史和学习委员会副主任、中国版权协会理事长阎晓宏在峰会上以“版权的未来”为题发表演讲。中宣部版权管理局局长于慈珂致辞。四川省委宣传部副部长、省新闻出版局（省版权局）局长周青等出席峰会。

阎晓宏在演讲中分析说，版权和我们的生活高度融合。在互联网迅猛发展的今天，大数据、人工智能、体育赛事转播、区块链等都和数字版权关联度极高，已基本纳入到版权范畴中，要充分认识数字版权的文化和经济价值。他强调，未来，随着版权制度的进一步完善和发展，变革是必然的，但依然要遵循新修改《著作权法》关于作品的界定、著作权制度规则等基本原则。

于慈珂在致辞中表示，在“十四五”规划开局之年，版权工作必须落实和服务党中央、国务院的战略决策和战略部署，立足我国基本国情和现有工作基础，统筹考虑阶段性工作和中长期发展，增强系统性和前瞻性，为“十四五”和第二个一百年开好局、起好步。

中国音像与数字出版协会常务副理事长兼秘书长敖然在演讲中分析道，由于数字技术不断迭代，产品形态日新月异，版权关系多样复杂，产生了一系列数字版权生态治理问题，究其原因，是版权产业数字化过程中，原有的生态治理模式无法与数字经济发展相适应所导致的。随着新修改《著作权法》的实施，以及5G、大数据、区块链技术与产业的深度融合，产业链条将不断延伸，消费场景将不断扩大，版权保护任重道远。

此次峰会云集了来自著作权领域的专家及数字版权产业头部企业代表。嘉宾们认为，把科技创新和数字版权创造与运用相结合，不仅顺应当今世界和中国的创新大潮，也跟科技进步与国际合作、高新技术成果转化紧密相连。中国网络版权产业在政策引导和创新驱动下，将走向更加开放多元、规范有序的新局面。峰会还举办了5G虚拟现实的产业实践和版权圆桌会。

（资料来源：《中国新闻出版广电报》，作者：赖名芳）

**【2021声音探索者大会暨北京广播节音频版权论坛落幕】** 2021年10月14日，由北京广播电视台主办，中国人民大学知识产权学院、北京大学知识产权学院、首都版权协会、北京阳光知识产权与法律发展基金会、《中国知识产权》杂志承办的2021声音探索者大会暨北京广播节音频版权论坛在北京成功举办。权威专家、知名学者、资深法官、广播电台和商业平台代表等共同探讨音频版权中的痛点、难点问题。

中国广播电视社会组织联合会副会长童刚先生在致辞中指出，技术的不断发展给音频产业带来了巨大的机遇和可能，这也令音频版权的保护面临前所未有的挑战。在主旨演讲环节，北京广播电视台党组成员、副总编辑李秀磊率先发言。通过实际案例分享了北京广播电视台在音频版权保护与开发中的实践和经验，并且据此提出了问题和期望。针对这些问题和期望，中国法学会知识产权法学研究会会长、中国人民大学知识产权学院院长刘春田教授在主旨演讲《音频版权保护与开发的法律思考》中给予了解答和回应。

圆桌论坛中，北京阳光知识产权与法律发展基金会秘书长姚欢庆，北京大学知识产权学院常务副院长、中国法学会知识产权法学研究会副会长张平，中国法学会知识产权法学研究会副会长、中国科学院大学教授、第十三届全国人大代表马一德，北京互联网法院综合审判一庭副庭长颜君，北京广播电视台官方客户端听听FM副总经理刘成斌，喜马拉雅广电融媒主编刘洪涛，樊登读书法务总监刘璨等就音频内容在著作权法中的客体地位问题、音频内容二次创作中的著作权问题、广播直播流中的著作权问题、智能AI声音内容的著作权问题等展开了讨论、分享了观点，嘉宾们畅所欲言，共同探索如何更好地通过知识产权保护制度促进音频产业发展。

北京广播电视节目研发中心副主任孙超宣读了由北京广播电视台、中国人民大学知识产权学院、北京大学知识产权学院、首都版权协会、北京阳光知识产权与法律发展基金会共同发布的、全国首份“保护声音作品著作权”公开倡议书。

（资料来源：中国青年网）

**【第二届中国国际著作权集体管理高峰论坛举办】** 2021年10月18日，第二届中国国际著作权集体管理高峰论坛在杭州举办，论坛由国家版权局指导，中国音像著作权集体管理协会主办，中国音乐著作权协会、中国文字著作权协会、中国摄影著作权协会、中国电影著作权协会协办。

中宣部版权管理局局长于慈珂出席开幕式并致辞。于慈珂表示，我国著作权集体管理制度已经成为国家知识产权强国战略和中国特色版权制度体系的重要组成部分，我国著作权集体管理制度的发展必须坚守初心使命，放到建设社会主义知识产权强国的政治站位和工作全局去看待、去思考、去谋划。

会上举办了“落实‘二合一’，音集协与百家娱乐行业协会合作及签约发布仪式”以及卡拉OK音乐版权贡献奖颁奖仪式。来自著作权集体管理组织、行业协会的中外嘉宾以及知识产权领域学者、法官、律师及音乐行业从业者围绕“著作权集体管理制度完善及相关司法实践问题”“著作权集体管理制度创新促进产业发展”等议题进行了分享。论坛中，数字化成为发言嘉宾提到的高频词。中国音像著作权集体管理协会代理总干事周亚平提到，音集协正逐步完成著作权集体管理业务的数字化升级，音集协著作权大数据管理系统 2020 年 8 月已经启动公测并在部分省市的卡拉 OK 经营场所落地使用。中国音乐著作权协会代理总干事刘平介绍了 2021 年上线的音乐著作权大集成服务系统。中国文字著作权协会总干事张洪波提到，文著协在信息化建设方面也在研发相关系统，另外出版界出现的数字教材以及有声书等数字化产品，都对文字的著作权集体管理影响重大。

（资料来源：《中国新闻出版广电报》，作者：隋明照）

**【2021 重庆数字版权产品开发者大会举办】**

2021 年 10 月 21 日，2021 重庆数字版权产品开发者大会在重庆市举行。此次大会由重庆市版权局、重庆市经济和信息化委员会、重庆市渝中区人民政府指导，重庆市区块链数字经济产业园管委会、重庆市软件正版化服务中心主办。大会以“聚焦数字版权 助力行业升级”为主题，有行业专家、相关企业代表 300 余人参会，探讨数字版权产品发展现状、技术热点及未来趋势。

大会现场，麒麟软件有限公司、重庆师范大学等企业、高校代表分别发表主题演讲，分享交流数字版权产品的新路径和新模式。大会还设置了生态展示区，麒麟、金山等 20 余家软硬件厂商展示了操作系统、整机、数据库、安全产品、云计算产品、办公软件等。会议期间，麒麟软件重庆运营项目、产学研战略合作项目、重庆市区块链数字经济产业园战略合作项目进行集中签约。

（资料来源：华龙网，作者：梁浩楠）

**【业界热议二创短视频诉前禁令适用标准】**

2021 年 11 月 29 日，中国人民大学国家版权贸易基地在京举办第 11 期互联网版权沙龙。活动现场，与会专家讨论了近年来我国法院颁布二创短视频临时禁令的情况。据悉，2013 年至 2017 年，国内知识产权诉前停止侵权和诉中停止侵权案件数分别为 157 件和 75 件，裁定支持率分别为 98.5% 和 64.8%。针对不同案件不同的裁决结果，与会专家重点讨论了二创短视频诉前临时禁令的适用法律和主要条件。专家们指出，临时禁令作为一种行为保全措施，其所适用的法律规范主要为民事诉讼法、著作权法等，临时禁令的主要条件包括申请人有明确的权利基础、情况紧急、不采取行为保全措施会使申请人的合法权益受到难以弥补的损害、申请人提供担保等。

对于如何完善我国二创短视频诉前禁令的适用标准问题，与会专家强调了必要原则，即法院应当考虑行为保全措施的适当性与必要性等，因此，法院在颁布诉前禁令时，应当以听证为原则，赋予当事人双方陈述意见、质证辩论的程序保障，并注重保证二创用户的程序参与权。此外，法院发布禁令的时候应当注意考虑平台的履行能力，尽可能在用语上更加清晰明确。

（资料来源：《中国知识产权报》，作者：窦新颖）

**【2021 数字版权保护与发展论坛在京举办】**

2021 年 12 月 28 日，中国人民大学国家版权贸易基地与中国版权协会文字版权工作委员会在京举办 2021 数字版权保护与发展论坛。北京市委宣传部副部长、市新闻出版局（市版权局）局长王野霏，中国人民大学副校长顾涛出席论坛并致辞。

论坛上，中国人民大学国家版权贸易基地发布了“2021 中国数字版权产业最受大学生关注雇主 TOP 30”榜单和“2021 数字版权保护与发展十大关键词”。“2021 中国数字版权产业最受大学生关注雇主 TOP 30”榜单由来自全国 28 个省、自治区、直辖市和香港特别行政区 200 多所高校的几千名在校大学生投票产生，覆盖数字阅读、网络动漫、数字音乐、网络游戏、网络视频、网络新媒体、网络直播、短视频八大行业。2021 数字版权保护与发展十大关键词分别为“新《著作权法》实施”“‘剑网 2021’专项行动”“两个 70%”“元宇宙”“NFT”“二创短视频”“在线教育”“反垄断”“互联互通”“个人信息保护”，对 2021 年数字版权保护与发展的热点话题与关键节点进行了回顾与盘点，覆盖立法、司法、行政执法、产业发展各个方面。

主旨演讲环节，与会嘉宾分析了后疫情时代我国数字经济发展的新机遇与挑战；中国人民大学法学院教授万勇谈及“避风港”规则和强制性过滤机制的法律争议时认为，中国应结合本国的实际情况，作出理性的制度选择；北京互联网法院副院长姜颖介绍了北京互联网法院的著作权案件审理的基本情况，重点分析了其在司法实践中遇到的商业维权与黑灰产问题，并从司法引领、府院联动、平台责任和法治宣传四个方面提出了解决思路；中国版权协会文字版权工作委员会秘书长张晓霞分析了互联网环境下教科书版权保护的实践与思考；12426 版权监测中心主任吴冠勇及字节跳动法务部法律研究总监李颖就短视频的版权保护与交易问题进行了深入探讨。

（资料来源：光明网，作者：王晓秋）

## ◆ 社会管理与服务

**【2020 年全国著作权登记总量超 500 万件】**
2021 年 3 月 16 日，国家版权局对外通报 2020 年全国著作权登记情况。2020 年全国著作权登记总量达 5 039 543 件，同比增长 20.37%，其中完成作品著作权登记 3 316 255 件，同比增长 22.75%；完成计算机软件著作权登记 1 722 904 件，同比增长 16.06%。

2020 年全国作品著作权登记量总体依然呈现稳步增长趋势，北京市登记数量居首位，达 1 004 676 件，占全国登记总量的 30.30%；上海市紧随其后，达 318 906 件，占登记总量的 9.62%；居第三位的是中国版权保护中心，达 290 693 件，占登记总量的 8.77%；其他进入前 6 位的是江苏省（281 984 件）、天津市（213 415 件）、山东省（201 181 件）。以上登记数量占全国登记总量的 69.70%。相较于 2019 年，甘肃、云南、贵州、天津、黑龙江、内蒙古、山西、宁夏、山东、安徽等省（区、市）的作品著作权登记量增长率均超过了 100%；吉林、江西、湖南等省的作品著作权登记量增长率均达 50% 以上。

从作品类型来看，登记量最多的是摄影作品（1 510 914件），占登记总量的 45.56%；第二是美术作品（1 295 415 件），占登记总量的 39.06%；第三为文字作品（212 797 件），占登记总量的 6.42%；第四是影视作品（191 332 件），占登记总量的 5.77%。以上类型的作品著作权登记量占登记总量的 96.81%。此外，录音制品 28 765 件，占登记总量的 0.87%；音乐作品 16 478 件，占登记总量的 0.50%；图形作品 14 765 件，占登记总量的 0.45%；录像制品 6185 件，占登记总量的 0.19%；模型、戏剧、曲艺、建筑作品等共计 39 604 件，占登记总量的 1.19%。

通报称，中国版权保护中心计算机软件著作权登记信息显示，2020 年全国共完成计算机软件著作权登记 1 722 904 件，同比增长 16.06%。2020 年全国共完成著作权质权登记 384 件，同比下降 28.49%。其中计算机软件著作权质权登记 327 件，同比下降 9.42%；作品著作权质权登记 57 件，同比下降 67.62%。

（资料来源：《中国新闻出版广电报》，作者：赖名芳）

**【2020 年文著协收取版权费超 2 230 万元】**
2020 年，中国文字著作权协会（以下简称“文著协”）作为负责全国报刊转载和教科书法定许可使用费收转的法定机构，为文字作品著作权人收取使用费 2 236 万元，首次突破 2 000 万元，比 2019 年的 1 931万元增长 15%，实现正增长。除人民教育出版社、江苏教育出版社、《读者》、《青年文摘》、《党员之友》等几十家教育出版社、文摘类报刊持续向文著协交纳法定许可著作权使用费外，语文出版社和《特别关注》《现代快报》《半月选读》《湖南教育》《幼儿画刊》《初中生》《高中生》等也开始交纳法定许可著作权使用费。首都版权协会也将多年收取的北京地区报刊转载使用费 150 余万元交给文著协。

文著协根据市场需求和会员授权，将汇编权纳入集体管理的范畴。2020 年，文著协与 100 多家出版单位和民营文化公司签订了 279 份版权协议，解决约 350 种图书选用文章汇编权的授权和稿酬提存转付问题，涉及巴金、茅盾、郭沫若、陈伯吹、高士其、李四光、贾兰坡、铁凝、高洪波、金波、葛翠琳、毕淑敏、冰波等著名作家作品 5 000 多篇次，收取著作权使用费超过千万元。

文著协代表会员起诉个别出版社，最终就个别出版社多年教科书选文使用费达成和解，化解了出版单位与多数作者的矛盾。同时，文著协也为英国、日本、韩国、新加坡和中国香港教育机构出版的多种华文教材教辅解决版权授权和稿酬转付问题。

2020 年，文著协采取主动查找作者、主动核实作者信息和主动发放著作权使用费的“三主动”方法，向会员和其他著作权人转付和分配著作权使用费 33 次，累计 1 210 万元，惠及作者 1 730 余人次，涉及文章近 5 000 篇，样书 3 000 余册。

（资料来源：《中国知识产权报》，作者：窦新颖）

**【2020 年湖北省作品登记突破 5 万件】** 2020 年湖北省作品登记 50 474 件，较 2019 年增加 5 456 件，增长率为 12.12%。

湖北省版权保护中心主任郑凌辉介绍，2020 年，湖北克服疫情不利影响，努力提升版权服务。如在 2020 年“4·26”世界知识产权日开展版权线上宣讲，播放量达 138.3 万次；安排工作人员进行网上审核，2020 年一季度审核通过 1 000 多件作品，并开通绿色通道，为 20 多件抗疫类作品优先审核等。

（资料来源：《中国新闻出版广电报》，作者：汤广花）

**【2020 年安徽作品版权登记量达 8.47 万件】** 2020 年，安徽省作品版权登记量达 8.47 万件，比 2019 年增长超过 100%，连续两年实现年度作品版权登记数量翻番的目标。

2020 年，安徽省版权局克服疫情影响，主动联系安徽新媒体集团、安徽大学、安徽画报社、安徽省摄影家协会、奥体小学及部分摄影家、书画家等，提供免费上门登记服务，赴滁州等地开展了作品版权登记工作培训，帮助各地提升开展登记工作的能力。同时，该局还创新工作方式方法，组织专业人员，在版权资源密集的黄山书会和长三角文博会设立版权工作站开展作品登记。另外，安徽省版权局还推动登记作品开发利用，举办了首届优秀版权登记作品遴选活动，激励引导原创优秀作品创作生产转化。

（资料来源：《中国知识产权报》，作者：侯伟）

**【福建 2020 年版权登记同比增长 46.3%】** 2020 年福建省作品版权登记数量达 163 786 件，较 2019 年的 111 955 件，增长 46.3%，其中美术作品占登记总量的 84.3%，登记种类基本涵盖《著作权法》规定的除计算机软件著作权以外的所有作品类型。此外，福建省版权局还与福州市中级人民法院建立行政司法版权纠纷调解机制，福建省版权局、福建省版权协会被聘为特约调解组织，2020 年参与调解版权纠纷案件 110 多件。

疫情期间，福建省版权局承诺将审核时限缩短至 15 个工作日之内，基本上做到 10 个工作日内完成作品登记工作；对台湾居民申请登记作品在一周内审核完成。在做好登记服务的同时，福建省版权局进一步规范版权作品的审核流程，建立作品登记每月例会制度和通报制度，加强版权信息化、智能化基础设施建设，升级改造作品自愿登记系统。

（资料来源：《中国新闻出版广电报》，作者：张福财）

**【DCI 实验室入选国家新闻出版署重点实验室名单】** 2021 年 2 月 10 日，国家新闻出版署发布新闻出版业科技与标准重点实验室名单，由中国版权保护中心牵头，联合阿里巴巴、华为共建的 DCI（Digital Copyright Identifier，数字版权唯一标识符）技术研究与应用联合重点实验室成功入选，成为全国 42 家出版业（含版权）科技与标准重点实验室之一。DCI 实验室继 2016 年被国家新闻出版广电总局批准成为首批出版业科技与标准重点实验室后，再次被评定为该行业领域的重点实验室。

DCI 体系核心是标识和描述互联网环境下权利人与作品权属的一一对应关系，建立内容创作、使用、传播行为与其行为主体之间的权、责、利关系认证体系。通过“嵌入式”版权服务，为互联网平台的数字作品版权分配 DCI 码、DCI 标，使数字网络环境下的每一个数字作品都具有唯一的身份标识，凭借 DCI 码不可伪造、不可篡改等优势，实现数字作品版权确权、版权费结算认证、监测取证快速维权等功能。

（资料来源：中国知识产权资讯网，作者：冯飞）

**【深圳成功落地国内首单版权资产证券化产品】** 2021 年 2 月 26 日，由广东深圳高新投发起的“罗湖区—平安证券—高新投版权资产支持专项计划”成功发行设立，该产品是全国首单以版权为主的知识产权证券化项目，也是罗湖区首单知识产权 ABS 产品。

该专项计划由高新投小贷公司向借款企业发放贷款，高新投融资担保公司为本次贷款提供增信，借款企业或其关联方以其持有的知识产权向高新投小贷公司提供质押。该专项计划最终融资规模 1 亿元，在罗湖区政府政策性补贴和深圳高新投费率优惠的共同支持下，15 家罗湖区入池企业实际融资成本仅为 2.98%/年，基础资产质押的知识产权共计 21 项，其中版权 13 项、发明 1 项、实用新型 3 项、外观 4 项。

（资料来源：《晶报》，作者：魏格格　罗洁琳）

**【快手推出直播间场景音乐版权结算标准】** 2021 年 3 月 22 日，快手在北京召开“2021 快手音乐版权生态大会”。会上，快手首次明确了直播间场景的音乐版权结算标准。这次的版权结算标准在原有短视频版权结算的基础上，新增了直播场景和词曲的结算。此外，快手还首次面向独立音乐人开放结算通道，使得不论是独立音乐人还是音乐公司，都能和快手以同一套市场化的标准进行合作。

快手此次的结算标准并不要求版权方给到快手独家授权。对此，快手音乐负责人表示，内容平台要求版权方和音乐人签署独家授权协议，是平台本身受益，并不是创作者受益。快手尊重版权的本质，也希望能够让音乐在更广阔的市场上进行有序的传播。

（资料来源：《新京报》，作者：白金蕾）

**【广东广州市版权投资服务中心正式揭牌】** 2021年3月25日，在文化和旅游部产业发展司、中共广州市委宣传部、广州市版权局、广州市文化广电旅游局的支持下，由广州市文化金融服务中心承办的“数字经济下的文化和旅游产业投融资促进活动”在广州举行。会上，广州市文化金融服务中心与中国新闻出版研究院共同搭建的广州市版权投资服务中心正式揭牌。

广州市版权投资服务中心围绕版权登记代理、版权价值评估服务、版权维权服务、版权知识培训等四大板块业务，加大金融对版权产业的赋能，促进版权持有企业与投资机构对接，着力破解版权融资难、融资贵、融资慢等问题。会上，首批黄埔区版权和金融服务工作站、版权和金融服务创新企业的授牌仪式也同场举行。

（资料来源：《广州日报》，作者：陈薇薇）

**【重庆市版权协会正式成立】** 2021年3月26日，重庆市版权协会在两江新区成立，58家会员单位代表共150余人参加了协会一届一次会员大会。协会筹备组作协会筹备工作报告，审议通过了《重庆市版权协会章程》等，选举产生了首届理事会成员、监事会成员。

大会上，“链接川渝版权价值助推高质量发展”版权项目集中签约暨数字版权推介活动同步举行。活动现场，8家重庆市版权示范园区、25家重庆市版权示范单位获得授牌。重庆市版权协会与四川省版权协会，两江新区与天府新区，分别签订了战略合作协议。重庆版权交易中心与成都国际版权交易中心、重庆华龙网集团股份有限公司与成都进托邦互联网信息服务有限公司等14家川渝版权企业签订了项目合作协议。

（资料来源：新华网，作者：王龙博）

**【上海启动数字文创版权保护“易盾计划”】** 2021年4月2日，上海市文化创意产业促进会、上海市影视版权服务中心、12426版权监测中心联合推出服务中小微文创企业及个人的“易盾计划”，提供免费数字版权存证保护等服务项目，旨在通过数字版权保护提升中小企业及个人的内容创作积极性。“易盾计划”主要发起人、12426版权监测中心主任吴冠勇详细介绍，“易盾计划”将针对图片、短视频、音乐、音频、文字、游戏、动漫（含衍生品）、电影、电视剧及综艺等的版权开展保护工作，服务对象主要是中小微文创企业及个人，着力打造更加完善的数字版权保护体系。

（资料来源：新华社上海分社，作者：王迪 许晓青）

**【音数协知识服务与数字版权保护技术工委成立】** 2021年4月20日，中国音像与数字出版协会知识服务与数字版权保护技术工作委员会（以下简称“知识服务工委”）成立大会暨第一届理事大会在京召开。

中国音像与数字出版协会理事长孙寿山、第一副理事长张毅君，中宣部出版局副局长李一昕等出席大会。会议由中国新闻出版研究院副院长张立主持。

孙寿山在讲话中表示，知识服务工委的成立标志着做好知识服务与数字版权保护技术工作将进入一个崭新的发展阶段。知识服务工委作为协会重要的分支机构，要扮演好政府沟通企业的桥梁纽带角色，在促进行业发展、会员合法权益维护、从业人员业务培训、理论研究、标准制定、业务交流等方面发挥积极作用，为行业提供有效支撑。

李一昕在讲话中表示，近年来，出版业在知识服务、数字版权保护方面进行了很多有益探索，有力支撑了出版业数字化转型升级和科技、标准水平的提升。在当前出版业数字化、网络化、信息化发展形势下，成立知识服务工委正当其时。知识服务工委作为协会的新成员，应切实提高站位、把握方向、履行职责，紧紧围绕出版业发展的重点难点问题，为实现出版业高质量发展，建设文化强国、出版强国提供动力和支持。

大会听取了知识服务工委筹备工作报告，表决通过了知识服务工委规章、工委组织机构候选提名名单。张立当选知识服务工委主任委员，北京印刷学院新闻出版学院院长陈丹、社会科学文献出版社副社长谢炜等当选知识服务工委副主任委员，中国新闻出版研究院标准化研究所所长刘颖丽当选秘书长。

（资料来源：《中国新闻出版广电报》，作者：李婧璇）

**【文著协发布作家、作品及使用者排行榜】** 2021年4月25日，中国文字著作权协会按照作品使用频次和著作权使用费来进行排名，发布了“2020年度最受欢迎的十大作家排行榜”和“2020年度最受欢迎的作品排行榜”。陈伯吹、贾兰坡、李四光、高士其、管桦、金近、严文井、孙幼军等10位作家登上“2020年度最受欢迎的十大作家排行榜”。2020年，文著协为这10位作家收取的著作权使用费总额达到912万元，接近一半作家的著作权使用费超过百万元，第十名亦超过30万元。《一只想飞的猫》《爷爷的爷爷哪里来》等登上“2020年度最受欢迎的作品排行榜”。

此外，文著协还推出“2020年度十大使用者排行榜”，交纳著作权使用费最多的10家使用者为北教小雨文化传媒（北京）有限公司、北京翰文弘智图书有限公司、人民教育出版社、北京学而思教育科技有限公司、北京中科华世文化传媒有限公司等。文著协向这10家使用者发放使用许可105份，涉及图书185种，为权利人收取著作权使用费819万元。

（资料来源：《中国知识产权报》，作者：窦新颖）

**【音集协与贵阳文娱行业集体签约许可卡拉OK版权】** 2021年4月26日，贵阳市中级人民法院联合贵阳市仲裁委员会、贵阳市民商事调解中心举办“创新、保护、发展——协力共筑卡拉OK版权保护新秩序”宣传活动。中国音像著作权集体管理协会与贵阳市文化娱乐行业协会、贵阳卡拉OK经营者代表在活动上共同签署《加强知识产权保护，建立卡拉OK著作权集体管理新机制合作协议》，以落实国家版权局、文化和旅游部《关于规范卡拉OK领域版权市场秩序的通知》和最高人民法院《关于加强著作权和与著作权有关的权利保护的意见》的要求，通过集体协商集体签约的合作模式推动建设贵阳市卡拉OK版权许可新机制，提高全社会版权保护意识。

（资料来源：中国知识产权资讯网，作者：侯伟）

**【音集协推动卡拉OK版权许可合作】** 2021年5月10日，由广东省深圳市龙岗区人民法院、区文化广电旅游体育局和深圳市市场监督管理局龙岗分局主办的龙岗区歌舞娱乐场所曲库版权使用集中签约仪式在龙岗区举办。签约仪式上，中国音像著作权集体管理协会与龙岗区文化娱乐行业协会签署了娱乐行业协会合作协议，并与龙岗区卡拉OK企业代表签署了版权许可使用协议。

此前，音集协已与上海、浙江、贵阳、厦门等地的娱乐行业协会达成版权许可合作，如与上海市文化娱乐行业协会紧密合作，积极践行行业著作权集体管理机制；同42家浙江地方文化娱乐行业协会集体签约，将浙江省卡拉OK行业娱乐协会合作比例提升至93%；与贵阳市文化娱乐行业代表共同签署《加强知识产权保护，建立卡拉OK著作权集体管理新机制合作协议》；与厦门市文化娱乐行业协会就“加强知识产权保护，共建厦门市卡拉OK版权许可秩序”签订合作协议。

（资料来源：《中国知识产权报》，作者：侯伟）

**【上海音乐谷举行“长三角（中国）音乐版权服务平台”揭牌仪式】** 2021年5月14日，国家音乐产业基地上海音乐谷举行“长三角（中国）音乐版权服务平台”揭牌仪式。“长三角（中国）音乐版权服务平台”基于区块链、人工智能技术等新型数字化技术，整合音乐、版权服务机构、法律、金融等各方面资源，及时对作品内容进行存证、确权、监测，并为原创音乐人维权提供便利。平台的建立，是对传统音乐作品权属证明和维权委托书的升级。揭牌仪式上，“长三角（中国）音乐版权服务平台”还为专家颁发了聘书。

中宣部版权管理局局长于慈珂出席仪式并为“长三角（中国）音乐版权服务平台”揭牌。上海市文创办副主任强荧、区委副书记洪流出席并致辞。中国音像与数字出版协会音乐产业促进工作委员会主任委员汪京京出席。

（资料来源：澎湃政务，作者：孙洁静）

**【可信数字版权生态与标准重点实验室揭牌】** 2021年5月27日，国家新闻出版署出版业科技与标准重点实验室——可信数字版权生态与标准重点实验室在上海理工大学揭牌。2021年2月，上海理工大学“可信数字版权生态与标准重点实验室”获批为中宣部国家新闻出版署出版业科技与标准重点实验室，这是该校打造的又一产学研合作开放平台和智库平台。该实验室关注可信数字版权在确权、授权、用权、鉴权、维权、金融等方面的行业实践和新业态，以技术应用研究、数字版权生态研究、文创IP新业态研究、知识服务和融合出版研究及相关标准研制为重点，助力出版业创新体系建设，服务出版业高质量发展。

会上，中国出版协会理事长、上海理工大学出版印刷与艺术设计学院名誉院长柳斌杰对实验室的建设提出三点要求：一是聚焦技术突破。在产业数字化、数字产业化的时代，要更加注重数字技术的发展和创新，通过对区块链、5G、人工智能等技术的集合、提炼和创新，强化技术对内容的支撑作用，坚持弘扬主旋律、传播正能量。二是标准先行。通过研制明晰、先进、权威的行业标准、国家标准，建立健全标准研制宣贯流程，以引领和规范行业发展。三是高质量发展。可信数字版权生态与标准重点实验室，要在高质量的数字出版、技术质量提升、产业质量提升、融合业态平衡、高质量的合作共享等方面充实科研力量，加大科研力度，强化技术和标准支撑，通过产学研三界的共同努力，推动实现数字出版内容、技术、营销全产业链、创新链、价值链的高质量发展，为出版强国建设做出应有的贡献。

在同期举行的可信数字版权生态与标准重点实验室第一次工作研讨会上，与会专家就数字版权生态理论和数字出版基础理论、数字出版前沿课题等开展深入研讨和交流。

（资料来源：《中国新闻出版广电报》，作者：章红雨）

**【重庆成立数字版权区块链服务中心】** 2021年5月27日，由重庆市版权局与渝中区委宣传部、区块链数字经济产业园管委会联合举办的重庆数字版权区块链服务中心授牌暨企业签约入驻仪式举行，服务中心将用区块链技术提供存证等服务。

重庆数字版权区块链服务中心旨在用区块链的先进技术手段为数字版权登记、展示、存证、保护、评估、交易、衍生品开发等环节提供全方位服务。此次签约企业包括麒麟软件（重庆）有限公司、电信集成等9家企业。签约项目涉及数字经济、工业技术研究、文旅等类别。

（资料来源：《中国知识产权报》，作者：木子）

**【“中国版权链”上线】** 2021年6月1日，在中国版权协会主办的技术创新与版权保护论坛上，中国版权协会宣布“中国版权链”上线。

中国版权链是中国版权协会推出的开放、多元、中立的版权保护平台，全面结合数字内容生态的业务场景，致力于打造数字内容时代版权保护的新基建。围绕“版权存证”“版权维权”“版权交易”三个核心场景，中国版权链打造包含作品存证、侵权监测、在线取证、侵权下架、纠纷调解、诉讼维权等功能模块的全流程版权保护方案，服务能力贯穿版权保护全生命周期。通过全方位、高水平、低成本的版权保护服务，中国版权链切实保障权利人核心利益，激发创新活力，促进数字版权市场蓬勃发展。

中宣部版权管理局局长于慈珂，最高人民法院民事审判第三庭庭长林广海，掌阅科技股份有限公司创始人、总裁张凌云等出席“中国版权链”上线启动仪式。

（资料来源：《中国新闻出版广电报》，作者：赖名芳）

**【400家权利人联合发布保护广播和表演获酬权倡议书】** 2021年6月2日，在中国音像著作权集体管理协会主办的“新法环境下著作权集体管理问题研究与未来展望论坛”上，中国唱片、太合音乐、看见音乐、摩登天空等400家音集协会员单位联合发布《保护录音制作者广播和表演获酬权联合倡议书》，倡议广大录音制作者、著作权集体管理组织团结协作，共同推动建立实现广播和表演获酬权的有效机制，打击各类侵权行为，维护录音制作者的合法权益。

合纵集团、福州诺亚方舟、杭州恒旺集团等带头响应对音乐录音制品广播权、表演权获酬权的保护，向音集协支付版权费。

（资料来源：中国知识产权资讯网，作者：侯伟）

**【上海交响乐团试水版权开放】** 从2021年7月2日起，上海交响乐团委约的四部新作《中国颂》《我们一起奔向大海仰望星空》《父辈》《逐浪心潮》面向社会开放版权，为期两年。无论职业乐团还是非专业的学生乐团、市民乐队，只要对作品有兴趣都可以来演。只需登录上交官网，联系乐队谱务索取四部作品乐谱即可，排演过程中无须支付任何版权费用。

这种开放版权的做法在业内极为少见。对此，上海交响乐团团长周平在接受北京青年报记者专访时表示，“开放版权为传播优秀作品提供了更优质的土壤，让更多的乐团能够演奏新作品，也给了新作品反复实践、打磨和传播的机会，让好作品在不断的演绎中流传下去”。

（资料来源：《北京青年报》，作者：田婉婷）

**【音著协2020年总收入税前达4.08亿元】** 2021年9月7日，中国音乐著作权协会（以下简称“音著协”）在官网发布2020年年报。年报显示，2020年音著协年度版权许可总收入税前达到4.08亿元人民币，比2019年略有增长。自2009年起，音著协连续 12 年版权许可收入保持增长趋势。

年报对会员发展、管理作品、许可业务、著作权使用费分配、海外签约及分配、法律事务等情况进行了通报。会员发展方面，截至 2020 年底，音著协会员总数达到 10 633 人，其中曲作者 6 356 人，词作者 3 772 人，继承人 382 人，出版公司 107 家，其他 16 人。2020 年的会员发展数与上年相比基本持平，其间新发展会员数为 602，其中曲作者 408 人、词作者 161 人、继承人 18 人、出版公司 13 家以及其他 2 人。

2020 年，音著协共进行 13 次分配，涉及版权许可收入金额约 2.24 亿元，扣除增值税后约为 2.11 亿元，协会管理费占比约 16.55%。截至 2020 年底，协会已与 70 多个国家和地区的近 80 家海外音乐著作权集体管理协会签订了音乐著作权代表协议，涉及表演权、广播权、机械复制权、数字网络权利等。2020 年，音著协共办理维权案件 185 件，分别处于证据保全、待立案、已立案和已结案等不同阶段。其中涉及表演权（背景音乐）57 件、表演权（演唱会）31 件、复制权 12 件、数字网络 25 件、广播权 59 件及其他类 1 件。

从年报披露的具体数据可以看出，2020 年，录音、卡拉 OK 方面版权许可收入提升明显。受疫情影响较大的现场表演、背景音乐、影视广告、图书、录像等使用场景中，2020 年版权许可收入金额比 2019 年有所下降，此外，海外协会收入、广播权收入均比 2019 年减少 20%，数字网络收入也比 2019 年减少了 2%。

（资料来源：《中国新闻出版广电报》，作者：隋明照）

**【音数协数字音乐工作委员会在京成立】** 2021 年 9 月 8 日，中国音像与数字出版协会数字音乐工作委员会成立大会在京召开。中国音像与数字出版协会理事长孙寿山在致辞中对工委的工作提出三点要求：做主流价值的传播者，倡导行业自律，压实平台主体责任，弘扬主旋律、传递正能量；做产业发展的推动者，在促进数字音乐产业基地建设、实施重点音乐产业项目、加强理论研究和行业标准制定、探索建立合理有效的音乐授权机制、推动音乐产业“走出去”等方面积极发挥作用；做会员单位的服务者，积极举办在行业发展中发挥重要作用并能产生良好影响的各项活动，促进对内、对外业务交流，广泛开展能力培训，培养专业型、复合型人才，完善体制机制，切实维护会员单位的合法权益。

中国音像与数字出版协会第一副理事长张毅君宣读《关于数字音乐工作委员会第一届理事会组织机构候选人提名名单的批复》。大会表决通过了数字音乐工委第一届理事会组织机构以及数字音乐工委规章，中国音像与数字出版协会常务副理事长兼秘书长敖然当选数字音乐工委主任委员。杨奇虎等 9 位行业知名企业代表当选数字音乐工委副主任委员，北京版淘科技有限公司董事长刘阳当选秘书长。著名音乐人宋柯等获颁数字音乐工委顾问证书。

来自国内数字音乐领域的平台机构、技术企业、高校、科研院所、法律服务机构及行业咨询机构等会员单位代表近百人与会。

（资料来源：《中国新闻出版广电报》，作者：孙海悦）

**【上海成立国内首家汉服版权专业服务平台】** 2021 年 9 月 16 日，上海市版权局在东华大学挂牌成立上海汉服版权中心。这是国内首家汉服版权专业服务平台，其职责包括开展强化汉服版权维护、促进汉服资源整合、推动汉服 IP 创新以及加速文化事业和文化产业路径打通等相关工作。除了开展汉服版权登记确权、咨询维权和版权资产等日常工作外，上海汉服版权中心还探索构建中华传统服饰设计行业规范，打通汉服设计的版权价值链条，推动版权应用与交易。

揭牌当天，首批汉服纹样凤穿牡丹、橘色宝象花、金色云纹等获得了由中心颁发的版权登记证书。

（资料来源：《中国新闻出版广电报》，作者：金鑫）

**【影著协建起了“智囊团”和“调解站”】** 2021 年 9 月 17 日，中国电影著作权协会法律工作委员会、争议调解委员会成立会议在京举行。中国电影著作权协会副秘书长史文霞、北京市娱乐法学会常务副会长兼秘书长刘毅以及第一届法律工作委员会和第一届争议调解委员会的委员代表参加会议。第一届法律工作委员会和第一届争议调解委员会由来自视听作品的创作生产、经营、使用传播等领域的相关法律、版权及其他专业人士组成，首批委员共 28 位。

法律工作委员会作为影著协集体管理工作的智库，其工作职责包括：开展视听作品著作权集体管理的法律理论和法律实务研究；研讨具体法律问题，为协会提供法律意见和建议；组织委员参与行业法律课题研究，对外发表研究成果；提供咨询、顾问及政府决策方面的支持；举办行业发展论坛和法律研讨会，开展行业从业机构和从业者的法律交流和培训活动等。

争议调解委员会则作为协会集体管理工作的纠纷解决平台，负责开展视听作品著作权相关的纠纷调解工作，组织指导调解员培训和经验交流，研究处理与视听作品著作权调解工作相关的专业问题，向协会提出争议调解工作的建议等。

（资料来源：《中国新闻出版广电报》，作者：隋明照）

**【广州首个区级版权服务和保护工作站永久落户永庆坊】** 2021年9月26日，广东省广州市荔湾区在广州非遗街区（永庆坊）荔湾非遗体验中心举行“荔湾区版权服务和保护工作站”“荔湾区知识产权维权援助和保护工作站”永久落户仪式。

2021年2月5日，荔湾区版权服务和保护工作站在永庆坊新时代文明实践站揭牌。自揭牌以来，荔湾区版权服务和保护工作站已为群众办理作品版权登记42件，为群众提供版权法律和版权登记业务咨询服务百余次。广州市委宣传部副部长陈晓丹表示，荔湾区版权服务和保护工作站是广州首个区级版权服务和保护工作站。目前，荔湾、黄埔等区已设立区级版权工作站，结合当地版权产业发展实际积极开展相关工作。接下来，版权服务和保护工作站将在版权宣传、版权服务、版权保护等多方面下功夫，打通版权创造、运用、保护、管理、服务全链条。

同时落户的还有荔湾区知识产权维权援助和保护广州非遗街区（永庆坊）工作站。这是荔湾区市场监管局（区知识产权局）继广州国际医药港、华研文创品牌园后成立的第3个工作站。荔湾区市场监管局（区知识产权局）局长毕清介绍，本工作站的建立，旨在加强对非遗的保护，将维权援助服务深入非遗街区，通过整合咨询指引、纠纷调解、鉴定评估等多环节资源，为企业商户提供知识产权信息检索、法律咨询、协助开展争议解决等综合性维权与一站式窗口服务，助力打造非遗特色文化品牌。

（资料来源：《羊城晚报》，作者：李焕坤）

**【大湾区（黄埔）版权金融服务平台发布】** 2021年9月30日，由中共广州市黄埔区委宣传部主办，广州市版权投资服务中心承办的“粤港澳大湾区（黄埔）版权金融服务平台启动仪式”在广州举办，并现场发布了“一平台、两库、多园区”的版权金融黄埔模式。

粤港澳大湾区（黄埔）版权金融服务平台是由广州市文化金融服务中心与中国新闻出版研究院共同搭建，旨在推动版权价值发掘、建设良好版权市场氛围、探索版权金融创新融合模式。活动当天首批入驻平台的7家金融机构与7家版权企业达成了超过十个合作项目，总金额超1亿元。“一平台”即粤港澳大湾区（黄埔）版权金融服务平台；“两库”即版权特色金融机构库与版权评估机构库；“多园区”即提供版权金融服务，培育多个版权示范园区。广州市版权投资服务中心主任陈泽文表示，粤港澳大湾区（黄埔）版权金融服务平台是广州市版权金融领域的一次重要探索，将链接起版权持有企业、版权评估机构、金融机构等重要的版权金融生产环节要素，率先搭建起“一平台、两库、多园区”的版权金融黄埔模式。

启动仪式上还进行了“黄埔区版权企业投融资申请流程”的发布，首批金融机构、版权评估机构入驻平台签约，以及入驻平台银行与版权企业合作签约等重要环节。

（资料来源：南都财经）

**【音集协与百家娱乐行业协会达成合作】** 2021年10月18日，中国音像著作权集体管理协会（以下简称“音集协”）举行“落实‘二合一’，音集协与百家娱乐行业协会合作及签约发布仪式”。仪式上，音集协代理总干事周亚平与代表百家娱乐行业协会的上海市文化娱乐行业协会、广西文化娱乐协会、山东省文化市场发展协会、杭州文化娱乐业协会相关负责人共同签署合作协议。

周亚平表示，此次签约是落实2021年4月国家版权局、文化和旅游部《关于规范卡拉OK领域版权市场秩序的通知》的具体措施，更是通过音集协向卡拉OK使用者收取使用费从而达到平衡市场利益的一项重要举措。截至2021年9月30日，音集协与代表文化娱乐行业的134家行业协会及团体进行了集体签约及合作，签约卡拉OK场所达8 394家，同比增长40%；协议总金额突破3.95亿元，超过去年全年签约额1.65亿元；到账版权费2.73亿元，同比增长104%。集体签约与合作极大地提升了版权许可工作的覆盖率，其中上海正版化比例达到95%以上，浙江、云南、江苏的正版化比例达到80%以上。

（资料来源：中国知识产权资讯网，作者：窦新颖）

**【全国首个知识产权保险中心落户广州】** 2021年10月27日，全国首个知识产权保险中心——中国人保粤港澳大湾区知识产权保险中心在广州黄埔区、广州开发区正式揭牌成立。

活动现场举行了国内首次知识产权海外侵权责任险赔付仪式，广东人保财险向京信通信递交赔款支票，赔款金额近20万元。京信通信知识产权总监汪玮玮表示，该保险为企业战略性布局海外专利及积极应对出海风险提供了有力支持。

人保财险广东省分公司副总经理沈宁表示，该公司将为粤港澳大湾区企业定制契合市场需要的知识产权保险产品，为企业在知识产权的申请、防御、保护等全领域提供保障，出险后快速理赔。

（资料来源：《羊城晚报》，作者：程行欢 叶倩琳）

**【长三角知识产权信息公共服务平台正式上线】** 2021年11月1日，长三角知识产权信息公共服务平台正式上线。

长三角知识产权信息公共服务平台涵盖知识产权基础数据检索、业务办理、信息查询等功能，是特色化、便利化的信息公共服务平台。平台将作为国家知识产权信息公共服务体系的一部分，实现跨地区、跨部门、跨层级的数据共享和业务协同。

平台集成并综合展示长三角区域专利、商标、版权、地理标志等知识产权信息，以三省一市为整体集合，全面展现长三角区域各板块的知识产权发展实况。平台系统集合了国家及各省现有信息公共服务平台的核心功能，按照优势互补、合作共享的原则，整合长三角知识产权公共服务相关信息资源，向长三角创新主体提供知识产权全流程服务信息支撑，确保服务的精准性、便利性和有效性。平台聚焦长三角区域重点产业发展需求，打造产业知识产权发展分析模块，围绕强化跨区域产业联动发展，开展产业发展动态脉络分析与统计监测，支撑长三角产业知识产业联盟发展，打造高质量发展的产业集群和国家科创新高地。

（资料来源：央视新闻，作者：王利）

**【上海浦东率先开展跨地域作品版权登记】** 2021年11月5日，上海浦东新区举行建设国家版权创新发展基地推进会。

会上，上海市委宣传部、上海市版权局公布《关于支持浦东新区建设国家版权创新发展基地的若干措施》，支持浦东在版权领域开展先导式创新、突破制度性改革探索。其中，著作权登记制度改革率先落地。浦东新区将探索以“著作权行为发生地”为原则开展跨地域作品登记。对于符合浦东新区作品登记先行先试条件的其他省、自治区、直辖市著作权人的作品，可享受在上海办理作品登记的“市民待遇”。

（资料来源：《中国新闻出版广电报》，作者：金鑫）

**【“安徽版权在线”上线运营】** 2021年11月25日，安徽省全新版权登记服务系统“安徽版权在线”正式开通并上线运营。“安徽版权在线”是安徽省版权交易中心暨安徽文化产权交易所最新研发的高科技平台，旨在解决内容版权与存证专业化手段不足的矛盾，解决旧版登记系统操作烦琐、耗时耗力，确权速度慢、监测能力差，交易功能不够等问题。

“安徽版权在线”运用区块链技术、指纹识别技术，对数字版权进行24小时存证。同时，该平台提供登记、确权、颁证电子一体化流程服务。平台开发有微信小程序，对接安徽文交所微信公众号，方便权利人随时随地、快速登记存证。

此外，“安徽版权在线”特别开辟了中小微企业“徽风皖韵”服务专区。所有在皖经营及注册的中小微企业可享受版权区块链免费存证保护、全网免费侵权监测、免费发函维权，以及诉讼维权、定期监测维护等增值服务。

（资料来源：安徽新闻网，作者：张理想 许昊）

**【《网络短视频内容审核标准细则》修订版发布】** 2021年12月15日，中国网络视听节目服务协会发布了《网络短视频内容审核标准细则（2021）》，此次发布的《细则》对2019版进行了全面修订。

2019年发布的《网络短视频内容审核标准细则》，明确了网络播放的短视频节目其标题、名称、评论、弹幕、表情包等，以及其语言、表演、字幕、背景中不得出现的21类100项内容。此次修订的内容，在此前的100项内容基础上，针对社会高度关注的泛娱乐化、低俗庸俗媚俗问题的新表现，以及泛娱乐化恶化舆论生态、利用未成年人制作不良节目、违规传播广播电视和网络视听节目片段、未经批准擅自引进播出境外节目等典型突出问题，为各短视频平台一线审核人员提供了更为具体和明确的工作指引。例如，《细则》规定，短视频节目等不得出现“展现‘饭圈’乱象和不良粉丝文化，鼓吹炒作流量至上、畸形审美、狂热追星、粉丝非理性发声和应援、明星绯闻丑闻”的内容；短视频节目等不得出现“未经授权自行剪切、改编电影、电视剧、网络影视剧等各类视听节目及片段”的内容。

（资料来源：央广网，作者：冯硕）

**【北京市版权保护中心已签发230余万张数字版权证书】** 2021年12月29日，第二届可信数字版权生态论坛在中航产融大厦举行。该论坛由北京市版权局指导，北京市版权保护中心、北京互联网法院、首都版权协会、版权链全国运营中心共同主办。

数字版权证书能够完整记录作者、著作权人、作品、作品文件、权利证明文件等信息，是版权资产的数字产权证，是版权资产数字化的价值载体，是传统版权资产转化为数字版权资产的合法路径。截至2021年12月27日，北京市版权保护中心已签发2 342 573张数字版权证书和同等数量的电子版权证书。

（资料来源：《新京报》，作者：展圣洁）

**【广东佛山成立版权产业发展联盟】** 2021年12月30日，广东佛山版权产业发展联盟成立大会暨第二季“版权百企行”启动仪式举行，100家单位签署《佛山版权产业发展联盟公约》。佛山版权产业发展联盟由佛山市版权保护协会发起并组建，计划将版权产业的优势企业以及相关院校、律所、协会汇聚起来，促进版权创新、交流、保护有机结合，推动版权创新与产业融合，提升整体发展水平。

佛山市版权保护协会秘书长鲁红霞表示，联盟将为成员单位提供基础服务与特色服务两个层面的服务支持。尤其在特色服务上，通过版权扶持申请指导，提高联盟成员的版权意识及可持续发展能力；通过精准为联盟成员及其新品进行推广，提升和强化其知名度；通过IP孵化中心和EC源平台，为联盟企业搭建版权交易平台等。

活动还发布了2021年佛山市版权示范单位（园区）以及佛山市优秀版权作品名单。

（资料来源：《佛山日报》，作者：莫璇）

## ◆ 国际交流与合作

**【WIPO年度报告：中国多项知识产权申请量居全球首位】** 2021年11月8日，世界知识产权组织（WIPO）发布《世界知识产权指标》年度报告。报告显示，2020年全球多项知识产权申请量均出现反弹，恢复增长态势。其中，中国国家知识产权局以受理150万件专利申请独占鳌头。全球有效专利在2020年增长了5.9%，中国拥有的有效专利数量达310万件，实现增长最快。2020年，全球约有1 340万件商标申请注册，连续第11年增长。中国以约930万商标注册申请量居全球首位。

在工业品外观设计方面，报告指出，2020年，全球共提交了约110万件工业品外观设计申请，其中包含140万项外观设计，年度同比增长了2%。2020年，中国国家知识产权局受理的申请中包含了77.036 2万项外观设计，占世界总量的55.5%。

来自92个国家和地区主管局的数据显示，2020年共有约5.88万个受保护的有效地理标志。其中，德国报告的有效地理标志为1.439 4万个，其次是中国，有效地理标志数量为8 476个。

（资料来源：《中国知识产权报》，作者：侯岭）

**【2021国际版权论坛助力版权普惠于民】** 2021年10月16日至17日，2021国际版权论坛于第八届中国国际版权博览会期间在杭州举行。国内外版权管理部门、相关行业协会、版权产业界和权利人代表等共300余名中外嘉宾参加论坛，并围绕版权推动文化产业发展、促进文化成果普惠进行深入讨论。

中宣部副部长张建春在致辞中表示，2021年是中国共产党百年华诞，也是著作权法实施30周年。30年来，我国版权法律体系逐步完善，版权作品极大丰富，版权保护日趋严格，在推动文化繁荣、科技进步和经济社会发展方面发挥了重要作用。为进一步做好版权工作，中共中央、国务院印发了《知识产权强国建设纲要（2021—2035年）》。

论坛期间举办了《马拉喀什条约》预热活动和《视听表演北京条约》《马拉喀什条约》配套展览。中国积极参与世界知识产权框架下国际版权事务，携手各国共推全球版权保护的努力以及近年来版权工作取得的成就获得了中外嘉宾的一致认可和高度赞赏。世界知识产权组织总干事邓鸿森在视频致辞中表示，中国在建立版权生态体系、推动创意产业发展方面取得了瞩目成就，特别是版权产业对国民经济贡献率已经超过7%，有力证明了创意产业对于推动经济增长的重要作用。他还强调，中国是《视听表演北京条约》的重要缔约方，世界知识产权组织期待中国批准《马拉喀什条约》，期待与中国国家版权局共同建立一个知识产权推动创意创新惠及公众的世界。

世界知识产权组织副总干事西尔维·福尔班在主旨发言中指出，世界知识产权组织版权及相关权条约是各国版权立法基础，对中国为与条约保持一致修改了著作权法表示肯定。世界知识产权组织赞赏中国在《视听表演北京条约》缔结和生效过程中的表率作用，让更多国家感受到“北京精神”并加入条约。

（资料来源：《工人日报》，作者：陶稳）

**【中国巴基斯坦签署关于经典著作互译出版的备忘录】** 2021年1月5日，中巴双方宣布签署《中华人民共和国国家新闻出版署与巴基斯坦伊斯兰共和国国家遗产和文化署关于经典著作互译出版的备忘录》，中宣部副部长张建春、巴国家遗产和文化署常务秘书娜乌辛·阿姆贾德代表双方在备忘录上签字。中巴双方约定，未来5年内，充分发挥出版文化等领域专家的作用，共同翻译出版50种两国“最为经典、最为重要、广受好评”的经典作品。

此次中巴签署备忘录是继2020年12月8日中国和新加坡国家领导人共同宣布中新签署关于经典著作互译出版谅解备忘录之后，中国与亚洲国家签署的第二份备忘录，也是2021年伊始中国与亚洲国家签署的第一份备忘录，为中巴建交70周年系列庆祝活动增添了色彩。

（资料来源：《中国新闻出版广电报》，作者：章红雨）

**【中韩签署关于经典著作互译出版的备忘录】** 2021年1月18日，中韩双方以交换文本的方式签署《中华人民共和国国家新闻出版署与大韩民国文化体育观光部关于经典著作互译出版的备忘录》，中宣部副部长张建春、韩文化体育观光部第一副部长吴泳雨代表双方在备忘录上签字。根据备忘录，中韩双方约定在未来5年内，共同翻译出版50种两国经典著作，为两国读者和人民奉献更多优秀精神文化产品。中宣部（国家新闻出版署）将与韩国文化体育观光部一道推动备忘录落实工作。

（资料来源：新华社）

**【CCTSS中巴翻译工作坊搭建互译平台】** 2021年3月10日，在中巴建交70周年之际，由中国文化译研网（Chinese Culture and Translation Studies Support，CCTSS）联合社科文献出版社、巴基斯坦Beyond the Horizon Pvt传媒有限公司主办的CCTSS中巴翻译工作坊启动仪式在北京举行。

启动仪式上，社科文献出版社《中国崛起与亚洲地区市场建构》乌尔都语版，百花文艺出版社《海边春秋》乌尔都语版，华东师范大学出版社《华东师大版一课一练 数学》乌尔都语、英语版，中国建筑工业出版社《文人园林建筑》乌尔都语版等多本图书现场与巴基斯坦出版社及译者签约。

（资料来源：《中国新闻出版广电报》，作者：孙海悦）

**【中伊签署关于经典著作互译出版的备忘录】** 2021年3月16日，中伊双方以交换文本的方式签署《中华人民共和国国家新闻出版署与伊朗伊斯兰共和国伊斯兰文化联络组织关于经典著作互译出版的备忘录》，中宣部副部长张建春、伊朗伊斯兰文化联络组织主席艾布扎里·易卜拉希米·土勒凯曼博士代表双方在备忘录上签字。根据备忘录，中伊双方约定在未来5年内，共同翻译出版50种两国经典著作。

（资料来源：新华社）

**【中老签署关于经典著作互译出版的备忘录】** 2021年4月26日，中老双方以交换文本的方式签署《中华人民共和国国家新闻出版署和老挝人民民主共和国新闻文化旅游部关于中老经典著作互译出版的备忘录》，中宣部副部长张建春、老挝人民民主共和国新闻文化旅游部副部长沙湾空·拉萨蒙迪代表双方在备忘录上签字。根据备忘录，中老双方约定在未来5年内，共同翻译出版50种两国经典著作，为两国读者和人民奉献更多优秀精神文化产品。

2021年是中老建交60周年。中老经典著作互译出版备忘录的签署将进一步加深中老出版交流合作，为构建中老命运共同体不断注入人文动力。

（资料来源：《中国新闻出版广电报》，作者：章红雨）

**【中国出版单位集体亮相线下法兰克福书展】** 2021年10月20日，2021年法兰克福书展在德国法兰克福开幕。本届书展以线下实体展会为主，线上平台与之相互呼应，主题为“再次连接”。中国图书进出口（集团）有限公司组织51家中国出版单位，以线上线下相结合的方式参展，展出1 007种、1 495册精品出版物，包括主题类、文学类、社科类、传统文化类、少儿类、语言学习类等六大类别。

此次参展，中国出版单位精选了一批优秀主题图书现场展示，包括英文版、德文版《习近平谈治国理政》、《习近平：在庆祝中国共产党成立100周年大会上的讲话》（德文版）、《习近平讲故事》、《之江新语》等习近平总书记重要著作及相关图书。此外，中国出版单位还集中展示庆祝中国共产党成立100周年的主题图书，包括《中国共产党的历史使命与行动价值》《百年剪影——党史中的一百个重要抉择》等。

在为期5天的书展期间，中国出版单位线上线下举办了59场内容丰富、形式多样的活动：一是"中国书讯"专题线上宣推活动，所推荐的图书包括《习近平与大学生朋友们》《漫画名人故事》等；二是中外版权贸易线上洽谈会，邀请德国、荷兰、意大利等国出版单位的版权负责人围绕主题出版、文学出版、童书出版进行线上交流；三是多家出版社线上举办新书推介会、版权推介会等。

（资料来源：《中国新闻出版广电报》，作者：左志红）

**【中亚签署关于经典著作互译出版的备忘录】** 2021年11月25日，中亚双方以交换文本的方式签署《中华人民共和国国家新闻出版署与亚美尼亚共和国教育、科技、文化、体育部关于经典著作互译出版的备忘录》，中宣部副部长张建春代表中国国家新闻出版署签字，亚美尼亚驻华大使谢尔盖·马纳萨良博士代表亚美尼亚共和国教育、科技、文化、体育部签字。根据备忘录，中亚双方约定在未来5年内，共同翻译出版50种两国经典著作，为两国读者和人民奉献更多优秀精神文化产品。

（资料来源：《中国新闻出版广电报》，作者：章红雨）

**【中国2025年将初步形成便捷高效国际知识产权风险预警和应急机制】** 2021年12月3日，中国国家知识产权局与中国国际贸易促进委员会发布《关于进一步加强海外知识产权纠纷应对机制建设的指导意见》。《指导意见》提出，力争到2025年，横向互联、纵向互通、央地协同、合作共享的海外知识产权纠纷应对机制基本建立，便捷高效的国际知识产权风险预警和应急机制初步形成。

2025年的工作目标还包括：知识产权涉外风险防控体系更加健全，海外知识产权纠纷应对指导服务网络更为完善，中国企业海外知识产权保护意识显著增强，海外知识产权纠纷应对能力明显提升，海外知识产权纠纷应对指导工作社会满意度达到并保持较高水平，知识产权保护对国际贸易的促进作用更加突出。

为实现上述目标，《指导意见》确立多项措施，主要包括：健全工作体系，丰富海外知识产权纠纷应对工作网络；加强指导服务，提升海外知识产权纠纷应对水平；强化信息服务，优化海外知识产权动态发布机制；加强专业建设，提升市场主体应对海外纠纷能力；加强组织保障，夯实海外纠纷应对机制建设基础。

其中，丰富海外知识产权纠纷应对工作网络方面，依托国家海外知识产权信息服务平台"智南针网"加强信息资源整合，逐步实现全国海外知识产权信息的高效流转和共享。同时，健全海外知识产权专家顾问制度，加强海外知识产权纠纷应对指导专家库建设，建立海外知识产权特派员制度，帮助企业扩充海外知识产权保护人才资源。

提升海外知识产权纠纷应对水平方面，建立健全海外知识产权诉讼、贸易调查等信息跟踪和发布机制，建立健全中国企业商标海外被抢注预警与应对机制，开展重点产业领域海外知识产权风险防控体系建设。发展多元化纠纷解决机制，推动成立知识产权仲裁机构和调解组织，为中国企业提供高效便捷的海外知识产权纠纷解决平台，鼓励利用多种手段降低企业海外维权成本。

提升市场主体应对海外纠纷能力方面，聚焦中国企业"走出去"过程中知识产权保护需求，围绕海外知识产权纠纷重点领域和关键环节，面向企业等市场主体开展专题培训，全面提升企业海外知识产权保护意识和纠纷应对能力，并建立健全中国企业海外知识产权保护沟通交流机制。同时，加强知识产权保护对外合作交流，积极推动海外知识产权纠纷协调应对工作，完善海外执法协作机制。

（资料来源：人民网，作者：赵竹青）

## ◆ 产业发展

**【2020年中国电影总票房达204.17亿元】** 2021年1月1日，国家电影局发布了2020年中国电影产业相关数据。2020年中国电影总票房204.17亿元，其中，国产电影票房为170.93亿元，占总票房的83.72%。2020年共有22部好莱坞分账片公映，但累计票房不足总票房的20%，国产影片的市场份额首次占据票房前10名。同时，数据显示，2020年，我国城市院线观影人次5.48亿；全年共生产电影故事片531部，影片总产量为650部；全

年新增银幕5 794块，全国银幕总数达到75 581块。

（资料来源：《中国新闻出版广电报》，作者：李雪昆）

**【“中国视听大数据”系统发布2020年度收视综合分析】** 2021年1月14日消息，据国家广播电视总局“中国视听大数据”系统统计，2020年全年电视收视用户每日户均收视时长5.85小时，同比上涨12.9%，每日回看用户数占全天收视用户规模的12.3%，点播用户数占全天收视用户规模的34.0%。电视大屏观众规模大，用户黏性高。

分析显示，全年各月电视收视用户每日户均收视时长较2019年均有不同程度上涨，大屏端收视用户黏性增强。其中，2月观众居家抗疫达到全年最高，带动每日户均收视时长上涨6.5小时，同比上涨23.6%，达到全年最高。

新闻类节目全年覆盖86.02%的电视收视用户，在所有类型节目中最高；其次为电视剧，全年覆盖85.06%的电视收视用户。电视剧、动画片、体育节目播出比重分别为30.7%、7.8%、4.5%，直播收视比重分别为28.8%、6.3%、3.4%，播出比重和收视比重基本持平；新闻、电影、综艺节目收视比重大于播出比重，收视需求更强。

电视收视用户每日户均观看电视剧时长最长，为62.4分钟；其次为新闻和综艺节目，分别为46.2分钟和29.7分钟。2月全民居家抗疫，电视剧和新闻每日户均收视时长均高于其余月份，分别为75.0分钟和62.0分钟。1月春节，综艺节目每日户均收视时长高于其余月份，为40.6分钟。

（资料来源：《中国新闻出版广电报》，作者：刘阳）

**【2020年全国规模以上文化及相关产业企业营业收入增长2.2%】** 2021年1月31日，国家统计局发布数据显示，据对全国6.0万家规模以上文化及相关产业企业调查，2020年，上述企业实现营业收入98 514亿元，按可比口径计算，比上年增长2.2%（前三季度下降0.6%）；文化新业态特征较为明显的16个行业小类实现营业收入31 425亿元，增长22.1%。

分行业类别看，2020年在文化及相关产业9个行业中，新闻信息服务营业收入9 382亿元，比上年增长18.0%；创意设计服务15 645亿元，增长11.1%；文化消费终端生产18 808亿元，增长5.1%；内容创作生产23 275亿元，增长4.7%；文化投资运营451亿元，增长2.8%；文化装备生产5 893亿元，增长1.1%；文化娱乐休闲服务、文化传播渠道、文化辅助生产和中介服务3个行业分别下降30.2%、11.8%和6.9%。

分产业类型看，2020年文化制造业营业收入37 378亿元，比上年下降0.9%，降幅较前三季度收窄2.9个百分点；文化批发和零售业营业收入15 173亿元，下降4.5%，降幅收窄5.5个百分点；文化服务业营业收入45 964亿元，增长7.5%，增速提高1.5个百分点。

（资料来源：《证券日报》，作者：苏诗钰）

**【2021年春节档电影票房78.22亿元】** 2021年2月18日，国家电影局发布的数据显示，2021年2月11日除夕至17日正月初六，全国电影票房达78.22亿元，继2019年的59.05亿元后，再次刷新春节档全国电影票房纪录，增长32.47%，同时创造了全球单一市场单日票房、全球单一市场周末票房等多项世界纪录。

权威数据显示，2021年春节档观影总人次为1.6亿，比2019年春节档（1.32亿）增长21%。春节档的7部影片累计票房分别为：《你好，李焕英》27.22亿元；《唐人街探案3》35.62亿元；《刺杀小说家》5.39亿元；《熊出没·狂野大陆》4.05亿元；《新神榜：哪吒重生》2.39亿元；《人潮汹涌》1.51亿元；《侍神令》2.11亿元。

（资料来源：《中国新闻出版广电报》，作者：白瀛）

**【2020年国产电视动画片发行总量共374部116 687.5分钟】** 2021年3月17日，国家广播电视总局发布2020年全国国产电视动画片制作发行情况。数据显示，2020年全年国产电视动画片发行总量达到374部116 687.5分钟，同比增长23%。

2020年全年全国生产完成并获得《国产电视剧发行许可证》的剧目有202部7 450集。其中，现实题材剧目共计144部5 027集，分别占总部、集数的71.29%、67.48%；历史题材剧目共计52部2 147集，分别占总部、集数的25.74%、28.82%；重大题材共计6部276集，分别占总部、集数的2.97%、3.70%。

（资料来源：《北京商报》，作者：郑蕊）

**【广电总局发布《2020年全国广播电视行业统计公报》】** 2021年4月19日，国家广播电视总局发布《2020年全国广播电视行业统计公报》。《公报》显示，2020年全国制作广播节目时间821.04万小时，同比增长2.39%；播出时间1 580.72万小时，同比增长1.76%。

在加强网络视听节目精品创作方面，2020年全国互联网音视频节目增量2.2亿小时，其中获得上线备案号重点网络电影745部、网络剧211部、网络动画片112部、网络纪录片25部、网络综艺251部。

全国交互式网络电视（IPTV）用户超过3亿，互联网电视（OTT）用户29.55亿，互联网视频年度付费用户6.9亿，互联网音频年度付费用户1.1亿，短视频上传用户超过5亿；平均每个网民每天观看互联网视频节目（含短视频）约100分钟，收听互联网音频节目约20分钟。

持证及备案机构网络视听收入持续快速增长。573家持证及70家备案机构网络视听收入2 943.93亿元，同比增长69.37%。用户付费、节目版权等服务收入大幅增长，达830.80亿元，同比增长36.36%；短视频、电商直播等其他收入增长迅猛，达2 113.13亿元，同比增长87.18%。

截至2020年底，全国开展广播电视和网络视听业务的机构约4.8万家。其中，广播电台、电视台、广播电视台等播出机构2 543家，持证及备案网络视听机构643家，近千家县级融媒体中心取得网络视听节目许可证，从事广播电视节目制作经营机构约3.7万家。

（资料来源：人民网，作者：刘颖颖）

**【2020年我国持证及备案机构网络视听收入超2 900亿元】** 2021年9月24日，国家广播电视总局主办的2021广电视听产业高峰论坛召开，据悉，2020年我国持证及备案机构网络视听收入达2 943.93亿元，同比增长69.37%。

论坛上，与会专家学者认为，近年来，视听产业已成为数字经济重要支撑和文化产业发展关键动力。国家广播电视总局副局长孟冬表示，“十四五”时期，广播电视要从百年党史汲取智慧力量，继续深入实施广播电视“六大工程”，不断增强事业发展活力，不断提升产业基础实力，奋力开创广播电视和网络视听美好未来。

（资料来源：新华社，作者：王鹏）

**【2020中国网络文学发展报告：我国网络文学用户数达4.6亿】** 2021年10月9日，由国家新闻出版署、北京市人民政府指导，北京市委宣传部（市新闻出版局）、中国音像与数字出版协会、中共北京市委网络安全和信息化委员会办公室、北京市广播电视局、北京市文学艺术界联合会、中共北京市海淀区委员会主办的第五届中国“网络文学+”大会开幕式暨高峰论坛在中关村国家自主创新示范区展示中心举办。全国政协委员、中国音像与数字出版协会理事长孙寿山，中国音像与数字出版协会第一副理事长张毅君，北京市委宣传部副部长、北京市新闻出版局局长王野霏等出席开幕式。北京市海淀区委常委、区委宣传部部长张劲林主持开幕式。

会上，张毅君发布《2020中国网络文学发展报告》。报告详细介绍了中国网络文学发展背景、产业现状、主要特征、趋势和展望4个部分。2020年中国网络文学市场规模达到249.8亿元，网络文学用户规模达到4.60亿人，日均活跃用户约为757.75万人。2020年累计创作2 905.9万部网络文学作品，网络文学作者累计超2 130万人。

（资料来源：《中国新闻出版广电报》，作者：张君成　李婧璇）

**【2020年中国新闻出版产业数字化业务收入保持增长】** 2021年12月17日，中国新闻网刊登新闻显示，日前，中国国家新闻出版署发布《2020年新闻出版产业分析报告》。

报告指出，2020年，受新冠肺炎疫情等因素严重冲击，新闻出版产业规模有所下滑，但发展基本面仍保持稳定。全国出版、印刷和发行服务实现营业收入16 776.3亿元，较2019年降低11.2%；拥有资产总额22 578.7亿元，降低6.3%；所有者权益（净资产）11 425.4亿元，降低6%。

主题图书影响力进一步彰显。在52种年度印数达到或超过100万册的一般图书中，主题图书占30.8%，较2019年提高6.4个百分点；《人民日报》平均期印数和总印数继续保持增长，始终稳居综合类报纸第一。

书报刊传统出版规模有所下滑。全国图书品种新版较2019年降低5%，重印降低2.1%；全国图书总印数降低2.1%；图书出版实现营业收入963.6亿元，降低2.6%。报刊出版总印数分别降低9%和7%，实现营业收入分别降低6.4%和2.8%。印刷复制实现营业收入降低13.1%，出版物发行实现营业收入降低7.6%。

数字化业务收入保持增长。2020年，数字出版收入11 781.7亿元，增长19.2%。新华书店与出版社网上出版物销售数量增长 40.6%，金额增长 62.5%。全国数字出版物出口金额增长 11.5%。

2020 年，出版版权贸易逆差大幅缩小。全国共输出图书、音像制品和电子出版物版权 13 895 项，较 2019 年降低 6.2%；引进图书、音像制品和电子出版物版权 14 185 项，降低 11.2%；贸易逆差 290 项，降低 75.0%。其中，向美国、英国、日本、俄罗斯、印度等国家或地区输出宣传阐释习近平新时代中国特色社会主义思想、介绍中国建设成就经验图书版权 140 多项，介绍新冠肺炎疫情防控知识图书版权 400 多项，涉及英语、日语、俄语、印地语、阿拉伯语等多种文字。

（资料来源：中国新闻网，作者：应妮）

**【2020 年全国文化及相关产业增加值为 44 945 亿元】** 2021 年 12 月 29 日，国家统计局发布数据显示，经核算，2020 年全国文化及相关产业增加值为 44 945 亿元，比上年增长 1.3%（未扣除价格因素，下同），占国内生产总值（GDP）的比重为 4.43%，比上年下降 0.07 个百分点。

从行业看，2020 年，文化服务业增加值为 28 874 亿元，占文化及相关产业增加值的比重为 64.2%，比上年提高 0.9 个百分点；文化制造业增加值为 11 710 亿元，占比为 26.1%，比上年下降 0.8 个百分点；文化批发和零售业增加值为 4 361 亿元，占比为 9.7%，比上年下降 0.1 个百分点。

从领域看，2020 年，文化核心领域增加值为 31 565亿元，占文化及相关产业增加值的比重为 70.2%；文化相关领域增加值为 13 380 亿元，占比为 29.8%。在增长速度方面，内容创作生产增长速度最快，实现增加值 10 321 亿元，比上年增长 11.1%；文化娱乐休闲服务受疫情影响最严重，实现增加值 1 922 亿元，比上年下降 19.8%。

（资料来源：《北京商报》，作者：郑蕊　周阳洋）

**【2020 年泛知识付费行业市场规模逾 230 亿元】**

2021 年 1 月 14 日消息，根据易观《2020 年音频泛知识付费市场洞察》，2020 年国内泛知识付费行业市场规模超 230 亿元，用户规模突破 5.4 亿。年轻、高学历用户是音频泛知识付费主要群体，“60 后”“00 后”用户付费渗透率正在逐步加强，用户泛知识付费习惯养成。

报告指出，2020 年音频泛知识付费行业用户规模呈现上升趋势。内容方面，泛知识付费行业积极延伸内容品类，增加付费精品专辑，满足用户需求。年轻、高学历用户是音频泛知识付费主要群体，女性音频泛知识付费用户高于男性。付费用户中超九成用户学历本科以上，超六成用户有长期购买泛知识付费内容的习惯，愿意为优质内容买单。付费用户乐于求知，超过 34.48%的付费用户更看重主播专业能力。播客正在成为新兴驱动力，近九成收听播客用户支持节目商业化，过去 3 年中，有 56.7%的用户成为播客爱好者。

（资料来源：中国知识产权资讯网，作者：侯伟）

**【上海网络出版企业“走出去”成绩亮眼】**

2021 年 2 月 1 日消息，2020 年，上海网络出版企业“走出去”成绩亮眼，国际市场对中国题材、中国元素的兴趣也在持续升温。如米哈游出品的《原神》，在全球超过 150 个国家和地区同步发行，同时配有中、英、日、韩、法、德、俄等 13 个语言版本。上线仅一个月就跃居中国、美国、日本、韩国、德国、荷兰、加拿大、印度尼西亚、新加坡等主流游戏市场游戏畅销榜第一名，进入约 100 个国家和地区游戏畅销榜前十名；游族网络研发的《少年三国志 2》，在韩国畅销榜达到第四，在日本进入排行榜前二十；阅文旗下起点国际已上线超 1 700部中国网络文学的英文翻译作品，同时有超过 10 万名海外作家在平台进行创作，构建起了网络文学的全球粉丝圈。

（资料来源：《中国新闻出版广电报》，作者：金鑫）

**【中国足协与 PP 体育解除中超独家版权协议】**

2021 年 3 月 2 日，据《北京青年报》消息，因 PP 体育拖欠版权费，中国足协已经与 PP 体育解除中超独家版权协议。与此同时，中国足协也已经向体奥动力发去了解约函，中超联赛版权合作模式趋向开放式。

中国足协、体奥动力以及 PP 体育为三方合作关系。中国足协与体奥动力签订了 80 亿元为期 5 年（2016—2020 年）的中超联赛媒体版权合作权益。随后，体奥动力以每年 13.5 亿元的价格，将合作周期前两年的新媒体独家转播权分别售予乐视体育、苏宁体育。由于诸多外界原因，体奥动力又与中国足协修改了版权合作权益，将 80 亿元 5 年权限修改为 110 亿元 10 年权限。在 2016—2019 的 4 个赛季里，体奥动力按约定向中超公司累计支付了 40 亿元的版权合作费用。2020 年受疫情以及 PP 体育母公司苏宁的影响，体奥动力一直无法从 PP 体育处获得应得收益，仅向中超公司支付了 1.5 亿元 2020 赛季版权合作费用。中超公司认为对方已很难继续维持，遂决定向体奥动力发出解约函，终止 PP 体育的中超独家版权协议。

（资料来源：《扬子晚报》，作者：孙云岳　张晨理　张旻）

**【微博 2020 年营收达 116 亿元】** 2021 年 3 月 18 日，微博发布 2020 年全年财报，报告显示，2020 年微博营收达 116 亿元，其中第四季度的运营利润率为 40%。

2020 年，微博持续加大对于视频的投入。2020 年 7 月，微博视频号计划正式上线。按照计划，视频号上线一年之内，微博将投入 10 亿元精准广告投放资源以及 300 亿元顶级曝光资源，帮助视频号积累社交资产。同时，向视频号分成 5 亿元现金，构建视频广告分成模式。

微博建立起一整套产品和运营机制，一方面帮助平台上的头部作者“视频化”转型，另一方面不断吸纳新鲜的原创视频力量加入微博，帮助其构建全网影响力。过去一年来，微博新增大 V 用户中接近一半为视频大 V，包括“左拆家”“硬核看板”“正义路人胖虎”等用户。

（资料来源：《中国新闻出版广电报》，作者：旗欢）

**【国际唱片业协会发布全球音乐报告】** 2021 年 3 月 23 日，国际唱片业协会（IFPI）发布《全球音乐报告》。报告显示，全球录制音乐 2020 年总收入达 216 亿美元，增长 7.4%，连续第六年实现增长。

报告分析认为，流媒体业务是全球音乐产业增长的主要推动力，尤其是付费订阅流媒体，收入增长达 18.5%。截至 2020 年底，付费订阅用户数达到 4.43 亿。流媒体音乐总收入（包括付费订阅和广告支持）增长 19.9%，达到 134 亿美元，占全球录制音乐总收入的 62.1%。流媒体收入的增长抵消了其他音乐消费格式收入的下降。受新冠肺炎疫情影响，2020 年实体音乐收入下降 4.7%，表演权收入下降 10.1%。

2020 年拉丁美洲仍然是全球音乐行业增长最快的地区，达 15.9%，其中流媒体收入增长 30.2%，占该地区总收入的 84.1%。亚洲地区增长 9.5%，其中数字音乐收入在该地区总收入中所占份额首次超过 50%。排除日本收入下降 2.1%因素影响，亚洲是全球音乐增长最快的地区，增长率为 29.9%。全球第二大录制音乐地区欧洲的收入增长了 3.5%，流媒体收入增长了 20.7%，抵消了其他音乐消费格式收入的下降。美国和加拿大地区在 2020 年增长 7.4%，美国市场增长了 7.3%，加拿大市场增长了 8.1%。报告首次将非洲和中东地区列为一个地区，其录制音乐收入增长 8.4%，流媒体占主导地位，收入增长 36.4%。

（资料来源：《中国新闻出版广电报》，作者：赖名芳）

**【阅文集团 2020 年全年总收入 85.3 亿元】** 2021 年 3 月 23 日，阅文集团对外发布 2020 年财报。数据显示，2020 年阅文集团全年总收入为 85.3 亿元，全年非国际财务报告准则下的本公司权益持有人应占盈利为 9.17 亿元。

公告显示，在各业务方面，阅文集团的在线业务收入为 49.3 亿元，同比增长 32.9%，版权运营及其他收入为 35.9 亿元，其中下半年版权运营收入为 27.3 亿元，较上半年环比增长 280%。截至 2020 年底，阅文集团的平台上已积累了超过 900 万位作家，作品总数达到 1 390 万部，全年平台新增字数约 460 亿。

（资料来源：《北京商报》，作者：郑蕊）

**【腾讯控股发布 2020 年年报】** 2021 年 3 月 24 日，腾讯控股发布 2020 年年报。数据显示，腾讯控股 2020 年度实现总收入 4 820.64 亿元，同比增长 28%；净利润 1 598.47 亿元，同比增长 71%；按非国际报告准则，权益持有人应占盈利为人民币 1 227.42亿元，同比增长 30%。

分业务板块来看，2020 年公司第一大业务板块增值服务业务总体收入达 2 642.12 亿元，占当期其总收入的比重达到 55%；2020 年增值服务业务收入与 2019 年同期相比，增幅达 32%。其中，2020 年网络游戏收入 1 561 亿元，同比增长了 36%。腾讯在年报中称，2020 年网络游戏整体收入同比出现增长，是受《和平精英》《王者荣耀》《PUBG Mobile》等手游收入的增长以及 Supercell 合并的影响。游戏虚拟道具销售的增长，也是其当期社交网络收入增长的因素之一。2020 年腾讯社交网络收入 1 081 亿元，同比增长 27%。

2020 年腾讯在 PC 端的游戏收入则有所下降。截至 2020 年底，移动端游戏收入总额为 1 446 亿元（包括归属于其社交网络业务的智能手机游戏收入），但 PC 端仅为 446 亿元。

从成本端来看，2020 年，腾讯的成本占当期收入的比重为 54%，相比 2019 年有所下降，但从绝对值看，2020 年其成本达到 2 605 亿元，相比 2019 年反而增长了 24%。腾讯方面表示，当期成本的增长与较高的渠道及分销成本等因素有关。

（资料来源：中国经营网，作者：陈溢波　吴可仲）

**【B 站港股二次上市：50%募资将投入内容生态】** 在美国纳斯达克上市三年后，2021 年 3 月 29 日哔哩哔哩（9 626. HK）正式回港二次上市，发行价为每股 808 港元。本次上市 B 站拟募资总额达 200 亿港元左右，其中约 50%用于内容相关投入，20%用于研发，20%用于销售及营销，10%用于一般企业用途及运营资本。

B 站副董事长兼 COO 李旎进一步表示，这次募资的费用主要用于内容生态。内容生态的核心包括创作生态的建设，产品、运营、UP 主激励和他们的创作工具等。“我们希望通过这次的募资为创作者提供更好的创作环境及条件。除了 PUGV 的内容生态，还有 OGV、自制内容。我们也会投入更多能量到精品、头部内容中以满足用户的需求。”

（资料来源：中国网，作者：李婷）

**【新华文轩 2020 年实现净利润 12.63 亿元】** 2021 年 3 月 30 日，新华文轩发布 2020 年年度报告，公司 2020 年实现营业收入 90.08 亿元，同比增长 1.87%；实现归属于上市公司股东的净利润 12.63 亿元，同比增长 10.86%；基本每股收益 1.02 元。公司拟向股东每 10 股派发现金股利 3.1 元（含税）。

对于营业收入的增长，公司称主要得益于教学用书、互联网销售业务及三方物流业务等收入的增长。对于净利润的增长，公司称主要得益于教育服务业务收入增长带来的毛利润增加，以及投资的中信并购等基金持有的项目本年度公允价值变动带来的收益增加。扣除非经常性损益后，归属于上市公司股东的净利润同比增长 11.35%。

2020 年，新华文轩实现教育服务业务效益持续增长。全年教学用书实现销售收入 47.72 亿元，较上年同期增加 4.42 亿元，增长 10.2%。教育信息化及教育装备方面，通过提供学科专业教室、创客空间、智慧校园等产品和服务，全年实现销售收入 5.55 亿元，同比下降 16.99%，主要是由于疫情影响，导致项目验收工作滞后。

（资料来源：《中国证券报》，作者：康曦）

**【中文传媒 2020 年实现归属净利润 18.05 亿元】** 2021 年 3 月 30 日，中文传媒发布 2020 年年度报告，报告期内，中文传媒实现营业总收入 103.39 亿元，同比减少 8.16%，归属于上市公司股东的净利润为 18.05 亿元，较上年同期增长 4.64%。

（资料来源：《北京商报》，作者：郑蕊　葛婷婷）

**【欢喜传媒 2020 年亏损 2.36 亿港元】** 2021 年 3 月 30 日，欢喜传媒发布截至 2020 年 12 月 31 日年度综合业绩，数据显示，报告期内欢喜传媒实现营业收入 6.33 亿港元，公司拥有人应占亏损 2.36 亿港元。

公告显示，2020 年，电影及电影剧版权投资业务录得收益为 6.33 亿港元，来自欢喜传媒年内在院线上映的影片票房收入以及分授电影及电视剧版权收益，包括电影《囧妈》《夺冠》《我和我的家乡》《一秒钟》《温暖的抱抱》及网剧《风犬少年的天空》。疫情令电影延迟在院线上映，票房收入因防疫措施而有所影响，加上欢喜传媒年内不断优化和更新欢喜首映在线视频平台的内容，加大生产及采购电影版权的数量令电影版权摊销开支增加，加强宣传在线视频平台的内容令销售及分销成本增加，电影及电影剧版权投资业务的收益比上年同期减少及录得亏损 1.45 亿港元。

（资料来源：《北京商报》，作者：郑蕊）

**【猫眼娱乐 2020 年净亏损达 6.5 亿元】** 2021 年 3 月 30 日，猫眼娱乐发布 2020 年财报，全年实现营收 13.7 亿元，同比减少 68%；净利润由盈转亏，录得亏损 6.5 亿元。

2020 年受新冠肺炎疫情影响，猫眼娱乐的在线娱乐票务业务收入锐减 67%至 7.6 亿元。猫眼娱乐因部分参与出品、宣传发行的项目延期，娱乐内容服务业务收入为 3.5 亿元，同比减少 75%。广告服务及其他所得收益为 2.6 亿元，同比减少 55%。

成本支出随着业务量缩减而下降。2020 年猫眼娱乐收益成本、销售及营销开支和行政开支总额为 16.7 亿元，同比减少 54%。收益成本为 8.3 亿元，对比 2019 年的 16.1 亿元减少 49%。其中，票务系统成本为 1.4 亿元，互联网基础设施成本为 1.3 亿元，内容宣发和制作成本分别是 1.9 亿元和 1.5 亿元，无形资产摊销为 1.4 亿元。销售及营销开支 4.9 亿元，同比减少 69%；一般及行政开支 3.5 亿元，同比减少 21%，主要由于管理人员的雇员福利开支减少所致。年报显示，截至 2020 年，猫眼娱乐全职员工数量为 879 名，同比削减 26%。

猫眼娱乐称，成本中包含一部分固定成本，在收入锐减的情况下导致毛利润及毛利率大幅下降。2020年毛利润为5.4亿元，同比减少80%，毛利率从2019年的62%骤降至39%。

（资料来源：中国网，作者：李婷）

**【凤凰新华2020年实现汇总营收90.64亿元】** 2021年4月6日消息，2020年，凤凰新华实现汇总营业收入90.64亿元，利润总额9.71亿元。图书电商销售超13亿元，第三方平台和自有平台双线发展；建成以ERP、WMS和POS三大系统为基础的数据收集和处理系统，实现业务财务数据一体化；网点体系科学合理，数量达1 387个，面积达到93.21万平方米。

（资料来源：《中国新闻出版广电报》，作者：李国生）

**【我国数字阅读产业规模达351.6亿元】** 2021年4月16日，第七届中国数字阅读大会发布了《2020年度中国数字阅读报告》。《报告》指出，2020年中国数字阅读产业规模达351.6亿元，增长率达21.8%。收入结构中，订阅收入仍为主体，其中，免费阅读的发展带动广告收入占比20.9%，相比上一年的1.9%增幅明显。专业阅读收入中，内容/服务付费收入占97.2%；有声阅读收入中，付费音频收入占62.6%。

全国数字阅读用户规模达4.94亿，比2019年增长5.56%，人均电子书阅读量9.1本，人均有声书阅读量6.3本。与此同时，人均纸质书阅读量6.2本，比2019年减少2.6本。“电子书+有声书”的人均数字阅读量较2019年增长5.5%。2020年用户平均单次电子阅读时长为79.3分钟，纸质阅读时长为63.2分钟，有声阅读时长为62.8分钟，每天17点至22点是阅读的“晚高峰”。

随着数字阅读习惯的养成，越来越多的用户愿意为高质量内容买单，付费意愿达86.3%。2020年，电子阅读付费用户中有26.8%每月平均花费100元及以上。用户为网络文学付费占比达49.9%。用户关注优质作品衍生内容的比例达86.1%，优质内容衍生的影视、动漫作品最受关注，分别为60.2%、45.1%；付费意愿分别为37.9%、28.3%。此外，用户对数字阅读内容品质提升需求重视度高，81.2%的用户认为阅读行业迫切需要在内容质量、完善产品功能方面得到提升。

（资料来源：《中国新闻出版广电报》，作者：黄琳）

**【掌阅科技版权产品收入5亿元增超九成】** 2021年4月20日，掌阅科技发布年报。2020年，掌阅科技的营业收入为20.61亿元，同比增长9.47%，净利润与扣非净利润分别实现2.64亿元和2.57亿元，同比分别增长64.07%和83.47%。

时隔两年，掌阅科技的经营业绩重新进入快速增长阶段。在此之前，受行业内推行免费阅读运营模式的冲击，掌阅科技的净利润增幅已经减少至个位数水平。

分业务看，数字阅读平台收入为15.34亿元，同比微降3.17%，仍是公司核心收入板块，在公司“免费+付费”双模式运营下，数字阅读平台的营收降幅较之前微微收窄。2020年，公司数字阅读平台的收入比上年同期的−5.55%降幅略有收窄。由于营业成本同期下降12.85%，掌阅科技的数字阅读平台毛利率同比增加6.46个百分点至41.79%。同期，版权业务则成为掌阅科技的主要收入增量。2020年，掌阅科技版权产品收入为5.04亿元，同比增长92.66%。

2020年11月和2021年2月，字节跳动与哔哩哔哩两家头部互联网企业先后入股掌阅科技。业内分析师认为，头部玩家入股将为掌阅科技广告及版权业务带来新的增长空间，提高其变现效率。

（资料来源：《长江商报》，作者：曹雪娇）

**【喜马拉雅发布2021年听书报告】** 2021年4月23日，网络音频平台喜马拉雅发布2021年听书报告。报告显示，2020年，喜马拉雅平台有声阅读内容比2019年增长63.56%，用户增长22.23%。

报告总结了有声内容发展的一些新现象，包括多人演绎的有声剧正成为有声书的演进方向，传统文化借助音频演绎得以实现“破圈”传播，越来越多的主持人、自媒体人、出版人开播客为听友讲解、推荐好书。

（资料来源：《中国新闻出版广电报》，作者：尹琨）

**【华策影视2020年扭亏为盈】** 2021年4月25日，华策影视发布2020年年报，公司2020年实现营业收入37.32亿元，同比增长41.88%；归属于上市公司股东的净利润3.99亿元，实现扭亏为盈；归属于上市公司股东的扣除非经常性损益后的净利润3.10亿元，经营活动产生的现金流量净额8.69亿元。

公司表示，继续坚持“内容为王、产业为基、华流出海”的核心战略，进一步提高大数据和工业化生产、制作体系向电影、动画、音乐等内容业务上的协同赋能作用。

（资料来源：《中国证券报》，作者：董添）

**【掌趣科技 2020 年营收同比增长 10.65%至 17.89 亿元】** 2021 年 4 月 26 日，掌趣科技发布 2020 年业绩报告。财报显示，2020 年掌趣科技实现营业收入 17.89 亿元，同比增长 10.65%；归母净利润 3.17 亿元，同比收窄 12.83%；经营活动产生的现金流量净额 4.80 亿元；资产总额 62.2 亿元，同比增长 3.89%；毛利率为 72.13%，同比增长 2.81%；营业成本较上年基本持平。

2020 年，掌趣科技在原有游戏产品保持良好业绩贡献基础上继续深耕研发，研发投入 4.81 亿元，研发费用率 26.91%，研发人员占比超过 75%，通过《一拳超人：最强之男》在海外市场多点开花确立了行之高效的发行路径。《一拳超人：最强之男》2020 年 1 月登陆港澳台地区并登顶当地 App Store 及 Google Play 游戏下载榜；2020 年 6 月进入东南亚市场，连续取得新加坡、马来西亚、泰国、菲律宾等多国 Google Play 及 App Store 下载榜第一；2020 年 10 月切入日本市场，完成了对 IP 发源地的反向输出。截至 2020 年 12 月 31 日，掌趣集团累计取得商标 541 件，软件著作权 699 件，美术著作权 71 件，发明专利 2 件，另有 6 件发明专利申请在途。

（资料来源：中国证券网，作者：李公生）

**【完美世界 2020 年营收 102.25 亿元】** 2021 年 4 月 27 日，完美世界发布 2020 年年报，实现营业收入 102.25 亿元，归母净利润 15.49 亿元，同比分别增长 27.19%和 3.04%；游戏业务实现营业收入 92.62 亿元，净利润 22.85 亿元，同比分别增长 35.00%和 20.43%。根据年报披露的分红派息预案，2020 年公司拟每 10 股派发 1.6 元，总计派发 3.08 亿元，占 2020 年归母净利润的 20%。

在游戏领域，2020 年经典端游产品《诛仙》《完美世界国际版》和经典手游产品《诛仙》《完美世界》《新笑傲江湖》等延续稳定表现；2020 年 7 月公测的《新神魔大陆》手游深受玩家认可。在海外市场，2020 年《R5》（《新神魔大陆》）在韩国上线，《新笑傲江湖 M》在港澳台地区、新加坡和马来西亚上线，都取得了 Google 及 iOS 等榜单前列的佳绩。

在电竞领域，2020 年完美世界深化布局，《DOTA 2》《CS：GO》借助优质的游戏内容、多层次的赛事安排及多样化的运营策略，带动电竞业务进一步增长。

在影视领域 2020 年的风云变革背景下，完美世界储备了多部优质影视产品，包括剧集《光荣与梦想》《舍我其谁》《昔有琉璃瓦》《月里青山淡如画》《山河表里》等。

（资料来源：证券时报网，作者：薛源）

**【中国电影 2020 年亏损 5.56 亿元】** 2021 年 4 月 28 日，中国电影发布 2020 年年度报告，报告期内，中国电影实现营业收入 29.50 亿元，同比减少 67.47%，归属于上市公司股东的净利润亏损 5.56 亿元，较上年由盈转亏。

公告显示，2020 年，受新冠肺炎疫情影响，全球电影行业受到严重冲击，全国影院自 2020 年 1 月 24 日至 7 月 20 日停业。面对疫情这一全球性重大突发事件，以及疫情发展给宏观经济带来的重压，公司经营不可避免地受到显著影响。由于营业收入大幅下滑且需承担较大的固定成本和刚性支出，报告期内公司上下游相关业务出现较大亏损。

（资料来源：《北京商报》，作者：郑蕊　葛婷婷）

**【阿里发布 2021 财年财报】** 2021 年 5 月 13 日，阿里巴巴集团公布 2021 财年（截至 3 月末）财报。其中，优酷日均付费用户规模持续扩大，同比增长 35%，付费用户增长“主要受益于原创及独家内容，有效触达新用户，以及 88VIP 会员计划的更多贡献”。

2021 年 6 月 9 日，阿里影业发布 2020/2021 财年业绩公告，截至 2021 年 3 月 31 日的 12 个月，阿里影业收入为 28.59 亿元，经调整 EBITA 首次扭亏为盈，报告期内实现盈利 1.18 亿元。报告期内，阿里影业内容业务实现收入 14.25 亿元，同比增长 37%；毛利润 3.44 亿元，相比过往期间增长 220%。其中，2020 年影院重启后，阿里影业在报告期内出品和发行了国产片票房前 20 影片中的 15 部，贡献总票房超过 247 亿元。在 IP 衍生业务方面，阿里影业 2021 财年 IP 衍生及商业化业务收入 3.07 亿元，同比增长 39%，经营利润 1.61 亿元，同比增长 35%。

（资料来源：《北京商报》，作者：郑蕊）

**【蚂蚁链助力打造“IP 新零售模式”】** 2021 年 5 月 17 日，蚂蚁链“文昌星传统文化焕新计划”在杭州正式发布，蚂蚁链 IP 商业平台正式亮相。作为区块链技术在文化产业领域的应用案例，蚂蚁链 IP

商业平台基于区块链技术，将 IP 授权市场从原有的“批发”模式变为“零售”模式。

在传统 IP 授权模式中，头部 IP 一般会在合作前一次性收取高额保底授权费，但商家支付该费用后，销售额是否乐观甚至是否能收回保底授权费都存在不确定性。此外，信息不对称、版权商业化链条长、版权收益分成清算复杂等因素均限制了文化产业链上下游之间的高效协作。为解决上述问题，蚂蚁链 IP 商业平台打造了一个全新的版权合作模式：为品牌商提供 IP 数据库，让供需智能匹配，快速链接；采取事后按件分成模式，卖出多少件，分成多少钱，降低了商家的成本及风险；实时清算分成，每件卖出去的东西可以准确及时地结算给各个参与方。

（资料来源：《经济观察报》，作者：万敏）

**【《2020 年中国网络表演（直播）行业发展报告》发布】** 2021 年 5 月 18 日，在 2021 中国网络表演（直播与短视频）行业年度峰会上，中国演出行业协会网络表演（直播）分会发布了《2020 年中国网络表演（直播）行业发展报告》。

报告显示，主播群体方面，截至 2020 年末，我国网络表演（直播）行业主播账号累计超 1.3 亿（根据 23 家平台汇总数据），其中日均新增主播峰值为 4.3 万人。直播用户方面，2020 年网络直播用户规模达到 6.17 亿人，占中国网民整体的 62.4%。此外，电商直播用户在 2020 年快速增长，达 3.88 亿人。直播用户人均观看时长分布中，观看 1～2 小时的用户占比较高，占 33.4%；观看 0.5～1 小时的用户占比 26.7%。在融资方面，2020 年，我国网络表演（直播）领域共产生 23 起投融资事件，总融资金额超过 62.3 亿元人民币，相比 2019 年，投资件数明显增多，融资总额在经历了前两年的爆发后有所下降，为 2016 年以来最低。

当下，直播行业发展还存在一系列的问题。比方说“直播内容同质化严重”“从业者缺乏培训与长线规划”“直播对传统产业的助推作用尚未充分开发”等。在直播行业快速发展的同时，国内直播平台的出海，也面临着严酷的竞争环境。报告指出，在海外巨头发力的市场挤压下，如何适应海外用户使用习惯、满足落地国家安全管理要求，成为出海平台的巨大挑战；平台必须不断加强合规管理，通过正向的引导与创新的市场运营模式覆盖并留住更多用户。

（资料来源：澎湃新闻，作者：揭书宜）

**【腾讯音乐、网易相继与索尼音乐达成合作】** 2021 年 5 月 18 日，腾讯音乐公告称，公司与索尼音乐双方续签长期版权合作授权协议。根据协议，腾讯音乐将继续在其旗下 QQ 音乐、酷狗音乐、酷我音乐等在线音乐平台，以及包括在线 K 歌平台全民 K 歌等平台发行索尼音乐全球音乐曲库。同时，腾讯音乐旗下的在线音乐平台亦将通过智能音箱、电视以及车载音乐系统等特定智能终端设备为中国地区用户提供索尼音乐曲库内容。

同时，网易宣布与索尼音乐达成了一项合作。根据网易公告显示，网易云音乐与索尼音乐娱乐公司签订直接数字发行协议。根据该项协议，网易云音乐将从索尼音乐处获得部分音乐曲库的版权。并且，针对网易云音乐庞大而独特的年轻人用户群体，双方将继续在相关领域展开深入合作。未来，索尼音乐将进一步增加授权网易云音乐的版权曲库的音乐数量。

（资料来源：中国证券网，作者：罗茂林）

**【互联网大厂布局虚拟偶像赛道】** 天眼查显示，2021 年 6 月 3 日，字节全资子公司北京游逸科技有限公司成为杭州看潮信息咨询有限公司的实控人，持股 100%。杭州看潮已登记多条美术作品著作权，包括乐华娱乐旗下虚拟偶像女团 A-SOUL 成员贝拉 Bella、珈乐 Carol 等。

腾讯系、网易、字节跳动、快手、B 站、阿里系等互联网大厂都已涉足虚拟偶像生意。比如，阿里与万象科技合作推出虚拟偶像 Mika、新国风虚拟偶像苏朵朵，虚拟角色“张小 Z”和“千喵”，并将天猫超市品牌 IP 形象“小铛家”加入虚拟主播大军；爱奇艺在 2019 年推出虚拟乐队厂牌“Rich-Boom”，还推出虚拟偶像选秀节目《跨次元新星》；腾讯旗下的相关虚拟偶像不仅有虚拟女团 K/DA，还有虚拟偶像男团“无限王者团”、《QQ 炫舞》的虚拟偶像星瞳、《狐妖小红娘》的涂山苏苏等。

（资料来源：《深圳商报》，作者：杜翔翔）

**【上海游戏市场规模超 1 200 亿元】** 2021 年 6 月 17 日，在由上海市新闻出版局指导、上海市出版协会主办、伽马数据（CNG）承办的“上海游戏精英峰会暨上海游戏出版产业报告发布会”上，伽马数据发布了《2020—2021 上海游戏出版产业报告》和《2021 上海电子竞技产业发展评估报告》。

数据显示：2020 年上海网络游戏国内销售收入达 999.2 亿元，占全国比重达 35.9%；2020 年上海网络游戏海外销售收入约 206.8 亿元，增幅超 50%。2020 年，上海电竞市场规模达到 201.8 亿元，保持高速增长。预计 2021 年，上海电子竞技游戏市场规模将达到 228.1 亿元。2020 年上海二次元移动游戏销售收入占全国比例达 37.6%。

（资料来源：伽马数据）

**【快手、腾讯与咪咕获奥运新媒体版权】** 2021 年 6 月 23 日，由中央广播电视总台与快手联合举办的奥运转播短视频战略合作发布会在北京落幕。会上，双方正式宣布达成 2020 东京奥运会及 2022 北京冬奥会赛事转播短视频战略合作。

2020 年 12 月 8 日，中央广播电视总台与中国移动通信集团有限公司在北京签署了内容版权战略合作协议。赛事转播方面，双方将就东京奥运会、2020 欧洲杯足球赛、2022 年北京冬奥会、2022 年卡塔尔世界杯足球赛等全球顶级赛事全面进行版权合作。

2021 年 5 月 21 日，腾讯官宣与中央广播电视总台达成了官方合作，将作为 2020 东京奥运会与北京 2022 年冬奥会持权转播商。

至此，快手、腾讯和中国移动咪咕的入局，基本确立了奥运新媒体版权格局。

（资料来源：《新京报》，作者：张妍頔）

**【2021 年我国休闲电竞游戏市场规模预计达 116.4 亿元】** 2021 年 7 月 8 日，伽马数据通过官方微信发布《休闲电竞发展前景报告》。数据显示，从市场收入来看，我国休闲电竞游戏市场规模已达百亿元，2021 年预计达到 116.40 亿元，增长率预计在 10%上下。

报告指出，目前我国休闲电竞市场的主要收入仍来源于内购——普遍通过消耗道具、皮肤外观等方式获取收益。但随着广告模式的发展，未来更多休闲电竞产品有望通过这一模式变现。此外，海外休闲电竞游戏企业的商业化模式也值得借鉴，如基于平台模式的会员制付费、赛事品牌合作等形式也有望拓展休闲电竞新的变现思路，进而拓展休闲电竞的市场空间。

（资料来源：《北京商报》，作者：郑蕊）

**【斗鱼、虎牙签署终止合并协议】** 2021 年 7 月 12 日，虎牙、斗鱼及腾讯三方签订终止协议，立即终止三方于 2020 年 10 月 12 日签署的合并协议。此外，此前根据合并协议条款，斗鱼董事会批准了总额为 6 000 万美元的现金股息，考虑到合并终止，斗鱼董事会批准取消现金股息。虎牙方面也发布声明，鉴于合并终止，虎牙公司董事会批准取消了该现金分红。斗鱼与虎牙均在声明中表示，公司将充分尊重并遵守市场监管总局的决定，遵守所有监管要求，按照适用的法律法规开展业务，履行社会责任。

在腾讯的撮合下，斗鱼与虎牙的战略合并原本可能诞生中国最大的游戏直播平台。2021 年 7 月 10 日，市场监管总局因反垄断原因宣布禁止二者合并，这是互联网行业第一起被禁止的投资并购案。

（资料来源：界面新闻，作者：徐诗琪）

**【《中国互联网发展报告（2021）》发布】** 2021 年 7 月 13 日，2021（第二十届）中国互联网大会于北京开幕，会上正式发布了《中国互联网发展报告（2021）》。报告显示，2020 年，我国移动通信总基站已达 931 万个、数字经济市场规模已达 39.2 万亿元、工业互联网市场规模达 9 164.8 亿元、物联网市场规模达 1.7 万亿元、人工智能市场规模达 3 031 亿元、网络安全市场规模达 1 702 亿元、网络教育市场规模达 4 858 亿元。

2020 年中国互联网网络音视频规模达到了2 412 亿元，我国网络音视频用户规模持续增长。网络音视频市场依托技术升级、用户代际更替、消费模式转换等变量推动，产业效能持续提升，网络直播规模持续增长，技术和商业模式持续拓展。

（资料来源：央广网，作者：牛谷月）

**【阿里、腾讯、字节等 33 家互联网平台签署反垄断自律公约】** 2021 年 7 月 13 日，在 2021 中国互联网大会“创新和知识产权发展论坛”上，阿里巴巴、腾讯等 33 家互联网企业签署《互联网平台经营者反垄断自律公约》。这份自律公约主要以维护市场公平竞争秩序、重视消费者福利保护、加强自主创新为原则，倡议各互联网企业积极推进行业自律，共同创造良好行业竞争环境。这意味着，互联网平台经营者在反垄断的自律和合规方面迈出重要一步，对其他行业的经营者有示范作用。

（资料来源：《法治日报》，作者：万静）

**【国内影院复工一周年票房达 477 亿元】** 2021 年 7 月 20 日是新冠肺炎疫情发生后影院复工一周年的日子。灯塔专业版数据显示，自 2020 年 7 月 20 日影院正式复工起，截至 2021 年 7 月 20 日上午10：00，中国内地影市复工一周年总票房达476.95亿元。

过去一整年中，内地市场共有12部影片票房破10亿元，其中国产片占10部，进口片2部。《你好，李焕英》《唐人街探案3》《我和我的家乡》《八佰》四部影片票房突破20亿元大关，进口片《速度与激情9》与《哥斯拉大战金刚》两部影片票房超过10亿元。

（资料来源：《新京报》，作者：周慧晓婉）

**【爱奇艺成为英超联赛独家新媒体转播平台】** 2021年7月22日，爱奇艺体育对外宣布与英超联盟正式达成合作，成为英格兰足球超级联赛中国大陆及澳门地区独家新媒体转播平台，将全程直播2021/2022—2024/2025四个赛季英超联赛的全部赛事。继爱奇艺体育转播2020欧洲杯之后，英超在8月接档。

（资料来源：上游新闻，作者：顾立 冉进颖）

**【咪咕联合小米发布基于云技术的游戏分发计划】** 2021年7月30日，在第十九届中国国际数码互动娱乐展览会（ChinaJoy 2021）上，中国移动咪咕公司携手小米集团小米游戏、金山云、蔚领时代联合发起“立方米计划”，探索云游戏行业新生态。

据悉，“立方米计划”是基于云技术的游戏分发计划，着重依托中国移动系和小米系的云能力和分发渠道能力，为传统游戏厂商提供游戏云化服务，为云原生游戏提供开发运行环境，帮助游戏产业搭建云游戏分发能力，降低发行和分发门槛，并通过创新5G云游戏体验构建新的云游戏商业模式。“立方米计划”中，中国移动咪咕公司以及海马云等中移系的产业合作伙伴发挥“5G＋云网边端”一体化优势，提供云算力、云存储、云分发等服务，以及相对应的行业用户、大数据、5G网络等行业发展扶持资源。小米游戏将依托小米生态，在电视、手机及AIoT方面提供用户流量服务。金山云、蔚领时代作为云算力和解决方案提供商为合作伙伴提供专业的云游戏解决方案服务。

（资料来源：央广网，作者：韩晓余）

**【国际奥委会与中央广播电视总台达成新周期奥运版权合作】** 2021年9月9日，国际奥委会（IOC）与中国中央广播电视总台（CMG）共同宣布，新周期中国大陆和澳门地区的独家奥运转播权合作已达成一致。合作赛事包括2026年在米兰-科尔蒂纳丹佩佐举行的第25届冬季奥林匹克运动会、2028年在洛杉矶举行的第34届夏季奥林匹克运动会、2030年第26届冬季奥林匹克运动会和2032年在布里斯班举行的第35届夏季奥林匹克运动会。

国际奥委会主席托马斯·巴赫和中国中央广播电视总台台长慎海雄当天通过线上签约仪式签署了新周期协议。根据协议，中央广播电视总台独家拥有在所有平台转播的权利以及在中国大陆和澳门地区的媒体分授权权利，包括开路电视、付费电视、互联网和移动设备等。协议同时包含在2032年以前举办的所有青奥会的转播权。

（资料来源：央视新闻）

**【科大讯飞推出讯飞音乐厂牌】** 2021年9月26日，科大讯飞在北京举办讯飞音乐厂牌发布会，首次对外披露了其在音乐产业上的布局。基于其主营业务AI语音，科大讯飞推出了用于虚拟偶像场景的唱歌合成、唱歌变声技术，用于辅助唱歌教学场景的唱歌评测技术，以及面向在音乐采买初选环节的AI选歌技术。

讯飞音乐正式创立于2019年7月，目前该厂牌已签约游鸿明、简弘亦和姚六一3位艺人，出品音乐总播放量突破200亿次，播放过亿歌曲30余首。

（资料来源：界面新闻）

**【爱奇艺、优酷、腾讯相继取消超前点播服务】** 2021年10月4日，爱奇艺、优酷、腾讯视频相继宣布取消剧集超前点播服务，并停止超前点播内容更新，爱奇艺宣布同时取消会员可见的内容宣传贴片。至此，长视频网站的超前点播机制终结。

超前点播自诞生之日开始就一直备受争议。2020年6月，爱奇艺“付费超前点播”被诉一案宣判引发热议。2021年暑期，《扫黑风暴》在播出近半时即开启超前点播，会员若想要解锁未播内容，需要每集另付费3元，并只能按照顺序逐集购买，受到消费者的质疑与投诉。随后，上海市消保委提出批评，并认为既然是按集收费的，那消费者就有权选择他要看的那一集。所谓“按顺序解锁观看”，涉嫌捆绑销售，是对消费者选择权的漠视。2021年9月，中国消费者协会也对视频平台VIP会员服务和超前点播机制作出回应，提出“超前点播重自愿，逐集限制要取消”等观点。

（资料来源：《深圳商报》，作者：魏沛娜）

**【快手宣布与NBA达成战略合作】** 2021年10月18日，快手与NBA中国在北京举办战略合作发布会，宣布双方从即日起达成多年战略合作伙伴关系，快手将成为 NBA 中国首个内容二创媒体合作伙伴，以及 NBA 官方短视频平台、NBA 视频内容创作社区。

目前，NBA 及各球队官方账号已整体入驻快手，双方围绕 NBA 赛事内容及快手体育生态，在内容、品牌商业化、直播电商等多个领域展开深度合作。NBA 为快手平台广大优质创作者提供海量赛事素材，快手为创作者开放专属内容创作后台，将版权内容授予全体创作者，鼓励用户进行二次创作。

（资料来源：上游新闻，作者：孙磊）

**【网易云音乐与摩登天空达成战略合作】** 2021 年 10 月 19 日，网易云音乐与原创音乐唱片公司摩登天空达成战略合作，双方在音乐版权、音乐演出等领域展开深层次、多样化的合作。目前，网易云音乐已获得摩登天空旗下全量音乐版权授权，包括新裤子、痛仰、重塑雕像的权利、达达乐队、五条人、海龟先生、马頔、尧十三、Tizzy T、满舒克等众多知名乐队及音乐人的作品。

（资料来源：《新京报》）

**【今日头条、西瓜视频并入抖音】** 2021 年 11 月 2 日，梁汝波发布全员邮件，正式宣布组织调整，实行业务线 BU 化，并成立 6 个业务板块。6 大业务分别为抖音、大力教育、飞书、火山引擎、朝夕光年和 TikTok，其负责人均向梁汝波汇报。

今日头条、西瓜视频、搜索、百科以及国内垂直服务业务并入抖音。该板块负责国内信息和服务业务的整体发展。字节员工发展部门的部分职能转型为职业教育方向，并入大力教育板块。飞书、EE（企业效率部门）、EA（企业应用部门）合并成飞书板块，聚焦提供企业协作与管理服务。此外，火山引擎板块聚焦打造企业级技术服务云平台；朝夕光年板块负责游戏研发与发行；TikTok 板块负责 TikTok 平台业务，同时支持海外电商等延伸业务的发展。

（资料来源：《每日经济新闻》，作者：王紫薇）

**【哔哩哔哩全资收购有妖气原创漫画平台】** 2021 年 11 月 19 日，据奥飞娱乐发布的深交所公告披露，哔哩哔哩已全资收购奥飞娱乐旗下的有妖气原创漫画平台。本次收购价格为人民币 6 亿元。公告称，有妖气的主营业务包括“有妖气原创漫画梦工厂”网站及“有妖气漫画”APP 运营、网络漫画发表、网络动画制作、动漫版权运营等。

有妖气成立于 2009 年，旗下聚集了《十万个冷笑话》《镇魂街》《雏蜂》《端脑》等作品及 IP。

（资料来源：界面新闻）

**【蜻蜓 FM 完成新一轮融资】** 2021 年 11 月 22 日，在线音频平台蜻蜓 FM 正式宣布完成新一轮融资，由上市公司中文在线领投，战略股东小米、瑞壹投资、普维资本跟投。

2020 年 5 月，中文在线就已与“蜻蜓 FM”的运营实体麦克风达成战略合作，中文在线向蜻蜓 FM 提供旗下的 17K 小说网和四月天小说网的数字版权授权作品，蜻蜓 FM 同时对中文在线的音频作品在平台上给予资源推广。

小米则在生态层面和蜻蜓 FM 进行合作，对后者的用户增长起到促进作用。基于过往合作，小米现有收音机产品将全面升级至蜻蜓 FM 小米版，蜻蜓 FM 会引入小米的全流量资源支持，在所有手机中预装蜻蜓 FM 小米版。

（资料来源：界面新闻，作者：佘晓晨）

**【网易云音乐在港交所上市】** 2021 年 12 月 2 日，网易云音乐（09899. HK）在港交所挂牌上市，成为“全球音乐社区第一股”。网易云音乐的发行价为 205.0 港元/股，预计募资 31.24 亿港元。网易云音乐同日在杭州总部举行小规模线下仪式，并同步在网易伏羲沉浸式活动系统“瑶台”举办线上敲锣仪式，邀请三位“丁磊”跨越 21 年线上线下同敲锣。

本次上市，网易云音乐和三家基石投资者签署了认购协议，合计认购 3.5 亿美元（约 22.34 亿港元）。其中，网易认购 2 亿美元（约 15.6 亿港元），索尼音乐娱乐认购 1 亿美元（约 7.8 亿港元），Orbis 认购 5 000 万美元（约 3.9 亿港元）。按 205 港元/股的中间价定价，且超额配股权未获行使，网易云音乐本次上市的基石投资者认购股份占比约为 83.15%，基石认购股份数占网易云音乐本次发行股份约为八成。

（资料来源：贝多财经）

**【B 站获英格兰足总杯三年数字媒体独家版权】** 2021 年 12 月 3 日，B 站宣布获得英格兰足总杯 2021/2022—2023/2024 赛季连续三年的中国大陆地区数字媒体独家版权，并将全程免费直播赛事。2021 年英格兰足总杯第二轮赛事揭幕战于 12 月 4 日正式打响，B 站官方账号“英格兰足总杯赛事菌”

对赛事内容进行独家直播，并推出一系列视频征集活动及观赛奖励。

（资料来源：《信息时报》，作者：卢云龙）

**【微博在港挂牌上市】** 2021年12月8日，微博正式在香港联交所挂牌上市，股份代号为“9898”，开盘报256.2港元。2014年，微博完成首次公开发售并于纳斯达克上市。得到资本助力后，微博加速业务变革，“热点＋社交”的模式逐渐成为微博的核心竞争力。

此次微博在港上市共发行1 100万股A类普通股，全球发售所得款项净额预计为约13.83亿港元，香港公开发售与国际发售均超额认购。募集资金计划用于持续扩大用户群及提升用户参与度，以及改善微博的内容生态系统；研发以提升微博的用户体验及变现能力；有选择性地寻求战略联盟、投资和收购，以及用作营运资金及一般公司用途。

（资料来源：《北京日报》，作者：钱绯璠）

**【豆瓣、爱回收、唱吧等106款APP被工信部下架】** 2021年12月9日，工信部发布通报，有106款APP因侵害用户权益被下架。其中包括豆瓣、看看新闻、爱回收、唱吧、妈妈网孕育等。所涉问题包括APP强制、频繁、过度索取权限，超范围收集个人信息等。相关应用商店应在本通报发布后，立即组织对名单中应用软件进行下架处理。针对部分违规情节严重、拒不整改的APP，属地通信管理局应对APP运营主体依法予以行政处罚。

被点名应用开发者包括：北京豆网科技有限公司、看东方（上海）传媒有限公司、上海万物新生环保科技集团有限公司、北京小唱科技有限公司、广州盛成妈妈网络科技股份有限公司等。

（资料来源：《北京青年报》，作者：赵新培）

**【青瓷游戏赴港上市】** 2021年12月16日，青瓷游戏（6633.HK）正式登陆港交所，此次IPO青瓷游戏发行8 500万股，其中香港公开发售850万股，国际发售7 650万股，发行价为每股11.2港元。

青瓷游戏成立于2012年，其标志性移动游戏为《最强蜗牛》。2020年，该公司实现收入为12.27亿元，同比增长12.83倍，爆款产品《最强蜗牛》贡献了95.3%的收入。2021年上半年公司收入为7.63亿元，同比再次大增7.62倍，其自主研发的《最强蜗牛》和代理运营的《提灯与地下城》分别贡献67.7%及30.1%的收入。

青瓷游戏也吸引了不少公司的关注，招股书显示，IPO前，腾讯、阿里巴巴、哔哩哔哩均持有青瓷游戏4.99%的股份，博裕资本持股1.87%。

（资料来源：福布斯中国）

**【《2021年中国游戏产业报告》发布】** 2021年12月16日，在2021年度中国游戏产业年会上，中国音像与数字出版协会第一副理事长兼中国音数协游戏工委主任委员张毅君正式对外发布《2021年中国游戏产业报告》。

2021年，中国游戏市场实际销售收入2 965.13亿元，较2020年增收178.26亿元，同比增长6.4%。虽然收入依然保持增长，但在宅经济效应逐渐衰减、爆款产品数量下滑影响下，增幅较2020年同比缩减近15%。

国内游戏用户规模6.66亿，同比增长0.22%，用户数量渐趋饱和。国内游戏市场销售收入中，贡献最大者依然为自主研发游戏。2021年，自研游戏国内市场销售收入2 558.19亿元，较2020年增收156.27亿元，同比增长6.51%，增幅同比缩减约20个百分点。自主研发游戏海外市场销售收入180.13亿美元，较2020年增收25.63亿美元，同比增长16.59%，增幅同比缩减约17个百分点。从过去五年发展走势看，我国游戏出海呈现平稳上升态势，用户下载量、使用时长和付费额度三方面均保持了稳定增长。美、日、韩依然是游戏出海主要市场，但其合计占比呈逐年下降之势，其他地区占比则逐年上升，我国自研游戏在不断拓展新兴市场。

移动游戏依然占据国内游戏市场主流，总收入占比为76.06%；客户端游戏占比19.83%，基本保持稳定；网页游戏仍在萎缩，占比仅为2.03%，销售收入和市场占比均继续下滑。2021年中国移动游戏市场实际销售收入2 255.38亿元，较2020年增收158.62亿元，同比增长7.57%。国内客户端游戏市场销售收入588亿元，较2020年增收28.8亿元，同比增长5.15%，为3年来首度出现正增长。主因在于新上市的客户端产品表现较为出色、以移动游戏为核心的全平台发行模式逐渐兴起，以及用户使用习惯有所回归等。网页游戏开服数量持续减少，头部游戏企业虽仍在研发网页游戏，由于缺乏创新，难以抑制市场空间的持续萎缩，实际销售收入仅为60.30亿元，比2020年又减收15.78亿元，同比下降20.74%，续写了连续5年的下滑走势。

2021年，以电竞入亚、《英雄联盟》总决赛夺冠等事件为契机，电子竞技产业的社会影响持续扩大，国内电子竞技市场销售收入 1 401.81 亿元，较 2020 年增收 36.24 亿元，同比增长 2.65%，增幅同比缩减 42 个百分点，增速有所放缓。用户规模 4.89 亿，同比增长 0.27%。电竞游戏销售收入是电竞市场主要收入来源，受线下活动减少、线上营销变现困难、防沉迷政策落地以及整体游戏市场收入收窄的影响，电竞市场收入和用户规模增幅均有一定下降。

（资料来源：《北京青年报》，作者：王磊）

**【京东上线灵稀数字藏品交易平台】** 2021 年 12 月 17 日，京东正式上线灵稀数字藏品交易平台，并推出 JOY&DOGA 系列数字藏品作为平台首发藏品。京东方面表示，该平台可以应用区块链技术打造数字藏品，有效将 IP 和电商运营相融合，不仅打造出新的 IP 商业化渠道，同时利用数字藏品的流量和特性，为品牌营销加码，助力品牌商引流、拉新、创收。灵稀数字藏品交易平台上的所有数字藏品将由京东云提供的区块链技术服务——京东智臻链进行唯一标识。平台上的所有藏品将全部采用链上发行、链上交易的模式，利用区块链技术助力数字藏品的发售，也充分保障创作者和收藏者的相关权益。

（资料来源：证券日报网，作者：张志伟　张博）

**【2020 年北京市数字出版产业收入规模同比增长 27.8%】** 2021 年 12 月 23 日，在中共北京市委宣传部主办的 2021 年北京数字出版精品内容推荐会上，艾瑞研究院院长金乃丽发布了《2020 数字出版年度行业报告》。数据显示，2020 年北京市数字出版产业收入规模达 3 604.19 亿元，比上年增长了 27.8%。《报告》显示，网络游戏、网络文学、网络地图等细分领域在北京市出台的多项相关政策的指引下得到了突破性发展，其中网络游戏、网络文学表现尤为突出。

（资料来源：《北京商报》，作者：郑蕊）

**【腾讯音乐推出虚拟音乐世界产品 TMELAND】** 2021 年 12 月 24 日，腾讯音乐娱乐集团（TME）宣布将正式推出国内首个虚拟音乐嘉年华 TMELAND，并已在 TME 旗下 QQ 音乐等平台上线预约页面。产品将基于元象自研的端云协同等创新技术，构建出一个虚拟音乐世界。用户可以在这里创造个人专属虚拟形象，与其他人交流互动，还可以通过虚拟直播、虚拟演唱会等数字场景，感受现实与虚拟结合的沉浸式音娱体验。

（资料来源：界面新闻，作者：崔鹏）

**【抖音直播发布 2021 年生态服务报告】** 2021 年 12 月 24 日，抖音直播发布《2021 年度生态服务报告》。报告显示，2021 年，抖音直播建立了 140 多个多维安全模型和 1 000 多条安全规则，全方位守护直播间安全。同时，多重智能审核机制和风险拦截将投诉处置效率提升至 95.8%。

针对“传播低俗、不良价值观”“炒作煽动”“剧本演绎”等违规行为，抖音直播 2021 年开展了 18 次长期专项治理行动，处置违规直播间 16 万个，封禁实名作弊账号 60 万个，永久封禁直播权限账号 3 万个，坚守安全防火墙。

抖音直播持续开展青少年保护专项治理行动。报告显示，在“2021 青少年保护暑期专项治理行动”中，抖音直播拦截涉未成年人直播打赏超 6 000人次，封禁诱导未成年打赏账号直播权限 419 个。

（资料来源：证券日报网，作者：贺俊）

**【百度智能云推出数字人平台“曦灵”】** 2021 年 12 月 27 日，百度智能云正式上线数字人平台“百度智能云曦灵”。该平台可为各行各业提供多种数字人生成和内容生产服务，进一步降低数字人的应用门槛，已推出的数字人包括为听障朋友提供手语服务的 AI 手语主播、央视网数字人小 C 等。

（资料来源：《北京商报》，作者：魏蔚）

**【抖音与中国唱片集团达成音乐版权合作】** 2021 年 12 月 31 日，人民网新闻显示，近日，抖音与中国唱片集团达成音乐版权合作，双方在歌曲版权、音乐产品、新歌创作等方面展开合作。中国唱片集团部分版权歌曲已上架抖音，用户可进行收听全曲与短视频创作。

截至 2021 年 11 月，抖音已与 2 000 多家音乐版权方建立合作，正版曲库中的歌曲已达几千万首，覆盖流行、说唱、中国传统、民谣、电音、国风、摇滚、乡村、R&B、童谣等 18 种曲风。抖音方面表示，平台十分重视歌曲的版权合作，通过版权采购、提供畅通的侵权投诉渠道等措施支持原创内容，严厉打击侵权盗版行为。

（资料来源：人民网，作者：夏晓伦）

# 港澳台版权信息

**【香港公众对保护知识产权的意识维持高水平】** 2021年3月29日，香港知识产权署公布“香港市民保护知识产权意识调查2020”结果，数据显示，香港市民对保护及尊重知识产权的意识持续处于高水平。

调查访问了1 000名受访者，92.9%的受访者认同香港需要保护知识产权；超过87%的受访者知悉香港有保障版权、商标及专利的法例。大多数受访者认为，保护知识产权长远而言有助吸引外来投资（79.3%）及促进本地创意产业发展（77.7%）。

香港知识产权署署长黄福来说：“知识产权署一直透过不同类型的教育及宣传活动，提升公众对保护知识产权的认知。我们自1999年起定期进行公众意见调查，以评估香港市民对保护知识产权的意识。是次调查反映市民对保护及尊重知识产权的意识维持在高水平。我们会继续推广保护知识产权的工作，以巩固香港知识型经济的长远发展。”

调查中，92.8%的受访者表示，他们很少或从来没有购买盗版或冒牌货品，较2018年的调查结果（89.7%）为高。同时，86.2%的受访者同意“在明知侵犯知识产权的情况下仍然购买盗版/冒牌货品是不道德行为”，对此表示认同的受访者占比自2014年（67.4%）起持续上升。

购买盗版或冒牌货品渠道方面，最常见的依然是实体商铺（32.9%），其次是街上摊档（32.4%）和网络商店/拍卖网站（24.5%）。与以往的调查结果比较，实体商铺的比例持续下跌（2016年为47.3%），网络商店/拍卖网站的比例则持续上升（2016年为10.4%）。83.9%的受访者表示在网上购买有品牌或品牌标志的货品时会留意货品是否正版，较2018年的结果（67%）显著上升。

在使用版权作品方面，57.2%的受访者表示，他们“绝对会”或“可能会”向获授权的网站付款以收听歌曲、观看电影或下载歌曲/电影/电脑软件/游戏/电子书，有关比例自2008年（21%）起持续上升，而会向获授权网站付款的三大原因与2018年的调查结果相同，分别为“尊重知识产权”（35.9%）、“支持创意工业”（32.3%）和“为了得到更佳质素”（23.4%）。在使用版权作品的态度方面，80.1%的受访者同意“在网络上收听或观看明知是盗版的音乐/电影/电视节目是不道德的行为”，较2018年调查录得的比例（70.2%）显著上升。

知识产权署与多个零售及行业协会共同推行“正版正货承诺”计划，售卖正版货品的商户会贴上“正版正货承诺”贴纸。调查发现，77.3%的受访者表示曾听过此计划，是自2008年（50.1%）以来最高占比。

（资料来源：香港知识产权署）

**【香港海关破获历来最大宗售卖盗版电子试题库案件】** 2021年4月13日，香港海关表示，海关人员4月8日查获逾5.9万个疑似盗版小学试题库电子档案。以查获档案数量计算，这是海关历来破获的最大宗同类型案件。

香港海关表示，海关早前接获版权持有人举报，指有人利用网上平台出售盗版电子小学试题库。经深入调查，海关人员突击搜查4个分别位于西营盘、沙田、粉岭和将军澳的住宅单位，以及一间位于西营盘的补习社，查获了这批盗版试题库的电子档案。本次行动中，海关人员共拘捕5人。

（资料来源：新华社，作者：丁梓懿）

**【2021粤港知识产权与中小企业发展线上讲座顺利举行】** 2021年9月24日，2021粤港知识产权与中小企业发展讲座线上举行，吸引粤港两地约210名中小企业代表、知识产权业界代表和政府官员参与。讲座由香港特别行政区政府知识产权署、香港贸易发展局和广东省市场监督管理局（省知识产权局）合办，并由香港特别行政区政府驻粤经济贸易办事处协办。讲座得到粤港保护知识产权合作专责小组其他成员单位和香港工业总会支持。

讲座以《“十四五”时期大湾区企业和知识产权贸易发展》为题，旨在协助粤港两地的中小企业加强保护和运用知识产权。线上讲座进行期间，讲者围绕多项议题进行介绍和讨论，包括内地知识产权的法院案件、内地地理标志的保护和发展、协作创新思维、知识产权商品化等。

（资料来源：香港知识产权署）

**【澳门经科局向澳门妇联青年协会介绍知识产权】** 2021年10月30日，澳门经科局以视频形式举办讲座，向澳门妇联青年协会“FLY Buddies（飞跃义工团）”介绍知识产权的基础概念。讲座是经科局联同其他 11 个政府部门合办“2021 普法新 TEEN 地”青少年法律推广月的活动之一。

本次讲座以“知识产权知多 D”为主题，通过介绍专利、商标、设计等不同类型的知识产权，加强义工团成员对澳门知识产权制度的认识，学会尊重他人知识产权，并用知识产权保护法保护自己的创新成果。

（资料来源：澳门经济及科技发展局）

**【澳门经科局支持协会举办知识产权研讨会】**
2021 年 11 月 13 日，由澳门华人会计师协会、澳门女会计师协会、澳门知识产权研究会及澳门商标协会主办，澳门经济及科技发展局作为支持单位的知识产权线上研讨会举行。研讨会围绕知识产权的注册登记制度、相关法律保障、估值方法及实务操作展开深入探讨。

研讨会由澳门经济及科技发展局商标注册处代处长赵咏莹与专利及著作权处代处长黄淑慧、澳门法律交流协进会副会长刘倩芝、澳门商标协会会长王爱民，以及华坊咨询与评估有限公司执行董事罗钰瑜担任主讲嘉宾。

（资料来源：澳门经济及科技发展局）

**【香港特区政府就更新香港版权制度咨询公众】**
2021 年 11 月 24 日，香港特区政府就更新香港版权制度展开为期 3 个月的公众咨询，咨询时间至 2022 年 2 月 23 日。

香港特区政府商务及经济发展局局长邱腾华当日出席记者会表示，香港致力于完善版权制度，以期配合发展所需，力求在版权拥有人和使用者的合法权益之间取得适当平衡，并符合香港整体的最佳利益。

他表示，特区政府建议以《2014 年版权（修订）条例草案》为基础，更新香港的版权制度。主要立法建议涵盖已有广泛共识的五个范畴，包括赋予版权拥有人科技中立的专有传播权利，确保他们的作品以任何电子传送模式向公众传播都会得到保护，以及配合专有传播权利订定相关侵权行为的刑事法律责任。

特区政府还建议为戏仿、讽刺、营造滑稽及模仿，以及评论时事和引用版权作品这三大类别目的而使用版权作品提供版权豁免；并修订和扩阔豁免，便利网上学习、图书馆、档案室和博物馆运作等使用版权作品模式。

特区政府还建议增订“安全港”条文，以及为民事赔偿案件增加法定因素。

（资料来源：新华社，作者：黄茜恬）

**【香港海关打击售卖或提供侵权卡拉 OK 歌曲】**
2021 年 12 月 2 日至 9 日，香港海关在全港多个地区采取代号“喜鹊”的执法行动，打击市面售卖侵权卡拉 OK 播放器，以及派对房间经营者在业务过程中提供侵权卡拉 OK 歌曲予顾客使用的违规活动。本次行动共检获 147 套载有怀疑侵权歌曲的卡拉 OK 播放器及 6 套载有怀疑盗版电子游戏的游戏机套装，估计市值共约 130 万元，并拘捕 22 人。

其中，海关人员在深水埗、旺角和湾仔搜查 8 间店铺，以及 1 个位于深水埗的储存仓库，共检获 110 套卡拉 OK 播放器，估计市值约 60 万元。每套播放器内载有 40 000～65 000 首怀疑侵权歌曲，售价由 2 000 元至 13 000 元不等，拘捕 10 人；在旺角、深水埗、尖沙咀和铜锣湾巡查 30 间派对房间，该些场所涉嫌于业务过程中管有并提供侵权卡拉 OK 歌曲予顾客使用，检获 37 套用作播放怀疑侵权歌曲的卡拉 OK 播放器及 6 套载有怀疑盗版电子游戏的游戏机套装，估计市值共约 70 万元，拘捕 12 人。

（资料来源：香港海关）

# 版权

# 年度报告

NIAN DU BAO GAO

# 2020年中国版权产业的经济贡献

中国新闻出版研究院

## 一、2020年中国版权产业的经济贡献综合分析

（一）版权产业总体规模保持增长态势

2020年，中国版权产业实现增加值75 088.81亿元人民币，比2019年增长2.58%[①]；中国版权产业占全国GDP[②]的比重为7.39%，与2019年持平。其中核心版权产业增加值为47 455.05亿元人民币，比2019年增长3.45%，增长主要来自软件和信息技术服务业等。

数据表明，2020年在新冠肺炎疫情的冲击下，虽然书报刊传统出版等产业有所下滑，但以软件和信息技术服务、数字出版、游戏、网络视听、新型显示等为代表的新兴产业发展态势良好，在疫情期间实现逆势增长，成为中国版权产业实现稳定发展的重要保障。2020年，全国软件和信息技术服务业累计完成软件业务收入81 616亿元，同比增长13.3%[③]；全国数字出版产业收入超过万亿元，达到11 781.67亿元，同比增长19.23%[④]；国内游戏市场实际销售收入2 786.87亿元，同比增长20.71%[⑤]；全国持证及备案机构网络视听收入2 943.93亿元，同比增长69.37%，特别是短视频、电商直播等其他收入同比增长87.18%，发展十分迅猛[⑥]；全国新型显示产业全年营收达到4 460亿元人民币，同比增长19.7%，增速领跑全球，全球市场占有率达到40.3%，产业规模位居全球第一[⑦]。

国家有关部门也积极出台政策，为传统行业发展提供支持，助力行业健康发展。以电影行业为例，国家电影局联合财政部、国家税务总局等部门出台税费支持政策并暂免征收电影专项资金，通过各项纾困政策，保障电影市场正常运转，推动中国电影市场率先复苏、持续回暖，主要产业指标名列世界各国前列。2020年我国共有5.48亿观众走进电影院，创造票房收入204.17亿元，年度电影票房首登全球第一[⑧]。

2020年也是“十三五”收官之年，中国版权产业增加值从2016年的54 551.46亿元人民币增长到2020年的75 088.81亿元人民币，增长37.65%；在GDP中的比重从7.33%提高至7.39%，提高0.06个百分点。“十三五”期间，中国版权产业的年均增长率为8.32%，高于同期全国GDP年均增长率0.22个百分点[⑨]，为我国“十三五”规划目标任务胜利完成做出了重要贡献（见图1）。

---

① 本报告中增长速度均为名义增长速度，即未扣除价格因素。

② 本报告中2020年全国GDP数据均来源于国家统计局编、中国统计出版社出版的《2021中国统计年鉴》。

③ 工业和信息化部.2020年软件和信息技术服务业统计公报［EB/OL］. https：//www.miit.gov.cn/gxsj/tjfx/rjy/art/2021/art_f6e61b9ffc494c099ea89faecb47acd2.html.

④ 中国新闻出版研究院.2020—2021中国数字出版产业年度报告［EB/OL］. https：//baijiahao.baidu.com/s?id=1714756267312975257&wfr=spider&for=pc.

⑤ 中国音数协游戏工委，中国游戏产业研究院.2020年中国游戏产业报告［EB/OL］. https：//www.chinaxwcb.com/info/568247.

⑥ 国家广播电视总局.2020年全国广播电视行业统计公报［EB/OL］. http：//www.nrta.gov.cn/art/2021/4/19/art_113_55837.html.

⑦ 中国新闻网.2020年中国大陆新型显示产业规模居世界第一［N/OL］. https：//www.chinanews.com.cn/cj/2021/06-10/9497028.shtml.

⑧ 中国电影报.2020年全国电影票房204.17亿元 风雨洗礼更坚劲 砥砺奋进谱新篇［N/OL］. http：//www.chinafilmnews.cn/Html/2021-01-06/5398.html.

⑨ 本报告中，“十三五”全国GDP年均增长率根据《2017中国统计年鉴》中的2016年GDP和《2021中国统计年鉴》中的2020年GDP计算得出。

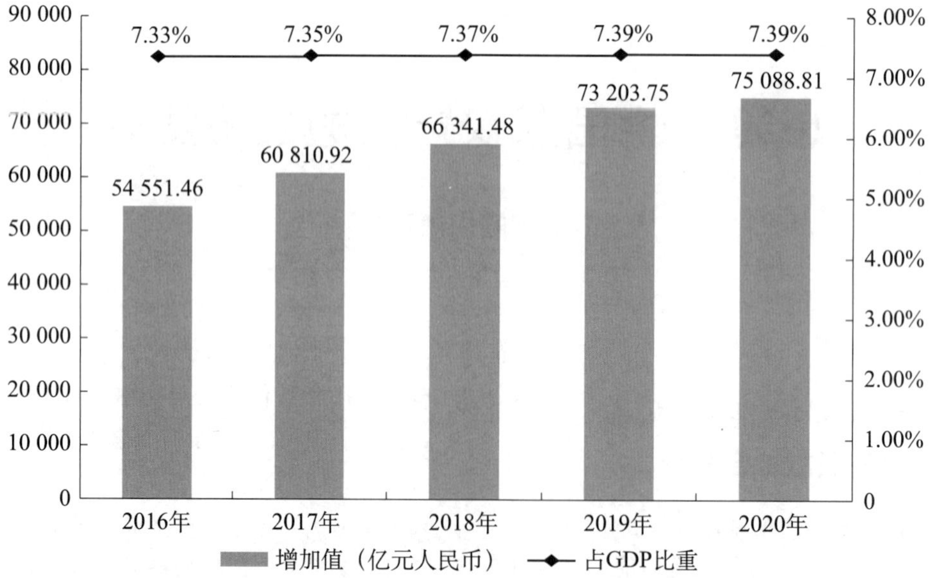


**图 1 “十三五”期间中国版权产业的增加值及占 GDP 比重**

（二）核心版权产业融合发展加快地位凸显

2020 年，中国核心版权产业实现增加值 47 455.05 亿元人民币，比 2019 年增长 3.45%；核心版权产业在 GDP 中的比重为 4.67%，比 2019 年提高 0.04 个百分点。在核心版权产业中，数字出版中的互联网广告、网络动漫以及软件行业中的信息技术服务等产业规模均有较大幅度增长。

得益于新兴产业的快速发展，核心版权产业在版权产业中的主体地位更加凸显。“十三五”期间，中国核心版权产业增加值从 2016 年的 34 056.42 亿元人民币增长至 2020 年的 47 455.05 亿元人民币，年均增长率为 8.65%，高于同期版权产业增速 0.33 个百分点，高于同期 GDP 增速 0.55 个百分点；核心版权产业在 GDP 中的比重提高 0.09 个百分点（见图 2）。

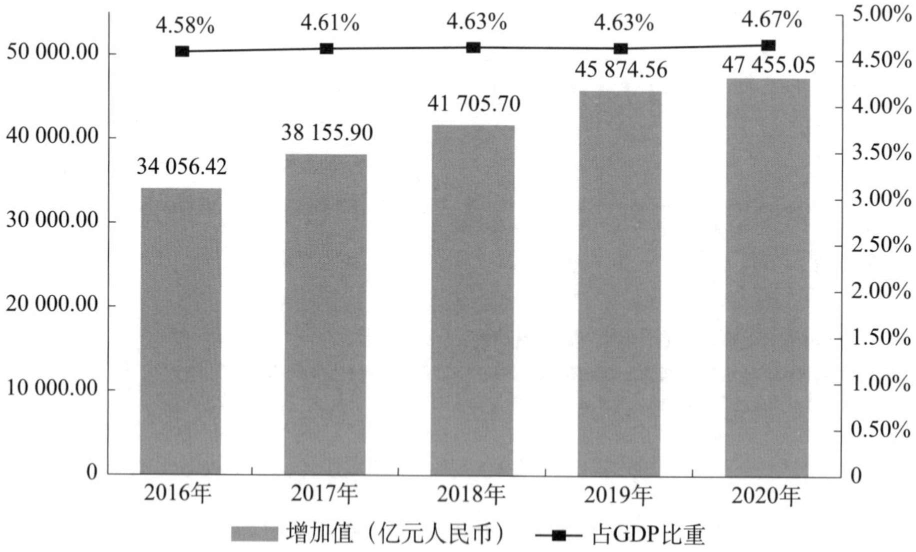


**图 2 “十三五”期间中国核心版权产业的增加值及占 GDP 比重**

突如其来的新冠肺炎疫情对核心版权产业传统的生产和销售模式带来重大冲击，也倒逼传统产业加快与新兴产业的融合步伐，加速内容生产和营销体系的升级。以线下为主的模式转变为线上线下相结合的模式，核心版权产业在产品形态多元化、营销方式多样化、传播手段立体化方面取得新进展。

2020 年，众多出版机构入驻短视频、直播等网络社区平台，形成了主播带货、短视频售书等销售热潮；第二十七届北京国际图书博览会首次移师线上举办“云书展”，国内出版机构通过线上方式参加意大利博洛尼亚、德国法兰克福等国际书展，圆满完成版权贸易洽谈；第二十三届上海国际电影节、第十届北京国际电影节、2020 年中国金鸡百花电影节、第三届海南岛国际电影节、第七届丝绸之路国际电影节等电影节展以“线上＋线下”的创新方式顺利举办，推动行业持续复苏；广播电视机构大力推进智慧广电建设和媒体深度融合，通过有效整合优质资源和生产要素，不断向互联网主阵地聚合、向移动端倾斜，带动广播电视机构智慧广电及融合业务收入增长超过 38%①。

核心版权产业及时复工复产、稳岗位保就业，通过精心策划优质内容、积极提供在线服务、免费开放数字资源等方式，以文学、影视、动漫、游戏等多种形式，在传播科学防疫知识、纾解群众紧张情绪、有效引导社会舆论、满足精神文化需求等方面发挥了积极作用。2020 年，我国出版业推出千余种抗疫出版物，开放数十万种免费线上资源，并向海外输出抗疫图书版权②；抗疫医疗题材成为网络文学、网络游戏的创作热点，网络成为传播防疫知识、提高网民抗疫信心的重要平台；纪录片《同心战“疫”》、MV《坚信爱会赢》、电视剧《在一起》、广播节目《金银潭 24 小时》、歌曲《大爱苍生》等抗疫题材节目作品迅速制作并播出，讲述抗疫一线的点滴故事；“全国舞台艺术优秀剧目网络展演”上线，全年免费播出剧目 22 台，参与互动人次突破 11.7 亿次③。

相关产业还围绕中国共产党建党百年提前部署重点文艺作品创作，涌现出图书《文献中的百年党史》、电影《我和我的家乡》、电视剧《枫叶红了》、系列专题片《遍地英雄下夕烟——致敬脱贫攻坚的人们》、史诗歌舞剧《大地颂歌》、纪录片《不朽的丰碑》、文艺节目《似是故人来》等一批精品力作，为建党百年献礼。

### （三）非核心版权产业规模小幅扩大

除核心版权产业外，2020 年中国非核心版权产业④增加值为 27 633.76 亿元人民币，比 2019 年增长 1.11%，也实现小幅增长；非核心版权产业增加值占全国 GDP 的比重为 2.72%，比 2019 年下降 0.03 个百分点。其中，相互依存的版权产业和部分版权产业的增加值均实现增长，占全国 GDP 的比重与 2019 年持平；非专用支持产业的增加值同比下降 0.70%，占全国 GDP 的比重同比下降 0.03 个百分点。

“十三五”期间，中国非核心版权产业的增加值从 2016 年的 20 495.05 亿元人民币增长至 2020 年的 27 633.76 亿元人民币，增长了 34.83%，年均增长率为 7.76%（见图 3）。

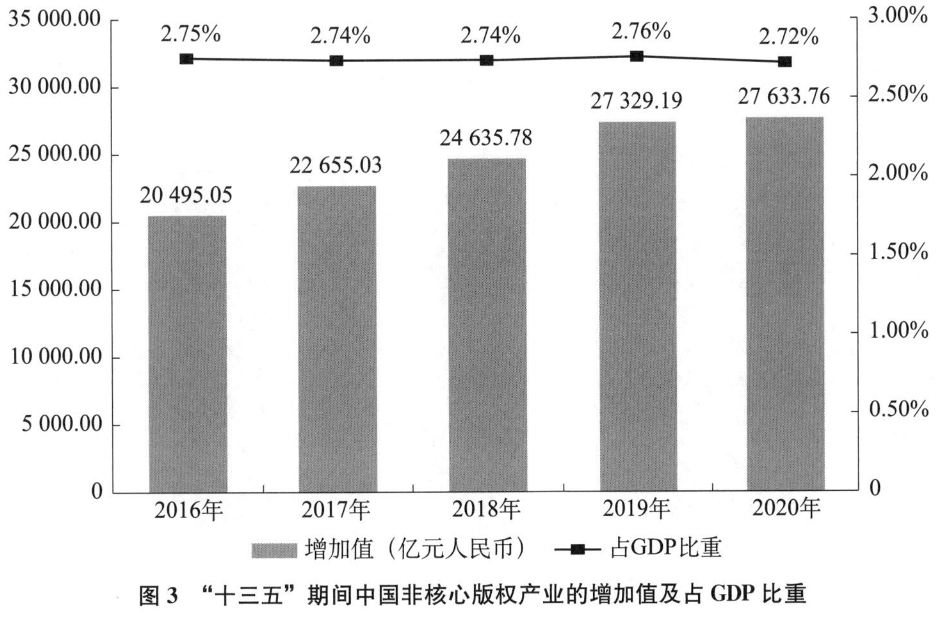


**图 3 “十三五”期间中国非核心版权产业的增加值及占 GDP 比重**

① 国家广播电视总局．2020 年全国广播电视行业统计公报［EB/OL］．http：//www.nrta.gov.cn/art/2021/4/19/art_113_55837.html.

② 中国新闻出版广电报．2020 年度出版业十件大事发布［N/OL］．https：//www.chinaxwcb.com/info/568893.

③ 国家互联网信息办公室．数字中国发展报告（2020 年）［EB/OL］．http：//www.cac.gov.cn/2021-06/28/c_1626464503226700.htm.

④ 包括相互依存的版权产业、部分版权产业和非专用支持产业。

非核心版权产业在中国版权产业的商品进出口额中的占比大，对版权产业的外贸贡献十分明显，进出口商品主要是计算机、电视机、智能手机等视听产品。2020 年，非核心版权产业的商品进出口额为 4 538.38 亿美元，占全部版权产业的 98.12%，占全国商品进出口总额的 9.75%；其中商品出口额为 3 846.38 亿美元，占全部版权产业的 98.95%，占全国商品出口总额的 14.85%；商品进口额为 692.00 亿美元，占全部版权产业的 93.73%，占全国商品进口总额的 3.35%（见图 4）。

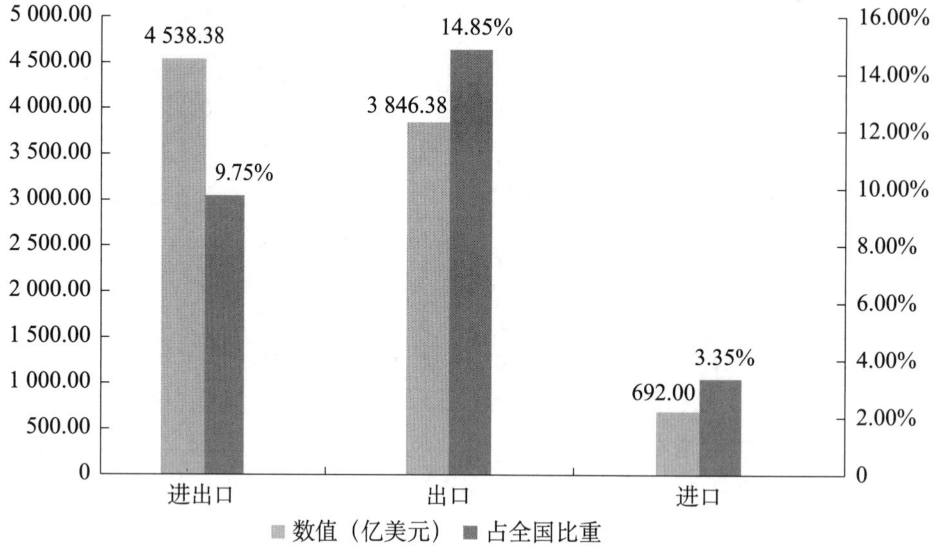


**图 4 2020 年中国非核心版权产业的商品进出口额及占全国比重**

（四）版权产业出口增长贸易方式优化

2020 年，我国作为全球货物贸易第一大国和唯一实现经济正增长的主要经济体，版权产业外贸形势回稳向好，商品出口、进口与 2019 年相比均实现正增长（见图 5、图 6、图 7）。

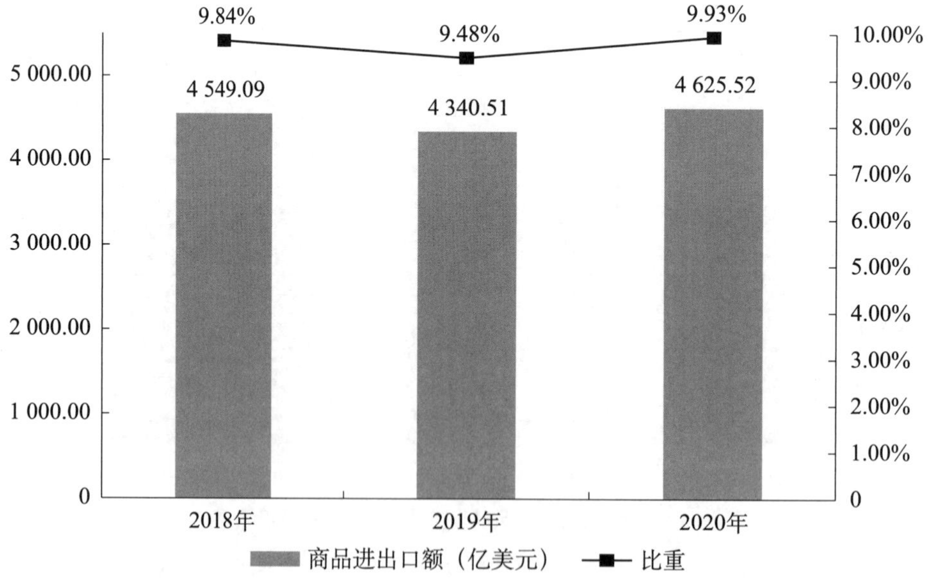


**图 5 2018—2020 年中国版权产业的商品进出口额及占全国比重**

注：2018 年中国版权产业商品进出口数据的测算口径有所调整，即在相互依存的版权产业中的电视机等类似设备产业组中增加了智能手机产品。因而本报告中的 2018 年中国版权产业商品进出口数据与《2018 年中国版权产业的经济贡献》报告中的商品进出口额数据（不包括智能手机）口径不一致。

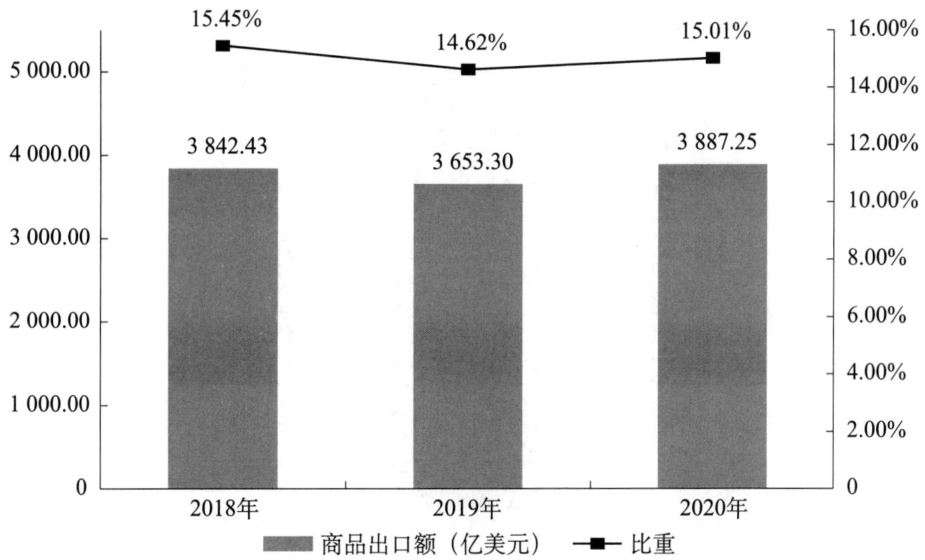


**图 6　2018—2020 年中国版权产业的商品出口额及占全国比重**

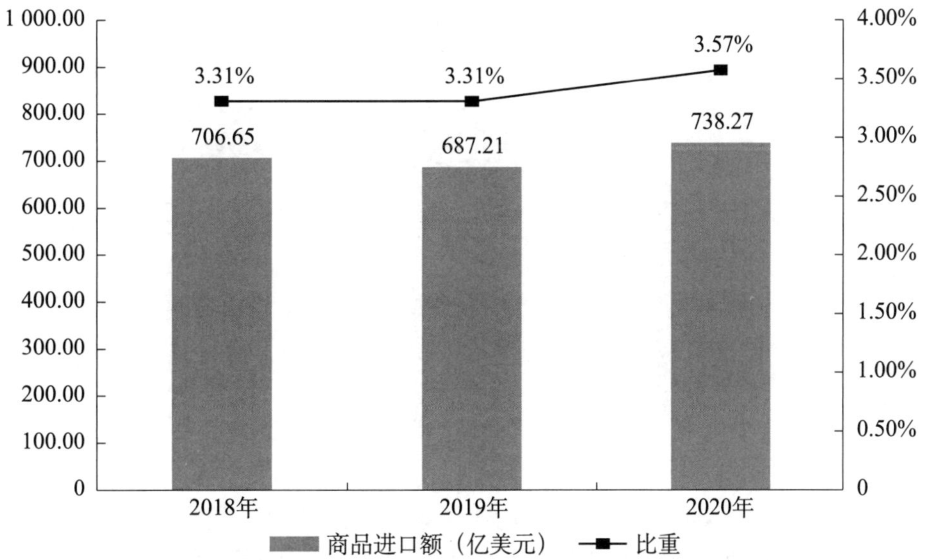


**图 7　2018—2020 年中国版权产业的商品进口额及占全国比重**

2020 年，中国版权产业的商品进出口额为 4 625.52亿美元，分别比 2018 年和 2019 年增长 1.68%和 6.57%，在全国商品进出口总额中的比重为 9.93%，分别比 2018 年和 2019 年提高 0.09 和 0.45 个百分点。

在出口方面，2020 年中国版权产业的商品出口额为 3 887.25 亿美元，比 2019 年增长 6.40%，在全国商品出口额中的比重为 15.01%，比 2019 年提高 0.39 个百分点。其中，计算机及其设备作为中国版权产业最主要的出口商品之一，2020 年出口额为 1 701.78 亿美元，比 2019 年增长 14.66%，是版权产业中增长最为明显的产业组，对版权产业外贸拉动的贡献十分明显。计算机产品作为“宅经济”产品的大量出口，也满足了全球各国人民居家生活和工作需要。

中国版权产业的贸易方式也更加优化，一般贸易进出口比重近年来持续提高。2020 年，中国版权产业的一般贸易进出口额为 1 251.45 亿美元，比 2018 年增长 12.77%，比 2019 年增长 9.67%；在版权产业进出口额中的比重为 27.06%，比 2018 年提高 2.66 个百分点，比 2019 年提高 0.76 个百分点。其中，中国版权产业的一般贸易出口额为 978.82 亿美元，比 2018 年增长 17.06%，比 2019 年增长 11.69%；在版权产业出口额中的比重为 25.18%，比 2018 年提高 3.42 个百分点，比 2019 年提高 1.19 个百分点。上述数据表明中国版权产业贸易质量稳步提升（见图 8、图 9、图 10、图 11）。

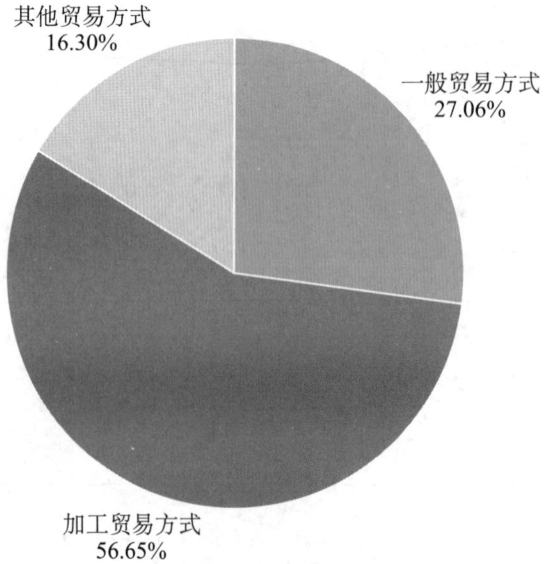


**图 8　2020 年中国版权产业进出口额的贸易方式构成**

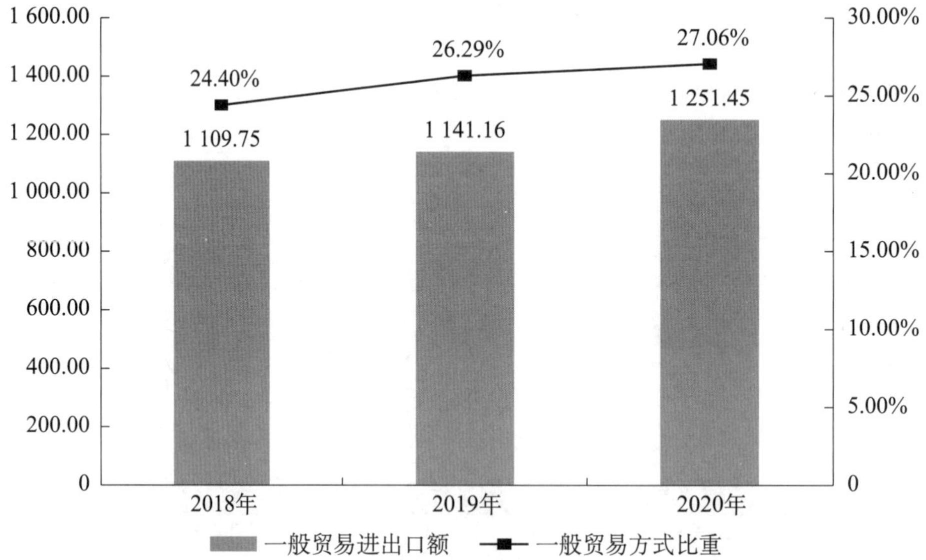


**图 9　2018—2020 年中国版权产业一般贸易进出口额及在进出口中的比重**

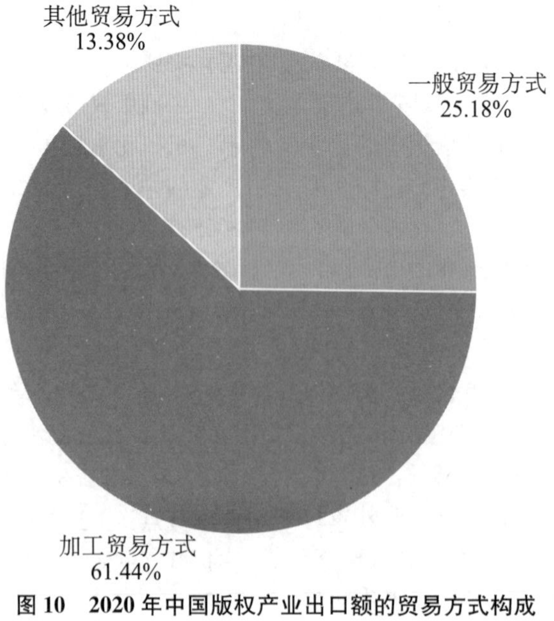


**图 10　2020 年中国版权产业出口额的贸易方式构成**

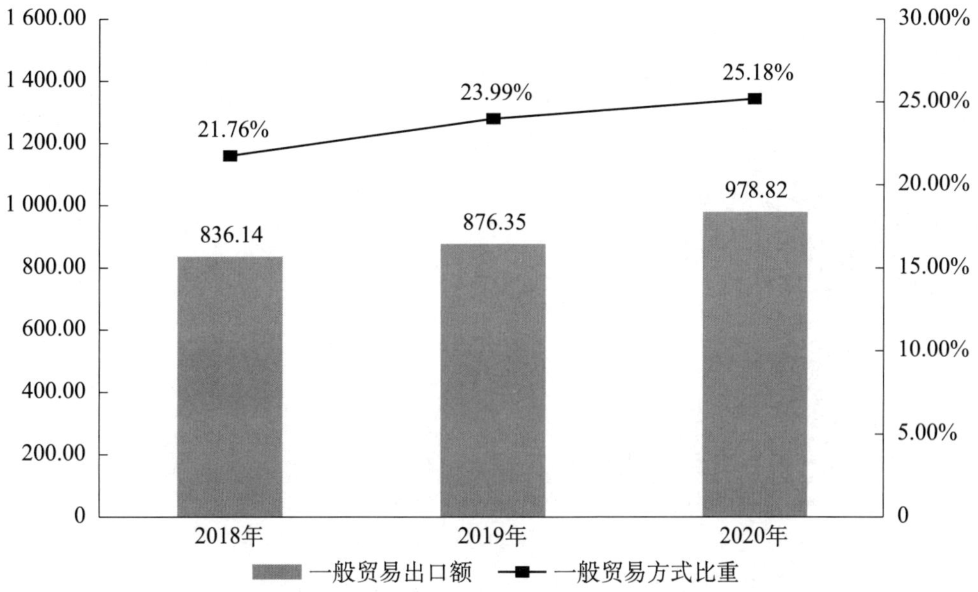


**图 11　2018—2020 年中国版权产业一般贸易出口额及在出口中的比重**

## 二、2020 年中国版权产业的经济贡献主要数据

根据调研测算，2020 年中国版权产业的行业增加值为 75 088.81 亿元人民币，占全国 GDP 的 7.39%；城镇单位就业人数为 1 616.52 万人，占全国城镇单位就业总人数的 9.49%；商品出口额为 3 887.25 亿美元，占全国商品出口总额的 15.01%①。主要数据详见表 1。

**表 1　2020 年中国版权产业的经济贡献主要数据**

| 类别 | 行业增加值 | | 城镇单位就业人数 | | 商品出口额 | |
|---|---|---|---|---|---|---|
| | 数值（亿元人民币） | 占全国比重 | 数值（万人） | 占全国比重 | 数值（亿美元） | 占全国比重 |
| 核心版权产业 | 47 455.05 | 4.67% | 955.57 | 5.61% | 40.87 | 0.16% |
| 相互依存的版权产业 | 11 870.39 | 1.17% | 333.88 | 1.96% | 3 545.63 | 13.69% |
| 部分版权产业 | 5 779.31 | 0.57% | 178.83 | 1.05% | 300.75 | 1.16% |
| 非专用支持产业 | 9 984.06 | 0.98% | 148.24 | 0.87% | — | — |
| 全部版权产业 | 75 088.81 | 7.39% | 1 616.52 | 9.49% | 3 887.25 | 15.01% |

（一）行业增加值

2020 年，中国版权产业的行业增加值为 75 088.81 亿元人民币，比 2019 年增长 2.58%；版权产业占 GDP 的比重为 7.39%，与 2019 年持平。2020 年中国版权产业各类别增加值及占全国 GDP 比重与 2019 年的比较详见图 12、图 13。

从行业增加值来看，核心版权产业仍是中国版权产业的主体。2020 年中国核心版权产业的行业增加值为 47 455.05 亿元人民币，占全部版权产业的 63.20%，占全国 GDP 的 4.67%。其中，软件、新闻出版、设计与广告等行业的增加值占到了中国核心版权产业的八成以上，对推动核心版权产业的发展起到了重要作用。

2020 年，相互依存的版权产业的行业增加值为 11 870.39 亿元，占全部版权产业的 15.81%，占全国 GDP 的 1.17%，以计算机、电视机、智能手机等电子信息制造业为主体；非专用支持产业的行业增加值为 9 984.06 亿元人民币，占全部版权产业的 13.30%，占全国 GDP 的 0.98%；部分版权产业的行业增加值为 5 779.31 亿元人民币，占全部版权产业的 7.70%，占全国 GDP 的 0.57%，建筑、工程、调查，手工艺品，玩具和游戏用品等产业组的规模较大。2020 年中国版权产业行业增加值的构成详见图 14。

① 2020 年全国 GDP、城镇单位就业总人数、商品出口总额来源于中国统计出版社出版的《2021 中国统计年鉴》。

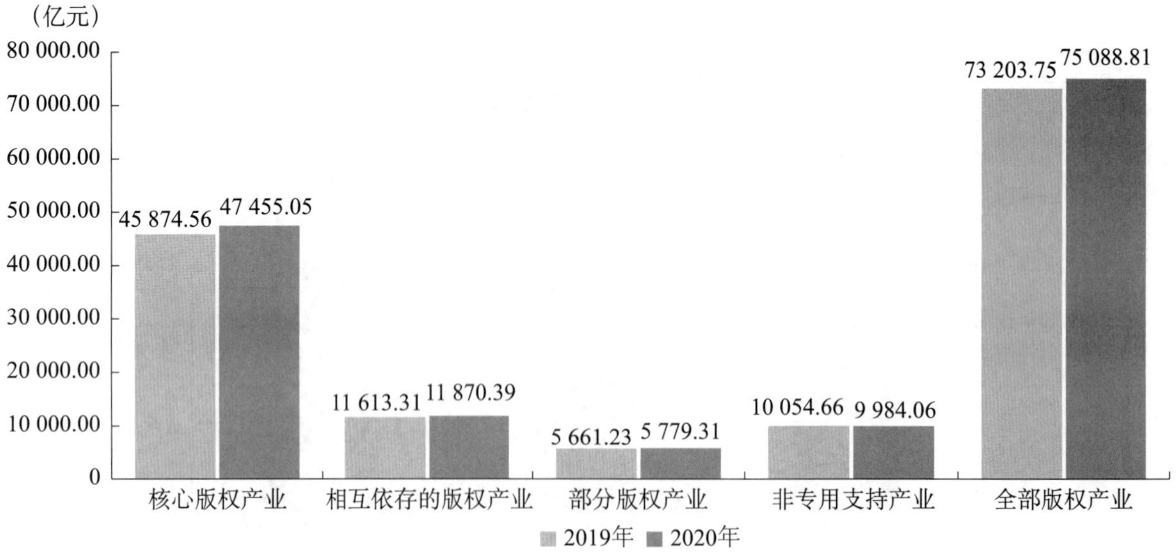


**图 12　2020 年中国版权产业各类别增加值与 2019 年的比较**

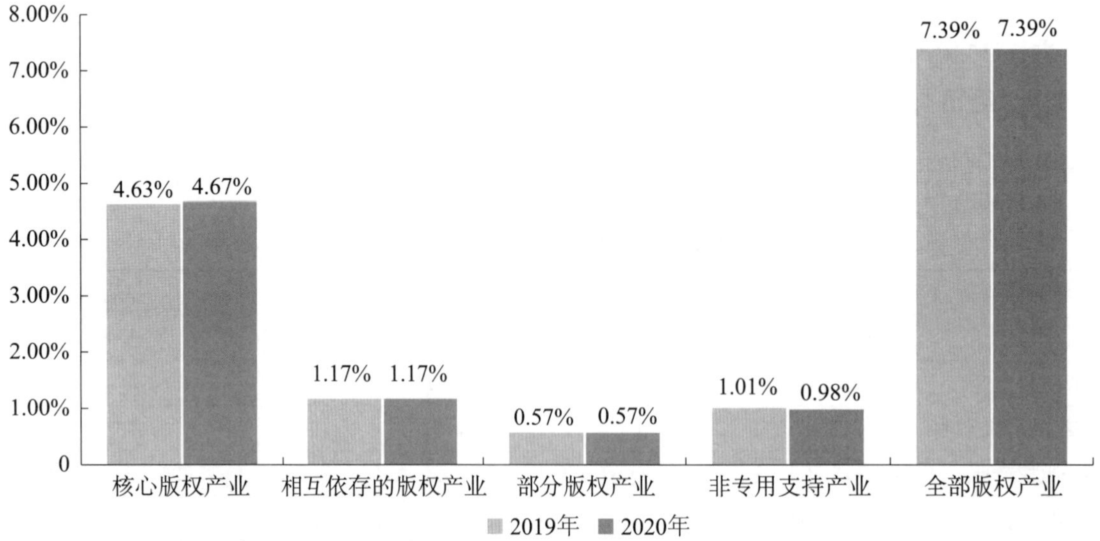


**图 13　2020 年中国版权产业各类别增加值占全国 GDP 比重与 2019 年的比较**

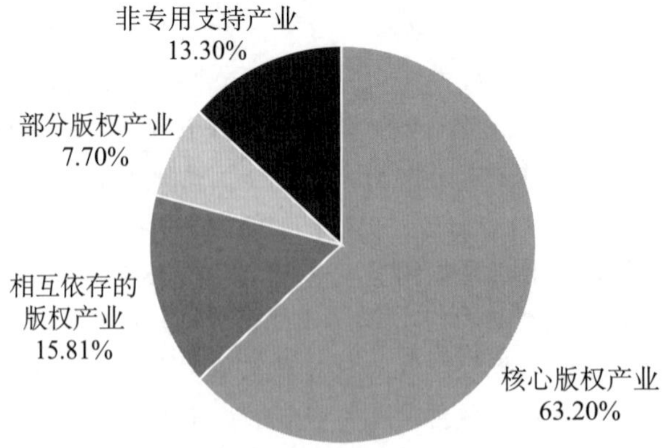


**图 14　2020 年中国版权产业行业增加值的构成**

（二）就业人数

2020 年，中国版权产业的城镇单位就业人数为 1 616.52 万人，比 2019 年下降 0.74%；占全国城镇单位就业总人数的比重为 9.49%，与 2019 年持平。

2020 年中国版权产业各类别城镇单位就业人数及占全国比重与 2019 年的比较详见图 15、图 16。

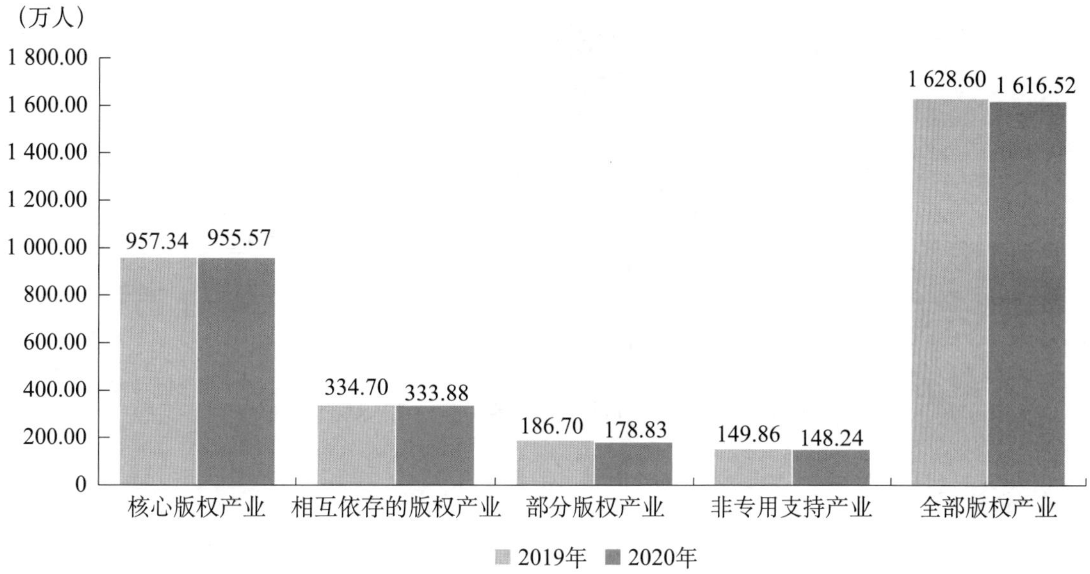


**图 15　2020 年中国版权产业各类别城镇单位就业人数与 2019 年的比较**

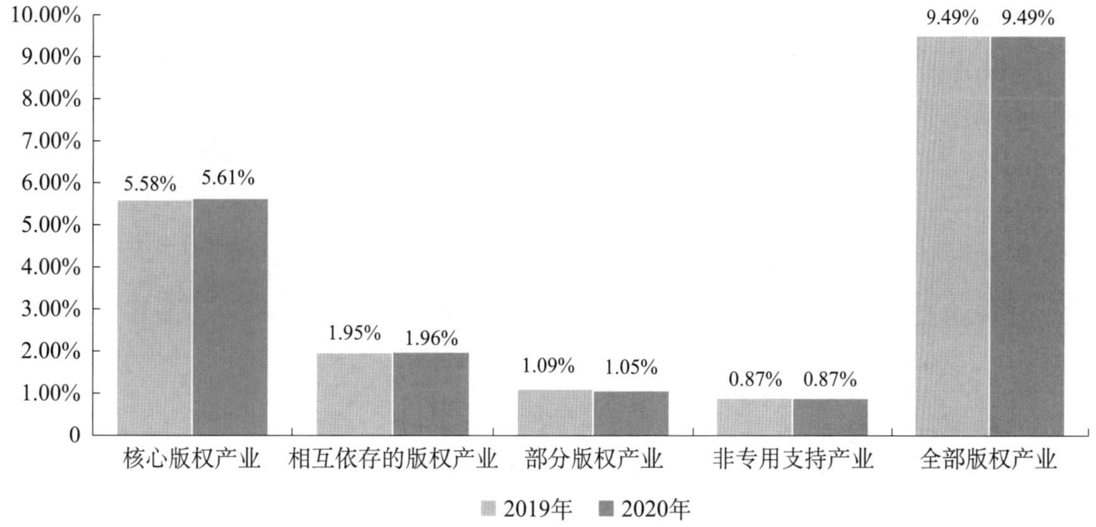


**图 16　2020 年中国版权产业各类别城镇单位就业人数占全国比重与 2019 年的比较**

核心版权产业的就业人数在中国版权产业中的比重最高。2020 年中国核心版权产业的城镇单位就业人数为 955.57 万人，占全部版权产业的 59.11%，占全国城镇单位就业总人数的 5.61%，以软件、新闻出版、广告与设计等行业为主体。

2020 年，相互依存的版权产业的城镇单位就业人数为 333.88 万人，占全部版权产业的 20.65%，占全国城镇单位就业总人数的 1.96%，计算机、电视机、智能手机等电子信息制造业的就业人数较高；部分版权产业的城镇单位就业人数为 178.83 万人，占全部版权产业的 11.06%，占全国城镇单位就业总人数的 1.05%，建筑、工程、调查，手工艺品，玩具和游戏用品等几个产业组就业人数较高；非专用支持产业的城镇单位就业人数为 148.24 万人，占全部版权产业的 9.17%，占全国城镇单位就业总人数的 0.87%。2020 年中国版权产业城镇单位就业人数的构成详见图 17。

（三）商品进出口额

2020 年，中国版权产业的商品进出口额为 4 625.52亿美元，比 2019 年增长 6.57%，占全国进出口总额的 9.93%，比 2019 年提高 0.45 个百分点。其中，中国版权产业的商品出口额为 3 887.25 亿美元，占版权产业进出口额的 84%；商品进口额为 738.27 亿美元，占版权产业进出口额的 16%；版权产业实现贸易顺差 3 148.98 亿美元（见图 18、图 19、图 20）。

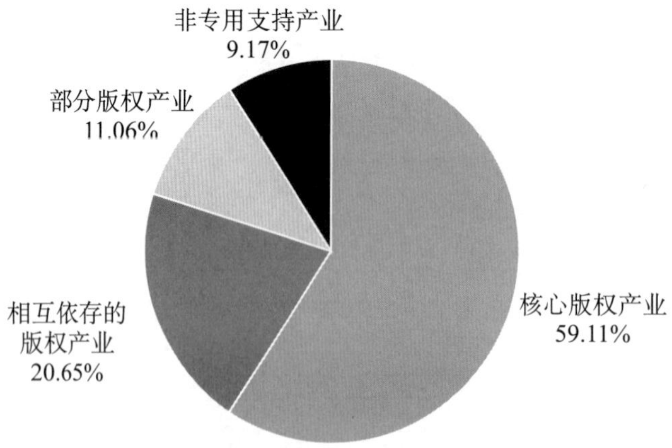


**图 17　2020 年中国版权产业城镇单位就业人数的构成**

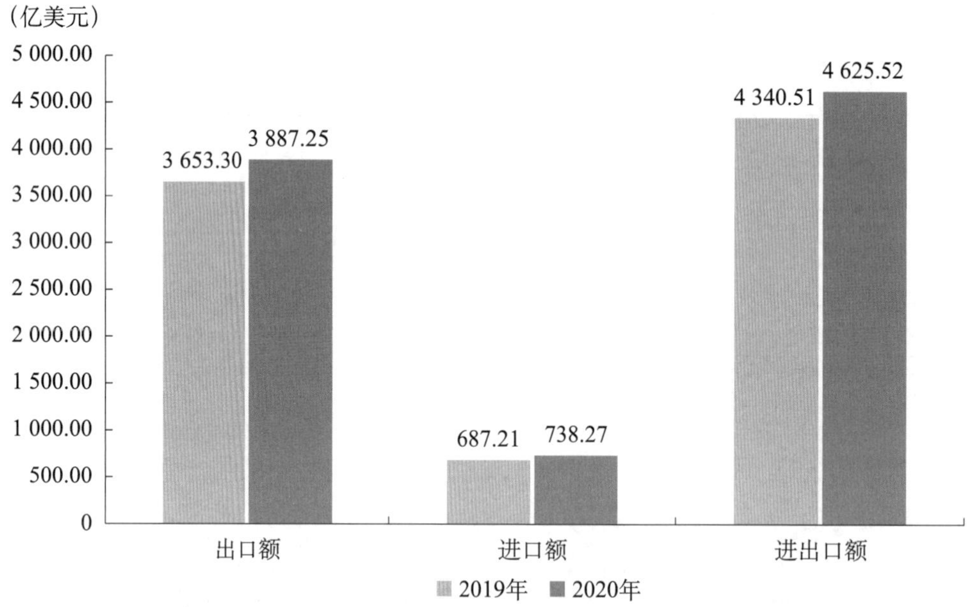


**图 18　2020 年中国版权产业的商品进出口额与 2019 年的比较**

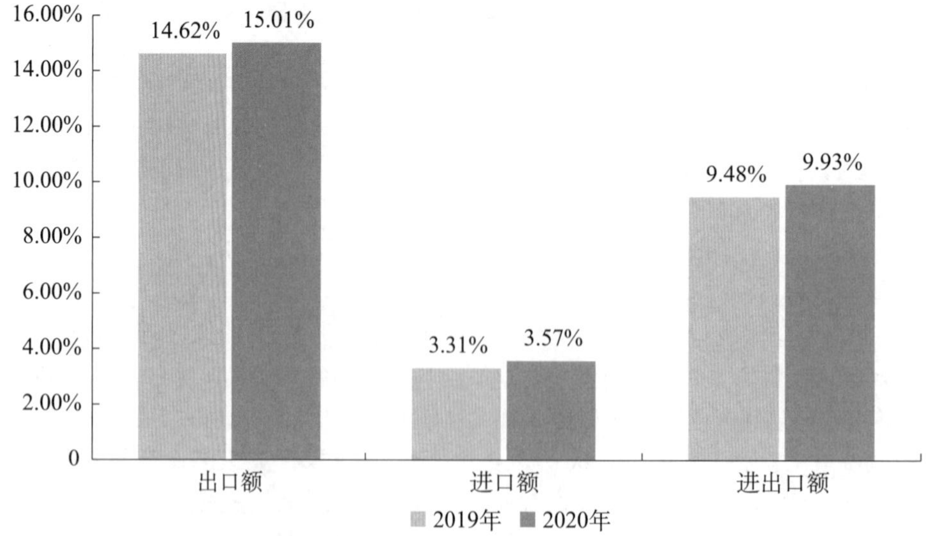


**图 19　2020 年中国版权产业的商品进出口额占全国比重与 2019 年的比较**

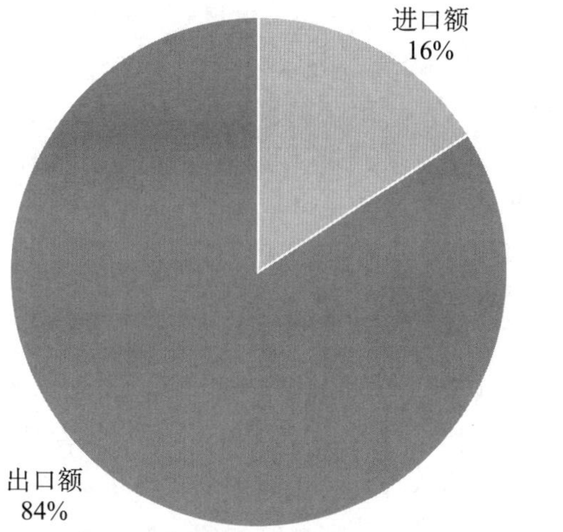


**图 20　2020 年中国版权产业商品进出口额的构成**

1. 出口额

2020 年，中国版权产业的商品出口额为 3 887.25 亿美元，比 2019 年增长 6.40%；占全国商品出口总额的比重为 15.01%，比 2019 年提高 0.39 个百分点。2020 年中国版权产业各类别商品出口额及占全国比重与 2019 年的比较详见图 21、图 22。

相互依存的版权产业商品出口额在中国版权产业中的比重最高。2020 年，相互依存的版权产业的商品出口额为 3 545.63 亿美元，占全部版权产业出口额的 91.21%，占全国商品出口总额的 13.69%。

核心版权产业和部分版权产业对中国版权产业出口的贡献较小。核心版权产业的商品出口额为 40.87 亿美元，占全部版权产业出口额的 1.05%，占全国商品出口总额的 0.16%；部分版权产业商品出口额为 300.75 亿美元，占全部版权产业出口额的 7.74%，占全国商品出口总额的 1.16%。2020 年中国版权产业商品出口额的构成详见图 23。

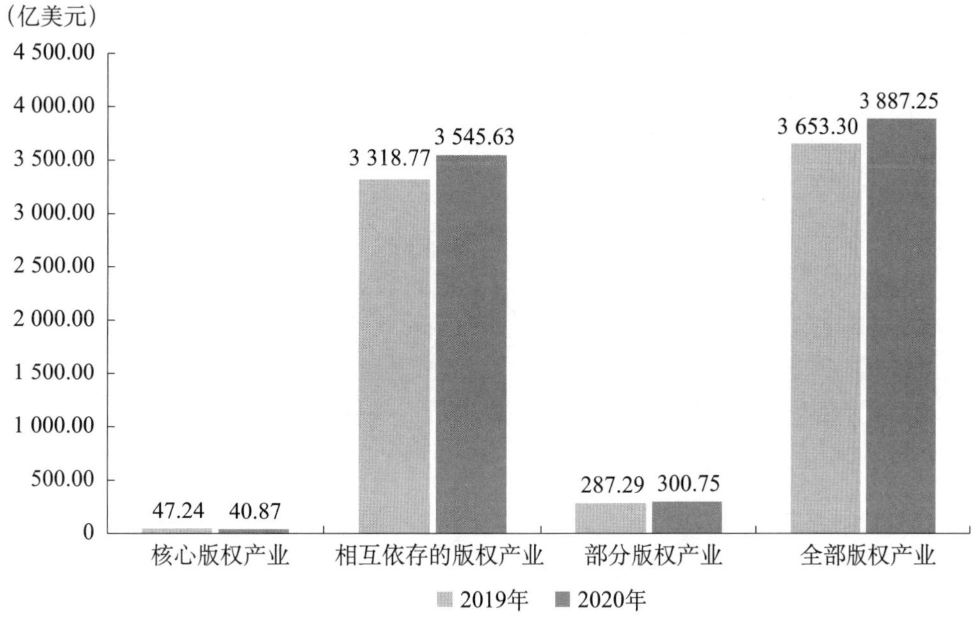


**图 21　2020 年中国版权产业各类别商品出口额与 2019 年的比较**

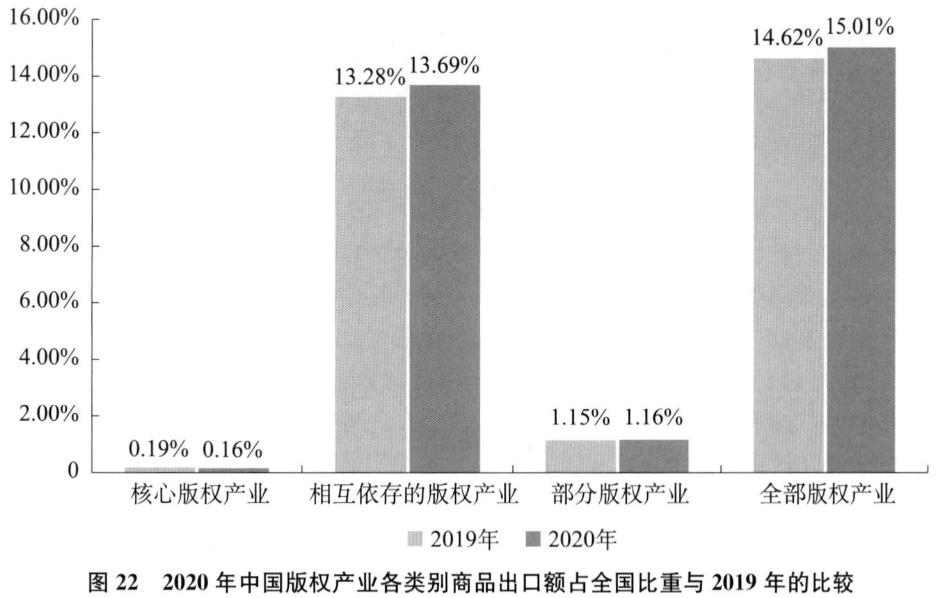


**图 22　2020 年中国版权产业各类别商品出口额占全国比重与 2019 年的比较**

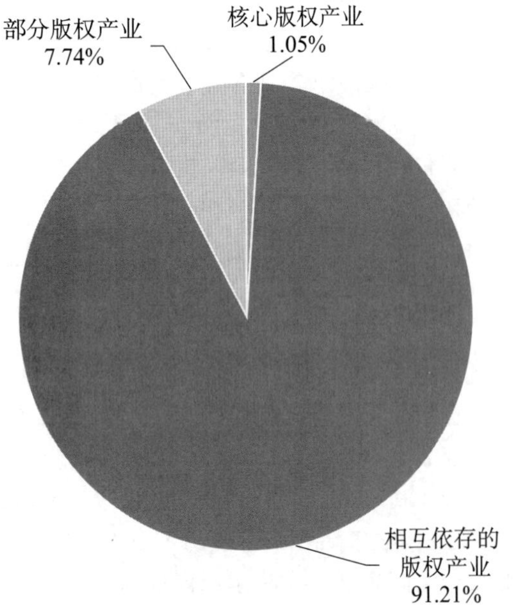


**图 23　2020 年中国版权产业商品出口额的构成**

2020 年，中国版权产业出口额较高的产业组主要是计算机及其设备，电视机、智能手机等类似设备，玩具和游戏用品，复印机。这四个产业组的出口额为 3 651.20 亿美元，占中国版权产业商品出口额的 94%；特别是计算机及其设备，电视机、智能手机等类似设备是出口最多的两个产业组，均占到中国版权产业出口额的 40%以上。2020 年中国版权产业出口额的主要商品构成详见图 24。

2. 进口额

2020 年，中国版权产业的商品进口额为 738.27 亿美元，比 2019 年增长 7.43%；占全国商品进口总额的比重为 3.57%，比 2019 年提高 0.26 个百分点。2020 年中国版权产业各类别商品进口额及占全国比重与 2019 年的比较详见图 25、图 26。

相互依存的版权产业商品进口额在中国版权产业中的比重最高。2020 年，相互依存的版权产业的商品进口额为 679.29 亿美元，占全部版权产业进口额的 92.01%，占全国商品进口总额的 3.29%。

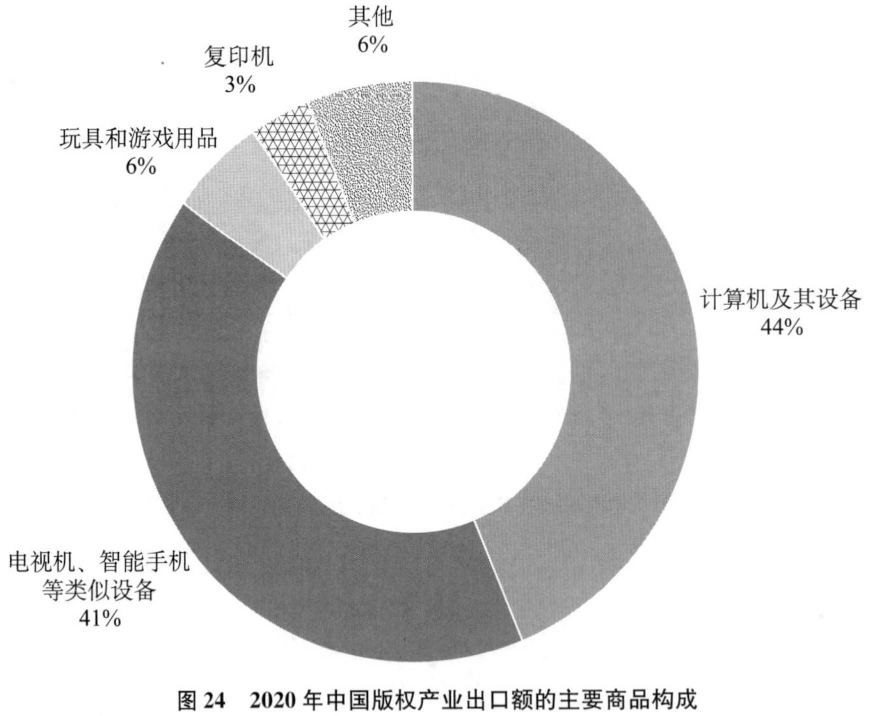


**图 24　2020 年中国版权产业出口额的主要商品构成**

核心版权产业和部分版权产业对中国版权产业进口的贡献较小。核心版权产业的商品进口额为 46.27 亿美元，占全部版权产业进口额的 6.27%，占全国商品进口总额的 0.22%；部分版权产业商品进口额为 12.71 亿美元，占全部版权产业进口额的 1.72%，占全国商品进口总额的 0.06%。2020 年中国版权产业商品进口额的构成详见图 27。

2020 年，中国版权产业进口额较高的产业组主要是计算机及其设备，电视机、智能手机等类似设备，复印机，照相及电影摄影器材，电影和影带，纸张，空白录音媒介。这七个产业组的进口额为 703.21 亿美元，占中国版权产业商品进口额的 95%；特别是计算机及其设备，电视机、智能手机等类似设备是进口最多的两个产业组，分别占到中国版权产业进口额的 46%和 25%。2020 年中国版权产业进口商品的构成详见图 28。

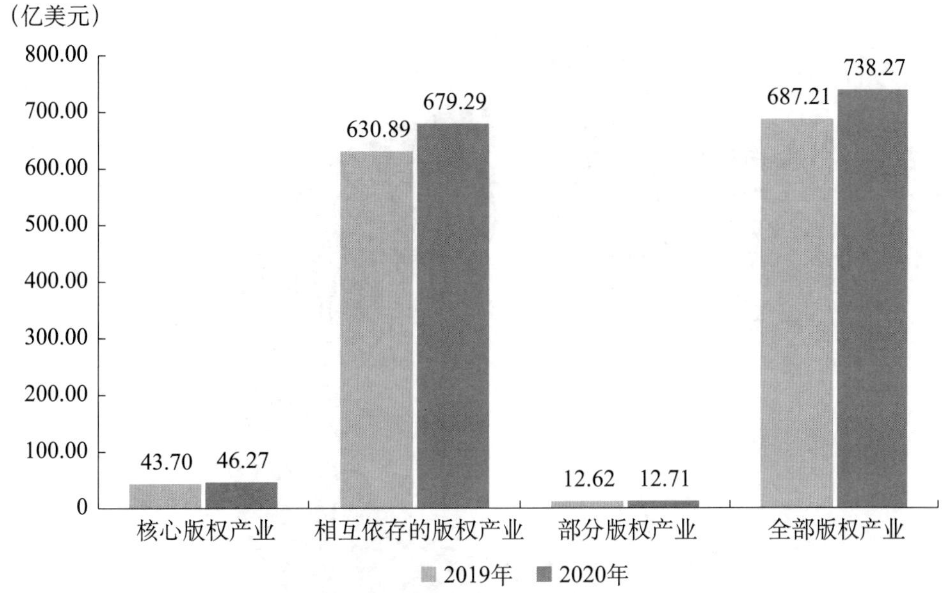


**图 25　2020 年中国版权产业各类别商品进口额与 2019 年的比较**

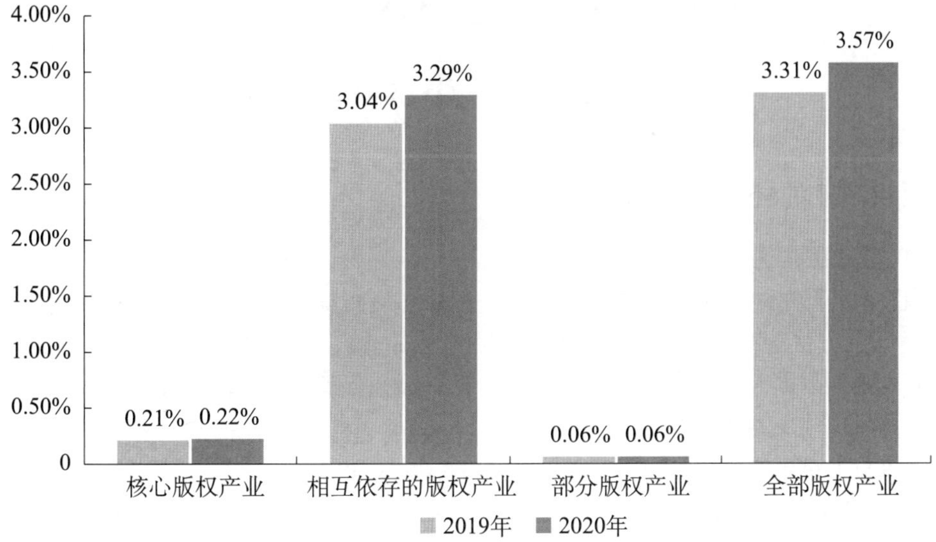


**图 26　2020 年中国版权产业各类别商品进口额占全国比重与 2019 年的比较**

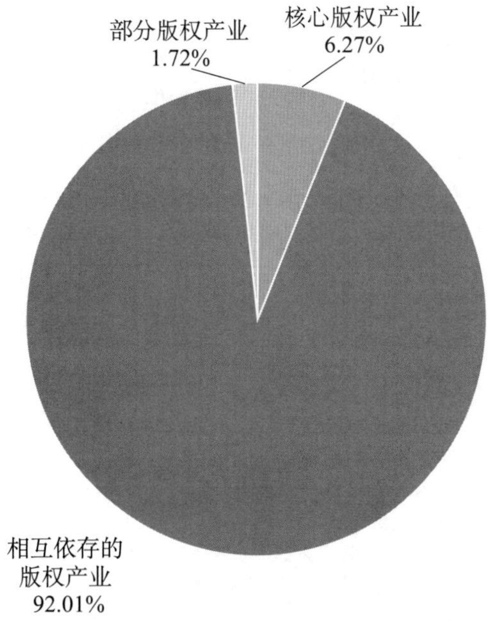


**图 27　2020 年中国版权产业商品进口额的构成**

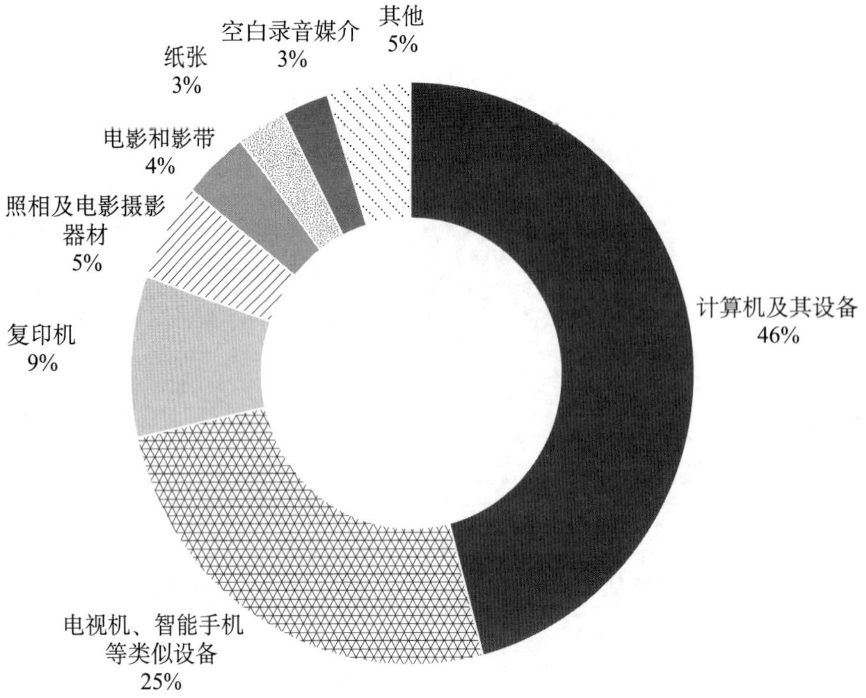


**图 28　2020 年中国版权产业进口额的主要商品构成**

## 三、中国版权产业的经济贡献调研方法

本项目按照世界知识产权组织《版权产业的经济贡献调研指南》（以下简称《指南》）中提供的方法开展，以定量研究方法为主，在版权产业概念、数据来源、测算方法等方面与《指南》基本保持一致，并结合实地调研，对 2020 年中国版权产业经济贡献的整体情况进行了测算分析。

（一）中国版权产业的概念与分类

世界知识产权组织将版权产业定义为“版权可发挥显著作用的活动或产业”①，并将其分为四类：核心版权产业、相互依存的版权产业、部分版权产业和非专用支持产业②。本项目参照《指南》关于版权产业的界定，将中国版权产业定义为：全部或部分活动与中国版权法保护的作品或其他受版权法保护的客体相关的产业，这些活动包括了创作、制作、表演、广播、传播以及展览或者发行和销售③。本项目在中国版权产业分类上亦遵循了《指南》的原则，但根据中国版权法关于作品的具体分类，对主要产业组的名称进行了调整。中国版权产业的具体分类如下：

1. 核心版权产业

核心版权产业是完全从事作品及其他受保护客体的创作、制作和制造、表演、广播、传播和展览或销售和发行的产业，包括 9 个产业组：文字作品，音乐、戏剧制作、曲艺、舞蹈和杂技，电影和影带，广播和电视，摄影，软件和数据库，美术与建筑设计、图形和模型作品，广告服务，版权集体管理与服务④。

2. 相互依存的版权产业

相互依存的版权产业是从事制作、制造和销售其功能完全或主要是为作品及其他受版权保护客体的创作、制作和使用提供便利的设备的产业，包括以下 7 个产业组：电视机、智能手机、收音机、录像机、CD 播放机、DVD 播放机、磁带播放机、电子游戏设备以及其他类似设备，计算机及其设备，乐器，照相及电影摄影器材，复印机，空白录音媒

① 世界知识产权组织．版权产业的经济贡献调研指南［M］．北京：法律出版社，2006：132.

② 世界知识产权组织．版权产业的经济贡献调研指南［M］．北京：法律出版社，2006：38.

③ 柳斌杰，阎晓宏．中国版权相关产业的经济贡献［M］．北京：中国书籍出版社，2010：25.

④ 世界知识产权组织．版权产业的经济贡献调研指南［M］．北京：法律出版社，2006：42-45. 本项目对世界知识产权组织的分类名称进行了部分调整，包括将“新闻和文学作品”改为“文字作品”，将“音乐、戏剧制作、歌剧”改为“音乐、戏剧制作、曲艺、舞蹈和杂技”，将“视觉和绘画艺术”改为“美术与建筑设计、图形和模型作品”，将“版权集体管理协会”改为“版权集体管理与服务”。

介，纸张①。

3. 部分版权产业

部分版权产业是部分活动与作品或其他受版权保护客体相关的产业，包括10个产业组：服装、纺织品与制鞋，珠宝和硬币，其他手工艺品，家具，家庭用品、陶瓷和玻璃，墙纸与地毯，玩具和游戏用品，建筑、工程、调查，内部装修设计，博物馆②。

4. 非专用支持产业

非专用支持产业是部分活动与促进作品及其他版权保护客体的广播、传播、发行或销售相关且这些活动没有被纳入核心版权产业的产业。这些产业计量的是远离核心版权产业的溢出效果，它们的职能是版权产业与其他产业共享的。非专用支持产业包括3个产业组：一般批发和零售产业，一般运输产业，电话和互联网产业③。

中国版权产业主要行业见图29。

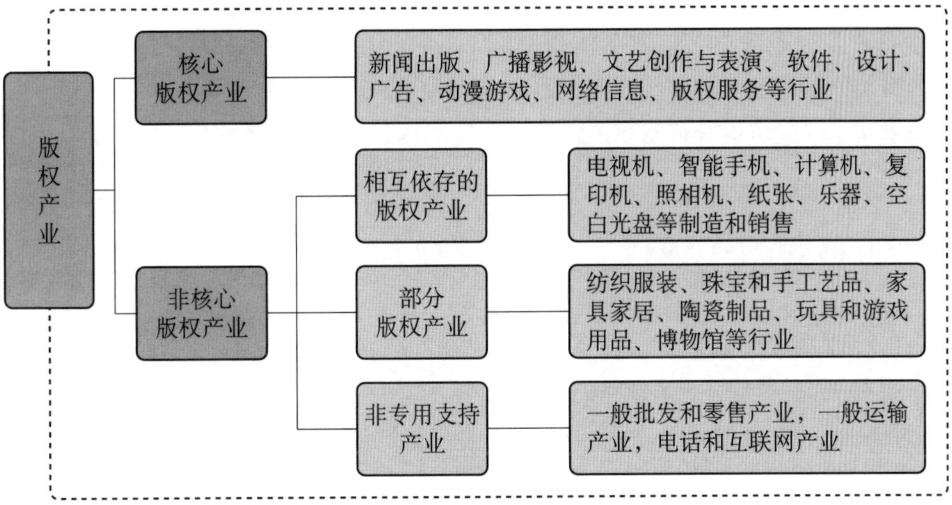


**图29　中国版权产业的分类及包含的主要行业**

（二）定量研究的测算方法

本项目以《指南》为基础，以定量研究为主，通过测算行业增加值、就业人数和商品进出口额这三项主要指标，来具体衡量中国版权产业的经济贡献。

1. 指标

《指南》认为，版权产业规模占GDP比重、就业机会、对外贸易这三项指标可以相互补充提供某一国家版权产业全面的、横向的情况④，因而本项目也采用这些指标。其中对外贸易方面包括货物贸易和服务贸易两部分，由于中国现有统计制度无法准确对版权产业的服务贸易进行较为详细的分类统计，因而只能估算版权产业的货物贸易（即商品进出口额）。因此中国版权产业的主要测算指标为行业增加值、就业人数和商品出口额。行业增加值是一定时期内中国版权产业所生产和提供的全部最终产品和服务的市场价值的总和，是国民经济核算的一项重要指标。就业人数是中国从事版权产业的人口数量，反映版权产业为社会提供的就业机会，本项目选择的就业口径为城镇单位就业人数。商品出口额反映中国版权产业向国外或境外出口的货物商品的价值，是衡量对外贸易的重要指标。近年来本项目还相应增加了商品进口额的相关指标，通过商品进出口额数据更加全面地反映中国版权产业的外贸情况。

2. 数据来源和测算方法

为了使调查具有可信度，本项目定量研究的基础数据以官方统计数据为主，主要包括：相关年度的经济普查数据及《中国经济普查年鉴》，国家统计局编写、中国统计出版社出版的相关年度《中国统计年鉴》及其他统计年鉴，国家新闻出版署（国家版权局）、海关总署、国家广播电视总局、工业和信息化部、中国电子信息行业联合会等行业主管部门和行业协会提供或发布的行业数据及报告等。在具体测算方法上，行业增加值采用收入法计算，具体

① 世界知识产权组织．版权产业的经济贡献调研指南［M］．北京：法律出版社，2006：47-48．根据近年来发展情况，课题组在本产业组中增加了智能手机。

② 世界知识产权组织．版权产业的经济贡献调研指南［M］．北京：法律出版社，2006：48-49．

③ 世界知识产权组织．版权产业的经济贡献调研指南［M］．北京：法律出版社，2006：50-51．

④ 世界知识产权组织．版权产业的经济贡献调研指南［M］．北京：法律出版社，2006：52-53．

测算方法按照国家统计局国民经济核算司编著的《中国经济普查年度国内生产总值核算方法》进行，就业人数和商品进出口额则分别直接根据有关数据进行汇总测算。

3. 版权因子

为了将不能完全归入版权范畴的成分排除在外，《指南》提出了版权因子的概念，即确定某一产业中版权产业所占的比例①。除核心版权产业的版权因子为 100％之外，相互依存的版权产业、部分版权产业和非专用支持产业的版权因子需要分别确定，因而版权产业四个类别的行业增加值、就业人数和商品进出口额均为相关数据乘以各自版权因子之后的数值。本项目主要通过抽样调查（问卷调查与特殊访谈）、国际比对和量化计算几种方式②确定了中国版权产业的版权因子。

（三）实地调研

在定量研究之外，本项目还多次对中国版权产业的主要地区和行业开展了实地调研工作。通过开展实地调研，一是为数据测算提供了重要补充，如各行业的实地调研成为确定各产业组版权因子的重要参考，二是在数据之外可以获取到版权产业各行业发展的新特点新趋势，为结论分析提供重要支撑，提高调研结果的可信性，更加全面、真实地反映中国版权产业的发展现状。

① 世界知识产权组织．版权产业的经济贡献调研指南［M］．北京：法律出版社，2006：85.

② 柳斌杰，阎晓宏．中国版权相关产业的经济贡献［M］．北京：中国书籍出版社，2010：47.

# 2021 年中国网络版权保护报告

国家版权局网络版权保护研究基地

2021 年，是我国著作权法实施三十周年，也是“十四五”规划开局之年，我国版权事业进入发展新纪元，其中网络版权保护工作取得一系列重要成就。《版权工作“十四五”规划》与多项重要政策文件发布，进一步优化了网络版权保护政策环境；《民法典》、新《著作权法》等重要法律法规及司法解释正式实施，进一步完善了网络版权保护法律制度体系；行政保护、司法保护“双轨制”与社会协同机制持续发力，进一步提升了网络版权治理成效。这一年，网络版权保护热点亮点突出，体育赛事转播版权保护成效显著、数字音乐市场版权竞争秩序得到规范、视听作品版权保护力度大幅提升、IPTV/OTT 大屏市场版权环境逐步改善、“元宇宙”版权保护问题备受关注、DRM 数字版权管理技术方兴未艾，彰显了网络版权保护事业最新进展与发展方向。

## 一、完善顶层设计，擘画网络版权保护新蓝图

通过编制和实施国家规划来设定目标、整合资源、引领发展，是中国特色社会主义制度的鲜明特色。2021 年，在全面加强知识产权保护的大背景下，我国通过出台一系列规划与政策，为网络版权保护工作进一步指明了前进方向。

### （一）出台知识产权系列规划与政策文件，引领网络版权保护方向

2021 年是“十四五”规划开局之年。为进一步推动知识产权事业发展，我国编制与实施了一系列建设知识产权强国的重要规划及政策文件（见表 1），从国家战略角度系统擘画了“十四五”时期知识产权事业发展的雄伟蓝图，为系统加强版权保护工作、推动网络版权保护水平不断提升做出了宏观部署与指引。

**表 1　知识产权强国建设重要规划及政策文件**

| 出台时间 | 文件名称 | 版权保护相关内容 |
| --- | --- | --- |
| 2021 年 1 月 | 《法治中国建设规划（2020—2025 年）》 | 完善知识产权法律法规、加强知识产权法律建设 |
| 2021 年 3 月 | 《关于〈国民经济和社会发展第十四个五年规划和 2035 年远景目标纲要〉的决议》 | 健全知识产权保护运用体制 |
| 2021 年 3 月 | 《2021 年政府工作报告》 | 加强知识产权保护 |
| 2021 年 9 月 | 《知识产权强国建设纲要（2021—2035 年）》 | 健全著作权登记制度、网络保护和交易规则，探索完善互联网领域知识产权保护制度，研究构建数据知识产权保护规则等 |
| 2021 年 10 月 | 《“十四五”国家知识产权保护和运用规划》 | 完善体育赛事节目、综艺节目、网络直播等领域著作权保护制度，研究构建数据知识产权保护规则等 |
| 2021 年 12 月 | 《知识产权强国建设纲要和“十四五”规划实施年度推进计划》 | 加强数字文化新产品新业态新模式知识产权保护，深化对大型网站版权的重点监管，开展打击网络侵权盗版“剑网”专项行动和冬奥会版权专项整治等 |
| 2022 年 4 月 | 《中共中央 国务院关于加快建设全国统一大市场的意见》 | 完善统一的产权保护制度、完善知识产权评估与交易机制等 |
| 2022 年 5 月 | 《关于推进实施国家文化数字化战略的意见》 | 构建与文化数字化建设相适应的市场准入、市场秩序、技术创新、知识产权、安全保障等政策法规体系 |

（二）制定版权工作“十四五”规划，有效指导网络版权保护实践

2021 年 12 月，国家版权局印发《版权工作“十四五”规划》，把全面保护作为版权工作主基调，把网络版权保护作为主阵地，强化保护力度、拓展保护范围、突出保护重点、增强保护实效，系统筹划、全面部署了新时代、新形势下的网络版权保护工作。

第一，《规划》明确要健全法律制度体系与强化执法监管，强化网络版权保护力度。一方面计划修订、制定与新《著作权法》配套的《信息网络传播权保护条例》《计算机软件保护条例》等法规，不断完善版权管理制度；另一方面要通过持续开展打击网络侵权盗版“剑网”专项行动，加强对网络服务商的版权重点监管和重点作品版权保护预警，以实施严格的版权执法保护，推动行政执法与刑事司法的有效衔接。

第二，《规划》关注新领域与重点领域，突出网络版权保护重点。《规划》强调加强新业态、新平台、重点市场、重点产业的版权保护，要求完善网络直播、体育赛事、综艺节目、电商平台等领域版权保护制度，并加强监管力度，深入开展对新型传播平台、电商平台的版权重点监管工作。在重点产业的监管上，强调对软件、游戏、影视、音乐、网络文学等重点行业开展版权资产管理调研。

第三，《规划》要求完善社会服务体系，增强网络版权保护实效。《规划》提出从完善著作权登记体制机制、健全中国特色著作权集体管理制度、规范涉外著作权认证工作、提升版权社会组织服务水平等多方面优化版权社会服务体制机制，提升版权社会公共服务水平。并强调继续以网络版权保护与发展大会为抓手，发挥其在探讨网络版权核心问题，服务网络版权创造、运用、保护、管理等方面的作用。

## 二、完善立法保护，赋予网络版权保护强保障

完善网络版权保护制度体系，能够有效指导司法实践与行政执法工作，回应与解决网络版权领域出现的新类型版权问题，保障权利人的合法权益，激发全社会创新活力与创造能力，推动社会主义文化和科学事业的发展与繁荣。2021 年，我国网络版权法制体系进一步完善，为加强网络版权保护，建设网络版权全国统一大市场进一步夯实了制度基础。

（一）《民法典》《刑法修正案（十一）》与新《著作权法》生效实施，网络版权保护法制体系进一步完善

《民法典》增加了惩罚性赔偿制度，完善了网络侵权责任的规定，将“通知—删除”规则改善为“通知—必要措施”规则，提升了网络平台责任。《刑法修正案（十一）》（2021 年 3 月 1 日实施）清晰界定了“发行权”与“信息网络传播权”的区别，增加侵犯表演者权以及故意规避或破坏技术措施的罪状，加大了网络环境下侵犯著作权行为的刑事打击力度。新《著作权法》（2021 年 6 月 1 日实施）则完善了作品定义、引入视听作品名称，扩展了广播权范围以规制网络直播行为，完善了著作权集体管理制度，增设了技术措施和权利管理信息专门条款，增设了惩罚性赔偿等，并针对长期困扰权利人的取证难、维权难、维权周期长、赔偿低等问题进行了一系列的制度安排，对技术发展所产生的产业需求作出了回应。这些重要法律制度的生效，进一步夯实了网络版权保护的法制基石。

（二）一系列司法解释发布实施，网络版权保护法制体系可操作性进一步增强

2021 年，最高人民法院发布实施了一系列重要司法解释（见表 2），进一步阐明了法律制度的适用条件，提升了相关法律制度的实操性，为完善我国网络版权保护体系做出了贡献。

（三）地方知识产权立法工作稳步推进，网络版权保护法制保障进一步强化

在全面加强知识产权保护的大背景下，2021 年，全国各地纷纷加强知识产权立法，上海、山西、辽宁、海南等省市相继出台了知识产权保护条例，北京、广东、山东、江苏等省市也在加紧推进本省市的知识产权立法工作。在立法体系上，各地纷纷将网络版权保护作为知识产权立法的重要内容，完善网络版权保护制度体系。譬如《上海市知识产权保护条例》针对网络版权保护问题作了专门规定，要求市版权部门根据国家版权局发布的版权预警名单向上海市主要网络服务商发出版权预警提示，加强侵权行为监测，并要求文化旅游部门加强对未经授权通过信息网络非法传播版权保护预警重点作品的查处工作，切实为上海开展网络版权保护工作提供了制度保障。

表2　2021年最高人民法院关于网络版权保护的司法解释

| 实施时间 | 文件名称 | 网络版权相关内容 |
|---|---|---|
| 1月1日 | 《关于审理著作权民事纠纷案件适用法律若干问题的解释（2020修正）》 | — |
| 1月1日 | 《关于审理侵害信息网络传播权民事纠纷案件适用法律若干问题的规定（2020修正）》 | 如果权利人的通知附有构成侵权的初步证据，网络服务提供者应及时采取必要措施；增加网络服务提供者的转通知要求 |
| 3月3日 | 《关于审理侵害知识产权民事案件适用惩罚性赔偿的解释》 | 具体规定了知识产权民事案件中惩罚性赔偿的适用范围，故意、情节严重的认定，计算基数、倍数的确定标准 |
| 6月3日 | 《关于知识产权侵权诉讼中被告以原告滥用权利为由请求赔偿合理开支问题的批复》 | 对于原告滥用权利的行为，被告可以此为由要求原告赔偿其因该诉讼所支付的合理的律师费、交通费、食宿费等开支 |

## 三、加强行政保护，构建网络版权保护大格局

我国实行版权保护双轨制模式，行政保护与司法保护并行不悖、相辅相成。相较于司法保护而言，行政保护具有便捷快速、保护高效、可及性强等优势，对查处、打击网络版权侵权盗版行为做出了突出贡献。2021年，全国版权行政管理部门通过加强日常监管、开展“剑网”专项行动、加强版权宣传教育、积极参与国际版权多边话语体系建设等方式，继续强化网络版权行政保护力度，有力维护了网络版权市场的正当竞争秩序。

### （一）加强版权日常监管，推动构建网络版权“大保护”格局

2021年，国家版权局及各级版权行政管理部门将强化日常监管和开展专项整治相结合，有力肃清网络版权领域侵权盗版乱象。同时，国家版权局进一步加强行政执法与刑事司法有效衔接，实现大案要案有效查处。

2021年，全国版权行政执法部门针对重点领域开展版权执法行动，严厉打击各类侵权盗版行为，全国共检查实体市场相关单位36.17万家（次），查办实体市场侵权盗版案件1 926件，同比分别上升68%与130%，有力维护了版权市场的竞争秩序。同时，为规范电影版权市场秩序，国家版权局在公布常态化重点作品保护预警名单的基础上，于2月份联合国家电影局、公安部开展打击院线电影盗录传播集中行动，各地版权、电影主管部门共出动执法人员3.65万余人次，检查影院、点播影院等场所1.18万家（次），巡查网站（APP）2 682家（次），督导相关网络服务商快速删除涉春节档院线电影侵权链接3万余条。各地查办涉院线电影侵权盗版重点案件39件，公布了浙江金华“2·19”盗录传播春节档院线电影案等4个侵犯著作权罪典型案件，有效遏制了院线电影盗录传播势头。

### （二）开展“剑网2021”专项行动，切实加强重点领域专项整治力度

版权行政执法部门通过连续17年开展“剑网”专项行动，发挥行政执法“快保护”的优势，及时亮剑网络版权新业态与新领域，对网络版权领域实现“强监管”。面对新兴的短视频、网络直播、体育赛事、在线教育等新业态新领域的侵权盗版行为，“剑网2021”专项行动将打击重点向这些领域倾斜，并持续巩固新闻作品、网络音乐、网络文学、电商平台等领域的治理成果（见表3）。在专项行动期间，全国各级版权执法监管部门查办网络侵权案件1 031件，关闭侵权盗版网站（APP）1 066个，处置删除侵权盗版链接119.7万条，推动网络视频、网络直播、电子商务等相关网络服务商清理各类侵权链接846.75万条，直接删除侵权盗版链接119.7万条，网络版权保护环境进一步优化。

表3　2017—2021年“剑网行动”重点打击领域

| 年份 | 重点打击领域 |
|---|---|
| 2021年 | 短视频、网络直播、体育赛事、在线教育、电商平台、社交平台、知识分享平台、网络新闻、网络音乐、计算机软件 |

续表

| 年份 | 重点打击领域 |
| --- | --- |
| 2020 年 | 视听作品、电商平台、社交平台、在线教育、网络游戏、网络音乐、大型知识分享平台、网络文学、动漫、网盘、应用市场、网络广告联盟 |
| 2019 年 | 媒体融合发展、院线电影、流媒体、图片市场、短视频、有声读物、知识分享、网络直播、网络影视、音乐、文学、动漫、应用商店、网盘 |
| 2018 年 | 网络转载、短视频、网络动漫、网络直播、短视频、知识分享平台、网络影视、网络音乐、电子商务平台、应用商店、网络云存储空间 |
| 2017 年 | 影视作品、新闻作品、电商平台、电子商务平台、APP、网络音乐、网络文学、网络云存储空间、网络广告联盟 |

2021—2022 年作为体育大年，东京奥运会与北京冬奥会相继举办。版权行政执法部门为保障重大体育赛事顺利举办，减少重要体育赛事举办期间的盗链盗播行为，针对性开展专项保护行动，维护权利人合法权益。为保障东京奥运会的顺利举办，国家版权局将体育赛事节目纳入“剑网 2021”专项行动重点任务，并通过发布重点作品预警名单、召开 2020 东京奥运会权利预警和版权保护工作协调会等方式，落实东京奥运会版权保护工作，推动主要短视频平台清理涉东京奥运会赛事节目短视频侵权链接 8.04 万条。在北京冬奥会举办前后，国家版权局采取了一系列措施落实北京冬奥会赛事节目的版权保护工作（见图 1）。在版权保护高压保护态势下，截至 2022 年 3 月 15 日，各类媒体和平台共删除涉冬奥侵权链接 110 770 条，处置侵权账号 10 072 个，冬奥会版权保护工作取得良好成效。

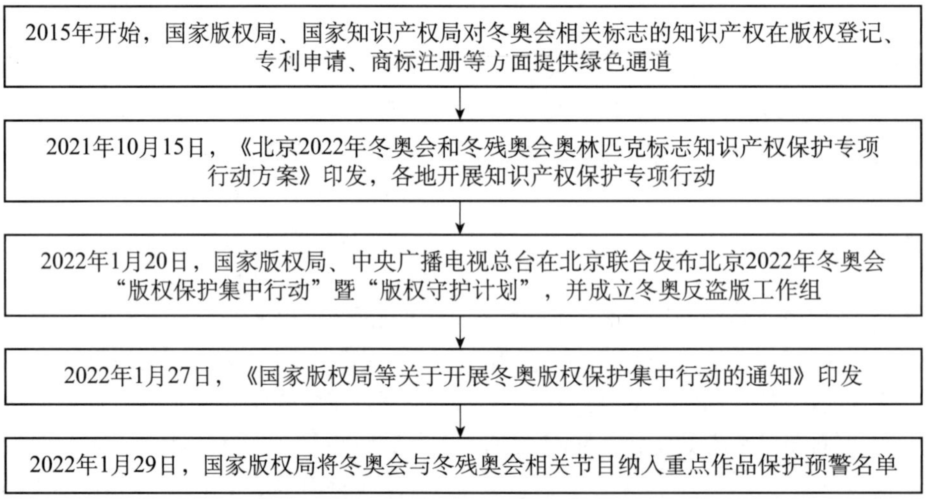


**图 1　国家版权局落实北京冬奥会版权保护工作流程**

（三）加强版权宣传教育，持续提升社会公众版权意识

2021 年，版权管理部门积极作为，不断创新，采取多种方式，加强版权宣传教育，提升版权管理人员专业能力与社会公众版权意识。一是深入开展版权培训，提升版权管理者专业水平。2021 年，国家版权局举办了全国版权工作培训班、版权执法监管工作培训班、2021 年版权产业国际风险防控培训班，有效提高了版权执法者的行政执法能力、版权从业者的国际风险防控意识及能力。二是鼓励作品自愿登记，加强相关权利人版权保护能力。2021 年，版权行政管理部门将推进作品自愿登记制度的实施作为一项重点任务，全国著作权登记总量达 6 264 378 件，同比增长 24.30%，版权登记工作成效显著。三是开展特色版权宣传，提升社会公众版权意识。2021 年，国家版权局通过开展知识产权宣传周、举办中国网络版权保护与发展大会与第八届中国国际版权博览会、组织编纂《中国版权年鉴》等方式，切实开展版权宣传工作，营造全社会版权保护的良好氛围。四是推动版权示范创建，树立版权保护典型。2021 年，国家版权局共评选出 57 家全国版权示范单位及 15 家全国版权示范园区（基

地），并在 1 月与 6 月分别公布了“剑网 2020”专项行动典型案件及 2020 年度全国打击侵权盗版十大案件，发挥典型案例的示范作用，有力推进社会公众版权保护意识的提升。

（四）积极参与国际条约磋商，强化涉外应对，参与多边话语体系建设

2021 年，国家版权局参与保护广播组织条约、保护民间文艺条约等国际条约磋商，参与加入《全面与进步跨太平洋伙伴关系协定》（CPTPP）研究工作，并推进《区域全面经济伙伴关系协定》（RCEP）相关条款在国内落实，积极推动版权相关国际规则完善，维护我国版权利益。此外，我国还积极参加国际知识产权交流活动，持续巩固与世界知识产权组织、世界贸易组织等国际组织在版权方面的交流合作，参加相关成员国大会及地区会议，进一步提高版权国际话语权。2021 年 4 月，中宣部版权管理局负责同志出席博鳌亚洲论坛知识产权与中小企业分论坛，介绍中国政府加强版权保护、护航中小企业发展的经验。10 月，中国政府代表团出席世界知识产权组织成员国大会第 62 届系列会议，中宣部版权管理局局长于慈珂、副局长赵秀玲分别当选为世界知识产权组织表演和录音制品条约联盟大会、伯尔尼联盟大会副主席，我国在版权国际话语体系建设中发出更多声音。

## 四、严格司法保护，强化网络版权市场优秩序

互联网技术的飞速发展带来了网络版权产业新一轮的变革，推动网络版权领域新兴业态层出不穷，也对我国网络版权保护工作提出了新要求。网络版权领域新业态的兴起与蓬勃发展带来了新的版权问题，亟待司法实践作出回应。2021 年，全国各级人民法院通过加强案件审理、加大知识产权司法惩处力度、提升知识产权刑事保护水平、推动智慧法院建设等方式，切实解决网络版权领域的新问题，规范网络版权市场竞争秩序，推动网络版权领域新业态健康发展。

（一）创新审判工作机制，提升司法审判质效，加快建设知识产权检察办公室，强化知识产权刑事保护

2021 年，我国加快推动司法审判工作体制机制改革，在建设知识产权法庭与知识产权检察办公室方面取得突破。截至 2021 年末，我国已经建成以最高人民法院民三庭及知识产权法庭为核心，由四家知识产权专门法院、三大互联网法院及 24 家知识产权法庭组成的“1＋4＋3＋24”的知识产权审判体系。在知识产权检察办公室建设方面，在最高人民检察院带领下，全国各地陆续开展知识产权检察办公室的试点工作，20 个省份成立了知识产权检察部门，办理了一批典型案件，并总结积累了一批可推广的经验做法，知识产权刑事保护力度不断加强。

与此同时，全国各地积极探索知识产权审判新机制，推动知识产权案件审理质效不断提升。近年来，我国知识产权案件数量迅猛增长，著作权案件占知识产权案件数量的比重超过 60％，涉网著作权案件数量占著作权案件数量的比重超过 70％①。为缓解案件数量大幅增加带来的司法审判压力，一方面，我国各级人民法院认真做好审判与执行工作，维护权利人合法权益。据统计，2021 年新收一审、二审、申请再审知识产权案件 642 968 件，审结各类知识产权案件 601 544 件（含旧存），比 2020 年分别上升 22.33％和 14.71％。另一方面，我国各级人民法院在案件审理过程中积极探索新做法，提高审判效率，节约司法资源。譬如，宁夏银川中院确立商标权与著作权案件快审案件示范判决机制和要素式审判机制，建立两表指导审助分流审判运行模式，上海市杨浦区人民法院探索知识产权案件小额诉讼程序……这些创新机制的运用，推动实现简案快审、简出效率。

（二）发布典型案例，加大侵权盗版打击力度，切实回应新业态版权问题，落实网络版权“严保护”要求

2021 年，加大知识产权刑事保护力度，严厉威慑网络版权犯罪行为，成为全国检察机关与人民法院的重要工作内容。一方面，全国检察机关加强了知识产权犯罪的检察工作。2021 年，全国检察机关共批准逮捕知识产权犯罪 7 800 余人，起诉 1.4 万余人，其中侵犯著作权罪案件 297 件，包括国家版权局等部门督办的 60 起重大侵权盗版案件。另一方面，全国各级人民法院在加强案件审理的同时，出台一批刑事保护典型案例，指导类案实践，彰显对网络版权刑事犯罪行为的高压打击态势。2021 年，

① 林广海．著作权纠纷：发展态势与制度应对［J］．版权理论与实务，2021（1）．

梁某某、王某某等十五人侵犯著作权罪案[①]、上海国芯集成电路设计有限公司等侵犯著作权罪案[②]入选最高人民法院发布的知识产权十大案件与 50 件典型案例。此外，在院线电影、网络游戏、体育赛事节目、影视资源、计算机软件等领域，也涌现出一批网络版权刑事保护典型案件，进一步明晰了侵犯著作权罪的适用标准，为我国加大网络版权刑事保护力度提供了参考与借鉴。

除发布典型案例指导网络版权刑事裁判外，面对网络新业态中出现的版权问题，全国各级人民法院亦通过发布典型案件的方式，对新类型的版权问题作出了回应。一是明确网络直播行为受到广播权规制，网络主播未经授权直播表演作品的行为构成侵权；二是明确短视频、体育赛事节目等可作为视听作品受到著作权法保护，为新类型作品的认定提供了参考；三是在个案中对适用惩罚性赔偿进行了有益尝试，为其他案件适用惩罚性赔偿作出了表率。这些典型案件进一步阐明了网络版权保护标准，对厘清作者权利边界，维护作者合法权益，具有重要意义。

（三）深入推进智慧法院建设，加强区块链等技术应用，提升司法服务水平，适应网络版权保护技术新趋势

推进信息化技术司法运用，助力智慧法院建设是我国提升司法审判质效的重要举措。2021 年，我国加强人工智能、大数据分析、区块链等技术在司法实务中的应用，深入推进智慧法院建设，形成一系列智慧司法平台与成果，譬如浙江法院的“全域数字法院”、福建法院的“数字福建”、重庆法院的“全渝数智法院”等，助力智慧立案、智慧审判、智慧执行、智慧监督等，减少了当事人诉讼成本，有效节约了司法资源，极大提升了司法审判效率。据统计，2020 年至 2021 年，全国法院在线立案 1 143.9 万件，在线开庭 127.5 万场，智慧法院大显身手。

实践中，电子证据存证难、取证难、认证难问题一直是网络版权侵权案件审理中的难点，而区块链技术具有去中心化信任机制、不可篡改及可溯源等特点，通过区块链存证能有效提升证据可信度，从技术层面推动网络版权司法纠纷的解决。2021 年 5 月 18 日，最高人民法院公布了《人民法院在线诉讼规则》，明确了区块链存证效力范围和审查标准，确认了区块链存储数据具有推定上链后未经篡改的效力。在政策指导与支持下，2021 年，我国各级人民法院推出一批区块链存证、取证平台，包括深圳法院区块链证据核验平台、苏州市相城区人民法院区块链证据解析与核验平台等，推动区块链技术的实践运用。据最高人民法院公布的数据，2021 年司法区块链上链存证达 17.1 亿条，电子证据、电子送达存验证防篡改效果明显。区块链技术在司法实践中的运用，有效解决了电子证据的存证、固证、取证难题，进一步提升了人民法院的司法服务水平，适应了网络版权保护技术发展的新趋势。

## 五、加强社会共治，形成网络版权保护合力

加强网络版权保护，同样需要网络平台、行业协会、集体管理组织、学术机构等单位联动合作、集结力量，形成社会协同治理合力，提高网络版权保护有效性与及时性。2021 年，产学研等社会力量通力合作，加强行业自律，提升行业自治水平，推动网络版权产业健康有序发展。

（一）产学研社会各界加强交流研讨，寻求网络版权保护共识

2021 年，除 2021 中国网络版权保护与发展大会、2021 年版权产业国际风险防控培训班、第八届中国国际版权博览会国际版权论坛等由国家版权局组织开展的交流活动外，围绕视听作品、数字版权、“剧本杀”等网络版权领域的热点名词，社会各界自发组织了主题多样的行业交流活动，探讨网络版权保护机制建设。譬如，2021 年 5 月 14 日，中国新闻传媒集团和中国传媒大学联合主办“短视频版权治理研讨会”，讨论短视频版权治理中的难点与痛点问题；11 月 28 日，华东政法大学知识产权学院主办“新著作权法视野下视听作品版权保护研讨会”，探讨如何进一步提高视听作品版权保护水平；12 月 28 日，中国人民大学国家版权贸易基地与中国版权协会文字版权工作委员会在京举办 2021 数字版权保护与发展论坛，回顾与盘点了 2021 年立法、司法、行政执法、产业发展等方面数字版权保护与发展的热点话题与关键节点，引起热烈反响。

（二）行业协会及著作权集体管理组织积极作为，提升行业自律水平

行业协会及著作权集体管理组织通过贯彻落实版权保护法律法规，组织开展行业管理和自治工作

① 上海市第三中级人民法院（2021）沪 03 刑初 101 号刑事判决书、上海市杨浦区人民法院（2021）沪 0110 刑初 826 号刑事判决书。

② 江苏省南京市中级人民法院（2021）苏 01 刑终 716 号刑事裁定书。

等方式，为我国加强网络版权保护做出了重要贡献。2021年6月，中国版权协会正式上线“中国版权链”，并成功入选第一批国家区块链创新应用试点。此外，中国版权协会还举办了以“游戏产业前沿发展与版权保护”“区块链推动数字文创行业健康发展”等为主题的“远集坊”讲座等活动，搭建重要行业交流平台和评先促优机制。在著作权集体管理领域，中国音乐著作权协会上线音乐著作权大集成服务系统，中国音像著作权集体管理协会进一步推进落实卡拉OK“二合一”版权许可机制等，切实提升了网络版权保护水平。

（三）网络版权保护新技术广泛运用，进一步强化平台主体责任

加强技术运用，能够有效推动权利人加强网络版权保护能力，保障权利人的合法权益。2021年，各大内容平台大力推动新技术运用，发挥区块链、大数据、云计算、人工智能等在版权确权、监测、维权、交易相关环节的支撑作用，切实加强对网络侵权盗版行为的打击力度。譬如，中国版权保护中心开展以数字版权唯一标识符（DCI）为基础，以DCI体系建设为核心的版权资源编码与管理、版权数据管理与运营、区块链与人工智能等技术集成应用，实现互联网版权保护机制创新。而东京奥运会及残奥会举办期间，咪咕通过其自主研发的“咪咕维权云”监测系统，对涉奥视频开展智能安全检测和内容比对，在公网侧共发现侵权平台90个，侵权链接95 998条，推动重点平台实现平均下线率达到85.95%，有效打击了体育赛事节目侵权盗版行为。

（四）仲裁与调解力度加大，网络版权多元纠纷解决机制日益完善

2021年，在《最高人民法院关于深化人民法院一站式多元解纷机制建设推动矛盾纠纷源头化解的实施意见》《国家知识产权局 司法部关于加强知识产权纠纷调解工作的意见》等政策指导下，各级人民法院持续推进“法院+”多元纠纷解决体系建设，与其他部门、机构协调合作，深入推进人民调解工作顺利、稳步进行。最高人民法院与国家知识产权局建立知识产权纠纷在线诉调对接机制，推动27个省（自治区、直辖市）共211家知识产权纠纷调解组织入驻人民法院调解平台，在线受理调解案件1.3万余件。同时，2021年，我国仲裁机构继续加大知识产权仲裁力度，提升中国内地仲裁机构的国际地位，譬如北京和上海入选全球最受欢迎的十大仲裁地，中国国际经济贸易仲裁委员会则成为全球最受欢迎的五大仲裁机构之一。多元纠纷解决机制的完善，从源头上减少了相当部分的矛盾纠纷，为加强网络版权保护提供了助力。

## 六、热点亮点突出，网络版权保护获得新突破

2021年数字经济继续向纵深推进，我国网络版权产业迈向高质量发展阶段。同时，网络版权领域的问题也进一步凸显，赛事直播、数字音乐、视听节目、IPTV/OTT大屏市场、“元宇宙”等重点领域的版权保护问题引起全社会的关注。我国通过加强原创内容的版权保护力度，提升对重点业态、重点领域网络版权问题的治理强度，切实推动网络版权保护实现新突破。

（一）体育赛事转播版权保护成效显著

体育赛事的即时转播是实现体育赛事版权价值的重要途径，大量的盗播行为分散体育赛事正版转播平台流量，严重损害持权转播方的合法利益。近年来，短视频平台兴起，短视频平台亦成为体育赛事节目的侵权重灾区。2021—2022年是体育大年，为加强体育赛事节目的版权保护，我国版权行政管理部门加强执法，严厉打击未经授权盗播盗链体育赛事节目的侵权行为。国家版权局将“体育赛事转播”纳入“剑网2021”专项行动的重点范围，并将重大体育赛事节目列入重点作品预警名单，进行重点保护。在北京冬奥会期间，国家版权局会同工信部等部门开展冬奥会版权保护集中行动，重点打击短视频平台未经授权提供冬奥会赛事节目盗播链接的行为，推动网络平台删除涉冬奥会侵权链接11.07万条，处置侵权账号10 072个，有效保证了冬奥会版权秩序。在司法保护层面，体育赛事节目作为《著作权法》意义上的视听作品给予法律保护成为司法实务中的主流意见。司法实践普遍将体育赛事节目纳入著作权法框架加以保护，并通过颁布“诉前禁令”的方式遏制未经授权的体育赛事转播行为，为体育赛事权利方的合法权益提供了及时有效的保障。

（二）数字音乐市场版权竞争秩序得到规范

数字音乐是网络版权产业的重要组成部分，一直以来都是网络版权保护的重点领域。2021年，数字音乐市场继续沿着正版化“三步走”工作思路，推动数字音乐版权新生态的构建与优化，推进实现数字音乐产业的高质量发展。在打击数字音乐侵权盗版方面，“剑网2021”专项行动重点对数字音乐市场版权竞争秩序进行了整治。在提升数字音乐版权价值方面，2021年，国家在扩大数字音乐版权有

效供给的基础上，打造完善的版权交易体系，探索健康开放的数字音乐版权授权体系。在规制数字音乐市场版权竞争秩序方面，国家加强了对数字音乐市场的反垄断监管，通过责令解除数字音乐独家版权、整顿哄抬版权价格行为，全力维护了数字音乐市场的公平竞争环境，推动数字音乐行业形成了音乐平台、版权代理公司、泛娱乐平台等多元化竞争的新格局。

（三）视听作品版权保护力度大幅提升

近年来，得益于网络版权保护水平的不断提高，我国网络视听行业蓬勃发展。2021 年，新《著作权法》生效实施，为短视频、网络直播等新型视听内容的版权保护提供了法律依据，及时回应了产业发展的需求。“剑网 2021”专项行动重点整治了短视频和网络直播领域的版权乱象，规范了短视频二次创作的行为边界，重点打击利用短视频、直播等方式实施侵权盗版行为。2021 年，我国陆续发布《互联网用户公众账号信息服务管理规定》《关于进一步压实网站平台信息内容管理主体责任的意见》《关于加强互联网信息服务算法综合治理的指导意见》《互联网信息服务算法推荐管理规定》等文件，从制度层面明确了网络视听平台管理信息内容的第一责任，同时工业和信息化部启动了为期半年的互联网行业专项整治行动，重点整治恶意屏蔽网址链接和干扰其他企业产品或服务运行等问题，拆除视频平台与社交平台、电商平台、搜索平台之间的壁垒，推动网络视听内容传播。通过新型视听内容创作和版权保护的制度化建设，及压实网络平台加强版权内容管理的主体责任，不断巩固网络视听产业生产传播秩序向上向好的趋势。

（四）IPTV/OTT 大屏市场版权环境逐步改善

在国家三网融合政策的大力推动下，交互式网络电视（IPTV）、智能电视（OTT TV）业务发展呈现出“市场发展先行、政策规范管理、行业自主协作”的模式。2005 年 5 月，上海电信与百视通首创 IPTV“上海模式”，推进 IPTV 业务全面商业化。百视通（广电）负责内容集成及信息安全，上海电信（电信运营商）负责 IPTV 基础网络、传输平台、用户计费、业务发展、内容合作方引入等方面的业务运营工作；各方采用合作分成的方式展开业务，共享收益。此类广电和电信的分工模式沿用至今。除观看数字内容外，电信运营商还向 IPTV/OTT 业务用户提供其他各类商业化的在线服务（如网络游戏、卡拉 OK 等）。传统有线电视业务也效仿 IPTV/OTT 业务，向用户提供游戏、购物等多样化商业经营。鉴于 IPTV 业务系多方主体合作运营的商业模式，这种分工合作要求各方运营主体在各司其职、共享收益的同时，亦应当根据行业实践共同承担与之相匹配的责任。从 2021 年及之前各地法院已生效的相关司法判例看，已基本形成了较为一致的审判模式及裁判标准，在 IPTV 著作权侵权案件中普遍认定 IPTV 业务中电信运营商、播控方、内容提供方三方主体深度合作，共同经营、共享收益，对于侵犯他人著作权的行为属于共同侵权，应承担连带责任。IPTV/OTT 版权保护信号持续利好，将继续推动 IPTV/OTT 行业向好发展。

（五）“元宇宙”版权保护问题备受关注

2021 年，“元宇宙”异军突起，迅猛发展，推动网络版权产业结构的升级。随着“元宇宙”概念下各种新业态的发展，“元宇宙”涉及的版权问题也引起大众的关注与重视，并在 2021 年引起业界的热烈讨论。“元宇宙”以算力网络技术为基础，技术中立原则在探讨“元宇宙”版权问题时同样适用。在应用层面，“元宇宙”概念下用户创作的作品，最重要的权属问题需要重新厘清，人工智能作品、“云演艺”的多人互动作品等，难以直接套用现有的作品权属制度，而需结合元宇宙的特征，构建新的作品权属制度。厘清权属问题的基础上，需解决此类作品利用时虚拟财产的财产权和知识产权相对许可的冲突。在国外，虚拟财产的财产权与著作权可进行分割，我国则存在相反观点。在“胖虎打疫苗”NFT 作品侵权案①中，杭州互联网法院认为，作者“发行权用尽”的原则基于在现实空间中，作品与有形载体不可分割，而网络环境改变了作品的传播方式，公众无须获得作品的物质载体即可获得作品的复制件。作品在虚拟环境中缺少有形载体，其财产权与著作权无法分割，此时“发行权用尽”原则缺少权利基础。综合 2021 年业界与学界的分析判断，“元宇宙”中虚拟财产的所有权与著作权之间的冲突将越来越多，如何妥善处理二者之间的关系，需理论与实践共同努力。

（六）DRM 数字版权管理技术方兴未艾

DRM 作为技术措施，主要通过对数字内容进行加密传输，并对合法用户发放对应的密钥与授权来实现高价值数字内容的安全流转。当前，我国 DRM 技术标准建设及产业发展取得长足进步。作为中国

① 参见杭州互联网法院（2022）浙 0192 民初 1008 号判决书。

主导的领先技术标准（GY/T 277—2019《视音频内容分发数字版权管理技术规范》），ChinaDRM 由音视频产业链头部企业合力打造，全面支持我国自主商用密码算法和音视频编码算法，构建了统一、互信且开放的信任体系和生态体系，不断向更高的安全性、互通性目标演进，得到以好莱坞为首的国际主流媒体内容制作机构的认可。截至 2021 年底，由国家广播电视总局大力支持、中央电视台和清华大学牵头成立的 ChinaDRM 论坛成员已达 110 家，产业界研发了 28 款以上符合行业标准的 DRM 服务端组件，预置 ChinaDRM 能力的终端量超过 1.4 亿部。不过，截至 2021 年末，覆盖高安全级别版权保护技术的平台和终端规模尚未完全满足版权人对传播高成本数字内容的保护要求，尚未完全满足广大消费者对观看高质量数字内容的服务需求，需要继续全面加强数字内容版权保护生态建设，从而更大程度地发挥 DRM 技术的作用，赋能数字内容产业的高质量发展。

## 七、发展趋势展望，引领网络版权保护新方向

2021 年，我国网络版权保护顶层设计与法律制度体系得到发展与完善，网络版权行政保护与司法保护“双轨制”成效显著，网络版权社会共治水平得到进一步提升，网络版权保护热点亮点突出，我国网络版权保护事业稳步前进。未来，本报告认为，我国网络版权保护主要发展趋势有以下三方面：

### （一）政策法制体系不断健全，网络版权法制基础不断夯实

2021 年，我国网络版权保护顶层设计与法律制度体系得到发展与完善，形成了符合我国现实国情的网络版权保护体系。从发展趋势看，我国将通过不断完善相应政策与配套法律法规，进一步夯实网络版权保护法制基础。一是加强政策引导与支持，推动版权保护顶层设计更加完善。二是加快修订《著作权法实施条例》《著作权集体管理条例》《信息网络传播权保护条例》，进一步完善网络版权保护配套法规。三是加强针对网络版权保护的地方性立法与专门立法。从现有地方立法可以发现，网络版权保护已经成为地方知识产权立法的重要方面，未来将有更多的省份出台知识产权保护条例、促进办法等形式的法律规范，着重加强网络版权保护。

### （二）行政与司法保护机制不断创新，网络版权治理水平逐步提升

加强知识产权保护，特别是加强网络环境中的版权保护，还需从行政保护、司法保护与社会协同保护等多方面共同着手，不断创新工作机制，筑牢网络版权立体化保护体系。我国将进一步推动行政保护与司法保护协同合作，行政部门可针对类型化、标准化、侵权假冒多发行为加强监管，司法部门与行政部门之间可建立共享链接制度，共享侵权高发地、侵权行为方式、侵权多发行为当事人信息，并及时进行更新。在条件成熟的地方，共建跨区域的数字网络执法中心，组建跨行业的数字网络经济综合执法机构。此外，检察机关也将针对个人难以实现有效维权的领域，进一步探索开展著作权保护检察公益诉讼机制，并积极履行民事检察监督职能，推动网络版权司法保护水平稳步提升。

### （三）技术创新与运用不断加强，护航网络版权产业健康发展

加强技术的创新与运用，有利于提升网络版权保护，护航网络版权产业高质量发展。一方面，技术赋能版权价值不断提升。技术进步催生了诸多新兴业态，并不断拓展作品使用场景，提升了优质版权的授权许可费用。在新业态与新领域，企业将以内容科技为抓手持续发力，推动版权价值重塑、增长、升维，推动网络版权产业快速发展。另一方面，技术保障版权价值实现。随着区块链、大数据、人工智能等技术的发展，机器和软件已被运用于版权创造、运用、保护、管理、服务全链条中。目前，网络版权保护新技术具有跨行业、跨领域、多主体的特征，但现阶段还存在跨领域资源整合差、平台信息壁垒多、技术协同运用难、侵权监测效果不佳等问题，而新技术本身的版权保护也需从制度层面进行完善。针对以上问题，需加大技术研发力度，推动技术在网络版权确权、存证、维权、交易等领域实现价值，同时在政策、法律体系等层面为技术研发创造更好的环境。

# 版权

# 典型案件

DIAN XING AN JIAN

［编者按］　本栏目刊登三部分内容：1.2022年4月21日，最高人民法院召开新闻发布会，公布2021年中国法院十大知识产权案件和50件典型知识产权案例，本栏目选取其中13件著作权司法保护典型案件；2.2021年度全国打击侵权盗版十大案件；3.2022年“4·26”知识产权宣传周期间，部分省（自治区、直辖市）高级人民法院公布了2021年度知识产权典型案件，本栏目选取其中的著作权案件。

# 2021年全国著作权司法保护典型案件

**一、中国杂技团有限公司与吴桥县桑园镇张硕杂技团等著作权权属及侵害著作权纠纷案**［北京知识产权法院（2019）京73民终2823号民事判决书］

**【主要案情】** 中国杂技团有限公司（以下简称“中国杂技团”）创作的《俏花旦——集体空竹》杂技节目，最初的版本是2004年在武汉光谷国际杂技艺术节上的演出版（以下简称“武汉光谷版”），此后形成《俏花旦——集体空竹》2005年2月法国“第二十六届明日赛场”公演节目版本（以下简称“法国版”）、《俏花旦——集体空竹》2007年中央电视台春节联欢晚会演出节目版本（以下简称“春晚版”）、《俏花旦——集体空竹》2013年1月“第三十七届摩纳哥蒙特卡洛国际马戏节”演出节目版本（以下简称“摩纳哥版”），上述各版本之间具有关联。在原始创作武汉光谷版的基础上，在后续演出中，针对不同的演出场合需求，中国杂技团对《俏花旦——集体空竹》杂技节目做了修改和升级，并进行了相应的著作权登记。该节目曾获得2004年第六届中国武汉光谷国际杂技艺术节“黄鹤金奖”、2005年第二十六届法国明日国际杂技节最高奖“法兰西共和国总统奖”、2007年中央电视台春节联欢晚会“观众最喜爱的春晚节目（戏曲曲艺类）”一等奖、2010年世界知识产权组织金奖（中国）作品奖、2013年第三十七届摩纳哥蒙特卡洛国际马戏节“金小丑”奖，具有较高的社会知名度。2017年1月17日，许昌县电视台举办了标题为《2017年许昌县春节联欢晚会万家灯火幸福年》的2017年春节联欢晚会，吴桥县桑园镇张硕杂技团（以下简称“张硕杂技团”）参加了该场现场演出，派出演员10人，自带演出服装、道具、音乐，在该晚会上表演了杂技节目《俏花旦》。根据许昌县电视台录制的该台晚会视频，字幕上标有“舞蹈杂技：《俏花旦》”“表演：中国吴桥杂技艺术中心”的节目，实际演出单位为张硕杂技团。中国杂技团认为，张硕杂技团等表演、传播《俏花旦》节目的行为侵害其著作权，遂诉至法院。

**【审判结果】** 北京市西城区人民法院一审认定，杂技艺术作品《俏花旦——集体空竹》于2004年11月创作完成。编导作者选择特定戏剧、舞蹈的语汇与抖空竹技巧动作有机结合编排而成具有韵律性的新动作，量身定做原创音乐作为演出背景音乐，全体演员头戴“翎子”头饰、身着带有京剧“花旦”设计元素的统一定制演出服进行舞台表演。《俏花旦——集体空竹》杂技作品主要表达内容为“集体抖空竹”，但其中穿插、融合的戏曲动作、舞蹈动作，已经与“抖空竹”技巧动作密不可分，形成一个艺术表达整体。“俏花旦抖空竹”舞台艺术形象富有感染力、杂技动作鲜活灵动，与编导作者、著作权人之间形成特定化联系，构成著作权法意义上的作品，该作品区别于既有的“抖空竹”民间技艺，应当受到我国《著作权法》保护。根据合同约定，在无相反证据的情况下，中国杂技团享有《俏花旦——集体空竹》除署名权外的著作权。张硕杂技团的演出行为等构成侵害著作权，故判令其停止侵权、赔偿经济损失及合理支出并刊登声明消除影响。张硕杂技团不服一审判决，提起上诉。北京知识产权法院二审认为，《俏花旦——集体空竹》中的形体动作编排设计体现了创作者的个性化选择，属于具备独创性的表达，构成《著作权法》规定的杂技作品。张硕杂技团表演的《俏花旦》在开场部分的走位、动作衔接安排，以及多次出现的标志性集体动作等编排设计方面，与《俏花旦——集体空竹》的独创性表达部分等构成实质性相似，侵害中国杂技团杂技作品的著作权，遂判决驳回上诉、维持原判。

**【典型意义】** 本案是人民法院加强涉传统文化著作权保护的典型案例。保护传统文化，就是保护民族瑰宝。本案依法保护杂技艺术作品，有利于激发文化创意活力、促进文化产业繁荣。本案入选2021年中国法院十大知识产权案件。

**二、济宁市罗盒网络科技有限公司与广州市玩友网络科技有限公司等侵害计算机软件著作权纠纷案**［广州知识产权法院（2019）粤73知民初207号民事判决书］

**【主要案情】** 国家版权局于2017年11月8日颁发的软著登字第2198812号《计算机软件著作权登记证书》记载，软件名称为“罗盒（VirtualApp）插件化框架虚拟引擎系统”，开发完成时间为2015年2月28日，首次发表时间为2015年7月18日，权利取得方式为受让，权利范围为全部权利，著作权人为济宁市罗盒网络科技有限公司（以下简称“罗盒公司”）。罗盒公司的股东罗迪在Github网站上传了其开发的VirtualApp软件初始源代码并适用GPL V3开源许可协议。广州市玩友网络科技有限公司（以下简称“玩友公司”）开发了4款被诉侵权的微信视频美颜相机APP并上传于各平台供用户下载，但并未提供源代码。用户可免费试用半小时，之后须支付会员费使用。罗盒公司认为4款被诉侵权软件中的沙盒分身功能与涉案软件构成实质性相似，玩友公司不提供开源代码且收取会员费的行为违反限制商业使用条款和GPL V3开源许可协议，侵害其涉案软件著作权，遂诉至法院。

**【审判结果】** 广州知识产权法院一审认定，罗盒公司是Github网站上VirtualApp开源软件的著作权人。被诉侵权软件的下载无须付费，玩友公司收取会员费仅用于运营维护和技术支持，该行为并不违反GPL V3开源许可协议的规定。但是，使用涉案开源软件开发的商业软件依约须公开其全部源代码，玩友公司未向用户提供被诉侵权软件源代码下载，违反了GPL V3开源许可协议的约定，玩友公司复制、发布涉案软件源代码的行为侵害了涉案软件著作权。依法判令玩友公司停止提供含有沙盒分身功能源代码的4款软件的下载、安装和运营服务，并赔偿罗盒公司经济损失及维权合理支出共计50万元。一审宣判后，双方当事人均未上诉。

**【典型意义】** 本案是涉及开源代码软件著作权保护的新类型案件。人民法院对开源软件的诉讼主体资格、开源协议许可的撤销、限制商业使用条款等问题进行了积极探索。本案入选2021年中国法院十大知识产权案件。

**三、梁某平、王某航等15人侵犯著作权罪案**［上海市第三中级人民法院（2021）沪03刑初101号刑事判决书、上海市杨浦区人民法院（2021）沪0110刑初826号刑事判决书］

**【主要案情】** 自2018年起，被告人梁某平先后成立武汉链世界科技有限公司、武汉快译星科技有限公司，指使被告人王某航聘用被告人万某军等人作为技术、运营人员，开发、运营“人人影视字幕组”网站及Android、IOS、Windows、MacOSX、TV等客户端；被告人梁某平又聘用被告人谢某洪等人组织翻译人员，从境外网站下载未经授权的影视作品，翻译、制作、上传至相关服务器，通过所经营的“人人影视字幕组”网站及相关客户端对用户提供免费在线观看和下载。经鉴定及审计，“人人影视字幕组”网站及相关客户端内共有未授权影视作品32 824部，会员数量共计683万余人。自2018年1月至案发，上述各渠道非法经营数额总计人民币1 200余万元。

**【审判结果】** 上海市第三中级人民法院、上海市杨浦区人民法院认为，梁某平、王某航等15名被告人结伙，以营利为目的，未经著作权人许可，复制发行他人作品，属于有其他特别严重情节，其行为均已构成侵犯著作权罪。上海市第三中级人民法院判处主犯被告人梁某平有期徒刑三年六个月，并处罚金；上海市杨浦区人民法院判处被告人王某航等14名从犯一年六个月至三年不等的有期徒刑，适用缓刑，并处罚金。一审判决后，15名被告人均未上诉。

**【典型意义】** 本案涉及侵权的影视作品众多且权利人分散，判决阐述了如何认定“未经授权”及未经授权影视作品的数量等法律适用问题，有力打击了侵犯著作权的犯罪行为。依法追究组织者及主要参与者的刑事责任，贯彻了宽严相济的刑事政策。本案入选2021年中国法院十大知识产权案件。

**四、汉华易美（天津）图像技术有限公司与河南草庐蜂业有限公司侵害作品信息网络传播权纠纷案**［最高人民法院（2021）最高法民再355号民事判决书］

**【主要案情】** 汉华易美（天津）图像技术有限公司（以下简称“汉华易美公司”）主张，河南草庐蜂业有限公司（以下简称“河南草庐公司”）未经汉华易美公司许可，在微信公众号“草庐蜂蜜”上使用的4张涉案图片侵害了汉华易美公司享有的著作权。汉华易美公司为此提供了该公司从Getty公司处获得授权的证据——Getty公司出具的网站权利声明和授权确认书。该证据显示，Getty公司声明其对包括涉案图片在内的相关图片享有著作权并授权汉华易美公司担任Getty公司在中国境内的唯一授权代表，有权在中国境内展示、销售和许可他人使用包括涉案图片在内的所有图像作品，汉华易美公司有权就涉案图片的未经授权使用采取诉讼、收取索赔款等行为。涉案4张图片中均有“gettyimages ®”的水印。

**【审判结果】** 天津市第三中级人民法院一审认为，涉案图片上标注有Getty公司的英文名称“gettyimages”及网站名称“视觉中国”字样，该署名构成证明Getty公司与汉华易美公司享有著作权的初步证据，河南草庐公司未经汉华易美公司许可，通过信息网络向公众传播了涉案图片，侵害了汉华易美公司享有的涉案图片信息网络传播权，判决河南草庐公司赔偿汉华易美公司经济损失及维权合理支出共计8 000元。河南草庐公司不服，提起上诉。天津市高级人民法院二审驳回上诉，维持原判。河南草庐公司向最高人民法院申请再审。最高人民法院再审认为，涉案图片中的水印除标注有“gettyimages ®”外，还分别标注了摄影师姓名，因此，不能仅以此水印认定涉案图片的著作权属于Getty公司。汉华易美公司提交了Getty公司授权确认书、网站权利声明等证据，但授权确认书只能证明Getty公司向汉华易美公司进行授权的事实，并非Getty公司对涉案图片享有著作权的证据；权利声明属于单方陈述，在缺乏其他证据印证的情况下，不能仅以权利声明确定著作权归属。根据河南草庐公司提交的Getty公司回复邮件等反驳证据，Getty公司确认相关图片系由摄影师将自己的作品投稿给Getty公司销售，Getty公司以自己的名义对外销售后支付给摄影师相应版税，而投稿的摄影师仍然保留图片的著作权。虽然上述反驳证据尚不足以完全否定汉华易美公司相关证据的真实性，但是，由于汉华易美公司与Getty公司之间存在业务上的联系，汉华易美公司也正是基于Getty公司的授权才提起本案诉讼，汉华易美公司相较于河南草庐公司更有条件获取Getty公司取得涉案图片著作权的证据，如果河南草庐公司提交的反驳证据存在虚假内容，汉华易美公司也有条件加以举证反驳。在本案审理过程中，汉华易美公司不仅并未通过举证否定河南草庐公司反驳证据的证明力，而且还在答辩意见及询问过程中，明确认可涉案图片1和图片4系由摄影师与Getty公司签订供稿协议，Getty公司作为代理人，以Getty公司的名义对外展示、销售、许可他人使用；涉案图片2和图片3，系Getty公司收购OJO公司后相应取得图片著作权。但是，即使汉华易美公司的上述陈述内容真实，在摄影师保留著作权的情况下，汉华易美公司关于Getty公司拥有涉案图片1和图片4的著作权的主张显然不能成立；而汉华易美公司也未能提供证据证明Getty公司对另外两张涉案图片享有著作权。因此根据在案证据，无法认定Getty公司取得了涉案图片的著作权，相应地，汉华易美公司关于其享有涉案图片著作权的主张亦缺乏事实依据，其在本案中提出的相关诉讼请求不应予以支持。遂改判撤销一审、二审判决，驳回汉华易美公司的全部诉讼请求。

**【典型意义】** 本案明确了著作权保留情况下的权属认定问题。原告主张对涉案图片享有著作权的授权，应当依法提供证据加以证明。在协议约定作者保留著作权的情况下，即使图片网站经营者有权以自己名义对外展示、销售、许可他人使用作者供稿的图片，也不能因此而认定图片网站经营者取得该图片的著作权。本案入选2021年中国法院50件典型知识产权案例。

**五、苏某1与荆门秀锦娱乐有限公司侵害著作权纠纷案**［最高人民法院（2021）最高法民再114号民事判决书］

**【主要案情】** 苏某1作为继承人继承了著作权人苏某2涉案33部音乐作品著作权中的财产权利。2018年10月15日，苏某1委托的取证人员通过第三方支付平台向荆门秀锦娱乐有限公司（以下简称“秀锦公司”）支付80元，以普通消费者的身份进入秀锦公司的B36包厢，点播了涉案33首歌曲的MV。上述歌曲的播放过程由苏某1委托的取证人员使用手机进行了录制，后制作成光盘1张。苏某1遂提起诉讼，请求：判令秀锦公司向中国音乐著作权协会（以下简称“音著协”）和中国音像著作权集体协会（以下简称“音集协”）申请著作权使用许可，或判令秀锦公司停止使用涉案歌曲；判令秀锦公司向苏某1支付赔偿金15 000元。

**【审判结果】** 湖北省荆门市中级人民法院一审认为，秀锦公司未经著作权人许可，以营利为目的，通过点唱设备为消费者提供了涉案33部音乐作品的唱歌服务并收取了费用；同时，秀锦公司提供的点唱服务系借助技术设备再现音乐作品，构成对涉案33部音乐作品的表演，侵害了涉案音乐作品的表演权。一审法院判决秀锦公司立即停止使用涉案33部音乐作品，赔偿苏某1经济损失10 000元。秀锦公司不服，提起上诉。湖北省高级人民法院二审认为，许可协议约定的许可使用期间为 2018 年 5 月 28 日至 2019 年 12 月 31 日，而本案取证时间为 2018 年 10 月 15 日，并未超出许可使用期间，因此，秀锦公司有权使用涉案作品，并不构成侵权，遂判决撤销一审判决，驳回苏某 1 诉讼请求。苏某 1 不服，向最高人民法院申请再审。最高人民法院再审认为，涉案许可协议订立于 2019 年 6 月 14 日，而载明的许可期间自 2018 年 5 月 28 日至 2019 年 12 月 31 日，起算时间早于许可协议订立时间。许可协议对使用行为的许可追认至 2018 年 5 月，苏某 1 对被诉侵权行为的取证时间为 2018 年 10 月，早于许可协议订立时间，晚于许可协议起算时间。因此，在苏某 1 就被诉侵权行为取证时，秀锦公司尚未取得音著协的许可。在苏某 1 与音著协均有权提起诉讼的情况下，音著协在后行使权利应当避免与苏某 1 行使诉权相冲突，否则会导致苏某 1 在原本能够获得胜诉的案件中面临败诉的风险。在苏某 1 不认可追认期间的情况下，许可协议对早于协议订立日之前期间的追认应当认定为无效，秀锦公司获得许可期间应自 2019 年 6 月 14 日起计算，据此，秀锦公司在此之前的使用行为构成对苏某 1 所有涉案作品著作权的侵害。最高人民法院判决撤销一审、二审判决，由秀锦公司赔偿苏某 1 经济损失6 200元。

**【典型意义】** 本案明确了音著协和音集协为解决筹建新收费体系过渡期中产生的相关问题而签订的《合作备忘录》应当认为合法有效。但是，在著作权权利人就被诉侵权行为取证时，该被诉侵权行为并未经过音集协或音著协许可的，即使音集协或音著协在后与被诉侵权行为人签订许可使用合同，追认被诉侵权行为的合法性，在权利人不认可的情况下，该追认行为不能改变被诉侵权行为侵害著作权的认定。本案入选 2021 年中国法院 50 件典型知识产权案例。

**六、长沙米拓信息技术有限公司与河南省工程建设协会侵害计算机软件著作权纠纷案**［最高人民法院（2021）最高法知民终 1547 号民事判决书］

**【主要案情】** 长沙米拓信息技术有限公司（以下简称“米拓公司”）于 2019 年 7 月 26 日开发了米拓企业建站系统（简称“MetInfo”）V7.0 的计算机软件（以下简称“涉案建站软件”），享有该款软件的著作权。该公司网站为网络用户提供涉案建站软件的免费下载。当用户在其计算机中安装建站软件时，计算机会弹出界面显示《最终用户授权许可协议》（以下简称“涉案用户协议”），用户浏览该协议后点击“我已仔细阅读以上协议并同意安装”按钮即可在自己的计算机终端（服务器）中安装、使用建站软件。涉案用户协议主要内容载明，米拓公司同意用户免费商业使用涉案建站软件，但要求用户在所建网站中保留米拓公司的版权标识和网站链接信息。否则，用户将直接违反该协议并构成侵权，米拓公司有权启用法律程序进行维权和索赔。米拓公司同时在网站上还另行提供收费版本下载，“买断”商业套餐价格为6 999元。被诉侵权网站首页中央位置使用了工程建设协会的名称。该网站底部注明字样“主办单位：河南省工程建设协会版权所有，河南省工程建设协会网站”。米拓公司提起诉讼，主张河南省工程建设协会（以下简称“工程建设协会”）未按用户协议要求保留米拓公司的版权标识和网站链接信息，侵害了米拓公司依法享有的署名权、修改权、保护作品完整权、复制权、信息网络传播权、获得报酬权等多项权利。

**【审判结果】** 一审法院认定，工程建设协会侵害了米拓公司的署名权，判令工程建设协会停止侵害、赔礼道歉并赔偿经济损失及维权合理开支 1.1 万元。米拓公司、工程建设协会均不服，向最高人民法院提起上诉。最高人民法院二审认为，对于涉案用户协议中的限制条款，可以从两个层面进行分析认定。第一，从合同条款解释的层面分析认定。从米拓公司网站有“免费下载”和“商业套餐”等不同栏目供用户选择使用的情况看，米拓公司在“免费下载”和“商业套餐”两个栏目中均允许用户下载（复制）、修改其开发的建站软件，两个栏目下的软件下载使用的主要区别在于：用户付费使用则可以去除版权标识和网站链接信息，而免费使用须保留。据此，可以认定米拓公司单方制定涉案《最终用户授权许可协议》的主要目的有二：一是积极推荐广大用户使用其建站软件；二是强调保护其署名权（要求用户保留其版权标识和网站链接信息）。从上述条款用语所表达的核心意思看，该条款重点强调以用户完全遵守该协议作为“不必支付软件版权授权费用”的条件，而不是重点强调以用户完全遵守该协议作为下载使用软件的条件。可见，该条款蕴含着这样一种含义：米拓公司在依法有效终止免费使用许可之前，其允许该类用户免费使用，但要追究擅自去除版权标识和网站链接信息者的违约责任或者侵权责任；如果用户接受该协议后，在免费使用涉案建站软件时，去除米拓公司的版权标识和网站链接信息，应认定该用户违反该协议要求保留版权标识和网站链接信息的约定，但不能认定其完全违反了可以下载使用涉案建站软件的全部约定而自始就根本不能使用。唯有如此理解，才能兼顾米拓公司的上述两项主要合同目的以及用户对协议条款的通常理解与合理期待。第二，从侵权与违约竞合的层面进行分析认定。涉案用户协议签订后，如果用户不遵守协议，则构成违约。如果该违约行为也同时符合侵权行为的构成要件，著作权人有权选择追究侵权责任或者违约责任。综合上述分析，如果用户在免费使用时去除米拓公司的版权标识和网站链接信息，仅仅违反了该协议中关于免费使用条件下须保留米拓公司的版权标识和网站链接信息的约定。上述用户下载复制涉案建站软件并进行必要修改的行为仍在米拓公司许可范围内，但去除米拓公司的版权标识和网站链接信息的行为则明显超出米拓公司的许可范围，该用户主要侵害了米拓公司的署名权，应当根据情况，承担停止侵害、消除影响、赔礼道歉、赔偿损失等民事责任。二审判决驳回上诉、维持原判。

**【典型意义】** 本案明确了计算机软件附条件免费商业使用中的侵权认定与责任承担，软件著作权人向不特定用户提供软件，允许其免费下载并商业使用，但在用户协议中明确要求必须保留有关版权标识和链接信息，用户免费下载并在商业使用时去除该版权标识或者链接信息的，应当认定其构成侵害软件著作权人的署名权，可以判令其依法承担停止侵害、赔偿损失的责任，还可以根据侵权人过错及侵权情节视情判令其赔礼道歉。本案入选2021年中国法院50件典型知识产权案例。

**七、刘某与李某涵、朱某侵害作品发表权纠纷案**［黑龙江省高级人民法院（2021）黑民终365号民事判决书］

**【主要案情】** 2013年10月，刘某完成《渤海靺鞨绣》一文的创作，拟收录在《中国工艺美术全集·黑龙江卷·印染织绣工艺陶瓷篇》。朱某受邀撰写有关家具设计方面的文章，约稿单位向朱某提供署名作者为刘某的《渤海靺鞨绣》电子版作为文章格式的参考。2017年春季学期，朱某作为李某涵研究生毕业论文的指导教师，在得知李某涵研究生毕业论文研究方向与靺鞨绣有关后，即将署名为刘某的《渤海靺鞨绣》一文电子版拷贝给李某涵。后李某涵撰写了题为《非物质文化遗产渤海靺鞨绣的题材解析》的文章，该文在经过朱某修改后，由李某涵向某杂志社投稿。后该杂志社在某期杂志上刊登了该文章，署名第一作者李某涵、第二作者朱某。刘某在"中国知网"上发现《非物质文化遗产渤海靺鞨绣的题材解析》一文后，经与李某涵、朱某联系，李某涵认可《非物质文化遗产渤海靺鞨绣的题材解析》一文构成对刘某享有的《渤海靺鞨绣》著作权的侵害。2019年3月，某杂志社将被诉侵权文章撤稿，但截至一审庭审时，仍可以在互联网上查阅到《非物质文化遗产渤海靺鞨绣的题材解析》一文。《渤海靺鞨绣》全文共20 000余字，其中"题材探析"部分约4 300字，《非物质文化遗产渤海靺鞨绣的题材解析》一文共4 000余字，刘某主张被诉侵权文章与《渤海靺鞨绣》"题材探析"部分抄袭率接近100%，李某涵、朱某主张查重为3 024个字符。刘某向黑龙江省哈尔滨市中级人民法院提起诉讼，主张李某涵、朱某侵害其著作权。

**【审判结果】** 黑龙江省哈尔滨市中级人民法院一审认定，刘某是《渤海靺鞨绣》的著作权人。由李某涵执笔、朱某修改并署名为第一作者、第二作者的《非物质文化遗产渤海靺鞨绣的题材解析》一文，大量抄袭了《渤海靺鞨绣》一文中"题材探析"部分的内容，并公开发表于某杂志，侵犯了刘某对《渤海靺鞨绣》"题材探析"部分享有的发表权、署名权，构成剽窃他人作品。朱某在对《非物质文化遗产渤海靺鞨绣的题材解析》进行修改时，明知刘某系《渤海靺鞨绣》的作者，不但没有制止李某涵的抄袭行为，还作为《非物质文化遗产渤海靺鞨绣的题材解析》第二署名作者与李某涵一同公开发表该作品，与李某涵构成共同侵权，二者应承担连带侵权责任。一审法院判决李某涵、朱某停止侵权，在互联网上撤除《非物质文化遗产渤海靺鞨绣的题材解析》，连带赔偿刘某损失及维权合理开支20 000元，并在《新晚报》上发表向刘某赔礼道歉的启事。李某涵不服，提起上诉。黑龙江省高级人民法院二审判决驳回上诉、维持原判。

**【典型意义】** 本案中，人民法院依法判决侵权人承担赔偿责任，对于保护非物质文化遗产、保护知识产权、制止学术论文剽窃发挥了司法裁判的指引作用，取得了良好的社会效果。本案入选2021年中国法院50件典型知识产权案例。

**八、深圳市脸萌科技有限公司、北京微播视界科技有限公司与杭州看影科技有限公司、杭州小影创新科技股份有限公司侵害著作权纠纷案**［杭州互联网法院（2020）浙0192民初8001号民事判决书］

**【主要案情】** 剪映APP是一款视频编辑软件，为用户提供多种素材、音乐、特效等，协助用户对短视频进行编辑。北京微播视界科技有限公司（以下简称"微播公司"）是抖音APP的运营者。剪映APP由抖音官方出品，经微播公司授权确认，由深圳市脸萌科技有限公司（以下简称“脸萌公司”）负责运营。2020 年 2 月 27 日，制作人“阿宝”在剪映 APP 上发布了“为爱充电”短视频模板，用户可通过替换模板中的可更换素材形成自己的短视频。微播公司和脸萌公司经制作人授权取得相关著作权。同年 2 月 28 日，杭州看影科技有限公司（以下简称“看影公司”）、杭州小影创新科技股份有限公司（以下简称“小影公司”）在其运营的 Tempo APP 上传了被控侵权短视频模板，用户可点击播放，也可替换素材嵌入模板进行编辑、下载及分享等。被诉侵权短视频模板在 Tempo APP 上以售卖会员等方式收费。微播公司、脸萌公司主张看影公司、小影公司侵害其信息网络传播权、复制权、改编权及汇编权，诉请看影公司、小影公司立即停止提供被控侵权短视频模板的在线播放及供用户使用、下载服务，刊登声明消除影响，并赔偿经济损失及合理费用 50 万元。

**【审判结果】** 杭州互联网法院一审认为，涉案短视频构成了一个有机统一的视听整体，其中包含了制作者多方面的智力劳动，制作者根据想要表达的思想主题，确定风格基调，寻找合适的背景音乐、图片，再根据音乐的节奏点搭配不同的贴纸、特效、滤镜、动画等元素，并结合主观需要协调多种元素的排列方式、大小、顺序和持续时间，整个创作过程存在智力创造空间，具有独特的选择、安排与设计，体现了制作者的个性化表达。因此涉案短视频模板具备著作权法的独创性要求，属于著作权法意义上的视听作品。看影公司、小影公司在其运营的 APP 上共同或分别提供被控侵权短视频，使得用户可以在其个人选定的时间和地点播放、下载、制作及分享短视频，该行为构成对微播公司、脸萌公司涉案作品信息网络传播权的侵害。一审判决看影公司、小影公司立即停止在 Tempo APP 中提供涉案短视频模板的行为，看影公司、小影公司共同赔偿微播公司、脸萌公司经济损失及合理费用合计 4 万元，看影公司赔偿微播公司、脸萌公司赔偿经济损失及合理费用 2 万元。一审宣判后，各方当事人均未上诉，一审判决已经生效。

**【典型意义】** 本案涉及短视频模板能否得到著作权法保护、给予何种程度保护等法律问题。本案判决充分贯彻合理确定不同领域知识产权的保护范围和保护强度的司法政策，根据相关领域著作权在作品特性、创作空间等方面的特点，充分考虑网络创新的需求和特点，合理确定短视频模板独创性的判断标准，划分了著作权范围与公共领域的界限，为规范短视频模板的使用方式提供了行为指引，推动了短视频文化产业的健康有序发展。本案判决后，双方当事人参照判决对双方平台上的大量短视频模板进行了一揽子协商解决，取得了良好的社会效果。本案入选 2021 年中国法院 50 件典型知识产权案例。

**九、深圳国瓷永丰源股份有限公司与景德镇智宇贸易有限公司、景德镇市亿翔陶瓷厂著作权权属及侵害著作权纠纷案**［江西省景德镇市中级人民法院（2021）赣 02 知民初 4 号民事判决书］

**【主要案情】** 深圳国瓷永丰源股份有限公司（以下简称“永丰源公司”）为“西湖牡丹系列花面 1”、“西湖牡丹 S1602080MGZN000 系列花面蓝色底”美术作品的著作权人并注册获得“夫人瓷”商标。景德镇智宇贸易有限公司（以下简称“智宇公司”）在淘宝网开设网店，展示、销售与永丰源公司涉案美术作品近似的陶瓷制品，并使用“夫人瓷”字样进行宣传。永丰源公司在智宇公司网店购买了涉案侵权产品，并由景德镇市亿翔陶瓷厂（以下简称“亿翔陶瓷厂”）代为开具发票。永丰源公司起诉主张智宇公司、亿翔陶瓷厂未经其许可擅自生产、销售涉案侵权产品，侵犯其著作权。

**【审判结果】** 江西省景德镇市中级人民法院一审认为，智宇公司侵害了永丰源公司涉案美术作品著作权，判决智宇公司停止侵权并销毁侵权产品，赔偿永丰源公司经济损失 40 000 元。一审宣判后，各方当事人均未上诉。

**【典型意义】** 本案判决对体现作者在美学领域上独特创造力和观念的陶瓷产品予以著作权保护，有力打击了陶瓷市场上拙劣模仿的侵权行为，有效保护了著作权人的合法权益，为规范陶瓷市场经营秩序做出了指引，服务保障陶瓷特色产业发展。本案入选 2021 年中国法院 50 件典型知识产权案例。

**十、广州市立峰音乐传播有限公司与波密县时空隧道休闲吧侵害作品放映权纠纷案**［西藏自治区高级人民法院（2021）藏知民终 30 号民事判决书］

**【主要案情】** 广州市立峰音乐传播有限公司（以下简称“广州立峰公司”）享有涉案 87 首音乐电视作品的放映权。波密县时空隧道休闲吧（以下简称“时空休闲吧”）未经广州立峰公司许可，在其经营的娱乐场所内提供涉案音乐电视作品的点播服务。广州立峰公司起诉主张时空休闲吧侵害其涉案作品放映权，请求判令时空休闲吧停止侵权并赔偿其经济损失及维权合理开支 53 356 元。

**【审判结果】** 西藏自治区林芝市中级人民法院一审认定，时空休闲吧侵害广州立峰公司涉案作品放映权，判决时空休闲吧立即停止放映并删除 87 首涉案音乐电视作品，向广州立峰公司赔偿经济损失及维权合理费用共计 9 673 元。广州立峰公司不服，提起上诉。西藏自治区高级人民法院二审认定，一审法院综合考虑涉案作品的知名度、数量，时空休闲吧经营场所的经营规模，侵权行为的性质、后果，辖区消费水平、取证费用支出、疫情影响等因素，酌情确定赔偿数额符合本案实际，判决驳回上诉、维持原判。

**【典型意义】** 本案判决综合考虑涉案作品的知名度、数量，时空休闲吧经营场所的经营规模，侵权行为的性质、后果，辖区消费水平、取证费用支出、疫情影响等因素，酌情确定赔偿数额，具有典型意义。本案入选 2021 年中国法院 50 件典型知识产权案例。

**十一、吴某与钟某燕著作权权属及侵害著作权纠纷案** [宁夏回族自治区银川市中级人民法院（2020）宁 01 民初 1604 号民事判决书]

**【主要案情】** 吴某通过 CCtalk 平台向用户提供免费或收费类的互动教学、点播形式的交流与学习服务，在该平台上发布了“免加盟开店无忧——百味水饺”等课程。钟某燕通过 CCtalk 平台购买吴某课程，并使用 CCtalk 平台账号与吴某签订了《课程保密协议》。钟某燕承诺对以任何形式接触到的与教学内容相关的一切信息、资料等承担严格的保密义务，未经吴某书面同意，钟某燕不得擅自下载、转录、重制、剪切、引用与教学内容相关的任何信息；不得以发布、发表、出版、转让或者其他任何方式，使第三方知悉或有机会使用与教学内容相关的任何信息、资料等。钟某燕应当对课程学习中其使用的相关软件与网站账号负责，包括但不限于钟某燕 CCtalk 平台账号及登录密码、CCtalk 学籍号等，钟某燕承诺不将相关信息提供、分享、转让至任何第三方。无论任何原因，因涉及钟某燕所拥有的账号及登录密码、CCtalk 学籍号造成与教学内容相关的信息、资料等泄露的，所有责任均由钟某燕承担。钟某燕充分理解并同意，若钟某燕违反本协议及相关条款或因钟某燕的原因导致与教学内容相关的信息、资料等泄露，或钟某燕向吴某提交的资料包括但不限于个人身份资料与个人审核作品中存在虚假内容或伪造情形，钟某燕同意向吴某支付违约金 50 万元。后“吴某美食烘焙教室”的美食课程遭受网络盗版，有关视频上的飘码为钟某燕在 CCtalk 平台上的账号“6677psdzm”。吴某向宁夏回族自治区银川市中级人民法院提起诉讼，主张钟某燕侵犯了其“吴某美食烘焙教室”课程录音录像制品著作权，请求判决钟某燕停止侵权，向吴某支付违约金 50 万元及维权合理开支。

**【审判结果】** 宁夏回族自治区银川市中级人民法院一审认定，钟某燕未经吴某同意，致使其购买的涉案课程在微信群进行传播，违反了双方关于课程保密的合同约定，侵害了吴某的著作权，应依法承担停止侵害、赔偿损失的侵权责任。一审法院判决钟某燕停止侵权，赔偿吴某经济损失及合理开支 5 万元。一审宣判后，双方当事人均未上诉。

**【典型意义】** 本案判决通过依法惩处对原创性网络视频的侵权行为，有力保护了通过制作原创性网络视频创业的知识产权权利人的合法权益，依法妥善应对知识产权审判实践出现的新情况和新问题，具有典型意义。本案入选 2021 年中国法院 50 件典型知识产权案例。

**十二、北京欣盛建达图书有限公司、北京宏瑞建兴文化传播有限公司、王某等 10 人侵犯著作权罪，吴某青非法制造、销售非法制造的注册商标标识罪案** [江苏省高级人民法院（2021）苏刑终 75 号刑事裁定书]

**【主要案情】** 2017 年 4 月至 2019 年 2 月，被告人王某在经营被告单位北京欣盛建达图书有限公司、北京宏瑞建兴文化传播有限公司期间，以营利为目的，未经著作权人许可，私自委托被告人李某雄印刷侵权盗版图书 59 种，共计 929 314 册，通过物流将上述图书运至其租赁的北京仓库和淮安仓库储存，后通过网络对外销售。被告人漆某娟作为两公司财务、人事、客服负责人，被告人王某星、王某福作为两公司在淮安仓库的负责人之一，被告人樊某新作为两公司图书采购人员，明知公司从事侵权盗版图书销售活动，积极参与上述行为。被告人张某梅、蔡某凯分别作为廊坊市海涛印刷有限公司拼版负责人及生产负责人，被告人刘某影、杨某宽分别作为廊坊市罗德星空彩印有限公司实际经营人及审查、拼版负责人，明知被告人李某雄安排印刷的图书无版权许可等委托印刷手续，帮助其拼版、提供图书样稿、样书，安排员工印刷生产侵权盗版图书。被告人吴某青未经授权，根据被告人李某雄提供的防伪标样本，帮助其制作假冒皮皮鲁系列图书防伪标（皮皮鲁总动员注册商标）100 万枚。

**【审判结果】** 江苏省淮安市中级人民法院一审认定北京欣盛建达图书有限公司、北京宏瑞建兴文化传播有限公司、王某等以营利为目的，未经著作权人许可复制发行其文字作品，情节特别严重，构成侵犯著作权罪。对北京欣盛建达图书有限公司、北京宏瑞建兴文化传播有限公司分别判处罚金 50 万元，对王某等分别判处刑罚，并对查扣的侵犯著作权的图书依法予以没收。一审判决后，被告人王某、李某雄不服，提出上诉。江苏省高级人民法院二审裁定驳回上诉、维持原判。

**【典型意义】** 本案涉及图书盗版产业链式犯罪。被告单位利用有合法图书销售资质外衣，与相关人员配合，购买盗制书籍文稿印刷，通过电商平台正版与盗版混搭方式销售，形成制版、印刷、储存、运输、销售、制作防伪标识等“一条龙”产业链，犯罪数量大，故意十分明显，情节特别严重。本案刑罚严厉，有力打击了分工合作、链条式、专业化、产业化的特大盗版团伙，有力震慑了盗版行为，体现了最严格知识产权保护理念，取得了良好的法律效果和社会效果。本案入选 2021 年中国法院 50 件典型知识产权案例。

**十三、上海国芯集成电路设计有限公司等侵犯著作权罪案**［江苏省南京市中级人民法院（2021）苏 01 刑终 716 号刑事裁定书］

**【主要案情】** 南京沁恒微电子股份有限公司（以下简称“沁恒公司”）享有“沁恒微 USB 转串并口芯片 CH340 内置固件程序软件 V3.0”计算机软件著作权，该软件应用于沁恒公司生产、销售的 CH340 芯片中，该芯片系沁恒公司拳头产品，市场占有份额巨大。上海国芯集成电路设计有限公司（以下简称“国芯公司”）于 2003 年成立。2016 年，陶某作为国芯公司的销售人员，发现沁恒公司的 CH340 芯片销量大，遂从市场获取正版 CH340 芯片交给国芯公司。许某作为国芯公司总经理，负责公司生产经营等全部事务，其在明知国芯公司未获得沁恒公司授权许可的情况下，决定反向破解 CH340 芯片并进行生产、销售。国芯公司委托第三方公司对 CH340 芯片各层电路布图进行破解提取 GDS 文件，再委托其他第三方公司进行生产、封装，国芯公司检测合格后以 GC9034 型号芯片对外销售谋取不法利益。2016 年 9 月至 2019 年 12 月，国芯公司已生产并销售的侵权芯片 830 余万个，非法经营数额达 730 余万元。其中，陶某明知是侵权芯片仍对外销售 780 余万个，金额达 680 余万元。经抽样鉴定，侵权芯片中的固化二进制代码与沁恒公司上述计算机软件源代码经编译转换生成的固化二进制代码相同，相似度 100%。

**【审判结果】** 江苏省南京市雨花台区人民法院一审认定，国芯公司以营利为目的，未经著作权人沁恒公司许可，复制发行其计算机软件作品，且有其他特别严重情节。许某系单位犯罪中负直接责任的主管人员，陶某系单位犯罪中其他直接责任人员。国芯公司及许某、陶某的行为均已构成侵犯著作权罪。对国芯公司判处罚金 400 万元，对许某判处有期徒刑四年，并处罚金 36 万元；对陶某判处有期徒刑三年二个月，并处罚金 10 万元。扣押在案侵权产品芯片条 63 条、芯片盒 30 盒、GC9034 芯片 25 000 个予以没收。一审判决后，国芯公司、许某、陶某提出上诉。江苏省南京市中级人民法院二审裁定驳回上诉、维持原判。

**【典型意义】** 本案是对集成电路及固化于其中计算机程序予以刑事司法保护的典型案例。对集成电路及固化于其中计算机程序的侵权属于侵犯计算机软件新型犯罪。本案判决对于相关案件法律适用具有指引意义，也体现了在集成电路等重点行业重点产业加大知识产权刑事惩罚力度，强化罚金刑适用，严格控制缓刑适用，有效发挥刑罚惩治和震慑知识产权犯罪的司法功能的价值导向。本案入选 2021 年中国法院 50 件典型知识产权案例。

# 2021年度全国打击侵权盗版十大案件

**一、北京麦颂文化传播有限公司侵犯美术作品著作权案**

2021年3月，根据举报线索，北京市文化市场综合执法总队对该案进行调查。经查，2016年9月至2021年3月间，北京麦颂文化传播有限公司未经著作权人尤尼维瑟城电影制片厂有限责任公司、梦工场动画影片公司许可，将小黄人系列美术作品、功夫熊猫系列美术作品作为其直营和加盟经营性场所“唱吧麦颂”KTV门店内部装修使用。2021年4月，北京市文化市场综合执法总队对该公司做出罚款25万元的行政处罚。

**【点　评】** 版权作为文化产业的基础运营资产，具有较高的商业价值，权利人高度重视版权资产的管理和保护。版权行政执法部门聚焦“两区建设”国家开放发展政策，围绕辖区重大产业项目的版权保护，及时快速查办，充分发挥了行政执法便捷高效的优势。

**二、天津宇达印务有限公司、天津凯达印务有限公司侵犯图书著作权案**

2018年7月，根据权利人投诉及全国“扫黄打非”办公室移转线索，天津市文化市场行政执法总队对天津宇达印务有限公司进行执法检查，查扣侵权盗版《寂静的春天》《昆虫记》《飞向太空港》等图书2.4万余册。2018年11月，根据国家版权局移转线索，天津市文化市场行政执法总队联合静海区文化市场行政执法支队对天津凯达印务有限公司进行执法检查，查扣侵权盗版《金庸作品集》等图书9万余册。经查，天津宇达印务有限公司和天津凯达印务有限公司的法定代表人和住所地相同，直接负责人均为季某某。天津市公安局静海分局决定将上述两起案件并案调查。2021年1月，天津市第二中级人民法院以侵犯著作权罪判处天津宇达印务有限公司罚金150万元；季某某有期徒刑五年六个月，并处罚金100万元。

**【点　评】** 近年来，非法复制发行、网络传播侵权盗版少儿图书、名家名作等违法犯罪活动持续多发，严重损害权利人合法权益，破坏出版物市场版权秩序，危害青少年身心健康，权利人和家长对此广泛关注。该案侵权行为针对教育部门推荐中小学生课外阅读书目、名家名作等畅销长销图书，侵权图书种类、数量众多，侵权盗版规模较大。执法部门依法从严查处，对维护出版物市场版权秩序、保护青少年身心健康具有积极意义。

**三、上海“人人影视字幕组”网站侵犯著作权案**

2020年1月，根据网络巡查获得的线索，上海市公安局食药环侦总队会同上海市公安局虹口分局对该案进行调查。经查，自2018年起，梁某平成立公司开发运营“人人影视字幕组”网站，未经著作权人许可，组织人员翻译、制作、上传中外影视作品32 824部，发展会员683万余人，并以接受“捐赠”名义变相收取会员费、招揽广告收取广告费、销售拷贝等方式牟利，非法经营额1 200余万元。2021年11月，上海市第三中级人民法院以侵犯著作权罪判处梁某平有期徒刑三年六个月，并处罚金150万元；其他同案人员被判处一年六个月到三年不等的有期徒刑，并处罚金4万元到35万元不等。

**【点　评】** “人人影视字幕组”网站会员数量庞大、涉案侵权作品数量众多，执法部门多次查处，但其仍反复逃避监管实施侵权谋取非法利益，社会影响恶劣。侦办过程中，执法部门与检察院、鉴定机构数次研究，多维度取证固证，获得检法部门对于案件定性、证据效力的认可。本案对侵犯著作权罪中涉及的“未经著作权人许可”复制发行、作品数量、取证固证、单位犯罪等问题的认定，对类案审理具有借鉴意义。本案的查办充分彰显了我国平等保护中外著作权人合法权益、营造良好营商环境的决心与能力。

**四、上海“PP视频”网站非法传播体育赛事案**

2020年12月，根据权利人投诉线索，上海市文化和旅游局执法总队三支队对该案进行调查。经查，2018年12月至2019年1月间，上海聚力传媒技术有限公司为增加其运营的“PP视频”网站浏览量，未经权利人许可，将《体育新闻》31期、《五星足球》6期等体育节目删减切条成511个短视频，供用户在线浏览和在线观看。2021年7月，上海市文化和旅游局执法总队三支队对该公司做出罚款25万元的行政处罚

**【点　评】** “剑网2021”专项行动明确要求加大短视频版权治理力度，重点打击未经授权对视听

作品删减切条、改编合辑制作传播短视频的行为。本案是落实“剑网 2021”专项行动重点任务、加强短视频版权整治的典型案例，对规范短视频领域版权秩序具有示范意义。

**五、上海国芯集成电路设计有限公司等侵犯软件著作权案**

2019 年 9 月，接权利人报案，江苏省南京市公安局雨花区分局对该案进行调查。经查，2016 年至 2019 年 12 月间，上海国芯集成电路设计有限公司销售人员陶某从市场获取南京沁恒微电子股份有限公司生产的正版 CH340 芯片，该公司总经理许某在明知未获得授权许可的情况下，反向破解 CH340 芯片并组织生产侵权芯片谋取不法利益，累计制售 830 余万个，非法经营额达 730 余万元。2021 年 7 月，南京市雨花区人民法院以侵犯著作权罪判处上海国芯集成电路设计有限公司罚金 400 万元；许某有期徒刑四年，并处罚金 36 万元；陶某有期徒刑三年二个月，并处罚金 10 万元。许某、陶某等不服一审判决向南京市中级人民法院提出上诉。2021 年 10 月，南京市中级人民法院做出驳回上诉、维持原判的二审裁定。

**【点　评】** 芯片是高新技术企业创新发展的核心资产，具有巨大的商业价值。该案侵权时间长、涉案金额大、影响范围广，是保护高新技术企业计算机软件著作权的典型案例。芯片类犯罪行为，可能涉及侵犯著作权犯罪、侵犯商标犯罪和侵犯商业秘密犯罪。通过对本案的查办，执法部门准确把握侵犯著作权犯罪罪名认定标准，在罪名适用、证据收集、鉴定方式等方面积累了经验，对办理芯片类案件具有借鉴意义。

**六、江苏常州“好看动漫”网站侵犯动漫作品著作权案**

2021 年 3 月，根据网络巡查获得的线索，江苏省常州市文化市场综合行政执法支队对该案进行调查。经查，自 2020 年 2 月起，黄某某通过技术手段在互联网上获取《一人之下》《狐妖小红娘》《全职高手》等动漫作品，将相关作品上传至其经营的“好看动漫”网站供在线观看，通过收取广告费等形式非法牟利 3.8 万元。因黄某某人在异地，在广东省梅州市文化广电旅游局的配合下，2021 年 5 月，常州市文化广电和旅游局对黄某某做出罚款 25 万元的行政处罚。

**【点　评】** 本案系打击动漫侵权盗版的典型案例，对当事人予以顶格处罚体现了执法部门不断加大版权执法监管力度、严厉打击侵权盗版行为的决心。本案查办注重跨区域联动执法，实现对侵权行为的跨区域打击，对加强执法联动具有积极意义。

**七、浙江宁波“3·10”盗录院线电影案**

2021 年 3 月，根据国家版权局移转线索，浙江省委宣传部、宁波市委宣传部等单位成立专案组，指导宁波市文化市场行政执法队对该案进行调查。经查，2021 年春节期间，陈某某先后购票进入两家不同影院观影，盗录《刺杀小说家》《人潮汹涌》两部春节档热映影片，并通过网盘发送给网友，导致被盗录影片在网络上广泛传播，给电影制片方造成巨大损失。2021 年 6 月，宁波市文化广电旅游局对陈某某做出罚款 25 万元的行政处罚。

**【点　评】** 2021 年 2 月至 3 月，国家版权局、国家电影局、公安部等相关部门联合部署开展打击院线电影盗录传播集中行动。本案是集中行动做出行政处罚第一案。本案虽未非法牟利，但性质恶劣，严重损害了权利人合法权益、破坏了电影市场版权秩序。案件办理难点在于盗录行为的落地查人。执法部门通过技术手段和多条线索，最终成功锁定侵权者，并做出了 25 万元的顶格罚款。

**八、山东滨州“4·20”制售侵权盗版图书案**

2020 年 4 月 20 日，根据群众举报线索，山东省滨州市、无棣县两级文旅部门会同无棣县公安局对该案进行调查。经查，自 2019 年 8 月起，贾某某、李某、崔某某等人未经著作权人许可，非法制售侵权盗版《海底小纵队探险记》《钢铁是怎样炼成的》《契诃夫短篇小说选》《神奇的校车》《凯斯瑞启蒙阅读》等大量图书，共计 180 余万册、码洋 3 000 万元。2021 年 10 月，山东省无棣县人民法院以侵犯著作权罪判处贾某某有期徒刑四年，并处罚金 50 万元；李某有期徒刑二年，并处罚金 20 万元；崔某某有期徒刑一年八个月，并处罚金 20 万元。

**【点　评】** 本案涉案盗版图书多为幼儿和中小学读物，侵权数量大、案值高、社会影响恶劣。本案的依法查办，对严厉打击少儿图书侵权盗版、维护出版物市场版权秩序具有典型示范意义。

**九、河南新乡林某删减切条影视作品案**

2021 年 11 月，根据国家版权局移转的线索，河南省长垣市文化市场综合行政执法大队对该案进行调查。经查，林某未经著作权人许可，将《大明风华》《楚汉传奇》等多部影视剧删减切条、改编合辑为数百个短视频上传至某网络短视频平台非法牟利，仅《大明风华》《楚汉传奇》合辑即获利 7 000 余元。2021 年 12 月，长垣市文化广电和旅游局对林某做出罚款 2.5 万元的行政处罚。

【点　评】 近年来，短视频平台对影视作品切条、搬运、速看、合辑等侵权行为大量出现，影视权利人反映强烈。“剑网2021”专项行动重点整治短视频制作上传者对影视作品进行删减改编并网络传播的侵权行为。本案涉案金额不高，但执法部门快查快办，体现了行政执法的制度优势，对打击影视作品切条、搬运、速看、合辑等侵权行为具有示范效应。

### 十、广东清远魏某侵犯教育类视听作品著作权案

2020年12月，接权利人报案，广东省清远市公安局清城分局会同清远市版权局对该案进行调查。经查，自2019年起，魏某通过官方途径购买湖南咕泡网络科技有限公司、长沙图灵教育科技有限公司等5家在线教育机构教程视频，未经著作权人许可，将77 351部视频存放在网盘上售卖，非法牟利约20余万元。2021年11月，清远市清城区人民法院以侵犯著作权罪判处魏某有期徒刑三年六个月，并处罚金40万元。

【点　评】 本案是“剑网2021”专项行动中重点治理领域——在线教育领域版权整治的典型案件，涉及侵权教育类视听作品种类较多、数量较大。本案的查办有利于规范在线教育领域版权秩序，具有较强的示范意义。

# 2021年地方著作权司法保护典型案件

## 北京市

**一、“俏花旦”杂技艺术作品侵害著作权纠纷案**［北京知识产权法院（2019）京73终2823号民事判决书、北京市西城区人民法院（2017）京0102民初14340号民事判决书］

案件详情，参见本栏目“2021年全国著作权司法保护典型案件”之一。

**二、“凤凰读书”侵害著作权纠纷案**［北京互联网法院（2020）京0491民初36141号民事判决书］

**【基本案情】** 北京美好景象图片有限公司（以下简称“美好景象公司”）对涉案摄影作品享有著作权。北京天盈九州网络技术有限公司（以下简称“天盈九州公司”）未经许可在其经营的“凤凰网”中的“凤凰读书”版块擅自使用涉案摄影作品。美好景象公司起诉，要求天盈九州公司赔偿经济损失6 000元及合理开支1 000元。

一审法院审理过程中，通过“天平链”与“版权链”双链对接机制，依职权调取了北京版权保护中心存档的涉案图片版权登记材料，包括原图、权利归属说明、权利保证书、作品说明书、作品登记申请表等，并进行区块链跨链验证。天盈九州公司对上述版权登记信息的真实性予以认可。在无相反证据的情况下，一审法院认定美好景象公司系涉案作品的著作权人，天盈九州公司未经许可，在其经营的网站上使用涉案作品，使用户可以在个人选定的时间和地点获得作品，侵犯了美好景象公司对涉案作品所享有的信息网络传播权，应承担相应的侵权责任。结合美好景象公司提交的网页截图，天盈九州公司是否“转载”不影响对其使用行为的认定。天盈九州公司明知其网站中的图片使用行为存在著作权侵权风险，也知晓涉案作品授权许可途径，但未采取及时、有效措施避免侵权或取得相应授权，存在一定主观过错。一审判决天盈九州公司赔偿美好景象公司经济损失900元及合理开支100元。该案一审判决已生效。

**【典型意义】** 本案是全国首例依托“版权链-天平链协同治理平台”取证、认证的著作权案例。针对电子证据存证难、易窜改、验证难等痛点，北京互联网法院建立了基于区块链技术的“天平链”电子证据平台。为打通行政版权登记信息与司法审判数据的壁垒，2020年9月6日，北京互联网法院与北京版权保护中心联合发布了“版权链-天平链协同治理平台”，鼓励针对作品权属、授权证据进行版权登记备案，推进权属登记确权规则与司法认定规则实现“双标统一”。权利人在北京版权保护中心办理作品登记的同时将数字版权证书存储到“版权链”中，如果发现侵权提起诉讼，仅需提供版权登记号，法院即可一键调取北京版权保护中心存档的涉案作品版权登记材料，并进行区块链跨链验证，实现版权登记信息实时交互、高效调取，确保版权数据真实可信。“版权链-天平链协同治理”极大降低了当事人举证的成本和法官认证的难度，提升了作品登记的实际效能和证据的可采信程度，是行政机关和司法机关共同构建版权共治社会体系的重要举措，为推动健全知识产权大保护工作格局进行了有益探索。

## 天津市

**广东雅迪机车有限公司诉天津深铃科技发展有限公司侵害著作权、商标权纠纷案**［天津市中级人民法院（2020）津01民初956号民事判决书、天津市高级人民法院（2021）津民辖终3号民事判决书］

**【基本案情】** 广东雅迪机车有限公司（以下简称“雅迪公司”）系美术作品雅迪公司系美术作品“雅迪钻石版logo”（国作登字-2017-F-00347633）的著作权人、第27149230号“ ”图形商标的商标权人。2020年7月，公证人员来到分别位于天津市南开区、河北省遵化市的两家“台铃电动车”店铺，购买了型号分别为“清纯”“小酷豆”的两辆电动自行车，上述两辆电动自行车车架上分别有图案，并标注了“缤钻版”标识。经比对，雅迪公司的美术作品与天津深铃科技发展有限公司（以下简称“深铃公司”）使用的图案均为以五边形为框架、内部进行线段分割的钻石形象，其内部线段分割位置、比例以及构成的六边形形状均一致。雅迪公司涉案作品的钻石图案中间标注的是能体现雅迪公司的字母标识，而深铃公司使用的图案中间标注的是能体现深铃公司的字母标识。二者的字母标识均设定在钻石中间的六边形内，该六边形上半部分的三条线段与五边形上半部分的相同走向的三条线段平行。雅迪公司作品下半部分，即字母标识下方显示的是“D”“O”两个字母的组合，雅迪公司的设计依据是从钻石的英文DIAMOND中选取了“D”“O”两个字母进行组合。深铃公司使用的图案下半部分，即在字母标识下方显示的是两个半圆的梨形组合，深铃公司自述该图案是台铃的logo。雅迪公司主张深铃公司生产、销售侵害其著作权、注册商标专用权的商品，请求判令停止侵权并适用惩罚性赔偿确定赔偿数额。

法院认为，深铃公司与雅迪公司同属电动自行车生产、销售企业，且销售区域重合。深铃公司作为同行业企业，主观上明知涉案美术作品、商标为雅迪公司所有，且在雅迪公司“缤钻版”电动自行车投入市场、正在获取市场反馈过程的情况下，在其生产、销售的“清纯”“小酷豆”两款型号的电动自行车上贴附了将涉案美术作品与“缤钻版”商标组合使用的标识，其侵权的主观恶意明显。关于损害赔偿数额的确定，在法院责令深铃公司提交销售台账、财务报表、利润报表等相关材料的情况下，深铃公司以财务数据不能按照车型统计为由未能提交相关数据。法院根据被诉侵权电动自行车产品合格证的打印数量，认定深铃公司生产、销售涉案两款电动自行车40余万辆，销售范围涵盖全国多个区域。深铃公司的销售行为具有时间长、范围广、数量多的特点，侵权行为属情节严重。法院根据涉案两款车型的销售价格、深铃公司生产、销售涉案电动车的数量、行业平均利润率、涉案美术作品及商标的利润贡献率，综合确定侵权获利基数，并判令深铃公司按照侵权获利基数的两倍承担惩罚性赔偿责任。

**【典型意义】** 该案系天津法院做出生效判决的首例适用惩罚性赔偿的知识产权侵权案，充分体现了人民法院加大知识产权保护力度、依法适用惩罚性赔偿制裁恶意侵害知识产权行为的司法态度。判决说理部分充分阐述了认定侵权人主观恶意、确定惩罚性赔偿基数和倍数所考量的因素，为惩罚性赔偿制度的适用提供了实践样本。

## 辽 宁 省

### 《月牙五更》等曲谱职务音乐作品侵权纠纷案——某音乐学院与刘某、王某及赵某著作权权属、侵权纠纷案

［沈阳高新技术产业开发区人民法院（2019）辽0192民初1270号民事判决书、沈阳市中级人民法院（2021）辽01民终3172号民事判决书］

**【基本案情】** 被申请人刘某、王某在担任再审申请人某音乐学院教师期间，由被申请人刘某发起，再审申请人某音乐学院“八音组合”表演的《月牙五更》《远思》《随想曲》《八阵图》《熬鲁古雅》等曲目曾多次参加各类表演并获奖。其中，《月牙五更》曲谱署名为被申请人王某改编，《打令调》《远思》曲谱署名为被申请人王某。2016年12月27日，再审申请人某音乐学院作为申报主体，向国家艺术基金管理中心申报了2017年度舞台艺术创作资助项目，项目申报表记载：项目类别为小型舞台艺术作品资助项目，名称为民乐小合奏《东北音乐素描》，艺术品种为民乐小合奏，负责人为原审被告赵某，主创人员为原审被告赵某等。资金资助额度15万元并已获审批。该项目申报时向国家艺术基金网站上传了《月牙五更》《远思》《随想曲》《八阵图》《熬鲁古雅》5首曲谱首页（以下简称“5首曲谱”）及《打令调》《八阵图》演出视频。被申请人王某于2020年出具说明，表明与被申请人刘某共同创作完成5首曲谱。被申请人刘某和王某主张其二人为5首曲谱著作权人。再审申请人某音乐学院主张5首曲谱系职务作品，著作权应属某音乐学院。法院认定5首曲谱是被申请人刘某和王某共同创作的作品，系5首曲谱作者。5首曲谱系职务作品，但并不属于法律规定的著作权人为单位的特殊职务作品，故5首曲谱著作权人为被申请人刘某和王某，但再审申请人某音乐学院可在业务范围内优先使用，再审申请人某音乐学院对作品的使用行为超出了业务范围，且侵犯了被申请人刘某和王某的署名权，故应承担相应的著作权侵权责任。法院最终判令再审申请人某音乐学院停止对5首曲谱的侵权行为，赔偿被申请人刘某和王某经济损失及合理支出3万元等。

**【典型意义】** 《著作权法》于2020年修正后进一步扩充和完善了职务作品和特殊职务作品的内容。高校及企业职务作品权属纠纷多发。本案涉及民乐作品及国家基金项目，当事人争议较大，案情复杂。本案对案涉音乐作品是否属于职务作品或特殊职务作品进行认定和论述，通过详细的说理引导当事人及单位对职务作品进行更深刻的理解，具有示范和指引功能。本案对加强知识产权司法保护，支持自主研发和作品原创，营造保护知识产权的法治化环境有积极意义。

## 黑龙江省

**刘某与李某涵、朱某侵害作品发表权纠纷案**［哈尔滨市中级人民法院（2020黑01民初97号民事判决书、黑龙江省高级人民法院（2021）黑民终365号民事判决书］

案件详情，参见本栏目“2021年全国著作权司法保护典型案件”之七。

## 上　海　市

**一、侵犯变形金刚系列玩具著作权罪案——被告人李某波等侵犯著作权罪案**［上海市杨浦区人民法院（2021）沪0110刑初463号刑事判决书、上海市第三中级人民法院（2021）沪03刑终76号刑事裁定书］

**【基本案情】**“Transformers”系列玩具系孩之宝有限公司（Hasbro Inc）（以下简称“孩之宝公司”）于2000年起陆续创作的美术作品，后孩之宝公司又根据该作品制作、生产了变形金刚系列玩具，并在市场上销售。

2015年12月21日，被告人李某波就玩具机器人“W8022M01战擎司令官”向国家知识产权局申请外观设计专利，授权公告日为2016年5月25日。而后，被告人李某波就玩具“萌威统帅”于2020年3月16日向广东省版权局进行作品登记，根据作品登记证书显示，该作品类别为F美术，著作权人为李某波，创作完成时间为2019年11月29日。

2019年起，被告人李某波，伙同被告人安某，雇用被告人张某超、李某然、曲某生等人，在未经孩之宝公司许可的情况下，对孩之宝公司销售的变形金刚系列玩具进行微调设计，后委托他人批量生产，并在广东省汕头市的工厂进行组装、包装等，再冠以“威将”“陆霸”等品牌对外销售。其中，被告人安某负责对部分产品进行设计，被告人曲某生负责对部分产品进行上色，被告人张某超负责生产，被告人李某然负责运输。

2020年6月5日，公安机关于广东省汕头市威将新概念模型科技有限公司内扣押“J6621秦天战士”“W8601黄锋战士”等“变形金刚”系列玩具共计2万余件。经中国版权保护中心版权鉴定委员会鉴定，上述被查获的32款涉案玩具中有31款玩具与孩之宝公司的变形金刚系列玩具基本相同，有1款玩具与孩之宝公司的变形金刚系列玩具相似。经审计，被告人李某波、张某超、李某然的非法经营数额共计200余万元；被告人安某的非法经营数额共计57万余元；被告人曲某生的非法经营数额共计9万余元。

一审法院认为：首先，被告人李某波当庭供述其对孩之宝公司销售的变形金刚系列玩具进行微调设计后再申请外观设计专利及作品登记，系为了规避法律风险，可见其在主观上具有恶意。其次，我国外观设计专利登记机关在进行外观设计专利注册登记时并未做实质审查，著作权亦自创作完成之时即自然取得，当事人可自愿办理作品登记。本案中，孩之宝公司相关作品的著作权形成时间均系早于被告人李某波取得的上述外观设计专利及作品登记的申请时间。最后，被告人李某波实际生产、销售的“战擎司令官”玩具与其所申请的外观设计专利中所对应的玩具亦并不相同。综上，被告人李某波所申请的外观设计专利及自愿进行的作品登记并非以诚实信用的方式取得，且孩之宝公司的相关作品的著作权形成时间均早于被告人李某波的上述权利，遂判处被告人李某波有期徒刑三年三个月，并处罚金人民币120万元；其他同案被告人被判处一年至三年不等的有期徒刑，并处人民币1万元至10万元不等的罚金；违法所得予以追缴，查获的侵权商品及供犯罪所用的本人财物等均予以没收。

一审宣判后，被告人李某波不服一审判决，提起上诉。二审法院经审理后，裁定驳回上诉、维持原判。

**【典型意义】**本案是一起因复制发行电影IP衍生手办玩具引发的侵犯著作权刑事案件，涉案人数较多，侵权玩具款式众多，涉及设计、生产、销售各环节，加之与本案相关的变形金刚系列主题电影在全球范围内具有较高的知名度及影响力，受到各界关注。本案的判决保护了创新，体现了司法机关对侵权假冒多发的IP衍生手办玩具这一重点领域进行严厉打击的态势与决心，增强了外资企业在华投资及经营的信心，营造了良好、健康的市场竞争环境。

**二、“IF影响因子”数据库著作权侵权纠纷案——科睿唯安信息服务（北京）有限公司与上海梅斯医药科技有限公司侵害作品信息网络传播权及不正当竞争纠纷案**［上海市徐汇区人民法院（2019）沪0104民初2392号民事判决书、上海知识产权法院（2020）沪73民终531号民事判决书］

**【基本案情】**卡米洛公司系Clarivate Analytics旗下Web of Science（包括Science Citation Index）、InCites（包括JCR期刊引证报告）以及“IF影响因子”数据等所有子数据库的著作权人。卡米洛公司许可科睿唯安信息服务（北京）有限公司（以下简称“科睿唯安公司”）在指定区域内使用其产品的一切知识产权以及维权权利。clarivate.com网站发布的JCR期刊引证报告是一个独特的多学科期刊评价工具，是唯一提供基于引文数据的统计信息的期刊评价资源，其中“IF影响因子”指标解释为“期刊在过去两年发表的论文在当前JCR年的评价被引次数”。

2018年7月20日，科睿唯安公司发现上海梅斯医药科技有限公司（以下简称“梅斯公司”）官网的“Medsci2018年期刊智能查询系统”（2017年度）页面显示30本期刊的列表，点击打开前5本期刊的页面，每本期刊中均显示“IF链接GreenSCI SCI-JOURNAL”，点击该链接后弹出小窗口显示每本期刊2015—2017年的“IF影响因子”数据。“梅斯医药”APP中的“期刊”版块，点击打开4本期刊的详细页面，每本期刊页面均显示“IF（网友提供）”数据。2019年6月21日，运行涉案APP，涉案APP就期刊的“IF影响因子”数据提供方式变更为与涉案网站相同的链接。审理中，在涉案网站随机挑选JCR期刊引证报告数据库中的社会科学部分的5本期刊进行查询，均出现有“IF影响因子”数据的链接。据此，科睿唯安公司诉至法院，要求判令梅斯公司立即停止侵权、刊登声明、消除影响并赔偿经济损失30万元及合理费用34 694元。

一审法院认为，JCR期刊引证报告数据库无论从JCR期刊引证报告中各项评价指标的选择、编排还是数据库中期刊的选择均具有独创性，构成汇编作品。“IF影响因子”数据是JCR期刊引证报告数据库的基础、核心数据，greensci.net网站运营者未经权利人许可向公众提供JCR期刊引证报告数据库中的“IF影响因子”数据，构成对JCR期刊引证报告数据库的信息网络传播权的侵害。梅斯公司作为期刊数据库的经营者应当知道JCR期刊引证报告数据库对于使用者的限制，而其在无法确定greensci.net网站经营者以及经营者有无获得权利人授权的情况下，仍对该网站设置了链接，显然未尽到合理审慎的注意义务，主观上具有过错，其行为构成帮助侵权。鉴于梅斯公司的该项行为已依据《著作权法》认定构成对JCR期刊引证报告数据著作权的帮助侵权，科睿唯安公司要求再依据《反不正当竞争法》第二条认定该行为构成不正当竞争，于法无据，法院不予支持。一审法院判决梅斯公司停止侵权，并赔偿经济损失20万元及合理费用34 694元。一审判决后，梅斯公司不服判决，提起上诉。二审法院判决驳回上诉、维持原判。

**【典型意义】** 本案原告从《著作权法》和《反不正当竞争法》两个路径分别主张保护，法院认定“IF影响因子”数据库构成著作权法上的汇编作品，对于擅自使用数据库中对数据选择或编排的独创性表达的行为认定构成著作权侵权，而不再认定构成不正当竞争行为。对于擅自使用数据内容本身，而未使用选择或编排上的独创性表达的行为，则不构成对该数据库著作权的侵害，且若该行为未造成数据库制作者产品或服务被实质性替代的情况下，也不构成不正当竞争行为。本案厘清了数据库两种保护路径的区别和关系，对于该类型案件的处理具有借鉴意义。

## 江　苏　省

**一、故意非法使用“小黄人”卡通形象、经营规模巨大被判高额赔偿——环球影画（上海）商贸有限公司诉沧州千尺雪食品有限公司、景某江、景某松、旺仔食品（广州）集团有限公司、广东泰牛维他命饮料有限公司、无锡味能食品有限公司侵害著作权纠纷案**［苏州中院（2019）苏05知初351号民事判决书、江苏高院（2020）苏知终60号民事判决书］

**【基本案情】**“小黄人”卡通形象具有较高的知名度。沧州千尺雪食品有限公司（以下简称“千尺雪公司”）法定代表人及股东景某江将与该卡通形象近似的“益小瓶”卡通形象登记为美术作品，并在生产、销售的乳酸菌类产品上使用。该公司生产、销售规模巨大，销售商众多，涉及全国22个省份，曾宣称产品上市以来创造3个月销售1 500万元、单品破25万件的奇迹。环球影画（上海）商贸有限公司（以下简称“环球影画公司”）认为千尺雪公司等6名被告侵害其著作权，要求共同赔偿损失510万元并消除影响等。其在立案时申请行为保全措施获得支持。

一审法院认为，千尺雪公司未经许可，在被诉侵权产品上使用与涉案“小黄人”美术作品相似的侵权形象，侵害了“小黄人”作品的复制权和发行权。景某江、景某松为千尺雪公司侵权提供帮助，旺仔食品（广州）集团有限公司、广东泰牛维他命饮料有限公司与千尺雪公司存在关联，故上述被告与千尺雪公司构成共同侵权。根据千尺雪公司宣传的销售额、价格、利润、规模等，并考虑其拒不履行保全禁令以及“小黄人”作品高知名度等因素，计算确定的赔偿数额远远超过510万元，遂判决被告停止侵权、消除影响，全额支持环球影画公司510万元的赔偿请求等。一审判决后，千尺雪公司等不服判决，提起上诉。二审法院判决驳回上诉、维持原判。

**【典型意义】** 本案系对世界知名动画卡通形象加强保护的典型案例。审理中，法院针对侵权行为及时做出行为保全禁令，制止被告生产、销售等行为，有效避免了大量侵权产品流向市场。在确定赔偿数额时，法院适用举证妨碍规则，在被告持有侵权产品销售数据等相关证据，有能力提供而拒不提供的情况下，以侵权人自行宣传资料中的数据，核算确定的被告违法所得远超原告诉请赔偿的数额，遂综合考虑相关因素，全额支持了权利人510万元的赔偿请求。

本案的高额判决得到社会各界的广泛关注和高度评价，并被知产力等多家专业媒体报道，案件处理取得了良好的法律效果和社会效果，彰显了江苏法院平等保护中外当事人知识产权的理念。权利人收到判决后，来信盛赞江苏法院“通过知识产权保护为构建良好营商环境做出卓越贡献”“对中国知识产权司法保护工作贡献良多”。同时，本案判决有力打击了针对影视卡通形象衍生产品的盗版行为，促进了正版衍生产品推广销售以及我国影视行业衍生产品市场的健康发展。

**二、“一条龙”产业链式制售盗版图书构成侵犯著作权罪——某公司甲、某公司乙、王某、李某等侵犯著作权罪，吴某犯非法制造、销售非法制造的注册商标标识罪**［江苏省淮安中院（2020）苏08刑初7号刑事判决书、江苏高院（2021）苏刑终75号刑事裁定书］

案件详情，参见本栏目“2021年全国著作权司法保护典型案件”之十二。

**三、破解他人芯片并大量生产销售侵权芯片构成侵犯著作权罪——某公司、许某、陶某侵犯著作权罪**［南京市雨花台区人民法院（2021）苏0114刑初148号刑事判决书、南京市中级人民法院（2021）苏01刑终716号刑事裁定书］

案件详情，参见本栏目“2021年全国著作权司法保护典型案件”之十三。

## 浙　江　省

**一、深圳市脸萌科技有限公司、北京微播视界科技有限公司与杭州看影科技有限公司、杭州小影创新科技股份有限公司著作权侵权纠纷案**［杭州互联网法院（2020）浙0192民初8001号民事判决书］

案件详情，参见本栏目“2021年全国著作权司法保护典型案件”之八。

**二、外语教学与研究出版社有限公司、北京外研通教育科技有限公司与湖州高创文化用品有限公司、湖州南浔佳豪电子商务有限公司侵害信息网络传播权纠纷案**［湖州市中级人民法院（2021）浙05民初39号民事判决书］

**【基本案情】** 2000年6月，外语教学与研究出版社有限公司（以下简称“外研社”）与麦克米伦出版（中国）有限公司（以下简称“麦克米伦公司”）依据国家《义务教育英语课程标准（实验稿）》共同组织开发了《新标准英语》中小学系列教材，并对相关教材和音像制品进行了著作权登记。2005年，麦克米伦公司授权外研社全权处理该系列教材侵权事宜。经外研社授权，北京外研通教育科技有限公司（以下简称“外研通公司”）亦获得该系列教材的著作权及邻接权的普通许可并有权以自己名义维权。2019年开始，湖州高创文化用品有限公司（以下简称“高创公司”）、湖州南浔佳豪电子商务有限公司（以下简称“佳豪公司”）生产、销售的学习平板电脑的内置APP“智慧课堂”含有案涉系列教材的下载链接。通过点击该链接可以下载26册的《新标准英语》，该行为并未获得权利人的许可。外研社、外研通公司认为高创公司、佳豪公司的行为侵害了其对涉案教材的信息网络传播权，故诉至法院，要求判令高创公司、佳豪公司停止侵害并赔偿经济损失100万元。

**【典型意义】** 随着“双减”政策的落地和数字时代的来临，在线自主学习日渐成为提升学业或者职业技能的补充选择，各类学习资源以电子文件的形式传播，传播环节和链条较以往更为复杂，与之相关的知识产权纠纷也相应增长。本案系一起涉知名英语教材的著作权侵权案件。2021年9月16日，本案在浙江法院“我是院长，现在开庭”活动中通过“浙江天平”抖音号、头条号和中国庭审公开网全程直播，庭审后院长发表法官寄语，呼吁社会各界尊重知识与创新，营造更好的知识产权保护环境、更优的法治营商环境。合议庭通过辨法析理，让被告意识到未经许可在线提供资料下载的行为已严重侵害他人著作权，案件最终调解结案，实现了法律效果与社会效果的有机统一。

**三、张某某等侵犯著作权罪案**［义乌市人民法院（2021）浙0782刑初156号刑事判决书、金华

市中级人民法院（2021）浙07刑终415号刑事裁定书〕

**【基本案情】** 厦门雷霆互动网络有限公司系《问道》手机游戏软件（以下简称“《问道》手游”）的著作权人。2019年5月至2020年8月期间，张某某等9人及赵某某等3人（均另案处理）明知《问道》手游拥有计算机软件著作权，在未取得著作权人厦门雷霆互动网络有限公司及运营单位浙江博约信息技术服务有限公司授权的情况下，开发并运营《出奇制胜问道》《诗情画意问道》《非凡问道》《浮生问道》《情怀问道》《完美问道》《雨过天晴问道》共7款《问道》私服手游，并通过游戏玩家充值元宝的方式进行非法营利。经福建中证司法鉴定中心鉴定，上述7款手游私服客户端程序均与厦门雷霆互动网络科技有限公司经授权运营的《问道》手游官方客户端程序构成实质性相似。经查，张某某、胡某的非法经营数额达6 000余万元；张某某等9人非法获利共计1 800余万元，后已退出赃款1 100余万元。

义乌市人民检察院指控张某某等9人犯侵犯著作权罪，向浙江省义乌市人民法院提起公诉。义乌市人民法院经审理认为：被告人张某某等9人以营利为目的，未经著作权人许可，复制、发行其计算机软件，其中张某某等8人违法所得数额巨大，李某某违法所得数额较大，其行为均已构成侵犯著作权罪。公诉机关指控罪名成立，应予支持。该院遂于2021年7月20日判决各被告人有期徒刑一年至四年六个月不等，并处罚金15万元至640万元不等，部分被告人适用缓刑；各被告人违法所得予以没收，上缴国库。被告人刘某某、陈某某不服，向浙江省金华市中级人民法院提出上诉。金华市中级人民法院于2021年10月12日裁定：驳回上诉，维持原判。

**【典型意义】** 本案涉及《问道》这一影响力较大的网络游戏产品的著作权刑事保护问题，法院根据私服客户端程序后台的玩家充值金额，在剔除了游戏赠送部分后所认定的非法经营数额仍高达6 000余万元，非法获利高达1 800余万元，系目前浙江省非法经营数额最高的侵犯著作权刑事案件。本案判决就各被告人的犯罪行为及定罪量刑层层分析，分别判处刑罚，充分体现了法院严惩知识产权犯罪的态度，有力震慑了网络游戏领域的犯罪行为，维护了权利人的计算机软件著作权，保障了文娱领域的创新发展。

## 安 徽 省

### 一、X公司与上海Y公司确认不侵害著作权纠纷案

**【基本案情】** X公司是一家注册地在合肥高新区的高新技术企业，成立于1999年，是亚太地区知名的智能语音和人工智能上市企业。

上海Y公司系一家注册地在上海的有限公司，成立于2004年，是文学网站“某某中文网”的实际经营者。

上海Y公司认为X公司开发的安卓端手机应用软件“听书神器”侵害其著作权及构成不正当竞争行为，并提出以下指控内容：软件内“全网搜书”功能已构成信息网络传播权帮助侵权；软件内“转码及文字转语音功能”已构成复制权和信息网络传播权直接侵权；软件内“文字转语音功能”已构成不正当竞争。

X公司认为“听书神器”软件并不侵犯上海Y公司的著作权，由于上海Y公司既未就X公司的行为向人民法院提起诉讼或者向其他有权机关请求救济，也没有撤回律师函，或给X公司消除涉嫌著作权侵权的影响，X公司认为其一直处于涉嫌构成著作权侵权的不公平境地，其生产经营活动和正当权益也遇到了极大的障碍和损害，遂提出确认不侵权之诉。

合肥市高新技术产业开发区人民法院经审理认为，转码技术是实现文本格式转换功能的技术，利用技术添加中立性的“关键词”在搜索引擎自然结果筛选出中立的符合用户需求的页面本身也是“搜索”功能的体现，由于行为人并未将单一用户所选择并存储于客户端的信息复制于服务器并通过网络方式向公众发布，因此“转码及文字转语音功能”应为中立技术，不构成复制权和信息网络传播权直接侵权。据此判决：确认X公司运营的“听书神器”软件不侵犯上海Y公司就案涉作品享有的著作权。合肥市中级人民法院二审驳回上海Y公司的上诉，维持原判。

**【典型意义】** 转码技术是随着移动阅读逐渐普及产生的一项新技术，本案的裁判对转码技术实施的特点以及必要限度进行了详细的阐释。在技术飞速发展的时代背景下，知识产权司法保护在坚持技术中立的同时，如何结合技术事实认真厘清案涉技术是否超越法律范围、侵犯他人合法权利是案件审理的关键所在。本案因为证据复杂，审理难度较

大，此类案件的审理一直是司法实践中的难点。本案从信息网络传播行为的本质出发，结合案情进行了细致和全面的阐释，对类似案件的审理，具有较强的规则指引意义。本案的裁判充分体现了人民法院处理科技进步带来的新型行为的司法智慧和司法能力。

**二、R传媒有限公司与S公司著作权许可使用合同纠纷案**

**【基本案情】** 2017年10月9日，S公司、R传媒公司及泉州市G公司签订《形象许可使用合同》及其附件，约定S公司以排他性独家授权方式授权R传媒公司以“三只松鼠”的卡通形象用于《三只松鼠》第一季动画片绘本故事书、纸板拼插游戏书、陶土游戏书的制造、推广及销售，授权时间自2017年10月9日至2021年4月8日。2019年3月初，R传媒公司委托Y公司绘制，出版了《我是坚果侠》《勇敢的力量》等26册“三只松鼠成长不烦恼”系列绘本故事书。

2018年7月16日，S公司、安徽S出版社及泉州市G公司签订《异业合作合同》及其附件，约定异业合作种类为排他性独家异业合作，品类为汉语抓帧图画故事书、3D立体书，合作时间自2018年5月1日至2021年7月31日。2018年9月15日，S公司向安徽S出版社开具服务名称为“无形资产*授权费”、金额为60万元的增值税发票一张。2019年10月，安徽S出版社出版发行了《故事开始了》《传奇诞生了》等10册系列汉语抓帧“三只松鼠动画故事书”，该系列故事书封面均标注有“S公司出品”字样。

R传媒公司认为，S公司与安徽S出版社的异业合作实际上是著作权许可，构成重复授权，侵害了其对案涉动画形象的专有使用权。

安徽省高级人民法院经审理认为，根据著作权法关于著作权许可使用的有关规定可知，重复授权是指著作权人将同一权利在同一地域、同一期限内许可不同主体使用。根据动画片制作绘本故事书是对原作品改编权的行使，制作抓帧故事书是对原作品汇编权的行使。进而判定著作权人不构成重复授权。

**【典型意义】** 绘本故事书采取文字与图画相结合的方式讲述故事，图文并茂，生动有趣，深受孩子们欢迎，抓帧故事书在表现形式上与绘本故事书如出一辙。著作权人将制作绘本故事书和抓帧故事书的权利许可给不同的主体行使，是否构成重复授权？经检索，目前尚未发现出版界、理论界和司法实务界从著作权法的角度对绘本故事书与抓帧故事书进行明确区分。法院立足于著作权法的相关规定，从许可使用合同约定的授权品类属于何种权利类型入手，认定制作绘本故事书行使的是作品的改编权，制作抓帧故事书行使的是作品的汇编权，从而判定著作权人不构成重复授权，对审理同类型案件具有较高参考价值。

**三、被告人程某、王某侵犯著作权罪案**

**【基本案情】** 2018年2月，被告人程某、王某将购买的浙江H公司数控系统中4种芯片拆解下来送到北京中关村G公司陈某（另案处理）处进行芯片解密，程序破解后，显示为成都X公司拥有著作权的数控程序。被告人程某、王某为谋取非法利益，购买空白芯片通过G公司和陈某将破解的程序烧录复制其中，再通过购买主板、金属外壳、显示屏、电缆等零部件组装成数控系统。2018年11月，王某注册成立蚌埠H公司，两人以该公司名义在淘宝、微信等网络平台销售侵犯成都X公司著作权的数控系统。截至案发，被告人程某、王某共通过陈某复制成都X公司享有著作权的程序芯片2 511份，除去相关费用等共获利30余万元。

2020年7月27日，经上海辰星电子数据司法鉴定中心鉴定，被告人程某、王某生产的数控系统主板芯片程序和成都X公司提供的有著作权的芯片程序数据相似比例均大于等于96.57%。

安徽省滁州市中级人民法院一审判决：被告人程某犯侵犯著作权罪，判处有期徒刑三年，宣告缓刑四年，并处罚金32万元；被告人王某犯侵犯著作权罪，判处有期徒刑三年，宣告缓刑四年，并处罚金32万元；退缴在案的赃款予以没收，上缴国库；查获的侵权假冒芯片等予以没收。

**【典型意义】** 芯片，是信息产业的“心脏”。芯片盗版复制等知识产权侵权问题严重损害芯片产业的自主创新发展。行为人未经著作权人许可，拆解芯片交他人解密，将破解的程序植入空白芯片并组装成数控系统进行销售牟利，属于复制发行计算机软件的行为，复制发行数量在2 500份以上的，其行为构成侵犯著作权罪，且属有其他特别严重情节。该案的审结，有力打击了非法侵犯计算机软件著作权犯罪行为，以案释法，警示教育计算机软件从业人员创新无捷径，民族创新力的提升需要公平有序的竞争环境。

**四、被告人王某等13人侵犯著作权罪案**

**【基本案情】** 2017年10月至2019年3月，被告人王某从河北省孙某（另案处理）处购买《基层党务工作实用手册》等盗版书籍，后将上述盗版书籍予以销售。2019年3月至2019年8月，王某委托被告人胡某为其印刷《第五批全国干部学习培训教材》（一套14册）等多种盗版书籍共90 000册。后胡某委托吕某将《中国共产党党内重要法规汇编》等多种盗版书的电子文档制作成PS版。胡某同时委托徐某、李某、彭某等人对上述盗版书籍进行印刷。印刷完成后，胡某又委托叶某等人对盗版书籍进行装订。后胡某将装订完毕的盗版书籍交付给王某，王某支付费用给胡某。随后，王某将盗版书籍售给被告人毕某，毕某将盗版书籍销售至新疆等地。王某飞帮助王某将盗版书籍销售给王某楼等人。

合肥市高新区人民法院一审判决：被告人王某犯侵犯著作权罪，判处有期徒刑四年六个月，并处罚金70万元。其余12名被告人被判处一至四年有期徒刑，并处罚金。各被告人所退赃款依法予以没收，上缴国库；涉案扣押的盗版图书予以没收，上缴国库。该案经安徽省合肥市中级人民法院二审裁定维持原判，驳回上诉。

**【典型意义】** 私自印刷、销售盗版书籍是目前实施侵犯著作权犯罪的主要手段之一。盗版书籍复制完成后虽然有大量盗版书籍未销售出去即被查获，但同样构成侵犯著作权罪的既遂，在此情形下，应当结合被告人供述的装订册数以及微信聊天及转账记录等证据认定侵犯著作权犯罪的非法经营数额。对涉盗版书籍的著作权刑事犯罪施以刑事制裁，不仅有效维护了著作权人的权利，也对鱼龙混杂的图书市场环境起到规范作用，依法维护图书行业的健康发展。该案系中宣部版权管理局、全国“扫黄打非”办公室、公安部和最高人民检察院等部门联合挂牌督办案件。合肥市高新区人民法院被国家版权局授予2020年度查处重大侵权盗版案件有功单位，受到人民出版社致信感谢。

## 山 东 省

**《玉楼春》电视剧诉前行为保全案——阿里巴巴（中国）网络技术有限公司青岛分公司、北京优酷科技有限公司等诉前行为保全案**［山东省青岛市中级人民法院（2021）鲁02行保1号民事裁定书］

**【基本案情】** 阿里巴巴公司及优酷公司经授权取得《玉楼春》电视剧的信息网络传播权。宽娱公司是“哔哩哔哩（bilibili）”平台运营方。阿里巴巴公司、优酷公司发现，随着《玉楼春》电视剧上线及剧集更新，“哔哩哔哩（bilibili）”平台出现大量相关视频，侵害其合法权益，故提出诉前行为保全申请，请求法院责令该平台关联公司宽娱公司删除侵权视频，并采取有效措施过滤拦截未经授权的用户上传和传播侵权视频。

法院经审理认为，阿里巴巴公司、优酷公司涉案作品权利基础稳定，若不采取行为保全措施会使权利人合法权益受到难以弥补的损害，而采取行为保全措施并不会造成权利人与宽娱公司之间的利益失衡和对社会公共利益造成损害，并且权利人为其申请提供了符合法律规定的担保。法院裁定宽娱公司删除相关视频并采取有效措施过滤拦截用户上传相关视频。

**【典型意义】** 本案系涉及“长短视频平台之争”的诉前禁令典型案件。随着信息网络传播技术的飞速发展和人民群众精神文化需求的日益增长，短视频在各大网络平台日渐流行，由此引发的短视频制作传播者、短视频平台与影视作品权利人之间的纠纷也日益增多。本案的裁判，依法妥善运用诉前行为保全措施，加强知识产权侵权源头治理，及时有效阻遏侵权行为，防止损害扩大，切实降低维权成本，坚决不能让权利人赢了官司输了市场。

## 河 南 省

**一、维乐有限责任公司与河南新驰国际贸易有限公司、广州市威诺皮具有限公司、王某新以及河南鸿伸旅行用品有限公司、河南威麦仕实业有限公司、郑州一恒投资有限公司著作权权属、侵权纠纷案**［河南省郑州市中级人民法院（2019）豫01知民初610号民事判决书、河南省高级人民法院（2020）豫知民终730号民事判决书］

**【基本案情】** 维乐公司2009年在俄罗斯注册成立，在2013年推出Delune品牌书包，并设计了一系列的美术作品，其中包括将Delune文字加小熊耳朵图案艺术化设计形成的作品1（作品名称：Delune耳朵）、将Delune文字加小熊耳朵图案加小熊脑袋图案艺术化设计形成的作品2（作品名称：Delune小熊脑袋）、将趴在月亮上的小熊艺术化设计形成的作品3（作品名称：月亮小熊）、将背着书包的小熊艺术化设计形成的作品4（作品名称：背着书包的小熊）。河南新驰公司成立于2004年，其经营范围包括货物进出口业务。广州威诺公司、河南鸿伸公司、河南威麦仕公司是河南新驰公司的关联公司，是河南新驰公司的书包加工基地。维乐公司以河南新驰公司在维乐公司不知情的情况下，将维乐公司享有著作权的“Delune 耳朵”“Delune 小熊脑袋”“月亮小熊”作品在中国申请注册商标，还与其他关联公司共同生产、销售噜噜呢书包为由，将新驰公司等诉至法院。

一审法院经审理查明，维乐公司提交的设计底稿源文件证据中，除了有案涉作品的成品图，还提交了大量案涉作品局部的设计图、半成品图的设计文件，还包括有部分局部图案的设计底稿，设计底稿源文件中还包括有与书包配套的鞋袋的设计文档以及使用在书包、鞋袋上的小标识图案的设计文档。同时，新驰公司在 2019 年 12 月 27 日委托代理机构北京正理商标事务所有限公司向国家知识产权局递交的《向国家知识产权局提交的维乐有限责任公司对答辩人在第 18 类商品上已注册的第 19175973 号商标无效宣告的答辩书》中也认可维乐公司工作人员安娜设计了案涉作品。一审法院认定案涉作品著作权属于维乐公司，新驰公司及其关联公司的案涉行为构成侵权，酌定赔偿数额为 600 万元。一审判决做出后，维乐公司、新驰公司、威诺公司等均不服，提起上诉。二审法院审理后维持原判。

**【典型意义】** 知识产权是国际竞争力的核心要素也是国际争端的焦点，知识产权保护工作的重要性在当前国际贸易争端加剧的情况下尤为突出。本案维乐公司和河南新驰公司之间存在多年商业合作关系，但双方在合作过程中对案涉品牌所进行的艺术化加工设计所形成的权利的归属未做出明确约定，导致本案纠纷发生。法院根据作品创作底稿等证据，综合全案查明事实对权利归属做出认定，为准确认定侵权事实奠定了坚实基础。本案判决体现了加大知识产权保护力度的司法导向，彰显了中国法院依法平等保护中外权利人合法权益的坚定态度，对于营造良好营商环境具有重要意义。

**二、郭某仁、庞某娜犯侵犯著作权罪案**［河南省洛阳市中级人民法院（2021）豫 03 刑初 34 号刑事判决书、河南省高级人民法院（2021）豫刑终 469 号刑事裁定书］

**【基本案情】** 2020 年 5 月，郭某仁从庞某娜处购买了《河南省初中学业水平考试解析与检测》406 套（每套 14 册，共计 5 684 册），以每套 100 元的价格销售到汝阳县城关镇第三初级中学。2020 年 6 月 19 日，汝阳县文化市场综合执法大队会同市支队一大队在汝阳县城关镇第三初级中学进行检查时，依法扣押了该批出版物。经河南省新闻出版局鉴定，该批出版物盗用国家批准的出版单位的名义，未经批准擅自印刷，为图书类非法出版物。洛阳市人民检察院以被告人郭某仁、庞某娜犯侵犯著作权罪提起公诉。法院经审理认为，郭某仁、庞某娜以营利为目的，未经著作权人许可，发行其文字作品，情节特别严重，其行为均已构成侵犯著作权罪，应依法惩处。遂判处被告人郭某仁犯侵犯著作权罪，判处有期徒刑三年五个月，并处罚金40 000元；被告人庞某娜犯侵犯著作权罪，判处有期徒刑三年五个月，并处罚金16 000元。宣判后，被告人郭某仁、庞某娜不服提起上诉，二审法院经审理后驳回上诉，维持原判。

**【典型意义】** 出版盗版图书是严重侵犯他人知识产权的行为，其低廉的制作成本导致图书质量低劣，既扰乱了国家对图书市场的管理秩序，又侵害了权利人和消费者的合法权益，且涉案图书为学生考试用书，会对学生学习造成误导甚至影响一生，性质恶劣。本案对所有被告人均判决了实体刑，进一步加大了打击盗版图书类违法行为的力度，为青少年健康成长营造了良好的社会文化环境。

## 湖 北 省

**虞某、童某等 10 人侵犯著作权罪案**

**【基本案情】** 2019 年 1 月至 11 月期间，被告人童某等在位于广东省河源市源城区时代国际中心的一拳网络科技有限公司内，通过网络开设“传奇私服”发布站，在明知发布站所发布的“传奇私服”未经授权涉嫌侵权的情况下，仍通过发布站传播侵权作品，并从中获利。其间该发布站共收到涉案资金34 400 738.12元，扣除相关开支后，被告人童某等共获利 12 250 422.27 元。案发后被告人童某等退缴赃款 3 394 477.02 元。

2019 年 1 月至 11 月期间，被告人虞某等在位于浙江省舟山市普陀区的某私服游戏工作室内，开发并运营了传奇私服游戏共 9 款，包括《至尊火龙》《至尊黑暗》《天涯特戒》《真好火龙》《武神复古》《玫瑰复古》《风云传奇》《帝王火龙》《梦想精品》，以上 9 款游戏均未获得安证宝信息技术有限公司的授权。

在开发并运营上述 9 款传奇私服游戏过程中，被告人虞某总负责，被告人周某负责工作室传奇私服游戏的研发和服务器的日常维护，被告人胡某及徐某充当工作室私服游戏的客服，李某 1 和李某 2 负责对工作室的私服游戏进行测试。

2019 年 1 月至 11 月期间，被告人虞某共收到涉案资金 14 419 836.74 元，扣除相关开支后，被告人虞某等获利2 534 226.07元。案发后，被告人周某退缴赃款111 440元，被告人胡某退缴赃款68 000元。被告人童某等人退赔被害单位安证宝信息技术有限公司损失1 000万元，并取得被害单位的谅解；被告人虞某就退赔与被害单位安证宝信息技术有限公司达成和解，并取得被害单位的谅解。该案由洪湖市人民检察院依法向洪湖市人民法院提起公诉。

洪湖市人民法院认为被告人虞某等以营利为目的，未经著作权人许可，架设“传奇私服”服务器并运营传播他人网络游戏作品的行为，应视为《刑法》第217条侵犯著作权罪中的“复制发行”行为，且违法所得数额巨大，其行为已构成侵犯著作权罪，故判决被告人童某等10人犯侵犯著作权罪，分别判处有期徒刑，并处罚金；公安机关扣押的电脑、手机等犯罪工具，依法没收，上缴国库。

**【典型意义】** 本案是一起利用复制网络游戏软件侵犯著作权的典型案例，涉案人数众多，涉案资金达3 000余万元，社会影响大。被告人虞某等以营利为目的，未经著作权人许可，通过架设“传奇私服”服务器，非法运营他人网络游戏作品牟利；被告人童某等以营利为目的，明知虞某等是私服经营者，仍为其提供广告发布服务并牟取暴利。虞某、童某等的行为均严重侵害了著作权人合法权益，破坏了国家对文化市场的管理秩序。在审理中，被告人童某等均认罪认罚。

本案裁判结果，体现了人民法院在审理知识产权刑事案件中贯彻宽严相济的刑事司法政策，同时注重采用并处罚金、没收违法所得、犯罪工具等措施和手段，剥夺犯罪分子非法利益和再犯能力，保护文化市场的良好运行环境。

## 广　东　省

**一、腾讯公司诉畅游云端公司、英雄互娱公司等侵害著作权及不正当竞争纠纷案**［深圳市中级人民法院（2017）粤03民初559号民事判决书、广东省高级人民法院（2020）粤民终763号民事判决书］

**【基本案情】**《穿越火线》是由韩国游戏公司开发的FPS（第一人称射击）游戏，在中国大陆地区由腾讯公司独家代理运营和维权。腾讯公司起诉畅游云端公司、英雄互娱公司等7名被告，认为其开发、运营的《全民枪战》“运输船”“边贸城”“火车工厂”“魔都废街”“巷战”“新年广场”共6幅游戏地图及多个游戏枪械道具“换皮”抄袭了《穿越火线》相应游戏地图和道具，并模仿《穿越火线》游戏地图和枪械道具的命名方式，各被告在推广《全民枪战》时进行引人误认其为《穿越火线》手游版的虚假宣传，构成著作权侵权及不正当竞争，获利巨大，请求法院判令各被告停止侵权、赔礼道歉、赔偿损失9 800万元等。

法院认为，对于射击类游戏而言，游戏地图处于美术表皮之下的空间布局结构是其创作关键和核心表达，可以作为图形作品予以保护。应着眼于游戏地图空间布局结构，排除通用设计、在先设计要素或无独创性内容进行比对，《全民枪战》4幅地图构成著作权侵权。赔偿数额按照“游戏整体月平均盈利×每幅侵权游戏地图在线时长×游戏地图贡献率×侵权游戏地图使用率”的方法计算，最终判赔2 500万余元。

**【典型意义】** 本案是全国首例游戏地图“换皮”著作权侵权诉讼，对类案审理有重要参考价值。游戏地图是利用计算机图形技术构建的虚拟空间，也是各大互联网公司抢滩布局“元宇宙”虚拟现实产业的重要入口，近年来成为被抄袭“重灾区”，仅按美术作品保护力有不逮。本案开创性认定射击类游戏地图为图形作品，判定游戏地图“换皮”构成侵权，保护了游戏地图空间布局结构；充分考虑在先作品，排除非原创要素，厘清借鉴与抄袭边界；客观评估游戏地图贡献，精细计算侵权获利；既严格保护权利，又注重激励产业创新和维护公共利益。

**二、德盈公司诉硬核桃公司等著作权侵权纠纷案**［茂名市中级人民法院（2019）粤09民初218号民事判决书、广东省高级人民法院（2020）粤民终1737号民事判决书］

**【基本案情】** 森科公司于2005年创作“B. DUCK”（小黄鸭），并于2014年登记为美术作品。德盈公司为森科公司在中国大陆地区授权的作品许可使用人。2019年6月，硬核桃公司在茂名东汇城展出“核桃小鸭”造型的贴画、玩具、服饰等商品。德盈公司向法院提起诉讼，请求判令硬核桃公司等停止侵权并连带赔偿经济损失50万元。

法院认为，“核桃小鸭”与“B. DUCK”除使用的颜色相同且均以相似的“水蜜桃”形状表示头部轮廓之外，无论是五官、表情、动作还是身型均完全不同。“水蜜桃”的鸭头造型早在2002年的“新加坡参赛橡皮鸭”上已经出现，并非“B. DUCK”独创性的表达。而以黄色表示小鸭子的羽毛所覆盖之处、以橙黄色表示鸭子的嘴巴、腿脚部位，是对自然界小鸭子的写真，是美术界绘制小鸭子主题作品的公用表达元素，任何创作者均可自由运用。并且，在“B. DUCK”之前，林亮创作的鸭子以及“新加坡参赛橡皮鸭”就开始使用基本一致的黄色表示鸭子的身体、橙黄色表示鸭子的嘴巴，颜色的选择与搭配亦非“B. DUCK”所独创。“核桃小鸭”与“B. DUCK”的创作者各自以不同的构图、色彩、线条等美术元素进行不同的艺术表达，并最终形成风格迥异的美术形象，给欣赏者以完全不同的审美感受。“核桃小鸭”与“B. DUCK”不构成相同或实质相近似，不构成抄袭。

**【典型意义】** 著作权人仅能就其独创的表达获得法律保护，对于他人在先独创的表达或者已经进入公有领域的表达元素，著作权人无权垄断，否则将阻碍作品的创作与传播。本案合理界定了涉案作品的保护范围，严格贯彻落实著作权法鼓励创作、促进文化繁荣的立法宗旨。裁判做出之后，《人民日报》《人民法院报》等主流媒体均予以正面报道。

**三、腾讯公司诉祺韵公司、优视公司侵害著作权及不正当竞争纠纷案**［广州互联网法院（2020）粤 0192 民初 20405 号民事判决书］

**【基本案情】** 腾讯公司为《英雄联盟》等 5 款网络游戏的著作权人，祺韵公司在其“5G 芝麻”云游戏平台上预装上述游戏，使公众无须再下载涉案游戏的客户端，就可在该平台上直接登录并运行。腾讯公司认为祺韵公司向公众提供涉案游戏的行为，侵犯了其著作权；祺韵公司截取游戏用户的账号、密码等个人信息，以及游戏运行过程中所产生的数据的行为构成不正当竞争；优视公司提供“5G 芝麻”APP 的下载和分发服务，为祺韵公司的侵权提供帮助。故提起本案诉讼，请求判令祺韵公司、优视公司停止侵权，共同赔偿腾讯公司经济损失等。

法院认为，祺韵公司预装涉案游戏软件，侵犯了腾讯公司的信息网络传播权。关于祺韵公司获取并存储涉案游戏账号信息及相关数据，是否构成不正当竞争。首先，腾讯公司主张的游戏用户的账号信息及参与游戏的相关数据，均属于原始数据，是用户使用腾讯公司服务时附随而生的，用户享有主导权；其次，祺韵公司获得了游戏用户的授权，且没有破坏腾讯公司的技术保护措施；最后，祺韵公司提供的 5G 云游戏服务未切断用户与腾讯公司之间的关系，游戏用户仍然是登录游戏客户端而与腾讯公司发生直接的关系，腾讯公司未损失游戏用户的任何数据。综上，祺韵公司未损害腾讯公司的合法权益，不构成不正当竞争。判决后，原被告服判息诉。

**【典型意义】** 本案为涉数据不正当竞争案件。继《民法典》第 127 条对数据的保护进行宣示性规定后，《数据安全法》构建了数据安全制度，但是对于数据主体的权利和义务等内容尚未有法律法规明确规定。应当如何看待祺韵公司存储并使用的数据的性质、权属和数据处理行为的合法性，是本案审理的难点，也是广泛争议的焦点。本案提出平台不能享有与其业务密切相关的原始数据的垄断性权益，用户对这些数据享有处分权，肯定了第三方平台在获得用户授权时收集原始数据行为的合法性，为新技术在发展和运用中对数据的收集处理提供了指引，对同类案件的裁判具有重要意义。

## 广西壮族自治区

**温某等 5 人侵犯网上培训平台题库著作权罪案**［柳州市中级人民法院（2021）桂 02 刑终 205 号刑事判决书］

**【基本案情】** 被告人温某、唐某、杨某、曾某峰、覃某龙原均系英腾公司职员，分别任技术经理、实体渠道销售部区域经理、市场专员、渠道专员、程序员等职务，后 5 人先后离职。2016 年 7 月 15 日，温某拿到“金考点”软件版权后，组织曾某峰、覃某龙成立天道公司，杨某、唐某陆续加入。2016 年 5 月 25 日，温某利用中介，以他人名义成立伊考斯公司。2016 年 11 月，天道公司开始运营“金考点”软件和其他软件开发，并以伊考斯公司的名义对外销售，用户下载安装“金考点”软件并购买相关科目后，可以查阅该科目的所有题目。其间，温某、唐某、杨某、曾某峰、覃某龙以营利为目的，将英腾公司“考试宝典”软件题库内容私自复制到“金考点”软件使用并大量销售。经鉴定，“金考点”软件中共有 3 744 个注册会员购买了相关科目（包含题干、选项、解析均与“考试宝典”软件相同的题目）。法院认为，温某、唐某、杨某、曾某峰、覃某龙以营利为目的，将英腾公司“考试宝典”软件题库内容私自复制到“金考点”软件使用并以会员制方式大量销售，有 3 744 个会员购买过包含有题干、选项、解析均相同的题目的科目，情节严重，5 人的行为均构成侵犯著作权罪，分别判处温某等 5 人二年六个月至二年不等有期徒刑，并处 8 万元至 10 万元不等罚金。

**【典型意义】** 英腾公司对历年真题集等进行内容编辑加工、研发投入，改编、汇编形成“考试宝典”题库，自创作完成题库时即依法享有著作权。

温某等人明知涉案“考试宝典”题库的知识产权属性及商业秘密属性，辞职前后共谋成立公司，未经许可，复制、销售他人符合作品要件的网上培训平台题库，违法所得数额较大，且具有其他严重情节的行为，依法构成侵犯著作权罪。本案是全国首例二审审结生效的在线教育培训平台题库著作权刑事案，对今后在教育平台题库的著作权保护具有一定的指导和借鉴意义，本案判决充分体现人民法院加强刑事保护，严厉打击和震慑侵犯知识产权刑事犯罪的司法导向。

## 海 南 省

**一、罗伊视效动漫有限公司与陵水椰林北斗家有福超市著作权权属、侵权纠纷案**

**【基本案情】** 罗伊公司成立于2004年5月19日，专注动漫研发与制作，设计制作的《变形警车珀利》动画片自进入中国市场以来，在多个视频网站上播放，相关卡通形象已经多次参与“马路天使”儿童道路交通安全公益项目活动。罗伊公司经调查发现，陵水黎族自治县一家超市在未经罗伊公司许可的情况下，销售了印有Poli、Amber等卡通形象的产品，侵害了该公司的著作权，该公司起诉到法院，请求停止侵权并赔偿损失。法院认为，该超市确实侵害了罗伊公司的著作权。罗伊公司未能举证证明该超市的侵权行为遭受的实际损失，也未能举证证明该超市的违法所得。综合考虑涉案美术作品的类型、知名度、侵权行为的性质、范围、后果等因素，判决该超市立即停止销售侵权产品，向罗伊公司赔偿经济损失及合理费用5 000元。

**二、海南字节跳动科技有限公司、北京字节跳动科技有限公司与上海众多美网络科技有限公司、武汉映象网络科技有限公司、重庆剧迷网络科技有限公司侵害信息网络传播权纠纷案**

**【基本案情】** 海南字节跳动公司和北京字节跳动公司共同申请称，其依法享有电视剧《谁是被害者》在中国大陆地区的信息网络传播权，被申请人上海众多美公司、武汉映象公司、重庆剧迷公司在未经其许可的情况下，在运营的APP同步上传涉案电视剧内容，供公众在线观看，侵犯了申请人的信息网络传播权。在申请人发函要求被申请人停止侵权行为后，被申请人不但未停止侵权行为，还采取地域屏蔽和用户账号等级限制的方式继续向用户提供涉案电视剧，并持续通过片头广告等形式进行获利，申请人起诉请求，三被申请人立即停止通过其运营的APP实施侵害信息网络传播权的行为。法院认为，被申请人未经合法授权在其运营的APP上提供涉案影视作品的播放服务，如不及时制止，可能会导致申请人的市场份额减少、丧失竞争优势和市场机会。责令被申请人停止通过APP传播电视剧《谁是被害者》，不涉及APP中其他无关内容的播放，不会影响被申请人运营APP的其他业务的正常开展，不会造成当事人之间利益的失衡，亦未损害社会公共利益。遂裁定：责令众多美公司、映象公司、剧迷公司立即停止通过APP传播电视剧《谁是被害者》。

**三、上海灿星文化传媒股份有限公司与佰嘉乐量贩式歌舞厅港华广场店侵害作品放映权纠纷案**

**【基本案情】** 上海灿星文化传媒股份有限公司（以下简称“灿星公司”）和浙江广播电视集团是《中国新歌声》第二季、2018《中国好声音》的制片者和著作权人。浙江广播电视集团出具授权书，确认灿星公司有权以其名义代表所有共有权利人授权许可第三方使用上述节目曲目KTV等。2019年9月8日，广州法泓知识产权服务有限公司委托代理人到海南省三亚市临春河路港华广场附近的佰嘉乐量贩式歌舞厅，以普通消费者身份进入包间消费，并对消费过程进行保全。经比对，三亚佰嘉乐量贩式歌舞厅港华广场店播放的191首歌曲，在词、曲、演唱者、录制画面等方面均与2018《中国好声音》和《中国新歌声》第二季的录制画面基本一致。

法院认为，佰嘉乐量贩式歌舞厅港华广场店未经灿星公司许可，以营利为目的，擅自在其经营场所向顾客提供涉案音乐电视作品的点唱和播放服务，构成对灿星公司放映权的侵犯，依法应当承担停止侵害和赔偿损失的民事责任。综合考虑涉案191首音乐电视作品类型、侵权行为情节、后果等因素，判决三亚佰嘉乐量贩式歌舞厅港华广场店停止放映灿星公司享有著作权的音乐电视作品，从曲库中删除前述作品，向灿星公司赔偿经济损失（包括合理费用支出）9 550元。

**四、陈某容犯侵犯著作权罪案**

**【基本案情】** 2015年4月，陈某容到广州市批发摊位进购一批DVD光碟，后带到万宁市新中农场路边摆摊销售。2016年12月，陈某容租赁万宁市兴隆侨乡便民广场铺面经营“2元起百货商行”，继续销售前述进购的DVD光碟。2021年3月19日，万宁市综合行政执法局联合万宁市版权局开展执法检查时，在陈某容经营的商行内查获待销DVD光碟1 168张、图书139本。经万宁市版权局检查认定，被扣押的DVD光碟为盗版出版物。法院判决陈某容犯侵犯著作权罪，判处有期徒刑十个月，缓刑一年六个月，并处罚金2 000元。

## 重　庆　市

**一、云创设计（深圳）集团有限公司与重庆卡诗兰服饰有限公司著作权权属、侵权纠纷案**［重庆自由贸易试验区人民法院（2021）渝0192民初994号民事判决书］

**【基本案情】** 2019年8月5日，云创设计（深圳）集团有限公司（以下简称"云创公司"）创作完成《圆梦舞曲MC8922680044DR0》（以下简称《圆梦舞曲》）作品，并于2020年3月16日向广州市版权协会备案登记。该作品为女装太阳裙的3个图片，包含设计手稿图、效果图、成衣图。创作灵感说明为：太阳裙版型活泼俏皮，黑白波点图案，时尚又讨人喜欢，采用隐形拉链，方便穿脱，时尚美观又有复古感。4月2日，云创公司在其天猫网店发布《圆梦舞曲》服装销售信息。5月30日，重庆卡诗兰服饰有限公司（以下简称"卡诗兰公司"）在其淘宝网店开始销售其生产的涉案侵权服装。7月1日，云创公司在该网店购买了1件涉案侵权服装。云创公司认为卡诗兰公司生产、销售涉案侵权服装行为侵害其《圆梦舞曲》服装美术作品著作权，特诉至法院，请求法院判决卡诗兰公司立即停止侵权并赔偿经济损失及合理费用15 000元。

重庆自由贸易试验区人民法院经审理认为，具有独创性、艺术性、实用性、能以一定形式表现，且艺术性与实用性能够分离的服装设计，可以认定为实用艺术作品，并作为美术作品受著作权法的保护。《圆梦舞曲》服装系云创公司独立完成，该服装采用的太阳裙版型结合黑白波点图案及独特的拼排组合，均体现出作者个性化的选择、设计、布局等创造性劳动，体现了一定的设计理念和美感，该服装具有审美意义，具备美术作品的艺术创作高度。改动该服装的黑白波点图案、太阳裙版型等设计，其保护身体、调节体温、适应身体活动的实用功能并不受影响，该服装的实用功能与艺术美感能够分离并独立存在。因此，该服装作为兼具实用功能和审美意义的立体造型艺术作品，属于受著作权法保护的美术作品。被诉侵权服装最早的订单创建时间晚于《圆梦舞曲》服装发布时间，卡诗兰公司作为服装经营者，其能够从公开途径接触到有关该美术作品的相关信息。对于兼具实用功能和艺术美感的美术作品，著作权法仅保护其艺术美感。将《圆梦舞曲》服装与被诉侵权服装进行比对，二者相似之处在于均为短袖连衣裙，左袖及正面上身左半部分为白底黑色波点图案，其余为黑底白色波点图案，整体风格近似，相似部分体现在艺术方面。不同之处在于波点图案、腰带扣、领口花边、衣袖局部细节上有差别，对整体视觉效果并无影响，不会使二者产生明显差异。这种实质性相似的表达部分系《圆梦舞曲》服装的独创性部分且并不来源于公有领域。因此，被诉侵权服装与《圆梦舞曲》服装构成实质性近似，卡诗兰公司侵害了云创公司涉案作品的著作权。遂判决卡诗兰公司立即停止侵权并赔偿经济损失及合理支出15 000元。一审判决后，双方均未上诉，一审判决发生法律效力。

**【典型意义】** 衣食住行，以衣为首。我国是服装生产大国，目前服装设计抄袭现象盛行影响服装产业健康发展，加强服装设计著作权保护势在必行。2021年10月28日国务院发布《"十四五"国家知识产权保护和运用规划》，该规划明确提出完善服装设计等时尚产业知识产权保护。本案系该规划实施以来全国首例服装设计时尚产业著作权保护案例。判决明确了服装设计作为实用艺术作品受著作权法保护的构成要件，厘清了服装设计艺术性与实用性可分离标准，明确了著作权法保护服装设计的具有艺术美感的独创性表达。该案所确立的裁判规则对同类案件具有示范意义，充分体现了人民法院加大服装设计著作权司法保护力度，促进服装设计等时尚产业健康发展的使命担当。

**二、重庆广电英度传媒有限责任公司与北京爱奇艺科技有限公司侵害作品信息网络传播权纠纷案**［重庆自由贸易试验区人民法院（2020）渝0192民初7216号民事判决书］

**【基本案情】**《谢谢你来了》是重庆卫视推出的一档青春励志节目，多次获得全国性评奖，具有一定知名度。重庆广电英度传媒有限责任公司经授权取得该节目的独家信息网络传播权等权利。北京爱奇艺科技有限公司（以下简称"爱奇艺公司"）系爱奇艺网站经营者。昵称为"峰子创业"的用户在爱奇艺网站上传了综艺节目《谢谢你来了20160713》，播放时视频右上角有"iQIYI爱奇艺"水印，视频内容结束时显示"本栏目版权属于重庆广播电视集团（总台），未经授权不得擅自使用"。在爱奇艺平台检索"峰子创业"，检索结果自动将其分类到"自媒体"项下，每次点击播放该用户上传的《谢谢你来了》节目作品时，界面显示爱奇艺将该节目归类到“综艺频道”，该用户还发布了3 953个视频，包括《门当户对》《凡人有喜》《谢谢你来了》等节目。重庆广电英度传媒有限责任公司认为爱奇艺公司与该爱奇艺用户构成对涉案作品的直接共同侵权或教唆、帮助侵权，其行为侵犯其享有的信息网络传播权，遂诉至法院，要求爱奇艺公司停止侵权并赔偿损失。

重庆自由贸易试验区人民法院经审理认为，网络视频平台的注意义务应当根据其经营模式、用户、上传作品的类别、审查的成本等予以调整区分为一般的注意义务，或更高的注意义务，甚至事前审查义务。基于爱奇艺公司经营平台为收费视频播放网站、上传用户为特殊“自媒体”用户、涉案作品为制作成本较高的电视综艺节目、涉案视频名称含有“重庆广播电视集团”等明显的权属信息等多方面因素考量，爱奇艺公司应该履行更高的注意义务，但爱奇艺公司应知涉案侵权行为未履行合理注意义务，导致侵权行为的发生，构成帮助侵权，遂判决爱奇艺公司赔偿经济损失及合理费用1 500元。一审宣判后，双方均未提起上诉。

**【典型意义】** 本案是司法积极应对网络平台用户侵权泛滥现象，排除传统“通知—删除”规则适用、准确界定网络视频平台注意义务的典型案例。本案系统分析了网络视频平台的注意义务考量因素，即：以提供影视作品为重要业务内容，存在付费播放模式、用户批量上传影视作品等情形，网络服务提供者应承担较高的注意义务；存在与用户约定利益分成、内容审核、平台享有著作权等特殊内容，以及上传作品为长视频影视作品等情形，平台应承担事前审查义务。本案的判决确立了平台应承担的相应注意义务规则，以期遏制网络平台用户侵权，促进互联网视频产业的健康有序发展。

**三、深圳市腾讯计算机系统有限公司、腾讯科技（北京）有限公司、重庆腾讯信息技术有限公司与北京微播视界科技有限公司、重庆天极魅客科技有限公司申请诉前停止侵害著作权案**［重庆市第一中级人民法院（2021）渝01行保1号民事裁定书］

**【基本案情】** 腾讯科技（北京）有限公司（以下简称“腾讯北京公司”）、重庆腾讯信息技术有限公司（以下简称“重庆腾讯公司”）、深圳市腾讯计算机系统有限公司（以下简称“腾讯计算机公司”）经授权取得动漫作品《斗罗大陆》第一季、第二季、第三季和第四季的非独占信息网络传播权及维权权利。该动漫作品在腾讯视频平台播出，系热播动漫。腾讯视频更新动漫作品《斗罗大陆》后，“忆三漫剪”等抖音用户在北京微播视界科技有限公司运营的抖音APP平台几乎同步上传了大量《斗罗大陆》的视频，且播放量较大。腾讯计算机公司、腾讯北京公司、重庆腾讯公司向重庆市第一中级人民法院申请诉前行为保全，请求：北京微播视界科技有限公司立即删除抖音APP上用户名为“忆三漫剪”等账号中的所有侵害《斗罗大陆》动漫作品信息网络传播权的视频；立即采取有效措施删除抖音APP中所有侵害《斗罗大陆》动漫作品信息网络传播权的视频；立即采取有效措施过滤和拦截用户上传和传播侵害《斗罗大陆》动漫作品信息网络传播权的视频。

重庆市第一中级人民法院审理认为，“通知—删除”规则系在特定技术条件之下，基于平衡权利人与平台之间的利益而制定，网络服务者对于网络用户利用其平台实施的侵权行为并非只负删除义务，而是负有采取删除、屏蔽、断开链接等必要措施的义务。必要措施的界定与技术发展密切相关。在现有技术能实现过滤、拦截等功能且成本可承受时，则平台在知道新侵权视频仍在不断上传的情况下，其在删除已有侵权视频外承担过滤、拦截义务则是理所当然。必要措施的内容并非固定的、不变的、机械的，而是动态的、可变的与发展的，必须兼顾技术发展现状及当事人之间利益格局的变化。为了防止侵权行为的继续和侵害后果的扩大，当新的技术出现且该新技术可能实现的情况下，应当将新的技术纳入必要措施范畴。法院遂支持了腾讯计算机公司、腾讯北京公司、重庆腾讯公司的申请请求。

**【典型意义】** 本案系我国首例要求短视频平台采取过滤、拦截等措施阻止侵权视频不断上传的诉前禁令，该禁令从立法目的及条文原文出发，论证并确立了“通知—删除”规则下动态界定“必要措施”的裁判规则，及时回应规制平台先侵权后治理发展路径的司法需求。本案树立的裁判规则对同类案件具有示范意义，其确立的相关司法理念具有较高的理论和实践意义，取得了良好的法律效果和社会效果。

## 四　川　省

**一、乔某与江西省贵德实业有限公司、泰和县中社玩具有限公司侵害著作权纠纷案**［四川省高级人民法院（2021）川知民终1919号民事判决书］

**【基本案情】** 乔某长期从事球形关节人偶（BJD）人形设计的创作研究工作，是目前国内该领域较为知名的设计师。2016 年至 2019 年期间，乔某陆续创作完成球形关节人偶头像“Delores”“Aya”“Pepper”“Fiona”。贵德实业公司、中社玩具公司未经乔某许可，生产与“Delores”“Aya”“Pepper”“Fiona”形象完全相同的人偶产品，在网络平台展示相关产品图片并以明显低价销售。乔某诉至法院，请求判令贵德实业公司、中社玩具公司停止侵权、赔礼道歉并赔偿经济损失。

四川省高级人民法院经审理认为，涉案人偶头像通过对人偶头像面部五官的位置等进行具体设计，对自然元素进行了个性化的艺术加工，呈现出审美意义上的艺术形象，这种取舍、安排、设计具有独立的个性，该个性化的表达由乔某利用其自身的雕刻技艺独立完成，具备独创性。球形关节人偶头像作为玩具，其实用功能与艺术美感能够进行分离并独立存在，应认定为实用艺术作品。贵德实业公司、中社玩具公司未经乔某许可，生产、销售与“Delores”“Aya”“Pepper”“Fiona”形象完全相同的人偶产品，侵犯了乔某对作品享有的著作权，故判决贵德实业公司、中社玩具公司立即停止侵权，消除影响，并连带赔偿乔某经济损失及合理开支共计 287 245.46 元。

**【典型意义】** 本案系一起新兴消费领域著作权保护典型案例。球形关节人偶作为一种全身关节可动、造型逼真且衣着打扮华丽的娃娃种类，日渐受到欢迎，所涉纠纷也日益增多。一般情况下，关于人体的创作包含人体固有的面部五官及躯体构造等自然元素，但在除人体固有结构之外的五官形状、骨干比例、躯体造型各细节要素部位，不同个体仍有创造性表达的空间。球形关节人偶是在人体固有特征的基础上进行的创作设计，虽表达范围有限，但不同的表达方式亦会呈现出不同的人物美感和视觉效果，不排除通过创造性劳动使相应人体创作成为具有独创性表达的作品。本案判决不仅有利于保护艺术创新、促进文化繁荣，同时对认定新兴创作是否构成著作权法保护的作品亦具有指导意义。

**二、西安佳韵社数字娱乐发行股份有限公司与四川极微网络科技有限公司侵害作品信息网络传播权纠纷案**［德阳市中级人民法院（2021）川 06 知民初 291 号民事判决书］

**【基本案情】** 佳韵社公司认为极微公司侵犯了其对连续剧《真心想让你幸福》享有的信息网络传播权，于 2020 年 9 月 2 日对被诉侵权行为进行取证，后将录屏文件向联合信任时间戳服务中心申请时间戳认证。但佳韵社公司在取证过程中，未按北京联合信任技术服务有限公司发布的操作指引 V1.0、操作指引 V2.0 关于取证设备和取证方式的要求进行取证，取证过程也未展示对取证设备进行安全性及清洁性检查和互联网连接真实性检查的过程，可能导致浏览器存在自带功能、第三方软件或非法进程，无法判断接入网站的真实性。同时，取证过程的录像结束时间与申请可信时间戳认证的时间相差 47 分钟，该时差不符合操作指引“尽可能短的时间”要求，存在对录屏内容进行编辑、修改的可能性。而极微公司提供的可信时间戳认证证书及所附光盘显示，按照与佳韵社公司基本相同的取证步骤进行取证，可将某公众号官网重新定向至另一个视频网站，证明佳韵社公司的取证过程存在瑕疵。

德阳市中级人民法院经审理认为，佳韵社公司提供的可信时间戳证据存在重大缺陷，不足以采信，不能证明极微公司实施了侵犯其作品信息网络传播权的行为，故佳韵社公司请求判令极微公司停止侵权、赔偿损失的诉讼请求缺乏事实依据，法院不予支持，遂判决驳回诉讼请求。一审宣判后，当事人均未提出上诉，一审判决已生效。

**【典型意义】** 随着区块链等技术的发展，使用可信时间戳等第三方电子证据服务平台对互联网中电子数据进行取证的方式日渐流行。与传统的证据形式不同，电子数据证据具有易窜改、易复制、易传递等特殊属性。尽管时间戳取证能确保自保存时起数据不被窜改，但并非采取时间戳取证方式所采集的电子证据就一定真实可靠，因为存在数据抓取之前因所处设备或网络环境等问题而被“破坏”的可能性。这类“破坏”包括非真实的网络环境、定向虚假链接访问、时间来源不明等问题。因此，取证人在采取可信时间戳等技术手段采集固定证据时，应当严格遵守操作流程，确保电子数据的真实性。

**三、孙某、赵某、赵某甲、钟某侵犯著作权罪案**［泸州市江阳区人民法院（2021）川 0502 知刑初 19 号刑事判决书］

**【基本案情】** 2015 年 10 月至 2020 年 12 月期间，在未取得著作权人许可的情况下，被告人孙某通过淘宝网、微信等向他人购买电子书籍后，通过微信、QQ 等向被告人赵某等不特定人员销售电子书籍 2 万余册，非法经营额达 200 万元。

2015 年底开始，被告人赵某使用淘宝网对外销售电子书籍。2018 年 1 月以来，为销售电子书籍，被告人钟某自建网站“天天 kindle”并负责网站的维护和管理，被告人赵某则利用该网站销售电子书籍。在未取得著作权人许可的情况下，被告人赵某通过网络下载、向被告人孙某等人购买等方式收集电子书籍后，通过微信、QQ等向被告人赵某甲等不特定人员销售电子书籍7 000余册，非法经营额达15万元。

2019年1月至2020年9月期间，在未取得著作权人许可的情况下，被告人赵某甲通过网络下载、向被告人赵某等人购买等方式收集电子书籍后，通过微信、QQ等向不特定人员销售电子书籍5 000余册，非法经营额达16万元。

泸州市江阳区人民法院经审理认为，《最高人民法院、最高人民检察院关于办理侵犯知识产权刑事案件具体应用法律若干问题的解释（三）》第2条规定，在涉案作品、录音制品种类众多且权利人分散的案件中，有证据证明涉案复制品系非法出版、复制发行，且出版者、复制发行者不能提供获得著作权人、录音制作者许可的相关证据材料的，可以认定为《刑法》第217条规定的“未经著作权人许可”“未经录音制作者许可”。本案中，涉案电子书数目众多且权利人分散，在案证据能够证明部分涉案电子书系非法出版、复制、发行，且本案被告人无法提供其获得著作权人许可的证据材料，亦无证据证明权利人放弃权利、涉案作品的有关权利不受我国著作权法保护、权利保护期已经届满等，可推定被告人所销售的电子书享有著作权且受我国著作权法保护。被告人未经著作权人许可，通过信息网络向公众传播他人作品，其行为已构成侵犯著作权罪，遂判决：被告人孙某犯侵犯著作权罪，判处有期徒刑三年，缓刑四年，并处罚金人民币100万元；被告人赵某犯侵犯著作权罪，判处有期徒刑三年，缓刑三年，并处罚金人民币10万元；被告人赵某甲犯侵犯著作权罪，判处有期徒刑三年，缓刑三年，并处罚金人民币8万元；被告人钟某犯侵犯著作权罪，判处有期徒刑二年，缓刑三年，并处罚金人民币8万元。案件宣判后，被告人均未上诉，公诉机关亦未抗诉，案件已生效。

**【典型意义】** 随着互联网的快速发展，通过信息网络提供他人作品，逐渐成为侵犯他人著作权的主要犯罪方法，而电子书亦成为著作权的重要载体。本案系通过网络售卖电子书的新类型犯罪案件，涉及网络电子书证据收集和评价、电子书权属及数量认定等问题，具有典型性。本案在审理过程中，面对涉案作品种类众多且权利人分散的难题，在是否“未经许可的”认定上，法院围绕涉案复制品是否系非法出版、复制发行，被告人能否提供获得著作权人许可的相关证明材料进行综合判断，进而认定被告人传播电子书未经著作权人许可。本案在取证、定性、异同性比对等方面的认定，有理有据，深度契合了打击新型知识产权犯罪的现实需要，有力震慑了类似违法犯罪行为，对营造风清气正的良好版权生态具有重要意义。

## 贵　州　省

### 石某柱等犯侵犯著作权罪案

**【基本案情】** 2009年以来，石某柱单独或伙同吴某、谢某将绘制或在他人作品上进行添加、题款并假冒著名书画家署名的画作送交拍卖公司进行拍卖或直接出售，获得巨款。生效裁判认为，石某柱等以营利为目的，制作、出售假冒他人署名的美术作品，数额巨大，其行为均已构成侵犯著作权罪，且属情节特别严重的情形。法院根据本案所涉犯罪事实、犯罪性质、社会危害性、认罪态度等情节，以侵犯著作权罪，分别判处石某柱等人刑期不等的有期徒刑，并判处较大数额的罚金。同时，根据本案情节，为防止石某柱等人刑罚执行完毕、假释后或缓刑考验期限内继续从事假冒他人署名书画作品的营业活动，依法对石某柱等人分别适用从业禁止或禁止令。

**【典型意义】** 本案对侵犯著作权罪中的制作行为进行了界定，明晰了侵犯著作权罪中制作行为涵盖的情形，同时对法条、司法解释表述中的制作、销售行为在适用中应如何准确把握进行了阐释。根据犯罪情节，强化对侵犯著作权犯罪主刑与罚金刑及从业禁止、禁止令的准确适用，有利于打击书画市场的假冒行为，进一步净化书画市场。

## 陕　西　省

### 一、上诉人陕西古今长安品牌管理有限公司与被上诉人西安遇见长安餐饮管理有限公司、西安尚享餐饮管理有限公司、西安遇见长安餐饮管理有限公司第六分公司侵害著作权及不正当竞争纠纷案

［陕西省高级人民法院（2020）陕民终1037号民事判决书］

**【基本案情】** 陕西古今长安品牌管理有限公司（以下简称“古今长安公司”）成立于2013年，是一家餐饮管理公司。西安遇见长安餐饮管理有限公司（以下简称“遇见长安公司”）成立于2017年，西安遇见长安餐饮管理有限公司第六分公司（以下简称“遇见长安第六分公司”）系其分公司，亦是一家餐

饮管理公司。原被告双方开设的其中一家餐厅均在同一商场同一层。2019 年 11 月 16 日，古今长安公司推出了“妃子笑”菜品，并在网络媒体进行了宣传。7 天后，遇见长安公司推出“红尘妃子笑”菜品。随后，古今长安公司通过公证处进行证据保全，公证书显示遇见长安第六分公司的餐厅里销售了“红尘妃子笑”菜品，菜单上亦印有西安尚享餐饮管理有限公司（以下简称“尚享餐饮公司”）的名称。经比对，该菜品与“妃子笑”菜品同以小叶榕树为枝干，悬挂 8 颗荔枝造型的虾球，枝干插在器皿之中，器皿中铺鹅卵石。古今长安公司认为其推出的“妃子笑”菜品系美术作品，遇见长安公司等被告的行为构成著作权侵权，同时认为“妃子笑”菜品所涉的装饰构成有影响力的包装、装潢，三名被告的行为亦构成不正当竞争，遂诉至法院，请求：（1）判令遇见长安公司、遇见长安第六分公司、尚享餐饮公司停止侵犯古今长安公司“妃子笑”菜品著作权及不正当竞争行为；（2）判令三名被告赔偿经济损失 20 万元；（3）判令三名被告在《华商报》《西安晚报》的显著位置（中缝除外）及其官网、微信等媒介上刊登致歉声明，消除影响。

一审法院判决：驳回古今长安公司的诉讼请求。古今长安公司不服，提起上诉。二审法院认为，菜品可以成为著作权法上的作品。但本案中的涉案菜品“妃子笑”的独创性不高，不属于美术作品。尽管法律并未明确规定创造高度及美术作品的审美标准，但创造性本身应达到一定的创造高度，并高于一般的生活形态，而美术作品的美感至少应体现作者在某些领域的独特创造力。涉案菜品“妃子笑”实用性的选择多于艺术性的选择，艺术性的创造高度不够，作者在选择、取舍过程中的智力创造亦较少。涉案菜品“妃子笑”不具有独创性，不属于著作权法规定的作品，故其难以得到著作权法的保护。

在是否构成不正当竞争的问题上，法院认为，遇见长安公司与古今长安公司同为经营陕西菜系的餐饮服务公司，业务范围相同。双方开设的餐厅同在西安市雁塔区小寨十字东北角赛格国际购物中心六层，经营场所相邻，双方具有商业竞争关系。古今长安公司推出“妃子笑”菜品时，为该菜品制作了专门的漫画，将其列为菜单的主打菜品，并通过各大网络平台进行了宣传。对与之毗邻的遇见长安公司而言，其完全有能力知悉“妃子笑”菜品的推出时间、涉案菜品富有创意的造型及相应的宣传力度。在此情况下，遇见长安公司非但没有合理避让或借鉴，而是将古今长安公司推出的“妃子笑”菜品造型照搬，变成其公司的“爆品”菜，并以低于“妃子笑”菜品菜单价格的方式进行销售，这种直接抄袭他人商业成果的行为违反了诚实信用原则，也违背了公平、公正、有序竞争的商业道德。该行为一方面借古今长安公司的商誉及“妃子笑”菜品本身的宣传力度，促使更多的消费者在遇见长安第六分公司所在餐厅进行消费，无形中给古今长安公司造成了一定的损失；另一方面遇见长安公司在抄袭后又以低于古今长安公司菜单价格的方式销售“红尘妃子笑”菜品，用不正当的方式获得市场竞争优势，打击了餐饮行业创新创造的积极性，破坏了市场的公平竞争秩序。因此，该行为构成不正当竞争。综合考量侵权人的主观故意、开设店铺数量等因素，酌定遇见长安公司等三名被上诉人向古今长安公司支付经济损失（含合理费用）10 万元。遂判决：撤销西安市中级人民法院（2020）陕 01 知民初 237 号民事判决；遇见长安公司、尚享餐饮公司、遇见长安第六分公司于本判决生效之日起立即停止制作、销售“红尘妃子笑”菜品的不正当竞争行为；遇见长安公司、尚享餐饮公司、遇见长安第六分公司于本判决生效之日起十日内连带赔偿因不正当竞争行为对古今长安公司造成的经济损失（含合理费用）10 万元；驳回古今长安公司的其余诉讼请求。

**【典型意义】** 该案是“网红”菜品侵害著作权及不正当竞争纠纷全国第一案，也是回应“网红”经济业态知识产权保护需求的典型案例。“妃子笑”等菜品虽未能达到著作权法规定的独创性标准，但因其创新性所带来的“网红”流量而具有较大的经济价值，可以获得反不正当竞争法的保护。本案通过对新产品、新竞争行为精准的司法界定，详细梳理了著作权法与反不正当竞争法的适用边界，提出了“网红”菜品知识产权保护的裁判规则，体现了保护创新的价值取向，促进了“网红”经济的健康、良性发展。

**二、上诉人范某与上诉人程某某侵害录音制作者权纠纷案**［陕西省高级人民法院（2021）陕知民终 106 号民事判决书］

**【基本案情】** 2013 年程某某创作了《西安人的歌》唱词和唱词对应的旋律，完成了《西安人的歌》音乐 demo。之后，范某通过计算机软件配置包括钢琴旋律在内的器乐和其他音乐素材。完成编曲、混音后，二人各自对音乐工程文件进行交替沟通、调整、修改，共同完成了《西安人的歌》伴奏音乐的创作 demo。2016 年 4 月 12 日至 26 日期间，程某某、范某及程某某部分朋友分数次在陕西省西安市曲江新区曼蒂广场的“西安乱弹”录音棚共同完成了人声部分的录音。在上述录音素材完成录制后，4月28日，范某将之前全部音乐文件和录音素材，通过计算机软件编曲混音后，制作完成了歌曲新版本demo。2016年5月9日，范某将音频发送给程某某，程某某提出了混音的修改意见，于是在此前demo基础上，范某通过对混音进行调整修饰，完成了《西安人的歌》的完整歌曲文件。2016年5月19日，《西安人的歌》有人声主唱的完整歌曲和无人声主唱的乐曲伴奏在“QQ音乐”平台上完成了首次发表，歌曲发行时署名信息为：“作词：程某某，作曲：程某某、范某”。《西安人的歌》发表后获得了较高的知名度，并在2017年获得“亚洲中文音乐大奖最具影响力方言歌曲”奖项。2018年11月至2019年7月期间，程某某受相关方邀请，在不同场合采取播放伴奏带的方式演唱了歌曲《西安人的歌》，并收取了一定费用。范某诉至法院，认为程某某构成侵权，请求判令程某某赔偿其经济损失90 000元。

一审法院判决：驳回原告范某的诉讼请求。范某、程某某均不服，提起上诉。

二审法院认为，制作录音制品的合作者之间可以参照适用关于合作作者的相关规定。判断是否构成合作录音制作者，可以从合作意图及合作事实主客观两个方面进行分析。首先，从合作意图来看，在涉案歌曲伴奏带制作中，由程某某邀请范某制作，双方共同参与，并且双方均认可“收入对半分”，可以证明双方之间形成了共同制作的合意。其次，从合作事实来看，由程某某提出录制涉案歌曲伴奏带动议，录音主要在录音棚完成，参与录制和声的人员为程某某邀请，程某某与范某均在录制现场，录音过程使用程某某电脑操作。在录音素材完成录制后，范某将之前全部音乐文件和录音素材，通过计算机软件编曲混音，并将每一版文件发送至程某某邮箱，经双方确认后，最终发表至“QQ音乐”平台。双方相互配合共同参与了涉案歌曲伴奏带的制作，对该录音制品均做出直接的、实质性的贡献。综上，应认定范某与程某某为涉案歌曲伴奏的合作录音制作者。该录音制品属于不可分割的合作制品，其录音制作者权应由范某、程某某共同享有。

范某与程某某属于合作录音制作者，共同享有涉案歌曲伴奏带的录音制作者权。程某某在表演中使用涉案歌曲伴奏带的行为不构成侵权，程某某作为合作录音制作者之一，有权单独使用该录音制品进行表演，并未侵害范某的权利。程某某享有的权利及于该录音制品的全部，在行使除转让、许可他人专有使用、出质以外的其他权利时，并不会妨碍范某对该录音制品的正常使用，亦不会损害其合法利益，仅存在收益如何进行分配的问题。“未经协商”并非法律规定的认定侵权的构成要件。如果合作制作者对如何行使录音制作者权未做出约定或经协商无法达成一致时，双方均有权使用该录音制品，该行为不应认定为侵权。程某某在表演中使用该伴奏带的行为，系通过传送声音的技术设备向公众公开播送录音制品，而非复制该录音制品的行为，程某某的行为并非侵犯复制权的行为。范某未提出阻止程某某使用该录音制品的正当理由。范某在程某某使用涉案歌曲伴奏带表演时及本案审理中，均未提出阻止程某某使用该录音制品的正当理由。因程某某的行为不构成侵权，故不存在损失赔偿之说。遂判决：驳回上诉，维持原判。

**【典型意义】** 该案因涉及风靡全国的方言歌曲《西安人的歌》而具有较大的社会影响。该作品的词曲作者作为独立音乐人，利用自媒体及互联网创作发行的行为区别于传统的歌曲创作模式。判决首次运用“合作录音制作者”的概念，对独立音乐人合作录音制作行为的合法性进行了审查，细化了合作录音制作者认定标准，明确了合作录音制作者的权利行使方式，促进独立音乐创造有序进行。

**三、上诉人陕西数字新媒体艺术有限公司与被上诉人北京字节跳动科技有限公司侵害著作权纠纷案**［陕西省高级人民法院（2021）陕民终149号民事判决书］

**【基本案情】** 2015年11月，陕西数字新媒体艺术有限公司（以下简称“陕西数字新媒体公司”）完成纪录片作品《帝陵》第一部《西汉帝陵》，并进行了著作权登记。2020年1月，陕西数字新媒体公司发现北京字节跳动科技有限公司（以下简称“北京字节跳动公司”）未经授权，在其经营的西瓜视频网站提供了作品《西汉帝陵》，使公众可以在任何时间和地点获得上述作品。涉嫌侵权的视频共135个，观看次数共1 667 418次。随后，陕西数字新媒体公司向西安市汉唐公证处申请证据保全。2020年6月17日、6月29日陕西数字新媒体公司使用屏幕录像专家软件，再次进行了证据固定。7月2日，陕西数字新媒体公司寄送了侵权风险告知函，要求北京字节跳动公司删除涉嫌侵权的视频，但北京字节跳动公司没有删除，也未联系陕西数字新媒体公司。陕西数字新媒体公司遂诉至法院，请求判令北京字节跳动公司赔偿其经济损失833 709元及各项合理开支 5 000 元。

一审法院判决：驳回陕西数字新媒体公司的诉讼请求。陕西数字新媒体公司不服，提起上诉。

二审法院认为，北京字节跳动公司提供的《西瓜视频用户服务协议》载明，用户上传的作品著作权归属于用户，北京字节跳动公司亦未对涉案作品进行改变，仅为服务对象提供了信息存储空间的网络服务。北京字节跳动公司在用户服务协议中明确提示用户不得发布侵犯他人知识产权等合法权益的内容，用户知晓并接受上述义务要求。陕西数字新媒体公司主张北京字节跳动公司明知或应知用户发布的内容侵权，但没有提供充分证据予以证实。《最高人民法院关于审理侵害信息网络传播权民事纠纷案件适用法律若干问题的规定》第 8 条第 2 款规定，网络服务提供者未对网络用户侵害信息网络传播权的行为主动进行审查的，人民法院不应据此认定其具有过错。因此，北京字节跳动公司作为网络服务提供者未对涉案视频进行主动审查并非认定其主观过错的法定条件。北京字节跳动公司在网站发布的《关于西瓜视频创作平台打击站内搬运的公告》是其对重复视频采取的规制措施，并不能以此表明北京字节跳动公司对用户向其提供涉案侵权视频负有主动审查义务。北京字节跳动公司的《创作者计划》属于一种创作激励，陕西数字新媒体公司主张北京字节跳动公司运用该计划诱导或鼓励网络用户实施侵害信息网络传播权缺乏事实依据，陕西数字新媒体公司也未提供证据证明北京字节跳动公司从涉案视频中获取直接经济利益。因此，陕西数字新媒体公司主张北京字节跳动公司构成侵权缺乏事实依据和法律依据。从本案查明事实看，北京字节跳动公司在“西瓜视频”网站设立有“侵权投诉指引”，具体载明了投诉流程、注意事项和通知方式。陕西数字新媒体公司未按照网站提供的投诉程序主张权利，客观上增加了审查环节，不利于及时处理投诉事项。北京字节跳动公司在收到陕西数字新媒体公司侵权风险告知函后，在合理的时间内删除了涉案视频，提供了上传用户的相关具体信息，北京字节跳动公司作为网络服务提供者，已履行了法定的通知删除义务。遂判决：驳回上诉，维持原判。

**【典型意义】** 本案涉及网络空间治理中的突出问题，即短视频权利人维权行为与短视频平台传播行为之间的冲突与矛盾。本案通过对“避风港”原则的细化，明确了短视频权利人维权的合法化及合理化边界，加强了网络空间的法治化发展。

# 甘　肃　省

### 一、西安某文化传播公司与天水某创意公司著作权权属、侵权纠纷案

**【基本案情】** 天水某创意公司经转让成为人偶（人身伏羲）、摆件（人身女娲）的外观设计专利权人，其与西安某文化传播公司为推广“伏羲”“女娲”文化项目于 2019 年 12 月签订《IP 形象授权协议》，约定了将人身伏羲、人身女娲形象用于动画设计、产品宣传。之后，西安某文化传播公司以天水某创意公司的名义申请了官方认证的名称为“创世小神仙”的抖音号，并向天水某创意公司发送了“羲哥”“娲妹”动画作品底稿及动画作品，天水某创意公司提出了修改意见。西安某文化传播公司通过邮箱向对方发送了“创世小神仙”动画视频。2020 年 6 月 19 日伏羲文化节期间，天水某创意公司在多家媒体及网站报道了“天水原创《创世小神仙》首发动画”。8 月 19 日西安某文化传播公司在抖音平台上申请认证为“创世小神仙”的官方抖音号，发布了“创世小神仙”相关视频。在合同履行期内，双方均向国家版权局申请了伏羲、女娲形象的美术作品登记。后天水某创意公司向抖音平台投诉，致西安某文化传播公司抖音账号被封禁。西安某文化传播公司遂起诉至法院，要求判令：天水某创意公司立即停止使用涉案美术作品以及“创世小神仙”小视频；公开消除影响、赔礼致歉并赔偿经济损失等。

一审法院判决：驳回西安某文化传播公司的诉讼请求。宣判后，双方当事人均上诉。二审法院认为，《IP 形象授权协议》的性质为许可使用合同而非委托创作合同，涉案美术作品及小视频具有独创性，是西安某文化传播公司独立的智力成果，非依据三维模型产生的作品，故著作权属于西安某文化传播公司。在协议授权许可期间内，双方互不侵权。二审法院判决：改判天水某创意公司立即停止以其公司名义使用涉案美术作品及小视频；驳回西安某文化传播公司的其他诉讼请求。

**【典型意义】** 本案表面看似双方所签协议的履行问题，实际是判断涉案美术作品及小视频著作权权属。著作权的客体是作品，作品的实质要件是独创性，即独立创作源于本人、作品有一定创新性，作品一经产生，作者即具有相应的著作权。作品进行版权登记，只是形式确权，并不能仅以此证明作品权属或创作时间。法院经过比对，在认定双方争

议的作品区别于协议作品，协议性质属于许可使用而非委托创作的基础上，对使用涉案作品引发的纠纷进行了合理处理。本案对当下较多的动漫创作纠纷提供了处理思路，体现了鼓励作品创作和传播的公共政策，具有一定的价值指引作用。

## 二、甘肃某文化传播公司诉宁波某作家报刊公司等侵害作品信息网络传播权纠纷系列案

**【基本案情】** 甘肃某文化传播公司受让取得相关文章及图片的著作权，该公司经搜索发现宁波某作家报刊公司等133家公司，未经许可擅自在各自所属的微信公众号上，发布使用了甘肃某文化传播公司享有著作权的文章或者图片。甘肃某文化传播公司认为，宁波某作家报刊公司等133家公司的上述行为侵犯了其作为作品著作权人所享有的信息网络传播权等著作权利，遂向法院提起133件侵权案件系列诉讼。

兰州市城关区人民法院收到该批案件后，立即组织专门人员对这133件系列案认真进行了梳理分析，针对所诉被告均在外省地区、案情类似、案件标的额较低等特点，为节约当事人诉讼成本、减轻当事人诉累考虑，积极与当事人沟通，在征得当事人同意的基础上，通过人民法院调解平台将该系列案件全部委派至甘肃政法大学、甘肃赛信知识产权调解中心等特邀调解组织开展诉前调解，诉前调解失败的，直接转入线上立案程序。诉讼过程中，承办法官发现当事人仍有调解意向并同意在线调解的，委托具有知识产权从业背景的特邀调解员进行诉中调解。调解员指导双方当事人搜索、注册并登录人民法院调解平台，通过人民法院调解平台视频连线双方当事人，经过多轮调解，与当事人反复沟通，向被告释法明理，向原告说明被告的实际经营现状，最终76起案件纠纷通过在线调解达成和解，在调解员的引导下，和解协议现已全部自觉履行完毕。

**【典型意义】** 近年来，兰州市城关区人民法院扎实开展知识产权纠纷在线诉调对接工作，在省、市两级法院具体指导下与市场监管局、高校等单位联合成立诉调对接中心，以人民法院调解平台为纽带，搭建与审判系统、智调、智审平台"四位一体"的司法办案平台，在甘肃政法大学等地设立5个知识产权纠纷诉调对接工作站，形成"3＋4＋5＋N"工作模式，构建人民调解、商事调解、专家调解等多层次的立体化纠纷解决体系，充分发挥在线调解高效、便捷、低成本优势，有效推动知识产权矛盾化解从"让当事人少跑腿"优化到"让当事人不跑腿"，缓解当事人间的对立情绪，真正实现"让群众满意，为法官减负"的双赢格局。线上调解工作的广泛开展也为有效防控疫情，保障人民群众身体健康做出了积极贡献。

## 三、中国音像著作权集体管理协会与文县某休闲娱乐酒吧著作权侵权纠纷案

**【基本案情】** 中国音像著作权集体管理协会（以下简称"音集协"）是经国家版权局批准成立、民政部注册登记的音像著作权集体管理组织，经权利人授权，享有就案涉音乐电视作品同音像节目使用者商谈使用条件并发放使用许可、征集使用情况、收取使用费，并以自己的名义向侵权使用者提起诉讼的权利。2020年6月音集协经委托公证部门证据保全公证，证明被告文县某休闲娱乐酒吧提供点播涉案音乐电视作品相应歌曲服务，音集协遂提起本案诉讼。另外，依照国家版权局2006年发布的《卡拉OK经营行业版权使用费标准》第1号公告和音集协发布的2018年、2019年《关于卡拉OK著作权使用费收取标准的公告》，音集协曲库卡拉OK著作权使用费收取标准甘肃地区为8.0元/天/终端。

审理法院认为：文县某休闲娱乐酒吧未经音集协授权也未支付报酬的情况下，在其经营的酒吧KTV内为消费者提供点播涉案音乐电视作品歌曲服务，属于以营利为目的的经营行为，侵害了著作权人的合法权益，应承担赔偿经济损失的侵权责任。审理法院参照国家版权局发布的《卡拉OK经营行业版权使用费标准》公告和音集协发布的《关于卡拉OK著作权使用费收取标准的公告》确定的甘肃地区版权使用费收费标准，根据案涉歌曲数目、流行传唱率和本地经济发展水平，又着重考虑了新冠肺炎疫情导致KTV经营者停业和恢复营业后疫情对KTV上座率的影响等因素，酌定赔偿数额为17 520元。

**【典型意义】** 设立知识产权制度主要是为了鼓励创新创作，为创新之火添上利益之柴。但是在保护知识产权权利人利益的同时，也必须兼顾社会公共利益，以此保障知识产权制度终极目的的实现。本案在确定侵权赔偿数额时，从加强保护音乐作品权利人合法权益的司法政策出发，充分考虑权利人收费标准，同时，也充分注意到侵权行为发生时期新冠肺炎疫情导致KTV经营者停业和恢复营业后疫情对KTV上座率影响的实际情况，较好地平衡了双方当事人利益，确定了相对合理的赔偿数额。本案处理贯彻落实了国家"六稳""六保"政策，着眼长远，有利于文化行业持续发展，有利于繁荣社

会主义文化事业。

## 青 海 省

### 一、李某某诉某大学侵害作品署名权纠纷案

**【基本案情】** 2014 年 11 月 19 日，李某某在网络平台知乎，以“Lydia”的名义发布文章《什么是同事打死都不会跟你说的「职场套路」?》（以下简称《职场套路》）。2016 年 8 月 24 日，某大学在其网站转载了文章《如何做一个好的职场新人?》（以下简称《职场新人》），该文章无作者信息，注明来源于“新职业”。经阅读比对，两篇文章除标题外，其他文字内容全部相同。后李某某以某大学的行为侵害了其对涉案文字作品享有的署名权为由向法院起诉，请求判令某大学停止侵权，在网站删除侵权文字作品，向李某某赔礼道歉并赔偿精神损失费 500 元、交通费 1 500 元及律师费 3 000 元。

西宁中院一审认为，《职场新人》与《职场套路》除标题外，其他文字内容全部相同。《职场套路》最早由李某某于 2014 年 11 月 19 日发布，该知乎账户属于李某某，虽然某大学提交了多篇发布于网络的与《职场新人》同名的文章，但均晚于李某某的发布时间。某大学另提交了多篇发布于不同网站的《职场套路》文章截屏，但发布时间均在 2014 年之后，某大学也未提交《职场新人》作者另有他人的证据，可以认定李某某是《职场套路》的作者，依法享有对该文章的署名权。任何人均可以依法使用该作品，但应该指明作者姓名。某大学未经涉案文章作者李某某的许可或授权，通过信息网络向公众提供李某某享有署名权的涉案文章，但未署李某某的姓名或者笔名，侵犯了李某某对涉案文章享有的署名权，应当按照权利人的实际损失给予赔偿，实际损失难以计算的，可以按照侵权人的违法所得给予赔偿，赔偿数额还应当包括权利人为制止侵权行为所支付的合理开支。某大学转载涉案文章时未标明作者，且该转载用于学生的就业指导，不会对李某某造成精神损害，对其主张赔偿精神损失费的请求不予支持。遂判决某大学于判决生效后十日内赔偿李某某 4 437 元。后某大学不服提起上诉，二审期间，李某某以其与某大学双方达成和解为由申请撤回起诉，青海高院二审经审查后裁定准予撤回起诉。

**【典型意义】** 按照我国《著作权法》的规定，著作权包括发表权、署名权等，《最高人民法院关于审理著作权民事纠纷案件适用法律若干问题的解释》也规定将作品通过网络向公众传播，属于著作权法规定的使用作品的方式，著作权人享有以该种方式使用或者许可他人适用作品，并由此获得报酬的权利。

高校作为科研机构，在其经营管理的网站上转载他人或其他网站的文章以指导学生进行学习研究时，要注意审查转载的作品是否标明作者（即使是“合理使用”）、是否存在侵害他人著作权或信息网络传播权问题。同时高校学术科研成果多，在此情形下应不断提升教研人员充分运用著作权法保护自身合法权益的意识和能力，既做到自己的作品不被他人侵犯，同时也做到引用他人作品进行科研、教学、学习等时不侵犯他人作品著作权，进而为学校教学、科研等营造良好的法治氛围。

### 二、中国音像著作权集体管理协会诉西宁某餐饮店侵害作品放映权纠纷案

**【基本案情】** 中国音像著作权集体管理协会（以下简称“音集协”）与某音乐公司签订音像著作权授权合同，该音乐公司将其享有著作权的音像节目的放映权、复制权（前述二者仅限于卡拉 OK 经营场所）、广播权以信托方式授权音集协管理，其有权以自己的名义向侵权使用者提起诉讼。2020 年 7 月，音集协调查人员到位于西宁市五四西路的某餐饮店以普通消费者身份使用点歌设备点播了涉案作品 205 首，对上述过程进行拍照和同步录像，并进行了认证。后音集协以该餐饮店侵权为由向法院起诉，请求按照国家版权局发布的《卡拉 OK 著作权使用费标准》及音集协发布的 2019 年《关于卡拉 OK 著作权使用费收取标准的公告》判令某餐饮店承担侵权责任共计 116 800 元并承担为本案诉讼而支出的合理费用共计 5 000 元。

法院认为涉案作品系以类似摄制电影的方法创作的作品。根据涉案作品的署名以及授权证明书，应当认定音集协取得了涉案作品的独家放映权，有权提起诉讼。根据《著作权法》的规定，某餐饮店在未经许可也未支付报酬的情况下，在其经营店铺的卡拉 OK 点歌设备以营利为目的放映 205 首涉案音乐作品，属于通过技术设备公开再现涉案作品的行为，侵害了音集协对涉案作品享有的放映权，遂判决某餐饮店及其经营者立即停止放映 205 首涉案作品，并赔偿音集协经济损失 5 000 元、合理费用 1 618元。

**【典型意义】** 卡拉 OK 作为社会大众普遍的娱乐方式，使得不特定的人可以在不特定的时间于卡拉 OK 经营场所内任意点映音像作品，卡拉 OK 为

大众增添了生活乐趣，丰富了大众的娱乐方式，但卡拉 OK 在经营过程中若未依法取得可点映音像作品著作权人的许可，会构成侵权，并须承担相应的侵权责任。本案的判决再次向本地区从事卡拉 OK 的经营者做出警示，著作权法的核心是保护著作权人的权利，卡拉 OK 歌厅向权利人付酬，这是一种进步，全社会都应该提升保护知识产权的观念，使我们的著作权法得以实施，最终繁荣文艺作品创作，为文化和经济发展做出更大的贡献。

## 新疆维吾尔自治区

### 新疆某信息科技股份有限公司与新疆某电子科技有限公司侵害作品信息网络传播权纠纷案

**【基本案情】** 新疆某信息科技股份有限公司（甲公司）从案外人丙公司获取了某影视作品维吾尔语译制作品的信息网络传播权。2020 年 8 月 18 日，甲公司发现新疆某电子科技有限公司（乙公司）擅自播放甲公司享有信息网络传播权的维吾尔语译制作品，遂诉至法院。人民法院审理认为，虽乙公司辩称丙公司委托翻译的某影视作品未经原著作权人的许可，不享有合法权益，但本案主张保护的作品系经过翻译形成的演绎作品，具有独创性，属于著作权法保护的客体。翻译作者基于翻译过程中的智力劳动而对新的作品享有著作权。乙公司播放的某影视作品翻译作品与甲公司享有信息网络传播权的权利作品一致。乙公司未经许可在其经营的平台传播涉案某影视作品翻译作品，侵犯了甲公司的信息网络传播权，人民法院依法判令乙公司赔偿甲公司经济损失 30 000 元及诉讼合理支出 9 000 元。

**【典型意义】** 将已经发表的汉语言文字创作的作品翻译成少数民族语言文字作品在国内出版发行，构成对原作品的合理使用。因翻译形成的作品具有独创性，受著作权法的保护，在不影响作品正常使用，不损害原权利人的利益的情况下，应当予以保护。这对于保障和激励作品创作、传播，满足公众特别是少数民族地区对作品的需求，尊重和保护少数民族语言的使用，增进各民族间文化交流具有重要意义。

# 法律法规及规章文件

FA LYU FA GUI JI GUI ZHANG WEN JIAN

版权

# 关于为盲人、视力障碍者或其他印刷品阅读障碍者获得已出版作品提供便利的马拉喀什条约

本条约由关于缔结一项为视力障碍者和印刷品阅读障碍者获取已发表的作品提供便利的条约的外交会议于2013年6月27日通过。2021年10月23日第十三届全国人民代表大会常务委员会第三十一次会议通过。

## 序言

缔约各方：

回顾《世界人权宣言》和联合国《残疾人权利公约》宣告的不歧视、机会均等、无障碍以及充分和切实地参与和融入社会的原则；

注意到不利于视力障碍或其他印刷品阅读障碍者全面发展的种种挑战限制了他们的言论自由，包括在与其他人平等的基础上，寻求、接受和传递各种信息和思想的自由，其中包括通过他们自行选择的一切交流形式寻求、接受和传递各种信息和思想的自由，也限制了他们享受受教育的权利和从事研究的机会；

强调版权保护对激励和回报文学与艺术创作的重要性，以及增加机会，使包括视力障碍或其他印刷品阅读障碍者在内的每个人参加社会的文化生活、享受艺术和分享科学进步成果及其产生的利益的重要性；

意识到视力障碍或其他印刷品阅读障碍者为在社会上实现机会均等，在获得已出版的作品方面面临的障碍，还意识到既有必要增加无障碍格式作品的数量，也有必要改善这种作品的流通；

考虑到多数视力障碍或其他印刷品阅读障碍者生活在发展中国家和最不发达国家；

认识到尽管各国的版权法存在不同，但新的信息和通信技术对视力障碍或其他印刷品阅读障碍者的生活产生的积极影响，可以通过加强国际法律框架而得到扩大；

认识到很多成员国已在本国的版权法中为视力障碍或其他印刷品阅读障碍者规定了限制与例外，但适合他们使用的无障碍格式版作品仍然持续匮乏，还认识到各国使他们无障碍地获得作品的努力需要大量资源，而无障碍格式版不能跨境交换，导致不得不重复这些努力；

认识到权利人在使视力障碍或其他印刷品阅读障碍者无障碍地获得其作品中的重要作用，还认识到，规定适当的限制与例外，特别是在市场无法提供这种以无障碍方式获得作品的机会时，对于使视力障碍或其他印刷品阅读障碍者无障碍地获得作品的重要性；

认识到有必要在作者权利的有效保护与更大的公共利益之间，尤其是与教育、研究和获得信息之间保持平衡，而且这种平衡必须为有效和及时地获得作品提供便利，使视力障碍或其他印刷品阅读障碍者受益；

重申缔约各方根据现有国际版权保护条约承担的义务，以及《保护文学和艺术作品伯尔尼公约》第九条第二款和其他国际文书中规定的有关限制与例外的三步检验标准的重要性和灵活性；

回顾世界知识产权组织大会2007年所通过的旨在确保发展方面的考虑构成该组织工作组成部分的发展议程各项建议的重要性；

认识到国际版权制度的重要性，出于对限制与例外进行协调，为视力障碍或其他印刷品阅读障碍者获得和使用作品提供便利的愿望。

达成协议如下：

### 第一条　与其他公约和条约的关系

本条约的任何内容均不减损缔约各方相互之间依任何其他条约承担的任何义务，也不损害缔约方依任何其他条约享有的任何权利。

### 第二条　定义

在本条约中：

（一）“作品”是指《保护文学和艺术作品伯尔

尼公约》第二条第一款所指的文学和艺术作品，形式为文字、符号和（或）相关图示，不论是已出版的作品，还是以其他方式通过任何媒介公开提供的作品[1]。

（二）“无障碍格式版”是指采用替代方式或形式，让受益人能够使用作品，包括让受益人能够与无视力障碍或其他印刷品阅读障碍者一样切实可行、舒适地使用作品的作品版本。无障碍格式版为受益人专用，必须尊重原作的完整性，但要适当考虑将作品制成替代性无障碍格式所需要的修改和受益人的无障碍需求。

（三）“被授权实体”是指得到政府授权或承认，以非营利方式向受益人提供教育、指导培训、适应性阅读或信息渠道的实体。被授权实体也包括其主要活动或机构义务之一是向受益人提供相同服务的政府机构或非营利组织[2]。

被授权实体在以下方面制定并遵循自己的做法：

1. 确定其服务的人为受益人；

2. 将无障碍格式版的发行和提供限于受益人和（或）被授权实体；

3. 劝阻复制、发行和提供未授权复制件的行为；以及

4. 对作品复制件的处理保持应有注意并设置记录，同时根据第八条尊重受益人的隐私。

**第三条　受益人**

受益人为不论有无任何其他残疾的下列人：

（一）盲人；

（二）有视觉缺陷、知觉障碍或阅读障碍的人，无法改善到基本达到无此类缺陷或障碍者的视觉功能，因而无法以与无缺陷或无障碍者基本相同的程度阅读印刷作品；或者[3]

（三）在其他方面因身体残疾而不能持书或翻书，或者不能集中目光或移动目光进行正常阅读的人。

**第四条　关于无障碍格式版的国内法限制与例外**

一、

（一）缔约各方应在其国内版权法中规定对复制权、发行权和《世界知识产权组织版权条约》规定的向公众提供权的限制或例外，以便于向受益人提供无障碍格式版的作品。国内法规定的限制或例外应当允许将作品制成替代性无障碍格式所需要的修改。

（二）缔约各方为便于受益人获得作品，还可以规定对公开表演权的限制或例外。

二、缔约方为执行第四条第一款关于该款所述各项权利的规定，可以在其国内版权法中规定限制或例外，以便：

（一）在符合下列全部条件时，允许被授权实体在未经版权权利人授权的情况下制作作品的无障碍格式版，从另一被授权实体获得无障碍格式版，以任何方式，包括以非商业性出借或者以有线或无线电子传播的方式将这些无障碍格式版提供给受益人，以及为实现这些目的采取任何中间步骤：

1. 希望进行上述活动的被授权实体依法有权使用作品或该作品的复制件；

2. 作品被转为无障碍格式版，其中可以包括浏览无障碍格式的信息所需要的任何手段，但除了使作品对受益人无障碍所需要的修改之外，未进行其他修改；

3. 这种无障碍格式版供受益人专用；并且

4. 进行的活动属于非营利性。

而且

（二）受益人依法有权使用作品或该作品的复制件的，受益人或代表其行事的人，包括主要看护人或照顾者，可以制作作品的无障碍格式版供受益人个人使用，也可以通过其他方式帮助受益人制作和使用无障碍格式版。

三、缔约方为执行第四条第一款的规定，可以根据第十条和第十一条在其国内版权法中规定其他限制或例外[4]。

四、缔约方可以将本条规定的限制或例外限于在该市场中无法从商业渠道以合理条件为受益人获得特定无障碍格式的作品。利用这种可能性的缔约方，应在批准、接受或加入本条约时，或者在之后的任何时间，在向世界知识产权组织总干事交存的通知中作出声明[5]。

五、本条规定的限制或例外是否需要支付报酬，由国内法决定。

**第五条　无障碍格式版的跨境交换**

一、缔约方应规定，如果无障碍格式版系根据限制或例外或者依法制作的，该无障碍格式版可以由一个被授权实体向另一缔约方的受益人或被授权实体发行或提供[6]。

二、缔约方为执行第五条第一款的规定，可以在其国内版权法中规定限制或例外，以便：

（一）允许被授权实体在未经权利人授权的情况下向另一缔约方的被授权实体发行或提供受益人专用的无障碍格式版；并且

（二）允许被授权实体在未经权利人授权的情况下根据第二条第（三）项向另一缔约方的受益人发

行或提供无障碍格式版；

条件是在发行或提供之前，作为来源方的被授权实体不知道或者没有合理理由知道无障碍格式版将被用于受益人以外的目的[7]。

三、缔约方为执行第五条第一款的规定，可以根据第五条第四款、第十条和第十一条在其国内版权法中规定其他限制或例外。

四、

（一）缔约方的被授权实体依第五条第一款收到无障碍格式版，而且该缔约方不承担《伯尔尼公约》第九条规定的义务的，它将根据其自身的法律制度和做法，确保无障碍格式版仅为该缔约方管辖范围内的受益人复制、发行或提供。

（二）被授权实体依第五条第一款发行和提供无障碍格式版，应限于该管辖范围，除非缔约方是《世界知识产权组织版权条约》的缔约方，或者以其他方式将旨在实施本条约的对发行权和向公众提供权的限制与例外限于某些不与作品的正常利用相抵触、也不致不合理地损害权利人合法利益的特殊情况[8][9]。

（三）本条的任何内容均不影响对何种行为构成发行行为或向公众提供行为的认定。

五、本条约的任何内容均不得用于处理权利用尽问题。

### 第六条　无障碍格式版的进口

只要缔约方的国内法允许受益人、代表受益人行事的人或被授权实体制作作品的无障碍格式版，该缔约方的国内法也应同样允许其在未经权利人授权的情况下，为受益人的利益进口无障碍格式版[10]。

### 第七条　关于技术措施的义务

缔约各方应在必要时采取适当措施，确保在其为制止规避有效的技术措施规定适当的法律保护和有效的法律救济时，这种法律保护不妨碍受益人享受本条约规定的限制与例外[11]。

### 第八条　尊重隐私

缔约各方在实施本条约规定的限制与例外时，应努力在与其他人平等的基础上保护受益人的隐私。

### 第九条　开展合作为跨境交换提供便利

一、缔约各方应鼓励自愿共享信息，帮助被授权实体互相确认，以努力促进无障碍格式版的跨境交换。世界知识产权组织国际局应为此建立信息联络点。

二、缔约各方承诺帮助本方从事第五条规定的各项活动的被授权实体提供与第二条第（三）项所述其各项做法有关的信息，一方面通过在被授权实体之间共享信息，另一方面通过酌情向有关各方和公众提供有关其政策和做法的信息，其中包括与无障碍格式版的跨境交换有关的政策和做法的信息。

三、请世界知识产权组织国际局在有与本条约发挥作用有关的信息时，共享这种信息。

四、缔约各方承认国际合作与促进国际合作在支持各国努力实现本条约的宗旨和各项目标方面的重要性[12]。

### 第十条　关于实施的一般原则

一、缔约各方承诺采取必要措施，确保本条约的适用。

二、任何内容均不妨碍缔约各方决定在自身的法律制度和做法中实施本条约各项规定的适当办法[13]。

三、缔约各方为履行其依本条约享有的权利和承担的义务，可以在其国内法律制度和做法中专为受益人规定限制或例外、规定其他限制或例外或者同时规定二者。这些可以包括根据缔约各方依《伯尔尼公约》、其他国际条约和第十一条享有的权利和承担的义务，为了受益人的利益，对旨在满足受益人需求的公平做法、公平行为或合理使用进行司法、行政和监管上的认定。

### 第十一条　关于限制与例外的一般义务

缔约方在采取必要措施确保本条约的适用时，可以行使该缔约方依照《伯尔尼公约》、《与贸易有关的知识产权协定》和《世界知识产权组织版权条约》，包括它们的各项解释性协议，所享有的权利，并应遵守其依照这些条约承担的义务，因此，

（一）依照《伯尔尼公约》第九条第二款，缔约方可以允许在某些特殊情况下复制作品，只要这种复制不与作品的正常利用相抵触、也不致不合理地损害作者的合法利益；

（二）依照《与贸易有关的知识产权协定》第十三条，缔约方应将对专有权的限制或例外限于某些不与作品的正常利用相抵触、也不致不合理地损害权利人合法利益的特殊情况；

（三）依照《世界知识产权组织版权条约》第十条第一款，缔约方在某些不与作品的正常利用相抵触、也不致不合理地损害作者合法利益的特殊情况下，可以对依《世界知识产权组织版权条约》授予作者的权利规定限制或例外；

（四）依照《世界知识产权组织版权条约》第十条第二款，缔约方在适用《伯尔尼公约》时，应将对权利的任何限制或例外限于某些不与作品的正常

利用相抵触、也不致不合理地损害作者合法利益的特殊情况。

**第十二条　其他限制与例外**

一、缔约各方承认，缔约方可以依照该缔约方的国际权利和义务，根据该缔约方的经济情况与社会和文化需求，对于最不发达国家，还应考虑其特殊需求、其特定的国际权利和义务及这些权利和义务的灵活性，在其国内法中为受益人实施本条约未规定的其他版权限制与例外。

二、本条约不损害国内法为残疾人规定的其他限制与例外。

**第十三条　大会**

一、

（一）缔约方应设大会。

（二）每一缔约方应有一名代表出席大会，该代表可以由副代表、顾问和专家协助。

（三）各代表团的费用应由指派它的缔约方负担。大会可以要求世界知识产权组织提供财政援助，为按照联合国大会既定惯例被认为是发展中国家的缔约方或者系市场经济转型期国家的缔约方的代表团参会提供便利。

二、

（一）大会应处理与维护和发展本条约及适用和实施本条约有关的事项。

（二）大会应履行第十五条指派给它的关于接纳某些政府间组织为本条约缔约方的职能。

（三）大会应对召开任何修订本条约的外交会议作出决定，并给予世界知识产权组织总干事筹备此种外交会议的必要指示。

三、

（一）凡属国家的每一缔约方应有一票，并只能以其自己的名义表决。

（二）凡属政府间组织的缔约方可以代替其成员国参加表决，其票数与其属本条约缔约方的成员国数目相等。如果此种政府间组织的任何一个成员国行使其表决权，则该组织不得参加表决，反之亦然。

四、大会应由总干事召集，如无例外情况，应与世界知识产权组织大会同时同地举行。

五、大会应努力通过协商一致作出决定，并应制定自己的议事规则，包括召集特别会议、法定人数的要求，以及按本条约的规定，作出各类决定所需的多数等规则。

**第十四条　国际局**

与本条约有关的行政工作应由世界知识产权组织国际局履行。

**第十五条　成为本条约缔约方的资格**

一、世界知识产权组织的任何成员国均可以成为本条约的缔约方。

二、如果任何政府间组织声明其对于本条约涵盖的事项具有权限并自身具有约束其所有成员国的立法，并声明其根据其内部程序被正式授权要求成为本条约的缔约方，大会可以决定接纳该政府间组织成为本条约的缔约方。

三、欧洲联盟在通过本条约的外交会议上作出上款提及的声明后，可以成为本条约的缔约方。

**第十六条　本条约规定的权利和义务**

除本条约有任何相反的具体规定以外，每一缔约方均应享有本条约规定的一切权利并承担本条约规定的一切义务。

**第十七条　本条约的签署**

本条约通过后即在马拉喀什外交会议并随后在世界知识产权组织总部开放给任何有资格的有关方签署，期限一年。

**第十八条　本条约的生效**

本条约应在二十个第十五条所指的有资格的有关方交存批准书或加入书三个月之后生效。

**第十九条　成为本条约缔约方的生效日期**

本条约应自下列日期起具有约束力：

（一）对第十八条提到的二十个有资格的有关方，自本条约生效之日起；

（二）对第十五条提到的每一个其他有资格的有关方，自其向世界知识产权组织总干事交存批准书或加入书之日满三个月起。

**第二十条　退约**

任何缔约方均可以退出本条约，退约应通知世界知识产权组织总干事。任何退约应于世界知识产权组织总干事收到通知之日起一年后生效。

**第二十一条　本条约的语文**

一、本条约的签字原件为一份，以中文、阿拉伯文、英文、法文、俄文和西班牙文签署，各该文种的文本同等作准。

二、除第二十一条第一款提到的语文外，任何其他语文的正式文本须由世界知识产权组织总干事应有关方请求，在与所有有关方磋商之后制定。在本款中，“有关方”系指涉及到其正式语文或正式语文之一的世界知识产权组织任何成员国，并且如果涉及到其正式语文之一，亦指欧洲联盟和可以成为本条约缔约方的任何其他政府间组织。

**第二十二条　保存人**

世界知识产权组织总干事为本条约的保存人。

二〇一三年六月二十七日订于马拉喀什。

[1]**关于第二条第（一）项的议定声明：**各方达成共识，为本条约的目的，该定义包括有声形式的此种作品，例如有声读物。

[2]**关于第二条第（三）项的议定声明：**各方达成共识，为本条约的目的，“得到政府承认的实体”可以包括接受政府财政支持，以非营利方式向受益人提供教育、指导培训、适应性阅读或信息渠道的实体。

[3]**关于第三条第（二）项的议定声明：**此处的措辞不意味着“无法改善”必须使用所有可能的医学诊断程序和疗法。

[4]**关于第四条第三款的议定声明：**各方达成共识，对于视力障碍或其他印刷品阅读障碍者而言，在翻译权方面，本款既不缩小也不扩大《伯尔尼公约》所允许的限制与例外的适用范围。

[5]**关于第四条第四款的议定声明：**各方达成共识，不得以商业可获得性要求为根据对依本条规定的限制或例外是否符合三步检验标准进行预先判定。

[6]**关于第五条第一款的议定声明：**另外，各方达成共识，本条约的任何内容均不缩小也不扩大任何其他条约规定的专有权的范围。

[7]**关于第五条第二款的议定声明：**各方达成共识，为直接向另一缔约方的受益人发行或提供无障碍格式版，被授权实体采取进一步措施，确认其正在服务的人是受益人，并按第二条第（三）项所述遵循其自身的做法，可能是适当的。

[8]**关于第五条第四款第（二）项的议定声明：**各方达成共识，本条约的任何内容均不要求或意味着缔约方在其依本文书或其他国际条约承担的义务以外采用或适用三步检验标准。

[9]**关于第五条第四款第（二）项的议定声明：**各方达成共识，本条约的任何内容均不对缔约方增加批准或加入《世界知识产权组织版权条约》或遵守其任何规定的任何义务，并且本条约的任何内容均不损害《世界知识产权组织版权条约》中所载的任何权利、限制和例外。

[10]**关于第六条的议定声明：**各方达成共识，缔约各方在履行其依第六条承担的义务时，享有第四条所规定的相同灵活性。

[11]**关于第七条的议定声明：**各方达成共识，被授权实体在很多情况下选择在无障碍格式版的制作、发行和提供中采用技术措施，本条的任何内容均不对符合国内法的这种做法造成妨碍。

[12]**关于第九条的议定声明：**各方达成共识，第九条不意味着被授权实体的强制登记，也不构成被授权实体从事本条约所承认的各种活动的前提条件；该条规定的是可以开展信息共享，为无障碍格式版的跨境交换提供便利。

[13]**关于第十条第二款的议定声明：**各方达成共识，当作品属于第二条第（一）项规定的作品，包括有声形式的此种作品时，出于制作、发行和向受益人提供无障碍格式版的需要，本条约规定的限制与例外比照适用于相关权。

# 最高人民法院
# 关于审理侵害知识产权民事案件适用惩罚性赔偿的解释

法释〔2021〕4号

（2021年2月7日最高人民法院审判委员会第1831次会议通过，自2021年3月3日起施行）

为正确实施知识产权惩罚性赔偿制度，依法惩处严重侵害知识产权行为，全面加强知识产权保护，根据《中华人民共和国民法典》《中华人民共和国著作权法》《中华人民共和国商标法》《中华人民共和国专利法》《中华人民共和国反不正当竞争法》《中华人民共和国种子法》《中华人民共和国民事诉讼法》等有关法律规定，结合审判实践，制定本解释。

第一条　原告主张被告故意侵害其依法享有的知识产权且情节严重，请求判令被告承担惩罚性赔偿责任的，人民法院应当依法审查处理。

本解释所称故意，包括商标法第六十三条第一款和反不正当竞争法第十七条第三款规定的恶意。

第二条　原告请求惩罚性赔偿的，应当在起诉时明确赔偿数额、计算方式以及所依据的事实和理由。

原告在一审法庭辩论终结前增加惩罚性赔偿请求的，人民法院应当准许；在二审中增加惩罚性赔偿请求的，人民法院可以根据当事人自愿的原则进行调解，调解不成的，告知当事人另行起诉。

第三条　对于侵害知识产权的故意的认定，人民法院应当综合考虑被侵害知识产权客体类型、权利状态和相关产品知名度、被告与原告或者利害关系人之间的关系等因素。

对于下列情形，人民法院可以初步认定被告具有侵害知识产权的故意：

（一）被告经原告或者利害关系人通知、警告后，仍继续实施侵权行为的；

（二）被告或其法定代表人、管理人是原告或者利害关系人的法定代表人、管理人、实际控制人的；

（三）被告与原告或者利害关系人之间存在劳动、劳务、合作、许可、经销、代理、代表等关系，且接触过被侵害的知识产权的；

（四）被告与原告或者利害关系人之间有业务往来或者为达成合同等进行过磋商，且接触过被侵害的知识产权的；

（五）被告实施盗版、假冒注册商标行为的；

（六）其他可以认定为故意的情形。

第四条　对于侵害知识产权情节严重的认定，人民法院应当综合考虑侵权手段、次数，侵权行为的持续时间、地域范围、规模、后果，侵权人在诉讼中的行为等因素。

被告有下列情形的，人民法院可以认定为情节严重：

（一）因侵权被行政处罚或者法院裁判承担责任后，再次实施相同或者类似侵权行为；

（二）以侵害知识产权为业；

（三）伪造、毁坏或者隐匿侵权证据；

（四）拒不履行保全裁定；

（五）侵权获利或者权利人受损巨大；

（六）侵权行为可能危害国家安全、公共利益或者人身健康；

（七）其他可以认定为情节严重的情形。

第五条　人民法院确定惩罚性赔偿数额时，应当分别依照相关法律，以原告实际损失数额、被告违法所得数额或者因侵权所获得的利益作为计算基数。该基数不包括原告为制止侵权所支付的合理开支；法律另有规定的，依照其规定。

前款所称实际损失数额、违法所得数额、因侵权所获得的利益均难以计算的，人民法院依法参照该权利许可使用费的倍数合理确定，并以此作为惩罚性赔偿数额的计算基数。

人民法院依法责令被告提供其掌握的与侵权行为相关的账簿、资料，被告无正当理由拒不提供或者提供虚假账簿、资料的，人民法院可以参考原告的主张和证据确定惩罚性赔偿数额的计算基数。构成民事诉讼法第一百一十一条规定情形的，依法追究法律责任。

第六条　人民法院依法确定惩罚性赔偿的倍数时，应当综合考虑被告主观过错程度、侵权行为的情节严重程度等因素。

因同一侵权行为已经被处以行政罚款或者刑事罚金且执行完毕，被告主张减免惩罚性赔偿责任的，人民法院不予支持，但在确定前款所称倍数时可以综合考虑。

第七条　本解释自2021年3月3日起施行。最高人民法院以前发布的相关司法解释与本解释不一致的，以本解释为准。

# 最高人民法院关于知识产权侵权诉讼中被告以原告滥用权利为由请求赔偿合理开支问题的批复

法释〔2021〕11号

（2021年5月31日由最高人民法院审判委员会第1840次会议通过，自2021年6月3日起施行）

上海市高级人民法院：

你院《关于知识产权侵权诉讼中被告以原告滥用权利为由请求赔偿合理开支问题的请示》（沪高法〔2021〕215号）收悉。经研究，批复如下：

在知识产权侵权诉讼中，被告提交证据证明原告的起诉构成法律规定的滥用权利损害其合法权益，依法请求原告赔偿其因该诉讼所支付的合理的律师费、交通费、食宿费等开支的，人民法院依法予以支持。被告也可以另行起诉请求原告赔偿上述合理开支。

# 国家版权局、文化和旅游部关于规范卡拉OK领域版权市场秩序的通知

国版发〔2021〕1号

各省、自治区、直辖市版权局、文化和旅游厅（局），各相关单位：

为贯彻落实党中央、国务院关于加强知识产权保护的决策部署，进一步完善著作权集体管理制度、优化工作机制，维护权利人合法权益、便于使用者合法使用，促进卡拉OK行业健康有序发展，根据《中华人民共和国著作权法》《著作权集体管理条例》等规定，结合我国著作权集体管理工作实际，现就规范卡拉OK领域版权市场秩序有关事项通知如下。

一、坚持通过著作权集体管理解决卡拉OK领域版权问题。卡拉OK领域版权问题具有权利人众多和使用者众多的特点，“点对点”的版权许可方式无法满足权利人和使用者的实际需要，著作权集体管理是合理高效解决卡拉OK领域版权问题的有效途径。要统筹兼顾权利人和使用者利益，坚持通过著作权集体管理解决卡拉OK领域版权问题，完善体制机制、创新方式、提升效能。

二、坚持卡拉OK领域“二合一”版权许可机制。根据《著作权集体管理条例》第二十六条规定，在自愿基础上推动卡拉OK领域继续实施“二合一”版权许可机制。中国音乐著作权协会（以下简称“音著协”）管理的音乐作品表演权和中国音像著作权集体管理协会（以下简称“音集协”）管理的音乐电视作品放映权，统一由音集协向卡拉OK经营者发放许可、收取使用费，使用费在音集协和音著协之间经协商分配。音集协和音著协应当加强合作，在许可内容、许可方式、许可效率、费用分配等方面完善工作机制，为权利人和使用者提供更高水平服务。

三、坚持“先许可后使用”原则。卡拉OK经营者应当按照“先许可后使用”原则，与音集协签订许可使用合同后合法使用作品，许可使用合同以音集协官方网站公布的文本为准。未经许可，不得使用相关作品。版权使用费以国家版权局公告的使用费标准为基准，合理兼顾权利人的合法权益与卡拉OK经营者的实际需要。鼓励卡拉OK经营者通过相关行业协会或代表与音集协开展集体协商，就许可范围、许可期限、许可费用、支付方式等内容达成统一协议。

四、坚持协商合作优先机制。卡拉OK领域各相关方应当加强合作，通过联席会议、定期磋商等方式及时通报信息、交流经验，化解风险、解决纠纷。对于卡拉OK领域与版权有关的法律适用、许可机制和商业模式等普遍性或复杂性问题，优先以协商沟通方式解决，积极寻求非诉纠纷解决途径。对于无法协调一致或者其他重大事宜，应当及时向主管部门报告。

五、坚持著作权集体管理信息公开透明。音集协和音著协应当建立权利信息查询系统，供权利人和使用者查询其管理的权利种类、作品和录音录像制品的名称、权利人姓名或名称等信息；应当依法通过财务报告、工作报告和其他业务资料及时向有关主体通报作品许可使用情况和版权使用费相关情况，向社会公开年度报告、联系方式，接受权利人、使用者和社会各界监督。音集协应当在官方网站公布许可使用合同文本、许可流程和规范、从事许可的工作人员等信息。

六、坚持著作权集体管理组织非营利性原则。音集协和音著协应当进一步强化非营利性法人定位，不得委托、支持、纵容商业机构介入卡拉OK领域著作权集体管理事务。其他任何组织和个人不得介入卡拉OK领域著作权集体管理活动，破坏“二合一”版权许可机制，扰乱版权市场秩序。未经批准擅自从事著作权集体管理活动的，由主管部门依法查处；构成犯罪的，依法追究刑事责任。

七、坚持依法监管著作权集体管理组织。国家

版权局依法监管音集协和音著协在卡拉OK领域的著作权集体管理活动，检查相关业务工作，核查相关财务资料。对音集协和音著协违反法律法规和有关政策的，依法依规采取诫勉谈话、责令限期改正、责令罢免或者解聘有关主管人员、提出暂缓年检建议和吊销许可证等措施。

八、坚持依法加强卡拉OK行业管理。文化和旅游行政部门加强对卡拉OK领域的行业监管和内容监管，支持和引导相关行业协会与音集协、音著协落实卡拉OK领域“二合一”版权许可机制，配合相关部门建立健全科学合理的卡拉OK领域版权保护机制，切实维护权利人和使用者的合法权益，促进行业规范发展。

国家版权局、文化和旅游部

2021年4月2日

# 国家版权局<br>关于做好2021年全国知识产权宣传周版权宣传活动的通知

国版发函〔2021〕12号

各省、自治区、直辖市版权局，中国版权保护中心，中国版权协会，各著作权集体管理组织：

为贯彻落实党中央、国务院关于知识产权的重大决策和部署，特别是习近平总书记关于知识产权工作的重要指示，在第21个世界知识产权日来临之际，国家版权局自2021年4月中旬起集中组织开展版权宣传活动，并将4月20日至26日作为重点宣传时段。现将有关事项通知如下。

一、围绕“全面加强版权工作，推动构建新发展格局”主题，把贯彻落实党和国家的战略决策部署作为版权宣传工作的着眼点，立足版权产业实际，突出版权重点工作，紧扣版权热点事件，探索公众喜闻乐见的宣传形式，开展内容丰富、各具特色的宣传普及活动，为推动版权事业高质量发展，加快版权强国建设营造良好舆论氛围。

二、结合庆祝中国共产党建立100周年宣传，讲好各地区各部门在党的领导下版权事业发展壮大的不平凡历程和取得的光辉成就，讲好各地区各部门在党的领导下版权产业发展、脱贫攻坚、乡村振兴、疫情防控过程中涌现的先进事迹，讲好各地区各部门在党的领导下版权工作中展现的模范先锋的故事，以优异成绩献礼中国共产党成立100周年。

三、结合“十四五”开局起步，总结宣传“十三五”时期各地区各部门在推动版权创造、保护、运用等方面的生动实践，在制度完善、执法监管、产业发展、国际合作等方面的突出成就，宣讲阐释“十四五”期间版权工作的思路、目标、任务和举措，为全面开启建设社会主义现代化国家新征程凝聚奋进力量、提供坚强保障。

四、结合著作权法修改实施、打击侵权盗版案件、软件正版化、著作权登记、版权示范创建、版权展会授权交易活动、中国版权金奖、大学生版权征文等相关工作，宣传版权法律法规和基本知识，发挥典型案例的教育作用，聚焦版权运用转化和产业发展，宣传报道可借鉴、可复制、可推广的好经验和好做法，推动版权理念进一步深入人心。

五、各地版权局、各相关单位要根据本地区、本单位的实际情况，认真做好宣传周活动计划和安排。积极筹划，充分准备，采用网络媒体、平面媒体和电视媒体等多种形式，多角度、多渠道做好宣传工作，扩大宣传影响，营造良好舆论氛围，提高全社会的版权保护意识。

六、国家版权局将通过“学习强国”学习平台、国家版权局官方网站、新浪微博“@国家版权局”、微信公众号“国家版权”、头条号“国家版权局”、百家号“国家版权局”等网络平台全面跟踪报道宣传周期间举办的各项活动。各地版权局、各相关单位要及时将相关宣传素材或宣传报道信息等报送至国家版权局。

七、举办宣传周各项活动要严格落实中央八项规定精神，严格遵守各项财务管理制度，密切联系群众、改进工作作风、厉行勤俭节约，杜绝形式主义和官僚主义，注重对网报刊台、论坛活动等宣传阵地的规范化管理，夯实主流思想舆论，务求宣传实效。

八、宣传周活动结束后，各地版权局、各相关单位应于 5 月 8 日前将宣传周活动情况以纸质版和电子版形式报送国家版权局。

国家版权局
2021 年 3 月 26 日

# 国家版权局关于 2020 年全国著作权登记情况的通报

各省、自治区、直辖市版权局：

2020 年，各地区著作权主管部门和著作权登记机构以习近平新时代中国特色社会主义思想为指导，全面贯彻落实党中央、国务院关于强化知识产权保护的决策部署，高度重视著作权登记工作，坚决克服新冠肺炎疫情影响，进一步完善制度、优化机制，提升著作权登记工作效能，登记数量持续增长，全国著作权登记工作迈上新台阶。现将 2020 年全国著作权登记情况通报如下。

**一、总体情况**

2020 年全国著作权登记总量达 5 039 543 件，同比增长 20.37%。

**二、作品著作权登记情况**

根据对各省、自治区、直辖市版权局和中国版权保护中心的作品登记信息统计，2020 年全国共完成作品著作权登记 3 316 255 件，同比增长 22.75%。

全国作品著作权登记量总体呈现稳步增长趋势，登记量较多的分别是：北京市 1 004 676 件，占登记总量的 30.30%；上海市 318 906 件，占登记总量的 9.62%；中国版权保护中心 290 693 件，占登记总量的 8.77%；江苏省 281 984 件，占登记总量的 8.50%；天津市 213 415 件，占登记总量的 6.44%；山东省 201 181 件，占登记总量的 6.07%。以上登记量占全国登记总量的 69.70%。相较于 2019 年，甘肃、云南、贵州、天津、黑龙江、内蒙古、山西、宁夏、山东、安徽等省（区、市）的作品著作权登记量增长率均超过了 100%；吉林、江西、湖南等省份的作品著作权登记量增长率均达 50%以上。

从作品类型看，登记量最多的是摄影作品 1 510 914件，占登记总量的 45.56%；第二是美术作品 1 295 415 件，占登记总量的 39.06%；第三是文字作品 212 797 件，占登记总量的 6.42%；第四是影视作品 191 332 件，占登记总量的 5.77%。以上类型的作品著作权登记量占登记总量的 96.81%。还有录音制品 28 765 件，占登记总量的 0.87%；音乐作品 16 478 件，占登记总量的 0.50%；图形作品 14 765 件，占登记总量的 0.45%；录像制品 6 185 件，占登记总量的 0.19%；模型、戏剧、曲艺、建筑作品等共计 39 604 件，占登记总量的 1.19%。

**三、计算机软件著作权登记情况**

根据中国版权保护中心计算机软件著作权登记信息统计，2020 年全国共完成计算机软件著作权登记 1 722 904 件，同比增长 16.06%。

从登记区域分布情况看，计算机软件著作权登记区域主要分布在东部地区，登记量约 115 万件，占登记总量的 66.8%，其中，广东、北京、江苏、上海的登记总量约 79 万件，约占东部地区登记数量的 68.7%。

从登记区域增长情况看，增速最快的是西部地区 37.3%，高于全国整体增速约 21 个百分点；第二是中部地区 25.0%；第三是东北地区 21.9%；第四是东部地区 10.5%。

从各地区登记数量情况看，计算机软件著作权登记量较多的省（市）依次为：广东、北京、江苏、上海、浙江、山东、四川、河南、福建、天津。上述地区共登记软件约 124 万件，占登记总量的 71.8%，其中，广东省登记软件约 24 万件，占登记总量的 13.8%。

**四、著作权质权登记情况**

根据中国版权保护中心著作权质权登记信息统计，2020 年全国共完成著作权质权登记 384 件，同比下降 28.49%；涉及合同数量 341 个，同比下降 10.50%；涉及作品数量 1231 件，同比下降 23.06%；涉及主债务金额 405 876.6 万元，同比下降 46.90%；涉及担保金额 392 524.3 万元，同比下降 46.24%。

计算机软件著作权质权登记 327 件，同比下降 9.42%；涉及合同数量 327 个，同比下降 9.42%；

涉及作品数量 1 174 件，同比下降 17.56%；涉及主债务金额 379 734.2 万元，同比下降 45.73%；涉及担保金额 366 941.5 万元，同比下降 45.06%。

作品（除计算机软件外）著作权质权登记 57 件，同比下降 67.62%；涉及合同数量 14 个，同比下降 30%；涉及作品数量 57 件，同比下降 67.62%；涉及主债务金额 26 142.4 万元，同比下降 59.56%；涉及担保金额 25 582.8 万元，同比下降 58.89%。

各地区著作权主管部门和著作权登记机构要进一步优化流程，突出质量，提高效率，为权利人提供更好服务，推动版权产业高质量发展，以优异成绩迎接中国共产党成立 100 周年。

国家版权局

2021 年 3 月 16 日

# 2021 年度第一批重点作品版权保护预警名单

按照国家版权局《关于进一步加强互联网传播作品版权监管工作的意见》及版权重点监管工作计划，根据相关网络服务商上报的作品授权情况，现公布 2021 年度第一批重点作品版权保护预警名单。

相关网络服务商应对版权保护预警名单内的重点作品采取以下保护措施：直接提供内容的网络服务商未经许可不得提供版权保护预警名单内的作品；提供存储空间的网络服务商应禁止用户上传版权保护预警名单内的作品；提供搜索链接的网络服务商、电子商务平台及应用程序商店应加快处理版权保护预警名单内作品权利人关于删除侵权内容或断开侵权链接的通知。

**2021 年度第一批重点作品版权保护预警名单**

| 序号 | 名称 | 有关权利人 | 获得信息网络传播权的网络服务商 |
| --- | --- | --- | --- |
| 1 | 上线吧！华彩少年 | 中央广播电视总台 | 央视网、央视影音、央视频、央视文艺（2020-12-25—2070-12-24）<br>今日头条、西瓜视频、抖音（2020-12-25—2022-3-26） |
| 2 | 国家宝藏（第三季） | 中央广播电视总台 | 央视网、央视影音、央视频、央视文艺（2020-12-6—2070-12-5）<br>腾讯视频（2020-12-6—2024-2-7）<br>优酷（2020-12-6—2024-2-7）<br>爱奇艺（2020-12-6—2024-2-7）<br>哔哩哔哩（2020-12-6—2024-2-7） |
| 3 | 衣尚中国 | 中央广播电视总台 | 央视网、央视影音、央视频、央视文艺（2020-11-7—2070-11-6）<br>腾讯视频（2020-11-7—2023-1-16）<br>爱奇艺（2020-11-7—2023-1-16）<br>哔哩哔哩（2020-11-7—2023-1-16） |
| 4 | 巡回检察组 | 上海利达影业有限公司 | 优酷（2020-12-13—2070-12-12） |
| 5 | 姜子牙 | 北京光线影业有限公司 | 爱奇艺（2020-11-19—2030-11-18）<br>华视网聚（2020-11-19—2030-11-18） |
| 6 | 翱翔雄心 | 北京奥创世纪网络影视发行有限公司 | 爱奇艺（2020-11-30—2026-4-14） |
| 7 | 再见吧！少年 | 爱奇艺影业（上海）有限公司 | 爱奇艺（2020-10-23—2070-10-22） |

续表

| 序号 | 名称 | 有关权利人 | 获得信息网络传播权的网络服务商 |
| --- | --- | --- | --- |
| 8 | 海绵宝宝：营救大冒险 | 派拉蒙影业国际有限公司 | 爱奇艺（2020－11－6—2021－11－5）<br>腾讯视频（2020－11－6—2021－11－5） |
| 9 | 狼殿下 | 新丽电视文化投资有限公司 | 腾讯视频、云视听极光（2020－11－19—2030－11－18）<br>爱奇艺、银河奇异果（2020－11－19—2025－11－18）<br>优酷、酷喵（2020－11－19—2030－11－18） |
| 10 | 小风暴之时间的玫瑰 | 上海腾讯企鹅影视文化传播有限公司 | 腾讯视频、云视听极光（2020－12－2—2070－12－31） |
| 11 | 有翡 | 上海好故事影视有限公司 | 腾讯视频、云视听极光（2020－12－15—2028－12－14） |
| 12 | 抵达星辰 | 泰国 one 31 有限责任公司 | 今日头条、西瓜视频、抖音（2021－1－6—2026－1－5） |

# 2021 年度第二批重点作品版权保护预警名单（院线电影）

按照国家版权局《关于进一步加强互联网传播作品版权监管工作的意见》及版权重点监管工作计划，根据相关权利人上报的作品授权情况，现公布 2021 年度第二批重点作品版权保护预警名单。

相关网络服务商应对版权保护预警名单内的重点院线电影采取以下保护措施：直接提供内容的网络服务商在影片上映期内不得提供版权保护预警名单内的作品；提供存储空间的网络服务商应禁止用户上传版权保护预警名单内的作品；相关网络服务商应加快处理版权保护预警名单内作品权利人关于删除侵权内容或断开侵权链接的通知。

各地版权行政执法监管部门应当对本地区主要网络服务商发出版权预警提示，加大版权监测监管力度。对于未经授权通过信息网络非法传播版权保护预警重点作品的，应当依法从严从快予以查处。

**2021 年度第二批重点作品版权保护预警名单（院线电影）**

| 序号 | 作品名称 | 相关权利人 | 上映日期 |
| --- | --- | --- | --- |
| 1 | 唐人街探案 3 | 五洲电影 | 2021－2－12 |
| 2 | 你好，李焕英 | 猫眼影业 | 2021－2－12 |
| 3 | 刺杀小说家 | 华策影视 | 2021－2－12 |
| 4 | 侍神令 | 华影天下 | 2021－2－12 |
| 5 | 人潮汹涌 | 光线影业 | 2021－2－12 |
| 6 | 新神榜：哪吒重生 | 阿里影业 | 2021－2－12 |
| 7 | 熊出没·狂野大陆 | 联瑞影业 | 2021－2－12 |

# 2021 年度第三批重点作品版权保护预警名单

按照国家版权局《关于进一步加强互联网传播作品版权监管工作的意见》及版权重点监管工作计

划，根据相关网络服务商上报的作品授权情况，现公布2021年度第三批重点作品版权保护预警名单。

相关网络服务商应对版权保护预警名单内的重点作品采取以下保护措施：直接提供内容的网络服务商未经许可不得提供版权保护预警名单内的作品；提供存储空间的网络服务商应禁止用户上传版权保护预警名单内的作品；相关网络服务商应加快处理版权保护预警名单内作品权利人关于删除侵权内容或断开侵权链接的通知。

各地版权行政执法监管部门应当对本地区主要网络服务商发出版权预警提示，加大版权监测监管力度。对于未经授权通过信息网络非法传播版权保护预警重点作品的，应当依法从严从快予以查处。

**2021年度第三批重点作品版权保护预警名单**

| 序号 | 名称 | 有关权利人 | 获得信息网络传播权的网络服务商 |
|---|---|---|---|
| 1 | 中央广播电视总台2021年春节联欢晚会相关节目 | 中央广播电视总台 | 今日头条、西瓜视频、抖音、腾讯、爱奇艺、优酷、土豆、搜酷、咪咕、快手、AcFun、新浪微博（2021-2-11—2022-2-11） |
| 2 | 中央广播电视总台2021年元宵晚会相关节目 | 中央广播电视总台 | 今日头条、西瓜视频、抖音、腾讯、爱奇艺、优酷、土豆、搜酷、咪咕、快手、AcFun、新浪微博（2021-2-26—2022-2-26） |
| 3 | 除暴 | 英皇电影发行（北京）有限公司 | 爱奇艺（2021-1-3—2031-1-2）<br>华视网聚（2021-1-3—2031-1-2） |
| 4 | 白狮奇缘 | 天津猫眼微影文化传媒有限公司 | 爱奇艺（2021-1-6—2030-9-19）<br>华视网聚（2021-1-6—2030-9-19） |
| 5 | 夏日往事 | 上海井树文化传媒有限公司 | 爱奇艺（2020-12-16—2070-12-15） |
| 6 | 如果声音不记得 | 北京光线影业有限公司 | 爱奇艺（2021-1-15—2031-1-14）<br>华视网聚（2021-1-15—2031-1-14） |
| 7 | 明天你是否依然爱我 | 宁波合乐影纪文化传播有限公司 | 爱奇艺（2021-1-22—2036-1-21）<br>华视网聚（2021-1-22—2036-1-21） |
| 8 | 雷霆追击 | 寰宁纵横世纪电影发行（北京）有限公司 | 爱奇艺（2021-1-31—2031-1-30） |
| 9 | 棒！少年 | 北京爱奇艺科技有限公司 | 爱奇艺（2021-1-12—2071-1-11） |
| 10 | 麒麟幻镇 | 无锡映美文化传播有限公司 | 爱奇艺（2021-1-21—2031-1-20） |
| 11 | 刑警本色 | 北京尚宸影业有限公司 | 爱奇艺（2021-1-10—2031-1-9） |
| 12 | 嘟当曼第四季 | 北京爱奇艺科技有限公司 | 爱奇艺（2021-1-15—2071-1-14） |
| 13 | 上阳赋 | 喀什飞宝文化传媒有限公司 | 优酷（2021-1-9—2033-1-9） |
| 14 | 正青春 | 厦门乐道互娱文化传媒有限公司 | 优酷（2021-1-24—2029-1-24） |
| 15 | 紧急公关 | 海秀传媒（天津）有限公司 | 优酷（2021-1-16—2071-1-16） |
| 16 | 斗罗大陆 | 新丽电视文化投资有限公司 | 腾讯视频（2021-2-5—2031-2-4） |
| 17 | 大秦赋 | 西安曲江大秦帝国影业投资有限公司 | 腾讯视频（2020-12-1—2070-12-31）<br>爱奇艺（2020-12-1—2025-11-30） |
| 18 | 生死下一秒 | 海南时代风采影视文化传媒有限公司 | 腾讯视频（2021-1-12—2071-12-31） |
| 19 | 猎妖记 | 北京东方飞云国际影视股份有限公司 | 腾讯视频（2021-2-14—2071-12-31） |

续表

| 序号 | 名称 | 有关权利人 | 获得信息网络传播权的网络服务商 |
|---|---|---|---|
| 20 | 世界上的另一个我 | 泰国 GMM 电视有限公司 | 西瓜视频（2021－2－1—2026－1－31）<br>今日头条（2021－2－1—2026－1－31）<br>抖音（2021－2－1—2026－1－31） |
| 21 | 霸道新娘 | 泰国格雷莱克有限公司 | 西瓜视频（2021－2－22—2026－2－21）<br>今日头条（2021－2－22—2026－2－21）<br>抖音（2021－2－22—2026－2－21） |
| 22 | 我和我的家乡 | 北京京西文化旅游股份有限公司 | 西瓜视频（2021－1－1—2030－12－31）<br>今日头条（2021－1－1—2030－12－31）<br>抖音（2021－1－1—2030－12－31）<br>芒果 TV（2021－1－1—2025－12－31）<br>华视网聚（2021－1－1—2030－12－31）<br>百视通（2021－1－1—2030－12－31） |
| 23 | 风起霓裳 | 优酷信息技术（北京）有限公司 | 优酷（2021－1－27—2071－1－26） |
| 24 | 发财日记 | 新疆华秀文化传媒有限公司 | 优酷（2021－2－12—2041－2－12）<br>腾讯视频（2021－2－12—2041－2－12）<br>爱奇艺（2021－2－12—2041－2－12） |

# 2021 年度第四批重点作品版权保护预警名单（院线电影）

按照国家版权局《关于进一步加强互联网传播作品版权监管工作的意见》及版权重点监管工作计划，根据相关权利人上报的作品授权情况，现公布 2021 年度第四批重点作品版权保护预警名单。

相关网络服务商应对版权保护预警名单内的重点院线电影采取以下保护措施：直接提供内容的网络服务商在影片上映期内不得提供版权保护预警名单内的作品；提供存储空间的网络服务商应禁止用户上传版权保护预警名单内的作品；相关网络服务商应加快处理版权保护预警名单内作品权利人关于删除侵权内容或断开侵权链接的通知。

各地版权行政执法监管部门应当对本地区主要网络服务商发出版权预警提示，加大版权监测监管力度。对于未经授权通过信息网络非法传播版权保护预警重点作品的，应当依法从严从快予以查处。

**2021 年度第四批重点作品版权保护预警名单（院线电影）**

| 序号 | 作品名称 | 相关权利人 | 上映日期 |
|---|---|---|---|
| 1 | 千顷澄碧的时代 | 电影卫星频道节目制作中心 | 2021－2－26 |
| 2 | 猫和老鼠 | 华纳兄弟 | 2021－2－26 |
| 3 | 寻龙传说 | 迪士尼 | 2021－3－5 |

# 2021 年度第五批重点作品版权保护预警名单

按照国家版权局《关于进一步加强互联网传播作品版权监管工作的意见》及版权重点监管工作计划，根据相关网络服务商上报的作品授权情况，现公布 2021 年度第五批重点作品版权保护预警名单。

相关网络服务商应对版权保护预警名单内的重点作品采取以下保护措施：直接提供内容的网络服务商未经许可不得提供版权保护预警名单内的作品；提供存储空间的网络服务商应禁止用户上传版权保护预警名单内的作品；相关网络服务商应加快处理版权保护预警名单内作品权利人关于删除侵权内容或断开侵权链接的通知。

各地版权行政执法监管部门应当对本地区主要网络服务商发出版权预警提示，加大版权监测监管力度。对于未经授权通过信息网络非法传播版权保护预警重点作品的，应当依法从严从快予以查处。

**2021 年度第五批重点作品版权保护预警名单**

| 序号 | 名称 | 有关权利人 | 获得信息网络传播权的网络服务商 |
|---|---|---|---|
| 1 | 2020—2021 赛季 CBA 联赛、全明星周末及其他相关赛事节目 | 中篮联（北京）体育有限公司 | 咪咕视频（2020－10－17—2024/2025 赛季结束日）<br>新浪微博（2021－3－19—2022/2023 赛季结束日）<br>快手（2021－3－15—2020/2021 赛季结束后 30 天止） |
| 2 | 孟买酒店 | 孟买酒店私人有限公司 | 西瓜视频（2021－3－30—2031－3－29）<br>今日头条（2021－3－30—2031－3－29）<br>抖音（2021－3－30—2031－3－29）<br>百视通（2021－3－30—2026－3－29）<br>华视网聚（2021－3－30—2026－3－29） |
| 3 | 你好，李焕英 | 北京京西文化旅游股份有限公司 | 西瓜视频（2021－4－28—2031－4－27）<br>今日头条（2021－4－28—2031－4－27）<br>抖音（2021－4－28—2031－4－27） |
| 4 | 天使在身边 | 格莱美电视有限公司 | 西瓜视频（2021－4－19—2026－4－18）<br>今日头条（2021－4－19—2026－4－18）<br>抖音（2021－4－19—2026－4－18） |
| 5 | 送你一朵小红花 | 天津联瑞影业有限公司 | 华视网聚（2021－3－5—2031－3－4）<br>爱奇艺（2021－3－5—2031－3－4） |

# 2021 年度第六批重点作品版权保护预警名单（院线电影）

按照国家版权局《关于进一步加强互联网传播作品版权监管工作的意见》及版权重点监管工作计划，根据相关权利人上报的作品授权情况，现公布 2021 年度第六批重点作品版权保护预警名单。

相关网络服务商应对版权保护预警名单内的重点院线电影采取以下保护措施：直接提供内容的网络服务商在影片上映期内不得提供版权保护预警名单内的作品；提供存储空间的网络服务商应禁止用

户上传版权保护预警名单内的作品；相关网络服务商应加快处理版权保护预警名单内作品权利人关于删除侵权内容或断开侵权链接的通知。

各地版权行政执法监管部门应当对本地区主要网络服务商发出版权预警提示，加大版权监测监管力度。对于未经授权通过信息网络非法传播版权保护预警重点作品的，应当依法从严从快予以查处。

**2021 年度第六批重点作品版权保护预警名单（院线电影）**

| 序号 | 作品名称 | 相关权利人 | 上映日期 |
|---|---|---|---|
| 1 | 悬崖之上 | 联瑞影业 | 2021－4－30 |
| 2 | 你的婚礼 | 光线影业 | 2021－4－30 |
| 3 | 扫黑·决战 | 福建恒业 | 2021－5－1 |
| 4 | 寻汉计 | 欢喜传媒集团有限公司 | 2021－5－1 |
| 5 | 阳光劫匪 | 北京卓然影业有限公司 | 2021－5－1 |
| 6 | 指环王：双塔奇兵 | 华纳兄弟 | 2021－4－23 |

# 2021 年度第七批重点作品版权保护预警名单（院线电影）

按照国家版权局《关于进一步加强互联网传播作品版权监管工作的意见》及版权重点监管工作计划，根据相关权利人上报的作品授权情况，现公布 2021 年度第七批重点作品版权保护预警名单。

相关网络服务商应对版权保护预警名单内的重点院线电影采取以下保护措施：直接提供内容的网络服务商在影片上映期内不得提供版权保护预警名单内的作品；提供存储空间的网络服务商应禁止用户上传版权保护预警名单内的作品；相关网络服务商应加快处理版权保护预警名单内作品权利人关于删除侵权内容或断开侵权链接的通知。

各地版权行政执法监管部门应当对本地区主要网络服务商发出版权预警提示，加大版权监测监管力度。对于未经授权通过信息网络非法传播版权保护预警重点作品的，应当依法从严从快予以查处。

**2021 年度第七批重点作品版权保护预警名单（院线电影）**

| 序号 | 作品名称 | 相关权利人 | 上映日期 |
|---|---|---|---|
| 1 | 感动她 77 次 | 影联传媒 | 2021－5－14 |
| 2 | 我要我们在一起 | 阿里影业 | 2021－5－20 |
| 3 | 有一点心动 | 国影纵横 | 2021－5－20 |
| 4 | 我没谈完的那场恋爱 | 环鹰时代 | 2021－5－20 |
| 5 | 柳青 | 西安多吉影视 | 2021－5－21 |
| 6 | 指环王：王者无敌 | 华纳兄弟 | 2021－5－14 |
| 7 | 速度与激情 9 | 环球影业 | 2021－5－21 |

# 2021 年度第八批重点作品版权保护预警名单

按照国家版权局《关于进一步加强互联网传播作品版权监管工作的意见》及版权重点监管工作计

划，根据相关网络服务商上报的作品授权情况，现公布2021年度第八批重点作品版权保护预警名单。

相关网络服务商应对版权保护预警名单内的重点作品采取以下保护措施：直接提供内容的网络服务商未经许可不得提供版权保护预警名单内的作品；提供存储空间的网络服务商应禁止用户上传版权保护预警名单内的作品；相关网络服务商应加快处理版权保护预警名单内作品权利人关于删除侵权内容或断开侵权链接的通知。

各地版权行政执法监管部门应当对本地区主要网络服务商发出版权预警提示，加大版权监测监管力度。对于未经授权通过信息网络非法传播版权保护预警重点作品的，应当依法从严从快予以查处。

**2021年度第八批重点作品版权保护预警名单**

| 序号 | 名称 | 有关权利人 | 获得信息网络传播权的网络服务商 |
|---|---|---|---|
| 1 | 2020年欧洲足球锦标赛相关节目 | 欧足联<br>中央广播电视总台<br>新英体育 | 央视频（2021-6-11—2021-12-31）<br>爱奇艺（2021-6-11—2021-12-31）<br>咪咕（2021-6-11—2021-12-31） |
| 2 | 新神榜：哪吒重生 | 追光人动画设计（北京）有限公司 | 爱奇艺（2021-4-4—2031-4-3）<br>优酷网（2021-4-4—2031-4-3）<br>华视网聚（2021-4-4—2031-4-3） |
| 3 | 人潮汹涌 | 深圳市一怡以艺文化传媒有限公司 | 爱奇艺（2021-4-14—2031-4-13）<br>优酷网（2021-4-14—2031-4-13）<br>华视网聚（2021-4-14—2026-3-29） |
| 4 | 我的姐姐 | 霍尔果斯联瑞木马影视传媒有限公司 | 爱奇艺（2021-5-20—2031-5-19）<br>优酷网（2021-5-20—2031-5-19）<br>华视网聚（2021-5-20—2031-5-19） |
| 5 | 我的漂亮朋友 | 深圳市腾讯计算机系统有限公司 | 腾讯视频（2021-5-14—2071-12-31） |

# 2021年度第九批重点作品版权保护预警名单（院线电影）

按照国家版权局《关于进一步加强互联网传播作品版权监管工作的意见》及版权重点监管工作计划，根据相关权利人上报的作品授权情况，现公布2021年度第九批重点作品版权保护预警名单。

相关网络服务商应对版权保护预警名单内的重点院线电影采取以下保护措施：直接提供内容的网络服务商在影片上映期内不得提供版权保护预警名单内的作品；提供存储空间的网络服务商应禁止用户上传版权保护预警名单内的作品；相关网络服务商应加快处理版权保护预警名单内作品权利人关于删除侵权内容或断开侵权链接的通知。

各地版权行政执法监管部门应当对本地区主要网络服务商发出版权预警提示，加大版权监测监管力度。对于未经授权通过信息网络非法传播版权保护预警重点作品的，应当依法从严从快予以查处。

**2021年度第九批重点作品版权保护预警名单（院线电影）**

| 序号 | 作品名称 | 相关权利人 | 上映日期 |
|---|---|---|---|
| 1 | 革命者 | 光线影业 | 2021-7-1 |
| 2 | 1921 | 腾讯影业 | 2021-7-1 |
| 3 | 中国医生 | 博纳影业 | 2021-7-9 |

续表

| 序号 | 作品名称 | 相关权利人 | 上映日期 |
|---|---|---|---|
| 4 | 俑之城 | 华夏电影发行公司 | 2021－7－9 |
| 5 | 济公之降龙降世 | 影联传媒 | 2021－7－16 |
| 6 | 燃野少年的天空 | 联瑞影业 | 2021－7－17 |

# 2021 年度第十批重点作品版权保护预警名单

按照国家版权局《关于进一步加强互联网传播作品版权监管工作的意见》及版权重点监管工作计划，根据相关网络服务商上报的作品授权情况，现公布 2021 年度第十批重点作品版权保护预警名单。

相关网络服务商应对版权保护预警名单内的重点作品采取以下保护措施：直接提供内容的网络服务商未经许可不得提供版权保护预警名单内的作品；提供存储空间的网络服务商应禁止用户上传版权保护预警名单内的作品；相关网络服务商应加快处理版权保护预警名单内作品权利人关于删除侵权内容或断开侵权链接的通知。

各地版权行政执法监管部门应当对本地区主要网络服务商发出版权预警提示，加大版权监测监管力度。对于未经授权通过信息网络非法传播版权保护预警重点作品的，应当依法从严从快予以查处。

**2021 年度第十批重点作品版权保护预警名单**

| 序号 | 名称 | 有关权利人 | 获得信息网络传播权的网络服务商 |
|---|---|---|---|
| 1 | 第 32 届夏季奥林匹克运动会（2020 年东京奥运会）相关节目 | 国际奥委会<br>中央广播电视总台 | 中央广播电视总台：央视网、央视频、央视新闻、央视体育、央视影音、云听（2017－1－1—2021－12－31） |
| | | | 中国移动咪咕：网站、咪咕视频、咪咕直播、咪咕影院、咪咕音乐、咪咕阅读、咪咕灵犀、咪咕快游、咪咕善跑、咪咕圈圈、魔百和、咪视界、咪视通（2020－5－18—2021－12－31） |
| | | | 腾讯：网站、腾讯视频、腾讯体育、微视、腾讯新闻、微信、QQ、QQ 浏览器（2021－6－15—2021－12－31） |
| | | | 快手：网站、快手、快看点、AcFun、快影、一甜相机、回森、水母动漫（2021－6－15—2021－12－31） |

# 2021 年度第十一批重点作品版权保护预警名单（院线电影）

按照国家版权局《关于进一步加强互联网传播作品版权监管工作的意见》及版权重点监管工作计划，根据相关权利人上报的作品授权情况，现公布 2021 年度第十一批重点作品版权保护预警名单。

相关网络服务商应对版权保护预警名单内的重点院线电影采取以下保护措施：直接提供内容的网络服务商在影片上映期内不得提供版权保护预警名单内的作品；提供存储空间的网络服务商应禁止用户上传版权保护预警名单内的作品；相关网络服务商应加快处理版权保护预警名单内作品权利人关于删除侵权内容或断开侵权链接的通知。

各地版权行政执法监管部门应当对本地区主

要网络服务商发出版权预警提示，加大版权监测监管力度。对于未经授权通过信息网络非法传播版权保护预警重点作品的，应当依法从严从快予以查处。

2021 年度第十一批重点作品版权保护预警名单（院线电影）

| 序号 | 作品名称 | 相关权利人 | 上映日期 |
|---|---|---|---|
| 1 | 盛夏未来 | 华影天下 | 2021 - 7 - 30 |
| 2 | 怒火·重案 | 腾讯影业 | 2021 - 7 - 30 |
| 3 | 拯救甜甜圈 | 华影天下 | 2021 - 8 - 6 |
| 4 | 长津湖 | 博纳影业 | 2021 - 8 - 12 |
| 5 | 五个扑水的少年 | 光线影业 | 2021 - 8 - 13 |
| 6 | 皮皮鲁与鲁西西之罐头小人 | 万达影业 | 2021 - 8 - 13 |

# 2021 年度第十二批重点作品版权保护预警名单（院线电影）

按照国家版权局《关于进一步加强互联网传播作品版权监管工作的意见》及版权重点监管工作计划，根据相关权利人上报的作品授权情况，现公布 2021 年度第十二批重点作品版权保护预警名单。

相关网络服务商应对版权保护预警名单内的重点院线电影采取以下保护措施：直接提供内容的网络服务商在影片上映期内不得提供版权保护预警名单内的作品；提供存储空间的网络服务商应禁止用户上传版权保护预警名单内的作品；相关网络服务商应加快处理版权保护预警名单内作品权利人关于删除侵权内容或断开侵权链接的通知。

各地版权行政执法监管部门应当对本地区主要网络服务商发出版权预警提示，加大版权监测监管力度。对于未经授权通过信息网络非法传播版权保护预警重点作品的，应当依法从严从快予以查处。

2021 年度第十二批重点作品版权保护预警名单（院线电影）

| 序号 | 作品名称 | 相关权利人 | 上映日期 |
|---|---|---|---|
| 1 | 峰爆 | 中影股份 | 2021 - 9 - 17 |
| 2 | 长津湖 | 博纳影业 | 2021 - 9 - 30 |
| 3 | 五个扑水的少年 | 光线影业 | 2021 - 9 - 30 |
| 4 | 皮皮鲁与鲁西西之罐头小人 | 万达影业 | 2021 - 9 - 30 |
| 5 | 我和我的父辈 | 中影股份 | 2021 - 10 - 1 |

# 2021 年度第十三批重点作品版权保护预警名单（院线电影）

按照国家版权局《关于进一步加强互联网传播作品版权监管工作的意见》及版权重点监管工作计划，根据相关权利人上报的作品授权情况，现公布 2021 年度第十三批重点作品版权保护预警名单。

相关网络服务商应对版权保护预警名单内的重点院线电影采取以下保护措施：直接提供内容的网络服务商在影片上映期内不得提供版权保护预警名单内的作品；提供存储空间的网络服务商应禁止用户上传版权保护预警名单内的作品；相关网络服务商应加快处理版权保护预警名单内作品权利人关于删除侵权内容或断开侵权链接的通知。

各地版权行政执法监管部门应当对本地区主

要网络服务商发出版权预警提示，加大版权监测监管力度。对于未经授权通过信息网络非法传播版权保护预警重点作品的，应当依法从严从快予以查处。

**2021 年度第十三批重点作品版权保护预警名单（院线电影）**

| 序号 | 作品名称 | 相关权利人 | 上映日期 |
|---|---|---|---|
| 1 | 兰心大剧院 | 北京聚合影联 | 2021－10－15 |
| 2 | 图兰朵 | 北京阿里巴巴影业 | 2021－10－15 |
| 3 | 第一炉香 | 上海阿里巴巴影业 | 2021－10－22 |
| 4 | 沙丘 | 传奇东方 | 2021－10－22 |
| 5 | 007：无暇赴死 | 环球影业 | 2021－10－29 |

# 2021 年度第十四批重点作品版权保护预警名单（院线电影）

按照国家版权局《关于进一步加强互联网传播作品版权监管工作的意见》及版权重点监管工作计划，根据相关权利人上报的作品授权情况，现公布 2021 年度第十四批重点作品版权保护预警名单。

相关网络服务商应对版权保护预警名单内的重点院线电影采取以下保护措施：直接提供内容的网络服务商在影片上映期内不得提供版权保护预警名单内的作品；提供存储空间的网络服务商应禁止用户上传版权保护预警名单内的作品；相关网络服务商应加快处理版权保护预警名单内作品权利人关于删除侵权内容或断开侵权链接的通知。

各地版权行政执法监管部门应当对本地区主要网络服务商发出版权预警提示，加大版权监测监管力度。对于未经授权通过信息网络非法传播版权保护预警重点作品的，应当依法从严从快予以查处。

**2021 年度第十四批重点作品版权保护预警名单（院线电影）**

| 序号 | 作品名称 | 相关权利人 | 上映日期 |
|---|---|---|---|
| 1 | 不老奇事 | 北京耀影电影发行有限公司 | 2021－11－5 |
| 2 | 天书奇谭（4K 纪念版） | 上海电影股份有限公司 | 2021－11－5 |
| 3 | 特种部队：蛇眼起源 | 派拉蒙 | 2021－11－5 |
| 4 | 蜜熊的音乐奇旅 | 索尼影视 | 2021－11－5 |
| 5 | 扬名立万 | 天津猫眼微影文化传媒有限公司 | 2021－11－11 |
| 6 | 梅艳芳 | 安乐 | 2021－11－12 |
| 7 | 丛林奇航 | 迪士尼 | 2021－11－12 |
| 8 | 铁道英雄 | 华影天下 | 2021－11－19 |

# 2021 年度第十五批重点作品版权保护预警名单（院线电影）

按照国家版权局《关于进一步加强互联网传播作品版权监管工作的意见》及版权重点监管工作计划，根据相关权利人上报的作品授权情况，现公布 2021 年度第十五批重点作品版权保护预警名单。

相关网络服务商应对版权保护预警名单内的重点院线电影采取以下保护措施：直接提供内容的网络服务商在影片上映期内不得提供版权保护预警名单内的作品；提供存储空间的网络服务商应禁止用户上传版权保护预警名单内的作品；相关网络服务商应加快处理版权保护预警名单内作品权利人关于删除侵权内容或断开侵权链接的通知。

各地版权行政执法监管部门应当对本地区主

要网络服务商发出版权预警提示，加大版权监测监管力度。对于未经授权通过信息网络非法传播版权保护预警重点作品的，应当依法从严从快予以查处。

**2021年度第十五批重点作品版权保护预警名单（院线电影）**

| 序号 | 作品名称 | 相关权利人 | 上映日期 |
|---|---|---|---|
| 1 | 古董局中局 | 联瑞影业 | 2021-12-3 |
| 2 | 只要你过得比我好 | 海南禾光影业 | 2021-12-3 |
| 3 | 误杀2 | 五洲电影发行 | 2021-12-17 |
| 4 | 雄狮少年（动画） | 北京精彩 | 2021-12-17 |
| 5 | 平原上的火焰 | 猫眼影业 | 2021-12-24 |
| 6 | 穿过寒冬拥抱你 | 中影股份 | 2021-12-31 |

# 人民法院知识产权司法保护规划（2021—2025年）

法发〔2021〕14号

党的十八大以来，人民法院正确认识和把握知识产权保护工作与国家治理体系和治理能力现代化的关系，与高质量发展的关系，与人民生活幸福的关系，与国家对外开放大局的关系，与国家安全的关系，全面加强知识产权司法保护工作，为贯彻新发展理念、构建新发展格局、推动高质量发展提供有力司法服务和保障，发挥了不可或缺的重要作用。

“十四五”时期是乘势而上开启全面建设社会主义现代化国家新征程、向第二个百年奋斗目标进军的第一个五年。为深入贯彻落实党的十九届五中全会精神和习近平总书记在中央政治局第二十五次集体学习时的重要讲话精神，贯彻落实《中华人民共和国国民经济和社会发展第十四个五年规划和2035年远景目标纲要》，明确知识产权司法保护目标、任务、举措和实施蓝图，制定本规划。

**一、总体要求**

（一）指导思想。坚持以习近平新时代中国特色社会主义思想为指导，全面贯彻党的十九大和十九届二中、三中、四中、五中全会精神，深入贯彻习近平法治思想，增强“四个意识”、坚定“四个自信”、做到“两个维护”。紧紧围绕“努力让人民群众在每一个司法案件中感受到公平正义”目标，坚持以我为主、人民利益至上、公正合理保护，不断深化知识产权审判领域改革，不断强化知识产权司法保护，不断优化知识产权法治环境，为建设知识产权强国、世界科技强国和全面建设社会主义现代化国家提供坚实司法服务和保障。

（二）基本原则。坚持党对司法工作的绝对领导，把党的领导贯穿人民法院知识产权司法保护工作全过程，确保知识产权司法保护工作发展的正确方向。坚持以人民为中心，更好满足人民群众对公平正义的更高需求，切实增强人民群众获得感幸福感安全感。坚持问题导向，聚焦知识产权司法保护的突出问题和薄弱环节，不断增强知识产权司法保护整体效能。坚持改革创新，以创新的方式保护创新，持续推动知识产权审判事业向高质量发展。坚持开放发展，立足国情，推动构建以国内大循环为主体、国内国际双循环相互促进的新发展格局。

（三）总体目标。到2025年，知识产权专门化审判体系更加健全，知识产权诉讼制度更加完备，知识产权审判质效全面提升，知识产权审判队伍整体素质显著提高，知识产权审判体系和审判能力现代化建设取得实质性进展。知识产权侵权行为惩治力度明显加大，知识产权司法保护状况明显改善，司法公信力、影响力和权威性明显提升，知识产权司法保护社会满意度保持较高水平。具有中国特色、符合创新规律、适应国家发展目标需要的知识产权司法保护制度进一步成熟，知识产权审判激励保护创新、促进科技进步和社会发展的职能作用进一步凸显，服务党和国家工作大局的司法能力进一步增强。

**二、充分发挥知识产权审判职能作用**

（四）加强科技创新成果保护。全面贯彻实施专利法，充分发挥专利等技术类案件集中审理优势，强化司法裁判在科技创新成果保护中的规则引领和价值导向职能，切实增强服务创新驱动发展的能力和实效。加强对专利授权确权行政行为合法性的严格审查，推动行政标准与司法标准统一协调，提升专利授权确权质量。健全有利于专利纠纷实质性解决的审理机制，防止循环诉讼和程序空转，有效缩短审理期限。加大对关键核心技术、新兴产业、重点领域及种源等知识产权司法保护力度，严格落实集成电路布图设计和计算机软件保护制度，推进创新服务体系建设，促进自主创新能力提升，带动技术产业升级。健全大数据、人工智能、基因技术等新领域新业态知识产权司法保护规则，推动关键数字技术创新应用。加大对具有自主知识产权的重大农业科技成果保护力度，严格依法保护种业自主创新，有效保障国家粮食安全。全力提升服务国家重大区域发展战略的司法能力，推动完善区域知识产权快速协同保护机制，推进区域协同创新。

（五）加强著作权和相关权利保护。全面贯彻实施著作权法，充分发挥著作权审判对于优秀文化的引领和导向功能，弘扬社会主义核心价值观，促进文化和科学事业发展与繁荣。加大对文化创作者权益保护，准确把握作品认定标准，根据不同领域、不同类型作品特点确定相适应的保护力度，使保护强度与独创性程度、中国国情相协调。依法维护作品传播者合法权益，妥善处理维护著作权集体管理制度和尊重权利人意思自治关系，加强司法保护与行政监管联动协调，促进作品传播利用。妥善处理互联网领域文化创作传播相关著作权保护新问题，完善司法保护规则，加强知识产权互联网领域法治治理。积极研究传统文化、传统知识等领域知识产权保护问题，明确司法保护规则。

（六）加强商业标志保护。加强商标权司法保护，促进知名品牌培育和商品服务贸易发展，提升企业竞争力，推动品牌强国建设。依法严格审查行政裁决合法性，提高商标授权确权行政案件审理质量。加大对恶意抢注、囤积商标等行为惩治力度，促进商标申请注册秩序正常化和规范化。科学合理界定商标权权利边界与保护范围，正确把握注册与使用在商标权保护中的关系，强化商标使用对确定商标权保护范围的作用，积极引导实际使用商标。加强地理标志司法保护，切实遏制侵犯地理标志权利行为，保障区域特色经济发展。

（七）加强反垄断和反不正当竞争审判。加强反垄断和反不正当竞争案件审理工作，强化竞争政策基础地位，适时制定有关司法解释，明确规制各类垄断和不正当竞争行为，消除市场封锁，促进公平竞争。妥善处理互联网领域垄断纠纷，完善平台经济反垄断裁判规则，防止资本无序扩张，推动平台经济规范健康持续发展。加强反不正当竞争法对商业标识的司法保护，解决不同标识之间权利冲突。强化商业秘密司法保护，依法合理确定当事人举证责任，有效遏制侵害商业秘密行为。妥善处理保护商业秘密与人才合理流动关系，依法保护商业秘密的同时，维护劳动者正当就业创业合法权益。依法支持相关行政职能部门履职，形成反垄断和反不正当竞争工作合力。

（八）加大对知识产权侵权行为惩治力度。依法采取行为保全、证据保全、制裁诉讼妨害行为等措施，及时有效阻遏侵权行为，切实降低维权成本。正确把握惩罚性赔偿构成要件，确保惩罚性赔偿制度在司法裁判中精准适用，提高侵权成本，依法惩处严重侵害知识产权行为。遵循罪刑法定原则，按照以审判为中心的刑事诉讼制度要求，正确把握民事纠纷和刑事犯罪界限，依法惩治侵犯知识产权犯罪，充分发挥刑罚威慑、预防和矫正功能。

**三、深化知识产权审判领域改革创新**

（九）完善知识产权专门化审判体系。全面总结最高人民法院知识产权法庭三年试点工作情况，提出进一步改革方案，促进完善技术类知识产权审判，深化国家层面知识产权案件上诉审理机制建设。加强知识产权法院、知识产权法庭建设，深化司法责任制综合配套改革，化解人案矛盾、优化内设机构、构建人才梯队，推动完善知识产权专门化审判机构布局。加强互联网法院知识产权审判功能建设，充分发挥互联网司法引领作用，着力解决信息化时代知识产权保护新问题。

（十）健全知识产权诉讼制度。研究起草符合知识产权案件规律的诉讼规范，完善知识产权案件证据、诉讼程序等相关规定。优化知识产权民事、行政案件协同推进机制，推动行政确权案件和民事侵权案件在程序衔接、审理机制、裁判标准等方面相互协调。完善知识产权案件管辖制度，根据案件情况和审判需要依法适当调整管辖布局，加强特定类型案件集中管辖。完善多元化技术事实查明机制，加强技术调查人才库建设，充分发挥人才共享机制功能。大力倡导诚信诉讼，严厉制裁毁损、隐匿和伪造证据等行为，有效规制滥用权利、恶意诉讼，进一步完善知识产权诉讼诚信体系建设。

（十一）深化知识产权审判“三合一”改革。推动完善知识产权刑事案件管辖布局，积极构建与知识产权“三合一”审判机制相适应的管辖制度，推动知识产权法院审理知识产权刑事案件。加强与公安机关、检察机关在知识产权刑事司法程序方面沟通协调，建立和完善联络机制。完善知识产权民事、行政和刑事诉讼程序衔接，确保裁判结果内在协调统一。优化知识产权刑事自诉程序，充分保障知识产权权利人合法权益。

（十二）深入推进案件繁简分流改革。积极推进知识产权案件繁简分流，完善简易程序规则，推动简单知识产权类案件适用小额诉讼程序，探索简单商标授权确权类行政案件适用独任制审理。根据知识产权案件审判特点，完善不同诉讼程序、诉调程序之间转换机制和规则。加强和规范在线诉讼，简化常见简单案件裁判文书格式。提升知识产权类纠纷诉前调解质量，优化调解案件司法确认程序，促进纠纷实质性化解。

**四、优化知识产权保护工作机制**

（十三）完善统一法律适用标准机制。充分发挥司法审查监督和指引功能，促进知识产权行政执法标准和司法裁判标准统一。健全以司法解释和司法政策为引领、以指导性案例为指引、以典型案例为参考的知识产权审判指导体系，优化专业法官会议制度，完善类案和新类型案件检索制度，构建统一法律适用标准机制。深化智慧法院建设，完善知识产权案例和裁判文书数据库深度应用，充分运用人工智能等信息化手段促进裁判标准统一。

（十四）健全多元化纠纷解决机制。充分依托人民法院调解平台，大力推进知识产权纠纷在线诉调对接机制，切实将非诉讼纠纷解决机制挺在前面。坚持和发展新时代“枫桥经验”，提供优质司法服务，有效推动知识产权纠纷综合治理、源头治理。加强与知识产权行政职能部门、仲裁机构、行业协会、调解组织等协调配合，因地制宜创新知识产权解纷方式，满足人民群众多元高效便捷的纠纷解决需求。

（十五）强化行政执法和司法衔接机制。加强知识产权信息化、智能化基础设施建设，推动与国家市场监督管理总局、国家知识产权局等部门建立信息资源共享机制，推进最高人民法院与中央有关部门数据专线连接工作。进一步推动知识产权保护线上线下融合发展，加强与知识产权行政职能部门协同配合，积极参与构建知识产权大保护工作格局。

（十六）深化知识产权国际合作竞争机制。加强涉外知识产权审判，妥善审理与国际贸易有关的重大知识产权纠纷，依法平等保护中外权利人合法权益。推进我国知识产权有关法律规定域外适用，切实保护我国公民、企业境外安全和合法权益。强化国际司法合作协作，妥善解决国际平行诉讼，维护知识产权领域国家安全。深化同其他国家和地区知识产权司法合作，积极促进知识共享。积极参与知识产权司法领域全球治理，通过司法裁判推动完善相关国际规则和标准。

**五、强化知识产权审判保障**

（十七）加强政治和组织保障。坚持以习近平新时代中国特色社会主义思想武装头脑、指导实践、推动工作，始终把党的政治建设摆在首位，筑牢服务国家大局意识，坚决捍卫国家主权和核心利益。完善工作机制，加强对下监督指导，增强与有关职能部门沟通协调，确保各项知识产权司法保护工作落地见效。严格落实防止干预司法“三个规定”等铁规禁令，健全知识产权领域审判权运行和监督制约机制，扎实开展法院队伍教育整顿，确保忠诚干净担当。

（十八）加强队伍和人才保障。对标对表习近平总书记提出的“七种能力”要求，立足知识产权审判实际和岗位职责，全面提升队伍的革命化、正规化、专业化、职业化。完善知识产权审判人才储备和遴选机制，加强优秀人才选拔，重视培养符合“三合一”审判要求的复合型人才，注重增强队伍稳定性。建立不同法院、不同审判部门形式多样的人员交流机制，有计划选派综合素质高、专业能力强、有培养潜力的知识产权法官到有关部门挂职。

（十九）加强科技和信息化保障。充分运用智慧法院建设成果，实现信息化建设与知识产权审判深度融合，推进上下级人民法院知识产权类案件办案系统互联互通、业务协同、资源共享。进一步提升案件审理电子化水平，实现电子卷宗在线归档、互联网查阅。充分发挥一站式诉讼服务中心功能，大力推进知识产权案件跨区域立案、网上立案、电子送达、在线开庭等信息化技术普及应用。加强司法大数据充分汇集、智能分析和有效利用，为知识产权相关决策提供参考。

各级人民法院要全面准确贯彻落实本规划要求，结合实际制定实施方案，明确分工，压实责任，务求实效。最高人民法院将统筹协调，加强指导，推进落实，确保规划各项措施落到实处。

# 最高人民法院关于加强新时代知识产权审判工作为知识产权强国建设提供有力司法服务和保障的意见

法发〔2021〕29 号

为深入贯彻落实《知识产权强国建设纲要（2021—2035 年）》和党中央关于加强知识产权保护的决策部署，适应新时代要求，全面加强知识产权司法保护，为知识产权强国建设提供有力司法服务和保障，制定本意见。

**一、心怀“国之大者”，准确把握加强新时代知识产权审判工作的总体要求**

1. 确保新时代知识产权审判工作始终沿着正确方向前进。坚持以习近平新时代中国特色社会主义思想为指导，持续深入学习贯彻习近平法治思想，全面贯彻党的十九大和十九届二中、三中、四中、五中全会精神，增强“四个意识”、坚定“四个自信”、做到“两个维护”，不断提高政治判断力、政治领悟力、政治执行力，不折不扣贯彻落实习近平总书记关于加强知识产权保护的系列重要讲话精神和党中央决策部署。牢牢坚持党的领导，坚持以人民为中心，坚定不移走中国特色社会主义法治道路。牢牢把握加强知识产权保护是完善产权保护制度最重要的内容和提高国家经济竞争力最大的激励，紧紧围绕“十四五”规划和二〇三五年远景目标，强化系统观念、法治思维、强基导向，增强机遇意识、风险意识，全面提升知识产权司法保护水平。适应新时代要求，立足新发展阶段，完整、准确、全面贯彻新发展理念，自觉融入构建新发展格局、推动高质量发展，为建设知识产权强国提供有力司法服务和保障。

2. 增强做好新时代知识产权审判工作的责任感使命感。坚持把创新作为引领发展的第一动力，树立保护知识产权就是保护创新的理念，深刻认识全面加强知识产权审判工作事关国家治理体系和治理能力现代化，事关推动高质量发展和创造高品质生活，事关国内国际两个大局。自觉践行初心使命，找准司法服务“国之大者”的结合点、切入点，担当作为、改革创新，健全公正高效、管辖科学、权界清晰、系统完备的知识产权司法保护体制，开创新时代知识产权审判工作新局面。

3. 正确把握新时代人民法院服务知识产权强国建设的工作原则。紧紧围绕“努力让人民群众在每一个司法案件中感受到公平正义”目标，坚持以人民为中心，充分发挥知识产权审判职能作用，落实惩罚性赔偿制度，加大对侵权行为惩治力度，切实维护社会公平正义和权利人合法权益。坚持严格保护，依法平等保护中外当事人及各类市场主体合法权益，维护公平竞争市场秩序，服务以国内大循环为主体、国内国际双循环相互促进的新发展格局。坚持公正合理保护，防范权利过度扩张，确保公共利益和激励创新兼得。坚持深化改革，强化信息化技术运用，加快推进知识产权审判体系和审判能力现代化。坚持协同配合，强化国际合作，为全球知识产权治理贡献中国司法智慧。

**二、依法公正高效审理各类案件，充分发挥知识产权审判职能作用**

4. 加强科技创新成果保护，服务创新驱动发展。充分发挥知识产权审判对科技创新的激励和保障作用，实现知识产权保护范围、强度与其技术贡献程度相适应。充分发挥司法裁判在科技创新成果保护中的规则引领和价值导向职能，总结提炼科技创新司法保护新规则，促进技术和产业不断创新升级。以强化保护为导向，加强对专利授权确权行政行为合法性的严格审查，推动行政标准与司法标准统一，促进专利授权确权质量提升。以实质性解决专利纠纷为目标，建立专利民事行政案件审理工作在甄别统筹、程序衔接、审理机制、裁判标准等方面的协同推进机制，防止循环诉讼和程序空转，有效提高审判效率。

5. 加强著作权和相关权利保护，服务社会主义文化强国建设。充分发挥著作权审判对于优秀文化的引领和导向功能，促进文化和科学事业发展与繁荣。依法加强“红色经典”和英雄烈士合法权益保护，以法治手段传承红色文化基因，大力弘扬社会主义核心价值观。加大对文化创作者权益保护，准确把握作品认定标准。依法维护作品传播者合法权益，适应全媒体传播格局变化，依法妥善处理互联网领域文化创作及传播的著作权保护新问题。依法审理涉著作权集体管理组织案件，妥善处理维护著作权集体管理制度和尊重权利人意思自治关系，促进作品传播利用。加强遗传资源、传统文化、传统知识、民间文艺等知识产权保护，促进非物质文化遗产的整理和利用。

6. 加强商业标志保护，服务品牌强国建设。提高商标授权确权行政案件审理质量，坚决打击不以使用为目的的商标恶意注册行为，科学合理界定商标权权利边界与保护范围，促进商标申请注册秩序正常化和规范化。强化商标使用对确定商标权保护范围的作用，积极引导权利人持续实际使用商标，发挥商标的识别功能，保护消费者合法权益。制定商标民事纠纷案件司法解释，加强驰名商标、传统品牌和老字号司法保护，依法支持商标品牌建设。完善地理标志司法保护规则，遏制侵犯地理标志权利行为，推动地理标志与特色产业发展、生态文明建设、历史文化传承以及乡村振兴有机融合。

7. 加强新兴领域知识产权保护，服务新领域新业态规范健康发展。准确适用个人信息保护法、数据安全法，加强互联网领域和大数据、人工智能、基因技术等新领域新业态知识产权司法保护，完善算法、商业方法和人工智能产出物知识产权司法保护规则，合理确定新经济新业态主体法律责任，积极回应新技术、新产业、新业态、新模式知识产权保护司法需求。加强涉数据云存储、数据开源、数据确权、数据交易、数据服务、数据市场不正当竞争等案件审理和研究，切实维护数据安全，为数字中国建设提供法治保障。

8. 加强农业科技成果保护，服务全面推进乡村振兴。加大重大农业科技成果保护力度，促进农业生物技术、先进制造技术、精准农业技术等方面重大创新成果的创造。依法严格保护国家种质资源，严厉打击制售假冒伪劣品种、侵犯植物新品种权、种子套牌等行为，强化植物新品种刑事司法保护，提升种业知识产权司法保护水平，有效保障国家种业和粮食安全。创新和加强地方特色农业知识产权司法保护机制，完善保护种业知识产权合作机制，形成保护合力。

9. 加强中医药知识产权保护，服务中医药传承创新发展。依法妥善审理涉中医药领域知识产权纠纷案件，推动完善中医药领域发明专利审查规则，促进提升中医药领域专利质量。加强中医药古方、中药商业秘密、道地药材标志、传统医药类非物质文化遗产司法保护，推动完善涉及中医药知识产权司法保护的国际国内规则和标准，促进中医药传统知识保护与现代知识产权制度有效衔接。

10. 加强反垄断和反不正当竞争司法，维护公平竞争的市场法治环境。严格落实《关于强化反垄断深入推进公平竞争政策实施的意见》，坚持规范和发展并重，依法妥善审理反垄断和反不正当竞争案件。出台反垄断民事纠纷司法解释和反不正当竞争司法解释，发布典型案例，发挥“红绿灯”作用，明确司法规则，规范市场主体行为。加强对平台企业垄断的司法规制，依法严惩平台强制“二选一”“大数据杀熟”等破坏公平竞争、扰乱市场秩序行为，切实保护消费者合法权益和社会公共利益，维护和促进市场公平竞争。强化平台经济、科技创新、信息安全、民生保障等重点领域案件审理和宣传，通过司法裁判强化公平竞争意识，引导全社会形成崇尚、保护和促进公平竞争的市场环境。

11. 加强商业秘密保护，护航企业创新发展。依法加大涉及国家安全和利益的技术秘密司法保护力度，严惩窃取、泄露国家科技秘密行为。正确把握侵害商业秘密民事纠纷和刑事犯罪的界限，完善侵犯商业秘密犯罪行为认定标准。加强诉讼中的商业秘密保护，切实防止诉讼中“二次泄密”，保障权利人依法维权。妥善处理保护商业秘密与自由择业、竞业限制和人才合理流动的关系，在依法保护商业秘密的同时，维护劳动者正当就业创业合法权益，保障企业创新发展，促进人才合理流动。

12. 加强科技创新主体合法权益保护，激发创新创造活力。认真落实科学技术进步法、促进科技成果转化法，加强科技成果有关各项权益的司法保护。依法妥善处理因科技成果权属认定、权利转让、价值确定和利益分配产生的纠纷，准确界定职务发明与非职务发明的法律界限，依法支持以科技成果转化所获收益对职务科技成果完成人和为科技成果转化作出重要贡献的人员给予奖励和报酬，充分保障职务发明人获得奖励和报酬的合法权益。依法积极支持深化科技成果使用权、处置权、收益权改革。规范和促进知识产权融资模式创新，保障知识产权金融积极稳妥发展。依法保护国家实验室、国家科研机构、高水平研究性大学、科技领军企业等国家战略科技力量的名称权、名誉权、荣誉权等权利，依法保护科研人员经费使用自主权和技术路线决定权，从严把握定罪标准，严格区分罪与非罪，避免把一般违法或违纪作为犯罪处理，支持科技创新和研发活动。

**三、提升知识产权司法保护整体效能，着力营造有利于创新创造的法治环境**

13. 加大对侵犯知识产权行为惩治力度，有效阻遏侵权行为。依法妥善运用行为保全、证据保全、制裁妨害诉讼行为等措施，加强知识产权侵权源头治理、溯源打击，及时有效阻遏侵权行为，切实降低维权成本，提高侵权违法成本，促进形成不敢侵权、不愿侵权的法治氛围。正确把握惩罚性赔偿构成要件，加大知识产权侵权损害赔偿力度，合理运用证据规则、经济分析方法等手段，完善体现知识产权价值的侵权损害赔偿制度。出台知识产权刑事司法解释，加大刑事打击力度，依法惩治侵犯知识产权犯罪。加大对于知识产权虚假诉讼、恶意诉讼等行为的规制力度，完善防止滥用知识产权制度，规制“专利陷阱”“专利海盗”等阻碍创新的不法行为，依法支持知识产权侵权诉讼中被告以原告滥用权利为由请求赔偿合理开支，推进知识产权诉讼诚信体系建设。

14. 健全知识产权多元化纠纷解决机制，创新知识产权解纷方式。切实将非诉讼纠纷解决机制挺在前面，坚持和发展新时代“枫桥经验”，拓展知识产权纠纷多元化解渠道，有效推动知识产权纠纷综合治理、源头治理。依托人民法院调解平台，大力推进知识产权纠纷在线诉调对接机制。建立健全知识产权纠纷调解协议司法确认机制，探索依当事人申请的知识产权纠纷行政调解协议司法确认制度，因地制宜创新知识产权解纷方式，满足人民群众多元高效便捷的纠纷解决需求。

15. 健全行政保护与司法保护衔接机制，推动构建大保护工作格局。积极参与知识产权保护体系建设工程，健全知识产权行政保护与司法保护衔接机制，加强与行政职能部门协同配合。充分发挥司法审查监督职能，促进知识产权行政执法标准与司法裁判标准统一。推动与国家市场监督管理总局、国家版权局、国家知识产权局等部门建立信息资源共享机制，推进最高人民法院与中央有关部门数据专线连接工作，进一步推动知识产权保护线上线下融合发展，促进形成知识产权保护合力。为继续推动西部大开发、东北全面振兴、中部地区崛起、东部率先发展，深入推进京津冀协同发展、长江经济带发展、粤港澳大湾区建设、长三角一体化发展、黄河流域生态保护和高质量发展、成渝地区双城经济圈建设等国家区域发展战略提供司法服务和保障，提升服务国家重大发展战略水平。

16. 加强涉外知识产权审判，提升知识产权司法保护国际影响力。依法公正审理涉外知识产权案件，平等保护中外权利人合法权益，打造国际知识产权诉讼优选地，积极营造开放、公平、公正、非歧视的科技发展环境和市场化法治化国际化营商环境。妥善处理与国际贸易有关的重大知识产权纠纷，依法妥善处理国际平行诉讼，积极服务国内国际双循环新发展格局，确保案件裁判符合相关国际公约和国际惯例，促进国际贸易合作。深化国际司法交流合作，通过司法裁判推动完善相关国际规则和标准，积极参与知识产权司法领域全球治理，推动全球知识产权治理体制向着更加公正合理方向发展。

17. 加强法治宣传教育，营造促进知识产权高质量发展的人文环境。建立健全最高人民法院指导性案例、公报案例、典型案例等多位一体的知识产权案例指导体系，充分发挥司法裁判的指引示范作用。积极开展知识产权宣传周活动，持续打造中国法院知识产权司法保护状况、知识产权案件年度报告、中国法院 10 大知识产权案件和 50 件典型案例等知识产权保护法治宣传品牌，增进社会各界对知识产权司法保护的了解、认同、尊重和信任，厚植尊重创新、保护创新的良好氛围。

**四、深化知识产权审判领域改革创新，推进知识产权审判体系和审判能力现代化**

18. 加强高水平知识产权审判机构建设，完善知识产权专门化审判体系。推动健全完善国家层面知识产权案件上诉审理机制，加强知识产权法院、知识产权法庭建设，深化司法责任制综合配套改革，推动优化知识产权管辖布局。深入推进知识产权民事、刑事、行政案件“三合一”审判机制改革，构建案件审理专门化、管辖集中化和程序集约化的审判体系。研究制定符合知识产权审判规律的诉讼规范，完善符合知识产权案件特点的诉讼证据制度。推进四级法院审级职能定位改革，深化知识产权案件繁简分流改革，优化知识产权民事、行政案件协同推进机制。推进知识产权案例、裁判文书和裁判规则数据库深度应用，统一知识产权司法裁判标准和法律适用，完善裁判规则。

19. 加强知识产权审判队伍建设，提升司法服务保障能力。坚持以党建带队建促审判，加强政治建设，筑牢政治忠诚，增强知识产权审判队伍服务大局意识和能力，努力锻造一支政治坚定、顾全大局、精通法律、熟悉技术、具有国际视野的知识产权审判队伍。加强知识产权审判队伍的专业化培养和职业化选拔，健全知识产权审判人才培养、遴选和交流机制，加强高素质专业化审判人才培养，健全知识产权专业化审判人才梯队。完善知识产权领域审判权运行和监督制约机制，确保队伍忠诚干净担当。加强技术调查人才库建设，完善多元化技术事实查明机制，充分发挥知识产权司法保护专家智库作用。加强与科学技术协会和其他科技社团协同合作，提高为科技创新主体提供法律服务的能力水平。

20. 加强智慧法院建设，提升知识产权审判信息化水平。扎实推进信息技术与法治建设融合促进，积极推进互联网、人工智能、大数据、云计算、区块链、5G等现代科技在司法领域的深度应用，全面加强智慧审判、智慧执行、智慧服务、智慧管理，实现信息化建设与知识产权审判深度融合。适应信息化时代发展，探索更加成熟定型的在线诉讼新模式和在线调解规则，积极推进跨区域知识产权远程诉讼平台建设，加强司法大数据充分汇集、智能分析和有效利用。

最高人民法院

2021年9月24日

版权

# 年度表彰

NIAN DU BIAO ZHANG

# 2021 年度全国版权示范单位、示范单位（软件正版化）和示范园区（基地）

［编者按］　2022 年 3 月，国家版权局发布《关于公布 2021 年度全国版权示范单位、示范单位（软件正版化）和示范园区（基地）名单的通知》，授予北京中关村图书大厦有限公司等 57 家单位“全国版权示范单位”称号，授予中化信息技术有限公司等 24 家单位“全国版权示范单位（软件正版化）”称号，授予人民美术文化园等 15 家单位“全国版权示范园区（基地）”称号。

## 2021 年度全国版权示范单位

1. 北京中关村图书大厦有限公司
2. 北京凯声文化传媒有限责任公司
3. 北京磨铁文化集团股份有限公司
4. 世纪优优（天津）科技股份有限公司
5. 恒银金融科技股份有限公司
6. 河北精英动漫文化传播股份有限公司
7. 河北明尚德玻璃科技股份有限公司
8. 山西教育出版社有限责任公司
9. 平遥县唐都推光漆器有限公司
10. 内蒙古文化音像出版社
11. 沈阳莎梦文化发展有限公司
12. 辽宁师范大学出版社有限责任公司
13. 桦甸市山妹子农民画发展有限公司
14. 通榆墨宝园文化产业发展有限公司
15. 哈尔滨慧文书院文化传媒集团有限公司
16. 绥棱县灵透黑陶文化艺术有限公司
17. 佳木斯哲艺堂赫哲鱼皮文化传播有限公司
18. 上海外语教育出版社有限公司
19. 苏州通广传媒投资有限公司
20. 苏州慈云蚕丝制品有限公司
21. 捷成华视网聚（常州）文化传媒有限公司
22. 苏州市山水丝绸有限公司
23. 温州澳珀家俱有限公司
24. 宁波太平鸟时尚服饰股份有限公司
25. 安徽日报报业集团（安徽日报社）
26. 铜陵铜官府文化创意股份公司
27. 芜湖市工艺美术厂有限责任公司
28. 福建福昕软件开发股份有限公司
29. 福建省洪英工艺有限公司
30. 泉州南洋艺品有限公司
31. 江西中至科技有限公司
32. 景德镇市瑞牛文化科技有限公司
33. 山东金石书法博物馆
34. 山东金榜苑文化传媒有限责任公司
35. 大象出版社有限公司
36. 河南博物院
37. 中南出版传媒集团股份有限公司
38. 湖南梦洁家纺股份有限公司
39. 广州欧科信息技术股份有限公司
40. 广州漫友文化科技发展有限公司
41. 深圳广播电影电视集团
42. 广东蒙创致远新材料科技有限公司
43. 广西文化产业集团有限公司
44. 广西师范大学出版社集团有限公司
45. 重庆出版集团有限公司
46. 视觉图库（重庆）传媒科技有限公司
47. 成都许燎源现代设计艺术博物馆
48. 四川非意欧国际皮革制品有限公司
49. 自贡市龙腾文化艺术有限公司
50. 贵阳苗疆故事民族服饰博物馆
51. 昆明德源文化传播有限公司
52. 红河火宝文化产业有限公司
53. 陕西人民出版社有限责任公司
54. 陕西华清宫文化旅游有限公司
55. 西安易俗社有限公司

56. 宁夏盛天彩数字科技股份有限公司
57. 宁夏回族自治区测绘地理信息院

## 2021 年度全国版权示范单位（软件正版化）

1. 中化信息技术有限公司
2. 中国五矿集团有限公司
3. 华能信息技术有限公司
4. 中国人民保险集团股份有限公司
5. 中国太平保险集团有限责任公司
6. 中华联合财产保险股份有限公司
7. 晋商银行股份有限公司
8. 齐鲁银行股份有限公司
9. 郑州银行股份有限公司
10. 湖北银行股份有限公司
11. 北京首农食品集团有限公司
12. 河北人民出版社有限责任公司
13. 山西交通控股集团有限公司
14. 内蒙古电力（集团）有限责任公司
15. 大连地铁集团有限公司
16. 南京地铁集团有限公司
17. 合肥乐堂动漫信息技术有限公司
18. 安徽省引江济淮集团有限公司
19. 山东通佳机械有限公司
20. 长沙城市发展集团有限公司
21. 四川省港航投资集团有限责任公司
22. 贵州省机场集团有限公司
23. 云南创博信息技术有限公司
24. 宁夏交通投资集团有限公司

## 2021 年度全国版权示范园区（基地）名单

1. 人民美术文化园（北京市）
2. 华斯裘皮产业园（河北省）
3. 鄂尔多斯科教文化创意产业园（内蒙古自治区）
4. 上海蓝天经济城（上海市）
5. 中国网络作家村（浙江省）
6. 安徽殷港艺创小镇（安徽省）
7. 德化新秀园（福建省）
8. 三宝国际瓷谷（江西省）
9. 烟台高新科创智慧园（山东省）
10. 河南出版产业园（河南省）
11. 中国（广州）超高清视频创新产业园区（广东省）
12. 重庆仙桃国际大数据谷（重庆市）
13. 芦山县根雕文化产业园（四川省）
14. 拾翠国际民艺园区（云南省）
15. 老钢厂设计创意产业园（陕西省）

# 2021年（第十三届）全国大学生版权征文获奖名单

［编者按］　2021年9月24日，国家版权局在官网公示了第十三届全国大学生版权征文获奖名单。本次征文活动最终评选出特等奖3篇，本科生组和研究生组一等奖论文各10篇、二等奖各20篇、三等奖各30篇，优秀奖论文30篇，优秀指导老师奖20名，优秀组织奖20个。

## 一、特等奖（3名）

| 奖项 | 组别 | 姓名 | 学校 | 论文题目 |
|---|---|---|---|---|
| 特等奖 | 研究生 | 代晓焜 | 厦门大学 | 数字音乐时代录音法定许可的正当性证成 |
| | 研究生 | 黄尹暄 | 南京理工大学 | 试论行政处罚对知识产权法定赔偿数额之影响 |
| | 本科生 | 陈泓月 | 中国人民大学 | 短视频平台适用通知—删除规则的困境与出路 |

## 二、研究生组（60名）

| 奖项 | 姓名 | 学校 | 论文题目 |
|---|---|---|---|
| 一等奖（10名） | 余思婷 | 华东政法大学 | 民法典时代著作权必要措施的外延范围——以云服务器提供者为视角 |
| | 杨天昊 | 南开大学 | 法哲学人格理论视域下作品独创性之反思与重构——以人工智能生成物定性为视角 |
| | 任安麒 | 中南财经政法大学 | 《著作权法》合理使用一般条款的适用机理——美国甲骨文诉谷歌案的反思与启示 |
| | 张佩茹 | 云南民族大学 | 数字音乐版权独家授权的反垄断规制研究 |
| | 黄宇杰 | 厦门大学 | 著作权法领域适用惩罚性赔偿的限制 |
| | 潘柏华 | 中国人民大学 | 论商业性算法决策行为的法律规制——以短视频著作权侵权中的平台责任为视角 |
| | 陈永康 | 中南财经政法大学 | 论人工智能作者身份的获得 |
| | 罗维宇 | 西南石油大学 | 摄影作品版权领域滥诉行为研究 |
| | 刘悦如 | 南京理工大学 | 内容过滤技术背景下视频分享网站的主动审查义务 |
| | 李明远 | 吉林大学 | 依图施工中的著作权问题探析 |
| 二等奖（20名） | 易梦迪 | 华中科技大学 | 著作权专有许可的反垄断法规制 |
| | 付　颜 | 中南财经政法大学 | 数据权益视角下的人工智能生成物保护 |
| | 邰玲玲 | 南京理工大学 | 功能性排除原则的版权法审视 |
| | 蒋新利 | 南京师范大学 | 论实用艺术作品著作权保护中分离性原则的适用 |
| | 顾浩然 | 贵州大学 | 保护作品完整权中认定作品受到改变的标准 |
| | 桂栗丽 | 华东政法大学 | 短视频平台间接侵权责任的合理边界——以平台型企业双重性为视角 |
| | 刘　清 | 华南理工大学 | 短视频平台版权侵权注意义务实证分析——以62份判决书为样本 |
| | 王楷文 | 中国政法大学 | 独立创作：不彻底的独创性概念革命？ |
| | 陆宇栋 | 浙江师范大学 | 区块链在数字首次销售原则中的应用 |

续表

| 奖项 | 姓名 | 学校 | 论文题目 |
|---|---|---|---|
| 二等奖（20名） | 熊　枫 | 南京理工大学 | VR 场景的可版权性研究——兼议华彩光影案与全景客案 |
| | 付怡蒙 | 中南财经政法大学 | 视听作品之概念析构与类型划分 |
| | 乔子轩 | 西南政法大学 | 论表演者权的权利回归及其立法张力——兼评《著作权法》第 40 条 |
| | 郭美君 | 浙江工商大学 | 论保护作品完整权的侵权认定标准 |
| | 刘丁勤 | 中南大学 | 著作权法审美判断的困境及解决 |
| | 苏泽祺 | 中国政法大学 | 版权内容过滤下的平台责任规则研究 |
| | 易　佳 | 兰州大学 | 新《著作权法》视域下虚拟文字角色的可版权性分析 |
| | 史佳芝 | 南京理工大学 | 论有声读物的独创性判断——以选择空间标准为视角 |
| | 李泳霖 | 华东政法大学 | 演出单位在业务范围内免费使用职务表演的界定 |
| | 李扬帆 | 湘潭大学 | 我国修改权的独立价值与内容解读 |
| | 谭颖慧 | 华中科技大学 | 重混短视频侵权问题的解决出路 |
| 三等奖（30名） | 陈娇娇 | 中南大学 | 机器学习中作品训练的著作权保护研究 |
| | 汪　伟 | 安徽师范大学 | 著作权集体管理收费标准协商制度构建探析 |
| | 谭晓月 | 清华大学 | 合理使用与权利人许可机制的冲突及协调——基于私人复制之视角 |
| | 苗晓雪 | 华东政法大学 | 视听作品附带性使用制度研究 |
| | 陈子谋 | 北京化工大学 | 著作权法中销毁请求权之限制理论研究 |
| | 叶永青 | 中南财经政法大学 | 算法通知对通知—删除规则的挑战及应对 |
| | 怀鹏飞 | 西南政法大学 | 我国视听作品的分类标准探析——从《著作权法》第十七条切入 |
| | 陈佳露 | 中南财经政法大学 | 应用程序编程接口合理使用制度的新发展——兼评“谷歌诉甲骨文”案 |
| | 冯晓慧 | 西北政法大学 | 体系解释视角下影视解说行为合理使用之认定 |
| | 傅建晶 | 华东政法大学 | 论算法推荐对网络服务平台注意义务的影响 |
| | 芦昕怡 | 华东政法大学 | 短视频时代通知—删除规则的适用与完善——以删除的法律性质为视角 |
| | 刘　芳 | 厦门大学 | 服务器标准的反思与修正——以获得标准的确立为中心 |
| | 卢婷婷 | 华东政法大学 | 新《著作权法》背景下非典型作品保护探究——以新型艺术创作成果为例 |
| | 王紫霄 | 中南民族大学 | 数字音乐版权独家授权的垄断规制难题及疏解之道 |
| | 武相相 | 南京师范大学 | 对媒体职务作品权利归属法定化的质疑 |
| | 喻昌保 | 南京师范大学 | 论发表权法律地位的独立性 |
| | 兰　昊 | 浙江大学 | 用户存储盗版资源时网盘服务商的版权义务 |
| | 李欣遥 | 华中科技大学 | 非法著作权集体管理的认定标准调整释义 |
| | 熊俊雅 | 郑州大学 | 论多人角色扮演游戏中玩家家园样式的可版权性及其归属 |
| | 侯经伟 | 中南财经政法大学 | 著作权法定赔偿与惩罚性赔偿的司法适用关系 |
| | 闫宜静 | 南京师范大学 | 学术论文抄袭惩罚性赔偿基数的确定 |
| | 李　烨 | 广西民族大学 | 我国立法设立网络服务提供商著作权侵权事前审查义务问题研究 |
| | 陈可汉 | 长沙理工大学 | 创作意图下非独立共同作者认定框架探析 |
| | 薛睿涵 | 吉林大学 | 出版者未尽到合理注意义务的司法裁判逻辑导正 |
| | 赵　杨 | 同济大学 | 从比较法视角看授权侵权的成立是否以侵权行为存在为前提 |
| | 姚梦媛 | 天津大学 | 试论对时装秀作品类型的认定 |
| | 朱桓霆 | 西南政法大学 | 网络数据抓取行为的版权研究 |
| | 沈汪成 | 华东政法大学 | 新旧之辨：展览的著作权保护路径探究 |
| | 祖子涵 | 华东政法大学 | 摄影作品独创性的实践困境与理论构建 |
| | 陈祎梦 | 中国海洋大学 | 我国《著作权法》中作品类型兜底条款的适用研究 |

三、本科生组（60 名）

| 奖项 | 姓名 | 学校 | 论文题目 |
|---|---|---|---|
| 一等奖（10 名） | 夏　敏 | 南昌大学 | 非法定法律解释的可版权性研究 |
| | 蒋保龙 | 浙江师范大学 | 超越刑民交叉：回归个人法益的刑知衔接 |
| | 王修松 | 中国人民大学 | 我国《著作权法》中的其他权利条款：意义与适用 |
| | 王洪奥 | 华东政法大学 | UGC 混剪视频的侵权问题及对策 |
| | 万　婧 | 西北政法大学 | 权利穷竭原则在数字作品转售领域的适用分析——以 Tom Kabinet 案与 ReDigi 案为切入 |
| | 张晨仪 | 南京师范大学 | 短视频模板法律保护路径探讨 |
| | 钦　青 | 安徽大学 | 著作权法鼓励创作基本原则研究 |
| | 林健星 | 四川大学 | 论我国作品类型开放模式下的作品认定方式 |
| | 李海青 | 安徽大学 | 试论体育赛事直播画面在著作权法中的定性 |
| | 刘元喆 | 南开大学 | 著作权法中适当引用的认定困境及对策建议 |
| 二等奖（20 名） | 赵陶钧 | 湖南大学 | 版权制度下危害公共利益型惩罚性赔偿之否定 |
| | 柏怡霖 | 安徽大学 | 传统民法视角下著作权重复转让问题 |
| | 杨天翔 | 西南财经大学 | 新著作权法视阈下作品独创性的界定——兼评短视频模版第一案 |
| | 于文龙 | 山东农业大学 | 人工智能生成内容的著作权保护研究 |
| | 刘　潼 | 中南民族大学 | 论短视频版权内容过滤制度的引入——以法经济学为视角 |
| | 苏丹丹 | 南昌大学 | 纹身作品著作权的保护与权利限制 |
| | 李旭文 | 厦门理工学院 | 浅谈书画作品实质性相似的判定——以猴寿案为例 |
| | 王舒旖 | 中南民族大学 | 间接侵权认定中应知之解释与展开——以短视频平台间接侵权为例 |
| | 邹义凤 | 南京师范大学 | 对合理使用权利论的反思 |
| | 李丹丹 | 华中师范大学 | 以精确度区分地图数据的可版权性及其保护研究——由北京四维图新股份有限公司著作权侵权案引发的思考 |
| | 李松霖 | 南京师范大学 | 重混创作行为转换性使用的适用——以短视频为视角 |
| | 叶梓聪 | 暨南大学 | 合理使用制度中一般条款的司法适用标准之建构 |
| | 邱何祎 | 集美大学 | 二次创作的网络短视频著作权侵权责任认定路径分析 |
| | 马俪铭 | 浙江工商大学 | 算法时代文本与数据挖掘合理使用的法理思考与路径选择 |
| | 孙欣悦 | 南京理工大学 | 商品包装装潢的著作权保护争议研究 |
| | 林向馨 | 华中农业大学 | 论网络平台内容服务提供者的过滤义务——以欧盟《数字单一市场版权指令》第十七条为借鉴 |
| | 孙　浩 | 皖西学院 | 古文点校著作权问题研究——以镜花缘案为例 |
| | 张　杨 | 天津商业大学 | 关于避风港原则中删除义务及时履行的思考 |
| | 庞津珍 | 天津大学 | 论影视作品中改编权与保护作品完整权的权利冲突与平衡 |
| | 汪子桐 | 郑州大学 | 网络游戏规则可版权性的司法认定 |
| 三等奖（30 名） | 胡　婷 | 华南师范大学 | 探究数字水印类权利管理信息在著作权保护中的作用 |
| | 张　荣 | 安徽农业大学 | 论我国著作权集体管理制度去垄断化的发展路径 |
| | 孙　政 | 黑龙江大学 | 应用程序接口（API）的可版权性与合理使用——以甲骨文诉谷歌案为例 |
| | 林婷儿 | 深圳大学 | 试论人工智能生成内容的版权保护——基于人工智能生成内容与作品的比较 |

续表

| 奖项 | 姓名 | 学校 | 论文题目 |
|---|---|---|---|
| 三等奖（30 名） | 余　非 | 华中师范大学 | 视听作品的范围扩张及其著作权归属的类型化分析 |
| | 徐　娟 | 长沙理工大学 | 视听作品抄袭认定研究 |
| | 张璐璐 | 中南民族大学 | 著作权滥用的法律治理——以版权“蟑螂”为例 |
| | 孔　祎 | 华东政法大学 | 通知—删除规则在云服务器提供商上的适用与完善——兼评阿里云案 |
| | 张婧仪 | 西北政法大学 | 通知—删除规则适用于新类型网络服务的困境及其破解——以微信小程序案为例 |
| | 黄陈涵 | 华东政法大学 | 日本著作权司法实践中软法的适用及借鉴 |
| | 施丽婷 | 南京师范大学 | 作品类型法定缓和化模式的司法适用路径 |
| | 胡浩翔 | 华东政法大学 | 《著作权法》第三次修订视域下 IPTV 限时回看的法律性质分析 |
| | 徐浩源 | 天津财经大学 | 版权侵权中网络服务提供者的注意义务 |
| | 蒋智祺 | 华东政法大学 | 区块链存证视角下作品登记制度的完善 |
| | 徐　烨 | 南京师范大学 | 论转换性使用本土化的途径 |
| | 周雨晨 | 集美大学 | 论故意规避技术措施入罪的认定 |
| | 仲思睿 | 西南政法大学 | 澄清与辨识：查重报告作为抄袭标准的批判 |
| | 杨　琳 | 四川警察学院 | 作品类型开放模式下的新型作品认定 |
| | 马镔倩 | 中南民族大学 | 《马拉喀什条约》视阈下我国版权限制条款之完善 |
| | 胡若菡 | 同济大学 | 论短视频二次创作的合理使用 |
| | 郑　絮 | 安徽医科大学 | 媒体职务作品的法律保护研究 |
| | 徐卓雅 | 淮南师范学院 | 二次创作的法律保护边界：从电影解说短视频的作品定性谈起 |
| | 李佩姿 | 华东师范大学 | 媒体职务作品著作权归属机制变化的立法考量 |
| | 白之韵 | 南京理工大学 | 著作权合理使用一般条款的认定路径——兼评《著作权法》第 24 条第 1 款 |
| | 李靖仪 | 北方工业大学 | 计算机软件的著作权合理使用认定规则探究——由谷歌复制甲骨文 Java 代码案件引发的思考 |
| | 方晓彤 | 中南民族大学 | 视听作品截图著作权保护的实践与反思 |
| | 骆三江 | 澳门科技大学 | 电视新闻节目片头的侵权认定——对《陕西新闻联播》与 tvnet Haber 的实例分析 |
| | 董新雨 | 华东政法大学 | 论广播组织权的客体——信号说之反思与节目说之构建 |
| | 李宇芳 | 郑州大学 | 论互联网环境下展览权的延伸 |
| | 陈泓影 | 安徽大学 | 人工智能时代著作权客体制度省思——以共同属性为逻辑起点 |

**四、优秀奖（30 名）**

| 组别 | 姓名 | 学校 | 论文题目 |
|---|---|---|---|
| 研究生（12 名） | 徐　琢 | 华东政法大学 | 云盘类网络服务提供者的避风港规则理解与适用——以 56 份裁判文书为实证视角 |
| | 黄苡樗 | 中南财经政法大学 | 著作权集体管理组织的反垄断研究——兼评惠州市欢唱壹佰娱乐有限公司与中国音像著作权集体管理协会垄断纠纷案 |
| | 章　珺 | 上海交通大学 | 融梗行为的著作权侵权问题研究——以《少年的你》原著小说为例 |
| | 杨雯雯 | 华中师范大学 | 法经济学视域下视听作品著作权权属规则修改之检视 |

续表

| 组别 | 姓名 | 学校 | 论文题目 |
|---|---|---|---|
| 研究生（12名） | 余扶阳 | 中南财经政法大学 | 作品类型开放下电子游戏的保护路径选择 |
| | 王姚琴 | 中南财经政法大学 | 新著作权法下文本与数据挖掘的合理使用研究 |
| | 胡俊杰 | 中南财经政法大学 | 新《著作权法》视野下文化馆合理使用探析 |
| | 刘照宇 | 西南科技大学 | 天生侵权与后天缝补——论例外规则在文本与数据挖掘技术（TDM）运用中的构建 |
| | 韩振燕 | 中南财经政法大学 | 论短视频平台的版权过滤义务 |
| | 谭云辉 | 中南大学 | 论版权行政保护中行政机关对公共利益的说明 |
| | 王志文 | 辽宁大学 | 论数字作品转售的理论困境与突破 |
| | 徐一帆 | 华东政法大学 | 体育赛事直播画面的固定问题研究 |
| 本科生（18名） | 莫文菲 | 华中师范大学 | 《著作权法》修改：视听作品著作权归属问题分析 |
| | 熊一霖 | 华中师范大学 | 论超著作权效应的时代扩展与立法应对 |
| | 崔海宁 | 青岛科技大学 | 实用艺术品著作权保护思路探索 |
| | 梁鸿雁 | 南京师范大学 | 论合法来源抗辩的适用——兼评《著作权法》第59条 |
| | 薛少雄 | 中南民族大学 | 虚拟现实出版物作品属性初探——以非视觉、听觉要素为视角 |
| | 况　凯 | 南昌大学 | 数字博物馆VR作品著作权认定规则 |
| | 李明芮 | 华东政法大学 | 影视解说类短视频侵权问题研究——以法经济学为分析视角 |
| | 许榕蓉 | 广州医科大学 | 对小说类作品进行实质性相似认定适用探析 |
| | 林思绎 | 南京师范大学 | 网络文学融梗的侵权认定 |
| | 谷俊波 | 衡阳师范学院 | 我国阅读障碍者适用范围的界定 |
| | 孙宇杰 | 暨南大学 | 我国创设新闻出版者邻接权的必要性与制度构想 |
| | 孙澳玲 | 西华师范大学 | 合理使用视角下影视混剪短视频的著作权问题研究 |
| | 邱兰舒 | 四川大学 | 作品实质性相似司法认定的实证分析——以四川省170份民事判决书为分析对象 |
| | 蒋来熹 | 四川大学 | 人工智能生成物数据挖掘中的侵权问题及出路思考 |
| | 孙　悦 | 山东科技大学 | 人工智能深度学习中著作权的合理使用之探析 |
| | 田雅琦 | 青岛大学 | 二次创作短视频侵权责任的认定 |
| | 娄宁怡 | 杭州师范大学 | 浅探同人作品的著作权侵权认定问题——从思想与表达二分法视角探讨著作权侵权边界 |
| | 余坻兰 | 哈尔滨商业大学 | 论我国规避技术措施刑法规制的完善 |

**五、优秀指导老师奖（20名）**

| 序号 | 姓名 | 单位名称 | 序号 | 姓名 | 单位名称 |
|---|---|---|---|---|---|
| 1 | 李国英 | 南京师范大学 | 11 | 于　波 | 华东政法大学 |
| 2 | 刘　华 | 华中师范大学 | 12 | 陈绍玲 | 华东政法大学 |
| 3 | 何炼红 | 中南大学 | 13 | 张　玲 | 南开大学 |
| 4 | 马晓燕 | 南京师范大学 | 14 | 兰　磊 | 华东政法大学 |
| 5 | 林秀芹 | 厦门大学 | 15 | 胡开忠 | 中南财经政法大学 |
| 6 | 姜　川 | 南昌大学 | 16 | 鲁　甜 | 西北政法大学 |
| 7 | 李　琛 | 中国人民大学 | 17 | 郭雨洒 | 郑州大学 |
| 8 | 丛立先 | 华东政法大学 | 18 | 马晓莉 | 中国海洋大学 |
| 9 | 杨　帆 | 中南民族大学 | 19 | 陈　娟 | 皖西学院 |
| 10 | 梅术文 | 南京理工大学 | 20 | 王国柱 | 吉林大学 |

六、优秀组织奖（20 个）

| 序号 | 单位名称 | 序号 | 单位名称 |
|---|---|---|---|
| 1 | 安徽省版权局 | 11 | 安徽大学 |
| 2 | 江苏省版权局 | 12 | 南京师范大学 |
| 3 | 四川省版权局 | 13 | 南京理工大学 |
| 4 | 福建省版权局 | 14 | 中南大学 |
| 5 | 湖南省版权局 | 15 | 中南民族大学 |
| 6 | 浙江省版权局 | 16 | 华中师范大学 |
| 7 | 天津市版权局 | 17 | 西南政法大学 |
| 8 | 山东省版权局 | 18 | 中国人民大学 |
| 9 | 华东政法大学 | 19 | 西南科技大学 |
| 10 | 中南财经政法大学 | 20 | 厦门大学 |

# 成都市版权局

成都市作为全国版权示范城市，深入实施三大版权工程，深化“一个数字版权公共服务平台”建设，高水平举办成都数字版权交易博览会，不断提升版权创新创造能力、扩展版权服务体系、加大侵权盗版打击力度，加速优化全市版权保护环境。2021 年，成都市成功创建中西部“国家版权创新发展基地”。

**实施版权数字工程，提升公共服务。**成都市充分运用大数据、区块链等信息技术，创新建成成都市数字版权综合服务平台，实现版权确权一网通办。在平台基础上，完善 23 个区（市）县分平台服务功能，并打通 50 个版权产业园区、版权工作站数据接口，构建“1+23+N”版权公共服务体系，极大促进了版权创新创造，实现全年著作权登记量达 21.08 万件，其中软件著作权登记量 12.08 万件，成为历史上西部地区登记数量突破 10 万件的城市。同时，平台还链接 V J 师网、喜马拉雅等 7 家市场内容平台，形成了“一核多极”的版权运营服务体系，全年实现全国作品在成都技术存证 82 万件，交易额约 1.55 亿元。

**实施版权护航工程，优化营商环境。**成都市版权局强化与网信、公安、文广旅等部门执法协作，建立数字化版权保护监管机制推进版权民事、刑事、行政“三合一”侵权纠纷快速处理机制。全年共组织开展“剑网”“双打”“院线电影”“赛事版权保护”等多个专项行动，重点加强了网络传播平台、电商平台版权监管。2021 年全市共监测网站 5 万余个，删除侵权盗版链接 1 万余条，查处侵权盗版大案要案 20 余件。2021 年，成都市深入开展软件正版化工作，积极发挥市推进使用正版软件工作联席会议作用，有序推动全市党政机关、国企、教育、卫生等领域软件正版化工作，促进软件产业健康发展。2021 年全市共采购软件 10.65 万套，全市软件业务收入 4 456 亿元，累计增速 15.1%，排名副省级城市第五。

**实施版权兴业工程，完善产业体系。**成都市版权局指导四川天府新区完善《四川天府新区国家版权创新发展基地建设方案》，聚焦原创内容高能级企业项目，为基地签约引进虎牙直播西南中心等 29 个项目，招引阿里数字版权交易中心等版权特色项目，总投资 400.8 亿元。成功打造本土版权授权交易品牌“成都数字版权交易博览会”，促成视觉中国视频业务中心等 400 余个项目签约，达成合作意向 3 000 余个，版权交易数量累计达到 38 万余件。该展会已纳入国家版权工作“十四五”规划全国版权展会授权交易体系。着力孵化版权优势企业，打造一批拥有版权优势项目的版权示范单位（园区），覆盖电子信息技术、游戏动漫、文化创意产业等新业态，目前全市拥有国家级、省级、市级版权示范单位（园区）70 个。

# 长沙市委宣传部（长沙市版权局）

※ 湖南省委常委、长沙市委书记吴桂英在全国版权示范园区——马栏山视频文创产业园内版权示范单位湖南知了青年文化有限公司调研

当前是长沙市创建全国版权示范城市的冲刺之时，长沙市以习近平新时代中国特色社会主义思想为指导，对标对表，主动作为，努力推动创建全国版权示范城市各项任务的深入落实，以及版权工作的高质量发展，在全面落实“三高四新”战略定位和使命任务、实施“强省会”战略的进程中，在加快建设国际文化创意中心的进程中，充分激发创新创造创意活力，大力推动了长沙市版权产业的发展。

**推动示范创建，完善服务体系**

长沙市在“强省会”战略中强版权，围绕国际文化创意中心，高质量完成全国版权示范城市各项创建任务。湖南省委常委、长沙市委书记吴桂英，长沙市委副书记、市长、湘江新区党工委书记郑建新和市委常委、宣传部部长陈澎多次视察全国版权示范园区——马栏山视频文创产业园和版权示范单位，强调版权的地位和作用。市委、市政府召开全国版权示范城市推进会，对创建工作进行

※ 长沙市召开全市创建全国版权示范城市工作推进会

阶段性总结和再部署。长沙市有3家企业获评“全国版权示范企业”，10家企业获评“全市版权示范单位”。全市版权公共服务体系建设提升行动推进顺利，全市共建有1个版权工作服务中心、9个版权工作服务站、109个版权工作服务点，正全面打通版权服务“最后一公里”，全市版权公共服务体系基本健全。长沙市的“区块链+版权”服务平台进一步发展壮大，截止目前，完成全国范围内的作品区块链版权存证数超过101万件，版权侵权监测量达到5万多条，侵权取证量超过4万件。探索推动版权质押融资工作，马栏山版权服务中心实现质押金额1 620万元，银行放贷500万元。进一步完善长沙市版权数据库，吸纳全市版权企业参与，在全国范围内征集版权专家，为长沙市的版权工作提供人才支撑。加强版权课题研究，为全市版权产业发展提供智囊服务，完成了《长沙市版权产业报告（2018—2020）》《长沙市2021年版权产业研究报告》。报告显示，近三年长沙市版权产业实现10%的增长，占全市GDP的7.62%；版权产业商品出口额占全市商品出口额的13.64%；版权产业服务贸易出口额占全市服务贸易出口总额的27.68%。联合中国人民大学国家版权贸易基地共同开展长沙市数字版权保护与发展报告研究，对长沙市当前数字版权保护与现状进行总结分析，为未来长沙市数字版权保护与发展提供专业建议。

**激发版权创造，推动产业发展**

积极推动版权产业高质量发展，促进版权创造和运用，实现由数量和速度向质量和效益转变，提升著作权登记质量，一般著作权作品登记量 135 217 件，是 2021 年的 2.3 倍，是 2020 年的 23 倍，占全省作品版权登记量的 98%。著作权登记量快速增长，显示了长沙市版权创造的蓬勃生机。围绕迎接党的二十大胜利召开，长沙市对精品版权作品进行扶持奖励，奖励总金额近 4 000 万元，推出电视剧《天下同心》、交响组曲《岳麓书院》、版画《礼赞新时代·建设美丽中国》、报告文学《大国脊梁》、湘剧《夫人如见》、花鼓戏《山河在行动》等。长沙市优秀版权奖还产生 30 件在全国有相当影响力的优秀版权作品、20 个推广运用奖，在全市的版权创造中起到了示范带头作用。长沙市把版权产业发展纳入国际文化创意中心建设，促进版权转化和运用，着力打造马栏山“中国 V 链”、中广天择“淘剧淘”和版权服务优版权 3 个版权交易平台。优版权服务平台年贸易额为 12.23 亿元，是上一年度贸易额的 48 倍；中国 V 链版权素材上架量达 12 万件，节目成片达 4 万小时，签约创作者达 1 000 余名，版权存证量为 12 万条，交易额近 900 万元。“淘剧淘”平台年交易额约

※ 第三届马栏山版权保护与创新论坛颁奖仪式

※ 第三届马栏山版权保护与创新论坛签约现场

8 000 万元。全市版权产业发展克服疫情带来的不利因素，稳中求进，形成了具有长沙市特色的“一基地、四集群”：以马栏山视频文创园为基地承载的版权产业，以芒果超媒、中广天择等为主体的长沙市视频版权集群；以中南出版集团为主体，联动《湖南日报》《长沙晚报》的数字出版版权产业集群；以工业设计、非遗文化为重点的长沙市设计版权产业集群；以东信烟花、花火剧团等企业为重点的浏阳烟花版权产业集群。

**加强版权保护，创新保护方式**

在国家发展改革委公布的 2021 年国家营商环境评价知识产权保护指标排名中，长沙市在全国 80 个城市中排名第 8，版权保护做出了应有贡献。长沙市持续推动软件正版化工作，各级政府机关软件正版化率达 100%。长沙市持续 17 年组织开展打击网络侵权盗版“剑网”专项行动，在全国率先研发属地网络监管平台，将全市 5.7 万个网站及 1.1 万个重点自媒体账号纳入日常监管，24 小时全面排查版权侵权问题。在国家版权局年度查处重大侵权盗版案件有功单位和有功个人的评比中，长沙市文化市场综合行政执法局和 5 个版权执法个人获得奖励。当年长沙市办理侵犯著

※ 长沙市望城区版权工作服务站一角

※ 浏阳市永和镇版权工作服务点

作权类刑事案件的立案和破案数量，同比 2021 年分别上升 200%、800%。长沙市两级法院审理著作权纠纷案件 4 310 件，同比 2021 年同期上升 5.9%。成立了长沙市版权纠纷人民调解委员会，全年调解纠纷 100 余起。设立马栏山人民法庭和知识产权案件诉讼治理工作站，审结知识产权纠纷案件 2 272 件。

**加大宣传培训，浓厚创建氛围**

不断扩大长沙版权工作的影响力，以“构建版权产业新生态 激发数字经济新能级”为主题，在马栏山创意中心举办第三届马栏山版权保护与创新论坛，邀请全国著名版权专家和企业家开坛论道，省版权局领导到现场指导，通过开幕式、观摩观展、主题论坛等多种形式，全面展示了长沙市版权产业发展的蓬勃态势，取得了良好的效果。开展版权工作与相关产业的深度融合行动，将版权创新、保护和交易与全国图书交易会、全国印刷博览会等有影响的全国展会进行深度融合。持续提升全社会版权意识，广泛开展版权知识和法律法规的宣传与培训，全年共组织 70 场版权业务知识培训。将重点宣传和日常宣传相结合，在“4·26”世界知识产权日和版权宣传周，全市大规模开展版权宣传活动，并在每个月的第一个星期在全市各主要街道、社区的电子显示屏、公交车站、地铁电视等处播放宣传片，在社区张贴宣传海报、发放宣传册。持续开展新闻宣传，《中国新闻出版广电报》多次介绍长沙市版权工作经验。《人民日报》、中央电视台、新华网 25 家中央、省、市媒体对长沙市版权工作进行宣传，共刊发各类报道 200 多篇。

※ “中国 V 链”平台在马栏山视频文创产业园中广天择总部基地启动上线

※ 全国知识产权宣传周岳麓区版权宣传主题活动

※ 长沙市湘江新区在中电软件园召开版权知识培训大会

# 佛山市委宣传部

※ 佛山版权中心集宣传教育、社会服务、成果展示等功能于一体

※ 成立佛山版权产业发展联盟

佛山始终坚持高位统筹、不降标准，狠抓落实全国版权示范城市创建各项工作，补短板、强弱项，推动版权持续赋能产业转型升级，版权创造、运用、保护、管理和服务水平再上新台阶。

**（一）版权示范创建格局进一步夯实。**佛山市人民政府办公室印发《佛山市创建全国版权示范城市两年行动计划（2021—2022 年）》，部署版权管理提升、版权创造提质、版权运用促进、版权保护强化、版权服务优化、版权形象塑造等六大行动。创建工作获国家版权局高度认可，在 2021 年 5 月国家版权局举办的版权专题培训班上，作为唯一的地级市代表，佛山专题分享创建工作经验。

**（二）佛山版权中心正式建成。**建成了占地 1 285 平方米，集宣传教育、社会服务、成果展示等功能于一体的专业性版权工作阵地——佛山版权中心，进一步提升我市版权社会服务水平，成为一张亮丽的佛山版权名片。

**（三）法治化版权治理体系基本形成。**持续优化著作权纠纷“一门式”和解机制，2021 年完成著作权纠纷案件和解 7 777 起，调解率超 99%。率先分步推进全市卫生健康机构和教育系统、重点企业使用正版软件。加大侵权盗版打击力度，2021 年共查办侵权盗版案件 14 起，其中刑事处理 4 人，市版权局、市公安局和市文广旅体局等版权监管执法部门和人员共 6 个单位（个人）获得 2020 年度全国查处重大侵权盗版案件有功单位和个人表彰，数量居全省地市首位。

**（四）创新创作动能进一步激发。**修订《佛山市版权示范单位、园区和优秀版权作品认定资助办法》，2021 年全市一般作品版权登记数量达 14 319 件，同比增长 25.9%，居全省第二；软件著作权登记数量突破万件达 10 880 件，同比增长 24.2%。广东可儿玩具有限公司、佛山市顺德区孔雀廊娱乐唱片有限公司获

※ 举办 2021 年佛山“享原创 趣版权”亲子嘉年华活动

※ 在第八届中国国际版权博览会上设立佛山展馆，全方位展示佛山版权“功夫”

评“全国版权示范单位”。围绕庆祝建党百年主题，深入实施“致敬版权大师、培育版权精品”行动。组建佛山版权产业发展联盟，聚集全市版权领域 100 家龙头企业，打造资源共享、信息互通、共谋发展、共展形象的版权发展共同体。聚焦优势版权行业和领域，擦亮佛山特色版权品牌，举办第五届中国陶瓷“云上”创意周、“权新权益”工业设计版权季等系列活动。佛山亮相第八届中国国际版权博览会，展现版权发展成果，捧回“中国版权金奖”，佛山可儿娃娃作为全省唯一版权精品在主展馆重点区域展示。

**（五）版权保护意识进一步普及。**开展“2021 年版权宣传月暨绿书签行动”活动，举办“享原创 趣版权”亲子嘉年华。深入学习宣传贯彻新《著作权法》，开展“六个一”活动：举办一系列版权专题讲座、打造一批版权文艺精品、编印一册版权知识读本、创作一组版权动漫形象、组织一堂版权主题班会课和策划一辑电视普法栏目。承办“广东省大学生版权知识演讲大赛”总决赛，启动“版权百启行”第二季活动，在全社会营造浓厚的版权保护氛围。

人民日报 2021年3月19日 星期五 11 政治

广东佛山市加强多部门联动，优化程序，提升效率

著作权纠纷 一门式和解

核心阅读

习近平总书记要求，要强化知识产权全链条保护。近年来，围绕著作权保护，各地探索建立多元解纷机制，加强诉前调解，合力化解纠纷。

广东省佛山市推出“一门式”和解机制，行政部门、司法机关、调解组织、行业协会多方联动，努力将著作权纠纷化解于萌芽状态。

抓住痛点，集中高效解决大量同类纠纷

只见一次，引导当事双方网上完成和解程序

免费调解，把著作权纠纷化解于始发状态

坚持统筹推进国内法治和涉外法治

一、统筹推进国内法治和涉外法治，是推进全面依法治国的必定方向

二、统筹推进国内法治和涉外法治，是构建新发展格局的必然要求

三、统筹推进国内法治和涉外法治，是预防与解决国际经贸争端的必要保障

四、统筹推进国内法治和涉外法治，是推动构建人类命运共同体的必由之路

一线行走

两万步带来“零距离”

脚勤进千家，眼勤找问题，嘴勤讲政策，手勤干在前，靠“勤”字才能收获信任

※ 2021 年 3 月 19 日《人民日报》政治版对佛山著作权纠纷“一门式”和解机制进行报道

# 温州市委宣传部（温州市新闻出版局）

2021 年以来，温州市深入开展全国版权示范城市创建工作，着力部署实施版权“创造、运用、管理、保护”四大工程，打造版权发展保护全链条，赋能温州民营经济创新发展。中国新闻出版研究院发布的《2020年温州市版权产业的经济贡献调查报告》的最新数据显示，温州市版权产业的行业增加值为 385.18 亿元人民币，占全市 GDP 的 5.61%，就业人数为 26.52 万人，商品出口额为 15.64 亿美元，在全国同类城市中均位于前列。

**一、版权创造实现量质“双提升”。**成立 12 个县域版权登记站，建立版权登记联络点 30 个，推出全省首个“版权作品登记申报服务系统”，版权一般作品登记 15 745 件，同比增长 161.5%，连续两年居全省第一。2021 年软件著作权登记数量达 7 483 件，居浙江省地级市首位。版权作品的转化率达 60% 以上。陆续举办全国大学生广告设计创意大赛、温州“市长杯”工业设计大赛和温州创意设计大赛等创意设计赛事，版权作品质量不断提高，促进了版权作品转化，实现了温州制造向温州创造的跨越。

※ “4·26”期间，温州开展版权宣传灯光秀

**二、版权保护形成“互共治”。**携手市法院、市知识产权保护联席会议办公室组建首支“知识产权保护志愿者服务队版权志愿者分队”和版权纠纷调解员队伍，2021 年，累计调解版权纠纷 175 起；协同市公安局，联合成立温州市知识产权保护联合执法中心，进一步建立健全联合执法、共享赋能、行刑共治等“六大机制”；开展打击违规使用中国共产党成立 100 周年庆祝活动标识、“剑网行动”等专项整治行动，查办版权案件 22 起，查办著作权刑事案件 3 起，逮捕嫌疑人 1 人，刑事判决 1 人，挽回经济损失 140.38 万元；1 家单位获得全国查处

※ 2021 年 5 月 28 日，温州市召开创建全国版权示范城市动员部署会

※ 2021年9月15日，全国首家“一站式”版权服务综合平台——温州版权馆开馆

※ 温州亮相第八届中国国际版权博览会，温州馆作为浙江展区第二大展馆，以“版权赋能 幸福温州”为主题，展示温州版权魅力与版权发展成果

侵权盗版有功单位。

**三、版权管理创新植厚壤。**将创建全国版权示范城市写入市委十三次党代会报告、《温州市国民经济和社会发展第十四个五年规划和二〇三五年远景目标的建议》和2021年温州市政府工作报告。安排专项工作经费，出台系列扶持政策，确保版权管理工作“有人有事有经费”。创建全国版权示范城市期间，继续实施免收作品登记费政策，1年来累计为企业节省1.5万件作品的登记费用225万多元，中胤、澳珀和乐乐鱼等主要版权企业产值达3亿元以上。

※ 2021年10月，十三届全国政协文化文史和学习委员会副主任、中国版权协会理事长阎晓宏出席由温州市主办的“版权助力民营经济发展”论坛

**四、版权服务优化成体系。**版权意识逐步扎根群众心中，建成全国首家“一站式”版权服务综合平台——温州版权馆，与温州理工学院共建“温州市版权教育实践基地”，将版权教育纳入干部教育培训。推动版权企业“走出去”，积极组织服装、印刷等18家企业参加第八届中国国际版权博览会，成功举办了“版权助力民营经济发展论坛”。大力支持重点领域、重点产业和民营企业自主创新，着力打造一批特色版权创造示范基地和平台，1家企业获评“2021年浙江省版权最具影响力企业”，1家企业获评“2021年度全国版权示范单位”。

※ 2021年11月，浙江省委常委、温州市委书记刘小涛在市委文化工作会议上提出以创建全国版权示范城市为契机，构建版权保护全链条，加强时尚设计版权保护

# 苏州市吴江区版权局

※ 江苏盛泽东方纺织城发展有限公司是江苏省版权示范园区，是吴江丝绸纺织产业转型升级的重要载体，每年举办“时尚周”“纺博会”等大型行业展会

※ 第三届江苏（南京）版权贸易博览会开幕式上，吴江区参与“丝绸遇见陶瓷——加强版权保护，传承优秀传统文化，讲好中国版权故事”倡议

2021 年，吴江丝绸产业成为世界知识产权组织在我国确定的全球第三个版权保护优秀案例示范点。调研成果——《版权赋能 丝路无疆——版权保护与丝绸纺织产业高质量发展研究》由世界知识产权组织向全球推广。“版权保护‘吴江模式’全球推广”入选“2021 年中国版权十件大事”。吴江丝绸版权成果展亮相第八届中国国际版权博览会和第三届江苏（南京）版权贸易博览会。吴江作为江苏丝绸产业集聚区代表，在中国版权产业集聚区发展国际论坛上做主旨发言。主要成效体现在以下几个方面：

**一、激发版权创新创造活力。**树立鲜明的版权作品登记、运用导向，累计发放 1 000 余万元扶持资金，截至目前，吴江区共有全国版权示范单位 5 家，省版权示范单位（园区）12 家。2020 年至今，19 个项目入选江苏省优秀版权作品产业转化重点项目，连续三年位居江苏省各县（市、区）前列。打造设界时尚产业“线下 + 线上”服务平台，建设时尚创意推进中心，成功引入 30 多家国内顶尖设计品牌入驻盛泽东纺城、数万名线上设计人员为吴江企业提供设计服务。

**二、提升版权运用转化能力。**深挖丝绸文化内涵，加快推动版权转化，促进丝绸产业转型升级。吴江丝绸企业相继推出宇航员系列丝绸产品和“青绿江山”系列服饰、盘扣。强化与数字产业结合，打造“颐格格”IP、“蚕猫”动漫形象等。线下举办“时尚周”“纺博会”等大型行业展会，开展金顶设计师、十佳设计师作品秀，开辟版权授权专区，搭建版权作品展示平台。线上整合“绸都网”和“中华杯”大赛作品资源，开发上线“绸都版权交易网”，促成经典动漫形象巴塔木、萌浪兔等 IP 形象在吴江授权落地。

**三、强化版权全链条保护体系。**以行政保护为“先锋”。建立以行业从业人员为主体的反盗版志愿者团队，落实全链条监管；推动与全国知名纺织品市场建立版权保护联盟，建立版权保护常态交流机制。

※ 吴江区人民法院知识产权巡回审判庭落户盛泽东纺城，常态化开展公开庭审，提升了审判效率，对侵权盗版企业形成强大威慑

※ 吴江区在东太湖度假区（太湖新城）、吴江高新区（盛泽镇）、震泽镇设立集版权登记、企业培训、纠纷调解等功能于一体的基层版权工作站，配备专（兼）职人员9名

※ 第三届江苏（南京）版权贸易博览会期间，吴江设立丝绸版权展示馆，20余家企业携百余件版权产品亮相

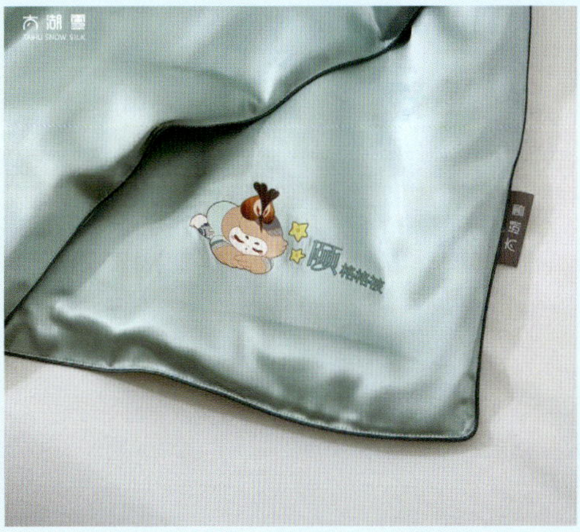

※ 太湖雪丝绸与颐和园联名打造"颐格格"IP，注重文化挖掘与版权设计的深度融合，开发特色主题的版权文化作品，借助网红IP的市场影响力，放大丝绸特色版权产业的经济效益和社会效应

充分发挥丝绸行业协会作用，持续建设版权纠纷调解的行业机制，引导企业自发参与版权纠纷调解，实现诉前化解版权纠纷，2020年至今，累计调解版权类纠纷30余起，挽回企业经济损失500余万元。以司法保护为"后盾"。2020年，吴江区人民法院知识产权巡回审判庭落户盛泽版权工作站，将司法保护送到企业"家门口"，实现产业集聚区知识产权案件便捷化处理。

# 吴江区震泽镇
# 版权赋能发展 繁荣震泽丝业

近年来，震泽镇积极主动、扎实进取，版权工作成效显著。截至目前，震泽镇共有 3 家国家版权示范单位，2 家省版权示范单位，2 家市版权示范单位。在震泽，版权赋能“一根丝”带来了巨大能量，激发了众多丝绸纺织业从业者的创新活力，助推企业以版权创造、运用和保护为支点，把传统丝绸产品和时尚创意相结合，衍生出各种新工艺、新花色、新产品，并推向市场，取得了良好的效益。

**质量赋能，让震泽版权产品经得起检验**

震泽镇设有丝绸检测中心、质量监督工作站，为丝绸企业提供便捷高效的服务。《震泽蚕丝被》《震泽蚕丝绵》两个团体标准相继制定发布，引导企业以优良的产品品质更好地巩固和提升行业地位，打响震泽丝绸纺织创意产业高质量品牌。

**创新赋能，让震泽版权创意玩得出花样**

近年来，震泽镇举办了如震泽丝绸振兴推进大会等一系列丰富多彩的产业活动，连续 6 年举办“震泽丝绸杯”中国丝绸家用纺织品创意设计大赛，每年都可以收到 2 000 多件优秀设计作品，多数作品已成功运用到了市场，实现创意设计到创新产品落地的无缝衔接，提升产品附加值和利润率，为丝绸产业的高质量发展注入强大动能。震泽镇丝创园获评“江苏省版权示范园区”称号。

**集群赋能，让震泽版权工作抓得牢机遇**

作为中国丝绸名镇，震泽镇云集了 200 多家丝绸企业，目前已经形成了年产值近 50 亿元的丝绸产业集群，年产蚕丝被超 400 万条。苏州抖音直播基地落户震泽，已吸引百余家丝绸品牌入驻，让带有震泽丝绸文化符号的版权产品通过互联网平台走出震泽，走向全国，飞向世界。

※ 震泽版权工作展示

※ 苏州震泽丝绸杯·第六届中国丝绸家用纺织品创意设计大赛

※ 太湖雪蚕桑文化园

※ 苏州抖音电商直播基地

※ 山水丝绸版权展示馆

# 吴江区盛泽镇
# 版权赋能时尚之都建设

近年来，盛泽镇坚定不移地实施严格的版权保护制度，将版权视为创新驱动发展的“刚需”，作为企业经济贸易的“标配”，持续营造良好的营商环境和创新环境，让版权在行业发展、区域发展中起到更大作用，不断推动“时尚之都·美丽盛泽”建设。

**一、守正创新，深化版权示范点建设**

盛泽改革版权工作站运行模式，促进东纺城与中国设计师协会盛泽分中心、设界平台共同合作，设立版权工作站事务组，集版权登记、企业培训、纠纷调解等功能于一体。2021 年工作站新挖掘有版权申请需求的企业约 16 家，提交申请总数达 4 000 多件，同比增长率达 100%。

**二、版权赋能，推动产业高质量发展**

盛泽积极发挥长三角一体化发展示范区的区位优势，通过举办“中华杯·数字艺术应用设计大赛”“东方杯·中国女装设计大赛”等行业内设计类大赛，吸引专业设计师（设计室）及高校学生参与，每年产生版权作品千余件。

**三、执法协作，守护企业“匠心之路”**

盛泽镇联合区人民法院在东纺城版权工作站内设立了知识产权巡回审判庭，常态化开展公开庭审，提升了审判效率，对侵权盗版企业形成强大威慑。在绸都版权交易网模块中，广泛运用时间戳和区块链技术，生成相关确权证书。

※ 位于盛泽镇的东纺城是江苏省版权示范园区，孵化、引进、培育了多个版权企业和版权服务平台，设界时尚产业服务中心是其中之一

※ 2020 年，盛泽镇联合复旦大学公共经济研究中心共同举办“丝绸时尚发展高峰论坛”，与会嘉宾探讨“一带一路”中丝绸产业发展的机遇与挑战

# 张家港市版权局

2021 年，张家港市版权局聚焦聚力抓保护，毫不松懈促发展，构建全市版权治理新发展格局。

版权创造出新出彩。全年累计完成一般作品及软件作品登记量 26 077 件，同比增长 3.5%，2 家企业获评“江苏省版权示范单位”，3 件作品获评“苏州市优秀版权奖”，1 家企业获评“苏州市版权工作示范单位推进计划项目单位”。

版权服务持续优化。新设张家港市版权工作站，协同全市 19 个版权服务站，将版权服务网络辐射全域，调解版权企业侵权纠纷 28 次。

版权宣传纵深推进。实施版权宣传“六进”战略，组织“守护你我的著作权”主题活动、美丽金港镇优秀版权摄影（绘画）作品巡展等活动 100 余场，引导公众尊重版权、保护版权、自觉维权。

版权保护更有力度。实现市级党政机关办公软件正版化率 100%，查办侵犯著作权行政处罚案件 22 起，审结 2 起由省“扫黄打非”办和省公安厅联合挂牌的督办案件。

※ 张家港版权企业——中细软集团知识产权数字展厅

※ 张家港市版权局开展“4·26”版权知识宣传活动

※ 张家港市版权工作站开展“醉美五月 探究自然”版权宣传活动

# 中国人民大学
# 国家版权贸易基地

National Copyright Trade Centre of RUC

## 国家级
## 版权产业要素市场
## 版权领域高端智库

- 全国第一家国家版权贸易基地
- 全国唯一一家依托大学建立的国家版权贸易基地
- 全国版权示范园区（基地）
- 全国第一家专业的版权资产评估中心
- 版权领域全国唯一的中央级年鉴 ——《中国版权年鉴》

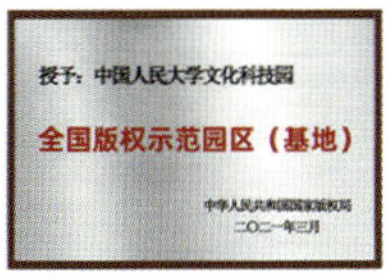

## 版权服务体系

Copyright Service System

| | | |
|---|---|---|
| 版权理论研究 | 版权授权代理 | 版权资产评估 |
| 版权行业交流 | 版权人才培养 | 版权维权调解 |

满足行业发展基本需求
解决行业发展痛点问题

一个平台：政府+产业界+学界+法律实务界

两个市场：国内&国际

## 景德镇陶文旅控股集团有限公司

### 一、基本情况

景德镇陶文旅控股集团有限公司（以下简称“陶文旅集团”）肇始于1903年成立的江西瓷业公司，至今已有上百年的悠久历史，属国有企业，注册资本22.99亿元，总资产939亿元，主体信用评级达到AA+。成功入选第十一届“全国文化企业30强”提名企业，获得“全国版权示范基地”、“中国版权金奖”、2018年度和2020年度“江西省优秀旅游企业”等荣誉，其两家子公司荣获“江西省文化企业20强”。陶文旅集团致力于实现文化的高度、产业的深度、教育的厚度和生活的温度。

陶溪川夜景

陶阳里御窑景区

在文化方面，打造了占地 2 平方公里的百年陶瓷工业遗产——陶溪川文创街区，集聚了 11 处工业遗产，其中 2 处为国家工业遗产。打造了占地 3.7 平方公里的千年陶瓷文化——陶阳里历史街区，区域涵盖了 1000 年老城里弄、650 年皇家御窑厂、400 年明清窑作群落和 70 年陶瓷工业遗产。

在产业方面，打造了世界领先的陶瓷文创产品智能研发生产基地——景德镇陶瓷智造工坊，项目占地面积 800 亩，建筑面积 85 万平方米。以及中日陶瓷科技创新园、景德镇智能物流装备产业基地和陶瓷原料标准化生产基地。

在教育方面，设立了培育陶瓷文化艺术职业人才的本科高校——景德镇艺术职业大学，总投资 60 亿元，占地 1 平方公里。投资 9.2 亿元打造“中德智能制造合作试点示范项目”——中德（景德镇）工业 4.0 智能制造职业教育实训基地。

在生活方面，依托城市更新项目，打造了美好的人居环境。并通过构建创新创业平台，以及每年举办春秋大集、艺术展览、文化论坛、文艺表演等活动 400 余场，吸引了数万名来自全国各地的青年艺术家、设计师、手艺人和创客在这里学习交流和生产生活。

景德镇陶瓷智造工坊

景德镇艺术职业大学

中德（景德镇）工业 4.0
智能制造职业教育实训基地

陶溪川陶然集艺术集市

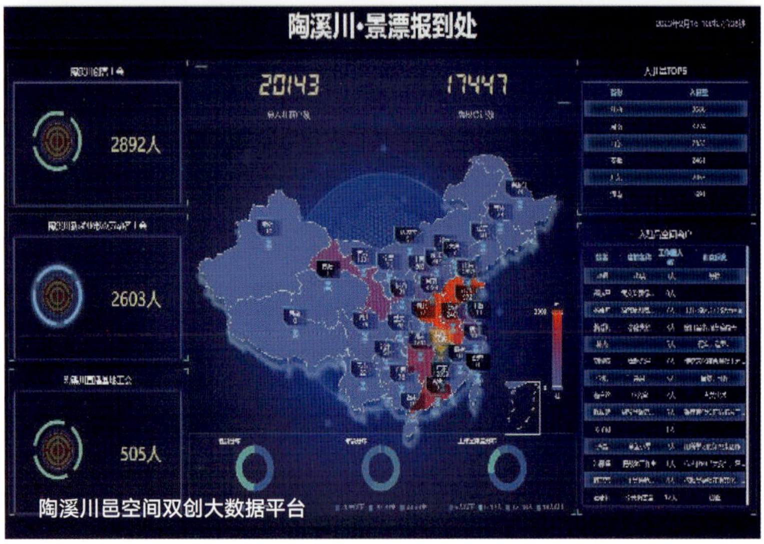


陶溪川邑空间双创大数据平台

## 二、产业特色

**（一）国家战略。**2019 年 7 月，国务院批复《景德镇国家陶瓷文化传承创新试验区实施方案》，建立“管委会 + 平台”运行模式，明确陶文旅集团作为核心平台公司，成为落实习近平总书记“建好景德镇国家陶瓷文化传承创新试验区，打造对外文化交流新平台”重要指示的主力军。2019 年 11 月，李克强总理在陶溪川考察期间对“千姿百态，与众不同”的双创成果予以高度肯定，鼓励广大“景漂景归”创业者“瞄准世界先进，发展高端陶瓷，提升我国陶瓷产业水平，把千年瓷都打造成国际瓷都”。

**（二）版权护航。**特设陶溪川创客版权申报窗口，开全国版权管理模式的先河，完善了景德镇知识产权保护创造体系，进一步激发广大“景漂景归”艺术家、设计师的创意创新能力，新登记版权作品 1.2 万件。2019 年陶溪川被列为全国版权示范园区（基地），受邀参与“一带一路”版权国际论坛并做主旨发言。荣获国家版权局和世界知识产权组织颁发的 2020 年“中国版权金奖”，2021 年助力景德镇成功创建 " 全国版权示范城市 "。

陶溪川获评“中国版权金奖”

陶溪川获评“全国版权示范园区”

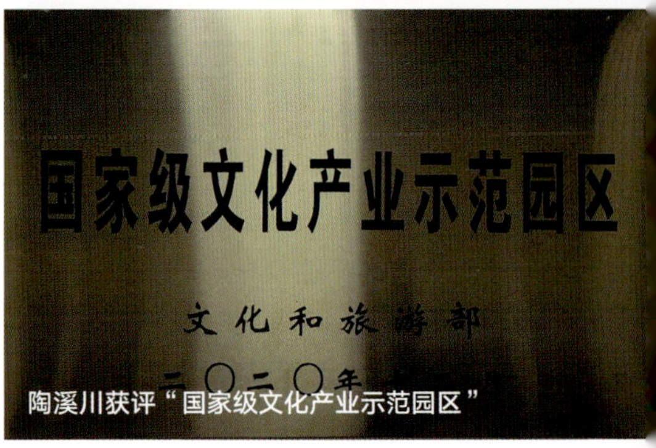


陶溪川获评“国家级文化产业示范园区”

**（三）申遗主体。**国保单位御窑厂是阳里历史街区的核心资源，2017 年被列“中国世界文化遗产预备名单”。陶文旅团作为市政府授权的运营主体，正依托御厂申报“世界文化遗产”和创建国家 5A 旅游景区，助力景德镇创建 2023 年“东文化之都”。

**（四）国家荣誉。**近年来，陶文旅集及其运营项目获 90 余项荣誉，其中国家荣誉 24 项。投资运营的 4 个文旅项目被为国家工业遗产；陶溪川文创街区是江西唯一的国家级文化产业示范园区、第三批家双创示范基地、第五批全国创业孵化示基地、江西省文化和科技融合示范基地，联合国教科文组织 2017 年度“亚太地区化遗产保护创新奖”、第十届艾蒂亚“中最佳历史文化旅游项目金奖”等。

陶溪川创业集市

陶溪川 × 快手电商战略合作启动仪式

陶溪川抖音直播基地

第二届中日先进陶瓷创新发展大会

中德（景德镇）工业 4.0 智能制造职业教育实训基地

**（五）双创成果。**陶溪川是以陶瓷文化为根基的国家双创示范基地，汇聚了 1.95 万名来自全国的青年艺术家、设计师、手工匠人和大学生，带动上下游就业 10 万余人，实现了陶瓷文化产业的全民创新创业。在全国双创活动周启动仪式上，陶溪川作为代表，在活动现场受邀与李克强总理连线，汇报两年多来的双创升级发展情况。

**（六）线上赋能。**陶文旅集团是线上赋能陶瓷文化产业的践行者。其打造的陶溪川直播基地，集产品设计、溯源认证、电商培训、仓储选货、直播带货、物流配送于一体。实现了与抖音、快手、京东、淘宝的全平台战略合作，入驻全国陶瓷文化企业和商户 5 600 余家，2021 年仅抖音平台就实现线上营收 30.6 亿元。

**（七）产教融合。**陶文旅集团在陶瓷文化产业中实现了人才链和产业链的深度融合。投资举办了培育陶瓷文化艺术职业人才的本科高校——景德镇艺术职业大学，设立中德（景德镇）工业 4.0 智能制造职业教育实训基地；打造了世界领先的陶瓷文创产品智能研发生产基地——景德镇陶瓷智造工坊，以及中日陶瓷科技创新园、景德镇智能物流装备产业基地和陶瓷原料标准化生产基地。

# 内容+科技+融合创新 中国移动咪咕的5G元宇宙探索

咪咕公司是中国移动面向移动互联网领域设立，负责数字内容运营的专业公司，致力于通过文化 + 科技，满足人民群众对美好生活的需要。经过 7 年发展，咪咕已成为国内领先的全场景品牌沉浸平台和正版数字内容汇聚平台。

作为新媒体国家队主力军、沉浸式媒体先锋队，咪咕汇聚了超 4 000 万首正版歌曲、1 035 万条视频、超 1 200 路音视频直播、9 000 场 live show、超 60 万册书刊，以及超 1 900 款在线畅玩精品云游戏。

随着 5G、VR、AR、MR 等技术的不断成熟及需求的持续增长，元宇宙已成为万众瞩目的焦点。咪咕以算力网络 Ubiquitous computing power 为坚实底座、以具有游戏互动特点的全新引擎 Gamified interaction engine 为动力来源、以满足人类更高层面社交需求的 Immersive social connection 为连接方式，推动我们进入虚拟与现实 Mixed reality 更深度融合的世界，勾勒出清晰的元宇宙“MIGU 演进路线图”。

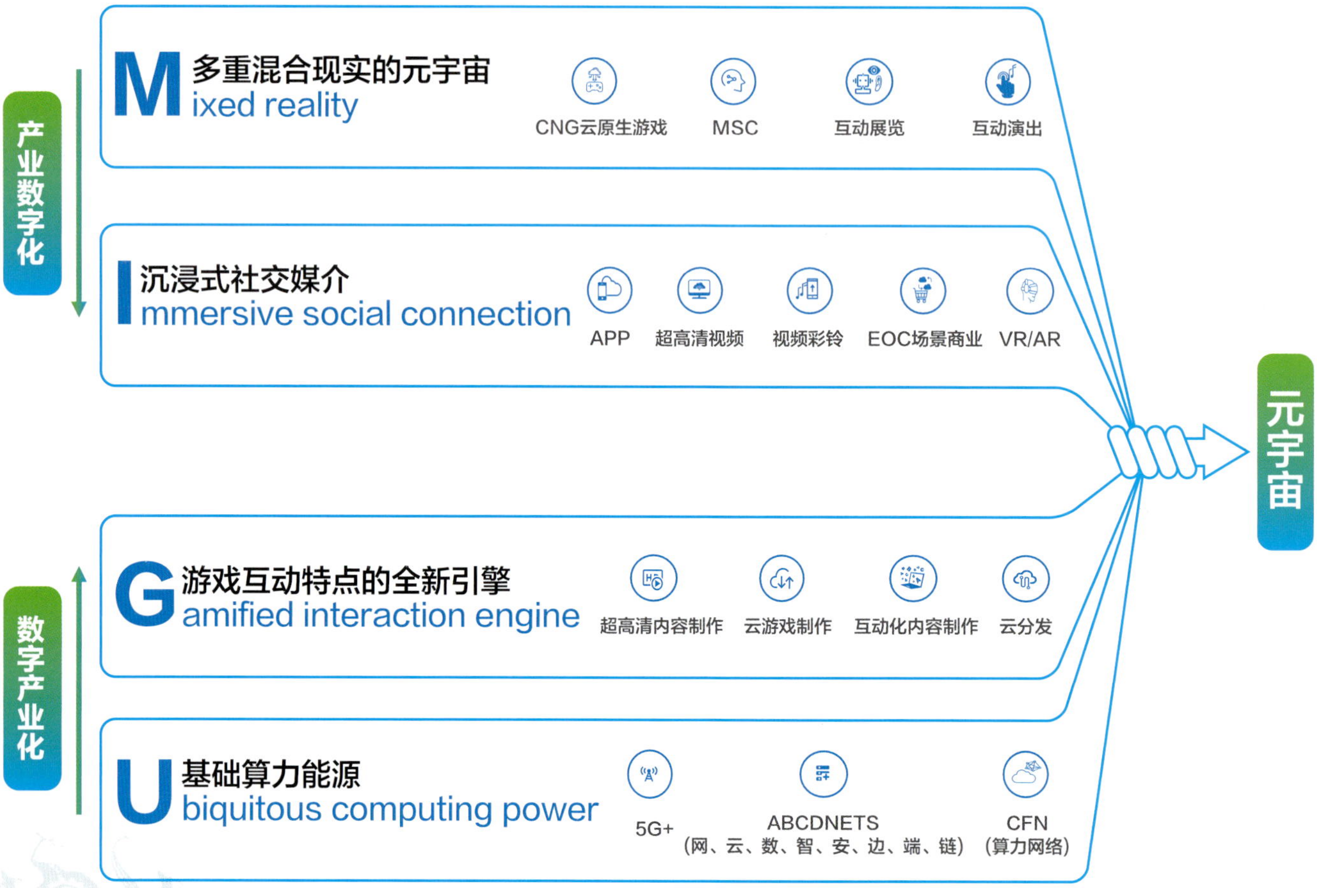

## 5G 超高清视频彩铃

咪咕公司2019年推出全球首创超高清全面屏视频彩铃业务，实现了彩铃从听到看的飞跃，当主叫终端支持并开通VoLTE功能、拨打视频彩铃用户电话时，将看到对方设置的短视频，主流的Android手机均支持视频彩铃播放。目前，视频彩铃用户规模突破3亿人，可支持终端5.8亿部，视频彩铃月播放量超过150亿次，与新华社、央视、人民网等超1 000家合作伙伴开展深度合作，已经成为行业领先的数智融媒平台。

技术专利：相关发明专利105件，专利数量行业占比达到66%。

行业标准：2020年6月，联合电信、联通牵头提案，全球首个视频彩铃终端行业标准在中国通信标准化协会(CCSA)成功立项。

国际标准：2021年10月，首个视频彩铃国际标准在ITU-T立项。

视频彩铃内容国际新标准：M（9S）、L（15S）、XL（45S）。满足用户视听娱乐“看”的体验，不同场景涉及“秀”的需求。

N#玩法：用户可在拨打电话观看视频彩铃的同时，通过手机按键进行交互，体验沉浸式5G短视频互动体验。

1#：设置同款

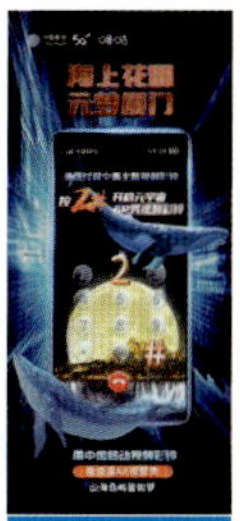
2#：短带长

8#：红包雨

## 5G+ 全体育

立足新阶段，为全力落实《“十四五”体育发展规划》提出的“到2035年，建成社会主义现代化体育强国”远景目标，响应国务院《全民健身计划（2021—2025年）》要求，咪咕公司全面升级“5G+全体育”，赋能用户美好生活元动力。

咪咕公司的“全体育”理念，对照马斯洛需求层次理论，即人的需求从生理需求、安全需求、社交需求、尊重需求向自我实现需求逐级延展，覆盖从活着、活动、运动、竞技演进到体育的全过程。

基于人们在不同阶段的实际需求，咪咕公司以中国移动算力网络为基础，以元宇宙“MIGU演进路线图”为指引，通过“连接+算力+能力”新型信息服务体系，依托“内容+科技+融合创新”，面向全年龄、全生命周期用户，提供全场景、全时空体育内容，打造体育元宇宙，讲好全球化故事，全心全意为人民服务。

咪咕公司在体育总局指导下推出“5G全民健身-全民热练”线上健身内容专区

## 5G 云游戏

中国移动 5G 云游戏依托算力网络优势，实现移动终端、TV大屏、PC、VR 等终端无缝同步游戏体验。

目前，已在全国建设云游戏算力节点 33 个，行业规模和全国节点覆盖率领先。咪咕快游作为国内首个电信级云游戏平台，汇聚超 1 900 款正版游戏内容，支持“云观战”“云助战”“云对战”“跨端移屏”“跨屏联机”等创新玩法，已在中国 31 个省、自治区、直辖市进行了大规模应用，云游戏用户规模破亿、行业第一。

2021 年 9 月，咪咕公司首次提出“数智竞技”这一概念，包含但不限于 MCG（man control game）竞技、实况虚拟竞技和改进版游戏电竞三个部分，是中国移动数智化转型面向用户的落地场景之一。目前，咪咕拥有 3 届亚运会独家经营权、10 年亚运征途独家运营权和 100 个数智竞技项目的独家运营权。

咪咕公司首次提出“数智竞技”这一概念

## 数智达人

依托元宇宙“MIGU演进路线图”，咪咕公司首创体育明星数智分身概念，从人物背景故事、外形设计、性格塑造、技能赋予、职业发展功能性定位等方面打造符合体育运动的基本逻辑和本土文化，同时跨界多元突破想象力将数智分身延展出AI读书大使、时尚数智代言人、国潮推介官、公益数智体验官等角色，通过数智人的多重混合现实交互实现，积极引导年轻用户的健康、运动、乐观、豁达等价值导向，致力于讲好元宇宙中国故事。

在清华大学新闻与传播学院新媒体研究中心发布的“虚拟数字人综合指数排名TOP10”榜单中，咪咕公司的数智达人Meet GU、尤子希位列第4位和第10位。

行业首个超写实数智达人
——Meet GU

首个超写实格斗数智达人
——尤子希

首个超写实篮球数智达人
——古逸飞

传统文化传承数智人
——漫月

“九八”投洽会期间，咪咕公司打造鼓浪屿首个元宇宙AR夜景秀

2021年7月22日，厦门市人民政府与咪咕公司正式签署战略合作协议，共同打造厦门“元宇宙生态样板城市”，将把鼓浪屿打造成“元宇宙第一岛”，通过其得天独厚的世界文化遗产资源和IP价值，打造具有差异性、多元性的文旅元宇宙示范空间。

## 全链条版权管理，践行版权保护责任

咪咕公司坚持构建与“内容聚合者、生产者、传播者”定位相匹配的国内领先版权管理与保护能力，以版权审核能力、版权管理能力、版权监测能力、诉讼维权能力、版权研究能力五大能力为基础，通过版权权益谈判、版权审查入库、版权运营管理、版权监测维权、版权下线管理，实现了端到端的版权管理与保护。2021年版权审核内容超800万个，公司累计管理版权内容超5 100万个。

## 铁拳主动出击，维权诉讼升级

为推动电信运营商渠道的正版化，提升全行业版权意识，咪咕公司积极发声，主动出击，一是引导行业关注大屏侵权案件，引发行业热议；二是对侵害公司重大赛事版权权益的行为开展诉讼维权。目前已针对排超、CBA、东京奥运会、欧洲杯等重大赛事提起维权诉讼203起，其中已结案案件全部胜诉，大屏赛事侵权诉讼取得阶段性胜利。

## 勇挑重担，获得殊荣

**2021年3月12日**

获得文化和旅游部港澳台办颁发的“2021年度内地与港澳文化和旅游交流重点项目”认证

**2021年5月26日**

获得国家广播电视总局颁发的云游戏类别一等奖第一名

**2021年7月10日**

获得文化和旅游部颁发的“《伟大征程》突出贡献奖”

**2021年7月29日**

获得国家新闻出版署颁发的第五届“中国出版政府奖先进出版单位”奖

**2021年8月**

获得商务部、中宣部、财政部、文旅部、国家广电总局组织评选的“2021—2022年度国家文化出口重点企业”及“重点项目”称号

**2021年10月**

获得文化和旅游部颁发的“文旅部特殊贡献奖”

获得ADMEN国际大奖组委会颁发的2021年ADMEN国际大奖［整合营销类（KFC5G电竞沉浸体验餐厅）］、［内容营销类（必胜客×非遗IP跨界新玩法）］

**2021年12月16日**

咪咕互娱当选人民网组织评选的“2021游戏公益盛典年度游戏公益典型案例”

## 构建以“网络版权保护研究基地”为核心的版权保护监管协同生态

2019年11月，中宣部批准在中国移动咪咕公司设立“国家版权局网络版权保护研究基地”（以下简称“基地”）。同年12月，基地揭牌成立。

基地的成立是国家版权管理部门对咪咕公司长期以来坚持依法治企、坚持与政府共建清朗正版的网络版权环境、坚持在网络版权领域深度开展业法融合的肯定，建立咪咕公司网络版权保护的行业名片，彰显出咪咕公司版权管理和保护监管协同的领先优势。

## 基地大事记

### 2021年6月

基地在国家级会议上发布2020年网络版权保护年度报告研究成果。

### 2021年9月

基地组织召开5G虚拟现实的产业实践和版权问题研讨会，讨论元宇宙、虚拟偶像等问题。

### 2022年1月

中央网信办等16部门联合公布国家区块链创新应用试点名单，基地与中国版权协会联合共建的区块链，以专家评审第一的名次入选“区块链+版权”特色领域试点。

### 2022年5月

基地组织IPTV著作权侵权责任及其认定规则研讨会，形成相关行业及法律研究报告。

### 2022年8月

基地参加由国家版权局组织的国际交流活动，共同探讨网络版权保护区域协同问题。

### 2022年8月

基地与浦东法院协同组织召开文创版权保护司法问题研讨会，为司法热点问题提供智识。

# 中国版权协会
# 艺术品版权工作委员会

## 艺委会概况

**组 织 名 称：** 中国版权协会艺术品版权工作委员会（以下简称“艺委会”）

**协 会 性 质：** 艺委会是由艺术品版权权利人及从事艺术品行业的法人单位及个人自愿组成的公益性群众团体，受中国版权协会直接领导，是中国版权协会的二级委员会

**上级主管单位：** 中国版权协会

**秘书处办公地点：** 雅昌文化集团

## 艺委会主要职能

### 1. 建立行业自律制度

发挥行业协会优势，制定并完善艺术品版权相关行规行约，调解行业内版权纠纷，推动本行业规范健康发展。

### 2. 维护艺术家版权权益

依托行业协会，为会员提供多种法律服务和援助，打击侵权盗版，改善艺术家的维权现状。

### 3. 搭建艺术家与政府之间的沟通桥梁

在会员与政府之间发挥沟通桥梁作用，向上级主管部门反映艺术品版权行业实际情况和诉求，为国家立法部门和行政主管部门提供及时和科学的建议，推动并完善国家艺术品版权法律法规建设。

### 4. 开展国内外艺术品版权宣传与交流

开展与艺术品版权相关的培训和宣传活动，向艺术家普及相关政策和法律法规，提高艺术家版权保护意识；加强与国外相关机构的交流合作，借鉴国外艺术品版权管理经验，引进输出国内外优质版权资源。

※ 中国版权协会理事长阎晓宏为艺委会成立揭牌

※ 艺委会承办艺术品高峰论坛，为专家顾问颁发聘书

### 5. 搭建艺术版权交易平台

搭建艺术版权供需双方沟通、交易平台，促进中国艺术品版权交易市场健康发展，并通过国内外多种形式的展览会、交易会、研讨会等活动，实现版权交易项目有效对接。

版权

# 理论研究

LI LUN YAN JIU

# 继往开来，守正创新，构建知识产权强国建设新体系

## ——2021年中国著作权法研究综述

孙　山　王　优*

2021年是《著作权法》第三次修正案施行的第一年，同时也是《著作权法》正式施行第30年。《著作权法》第三次修正属于内部力量驱动下的大修大改，其施行带来一些新鲜议题，这一年的相关研究成果非常丰富。据统计，2021年全年，在中文社会科学引文索引（CSSCI）来源及扩展版期刊上共发表著作权法相关学术论文近300篇，出版著作权法研究专著80余部。在此继往开来的重要节点上，著作权法研究更要守正创新，为构建知识产权强国建设新体系贡献智识上的支撑。

### 一、总体研究特点

#### （一）精研学理，聚焦实践难题之症结的基础话题

因其涉及面广，基础话题常常被一些研究者视为禁区，少有涉足；因其重要，基础话题又成为诸多具体问题解决方案的先决性条件，有效方案的提出与完善始终绕不开对基础话题的研讨。所以，基础话题既是解决实践难题的症结，也是提升著作权法研究整体水平的基石。2021年，学界主要就以下三个方向，对著作权法的基础理论展开研究：

其一，关注著作权法的价值。著作权法必须处理好作者、传播者、社会公众三者间的利益博弈与平衡问题，而博弈的利益背后，隐藏着差异明显的优位价值取向与并存价值的位阶排序。在给定立法资源的限制条件下，只要立法者的优位价值取向稍有变化，三类主体的利益就会受到显著影响，学界对著作权法价值问题的关注，正源于此。

其二，著作权法基本架构层面的反思。从整体上看，我国著作权法更接近于作者权体系，至今保持着狭义著作权和邻接权的二分模式，前者的立足点是作品的创作，后者的立足点是作品的传播。但是，对于狭义著作权和邻接权在权利对象独创性高度、功能、立法目的等方面的不同，从制度引入之初到现在，始终没有达成共识，而这种分歧又深深影响着著作权法的实践活动。因此，反思著作权法的基本架构，考问二分模式的利益与未来走向，也成为学者关注的热点。

其三，考察人工智能发展对著作权法的冲击。人工智能发展对著作权法的影响，从过去几年汗牛充栋的相关研究成果就可以窥见一斑。在著作权法领域中，人工智能技术的广泛应用带给人类的，不仅仅是表象上与人类智力活动成果无差别的各种数据产品，更重要的是思维方式、行为模式、社会结构等方面的实质性变化。当然，人工智能技术既不是解决所有问题的灵丹妙药，也不是引起人类社会崩溃的洪水猛兽，迄今为止，它仍然处于人类的监督管理之下，如何理性看待人工智能发展对著作权法的冲击，在当下及今后一段时期内仍有着重要的研究价值。

#### （二）具体而微，着眼实践难题解决方案的细节构造

法学是实践性极强的社会科学，具体而微的解决方案，始终是法学研究的目标之一。著作权法关涉大众生活的方方面面，在当代文明社会中，它像空气一样不可或缺、无法回避。不同于基础话题的“大处着眼”“整体建构”，实践难题的解决方案要求“小处着手”“细节构造”。在2021年，学界针对实践难题解决方案的研究，呈现出如下特点：

其一，热点延续，关注体育赛事节目、网络游戏、惩罚性赔偿等问题。伴随着产业化进程的不断推进，体育赛事节目、网络游戏画面保护等问题在近年来成为国内学者热议的话题，而视角也随着2020年《著作权法》的修订有所变化。就体育赛事节目而言，相比于之前在定性问题上的录像制品与类电作品之争，近期讨论的重点已经转向视听作品定性下独创性的认定标准。对于网络游戏，部分学者依旧将注意力集中在网络游戏画面的定性与归类问题上，部分学者则开始将目光投向游戏规则、游

* 孙山，西南政法大学民商法学院副教授；王优，西北政法大学经济法学院硕士。

戏地图等范畴的保护问题上。2020 年修法时新增条款开启了著作权法领域适用惩罚性赔偿的新局面，但如何具体适用，仍然需要理论界与实务界人士共同努力。

其二，聚焦技术进步引发的新问题。从历时性的视角来看，整个著作权制度的每一次演进都与复制、传播技术的进步密不可分，通过法律手段回应技术进步引发的新问题，已经成为著作权法制度进化的主要驱动力。2021 年学界的研究成果同样反映了这一点：作品类型兜底条款的研究，源于技术进步催生出无法归类于《著作权法》第 3 条前八项的具体作品类型，需要改进兜底条款以提升立法的弹性；《马拉喀什条约》的解读及其本土化，源于技术进步赋予视觉障碍者更多接触作品的方式；区块链应用产生的著作权法律问题，源于区块链技术的研发。

其三，旧话题的新解读。在著作权法研究中，有些问题属于历久弥新的话题，著作权与邻接权的权项内容即为此类。现行《著作权法》规定了四项著作人身权、十二项具体的著作财产权以及一项兜底性质的著作财产权，由于概念界定的模糊和许可使用、转让等利用行为所导致的权项内容重叠，学界一直存在着厘清权项内容和体系整合的声音，可以预见，这些声音在未来仍将持续。在邻接权制度中，广播组织权始终困扰着诸多研究者。2020 年修法不但没有扫清困惑，相反，模棱两可的表述更是再次引发权利对象究竟是信号、节目抑或是二者兼有的争论。此外，对于网播组织的合法利益，如何突破现行法的限制予以救济，部分学者也撰文做出分析。

其四，对出版者权问题的过度研究。出版者权属于我国的特殊规定，比较法很难找到样本进行比较分析。出版者权的出现与出版社在我国的特殊地位是分不开的。梳理 2021 年的论文类著述不难发现，学界对出版者权的研究投入了较多精力，形成了数量可观的成果。对比出版者权在整个著作权制度的占比和在国计民生中的重要性程度，相关研究就显得有些过度了，某种程度上可以认为是对宝贵的学术资源的浪费。

（三）回应时代，关注实践难题解决路径的选择与优化

基础理论关乎著作权法研究的形而上建构，是著作权法“道”用之所在；具体问题的研究关乎著作权法研究的形而下展开，是著作权法“器”用之所显。除此之外，在著作权法的宏观之“道”与微观之“器”之间，还存在着一个中间层面，即实践难题的解决路径，解决路径的选择与优化需要基础理论的指引与校正，具体解决方案的确定也须服从于解决路径的总体限定。至此，著作权法宏观、中观、微观层面浑然一体，形塑了著作权制度发展的良性循环结构。2021 年，就中观层面的研究而言，学界同人针对以下三个方向的问题，做了较为精细的分析：

其一，作品利用方式的转型。我国《著作权法》中原本规定了许可使用、质押和转让三种常规的作品利用方式，除此之外，法定许可也可以视为效率优先价值取向下的作品利用方式。然而，智能移动终端的普及、平台企业的迅猛发展和用户生成内容的井喷导致传统的许可使用方式已经无法满足当下的需求，立法者在法定许可制度上的保守态度也排除了扩大解释现行规范的可能性。因此，部分学者主张借鉴国外制度，引入公平报酬机制、延伸性集体管理、默示许可等制度来破解作品利用的现实难题。

其二，权利限制制度的完善。由于著作权法要处理好处于博弈状态的作者、传播者和使用者三方主体间的利益平衡问题，在著作权与邻接权划定的大保护范围内，以针对作者与传播者的权利限制制度的方式圈出不构成侵权的例外情形，就显得非常必要了。公有领域是合理使用规则适用的法理前提，以公有领域理论诠解、评价合理使用规则自然成为学术研究的重要手段，在我国《著作权法》中适时引入公有领域保留条款也出现在一些学者的论述中。对于合理使用规则的具体适用，学界就三步检验法与具体列举项的关系、无障碍阅读类合理使用条款等展开了研究。

其三，网络服务提供者责任配置的优化。在原《侵权责任法》第 36 条规定的基础上，《民法典》第 1194 条至第 1197 条对网络服务提供者的责任配置做了较多修正，将此前的“通知—删除”规则改为“通知—必要措施—反通知—恢复”规则，助力互联网产业的发展。在为网络服务提供者松绑的同时，上述变化也会对广大网络用户产生实质性的影响。因此，一些学者聚焦作为平台企业的网络服务提供者的责任配置问题，尝试完善“通知—删除”规则、有效界定合理注意义务、引入版权过滤义务、厘清“必要措施”的内容。

## 二、著作权法研究中的问题点

### （一）基础问题的研究

1. 著作权法的价值研究

杨利华认为，著作权法的文化权利保障价值，

是由著作权法与文化权利在涉及领域、权利内容、保障体系等多方面的契合性决定的，著作权法中的权利保护机制、激励创作机制能够使文化权利这种宪法上的应然权利“落地”为具体法律保护的实然权利①。梁九业认为，激励作品的创作与传播是著作权法的工具价值，而促进文学、艺术和科学事业的发展繁荣才是著作权法的目标价值，即对社会公共利益的追求，才是著作权法调控著作权法律关系的目标价值指引②。

2. 著作权制度的完善

戴瑜认为，我国的数字版权保障法律制度存在不足，应注重系统性与科学性，重视数字版权法律保障体系的系统性和安全性，提高数字版权立法的预见性和科学性，坚持数字版权法律移植与本土化的有机结合③。戴哲认为，著作权既不完全等同于作者权，也不完全对应于版权，具有相对独立性，在整体上应当确立著作权的独立性，坚持体现中国法学传统和特点的法律体系④。龚珊珊、严小翔认为，《著作权法》新增的反规避条款实质上意味着商业主体可能通过“技术＋法律”的联合规制手段，在以知识产权部门法做保护外衣的同时侵害言论自由之公权，因此“言论”的要素需要被重新解释。通过国外司法个案分析可发现，以法律的内部机制来实现两权的动态平衡可能更有利于保护言论自由⑤。

3. 著作权滥用

陈婷认为，著作权领域存在权利滥用且呈现自身独特的发展趋势，应当坚持将违背著作权法公共利益作为著作权滥用之判断标准，著作权权利限制制度并非著作权滥用的规制方式，反垄断法规制著作权滥用存在局限性，《民法典》中规定禁止权利滥用原则并不妨碍著作权法中构建规制著作权滥用的具体规则⑥。

4. 著作权法的基本原理

熊琦以专著的形式对著作权法的基本原理进行了深入研究⑦。该书从基本法理出发，从制度功能入手，阐述著作权法作为特别私法，应符合私人自治这一基本原则，以保证著作权人得以不断根据市场情势变更实现规则创新，落点于解决现实问题。该书分为著作权立法中的私人自治理念贯彻、著作权许可中的私人自治问题应对、社交网络时代的著作权私人自治理论延伸三编，重点对中国著作权立法中的制度移植与再造、著作权法定与自由的悖论调和、著作权法中投资者视为作者的制度安排、著作权许可及著作权集体管理中的争议性问题、互联网产业驱动下的著作权许可等进行了深入分析，对私人自治在中国著作权立法中的真正贯彻提出建设性意见。

5. 中国著作权法的发展史

《中华人民共和国著作权法三十年》⑧一书通过记录和反映著作权制度是党的十一届三中全会以后中国改革开放，社会主义初级阶段建设市场经济，与世界文明接轨的伟大实践、重要成就，旨在记录历史，总结经验，直面问题，面向未来。该书主要包括以下内容：概述我国著作权保护30年发展的基本原理，包括历史发展脉络、发展阶段、主要特点；分析我国著作权保护30年发展的历史沿革，包括不同发展阶段的历史背景、取得的成效、存在的不足及其原因；总结我国著作权保护的发展规律，结合当前国内外形势，展望我国著作权保护的发展趋势。

（二）著作权客体问题研究

1. 关于作品属性

（1）体育赛事直播画面。

张俊发认为，独创性应适用“选择空间法”，以选择空间表达元素的多少作为作品独创性的判断工具。在传播技术推动下，视频直播发生了由技术到技艺的转变，形成了不同种类的视频直播画面，因此还应对体育赛事直播画面进行类型化区分⑨。张媛媛认为，德国等传统作者权体系国家的创作高度标准并不适合我国借鉴，最低限度独创性标准与我国立法及司法实践更为契合，体育赛事节目只要具有最低限度的独创性，就应当被认定为作品⑩。储

① 杨利华．从应然权利到实然权利：文化权利的著作权法保障机制研究［J］．比较法研究，2021（4）．
② 梁九业．著作权制度基础的重塑：以正当性理论与法实践的互动为视角［J］．北方法学，2021（6）．
③ 戴瑜．娱乐产业反数字盗版的法律保障路径演化及对我国的启示［J］．电子知识产权，2021（7）．
④ 戴哲．论著作权、作者权与版权的关联与区分［J］．电子知识产权，2021（12）．
⑤ 龚珊珊，严小翔．从新《著作权法》反规避条款看知识产权与言论自由的冲突［J］．电子知识产权，2021（10）．
⑥ 陈婷．著作权滥用的有关争议、误读及澄清［J］．电子知识产权，2021（2）．
⑦ 熊琦．著作权法中的私人自治原理［M］．北京：法律出版社，2021．
⑧ 刘春田．中华人民共和国著作权法三十年［M］．北京：知识产权出版社，2021．
⑨ 张俊发．论体育赛事直播画面的可版权性：兼评新浪诉凤凰网再审案［J］．南大法学，2021（3）．
⑩ 张媛媛．体育赛事节目可版权性证成：对创作高度标准的反思［J］．河南财经政法大学学报，2021（4）．

翔、陈倚天认为，著作权法真正需要保护的应当是经过人为切换、选择镜头的连续画面，是能够体现出创作者的个性化选择和安排的内容，从而肯定其具有独创性，体育赛事直播连续画面在我国新《著作权法》下可归类至视听作品予以保护①。孙玉荣、李心航认为，对于符合作品构成要件的体育赛事节目可以认定为视听作品，对于不符合作品构成要件的体育赛事节目可以考虑用广播组织权予以保护②。

（2）网络游戏。

蒋华胜认为，游戏预设画面属于视听作品，玩家操作画面应当根据其表现形式来确定法律属性与权利归属。大型网络游戏直播画面由视频流、音频流综合构成视听作品，玩家操作画面是网络游戏直播画面最重要的组成部分，故大型网络游戏直播画面属于演绎作品③。蔡元臻、叶元昊认为，游戏画面应当区分为游戏运行画面和直播画面，不同类型下游戏运行画面的作品属性结论各异，游戏直播画面可能构成汇编作品或者视听作品，甚至可以在立法上增设新的多媒体作品类型。在类型化的游戏画面体系中，游戏开发者、玩家、制作者都具备各自的权利主体地位④。焦和平认为，游戏动态画面与“类电作品”在形态和传播方式上存在较大差异，不宜径行认定为“类电作品”，但因其符合“由一系列有伴音或者无伴音的画面组成”这一“类电作品”的核心构成要件，可以在坚持形式解释立场的基础上采用类推方法将“类电作品”的规则适用于游戏动态画面⑤。徐彦冰认为，游戏地图符合作品的构成要件，关于游戏地图的作品分类，根据目前司法实践的经验是结合游戏地图的不同类型进行具体分析，可以归为美术作品、图形作品等⑥。张伟君认为，类似电影作品“整体保护”遮掩了游戏“玩法规则”的“思想”性质，呈现在视听作品中的“玩法规则”依然是思想而并非表达⑦。

（3）其他智力成果的作品属性。

卢纯昕认为，无论何种类型的作品，独创性标准均应以创作结果为考察对象，并要求有人类介入的创作因素，确定“显著改变”这一客观标准，以区别于邻接权客体⑧。孙昊亮认为，司法上对摄影作品独创性认定标准偏低，立法上摄影作品的著作权条款存在制度缺陷，我国应将“艺术审美”作为摄影作品的要件，提高摄影作品的独创性认定标准，在《著作权法》中增设“照片”邻接权⑨。丛立先、刘乾认为，版权法保护的对象是虚拟角色与故事情节、语句等诸多要素共同构成的整体描绘，系通过对独创性表达的保护，间接保护了该表达所塑造的虚拟角色⑩。邓相花认为，融媒体时代《著作权法》须进一步明确单纯事实消息和新闻作品的界定，新闻作品不同于单纯事实消息，其存在多种视角，具有作品的独创性特征，我国应借鉴美国、意大利等国成功的经验，建立新闻优先传播权制度⑪。

2. 关于作品类型兜底条款

卢纯昕认为，在新型创作物的著作权认定中，作品的资格审查应是作品类型归属的前置环节，应避免落入判定其是否能归入法定作品类型的窠臼，而应将焦点置于其是否能满足作品的可版权要件⑫。任安麒认为，作品类型兜底条款未破坏知识产权法定原则，具有必要性与合理性，但还应综合考虑激励创作与利益平衡标准、新创作/新情况标准、其他保护路径排除标准等，审慎适用作品类型兜底条款，在激励创新的同时确保公共领域资源的丰富性⑬。

（三）权利及其行使问题的研究

1. 著作权

（1）传统著作权。

许春明、杨欢欢认为，在认定保护作品完整权侵权时，应该引入利益平衡指导原则，建立体系化的侵权认定标准，根据作品利用人是否获得授权、

① 储翔，陈倚天. 新著作权法视野下体育赛事直播画面的法律保护［J］. 电子知识产权，2021（11）.
② 孙玉荣，李心航. 体育赛事节目著作权保护探究［J］. 科技与法律，2021（3）.
③ 蒋华胜. 网络游戏直播画面的著作权侵权判定研究［J］. 法律适用，2021（6）.
④ 蔡元臻，叶元昊. 类型化视野下的游戏画面著作权体系［J］. 电子知识产权，2021（12）.
⑤ 焦和平. 形式解释论下网络游戏动态画面的著作权保护路径［J］. 现代法学，2021（3）.
⑥ 徐彦冰. 游戏地图作品属性的中国法实践［J］. 交大法学，2021（4）.
⑦ 张伟君. 呈现于视听作品中的游戏规则依然是思想而并非表达：对若干游戏著作权侵权纠纷案判决的评述［J］. 电子知识产权，2021（5）.
⑧ 卢纯昕. 法定作品类型外新型创作物的著作权认定研究［J］. 政治与法律，2021（5）.
⑨ 孙昊亮. 全媒体时代摄影作品的著作权保护［J］. 法律科学（西北政法大学学报），2021（3）.
⑩ 丛立先，刘乾. 同人作品使用原作虚拟角色的版权界限［J］. 华东政法大学学报，2021（4）.
⑪ 邓相花. 融媒体时代新闻版权保护问题研究［J］. 传媒，2021（7）.
⑫ 卢纯昕. 法定作品类型外新型创作物的著作权认定研究［J］. 政治与法律，2021（5）.
⑬ 任安麒. 作品类型兜底条款的证成、选择与适用：兼议非典型作品的著作权保护路径［J］. 电子知识产权，2021（4）.

侵权行为的具体类型区分适用，建立主客观相统一的侵权认定标准①。管育鹰认为，对于商业场所提供视听作品的观看行为，应当参照域外相关经验，明确再公开传播权的概念②。蓝纯杰认为，为充分利用绝版文本，避免市场失败，加强数字版本后续利用中的权益保护，应当赋予数字版本生产者有限排他的公开传播权，实现绝版文本原始版本存储者、数字版本生产者以及社会公众的利益平衡③。何敏、吴梓茗认为，应将展览权穷竭制度的适用范围扩张至美术、摄影作品的有形复制件，并从合法来源认定与法律责任承担两方面，为尽到合理注意义务且积极披露侵权线索的商品购买者提供法律层面的有效庇护④。罗许生、汪丽认为，我国《著作权法》应更注重对发表权的保护，在解决展览权与发表权之间的矛盾时，以双方约定优先⑤。

（2）数字环境下的著作权。

陈全真认为，数字发行与实体发行在行为效果上并无本质区别，应当采取行为主义的立法模式，破除技术主义立法模式，将发行权用尽适用于网络环境。针对由此引发的发行权与信息网络传播权之间的冲突，应遵循利益平衡原则进行制度上的协调⑥。赵加兵认为，将版权权利穷竭原则延伸适用于规制数字环境下的作品复制件销售行为即是未来的变革趋势⑦。孙那认为，从立法论、法解释论的角度考察欧盟最新案件的裁判思路，即除计算机软件之外的数字作品不适用发行权用尽原则，我国也应区分不同类型的作品进而采用不同的保护模式⑧。崔波、赵忠楠认为，我国应当将首次销售原则列入法律法规中，划清销售与许可的边界，补设司法监督，引入“转售即删除”技术，合理设置数字转售的时限⑨。陈星、邢张睿认为，对比挪威、英国数字公共借阅权的发展可以发现，我国已具备在公共借阅权的基础上构建数字公共借阅权的可行性。同时，应强化版权审查机制以避免设定过多补偿限制，并合理分配借阅补偿⑩。金胜勇、章婷认为，通过分析英国电子书公共借阅权相关法案，我国可以借鉴其电子书公共借阅权和补偿金的细则，实行数字出版物公共借阅权补偿金⑪。

（3）国有著作权。

数字技术打破了印刷时代作品线性传播的规则，产生大量著作权权属问题。《国有著作权管理研究》一书基于我国《著作权法》和国外立法例，厘清“国有著作权作品”、“孤儿作品”和“无主作品”的基本概念，重点分析我国国有著作权的范围及保护客体，并结合具体的司法和立法实践，分析国有著作权立法之正当性、管理之必要性，对我国国有著作权的法律制度完善及管理模式进行系统论证⑫。

2. 邻接权

（1）著作权与邻接权的关系。

徐聪、李子昂认为，邻接权创设的根本原因是，在因缺失作品构成要件不得不关闭狭义著作权保护之门时，迫于市场、技术、社会的压力而开启另一扇窗。其保护制度着眼于提升人类社会的价值，而非衡量创意程度的高低⑬。张伟君认为，邻接权保护的客体与著作权保护的客体是各自不同的劳动成果，邻接权与著作权并不重合，各项邻接权之间也是平行存在的⑭。贺涛认为，应坚持视听作品和录像制品的二分模式，既有利于我国著作权体系的圆融和统一，也符合视听产业创新发展需求，二分模式的难题可通过重构独创性标准予以解决⑮。

王超政在《邻接权制度体系化研究》一书中探

① 许春明，杨欢欢．保护作品完整权侵权认定标准体系的构建［J］．科技与法律，2021（3）．

② 管育鹰．商业场所提供视听作品观看行为的著作权争议：对新著作权法中视听作品几种传播方式的思考［J］．苏州大学学报（法学版），2021（4）．

③ 蓝纯杰．公有领域绝版文本数字化及对策［J］．出版发行研究，2021（3）．

④ 何敏，吴梓茗．论展览权穷竭制度的完善：从“部分穷竭”到“完全穷竭”［J］．电子知识产权，2021（6）．

⑤ 罗许生，汪丽．美术作品发表权与展览权的冲突及其解决：以“茅盾手稿拍卖案”为例［J］．电子知识产权，2021（5）．

⑥ 陈全真．数字作品发行权用尽的解释立场及制度协调［J］．出版发行研究，2021（9）．

⑦ 赵加兵．论版权权利穷竭原则在数字环境中的适用及其考量因素［J］．郑州大学学报（哲学社会科学版），2021（1）．

⑧ 孙那．论数字作品发行权用尽原则的最新发展：以 Tom Kabinet 案为研究对象［J］．出版发行研究，2021（1）．

⑨ 崔波，赵忠楠．数字环境下作品首次销售原则的改良适用研究［J］．陕西师范大学学报（哲学社会科学版），2021（1）．

⑩ 陈星，邢张睿．数字环境下公共借阅权问题的思考［J］．数字图书馆论坛，2021（5）．

⑪ 金胜勇，章婷．英国电子书公共借阅权补偿金制度对我国的启示［J］．图书情报工作，2021（5）．

⑫ 叶文芳，丁一，顾湘媛．国有著作权管理研究［M］．北京：知识产权出版社，2021．

⑬ 徐聪，李子昂．邻接权的体系构成：本源、性质、扩张［J］．上海大学学报（社会科学版），2021（4）．

⑭ 张伟君．论邻接权与著作权的关系：兼谈《著作权法》第 47 条（广播组织权）的解释论问题［J］．苏州大学学报（法学版），2021（3）．

⑮ 贺涛．视听作品与录像制品二分立法模式的确立与坚守［J］．编辑之友，2021（1）．

讨了邻接权制度的体系化问题①。该书以邻接权制度的体系化构建为目标，以邻接权制度功能的确认为逻辑起点，以“客体进路”作为邻接权制度体系化构建的路径选择，在明确界定邻接权客体的基础上展开邻接权制度的体系化构建。该书内容包括：邻接权制度产生的科技动因、制度原因；从著作权产业主体利益保护需求的角度探讨邻接权制度的功能定位；邻接权制度体系化的路径选择；邻接权客体的界定；以我国现行法中的邻接权制度为基础，探讨邻接权制度的具体设计。

（2）出版者权。

在出版者权客体的问题上，学者们有如下分歧：杨绪东、曹新明认为，出版物版式设计是一种无独创性的劳动成果而非创造成果，应将其界定为对图书、期刊的文本及版面布局进行编辑、制作而形成的无独创性的出版版本②。来小鹏、贺文奕认为，我国版式设计权的客体应当包含“版式布局呈现”的劳动投入和具有独创性的“版式设计模板”两类③。葛龙认为，出版者权的法理基础是禁止出版者之间不正当竞争，进而保障作品广泛传播，版式设计不需要具有独创性，脱离具体内容的版式设计模板不应成为出版者权的客体④。贺文奕认为，装帧设计不构成版式设计权的客体，可以构成美术作品⑤。李青文认为，从制度产生的根源看，邻接权属于作品传播者权，保护的客体是作品的传播成果。因此，出版者权保护的客体应为出版者为传播作品所付出的劳动的最终表现形式，即出版物制品⑥。张惠彬、肖启贤认为，设立新闻出版者邻接权符合邻接权产生的历史逻辑和市场规律，在保护水平上更符合 5G 时代的特点⑦。

对于出版者权的主体，学界也有不同观点：葛龙认为，出版者权的主体应限于图书和期刊出版者，不包括报纸出版者和网络出版者，也不应包括实际完成版式设计的受托人⑧。戴哲认为，互联网时代新闻内容的巨额收益为二次传播者所攫取，新闻内容供给与收益的平衡被打破，我国有必要创设新闻出版者邻接权，可借鉴欧盟立法将新闻出版物规定为权利客体⑨。刘娟认为，在新技术盛行背景下，新闻作品邻接权既为新闻出版行业的新利益分配格局提供有序博弈的框架，也是对反不正当竞争法的补充、兜底⑩。

在专有出版权问题上，学界也出现了一些新声音。葛龙认为，出版者权的内容除了复制权还应包括信息网络传播权，但不应包括专有出版权⑪。麦买提·乌斯曼认为，应当从坚持将不具备独创性作为专有出版权保护范围的标准、规定专有出版权为法定权利、明确专有出版权保护期限不得超过著作权本身期限等向度出发，对专有出版权的司法适用规则进行完善与构建⑫。

对于网络出版，学界的研究也有所推进。梁九业认为，在《民法典》实施背景下，为促进网络出版治理的制度化与科学化，在网络出版治理中，应强化著作权限制规则、惩罚性赔偿适用规则以及著作权登记规则等法律规范平衡与协调、保护与规制功能的发挥⑬。何蓉认为，法国的出版合同改革既是对意思自治基本原则的回归，又顺应了“以作者为中心”的历史保护惯例，我国应将出版合同列为典型合同，区分传统出版权和数字出版权，通过法律强制力保障合同有效实施⑭。

（3）表演者权。

王璐认为：借助法学方法论，通过法律解释及法律漏洞填补，表演行为应界定为表达以供外在感知的且应当具备最低限度“创造性”的行为；“文学艺术作品”表演客体应当类型化分析；表演者权主

---

① 王超政. 邻接权制度体系化研究［M］. 北京：知识产权出版社，2021.

② 杨绪东，曹新明. 现实、理论与规则：出版物版式设计界定探讨［J］. 编辑之友，2021（12）.

③ 来小鹏，贺文奕. 版式设计权保护客体探析［J］. 中国出版，2021（15）.

④ 葛龙. 出版者权制度论辩［J］. 社会科学家，2021（9）.

⑤ 贺文奕. 出版物装帧设计的知识产权多元保护探析［J］. 出版发行研究，2021（5）.

⑥ 李青文. 规则、理论与实践：邻接权视野下出版者权客体的应然回归：兼评新《著作权法》第 37 条第 1 款之规定［J］. 编辑之友，2021（8）.

⑦ 张惠彬，肖启贤. 新闻出版者邻接权：5G 时代新闻聚合平台治理的新路径［J］. 新闻界，2021（5）.

⑧ 葛龙. 出版者权制度论辩［J］. 社会科学家，2021（9）.

⑨ 戴哲. 论我国引入新闻出版者邻接权的必要与构建［J］. 出版发行研究，2021（2）.

⑩ 刘娟. 新闻聚合平台引发的新闻作品著作权法哲学思考［J］. 广西社会科学，2021（3）.

⑪ 葛龙. 出版者权制度论辩［J］. 社会科学家，2021（9）.

⑫ 麦买提·乌斯曼. 专有出版权的司法适用规则构建［J］. 编辑之友，2021（4）.

⑬ 梁九业.《民法典》对网络出版治理规则的体系建构及其完善［J］. 出版发行研究，2021（2）.

⑭ 何蓉. 合同法视域下数字出版著作权问题研究：以法国出版合同改革为借鉴［J］. 科技与出版，2021（5）.

体制度应当回归表演主体理性，明确“表演者”概念[①]。佟雪娜、郝珊认为，新形势下互联网环境中表演者的权利保护，应在人身权利方面增加保护表演者形象的许可使用权，在财产权利方面增加二次获酬权，同时建立表演者集体管理组织[②]。

（4）广播组织权。

对于广播组织权的客体，朱开鑫、田小军认为，从广播组织权制度的历史沿革和体系定位来看，广播组织权立基于传播行为本身而非被传播的内容，其客体应为物质层面的信号而非内容层面的节目，相应的权项则应当回归到同时性、非交互式的有线和无线转播禁止权[③]。陈绍玲认为，广播组织权的客体并不统一，转播权的客体是广播信号，信息网络传播权的客体是信号上的特定节目内容，广播组织信息网络传播权的适用价值体现在《著作权法》不提供保护的对象上[④]。

对于广播组织权的主体，管育鹰认为：广播组织权是禁止权，是否可以主动行使则须视具体情形而定；可禁止第三人实施属于其他著作权人的部分，但损害赔偿的请求权由权利人行使，权利人与广播组织有相反约定的除外[⑤]。张伟君认为，许可权和禁止权是广播组织享有的邻接权的正反两面，只是广播组织在许可他人转播或信息网络传播其播放的广播、电视时，不应未经授权就将著作权人或其他邻接权人的权利一并许可给使用者[⑥]。

对于网播组织的主体性问题，焦和平、赵迪雅认为，虽然网播组织与传统广播组织利用的传播技术不同，但两者的广播过程是完全相同的，不能根据传播技术的不同，区别对待相同的传播主体，应依照“技术中立”原则向网播组织提供保护[⑦]。张振锋认为，从著作权制度的历史渊源和制度本义、智力成果价值的判断标准、互联网环境下作者对网播组织的依赖看，法律应直接保护网播利益，可以考虑增加准用性条款同等保护网播组织[⑧]。

（5）录制者权。

王迁认为，修正后的《著作权法》第45条为录音制作者规定的“传播录音制品获酬权”并不属于法定许可机制下的获酬权，而是单纯的获得公平报酬的权利[⑨]。

3. 著作权许可问题

（1）著作权许可合同的利益失衡。

周恒认为，合同自由与正义原则价值位阶的认识分歧导致现行民法中的显失公平制度、格式条款制度、法定解除制度在立法构造上存在天然模糊性，著作权许可合同容易滑向利益失衡的窘境。欧盟设置的“公平报酬机制”与我国当前著作权许可合同中所面临的利益失衡问题存在相似性[⑩]。阮开欣认为，我国著作权法有必要全面借鉴欧盟版权法下的公平报酬制度，把握强制性原则和权利处分自由原则[⑪]。李宗辉认为，造成版权合同利益失衡的原因有现实与法律两个层面，需要从宏观理念到具体制度都完成革新和转变，应当从多方利益平衡的角度厘清法人作品、职务作品和委托作品等的权益配置，并从完善现有规范内容、引入新的合同类型、衔接适用民法规范和促进软法之治等角度构建体系完整的版权合同法律规范[⑫]。崔立红、梁婉颖认为，对于没有规定未知使用方式的合同，重新协商新的授权协议会产生诸多交易成本，借鉴德国、美国的立法模式，我国可以规定版权人享有变更合同的权利，也可以鼓励制定集体协议[⑬]。赵锐探讨了版权许可制度的理论基础、互联网环境下版权许可制度面临的困境，从不同角度对互联网环境下的版权许可模式进行了反思，提出版权许可制度应当以私权自治

① 王璐．我国著作权法“表演者”概念之厘清：以法学方法论为视角［J］．电子知识产权，2021（9）．

② 佟雪娜，郝珊．《著作权法》新业态下表演者权利的保护前瞻［J］．人民音乐，2021（11）．

③ 朱开鑫，田小军．论广播组织权的体系定位与制度反思［J］．河南财经政法大学学报，2021（6）．

④ 陈绍玲．论广播组织信息网络传播权的适用空间［J］．苏州大学学报（哲学社会科学版），2021（3）．

⑤ 管育鹰．我国著作权法中广播组织权内容的综合解读［J］．知识产权，2021（9）．

⑥ 张伟君．论邻接权与著作权的关系：兼谈《著作权法》第47条（广播组织权）的解释论问题［J］．苏州大学学报（法学版），2021（3）．

⑦ 焦和平，赵迪雅．融媒体时代网播组织的法律保护困境与应然路径选择：兼评新《著作权法》第47条［J］．电子知识产权，2021（2）．

⑧ 张振锋．论网播组织的邻接权保护［J］．电子知识产权，2021（12）．

⑨ 王迁．传播录音制品获酬权条款研究［J］．苏州大学学报（哲学社会科学版），2021（3）．

⑩ 周恒．著作权许可合同中利益失衡问题的治理：以《欧盟数字化单一市场版权指令》为镜鉴［J］．知识产权，2021（5）．

⑪ 阮开欣．欧盟版权法下公平报酬制度探析［J］．中国出版，2021（8）．

⑫ 李宗辉．网络时代版权合同关系的法律重构［J］．出版发行研究，2021（8）．

⑬ 崔立红，梁婉颖．数字时代版权合同中未知使用方式问题研究：不完全契约理论的视角［J］．山东大学学报（哲学社会科学版），2021（1）．

为基础、以实现版权人利益和促进作品利用为目标、以因应互联网传播技术的发展为主线进行制度改革和创新①。

（2）网络音乐许可。

徐聪颖认为，当前对数字音乐版权独家交易的法律规制应当以谦抑理念为导向，摒弃事前干预的规制思路，不必在著作权领域构造专门针对音乐作品版权许可的限制性规则②。李陶认为，目前围绕网络音乐许可模式治理与优化展开的研究，在问题意识本土化和完善策略体系化上存在不足，可采用法学实证分析路径，运用体系化思维的一般自觉，提出具体的应然完善方案③。杨文明认为：独家交易提高了平台竞争对手的成本，导致市场封锁并损害用户自由选择权利；若竞争损害和正当理由兼有，仍须以较小限制替代测试来确定违法与否④。

（3）有声读物版权许可。

张守莲认为，有声读物版权授权机制内部应当借助“独创性区分说”厘清授权内容、采用“权利束”许可和默示许可完善授权形式、植入“创作—传播”观念整合授权结构，聚集版权方、上游方力量修复授权瑕疵、缩短授权链条，外部应当调整部分市场主体利益来源方式，改善利益来源结构，打破利益壁垒⑤。吴申伦认为，传统授权许可方式面对有声书 UGC 模式效率低下，分散的有声书权利资源和授权渠道也有待整合，可以选择折中的商业性版权代理与集体管理制度调和互补，施行有限范围的有声书著作权延伸性集体管理⑥。刘茜芸认为，有声读物版权保护在授权环节可以应用区块链技术保障版权交易与存证，在确权环节可引入 DCI 体系标识登记并核查版权，在维权环节应完善相关立法，构建多元解纷机制⑦。

（4）数字化图书。

贾磊认为，应提升电子图书资源的丰富性和利用的便利性，提升公众著作权保护意识，发挥集体管理组织和专业监测机构的维权作用，并明晰圈群组织者的行为边界和责任追究，以保障著作权相关权利人的合法权益⑧。杨天红、马晶认为，我国纸质图书大规模数字化版权困境的破解需要司法、立法和版权管理三个层面的联动，数字化行为的司法定性应考虑后续使用方式，立法上再塑版权人与社会公众间的利益平衡，版权授权管理机制上进行体制机制创新⑨。戚笑雨认为，在坚持利益平衡、提高效率和保护作品完整性的原则下，有必要对相关制度进行修改：重构著作权合理使用制度，引入转换性使用理论和四要素判定标准；革新著作权法定许可制度，面向公益性图书馆设立数字化利用图书行为的法定许可；引入延伸性集体管理制度，从而使我国著作权法在数字时代依然能够实现增强文化交流、促进科技发展、推动社会进步的根本目的⑩。

唐鹏宇探讨了数字图书馆的合理使用制度、法定许可制度等法律问题，对比了中美对“谷歌数字图书馆案”的判决差异，提出了“三步检验法”的优化方案，探索数据挖掘、区块链等信息技术，创新著作权授权模式⑪。吉宇宽剖析了互联网＋背景下数字作品新的供给模式剥夺数字图书馆作品选择权、作品质量监督权和管理权的内外在原因，探索“适当的”政策与技术措施，来保障数字图书馆作品的选择权、作品质量监督权与管理权；研究合理的政策和著作权法律制度排除数字内容生产者对作品公有领域的侵占，保障数字图书馆自由、无偿使用作品的公有空间；探索网络信息资源永久储存的法律规则，保障数字图书馆信息资源收藏职能；构建战争、自然灾害等特殊时期数字图书馆的在线资源供给模式；确立数字图书馆在自出版和参与数字出版中的法律地位；构建数字出版与数字图书馆融合模式，保障数字图书馆新媒体信息服务⑫。

（5）版权豁免与许可合同冲突。

王渊全面研究了版权豁免与在线许可合同冲突的表现、影响、原因、实质及解决措施。在借鉴一

① 赵锐．互联网环境下版权许可制度研究［M］．北京：知识产权出版社，2021.

② 徐聪颖．论数字音乐版权独家交易的法律规制［J］．知识产权，2021（7）．

③ 李陶．我国网络音乐独家许可的运行逻辑与完善策略［J］．法学，2021（6）．

④ 杨文明．网络平台独家交易的违法性分析［J］．现代法学，2021（4）．

⑤ 张守莲．有声读物版权授权机制困境及纾解对策：以“懒人听书”等相关案件为例［J］．出版发行研究，2021（11）．

⑥ 吴申伦．UGC 模式下我国有声书著作权集中许可制度研究［J］．出版发行研究，2021（11）．

⑦ 刘茜芸．数字有声读物产业中的版权保护风险与应对研究［J］．科技与出版，2021（1）．

⑧ 贾磊．电子图书众筹：网络圈群中著作权保护的实然困境和应然路径［J］．出版发行研究，2021（1）．

⑨ 杨天红，马晶．纸质图书大规模数字化的版权困境与破解［J］．出版发行研究，2021（6）．

⑩ 戚笑雨．图书大规模数字化的著作权法律问题研究［M］．北京：法律出版社，2021.

⑪ 唐鹏宇．数字图书馆著作权法律问题研究［M］．武汉：武汉理工大学出版社，2021.

⑫ 吉宇宽．互联网＋背景下图书馆的著作权利保障研究［M］．北京：中国社会科学出版社，2021.

些国家和地区做法的基础上，以马克思主义人权理论为理论基础，坚持利益平衡原则，提出了解决冲突的构想：区分传统作品和数字作品，有针对性地完善版权豁免制度；规定国家财政资助项目完成的作品属于国家，公众可以免费非商业使用；规定合理使用权；构建数字作品发行权穷竭制度；对排除版权豁免的在线许可合同区分限制；规范在线许可合同及其使用；构建包括版权的知识产权公益诉讼制度①。

4. 著作权集中许可

李陶认为，完善著作权集体管理制度具有在国际范围内产业转型策略选择的共识性、统筹安排规制策略及协同推进制度发展的科学性、兼顾权利保护价值和利益平衡价值的全面性，可以从章程、信息公开、内部治理结构等方面入手②。刘慧认为，著作权集体管理立法应向开放式竞争的理念转变、进行限制性的著作权延伸性集体管理试点、修订著作权集体管理相关法律法规及配套措施，实践中可以统一著作权权利信息及作品标识、实现著作权集体管理数字化转型、打通著作权登记与著作权集体管理数据库等③。李晶、张靖辰认为：借鉴美国2018年《音乐现代化法案》，我国音乐著作权集体管理组织可调整为有限竞争或有限垄断模式，加强透明度与各方监督力度，提升管理能效；音乐数据库的设立须重视元数据问题，确保数据库的有效性；版税率的确立应依据市场而定，可通过技术手段予以实现④。熊琦认为，为保障互联网传播效率的充分发挥，有必要将互联网平台作为著作权集中和大规模许可的主体看待，突破传统集体管理制度对集体管理组织的认知局限，允许互联网平台集中行使著作财产权⑤。杨明认为，为零星的、分散的私人复制而建立补偿金制度实无必要⑥。尹锋林、赵旖鑫认为，版权补偿金制度的借鉴既可以扫清人工智能开发者使用作品进行深度学习的法律障碍，又给予担忧权利被侵犯的著作权人合理补偿⑦。

对于集体管理，孙松在《著作权集体管理组织行为的法律规制研究⑧一书中做了深入探讨。该书以“著作权集体管理组织行为的法律规制”为研究对象，旨在从“许可行为”的微观层面，全面分析和回答“集体管理组织行为为何需要规制”以及“如何进行法律规制”的现实问题。一方面，我国著作权集体管理组织行为的规制动因，不仅具有法哲学、民法学、法经济学、公共政策学和著作权法上的理论支撑，而且源于我国著作权集体管理组织行为运作的实践需要。另一方面，我国著作权集体管理组织行为的规制思路，不仅需要从集体管理行为运作的“制度模式”“组织结构”上着眼，还需要从集体管理行为规制的专门实施路径和反垄断实施路径上着力。

（四）著作权归属问题研究

1. 著作权主体的法律构造

刘铁光认为，著作权主体制度应坚持创作者与投资者的二元结构，基于创作者主体声誉积累的诉求，应当在任何情形下都保留其署名权；基于投资者主体对作品或邻接权客体的利用诉求，应做无障碍利用的权利配置安排⑨。

2. 著作权共有

欧阳福生认为，需要对共有著作权行使规则进行实质性修改以应对非合作作者共有的问题，应当植入权利自由与权利限制并重的理念，以“通知权利人”而非“协商”作为规则适用的前提，要求共有权人善意、理性地对外许可权利⑩。张媛媛认为，将可以分割使用的合作作品作为合作作品的子集，与民法中共有的基本制度存在矛盾、与共有制度简化产权的内在激励相悖、对民事诉讼中适格当事人制度产生冲击，应删除可分割使用的合作作品这一类型，增加集体作品的规定⑪。

3. 新闻类职务作品

梅术文、李健认为，从比较法角度而言，无论

① 王渊. 版权豁免与许可合同冲突［M］. 北京：商务印书馆，2021.

② 李陶. 我国网络音乐独家许可的运行逻辑与完善策略［J］. 法学，2021（6）.

③ 刘慧. 论数字技术变革与著作权集体管理制度的耦合［J］. 出版发行研究，2021（1）.

④ 李晶，张靖辰.《音乐现代化法案》对我国版权制度的启示：著作权集体管理组织、音乐数据库、版税计算［J］. 贵州师范大学学报（社会科学版），2021（1）.

⑤ 熊琦. “视频搬运”现象的著作权法应对［J］. 知识产权，2021（7）.

⑥ 杨明. 私人复制的著作权法制度应对：从机械复制到云服务［J］. 中国法学，2021（1）.

⑦ 尹锋林，赵旖鑫. 挑战与应对：机器翻译的发展与翻译权行使的未来［J］. 科技与法律，2021（3）.

⑧ 孙松. 著作权集体管理组织行为的法律规制研究［M］. 北京：法律出版社，2021.

⑨ 刘铁光. 著作权主体的二元结构及其权利配置：兼评2020年《著作权法》修正的主体制度［J］. 知识产权，2021（8）.

⑩ 欧阳福生. 共有著作权行使规则之检讨与完善：兼评新《著作权法》第14条之规定［J］. 电子知识产权，2021（6）.

⑪ 张媛媛. 论合作作品类型之修正［J］. 电子知识产权，2021（7）.

是版权法系国家还是作者权法系国家都为新闻创作者利益留下制度空间，建议按照“发表推定”模式，降低媒体单位著作权原始取得认定标准，明确合同约定效力①。张明认为，应回归新闻类职务作品之“普通职务作品”定性，合理界定新闻工作者对职务作品享有的基本权利，积极发挥契约功能并推动建立单位著作权集体管理制度，考虑在邻接权体系内探索设立新闻出版者权②。

4. 视听作品

王迁认为，将视听作品分别规定著作权归属是误解有关“视听作品”的范围大于“电影作品和以类似摄制电影的方法创作的作品”，应当将“其他视听作品”的范围局限于电子游戏连续画面，同时认定潜在利用者有权信赖此类视听作品版权标识中标注的人就是权利人③。陈虎认为，将著作权原始归属于非创作主体的制作者有悖于作者享有著作权的原则，缺乏将制作者拟制为作者之后才能享有著作权的逻辑过渡④。

（五）著作权限制问题的研究

1. 公有领域

梁九业认为，作为著作权保护前提性存在的公有领域，存在规范体系上的残缺与司法实践中广泛适用的二元悖反格局；将公有领域作为著作权纠纷裁判理据，在法理、规范、经济与道德上具有正当性⑤。梁九业还提出应以著作权正当性理论与著作权法实践的互动为视角，对著作权制度设计基础进行整体性、系统性的反思和审视，从公众使用权的构造、公有领域立法条款的增设以及权利保护与作品传播之平衡机制等方面进行完善，以提升著作权的制度价值⑥。黄雪娇认为，著作权开放许可制度为推进著作权公共领域的知识共享提供了新思路，应当将知识共享协议纳入我国著作权开放许可的规制范围，明确开放许可协议的侵权责任分配，并加快建设版权信用体系以完善著作权开放许可的相关配套机制⑦。冯晓青、刁佳星认为，应当从法律概念的价值取向而非语义层面认识“思想/表达二分法”，著作权法对公共领域的价值偏好构成了“思想/表达二分法”的内在规定性⑧。冯晓青认为，公共领域保留的理念和原则在著作权法中具有十分重要的意义，受著作权保护的作品具有最终进入公共领域的性质，公共领域也是维系著作权法中利益平衡机制的重要保障⑨。杨利华认为，公共领域对于著作权法具有激励文化创新、保护创作资源、平衡各方利益以及促进民主文化的作用，应重视著作权法中公共领域保留的制度价值，适时引入著作权法中公共领域保留条款⑩。

2. 合理使用

（1）合理使用制度的完善。

刘小砚认为，面对裁判规则不明晰、配套制度不健全、法律规范不完善的实践难题，应当着力从构建制度适用的衡平化裁判模式、划分合理使用制度的三阶心证程序、引入合理使用制度的类型化裁判基准、重构“正常使用”的认定标准、确立侵权诉讼中著作权人的证据协力义务等方面，构建数字版权合理使用的司法扩张适用路径⑪。黄汇、尹鹏旭认为，只有在合理使用法定情形之外的使用才应当考虑是否满足“三步检验法”的适用条件，我国应当构建合理使用“双层结构模型”，通过“三步检验法”解释转换性使用的合理性⑫。

（2）无障碍阅读合理使用条款的困境及完善。

杨利华认为，“被授权实体”概念有待进一步界定，“主体义务条款”的转化与实施有待明确，对作者合法权益的维护有待加强⑬。杨绪东认为，现行

① 梅术文，李健. 论媒体职务作品权利配置的制度变革：兼评《著作权法》第十八条第二款［J］. 中国出版，2021（18）.

② 张明. 新闻类职务作品著作权权属制度：制度嬗变与完善路径［J］. 出版发行研究，2021（4）.

③ 王迁. 论视听作品的范围及权利归属［J］. 中外法学，2021（3）.

④ 陈虎. 论视听作品著作权归属制度：以新修《著作权法》第17条为中心［J］. 苏州大学学报（哲学社会科学版），2021（3）.

⑤ 梁九业. 公有领域作为著作权纠纷裁判理据的正当性：基于法理、规范、经济与道德的四维视角［J］. 电子知识产权，2021（10）.

⑥ 梁九业. 著作权制度基础的重塑：以正当性理论与法实践的互动为视角［J］. 北方法学，2021（6）.

⑦ 黄雪娇. 数字时代著作权公共领域知识共享的优化机制研究［J］. 出版发行研究，2021（7）.

⑧ 冯晓青，刁佳星. 从价值取向到涵摄目的：“思想/表达二分法”的概念澄清［J］. 上海交通大学学报（哲学社会科学版），2021（4）.

⑨ 冯晓青. 公共领域保留视域下作品著作权保护研究：以作品中不受保护事实、题材为考察对象［J］. 湖南大学学报（社会科学版），2021（1）.

⑩ 杨利华. 公共领域视野下著作权法价值构造研究［J］. 法学评论，2021（4）.

⑪ 刘小砚. 智能时代数字版权合理使用的司法扩张适用［J］. 出版发行研究，2021（7）.

⑫ 黄汇，尹鹏旭. 作品转换性使用的规则重构及其适用逻辑［J］. 社会科学研究，2021（5）.

⑬ 杨利华.《马拉喀什条约》与我国著作权限制制度之完善［J］. 中国出版，2021（23）.

《著作权法》受益主体的明确，在内涵与认证上应准用协调国际条约与国内立法；授权主体的规范应借鉴调适国际条约与国外经验；作品范围的界定应实现国际条约与基本法理的有序配合①。王迁、陈绍玲认为，《马拉喀什条约》要求成员国落实的无障碍格式版作品的限制与例外制度，需要“被授权实体”协调保障机制的参与。基于我国国情，可采用多重协调保障机制②。周澎认为，阅读障碍者出版领域的技术措施规避条款，存在适用前置条款缺失、受益人和适用主体界定不明、出版物“二次利用”的侵权隐患等问题，解决之道有：特殊渠道供给避开特殊技术措施的破解，以法定送存作为“商业可获得性”前置条款的认定条件，适用主体向以国家管控为中心的多样化组织转型，将认知阅读障碍者纳入受益人范围，构建对阅读障碍者出版物再使用的限制机制③。吴柯苇认为，新西兰转化实施《马拉喀什条约》时，对既有无障碍格式版本著作权例外制度的创造性改造，作为上限参考，同时兼顾经济理性和人道理念，围绕《著作权法》《图书馆法》等核心立法，构建可操作的均衡规范体系④。鲁甜认为，我国需要通过完善图书馆法等配套法律确认利用主体范围，明确对利用成果的再限制，确定商业可获得前置条款并增加无障碍阅读教育资料法定许可的规定⑤。

（3）短视频的合理使用研究。

熊琦认为，对于“视频搬运”行为的合法性认定应严格根据“三步检验法”来判定，鉴于短视频领域已经形成了独立的著作权市场，视频搬运不应被视为转换性使用，而应归于须事前许可的法定权利范畴内使用，应从“用户创造内容”转变为“职业创造内容”⑥。

（4）同人作品对原作虚拟角色的合理使用。

丛立先、刘乾认为，创作者、创作内容与传播市场上的特殊性，致使许多同人作品能够满足转换性使用的要求，或对原作潜在市场价值有正向影响，因而有基于合理使用制度获得版权侵权豁免的空间⑦。

3. 法定许可

陈全真认为，平台经营者对体育赛事 GIF 动图的商业性利用，应顺应互联网版权产业的发展趋势，将法定许可制度做扩大解释，以便其适用范围扩张至互联网平台，将体育赛事 GIF 动图的使用归为法定许可使用范畴⑧。

4. 默示许可

孙昊亮、张倩认为，技术发展、制度滞后、维权成本高昂以及其他的利益考量等原因所导致的作品“宽容使用”会引发“版权蟑螂”、著作权“弃法者”、著作权“利益待定”等问题，我国应当在著作权制度中构建“许可声明”制度和“默示许可”制度，减少作品“宽容使用”的情况⑨。刘友华、魏远山认为，知识付费平台与著作权人之间纠纷的解决，选择退出的默示许可机制能较好促成各主体合作，可从保障著作权人报酬获取权和退出权行使的角度入手，借助著作权集体管理制度，打造选择退出默示许可制度的运行框架⑩。

（六）著作权保护

1. 民事责任

（1）侵权认定。

张晓霞、张嘉艺认为，著作权侵权的成立须满足一般侵权行为认定的构成要件，“接触加实质性相似”规则作为判断具体使用行为的盖然性方法，在违法性行为这一下一顺位构成要件认定中才需要适用，不可将其扩大使用，与侵权行为成立画等号⑪。刘琳认为，“接触”要件具有独立的制度价值及要件地位，不应从“实质性相似”要件中直接推定，应提高“接触”要件的认定标准至合理高度，在具体认定中，宜借鉴域外“证据性相似”与“广泛传播”

---

① 杨绪东. 阅读障碍者合理使用研究：以《著作权法》第二十四条规定为视角 [J]. 中国出版，2021 (23).

② 王迁，陈绍玲. 落实《马拉喀什条约》背景下“被授权实体”的协调保障机制研究 [J]. 中国出版，2021 (23).

③ 周澎. 我国阅读障碍者出版领域的技术措施规避透视 [J]. 出版发行研究，2021 (10).

④ 吴柯苇. 新西兰无障碍格式版本著作权例外制度研究：以《马拉喀什条约》转化立法为中心 [J]. 出版发行研究，2021 (10).

⑤ 鲁甜. 我国视力障碍者获取作品之著作权限制研究 [J]. 国家图书馆学刊，2021 (3).

⑥ 熊琦. “视频搬运”现象的著作权法应对 [J]. 知识产权，2021 (7).

⑦ 丛立先，刘乾. 同人作品使用原作虚拟角色的版权界限 [J]. 华东政法大学学报，2021 (4).

⑧ 陈全真. 体育赛事 GIF 动图的版权规制路径 [J]. 编辑之友，2021 (2).

⑨ 孙昊亮，张倩. 作品“宽容使用”引发的问题及其解决路径 [J]. 法学杂志，2021 (8).

⑩ 刘友华，魏远山. 知识付费平台的著作权纠纷及其解决 [J]. 知识产权，2021 (6).

⑪ 张晓霞，张嘉艺. 侵权行为构成要件对“接触加实质性相似”规则的制衡：论侵害著作权纠纷的裁判思路 [J]. 知识产权，2021 (12).

理论[①]。蒋舸认为，著作权直接侵权责任成立的体系化分析框架由客体、权能与限制环节构成，该分析框架应当遵循“宽进宽出”的总体思路。“宽进”指放宽准入，让非典型客体和非典型利用方式进入著作权法视野；“宽出”指允许那些有利于社会福利增加，但难以获得许可的分散化和非标准化利用行为，免于承担侵权责任[②]。

（2）举证责任。

刘昂认为，版权侵权诉讼中要重视举证责任转移规则的建构，可从“初步证明”、“书证提出命令”、“过错推定”和“合理使用”等予以实现[③]。蒋筱熙认为，针对知识产权诉讼特点，在特定情形下适用证据妨碍排除规则旨在“避免通过证明责任做出判决”的技术以实现实质的诉讼公正[④]。

（3）侵权阻却。

闫文军、李金潇认为，通过对《著作权法》第59条第一款的体系解释和目的解释可以明确销售者应为合法来源抗辩的主体，合法来源抗辩不仅需要抗辩主体满足合法的购货渠道、合理价格等客观要素，还应具有主观善意，注意义务应只是法官在进行说理时的重要依据，而非合法来源抗辩的构成要件[⑤]。

2. 刑事责任

王迁认为，对著作权的刑事保护和民事保护出现了严重的刑民脱节现象。在著作权保护方面，刑民衔接的正当性源于著作权法并非仅为权利保护之法，而首先是赋权之法，因此对著作权专有权利的刑法保护也必须以《著作权法》的相关规定为前提[⑥]。郑承友认为，侵犯著作权罪具有双重违法性，在双重违法之间存在位阶关系，著作权法是前置规范，刑法是二次规范。对著作权法与刑法中的相同概念应做同义解释，坚持民刑衔接的体系思维[⑦]。刘延炀认为，当前电子书版权刑事保护主要面临刑法规制有待完善、科技赋能亟待增强、刑罚威慑尚需强化等问题，应加强侵权预备行为和网络平台的刑法规制，增强技术赋能保障电子证据的溯源求真，完善电子书版权保护的行刑衔接制度建设[⑧]。徐璐、吕国强认为，从世界范围看，我国对于侵犯著作权罪犯罪未遂的系统研究依然比较欠缺。侵犯著作权罪属于行为犯、情节犯，其犯罪未遂形态客观存在，并且可以依据著作权法明确侵犯著作权罪的具体犯罪行为，以及确定其构成犯罪未遂的成立条件[⑨]。付晓雅认为，应当从完善侵犯著作权罪的构成要件，合理扩展共犯理论内涵，研究提供侵入计算机信息系统程序、工具罪或非法经营罪的适用等方面入手，可依据片面共犯理论解决设链帮助犯不易追责的问题，依据提供侵入计算机信息系统程序、工具罪追究破解或规避技术措施的责任，还可适当扩充非法经营罪的入罪范围以作权宜之计[⑩]。

3. 具体的侵权认定

（1）不当署名的侵权认定。

王少认为，治理不当署名应沿着正确行使署名权和追究不当署名责任的路径展开，治理主体可以署名权为主线，在把握不当署名表现形式、明确作者资格和作者贡献的前提下，根据归责原则，基于不当行使署名权的情况和侵权事实，追究不当署名责任主体的责任[⑪]。

（2）“洗稿”的侵权界定与法律完善。

锁福涛、张岚霄认为，在符合“接触”要件下应当选择主客观结合的方式，以“抽象—过滤—对比测试法”为主“整体概念和感受法”为辅的方法判断是否与在先作品之间存在实质性相似，“洗稿”应属于剽窃中的高级剽窃，因此还应当明确剽窃内涵、健全网络平台申诉审核机制[⑫]。邱遥堃认为，在激励原创而非单纯保护利益的目标导向下，面对简单低级的网络洗稿，应当继续推进技术升级换代，自动高效对其进行规制；面对复杂高级的网络洗稿，应当有效提高行业规范水平，建立鼓励原创的行业

① 刘琳. 我国版权侵权“接触”要件的检讨与重构［J］. 知识产权，2021（11）.
② 蒋舸. 论著作权法的“宽进宽出”结构［J］. 中外法学，2021（2）.
③ 刘昂. 守成与补正：版权侵权举证责任转移规则构建［J］. 中国出版，2021（14）.
④ 蒋筱熙. 证明妨碍排除规则在涉互联网知识产权侵权诉讼中的应用：举证责任与举证能力的博弈［J］. 电子知识产权，2021（12）.
⑤ 闫文军，李金潇. 著作权法中合法来源抗辩规则的适用［J］. 科技与法律，2021（4）.
⑥ 王迁. 论著作权保护刑民衔接的正当性［J］. 法学，2021（8）.
⑦ 郑承友. 信息网络传播权刑法保护反思与诠释［J］. 科技与法律，2021（5）.
⑧ 刘延炀. 电子书版权刑事保护困境及其回应［J］. 中国出版，2021（5）.
⑨ 徐璐，吕国强. 侵犯著作权罪之犯罪未遂形态研究［J］. 科技与法律，2021（2）.
⑩ 付晓雅. 深层链接设链者刑事责任的归责路径［J］. 华东政法大学学报，2021（2）.
⑪ 王少. 出版物不当署名的治理现状、不足及对策［J］. 出版发行研究，2021（6）.
⑫ 锁福涛，张岚霄. 论“洗稿”行为的著作权侵权判定与治理路径［J］. 中国出版，2021（15）.

秩序①。陈虎认为，根据新闻的不同特征，可将其分解为“新闻作品”与“单纯事实消息”，对前者的洗稿行为应采用著作权侵权判断的逻辑，而对后者的洗稿行为应受反不正当竞争法的规制②。杨春磊、李刚认为，在反“洗稿”场景中，区块链技术的诸多优势正好匹配网络版权市场的需求，既证明了案情的真实性，也证明了自身的可靠性③。饶先成、徐棣枫认为，人工智能洗稿行为在道德规范的求证下不具正当性，应在外部性的义务规则下通过《反不正当竞争法》予以规制，以道德为起点，形成法律、技术和伦理之间多元互动的规制路径，并在价值理性下培育人工智能共同体伦理意识和平台方的责任意识④。

(3) 深层链接的侵权认定及法律规制。

蒋舸认为，作品利用行为的责任定性包含权利人开发某种利用行为潜在的社会福利能力，以及利用者对内容和传播方式的干预程度。依据“实质提供标准”，如果非跳转链接对内容的选择程度很高，对内容展示和传输方式的干预很强，以至用户能够直接从设链网站获得作品，则深层链接成立直接侵权⑤。郭鹏认为，技术分析可以作为工具，但应以权利保护作为目的，不能本末倒置地以技术特征界定权利的内涵及外延，应当建立在技术上可广泛适用的评判规则⑥。曾凤辰认为，由于与“上传”这一典型的作品提供行为的类比并不成立，聚合平台的加框型与冒充型作品再现行为都不受信息网络传播权调整，冒充型再现应通过保护技术措施的规定予以规制，而加框型再现因与技术措施无涉，应由反不正当竞争法规制⑦。

4. 惩罚性赔偿

(1) 适用条件和标准。

吴汉东认为，知识产权惩罚性赔偿责任的适用须秉持审慎谦抑、过罚相当和司法定价原则，把握惩罚性赔偿责任的构成要件，正确运用惩罚性赔偿数额的计算规则⑧。丁文严、张蕾蕾认为，在确定惩罚性倍数时，应当关注侵权对权利人本身结果的影响，而不应当考虑知名度，同时应当将侵权人已经承担或者即将承担刑事罚金、行政罚款的事实考虑在内⑨。管育鹰认为，惩罚性赔偿的适用应当满足权利人主张、基数确定、侵权人的主观故意可以证明以及侵权情节严重有适用的必要性四个条件⑩。丁国峰、张晴认为，应进一步完善我国知识产权领域惩罚性赔偿的制度内容，明确行政执法和精准司法的统一适用条件和标准，特别在立法中应对其适用范围的认定更加精准，统一并细化惩罚性赔偿的主观要件，明确情节严重的标准，并对数额计算的标准进行修改和完善⑪。杨涛认为，许可费赔偿应复归补偿功能，注重填补功能与创新功能的转换、协调和融合，以市场价值为指引，在公平正义、经济效率的价值框架内优化，创制类型化评价标准，设定程序化评价步骤，建立规范性评价模式⑫。

(2) 与法定赔偿的关系。

吴汉东认为，惩罚性赔偿责任可与其他民事责任合并适用，在多种法律责任重合情形下优先适用，并在与法定赔偿责任聚合时选择适用⑬。孙那认为，当事人单独主张的损害赔偿计算方式以及以此为基础选择适用惩罚性赔偿的路径一与“司法裁量权基础上构建起来的法定赔偿制度”的路径二，在我国知识产权法损害赔偿领域是相互平行的二元体系，而法定赔偿与惩罚性赔偿的分立路径是我国立法的正确选择⑭。丁文严、张蕾蕾认为：惩罚性赔偿的基数应当以权利人所受到的实际损失为准，侵权获利或者许可使用费倍数作为对权利人实际损失的推定；满足一定条件情况下的法定赔偿、酌定赔偿也可作为惩罚性赔偿的基数⑮。

① 邱遥堃. 网络洗稿规制的反思与重述 [J]. 出版发行研究，2021 (8).
② 陈虎. 自媒体新闻洗稿行为的法律失范与规制 [J]. 出版发行研究，2021 (21).
③ 杨春磊，李刚. 论区块链在反“洗稿”中的技术应用与司法认定 [J]. 出版发行研究，2021 (3).
④ 饶先成，徐棣枫. 从一元向多元互动转变：人工智能洗稿行为的规制路径 [J]. 编辑之友，2021 (7).
⑤ 蒋舸. 深层链接直接侵权责任认定的实质提供标准 [J]. 现代法学，2021 (3).
⑥ 郭鹏. 深度链接侵害信息网络传播权再思考：从技术解析窠臼趋向权利保护本位 [J]. 法学论坛，2021 (4).
⑦ 曾凤辰. 聚合平台作品再现行为的规制路径 [J]. 科技与法律，2021 (2).
⑧ 吴汉东. 知识产权惩罚性赔偿的私法基础与司法适用 [J]. 法学评论，2021 (3).
⑨ 丁文严，张蕾蕾. 知识产权侵权惩罚性赔偿数额的司法确定问题研究 [J]. 知识产权，2021 (2).
⑩ 管育鹰. 试析侵害知识产权惩罚性赔偿的适用条件 [J]. 法律适用，2021 (1).
⑪ 丁国峰，张晴. 反思与完善：我国知识产权领域创设惩罚性赔偿责任的适用路径 [J]. 电子知识产权，2021 (8).
⑫ 杨涛. 知识产权许可费赔偿方法的功能、价值准则与体系重构 [J]. 中国法学，2021 (5).
⑬ 吴汉东. 知识产权惩罚性赔偿的私法基础与司法适用 [J]. 法学评论，2021 (3).
⑭ 孙那. 民法典视阈下知识产权惩罚性赔偿与法定赔偿的司法适用关系 [J]. 知识产权，2021 (4).
⑮ 丁文严，张蕾蕾. 知识产权侵权惩罚性赔偿数额的司法确定问题研究 [J]. 知识产权，2021 (2).

5. 网络服务提供者的责任配置

（1）“通知—删除”规则的完善。

何炼认为，自动化通知删除系统的应用导致通知数量急剧增加、通知错误与滥用，应从制度层面进一步规范通知的构成要件；对自动化通知产生的错误和滥用行为进行追责，充分考虑通知人的主观意图和法律后果①。程娅认为，应在比例原则“适当”“必要”“均衡”的规范指引下，积极探寻“通知—移除”规则算法施行的比例协调之道，通过严格形式要件的合格通知、区分性适用的必要措施以及合理使用情形的利益衡量，实现规则适用的最佳状态②。陈绍玲认为，解决短视频平台与权利人之间的纠纷，可以通过改造“通知—删除”规则，关键是应当将国内外理论和实践中可能出现的合理使用情形均纳入平台注意义务范围，而不限于典型合理使用情形③。周江、葛宪运认为，可在借鉴中美经贸协议基础上，通过确定涉嫌侵权信息的标准为“及时”“立即”与“迅速”兼容，增加“善意”通知错误免责的具体标准，明确“侵权初步证据”形式的审查标准④。万勇以专著方式系统梳理、阐释了美国“避风港”规则法典化的立法目的及历史演变，对具有重要影响力的典型案件进行了分析解读，围绕“避风港”规则与侵权责任的关系以及“避风港”规则具体规范的含义展开研究。在此基础上，结合“避风港”规则在我国法律解释与司法实践中出现的若干问题，提出完善建议⑤。

（2）注意义务的界定及标准的提高。

周园、谭丽玲认为，应当以权责利益一致原则界定合理的注意义务，赋予平台一定的自治权，并在处理过程中根据具体情况成为信息的中转者，网络服务提供者应该承担“形式审查与排除明显不侵权的实质审查”的义务⑥。徐俊认为，司法实务中，注意义务实际承担了过错判定的功能，短视频平台版权侵权过错归责应当基于服务性质和产业特点慎重划定注意义务，通过梳理不同类型的注意义务形态，考量多重因素动态综合评估行为人是否具有过错⑦。梅术文、李涛认为，注意义务对于新兴媒体而言是一种基础性的义务，是履行其他义务的基石，应在遵循“共同而有差别”原则的基础上，赋予新兴媒体事前管理义务、事中配合义务及事后制止义务⑧。

易健雄认为，算法技术在当前版权领域的实施状况提高了网络服务提供者的注意义务标准⑨。李铭轩认为，从美国与欧盟立法、实践以及技术发展来看，加强网络服务商的义务是大势所趋，但是从制度及其运作的角度看，我国目前并不像美国一样非常需要通过修改立法来解决因法院解释而导致的利益失衡问题⑩。

（3）版权过滤机制的引入之争。

张晓君、上官鹏认为，可以从法律上明确平台的“过滤义务”，以利益平衡原则构建“过滤义务”责任的实施细则，并建立平台“过滤义务”承担的认证体系等⑪。熊皓男认为，由于“避风港”规则内部的体系失调和外部的效力冲突，审查义务已经先于立法产生，且具有法经济学和技术发展视域下的正当性⑫。李安认为，应充分认识到目前算法过滤技术可及性和准确性的不足以及版权过滤私人实践对其发展的促进作用，坚持以“自治规则先于国家法律，司法引导过滤实践、过滤实践推动立法”为原则对“避风港”规则的时代变革做出回应⑬。李文婧认为，“过滤义务”比较符合目前较发达的网络技术环境中的著作权保护需求，因此我国对网络著作权的保护应与国际接轨，重新审视网络服务提

① 何炼．论算法时代网络著作权侵权中的通知规则［J］．法商研究，2021（4）．

② 程娅．算法视域下“通知—移除”规则的失范与重构：基于比例原则的考察［J］．知识产权，2021（11）．

③ 陈绍玲．短视频版权纠纷解决的制度困境及突破［J］．知识产权，2021（9）．

④ 周江，葛宪运．论中国网络版权“通知—删除”规则的合格通知标准：兼评中美经贸协议“通知—删除”规则的中国转化［J］．出版广角，2021（15）．

⑤ 万勇．网络著作权法避风港规则研究［M］．北京：法律出版社，2021．

⑥ 周园，谭丽玲．通知删除规则适用之阙如及其完善［J］．科技与法律，2021（3）．

⑦ 徐俊．产业视角下短视频平台版权侵权判定中的注意义务研究［J］．知识产权，2021（9）．

⑧ 梅术文，李涛．新兴媒体著作权法律义务的体系构建［J］．苏州大学学报（法学版），2021（1）．

⑨ 易健雄．从算法技术看网络服务提供者的“应当知道”：也谈《民法典》第1197条的适用［J］．知识产权，2021（12）．

⑩ 李铭轩．美国网络版权法改革的新动向及启示：以网络服务商的义务为中心［J］．电子知识产权，2021（12）．

⑪ 张晓君，上官鹏．中国在线内容分享平台版权责任的配置路径：兼评《数字化单一市场版权指令》第17条平台承担“过滤义务”的观照［J］．出版发行研究，2021（7）．

⑫ 熊皓男．论网络服务提供者的版权审查义务［J］．电子知识产权，2021（6）．

⑬ 李安．智能时代版权“避风港”规则的危机与变革［J］．华中科技大学学报（社会科学版），2021（3）．

供者的责任认定问题①。黄贺铂认为，面对海量的监管信息，通过引入新技术建立过滤系统与机制能够显著提升音乐平台的审核与规制能力，防止音乐平台在审核管理规制中易陷入被动性、工具性的后知后觉状态，使平台的技术能力与平台注意义务匹配②。崔国斌认为，版权内容过滤措施属于内容中立的言论限制措施，应采用比较宽松的言论保护标准进行审查，应当将过滤对象限制在复制作品实质部分后的传播行为，并配以必要的人工补救措施③。

万勇认为，我国应着眼于提升本土互联网企业的创新能力和全球竞争能力，审慎对待"通知—移除"规则的改革，暂时不宜在法律中引入强制性过滤机制④。刘友华、魏远山认为，纯粹的侵权作品过滤机制难以区分是否经过授权、相似比例难以定论、难从根本上遏制用户侵权问题，因此将作品过滤模式适用于音频类知识付费平台著作权纠纷解决，可采性并不强⑤。

（4）必要措施。

余俊缘认为，必要措施种类从简单删除升级为综合性必要措施，会带来网络服务提供者注意义务加重及自治空间不明确等隐忧，对此需要进一步厘清必要措施的价值定位，根据比例原则分层级制定必要措施的实施意见，同时为网络服务提供者预留自治空间，充分发挥其自治能力⑥。杨绪东认为，将传统的辅助性的"转通知"义务扩展为网络服务提供者必须采取的制止网络侵权的"必要措施"，不仅与我国相关立法违背，而且在制度体系、制度平衡及实施效果等方面存在诸多质疑，不宜继续被采纳。《民法典》将网络服务提供者的"转通知"义务适度地扩展为制止网络侵权行为的"前置措施"，更符合"转通知"义务的立法定位和基础法理⑦。袁锋认为，应当增设接入服务商的"封网禁令"制度，相较于"三振出局"制度，"封网禁令"制度在技术层面和立法构建方面更具正当性和合理性，而且制度实施成本更低，维权效率更高⑧。

（七）技术对著作权制度的影响

1. 区块链技术对著作权的保护

林爱珺、林婉津认为，区块链技术在新闻版权问题上具有独特优势，能够在确权上以哈希值及时间戳赋予新闻作品独一无二的身份证明，在用权上以智能合约实现无需第三方的点对点交易，在维权上以区块链技术完成检测、追踪、存证等。同时，还可利用区块链技术建构"多中心"的新闻版权联盟链，把监管部门引入区块链版权管理平台⑨。金荣婧认为，利用区块链技术对文艺作品进行著作权保护，应当明晰智能合约法律属性，明确链上主体资格与行为能力要求，建构规制区块链技术的制度⑩。张辉、王柳认为，在网络文学版权保护领域，区块链技术能缓解现有网络文学版权保护中的问题，其带来的消极影响可通过规章制度降低，可从技术层面、法律层面以及公众的版权意识等方面完善⑪。汤尚、柳菁认为，图书馆利用区块链开展数字阅读推广能够实现推广机制的创新，使整个流程更加高效透明，有效保护数字资源的版权，促进数字阅读高质量发展⑫。朱凌珂认为，区块链技术能够有效解决著作权集权管理组织无法处理的身份验证问题，赋予著作权利人通过智能合约进行授权管理的自主控制权，协助著作权集管组织建立全球资料大数据库⑬。

2. 人工智能

（1）人工智能创作物的作品属性。

肯定说：徐小奔认为，主客体分离评价具有读者中心主义的法理基础及作品商品化的经济基础，读者中心主义所确立的主客体分离评价标准为算法创作物视为作品提供了独创性判断的理论路径，算法自由就是作品表达自由的技术表现，故而可使算

① 李文婧. 网络服务提供者在著作权侵权中的责任探析 [J]. 出版广角，2021 (9).
② 黄贺铂. 数字音乐平台版权保护的困境与多元主体优化路径 [J]. 出版发行研究，2021 (8).
③ 崔国斌. 网络版权内容过滤措施的言论保护审查 [J]. 中外法学，2021 (2).
④ 万勇. 著作权法强制性过滤机制的中国选择 [J]. 法商研究，2021 (6).
⑤ 刘友华，魏远山. 知识付费平台的著作权纠纷及其解决 [J]. 知识产权，2021 (6).
⑥ 余俊缘. 必要措施的嬗变：隐忧与应对 [J]. 电子知识产权，2021 (3).
⑦ 杨绪东. 网络服务提供者"转通知"义务的适用研究 [J]. 电子知识产权，2021 (3).
⑧ 袁锋. 接入服务提供商版权责任适当性扩张研究 [J]. 北京理工大学学报（社会科学版），2021 (4).
⑨ 林爱珺，林婉津. 基于区块链技术的新闻版权管理及保护机制研究 [J]. 新闻记者，2021 (4).
⑩ 金荣婧. 区块链技术背景下文艺作品保护的法律应对 [J]. 电子知识产权，2021 (9).
⑪ 张辉，王柳. 区块链下网络文学版权保护问题研究 [J]. 法学论坛，2021 (6).
⑫ 汤尚，柳菁. 基于区块链技术的图书馆数字阅读推广重构研究 [J]. 新世纪图书馆，2021 (3).
⑬ 朱凌珂. 区块链智能合约应用于著作权集体管理制度的设想与路径 [J]. 大连理工大学学报（社会科学版），2021 (4).

法创作物具备独创性[①]。杨利华认为，人工智能生成物的智力成果属性可以从外在表现形式与内部运行原理两方面加以理解，基于我国作品类型广泛、“作者创作意图”难以落实以及“作品中心主义”的价值取向，应当以“最低限度的创造性”为标准，由此人工智能生成物具有作品属性[②]。朱梦云认为，人工智能生成物内容中所体现的智慧和情感及其作为整体所形成的个性化表达，既可以满足作品“创造性”所需要的创作高度和深度，还能够让人类主体在主观上产生情感上的共鸣与在客观上形成价值上的肯定[③]。刘维认为，基于人工智能创作过程的选择和判断空间、与人类创作成果的相同外观表现、产权激励及稳定交易秩序的政策，应当认可人工智能创作成果的独创性[④]。张晓萍、郑鹏认为，我国人工智能创作物独创性应当寻找或假定其背后的自然人来源，判断其是否符合客观标准[⑤]。李忠诚认为，应当以“读者标准”判断作品的独创性，将“独立创作”从“独创性”概念中分离出来，并强调“创作结果”而非“创作过程”的创造性[⑥]。张大伟、王梓认为，通过研究英、美、日、欧盟人工智能出版物著作权立法战略考量与法律实践基础，我国应当形成人工智能出版物“独创性”客观判断标准[⑦]。霍凤、郭小安认为，应跳脱出“作者为中心”的独创性判定模式，将新闻机器人的生成技术原理和文本表达形式作为独创性的判断标准[⑧]。朱梦云认为对人工智能法律主体资格的确定，对人工智能生成物作品属性的认定，以及对人工智能生成物著作权的归属模式构建，其终极目标都是为了在我国当前的社会经济发展状态下，实现针对人工智能生成物的著作权保护[⑨]。

否定说：吴桂德认为，基于目前欧盟背景下德国人工智能创造物知识产权法保护的政策指导、伦理导向、司法实务和学界讨论现状及其共通性，人工智能创造物原则上不属于著作权法意义上的作品，但是不排除其相关权利人在著作权体系内寻求其他可替代的保护机制[⑩]。

（2）人工智能的归属问题研究。

徐小奔认为，在否定人工智能法律主体的前提下，可以通过委托作品的权属分配机制，一方面有限承认人工智能的机器作者身份，另一方面将著作权全部归属给人类开发设计者[⑪]。杨利华认为，人工智能本身无法成为权利主体，符合作品特征的人工智能生成物的著作权原则上应当归属于人工智能的使用者，但同时也要兼顾对投资者利益的保护[⑫]。刘维认为，基于人工智能创作过程的自主性，避免对算法所有者的多重激励，应当拟制算法使用者就人工智能创作成果享有著作权[⑬]。苗成林认为，人工智能可以成为版权制度上的创作者只是一个事实判断，人工智能能否成为版权主体却是一个具有哲学意义的价值判断，当下人工智能尚且不具备成为版权主体的资格与条件，其创作作品的版权就只能赋予具有主体性的版权主体[⑭]。霍凤、郭小安认为，法律与技术的博弈迫使研究者重新检视新闻机器人从工具到主体的转向，应将作为“信息生产者”但尚不具备伦理和责任能力的新闻机器人界定为有限人格法律主体，新闻机器人享有作品署名权，侵权责任后果由媒体机构承担[⑮]。朱梦云认为，人工智能因具备民事权利能力和民事行为能力而可被纳入法人主体范畴，进而人工智能可因此成为著作权人[⑯]。孙阳认为，人工智能生成物权属构建需要从微观层面考察不同主体在生成行为中的利益诉求，同时兼顾各主体之间利益的平衡，宏观层面要为技

① 徐小奔．论算法创作物的可版权性与著作权归属［J］．东方法学，2021（3）．
② 杨利华．人工智能生成物著作权问题探究［J］．现代法学，2021（7）．
③ 朱梦云．我国著作权法视域下的人工智能法律主体资格论证［J］．电子知识产权，2021（8）．
④ 刘维．人工智能时代著作权法的挑战和应对［J］．上海交通大学学报（哲学社会科学版），2021（4）．
⑤ 张晓萍，郑鹏．论人工智能创作物独创性自然人来源的淡化［J］．大连理工大学学报（社会科学版），2021（6）．
⑥ 李忠诚．论算法创作下独创性的判断标准［J］．大连理工大学学报（社会科学版），2021（6）．
⑦ 张大伟，王梓．人工智能出版物著作权立法的国际竞争与战略意义［J］．中国出版，2021（13）．
⑧ 霍凤，郭小安．新闻机器人的主体性界定及著作权保护策略［J］．出版发行研究，2021（8）．
⑨ 朱梦云．论人工智能生成物的著作权保护［M］．北京：知识产权出版社，2021．
⑩ 吴桂德．德国人工智能创造物的知识产权法保护及其启示［J］．电子知识产权，2021（1）．
⑪ 徐小奔．论算法创作物的可版权性与著作权归属［J］．东方法学，2021（3）．
⑫ 杨利华．人工智能生成物著作权问题探究［J］．现代法学，2021（7）．
⑬ 刘维．人工智能时代著作权法的挑战和应对［J］．上海交通大学学报（哲学社会科学版），2021（4）．
⑭ 苗成林．人工智能创作作品的版权归属研究［J］．科学技术哲学研究，2021（2）．
⑮ 霍凤，郭小安．新闻机器人的主体性界定及著作权保护策略［J］．出版发行研究，2021（8）．
⑯ 朱梦云．我国著作权法视域下的人工智能法律主体资格论证［J］．电子知识产权，2021（8）．

术与行业发展提供制度性保障①。易玲、尹丝媛认为，我国著作权法应当继续坚持其作者权体系的立法初衷和“人类中心主义”的立法精神，强调“人”的价值，保障“人”的权益，否定人工智能的著作权法定主体资格②。

国外制度借鉴：吴桂德认为，基于目前欧盟背景下德国人工智能创造物知识产权法保护的政策指导、伦理导向、司法实务和学界讨论现状及其共通性，我国在主体地位上可以明确，人工智能由于缺乏自然人属性并不具有著作权法意义上的作者地位③。金春阳、邢贺通认为，人工智能出版物版权归属于人工智能于法无据，也违反了私法的基本体系，有悖于康德哲学思想，可以借鉴美国代理制度，将人工智能出版物版权归属及侵权归责原则的情况划分为开发阶段和市场化阶段，明确在开发阶段适用“法人作品”制度，在市场化阶段适用承揽加工制度，版权归属于消费者④。

(3) 人工智能对合理使用制度提出的挑战与应对。

万勇认为，已有的合理使用类型难以适用于数据挖掘和机器学习的人工智能技术，建议以《著作权法》第24条第1款第13项“法律、行政法规规定的其他情形”为接口，通过修订《著作权法实施条例》的方式引入数据挖掘专门例外⑤。张惠彬、肖启贤认为，借鉴欧盟《数字化单一市场版权指令(2019)》第3条的规定，可以增设“以科学研究为目的的文本与数据挖掘合理使用”⑥。林秀芹认为，从结构主义整体观出发的研究表明，传统版权法的“作者中心主义”和严格的“三步检验法”不能适应AI技术变革的需要，应以“合理使用”这一术语替代“限制与例外”，重构版权保护与合理使用的关系，将合理使用提升至与版权保护比肩的地位，将为了AI学习、创作使用版权作品纳入合理使用的范围⑦。高佳佳认为，以复制权的依附性为逻辑起点，机器学习可分为表达型、混合型和非表达型三种类型，非表达型机器学习因不存在侵权风险而无须进行合理使用分析，表达型与混合型机器学习因其行为特点不同而具有不同的合理使用适用范围⑧。华劼认为，应当视技术发展逐步推进算法合理使用，以人工审查为算法合理使用提供保障，在知识产权制度安排中增加推进算法合理使用的例外规定⑨。鲁甜、赵江琦认为，人工智能时代无障碍阅读合理使用条款的适用困境将更加突出，应完善无障碍阅读合理使用条款的实施机制，重视区块链技术在版本制作和传输场景中的应用，引入无障碍阅读版本制作的法定许可⑩。

**三、研究展望**

2013年，习近平总书记在主持中央政治局第十二次集体学习时指出，提高国家文化软实力，关系“两个一百年”奋斗目标和中华民族伟大复兴中国梦的实现。而在提高国家文化软实力的进程中，著作权法治建设是根本的、重要的制度保障。在我国《著作权法》完成第三次修订后，如何继续提升著作权法学研究的水平、层次，就成为国内学者不得不直面的问题。对此，本文提出如下建议，供学界同人参酌：

*（一）在指导思想上，学术研究要坚持“道”“器”并重，未来应强化基础理论方向的探索*

法学研究，既要坚持正确的政治方向，也要重视科学的指导思想。学术研究从来都不是空中楼阁，不论任何学科，其地基都是赖以支撑该学科后续发展的基础理论，著作权法研究亦莫能外。缺少基础理论支撑的具体问题研究，如同岸边沙堡，一个涨落后往往就灰飞烟灭。因此，著作权法的研究，应当充分重视基础理论的方向引领与整体建构作用，从期刊论文类成果的问题点分布来看，国内学者对著作权法基础理论的关注度远远不够，不足以为具体问题的深入研究提供指引，更无力承担起整体建构的重任，这也是《著作权法》第三次修订后仍然存在诸多缺憾之处的原因之一。在图书类成果中，聚焦著作权法基础理论的著述也不是很多。造成现状的原因：一是期刊社与出版社自身的短

① 孙阳. 著作权范式下的人工智能生成物权属构建 [J]. 电子知识产权，2021 (12).
② 易玲，尹丝媛. 我国著作权法中人工智能主体资格之否定 [J]. 科技与法律，2021 (4).
③ 吴桂德. 德国人工智能创造物的知识产权法保护及其启示 [J]. 电子知识产权，2021 (1).
④ 金春阳，邢贺通. 人工智能出版物版权归属及侵权归责原则研究 [J]. 出版发行研究，2021 (9).
⑤ 万勇. 人工智能时代著作权法合理使用制度的困境与出路 [J]. 社会科学辑刊，2021 (5).
⑥ 张惠彬，肖启贤. 人工智能时代文本与数据挖掘的版权豁免规则建构 [J]. 科技与法律，2021 (6).
⑦ 林秀芹. 工智能时代著作权合理使用制度的重塑 [J]. 法学研究，2021 (6).
⑧ 高佳佳. 类型化视角下机器学习的合理使用分析 [J]. 电子知识产权，2021 (5).
⑨ 华劼. 自动版权执法下算法合理使用的必要性及推进 [J]. 知识产权，2021 (4).
⑩ 鲁甜，赵江琦. 人工智能时代无障碍阅读合理使用的适用之困与疏解之道 [J]. 出版发行研究，2021 (10).

视，基础理论并不像具体问题研究那样吸引眼球；二是期刊社与出版社受现有考评机制影响，不得不将选题集中于潜在引证率较高的热点问题的探讨上，舍弃相对冷门的基础理论研究；三是基础理论研究本身艰苦精深，研究者要有面壁十年的定力、沙里淘金的眼力和“吾道一以贯之”的想象力。所以，基础理论的探索，需要各方改变思维，付出艰辛的努力。

（二）在方法论上，可以引入功能主义的研究方法，克服法教义学内在的形式主义解释论的弊端

在学术研究的方法论问题上，应当兼容并蓄，通过引入功能主义的研究方法，克服法教义学内在的形式主义解释论的弊端。国内知识产权学界目前的主流研究方法是法教义学，是在假定现行规范全部有效且合理的基础上穷尽解释的工夫以求得妥当的结论。法教义学有其力量，但也存在自身无法克服的弱点①。法教义学侧重法律解释的形式维度，偏于概念分析、逻辑演绎，功能主义进路则侧重法律解释的功能维度，以规范的目的和效用为中心②。法律的形式化固然有助于知识和规则的表达和传授，在维持法的确定性和可预期性上具有自身的技术优势③，但过分强调形式逻辑的推演则可能导致法律解释的操作者忽视或曲解法律文本本身，扭曲社会现实对法律更新的真实需求，在一定程度上消解着法律进化的可能性。因此，在未来的著作权法研究活动中，我们应当引入功能主义的研究方法，发掘法律文本的真实内涵和立法者的原意。需要注意的是，引入功能主义研究方法并不是要放弃法教义学方法，恰恰相反，是要对二者做有机融合，在尊重形式逻辑的基础上，将规范背后的目的和运行实效置于优先地位，实现从形式维度到功能维度的转换④。因此，在今后的著作权法研究中，我们既不能将法律文本本身当作完美无缺、不容置疑的经典，一味坚持法教义学的形式主义范式，也不能动辄抛开现行规范另起炉灶，以“功能”之名随意解构。在功能主义与法教义学并重的方法论指引下，《著作权法》及其配套规范既是著作权法研究的终点，也是著作权法研究的起点。

（三）在具体研究过程中，关注《著作权法》第三次修订后的细化工作，积极回应市场变化、环境变化和技术变化带来的新问题

在具体问题的研究过程中，我们应当贯彻系统化思维，坚持本土化意识，以积极态度回应著作权保护中的新问题，针对修订后的《著作权法》展开更为细致的探索。指导思想和方法论提供了学理层面方向性与技术性的指引，仰望星空、抬头看天才能不迷失方向。与此同时，我们还应低头看地，具体分析真实问题。低头看地，要看“中国大地”，有强烈的本土化意识，告别过去那种“外国既然有，我国自应补齐”的盲目制度移植和简单理论搬运的研究模式。著作权法是市场经济的保障之法，市场的变化为著作权法的实施带来了诸多新问题。市场从来都不是封闭的，外部环境的变化也会对我国著作权法的实施带来冲击。无论中外，技术变化都会给著作权制度本身的演进提供推动力。因此，在《著作权法》第三次修订之后，以系统化思维和本土化意识积极回应市场变化、环境变化和技术变化带来的新问题，是学界同人应做的共同努力。

总而言之，只有在仰望人类智识星空的同时脚踏中国的大地，坚持基础理论与具体问题研究并重，兼容并蓄法教义学与功能主义的方法论，以体系化思维和本土化意识积极回应市场变化、环境变化和技术变化带来的新问题，我们才能真正在著作权法研究上做到守正创新，为构建知识产权强国建设新体系贡献智识上的支撑，推动经济社会高质量发展，实现中华民族强国之梦。

① 纪海龙. 法教义学：力量与弱点［J］. 交大法学，2015（2）.

② 熊丙万. 法律的形式与功能：以“知假买假”案为分析范例［J］. 中外法学，2017（2）.

③ 张翔. 形式法治与法教义学［J］. 法学研究，2012（6）.

④ 高郦梅. 网络虚拟财产保护的解释路径［J］. 清华法学，2021（3）.

# 2021 年著作权学术论文导览

［**编者按**］ 本栏目刊登两部分内容：1. 根据论文主题、发表期刊、下载次数、专家推荐，选取2021年度著作权热点问题研究十佳论文；2. 在中国知网以“核心期刊”“CSSCI”为限定条件，搜索著作权相关学术论文，收录每篇学术论文摘要。

## 一、2021 年度著作权热点问题研究十佳论文

| 论文题目 | 作者 | 发表期刊 | 下载次数 |
|---|---|---|---|
| 私人复制的著作权法制度应对：从机械复制到云服务 | 杨　明 | 《中国法学》2021 年第 1 期 | 2 284 |
| 著作权法强制性过滤机制的中国选择 | 万　勇 | 《法商研究》2021 年第 6 期 | 1 008 |
| 著作权法中传播权的体系 | 王　迁 | 《法学研究》2021 年第 2 期 | 1 560 |
| 中国著作权法三十年（1990—2020） | 刘春田 | 《知识产权》2021 年第 3 期 | 1 601 |
| 网络版权内容过滤措施的言论保护审查 | 崔国斌 | 《中外法学》2021 年第 2 期 | 1 833 |
| 论著作权法的“宽进宽出”结构 | 蒋　舸 | 《中外法学》2021 年第 2 期 | 1 983 |
| 形式解释论下网络游戏动态画面的著作权保护路径 | 焦和平 | 《现代法学》2021 年第 2 期 | 1 192 |
| 作品类型法定缓和化的理据与路径 | 梁志文 | 《中外法学》2021 年第 3 期 | 1 774 |
| 人工智能时代著作权合理使用制度的重塑 | 林秀芹 | 《法学研究》2021 年第 6 期 | 3 827 |
| “视频搬运”现象的著作权法应对 | 熊　琦 | 《知识产权》2021 年第 7 期 | 4 207 |

（注：论文排名不分先后，数据统计截至 2022 年 9 月 6 日）

## 二、2021 年度著作权学术论文摘要

### 1. 私人复制的著作权法制度应对：从机械复制到云服务

**【作者简介】** 杨明，北京大学法学院教授、博士生导师。

**【发表期刊】**《中国法学》2021 年第 1 期

**【内容摘要】** 私人复制长久以来主要表现为手工抄写，因而立法对之一直未有专门的制度安排。随着复制设备及介质的家庭化，私人复制对著作权人利益的影响逐渐受到著作权法的重视。补偿金制度的创设，即是许多欧美国家针对私人复制的负外部性所做出的制度回应，但也有中韩等少数国家在合理使用制度之外并未构建补偿机制。实际上，本质为“庇古税”的私人复制补偿金制度并不能很好地回答其是否属于外部性理论“胡闹”的产物，该制度在具体适用中亦存在诸多实操难题，因此，我国著作权法长期以来应对私人复制的制度安排值得肯定。随着计算机技术、互联网产业、云服务飞速发展，作品传播的供需两侧均与机械复制时代大相径庭。从市场原则出发来看，私人复制将更加没有“生存空间”，因而补偿金制度已无构建之必要。刚刚完成修订的我国《著作权法》坚持了过去的正确选择，即使云服务时代仍会有零星的私人复制行为，现行立法也足以应对。

**【关键词】**《著作权法》　私人复制补偿金　合理使用　机械复制　数字时代　云服务

### 2. 著作权法强制性过滤机制的中国选择

**【作者简介】** 万勇，中国人民大学法学院教授、博士生导师。

**【发表期刊】**《法商研究》2021 年第 6 期

**【内容摘要】** 为了解决所谓的“价值差”问题，《欧盟数字单一市场版权指令》引入强制性过滤机制，将发现侵权内容的责任由权利人变成网络服务提供者，将“通知—移除”规则改为“通知—筛除”规则。欧盟的这一立法极具争议，被认为存在侵犯基本权利、损害竞争与创新等问题。美国也曾试图在法律中引入强制性过滤机制，但因受到互联网企

业的强烈反对而终止。中国应着眼于提升本土互联网企业的创新能力和全球竞争能力，审慎对待“通知—移除”规则的改革，暂时不宜在法律中引入强制性过滤机制。

**【关键词】** 强制性过滤机制 “避风港”制度 “通知—移除”规则 “通知—筛除”规则

**3. 著作权法中传播权的体系**

**【作者简介】** 王迁，华东政法大学法律学院教授、博士生导师。

**【发表期刊】**《法学研究》2021 年第 2 期

**【内容摘要】** 传播权体系化的缺失导致了立法和司法实践中的诸多问题，而交互式传播与非交互式传播的分类只适用于部分传播权中的专有权利，并未实现传播权的体系化。传播权应被区分为现场传播权和远程传播权，前者指针对面向传播发生地的公众进行的传播，包括著作权法中的表演权、放映权、展览权和广播权中播放接收到的广播作品的权利；后者指针对向不在传播发生地的公众进行的传播，包括著作权法中的信息网络传播权和广播权中的初始传播及转播的权利。“传播发生地”并不是一个绝对的物理概念，当传播涉及利用技术手段将作品从一处传输至另一处时，就发生向不在传播发生地的公众进行的传播。对传播权进行体系化有助于立法的科学化和解决司法实践中的疑难问题。我国 2020 年修改后的《著作权法》对广播权的重新定义及对录音制作者获酬权的规定用语不当，可能导致传播权中各项专有权利之间的混淆，同时广播权混搭了远程传播权和现场传播权，应当对其进行修改，以构建科学的传播权体系。

**【关键词】** 传播权 向公众传播权 公开传播权 表演权 广播权

**4. 中国著作权法三十年（1990—2020）**

**【作者简介】** 刘春田，中国人民大学法学院教授、知识产权学院院长，中国知识产权法学研究会会长。

**【发表期刊】**《知识产权》2021 年第 3 期

**【内容摘要】**《著作权法》施行已 30 年，在著作权制度的激励下，我国发生了跨越时代的巨大变化。认识中国著作权制度的起源与历史，脱离不开有关的中国历史。著作权法律体系发展历程中，主导着社会变迁、制度变革和利益调整的，归根结底是 40 多年前改革开放起步的“觉醒”之结果。“觉醒”就是启蒙，就是思想解放，转变观念。《著作权法》既是法律，也是一部现代文明百科全书式的启蒙教材。它蕴含的科学、民主、自由、公平、正义和私权精神，归根结底是进步的现代观念。站在今天看未来，现代思想启蒙仍任重道远，应坚持理性的现代观念，不断解放思想、持续启蒙、深化改革、扩大开放。

**【关键词】** 改革开放 思想启蒙 现代性 知识产权 著作权法 民法典 邻接权

**5. 网络版权内容过滤措施的言论保护审查**

**【作者简介】** 崔国斌，清华大学法学院教授，法学博士。

**【发表期刊】**《中外法学》2021 年第 2 期

**【内容摘要】** 网络版权内容过滤措施已经成为预防网络版权侵权的强有力工具，有望彻底改造现有网络安全港规则。它在过滤侵权内容的同时，也可能妨碍公众发表合法言论，引发言论保护方面的关切。由于版权侵权言论本身不受保护，同时“思想表达二分”、合理使用例外等版权规则已充分考虑言论保护的需求，决策者在设计内容过滤措施时无须考虑独立的言论保护抗辩。版权内容过滤措施属于内容中立的措施，应采用比较宽松的标准进行审查。只要网络服务商将过滤对象限制在复制作品实质部分后的传播行为，选择合理的内容过滤标准，并配以必要的人工补救措施，则内容过滤措施能够通过言论保护规则的审查。另外，网络服务商主动过度过滤的可能性微乎其微。版权内容过滤虽然属于限制言论的事前措施，但并不会实质增加公众发表合法言论的成本。从言论保护的角度看，版权法要求部分网络服务商承担版权内容过滤义务，是合理的制度选择。

**【关键词】** 版权侵权 内容过滤 言论保护 间接审查 事前限制

**6. 论著作权法的“宽进宽出”结构**

**【作者简介】** 蒋舸，清华大学法学院副教授、博士生导师。

**【发表期刊】**《中外法学》2021 年第 2 期

**【内容摘要】** 著作权直接侵权责任成立的体系化分析框架由客体、权能与限制环节构成。该分析框架应当遵循“宽进宽出”的总体思路。“宽进”指放宽准入，让非典型客体和非典型利用方式进入著作权法视野，旨在利用著作权分析框架的认知优势来应对海量信息成果带来的界权挑战，而不是为了扩大保护范围。为了平衡创新者与利用者的利益，著作权分析框架还须“宽出”，允许那些有利于社会福利增长但难以获得许可的分散化和非标准化利用行为免于承担侵权责任。“宽进宽出”的规范寓意包括不过分抬高作品门槛、将临时复制视为复制、将深层链接纳入信息网络传播权范围，以及引入合理使用一般条款。将客体、权能和限制环节以体系化方式进行解读，有助于促成著作权法解释论向功能主义方向发展。

**【关键词】** 著作权　作品构成要件　专有权利　合理使用

**7. 形式解释论下网络游戏动态画面的著作权保护路径**

**【作者简介】** 焦和平，西北政法大学经济法学院副教授。

**【发表期刊】**《现代法学》2021年第2期

**【内容摘要】** 与“唯立法论”将制度本身作为评价对象不同，“解释论”旨在以现行立法为依据通过准确适用规则解决具体纠纷，因此以尊重法条文义为要旨的法律解释方法应为司法所坚守。为将游戏动态画面认定为“类电作品”，当前一些裁判通过径直适用国际公约、抽象理论和法律原则等架空“类电作品”的法定构成要件，以达同一性认定之目的这些做法实质上有损法律的完整性、权威性和安定性，殊值反思。游戏动态画面与“类电作品”在形态和传播方式上存在较大差异，不宜径行认定为“类电作品”；但因游戏动态画面符合“由一系列有伴音或者无伴音的画面组成”这一“类电作品”的核心构成要件，采取类推方法将“类电作品”视为游戏动态画面是较为妥当的著作权保护路径。

**【关键词】** 游戏动态画面　类电作品　著作权保护　类推适用

**8. 作品类型法定缓和化的理据与路径**

**【作者简介】** 梁志文，南京师范大学法学院教授、博士生导师。

**【发表期刊】**《中外法学》2021年第3期

**【内容摘要】** 作品类型的封闭式与开放式立法模式具有不同的法律适用方法。在开放式立法模式下，法院认定非典型作品时不能行使立法者专属的法律政策选择，而应坚持作品类型法定的缓和化，其理据在于法律规范的弹性空间与填补法律漏洞的需要。抽象的作品概念、以非物质化与技术中立的立法技术来界定具体作品类型，这使得非典型作品可通过法律解释而得到保护。作品类型的法律漏洞主要是因技术、经济因素造成的嗣后漏洞。准确识别法律漏洞是进行漏洞填补的前提，版权法上有意义的沉默不属于法律漏洞，它是指表达形式的反面——不受保护的思想、程序、操作方法或数学概念等。作品法定类型的法律漏洞包括隐藏式漏洞与开放式漏洞。不同漏洞的填补方法应有所区别，但关键在于准确识别作品法定类型的标准特征、否定特征和可变特征。应运用三步法，采用类推适用和分解类推等方式进行漏洞填补，也应允许特定情况下的整体类推。

**【关键词】** 作品类型法定　开放式立法　技术中立　法律漏洞　表达形式

**9. 人工智能时代著作权合理使用制度的重塑**

**【作者简介】** 林秀芹，厦门大学法学院教授、博士生导师。

**【发表期刊】**《法学研究》2021年第6期

**【内容摘要】** 人工智能技术的兴起对传统的合理使用制度提出了严峻挑战。从结构主义整体观出发的研究表明，随着AI学习和创作的发展，传统版权法的“作者中心主义”和严格的“三步检验法”不能适应AI技术变革的需要。为了促进创新和AI技术的发展，合理使用应当扩张并进行制度重塑。首先，应以“合理使用”这一术语替代“限制与例外”；其次，随着AI创作的兴起、人类作者角色的淡出和作者的“祛魅”，应当重构版权保护与合理使用的关系，将合理使用提升至与版权保护比肩的地位；再次，应当将为了AI学习、创作使用版权作品纳入合理使用的范围，但如果AI“输出”的作品与原作品实质相似，则应当属于版权人的控制范围；最后，我国著作权法应当采用灵活的、有弹性的合理使用立法模式。

**【关键词】** 人工智能　复制权　数据挖潜　合理使用　结构主义

**10. “视频搬运”现象的著作权法应对**

**【作者简介】** 熊琦，华中科技大学法学院教授、博士生导师。

**【发表期刊】**《知识产权》2021年第7期

**【内容摘要】** “视频搬运”现象作为短视频类的著作权争议，已经由最初客体的可版权性转向行为的合法性认定问题，其核心在于如何判断短视频中以不同形式使用他人作品的行为是否合法。由于移动互联网时代短视频制作和传播早已超出网络用户自我表达的范畴，成为“引流”和“圈粉”的重要手段，并通过用户规模的提升给互联网平台带来经济收益，因此其性质应视为“职业创造内容”，并应严格根据“三步检验法”判断“搬运”的合法性，从行为是否与原作品使用产生经济上的冲突来决定是否将因搬运而生的短视频纳入事前许可范围。同时，为保障互联网传播效率的充分发挥，有必要将互联网平台作为著作权集中和大规模许可的主体看待，突破传统集体管理制度对集体管理组织的认知局限，允许互联网平台集中行使著作财产权，发挥数字权利管理信息的功能，降低作品在互联网传播的信息成本和协商成本，保障网络用户能够继续低成本使用他人作品进行“二次创作”。

**【关键词】** 用户创造内容　职业创造内容　短视频　合理使用　最终用户服务协议

**11. 论大数据在著作权法保护中的冲突与协调**

**【作者简介】** 田小楚，西安交通大学法学院博士研究生；高山行，西安交通大学管理学院教授、博士生导师。

**【发表期刊】**《重庆大学学报（社会科学版）》2021 年第 1 期

**【内容摘要】** 现代网络技术与科技手段使大数据的利用与传播打破了传统的交易模式，使数字时代的盗版行为成为不受时空限制的低成本行为，甚至可能以牺牲“创作”为代价换取信息社会的快速发展。大数据资源法律救济保护的滞后性难题，引发了人们对大数据在著作权法保护中的冲突与协调的思考。为实现对大数据权利人的保护和社会利益最大化，文章以大数据及其权属论争为基点，通过法经济学与法哲学的理论范式推演探知大数据的权属划分与价值收益，得出大数据适用于著作权法保护的可行性结论。并借鉴大数据在英美法系与大陆法系法律框架下的经验与共识，解构大数据适用著作权法的助益与阻滞因素，从而尝试以设立“数据权”或与其他法律制度兼容的形式检验法学科学处理现代科学的技术理性，为大数据的法律保护提供更多可能性。

**【关键词】** 大数据　著作权法　数据产权　数据权属　复制权　合理使用

**12. 新兴媒体著作权法律义务的体系构建**

**【作者简介】** 梅术文，南京理工大学知识产权学院教授、博士生导师；李涛，南京理工大学经济管理学院副教授。

**【发表期刊】**《苏州大学学报（法学版）》2021 年第 1 期

**【内容摘要】** 新兴媒体的出现和迅猛扩张，不仅是对传统媒介生态的革命，也给著作权带来新的挑战。美国等具有代表性的国家通过立法的形式调整新兴媒体的著作权义务，逐步形成多种义务共存的格局。我国司法实践也针对不同类型的新兴媒体，提出了新的著作权法律义务要求。构建完整的著作权法律义务体系，可以为新兴媒体划定行为边界，对其经营管理行为予以著作权法上的规制。在遵循“共同而有差别”原则的基础上，赋予新兴媒体事前管理义务、事中配合义务及事后制止义务，既保障著作权人权益，又促进新兴媒体产业发展，推动互联网版权生态治理。

**【关键词】** 新兴媒体　社交媒体　版权义务　注意义务　审查义务

**13. 科技期刊新型出版模式的著作权机制**

**【作者简介】** 罗娇，中国农业大学人文与发展学院副教授。

**【发表期刊】**《编辑学报》2021 年第 1 期

**【内容摘要】** 开放出版与预印本是科技期刊以改革期刊著作权运营模式为核心特征的两种新型出版模式。在界定“OA”“金色 OA”“绿色 OA”“完全 OA”“混合 OA”“回溯金色 OA”等概念的基础上，厘清金色 OA 与绿色 OA 的著作权机制，文章认为需要关注不同版本论文的共享问题、绿色 OA 的著作权处置权限和 CC 协议的适用问题等。同时，在厘清预印本著作权机制的前提下，文章认为期刊可以出版预印本、可以以订阅模式出版预印本；投稿时明确告知稿件为预印本的，不属于学术不端行为所指的一稿多投和重复发表。

**【关键词】** 开放出版　预印本　著作权　开放获取　知识共享

**14. 区块链技术在 UGC 版权管理中的应用探析**

**【作者简介】** 王惠芬，暨南大学管理学院教授；蔡淑雅，暨南大学管理学院硕士研究生。

**【发表期刊】**《传媒》2021 年第 1 期

**【内容摘要】** 大数据时代，UGC 版权面临 UGC 权利归属、侵权主体、侵权责任难以认定的风险。区块链融合知识产权的发展趋势为 UGC 版权管理提供了新的契机。文章通过有效联结区块链分布式存储、联盟链和智能合约等功能为用户生成内容生产、传播、消费、参与环节建言献策，以期促进 UGC 版权管理机制的完善，平衡 UGC 网站、网络用户、版权人三方利益。

【关键词】 区块链 UGC版权 智能合约 联盟链

**15. 数字有声读物产业中的版权保护风险与应对研究**

【作者简介】 刘茜芸，南京大学法学院博士研究生。

【发表期刊】《科技与出版》2021年第1期

【内容摘要】 数字有声读物产业在经历了UGC、PGC两种内容生产模式之后，形成了当下较为成熟的PUGC内容生产模式。但是从审判实务中可见，数字有声读物产业中面临着授权不能或授权不规范、举证与证据公证保全难、版权登记仅能公示不能公信、网络平台间接侵权的判定存疑、诉讼时间长且赔偿金额较低等版权保护风险。因此，应当积极应对数字有声读物产业中的版权保护风险：在授权环节，应用区块链技术保障版权交易与存证；在确权环节，引入DCI体系标识登记并核查版权；在维权环节，完善相关立法，构建多元的解纷机制。

【关键词】 有声读物 版权侵犯 版权保护 法律纠纷

**16. 全媒体传播工程实施的版权困境与治理之策**

【作者简介】 叶俊，中国社会科学院大学新闻传播学院副教授；朱鸿军，中国社会科学院新闻与传播研究所研究员、博士生导师。

【发表期刊】《科技与出版》2021年第1期

【内容摘要】 “十四五”规划《建议》提出“实施全媒体传播工程”，涉及媒体深度融合、全媒体建设、人才培养等方面。版权保护和版权运用是事关全媒体内容创作与传播的重要环节。面对当前全媒体传播工程实施过程中遇到的各种版权问题及治理困境，要从顶层设计、著作权集体管理机制、新技术运用、执法力度和多元治理主体5个方面入手，加强全媒体版权治理，为全媒体传播工程实施提供良好的版权环境。

【关键词】 全媒体传播工程 全媒体版权 互联网治理 版权治理

**17. 创新是引领出版业发展的动力——基于版权视角**

【作者简介】 黄先蓉，武汉大学信息管理学院教授、博士生导师；贺敏，武汉大学信息管理学院博士研究生。

【发表期刊】《出版科学》2021年第1期

【内容摘要】 版权是出版业的资源性资产，也是其创新发展的关键。版权保护为出版业营造良好的创新发展氛围，版权运用促进出版业实现创新发展目标，成为出版业创新发展的两个重要着眼点。法律制度、资本、技术共同作用于版权保护与运用，是出版业创新发展的驱动因素。然而，法律的滞后性、资本的趋利性以及技术的两面性也制约着我国出版业的创新发展。因此，应从版权保护和运用层面考虑，利用三大驱动因素进一步助力我国出版业创新发展。

【关键词】 出版业 创新发展 版权保护 版权运用

**18. 论作品角色的著作权保护**

【作者简介】 戴哲，暨南大学法学院讲师。

【发表期刊】《大连理工大学学报（社会科学版）》2021年第1期

【内容摘要】 作品角色具有独特的价值，他人可能利用在先角色创作新的作品，于是，产生了角色保护的需求。这是一项我国近年来遇到的著作权法新问题，我国法院对此做了一些探索，但尚未建立起对于角色独立的著作权保护体系。应该看到，并非所有作品都具有角色，但对于具有角色的作品而言，其作品角色都可以构成独立的新作品。但只有当角色具有足以被他人识别的独创性表达时，才能独立地构成新作品。不过，即便未构成作品，角色也可以通过反不正当竞争法获得保护。在著作权归属上，构成作品的角色归其创作者原始所有，其上的权利独立于原作品著作权而存在，同时，角色的真人表演者享有表演者权。在权能上，角色著作权人享有控制角色后续利用的著作财产权，角色的创作者始终拥有著作人身权。

【关键词】 作品 角色 著作权

**19. 视听作品与录像制品二分立法模式的确立与坚守**

【作者简介】 贺涛，国家广播电视总局发展研究中心主任编辑。

【发表期刊】《编辑之友》2021年第1期

【内容摘要】 视听作品有两种不同的著作权立法模式，即视听作品一分模式和视听作品＋录像制品二分模式。作为作者权体系国家，我国著作权法从一开始即采用二分模式，并一直沿用至今。随着视听产业的创新和发展，著作权法中电影作品和录像制品的概念与规则已不适应实践需要，亟须修改和完善。我国著作权法应坚持视听作品与录像制品的二分立法模式，并通过重构视听作品独创性标准解决视听作品与录像制品的认定难题。

**【关键词】** 视听作品　录像制品　著作权法　二分立法模式

**20. 未经许可的演绎作品著作权问题研究**

**【作者简介】** 刘银燕，河南牧业经济学院文法学院讲师。

**【发表期刊】**《河南财经政法大学学报》2021年第1期

**【内容摘要】** 在Web2.0时代，用户创造内容、人工智能生成物等未经许可的演绎作品之著作权保护问题，已成为著作权法领域极具争议的话题。“用户创造内容”在网络社会成为一种普遍现象，人工智能已把人类拉下了创作的神坛。但未经许可利用他人作品的行为，面临不同情形的著作权侵权风险。为促进科学与文化艺术的进步与繁荣，不仅需要通过拓展合理使用范围来对未经许可的演绎作品进行有效保护，更需要通过推广知识共享协议等方式建立高效完善的著作权流转机制，保障演绎创作自由。

**【关键词】** 许可　演绎作品　转换性使用　CC协议

**21. 数字时代版权合同中未知使用方式问题研究：不完全契约理论的视角**

**【作者简介】** 崔立红，山东大学法学院教授、博士生导师；梁婉颖，山东大学法学院博士研究生。

**【发表期刊】**《山东大学学报（哲学社会科学版）》2021年第1期

**【内容摘要】** 数字开发日益成为作品的新的利用形式，签订版权交易合同的双方当事人在签订合同之时通常无法预料到版权作品利用的未知使用方式问题，作者没有适当的机制参与到新形式的利用和获酬之中，可能导致版权人与传播者利益的失衡。原有的合同需要适应新技术的发展而发生改变，或者当未知的数字利用方式已经包含进原有的合同之中，应当认定未知使用方式授权合同的有效性。对于没有规定未知使用方式的合同，除非在合同存续阶段出现的未知使用方式不能被合同中所授权的版权法定权利所涵盖，否则无须重新协商新的授权合同。但应当在版权法中引入作者变更合同的权利，使得版权人在享有不成比例的收益时，有权要求修改合同约定的报酬，保障版权人公平地参与到作品的数字化开发之中。

**【关键词】** 数字时代　不完全契约　版权合同　未知使用方式　合同效力　合同变更

**22. 网络短视频产业的法治治理：理念、规则和机制——以著作权分享为视角**

**【作者简介】** 饶世权，西南交通大学马克思主义学院副教授。

**【发表期刊】**《中国编辑》2021年第1期

**【内容摘要】** 随着移动通信技术的发展，网络短视频呈爆发式增长，但也产生盗版、模仿、二次剪辑等各种侵害他人著作权的乱象。短视频产业在客观上存在大量的著作权分享，主观上许多创作者并不以享有著作权为目的。因此，治理网络短视频产业乱象应当以著作权分享为法治治理理念，建立由“传统许可”模式、“推定无偿许可”模式和相互转换模式构成的多元许可分享著作权的治理体系。同时，短视频的著作权分享应当受到人身权保护和“作品否定”的限制，通过建立和完善网络服务提供者的“合理注意”义务，建构网络短视频产业的法治治理机制。

**【关键词】** 网络治理　短视频　著作权　无偿分享　合理注意

**23.《音乐现代化法案》对我国版权制度的启示——著作权集体管理组织、音乐数据库、版税计算**

**【作者简介】** 李晶，厦门大学知识产权研究院助理教授，硕士生导师；张靖辰，厦门大学知识产权研究院硕士研究生。

**【发表期刊】**《贵州师范大学学报（社会科学版）》2021年第1期

**【内容摘要】** 从唱片到数字音乐的转变颠覆了传统音乐产业。传统版权制度面临先授权后使用基本原则的商业打破与版权制度激励目标的难以实现问题。美国2018年《音乐现代化法案》对数字音乐发展的版权制度变革需求做出回应。该法案设立了新的著作权集体管理组织，并对版税率计算方式等做出调整，解决了传统版权制度的一些显著缺陷。借鉴该法案对于我国应对数字音乐产业发展所引起的版权问题有所裨益。我国音乐著作权集体管理组织可调整为有限竞争或有限垄断模式，加强透明度与各方监督力度，提升管理能效。音乐数据库的设立需重视元数据问题，确保数据库的有效性。版税率的确立应依据市场而定，可通过技术手段予以实现。

**【关键词】** 数字音乐　版权制度　《音乐现代化法案》　著作权集体管理组织　版税计算

**24. 中国民间文学艺术知识产权保护研究述评及展望**

**【作者简介】** 刘雪凤，中国矿业大学公共管理学院教授；王家棋，中国矿业大学公共管理学院硕士研究生。

**【发表期刊】**《贵州师范大学学报（社会科学版）》2021年第1期

**【内容摘要】** 民间文学艺术面临着资源流失、盗用等保护不力的困境，民间文学艺术知识产权保护尚未得到国际社会的广泛认可。我国作为民间文学艺术资源大国，在立法保护方面仍然处于相对滞后的状态，因而对于民间文学艺术知识产权保护的研究具有重要的现实意义。但是，目前在民间文学艺术知识产权的保护主体、客体、保护期限以及保护模式等方面的研究存在较大争议。文章通过梳理学界观点，了解学者们在民间文学艺术知识产权保护研究方面重点关注的问题，发现现有研究存在的不足之处，以期为民间文学艺术的学术研究、法律实践提供参考。

**【关键词】** 民间文学艺术知识产权　知识产权保护

**25. 数字环境下作品首次销售原则的改良适用研究**

**【作者简介】** 崔波，浙江传媒学院新闻与传播学院教授；赵忠楠，浙江传媒学院新闻与传播学院。

**【发表期刊】**《陕西师范大学学报（哲学社会科学版）》2021年第1期

**【内容摘要】** 数字作品的出现使得传统出版中既有的首次销售原则面临严峻挑战。然而传统出版领域中保护消费者对作品进行再销售、赠予的首次销售原则在数字版权经济领域的适用仍是一片空白。对数字环境首次销售原则适用问题进行学理分析，需要观照数字环境下首次销售原则的立法探索与司法实践、首次销售原则适用的障碍，方能在此基础上探寻首次销售原则在数字环境下的适用出路。

**【关键词】** 数字作品　首次销售原则　数字版权经济　再销售

**26. 新闻作品著作权中边界模糊问题的症候、纠偏与调适——基于《中华人民共和国著作权法》第三次修改草案新闻传播条款的修正**

**【作者简介】** 沈正赋，安徽师范大学新闻与传播学院教授、博士生导师。

**【发表期刊】**《当代传播》2021年第1期

**【内容摘要】**《著作权法》一直存在边界模糊不清、需要纠偏与调适的问题，第三次修改草案涉及新闻传播领域的条款，主要集中并反映在视听作品的内涵和外延、时事新闻概念的重新界定和著作权保护、职务作品的著作权和署名权以及使用权等问题上。此次修改草案对新闻传播条款的修正，是历次修改中幅度最大、调整效果最明显的一次纠偏与调适，呈现出对相关问题的界定越来越规范、越来越科学的修正逻辑、调整思路与立法旨归，有助于推动我国著作权法科学化、标准化、合理化和中国化的立法水平。

**【关键词】**《著作权法》　新闻作品　著作权修改草案

**27. 区块链视域下公共图书馆数字版权交易平衡策略研究**

**【作者简介】** 周莉，贵州民族文化宫民族图书馆副研究馆员。

**【发表期刊】**《图书馆工作与研究》2021年第1期

**【内容摘要】** 为科学规制公共图书馆参与数字出版过程中长期存在的供需地位失衡、博弈机制失衡、版权流转失衡等矛盾，文章以区块链中的分布存储、共识机制、智能合约3类核心技术为基础，分析了旨在动态平衡公共图书馆参与数字出版版权利益博弈的可行思路，同时结合区块链各层级结构特点提出面向促进资源供需节点间地位平衡、达到版权收益帕累托最优、提高数字版权交易可靠性的实践策略，以期为公共图书馆在参与数字出版过程中及时遏制侵权行为、保障版权交易利益相关者权益提供参考。

**【关键词】** 公共图书馆　数字出版　区块链　版权交易平衡

**28. 图书馆数字资源长期保存的技术措施限制与例外研究——基于著作权保护“技术路径”的考量**

**【作者简介】** 柴会明，天津音乐学院图书馆副研究馆员。

【发表期刊】《图书馆杂志》2021 年第 1 期

【内容摘要】 著作权技术措施保护带来的权利扩张使图书馆数字资源长期保存面临挑战。自 1996 年 WCT 和 WPPT 确立技术措施保护制度设计以来，欧美著作权立法在落实这一原则的同时都增加了面向图书馆的技术措施限制与例外，以适应数字时代图书馆发展的需要。文章基于对技术措施性质及著作权技术措施保护立法理论的分析，比较了美国、欧盟以及我国的相关立法实践，认为我国现行著作权法中技术措施保护与图书馆数字保存之间存在不适应性，建议在法律修订时考虑增加可适用于图书馆的技术措施限制与例外条款。

【关键词】 图书馆　数字资源长期保存　著作权　技术措施限制与例外

**29. 人工智能对版权侵权责任制度的挑战及应对**

【作者简介】 初萌，北京大学法学院博士研究生。

【发表期刊】《北方法学》2021 年第 1 期

【内容摘要】 对人工智能版权侵权责任的分析应当摒弃“统合分析”模式，坚持“层次分析”方法，就深度学习中的复制行为与输出侵权作品的行为分别进行评价。就前者而言，基于复制权的式微及深度学习中的复制累积所形成的传播效应，应以是否合法获取复制件作为侵权判定的基础；就后者而言，现阶段不宜更改“接触＋实质性相似”判定标准和过错推定原则，但应基于人工智能行为的自主性和算法黑箱，相应配置人工智能设计者、控制者“防抄袭”注意义务，并以公平责任作为补充。在技术推动变革的时代，应始终以建构主义的态度审视人工智能的发展，实现版权法与技术的良性互动。

【关键词】 人工智能　版权法　侵权责任　过错推定

**30. 论数字技术变革与著作权集体管理制度的耦合**

【作者简介】 刘慧，西安交通大学法学院博士研究生。

【发表期刊】《出版发行研究》2021 年第 1 期

【内容摘要】 以 5G、云计算、人工智能、区块链、大数据等为代表的数字技术促使数字出版产业飞速发展，也使得我国著作权集体管理在传统环境下的问题和困难还没有完全解决的同时，又面临数字技术的发展带来的诸多问题。在著作权集体管理制度发展过程中，应明确数字技术发展与著作权集体管理制度创新的耦合关系。文章通过分析著作权集体管理的现实问题，提出完善数字技术变革下著作权集体管理制度的对策建议；结合数字技术的优势，给出利用技术变革创新著作权集体管理的实践图景，实现“法律＋技术”对著作权集体管理的双向推动。

【关键词】 数字技术变革　著作权集体管理　耦合关系　著作权法

**31. 论数字作品发行权用尽原则的最新发展——以 Tom Kabinet 案为研究对象**

【作者简介】 孙那，西安交通大学法学院副教授。

【发表期刊】《出版发行研究》2021 年第 1 期

【内容摘要】 诞生于纸质图书出版时代的发行权在面对网络环境中的数字作品形态时，是否能够将权利用尽原则进行移植性适用是各国都需要面对的难题。欧洲法院在最新案件中明确了欧盟的态度，即除计算机软件之外的数字作品不适用发行权用尽原则，也就是说再次转售行为需要获得原有权利人的同意且需要向其支付报酬。文章从立法论、法解释论的角度考察欧盟最新案件的裁判思路，从而为我国未来数字作品的交易和立法的修改提供相应的法律参考。

【关键词】 数字作品　发行权　权利用尽原则

**32. 电子图书众筹：网络圈群中著作权保护的实然困境和应然路径**

【作者简介】 贾磊，河南财经政法大学知识产权学院讲师。

【发表期刊】《出版发行研究》2021 年第 1 期

【内容摘要】 网络圈群众筹电子图书是在互联网社交化背景下出现的一种电子图书传播现象。因网络圈群本身形成和运作的特点，使得所涉电子图书著作权保护特点迥异于传统电子图书著作权保护。为有效解决网络圈群众筹电子图书带来的著作权保护问题，应从电子图书资源有效供给，社会公众的著作权保护意识，圈群组织者和参与者的行为边界与责任追究，集体管理组织和专业监测机构的作用发挥等几方面进行探求，助益数字图书出版产业的发展。

【关键词】 电子图书　网络圈群　众筹　著作权　合理使用

**33. 论版权权利穷竭原则在数字环境中的适用及其考量因素**

**【作者简介】** 赵加兵，河南财经政法大学民商经济法学院讲师

**【发表期刊】** 《郑州大学学报（哲学社会科学版）》2021年第1期

**【内容摘要】** 随着数字技术的迅速发展，建基于复制时代的版权权利穷竭原则已然难以回应数字版权发展的现实需求，亟须变革。而将版权权利穷竭原则延伸适用于规制数字环境下的作品复制件销售行为即是未来的变革趋势。在将版权权利穷竭原则延伸适用于规制网络环境下的作品复制件销售行为时，有必要在全面分析数字技术对版权制度产生的诸多冲击的基础上，确立灵活的可适用于数字环境的版权权利穷竭判断标准。具体可从作品复制件首次销售和再次销售两个维度来确定规制数字环境下作品复制件交易的版权权利穷竭判断标准。

**【关键词】** 数字技术　版权　权利穷竭　判断标准

**34. 公共领域保留视域下作品著作权保护研究——以作品中不受保护事实、题材为考察对象**

**【作者简介】** 冯晓青，中国政法大学民商经济法学院教授、博士生导师。

**【发表期刊】** 《湖南大学学报（社会科学版）》2021年第1期

**【内容摘要】** 作为与著作权保护形成的专有领域相对而言的概念，公共领域保留的理念和原则在著作权法中具有十分重要的意义。受著作权保护的作品具有最终进入公共领域的性质，公共领域也是维系著作权法中利益平衡机制的重要保障。作品中不受保护的事实、题材即属于典型的公共领域和公共资源范畴，在著作权保护实践中应注意加以排除，以明确著作权保护的边界。我国著作权法在实施中应当在加强著作权保护的同时，注重维护公共领域保留原则，以更好地实现其立法宗旨。

**【关键词】** 公共领域　著作权　事实　题材　著作权侵权

**35. 在线教学视域下的著作权问题研究**

**【作者简介】** 黄璐，重庆大学教师教学发展中心副主任。

**【发表期刊】** 《中国大学教学》2021年Z1期

**【内容摘要】** 当前“互联网＋教育”深度融合，在线教学成为一种新的教学模式，并随着信息技术的应用和普及而持续稳定发展。但在线教学课堂的范畴、在线教学作品及其归属、在线教学平台的权利与责任、合理使用规则的判定，以及在线教学著作权保护等基本问题还存在较大争议，羁绊在线教学的持续发展。厘清在线教学中的著作权基本问题，有利于促进在线课程建设，是适应新时代教学需求、鼓励知识共享与创新、推动教育文化事业积极发展的重要前提。

**【关键词】** 在线教学　作品　在线教学平台　合理使用制度　著作权保护

**36. 短视频版权保护中平台间接侵权责任厘定**

**【作者简介】** 鲍伊帆，华东政法大学法律学院硕士研究生。

**【发表期刊】** 《东南大学学报（哲学社会科学版）》2021年S1期

**【内容摘要】** 短视频已成为网络信息传播领域中的新常态，短视频领域内的侵权纠纷频发，对短视频行业的健康、有序发展造成严峻的挑战。对于短视频的可版权性及其独创性要求不应做宽泛的规定，而应结合PGC、UGC及混搭剪辑类视频等短视频的具体类型予以类型化考量。在认定平台的版权间接侵权责任时，平台的注意义务应与“通知—转通知＋删除”规则互为补充。合理适用“通知—转通知＋删除”规则，遵循“及时性”和“必要性”的双重限制。在适当加重平台的注意义务的同时，对其制定统一的实施标准确有必要。

**【关键词】** 短视频　版权保护　平台　间接侵权

**37. 《著作权法》修改：关键条款的解读与分析（上）**

**【作者简介】** 王迁，华东政法大学法律学院教授、博士生导师。

**【发表期刊】** 《知识产权》2021年第1期

**【内容摘要】** 修改后的《著作权法》将“作品类型法定”模式改为“作品类型开放”模式，可能将导致作品与其他智力成果的界限变得模糊不清。法院应避免为“创新”而不当扩张著作权的保护范围。广播权被重新定义为可规制任何以非交互式手段向公众传播作品行为的专有权利，具有实质意义。“三步检验标准”的纳入是对法定权利限制的适用进行再限制，并非允许法院自行创设新的权利限制。有关制作和向视障者及其他阅读障碍者提供无障碍格式版的权利限制意义重大，其扫清了我国批准

《马拉喀什条约》的障碍。对涉及课堂教学和免费表演的权利限制的修改形式意义大于实质意义。对有关复制公共场所艺术品的权利限制的修改可能造成误解。删除“播放以录音制品体现的作品的法定许可”，并不意味着广播电台、电视台今后播放录音制品时须经过其中作品著作权人的许可，对其行为应适用“播放已发表作品的法定许可”。

**【关键词】** 作品类型开放　广播权　权利限制　播放录音制品法定许可

**38.《著作权法》修改：关键条款的解读与分析（下）**

**【作者简介】** 王迁，华东政法大学法律学院教授、博士生导师。

**【发表期刊】**《知识产权》2021 年第 2 期

**【内容摘要】** 修改后的《著作权法》将视听作品分为“电影作品、电视剧作品及其他视听作品”，并分别规定了不同的著作权归属规则，但两类视听作品分类标准不明，且对其他视听作品采用约定优先的著作权归属规则，不利于此类视听作品的许可与传播。当一名合作作者无正当理由反对对合作作品的特定利用时，其他合作作者不能发放专有许可，这可能给合作创作的学术论文和专著的出版带来负面影响。修改后的著作权法将电台、电视台和报刊通讯社员工的职务作品定为特殊职务作品，可能产生其员工离职后无法获得出版其职务作品文集所需授权的问题。新增的有关职务表演的规定合理地解决了长期以来将“演出单位”作为“表演者”的问题。对传播录音制品获酬权的规定并不是法定许可，因为《著作权法》并没有为录音制作者规定除信息网络传播权之外的传播权专有权利。修改后的《著作权法》的一大亮点是将广播组织的转播权以技术中立的方式拓展至网络环境。有关用作者的署名推定权利存在的规定，被诉侵权人应证明其使用涉案作品已获许可的规定，以及法院有权没收和销毁侵权复制品的规定，均直接来源于《中美经济贸易协定》，其中有些仅具有形式意义。修改后的《著作权法》为摄影作品享受新的保护期（作者有生之年加 50 年）所设定的条件与《世界知识产权组织版权条约》不一致，可能需要再次修改。

**【关键词】** 权利归属　职务表演　录音制品传播获酬权　权利的保护　摄影作品保护期

**39. 新兴媒体融合发展的著作权利益分享论纲**

**【作者简介】** 梅术文，南京理工大学知识产权学院教授、博士生导师。

**【发表期刊】**《新闻界》2021 年第 2 期

**【内容摘要】** 随着现代信息技术的持续发展，新兴媒体与传统媒体之间围绕着著作权展开的利益博弈日趋激烈。新兴媒体发展中，著作权激励创作的功能受到质疑，促进传播的基础不复牢固，繁荣文化消费市场的预设受到怀疑，自然权利价值观受到免费使用理念的挑战。然而由此否定、怀疑著作权理论合理性的各种学术流派也应该受到批判。实际上，著作权利益分享理论将著作权的正当性归于该权利的配置能够实现各方利益的分享，体现了新兴媒体融合发展中的市场力量、大众力量和公共领域力量，因循该理论框架有助于构建传统媒体和新兴媒体融合发展的制度路径。

**【关键词】** 新兴媒体　传统媒体　著作权　利益分享理论

**40. 刍议人工智能创作内容的版权保护问题**

**【作者简介】** 孟宪林，南宁师范大学新闻传播学院播音主持系主任。

**【发表期刊】**《传媒》2021 年第 2 期

**【内容摘要】** 随着 AI 技术的迅猛发展，许多媒体纷纷试水人工智能产品，以期提升工作效率，重塑媒体行业。然而，由于目前法律和政策尚不完善，人工智能生成物在市场上的应用已引发了一系列创作物的版权归属纠纷，有关“人工智能生成物”侵权使用的诉讼案件日渐增多。新《著作权法》将于 2021 年 6 月起生效实施，妥善保护人工智能创作内容版权，已成为当下亟须考虑的问题。文章拟探析目前市场上出现的人工智能创作内容侵权类型，并就如何保护人工智能创作内容的版权提出参考性建议。

**【关键词】** 人工智能创作内容　著作权归属　网络版权

**41. 体育赛事 GIF 动图的版权规制路径**

**【作者简介】** 陈全真，南京大学法学院博士研究生。

**【发表期刊】**《编辑之友》2021 年第 2 期

**【内容摘要】** 目前 GIF 动图已成为颇受大众欢迎的观看方式，其进一步分流了新媒体视频的客户，在一定程度上对既有的赛事节目版权利益格局造成了冲击，对体育赛事版权被许可方形成了竞争效应。对此文章建议，应在区分竞争主体的基础上，采取不同的规制路径，网络用户的非商业性利用应归为私人复制或合理使用范畴；而对于平台经营者的商业性利用，《中华人民共和国著作权法实施条例》或相关司法解释应顺应互联网版权产业的发展趋势，将法定许可制度做扩大解释，以便其适用范围扩张至互联网平台，将体育赛事 GIF 动图的使用归为法定许可使用范畴。

**【关键词】** 体育赛事 GIF 动图　版权利益格局竞争　合理使用　法定许可

**42.《民法典》对网络出版治理规则的体系建构及其完善**

**【作者简介】** 梁九业，东北师范大学政法学院讲师。

**【发表期刊】**《出版发行研究》2021 年第 2 期

**【内容摘要】**《民法典》作为市场经济的基本法，对网络出版的生态治理具有重要意义。《民法典》在坚持彰显社会主义核心价值观的基础上，确立了私权保护与完善治理的价值定位，从网络出版主体制度的开放性、私权保障的充分性、网络侵权规则设置的合理性以及惩罚性赔偿规则引入的适时性等方面进行了体系化的规则建构。在《民法典》实施背景下，为促进网络出版治理的制度化与科学化，应在我国《民法典》及《著作权法》适用过程中强化著作权限制规则、惩罚性赔偿适用规则以及著作权登记规则等法律规范在网络出版治理中的平衡与协调、保护与规制功能的发挥，促进《著作权法》与《民法典》之间的体系协调和司法适用的科学统一。

**【关键词】**《民法典》　网络出版　著作权　治理规则

**43. 论我国引入新闻出版者邻接权的必要与构建**

**【作者简介】** 戴哲，暨南大学法学院讲师。

**【发表期刊】**《出版发行研究》2021 年第 2 期

**【内容摘要】** 新闻出版者邻接权于 2019 年被写入《数字化单一市场版权指令》，由此引发学界关于我国是否有必要引入这一邻接权的争论，亟待厘清。在互联网时代，我国新闻出版行业面临着与欧盟相类似的困境，新闻内容的巨额收益为二次传播者所攫取，新闻内容供给与收益的平衡被打破，这对新闻供给的产业链条造成了巨大的冲击，因此我国也有必要创设新闻出版者邻接权，以重塑新闻内容供给与收益的平衡。同时，在假信息和“洗稿”现象兴起的当下，这一权利将为优质信息的供给提供支持，彰显出版价值。在制度构建上，我国立法者可以借鉴欧盟立法，将新闻出版物规定为权利客体，并规定信息网络传播权作为这一邻接权的唯一权能。此外，我国应对权利进行适当限制，并采用两年作为权利保护期限。

**【关键词】** 邻接权　新闻出版者　著作权

**44.《著作权法》第三次修改的重要内容及价值考量**

**【作者简介】** 石宏，全国人大常委会法制工作委员会民法室副主任。

**【发表期刊】**《知识产权》2021 年第 2 期

**【内容摘要】** 将于 2021 年 6 月 1 日正式开始实施的著作权法修改决定，对我国的著作权法律制度做了重大完善，修改的主要内容包括：一是完善相关概念和制度，包括完善作品的定义和类型、明确视听作品的权利归属、廓清广播权的内涵、修改合理使用的相关内容、增加职务表演制度等；二是强化对著作权人的保护，包括增加惩罚性赔偿制度、提高法定赔偿额、加大对严重侵权行为的行政处罚力度等；三是解决权利人维权难题，包括增加作品登记制度、增加文书提供令制度、实行举证责任倒置、完善诉前保护制度、完善著作权集体管理制度等；四是全面履行国际条约义务，包括延长摄影作品的保护期、完善残疾人合理使用的规则、增加表演者对其表演的出租权、增加录音制作者的广播和机械表演获酬权等。

**【关键词】** 作品　视听作品　合理使用　广播组织的权利　惩罚性赔偿　著作权集体管理诉前保全　证明责任　作品登记

**45. 人工智能创作作品的版权归属研究**

**【作者简介】** 苗成林，重庆大学法学院博士研究生。

**【发表期刊】**《科学技术哲学研究》2021 年第 2 期

**【内容摘要】** 当人工智能成功介入人类传统文学艺术领域，且能“创作”出满足版权法要求的作品时，其带给版权制度的冲击不可谓不强。从版权客体角度看，由人工智能“创作”产生的作品具有可版权性，值得版权法保护；而从版权主体角度看，如何为该作品确立一个正当的版权归属者才是版权制度所面临的真正挑战。人工智能可以成为版权制度上的创作者仅仅是一个事实判断，人工智能能否成为版权主体却是一个具有哲学意义的价值判断。当下，人工智能尚且不具备成为版权主体的资格与条件，而在人工智能具备主体性之前，就只能依版权法的规定为其创作作品确立一个正当的版权归属者。

【关键词】 人工智能创作作品　版权归属　创作者

**46. 著作权直接侵权认定中的“用户感知”因素——从复制权到信息网络传播权**

【作者简介】 蒋舸，清华大学法学院副教授、博士生导师。

【发表期刊】《环球法律评论》2021 年第 2 期

【内容摘要】 现有研究将“用户感知”视为信息网络传播权领域的专属话题，但实际上用户感知在著作权各种权能的直接侵权认定中一直发挥着关键作用。以复制权侵权判定为例，我国法上对“受众关于相似性感知和欣赏体验”的关心，以及比较法上的“非专业公众测试”“非专业听众测试”“普通观察者测试”“普通人测试”“更细心的观察者测试”等，本质上都是对用户感知的考查。在直接侵权认定中考虑用户感知具有充分的正当性，因为这种做法体现了排他权范围与作品市场价值和社会价值之间的联系。认识到用户感知的重要性有助于优化各项权能的解释论框架，尤其有助于解决以深层链接为焦点的信息网络传播权边界之争。“服务器标准”排斥“用户感知”而将直接侵权判断建立在纯粹的技术细节分析之上，有违支配各种权能边界的共同原则，不值得提倡。信息网络传播权的界定应当与其他权能保持一致，在重视“用户感知”的基础上辅以“专家判断”。

【关键词】 信息网络传播权　公开传播权　复制权　用户感知　实质相似

**47. 体育赛事转播的权利归属及法律关系分析**

【作者简介】 叶敏，江南大学法学院副教授；李安阳，江南大学法学院硕士研究生。

【发表期刊】《天津体育学院学报》2021 年第 2 期

【内容摘要】 在大数据时代背景下，商业化已成为现代体育赛事的主要运作模式，赛事组织者主要通过转播来营利，且其目标传播受众早已不限于购票入场的现场观众，而是包括网络观众在内的所有潜在收视群体。针对体育赛事节目的法律性质，在著作权语境下不应从字面上对“转播”进行人为的限缩解释，应当摆脱传统著作权法中类似广播组织权、信息网络传播权等概念的束缚，从受众范围而不是传播主体或传播方式的角度进行权利的划分，从而将赛事节目归入视听作品的一种。而对于体育赛事转播的权利归属及法律关系，通过分析受众、体育赛事组织者、体育赛事节目制作人、体育赛事授权转播方、运动员各自的法律地位及其相互间的法律关系，并在综合比较各国法律规定与结合我国具体国情的基础上，可以看出应当确认赛事组织方享有类似电影出品人的地位，转播方则可基于其授权享有在一定范围内以一定方式进行转播的权利。同时，由于目标受众群体的交叉，网络平台上未经授权的转播行为既侵犯了赛事组织方的发行权，也损害了被授权转播方的转播权。对这类行为仅仅靠反不正当竞争的救济途径是不足的，应当通过著作权法加以规制，强化对体育赛事节目转播侵权行为的法律规制，丰富权利受损的救济途径。

【关键词】 体育赛事转播　目标受众　网络直播平台　信息网络传播权

**48. 聚合平台作品再现行为的规制路径**

【作者简介】 曾凤辰，广东外语外贸大学法学院讲师。

【发表期刊】《科技与法律（中英文）》2021 年第 2 期

【内容摘要】 聚合平台通过自身界面再现存储于别处之作品的行为是否受现行信息网络传播权规制的争议仍在继续。相互竞争的多元学说背后皆存在一个共同的预设：深层链接是聚合平台作品再现行为的实质。无论是加框型还是冒充型作品再现，皆与深层链接不存在实质性关联。加框或者冒充适格请求才是聚合平台作品再现行为的内核。根据对现行信息网络传播权的解释，受信息网络传播权规制的行为并不限于上传。加框型与冒充型再现与上传的类比不成立，因此未落入信息网络传播权的控制。由于加框型与冒充型再现在客观行为构成上迥然有别，加框型再现应受反不正当竞争法规制，而冒充型再现应受保护技术措施的规定调整。

【关键词】 信息网络传播权　深层链接　加框型再现　冒充型再现　类推

**49. 著作权集体管理组织的公益团体诉讼功能**

【作者简介】 陈巍，北京航空航天大学法学院副教授；李铎，北京科技创新中心研究基地研究员。

【发表期刊】《中国出版》2021 年第 2 期

【内容摘要】 网络时代的著作权保护存在大众侵权多发、个体维权困难、恶意维权乱象等特点。

著作权集体管理组织有必要摆脱“会员授权”的约束，作为公益性团体诉讼的适格主体，充分应用自身资源优势，依法提起团体不作为诉讼、团体损害赔偿诉讼，发挥遏制大众侵权行为、维护不特定多数公众的著作权利益、提升民众著作权保护意识的功能，成为我国著作权保护的新兴力量。

**【关键词】** 著作权集体管理　公益诉讼　团体诉讼　惩罚性损害赔偿

**50. 论信息网络时代下公共图书馆的合理使用权配置——以深圳图书馆信息网络传播权侵权案为视角**

**【作者简介】** 周刚志，中南大学法学院教授、博士生导师；王星星，中南大学法学院博士研究生。

**【发表期刊】**《图书馆建设》2021年第2期

**【内容摘要】** 我国《公共图书馆法》第40条赋予了公共图书馆提供数字图书服务的法定职责，但是信息网络时代下与之相适应的合理使用权却未能依法配置。德国宪法学界提出的“财产权社会义务理论”和美国经济学家科斯提出的“权利相互性理论”恰恰可以作为解决著作权人信息网络传播权和公共图书馆合理使用权配置冲突的理论根据。因此，为了解决著作权人与公共图书馆的权利冲突，我国需要修订《著作权法》和《信息网络传播权保护条例》中的相关规定，适当扩张信息网络时代下公共图书馆的合理使用权；并由文化和旅游部制定《信息网络时代下公共图书馆馆藏资源利用指南》，明确公共图书馆“控制复制”和“控制传播”的技术标准；适用“避风港”原则和“红旗”原则并充分考量公共图书馆公益属性综合判定侵权责任。

**【关键词】** 公共图书馆　信息网络传播权　合理使用权　财产权的社会义务　权利相互性

**51. 网络版权保护体系变革：来自区块链技术的支持与想象**

**【作者简介】** 俞锋，浙江工业大学法学院副教授、硕士生导师；谷凯月，浙江工业大学法学院硕士研究生。

**【发表期刊】**《中国出版》2021年第2期

**【内容摘要】** 侵权行为人对新兴技术的敏感响应和盗版技术的快速跟进，给现有网络版权保护体系带来持续冲击，但现有网络版权保护体系对此尚缺乏有力应对。来自区块链技术的去中心化、防篡改性、全留痕等特点，给新时代网络版权保护体系发展路径带来另一种可能，即构建理念更先进的法治保护、打造手段更多元的整体智治、培育分配更公平的利益生态。

**【关键词】** 网络版权保护　区块链　去中心化

**52. 数字音乐版权独家授权的反垄断法规制逻辑及展开**

**【作者简介】** 闫静，西南政法大学经济法学院博士研究生。

**【发表期刊】**《科技与法律（中英文）》2021年第2期

**【内容摘要】** 网络经济时代，知识产权法在化解数字音乐版权独家授权垄断违法风险过程中存在一定的局限性，而反垄断法在维护数字音乐市场有序竞争和高效创新方面却展现出明显优势，奠定了数字音乐版权独家授权反垄断法规制的逻辑起点。承认反垄断法规制的正当性并不意味着从根本上否定数字音乐版权独家授权模式。数字音乐版权独家授权的反垄断法规制应以谦抑理念为指导，践行约束与促进并举的规制思路，配合以理性的反垄断分析框架、科学的规制工具和柔性的救济机制，以期在市场竞争规律和反垄断法律规则的双向互动中实现数字音乐市场有序竞争、创新繁荣。

**【关键词】** 数字音乐版权　独家授权　反垄断　谦抑规制

**53. 从价值取向到涵摄目的：“思想/表达二分法”的概念澄清**

**【作者简介】** 冯晓青，中国政法大学民商经济法学院教授、博士生导师；刁佳星，中国政法大学民商经济法学院博士研究生。

**【发表期刊】**《上海交通大学学报（哲学社会科学版）》2021年第2期

**【内容摘要】** 有关“思想/表达二分法”的理论争议与实践藩篱源自学界未能将其作为一项法律概念加以分析。从法律概念的价值取向与涵摄目的入手，可以发现著作权法对公共领域的价值偏好界定了“思想/表达二分法”的内涵；著作权法的司法实践划定了“思想/表达二分法”的外延。在价值取向支配与典型对象框定下，“思想/表达二分法”为涵摄非典型对象提供了价值依托与类比依据。

**【关键词】** 法律概念　价值取向　涵摄目的　思想/表达二分法　公共领域

**54. 人工智能时代著作权法的挑战和应对**

**【作者简介】** 刘维，上海交通大学凯原法学院副教授。

【发表期刊】《上海交通大学学报（哲学社会科学版）》2021 年第 2 期

【内容摘要】当前人工智能技术的发展尚未动摇著作权法的基本理论和分析框架，但是人工智能创作和作品利用产生了独创性、权利归属和合理使用判断的新问题，应当在《著作权法》中明确相关规则。基于人工智能创作过程的选择和判断空间、与人类创作成果的相同外观表现、产权激励及稳定交易秩序的政策，应当认可人工智能创作成果的独创性；基于人工智能创作过程的自主性，避免对算法所有者的多重激励，应当拟制算法使用者就人工智能创作成果享有著作权；基于人工智能利用他人作品的基础性和非表达性，可以考虑转换性使用规则的本土改造或增设人工智能利用作品行为的合理使用情形。

【关键词】人工智能　独创性　著作权归属　合理使用

**55. 体育赛事转播权的理论反思与制度重构**

【作者简介】姚鹤徽，湖南师范大学法学院副教授。

【发表期刊】《上海体育学院学报》2021 年第 2 期

【内容摘要】长期以来，立法对体育赛事转播权未予以明确规定，学界对体育赛事转播权也存在误读，不利于认清这一权利的本来面目。从解释论角度而言，体育赛事转播权是体育赛事组织者享有的对体育赛事进行现场直播的权利，在本质上是侵权法上的利益。但从立法论角度而言，体育赛事转播权应是体育赛事组织者享有的排他性财产权，其所能控制的行为不仅应包括体育赛事的现场直播，还应包括一切以体育赛事为基础所形成的视听成果的传播。故应重构我国体育赛事转播权制度，立法应明确体育赛事转播权的法律性质和权利内容，规定无论任何盗播行为，只要涉及以体育赛事组织者享有权利的体育赛事为基础所形成的视听成果，体育赛事组织者均有权以体育赛事转播权为依据提起诉讼。

【关键词】体育赛事转播权　体育赛事组织者　现场直播　排他性财产权　视听成果

**56. 欧盟作者、表演者公平报酬制度研究——从“畅销条款”到《数字化单一市场版权指令》**

【作者简介】李欣洋，中南财经政法大学知识产权研究中心硕士研究生。

【发表期刊】《东南大学学报（哲学社会科学版）》2021 年 S2 期

【内容摘要】为了解决创作者与版权受让人之间的利益分配失衡问题，部分欧盟国家设立“畅销条款”对合同报酬进行调整使作者获得公平报酬，但是“畅销条款”在司法适用中存在局限性。而《数字化单一市场版权指令》引入了全面的公平报酬制度，其中确立了公平报酬原则，规定了类似德国“畅销条款”的合同调整机制，并引入了透明度义务、争议解决机制等基础性规则。文章基于对我国现实问题的分析，认为我国有引入公平报酬制度的必要性，建议在《著作权法》中设立合同调整规则与透明度义务。

【关键词】公平报酬制度　《数字化单一市场版权指令》　畅销条款

**57. 突发公共卫生事件下版权利益的失衡与制度修补**

【作者简介】张祥志，华东交通大学人文社会科学学院副教授。

【发表期刊】《编辑之友》2021 年第 3 期

【内容摘要】突发公共卫生事件下电影作品首映转网等争议案例的出现，反映出特殊时期版权产品在权利人与社会公众之间的供需失衡，以及版权保护与知识传播之间的利益失衡。究其原因，可以概括为三点，即收益格局的固化导致版权扩张，限制制度的瑕疵导致公众接触机会减少，许可机制的梗塞导致传播效率不高。基于此，在理念层面抓住媒体融合机遇营造共赢版权传播生态，在制度层面完善法定许可制度并尝试引入默示许可制度，在机制层面优化著作权集体管理模式并适当借鉴公益放映经验，是实现突发公共卫生事件下版权利益再平衡的解决之道。

【关键词】突发公共卫生事件　院线转网　版权　利益平衡

**58. 论著作权法第三次修改后“转播权”内涵的变化**

【作者简介】张伟君，同济大学法学院教授。

【发表期刊】《知识产权》2021 年第 3 期

【内容摘要】从现行《著作权法》的立法目的来看，著作权人享有的以有线传播的方式向公众传播广播的作品的权利以及广播组织享有的对广播、电视的转播权，都不能用来控制同步的网络转播行为。第三次修改后的《著作权法》赋予了著作权人“以有线或者无线方式”转播作品的权利，这不仅意味着著作权人对“广播的作品”的网络转播行为的控制不再需要借助“其他权利”，而且还可以控制对“有线传播的作品”的转播；同时，广播组织禁止他人“以有线或者无线方式”转播其播放的广播、电视的权利的范围也扩张到了网络转播行为。

【关键词】 转播权　广播权　有线转播　无线转播　网络转播　信息网络传播权

**59. 新闻聚合平台引发的新闻作品著作权法哲学思考**

【作者简介】 刘娟，西安航空学院讲师。

【发表期刊】《广西社会科学》2021年第3期

【内容摘要】 在互联网背景下，信息搜索技术以及新闻聚合平台彻底改变了新闻内容的传播方式。人们的新闻阅读习惯发生翻天覆地的变化，用户越来越习惯通过新闻聚合平台而不是门户网站、传统新闻媒体来浏览新闻。新闻聚合平台以及搜索引擎对新闻作品的摘抄式使用、临时复制，对传统新闻媒体的商业模式、新闻采编的利益分配造成极大冲击。也因此使得社会各界对如何获取新闻内容有了全新的认识：当搜索引擎与新闻聚合平台可以通过“爬虫”、深层链接的方式将新闻内容呈现给用户时，自然会出现针对新闻作品的著作权争议。由于国际条约以及许多国家都明确将新闻的客观事实排除在新闻作品范畴外，所以新闻聚合平台如果在争议中采用这一方式进行抗辩，在一些案例中也确实出现了“合理使用”成立的情况。在这一背景下，反不正当竞争法以及现行著作权法因“避风港”原则导致的局限性就十分明显。新闻作品作为凝结新闻工作者采编心血、花费了大量版权成本的内容创作成果，自然需要获得法律保护，新闻聚合平台尽管采用了新技术推动信息传播，也需要受法律制约。为此，新增设新闻邻接权种类，将在避免新闻行业秩序被彻底颠覆的前提下，为新闻出版行业在新技术盛行背景下的新利益分配格局提供有序博弈的框架。可以说，新闻作品邻接权的存在即是反不正当竞争法的补充、兜底，同时也解决了反不正当竞争法在司法实践中诉讼成本过高、局限性较大等问题。

【关键词】 新闻聚合　新闻作品著作权　邻接权　反不正当竞争法

**60. 全媒体时代摄影作品的著作权保护**

【作者简介】 孙昊亮，西北政法大学经济法学院教授、博士生导师。

【发表期刊】《法律科学（西北政法大学学报）》2021年第3期

【内容摘要】 全媒体时代摄影作品的著作权纠纷大量增加并日益复杂，甚至出现了“版权蟑螂”现象，导致了司法资源的浪费和利益失衡。究其原因，在于司法上对摄影作品独创性认定标准偏低，立法上摄影作品的著作权条款存在制度缺陷。我国应将“艺术审美”作为摄影作品的要件，提高摄影作品的独创性认定标准，在《著作权法》中增设“照片”邻接权，解决摄影作品保护中的诸多问题，促进全媒体下作品和信息的更好传播，维护社会公共利益。

【关键词】 全媒体　摄影作品　著作权　独创性　邻接权

**61. 论算法创作物的可版权性与著作权归属**

【作者简介】 徐小奔，中南财经政法大学知识产权研究中心副教授。

【发表期刊】《东方法学》2021年第3期

【内容摘要】 算法时代，在机器学习技术与大数据技术的驱动下，算法创作进一步促进了人工智能的自主性。坚守作者中心主义范式下的主客体一致性标准，将无法为算法创作物提供有效的法律保护。事实上，读者中心主义对现代著作权制度也产生了深远的影响，并在作品独创性方面为科技作品、实用作品的著作权保护提供了坚实的理论基础。读者中心主义所确立的主客体分离评价标准为将算法创作物视为作品提供了独创性判断的理论路径。算法自由就是作品表达自由的技术表现，故而可使算法创作物具备独创性。在否定人工智能法律主体的前提下，可以通过委托作品的权属分配机制，一方面有限承认人工智能的机器作者身份，另一方面将著作权全部归属给人类开发设计者。

【关键词】 算法创作　算法创作物　可版权性　作品独创性　读者中心主义　机器作者

**62. 论视听作品的范围及权利归属**

【作者简介】 王迁，华东师范大学法律学院教授、博士生导师。

【发表期刊】《中外法学》2021年第3期

【内容摘要】 2020年修改的《著作权法》第17条用“视听作品”的名称取代了“电影作品和以类似摄制电影的方法创作的作品”，并将其分为“电影作品、电视剧作品”和“其他视听作品”，分别规定了著作权归属。前者著作权由制作者享有，后者则由制作者与作者约定。该规定是建立在有关“视听作品”的范围大于“电影作品和以类似摄制电影的方法创作的作品”的误解基础上的。它导致难以划分两类视听作品，同时“其他视听作品”的著作权归属对于潜在利用者而言将难以确定，因为约定将产生著作权归制作者、合作作者或其中特定合作作者的复杂可能性。此类视听作品的交易安全将由此受到损害，交易成本将不可避免地上升。文章建议将“其他视听作品”的范围局限于电子游戏的连续画面，同时认定潜在利用者有权信赖此类视听作品版权标识中标注的人就是权利人，以此减少修改后《著作权法》中视听作品著作权归属规则带来的负面影响。

**【关键词】** 电影作品　以类似摄制电影的方法创作的作品　视听作品　权利归属

**63. 论视听作品著作权归属制度——以新修《著作权法》第 17 条为中心**

**【作者简介】** 陈虎，苏州大学王健法学院讲师。

**【发表期刊】**《苏州大学学报（哲学社会科学版）》2021 年第 3 期

**【内容摘要】** 2020 年新修《著作权法》未改变现行法的思路，仍将著作权原始归属于作为非创作主体的制作者。这虽有利于权利的统一行使以实现作品价值，但有悖于作者享有著作权的原则，缺乏将制作者拟制为作者之后才能享有著作权的逻辑过渡。新法只赋予作者署名权，无法解释其他三项著作人身权是否存在于视听作品中。在我国影视产业市场现状下，作者尚缺乏市场谈判能力，著作权原始归属的缺失会弱化作者在利益分配中的地位。新法将视听作品区分为“电影作品、电视剧作品”和“其他视听作品”，将权利归属结构复杂化，在不存在制作者主体的“其他视听作品”中，第 17 条第 2 款没有适用的余地。有必要对新法第 17 条前两款的修改进行配套法律解释，完善我国视听作品的著作权归属制度。

**【关键词】** 视听作品　著作权归属　制片者　作者

**64. 论广播组织信息网络传播权的适用空间**

**【作者简介】** 陈绍玲，华东政法大学知识产权学院副教授、硕士生导师。

**【发表期刊】**《苏州大学学报（哲学社会科学版）》2021 年第 3 期

**【内容摘要】** 广播组织权是一系列权利的集合，既包括保护广播组织瞬时利益的转播权，也包括保护广播组织延时利益的信息网络传播权和重播权。广播组织权的客体并不统一，转播权的客体是广播信号，信息网络传播权的客体是信号上的特定节目内容。该特定节目内容主要包括作品、录音录像和表演，《著作权法》早已规定了作品、录音录像和表演的信息网络传播权，《著作权法》增设广播组织信息网络传播权有重复保护作品、录音录像和表演之嫌。因此，广播组织信息网络传播权的适用价值体现在《著作权法》不提供保护的对象上，如广播组织仅享有非专有使用权的作品、录音录像和表演，以及广播组织播放的特定的公有领域的内容。

**【关键词】** 广播组织　信息网络传播权　客体　适用

**65. 网络环境中著作权人拒绝许可的反垄断法分析**

**【作者简介】** 郑淑凤，北京大学法学院博士研究生。

**【发表期刊】**《甘肃政法大学学报》2021 年第 3 期

**【内容摘要】** 在网络内容竞争中，著作权已经成为重要的竞争资源乃至垄断来源，权利人拒绝其他竞争者寻求许可交易的行为可能会导致他人无法进入该市场开展竞争。对此，反垄断法中关键设施理论、新产品标准、杠杆原理以及网络效应等都能够对该问题的分析提供理论支持与方向指引。但网络市场的多变性、流动性，以及著作权资源作为关键设施的边界界定难题等都给反垄断法的适用带来挑战。文章以网络音乐和游戏直播市场为背景，讨论著作权的潜在垄断风险，并结合拒绝交易行为的相关理论与我国滥用市场支配地位的分析框架讨论该问题的分析思路，最后就实践对反垄断行政执法路径的依赖展开讨论，分析其原因并提出建议。

**【关键词】** 著作权　关键设施理论　新产品标准　杠杆原理　网络效应

**66. 公共图书馆信息网络传播权适用的困境与进路**

**【作者简介】** 邓杰明，广州图书馆馆员。

**【发表期刊】**《国家图书馆学刊》2021 年第 3 期

**【内容摘要】** 在互联网技术高速发展的今天，著作权人对作品的控制大大减弱，公众获得作品的成本大大降低。作为向公众传播作品的重要网络服务提供者之一的公共图书馆面临着诸多实践与司法上的困境，文章旨在利用回应型法律理论和利益平衡分析框架，在立法、行政、司法上寻找平衡个人著作权与公共图书馆公益性的有效进路。

**【关键词】** 信息网络传播权　著作权法　合理使用制度　著作权　公益性　利益平衡

**67. 我国视力障碍者获取作品之著作权限制研究——以日本经验为视角**

**【作者简介】** 鲁甜，西北政法大学经济法学院讲师。

**【发表期刊】**《国家图书馆学刊》2021年第3期

**【内容摘要】** 数字技术的发展为视力障碍者利用作品提供了新的条件，但也对著作权法提出了挑战。为了落实《马拉喀什条约》规定，2018年日本修改《著作权法》，制定了《无障碍阅读法案》及《无障碍阅读法案基本规划》，以确保数字环境下视力障碍者获取无障碍阅读版本。比较《马拉喀什条约》和日本修法，我国2020年《著作权法》既未限定相关利用主体，也无法解决无障碍阅读教育资料供给不足的现实窘境，还忽视了著作权人与视力障碍者之间的利益平衡。有鉴于此，需要通过完善图书馆法等配套法律确认利用主体范围，明确对利用成果的再限制，确定商业可获得前置条款并增加无障碍阅读教育资料法定许可的规定。

**【关键词】** 合理使用　无障碍阅读版本　商业可获得　著作权法　《马拉喀什条约》

**68. 论体育赛事直播画面的可版权性——兼评新浪诉凤凰网再审案**

**【作者简介】** 张俊发，景德镇陶瓷大学法学系讲师。

**【发表期刊】**《南大法学》2021年第3期

**【内容摘要】** 体育赛事直播画面的可版权性存在较大争议。独创性判断标准存在空洞化倾向以及体育赛事直播画面未能进行类型化分析是产生这一争议的重要原因。体育赛事直播画面的独创性应适用“选择空间法”作为判断标准。选择空间标准以选择空间的表达元素的多少作为作品独创性的判断工具。在传播技术推动下，视频直播发生了由技术到技艺的转变，使得直播者创作直播画面的选择空间表达元素得以增加。但是并非所有视频直播画面的形成均是运用直播技艺的结果，纯粹事实记录的直播依然存在。运用技艺的直播形式属于演播室评议式视频直播，纯粹事实记录属于动态式视频直播。前者运用直播技艺具有较大的选择空间表达元素，具备可版权性；后者因属于纯粹事实的记录，不具备可版权性。新浪诉凤凰网所涉赛事直播画面属于演播评议式，具有可版权性。

**【关键词】** 体育赛事直播画面　可版权性　独创性　选择空间　类型化

**69. 论虚拟现实三维数字模型著作权法的适用问题与完善路径**

**【作者简介】** 田小楚，西安交通大学法学院博士研究生；马治国，西安交通大学法学院教授、博士生导师。

**【发表期刊】**《上海交通大学学报（哲学社会科学版）》2021年第3期

**【内容摘要】** 随着科技的进步与市场经济的高速发展，虚拟现实技术业已成为信息领域中继人工智能技术、网络技术、多媒体技术之后被广泛开发与应用的热点，但随之引发的著作权侵权风险与乱象难题亦日益凸显。文章以虚拟现实技术的理论研究为切入点，在探析虚拟现实三维数字模型转换的技术原理与实践困境基础上，进一步分析该项技术涉及著作权客体与内容的适格要件与规制范围，并从“独创性判断—异维复制—合理使用”三重视角深度剖析虚拟现实三维数字模型应用中的可版权性、合法性与利益权衡考量等问题，以促进虚拟现实技术之科技创新和法治回应的动态均衡发展。

**【关键词】** VR技术　三维数字模型　合理使用　异维复制

**70. 论邻接权与著作权的关系——兼谈《著作权法》第47条（广播组织权）的解释论问题**

**【作者简介】** 张伟君，同济大学法学院教授。

**【发表期刊】**《苏州大学学报（法学版）》2021年第3期

**【内容摘要】** 邻接权保护的客体（版式设计、表演、录音、录像和广播）与著作权保护的客体（作品）是各自不同的劳动成果，邻接权与著作权并不重合，各项邻接权之间也是平行存在的。我国《著作权法》中的著作权与邻接权均为专有权利，权利人可以禁止他人未经许可的使用。著作权与邻接权的行使存在相互制约，当广播组织许可他人行使转播、信息网络传播等权利的时候，被许可人还需要取得享有该项权利的著作权人以及其他邻接权人的许可。反过来，即便著作权人已经许可他人公开传播其作品，如果被许可人通过对广播组织播放的作品进行转播或者信息网络传播的方式进行传播的话，也还需要取得广播组织的许可。《著作权法》第47条的“不得影响”规定本身存在瑕疵，不宜过度解读。

**【关键词】** 著作权　邻接权　专有权利　广播组织　信息网络传播权　“不得影响”条款

**71. 保护作品完整权侵权认定标准体系的构建**

**【作者简介】** 许春明，同济大学上海国际知识产权学院教授、博士生导师；杨欢欢，上海大学法学院硕士研究生。

**【发表期刊】**《科技与法律（中英文）》2021年第3期

**【内容摘要】** 目前学术界和司法界主要有四种保护作品完整权的侵权认定标准。这四种侵权认定标准各有利弊，但同时具有私人利益和公共利益保护不平衡、没有结合具体行为类型区分适用侵权认定标准、忽略对作品利用人主观意图考察的三个普遍性问题。因此，需要构建一个利益平衡、具有区分性、主客观相统一的侵权认定标准体系。在通过法律解释法以及价值衡量法对不同侵权认定标准进行优劣比较的基础上，以利益平衡为指导原则，根据作品利用人是否获得授权、侵权行为的具体类型区分适用不同的侵权认定标准；根据作品利用人是否获得授权区分适用不同的归责原则，从而克服适用纯客观的侵权认定标准的弊端。

**【关键词】** 保护作品完整权　客观标准　主观标准　归责原则　法律解释　价值衡量

**72. 体育赛事节目著作权保护探究（英文）**

**【作者简介】** 孙玉荣，北京工业大学文法学部教授；李心航，对外经济贸易大学法学院本科生。

**【发表期刊】**《科技与法律（中英文）》2021年第3期

**【内容摘要】** 2020年《著作权法》第三次修改后，我国知识产权法学界并未停止对体育赛事直播画面作品属性问题的争论。体育赛事直播画面的作品属性认定问题会影响到体育赛事节目的保护模式和路径选择。虽然体育赛事本身不是著作权法意义上的作品，但这并不影响体育赛事直播画面的作品属性构成。2021年6月1日以后，对于符合作品构成要件的体育赛事节目可以认定为视听作品。对于不符合作品构成要件的体育赛事节目可以考虑用《著作权法》最新修订的广播组织权予以保护。至于反不正当竞争法对体育赛事节目的保护，是我国《著作权法》第三次修改之前的权宜之计，反不正当竞争扩展保护的限度应该是明确的，不能无限度将反不正当竞争法的扩展保护适用于所有的知识产权领域。

**【关键词】** 体育赛事节目　《著作权法》　体育赛事直播画面　独创性

**73. 挑战与应对：机器翻译的发展与翻译权行使的未来**

**【作者简介】** 尹锋林，中国科学院大学知识产权学院副教授；赵旖鑫，中国科学院大学知识产权学院硕士研究生。

**【发表期刊】**《科技与法律（中英文）》2021年第3期

**【内容摘要】** 20世纪30年代，法国科学家G. B. 阿尔楚尼便提出用机器进行翻译的设想。近一个世纪以来，机器翻译实现了从规则驱动到统计驱动，再到神经网络驱动的技术进步，人类目前可以较为准确地实现外文作品的语言转换，授权他人翻译、出版以获取经济回报这一翻译权行使的基本模式因此面临着重大挑战。当语言转换非限于个人使用目的时，智能翻译机器的训练者、所有者可能面临着承担间接侵权责任之指控。同时，智能翻译机器的训练将会不可避免地使用现有作品，并可能会借鉴体现于其中的独创性表达，这一行为无法通过援引现行合理使用制度加以豁免。从历史经验与利益平衡角度出发，版权补偿金制度的借鉴有利于在新技术的发展与著作权的保护间找寻微妙的平衡。

**【关键词】** 人工智能　机器翻译　深度学习　著作权　翻译权　翻译作品

**74. 深层链接直接侵权责任认定的实质提供标准**

**【作者简介】** 蒋舸，清华大学法学院副教授、博士生导师。

**【发表期刊】**《现代法学》2021年第3期

**【内容摘要】** 纵观著作权权能的历史发展与现行范围，作品利用行为的责任定性包含两方面的考虑：一方面，权利人开发某种利用行为潜在的社会福利能力越强，该利用行为越可能引发责任；另一方面，利用者对内容和传播方式的干预程度越高，越可能引发直接侵权责任。深层链接的侵权责任同样由这两项因素判定，而与服务器生成复制件这一技术特征无必然联系。如果非跳转链接对内容的选择程度很高，对内容展示和传输方式的干预很强，以至用户能够直接从设链网站获得作品，则深层链接成立直接侵权，这种判定方法可称为“实质提供标准”。该标准与现有学说均有区别，模糊性、效果取向和部分深层链接应予免责等顾虑都不足以影响“实质提供标准”的合理性。

**【关键词】** 深层链接　信息网络传播权　著作权权能　直接侵权　实质提供标准

**75. 传播录音制品获酬权条款研究**

**【作者简介】** 王迁，华东师范大学法律学院教授、博士生导师。

**【发表期刊】**《苏州大学学报（哲学社会科学版）》2021年第3期

**【内容摘要】** 修改后的《著作权法》第45条为录音制作者规定的“传播录音制品获酬权”并不属于法定许可机制下的获酬权。第45条中的“有线或者无线公开传播”是指通过广播、有线电缆或互联网等媒介将录音制品的内容向不在现场的公众传输，但不包括交互式传播，因为对于交互式传播，录音制作者享有信息网络传播权这项专有权利，与第45条无关。第45条中的“向公众公开播送”是指在餐厅或超市等向公众开放的场所向现场公众播放录音制品，或者通过收音机、电视机等接收广播电台、电视台等播放录音制品的节目，并向现场公众播放。外国录音制作者除非在我国制作和发行录音制品，否则对于他人在我国传播其录音制品的行为，无权以第45条为依据，要求他人支付报酬。

**【关键词】** 录音制作者权　传播录音制品获酬权　信息网络传播权

**76. 数字时代著作权许可机制下的音乐总谱传播**

**【作者简介】** 宋晨晖，莆田学院图书馆馆员。

**【发表期刊】**《艺术传播研究》2021年第3期

**【内容摘要】** 音乐鉴赏水平的提高，让大众对优秀音乐作品的总谱有了更多的需求，然而“失控”的数字技术和复杂的著作权许可机制也一度造成创作者和使用者在总谱传播过程中的无所适从以及诸多乱象。结合时代背景，从音乐学、法学、传播学等角度出发，可以立体地剖析总谱传播的现有困境，并分析其根源，立足现状，提出建设“总谱交易市场”的策略尝试破解之。通过搭建“总谱交易市场”，可以在不动摇现有著作权许可机制的基础上，促进总谱的创作、传播、使用活动形成良好的产业生态，使著作权许可机制在实践中更好地普及，进而推动社会音乐文化的发展与繁荣。

**【关键词】** 总谱　乐谱传播　著作权法　著作权许可机制　音乐传播

**77. 我国图书馆著作权风险研究综述**

**【作者简介】** 朱雪忠，同济大学上海国际知识产权学院教授；代志在，同济大学上海国际知识产权学院博士研究生。

**【发表期刊】**《图书馆论坛》2021年第3期

**【内容摘要】** 在知识产权保护水平不断提高的新时代，著作权风险成为困扰图书馆发展的问题。文章以风险管理为理论视角，从风险识别、风险评估和风险防控三方面归纳图书馆著作权风险研究成果的共识和分歧。在风险识别方面，现有研究主要通过案例分析和流程分析等方法对风险进行识别，而随着图书馆业务类型的丰富和著作权法律的修订，亟待引入新的风险识别模式以应对风险因素的快速扩张；在风险评估方面，图书馆著作权风险评估研究还处于起步阶段，评估过程过于依赖研究者自身或专家的主观认识，缺少客观数据支撑，不同研究建立的指标体系和评估结果之间存在显著差异；在风险管控方面，现有研究强调内部管理、合同、社会治理等各种手段的协同作用，但未能阐明各措施的防控效果和作用机制。着眼于政策法规等规范性文件的合规风险管理框架，能够很好地整合现有研究基础，弥补现有研究的不足，为图书馆著作权风险研究的进一步发展提供新的理论工具。

**【关键词】** 著作权风险　风险识别　风险评估　风险防控　图书馆

**78. TDM版权多主体利益冲突及协调博弈研究**

**【作者简介】** 魏珊，黑龙江大学信息管理学院博士研究生；马海群，黑龙江大学信息管理学院教授、博士生导师。

**【发表期刊】**《情报科学》2021年第3期

**【内容摘要】** ［目的/意义］文本与数据挖掘技术在促进知识共享和文化传播的同时，也引发了新的版权利益冲突，而法律的滞后和复杂的修改环境又增加了衡平各方利益的难度。有鉴于此，各利益方可参与博弈协调预期，定纷止争。［方法/过程］文章从文本与数据挖掘技术造成的版权问题所涉及的利益博弈主体入手，对图书馆、数字出版商和版权人在文本与数据挖掘技术版权问题中的策略选择进行分析，构建三方博弈模型。［结果/结论］结合演化博弈方法分析各方在现有制度和文化环境下可能做出的最优策略选择，以为文本与数据挖掘技术版权的多主体合作提供一种参考或者协同路径。［创新/局限］文章试图通过构建博弈模型从图书馆、数字出版商和版权人三方博弈的角度研究 TDM 版权问题，后续可考虑加入更多衡量指标。

**【关键词】** 文本与数据挖掘 TDM 版权 多主体 博弈

**79. 区块链技术下版权运营对于图书馆的机遇与挑战**

**【作者简介】** 吉宇宽，河南大学图书馆副馆长。

**【发表期刊】**《图书馆建设》2021 年第 3 期

**【内容摘要】** 区块链技术构建的版权运营系统具有版权登记、版权交易、版权管理和司法服务等功能，能够提升图书馆获取版权作品效率、增强图书馆版权交易安全性，为图书馆版权消费带来新机遇。但是，区块链构建的版权运营系统注重作品有偿利用，阻碍图书馆合理使用、法定许可等法定权利行使，也给图书馆利用作品带来新挑战。因此，改进版权运营系统，创设图书馆法定权利运行空间，对于图书馆合理分享著作权利益具有重要的理论意义和实践价值。

**【关键词】** 区块链 图书馆 版权运营 合理使用 法定许可 强制许可

**80. 视频类知识付费内容著作权侵权风险评价指标体系构建**

**【作者简介】** 李婵，福建农林大学公共管理学院讲师；陶丽，福建农林大学公共管理学院硕士生；张文德，福州大学信息管理研究所教授、博士生导师。

**【发表期刊】**《情报理论与实践》2021 年第 3 期

**【内容摘要】** ［目的/意义］从风险源视角出发，构建视频类知识付费内容著作权侵权风险评价指标体系。［方法/过程］分析用户生成视频信息的传播与反馈路径，识别主要利益相关者及风险源，并构建指标体系，通过分析指标间的依存关系，构建 ANP 结构模型，运用超级决策软件计算出指标权重。［结果/结论］构建了包括“管理、法律、市场、技术、价值”在内的 5 个一级指标、16 个二级指标和 43 个三级指标，其中，管理者最需要关注的是管理风险，其次是价值风险、市场风险、法律风险等。该研究希望为推动视频类知识付费内容著作权风险的量化评估和著作权保护提供有益参考和指导。

**【关键词】** 视频类知识付费 用户生成内容 著作权侵权风险 评价指标 体系构建 网络层次分析法

**81. 数字技术背景下合理使用制度立法失范问题探究——兼评我国《著作权法》第二十四条**

**【作者简介】** 姚叶，中南财经政法大学知识产权研究中心博士研究生。

**【发表期刊】**《科技与出版》2021 年第 3 期

**【内容摘要】** 纵观 2012 年及其之后的《著作权法》修订草案、2020 年公布的《著作权法》，合理使用制度条文中的“三步检验法”与“其他情形”有时同时存在，有时单独存在，立法态度不定。尽管 2020 年《著作权法》对“合理使用”条文的内容有了明确规定，但争议仍在继续。究争议之本源，盖立法机关对于“三步检验法”的误解与误用，对“三步检验法”与“其他情形”关系欠缺考虑。因此，在《著作权法》第四次修改时，应当予以补正，以更好地平衡著作权人、传播者与使用人之间的利益，促进社会主义文化的发展与繁荣。

**【关键词】** 三步检验法 其他情形 兜底条款 合理使用制度

**82. 区块链在开放获取出版版权保护中的应用研究**

**【作者简介】** 李琦，中国科协创新战略研究院中级编辑；梁帅，中国科协创新战略研究院助理研究员。

**【发表期刊】**《科技与出版》2021 年第 3 期

**【内容摘要】** 开放科学时代，版权风险已成为开放获取出版发展的尖锐痛点，充分发挥区块链的技术特性有助于加强开放获取的版权保护。文章从出版流程的视角分析开放获取存在的版权风险，以 P2P 组网技术、密码学算法、智能合约等为技术突破口，探讨区块链在开放获取出版版权保护中的优势。结果表明，在去中心化开放获取平台的建设构想基础上，区块链技术在审稿、发行等环节可实现版权保护，从而为数字经济时代加强开放获取版权保护、提高期刊体系治理水平提供科技支撑。

**【关键词】** 开放获取 区块链 版权风险 版权保护

**83. 论区块链在反“洗稿”中的技术应用与司法认定**

**【作者简介】** 杨春磊，长江大学法学院副教授；李刚，长江大学电子信息学院讲师、硕士生导师。

**【发表期刊】**《出版发行研究》2021年第3期

**【内容摘要】** 网络版权的有效保护对数字产业的发展壮大有着重要作用。但是，以“洗稿”侵权为代表的不正当竞争行为却对数字内容产业的健康发展和版权人的原创动力造成了巨大损害。为了有效解决以往确权难、取证难、维权难的尴尬局面，科技界与法律界共同尝试利用区块链技术去中心化、防窜改、可追溯、透明可信等优势特性提高网络版权司法保护的效能。文章通过依据区块链技术原理设计反“洗稿”应用场景，并掌握司法机关对区块链存证的认定标准，有助于为进一步完善和推广“区块链＋司法”模式提出建议。

**【关键词】** 区块链　洗稿　网络版权　电子证据　技术应用　司法认定

**84. 智能时代版权“避风港”规则的危机与变革**

**【作者简介】** 李安，中南财经政法大学知识产权研究中心博士研究生。

**【发表期刊】**《华中科技大学学报（社会科学版）》2021年第3期

**【内容摘要】** 在互联网发展初期，法律以“通知—移除”为核心程序、以“技术中立”和“技术不能”为理论支撑，为网络服务提供商设立了“避风港”版权责任规则。进入人工智能时代，侵权内容的算法通知、个性化算法推荐、版权算法过滤给“避风港”规则的运行程序和理论基础带来了系统性冲击，并推动责任规则从事后消极的“通知—移除”转向事前积极的版权过滤。这种变革在国际层面以“自治规则”和“国家法律”两种形式进行。面对网络内容管理算法化的时代浪潮和版权责任规则变革的国际动向，我国不能信奉“算法虚无主义”，无视算法技术对“避风港”规则的系统性冲击；也不能迷信“算法万能主义”，夸大算法技术在当前网络版权治理中的实际作用。而应着眼于算法技术可及性和准确性的发展，对“避风港”规则的时代变革做出理性回应。

**【关键词】** 人工智能　算法技术　网络服务提供商　“避风港”　版权过滤

**85.《中美经贸协议》“通知—删除”规则与中国网络版权立法回应**

**【作者简介】** 陈喆，西南政法大学国际法学院讲师、硕士生导师；解丽敏，中国—东盟法律研究中心研究助理。

**【发表期刊】**《中国海商法研究》2021年第3期

**【内容摘要】**《中美经贸协议》“通知—删除”规则对网络版权保护提出了新要求，具体包括突出侵权阻断的时效性要求、对“恶意”提交通知和反通知课以赔偿义务、调整错误通知的归责原则，并将恢复上架等待期设置为20个工作日等。《中美经贸协议》中的“通知—删除”规则对中国网络版权立法完善形成一定挑战，其转化实施面临着合格通知的标准过于笼统、对“恶意”提交通知和反通知的惩罚措施缺失、“善意”的判断标准模糊、上架等待期的设置缺位等问题。但从长期来看，《中美经贸协议》“通知—删除”规则的内化过程有助于促进该规则的有效运行，推动中国知识产权法制变革，由此，建议应进一步细化有效、合格通知的条件，引入“恶意”错误通知和反通知的惩罚性赔偿制度，明晰“善意”的判断标准，并对“声明未侵权即恢复上架”的规则进行调整。

**【关键词】**《中美经贸协议》“通知—删除”规则　网络版权保护　《信息网络传播权保护条例》

**86. 数字时代下阅读方式变革的版权之困及应对之策**

**【作者简介】** 梅傲，西南政法大学国际法学院副教授。

**【发表期刊】**《重庆大学学报（社会科学版）》2021年第4期

**【内容摘要】** 面对信息技术革命所带来的阅读方式和出版产业的变革，应当以更加开放的精神去满足公众的文化需求。但在数字时代，强大的信息传播能力却容易致使著作权人的经济利益遭到损失。从信息传播方式的转变探寻现代图书馆在数字阅读环境下的角色定位，进而平衡数字阅读下的现代图书馆与著作权人之间的权利冲突。探索阅读行为以及信息传播方式的转变，以探究出版行业以及图书馆在信息技术时代所受冲击及其适应方案，在此基础上发现图书馆在数字阅读时代的应有精神及其与著作权人之间的权利冲突，并找到合理经验对其进行解决。冲突的实质是公众阅读权利与著作权人财产性权利之间的冲突：一方是公共数字图书馆的社会文化事业，另一方是为文化产业而献身的著作权人的利益。这二者之间的矛盾并非无法调和，可吸收与借鉴英国公共借阅权制度以及相关商业服务的有效经验，对我国数字借阅制度加以改造，建立符合我国实际情况的数字借阅权制度。

**【关键词】** 数字时代　阅读方式变革　公众阅读权　著作权　数字借阅权制度

**87. 被告席上的反思：我国公共图书馆著作权侵权防范研究——基于 1 856 份裁判文书的实证分析**

**【作者简介】** 姚明，铜陵学院法学院副教授。

**【发表期刊】**《图书馆建设》2021 年第 4 期

**【内容摘要】** 公共图书馆基于自身属性，理应成为著作权保护的带头践行者。但通过登录中国裁判文书网查证得知，2014 年以来，公共图书馆因侵害他人著作权的各类案件高达 1 856 件，频频坐上“被告席”已是不争的事实。我国公共图书馆著作权侵权发生的缘由主要在于：公共图书馆缺乏著作权相关法律法规的熟悉掌握，对侵害他人著作权负面影响认识不足，因其他主体侵权而作为共同被告连带承担责任，等等。未来，应通过优化完善《公共图书馆法》及《著作权法》、健全公共图书馆著作权案件败诉责任追究机制、加强公共图书馆行业内部自律自管作用机制发挥、提升公共图书馆著作权意识与专业人士辅助相结合等路径来以防范该类案件的发生。

**【关键词】** 图书馆　著作权　侵权　风险　裁判文书

**88. 南非图书馆版权例外制度分析及启示**

**【作者简介】** 王英，湖北大学历史文化学院副教授。

**【发表期刊】**《图书馆建设》2021 年第 4 期

**【内容摘要】** 南非版权法律制度要本地化、图书馆业务须进一步发展，助推了南非图书馆版权例外制度的完善。南非图书馆版权例外制度经历了漫长的转型时期，目前它涵盖图书馆文献传递、馆际互借、信息资源保存备份、促进教育和学术活动、促进残疾人获取信息等基本内容，为图书馆的发展提供了比较全面的支持。我国《著作权法》在第三轮修订之际可以借鉴南非的经验，扩大图书馆保存作品的范围、增设文本与数据挖掘的版权例外、完善数字教育和学术的版权例外、增设为残疾人提供数字服务的版权例外、通过立法鼓励开放获取、积极建立跨领域合作机制，促进图书馆业务的开展并保障公众获取信息和知识权利的有效实现。

**【关键词】** 南非　版权法　图书馆　版权例外　文本与数据挖掘　在线教育

**89. 专有出版权的司法适用规则构建**

**【作者简介】** 麦买提·乌斯曼，新疆农业大学管理学院副教授。

**【发表期刊】**《编辑之友》2021 年第 4 期

**【内容摘要】** 专有出版权的设置具有保护出版商正当权益、防止著作权人权利滥用、实现公共利益平衡等价值功能，但司法实践中，由于《著作权法》及相关法律对于专有出版权的规定过于抽象，导致其价值未能有效实现。其价值失范问题主要表现在专有出版权的保护范围过于抽象、专有出版权是否必须以约定为前提、专有出版权的保护期限缺乏明确规定等。因此，需要从坚持将不具备独创性作为专有出版权保护范围的标准、规定专有出版权为法定权利、明确专有出版权保护期限不得超过著作权本身期限等向度，对专有出版权的司法适用规则进行完善与构建。

**【关键词】** 专有出版权　《著作权法》第三十一条　法定权利　司法适用规则

**90. 图书馆电子书服务著作权侵权案件的实证研究**

**【作者简介】** 陈宇，上海图书馆副研究馆员；赵亮，上海图书馆研究馆员。

**【发表期刊】**《图书馆杂志》2021 年第 4 期

**【内容摘要】** 文章对中国裁判文书网发布的图书馆电子书服务相关著作权司法案例进行了定量分析研究，随后通过对两个典型案例的介绍，讨论了图书馆合理使用与正当使用原则的理论价值与实践意义。最后建议图书馆界应充分了解电子书供应商的商业模式，重视做好采购资源时的版权侵权风险预案或维权预案。

**【关键词】** 电子书　著作权　发行权一次用尽原则　信息网络传播权

**91. 在线教育作品版权保护：现实困境、内在机理及法律规制**

**【作者简介】** 孙悦，南京大学法学院博士研究生；谭建宏，南京大学法学院博士研究生。

**【发表期刊】**《出版发行研究》2021 年第 4 期

**【内容摘要】** 在线教育突破传统教学模式的时

空限制，表现出巨大的市场潜力，也暴露出作品定性不清、版权归属不明、侵权行为隐蔽、维权困难等一系列问题。在线教育数字版权保护难题实际上是保护技术和法律法规发展的滞后性与互联网技术日新月异的发展之间的矛盾难以得到调和的结果，数字版权保护困境的根源在于在线教育作品版权保护利益错综复杂、“合理使用”的不当扩张以及在线教育作品版权保护意识的薄弱。在线教育作品版权保护困境的多元破解机制建构需要从以下方面发力：构建在线教育出版发展的长效机制；发展区块链技术保护数字版权；完善数字版权法律保护机制；建构版权补偿金制度。

**【关键词】** 在线教育　版权保护　法律规制　数字版权

**92. 新闻类职务作品著作权权属制度：制度嬗变与完善路径**

**【作者简介】** 张明，上海财经大学法学院博士研究生。

**【发表期刊】**《出版发行研究》2021年第4期

**【内容摘要】** 新闻类职务作品的权属问题是《著作权法》修法进程中的争议性议题之一。新闻类职务作品权属制度的争议体现在新闻类职务作品的作品性质、客体范围以及是否确立新闻类职务作品权属“约定优先”模式三个方面。新闻类职务作品著作权权属制度构建过程中的价值导向分歧和模式选择分野是产生一系列争议的原因。有鉴于新闻类职务作品权属制度变革未能回应传媒业的发展趋势，新闻类职务作品权属制度应从四个方面予以完善：一是应回归新闻类职务作品之“普通职务作品”定性；二是应合理界定新闻工作者对职务作品享有的基本权利；三是应积极发挥契约功能并推动建立单位著作权集体管理制度；四是可考虑在邻接权体系内探索设立新闻出版者权。

**【关键词】**《著作权法》　新闻类职务作品　权属制度

**93. 论数字作品转售不适用首次销售原则**

**【作者简介】** 丁婧文，中山大学法学博士后科研流动站博士后研究员。

**【发表期刊】**《学术研究》2021年第4期

**【内容摘要】** 数学作品转售能否援引首次销售原则抗辩的问题引发争议。观察数字作品市场的发展趋势和版权法的立法宗旨，数字作品转售不应适用首次销售原则。在版权法的立法框架中，国际条约和各国国内法并不支持将首次销售原则扩展至数字领域。由于版权法所保护的技术措施已控制终端用户转售行为，数字作品的转售受到反规避条款的压制。首次销售原则是针对线下交易中有形复制件的转售而设计的例外规则，然而司法中对数字作品转售的合法性认定依然停留在对作品物权式保护的理解之中，忽视了数字作品市场中的交易已经从拥有向体验转移。首次销售原则原本所期望实现的功能已逐步弱化，因此在数字环境下销售体验的交易促使了首次销售原则的消亡。

**【关键词】** 数字作品　数字技术　首次销售原则

**94. 非物质文化遗产传承人智力成果的知识产权保护路径——以苏州现状为蓝本**

**【作者简介】** 王燕仓，江苏省苏州市中级人民法院副院长；黄璟，江苏省苏州市中级人民法院法官助理。

**【发表期刊】**《知识产权》2021年第4期

**【内容摘要】** 非物质文化遗产的良性传承与发展，需要将传统文化与现代需求完美结合，而非物质文化遗产传承人在兼顾遗产“传统保守”与“创新传承”两个维度中发挥着举足轻重的作用。文章以苏州现有国家、省、市三级非遗项目和传承人为蓝本，基于非物质文化遗产传承面临问题的实证分析，提出“分类施策、共合保护”模式，即鼓励由传承人为代表的从事非物质文化遗产传承的群体在各领域创新，注入新时代内涵，由政府统领各研究机构、社会组织和企业共同参与，对传承人在非物质文化遗产传承中做出的创新性智力成果给予知识产权保护，以期进一步激发非物质文化遗产传承群体的创新活力，使非物质文化遗产在提升中发展，在发展中传承。

**【关键词】** 非物质文化遗产　传承　传承人　知识产权　著作权　商标　专利　商业秘密

**95. 文本与数据挖掘对著作权例外体系的冲击与应对**

**【作者简介】** 马治国，西安交通大学法学院教授、博士生导师；赵龙，西安交通大学法学院博士研究生。

**【发表期刊】**《西北师大学报（社会科学版）》2021年第4期

**【内容摘要】** 我国现有的著作权例外体系无法为文本与数据挖掘提供豁免，故挖掘行为存在侵犯著作权相关财产性权利的风险。通过对比日本、欧盟以及美国的相关司法与立法经验，文章认为我国文本与数据挖掘借鉴美国模式概括性适用合理使用条款是目前最具可行性的应对策略。为了使文本与数据挖掘自洽于著作权例外体系，还应采取将“四要素分析法”作为判断“三步检验法”的要件、提供合法授权的“第三方规避者”以及保持技术措施保护例外的开放性等举措。

**【关键词】** 文本与数据挖掘　著作权　合理使用　技术措施

**96. 体育赛事节目可版权性证成——对创作高度标准的反思**

**【作者简介】** 张媛媛，华东政法大学知识产权学院博士研究生。

**【发表期刊】**《河南财经政法大学学报》2021年第4期

**【内容摘要】** 在体育赛事节目独创性标准的把握上，德国等传统作者权体系国家的创作高度标准不适合我国借鉴之用。从立法哲学基础来看，我国最初的著作权立法是为了避免美国发动的贸易制裁，具有工具主义倾向，缺乏作者权体系国家唯心主义哲学与浪漫主义美学的文化支撑；从德国对连续画面的保护来看，电影作品与作为邻接权客体的活动图像享有相同的保护水平，具体规定的差异使借鉴失去了重要前提；从我国规定来看，《实施国际著作权条约的规定》中“外国录像制品根据国际著作权条约构成电影作品的，作为电影作品保护”条款的存在使得坚持创作高度标准将导致超国民待遇情形的出现。最低限度独创性具有合理性。体育赛事节目的制作过程中，在摄制对象的选取、拍摄技术的选择和最终画面的选编上都存在个性发挥的空间，同时应注意在“场景原则”和“合并原则”下对某些画面独创性的否定。

**【关键词】** 体育赛事节目　独创性　视听作品　录像制品

**97. 公共领域视野下著作权法价值构造研究**

**【作者简介】** 杨利华，中国政法大学民商经济法学院副教授。

**【发表期刊】**《法学评论》2021年第4期

**【内容摘要】** 著作权法在保护权利人基于作品的专有性著作权的同时，通过一系列的专有权例外的公共领域保留机制，确保其促进文化科学事业发展与繁荣的制度目标得以实现。在著作权法中，专有权保护与公共领域保留及其相关的公共利益的实现，形成了其价值构造的基本内核。我国著作权法虽然没有直接使用公共领域保留的概念，但其制度设计在多方面体现了著作权法的公共领域保留价值，司法实践中对此也有充分体现。通过深入研究著作权法的公共领域保留原则，可以更加深刻地认识著作权法的价值构造与制度精神。

**【关键词】** 公共领域　著作权法　价值构造　专有权利　利益平衡

**98. 论我国《著作权法》合理规避制度的完善**

**【作者简介】** 丁婧文，中山大学法学博士后科研流动站研究人员。

**【发表期刊】**《北方法学》2021年第4期

**【内容摘要】** 著作权法保护技术措施的反规避条款对传统的著作权例外造成了冲击，因此著作权法创设合理规避规则有其合理性，我国2020年《著作权法》修正时首次增加了合理规避条款。为实现公共利益保护，解决作品市场的外部性问题，有必要建立更为完善的合理规避规则体系。在合理规避的法律属性上，基于其特权属性在适用过程中应采取“违法阻却说”。基于合理规避的特性，应明确合理规避与著作权例外之间的关系，以重新解读“三步检验标准”，通过“继承”动态地发展合理使用条款，并引入超越著作权法的公共利益于合理规避条款之中。目前我国合理规避条款尚未与著作权例外体系完全契合，应增加合理规避的原则性规定，建立合理规避与合理使用的连接点，将著作权法保护之外的公共利益纳入合理规避体系之中，对合理规避条款的适用前提加以限制，以完善数字环境下我国著作权法律体系。

**【关键词】** 版权法　技术措施　合理规避　公共利益

**99. 邻接权的体系构成：本源、性质、扩张**

**【作者简介】** 徐聪，上海大学法学院讲师；李子昂，上海大学法学院硕士研究生。

**【发表期刊】**《上海大学学报（社会科学版）》2021年第4期

**【内容摘要】** 肇始于罗马法时代的邻接权制度是广义著作权制度的重要组成部分。邻接权权利内容的法定性以及权利类型的多样性，使其一直为著作权法界所关注。但学界对于邻接权与狭义著作权的本源、属性等区别莫衷一是，我国著作权立法亦未直接对此做出回应。现有的广义著作权法理论由于缺乏法教义学上的体系指引，不仅无法充分发掘邻接权制度承载的规范意义，甚至因此而被诟病。从邻接权体系的制度溯源与本质属性入手，可重点探讨各类邻接权共通的规范效力，力求更好地把握其与狭义著作权之间的异同关系，寻求其扩张限度内的价值指引，补充完善著作权法的理论体系。

【关键词】 邻接权　狭义著作权　广义著作权　独创性

**100. 人工智能生成物著作权问题探究**

【作者简介】 杨利华，中国政法大学民商经济法学院副教授。

【发表期刊】《现代法学》2021年第4期

【内容摘要】 人工智能的出现，改变了以人类为主导的传统作品创作方式，引发了诸多著作权问题。人工智能生成物可以构成著作权法意义上的作品。在著作权归属问题上，人工智能本身无法成为权利主体，符合作品特征的人工智能生成物的著作权原则上应当归属于人工智能的使用者，但同时也要兼顾对投资者利益的保护。为实现个人利益与公共利益的平衡，还应当对人工智能生成作品的著作权进行一定限制。

【关键词】 人工智能生成物　著作权　可著作权性　权利归属　权利限制

**101. 从应然权利到实然权利：文化权利的著作权法保障机制研究**

【作者简介】 杨利华，中国政法大学民商经济法学院副教授。

【发表期刊】《比较法研究》2021年第4期

【内容摘要】 文化参与、文化分享与文化创新成果利益保护，是国际公约和我国宪法保护的应然文化权利。在文化权利从应然权利到实然权利的保障机制中，著作权法通过调整文化创新成果的创作、传播与利用关系，不仅使文化成果收益权经由著作权保护而得到切实保障，而且通过著作权保护条件、范围等制度设计，为公众文化参与、文化分享权利提供资源保障与行为指引，从而使宪法上应然的文化权利得到具体的部门法保障。著作权法对文化权利的保障机制主要体现在以下几方面：其激励作品创作与传播的功能、机制，为个人文化参与和文化分享权利的实现提供内容保障；其作品市场化传播的利益实现机制，为公众文化知识的接触、分享和利用提供现实可能；其合理使用等著作权限制制度，为公众可以自由利用的文化空间提供保障；其对作者和其他著作权人就其作品著作权充分而有效的保护，是公众文化收益权的直接保障机制，是其促进文化权利实现的关键。

【关键词】 著作权法　文化权利　文化参与权　文化分享权　著作权

**102. 著作权法中合法来源抗辩规则的适用**

【作者简介】 闫文军，中国科学院大学知识产权学院教授；李金潇，中国科学院大学知识产权学院硕士研究生。

【发表期刊】《科技与法律（中英文）》2021年第4期

【内容摘要】 合法来源抗辩是保护善意相对人，强化源头打击侵权的重要规则。通过对《著作权法》第59条的分析，可以明确销售者应为合法来源抗辩的主体。著作权法上的合法来源抗辩不仅需要抗辩主体满足合法的购货渠道、合理价格等客观要素，还应具有主观善意。注意义务应只是法官在进行说理时的重要依据，而非合法来源抗辩的构成要件。在判定侵权主体具有合法来源后，其可以不承担赔偿责任，但仍须停止侵权，并且在特定情况下可赔偿权利人因制止侵权所支出的合理开支。权利人应对制止侵权所产生开支的合理性进行举证说明，不应由法院酌定，对于许多不必要的开支不应划入合理开支的范畴。

【关键词】 合法来源　《著作权法》　著作权　侵权　抗辩规则

**103. 我国著作权法中人工智能主体资格之否定**

【作者简介】 易玲，中南大学法学院教授；尹丝媛，中南大学法学院本科生。

【发表期刊】《科技与法律（中英文）》2021年第4期

【内容摘要】 人工智能的迅速发展给著作权法律体系带来诸多冲击。在解决后续具体问题之前，必须先明确人工智能是否具有著作权法意义上的主体资格。目前学界中关于肯定人工智能著作权法定主体地位的观点都有相应的不足。在人工智能技术发展的现阶段，赋予人工智能著作权法定主体地位既无可能性也无必要性。我国著作权法应当继续坚持其作者权体系的立法初衷和"人类中心主义"的立法精神，强调"人"的价值，保障"人"的权益，否定人工智能的著作权法定主体资格。著作权法不应急于变革和一味扩张，而应着力于在现有的体系下解决新的问题，在已有的制度下规制新的存在。

【关键词】 人工智能　著作权　法律主体　主体适格性　法律对策

**104. 欧盟版权指令第 15 条之评价与反思：以超链接规制为视角（英文）**

【作者简介】 梁蒙娜，南京大学法学院博士研究生。

【发表期刊】《科技与法律（中英文）》2021 年第 4 期

【内容摘要】 欧盟现有法律对于超链接的侵权管制过于严格，这种做法没有平衡公共利益和著作权人的利益，造成了对著作权的过度保护。虽然最终通过的《数字化单一市场版权指令》第 15 条规定新闻出版媒体的邻接权规则不适用于超链接行为，但是这并未从根本上解决对超链接的著作权规制过严问题。为了促进互联网上信息的自由流通以及用户的表达自由，法官应当对超链接提供者与网络平台的侵权责任进行区分，并且仅在超链接导致侵权结果时对链接提供者进行追责。

【关键词】 超链接　向公众传播权　《数字化单一市场版权指令》　著作权

**105. 数字时代文化遗产机构资源保存版权例外规则：困境与解决**

【作者简介】 王文敏，华南师范大学新时代法治广东建设研究中心副研究员。

【发表期刊】《国家图书馆学刊》2021 年第 4 期

【内容摘要】 由于数字技术的快速发展，我国文化遗产机构资源保存版权例外的法律法规和相关制度出现了适用上的困境，有必要予以完善。许多国家已经明确地将文化遗产机构的保存行为纳入其版权例外的范畴，并应数字时代的要求而对受益主体和使用对象、使用的目的和方式、合同条款和技术措施等方面进行了修改，值得借鉴。为了使我国文化遗产机构的资源保存活动能够顺利进行，应扩大目前著作权法中文化遗产保存例外各要件的范围，并完善文化遗产机构保存例外的其他相关制度。

【关键词】 数字化保存　文化遗产机构　版权例外

**106. 论国际合作出版英文学术期刊专有出版权的重要性：从著作权许可谈起**

【作者简介】 陈昕伊，上海大学期刊社《电化学能源评论（英文）》编辑部编辑；何晓燕，上海大学期刊社《电化学能源评论（英文）》编辑部编辑。

【发表期刊】《编辑学报》2021 年第 4 期

【内容摘要】 我国期刊的著作权许可尚未成熟。在深度融入世界出版格局和专有出版权的影响下，国际合作出版英文学术期刊的著作权贸易将会更加复杂。文章介绍了国际著作权贸易的通行办法，论述了合作出版的英文期刊处理著作权许可时特有的问题，论证了专有出版权的重要性，旨在为中国期刊出版方优化国际合作模式提供参考。

【关键词】 著作权许可　知识共享许可协议　国际出版合作　专有出版权

**107. 商业场所提供视听作品观看行为的著作权争议——对新著作权法中视听作品几种传播方式的思考**

【作者简介】 管育鹰，中国社会科学院知识产权中心研究员、博士生导师。

【发表期刊】《苏州大学学报（法学版）》2021 年第 4 期

【内容摘要】 将广播电视播放和互联网中传播的作品以扩音器、显示屏、移动终端等设备再向公众传播，除了法律规定的例外情形，在版权产业发达的国家均被纳入广义的向公众传播权范畴。在我国，商业场所提供视听作品观看引发的著作权争议也日益增多，该行为的定性涉及新著作权法中控制视听作品主要使用方式的放映权、信息网络传播权和广播权的理解与适用。参照域外相关经验，有必要明确再公开传播权的概念，减少不必要的法条解释难题。鉴于新著作权法中广播权概念后半段已包含再公开传播行为，而信息网络传播权概念中尚未明确，可考虑在相关立法或司法解释中明确信息网络传播权控制范围包括再公开传播，同时在权利限制相关条款或其他配套法规中明确侵权例外情形。

【关键词】 视听作品　放映　信息网络传播　广播　再公开传播

**108. 数字时代“重构图书馆著作权”论证伪——兼与周刚志、李秋容等同志商榷**

【作者简介】 詹启智，河南财经政法大学知识产权学院教授。

【发表期刊】《河南财经政法大学学报》2021 年第 4 期

【内容摘要】 周刚志、李秋容等同志分别用交叉学科研究方法对数字时代重构图书馆著作权（新型信息网络传播权/著作权例外）进行了探索。该研究发现两文的内在逻辑是《公共图书馆法》和《著作权法》《信息网络传播权保护条例》等知识产权法规间存在冲突，但《公共图书馆法》和知识产权法规间是衔接统一的，并不存在冲突，其论断同时违背《公共图书馆法》和知识产权法的基本规则和理论。研究图书馆著作权等知识产权问题，应以《公共图书馆法》确立的遵循论为基础，推动公共图书馆事业健康发展。

**【关键词】** 《信息网络传播权保护条例》 新型信息网络传播权 著作权例外 《公共图书馆法》

**109. 深度链接侵害信息网络传播权再思考——从技术解析窠臼趋向权利保护本位**

**【作者简介】** 郭鹏，暨南大学法学院/知识产权学院教授。

**【发表期刊】** 《法学论坛》2021年第4期

**【内容摘要】** 对于深度链接能否构成信息网络传播权直接侵权的问题，有两种分析路径：一是将“提供作品”固守于向服务器上传作品，则深度链接自然不可能具有“提供作品”的内容提供服务功能，更不可能向“公众”提供作品；二是不预设“提供作品”的技术方式，如深度链接的介入使设链网站用户成为著作权人传播意志控制之外的新公众，则设链网站与其用户之间形成了向“公众”提供作品，可构成信息网络传播权的直接侵权。第一种分析思路桎梏于技术细节的窠臼，导致削足适履的后果：将权利的阐释捆绑在特定技术上，将信息网络传播权的侵权赔偿责任扭曲为规避技术措施的违法赔偿责任，以初始传播技术定性信息网络传播权的直接侵权与间接侵权，技术性地扩张了只应适用于中立技术服务提供者的间接侵权范围。第二种分析思路不以技术方式限制向公众提供行为，而以深度链接是否导致向新公众提供作品从而致使著作权人的作品市场及收益遭受侵蚀予以判断，从权利保护的角度发展信息网络传播权的直接侵权与间接侵权的认定标准，试图建立在技术上可广泛适用的评判规则。

**【关键词】** 深度链接 服务器标准 新公众标准 向公众提供 间接侵权

**110. 我国短视频著作权纠纷的现状、问题及其完善建议——兼评近两年的司法案例**

**【作者简介】** 周书环，中山大学传播与设计学院副研究员。

**【发表期刊】** 《大连理工大学学报（社会科学版）》2021年第4期

**【内容摘要】** 随着移动短视频的兴起与发展，短视频著作权问题也日益凸显。相比2018年，2019年有关短视频的著作权纠纷明显增加。争议问题包括短视频的独创性认定、权利指向和平台责任。独创性是需要明确的首要问题，视频之“短”不影响独创性的认定，法官应结合创作主体和创作成果采取相对宽松的“有无”判断标准；对于短视频指向的著作权和邻接权保护问题，可从赔偿层面加强对著作权人的保护力度，这也契合新修订的《著作权法》对著作权人的保护趋势；此外，平台责任多是间接侵权责任，要注重培养平台及用户的著作权意识，同时平台应加强事前预防，避免间接侵权。

**【关键词】** 短视频 著作权纠纷 独创性 邻接权 平台责任

**111. 技术理论的转型与数字版权保护技术的转向**

**【作者简介】** 潘琼阁，中国社会科学院研究生院博士研究生。

**【发表期刊】** 《出版广角》2021年第4期

**【内容摘要】** 技术思想家将技术作为不断进化的整体，促使人们看待数字版权技术的思维方式发生转变。技术的发展给版权保护领域带来各方面的影响：研究者们探讨技术的多面性，肯定其能嵌于综合保护策略之中，是平衡多方利益的关键；数字技术让不同的版权理论传统得到重新思考；技术话语策略更是丰富了版权保护综合策略，并使技术自身获得整体观照。《全球数字版权保护技术跨世纪追踪与分析（1994—2017）》将历时与共时相结合，在全球范围内追踪与分析数字版权保护技术在这24年间的发展进程，契合技术转型趋势，所得出的结论标识当下发展，预测未来趋势。

**【关键词】** 技术思想 技术范式 版权保护 数字技术

**112. 接入服务提供商版权责任适当性扩张研究**

**【作者简介】** 袁锋，华东政法大学传播学院讲师。

**【发表期刊】** 《北京理工大学学报（社会科学版）》2021年第4期

**【内容摘要】** 新技术时代，由于技术、互联网产业形态的变化以及国际版权发展潮流的推进，传统接入服务提供商的“避风港”规则需要重新制定，关键问题在于增设何类版权责任以及如何对其进行制度设计。对此，理论界和实务界主要存在两种制度模式的择取争议：其一为“三振出局”制度；其二为“封网禁令”制度。就中国而言，应当增设接入服务提供商的“封网禁令”制度。相较于“三振出局”制度，“封网禁令”制度在技术层面和立法构建方面更具正当性和合理性，而且制度实施成本更低，维权效率更高，但在具体设计时，应结合中国的制度体系和国情进行本土化改造。

**【关键词】** 新技术时代　接入服务提供商　三振出局　封网禁令

**113. 基于区块链技术的新闻版权管理及保护机制研究**

**【作者简介】** 林爱珺，暨南大学新闻与传播学院教授、博士生导师；林婉津，暨南大学新闻与传播学院硕士研究生。

**【发表期刊】**《新闻记者》2021 年第 4 期

**【内容摘要】** 随着深度链接、转码等技术手段的普遍应用，新闻版权侵权问题日益复杂，2019 年起，百家号联合百度区块链实验室、中国人民大学、封面新闻探索新闻版权管理新模式，新华智云发布“媒体大脑 3.0 融媒中心智能化解决方案”。文章通过剖析区块链技术在版权登记、版权交易及维护版权三个方面的独特优势，探讨基于区块链的“确权—用权—维权”全流程、多中心的媒体联盟链新闻版权管理及保护机制。在确权上，以哈希值及时间戳赋予新闻作品独一无二的身份证明；在用权上，以智能合约实现无须第三方的点对点交易；在维权上，以区块链技术完成检测、追踪、存证等，同时，文章创新性地提出建构“多中心”的新闻版权联盟链，把监管部门引入区块链版权管理平台。

**【关键词】** 新闻版权　版权管理　区块链　联盟链

**114. 自动版权执法下算法合理使用的必要性及推进**

**【作者简介】** 华劼，同济大学上海国际知识产权学院副教授。

**【发表期刊】**《知识产权》2021 年第 4 期

**【内容摘要】** 人工智能算法推动网络版权执法朝着自动化识别和屏蔽侵权内容的方向发展，网络服务提供者普遍采用的内容过滤机制在自动屏蔽涉嫌侵权内容时不会考虑涉嫌侵权内容是否属于版权合理使用，阻碍了合理使用制度在自动版权执法环境中继续发挥作用。因此，将版权合理使用判定规则植入智能算法中，以算法推进版权合理使用决策，确保合理使用制度和相关规则能在自动版权执法环境下继续适用成为亟待解决的问题。文章在分析算法合理使用必要性和挑战性的基础上，提出推进算法合理使用的建议方案。

**【关键词】** 人工智能　算法　自动版权执法　版权过滤措施　合理使用制度

**115. 区块链智能合约应用于著作权集体管理制度的设想与路径**

**【作者简介】** 朱凌珂，重庆大学法学院讲师。

**【发表期刊】**《大连理工大学学报（社会科学版）》2021 年第 4 期

**【内容摘要】** 现阶段的著作权集体管理组织模式已无法适应数字时代下著作利用形态，还存在支付权利金的流程庞杂且容易被中间人隐匿、音乐创作人难以及时获取应得合理报酬等现实困境。应用区块链技术后，能够有效解决著作权集权管理组织所面临的无法处理的身份验证问题，赋予著作权利人通过智能合约进行授权管理的自主控制权，协助著作权集管组织建立全球资料大数据库。区块链技术是否适应于著作授权，应视著作授权的目的及方法、范围来决定，如果是特定目的、一次性授权金额高的大权利授权，为使授权的目的、范围、内容和授权金明确化，权利人和使用人之间可以选择区块链和智能合约来辅助授权。

**【关键词】** 著作权集体管理组织　区块链　智能合约　著作授权

**116. 论算法时代网络著作权侵权中的通知规则**

**【作者简介】** 何炼红，中南大学法学院教授、博士生导师。

**【发表期刊】**《法商研究》2021 年第 4 期

**【内容摘要】** 进入算法时代，著作权法上“通知—删除”规则的具体操作方式发生了巨大变化。自动化“通知—删除”系统的应用导致通知数量急剧增加，同时也产生了通知错误与滥用的隐忧。从制度层面进一步规范通知的构成要件，可以有效地引导和激励高质量的自动化通知：一是侵权主张指向的作品信息应更加明确，算法设计应准确识别侵权作品并考虑合理使用因素；二是删除请求指向的位置信息要更加精准，经过事先测试的删除请求可以使网络服务提供者足以准确定位侵权信息并采取必要措施。对自动化通知产生的错误和滥用行为进行追责，应充分考虑通知人的主观意图和法律后果，在过错原则的基础上，应进一步明确善意通知免于担责、恶意通知适用惩罚性赔偿的情形，以实现责罚相当，对错误通知进行分类规制。

【关键词】 算法自动化通知　构成要件　免责情形　惩罚性赔偿

**117. 民法典时代版权引诱侵权规范体系构造**

【作者简介】 夏朝羡，华东政法大学博士研究生。

【发表期刊】《科技与法律（中英文）》2021年第4期

【内容摘要】 民法典时代，诸多法律规范尤其是侵权法规则需要修正甚至重构，理论研究和实践探索也遇到新的挑战。《著作权法》乃至整个知识产权法律体系中并未明确引入间接侵权的相关规则，而版权引诱侵权本身更非立法用语，但相关司法实践并没有止步，以至规则指向教唆、帮助侵权并将教唆、帮助二者混同，甚至出现跳过版权引诱侵权直接认定侵权的情况。对此，可以对比美国相关制度的建立和运用，构建我国版权引诱侵权规范体系，即厘清版权引诱侵权规范要素，对版权引诱侵权予以定型化，重点突出故意意图，给予实质性非侵权用途的适用例外，区分引诱与帮助侵权，把版权引诱侵权从共同侵权中剥离出来，明确按份责任的法效果。

【关键词】 版权　引诱侵权　间接侵权

**118. 影视解说视频合理使用的困境与出路——由首例“图解电影”案引发的思考**

【作者简介】 罗祥，南京师范大学法学院博士研究生。

【发表期刊】《科技与法律（中英文）》2021年第4期

【内容摘要】 我国首例“图解电影”案中关于合理使用的认定分歧源于对《著作权法》第22条第2项的不同解释。该案一审法院认为在引用的“适当”性和对作品的“介绍、评论或者说明”之间，后者具有决定性功能。而二审法院认为“适当”性和对作品的“介绍、评论或者说明”不存在功能上优劣性。一审法院的“介绍、评论或者说明”功能决定论将引发合理使用规则的失灵。一审裁判观点是开放式合理使用立场的反映，受到美国合理使用制度的影响，却忽视我国合理使用法律文本的本土化含义。应当从影视解说视频的作品属性，影视解说视频与演绎、重混作品关系，以及《著作权法》第22条第2项的适用分析三个面向来应对影视解说视频合理使用实践困境。“图解电影”案的启示在于合理使用的司法认定应注意探求新、旧《著作权法》衔接中的立法意图。在将司法实践中运用比较成熟的合理使用“四要素”方法移植到新《著作权法实施条例》之时，为减少“四要素”方法“转换性使用”规则的负面效应，应限制将合理使用扩大解释为“转换性使用”。

【关键词】 “图解电影”案　影视解说视频　合理使用　四要素　三步检验法　转换性使用

**119. 游戏地图作品属性的中国法实践**

【作者简介】 徐彦冰，上海交通大学凯原法学院讲师。

【发表期刊】《交大法学》2021年第4期

【内容摘要】 随着游戏产业的迅猛发展，有关电子游戏的纠纷和诉讼也不断涌现，这些司法实践，使得游戏中最重要的元素之一——游戏地图的作品属性问题凸显了出来。游戏地图作品属性的讨论主要集中在以下两个问题上：其一，游戏地图是否可以构成著作权法意义上的作品；其二，在第一个问题成立的前提下，游戏地图应归入何种类型作品。在没有明确立法指引的前提下，中国的司法实践对这两个问题经过不断的探索，逐渐积累了宝贵的经验。文章试图对有关游戏地图作品属性的判例进行整理和回顾，总结出对上述两个问题的回答，以期对著作权法律制度的完善有所裨益。

【关键词】 游戏地图　作品属性　美术作品　图形作品

**120. 传统手工艺品的知识产权保护困境与出路——以手工绣制品为例**

【作者简介】 胡朝阳，东南大学法学院教授；任俪文，东南大学法学院硕士研究生。

【发表期刊】《重庆大学学报（社会科学版）》2021年第5期

【内容摘要】 传统手工艺作为我国重要的文化遗产，近年不断面临知识产权争议及知识产权保护困境。文章从传统手工艺品之“工”与“艺”的二元审美结构入手，探讨了“思想与表达二分法”理论适用于传统手工艺品保护面临的局限性问题。从知识产权功能性与功利性相协调的角度，文章分析了破解传统手工艺品的知识产权保护困境之法制对策，包括：重新审视其“独创性”判断基准，明确其二元审美结构，从而完善著作权许可使用制度，厘清其在先作品许可使用权的合理边界；改造其著作权行政管理与司法审判制度，完善有关传统手工艺品的知识产权集中运用与维护机制。

【关键词】 传统手工艺　知识产权保护　困境与出路

**121. 英国电子书公共借阅权补偿金制度对我国的启示**

【作者简介】 金胜勇，河北大学管理学院教授、博士生导师；章亭，河北大学管理学院硕士研究生。

【发表期刊】《图书情报工作》2021 年第 5 期

【内容摘要】 随着数字出版物利用率的提高，文献信息资源的可共享性和知识产权保护之间的矛盾加剧。如何解决这种矛盾，对著作权人的合法权益进行补偿，使信息资源公共供给合法化是迫切需要解决的问题。[方法/过程] 采用比较研究和文本分析法，对英国的电子书公共借阅权相关法案进行分析，总结电子书公共借阅权以及补偿金的特点等。[结果/结论] 英国电子书公共借阅权具有准版权模式和版权模式并行，以版权模式为主、率先将电子书纳入权利客体以及给予权利主体较大权限的特点；补偿金具有来源为政府财政拨款、计算以借阅次数为依据等特点。我国可以借鉴英国电子书公共借阅权和补偿金的细则等来实行数字出版物公共借阅权补偿金。

【关键词】 数字出版物　公共借阅权　补偿金

**122. 法定作品类型外新型创作物的著作权认定研究**

【作者简介】 卢纯昕，广东外语外贸大学法学院副教授。

【发表期刊】《政治与法律》2021 年第 5 期

【内容摘要】 在对法定作品类型外的新型创作物进行著作权认定时，其属性判断是作品归类的前置环节。认定新型创作物能否成为著作权客体，须避免落入直接判定其能否归入法定作品类型的窠臼，而将焦点置于其能否满足作品的可版权要件。在新型创作物的作品属性判断中，功能性原则应成为新的门槛，独创性须以“显著改变”为标准。对于符合作品属性的新型创作物，必须先通过技术中立与类比考量尽量将其纳入既有作品类型；对于无法归入法定类型的新型表达，则将其放入“其他作品”中暂时保护，待条件成熟再通过立法将其上升为新的作品类型。

【关键词】 新型作品　可版权性　功能性原则　作品类型

**123. 混剪视频“合理使用”限度及法律困境**

【作者简介】 柯泽，西北政法大学新闻传播学院教授、博士生导师；谭婷，西北政法大学新闻传播学院硕士研究生。

【发表期刊】《电视研究》2021 年第 5 期

【内容摘要】 最近几年来，各大视频网站及自媒体网站都出现了利用影视剧片段、视频图片等元素剪辑成新作品的混剪视频。由于混剪视频是基于原创视频的二次创作，在现实中极易引发侵权法律纠纷，这类纠纷的焦点在于混剪视频对原创视频素材的使用是否属于“合理使用”，是否具有一定的独创性。目前我国《著作权法》体系对“合理使用”的界定比较模糊，导致原作品权利人和混剪视频创作者的权益保护陷入法律困境。

【关键词】 混剪视频　合理使用　法律困境

**124. 网络视频剪辑的侵权问题研究**

【作者简介】 王刚，北京大学新闻与传播学院硕士研究生。

【发表期刊】《中国编辑》2021 年第 5 期

【内容摘要】 文章对网络视频剪辑的侵权问题进行传播法规研究。研究发现，相关侵权问题主要围绕剪辑者（制作方）、原著作权人和视频人物及相关人物三方利益主体展开，剪辑者（制作方）与原著作权人之间主要产生著作权侵权矛盾，剪辑者（制作方）与视频人物及相关人物之间主要产生名誉权侵权矛盾。在著作权侵权的矛盾中，争议点集中在对于视频作品性质的判定上，尤其是独创性的判定。在名誉权侵权的矛盾中，争议点集中在对于恶意剪辑视频的现实效果区分与剪辑者实质恶意的识别上。网络视频的侵权问题始于剪辑制作行为，而发酵于后续的媒体传播之中。为解决这一侵权问题，在利益相关者的理论视角下，文章提出应当通过树立法律主体意识、完善“避风港”原则和弥补争议点漏洞等策略，在法律范围内平衡剪辑者（制作方）、原著作权人、视频人物及相关人物、网络服务商、网络平台和视频网站等六大主体的利益。

【关键词】 视频剪辑　侵权问题　著作权　名誉权　传播法规

**125. 出版物装帧设计的知识产权多元保护探析**

【作者简介】 贺文奕，中国政法大学民商经济法学院博士研究生。

【发表期刊】《出版发行研究》2021 年第 5 期

【内容摘要】 出版物除正文内页之外的其余部

分均属于装帧设计的范畴，出版者对装帧设计的智力投入使其具备多重属性，从而可以获得知识产权法的多元保护。首先，对其艺术性而言，如果具备独创性则可作为作品进行保护。其次，对经过长期使用产生显著性的装帧设计，如果构成有一定影响的商品名称、包装、装潢，则可获得反不正当竞争法的保护。最后，从装帧设计的装饰性出发，如果具备美观性、新颖性、创造性，则构成外观设计；从其功能性出发，如果具备新颖性、创造性、实用性，则构成实用新型或发明，获得专利法的保护。

**【关键词】** 装帧设计　版权保护　包装装潢　外观设计

**126. 互联网短视频平台著作权事先审查义务研究**

**【作者简介】** 张超，北京理工大学法学院博士研究生，北京工业大学党委宣传部助理研究员中心助理研究员；马宁，中国传媒大学讲师。

**【发表期刊】**《现代传播（中国传媒大学学报）》2021年第5期

**【内容摘要】** 随着互联网短视频平台的快速发展，要求平台承担相应程度的著作权事先审查义务已经迫在眉睫。面对不断出现的著作权侵权现象，建立并完善互联网短视频平台知识产权保护体系也成为该类平台依法健康发展的必然要求。从现行知识产权法的发展趋势来看，互联网短视频平台著作权事先审查义务的确立已成为必然。应打破平台不履行著作权主动审查义务的传统行为模式，由平台对短视频作品是否存在侵犯著作权现象进行事先审查，并以此作为对互联网短视频平台主观判断的标准，要求其根据主观存在的过错程度承担相应的侵权责任。这既有利于解决短视频平台著作权实务中主观判断的难题，建构知识产权保护体系，也有助于合理分配互联网短视频平台和平台用户的责任承担，以实现对权利人权益的充分保障。

**【关键词】** 著作权　事先审查义务　短视频平台　侵权责任

**127. 著作权许可合同中利益失衡问题的治理——以《欧盟数字化单一市场版权指令》为镜鉴**

**【作者简介】** 周恒，中国人民大学法学院博士研究生。

**【发表期刊】**《知识产权》2021年第5期

**【内容摘要】** 普通作者相较于传播者在议价能力上天然处于弱势地位，因此在古典合同自由原则指导下的著作权许可合同容易滑向利益失衡的窘境。当前学术界、实务界关于合同自由原则与合同正义原则（公平原则）的价值位阶存在较大的认识分歧，导致现行民法中的显失公平制度、格式条款制度、法定解除制度在立法构造上存在天然模糊性，缺乏对司法裁判的指引。欧盟为应对类似问题，在《数字化单一市场版权指令》中设置了“公平报酬机制”。引入有关制度，可以有效解决当前我国著作权许可合同实务中存在的利益失衡问题，同时引入相关制度在负面成本方面的影响也是可控的，因此值得我们借鉴。

**【关键词】** 议价能力　合同自由原则　公平原则　《数字化单一市场版权指令》　公平报酬机制

**128. 数字化传播视域下非物质文化遗产影像记录与有效活用研究**

**【作者简介】** 聂洪涛，西安财经大学法学院教授；韩欣悦，西安财经大学法学院硕士研究生。

**【发表期刊】**《广西社会科学》2021年第5期

**【内容摘要】** 数字化技术的进步为非物质文化遗产保护与传承带来了新的方式和媒介，以新媒体为基础的“非遗”影像记录制作在经济全球化背景下发展迅速，而我国针对“非遗”项目开展的影像数字化采集与传播工作仍任重道远。我国要解决“非遗”影像记录的保存与利用问题，首先需要探讨“非遗”影像记录开发与活用的手段与模式，通过整合影像制作者、开发利用者、表演传承人等群体力量进行“非遗”影像记录工作，推动非物质文化遗产的传承与推广。其次亟须建立科学系统的评价体系，在借鉴学界已有开发利用评价体系基础上，以资源禀赋、承载能力、可持续发展能力三个子项构建“非遗”开发利用评价体系来规范开发利用行为，防止对“非遗”影像记录的过度开发和滥用。“非遗”影像记录可用于数字化博物馆、体验式文化旅游等多个领域实现经济利益和社会效益的统一。在“非遗”影像记录的二次利用和创作过程中，必须重视与之相关的著作权问题，妥善处理影像制作者、开发利用者与表演传承人之间的利益分配关系。

**【关键词】** 非物质文化遗产　数字化传播　影像记录　开发利用　评价体系　著作权

**129. 合同法视域下数字出版著作权问题研究——以法国出版合同改革为借鉴**

**【作者简介】** 何蓉，中南财经政法大学知识产权研究中心讲师。

【发表期刊】《科技与出版》2021 年第 5 期

【内容摘要】 数字技术应用打破了传统出版法律关系的平衡，引发一系列著作权问题。为缓解作者与出版商之间的矛盾，法国以出版合同改革为基点，重新审视合同法视域下作者与出版商之间的关系，这既是对意思自治基本原则的回归，又顺应了“以作者为中心”的历史保护惯例。在对法国数字出版有益经验进行研究的基础上，文章还分析了我国《著作权法》图书出版的有关规定，试图为我国数字出版法律制度的完善提出建议。

【关键词】 数字出版　出版合同　法国知识产权法典

**130. 人工智能时代著作权法合理使用制度的困境与出路**

【作者简介】 万勇，中国人民大学法学院教授、博士生导师。

【发表期刊】《社会科学辑刊》2021 年第 5 期

【内容摘要】 为化解人工智能产业发展面临的系统性著作权侵权风险、消解算法偏见，需要改革著作权法合理使用制度。已有研究提出了引入“作品性使用”概念、引入“技术性合理使用”类型，将合理使用判定由单项行为考察转为整体结果考察等激进或保守的重塑合理使用制度理论基础的方案。欧盟在 2019 年通过的《数字化单一市场版权指令》中增设了文本与数据挖掘例外。结合我国立法实践与具体国情，建议以《著作权法》第 24 条第 1 款第 13 项“法律、行政法规规定的其他情形”为接口，通过修订《著作权法实施条例》的方式，引入数据挖掘专门例外。

【关键词】 人工智能　《著作权法》　合理使用　文本与数据挖掘　机器学习

**131. 作为社会争议的版权纠纷——以芭蕾舞剧《红色娘子军》侵权案为例**

【作者简介】 王峰，常州大学史良法学院副教授、硕士生导师。

【发表期刊】《南大法学》2021 年第 5 期

【内容摘要】 版权纠纷不止于法律问题，更是一类典型的社会争议，这一特点体现在红色经典著作权纠纷案上尤其明显。在法社会学上，可将之化约为“公益与私权”的对峙、“权利与义务”的分离以及版权权衡标准在“技术与原则”上的变动等命题。即便在当前这个表面上变幻多端的数字时代，这些命题所涉及的版权保护实际上也并未翻越“财产分配”的围栏。由此，化解红色经典著作权纠纷这样的社会争议，其关键就在于如何在实践中提炼出清晰且可预测的普遍性规则或分布相关指导性案例，而不是为法官裁决设置宽泛的政策准则。更准确地说，社会法治化程度决定了版权保护的力度、广度和深度，决定了这类社会争议的最终解决方式。

【关键词】 著作权　红色经典　《红色娘子军》　社会争议

**132. 信息网络传播权刑法保护反思与诠释**

【作者简介】 郑承友，山东理工大学法学院副教授。

【发表期刊】《科技与法律（中英文）》2021 年第 5 期

【内容摘要】 司法解释为回应现实需求，将“通过信息网络传播他人作品的行为”视为《刑法》第 217 条规定的“复制发行”，这是用传统线下治理的思维方式进行线上治理。《刑法修正案（十一）》将信息网络传播权纳入刑法保护是规范作品网络传播的重要举措。侵犯著作权罪具有双重违法性，在双重违法之间存在位阶关系，著作权法是前置规范，刑法是二次规范。对侵犯信息网络传播权犯罪的认定应坚持先定侵权后定罪的二次违法标准，并且对著作权法与刑法中的相同概念应做同义解释。《刑法修正案（十一）》生效后，对司法解释与实践经验进行反思总结，及时清理相关司法解释，坚持民刑衔接的体系思维，正确解释适用刑法规范，才能够实现法律体系内部和谐的规范效果。

【关键词】 信息网络传播权　复制发行　民刑衔接　体系解释　规范适用

**133. 电子书版权刑事保护困境及其回应**

【作者简介】 刘延炀，南京大学法学院博士研究生。

【发表期刊】《中国出版》2021 年第 5 期

【内容摘要】 科技进步既促进电子书市场蓬勃发展，同时也给电子书版权刑事保护带来新的挑战。通过分析既有判决书，研究发现，当前电子书版权刑事保护主要面临刑法规制有待完善、科技赋能亟待增强、刑罚威慑尚需强化等问题。应加强侵权预备行为和网络平台的刑法规制，增强技术赋能保障电子证据的溯源求真，完善电子书版权保护的行刑衔接制度建设，推动电子书市场健康有序发展。

【关键词】 电子书　版权保护　刑事路径

**134. 我国数字版权研究现状、热点及趋势探析——基于文献计量的分析**

**【作者简介】** 付姝姣，中国传媒大学博士后流动站博士后。

**【发表期刊】**《出版广角》2021年第5期

**【内容摘要】** 该研究借助文献计量软件探析我国数字版权领域的研究现状、热点，并结合相关文献预测其发展趋势。结果发现，我国数字版权领域的研究具有跨学科特性，文献数量呈波动性变化，目前该领域已有多个研究团队，高等院校和科研院所是研究的中坚力量；数字版权、数字版权管理、数字版权保护、数字版权保护技术、区块链、数字版权应用研究、数字版权法是研究热点，未来法律和技术结合将会成为互联网时代版权保护的可行之道。

**【关键词】** 数字版权　文献计量　研究现状　热点　趋势

**135. 媒体融合中的版权困境与制度革新**

**【作者简介】** 王迁，华东政法大学法律学院教授、博士生导师；文棋，华东政法大学知识产权学院博士研究生。

**【发表期刊】**《编辑之友》2021年第5期

**【内容摘要】** 媒体融合在版权语境下的内涵是媒体的数字化及平台化演化趋势，它对应着角色界限及时空界限消融的传播生态。媒体融合中的作品创作、传播及再利用相关版权困境越发凸显，主要包括：新型作品认定问题、创作中的合理使用认定问题及版权归属问题；新型传播行为定性问题、新型传播方式改变利益格局引发的体育赛事及电子游戏直播等版权争议；作品再利用涉及的侵权判定、特定权利限制制度构建及聚合平台义务与责任问题。在梳理及总结这些版权困境基础上，可得出制度革新的总体思路。

**【关键词】** 媒体融合　版权　传播　创作

**136. 在京境外图书版权代理机构的作用及问题探究**

**【作者简介】** 李欣，高等教育出版社有限公司。

**【发表期刊】**《中国编辑》2021年第5期

**【内容摘要】** 健全的图书版权代理机构是成熟的图书出版市场不可或缺的组成部分，完善的图书版权代理产业可以有力推动图书版权贸易的良性发展，促进文化产业繁荣和各国文明的交流互鉴。文章选取几乎垄断英国、美国、德国等西方主要发达国家图书版权资源的在京境外图书版权代理机构（含国外出版集团在京设立的版权部门）为研究对象，运用SWOT分析法和案例分析法，探究其在图书版权贸易中的优势和劣势以及面临的机遇与挑战，肯定其在图书版权贸易中发挥积极作用的同时，针对目前存在的问题提出建议，为其在文明交流互鉴中发挥更为积极有效的作用建言献策。

**【关键词】** 图书版权　图书版权代理　图书版权贸易　版权代理机构　版权登记

**137. 版权利益平衡视角下的网文“断更”与“书商之战”**

**【作者简介】** 王志刚，中国海洋大学文学与新闻传播学院教授、博士生导师；李阳冉，中国海洋大学管理学院博士研究生。

**【发表期刊】**《出版发行研究》2021年第5期

**【内容摘要】** 网文“断更”风波是网络时代“书商之战”的历史重现，是媒介充裕环境下资本化平台与作家之间矛盾激化的必然结果。究其原因在于版权主体地位失衡，优势地位向平台资本倾斜；版权利益分配不均，作者职业生态急剧恶化；版权管理制度不完善，顶层设计缺失等引发的一系列争端。要想在平台与作者之间建立新的平衡，实现行业生态化发展，必须重塑版权精神：以版权促创新，尊重作者成果，关注内心诉求；以合作谋共赢，重构版权合作关系，建立生态化发展模式；以制度补短板，落实作者权利保障措施，优化产业发展环境。

**【关键词】**“断更”风波　网络文学　版权精神　生态发展

**138. 国际版权贸易中的文化冲突与协调——以文化强国建设为背景**

**【作者简介】** 杨健，黑龙江大学法学院副教授。

**【发表期刊】**《北方法学》2021年第5期

**【内容摘要】** 在经济全球化进程中，国际版权贸易极大地助推了文化传播、文化创新及文化产业的发展。国际版权贸易与文化之间存在着相互作用的内在有机联系，但因国际版权贸易中可能伴随着文化渗透和文化输出，也会产生一定的冲突。积极解决冲突，正确面对国际版权贸易自由化与文化多样性，构建良好的协调机制至关重要。厘清国际版权贸易中存在文化冲突的根源，有助于深入阐释利益冲突，并进一步探究国际版权贸易中特殊的文化内涵。国际版权贸易中要考量文化因素，通过激励创新来保护和促进文化，通过利益平衡机制对国际版权贸易中的利益进行动态调整。国际社会各成员应遵守国际版权贸易规则、尊重与保护文化多样性，加强国际协调。在文化“走出去”的背景下，中国应主动应对国际贸易规则重构、坚持国际贸易自由化，要坚定文化自信，积极推进文化强国建设，不断增强文化软实力，不断提高版权保护的法治水平，从而促进国际版权贸易与文化保护的有机协调。

**【关键词】** 国际版权贸易　文化冲突　文化强国　国际传播　国际协调

**139. 视频分享网站著作权侵权案件的实证研究**

**【作者简介】** 聂振华，河南法官进修学院科研处处长。

**【发表期刊】**《中国应用法学》2021 年第 5 期

**【内容摘要】** 文章通过对视频分享网站注意义务的考察，提出注意义务的固定判定标准和浮动判定标准，并结合我国司法实践，重点分析了“避风港”规则。在视频分享网站著作权侵权纠纷的审理过程中，程序规则也是保障权利人实体权利实现的重要一环，司法实践对此存在诸多争议。文章结合实体问题和程序问题，围绕若干法律适用问题进行研究，勾勒出审理此类案件的基本思路。

**【关键词】** 视频分享网站　“避风港”规则　注意义务　程序问题

**140. 科技期刊国际出版商版权政策研究**

**【作者简介】** 欧彦，中国科学院自动化研究所《自动化学报》编辑部副编审；葛世超，中国科学院自动化研究所《自动化学报》编辑部编辑。

**【发表期刊】**《科技与出版》2021 年第 5 期

**【内容摘要】** 文章以与卓越计划领军期刊和重点期刊合作的国际出版商的版权协议为切入点，结合出版商平台版权相关最新政策，研究开放出版背景下的版权转让和授权许可，分析科技成果创作出版过程中作者与出版商两大主体权责，为我国英文科技期刊版权政策的完善提供参考。

**【关键词】** 版权　版权协议　授权许可　卓越计划期刊

**141. 网络著作权公共治理路径的优化面向**

**【作者简介】** 邵茹花，中共聊城市委党校副教授；郑若楠，中国社会科学院政府政策与公共管理系博士研究生。

**【发表期刊】**《出版广角》2021 年第 6 期

**【内容摘要】** 目前，我国网络著作权的公共治理已形成网络平台承担自律管理责任与著作权权利主体积极参与的基本模式。然而，在实际运作中，网络平台自律管理不足等原因限制了网络著作权公共治理效能的提升。因此，在坚持协调网络平台和著作权权利主体形成合力的基础上，从增强网络平台的自律管理责任和构建网络著作权自治管理制度等层面进行创新，能有效提升网络著作权公共治理效能。

**【关键词】** 网络著作权　公共治理　网络平台　自律管理

**142. 人工智能时代新闻出版领域著作权问题的类型化分析**

**【作者简介】** 付丽霞，中南财经政法大学知识产权研究中心讲师；刘鑫，中南财经政法大学法学院讲师。

**【发表期刊】**《科技与出版》2021 年第 6 期

**【内容摘要】** 人工智能技术的勃兴带来了全新的人工智能时代。随着人工智能编辑软件的应用，人工智能辅助创作与自主创作等新闻稿件创作形式开始出现，出版领域在人工智能时代焕发了生机，但也面临了诸多著作权挑战，不仅存在人工智能编辑软件本身的著作权保护难题，还呈现出了人工智能辅助创作的著作权侵害风险以及人工智能自主创作的著作权认定困境。为此，应从各类著作权挑战的不同形态出发，有针对性地提出人工智能软件本身著作权保护难题的克服方法、人工智能辅助创作著作权侵害风险的化解举措，以及人工智能自主创作著作权认定困境的破解策略。

**【关键词】** 人工智能　出版　著作权　编辑软件　辅助创作　自主创作

**143. 网络游戏直播画面的著作权侵权判定研究**

**【作者简介】** 蒋华胜，广州知识产权法院三级高级法官。

**【发表期刊】**《法律适用》2021 年第 6 期

**【内容摘要】** 网络游戏预设画面属于视听作品，其权利归属于游戏开发者。玩家操作画面应当根据其表现形式来确定法律属性与权利归属。玩家操作画面属于网络游戏直播画面的重要组成部分，也是游戏开发者主张的被诉侵权对象，人民法院应当依照玩家操作画面的法律属性与权利归属来判定网络游戏直播画面是否侵害开发者的著作权。游戏画面未经许可进行网络直播侵害开发者享有的向公众传播权。司法实践中，人民法院依照我国《著作权法》所规定的“应当由著作权人享有的其他权利”这一兜底权利进行规制。2020年《著作权法》扩大广播权适用范围保护向公众传播权，解决网络直播的专有权利控制难题，加强了对著作权的立法保护，切实履行国际条约所规定的义务。2020年《著作权法》实施后，人民法院可直接适用广播权对网络游戏直播画面是否侵权进行判定。游戏直播画面构成侵权后，开发者可根据网络直播平台与游戏玩家之间的行为方式主张侵权责任，强化对著作权人的司法保护。

**【关键词】** 网络游戏　直播画面　作品归属　著作权侵权　民事责任

**144. 学术期刊数字版权保护的现实困境、规范向度与法治进路**

**【作者简介】** 章诚，南京工业大学学术期刊编辑部副编审。

**【发表期刊】**《科技与出版》2021年第6期

**【内容摘要】** 不同于传统纸质出版，数字出版对学术期刊而言，在版权保护上提出了更高的要求。然而，目前的版权保护体系并不能完全契合学术期刊数字出版的实际需求，版权保护乏力问题凸显，集中体现在从业者版权保护意识不强、出版相关协议不规范、维权成本难以负担、相关立法亟待完善等层面。需要在利益平衡、合理限制、归责原则等理论的指引下探索改进路径。文章提出通过全面树立和增强从业者版权意识、规范版权转让与许可协议、拓展著作权集体管理制度、完善数字出版相关的法律法规，以破解学术期刊数字版权保护之困境。

**【关键词】** 学术期刊　数字出版　版权保护

**145. 有声读物版权许可的问题与对策——基于115份判决书的实证研究**

**【作者简介】** 李安，中南财经政法大学知识产权研究中心博士研究生。

**【发表期刊】**《科技与出版》2021年第6期

**【内容摘要】** 发展壮大有声读物出版产业，必须重视版权保护，尤其是版权许可。文章基于对2010—2020年我国115份司法判决书的实证研究，发现有声读物版权许可存在两个问题：一是没有寻求版权许可，擅自录制传播有声读物的侵权行为频发；二是虽有寻求与有声读物出版相关的版权许可，但因版权许可不规范而产生的侵权行为多发。对此，应通过强化一般许可、推动集中许可、寻求法定许可等途径，构建合法且高效的有声读物出版秩序，推动文字作品有声出版的繁荣与发展。

**【关键词】** 有声读物　数字出版　有声出版　录音制品　版权许可

**146. 纸质图书大规模数字化的版权困境与破解**

**【作者简介】** 杨天红，重庆大学马克思主义学院讲师；马晶，西南大学法学院讲师。

**【发表期刊】**《出版发行研究》2021年第6期

**【内容摘要】** 纸质图书大规模数字化是化解人民日益增长的文化需要和版权市场发展不平衡不充分之间矛盾的重要措施。但由于传统版权法未随科技发展适时有效调整，纸质图书大规模数字化深陷版权困境，进展缓慢。文章通过对纸质图书大规模数字化困境的法律分析并结合版权市场现状，认为我国纸质图书大规模数字化版权困境的破解需要司法、立法和版权管理三个层面的联动。而在破解纸质图书大规模数字化版权困境的同时，还需要通过诸如利益相关方对话机制和数字安全技术等措施在版权人和社会公众间寻求新的利益平衡点。

**【关键词】** 大规模数字化　利益平衡　延伸性集体授权　合理使用　法定许可

**147. 我国网络音乐独家许可的运行逻辑与完善策略**

**【作者简介】** 李陶，中央财经大学法学院讲师。

**【发表期刊】**《法学》2021年第6期

**【内容摘要】** 对网络音乐许可模式的治理与优化是我国《著作权法》立法与实践关注的热点问题。围绕其展开的相关研究在一定程度上存在问题意识本土化与完善策略体系化之不足。对于前者，可采用法学实证分析路径，从实然层面探寻经验事实、制度规范、价值取向在《著作权法》网络音乐许可实践中的动态因果规律，并以此重塑相关研究本应关注的元问题。对于后者，应运用体系化思维的一般自觉，以《著作权法》内在的价值体系为指引，评价其于外在规范体系中的立法表达，分析其在动态运行中的实践绩效，并在此基础上提出具体的应然完善方案。

**【关键词】** 网络音乐独家许可　《著作权法》　本土化　体系化

**148. 知识付费平台的著作权纠纷及其解决**

**【作者简介】** 刘友华，湘潭大学知识产权学院教授；魏远山，湘潭大学知识产权学院博士研究生。

**【发表期刊】**《知识产权》2021年第6期

**【内容摘要】** 知识付费平台与著作权人之间的

纠纷已成为知识付费产业发展的桎梏，用户未经授权使用作品是纠纷产生的主要原因。现行著作权法以“规模小且相对集中的商业使用者”为规制对象的作品授权机制与“大众用户创作模式”脱节，且平台多采取“形式性审查”规避风险，并未采取有效措施抑制用户侵权的动力。从知识付费产业看，平台及其用户与著作权人分别处于产业不同环节，三者合作可实现各自利益最大化。在侵权作品过滤、权利限制和作品授权许可三种机制中，可选择退出的默示许可机制能较好促成各主体合作，化解其利益冲突。可从保障著作权人报酬获取权和退出权行使的角度入手，借助著作权集体管理制度，打造选择退出默示许可制度的运行框架。

**【关键词】** 著作权　知识付费平台　用户生成内容　侵权　选择退出　默示许可　作品

**149. 论算法创作下独创性的判断标准**

**【作者简介】** 李忠诚，南京师范大学法学院博士研究生。

**【发表期刊】** 《大连理工大学学报（社会科学版）》2021 年第 6 期

**【内容摘要】** 传统独创性理论建构在“浪漫主义创作理论”基础之上。算法创作的出现减少了人类作者对内容生产的参与，动摇了浪漫主义创作理论，也必将对独创性理论带来深刻影响。为此，应当以“读者标准”判断作品的独创性，将“独立创作”从“独创性”概念中分离出来，并强调“创作结果”而非“创作过程”的创造性。“读者标准”不仅顺应了独创性标准客观化的趋势，而且有利于促进著作权制度体系化，也与著作权法的制度目标相契合。

**【关键词】** 算法创作　浪漫主义作者　独创性　读者标准　作者个性

**150. 论人工智能创作物独创性自然人来源的淡化**

**【作者简介】** 张晓萍，海南大学法学院博士研究生；郑鹏，海南大学法学院副教授。

**【发表期刊】** 《大连理工大学学报（社会科学版）》2021 年第 6 期

**【内容摘要】** 人工智能创作物能否受到著作权法的保护，核心问题在于其是否满足著作权法中作品所要求的独创性要件。大陆法系的著作权法和英美法系的版权法在制定之初，均要求独创性来源于自然人。随着人工智能技术的发展，两大法系异曲同工地将独创性解释为可间接来源于自然人，人工智能是自然人创作的工具，继而独创性逐渐脱离自然人，仅受客观标准检验。两大法系作品独创性标准的演变，对我国人工智能创作物著作权的保护有借鉴意义。结合我国著作权理论和司法实践，我国人工智能创作物独创性应当寻找或假定其背后的自然人来源，判断其是否符合客观标准。该标准有助于鼓励作品的创作和人工智能技术的发展。

**【关键词】** 人工智能创作物　独创性　著作权

**151. 新技术应用下著作权自动取得制度的反思与改进**

**【作者简介】** 邱润根，南昌大学法学院教授。

**【发表期刊】** 《吉首大学学报（社会科学版）》2021 年第 6 期

**【内容摘要】** 自动取得制度作为国际公认的著作权基本确权规则，内含权属待定的天然缺陷。在新技术应用带来创作和传播方式的大变革中，自动取得制度的缺陷放大了著作权纠纷风险，造成了著作权案件高发。在当前不宜根本改变自动取得确权制度的前提下，合理利用区块链和人工智能技术弥合制度公信力缺陷，以改进自动取得制度，有助于明确权属以减少权属纠纷，规制抄袭以避免权属混淆，进而减少著作权案件的发生。

**【关键词】** 自动取得制度　新技术　著作权　区块链

**152. 论广播组织权的体系定位与制度反思**

**【作者简介】** 朱开鑫，中国社会科学院法学研究所博士后；田小军，中国政法大学民商经济法学院博士研究生。

**【发表期刊】** 《河南财经政法大学学报》2021 年第 6 期

**【内容摘要】** 完善广播组织权制度以回应网络盗播等新兴侵权问题的挑战，是《著作权法》第三次修订的重要题中之义。新《著作权法》沿用旧法规定将广播组织权的客体定位为“广播、电视”，但对于广播组织网络传播权利的扩张持较为谨慎的立法态度。广播组织 IPTV“回看”等业务模式引发的行业纠纷亦越发凸显，亟待明确广播组织权的权利范畴以维护市场主体间的行为预期与从业秩序。从广播组织权制度的历史沿革和体系定位来看，其立基于传播行为本身而非被传播的内容，客体应明确为物质层面的信号而非内容层面的节目，相应的权项则应当回归为同时性、非交互式的有线和无线转播禁止权。

**【关键词】** 《著作权法》　广播组织权　信号

转播权

**153. 修正与完善：人人影视字幕组案的刑法规制分析**

**【作者简介】** 陈禹衡，东南大学刑法学博士研究生；韦家朝，广西大学学报编辑部副编审。

**【发表期刊】**《广西大学学报（哲学社会科学版）》2021年第6期

**【内容摘要】** 人人影视字幕组遭受刑事制裁引发相关争议，包括字幕组资源共享的“亚文化”和版权保护的冲突、对规制字幕翻译行为的刑法解释不清以及翻译人员实质出罪路径的缺失。在积极刑法观的语境下，资源共享“亚文化”和保护法益具有目的趋同性，所以两者间的冲突会逐步消解。基于网络空间的离散性特征，为避免刑事制裁范围的无限扩张，应将翻译行为解释为发行行为的帮助行为，并围绕中立帮助行为理论为“以兴趣为主”的翻译人员出罪。当下亟须构建一体化的版权保护体系，一方面创设刑事合规体系以做好事先预防，另一方面依据并协调新修订的《著作权法》及《刑法修正案（十一）》来完善刑法保护体系。

**【关键词】** 人人影视字幕组　侵犯著作权罪　《著作权法》　《刑法修正案（十一）》　积极刑法观　刑事合规

**154. 区块链下网络文学版权保护问题研究**

**【作者简介】** 张辉，武汉大学国际法研究所教授、博士生导师；王柳，武汉大学国际法研究所博士研究生。

**【发表期刊】**《法学论坛》2021年第6期

**【内容摘要】** 网络文学在逐年发展，但随着科技的进步和法律滞后性的逐渐体现，传统网络文学版权保护出现了许多问题。区块链技术的应用对于网络文学版权保护来说是柄双刃剑，其一方面能够缓解甚至解决现有的网络文学版权保护中的问题，另一方面又会带来一定的消极影响。尽管如此，仍然应当认识到将区块链运用到网络文学的版权保护中利大于弊。因此在技术层面进行完善的同时，也需要对法律法规进行一定程度的补充和更新以满足区块链应用在网络文学版权保护中的需求。在完善法律的过程中，除了对现有的或未来会有的问题做出具体规定之外，还应注意从法律层面尽量消解因为区块链自身的技术特性所带来的消极影响，同时还应强化公众的版权意识，推动行业的健康发展，以期为区块链网络文学版权保护创造一个更加完善的发展空间。

**【关键词】** 区块链　网络文学　著作权　版权保护

**155. 云计算服务商著作权间接侵权研究**

**【作者简介】** 董京波，中国政法大学国际法学院副教授；唐磊，中国政法大学刑事司法学院。

**【发表期刊】**《云南民族大学学报（哲学社会科学版）》2021年第6期

**【内容摘要】** 云计算本身的复杂性和用户数据的秘密性，使得云服务商对数据检测存在技术上的困难，这些都对传统间接侵权理论形成了挑战。文章通过分析中外相关案例和法律条文等，针对云计算服务提供商侵权的主观要件认定难的问题，提出在处理此类问题时，应将技术中立原则与侵权标准相结合、运用利益平衡原则来界定云服务商的注意义务，并结合云计算技术的发展阶段科学配置相关归责原则。

**【关键词】** 云计算　著作权　间接侵权　“避风港”原则

**156. 著作权立法与司法的产业利益之维**

**【作者简介】** 孔祥俊，上海交通大学凯原法学院教授、博士生导师。

**【发表期刊】**《社会科学辑刊》2021年第6期

**【内容摘要】** 著作权立法和司法旨在解决现实问题，满足实在的调整需求，因而有着与学术逻辑迥异的实践逻辑。现实问题的复杂多变，也极易在形而上抽象概念的清晰性与形而下具象问题的模糊性之间形成强烈反差，为著作权法的实施增加了诸多变数和难题。但是，具象和实在毕竟使著作权立法和司法充满浓厚的“烟火气”，其中与产业利益的交织部分成为著作权法极具“烟火气”的重地。以科技创新和产业发展为集中表现的产业利益，正在越来越多地融入著作权法，在塑造著作权制度中发挥愈加重要的作用，使著作权法日益加强顺应产业发展的制度建构。产业利益不仅有力地推进了著作权立法，而且成为法律适用的重要元素，并推动了著作权与专利等其他知识产权的更多交叉，包括开始借鉴专利法等法律原则，以及在理念、法理和标准上不断进行适应性的调整。

**【关键词】** 著作权　产业利益　科技创新　利益平衡

**157. 著作权制度基础的重塑：以正当性理论与法实践的互动为视角**

**【作者简介】** 梁九业，东北师范大学政法学院讲师。

【发表期刊】《北方法学》2021 年第 6 期

【内容摘要】 我国新修订的《著作权法》在一定程度上回应了经济社会发展的现实需要，使著作权权利体系更趋立法上的科学性和司法适用上的合理性。但遗憾的是，本次修订对著作权制度设计的基础缺少正当性的必要反思和审视，而未能解决著作权法之基础性问题的修法目标。从著作权制度运行层面来看，著作权正当性理论与著作权法实践存在互动异化，呈现出“二律背反”的现实效应，即著作权之自然法基础与著作权保护的单一化，以及著作权之功利主义理论基础与著作权保护的片面化之间的逻辑悖理。鉴于此，应以著作权正当性理论与著作权法实践的互动为视角对著作权制度设计基础进行整体性、系统性的反思和审视，从公众使用权的构造、公有领域立法条款的增设以及权利保护与作品传播之平衡机制等方面进行完善，以提升著作权的制度价值。

【关键词】 著作权　正当性理论　公众使用权　公有领域

**158. 人工智能时代文本与数据挖掘的版权豁免规则建构**

【作者简介】 张惠彬，西南政法大学民商法学院副教授；肖启贤，西南政法大学民商法学院硕士研究生。

【发表期刊】《科技与法律（中英文）》2021 年第 6 期

【内容摘要】 科学研究自由是我国《宪法》所赋予的基本权利，该项权利保障了科研人员从事科学研究不受非必要的限制，从而有利于促进科学技术的发展。人工智能时代，文本与数据挖掘作为一种基础性的科学研究方法，已成为科学研究自由的新范式。从我国法律体系上来看，文本与数据挖掘受到版权法律制度的严重制约，存在巨大的版权侵权风险。豁免科学研究中实施文本与数据挖掘的版权责任是各国版权法律制度发展的趋势。我国《著作权法》的第三次修改虽对合理使用制度加以完善，并一定程度上考虑了科学研究发展的需要，但总体上仍无法满足人工智能时代的需求。借鉴欧盟《数字化单一市场版权指令（2019）》第三条的规定，增设“以科学研究为目的的文本与数据挖掘合理使用”，对于保障人工智能时代的科学研究自由，实现科技自立自强和人工智能战略具有重要意义。

【关键词】 文本与数据挖掘　科学研究自由　合理使用　著作权法修改

**159. 技术创新视野下网络著作权保护的困境及其破解**

【作者简介】 冯晓青，中国政法大学民商经济法学院教授，博士生导师；刘政操，中国政法大学民商经济法学院博士生。

【发表期刊】《湖南师范大学社会科学学报》2021 年第 6 期

【内容摘要】 著作权制度是科学技术和商品经济发展的产物，深受技术发展的影响。特别是当代网络技术的发展，既给著作权保护带来了新的机遇，也构成了巨大的挑战，为著作权保护带来了诸多困难，包括新类型侵权行为不断出现、侵权案件处理难度增大、案件积压严重等多方面。造成这一困境的原因在于立法滞后、司法应对新型著作权案件难以确定合理的著作权边界范围以及缺乏高效的多元纠纷解决机制等方面。为此，需要通过完善立法、优化司法保护理念和措施、强化行政执法和建构多元纠纷解决机制等措施予以应对，总体上则是建构“法律＋技术”的综合治理模式。

【关键词】 信息网络传播权　著作权保护　著作权侵权　技术创新

**160. 数据知识服务平台建设“数字版权中台”必要性及实施路径**

【作者简介】 籍明明，重庆大学法学院博士研究生。

【发表期刊】《中国出版》2021 年第 6 期

【内容摘要】 新时期对数据知识服务平台的版权工作提出了更高要求。解决数据知识服务平台当前被诟病的版权问题、进而提升版权工作的规范性和合理性，有必要建设“数字版权中台”。数据知识服务平台建设数字版权中台既要考虑数字版权中台的内部架构，又要考虑其在平台公司整体架构中的位置，力争产生最大的化学反应。

【关键词】 数据　知识服务　平台　“数字版权中台”

**161. 疫情之下图书版权引进工作面临的困境和应对策略——以科技类专业图书为例**

【作者简介】 闻通，辽宁科学技术出版社。

【发表期刊】《科技与出版》2021 年第 6 期

【内容摘要】 文章以科技类专业图书的版权引进工作为例，探讨疫情之下图书版权引进工作面临的困境和应对策略，以期实现引进版图书效益最大化。

【关键词】 版权引进　疫情　专业图书　应对策略

**162. 我国单部作品名称法律保护的困境及突破——兼评麦卡锡作品名称保护理论**

【作者简介】 陈绍玲，华东政法大学知识产权学院副教授、硕士生导师。

【发表期刊】《政法论坛》2021年第6期

【内容摘要】 麦卡锡主张单部作品名称具有通用标识的属性，因此单部作品名称的法律保护以其获得第二含义为前提，该第二含义指向的来源是作品版权人。作品版权的权利边界决定了作品名称的权益边界，未经许可利用单部作品名称导致的混淆是对作品来源和作品版权授权关系的混淆。单部作品进入公有领域后，作品名称之上的权益也随之灭失。单部作品名称的第二含义并不稳定，构建单部作品商标注册制度的意义不大。为构建我国的单部作品侵权救济制度，应明确将单部作品名称列入《反不正当竞争法》的保护范围。

【关键词】《麦卡锡论商标及不正当竞争法》　单部作品名称　第二含义　法律保护

**163. 三十年来我国图书馆著作权侵权案件分析及应对策略研究**

【作者简介】 巫慧，澳门科技大学法学院博士研究生。

【发表期刊】《国家图书馆学刊》2021年第6期

【内容摘要】 三十年来我国图书馆著作权侵权案件的裁判文书显示，图书馆在涉嫌数字资源侵权时援引“合理使用”往往不被法院认可，在共同侵权纠纷中，图书馆作为直接侵权人更是难以成功抗辩。依据从1 348篇裁判文书中选取的8组典型案件裁判的比较分析，在“合理使用”难以有效适用的现状下，图书馆援引合法授权抗辩、权属抗辩、“避风港”规则抗辩、时效抗辩的抗辩事由更易为法院采纳从而免于承担侵权责任；在提供内容服务时履行更高的注意义务，周密审查数字资源供应商的授权基础，则能使图书馆在著作权侵权诉讼中免于被判共同侵权。

【关键词】 图书馆　著作权侵权　司法裁判　抗辩事由

**164. 基于科研数据版权管理的元数据标准研究**

【作者简介】 陈辰，武汉大学信息管理学院博士研究生；游健新，武汉大学信息管理学院本科生。

【发表期刊】《情报理论与实践》2021年第6期

【内容摘要】 ［目的/意义］将科研数据版权信息嵌入到元数据标准中，可准确、完整地将数据持有者的权利主张传递给终端用户，降低用户重用数据的侵权风险。［方法/过程］文章在调研权利元数据标准制定以及研究现状的基础上，提出包括数据资产、权利以及交易方三个核心实体在内的版权管理结构模型，设计与之对应的核心元素集，提出基于科研数据管理生命周期的版权元数据标准应用流程。［结果/结论］基于元数据标准制定过程中面临的关键问题提出相应的解决思路，包括科研数据概念分类、唯一标识符分配和词汇编码体系构建，为相关机构设计科研数据版权元数据标准提供参考。

【关键词】 科研数据　权利管理　版权　元数据标准　唯一标识符

**165. 论《著作权法》修改对新闻出版从业者的影响**

【作者简介】 袁锋，华东政法大学传播学院讲师。

【发表期刊】《中国出版》2021年第7期

【内容摘要】《著作权法》第三次修改对新闻出版从业者相关条款进行了较大程度的改动，主要体现为：对于新闻作品权属规则而言，通过增设新型特殊职务作品的类型，明晰了新闻职务作品的权利归属。对于不受著作权法保护的对象而言，其进一步明确了新闻报道中的“单纯事实消息”为著作权法不受保护的对象，加强了对时事性新闻作品的保护。对于涉及新闻出版从业者合理使用条款而言，其扩大了新闻报道的引用范围，明确了授权的刊登媒体有禁止使用声明权，更充分地保障了公众的知情权和民众政治参与权。

【关键词】《著作权法》　新闻出版从业者　权属规则　特殊职务作品　时事新闻

**166. 新修著作权法下的电影版权保护及协同治理**

【作者简介】 徐斌，中国社会科学院文化法制研究中心研究员。

【发表期刊】《电影文学》2021年第7期

【内容摘要】《著作权法》于2020年进行了大幅度修订。以合作作品为原则，电影版权在作品定义、作者与版权者区分以及权利行使方式三方面进行了制度变革。在新制度下，电影版权的保护路径得以优化，但仍然无法覆盖产业多元化、数字化与网络化带来的版权挑战。究其根源，电影作品的多重法律身份及产业多元化发展造成版权管理的困境。由此，新修著作权法下的电影版权保护仍然需要多部门协同治理的执法理念。

**【关键词】**《著作权法》　电影产业　版权保护　协同治理

**167. 有权与行权——新《著作权法》与微信原创作品版权保护探析**

**【作者简介】** 魏亮，《质量与认证》杂志社经理。

**【发表期刊】**《传媒》2021 年第 7 期

**【内容摘要】** 从微信原创文章是否要标注“原创”声明入手，该文分析了不同文章在发表时的不同诉求，主张文章要根据发文初心的差异，在新《著作权法》范畴内对原创声明要有舍有得，提出了拥有权利并不代表一定需要行权的理念。文章还延伸讨论了资讯和动态消息与公共传播的冲突与共享态势，分析了其与公众媒体的不同要求，以及新媒体时代对宣传工作的新要求。

**【关键词】** 微信原创　新《著作权法》　宣传　公众传播

**168. 著作权经济范式的修正——由作品共享机制切入**

**【作者简介】** 丁宇峰，南京农业大学人文与社会发展学院副教授、硕士生导师；赵俊岭，南京理工大学知识产权与区域发展协同创新中心研究员。

**【发表期刊】**《经济问题》2021 年第 7 期

**【内容摘要】** 著作权的经济范式是法律赋予作者限制他人使用作品的权利，作者可以通过许可使用获利，以此激励其创作。这种经济范式存在片面认识创作源泉的缺陷，与现实和心理学发现的创作内在动力并不相符。作品共享机制是对著作权传统范式的良好修正和有益补充，通过这个机制作者可以自由选择权利的取舍和支配，从而实现作品的最优资源配置。开源软件运动和创作共用为作品共享提供了半封闭的创作社区机制，是共享与著作权的示范接口方案，未来的共享机制可以在开放的基础上形成与著作权的无缝对接。

**【关键词】** 著作权　激励机制　范式修正　作品共享

**169. 著作权法中公有领域司法适用的实证研究——以法院 1 051 份民事裁判文书为分析样本**

**【作者简介】** 梁九业，东北师范大学政法学院讲师；麻锐，吉林省社会科学院法学研究所研究员。

**【发表期刊】**《社会科学战线》2021 年第 7 期

**【内容摘要】** 对中国裁判文书网公布的裁判文书的实证研究表明，在著作权纠纷裁判中，中国法院对公有领域司法适用的案例数量呈逐年上升趋势，但在年度和地区分布上呈现严重的不平衡，且在对公有领域的适用依据、适用方式及裁判逻辑等方面并不统一。中国法院对公有领域的司法适用主要体现在著作权正当性验证、著作权侵权行为判定和著作权侵权损害赔偿数额确定三个裁判逻辑过程中，在适用效果上却弱化和消解了公有领域所应有的功用和价值，并呈现适用方式不规范、适用标准不统一和适用逻辑不连贯的缺陷。为进一步厘定和提升公有领域司法适用的逻辑和效用，在正视公有领域之体系价值的同时，应总结并凝练出一套从著作权正当性验证到著作权侵权行为判定，再到著作权侵权损害赔偿数额确定的由浅入深、层层递进的司法裁判理路。

**【关键词】** 著作权法　公有领域　司法适用　裁判逻辑

**170. 从一元向多元互动转变：人工智能洗稿行为的规制路径**

**【作者简介】** 饶先成，南京大学法学院博士研究生；徐棣枫，南京大学法学院教授、博士生导师。

**【发表期刊】**《编辑之友》2021 年第 7 期

**【内容摘要】** 人工智能技术被应用于对作品的定向改编，通过转换表达模糊其违法性，造成著作权法对洗稿行为的规制困境。人工智能洗稿行为在道德规范的求证下，不具正当性，应在外部性的义务规则下通过《反不正当竞争法》予以规制。公众参与文化和模仿自由理论下，法律介入规制洗稿行为应保持一定的谦抑性，以保护公共知识领域。以道德为起点，形成法律、技术和伦理之间多元互动的规制路径，并在价值理性下培育人工智能共同体伦理意识和平台方的责任意识，以实现社会共治的局面。

**【关键词】** 人工智能　洗稿　编创物　规制路径

**171. “VR 出版物”著作权合理使用问题探析**

**【作者简介】** 徐瑛晗，中南财经政法大学知识产权研究中心博士研究生；马得原，中南财经政法大学知识产权研究中心硕士研究生。

**【发表期刊】**《科技与出版》2021年第7期

**【内容摘要】** 虚拟现实科技与出版杂交催生出的VR出版物，应属《著作权法》修改后的视听作品类型，其在场景采集与数据抓取两大制作过程中，存在多重侵权风险，亟须《著作权法》合理使用制度予以回应。具体说来，在场景采集过程中，应当重点对比VR出版物与使用的素材之间在主题、情节、画面剪辑编排等方面的信息量差异，综合使用目的、使用行为的潜在影响等因素判定是否构成合理使用。在数据抓取过程中，应明确临时复制行为的正当性，同时构建VR出版领域的文本与数据挖掘例外规则。

**【关键词】** VR出版物　虚拟现实　《著作权法》　合理使用

**172. 中国共产党的百年版权法治实践**

**【作者简介】** 丛立先，华东政法大学知识产权学院教授、博士生导师；杨天娲，中国政法大学外国语学院翻译研究所讲师。

**【发表期刊】**《出版发行研究》2021年第7期

**【内容摘要】** "历史是最好的教科书。"坚持版权法治实践是党的百年历史留下的宝贵财富，也是开启中国特色社会主义版权事业大门的钥匙。中国共产党在百年历史进程中，创造性地回答了什么是中国特色社会主义版权保护，创新性地走出了一条中国特色社会主义版权法治道路，为我国版权从无到有、从版权大国走向版权强国提供了强大的理论武装和思想指引。文章通过历史分析的方法，对不同历史阶段党的版权法治实践进行梳理，客观总结中国特色社会主义版权发展成就，探索中国共产党在百年版权法治实践道路上的思考与智慧。

**【关键词】** 版权法治实践　版权保护　《著作权法》

**173. 数字时代著作权公共领域知识共享的优化机制研究**

**【作者简介】** 黄雪娇，郑州航空工业管理学院文法学院讲师。

**【发表期刊】**《出版发行研究》2021年第7期

**【内容摘要】** 数字时代著作权公共领域的知识共享面临许多困难与挑战，目前我国是否存在著作权过度保护问题存在争议，知识共享协议的本土化未达到预期效果，开放许可制度成为著作权公共领域知识共享的科学选择。在民法典时代，著作权开放许可应尊重知识产权立法内部统一性的要求，将知识共享协议纳入我国著作权开放许可的规制范围，确立权利管理信息制度，与著作权集体管理制度相互配合，明确开放许可协议的侵权责任分配，并加快建设版权信用体系以完善著作权开放许可的相关配套机制。

**【关键词】** 著作权　公共领域　知识共享　开放许可

**174. 智能时代数字版权合理使用的司法扩张适用**

**【作者简介】** 刘小砚，西南政法大学法学院讲师。

**【发表期刊】**《出版发行研究》2021年第7期

**【内容摘要】** 在智能时代，当前我国立法所构建的合理使用制度因范围过窄、操作性不强而难以有效适应数字版权发展的需要，因此有必要以《著作权法》的立法目的为指引对数字版权的合理使用进行司法扩张适用。然而，司法上的扩张适用仍面临法律规范不完善、配套制度不健全等理论与现实困境。对此，应从构建衡平化裁判模式、划分三阶心证程序、引入类型化裁判基准、重构"正常使用"认定标准、确立著作权人的证据协力义务等进行路径构建，以推动数字版权保护、促进数字出版产业发展。

**【关键词】** 智能时代　数字版权　合理使用　民事诉讼　证明责任分配

**175. 我国著作权制度的最新进展及其司法适用与完善**

**【作者简介】** 杨利华，中国政法大学民商经济法学院副教授。

**【发表期刊】**《中州学刊》2021年第7期

**【内容摘要】** 著作权法是随着经济社会发展和技术进步而与时俱进的文化创新促进法，著作权制度的建立和发展以著作权法的颁行为依托。我国《著作权法》自1991年实施以来，经过多次修订，实质性地提高了著作权保护水平。2020年修改的《著作权法》对著作权制度的多个方面进行优化，对在新发展格局阶段促进我国文化科学事业繁荣发展具有十分重要的意义和作用。现行《著作权法》中的诸多内容需要在司法实践中予以落实。基于著作权立法体系及其调整社会关系的复杂性，著作权司法实践中应充分考虑未明确规定在现行《著作权法》

中的一些重要原则，相关制度也有待进一步改进。

【关键词】 著作权　立法完善　司法适用　著作权保护

**176. 基于创作目的的实现的法定许可制度调适——兼评 2020 年《著作权法》相关制度调整**

【作者简介】 刘铁光，苏州大学王健法学院教授、博士生导师；向静洁，苏州大学王健法学院硕士研究生。

【发表期刊】《江西社会科学》2021 年第 7 期

【内容摘要】 不同作者具有不同的创作目的，但实现创作目的却依靠基本相同的路径，即作品的利用与传播。法定许可创造了一种无须授权只需付费的作品利用与传播方式，其降低交易成本与预防垄断的制度价值，实质上增加了作品利用与传播的机会。互联网与数字技术催生了作品传播的去中心化模式，但中心化传播模式并未完全退出历史舞台。法定许可制度作为实现创作目的的一种制度，依然具有存续的价值，但应允许权利人拒绝。2020 年修订的《著作权法》，非但未在作品广播法定许可中增加权利人有权拒绝的"声明保留"，反而在教材汇编的法定许可中删除了"声明保留"的规定，这应在未来修订中予以调整。

【关键词】 创作目的　作品的利用与传播　著作权　法定许可　制度调适

**177. 图书馆有声读物阅读服务中的著作权问题研究**

【作者简介】 欧阳爱辉，南华大学经济管理与法学学院副教授；李东梅，南华大学经济管理与法学学院硕士研究生。

【发表期刊】《数字图书馆论坛》2021 年第 7 期

【内容摘要】 在当代信息技术迅猛发展的环境下，图书馆迎来了有声阅读服务蓬勃兴起的新时代。文章介绍了当前我国图书馆有声读物阅读服务中的著作权问题源起和性质争议，运用理论演绎和案例结合的方法分析了现存的有声读物法律属性定性不明、制作和传播有声读物过程中面临著作权侵权风险等问题。在此基础上，文章提出应对有声读物法律属性予以明确、对不同法律属性下的有声读物采用不同著作权保护进路进行解决。

【关键词】 图书馆　有声读物阅读服务　有声读物　著作权　法律属性

**178. 媒介融合下体育赛事网络版权运营困境与策略研究**

【作者简介】 曾红宇，湖南大众传媒职业学院副教授；颜家水，湖南大众传媒职业学院基建办公室主任；胡芳豪，湖南大众传媒职业学院体育课部专任教师。

【发表期刊】《出版广角》2021 年第 7 期

【内容摘要】 体育赛事网络版权运营是指对体育赛事进行现场直播、转播或录播的网络媒体平台，通过体育赛事产权经营途径，以体育赛事各项权利及其资产与相关企业进行交易，从而获得最大利润的经营过程。文章针对我国体育赛事网络版权运营存在的版权保护意识与版权运营意识不强、运营方式不科学和运营措施不精准等问题，提出加强体育赛事网络版权保护、加快版权授权与转让及加大版权链的延伸与开发策略。

【关键词】 媒介融合　体育赛事　网络版权

**179. 融媒环境下广电媒体版权管理开发创新与突破**

【作者简介】 韩红磊，中原工学院档案馆馆长。

【发表期刊】《中国广播电视学刊》2021 年第 7 期

【内容摘要】 媒体深度融合发展背景下，广电媒体更应把节目版权作为创新发展的核心资产和新增长点，从战略高度重视管理与开发并创造更大价值。文章放眼国内外版权管理发展现状，深刻分析融媒环境下国内广电媒体版权管理开发面临的困境，紧密结合中央广播电视总台、湖南广播电视台等版权工作先进台的成功做法和实践经验，有针对性地提出广电媒体版权管理开发路径，对广电媒体融合改革、创新发展、聚合力量建设新型主流媒体具有借鉴意义和参考价值。

【关键词】 媒体融合　节目版权　管理开发　创新路径

**180. 大数据时代数字版权保护的现实困境与应对**

【作者简介】 袁健，西北师范大学马克思主义学院讲师；赵纪军，江苏省出版物审读中心干部。

【发表期刊】《科技与出版》2021 年第 7 期

【内容摘要】 随着数字技术研究领域的成熟与深化，我国数字出版发展迅猛。但是，其在面临机遇的同时，也面临着盗版侵权行为泛滥、版权所有者维权困难以及数字版权归属模糊的问题。对问题根源进行分析，可知当前相关配套法律不完善、公众对数字版权保护意识淡薄、相关技术保障不到位是制约数字出版发展的主要原因。通过对大数据时代背景下我国数字版权进行研究，文章提出，有必要在立法层面完善相关配套法律制度，出台专门针对数字出版领域的法律；在意识层面加大版权保护的宣传力度，增强公众对版权的保护意识；在技术层面积极推动数字版权保护技术的研发与应用。

**【关键词】** 数字版权　侵权　立法　技术创新

**181. 移动互联网视域下移动图书馆数字资源版权管理探究**

**【作者简介】** 乔丽彦，河南省南阳市图书馆馆员。

**【发表期刊】**《图书馆工作与研究》2021年第7期

**【内容摘要】** 移动图书馆对数字版权资源的利用呈现出组织碎片化、来源多元化和传播广域化等特征。在移动服务模式下，图书馆无论是对自有馆藏资源，还是对第三方资源，抑或对用户生成资源的组织和传播都存在直接侵权，或者间接侵权与责任承担等法律问题。图书馆防范和化解移动服务的版权风险，一方面，要严格遵循版权限制与例外制度和“通知—删除”程序等免责规范，不触碰“红旗”标准的底线，积极完善综合性版权管理对策；另一方面，第三方权利人和用户要增强版权保护意识和能力，为移动图书馆提供无权利瑕疵的版权资源。同时，要健全版权立法，为移动图书馆发展提供宽松的法律条件，政府还要加大对侵权违法行为的查处力度，并对图书馆版权管理工作进行经常化的监督、指导。

**【关键词】** 图书馆　移动互联网　移动图书馆　版权　管理

**182. 中国在线内容分享平台版权责任的配置路径——兼评《数字化单一市场版权指令》第17条平台承担“过滤义务”的观照**

**【作者简介】** 张晓君，西南政法大学国际法学院教授、博士生导师；上官鹏，西南政法大学国际法学院。

**【发表期刊】**《出版发行研究》2021年第7期

**【内容摘要】**《民法典》的侵权责任编第1194～1197条规定了在线内容分享平台版权责任的配置标准，但通过对照欧盟《数字化单一市场版权指令》第17条规定的平台“过滤义务”，可以发现其存在如明显的权利人承担相关版权保护主要责任的事实不能、平台在利益驱动下忽视相关版权保护和利益平衡机制失衡下在线内容分享市场呈现混乱状态等问题。因此，可以从法律上明确平台的“过滤义务”、以利益平衡原则构建“过滤义务”责任的实施细则和建立平台“过滤义务”承担的认证体系等维度，优化中国在线内容分享平台版权的责任配置。

**【关键词】** 平台“过滤义务”　在线内容分享平台　版权责任

**183. 论数字音乐版权独家交易的法律规制**

**【作者简介】** 徐聪颖，江西财经大学法学院副教授。

**【发表期刊】**《知识产权》2021年第7期

**【内容摘要】** 数字音乐版权独家交易兼具促进竞争与限制竞争的双重效应。在长尾经济时代，头部数字音乐平台借助版权独家交易形成的市场统治力会随着音乐长尾市场开发力度的不断加大而受到削弱。虽然特定数字音乐平台凭借独家交易在热门、优质音乐资源的占有上确有竞争优势，但长尾音乐市场的竞争通道并未就此关闭，其他数字音乐平台仍可通过创新长尾过滤机制、提供特色化的服务项目与之继续开展竞争。鉴于此，立法不宜借助著作权限制规则对版权独家交易进行“一刀切”的否定或干预，而应遵从“包容审慎”的数字平台经济竞争监管原则，借助《反垄断法》有关纵向垄断协议的识别和豁免机制灵活处理数字音乐版权独家交易可能引发的排除、限制竞争问题。

**【关键词】** 数字音乐　版权　独家交易　垄断竞争

**184. 用户会员选择与网络视频平台IP竞争多阶段进化博弈分析**

**【作者简介】** 李稚，天津工业大学经济与管理学院副教授；彭冉，天津工业大学经济与管理学院硕士研究生。

**【发表期刊】**《管理学报》2021年第7期

**【内容摘要】** 针对网络视频市场需求不确定性和季播视频阶段性收益特点，建立视频平台IP版权竞争与用户会员选择的进化博弈模型。利用仿真模拟技术，设计多阶段进化博弈仿真实验，分析不同阶段时期视频平台对季播视频节目IP版权的购买策略和用户的会员选择策略。研究表明：第一阶段，博弈双方进化稳定策略为“买断版权，双会员”；第二阶段，初期博弈双方策略未达到稳定均衡呈现波浪形跃动趋势，随着版权成本的降低，博弈双方可达到进化稳定策略“非买断版权，双会员”；第三阶段，历经前两阶段进化选择，博弈双方最终进化稳定策略为“非买断版权，单会员”。

**【关键词】** 多阶段进化博弈　视频平台　会员用户　IP 版权竞争

**185. 欧盟版权法下公平报酬制度探析**

**【作者简介】** 阮开欣，华东政法大学知识产权学院副教授。

**【发表期刊】**《中国出版》2021 年第 8 期

**【内容摘要】** 为了从其作品中获取经济利益，创造者将作品的商业利用交由合同相对方安排，从而获得与此对应的报酬。然而，创造者与合同相对方的地位并不对等，创造者往往处于劣势而难以获得相应公平的报酬。欧盟《数字化单一市场版权指令》纳入了公平报酬制度，其主要包括透明度义务规则、合同调整机制和撤回权规则。该制度旨在解决创造者议价能力较弱而导致其利益供给不足的问题，保障创造者获得公平合理的经济报酬。探析欧盟公平报酬制度的成因以及其中的具体规则对我国著作权立法具有借鉴意义。

**【关键词】** 欧盟版权法　公平报酬制度　透明度义务规则　合同调整机制

**186. 论网络版权产业发展的挑战及其法律应对——基于河北省网络版权产业情况调研**

**【作者简介】** 刘浏，河北省版权保护中心主任，闻凯，河北省版权保护中心版权工作部负责人。

**【发表期刊】**《河北法学》2021 年第 8 期

**【内容摘要】** 版权产业作为创新创造能力及文化软实力的重要体现，其战略意义及跨行业引领作用愈加受到国家重视。据统计，2019 年我国版权产业规模已达 6.63 万亿元，经济贡献率超过 7%，成为名副其实的支柱产业之一。随着数字经济模式高速崛起，新一代信息网络技术在不断迭代升级推动版权产业高速发展的同时，也在法律建设层面给版权保护制度的完善带来了巨大挑战。在此大背景下，文章基于河北省数据调研情况，围绕上述由新信息技术带来的各项挑战，针对国家与地方在法律建设层面所遇到的问题和困难进行分析并提出建议。

**【关键词】** 网络技术　版权制度　地方立法　数字经济　机制优化

**187. 规则、理论与实践：邻接权视野下出版者权客体的应然回归——兼评新《著作权法》第 37 条第 1 款之规定**

**【作者简介】** 李青义，华东政法大学知识产权学院师资博士后、助理研究员。

**【发表期刊】**《编辑之友》2021 年第 8 期

**【内容摘要】** 根据我国《著作权法》规定，出版者权的客体为版式设计，实际上将出版者权的保护对象限定于智力劳动，既将出版者为传播作品付出的资金、组织等劳动排除在外，不符合出版者权的保护实践，还与其他三类邻接权客体的设置模式不一致。遗憾的是，2020 年 11 月 11 日审议通过的《著作权法》未对出版者权客体的规定进行修改。既然出版者权属于邻接权的类型之一，那么应按邻接权制度的基本理论来界定出版者权的本质属性和客体范围。从制度产生的根源看，邻接权属于作品传播者权，其保护的客体是作品的传播成果。因此，出版者权亦应是为全面保护作为作品传播者的出版商的利益而创设的法律制度，其保护的客体应为出版者为传播作品所付出的劳动的最终呈现形式，即出版物制品。

**【关键词】** 出版者权　邻接权　版式设计　出版物制品

**188. 社交媒体时代新闻图片的传播效果及版权风险**

**【作者简介】** 孙海荣，西北政法大学新闻传播学院副教授；周燕，西北政法大学新闻传播学院。

**【发表期刊】**《中国编辑》2021 年第 8 期

**【内容摘要】** 社交媒体时代，新闻图片成为新闻报道的重要元素，具有增强新闻真实性、可看性的作用，但在传播过程中，由于其独特的传播特点，也面临新的版权风险。2020 年《著作权法》完成了第三次修订，新修订的《著作权法》解决了新闻图片的部分版权问题，但尚未完全解决新闻图片面临的版权风险。文章旨在通过分析社交媒体时代新闻图片的传播效果及版权风险，并结合《著作权法》相关规定，探求新闻图片版权风险的规制路径。

**【关键词】** 新闻图片　传播效果　版权　《著作权法》　社交媒体

**189. 区块链技术应用于短视频版权保护的优势与局限**

**【作者简介】** 赵双阁，西北大学新闻传播学院教授、博士生导师；姚叶，中南财经政法大学知识产权研究中心博士研究生。

【发表期刊】《中国编辑》2021年第8期

【内容摘要】 伴随着短视频产业蓬勃发展，短视频版权保护却遭遇前所未有的困难。短视频版权保护困境之根源并非制度缺陷，而是在操作层面存在不足。区块链技术依靠去中心化、去信任化等特征能够助力短视频在版权保护中确权、维权以及促进平台责任厘定，实现权利保护规则的理性回归。然而，区块链技术在应用中因为运营模式、区块不协同、不可更改等原因，造成商业模式缺乏差异性优势，并与我国《著作权法》《个人信息保护条例》《刑法》等产生冲突，我们对此应予以关注并解决，以便更好地服务于短视频版权保护。

【关键词】 短视频　区块链　版权保护　侵权行为　确权　维权

**190. 网络洗稿规制的反思与重述**

【作者简介】 邱遥堃，华东政法大学法律学院师资博士后研究人员。

【发表期刊】《出版发行研究》2021年第8期

【内容摘要】 网络洗稿规制的三重进路各有内在局限：法律进路的标准难以细化、执行效率低下，规范进路的规制激励不足、治理能力有限，技术进路的手段过于刚性、黑箱难以监管，因此网络洗稿的常态化及其对原创者的声誉收益与货币收益所造成的损害不可避免。但为激励原创所需的收益保护范围不必过大，权利保障水平过高也会显著增加未来原创的信息输入成本。因此，有必要在重申激励原创作为网络洗稿规制之目标导向的前提下，区分简单低级的网络洗稿与复杂高级的网络洗稿，对前者通过技术的升级换代审慎规制、守住法律底线，对后者通过基于社会信用制度的行业规范柔性治理、保持规制包容，并以法律引导行业秩序的正确发展方向，确保非政府主体与非法律进路的规制目标与法律规制目标保持一致。

【关键词】 网络洗稿　创作伦理　规制　著作权

**191. 新闻机器人的主体性界定及著作权保护策略**

【作者简介】 霍凤，重庆大学法学院博士研究生；郭小安，重庆大学新闻学院教授。

【发表期刊】《出版发行研究》2021年第8期

【内容摘要】 新闻机器人的广泛应用深刻改变了新闻的生产与传播方式，也随之带来智能新闻独创性判定、权责归属等著作权纠纷，新闻机器人的主体性问题仍面临着自由意志与理性、社会属性与情感等层面的争议困境。文章通过分析国内首例智能新闻胜诉案的实践难点和法理争议，辨析新闻机器人作为传播主体和法律主体的联系与张力，以自主性技术下的媒介角色和人机关系变迁为基础阐释新闻机器人的主体性与法律地位，将作为“信息生产者”但尚不具备伦理和责任能力的新闻机器人界定为有限人格法律主体；并以有限人格为前提，从技术逻辑和促进信息传播的著作权保护目标出发，提出将文本生成技术原理和外在表达作为独创性裁定依据，新闻机器人享有作品署名权，侵权责任后果由媒体机构承担的著作权保护策略。

【关键词】 新闻机器人　传播主体　法律主体　著作权　有限人格

**192. 适应人工智能快速发展的知识产权制度研究**

【作者简介】 余翔，华中科技大学管理学院教授、博士生导师；张润哲，华中科技大学管理学院硕士研究生；张奔，华中科技大学管理学院博士后；王华，华中科技大学管理学院博士研究生。

【发表期刊】《科研管理》2021年第8期

【内容摘要】 基于深度学习算法的进步，人工智能逐渐有能力独立进行发明创造和文艺作品创作。文章主要探讨现行专利及著作权制度中规定的保护对象、权利人资格、专利及著作权的权属、侵权判定、侵权责任主体等对人工智能技术快速发展的适应及协调程度，研究指出：现有的专利和版权制度应当对人工智能的发明和作品持鼓励的态度，在排除不适宜作为专利或著作权保护对象的同时，人工智能的发明或作品的权利授予标准应当与人类的有所区分；相关权利人仍须对应自然人或法人，而非人工智能本身；相关专利侵权行为应包括间接侵权，同时应对人工智能作品安排“登记—授权”的著作权制度、参考临摹作品为人工智能绘画作品提供相应的授权使用制度等。文章还探讨了当前的专利法及著作权法在人工智能时代符合公平原则的程度，并提出解决方案：在“强人工智能时代”将人工智能的发明创造或作品作为公共财产，授予相应的开发者“数据处理权”作为一种新的邻接权，赋予人工智能创造物新的特别权利，修改专利法与著作权法中关于主要权利的相关规定等。

【关键词】 人工智能　专利法　著作权法　挑战　对策

**193. UGC 版权保护的平台机制研究**

**【作者简介】** 王磊，北京理工大学智能科技法律研究中心研究员；杜颖，中央财经大学法学院教授。

**【发表期刊】**《知识产权》2021 年第 8 期

**【内容摘要】** UGC 版权保护中的作品权利归属和侵权后的维权问题是权利人与平台面临的共同难题：一方面，需要明确 UGC 相关作品的保护范围与权利归属，尤其是在 UGC 内容包含海量素材的情况下，作品的认定更是对现有筛查机制提出了挑战；另一方面，需要设立有效的保护和救济机制。大规模的 UGC 内容在保护和寻求救济的过程中离不开技术、人力和专业的支持，为了更好地实现对 UGC 作品进行保护的目的，权利人在要求平台承担必要的技术支持和协助义务的同时，也应考虑赋予平台更多的权利以便更有效率地进行维权。UGC 版权保护平台机制的构建是一个系统性的工作，需要从事前、事中和事后进行全链条的管理，同时引入 DCI、区块链认证等技术手段，灵活运用“通知—删除”机制，通过权利人、平台及社会各方的共同治理，保护数字版权。

**【关键词】** 用户生成内容　数字版权　数字认证　平台治理　“通知—删除”　技术措施　区块链

**194. 著作权主体的二元结构及其权利配置——兼评 2020 年《著作权法》修正的主体制度**

**【作者简介】** 刘铁光，苏州大学王健法学院教授、博士生导师。

**【发表期刊】**《知识产权》2021 年第 8 期

**【内容摘要】** 著作权主体制度应坚持创作者作为主体与投资者作为主体的二元结构。基于创作者主体声誉积累的诉求，应在任何情形下都保留其署名权；基于投资者主体对作品或邻接权客体的利用诉求，应做无障碍利用的权利配置安排。2020 年修正之后，《著作权法》中的主体及其权利配置制度依然需要在今后的修改中予以调整：所有投资者参与创作的作品情形，允许相关主体对著作权的归属进行约定；将职务作品制度与法人作品制度合一，删除职务作品制度；在没有约定的情况下，将法人作品著作权配置给法人，委托作品著作权配置给委托人，视听作品所有类型的著作权都配置给投资者。但在这些情形中，均应规定保留创作者的署名权，要求修改者表明身份，并要求著作权人对作品的利用不得损害创作者声誉。

**【关键词】**《著作权法》　作者　邻接权　职务作品　法人作品　委托作品　视听作品

**195. 作品“宽容使用”引发的问题及其解决路径**

**【作者简介】** 孙昊亮，西北政法大学经济法学院教授、博士生导师；张倩，铁道警察学院助理研究员。

**【发表期刊】**《法学杂志》2021 年第 8 期

**【内容摘要】** 作品“宽容使用”会引发“版权蟑螂”、著作权“弃法者”、著作权“利益待定”等问题。我国应当在著作权制度中构建“许可声明”制度和“默示许可”制度，减少作品“宽容使用”的情况，以保护著作权人和社会公众的合法权益，对于维护著作权制度的权威性和稳定性也有着重要意义。

**【关键词】** 作品　宽容使用　许可声明　默示许可

**196. 图书馆数字资源引进过程中著作权合同实质公平规则的塑造**

**【作者简介】** 柴会明，天津音乐学院图书馆副研究馆员；张立彬，南开大学图书馆研究馆员。

**【发表期刊】**《图书情报工作》2021 年第 8 期

**【内容摘要】** ［目的/意义］对当前图书馆数字资源引进过程中著作权合同实质不公平问题进行研究，分析其特征、原因并进行对策分析。［方法/过程］采取文献法、案例法以及比较法学的研究方法对面向图书馆数字资源引进的著作权问题进行阐述。［结果/结论］图书馆数字资源引进过程中著作权合同具有实质不公平的特征；当前我国著作权专门合同规则的缺失是导致该问题产生的主要原因；实现图书馆数字资源引进著作权合同实质公平的规则调整建议主要有四个方面，包括：明确面向图书馆数字资源长期保存的许可使用规则；增加面向图书馆的技术措施保护限制与例外；对著作权限制与私立著作权规则关系进行调整；合理引入反垄断规则。

**【关键词】** 图书馆　数字资源引进　著作权合同

**197. 新《著作权法》中新闻报道合理使用条款的理解与适用**

**【作者简介】** 来小鹏，中国政法大学民商经济法学院教授、博士生导师；贺文奕，中国政法大学民商经济法学院博士研究生。

【发表期刊】《编辑之友》2021年第8期

【内容摘要】现行《著作权法》第24条第1款第3项规定了新闻报道中的合理使用制度，此次《著作权法》修订，将“时事新闻”改为“新闻”，“新闻”一词意指事实而非表达，意指报道的目的而非结果。对于不可避免的认定，在使用作品与报道内容关系上，应以时间关联性为原则，以内容关联性为例外，同时从量与质两个角度分析作品在多大程度上可被使用。合理使用的主体，除报纸、期刊、广播电台、电视台等传统媒体之外，还应包括取得互联网新闻信息服务许可的媒体。

【关键词】新闻报道　合理使用　“不可避免”　网络媒体

**198. 数字环境下法国书业发展的著作权制度困境与对策**

【作者简介】何蓉，中南财经政法大学知识产权研究中心讲师。

【发表期刊】《编辑之友》2021年第8期

【内容摘要】法国作家协会、法国国家出版联盟和法国文学家协会于2020年3月联合发布的第十次《法国电子书使用晴雨表》的统计数据显示，法国电子书业稳步发展，产业规模初步形成。在此过程中，电子书相关著作权纠纷时有发生，主要原因在于传统著作权限制制度无法满足数字环境的新需求、绝版作品数字化利用获取授权困难、电子书转售排除适用首次销售原则等。为此，法国积极采取举措，推行著作权限制制度改革、采取推定集体管理机制、发展数字作品转售相关判例等，极大地推动了数字环境下法国书业的发展。

【关键词】电子书　著作权限制　首次销售　推定集体管理

**199. “智能＋”时代基于区块链技术的现代文化产业版权管理创新**

【作者简介】解学芳，同济大学人文学院特聘教授、博士生导师；徐丹红，同济大学人文学院硕士研究生。

【发表期刊】《福建论坛（人文社会科学版）》2021年第8期

【内容摘要】在互联网技术与人工智能技术交融集聚的“智能＋”时代，区块链技术的介入为文化版权管理提供了新的解决方案。一方面，文化产业版权管理面临着存证、中心化控制和使用场景局限的困境；另一方面，区块链的时间戳技术、不可窜改性和智能合约技术对现代文化产业版权管理诉求具有契合性。“智能＋”时代区块链技术驱动的现代文化产业版权管理创新机制主要表现在三大方面——基于区块链的时间戳实现文化版权精准确认、基于区块链的不可窜改性实现文化版权透明流通、基于区块链的智能合约实现文化版权去中心化高效分发，从而最大化释放文化版权的多重价值。

【关键词】“智能＋”时代　区块链　现代文化产业　版权管理

**200. “渠道—平台生产”角色转换下平台型媒体所涉版权问题与对策**

【作者简介】咸晨旭，中南财经政法大学知识产权研究中心博士研究生。

【发表期刊】《科技与出版》2021年第8期

【内容摘要】近年来，随着网络文化产业向纵深发展，部分平台型媒体开始介入平台内容的生产与传播，逐步由“渠道”向“平台生产”角色转换。角色转化下的平台型媒体在获得了竞争优势的同时，亦面临着诸如内容生产阶段的版权直接侵权、内容传播阶段的版权间接侵权和内容维权阶段的版权权益划分不明的问题。在我国严格平台责任与强化知识产权保护的背景下，平台型媒体在寻求角色转换的过程中，只有在内容生产阶段提高尊重版权意识，在内容传播阶段适时建立版权过滤机制，在版权纠纷发生前合理划分版权权益，才能求得长远发展。

【关键词】平台生产　平台型媒体　版权

**201. 实施《马拉喀什条约》的域外立法与我国阅读障碍者版权例外制度的思考**

【作者简介】王清，武汉大学信息管理学院教授、博士生导师；邹卉，武汉大学信息管理学院硕士研究生。

【发表期刊】《科技与出版》2021年第8期

【内容摘要】结合域外国家为实施《马拉喀什条约》之立法情况，对我国最新修正的《著作权法》的向阅读障碍者提供无障碍格式作品之合理使用制度提出相关建议。立法者应当在未来修订《著作权法实施条例》时，对该项合理使用的受益人、作品类型、授权主体、商业不可获得性前提、跨境交易与限制的著作权权能范围等各方面做进一步限制与规定。

【关键词】《马拉喀什条约》　阅读障碍者　限

制与例外

**202. 网络社区版权保护的现状、问题及对策——以知乎社区为例**

**【作者简介】** 金强，河北大学新闻传播学院副教授、硕士生导师；李智鸣，河北大学工商学院。

**【发表期刊】**《中国编辑》2021 年第 8 期

**【内容摘要】** 文章在分析知乎社区目前的版权保护方式的基础上，探讨了当前网络社区版权保护存在的问题，并从完善法律法规和保护机制、强化大众版权保护意识等方面提出网络社区版权保护的发展建议。

**【关键词】** 网络社区　知乎　版权保护　侵权行为　不规范转载

**203. 短视频平台的版权管理模式、主要问题与优化策略**

**【作者简介】** 郑玄，清华大学新闻与传播学院博士研究生；吴玮琦，武汉大学新闻与传播学院硕士研究生。

**【发表期刊】**《中国编辑》2021 年第 8 期

**【内容摘要】** 在媒介技术、文化资本、传媒组织和用户等多方力量的推动下，目前短视频已成为最受大众追捧的娱乐消费产品之一。但短视频行业的迅速发展也带来了短视频版权管理的种种问题，现有的管理模式难以有效解决版权保护与版权开发之间的矛盾。因此，文章对中外多个短视频平台的版权管理模式进行了比较分析，提出应该加快完善短视频行业版权管理细则、建立多元协同的版权管理和开发模式、加快推进智能版权管理系统的开发应用等优化策略。

**【关键词】** 短视频　版权　版权管理　版权保护　版权开发

**204. 数字音乐平台版权保护的困境与多元主体优化路径**

**【作者简介】** 黄贺铂，重庆大学新闻学院助理研究员。

**【发表期刊】**《出版发行研究》2021 年第 8 期

**【内容摘要】** 文章以多元主体的博弈分析视角来剖析数字音乐平台版权保护的多重逻辑，考察音乐平台版权维护中不同主体面临的困境。目前，音乐平台的版权保护手段相对滞后，音乐权利人面临维权成本高、话语权弱势的境况，音乐用户尚未明晰自身权利义务，版权管理组织也未形成长效监管机制。在多元主体参与视角下，数字音乐版权的社会治理需要音乐平台、音乐权利人、音乐用户、监管组织的共同参与，明晰音乐平台版权维护的责任制度与优化路径，从而构建多元主体的音乐版权治理体系。

**【关键词】** 音乐平台　版权保护　博弈机制　多元主体　社会治理

**205. 网络时代版权合同关系的法律重构**

**【作者简介】** 李宗辉，南京航空航天大学人文与社会科学学院副研究员。

**【发表期刊】**《出版发行研究》2021 年第 8 期

**【内容摘要】** 网络时代的版权合同利益失衡已经成为较为突出的法律问题。在现实层面，作品创作的生产性和技术性使作者沦为文化产业体系中的微末个体，作品传播的独立性和交互性则增强了传播者和使用者在作品市场价值实现中的意义。在法律层面，关于法人作品、职务作品和委托作品等的权益配置规范过于粗略，直接的版权合同规范也存在较大局限。因此，有必要从多方利益平衡的角度厘清法人作品、职务作品和委托作品等的权益配置，并从完善现有规范内容、引入新的合同类型、衔接适用民法规范和促进软法之治的角度构建体系完整的版权合同规范。

**【关键词】** 版权合同　利益失衡　人工智能　互联网　法律重构

**206. 论著作权保护刑民衔接的正当性**

**【作者简介】** 王迁，华东政法大学法律学院教授、博士生导师。

**【发表期刊】**《法学》2021 年第 8 期

**【内容摘要】** 对著作权的刑事保护和民事保护出现了严重的刑民脱节现象，具体表现为刑事司法解释及司法实践与《著作权法》对“复制发行”与“通过信息网络传播”关系界定的脱节、对“发行”与“销售”和“出租”关系界定的脱节以及对出售软件序列号和破解程序行为定性的脱节等。在著作权保护方面，刑民衔接的正当性源于著作权法并非仅为权利保护之法，而首先是赋权之法。没有《著作权法》规定著作权各项专有权利，就不存在具有绝对权性质的专有权利，因此对著作权专有权利的刑法保护也必须以《著作权法》的相关规定为前提，具体体现为对侵犯著作权犯罪的认定应遵从《著作权法》对相关术语的界定，侵犯著作权犯罪的诸行为应在《著作权法》规定的可构成犯罪的侵权行为范围之内，且须符合《著作权法》为侵犯著作权的行为规定的构成要件。《刑法修正案（十一）》将“通过信息网络向公众传播”和规避技术措施等行为纳入侵犯著作权罪的罪状，部分解决了严重的刑民脱节问题，但对此仍需要继续修改《刑法》并在司法实践中贯彻刑民衔接的理念，才能真正解决著作权保护的刑民脱节问题。

**【关键词】** 刑民衔接　侵犯著作权罪　复制发行　销售　技术措施

**207. 智能写作使用他人作品的合法性界限——以展示性使用与非展示性使用区分为视角**

**【作者简介】** 李富民，河南财经政法大学学报编辑部副编审。

**【发表期刊】**《社会科学家》2021 年第 8 期

**【内容摘要】** 智能写作使用他人作品的侵权治理需要在促进写作软件行业健康发展与有效保护著作权之间进行平衡。我国著作权法现有规定没有考虑智能写作使用他人作品的特殊性导致写作软件行业发展陷入高侵权风险和无序发展。区分对待智能写作中的展示性使用和非展示性使用能够为其侵权治理提供有效路径。设立非展示性使用著作权例外可以有效保障智能写作软件开发，按照现有著作权规则处理展示性使用能够实现写作软件行业的优胜劣汰。智能写作软件开发者应该采取技术措施防止非展示性使用滑向展示性使用。

**【关键词】** 智能写作　展示性使用　非展示性使用著作权例外　技术措施

**208. 奥运节目的跨屏传播与版权开发**

**【作者简介】** 孔令顺，广州大学新闻与传播学院教授、硕士生导师；刘思齐，广州大学新闻与传播学院硕士研究生。

**【发表期刊】**《电视研究》2021 年第 8 期

**【内容摘要】** 移动互联的融媒时代，跨屏传播已经成为奥运节目的新业态，呈现出复合性、碎片化、个性化等诸多新特点。后疫情语境下的东京奥运会拥有史上最大规模的远程在线观众，奥运节目的跨屏传播与版权开发面临新的机遇与挑战。通过渠道增值、内容升级、科技驱动和品牌延伸等方式可以进一步提升奥运节目的传播力度与奥运版权的开发力度，以多元化的形式满足大小屏受众个性化的接受需求。

**【关键词】** 奥运节目　跨屏传播　版权开发　东京奥运会

**209. 数字图书馆数字资源版权区块链管理研究——以中国国家数字图书馆数字资源版权区块链管理实践为例**

**【作者简介】** 张铭丽，广州市黄埔区图书馆馆员。

**【发表期刊】**《图书馆工作与研究》2021 年第 8 期

**【内容摘要】** 为实现数字版权集体管理，并化解资源推荐行为、知识整序行为与社交网络行为下的数字资源版权管理矛盾，中国国家数字图书馆发挥区块链技术在分布式存储、可追溯传输与高等级加密等方面的特色功能，对海量数字资源进行全时、全域、全场景的版权保护：构建基于分布式存储技术的实时确权机制，提高馆方版权所得与侵权担责的对等性；应用基于一致性哈希算法的盈利分成模式，推动优质数字版权资源共建共享；开发基于区块链智能合约的数字版权全员监测平台，及时规制数字资源服务中的侵权行为。以其为蓝本，数字图书馆应借助区块链技术一站式确认审核数字资源版权的权利对象，实时追溯数字资源版权的流转路径与分割行为，并对侵权举动进行智能预警、智能举证与智能监控，据此增强数字资源服务的安全性与可靠性。

**【关键词】** 数字资源　版权　区块链　中国国家数字图书馆

**210. 涉互联网平台作品数据集合的反不正当竞争法保护**

**【作者简介】** 刁云芸，上海财经大学法学院博士研究生。

**【发表期刊】**《中国出版》2021 年第 9 期

**【内容摘要】** 当前，我国《著作权法》对涉互联网平台作品数据集合的保护存在缺陷和不足。一方面，受限于汇编作品的独创性要求，以汇编作品给予作品数据集合保护并不一定可行，《著作权法》也未将数据集合或数据库作为作品予以保护；另一方面，尽管可通过对单件作品的著作权保护给予作品数据集合间接保护，但其适用范围受限，由此会带来较高的社会成本。因此，还须以《反不正当竞争法》对作品数据集合加以保护。在适用《反不正当竞争法》第 2 条、第 12 条时，须着重分析系争行为是否造成所涉作品数据集合被替代以及互联网平台在作品数据集合创建过程中的投入。

**【关键词】** 互联网平台　作品数据集合　《反不正当竞争法》《著作权法》

**211. 网络服务提供者在著作权侵权中的责任探析**

**【作者简介】** 李文婧，北京大学经济学院博士研究生。

**【发表期刊】**《出版广角》2021 年第 9 期

**【内容摘要】** 对于网络服务提供者在著作权侵权中的责任问题，中国立法引进了美国《数字千年版权法案》中的“‘避风港’规则”，但对网络服务提供者的“主观过错标准”“注意义务规定”尚不明确。欧盟最新的《数字化单一市场版权指令》提出了网络服务提供者的“过滤义务”，是对“避风港”规则的补充。因此，中国可与国际接轨，对网络服务提供者采取法律激励措施，强化其在网络著作权保护中的责任。

**【关键词】** 网络服务提供者 “避风港”规则 “过滤义务” 侵权责任

**212. 互联网内容版权保护的新难题及治理对策**

**【作者简介】** 郁清清，武汉大学法学院博士研究生。

**【发表期刊】**《人民论坛·学术前沿》2021 年第 9 期

**【内容摘要】** 互联网内容生产具有社交性、精准性和扩散性等鲜明特征，在传播过程中常常出现著作权侵权问题。当前，随着信息技术发展，互联网内容侵权纠纷持续增加，“生熟”难分、“长短”难定、“真伪”难辨等新问题亟待解决。新修订的《著作权法》扩大了调整对象范围，引入了惩罚性赔偿，强化了平台责任，有助于进一步打击、遏制互联网内容生产与传播领域的侵权乱象。

**【关键词】** 互联网内容 版权保护 《著作权法》

**213. OA 学术期刊的出版规范及其版权管理**

**【作者简介】** 吕星月，东南大学经济管理学院硕士研究生；袁曦临，东南大学图书馆研究馆员、硕士生导师。

**【发表期刊】**《中国科技期刊研究》2021 年第 9 期

**【内容摘要】** ［目的］考察国际 OA 期刊的 OA 实践及其期刊政策声明，为我国 OA 期刊建设提供借鉴。［方法］以 DOAJ 图情类期刊为研究对象，调查并分析期刊的出版形式如发行媒介、出版周期、收费情况等，以及存档政策、许可条款、OA 模式等版权管理政策。［结果］揭示 OA 期刊在出版频率、APC、OA 模式方面出现的新形式、新模式，分析 OA 期刊在可访问性、透明性和开放性方面存在的问题。［结论］OA 已经成为学术期刊发展的必然方向，在版权管理方面仍处在初级阶段，认证环节较为混乱，现阶段处于多模式探索尝试阶段；OA 期刊的出版管理应在保持适度灵活性的同时，着力加强规范建设。

**【关键词】** OA 期刊 OA 出版 出版规范 版权管理

**214. 产业视角下短视频平台版权侵权判定中的注意义务研究**

**【作者简介】** 徐俊，上海市高级人民法院知识产权审判庭副庭长。

**【发表期刊】**《知识产权》2021 年第 9 期

**【内容摘要】** 短视频产业作为一种新兴业态，呈现出制作传播碎片化、生产消费一体化、互动分享社交化和产业融合生态化的特征。这些特征给短视频平台版权侵权责任的判定，特别是在注意义务标准方面带来了新的影响。我国并没有完全采纳类似于美国法的“避风港”规则，而更倾向于坚持民法上传统的过错责任归责原则。短视频平台版权侵权过错归责应当基于服务性质和产业特点慎重划定注意义务，通过梳理不同类型的注意义务形态，考量多重因素动态综合评估行为人是否具有过错。

**【关键词】** 短视频平台 用户生成内容 “避风港”原则 “红旗”规则 比例原则 归责原则 注意义务

**215. 出版者权制度论辩**

**【作者简介】** 葛龙，吉林师范大学经法学院讲师。

**【发表期刊】**《社会科学家》2021 年第 9 期

**【内容摘要】** 多年来，人们对出版者权的理解存在诸多分歧，其根源在于出版者权的法理基础不够清晰。同其他邻接权一样，出版者权的法理基础是禁止出版者之间的不正当竞争，进而保障作品的广泛传播。基于这一法理精神，版式设计不需要具有独创性，脱离具体内容的版式设计模板不应成为出版者权的客体。出版者权的主体应仅限于图书和期刊出版者，不包括报纸出版者和网络出版者，也不应包括实际完成版式设计的受托人。出版者权的内容除了复制权之外，还应包括信息网络传播权，但不应包括专有出版权。

【关键词】 出版者权　版式设计　法理基础　制度辨析

**216. 理论旅行：当前我国版权研究的理论聚焦与前沿讨论**

【作者简介】 张立，西安交通大学新闻与新媒体学院副教授、硕士生导师；徐婧，西安交通大学新闻与新媒体学院讲师、硕士生导师。

【发表期刊】《编辑之友》2021 年第 9 期

【内容摘要】 文章探究在媒体融合的时代背景之下，我国媒体在内容生产过程中关注的版权问题，以及学术界对版权问题的关注、版权理论和实践。文章在梳理当前版权研究的议题与方向时发现，中国版权研究主要聚焦于制度建设、技术应用以及版权运营三个层面，并在数字化背景下进一步丰富了版权的内涵与外延，针对当前实践探索中存在的诸多问题提出法理层面的解决思路和措施，但总体上缺乏对版权商品化及其贸易背后权力关系运作等更深层面的探讨。

【关键词】 理论旅行　版权研究　理论在地化　前沿研究

**217. 人工智能出版物版权归属及侵权归责原则研究**

【作者简介】 金春阳，西安交通大学法学院教授；邢贺通，西安交通大学法学院硕士研究生。

【发表期刊】《出版发行研究》2021 年第 9 期

【内容摘要】 人工智能技术为出版业的转型升级带来诸多可能，但人工智能出版物版权归属及侵权归责原则的不明确使行业发展存在隐患。应将人工智能法学研究限定在弱人工智能范围内，肯定人工智能出版物的可版权性，否定人工智能的主体性。文章借鉴美国代理制度，将人工智能出版物版权归属及侵权归责原则的情况划分为开发阶段和市场化阶段：明确在开发阶段适用我国《著作权法》中的“法人作品”制度，版权归属于人工智能开发商，版权侵权归责原则适用支配或受益原则；在市场化阶段适用承揽加工制度，版权归属于消费者，版权侵权归责原则以支配或受益原则为基础，限制适用间接侵权责任和产品责任。

【关键词】 人工智能出版物　可版权性　版权归属　版权侵权　归责原则

**218. 我国著作权法中广播组织权内容的综合解读**

【作者简介】 管育鹰，中国社会科学院知识产权中心主任、博士生导师。

【发表期刊】《知识产权》2021 年第 9 期

【内容摘要】 我国 2020 年《著作权法》第 47 条对广播组织权的范围做了一定扩张，但仍沿袭了禁止权立法模式，并重申了权利行使不得损害在先权利的基本原则。对这一条款的理解与适用，须结合著作权法相关条款和基本原理做综合解读。广播组织对不包含他人作品或录音录像制品的由其自己制作和播放的广播、电视，有权禁止他人未经许可使用，也可许可他人以《著作权法》第 47 条第 1 款规定的各种方式使用；对包含他人作品或录音录像制品的广播、电视，广播组织有权禁止他人未经许可以《著作权法》第 47 条第 1 款规定的各种方式使用，但除非有相反的明确约定或授权，广播组织不得复制发行、重播或许可他人播放其已经录制的包含他人作品或录音录像制品的广播、电视；对未经许可使用包含他人作品或录音录像制品的广播、电视的行为，著作权人、录制者和广播组织均可请求禁止。广播、电视中的他人作品或录音录像制品被第三人侵害的，损害赔偿的请求权由其权利人行使，权利人与广播组织有相反约定的除外。

【关键词】《著作权法》　邻接权　广播组织权　禁止权　二次使用　网络传播

**219. 短视频版权纠纷解决的制度困境及突破**

【作者简介】 陈绍玲，华东政法大学知识产权学院副教授、硕士生导师。

【发表期刊】《知识产权》2021 年第 9 期

【内容摘要】 短视频的特点在于其有构成合理使用的可能性，这导致现有的网络版权保护规则不适用于短视频版权纠纷的解决。我国网络产业的现实决定了《数字化单一市场版权指令》等国外方案在我国没有借鉴的可能性。行业竞争的格局也决定了权利人企业向平台企业授权的方案缺乏可行性。短视频版权纠纷的解决依赖于对“通知—删除”规则的改造。最高人民法院可以通过典型案例的方式明确典型的合理使用情形，并将典型合理使用情形纳入短视频平台的注意义务范围。据此，权利人可以依据“通知—删除”规则通知平台删除不符合合理使用情形的侵权视频。

【关键词】 著作权　短视频　用户生成内容　合理使用　“通知—删除”　“红旗”标准　二次创作

**220. 数字作品发行权用尽的解释立场及制度协调**

【作者简介】 陈全真，南京大学法学院博士研究生。

【发表期刊】《出版发行研究》2021 年第 9 期

【内容摘要】 数字作品二手市场的兴起，对原本稳固的出版产业利益格局造成了冲击，引发了发行权用尽能否适用于网络环境的巨大争议。目前学界既有论述过于强调技术层面对发行权规范设计的影响，然而数字发行与实体发行在行为效果上并无本质区别，应当采取行为主义的立法模式，将发行权用尽适用于网络环境；针对由此引发的发行权与信息网络传播权的冲突，应遵循利益平衡原则进行制度上的协调。未来司法解释应当致力于构建“作品利用行为”的裁判规则来避免发行权与信息网络传播权之间的交叉重合，将两项权利的控制范围重新进行划分。具体而言，发行权用尽的适用范围应扩张至网络环境，控制数字作品有偿下载行为，而信息网络传播权通过修正为“信息传播权”继续控制交互式传播行为。

【关键词】 数字作品　发行权用尽　网络环境　信息网络传播权

**221. 虚拟现实出版物的著作权法律保护——基于 2020 年《著作权法》修订前后的比较研究**

【作者简介】 王鑫，西南科技大学法学院副教授、硕士生导师；宋伟，中国科学技术大学公共事务学院教授、博士生导师。

【发表期刊】《科技与出版》2021 年第 9 期

【内容摘要】 虚拟现实出版物丰富了数字出版作品形式，展现出广阔的市场前景。然而，虚拟现实出版物也存在着受著作权法保护的作品类别不明确、著作财产权保护范围无法有效覆盖、侵权诉讼中全景自由合理使用抗辩适用困难等问题。2020 年《著作权法》的修订完成将对虚拟现实出版物产生显著影响，有助于明确虚拟现实出版物的作品属性，周延虚拟现实出版物的复制权覆盖，加强对虚拟现实出版物的著作权保护。与此同时，对全景自由合理使用抗辩适用的约束尚无明显松解，部分条款规定也仍有待进一步释明与完善。

【关键词】 虚拟现实出版物　著作权保护　法律修订

**222. 网络文学作品全版权运营中的合同优化研究**

【作者简介】 杨非，华中师范大学中国农村研究院；吕自愉，华中师范大学知识产权研究所；刘超，知识产权出版社总编辑。

【发表期刊】《科技与出版》2021 年第 10 期

【内容摘要】 著作权合同作为网络文学作品版权交易环节的重要内容，关乎网络文学全版权运营的健康、稳定发展。文章以某集团合同纠纷事件为切入点，分析著作权合同主体利益失衡、撤销与解除条款的适用偏差以及网络文学作品的改编争议问题，并从著作权合同公示制度、版权终止与撤回制度和作品改编规制三方面，提出网络文学作品全版权运营中的著作权合同优化思路。

【关键词】 著作权合同　网络文学作品　全版权　合同优化

**223. 我国阅读障碍者出版领域的技术措施规避透视**

【作者简介】 周澎，杭州师范大学沈钧儒法学院讲师。

【发表期刊】《出版发行研究》2021 年第 10 期

【内容摘要】 著作权制度应为阅读障碍者出版领域的推进剂，因而著作权制度通过技术保障私权时，也为阅读障碍者制定技术措施规避条款。除却技术规避的破解困境外，我国著作权制度还存在该条款适用的前置条款缺失、受益人和适用主体界定不明、通过规避例外流通的出版物“二次利用”的侵权隐患等问题。以《马拉喀什条约》为基准，立足本土化需求，可指引著作权人进行出版合作，完善相关法律术语的一致性和体系化规定，同时明确技术措施适用主体的义务，对“二次利用”做出再限制规制。

【关键词】 阅读障碍者　技术措施规避　著作权法　《马拉喀什条约》

**224. 图书馆著作权侵权分析及应对策略——基于近十年图书馆著作权纠纷的实证研究**

【作者简介】 张健，江苏大学法学院副教授；陈琳，江苏大学法学院硕士研究生。

【发表期刊】《数字图书馆论坛》2021 年第 10 期

【内容摘要】 文章以近 10 年（2011—2020 年）的 2 362 份图书馆著作权纠纷裁判文书为样本进行实证研究，通过计量方法讨论图书馆著作权纠纷的数量、地域、当事人等基本形式特征，并以定量与定性相结合的方法分析图书馆侵犯著作权的类型和图书馆提出的抗辩事由。经研究，图书馆著作权纠纷领域存在法律限制过于严格、司法裁判不统一和图书馆规避风险的能力不足等问题。因此，要减少图书馆著作权纠纷的发生，立法机关应当完善合理使用条款，司法机关应当统一裁判标准，图书馆应当提高防范法律风险的能力。

**【关键词】** 图书馆　著作权纠纷　信息网络传播权

**225. 论版权平台化背景下短视频创作者权益保护**

**【作者简介】** 尤浩，南京大学传媒实验教学示范中心副主任。

**【发表期刊】**《中国出版》2021年第10期

**【内容摘要】** 目前短视频行业已经进入到一个稳定发展的成熟期，其标志特征是经过平台之间的竞争、洗牌、整合，在行业中拥有绝对性影响力的优势平台已经出现。在此背景下，优势平台开始逐步推动将用户的作品版权权益整体转移到平台名下，以此提升平台的作品资源配置与创作优质IP时的动员力，进一步巩固其在行业中的领军地位。这一切都给短视频创作者的权益保护提出了新的挑战：无论是防范侵权还是防范被侵权，规则体系均与过去大不相同；而版权权益维护与业务发展的关系也从以往的协调发展转变成了共生关系。

**【关键词】** 短视频　版权保护　版权平台化　抖音

**226. 用户视角下知识付费平台版权保护影响因素分析**

**【作者简介】** 郭宇，吉林大学管理学院副教授、硕士生导师；刘文晴，吉林大学管理学院硕士研究生；孙振兴，吉林大学管理学院硕士研究生；于文倩，吉林大学管理学院硕士研究生。

**【发表期刊】**《情报科学》2021年第10期

**【内容摘要】** ［目的/意义］基于用户视角，通过扎根理论方法识别知识付费平台版权保护影响因素，以启发知识付费平台和用户增强版权保护意识。［方法/过程］通过网络爬虫抓取知乎版权中心发布的有关“知乎大神”案件的相关评论，并运用Nvivo12软件进行开放式编码、主轴编码和选择性编码，提取相关概念和范畴。［结果/结论］在前期编码的基础上，构建了知识付费平台版权保护影响因素模型，研究发现版权管理是影响知识付费平台版权保护的主导性因素，而利益衡量是影响知识付费平台版权保护的驱动性因素，环境制约则是影响知识付费平台版权保护的重要保障因素。［创新/局限］文章的创新性在于采用扎根理论研究方法系统分析了影响知识付费平台版权保护的因素。在未来的研究中将进一步丰富编码资料，进而使知识付费平台影响因素更加具有普适性。

**【关键词】** 知识付费平台　用户视角　扎根理论　版权保护　影响因素

**227. 版权政策变迁研究：历程、趋势与逻辑**

**【作者简介】** 李凤萍，云南大学新闻学院副教授；文常莹，云南大学新闻学院硕士研究生。

**【发表期刊】**《中国编辑》2021年第10期

**【内容摘要】** 版权政策分析对于推动出版实践发展与体制改革具有重要的理论和实践意义。文章选取1979—2020年388份国家层面的版权规范性文件为研究样本，运用共词分析方法，从高频主题词、政策聚焦点、政策工具等角度对政策文本进行了分析。研究发现我国版权实践发展过程中政策管理工具在技术和市场的驱动下由单一走向多元，版权政策的变迁在共同演进逻辑推动之外也呈现出不同的阶段特征，市场变革、技术发展与政府规制三者的动态平衡促进了40多年来版权管理制度的完善。

**【关键词】** 政策工具　版权政策　政策变迁　共词分析　版权

**228. 美国电子书版权保护实践及其对我国的启示**

**【作者简介】** 郭晶，河南大学编辑出版研究中心讲师、硕士生导师；王怡静，河南大学新闻与传播学院硕士研究生。

**【发表期刊】**《科技与出版》2021年第10期

**【内容摘要】** 版权保护问题是电子书产业发展过程中的难题。文章介绍了美国电子书产业由政府、产业、社会构成的“三位一体”的版权保护体系，其中，版权立法和行政监管是基础，产业链各级自我保护是主体，集体管理和行业自律是补充；分析了美国电子书版权保护方面的两个亟待解决的问题，即法律法规覆盖面不足、企业对新技术的开发不够积极，提出对我国电子书版权保护方面的建议。

**【关键词】** 电子书　版权保护　美国　中国

**229. 基于区块链技术的数字出版版权管理模式研究**

**【作者简介】** 刘迪昱，四川远程电子出版社编辑。

【发表期刊】《中国编辑》2021 年第 10 期

【内容摘要】 以区块链为基础的数字图书版权管理模式具有区块链技术特有的去中心化、不可窜改，以及透明公开等特性，能将数字图书的出版、发行、销售等信息完整记录于区块链中，任何一位作者、出版商或是消费者都可以对数字图书进行版权确认。基于区块链技术的数字出版版权管理模式能协助改善数字出版各环节的质量和效率，不断激发数字出版的创新动力。

【关键词】 数字出版　数字图书　区块链　版权管理　数字版权

**230. 论编辑版权资产经营管理意识的培养**

【作者简介】 靳金龙，山西出版传媒集团出版经营部副主任。

【发表期刊】《中国编辑》2021 年第 10 期

【内容摘要】 版权资产经营管理意识和素质是围绕版权资产经营管理全过程的思维意识和操作能力，目前对编辑的各类能力培训中明显缺少版权资产经营管理意识的培养。文章从培养编辑版权资产经营管理的重要性和紧迫性出发，探析出版单位版权资产经营管理缺失的原因，指出应紧紧围绕版权资产的获取、确权、管理、处置、开发环节，增强编辑版权资产经营管理的整体流程意识，并且提出加强政策引导、完善管理机制、注重编辑培养、重视技术应用等利于提升编辑版权资产经营管理意识和素质的相关建议，以期助力出版版权产业的高质量发展。

【关键词】 编辑素养　编辑培养　版权资产　版权经营　版权管理

**231. 基于区块链技术的高校数字图书馆数字版权交易保障策略研究**

【作者简介】 林良金，福建江夏学院图书馆馆员。

【发表期刊】《图书馆工作与研究》2021 年第 10 期

【内容摘要】 在论证利用区块链技术增强数字版权交易规模、速度与质量，促进数字版权交易利益相关者收益实现可持续叠加的可行性基础上，提出可有效化解知识推送行为版权困境、数据组织行为版权困境与智能社交行为版权困境的高校数字图书馆数字版权交易保障策略，即构建基于区块链分布存储的个性化交易协商机制；打造基于区块链共识技术的 ContentID 获利模式；创设基于区块链智能合约的众包式版权监测系统。

【关键词】 区块链技术　高校数字图书馆　数字版权　交易保障

**232. 虚拟现实技术下著作权问题的规制逻辑**

【作者简介】 黄柏璇，扬州大学法学院；陈福胜，扬州大学法学院教授。

【发表期刊】《出版广角》2021 年第 10 期

【内容摘要】 虚拟现实著作权问题的关键在于能否在现有的著作权理论上建立一套完整合理的规则并有效地运行，如果不能对虚拟现实技术中出现的侵权现象进行良好规制，无疑会影响虚拟现实产业的发展。然而，产业层面和司法者出于实用主义的考量，使得确立一套完整合理的规则规制虚拟现实著作权问题成为当下的次优选择。

【关键词】 虚拟现实　著作权　作品

**233. 远程教育背景下的著作权限制与例外规则：挑战与回应**

【作者简介】 王文敏，华南师范大学法学院副研究员。

【发表期刊】《图书馆论坛》2021 年第 11 期

【内容摘要】 远程教育具有不同于传统教学模式的特点，较难适用现有的著作权限制与例外，存在著作权侵权风险。扩张教学型著作权限制与例外规则既是出于教育公益性质和教学市场利益的考量，也契合国际条约的规定和各国立法的新趋势，具有较强的正当性基础。为此，从解释论上，需要在司法实践中对教学型著作权限制和例外规则的主体、数量、行为、性质等做出适当扩张的解释；从立法论上，应在著作权法修改中进一步完善教学型合理使用规则，使其适用于远程教育中的直播授课模式和资料传输模式，同时改造法定许可规则，将其扩大适用于远程教育中的慕课学习模式。

【关键词】 远程教育　著作权法　限制和例外　合理使用　法定许可

**234. 融媒时代平衡聚合平台与新闻媒体版权冲突的三重进路**

【作者简介】 谢宜璋，上海交通大学知识产权与竞争法研究院研究员。

【发表期刊】《新闻界》2021 年第 11 期

【内容摘要】 融媒时代下新闻媒体与聚合平台对新闻作品的版权效益差是两者冲突的根源。欧盟为此创设新闻出版者邻接权以促使聚合平台向新闻媒体付费的做法为我国学界广泛关注，但德国与西班牙的立法实践表明通过版权扩张恐难以实现保障新闻媒体版权收益的立法目标，亦可能造成我国著作权法体系内的重复保护。以反不正当竞争法解决新闻聚合纠纷能将排除于著作权客体的单纯事实消息纳入保护范畴，从方法论上看似更具周延性，但在法律适用层面却会造成著作权领域的不当扩张，与著作权法立法政策相抵触。在坚持利益平衡的理念下，著作权集中管理机制在应对大规模数字化版权危机上有其独特的制度优势，能够为聚合平台与新闻媒体构建高效合理的著作权利益再分配机制。

**【关键词】** 聚合平台　新闻媒体　新闻出版者邻接权　反不正当竞争法　著作权集体管理制度

**235. UGC模式下我国有声书著作权集中许可制度研究**

**【作者简介】** 吴申伦，华东政法大学传播学院讲师。

**【发表期刊】**《出版发行研究》2021年第11期

**【内容摘要】** 相比欧美有声书产业与传统出版联系紧密，我国有声书产业的兴起依托于数字出版的东风。传统授权许可方式面对有声书UGC模式效率低下，分散的有声书权利资源和授权渠道也有待整合。著作权集中许可制度是经行业实践检验的可行经验，并且具有高效性与规范性优势，因而建立有声书集中许可制度有其必要性。但我国未形成规模化的集体管理组织市场，直接移植著作权集体管理制度至有声书产业将面临组织代表性、著作权人利益保障、平台竞争等困境。文章主张折中的商业性版权代理与集体管理制度调和互补模式，施行有限范围的有声书著作权延伸性集体管理，逐步确立有声书平台作为付费对象的制度设计，构建有声书平台与集体管理组织的多形态合作关系。

**【关键词】** 有声书　UGC模式　集中许可　集体管理　版权代理

**236. 我国版权侵权“接触”要件的检讨与重构**

**【作者简介】** 刘琳，南京大学法学院博士研究生。

**【发表期刊】**《知识产权》2021年第11期

**【内容摘要】**“接触+实质性相似”规则是我国版权侵权认定中的重要规则，“接触”要件是该规则的重要组成部分，然而该要件却在学界鲜见研讨，在判决中屡遭误用。就目前而言，“接触”要件缺乏独立的要件地位和合理的认定标准，已然沦为“实质性相似”要件的附庸，并进一步被“在先发表”架空。为匡正上述误区，首先须明确“接触”要件独立的制度价值，重申“接触”要件独立的要件地位；其次应提高“接触”要件的认定标准，将其维持在合理高度；最后宜引入“证据性相似”“广泛传播”等理论，形成系统的、可操作的认定思路。

**【关键词】** 版权侵权　接触可能性　在先发表　证据性相似　“广泛传播”理论　反比例规则

**237. 论人工智能算法的知识产权保护**

**【作者简介】** 王德夫，武汉大学法学院讲师。

**【发表期刊】**《知识产权》2021年第11期

**【内容摘要】** 人工智能算法具备高度的技术价值和保密属性，将其纳入知识产权客体范畴，可以促进相关知识信息的开放与传播，有助于促进我国相关技术进步与产业发展。我国现行《专利审查指南》将涉及人工智能等技术前沿领域的“算法特征”纳入专利保护范畴，但缺乏对人工智能算法的技术和法律描述，也未明确规定相关对象的可专利性规则。对此，应从技术角度将人工智能算法进一步细分为底层通用算法和上层应用算法，并根据二者不同的技术属性，分别设计知识产权保护方法。对专注于解决“如何模拟智能”这一技术问题的通用算法，应利用专利制度促进相关技术研发和信息交流。应用算法在“如何使用智能”方面的创新性较强但技术性较弱，可以综合运用包括专利、著作权、商业秘密在内的多样化制度工具对其进行保护，同时应注意保护的方式与尺度，避免过度保护。

**【关键词】** 人工智能算法　通用算法　应用算法　知识产权　专利　著作权　商业秘密

**238. 网络信息资源版权交易创新生态系统构建与演化路径研究**

**【作者简介】** 李珊，福州大学经济与管理学院博士研究生；张文德，福州大学信息管理研究所教授、博士生导师。

**【发表期刊】**《图书情报工作》2021年第11期

**【内容摘要】**［目的/意义］新形势下推进网络版权交易，能够促进信息资源的价值创造与价值转化。构建网络信息资源版权交易创新生态系统并探索演化路径，有利于揭示网络版权交易的生长规律、引导网络版权产业可持续发展。［方法/过程］基于耗散结构理论，依据网络信息资源版权交易核心要素与流程，构建网络版权交易创新生态系统，探索系统创新的演化路径，并计算我国网络版权产业发展所处的演化阶段。[结果/结论] 网络信息资源版权交易创新生态系统中，创新主体的量变与质变，以及与法律、文化、技术、创新投入等创新要素之间实时发生的信息传递、物质循环和能量流动，推动了系统演化，取得网络信息资源创新、版权经营活动创新以及版权交易服务创新三大创新效果。我国网络版权产业正处于快速扩张期，建议主体多元入驻、完善法律政策、提升版权素养、运用先进技术、加大创新投入，以支撑网络版权交易稳健发展。

**【关键词】** 网络信息资源　版权交易　创新生态系统　耗散结构　版权经营

**239. 媒体融合背景下广播电视版权运营中的问题与思考**

**【作者简介】** 闫书芳，中央广播电视总台总经理室版权运营中心对外合作组组长。

**【发表期刊】**《中国广播电视学刊》2021 年第 11 期

**【内容摘要】** 在媒体融合发展的过程中，版权应该扮演什么角色，版权管理及运营有哪些难点，如何将版权管理好运营好，这些问题摆在广电行业版权工作者面前并亟待解决。版权运营与创收已成为国际大型传媒集团非常重要的收入来源。我国传统广电行业应该在制度设计与技术运用中发挥优势、耕耘好版权运营与创收这片蓝海，这是未来十年要面临的一项重要课题。

**【关键词】** 版权　运营　长尾效应　区块链　IP

**240. 区块链技术下的版权保护：期许、挑战和现实路径**

**【作者简介】** 王进，华东政法大学科学研究院助理研究员。

**【发表期刊】**《中国编辑》2021 年第 11 期

**【内容摘要】** 在版权领域使用区块链的分布式公共记录和智能合约，能够增强版权归属的透明度，降低中间环节费用，使创作人得到公平补偿。但该技术的应用也带来了新的挑战，凸显在所有权确认的漏洞、智能合约的法律问题和潜在的权利滥用等方面。文章从区块链适应既有版权法律制度的方式、版权法应做的法律回应、智能合约的科学设计以及嵌入式监管在区块链版权管理系统的应用限度等四个方面提出了区块链技术适用于版权保护的现实路径。

**【关键词】** 区块链　智能合约　权利滥用　版权保护　嵌入式监管

**241. 有声读物版权授权机制困境及纾解对策——以“懒人听书”等相关案件为例**

**【作者简介】** 张守莲，南京大学法学院博士研究生。

**【发表期刊】**《出版发行研究》2021 年第 11 期

**【内容摘要】** 有声读物代表文字作品的另外一种消费模式。从文字作品到有声读物并非一蹴而就，纷繁复杂的版权授权机制是有声读物版权的最大“雷区”。有声读物版权授权机制困境不仅源于自身内部弊病，亦有外部市场带来的干扰。要从内部和外部共同纾解有声读物版权授权机制难题，厘清授权内容、完善授权形式、整合授权结构及缩短授权链条以弥补有声读物版权授权机制的内部不足；调整部分市场主体利益来源方式，改善其利益来源结构，打破各方利益壁垒，以摆脱有声读物版权授权机制的外部困境。

**【关键词】** 有声读物　版权授权机制　内外部困境　独创性　利益来源

**242. 面向社群网络构建数字版权管理平台构想**

**【作者简介】** 陈洁，浙江大学文学院教授。

**【发表期刊】**《出版发行研究》2021 年第 11 期

**【内容摘要】** 社群网络为数字出版注入了新的活力，用户通过新型参与式出版彰显社群网络效应。新现象促使出版业亟待转变思维，将社群网络诸多要素转换为数字出版发展的新动力。文章结合数字出版新业态，提出面向社群网络的数字出版版权管理平台构想，并从数字出版业态和传统出版融合两方面提出面向社群网络的版权运营模式，进而提出内容创作与数字出版发展的多方支持路径建议。

**【关键词】** 社群网络　数字版权　管理平台

**243. 数字版权背景下短视频侵权困境及治理策略——基于短视频独创性视角**

**【作者简介】** 李金宝，南京体育学院体育教育与人文学院教授、硕士生导师；顾理平，南京师范大学新闻与传播学院教授、博士生导师。

**【发表期刊】**《编辑之友》2021 年第 11 期

**【内容摘要】** 数字复制及分享技术对传统的版权保护构成了新挑战。随着新媒体技术的发展，与短视频版权相关的数字媒体复制权、信息网络传播权及技术措施权都有了新的发展，导致以强调法律控制和知识产权保护、知识共享概念为基础的社会参与和公共责任两种传统版权价值体系遭受新的冲击。独创性作为版权产业的核心内容，也是短视频作品版权的逻辑起点。在短视频侵权及其治理中，独创性是争议的焦点；个案实践是独创性判定依据，而创造性的转向也是短视频判定的一大平衡原则。数字平台短视频内容产消关系变革、参与式文化产品的准版权利益博弈、短视频制作中“合理使用”难以明晰、技术中立的“避风港”原则套用，导致数字版权背景下短视频版权治理出现一系列困境。在治理目标、治理主体、治理对象、治理手段上采用制度修正的柔法治理、社会协同治理、平台化过滤治理、法律与技术嵌合治理等，是数字版权背景下的短视频版权治理策略与路径。

**【关键词】** 数字版权　短视频　独创性　参与式文化　“避风港”原则　版权治理

**244. 著作权法第三次修改中的版权行政保护及其正当性论证**

**【作者简介】** 张祥志，华东交通大学人文社会科学学院副教授；徐以恒，华东交通大学人文社会科学学院法律硕士。

**【发表期刊】**《中国出版》2021年第12期

**【内容摘要】** 版权行政保护的理论阐释和实践运行在新发展阶段下面临新的挑战。梳理我国著作权法第三次修改中的六个草案文本，可以清晰地展现版权行政保护在本次修法中的动态。为了将版权行政保护的研究视角从“存与废”的争论尽快推向“弊端与优化”的讨论，可以从历史叙述、现实注脚和远景诠释三个维度诠释其正当性，以消除学界和实务界对版权行政保护的质疑。

**【关键词】** 版权行政保护　著作权法第三次修改　正当性

**245. 网络平台版权协议权责失衡与再平衡**

**【作者简介】** 郭晶，河南大学编辑出版研究中心讲师、硕士生导师；崔家勇，中国传媒大学新闻学院博士研究生。

**【发表期刊】**《中国出版》2021年第12期

**【内容摘要】** 随着平台化媒体的崛起，传统的版权保护技术与法律难以适应互联网内容传播的现实需要，创作者、版权方及网络平台之间版权纠纷不断。在缺乏正式版权合同规制的现实背景下，用户协议中的版权协议成为内容流通过程中各方权责划分的重要依据。我国网络平台的用户协议，是否有效平衡了双方版权的权利与责任？研究发现，用户协议中的版权协议规避了网络平台的版权侵权风险，但忽视了对创作者利益的保护，不利于我国互联网内容产业的良性发展。在我国新修改的《著作权法》正式实施的背景下，网络平台、创作者及用户之间权责的再平衡问题，值得重点关注。

**【关键词】** 网络平台　版权　用户协议　权责失衡

**246. 民法典权利救济视域下图书馆著作权侵权困境、缘由及其对策**

**【作者简介】** 阿力木江·依明，浙江大学光华法学院博士研究生。

**【发表期刊】**《图书情报工作》2021年第12期

**【内容摘要】** ［目的/意义］系统分析20年来图书馆著作权侵权案件裁判文书，旨在从实务的角度为图书馆提供对策。［方法/过程］运用案例实证分析法，先从宏观角度归纳图书馆在著作权侵权纠纷中失利的具体表现，再从微观角度对具体案例进行法理分析，剖析失利的原因。［结果/结论］结果表明图书馆败诉率、法院判赔支持率以及经济赔偿金额均逐年上升，主要原因在于数字化作品在线阅读服务运作模式中图书馆往往因数据库提供商的过错而被迫承担连带责任；实务上图书馆应通过积极防范侵权、积极应对诉讼以及诉后及时追偿来保护自身利益。

**【关键词】** 图书馆　著作权　数字化作品　信息网络传播权　合理使用

**247. “作品使用”的限度：公有领域视角下的现实反思与进路转换**

**【作者简介】** 梁九业，东北师范大学政法学院讲师。

**【发表期刊】**《出版发行研究》2021年第12期

**【内容摘要】** 我国新修订的《著作权法》对数字技术发展及文化新业态应用所引发的版权领域的关键问题给予了回应，在一定程度上满足了我国经济社会持续快速发展的制度供给与现实需求。但《著作权法》的本次修订对版权实践中“作品使用”限度难以界定的现实问题缺少体系性反思与类型化区分，因而未能实现从结构到全局的重新构造的修法任务。在著作权制度实施中，“作品使用”作为著作权立法价值的基本取向和价值实现的内在驱动，是社会公众之公共利益实现的基本方式。但在著作权表征机制不足的情形下，“作品使用”空间受到了版权扩张、技术措施和司法裁判等因素不同程度的挤压。公有领域机制的引入，为“作品使用”限度的界定提供了正当性基础、基本标准和侵权抗辩事由，进而有益于实现对“作品使用”限度的体系化界定。

**【关键词】** 著作权　公有领域　作品使用　权利边界

**248. 现实、理论与规则：出版物版式设计界定探讨**

**【作者简介】** 杨绪东，中南财经政法大学知识产权研究中心博士研究生；曹新明，中南财经政法大学知识产权研究中心教授、博士生导师。

**【发表期刊】**《编辑之友》2021 年第 12 期

**【内容摘要】** 赋予出版物版式设计邻接权是我国独特的立法安排，对出版业繁荣发展有着积极的促进作用。然而，由于立法从未对版式设计给出任何法律上的界定，在实践中引发了版式设计的作品与制品竞争，阻碍了创作者与传播者的协调与互助。为解决此问题，根据版权实践经验，版权管理机关对版式设计的界定提出了两种建议方案，在《著作权法》第三次修改过程中受到了广泛的社会关注。事实上，出版物版式设计是一种无独创性的劳动成果而非创造成果，立法赋予其对世权是为了帮助出版者控制其出版物的有序流通。基于此，文章建议将出版物版式设计在立法上界定为对图书、期刊的文本及版面布局进行编辑、制作形成的无独创性的出版版本，并据此对其进行相应的权利廓清。

**【关键词】** 出版物　邻接权　版式设计　法律定义

**249. 开放版权：博物馆资源开发的授权逻辑与制度优化**

**【作者简介】** 宋朝丽，河南牧业经济学院文法学院副教授；贾旭东，中国传媒大学文化产业管理学院教授、博士生导师。

**【发表期刊】**《福建论坛（人文社会科学版）》2021 年第 12 期

**【内容摘要】** 博物馆馆藏文物是中华民族智慧文明的结晶，对其进行开发利用不仅是传承中华优秀传统文化的有效途径，也是将深厚文化资源转化为文化资本，促进经济发展的重要力量。博物馆资源的开发利用需要首先明确馆藏资源的产权归属和授权主体。秉着所有权、著作权、使用权分开的原则，对于进入公有领域的博物馆资源，可以采用开放版权的方式进行开发。开放版权不仅符合博物馆资源开发利用的初衷，能够提升馆藏资源的社会效应和文化影响力，而且也是博物馆社会功能转型的必然要求。在开放版权后，高清图像数字版权不再是博物馆授权的对象，博物馆仅对自身品牌和研究成果享有知识产权。基于平台模式的互联网授权，将更有利于博物馆尤其是中小型博物馆进行文创开发。

**【关键词】** 博物馆　馆藏资源　开放版权　授权逻辑　制度优化

**250. 新《著作权法》下 IPTV 版权侵权问题的重新审视**

**【作者简介】** 陶乾，中国政法大学法律硕士学院副教授。

**【发表期刊】**《电视研究》2021 年第 12 期

**【内容摘要】** 2021 年 6 月 1 日新《著作权法》实施之后，广播权与信息网络传播权之间的模糊地带变得明朗，广播组织权的范围得以扩大。文章认为 IPTV 平台点播、直播视听作品时，需要分别取得著作权人的信息网络传播权和广播权授权；广播电视组织有权基于其广播组织权禁止未经其许可的 IPTV 点播、直播电视节目的行为；对于限时回看，基于公共政策的考量，有必要通过部门规章设定 IPTV 回看的法定时长，从而化解 IPTV 运营方与互联网平台的利益冲突。

**【关键词】** IPTV　信息网络传播权　广播权　三网融合　广播组织权

**251. 让沉睡的媒资“活”起来——基于北京广电视听媒资版权再利用实践探索**

**【作者简介】** 孙超，北京广播电视台节目研发中心副主任；刘成斌，北京讯听网络技术有限公司副总经理；李昕，北京广播电视台节目研发中心媒资管理科科长。

**【发表期刊】**《中国广播电视学刊》2021 年第 12 期

**【内容摘要】** 如今，信息互联网时代已进入产业互联网时代进而迈向价值互联网时代，传统媒体在原有媒体形态、传播渠道、节目样态、传播效果、产业经营等方面都面临着重大转型。广电媒体沉睡数十年的海量视听媒资是一座尚待挖掘的巨大“金矿”，以视听节目为产品的研发须定位为全方位、多模式、成规模生产，并运营版权视听内容资源产业链，让视听版权内容资源价值最大化，成为主力军尽快挺进主战场的重要课题。

**【关键词】** 视听媒资　价值开发　应用模式

**252. 用户生成内容时代媒介平台的版权治理模式转变——欧美经验与中国路径**

**【作者简介】** 顾晨昊，中南财经政法大学知识产权研究中心博士研究生。

**【发表期刊】**《中国编辑》2021年第12期

**【内容摘要】** 在用户生成内容模式的运营下，媒介平台倾向于扩大内容流以获取收益，也因此成为版权侵权的重灾区。以事后追责为导向的“避风港”规则难以在新技术环境下发挥治理实效，还异化为平台逃逸版权责任的工具。在国外，美国版权局调研了“避风港”规则的失效原因；欧盟开创了新型治理范式，将媒介平台视同于“报刊编辑部”，施以事先的版权授权审查和过滤义务。立足我国版权制度，治理模式的转变不应直接借鉴欧盟范式，但可以通过将版权授权审查和过滤义务纳入过错认定的注意义务体系，实现版权责任优化配置。

**【关键词】** 用户生成内容　版权侵权　“避风港”规则　版权审查　过滤义务

**253. 教科书法定许可制度的检视与优化——兼论《教科书法定许可使用作品支付报酬办法》的修订**

**【作者简介】** 张祥志，华东交通大学人文社会科学学院副教授、副院长；徐以恒，江西省知识产权学院，华东交通大学人文社会科学学院法律硕士。

**【发表期刊】**《出版发行研究》2021年第12期

**【内容摘要】** 教科书法定许可制度在我国《著作权法》第三次修订中得以完善，但配套的《教科书法定许可使用作品支付报酬办法》的修订应立即启动。以教科书法定许可制度应然的公平与效率双重价值为基准，科学检视现行规则体系，发现其在文本表述、制度构建、支付机制、网络适用方面仍存在弊端。基于此，在规范与表述层面，应优化相关文本表达并厘清关键概念；在制度与机制层面，事前环节可建立作品名录制度、制定多元付酬标准、构筑报酬听证会机制，事中环节可围绕提存机构重塑支付机制，事后环节可借助信用建设增加惩治措施；在认知与解读层面，应充分理解新《著作权法》规则体系，消除对法定许可网络适用的固有偏见。

**【关键词】** 法定许可　作品支付报酬　教科书　《著作权法》

**254. 从算法技术看网络服务提供者的“应当知道”——也谈《民法典》第1197条的适用**

**【作者简介】** 易健雄，西南政法大学知识产权学院副教授。

**【发表期刊】**《知识产权》2021年第12期

**【内容摘要】** 利用算法技术监测涉嫌侵权信息、发送侵权通知、处置涉嫌侵权信息已成业界常态。在算法实施下，《民法典》第1197条的“知道”应解释为“实际知道”、“推定知道”和“视为知道”；“应当知道”应回归“应知而未知”的固有含义，且至少应考虑网络服务提供者：以算法技术主动向用户推送内容链接或发布内容信息的，就其主动推送或发布的信息承担注意义务；知道某个侵权行为存在的，对已知作品的其他类似被侵害行为负有注意义务；对版权人事先提供的供版权过滤比对的权源性作品负有更高的注意义务。

**【关键词】** 算法　网络服务提供者　版权　应当知道　《民法典》

**255. 侵权行为构成要件对“接触加实质性相似”规则的制衡——论侵害著作权纠纷的裁判思路**

**【作者简介】** 张晓霞，北京知识产权法院审判监督庭庭长；张嘉艺，北京知识产权法院审判监督庭法官助理。

**【发表期刊】**《知识产权》2021年第12期

**【内容摘要】** 在著作权侵权纠纷案件审理中，“接触加实质性相似”被认为是认定构成侵犯著作权的一种规则。文章以东阳市乐视花儿影视公司诉蒋胜男等侵害著作权纠纷案中原、被告不同的诉辩主张所蕴含的不同思路作为切入点，结合侵权构成要件，指出“接触加实质性相似”规则仅是认定被诉侵权作品是否使用了权利作品的一种盖然性判定方法。当抗辩方提出关于权属有约定在先的合同抗辩时，意味着需要审查权利是否受到侵害这一侵权构成要件是否成立，此时应当先对合同约定的事实予以审查，权利是否受到侵害的相关事实优先于“接触加实质性相似”相关事实的确认。

**【关键词】** 合同抗辩　侵权行为构成要件　接触加实质性相似　著作权侵权

**256. 人工智能出版物著作权立法的国际竞争与战略意义**

**【作者简介】** 张大伟，复旦大学新闻学院教授、博士生导师；王梓，复旦大学新闻学院博士研究生。

**【发表期刊】**《中国出版》2021年第13期

**【内容摘要】** 人工智能产业国际竞争激烈，如何重构著作权立法制度适应人工智能技术发展需要，是在国际竞争中谋求优势地位的至关重要的公共政策选择。在分析英、美、日、欧盟人工智能出版物著作权立法战略考量与法律实践基础上，研究提出我国人工智能出版物著作权立法设想：赋予人工智能“人格权”或“法律主体地位”，形成人工智能出版物“独创性”客观判断标准。

**【关键词】** 人工智能　著作权　立法

**257. 守成与补正：版权侵权举证责任转移规则构建**

**【作者简介】** 刘昂，南方医科大学法学系讲师。

**【发表期刊】**《中国出版》2021 年第 14 期

**【内容摘要】** 数字作品的发展加剧了版权侵权诉讼中的“举证难”，其根源在于一般证据规则重视结果导向而忽视矫正正义。事实上，举证责任转移既是对举证责任传统的守成，又是对举证责任的补正。主观举证责任转移是以法定举证责任不当为先决条件，依赖于法官在证据之间平衡，追求个案的公平正义实现。因此，版权侵权诉讼中要重视举证责任转移规则的建构，可从“初步证明”“书证提出命令”“过错推定”“合理使用”等予以实现。

**【关键词】** 版权侵权　举证责任　转移　初步证明　书证提出命令　过错推定　合理使用

**258. 出版领域常见侵犯著作权行为类型化分析及防范建议——兼谈著作权侵权行为的新变化**

**【作者简介】** 苏玲玲，广西幼儿师范高等专科学校讲师。

**【发表期刊】**《出版广角》2021 年第 14 期

**【内容摘要】** 数字出版环境下，出版者侵犯著作权的行为出现了新样态。基于出版流程的视角，对出版前期筹备、编辑出版工作、出版物传播等出版活动中常见的著作权侵权行为进行法律意义上的类型化分析，能够让复杂多样的著作权侵权样态纳入相对保守和抽象的法律规范既有路径中，从而实现以法律规范出版活动的初衷。同时也能够让出版者更直观地了解著作权侵权行为发生的原因及防范的关键点，进而认真审视自身行为，并从规范合同管理、合理履行自身的注意义务、强化技术保护措施的运用、加强与第三方专业机构合作等方面加以防范。

**【关键词】** 出版领域　著作权侵权　类型化　防范

**259. 版权司法保护对文化产业发展影响研究**

**【作者简介】** 谢巧生，福建省社科研究基地厦门理工学院文化产业研究中心副研究员；周克放，厦门大学知识产权研究院博士研究生。

**【发表期刊】**《中国出版》2021 年第 14 期

**【内容摘要】** 司法活动对于以版权为支柱的文化产业发展具有重要意义。以全国法院一审版权侵权案件量与前一期全国版权登记量之比作为发案率，以当年版权侵权一审判决全部或部分支持原告诉讼请求判决数与当年版权侵权一审总判决数之比作为原告胜诉率，并以发案率与原告胜诉率之乘积表征我国版权司法保护水平，以出版服务业为例建立多元线性回归模型分析版权司法保护对文化产业的影响。研究结果显示，我国版权司法保护强度与文化产业发展呈 U 形关系，2010 年为拐点。影响文化产业发展的多重因素中版权司法保护影响力度虽然较大，但这种促进作用并不具有决定性。我国通过司法机关与行政机关的双轨制展开版权保护，行政机关开展的版权服务、版权执法活动等亦发挥重要保护作用，文化产业发展应该在司法与行政保护不断进步的背景下思考如何提高文化作品的市场化运作能力。

**【关键词】** 版权　司法保护　保护强度　文化产业

**260. 融媒体时代新闻版权保护问题研究**

**【作者简介】** 邓相花，武汉东湖学院文法学院副教授。

**【发表期刊】**《传媒》2021 年第 14 期

**【内容摘要】** 随着媒体融合的纵深发展，新闻碎片化、洗稿、PS 等侵权行为更为隐蔽，造成实质上的不正当竞争，严重侵害新闻作者版权，不利于新闻事业的良性发展。随着行业新闻版权保护意识的觉醒，建立良好的新闻版权保护环境，打击新闻侵权行为，应对新技术产生的隐蔽侵权手段，成为新闻版权保护领域亟待回应的实践痛点。因此，有必要通过完善新闻作品的版权制度，强化新闻从业者的版权保护意识，积极运用新闻版权反侵权技术，寻求融媒体时代新闻版权保护的破局之路。

**【关键词】** 融媒体　新闻版权　侵权　保护

**261. 建立中外学术对话文明互鉴的双行道——以版权输出为视角**

**【作者简介】** 孙祎萌，商务印书馆编辑。

**【发表期刊】**《出版广角》2021 年第 14 期

**【内容摘要】** “走出去”与“引进来”是文明互鉴的双行道，既可以并行不悖，也可以在操作流程上协同发展。出版机构和科研机构只有更新解题思路，才能在学术传播、文明互鉴的大考中交出满意答卷。文章从打造知识产权全链条、激活知识产权的权利价值出发，梳理版权引进的流程与经验，以为建立和完善版权输出工作机制提供参照系。

**【关键词】** 版权输出　文明互鉴　知识产权全链条

**262. 中国古代版权保护是啥样**

**【作者简介】** 冯晓青，中国政法大学民商经济法学院教授、博士生导师。

**【发表期刊】**《人民论坛·学术前沿》2021年第15期

**【内容摘要】** 我国古代基于特定的政治、经济和文化背景以及传统法律文化，不存在现代意义上的版权制度，但版权观念的萌芽很早，围绕作品保护产生的与版权相关的措施从宋代至明清以来逐渐成熟。随着近代中国社会变迁，清末通过颁行《大清著作权律》而首开版权制度先河。中国古代版权保护问题在一定程度上折射出中国传统法律文化面向。

**【关键词】** 版权保护　版权意识　版权制度　私权观念

**263. 论"洗稿"行为的著作权侵权判定与治理路径**

**【作者简介】** 锁福涛，南京理工大学知识产权学院副教授，江苏省版权研究中心研究员；张岚霄，江苏省版权研究中心。

**【发表期刊】**《中国出版》2021年第15期

**【内容摘要】** 网络环境下"洗稿"行为丛生，但对"洗稿"行为的性质认定仍存在争议。依据"接触+实质性相似"判定原则，选择"抽象—过滤—对比测试法"和"整体概念和感受法"的融合方法，判定"洗稿"行为构成著作权侵权。对比"洗稿"行为与剽窃的具体特征后，"洗稿"应属于剽窃中的高级剽窃。针对当前"洗稿"行为较为猖獗的现状，应当采取明确剽窃内涵、健全网络平台申诉审核机制等措施治理"洗稿"行为，以推动网络版权时代的文化创新与繁荣发展。

**【关键词】** 洗稿　著作权　实质性相似　剽窃

**264. 利益均衡视角下UGC版权规则浅析**

**【作者简介】** 徐家力，北京科技大学知识产权研究中心教授、博士生导师；杨森，北京科技大学经济管理学院。

**【发表期刊】**《中国出版》2021年第15期

**【内容摘要】** UGC创作模式凝聚了人民群众的智慧和想象力，成为新媒体时代重要的内容资源之一。面对海量原创内容的涌现，传统版权规则存在的局限性日益凸显。文章认为UGC模式中平台、作品权利人、社会公众的版权侵权行为，其根源在于被过分追求经济利益或社会声誉的欲望所驱动。要适应新媒体时代版权保护特点，需拓宽版权收益的界定范围，降低主体间的博弈成本，探索一种三方利益均衡的版权治理规则。这对于保证UGC创作模式下精神产品的良性传播以及作品产业化运营具有重要意义。

**【关键词】** UGC　新媒体时代　利益均衡　版权规则

**265. 版式设计权保护客体探析**

**【作者简介】** 来小鹏，中国政法大学民商经济法学院教授、博士生导师；贺文奕，中国政法大学民商经济法学院博士研究生。

**【发表期刊】**《中国出版》2021年第15期

**【内容摘要】** 我国现行规范性文件对版式设计权保护的客体并无明确界定，导致理论与实务中的意见纷纭。从版式设计保护的历史缘起到当下科学技术的发展，版式设计保护的不仅是劳动投入，更是智力投入。我国版式设计权的客体应当包含"版式布局呈现"和具有独创性的"版式设计模板"两类，前者保护版式设计的劳动投入，其必须依附于特定的出版内容，后者聚焦于版式设计的智力投入，可以独立于出版内容获得保护。

**【关键词】** 版式设计　版式布局　版式设计模板　独创性

**266. 论中国网络版权"通知—删除"规则的合格通知标准——兼评中美经贸协议"通知—删除"规则的中国转化**

**【作者简介】** 周江，西南政法大学国际法学院教授、博士生导师；葛宪运，西南政法大学国际法学院。

**【发表期刊】**《出版广角》2021年第15期

**【内容摘要】**《民法典》侵权责任编和《信息网络传播权保护条例》规定的中国网络版权"通知—删除"规则的合格通知标准，适用于实践中存在对时效的规定过于依赖网络服务提供者的自由裁量，以及尚未对"善意"和"恶意"通知进行具体的责任区分与权利人承担“通知”合格举证责任过重等问题。而中美第一阶段经贸协议在合格通知标准的相关文本规定上，提高了对采取措施的时效性要求，增加了通知错误的“善意”标准规定，降低了合格证据的标准。因此，可在借鉴中美经贸协议基础上，通过确定涉嫌侵权信息的标准为“及时”“立即”与“迅速”兼容，增加“善意”通知错误免责的具体标准，明确“侵权初步证据”形式的审查标准等路向，优化中国网络版权“通知—删除”规则的合格通知标准。

**【关键词】** 中国网络版权　合格通知标准　中美经贸协议　“通知—删除”规则

**267. 电影产业走出去的版权经济权利实现探究**

**【作者简介】** 刘旷怡，吉林大学法学院博士研究生。

**【发表期刊】**《电影文学》2021 年第 15 期

**【内容摘要】** 电影产业的发展离不开版权，电影作品在海外市场获得经济回报率低，是电影版权人的版权经济权利实现不充分的表现，也是目前电影产业“走出去”面临的困境。面对电影产业国际化的潮流，应依据版权权利逻辑框架梳理电影产业链条，探究其版权经济权利实现不充分的成因，总结如何在坚持电影产业创新的基础上，将国家政策规定与法律制度建设相配合，进一步保障电影产业在海外市场中版权经济权利的充分实现。

**【关键词】** 电影产业　“走出去”　版权权利构成　版权经济权利实现

**268. 传媒新业态下短视频著作权纠纷与治理研究**

**【作者简介】** 王丽莉，河南牧业经济学院艺术学院副教授。

**【发表期刊】**《传媒》2021 年第 16 期

**【内容摘要】** 短视频著作权侵权纠纷伴随传媒新业态的蓬勃发展呈高发态势。文章从基于著作权为中心的法律视角观察，认为当前互联网短视频侵权行为可分为直接搬运型、影视剧拼剪型、翻拍仿拍型、擅用背景音效型等四类，并分析其成因主要为短视频行业发展规范不足、短视频侵权纠纷认定难、短视频原创作者维权难等难题。因此，建立行政、行业、司法、社会组织“四位一体”的协同治理机制，是调整和平衡原创者、传媒平台、社会公众、广告商等各方利益，保持传媒新业态下短视频创新活力的有效路径。

**【关键词】** 传媒新业态　短视频侵权　著作权纠纷

**269. 智能时代著作权主体认定问题研究**

**【作者简介】** 荣幸，中央财经大学法学院。

**【发表期刊】**《中国出版》2021 年第 16 期

**【内容摘要】** 当今社会大数据和人工智能技术高速发展，不断冲击着传统社会秩序。技术带来的实践变革引发了对主体观念的思考。一方面需要从主体认定规则的现状出发，对智能时代著作权主体认定及其权利保护的路径进行解析；另一方面需要及时地自我调整并具有主动适应的潜力，充分考虑数字经济时代的时代特征。无论是选择采取保护“相关权益”更为实用的做法，还是由现有的竞争法法律规范进行调整，都应与社会实践以及相关的具体纠纷相结合，适用更加合理的方案。

**【关键词】** 大数据　人工智能　著作权主体秩序

**270. 行业共治视角下短视频版权保护规则分析**

**【作者简介】** 许春明，同济大学上海国际知识产权学院教授、博士生导师。

**【发表期刊】**《中国出版》2021 年第 17 期

**【内容摘要】** 短视频并非一个新的法律概念，短视频构成视听作品受版权保护并无法律障碍。当前短视频版权保护深受关注的根本原因是短视频产业与长视频产业之间的利益冲突，这在法律上表现为短视频著作权侵权的认定和短视频平台责任的承担。短视频著作权侵权认定的难点在于合理使用的认定，短视频平台责任承担的争议点在于“通知—删除”规则和“红旗”标准规则的适用。短视频是否构成合理使用不能一概而论，而应“分类施策、个案认定”。普遍适用于长视频的“红旗”标准不应教条地普遍适用于短视频，而应当通过类型化短视频区别性地适用，“通知—删除”规则依然是短视频平台侵权责任认定的基础性规则。短视频版权保护的“真问题”是如何平衡长视频著作权人与短视频制作传播者的利益，社会多方共同治理是实现长视频价值充分发挥和短视频产业健康发展的共治共赢之路。

**【关键词】** 短视频　合理使用　“通知—删除”规则　“红旗”标准　平台责任

**271. 短视频著作权纠纷解决路径探究**

**【作者简介】** 陈绍玲，华东政法大学知识产权学院副教授、硕士生导师。

**【发表期刊】**《中国出版》2021 年第 17 期

**【内容摘要】** 短视频著作权纠纷的解决确属难题，国外立法和司法实践的经验对我国几乎没有借鉴意义。短视频的制作和传播有构成合理使用的可能性，因此短视频不能简单套用“红旗”标准解决著作权纠纷。短视频著作权纠纷解决的关键在于合理使用情形的明确。法院可以通过典型案例确立典型的短视频合理使用情形，据此形成著作权人和短视频平台对合理使用判定方法的共识。在此基础上，依据“通知—删除”规则，通过著作权人的“通知”和短视频平台的“删除”解决短视频著作权纠纷。

**【关键词】** 短视频　著作权纠纷　路径　探究

**272. 类型化视域下短视频作品定性及其合理使用研究**

**【作者简介】** 徐俊，上海市高级人民法院知识产权审判庭副庭长。

**【发表期刊】**《中国出版》2021 年第 17 期

**【内容摘要】** 根据短视频的性质与侵权可能，可以将短视频大致划分为原创类短视频、录制类短视频、混剪类短视频。具有独创性的原创类短视频可以作为视听作品受到版权保护，不具有独创性的录制类短视频可以作为录像制品受到邻接权保护，而混剪类短视频是否构成合理使用有赖于其在二次创作过程中的三个维度即引用目的、引用状况和引用效果的综合评估。

**【关键词】** 类型化　短视频　作品定性　合理使用

**273. 从视觉中国“黑洞照片门”事件看我国图片版权保护问题**

**【作者简介】** 阚敬侠，中国记协国内部副巡视员，民进中央出版和传媒专委会委员。

**【发表期刊】**《传媒》2021 年第 17 期

**【内容摘要】** 视觉中国网站因黑洞照片引发热议并遭受行政处罚，凸显了新媒体时代的图片版权贸易及其法律问题。引发争议的图片交易行为，属于冒用版权人名义进行非法牟利、未经许可违规从事新闻图片传播的行为。这一违法行为反映了四个方面的版权法律问题，即对于他人作品、作者身份不明作品、公有领域作品、国家作品，可否进行经营获利？该案例对我国图片版权贸易和图片版权法律制度的发展和完善，具有以下三点启示：图片生产、贸易与服务面临产业化；图片版权交易秩序需要规范；图片的版权法律概念需要重新界定。

**【关键词】** 图片交易　新闻传播　版权　著作权法

**274. 论媒体职务作品权利配置的制度变革——兼评《著作权法》第十八条第二款**

**【作者简介】** 梅术文，南京理工大学知识产权学院教授、博士生导师；李健，南京理工大学知识产权学院硕士研究生。

**【发表期刊】**《中国出版》2021 年第 18 期

**【内容摘要】** 现行《著作权法》调整了媒体职务作品的权利配置方式，作者只享有署名权，其他著作权归媒体单位享有，可以给予作者奖励。该制度变革顺应了时代要求，也符合国际社会的立法趋势，为媒体单位在作品传播过程中的利益实现提供了制度保障。从比较法角度而言，无论是版权法系国家还是作者权法系国家都为新闻创作者利益留下制度空间，建议按照“发表推定”模式，降低媒体单位著作权原始取得认定标准，明确合同约定效力；同时完善劳动保障体系，落实作者奖励制度，实现媒体单位和作者之间的利益平衡。

**【关键词】** 新兴媒体　传统媒体　职务作品　著作权归属　权利配置

**275. 聚合平台侵权责任的司法认定标准构建**

**【作者简介】** 梅玉明，安庆师范大学传媒学院讲师。

**【发表期刊】**《中国出版》2021 年第 18 期

**【内容摘要】** 聚合平台有转码、普通链接和深度链接等信息聚合形式，由于其属于互联网时代的新生事物，《著作权法》及相关法律对其侵权责任认定缺乏明确的规定，从而导致司法实践中出现时事新闻转码能否认定为侵权、普通链接对象内容涉及侵权的责任认定，以及深度链接是否构成直接侵权等问题。可以规定未经授权的符合独创性标准的内容转码即构成侵权、对普通链接对象为侵权内容的聚合平台侵权责任认定实行举证责任倒置，以及明确深度链接的直接侵权属性等，对聚合平台侵权责任的司法认定标准进行完善性构建。

**【关键词】** 聚合平台　侵权责任　司法认定　深度链接　标准构建

**276. 版权价值多维构建：论版权战略引领下的少儿出版转型**

**【作者简介】** 冯杰，上海少年儿童出版社社长。

【发表期刊】《中国出版》2021 年第 18 期

【内容摘要】 技术范式的转换给国内少儿图书出版环境带来了持久而深远的影响，传统少儿图书出版企业面临挑战。推进版权战略引领下的少儿出版转型，一方面有赖于出版人的专业视角，深挖内容价值创造新的媒介经验；另一方面要求突出出版的专业属性及其平台功能，提升跨媒介、跨领域融合的能力和水平。

【关键词】 少儿出版 版权战略 转型路径 资本与技术

**277. 著作权犯罪涉案财产处置程序的审视与完善**

【作者简介】 陈春来，南京师范大学法学院博士研究生；李建明，南京师范大学法学院教授、博士生导师。

【发表期刊】《出版广角》2021 年第 18 期

【内容摘要】 随着侵犯著作权犯罪活动的日趋活跃，侵犯著作权的犯罪刑事案件数量的增幅明显，涉案侵权物品处置的问题日益受到重视。但从侵犯著作权犯罪的涉案财产处置程序的运用现状和运行机制来看，在对侵犯著作权犯罪涉案财产处置中，既有违法所得认定不一等实体方面的问题，也有对被害人的损失补偿程序缺失等程序方面的问题。对此，有关部门可以“完善‘以审判为中心’的诉讼制度”为总体框架路径，从违法所得采取总额没收原则、完善涉案财产处置程序和增设被害人损失赔偿制度等方面，对我国侵犯著作权犯罪涉案财产的处置程序进行构建与优化。

【关键词】 著作权法 版权保护 侵犯著作权犯罪 涉案财产 处置程序

**278. 论智能侵权检测算法在著作权保护中的应用**

【作者简介】 刘建，中国农业大学人文与发展学院法律系副教授。

【发表期刊】《中国出版》2021 年第 19 期

【内容摘要】 智能侵权检测算法能显著缓解大量诉讼带来的司法压力，进而使得法官更好地去通过法律解释和适用弥补不足，但是其存在的不足之处需要通过相关措施加以规制。对智能侵权检测算法进行规范的重点是解决“通知—移除”规则与《著作权法》难以适配、平台对侵权行为的界定难以与侵权事实对应、平台对不同主体的权益保护失衡等问题，应厘清智能侵权检测算法与“通知—移除”规则适用的关系、加强对智能侵权检测算法的法律规制和建立多元共治的纠纷解决方式，以使智能侵权检测算法在著作权保护中更好地发挥作用。

【关键词】 智能侵权检测算法 智能时代 著作权 “通知—移除”规则

**279. 著作权法视角下学术论文算法检测的考量及应对**

【作者简介】 余瑞芬，江西科技学院教育学院讲师；朱丹，《江科学术研究》编辑部。

【发表期刊】《出版广角》2021 年第 19 期

【内容摘要】 当下，算法在学术评价中具有较大影响，引发了使用检测报告时人与技术谁是主宰的争辩。从应用特征来看，算法具有不透明性、局限性及权力扩张化等特点，诱发了其与著作权法的深层次不融合。要解决因算法权力扩张而形成的制度适应问题，就要以著作权法为出发点去考量算法，细分比对库的文类，拓宽识别对象，从作者自觉遵守学术论文规范和他人有效监督两方面，让学术论文评价回归社群自治。

【关键词】 著作权 学术论文 相似度检测 算法

**280. 网络信息资源著作权创新生态系统构建及其可靠性研究**

【作者简介】 李珊，福州大学经济与管理学院博士研究生；张文德，福州大学信息管理研究所教授、博士生导师；曾金晶，福建农林大学图书馆馆员。

【发表期刊】《图书情报工作》2021 年第 20 期

【内容摘要】 ［目的/意义］新形势下推进网络信息资源著作权创新生态系统建设并评估其可靠性，有利于激活著作权活动的创新活力，引导网络版权产业的可持续发展。［方法/过程］首先，构建网络信息资源著作权创新生态系统演化模型，提出一种基于 Markov 过程的系统可靠性评估方法并给出相应的解析方程式。其次，利用贝叶斯网络模型计算运行状态转移率的基础数据，求解系统的瞬态可用度，同时通过研究稳态可用度探索影响网络信息资源版权业态发展的关键因素。最后，以网络视频资源著作权创新生态系统为例验证模型的适用性。［结果/结论］网络视频资源著作权创新生态系统运行过程中，在 254h 达到演化的稳定值 0.758 0。其中，创新投入风险对网络信息资源版权业态发展潜在危害最为严重，创新环境风险、著作权侵权风险次之，技术风险、融合创新风险、网络信息资源风险再次之，中止调整率和定期调整率对恢复系统的稳定性具有明显的修正作用。基于此仿真结果，提出促进网络视频版权产业发展的几点策略。

**【关键词】** 网络信息资源 著作权 创新生态系统 创新风险 Markov过程 贝叶斯网络

**281. 文创产业著作邻接权保护路径探析**

**【作者简介】** 田卓景雯，西安外国语大学高级翻译学院讲师；杜鹏翾，西北政法大学商学院讲师。

**【发表期刊】**《人民论坛·学术前沿》2021年第20期

**【内容摘要】** 我国加强法治国家建设需要加快形成完备的法律规范体系，引领和推动实践发展、社会进步。文创产业作为经济文化领域较新鲜的事物，对于文化市场、经济市场繁荣发展的价值不可忽视。因此，为了规避文创产业发展过程中存在的阻力以及文创主体权益可能受到的侵害，需要在明确保护主体、对象、内容、前提条件的基础上，与时俱进做好相关法律法规的研究，健全惩罚性赔偿制度，加强著作邻接权保护的机构协作与人才培养，创新保护方式，做好法治宣传，以期加强对文创产业著作邻接权的保护。

**【关键词】** 文创产业 著作邻接权 知识产权

**282. 区块链技术对短视频版权保护的作用探析**

**【作者简介】** 申林，河北师范大学新闻传播学院实验师；陈朋颖，河北师范大学新闻传播学院硕士研究生。

**【发表期刊】**《传媒》2021年第20期

**【内容摘要】** 互联网技术的发展与移动终端的普及，把短视频推向了传播的新风口。区块链技术基于去中心化的内容存证与时间戳技术下的版权追溯，在原创交易市场、Token式认证、激励机制赋权用户新动能、智能合约实现短视频权属实时管理等方面发挥了重要作用。研究区块链技术如何更好地应用到短视频版权保护领域，对推动短视频行业健康稳定发展意义重大。

**【关键词】** 区块链 短视频 智能运行 版权保护

**283. 区块链在版权存证上的技术优势与未来应用——基于“版权链＋天平链”协同取证第一案的启示**

**【作者简介】** 廖柏寒，西南政法大学国际法学院博士研究生。

**【发表期刊】**《出版广角》2021年第21期

**【内容摘要】** 区块链技术赋能网络版权产业治理具有充分的可行性，具有“信息透明有利于促进版权交易”“信息不易窜改有利于保证证据的真实性”“可追溯性强有利于明晰权属争议”的优势，能助推网络版权产业有序发展，破解司法取证难题。充分利用区块链技术打通数字作品登记存证、在线交易存证、侵权维权存证三个关键环节，是未来网络版权保护领域区块链运用的重要突破口。

**【关键词】** 区块链 天平链 版权存证

**284. 自媒体新闻洗稿行为的法律失范与规制**

**【作者简介】** 陈虎，苏州大学王健法学院讲师。

**【发表期刊】**《中国出版》2021年第21期

**【内容摘要】** “洗稿”并非起源于著作权法律术语，缺乏现行法上的明确定性与规制规则，但放任洗稿行为会造成自媒体新闻利用的失范现象。以客体性质为标准，可将新闻分为两种类型并进而探讨洗稿行为的法益侵害性质。对可版权新闻作品的洗稿，无论洗稿文章是否具有独创性，均构成对新闻作品的侵权；对“单纯事实消息”的洗稿，考虑到其获取竞争优势的非正当性，应援引“热点新闻”规则并将其本土化、条文化，以形成与《著作权法》相协同的对新闻利用失范的规制模式。

**【关键词】** 洗稿 自媒体 新闻作品 单纯事实消息

**285. 国内短视频应用在海外发展的版权保护和内容监管困境**

**【作者简介】** 张琛，北京服装学院时尚传播学院讲师。

**【发表期刊】**《出版广角》2021年第21期

**【内容摘要】** 国内短视频在海外的发展是移动互联网研究的新领域。文章依据国内短视频在海外发展的历程，梳理全球短视频应用的发展现状，窥探国内短视频应用在海外发展的阶段性特征，并从区域分布、本土化运营、社群属性三个方面分析国内短视频在海外上线的独特性选择。文章认为，扎根全球化的短视频服务提供商已成为互联网治理体系中的一员，其所面对的是两个具有普遍性的矛盾：一是知识共享与版权保护之间的矛盾，二是表达自由与内容监管之间的矛盾。未来，国内短视频企业将在互联网治理体系中承担更多责任，从而实现自身国际化的长远发展。

【关键词】 短视频　中心化　版权保护　内容监管

**286. 人工智能时代文本与数据挖掘合理使用规则设计研究**

【作者简介】 吴高，广西师范大学历史文化与旅游学院研究馆员、硕士生导师；黄晓斌，中山大学信息管理学院教授、博士生导师。

【发表期刊】《图书情报工作》2021 年第 22 期

【内容摘要】［目的/意义］在对美国、英国、欧盟、日本等地区或国家对 TDM 行为的立法或司法应对进行比较分析的基础上，提出我国 TDM 合理使用规则的设计思路。［方法/过程］首先分析人工智能时代文本与数据挖掘的技术特征及其挑战，介绍出版商和图书馆有关 TDM 合理使用的立场分歧，之后在对代表性国家有关 TDM 合理使用法律应对机制进行比较分析的基础上，从 TDM 例外的主体、客体、目的、行为及其他条件等方面，论证我国 TDM 合理使用规则的具体内容。［结果/结论］任何机构或个人基于科学研究或其他合理目的对任何作品以复制、提取、改编或有限传播方式进行文本和数据挖掘构成合理使用，但利用非合法来源作品须支付合理的使用费。

【关键词】 人工智能　文本与数据挖掘　TDM 合理使用　例外

**287.《马拉喀什条约》与我国著作权限制制度之完善**

【作者简介】 杨利华，中国政法大学民商经济法学院副教授。

【发表期刊】《中国出版》2021 年第 23 期

【内容摘要】 我国于 2021 年 10 月 23 日正式批准加入《马拉喀什条约》。在此前，基于著作权制度国际化的前瞻性考虑，我国通过《著作权法》的最新修改，实现了与其接轨。为了更好地执行该条约规定，使条约规定的著作权限制与例外制度真正惠及广大阅读障碍者，需要从实施主体制度规范、利益平衡机制以及法律配套体系方面对我国著作权限制制度予以一定程度的完善。

【关键词】《马拉喀什条约》《著作权法》 著作权限制　阅读障碍者　合理使用

**288. 落实《马拉喀什条约》背景下“被授权实体”的协调保障机制研究**

【作者简介】 王迁，华东政法大学法律学院教授、博士生导师；陈绍玲，华东政法大学知识产权学院副教授、硕士生导师。

【发表期刊】《中国出版》2021 年第 23 期

【内容摘要】《马拉喀什条约》要求成员国落实无障碍格式版作品的限制与例外制度，该限制与例外制度的落实需要“被授权实体”协调保障机制的参与。典型的“被授权实体”协调保障机制主要包括单一协调保障机制和多重协调保障机制。单一协调保障机制的特点在于，由单一组织负责协调“被授权实体”的运行；在多重协调保障机制下，政府机构负责“被授权实体”的设立，图书馆等文化机构负责协调“被授权实体”的运行。基于我国国情，可采用多重协调保障机制，具体由国务院著作权主管部门和图书馆等文化机构负责“被授权实体”的设立、运营；在国家层面设立无障碍格式文件的保存平台，在微观上细化无障碍格式版作品的制作环节。

【关键词】《马拉喀什条约》 被授权实体　协调保障机制

**289. 阅读障碍者合理使用研究——以《著作权法》第二十四条规定为视角**

【作者简介】 杨绪东，中南财经政法大学知识产权研究中心博士研究生。

【发表期刊】《中国出版》2021 年第 23 期

【内容摘要】 为衔接《马拉喀什条约》的基准规范，回应通信、出版技术的革新趋势，切实保障阅读障碍者的文化权益，现行《著作权法》对有关阅读障碍者合理使用规则进行了重大修改。同时，现行《著作权法》在适用上还面临受益主体指引不明、授权主体规范缺失、作品范围界定过宽等诸多困境，亟待做出进一步的理论释明与规范填补。

【关键词】 阅读障碍者　图书出版　合理使用

**290. “双循环”新格局下中国数字版权贸易若干问题研究**

【作者简介】 崔波，浙江传媒学院新闻与传播学院教授。

【发表期刊】《出版广角》2021 年第 23 期

【内容摘要】 在国际传播和数字经济的双重驱动下，中国数字版权贸易发展迅速。如何在“双循环”新格局下，通过数字版权贸易，推进中国版权贸易高质量发展，实现中国由数字版权贸易大国向数字版权贸易强国的升级，已经成为我国面临的一项紧迫课题。

【关键词】“双循环” 数字版权贸易 国际传播 数字经济 高质量发展

**291. 交互式网络小说的著作权认定及权利归属**

【作者简介】 普翔，中国政法大学民商经济法学院博士研究生。

【发表期刊】《中国出版》2021年第24期

【内容摘要】 随着互联网的发展和普及，网络小说逐渐成为人们阅读的主要形式之一。网络小说交互式阅读作为一种新样态的阅读模式，是小说作品和评注作品的结合产物，其整体上已经具有显著高于二者分割使用的新价值。文章从合作作品和拟制权利归属的路径出发，对交互式网络小说的作品构成及权利归属问题进行了考量，以期保护著作权人合法权益，促进文化产业发展与繁荣。

【关键词】 交互式阅读 评注 合作作品 拟制权利归属

**292. 我国省级公共图书馆有声读物侵权风险规避策略研究**

【作者简介】 严贝妮，安徽大学管理学院教授、博士生导师；颜笑宣，安徽大学管理学院硕士研究生。

【发表期刊】《图书馆学研究》2021年第24期

【内容摘要】 近年来，有声资源作为数字资源中的后起之秀，优势凸显，是图书馆拓展服务业务、变革和升级大众阅读的新产物。但随着有声行业迅猛发展，图书馆如何防范版权侵权问题已迫在眉睫。文章研究我国省级公共图书馆有声读物建设和版权保护情况，并构建图书馆视角下有声读物生产链。按照“预防为主、防范结合”的有声读物版权保护原则，从版权授予、版权确立和侵权维护三个环节对我国省级公共图书馆有声读物侵权风险提出规避策略。

【关键词】 有声读物 版权保护 公共图书馆

**293. 短视频平台的版权治理义务与侵权法律责任**

【作者简介】 薛虹，北京师范大学法学院教授。

【发表期刊】《人民论坛·学术前沿》2021年第33期

【内容摘要】 随着短视频平台迅速崛起，关于短视频的侵权问题也日益突出。短视频平台承担着平台版权治理的法律义务，须依法制定版权保护规则，对涉嫌版权侵权的上传人采取相应的治理措施，发展版权在线争议解决机制，维护版权人与上传人的合法权益。短视频平台经营者未能依法履行版权治理义务的，应向版权人承担侵权责任，赔偿版权人因此遭受的损失。

【关键词】 短视频平台 版权 平台治理 平台规则 侵权责任

# 2021年著作权图书简介

**1.《著作权法中的私人自治原理》**，熊琦著，北京：法律出版社，2021年1月。

该书从基本法理出发，从制度功能入手，阐述著作权法作为特别私法，应符合私人自治这一基本原则，以保证著作权人得以不断根据市场情势变更实现规则创新，落点于解决现实问题。全书分为著作权立法中私人自治理念贯彻、著作权许可中的私人自治问题应对、社交网络时代的著作权私人自治理论延伸3编，重点对中国著作权立法中的制度移植与再造、著作权法定与自由的悖论调和、著作权法中投资者视为作者的制度安排以及著作权许可、著作权集体管理中的争议性问题、互联网产业驱动下的著作权许可等进行了深入分析，对私人自治在中国著作权立法中的真正贯彻提出了建设性意见。

**2.《知识产权经典案例：研读与评析》**，杨安进著，北京：知识产权出版社，2021年1月。

该书以作者团队在知识产权保护实务中代理的真实案例为切入点，透过对具体案件、判决以及案件背景的法律视角、社会学视角的原创评析，深度还原每一个真实案件发生时我国知识产权保护的法律、社会背景，为了解过去10年我国知识产权保护状况提供第一手资料。

**3.《决胜全版权：网文版权运营精品案例解析》**，曹秋石著，福州：海峡文艺出版社，2021年1月。

该书将整个文化版权市场中的细分市场——网络文学作为标的市场，内容以网络文学为中心却不局限于网络文学，涉及影视剧和动漫画、游戏等版权上下游多个领域，系统地为行业从业者和网络文学爱好者提供一条从零开始的道路，并且也以聚焦的网络文学市场为示例梳理出整个文化版权市场的发展走势，满足学术研究和日常学习需要。

**4.《不完全信息条件下的知识产权与风险信贷机理效果与政策研究》**，蒙大斌著，天津：南开大学出版社，2021年1月。

该书首先将知识产权融资与实物融资进行对比研究，提出了知识产权融资不对称性理论，通过构建信息经济学分析框架，解释了企业知识产权融资问题。其次，构建了知识产权融资约束的分析框架，在此基础上，将融资约束理论区分为初始融资约束、传统融资约束和广义融资约束，丰富了融资约束理论。再次，在问卷调查和运用因子分析或层次分析的基础上，构建了企业知识产权融资能力评价模型。最后，以案例的形式对不同企业间的知识产权融资能力加以比较，还考察了同一企业的知识产权资产组合的融资能力差异。

**5.《中华人民共和国知识产权法律法规全书（含司法解释）2021版》**，法律出版社法规中心编，北京：法律出版社，2021年2月。

该书具有以下特点：一是收录全面，编排合理，查询方便。收录自改革开放以来至2020年12月期间公布的现行有效的知识产权法律、行政法规、司法解释，重要的部门规章、相关政策规定。内容包括著作权、专利权、商标权三大传统知识产权，以及植物新品种权、集成电路布图设计权、技术成果与技术秘密等新型知识产权，全面覆盖知识产权法律的方方面面。结合我国加入WTO的实际，对我国加入的重要知识产权公约也进行了收录。通过对这些内容进行合理的编排，使得该书呈现出体例清晰、查询方便的特点。二是特设条旨、指导案例、典型案例，实用性强。全书各部分对重点法律附加条旨，可指引读者迅速找到自己需要的条文。另外，该书还对最高人民法院公布的指导案例和最新典型案例进行了收录，这些案例具有指引“同案同判”的作用。

**6.《新时代知识产权理论与实践问题的法律分析》**，王素娟主编，北京：中国政法大学出版社，2021年2月。

该书是一部知识产权法方面的论文集。全书以近年知识产权领域的热点事件、典型案例为切入点，结合国内外立法与司法实践，以知识产权基本理论为基础进行阐述研究。内容涉及人工智能、互联网、知识产权与贸易等知识产权理论与实务研究，专利法、商标法、著作权法修订问题，以及司法实践中近年典型案例的法律分析等。

**7.《中华人民共和国著作权法三十年》**，刘春田主编，北京：知识产权出版社，2021年3月。

该书通过记录和反映著作权制度是党的十一届三中以后中国改革开放，社会主义初级阶段建设市场经济，与世界文明接轨的伟大实践、重要成就，旨在记录历史，总结经验，直面问题，面向未来。主要包括以下内容：(1）概述我国著作权保护三十年发展的基本原理。包括历史发展脉络、发展阶段、主要特点。(2）分析我国著作权保护三十年发展的历史沿革。包括不同发展阶段的历史背景，取得的成效，存在的不足及其原因。(3）总结我国著作权保护的发展规律，结合当前国内外形势，展望我国著作权保护的发展趋势。

**8.《中华人民共和国著作权法导读与释义》**，黄薇、王雷鸣著，北京：中国民主法制出版社，2021年4月。

新修订的著作权法从当前新经济发展态势与互联网新技术崛起的角度，通过对作品类型、权利归属、侵权救济等方面的修订，进一步强化了著作权保护，遏制著作权侵权行为。为便于读者准确把握著作权法的立法本意、立法主旨，该书由全国人大常委会法制工作委员会民法室和中宣部政策法规研究室进行编写，对于著作权法条文、修改背景进行了逐条释义和说明，坚持以准确地反映立法宗旨和法律条款内容为最基本要求，在法律释义中努力做到观点的系统性和内容解释的准确性。

**9.《著作权集体管理组织行为的法律规制研究》**，孙松著，北京：法律出版社，2021年4月。

著作权集体管理制度是著作权许可制度的核心内容，也是我国《著作权法》第三次修改中的热点问题。该书以“著作权集体管理组织行为的法律规制”为研究对象，旨在从“许可行为”的微观层面，全面分析和回答“集体管理组织行为为何需要规制”，以及“如何进行法律规制”的现实问题。

该书既紧扣我国数字时代著作权许可制度变革的重要内容，也呼应我国著作权集体管理制度实践的现实需要。一方面，我国著作权集体管理组织行为的规制动因，不仅具有法哲学、民法学、法经济学、公共政策学和著作权法上的理论支撑，而且源于我国著作权集体管理组织行为运作的实践需要。另一方面，我国著作权集体管理组织行为的规制思路，不仅需要从集体管理行为运作的“制度模式”“组织结构”上着眼，而且需要从集体管理行为规制的专门实施路径和反垄断实施路径上着力。

**10.《中国法院2021年度案例：知识产权纠纷》**，国家法官学院、最高人民法院司法案例研究院编，北京：中国法制出版社，2021年4月。

该书是“中国法院2021年度案例系列”（全23册）的一个分册：知识产权纠纷。内容包含专利纠纷、商标民事纠纷、商标行政纠纷、著作权纠纷、侵害信息网络传播权纠纷、不正当竞争纠纷等案件。所选案例均是国家法官学院从各地2020年上报的典型案例中挑选出来的精品案例，全面涵盖该领域常见纠纷内容。案情凝练，并由主审法官精心撰写裁判要旨与法官后语，可读性、适用性强，能帮助读者节约查找和阅读案例的时间，获得真正有用的信息，为法官、检察官、执法人员、律师、法律顾问办理相关案件以及案件当事人处理纠纷参考书。

**11.《图书大规模数字化的著作权法律问题研究》**，戚笑雨著，北京：法律出版社，2021年4月。

虽然图书的大规模数字化活动起源于美国和欧洲，但是在我国也存在许多图书数字化项目。囿于著作权法的制约，在我国，数字化利用图书的行为出现了一些著作权纠纷，图书大规模数字化的活力并没有得到充分展现。因此，正值我国《著作权法》第三次修订之际，为了使著作权法在数字时代仍然能够发挥促进文化和科技事业发展的作用，在坚持利益平衡、提高效率和保护作品完整性的原则下，有必要对相关制度进行修改：重构著作权合理使用制度，引入转换性使用理论和四要素判定标准；革新著作权法定许可制度，设立面向公益性图书馆的数字化利用图书行为的法定许可；引入延伸性集体管理制度。从而使我国著作权法在数字时代依然能够实现增强文化交流、促进科技发展、推动社会进步的根本目的。

**12.《中国版权年鉴2020》**，中国版权年鉴编委会编，北京：中国人民大学出版社，2021年4月。

《中国版权年鉴》是由国家版权局组织编撰的一

部全面系统反映中国版权创造、运用、保护和管理概貌的大型专业性工具书，于 2009 年首次出版，2020 卷为第 12 卷。该卷全面记录了 2019 年中国版权事业的发展状况，系统反映了我国版权管理保护工作的概貌，翔实收载了国际版权交流与合作的主要成果，精心汇辑了我国版权领域相关的法律法规及规章文件，高质量地收录了版权界学者对我国当下版权工作的热点问题的研究，对进一步了解和研究我国版权工作发展现状，针对性地完善版权工作具有重要意义。

**13.《中国知识产权律师年度报告 2021》**，中华全国律师协会知识产权专业委员会编，北京：中国法制出版社，2021 年 4 月。

该书通过知识产权律师的视角，从著作权、商标、反不正当竞争法、地理标志、专利、商业秘密、植物新品种以及商用化 8 个板块展开，全面汇总 2020 年度知识产权各个领域的发展情况。全书各板块以新法观察、典型案例、和重点关注的体例展开，也对重点议题进行理论探索。

**14.《北京地区图书对外版权输出研究》**，陈凤兰著，北京：知识产权出版社，2021 年 4 月。

北京作为全国的政治、文化和国际交往中心，拥有丰富的文化资源，是我国开展对外文化交流的主要舞台。随着我国对外开放逐步深入，北京地区的国际版权贸易大幅度增加，成为国际文化、科技交流的重要内容，图书版权输出也成为讲好中国故事、传播中华文化的重要途径。然而，北京地区图书版权贸易尤其是图书版权输出方面还存在诸多问题，如何应对这些问题，促进图书版权输出工作、提升传播效果是该书研究的核心内容。全书共分为四章：第一章主要介绍北京地区图书版权输出的发展概况与发展趋势；第二章为“北京地区图书版权输出的典型企业和个案”，分别选取 10 家在京代表性出版企业和 10 例版权输出成功案例，针对这些企业的国际化发展措施及取得的成绩进行总结分析，针对选取的案例重点分析版权输出成功的原因与要素；第三章为“北京地区图书版权输出存在的问题与对策”，在总结分析问题的基础上，从跨文化传播的视角探讨了应对策略；第四章分析了北京地区版权代理机构的总体情况，提出了完善版权代理制度的建议。该书适合高校相关专业师生及出版行业从业人员阅读与参考。

**15.《知识产权普法漫画册》**，易玉编，北京：知识产权出版社，2021 年 4 月。

该书结合《民法典》中涉及知识产权的 52 个条款，全面介绍了作品、发明、实用新型、外观设计、商标、地理标志、商业秘密、集成电路布图设计、植物新品种等知识产权保护客体的相关内容，以漫画形式呈现典型案例，旨在宣传普及知识产权法律知识，提高公众的知识产权保护意识。

**16.《著作权法巡诊记》**，高金娣编，郑州：海燕出版社，2021 年 4 月。

该书设计了 4 个人物角色，力争让读者有强烈的代入感。该书的主人公为一家四口：爸爸甄学文，谐音“真学问”，是个作家；妈妈郝娇淑，谐音“好教书”，是个教师；女儿甄美，谐音“真美”，是个大学生；儿子“甄理”，谐音“真理”，是个小学生。书中采用寓学于案的方式，以一家四口日常生活中的经历及见闻为主线，按照《著作权法》条文对应的知识点，以“法官诊案”的形式带领读者进入著作权法的殿堂，让读者了解法律条文背后的诸多问题，故事性和趣味性强。该书共分为六篇：客体篇、主体篇、内容篇、限制篇、利用篇、救济篇。每篇案例下设“小清法官来诊案”和“法眼辨是非”两个板块，引导读者“思考—学习—再思考—再学习”，做到对相关知识的全面掌握。

**17.《不可不看的跨境电商知识产权故事》**，牟群月、陈宇著，杭州：浙江工商大学出版社，2021 年 4 月。

该书分为有关商标的那些事、专利之殇、著作权困惑、不正当竞争乱象、平台知识产权规则五章，每章通过一些具体的案例介绍相关内容，对每个案例的剖析包括案例背景、法律分析、法条链接、操作建议 4 个模块。

**18.《知识产权司法保护理论与实务探索》**，黎炽森主编，北京：知识产权出版社，2021 年 4 月。

该书为广州知识产权法官协会首届研讨会论文集，共分为四部分，包括专利权篇、著作权篇、商标及反不正当竞争篇和综合篇。全书共 24 篇文章，作者均是华南地区专门从事知识产权审判工作的一线办案法官，研究成果涉及专利司法保护、驰名商标保护、惩罚性赔偿等方面内容，内容实用，可读性强。

**19.《中国知识产权蓝皮书（2019—2020）》**，吴汉东著，北京：知识产权出版社，2021年4月。

该书秉承“民间视野、学者观点”的编写方针，对热点问题进行分析，记录和总结2019—2020年中国知识产权事业发展情况。全书分为特稿、年度研究报告、专题研究报告、大事要闻等部分，依托理论，注重实证，力求精深，兼顾广博，旨在汇集中国知识产权界的智力资源，展示中国知识产权事业的发展成果。

**20.《版权资产运营与管理》**，陈震、武东兴编，北京：知识产权出版社，2021年5月。

该书为“版权管理师、运营师培训系列丛书”之一，主要阐述了版权资产的认识与发掘，并从版权制度的发展历程、“大版权”时代发展的特征及资产角度对版权的内涵和新时代版权的发展模式加以阐释，着重分析了国内版权产业的现状与困境，向社会各界提供具有前瞻性、独特性、实战性和全面性的版权资产运营管理的价值参考。

**21.《知识产权法律制度反思与完善：法理·立法·司法》**，冯晓青著，北京：知识产权出版社，2021年5月。

该书立足于知识产权在经济社会生活中的地位日益提高的现实，对当代我国知识产权法律制度的基本理论、立法和司法保护等重要问题，紧密结合知识产权法基本原理和我国知识产权司法实践，进行了较为全面的研究与探讨。该书还针对当代我国知识产权法理论与实践问题，提出了作者个人创新的见解、对策与思路，对于推动我国知识产权法理论研究和实践运用具有重要的参考价值。该书适合高校法律院系师生、知识产权法官、律师、企业知识产权工作者及对知识产权法感兴趣的人士阅读。

**22.《知识产权案例精选（2017—2018）》**，上海市高级人民法院知识产权审判庭、同济大学上海国际知识产权学院编，北京：知识产权出版社，2021年5月。

该书从上海法院2017—2018年受理及审结的数千件知识产权案件中精选出具有一定代表性与指导性的案例。每个案例均设提要、案情、审判、评析四大部分。每个案例在提要部分对案例涉及的主要问题进行归纳，在案情部分介绍基本案情，在审判部分详细介绍审判理由和判决结果。评析部分是在概述案件事实的基础上，详细阐述判决的法理和法律依据。该书是中英对照本。

**23.《知识产权法原理简明教程》**，潘皞宇著，北京：中国法制出版社，2021年6月。

该书通过简明讲义的形式，深度剖析2021年《著作权法》《专利法》修正亮点。以知识产权的权利本质为主要线索，以知识产权法律为主线，全面梳理了知识产权法领域主要知识点，系统介绍了知识产权领域的3项主要制度——著作权法、专利法和商标法背后的法律逻辑和基本原理，分析和探讨了我国相关法律制度的正当性和合理性的依据，以激发和培养读者知识产权的思维方法。

全书严格遵照法学专业核心课程的教学基本要求编写而成，是法学专业本科生的基础用书。此外，该书亦可作为非法学专业学生的通识用书，以及司法实务、知识产权实务人员的培训用书。

**24.《版权法：案例与解析》**，斯蒂芬·麦克约翰著，宋慧献译，北京：商务印书馆，2021年6月。

这是法学院知识产权法课程中版权法部分的一部实用教科书。该书内容分为版权法概述、版权保护的客体、所有权与交易、法定权利内容与版权诉讼，将各类具体版权制度尽含其中，是一部标准的版权法学通论。历经多年的适用、修改和再版，该书已经成为国际上非常经典的知识产权法教科书之一。

作为“案例与解析”系列丛书之一种，该书最大特色是各章各节在对基本概念与制度做详细讲解之后，大都附以“案例”与“解析”，以进一步深化有关问题，尤其是对重要规则的具体适用面面俱到。可以说，通过解析大量的司法判例、生活实例，该书对版权法的学说、制度及适用进行了透彻的讲解与分析，且全面覆盖、几无遗漏。毫不夸张地说，无论是法学院学生，还是相关行业的从业者，无论是否曾有版权法方面的知识积累，如果希望很便捷地获得版权法的系统知识——包括成文法规定、代表性案例以及通行的学说观点等，都可在阅读后获益匪浅。

**25.《知识产权案件比对分析实务探要》**，刘宇光著，北京：法律出版社，2021年6月。

就权利人主张的知识产权与被诉对象之间进行比对分析，是专利、商标、著作权和商业秘密案件代理实务都涉及的重要共性问题。从案件类型上看，知识产权案件比对分析可以发生在诉讼案件和非诉案件中，前者包括知识产权民事诉讼、刑事诉讼和行政诉讼，后者包括知识产权申请授权行政流程、企业知识产权管理以及知识产权尽职调查等。律师或专利代理师等代理人在代理这些诉讼或非诉知识产权案件过程中，不可避免地要处理其中的权利内容与被比对象之间的比对分析问题，甚至比对分析问题是否处理得当、到位，往往成为案件成败或代理质量好坏的关键。该书旨在以所述知识产权实务中的“比对分析共性问题”为切入点，具体分析探讨这一共性问题在不同知识产权权利客体保护实务中体现的基本规则、对象范围、差异化运用以及实务例证等，以供业界同人参考借鉴。

**26.《知识产权：改变世界的力量》**，佐藤辰彦著，北京林达刘知识产权代理事务所译，北京：知识产权出版社，2021 年 6 月。

该书以“知识产权就是财富”为主题，采用随笔的形式介绍了知识产权的故事。内容包括知识产权对产业和企业等带来的影响、充分发挥知识产权价值的运行机制、知识产权的活用形式、知识产权力量的活用启示，以及当代社会应如何运用知识产权的思考。随着大数据、人工智能、物联网的发展，特别是新冠肺炎疫情的影响，在这个全世界发生巨变的时代，需要通过人类的智慧来灵活运用知识产权，进而开启一个全新的时代。该书中关于日本近些年初创企业和发明人的创新故事，可以为我国各行业创新企业和发明人提供一些新的思路和借鉴。

**27.《新著作权法与热点案例评析：中国版权法治观察》**，张洪波著，杭州：浙江大学出版社，2021 年 6 月。

近年来，党中央、国务院高度重视包括版权在内的知识产权保护，出台了一系列重要举措。版权已经与每个人息息相关，密不可分。张洪波和所在的中国文字著作权协会积极推动《著作权法》的第三次修改完善，尤其在 2020 年全国人大常委会审议《著作权法》修正案草案审议稿期间，多次参加全国人大常委会法工委等机构组织的修法座谈会，积极建言献策，有些意见被立法机关采纳。在全国人大常委会审议通过后，又多次参加线上线下研讨、沙龙，解读新修改的著作权法。该书是作者近年来撰写的版权法治文化随笔、时评和案例评析集。

该书作者从一个版权法律实务工作者角度，对近年来出现的社会版权热点话题、事件，对产业发展，进行版权法律分析和评判，体现了作者对中国版权法制建设、版权法治文化的观察、思考与探索。该书文章观点鲜明，角度新颖，与时俱进，语言简练易懂又不失专业性，法律解读和案例解析精准，对新闻出版、文化创意等行业开展版权实务工作具有较强的指导和借鉴意义。

**28.《数字图书馆著作权法律问题研究》**，唐鹏宇著，武汉：武汉理工大学出版社，2021 年 6 月。

该书探讨了数字图书馆的合理使用制度、法定许可制度等法律问题，对比了“谷歌数字图书馆案”的中美判决差异，提出了“三步检验法”的优化方案，探索数据挖掘、区块链等信息技术，创新著作权授权模式，图书馆行业的变革和发展。制定新时代背景下图书馆的转型和改革的计划和方案，满足读者在网络时代多元化的服务需求，助力图书馆行业变革与创新，挖掘图书馆在数字环境中的意义与价值。

**29.《数字媒体资产管理及版权开发研究》**，宋培义著，北京：中国广播影视出版社，2021 年 6 月。

该书由作者在数字媒体资产管理领域多年的研究成果汇集而成，主要包括以下几方面的内容：数字媒体资产管理系统与相关业务流程、数字媒体资产价值管理与内容产业价值链、数字媒体内容产品的版权管理与定价、数字媒体内容版权交易模式、数字内容版权管理与开发应用案例研究等。该书可供工商管理、数字经济、管理科学与工程等专业的高年级本科生和研究生作为参考教材，也适合从事数字媒体资产管理与开发应用的广播电视等媒体行业的相关人员参考。

**30.《国际知识产权法学条文释义理论与案例》**，徐红菊著，北京：知识产权出版社，2021 年 6 月。

该书重点介绍实体性的国际知识产权规则，对国际知识产权法的总体性问题进行系统介绍和阐述，包括国际知识产权法的渊源与发展、国际知识产权法的基本框架体系、国际知识产权法的基本原则，按照专利、版权、商标三大知识产权类型国际法律规则加以分析论述。以知识产权的基本问题为主线，结合问题所涉及的不同国际条约条款逐层展开，最后，对国际知识产权法的边境措施以及未来发展加以阐述。该书可作为高校知识产权专业教学参考用书。

**31.《中外知识产权评论：2020年·总第5卷》**，林秀芹著，厦门：厦门大学出版社，2021年6月。

该书通过专题聚焦、理论争鸣、域外视角、史海钩沉、热点追踪等维度，对中外知识产权问题进行了专业领域的学术研究，各个栏目多方位、多角度地对中外知识产权问题进行了专业领域的学术研究，探索知识产权领域的历史、现状与未来趋势，并且精选中外知识产权相关前沿问题进行深入分析，以期为我国立法部门完善相关知识产权法律提供可以借鉴的经验，为从不同的学科领域研究知识产权相关问题的学者提供一个平台和园地，促进知识产权学术研究的繁荣。

**32.《中国体育赛事知识产权保护研究》**，龚韬著，北京：中国政法大学出版社，2021年6月。

该书主要寻找体育赛事知识产权的保护的法理基础，构建体育赛事知识产权的法律体系，解决司法实践中棘手的体育赛事知识产权保护问题，并为体育赛事知识产权保护提供必要的立法建议。该书重点对体育赛事知识产权的内涵进行分析，主要包括体育赛事转播权、体育赛事品牌与体育赛事商业秘密，分析各类体育赛事知识产权的特点及表现形式，在此基础上寻找体育赛事知识产权的一般模式及一般路径，并在我国现行法律体系下，结合我国体育赛事知识产权基础理论的特殊性及域外知识产权保护实践，有针对性地深入探讨优化我国体育赛事知识产权保护的具体路径和方案。

**33.《中国法院知识产权司法保护状况2020》**，最高人民法院知识产权审判庭编，北京：人民法院出版社，2021年6月。

《中国法院知识产权司法保护状况》即中国法院知识产权司法保护白皮书，每年世界知识产权日发布前一年知识产权司法保护状况。该书包括“妥善审理案件，提升服务大局能力”“坚持改革创新，完善体制机制建设”等内容，全面展示了2020年中国法院知识产权司法保护的整体状况。

**34.《互联网经济时代企业数据的利用与知识产权保护》**，叶敏编，北京：中国人民公安大学出版社，2021年6月。

该书约30万字，是2020年知识产权法蠡湖论坛文集，主要研究知识产权法研究领域的前沿问题，从企业数据的法律属性与相关理论问题研究、企业数据司法保护的途径与判例研究、数据产业发展的制度保障与企业数据合规三个方面对互联网经济时代企业数据的利用与保护做深入分析和思考，有利于推动知识产权法制建设，加快知识产权创新应用课题研究，为今后知识产权法领域的司法实务、学术研究等提供了有效的实践基础，具有较强的理论研究价值和实践指导意义。

**35.《著作权法典型案例评析》**，王渊著，北京：知识产权出版社，2021年7月。

该书包括著作权客体、著作权内容、著作权人等8章内容，在每一章的每一节设置了与该节知识点相应的“问题与思考”和“典型案例”。“问题与思考”用于启发对本节相关问题的思考，“典型案例”依照基本案情、争议焦点和案例分析3个模块展开。该书围绕每一节知识点选取近5年全国各级人民法院审理的较为典型的案例，依据判决书在对案情简要阐述的基础上提炼出相应的焦点问题，依据法律、法理，结合案情，对焦点问题进行分析，同时对著作权法理论前沿问题进行探讨，对著作权法的学习、法律实务参考及理论研究具有一定价值。

**36.《著作权法原理解读与审判实务》**，杨柏勇编，北京：法律出版社，2021年7月。

该书以2020年修正的《著作权法》为主线，以审判实务为导向，并附以典型案例，对《著作权法》基本问题予以说明，是北京法院知识产权法官集体智慧的结晶。该书共分12章，内容包括著作权案件司法裁判的基本原则与审理思路、著作权客体的审查、著作权权利归属的审查、侵害著作人身权的认定、侵害著作财产权的认定、侵害邻接权的认定、侵害著作权案件的抗辩事由、侵害著作权的法律责任、侵害信息网络传播权的司法认定、侵害影视作品著作权的司法认定、侵害计算机软件著作权的司法认定、著作权合同纠纷的司法审查与司法认定，以著作权审理指南为索引，以审判实务问题为导向，并以典型案例予以说明。

**37.《论人工智能生成物的著作权保护》**，朱梦云著，北京：知识产权出版社，2021年7月。

对人工智能法律主体资格的确定，对人工智能生成物作品属性的认定，以及对人工智能生成物著作权的归属模式构建，其终极目标都是为了在我国当前的社会经济发展状态下，实现针对人工智能生成物的著作权保护。有鉴于此，该书试图通过提出具体的建议措施，设计出有利于我国人工智能生成物著作权保护的现实可行制度。

**38.《民间文艺知识产权保护研究论文选》**，潘鲁生、邱运华编，北京：社会科学文献出版社，2021年7月。

该书聚焦民间文艺知识产权保护的理论研究与对策研究，围绕民间文艺知识产权保护法律体系建设、民间文艺维权案例、知识产权助推中华优秀传统文化创造性转化与创新性发展、“互联网＋”时代的民间文艺知识产权保护等问题，面向全国征集了民间文艺界、法律界一部分权威专家的优秀成果，目的在于研究好、解决好民间文艺知识产权保护这一复杂的法律问题、文化命题，以多元化的知识产权策略保护好民间文艺工作者的合法权益，激励中华优秀传统文化的创造性转化与创新性发展，提振民间文艺发展活力，更好地推动民间文艺的发展繁荣。

**39.《知识产权＋互联网：知识产权服务新业态》**，顾金焰、孔军民、古赟、李晓翠著，北京：科学出版社，2021年7月。

知识产权服务于创新，知识产权行业本身也需要创新发展。“互联网”改变了许多行业，给众多传统的行业以颠覆式创新、跨界创新的冲击，包括科技服务业在内。该书着眼于探索知识产权＋互联网服务创新的历程，试着全景式扫描其现状，探讨其创新理念、产品、技术与服务，试着探寻其可能的发展与生态。该书适合政府、企业、科研机构、高校的管理者、技术开发人员、教师和学生等阅读参考。

**40.《人工智能的知识产权法挑战与应对》**，李宗辉著，北京：知识产权出版社，2021年7月。

该书全面系统研究了人工智能所带来的知识产权法挑战，挖掘了各流派人工智能与知识产权法律制度在理论内涵和历史发展上的深度联系，探讨了人工智能本身及其创造物的知识产权保护，分析了人工智能侵犯知识产权的法律规制，讨论了人工智能与知识产权限制制度的关系，并梳理了人工智能对知识产权法律实践的多维影响。

**41.《知识产权法教程（第七版）》**，王迁著，北京：中国人民大学出版社，2021年8月。

全书共分为三大部分：著作权制度、专利权制度和商标制度。一共20章，分别是：第一章“总论”、第二章“著作权法律制度概述”、第三章“著作权的客体”、第四章“著作权的内容与利用”、第五章“著作权主体和著作权的归属”、第六章“邻接权”、第七章“对著作权的限制”、第八章“著作权侵权及法律责任”、第九章“专利法律制度概述”、第十章“专利权的客体”、第十一章“专利权的主体”、第十二章“专利申请、审查与授权的实质条件”、第十三章“专利权的内容、利用、消灭与保护期”、第十四章“对专利权的限制”、第十五章“专利侵权、假冒专利及法律责任”、第十六章“商标法律制度概述”、第十七章“商标权的取得”、第十八章“商标权的内容、利用与消灭”、第十九章“商标侵权及其法律责任”、第二十章“不侵犯商标权的行为”。全书当中穿插“理论研究”“实务探讨”“立法背景”等，使读者能根据自己的需要有选择地阅读，以进一步加深理解。

**42.《新科技革命人工智能与知识产权制度的完善》**，尹锋林著，北京：知识产权出版社，2021年8月。

该书分析了新科技革命对著作权制度、专利制度、商标制度的影响、挑战及相关实践，讨论了人工智能时代知识产权制度的未来发展趋势，不仅具有理论意义，而且在我国创新驱动发展战略的实施和经济转型升级等方面具有重要实践价值。

**43.《知识产权法研究丛书：版权豁免与许可合同冲突》**，王渊著，北京：商务印书馆，2021年8月。

当今网络空间存在着许多在线许可合同限制或禁止版权法规定的版权豁免使用的现象，如何解决版权豁免与在线许可合同之间的冲突，是版权法制度建设中的重要理论和实践课题。该书全面研究了版权豁免与在线许可合同冲突的表现、影响、原因、实质及解决措施。该书在借鉴一些国家和地区做法的基础上，以马克思主义人权理论为理论基础，坚持利益平衡原则，提出解决冲突的构想：区分传统作品和数字作品，有针对性地完善版权豁免制度；规定国家财政资助项目完成的作品属于国家，公众可以免费非商业使用；规定合理使用权；构建数字作品发行权穷竭制度；对排除版权豁免的在线许可合同区分限制；规范在线许可合同及其使用；构建包括版权的知识产权公益诉讼制度。

**44.《网络著作权法避风港规则研究》**，万勇著，北京：法律出版社，2021年9月。

该书系统梳理、阐释了美国“避风港”规则法典化的立法目的及历史演变，对具有重要影响力的典型案件进行了分析解读，围绕“避风港”规则与侵权责任的关系以及“避风港”规则具体规范的含义展开研究。在此基础上，结合“避风港”规则在我国法律解释与司法实践中出现的若干问题，提出了相关制度完善建议。

**45.《互联网＋背景下图书馆的著作权利保障研究》**，吉宇宽著，北京：中国社会科学出版社，2021年8月。

该书剖析“互联网”背景下，数字作品新的供给模式剥夺数字图书馆的作品选择权、作品质量监督权和管理权的内外在原因，探索“适当的”政策与技术措施，来保障数字图书馆作品的选择权、作品质量监督权与管理权；研究合理的政策和著作权法律制度排除数字内容生产者对于作品公有领域的侵占，保障数字图书馆自由、无偿使用作品的公有空间；探索网络信息资源永久储存的法律规则，保障数字图书馆信息资源收藏职能；构建战争、自然灾害等特殊时期的数字图书馆的在线资源供给模式；确立数字图书馆自出版和参与数字出版的法律地位；构建数字出版与数字图书馆融合模式，保障数字图书馆新媒体信息服务。

**46.《邻接权制度体系化研究》**，王超政著，北京：知识产权出版社，2021年8月。

该书以邻接权制度的体系化构建为目标，以邻接权制度功能的确认为逻辑起点，以“客体进路”作为邻接权制度体系化构建的路径选择，在明确界定邻接权客体的基础上展开邻接权制度的体系化构建。内容包括“邻接权制度产生的科技动因、制度原因”“从著作权产业主体利益保护需求探讨邻接权制度的功能定位”“邻接权制度体系化的路径选择”“邻接权客体的界定”，以我国现行法中的邻接权制度为基础，探讨邻接权制度的具体制度设计。

**47.《知识产权法学（第四版）》**，曹新明主编，北京：中国人民大学出版社，2021年8月。

该教材根据普通高等学校法学本科学生的教育特点编写，以深入浅出的表达方式，理论联系实际，现实与历史结合，立足本国实际、兼顾国际规则，将知识产权学科最新的基本内容、基本知识和基本理论尽可能地做全面系统的讲述，力争做到课程体系严谨，基本框架科学，基本内容由浅入深、由表及里，让学生们透彻理解并学习掌握知识产权法学这门课程。

**48.《知识产权金融》**，陈磊著，北京：法律出版社，2021年8月。

知识产权是创新驱动发展的基础，以工具论为基础的知识产权制度应当成为实现国家产业政策的工具。创新驱动战略的实施，无法脱离金融的支持。因此，应当在产业政策背景下推动知识产权与金融的融合互促，发挥金融对创新的助推作用，培育壮大创业投资和资本市场，有力促进知识产权向现实生产力转化。作为一种有别于传统有形财产的资产，知识产权近年来受到金融机构的充分关注，并逐渐出现了产业化与资本化的趋势。知识产权质押融资、证券化、融资租赁等金融产品为解决知识产权密集型产业融资难、融资贵问题提供了可行的解决路径。为此，需要探索多元化知识产权金融运营机制，加大知识产权金融创新力度，建立以市场为主导，常态化的知识产权金融工作服务体系，形成政府积极引导，银行、信托公司、保险公司等金融机构主导创新，评估机构、律师事务所等中介机构广泛参与的良好工作局面，满足市场主体对市场化投融资的需求，提高各方参与产业链升级的积极性。知识产权金融的发展无法一蹴而就，我们须以国家整体利益实现为目标，构建符合国家产业利益的多层次知识产权金融体系，夯实市场基础、提升服务水平、提供必要政策支持、制定差异化监管政策，主动引导知识产权金融服务于实体经济转型攻关、服务于现代化经济体系建设，不断推进金融供给侧改革与结构性调整，为创新驱动发展注入新活力，着力为知识产权强国建设提供有力支撑。

**49.《创新社会化与知识产权制度的应对》**，蒋舸著，北京：知识产权出版社，2021年8月。

该书以创新社会化为背景，以创新累积性为主线，对一些具体知识产权制度和问题展开分析。在主体制度领域，关于职务发明、职务作品和法人作品的分析提示我们除了自然人创新者的利益之外，组织创新者的利益也需要得到关注。在救济领域，针对惩罚性赔偿、法定赔偿、许可费赔偿和SEP赔偿的研究揭示出寻求在先创新者与在后创新者之间风险分配均衡的重要性，赔偿不足与赔偿过度同样不足取。而在方法论层面，该书借知识产权与反不正当竞争关系的讨论指出：在创新社会化引发的复杂利益分配过程中，我们不仅需要从本体论层面关心理想的创新利益分配方案是什么，还需要从知识论层面思考适合由现实决策者落实的分配方案是什么。

**50.《最高人民法院知识产权审判案例指导（第13辑）》**，最高人民法院民事审判第三庭编，北京：中国法制出版社，2021年9月。

该书收录《最高人民法院知识产权案件年度报告（2020）》及其所涉及的典型案例裁判文书全文，共归纳出63个具有普遍指导意义的法律适用问题，总结和梳理了最高人民法院在知识产权和竞争审判领域处理新型、疑难、复杂案件的审判标准、裁判方法和司法导向。

**51.《网络知识产权法研究》**，来小鹏编，北京：中国政法大学出版社，2021年9月。

该书从互联网环境下知识产权法学的现状、问题及解决对策三个层面展开论述。具体内容包括第一章互联网与知识产权法、第二章网络知识产权立法、第三章网络知识产权司法、第四章网络知识产权行政执法、第五章域外网络知识产权法比较、第六章网络环境下的著作权法、第七章网络环境下的商标法、第八章网络环境下的专利法、第九章网络环境下的竞争法、第十章网络知识产权纠纷解决机制研究、第十一章网络知识产权经典案例汇总。

**52.《广西版权产业发展调研报告》**，《广西版权产业发展调研报告》编委会编，武汉：武汉大学出版社，2021年9月。

该书在篇章体例上主要包括三方面内容：第一，研究广西版权产业发展现状。该部分对文学、影视、音乐、软件、游戏以及其他版权相关产业进行全面的发展状况梳理。第二，分析广西版权产业发展问题，包括总体情况不足、影响力不够、骨干出版企业辐射作用不强、人才欠缺高端人才少、版权产业数字化程度不高、版权产业制度保障不足等。第三，研究广西版权产业发展战略与路径。

**53.《故事世界共创与影视IP价值开发》**，白晓晴著，北京：中国广播影视出版社，2021年9月。

近年来，国内开始注重对影视版权价值进行多维度开发，但是现有产品普遍存在系统化程度弱、质量水平参差不齐等问题。该书致力于将故事世界的概念与版权价值的跨媒介开发相融，以《星球大战》、《星际迷航》、“漫威电影宇宙”等美国特许权科幻电影为例，探析其内容创作手法与产业协作模式，并通过质性研究的方法，研究受众对于故事世界的参与机制以及受到的文化影响。该书结合了亨利·詹金斯的跨媒介叙事和参与式文化的传播学理论、故事世界的叙事学理论，以及版权特许经营的文化产业研究成果，提出了故事世界共创的理论模型，试图解决如何对优质文化产品版权进行跨媒介开发，进而优化中国当代大众文化生产的研究问题。该书提炼出了关于版权价值开发的世界共创W-BSC模型，其关键要素包括内容共生、版权共享、媒介穿透和参与激励，并在我国文化产业发展的环境中对其适用性、参考性等方面进行了讨论，进而提出了对今后研究的建议。

**54.《知识产权信息检索与利用》**，肖冬梅著，北京：中国人民大学出版社，2021年9月。

该书定位为普通高等学校知识产权专业系列教材。该书围绕理论、工具、方法三个关键词，解构知识产权文献，解密知识产权信息获取利器，挖掘核心竞争情报。全书内容包括四大知识板块，即专利信息检索与分析、商标信息检索、版权信息检索以及其他知识产权信息检索。该书的特色在于紧贴现实需求，注重知识产权规则的运用与经典案例的解析，主要面向知识产权专业学生，也适合理工科专业学生、研发人员和科研管理人员学习。

**55.《知识产权法政治学研究》**，周贺微著，北京：中国政法大学出版社，2021年9月。

该书以知识产权法政治学为研究视角，对知识产权法政治学范畴进行了初步界定，进而从实然性出发，对知识产权法的形成及发展过程中知识控制力扩张变化过程进行了深度分析，并对发展中国家及民间力量对知识产权限缩的推动进行了研究。该书从知识控制权入手，以政治学理论中的权力与利益这一基础分析模式为工具，对知识产权制度是否应当扩张、限缩以及应当有何种程度的扩张、限缩进行了深入探讨。在国内知识产权法学研究中引入了知识产权法政治学分析方法，提出了相关具有独创性的观点。该书在此基础上，也从国际视野对知识产权国际政治环境的变化做了分析，研究指出国际知识产权的环境发生了较大的变化，从以竞争为中心转向以合作为中心是未来的趋势，构建以人类命运共同体为理念的知识控制机制是必行之路。

**56.《新时期知识产权法治保护研究》**，孙敬良著，郑州：郑州大学出版社，2021年9月。

该书是一本关于知识产权法治保护研究的专著，全书共分5章，分别为：知识产权保护体系、知识产权保护立法、知识产权司法保护、知识产权替代性纠纷解决机制、反对知识产权滥用等。

**57.《我国知识产权损害赔偿问题的实证研究》**，徐聪颖著，上海：复旦大学出版社，2021年9月。

该书为作者主持的国家社会科学基金研究项目（项目编号：16BFX137）的最终成果。全书共分五章：第一章对我国知识产权损害赔偿的司法现状进行了较为系统的梳理，通过对样本案例进行统计分析，指明了当前司法判赔中存在的突出问题；第二章探讨了知识产权侵权损害赔偿应当遵循的基本原则，认为在坚持损害填平原则的基础上，还应当辅之以比例原则和惩罚性赔偿原则；第三章对知识产权侵权损害的定位问题进行了详细分析，认为知识产权的侵权损害定位在诉讼过程中具有承上启下的意义，是连接侵权认定和判赔裁量的单独环节；第四章对我国当前规定的知识产权侵权损害计算方式进行了检讨，并分别对侵权获益返还的定位以及“许可使用费”计算与“法定赔偿”计算的关系进行了分析；第五章重点讨论了知识产权侵权诉讼中重复性赔偿的识别与规制问题，分别从多数人侵权视角和多法益侵权视角探讨了重复性赔偿的规避问题。

**58.《知识产权法案例教程》**，张玲、向波著，天津：南开大学出版社，2021年9月。

知识产权法经过改革开放40多年的发展，已经成为一门精深的法律学科。知识产权法的理论研究和司法实践取得了丰硕成果。该书在考察中外教科书写作版本的基础上，结合知识产权法教学中的体验，决定摈弃传统教科书独白式叙述风格，采用“核心知识点典型案例拓展思考”模块式体例，强化纸面上的法律与行动中的法律的融合。这本教材引导学生打破固有的线性思维，养成思辨习惯，拓展思维空间。鼓励学生在分析比较、讨论中独立思考问题，体验不同的价值判断和审理思路，启发学生理解法律文本中所蕴含的价值、功能。

**59.《互联网环境下版权许可制度研究》**，赵锐著，北京：知识产权出版社，2021年10月。

该书探讨了版权许可制度的理论基础、互联网环境下版权许可制度面临的困境，从不同角度对互联网环境下版权许可模式进行了反思，提出版权许可制度应当以私权自治为基础、以实现版权人利益和促进作品利用为目标、以因应互联网传播技术的发展为主线进行制度变革和创新，并对我国互联网环境下版权许可制度的完善提出了建议。

**60.《2020年度中国法院知识产权审判动态跟踪》**，郑泰强、许波、洪燕编，北京：法律出版社，2021年10月。

该书主要由以下两个部分构成：第一部分——以司法辖区划分的典型案例汇整。该部分主要分为最高人民法院、北京法院、上海法院、广东法院、浙江法院、江苏法院及其他地区法院共7个名目，各名目下涵盖该司法辖区内法院所审理的典型案例，每个案例由诉讼基本信息、案情简介及裁判规则构成，以便读者能够快速了解我国各地法院2020年度知识产权审判的主要情形及趋势。第二部分——以知识产权类型划分的裁判规则汇整。该部分主要分为专利类、商标类、著作权类、不正当竞争类及垄断类共5个名目，各名目下总括2020年度典型知识产权案例中提炼出的裁判规则，并按照审判逻辑和法律争点进一步归类编排，以便读者能够从具体法律问题入手，快速了解我国各地法院针对该具体法律问题的主要观点及裁判要旨。

**61.《著作权工作笔记》**，刘杲著，北京：中国书籍出版社，2021年10月。

《著作权工作笔记》内容编排以时间为纵轴，收录了刘杲同志从1983年10月至2020年9月期间版权工作的经历，以及参与中国版权制度建设中的重要节点、重要史实，内容既有版权工作的理论探索也有实践研究。作者以此书回顾新中国出版事业的发展和改革进程，特别是直接参与的新中国著作权法体系的建立和中国加入《伯尔尼公约》《世界版权公约》等几个国际版权公约的历程，包括：中国版权立法的进展情况；参加联合国两组织版权会议的汇报；我们为什么要实行版权保护；关于著作权法与出版法；著作权保护与中国现代化；等等。

**62.《英美最高法院版权裁判文书选译（2010—2020）》**，汤玲、张小号译，北京：知识产权出版社，2021年10月。

该书选取了英美两国最高法院2010—2020年的7个有代表性的版权判例，较为全面地展现了版权领域司法保护的最新发展动态，并在翻译过程中加上必要的注释，便于读者理解。该书适合知识产权律师、法官等专业人士参考阅读。

**63.《多元的知识产权法——国别区域知识产权法动态》**，张海斌主编，北京：知识产权出版社，2021 年 10 月。

该书以国别与区域法治为视角，移译各国知识产权法领域相关文献，俾以呈现国外知识产权法研究与实践之基本动态、概貌与趋势，进而为中国相关领域的研究与实践提供可能的借镜。就主题而言，收入该书中的论文与案例，既包括知识产权理论、研究方法、国际知识产权保护等方面较新的研究成果，亦有国内外知识产权司法实践中共有的热点和难点问题。从研究方法上讲，既有国内知识产权法研究中最常见的法律适用分析，亦有透过知识产权法政策学、国际问题治理及其他学科的研究成果对知识产权问题的论述。

**64.《大数据创新发展与知识产权保护》**，高莉著，北京：人民出版社，2021 年 10 月。

该书以大数据创新发展问题为切入点，综合运用案例研究、比较研究及法经济学等方法，透视制约大数据创新发展的理论根源和制度罅隙。在此基础上，发掘大数据知识产权保护的必要性和可行性，重构因应大数据创新发展的知识产权理论和制度体系。全书共分为 5 章，通过对大数据创新发展问题的多维度、多向度分析，探索大数据发展和保护面临的法律挑战，提出建构大数据知识产权保护制度体系的新构想，即以大数据专门立法为主体，以知识产权法、反垄断法等为补充，构建综合性数据保护法律法规体系。

该选题主要涉及知识产权法学、反垄断法学及数据伦理学等相关领域，目前专门论述大数据知识产权保护的专著非常少，而关注个人信息保护立法的成果相对较多，因而该书对系统研究大数据发展和保护立法将有所助益。

**65.《上海法院类案办案要件指南》（第 4 册）**，茆荣华主编，北京：人民法院出版社，2021 年 11 月。

为推进审判体系和审判能力现代化，完善统一法律适用机制，提升办案效能，上海市高级人民法院专门制定了《类案办案要件指南编撰三年规划（2019—2021）》，并于 2019 年 5 月启动了涉及立案、民事、商事、金融、刑事、行政、执行、申诉审查等各领域两批共 33 个类案办案要件指南的编撰工作。《上海法院类案办案要件指南》第 4 册聚焦法律适用难点，包括房屋租赁合同、承揽合同纠纷、著作权侵权、船舶碰撞纠纷、保理合同纠纷、工伤认定、执行程序中涉及参与分配等 7 个类案办案要件指南，围绕 498 个法律适用问题，结合 260 个典型案例，按照“总体情况概述—立案审查—原告诉请的审查—被告抗辩的审查—要件事实审查和裁判规则”展开，梳理、归纳案件审查要点和注意事项，并附以相应的规范指引，强调用项目式、要素式的方式表述，着力突出重点内容，既突出要件指南内容的完整性，符合办案的思路；又突出实用性，利于法官学习和检索，满足审判一线的需求。

全书还紧扣《民法典》等新立法精神，充分结合最高人民法院司法解释的新规定，并根据上海法院审判情况，确保提炼梳理出符合时代背景的新观点，概括出富有规律性的新认识，及时回应社会发展的新需求。

**66.《知识产权保护新趋势》**，隋洪明、隋秉汝、盈科律师事务所著，北京：法律出版社，2021 年 11 月。

该书通过梳理我国知识产权保护制度轨迹的变化，总结我国知识产权保护的演变过程，洞悉未来知识产权保护发展的趋势，既有理论方面的探索，也有对司法实践的思考，以期让知识产权权利主体保护者以及公众认清形势，掌握方法，决定行动，使我国知识产权保护法律水平不断提高，知识产权保护环境不断改善，知识产权价值不断挖掘，知识产权应用不断扩大。

**67.《知识产权法》**，吴汉东著，北京：法律出版社，2021 年 11 月。

吴汉东教授是中国知识产权法学研究的先行者和领军者，是中国知识产权事业的见证者和推动者。该书是吴汉东教授独著的体系型教科书，以知识产权法基本原理、制度及适用为内容，是其近 40 年教学经验的总结和研究成果的概括。

全书由知识产权法基本教义体系——总论、著作权、专利权、商标权和其他知识产权五编构成，注重采取规范解读、逻辑分析和经验描述的法教义学研究方法，意在于解释中推动法的应用，于应用中促进法的续造，是知识产权领域教、学、研、用价值的集大成者。

该书具有以下特色：一是系统性，以无体财产权概念为基础，提出以开放的财产观，构建动态的、变化的、发展的知识产权制度体系；二是专业性，除介绍知识产权制度发达国家及地区的经验外，还对世界知识产权组织制定的国际公约内容及制定背景，以及我国新修正的《著作权法》《专利法》及相关司法解释等进行深入研究；三是指引性，从实务问题切入，对典型案例进行解读，指导读者理解并适用知识产权具体制度。

**68.《俄罗斯知识产权工作指引》**，北京市知识产权局组织编写，北京：知识产权出版社，2021年11月。

该书通过对俄罗斯知识产权环境的调研，全方位梳理俄罗斯知识产权制度历史沿革，同时对现行的专利制度、商标制度和著作权制度等进行深度解读，并与中国相关法律制度进行比较。中国已连续10余年成为俄罗斯第一大贸易伙伴国，该书结合俄罗斯重点产业知识产权纠纷案例的分析，为中国企业“走出去”可能面临的知识产权问题以及对应、解决方案提供指引，为中国企业在“一带一路”框架下顺利拓展国际市场，并在市场竞争中占据有利地位提供支撑。

**69.《体育赛事转播权的营销与法律研究》**，谭康著，北京：中国广播影视出版社，2021年11月。

该书仔细梳理了体育赛事与电视转播的关系，重点分析了体育赛事电视转播权的营销与法律保护，着重研究了奥运会电视转播权的营销策略，特别剖析了美国、英国和日本体育赛事电视转播权市场营销的模式与法律保护的措施及制度安排，结合我国国情对我国体育赛事电视转播权的发展历史与营销现状、我国体育赛事电视转播权市场开发的现存弊端以及开发、利用、保护我国体育赛事电视转播权市场的对策进行了深入探究，并针对全媒体背景下互联网体育赛事版权进行了探讨。该书丰富的专业内容适合于指导体育赛事版权的相关理论研究和营销实践运作，具有较强的理论与实用价值。

**70.《文娱综艺行业知识产权法实务研究》**，陶乾、赵天娟著，北京：知识产权出版社，2021年11月。

近年来，我国版权产业发展迅猛，文娱综艺行业已经在我国版权产业中占据核心地位。同时，文娱综艺行业知识产权法律纠纷也频频发生。特别是在网络平台新兴商业模式、传媒技术、资本转型等因素的影响下，文娱综艺行业面临着许多新的知识产权法律问题和挑战。该书通过理论与实务相结合，对与文娱综艺行业相关的知识产权法律问题进行系统的梳理和研究，辅之以该领域相关案件的裁判要旨总结，为文娱综艺行业从业人员和相关学术人员提供参考和借鉴。

**71.《IP之道2——中国互联网企业知识产权实践集结》**，林炮勤、柯晓鹏、覃波编，北京：知识产权出版社，2021年11月。

该书着眼于互联网前沿技术，聚焦大文娱、新零售、电子商务、智慧出行、智慧金融、智能家居、智慧安全等各领域，为创业者、企业内部知识产权团队提供从知识产权挖掘到保护的一系列指引与启示。该书的作者来自国内各大一线互联网公司，分别从各自熟悉的领域为企业科学管控知识产权资产、降低风险提供了丰富的案例与参考，既有实战经验的分享，也有前沿领域与热门板块的专业法律分析，如智能网联汽车、自动驾驶、电商直播领域与企业投资并购、IPO领域的知识产权问题等。内容涉及互联网产业知识产权管理的基本逻辑和具体保护的应对之策，涵盖商标、版权、专利、商业秘密等不同领域，以期为互联网从业人员带来尽可能全面而详尽的参考，开拓互联网从业人员的视野，共飨时代发展的福利。

**72.《新兴媒体融合发展中的著作权制度应对与变革研究》**，梅术文等著，北京：知识产权出版社，2021年11月。

该书以新兴媒体融合发展中的著作权制度挑战为切入点，以推动新兴媒体和传统媒体利益分享为研究主线，全面梳理新兴媒体融合发展中面临的著作权困境，深入研究相关的立法动态与司法实践，以求建立系统的新兴媒体融合发展的著作权权利配置、限制、运用、保护体系。该研究有助于审视新兴媒体技术下的著作权理论基础，有助于进一步完善著作权法律制度及其适用，有助于推动新兴媒体和传统媒体企业不断加强著作权运用和管理，增强著作权法律意识，拓展以著作权为纽带的文化产业价值链和创新链。

**73.《西南知识产权评论（第十一辑）》**，李雨峰编，北京：社会科学文献出版社，2021年11月。

该书为《西南知识产权评论》第十一辑，设置了“域外学术译介”“前沿热点：网络知识产权治理研究”“学界争鸣：商标法基础理论新探”“制度探微：新时代知识产权制度创新”4个专题，共收录12篇优秀文章，既扎根中国土壤，深挖知识产权的本土资源，又关注域外知识产权前沿理论。

**74. 《知识产权与市场竞争研究（第7辑）》**，宁立志编，北京：社会科学文献出版社，2021年11月。

《知识产权与市场竞争研究》，原名《知识产权与市场竞争》，2015年创刊，已出版6辑。自2019年起，改为现名，由社会科学文献出版社出版。《知识产权与市场竞争研究》力求汇集百家观点、砥砺学术思想、凝聚学术共识、研拟法治策略，赓续往学，推陈出新。作为知识产权法与竞争法以及两者交叉领域学术传播和思想交流的重要园地，该刊始终坚持选稿、用稿的科学标准，突出学术导向，追求学术创新，鼓励学术争鸣，弘扬学术精神，尤其强调贴近中国现实，服务中国进步，以期推动理论与实务的不断深入发展。

**75. 《网络视听版权规制论》**，陈笑春著，北京：社会科学文献出版社，2021年11月。

该书是在国家社科基金支持下完成的新闻传播学与法学的跨学科研究成果。网络视听产业指向的著作权意义上的客体是视听作品，这一客体在《著作权法》第三次修改的背景下具有新的研究价值。该书全面分析了网络视听作品的版权纠纷，但重点并非在于裁判结果，而是关注其中的产业实践与法律规制的矛盾互动，并从网络视听产业的“内因”分析产业特征与版权纠纷之间的可能关联，以及从规制体系的“外因”分析现行法律体系在版权制度全球化趋势中凸显的问题，从而立足中国产业的现实，对权利保护界定和侵权认定边界提出有价值的思路和建议。知识产权规制的全球化已成趋势，该领域相关研究将为我国在国际规则制定中的话语权提升提供学理准备，希望该书也能在这个过程中略尽绵薄之力。该书探讨的话题有限，但网络视听本身涵盖的研究领域非常丰富，比如规制空间视角下网络视听产业的规制内容之间的冲突与协调、视听作品的独创性问题、数据化语境下视听作品的创作方式带来的新问题等，期待着能有更多的同行者一起踏上这些问题的研究之旅。

**76. 《知识产权诉讼管辖指引》**，陈明武著，武汉：武汉大学出版社，2021年11月。

《知识产权诉讼管辖指引》分为上、中、下三大篇章，分别以知识产权有关管辖的法律法规、典型及常见管辖争议的类型案例提炼分析、全国各省份知识产权管辖权法院及管辖范围梳理汇总三层维度，由条文规定到观点提炼，由浅到深，为一线知识产权工作者的办案提供了极大的便利与有价值的参考，甚至能帮助精确定位对应有管辖权的法院。该书综合整理了知识产权纠纷案件的地域管辖、级别管辖相关法律法规，列举了知识产权典型案例要旨，加以解析，并对知识产权法院（法庭）管辖目录进行了汇总整理。

**77. 《网络著作权纠纷典型案例解析》**，北京互联网法院编，北京：中国法制出版社，2021年12月。

全书共分为3个篇章，分别为“第一章著作权中作品的界定”“第二章侵权行为及责任承担”“第三章其他问题”，涵盖了当今飞速发展的互联网时代网络著作权领域常见的法律问题。该书首先通过7个案例，对作品的构成要件进行了区分和界定，使读者对作品的定义产生鲜活生动的理解；其次，又通过6个案例，对因网络著作权侵权行为产生的法律纠纷及其责任承担进行具体分析解读；最后，再通过7个案例，对有关网络著作权的其他新兴法律问题进行补充完善。案件类型全面，案例选取新颖且具有代表性，法律条文解读细致，知识拓展深入浅出，具有较强的针对性、实用性和可读性。

**78. 《国有著作权管理研究》**，叶文芳、丁一、顾湘媛著，北京：知识产权出版社，2021年12月。

数字技术打破了印刷时代作品线性传播的规则，产生大量的著作权权属问题。该书基于《著作权法》和国外立法例，厘清“国有著作权”作品、“孤儿作品”和“无主作品”的基本概念，重点分析我国国有著作权的范围及保护客体，并结合具体的司法和立法实践，分析国有著作权立法之正当性、管理之必要性，对我国国有著作权的法律制度完善及管理模式进行系统的论证。

**79. 《知识产权典型仲裁案例与实务精要》**，深圳国际仲裁院、中国国际仲裁研究院著，北京：北京大学出版社，2021年12月。

深圳国际仲裁院自1983年设立以来，处理了大量知识产权纠纷案件，在知识产权仲裁领域积累了丰富经验。为帮助业内人士了解知识产权仲裁案件的裁判要点，我们系统梳理了深圳国际仲裁院近年处理的众多知识产权案例，从中精选了30个案例（包括著作权、专利、商标、商业秘密、软件开发等案例），在对当事人信息进行脱密处理的前提下，组织专业力量进行了深度评析，具有较强的实用性。

**80.《漫话知识产权》**，北京市知识产权局编，北京：知识产权出版社，2021年12月。

该书以漫画的形式，将吨吨、咕咕、饭饭3个小朋友和刘老师作为主线人物，通过展现课堂学习和日常生活的所见所闻，用通俗易懂的表达方式向同学们普及知识产权法律知识。全书共分为4个章节，涵盖了著作权、商标权、专利权和地理标志的重要知识点。

**81.《取得、行使与保护——知识产权实务指南》**，周兴芳著，福州：海峡文艺出版社，2021年12月。

该书旨在引导广大民众如何取得、如何行使、如何保护自有知识产权，同时也在一定程度上解答了理论界和司法实务界对知识产权相关法律的理解与适用过程中存在的不少困惑问题，结合了知识产权法学的新理论和作者历时10余年实务领域应用的新成果。该书共7章，内容包括知识产权概述、版权及实务指南、专利权及实务指南、商标权及实务指南等。

**82.《粤港澳大湾区知识产权研究报告2019—2020》**，曾凤辰、卢纯昕、刘洪华等编著，北京：知识产权出版社，2021年12月。

该书着眼于粤港澳大湾区成为国际科技创新中心的发展目标，在对比该区域11座城市知识产权制度、政策及发展状况的基础上，从宏观层面上对粤港澳大湾区知识产权建设中面临的问题进行研究并给出解决思路，探讨并回答了如何能促进大湾区内知识产权的协同合作，保障大湾区内知识产权工作的实效，从而实现大湾区的创新发展建设。

# 统计资料

TONG JI ZI LIAO

# 2021年中国版权统计资料

## 2021年全国作品登记情况统计表

单位：件

| | 文字 | 口述 | 音乐 | 戏剧 | 曲艺 | 舞蹈 | 杂技 | 美术 | 摄影 | 建筑 | 影视 | 图形 | 模型 | 录音制品 | 录像制品 | 其他 | 总计 |
|---|---|---|---|---|---|---|---|---|---|---|---|---|---|---|---|---|---|
| **全国合计** | **295 729** | **4 926** | **50 851** | **596** | **325** | **279** | **50** | **1 670 092** | **1 553 318** | **208** | **244 538** | **25 152** | **617** | **58 048** | **21 558** | **57 656** | **3 983 943** |
| 北　京 | 6 546 | 0 | 34 308 | 3 | 0 | 0 | 0 | 6 107 | 967 113 | 0 | 677 | 5 | 0 | 19 | 163 | 10 570 | 1 025 511 |
| 天　津 | 475 | 0 | 64 | 11 | 14 | 0 | 0 | 5 075 | 86 824 | 0 | 234 | 1 194 | 9 | 2 | 343 | 8 | 94 253 |
| 河　北 | 13 659 | 7 | 234 | 17 | 113 | 35 | 15 | 21 438 | 18 039 | 2 | 1 004 | 7 574 | 25 | 238 | 921 | 997 | 64 318 |
| 山　西 | 93 | 0 | 8 | 2 | 0 | 0 | 0 | 238 | 20 | 0 | 86 | 4 | 0 | 0 | 0 | 9 | 460 |
| 内蒙古 | 686 | 2 | 313 | 17 | 16 | 13 | 1 | 2 833 | 1 739 | 0 | 65 | 83 | 3 | 4 | 32 | 200 | 6 007 |
| 辽　宁 | 1 476 | 0 | 231 | 10 | 0 | 5 | 1 | 4 972 | 7 428 | 0 | 558 | 15 | 0 | 0 | 1 077 | 40 | 15 813 |
| 吉　林 | 130 | 0 | 63 | 1 | 0 | 0 | 0 | 5 929 | 539 | 0 | 1 | 0 | 0 | 0 | 0 | 185 | 6 848 |
| 黑龙江 | 301 | 0 | 56 | 0 | 0 | 0 | 0 | 457 | 2 009 | 0 | 7 | 17 | 0 | 0 | 0 | 0 | 2 847 |
| 上　海 | 21 375 | 0 | 4 640 | 34 | 1 | 18 | 0 | 199 872 | 64 227 | 7 | 23 163 | 178 | 7 | 9 655 | 1 218 | 21 188 | 345 583 |
| 江　苏 | 65 725 | 4 586 | 791 | 62 | 10 | 50 | 4 | 207 727 | 15 051 | 11 | 36 161 | 1 176 | 13 | 39 087 | 1 322 | 0 | 371 776 |
| 浙　江 | 1 091 | 0 | 286 | 0 | 0 | 3 | 0 | 39 706 | 3 290 | 0 | 163 | 182 | 0 | 9 | 47 | 966 | 45 743 |
| 安　徽 | 53 429 | 0 | 577 | 75 | 53 | 20 | 2 | 31 018 | 53 932 | 4 | 33 762 | 874 | 141 | 9 | 0 | 2 000 | 175 896 |
| 福　建 | 3 122 | 0 | 734 | 3 | 0 | 4 | 0 | 160 107 | 4 195 | 10 | 4 826 | 183 | 3 | 2 263 | 134 | 890 | 176 474 |
| 江　西 | 9 577 | 0 | 97 | 0 | 0 | 12 | 0 | 11 554 | 10 960 | 1 | 659 | 477 | 1 | 405 | 871 | 0 | 34 614 |
| 山　东 | 12 018 | 12 | 640 | 20 | 40 | 17 | 13 | 89 427 | 123 480 | 17 | 2 490 | 1 664 | 29 | 0 | 0 | 947 | 230 814 |
| 河　南 | 718 | 13 | 116 | 24 | 3 | 8 | 0 | 1 310 | 126 | 0 | 99 | 12 | 0 | 0 | 0 | 61 | 2 490 |
| 湖　北 | 12 334 | 0 | 224 | 2 | 0 | 0 | 11 | 42 102 | 465 | 0 | 10 104 | 148 | 0 | 26 | 10 857 | 20 | 76 293 |
| 湖　南 | 8 663 | 8 | 184 | 10 | 7 | 6 | 0 | 20 977 | 23 535 | 117 | 2 702 | 292 | 23 | 67 | 2 646 | 737 | 59 974 |
| 广　东 | 1 463 | 2 | 833 | 27 | 0 | 6 | 0 | 46 196 | 6 732 | 0 | 1 938 | 2 652 | 4 | 1 736 | 513 | 4 780 | 66 882 |
| 广　西 | 302 | 0 | 131 | 12 | 0 | 3 | 1 | 882 | 56 | 0 | 71 | 21 | 7 | 1 | 0 | 12 | 1 499 |
| 海　南 | 69 | 0 | 113 | 11 | 0 | 0 | 0 | 111 | 0 | 0 | 12 | 4 | 0 | 3 | 0 | 11 | 334 |
| 重　庆 | 3 380 | 0 | 393 | 7 | 0 | 2 | 1 | 40 432 | 53 573 | 1 | 84 687 | 312 | 39 | 41 | 45 | 286 | 183 199 |
| 四　川 | 35 813 | 3 | 785 | 25 | 9 | 21 | 0 | 60 865 | 83 571 | 20 | 1 353 | 535 | 192 | 0 | 0 | 40 | 183 232 |
| 贵　州 | 4 328 | 9 | 1 444 | 21 | 12 | 8 | 1 | 180 829 | 4 122 | 3 | 3 365 | 4 376 | 25 | 943 | 72 | 1 371 | 200 929 |
| 云　南 | 5 545 | 0 | 573 | 29 | 0 | 1 | 0 | 8 442 | 6 854 | 0 | 30 | 58 | 0 | 745 | 1 080 | 11 | 23 368 |
| 西　藏 | 1 | 0 | 0 | 0 | 0 | 0 | 0 | 5 | 0 | 0 | 0 | 0 | 0 | 0 | 0 | 0 | 6 |
| 陕　西 | 1 871 | 0 | 200 | 28 | 28 | 4 | 0 | 10 794 | 9 210 | 0 | 7 430 | 2 | 2 | 28 | 6 | 7 | 29 610 |
| 甘　肃 | 7 179 | 253 | 36 | 3 | 1 | 6 | 0 | 18 761 | 3 431 | 0 | 320 | 6 | 1 | 14 | 0 | 26 | 30 037 |
| 青　海 | 4 | 0 | 2 | 0 | 0 | 3 | 0 | 13 | 0 | 0 | 0 | 0 | 0 | 0 | 0 | 0 | 22 |
| 宁　夏 | 95 | 0 | 15 | 2 | 0 | 0 | 0 | 371 | 13 | 0 | 72 | 0 | 0 | 0 | 0 | 0 | 568 |
| 新　疆 | 529 | 0 | 73 | 0 | 0 | 0 | 0 | 302 | 0 | 0 | 20 | 178 | 0 | 0 | 9 | 0 | 1 111 |
| 中国版权保护中心 | 23 732 | 31 | 2 687 | 140 | 18 | 34 | 0 | 451 240 | 2 784 | 15 | 28 479 | 2 930 | 93 | 2 753 | 202 | 12 294 | 527 432 |

# 2021 年全国版权合同登记情况统计

单位：份

| | 合计 | 图书 | 期刊 | 音像制品 | 电子出版物 | 软件 | 电影 | 电视节目 | 其他 |
|---|---|---|---|---|---|---|---|---|---|
| **全国总计** | **17 610** | **14 752** | **36** | **788** | **88** | **1 353** | | | **593** |
| 中国版权保护中心 | 968 | | | 758 | | 210 | | | |
| 北　京 | 7 633 | 7 581 | 36 | | 14 | 2 | | | |
| 天　津 | 285 | 285 | | | | | | | |
| 河　北 | 198 | 198 | | | | | | | |
| 山　西 | 8 | 8 | | | | | | | |
| 内蒙古 | | | | | | | | | |
| 辽　宁 | 166 | 166 | | | | | | | |
| 吉　林 | 204 | 204 | | | | | | | |
| 黑龙江 | 108 | 108 | | | | | | | |
| 上　海 | 1 215 | 1 131 | | 30 | 54 | | | | |
| 江　苏 | 1 777 | 647 | | | | 1 130 | | | |
| 浙　江 | 318 | 318 | | | | | | | |
| 安　徽 | 60 | 60 | | | | | | | |
| 福　建 | 115 | 113 | | | | 2 | | | |
| 江　西 | 235 | 235 | | | | | | | |
| 山　东 | 364 | 364 | | | | | | | |
| 河　南 | 237 | 234 | | | | | | | 3 |
| 湖　北 | 260 | 260 | | | | | | | |
| 湖　南 | 399 | 398 | | | | | | | 1 |
| 广　东 | 917 | 311 | | | 20 | | | | 586 |
| 广　西 | 264 | 264 | | | | | | | |
| 海　南 | 133 | 131 | | | | 2 | | | |
| 重　庆 | 107 | 107 | | | | | | | |
| 四　川 | 1 093 | 1 091 | | | | 2 | | | |
| 贵　州 | 66 | 66 | | | | | | | |
| 云　南 | 180 | 180 | | | | | | | |
| 西　藏 | | | | | | | | | |
| 陕　西 | 274 | 266 | | | | 5 | | | 3 |
| 甘　肃 | 15 | 15 | | | | | | | |
| 青　海 | | | | | | | | | |
| 宁　夏 | 8 | 8 | | | | | | | |
| 新　疆 | 3 | 3 | | | | | | | |

# 2021年全国版权执法情况

| 案件查处情况 | | | | 收缴盗版品情况 | | | |
|---|---|---|---|---|---|---|---|
| 项目 | 上年度数量 | 本年度数量 | 同比增减（%） | 项目 | 上年度数量 | 本年度数量 | 同比增减（%） |
| 行政处罚数量（起） | 2 198 | 2 665 | 21.25 | 合计 | 5 823 250 | 7 096 151 | 21.86 |
| 案件移送数量（件） | 251 | 212 | −15.54 | 书刊（册） | 4 485 627 | 5 154 128 | 14.90 |
| 检查经营单位数量（家） | 243 267 | 293 097 | 20.48 | 软件（张） | 168 872 | 125 606 | −25.62 |
| 取缔违法经营单位数量（家） | 1 178 | 775 | −34.21 | 音像制品（盒、张） | 514 160 | 700 779 | 36.30 |
| 查获地下窝点数量（个） | 169 | 196 | 15.98 | 电子出版物（张） | 127 194 | 103 882 | −18.33 |
| 其中：地下光盘生产线（条） | 1 | 35 | 3 400 | 其他（件） | 527 397 | 1 011 756 | 91.84 |
| 违法经营网站服务器（个） | 1 144 | 758 | −33.74 | 未分类项 | | | |
| 罚款金额（人民币元） | 35 946 385 | 25 135 271 | −30.08 | | | | |

# 2021年全国引进出版物版权汇总表

| 原版权所在国家或地区名称 | 合计 | 图书 | 录音制品 | 录像制品 | 电子出版物 |
|---|---|---|---|---|---|
| 引进出版物版权总数（项） | **12 220** | **12 005** | **63** | **124** | **28** |
| 美　国 | 3 218 | 3 211 | 6 | | 1 |
| 英　国 | 2 659 | 2 624 | 13 | 22 | |
| 德　国 | 888 | 883 | 2 | 3 | |
| 法　国 | 762 | 742 | 6 | 14 | |
| 俄罗斯 | 101 | 97 | 1 | 3 | |
| 加拿大 | 126 | 125 | | 1 | |
| 新加坡 | 270 | 267 | 1 | 2 | |
| 日　本 | 2 025 | 1 990 | 5 | 23 | 7 |
| 韩　国 | 445 | 441 | | 2 | 2 |
| 香港地区 | 153 | 129 | 19 | 4 | 1 |
| 澳门地区 | 2 | 2 | | | |
| 台湾地区 | 360 | 355 | 4 | 1 | |
| 其　他 | 1 211 | 1 139 | 6 | 49 | 17 |

# 2021 年全国输出出版物版权汇总表

| 版权购买者所在国家或地区名称 | 合计 | 图书 | 录音制品 | 录像制品 | 电子出版物 |
|---|---|---|---|---|---|
| **输出出版物版权总数（项）** | **12 770** | **11 795** | **238** | **23** | **714** |
| 美　国 | 887 | 849 | 11 | | 27 |
| 英　国 | 446 | 417 | | | 29 |
| 德　国 | 435 | 403 | | | 32 |
| 法　国 | 166 | 165 | | | 1 |
| 俄罗斯 | 1 025 | 1 000 | | | 25 |
| 加拿大 | 233 | 228 | | | 5 |
| 新加坡 | 668 | 549 | | 9 | 110 |
| 日　本 | 371 | 366 | 2 | | 3 |
| 韩　国 | 512 | 458 | 16 | | 38 |
| 香港地区 | 726 | 539 | 182 | | 5 |
| 澳门地区 | 58 | 58 | | | |
| 台湾地区 | 1 005 | 784 | 5 | 5 | 211 |
| 其　他 | 6 238 | 5 979 | 22 | 9 | 228 |

# SZMG

## 深圳广播电影电视集团 SHENZHEN MEDIA GROUP

深圳广播电影电视集团（SZMG）于 2004 年 6 月 28 日挂牌成立，现拥有 10 个电视频道、4 套广播频率、4 个自有新媒体平台、20 余家产业经营企业，业务范围涵盖影视内容、新媒体、广告、有线网络、文化产业园区、文化金融、会展等多个领域，总资产超过 112 亿元，年总收入超过 29 亿元，综合实力位居全国广电行业前列。

集团高度重视以宣传、内容、技术优化升级构建自身核心竞争力。其中，深圳卫视自 2004 年 5 月 28 日上星以来，呈现快速发展势头，实现市场份额位居全国省级卫视前七，全国覆盖人口超过 13 亿人；各地面频道、频率扎根本土，收听收视稳居深圳前列。成功打造了《直播港澳台》《图鉴中国》《大湾区会客厅》等品牌新闻栏目，成功构建“壹直深爱”融媒体矩阵，形成良好的全媒体传播力和影响力。天威视讯股份有限公司（股票代码 002238）于 2008 年上市，是目前全国率先获得广电 5G 试验网建设授权的区域运营商，并朝着领先的智慧广电运营商和智慧城市服务商迈进。

集团高度重视新形势下的版权管理，已建立起一个集版权信息管理、版权保护、版权开发、版权文化建设于一体的综合版权管理体系，强化了集团版权的核心竞争力。同时，集团在版权方面的工作也获得了社会的肯定和鼓励。2014 年荣获深圳版权金奖——“版权产业最具影响力企业”奖；2017 年荣获深圳版权金奖——“版权保护”奖；2018 年荣获中国版权协会“中国版权最具影响力企业”奖；2021 年荣获“全国版权示范单位”称号。

深圳广播电影电视集团 SHENZHEN MEDIA GROUP

环球音乐集团（Universal Music Group, UMG）致力于通过艺术的力量塑造文化，作为全球音乐娱乐行业的领导者，在 60 多个国家和地区开展业务。环球音乐业务范围涵盖录制音乐、版权管理、授权商品及视听内容等领域，通过持续发掘与发展全球优秀音乐人，环球音乐制作发行了无数艺术和商业都大获成功的经典作品。

近年，环球音乐集团宣布在中国实施“多厂牌运营战略”，推出顶级国际音乐厂牌——Republic 唱片、拥有 80 年历史的传奇厂牌——Capitol 唱片、华语经典音乐厂牌——宝丽金唱片和 EMI 唱片四大厂牌，致力于华语音乐人的发掘打造，推动中国音乐文化走向世界。

## 年度现象级品质金曲，《孤勇者》唱出时代之音

《孤勇者》由环球音乐旗下艺人陈奕迅演唱，音乐制作人钱雷编曲、制作，著名女作词人唐恬作词，由环球唱片全球发行。

歌曲还原出那些不是正统意义中的无名英雄形象，每一个孤独的英雄，无论身处暗巷，还是面临逆境，都能奋力为梦想而战，暗合了当下每一个在各自岗位奋斗的平凡人，都闪耀着不平凡的光芒。

无论是传唱度、好评度、讨论度，《孤勇者》都是华语乐坛近年来堪称“现象级”的金曲热歌，用一首词曲唱俱佳的好歌，铿锵有力地回应了“华语音乐没有好歌”这样的质疑。

自发行以来，《孤勇者》稳定常驻音乐平台热歌榜前十，最高连续 12 星期高居榜首；在短视频平台，# 孤勇者 # 单个话题播放量逾 140 亿次，近 1 400 万个用户采用作为背景音乐发布短视频；在社交媒体上，《孤勇者》相关的话题更是带动了数十次热搜及过百亿浏览量。

《人民日报》、新华社、央视等国家媒体的新媒体平台上也曾多次用到这首歌作为背景音乐。《文汇报》评论说：“‘谁说对弈平凡的不算英雄’这样的歌词，与当下抗击疫情中，无数普通人挺身而出，默默坚守的现实境况相呼应，成为大众致敬医护、警察、外卖小哥等各行业奋战在一线无名英雄的真挚心声。”

《孤勇者》的真正“出圈”还是在小学生群体中的走红，成了孩子们的“接头暗号”。《孤勇者》能够征服小朋友的社交圈并非偶然，正如新华社撰文评论所言：“孩子们对于《孤勇者》的喜爱并不是单纯地跟风，而是这些歌词，确实鼓舞到了他们，触动到了他们内心深处的英雄主义。”

陈奕迅《孤勇者》

## 中意两国音乐家跨国合作新歌

歌曲《永远在一起》由著名词曲作家张和平、舒楠联袂打造，中国著名女高音雷佳与意大利著名男高音安德烈·波切利共同演唱，国际钢琴大师郎朗担任钢琴演奏，由环球音乐全球发行。

歌曲《永远在一起》（Forever You and Me）紧扣象征着世界和平、友谊和团结精神，舒缓而温情的乐音，饱含着同舟共济、实现和平、一起向未来的坚定力量；平凡而单纯的诉说，传达出与世界人民携手共进、守望相助、共创美好未来的信念。

这首歌是环球音乐中国推动中外文化国际交流的一次尝试，更是音乐的盛事。期待未来会有更多来自中国的艺术家，用音乐传递中国声音，讲好中国故事。

安德烈·波切利/雷佳/郎朗《永远在一起》

## 宝丽金再现港乐荣光

在环球音乐中国重启宝丽金唱片的一年后，作为粤语流行文化的“代名词”，在“港乐”回潮中扮演了重要角色，让更多的年青一代感受到港乐的魅力。

宝丽金唱片联合腾讯云多媒体实验室，应用人工智能技术修复张国荣《热·情》演唱会，让乐迷重返 22 年前那场盛况空前的经典绝唱，成为刷屏级的文化事件。不久之后，宝丽金再次联合抖音，通过高清修复技术修复并重映 Beyond 的演唱会，有 1.4 亿人在线观看了这场直播。

传承长达半世纪华语音乐经典的宝丽金唱片，还在不断地推出新人。“中国好声音”全国五强选手贺三，成为宝丽金唱片在内地重启后签约的第一位歌手；新人歌手曾比特参加湖南卫视节目《声生不息》；重磅推出首支跨次元国风摇滚女子乐队——四喜丸子，是宝丽金对国潮音乐的全新尝试。

张国荣演唱会

曾比特《声生不息》

掌阅科技
IREADER TECHNOLOGY

# 掌阅科技股份有限公司

ZHANGYUE TECHNOLOGY

掌阅科技股份有限公司成立于2008年9月，于2017年9月在上海证券交易所主板上市，股票简称：掌阅科技，股票代码：603533。主要产品及服务包括掌阅APP、掌阅文学、掌阅精选、掌阅课外书、掌阅有声、掌阅国际版、iReader阅读器等。掌阅先后与国内外上千家出版公司、文学网站等建立了良好合作关系，为全球150多个国家和地区的用户提供高品质的图书内容和智能化的阅读体验。

2017年9月掌阅科技在上海证券交易所挂牌上市

2019年掌阅成为“学习强国”学习平台重要数字内容资源合作伙伴

2021年掌阅精选与上海政协“国是书院”线上读书频道达成合作，并提供内容资源及技术支持

2016年掌阅与国际知名出版集团哈珀·柯林斯签约

2021年掌阅荣膺第五届“中国出版政府奖先进出版单位”

2019年掌阅获批成为“国家文化和科技融合示范基地”

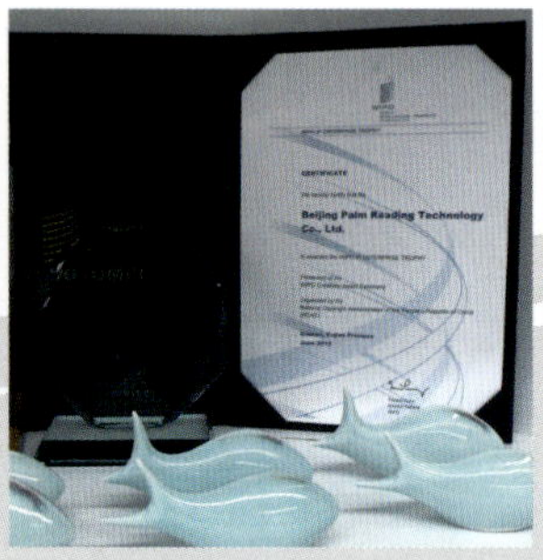
2015年掌阅荣获“世界知识产权组织版权金奖”

2019年掌阅联合郑州铁路局举办“4.23一起读”世界读书日活动

掌阅曾荣获第四届“世界知识产权组织版权金奖”，连续两届获评“中国出版政府奖先进出版单位”，连续三次入选“国家文化出口重点企业”，连续四年入选“全国文化企业30强”提名，2019年9月获批成为“国家文化和科技融合示范基地”。

# 产品矩阵

## 掌阅APP

掌阅APP拥有出版、原创文学、有声书、在线课程、漫画、杂志、自出版等海量正版内容，为读者提供优质便捷的阅读服务。掌阅APP具有数字阅读领域核心技术，并通过持续强化中台优势，形成了以内容挖掘和用户行为为导向的精细化且高效的数字阅读运营体系。

### 掌阅文学

掌阅文学是掌阅自有内容生产和孵化中心。旗下涵盖多家原创平台，包括掌阅文化、书山中文网、红薯网、趣阅小说网、有乐中文网、速更、新陌文学等。掌阅文学在为作者打造优质创作环境的同时，携手多家影视、游戏公司及视频平台，实现创作、孵化、影游漫等衍生开发一体化，并进行实景文旅、数字藏品等泛领域的积极尝试，达到内容生态的良性发展。

### 掌阅精选

掌阅精选机构服务专注为机构提供数字图书馆和阅读解决方案。依托掌阅科技的精品图书资源、独创的“协同阅读”功能和定制的“阅读服务”，协助机构打造数字图书馆，提升使用效能，降低开发运营成本，帮助机构职工养成阅读习惯，提升阅读兴趣和文化素养，助力打造高效学习型组织。

### 掌阅课外书

掌阅课外书成立于2018年，专为青少年课外阅读研发，通过分级阅读推介、兴趣部落、名家导读、社区交流等，解决青少年课外阅读多个难题，让孩子轻松享受阅读乐趣，助力成长。

### 掌阅国际版

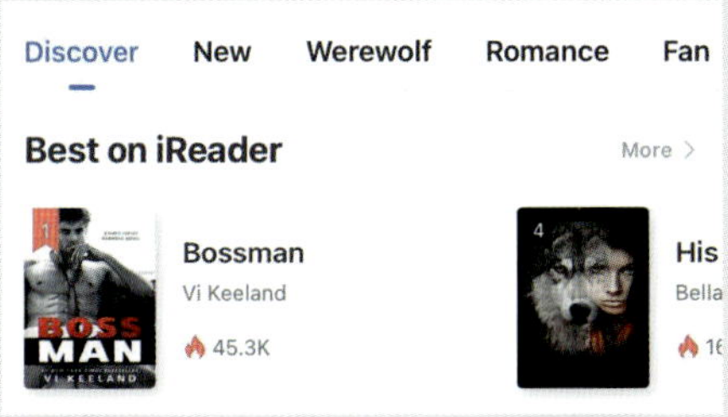


### iReader阅读器

掌阅国际版iReader APP于2015年10月正式上线，已覆盖全球150多个国家和地区，支持英、西、泰、法等10个以上语种，在许多国家的Google Play和App Store市场阅读软件列表中长期稳居前列。2020年增加了海外原创业务，加快构建内容本地化生态。掌阅iReader电子书阅读器已形成主打“轻阅读”的iReader Light系列、“为阅读发声”的iReader A6、首款彩色墨水屏阅读器iReader C6，以及集合“听·读·写·画”的iReader Smart系列等，更有定制党建版阅读器。产品将硬件、软件、内容完美结合，给用户高品质的阅读体验，已成为国产电子书阅读器优秀品牌。

# Artron 雅昌文化集团

雅昌文化集团创建于1993年，是立足于艺术领域的综合性文化产业集团，独创了“印刷+IT技术+文化艺术”的商业模式，成为传统行业产业升级的典范，现拥有北京、上海、深圳三大运营基地，产品和服务遍及全球几十个国家和地区。

雅昌（深圳）艺术中心

雅昌主要有三大业务板块：艺术印刷、艺术影像、数据互联网和艺术教育。雅昌以艺术数据为核心，以IT和互联网技术为手段，打造了世界领先的中国艺术品数据库，创建了中国艺术品互联网领先平台，建立了覆盖艺术全产业链的平台，以工匠精神推动传统加工业务向智能制造和定制服务进化，打造艺术界和艺术用户迫切需要的产品、服务和体验，创造经济效益和社会价值。

雅昌（上海）艺术中心

雅昌以卓越的品质和服务，出色完成了各种政府级重大项目的印制任务，保障了国家重大印制项目的圆满完成，为国家赢得了荣誉，荣获了“国有盛事，必有雅昌”的美誉。同时，雅昌创造了中国和世界印刷企业的夺冠纪录，斩获各类国际印制大奖千余项，10次荣膺“世界最美的书”，有114本书被评为“中国最美的书”，14次问鼎被誉为全球印刷界“奥斯卡”的美国印刷大奖班尼奖，使中国印刷重新赢得世界尊重。

雅昌（北京）艺术中心

雅昌致力于保护、传承和弘扬优秀文化，将雅昌的发展战略与企业的社会责任有机结合，让承担社会责任成为雅昌人以及雅昌影响所及人群的工作和生活方式。

www.artron.com.cn

# Artron

融科技之力　传艺术之美

## 三大业务板块

### 艺术印刷：工匠精神与现代科技，开启艺术产品智能定制

发挥工匠精神的优势，主动拥抱现代科技，开展美术、文博、摄影、拍卖收藏、高档商业等领域的专业研究，满足客户的高品质艺术印刷制作需求；融合专业化生产管理体系，将个性定制和工匠技艺相结合，实现艺术大书、高仿真复制、艺术装帧及纸艺术创作产品等精品级产品的按需印刷服务（POD）。

### 艺术影像：个性化智能影像输出解决方案

科技带动了数字影像的迅猛发展，每个人都是摄影师。雅昌以专业摄影师的质量标准，面向广大摄影爱好者提供图片管理和优化、数字影展策划和展示、专业级的个性化印刷品定制等在线服务，开启了小批量、个性化的高品质影像作品按需印制服务，与普通人共圆摄影师之梦。雅昌影像与故宫、少林寺等国内文旅达成 IP 战略合作，共同打造“传给 +”文旅 IP 项目线下实体店影像，搭建“科技 + 互联网 +IP”的惠民服务平台，通过深度挖掘 IP 价值，持续研发让影像与 IP 深度结合的个性化定制影像文创商品。

### 数据互联网和艺术教育：科技连接人与艺术

以中国艺术品数据中心为基础，以雅昌艺术网为平台，为艺术家、艺术机构、文博机构、艺术拍卖公司提供专业的艺术品数字化和艺术数据综合应用解决方案。同时建立了艺术头条、拍卖图录、得艺等 APP 和小程序，面向收藏家、艺术专业人士和广大艺术品爱好者和消费者的内容、数据和艺术品交易服务产品矩阵。

# 中国南通家纺城版权事务服务有限公司

中国南通家纺城版权事务服务有限公司成立于1997年3月8日，20多年来，在各级版权管理部门的大力指导下，共代理登记美术作品59 846件，自2021年1月18日经江苏省版权局授权，成立版权登记办理点，已登记作品7 072件，工作得到了国家、省、市、区各级领导的充分肯定。

2005年，被国家版权主管部门授予“全国版权保护示范单位”称号。2008年4月，成立了专业市场的知识产权巡回审判庭。2008年10月，被世界知识产权组织（WIPO）授予“版权创意金奖”。2009年3月，举行了“世界知识产权组织版权保护优秀案例示范点项目专家会议暨合作签约仪式”。2010年7月9日上午，中国国家版权主管部门和世界知识产权组织共同在北京发布《加强版权保护对中国南通家纺产业发展的影响调研报告》。2010年7月，新华社、《人民日报》等9大国内主流媒体集中报道南通家纺城版权保护经验，南通家纺城版权事务服务有限公司被中国版权协会评为“中国最具影响力企业”。先后荣获2013年度、2017年度、2018年度、2019年度、2020年度国家版权主管部门颁发的“查处侵权盗版案件有功单位三等奖”。2018年荣获国家知识产权主管部门颁发的“知识产权保护规范化市场”荣誉。先后入选2018年度、2019年度江苏省“打击侵权盗版十大办案单位”。

版权登记作品档案

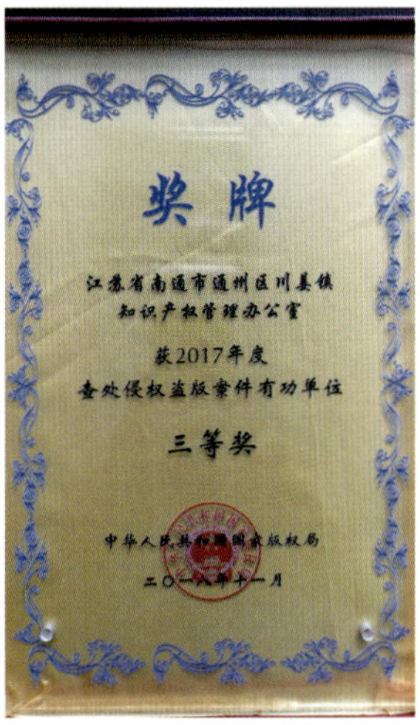

## 全国版权保护示范单位

★★★★★

**国际PDF协会主要成员**
**中国版式文档OFD标准制定成员**

# 福建福昕软件开发股份有限公司

**阅读器 + 编辑器**
直接用户已超
**7亿个**
**获评** 2021 年度“全国版权示范单位”

福建福昕软件开发股份有限公司（股票代码：688095）（以下简称“福昕软件”）是一家立足本土、国际化运营的版式文档解决方案提供厂商，也是国际 PDF 协会主要成员、中国版式文档 OFD 标准制定成员。

坚持创新研发。福昕软件拥有完全自主知识产权的版式文档核心技术，该技术充分应用于福昕阅读器、福昕高级PDF编辑器等主要产品中。以福昕高级PDF编辑器为典型，该产品集成创建、浏览、打印、编辑、设计、填写表单、加/解密PDF文档、数字签名等多种功能，适用于政府、企业、个人对PDF文档进行综合处理。数据统计，福昕软件拥有国内外企业客户数达到48.5万家以上，阅读器+编辑器直接用户已超7亿个。

把版权工作融入企业发展核心。福昕软件拥有国内外发明专利 39 件（专利号：ZL202010308048.4 等），计算机软件著作权 82 件，作品登记 1 件，注册商标 93 件。同时，福昕软件积极加入中国版权协会及多地版权协会，宣贯、落实国家版权保护工作，获评 2021 年度“全国版权示范单位”。

# 方正字库
# FounderType

方正字库隶属于北京北大方正电子有限公司(简称“方正电子”)，起源于北京大学王选教授主持的“汉字信息处理系统748工程”，作为中文字体设计领域的领导者，一向以字款丰富、品质精良、适用面广，能迅速满足客户需求，在专业出版、印刷、包装、广告、互联网、操作系统、应用软件、硬件设备等领域享有盛誉。

2005年方正电子与教育主管部门、北京大学合作共建“中国文字字体设计与研究中心”，和北京大学王选计算机研究所共同承担具体工作；2013年被评为北京市设计创新中心，被中国版权协会评为2013年度“中国版权最具影响力企业”；2017年开始承担国家“中华精品字库工程”的建设；2020年被国家版权主管部门授予“全国版权示范单位”称号；2021年被科技主管部门、中央宣传主管部门、中央网信办、文化和旅游主管部门、广电主管部门共同认定为“国家文化和科技融合示范基地”。

### 方正字库愿景

**为媒体服务，透过字体给读者更多关爱；**
**为企业服务，字体传递品牌价值；**
**透过字体，传递汉字之美，弘扬汉字文化。**
**方正人的汉字梦：中国人，方正字**

弘扬汉字文化
传递汉字之美

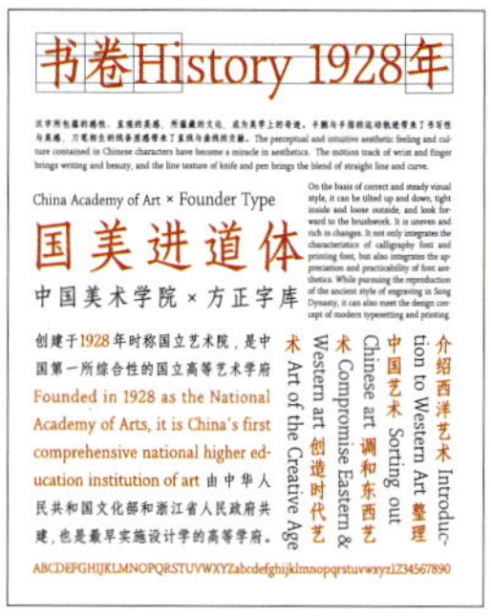


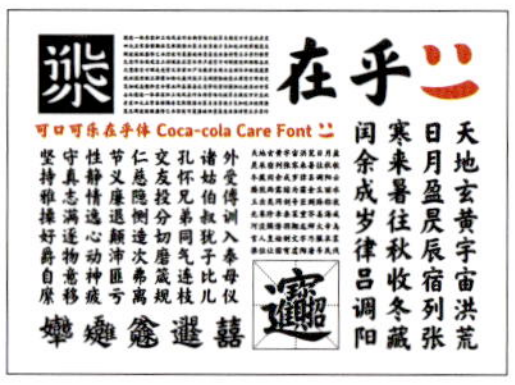

方正字库官网：www.foundertype.com
咨询服务电话：4006-516763

## A. 字体产品

方正字库拥有中文简、繁体字库2 400多款，可变字体51款，有125款包含21 003个汉字的GBK字库、84款包含27 533个汉字的GB18030-2000字库、6款包含70 244个汉字的超大字库、97款民族文字体。方正字库还与Monotype、Type Together、Fontworks、Production Type、Cadson Demak、Black[Foundry]等国际知名厂商广泛合作，为客户提供支持全球95%以上语言的完整字体解决方案。

## B. 提供服务

**01 正版字体授权服务**

方正字库广泛听取法律专业人士意见，推出家庭版和企业版授权，用户可以根据需要购买。针对商业授权，方正字库可以提供场景化字体授权服务，为商业客户制定完整的用字方案。详见方正字库官网，在线购买授权。

**02 定制字体服务**

方正字库可以针对企业品牌定位和特定需求，提供多类型、多语种定制字体服务，为企业打造标准化专用字体。方正字库定制字体覆盖互联网、零售、汽车、快消、游戏、文体艺术等多个领域，打造了可口可乐在乎体、美团体、阿里健康体、喜茶灵感体、京东朗正体、abC艺术书体等多款经典品牌定制字体，透过字体传递品牌价值。

**03 嵌入式应用**

方正字库长期为各类客户提供完整的嵌入式用字解决方案，合作领域包括：操作系统、应用软件、车载显示终端、电子阅读器、打印输出设备、导航仪、智能家电、数字电视、医疗设备、工业控制系统、游戏、网站等。

**04 云字库**

方正字库云字库解决方案，网页随心使用各种特色字体，支持不同浏览器，解决缺字问题，让网站内容更精彩。

**05 人口信息字库解决方案**

作为公安部人口信息系统、居民身份证和护照制作系统的专业字库服务商，方正字库人口信息字库解决方案，包含75 235个汉字和配套典码输入法，目前已经在社保、医疗、银行等行业系统中应用，有效解决人名、地名缺字问题。

**06 点阵字库**

方正字库作为中国政府相关主管部门的授权代理，进行国家标准点阵字库数据的许可使用事宜，也可根据客户的要求，开发国家标准以外的特殊点阵，满足针式打印机、点阵显示屏等设备的需要。

## C. 字加电脑客户端

由方正字库打造的字体服务平台，致力于为设计师提供字体查找、一键换字、字体管理、商用授权等服务，可提供的正版字体多达上万款，让用字更便捷、更安心。登录方正字库官网，即可免费下载安装。

## D. 中华精品字库工程

中华精品字库工程是中华优秀传统文化传承发展工程支持项目，由中国文学艺术界联合会、国家语言文字工作委员会共同指导，将精选100位中国历代书法名家作品，开发成电脑字库，中国书法家协会负责开发字体的遴选和质量审核，方正字库负责字库开发工作，目前已推出了35款精品字体。

为大力倡导并鼓励全民使用中华精品字库，方正字库启动“字美中华”公益应用计划，免费向公益组织、新闻出版单位、政府机构、学校、个人等提供中华精品字库工程现阶段合计35款字体的5年使用授权。其中，甲骨文字库将向全社会（包括商业企业）永久免费开放。

塔读小说

# 免费好书 尽在塔读

塔读小说成立于2010年，是国内领先的综合类网络文学平台，致力于融原创文学签约、内容分发、IP包装、衍生为一体，打造泛娱乐化生态闭环。坚定推行以用户为导向、以内容为核心、以产品求发展，满足不同需求阅读用户的使用习惯及丰富其阅读体验。

作为一家老牌数字阅读平台，塔读小说专注于网络小说这一领域，依托于旗下免费小说阅读APP塔读小说的“广告+免费”的阅读模式，免费向用户提供海量热门网络文学内容。面对日益多元化的市场竞争，塔读小说在不断巩固原有品牌优势的同时，顺应行业发展新形势、新需求，持续创新探索，持续积累原创文学内容，深度贯彻保障原创文学作者切身利益的宗旨，始终保有与网络文学发展一致的蓬勃活力。在不懈的探索中，塔读小说通过与明星、综艺影视节目的深度合作，也实现了自身品牌的革新升级。

未来，塔读小说将继续以数字阅读平台为基础，依托旗下小说阅读产品矩阵，为亿万用户提供精彩的数字阅读服务和贴心、优质的移动阅读体验，以丰富的品质版权内容精细化运营为特色，逐步构建起内容创作、内容分发、内容衍生开发等多板块业务布局，整合产业链上下游的泛娱乐化资源。同时，进一步加大对作者扶持，打造优质数字内容，持续夯实平台发展根基。

电话：400-678-5158

# 中国人民大学出版社

中国人民大学出版社成立于1955年，是新中国成立后建立的第一家大学出版社。1982年被教育部确定为全国高等学校文科教材出版中心，2009年获首届“全国百佳图书出版单位”荣誉称号，2007年、2018年和2021年三次荣获“中国出版政府奖先进出版单位”奖，是国内少数几家囊括所有国家级出版奖项的出版社。

人大出版社始终坚持正确的出版方向，秉承“出教材学术精品，育人文社科英才”的出版理念，实施精品战略，出版了一大批具有文明传播、文化积累价值的教材和学术著作，以优秀的出版物传播先进文化，是中国人文社会科学出版的重镇和一面旗帜。

人大出版社坚持服务高等教育、服务教师教学，建成了学科齐备的人文社科教材体系，是我国重要的高校教材出版基地；始终传承红色基因、坚守红色出版阵地，致力于马克思主义理论及其中国化时代化的研究、出版和宣传，被誉为“红色出版社”；始终致力引领学术前沿、繁荣学术发展，高扬哲学社会科学旗帜，出版经典丛书，是我国人文社科学术出版的领军品牌；始终讲好中国故事、传播中国声音，打造以高端学术出版“走出去”为特色的国际出版品牌，建立多个海外分支机构，发起成立“一带一路”共建国家出版合作体，是中国文化和图书出版“走出去”的排头兵；始终立足主业、创新驱动，面向教育、学术和大众市场打造多层次的融合出版产品，是我国全媒体多业态出版的引领者。

“为读者着想，与时代同行”，人大出版社深入学习贯彻习近平新时代中国特色社会主义思想，贯彻新发展理念，推进高质量发展，为加快建构中国自主的知识体系助力，为全面建设社会主义现代化强国贡献力量。

## Risvion锐景集团

# COMPANY PROFILE
# 公司简介

锐景是一家以文化数字化为基础,互联网与科技为核心,专注于数字创意、IP版权以及内容消费的创新型文化产业公司。我们希望以科技赋能文化产业链,为政府、文旅、金融及消费领域带来数字化升级的文化创意服务。

公司于2016年成立于苏州,并拥有分支机构6个,分布于北京、广州、南京和盐城等地,员工200余人。锐景内容平台合作创意及版权方20 000多个,管理图片、音视频及其他版权内容3亿余份。我们累计服务政府、企业、金融机构等客户超远5 000家,同时与华为、小米OPPO、VIVO、腾讯、科大讯飞等知名智能硬件和互联网公司保持长期密切合作关系,为1.3亿个人用户提供海量的全媒体内容。

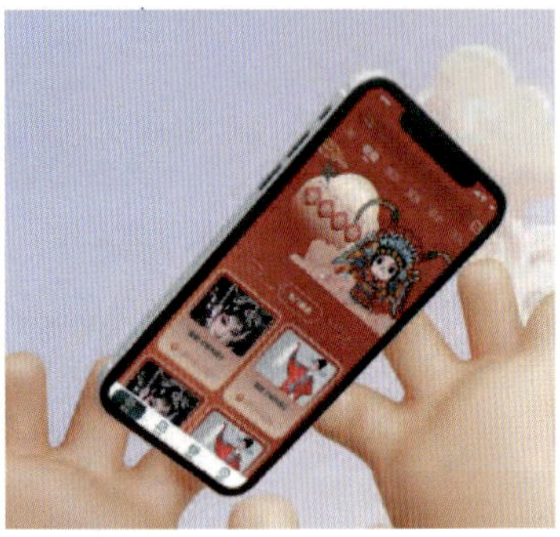

## 文化数字化

通过摄影、3D扫描、数字转录等方式将实物文化资产进行数字化采集,通过人工智能、区块链以及大数据等技术对数据进行分析、归类和版权确权,建立专有数据库、APP、版权交易网站等数字资产的保护和运营互联网平台,以完成整个文化资产数字化和运营模式的信息化基础建设。

## 文化加工

打造优质文旅IP,一站式提供文创产品供应与研发定制服务,并以动画、H5、小游戏、AR/VR以及NFT数字艺术品等形式,将文化IP进一步制作成受年轻人喜爱的数字文创产品。

## 文化分发

移动互联网时代用户对图像、音视频及知识内容需求急剧上升,并通过手机等设备产生大量的UGC内容。锐景为智能手机终端、IOT设备以及互联网用户提供丰富的数字版权内容,并提供完整的IP和内容资产运营方案。

# 人民教育出版社
PEOPLE'S EDUCATION PRESS

"十三五"时期，人民教育出版社在教育部党组、中国教育出版传媒集团公司党委的领导下，深入贯彻习近平新时代中国特色社会主义思想，准确把握新时代教材建设的新使命新要求，坚持把社会效益放在首位，推进实施"品牌拓展、融合发展、合作共赢、人才兴社"战略，促进全社科学发展，以优异的业绩赢得社会广泛赞誉。

2021 年，《人民教育出版社"十四五"时期发展规划》正式出台，《规划》提出了"党建引领战略、精品教材战略、品牌拓展战略、深度融合战略、版权运营战略、创新赋能战略"6 大发展战略。未来几年，人教社将立足精品教材建设，用心打造培根铸魂、启智增慧、适应时代要求的精品教材，形成高质量编研出版体系，构建以中小学教材为核心，以主题出版、教育图书和少儿读物为重点，以教辅图书、幼小衔接丛书、工具书和期刊等为拓展的多元化出版格局，建设系统化、全媒体化优质配套资源和服务体系，推动融合出版向纵深发展，持续提升人教社的社会效益和经济效益。提高科研立社水平，形成一批具有基础性、前瞻性、理论性和实践性的教材编写出版研究成果，培育一支在各学科领域有影响力的研究团队。进一步提高人教社承担国家任务、落实国家战略、服务教育大局的能力，为党和国家教材等政策制定提供理论和实践支撑。

人教社在制定"十四五"规划过程中，力图追求目标明确、可操作性强且有自身特点。认真学习贯彻习近平总书记给人教社老同志重要回信精神，深刻领会习近平总书记对教材建设提出的殷切希望，同时根据《中华人民共和国国民经济和社会发展第十四个五年规划和 2035 年远景目标纲要》《中国教育现代化 2035》《出版业"十四五"时期发展规划》《中国教育出版传媒集团（股份）有限公司"十四五"时期发展规划》，以及党和国家深化国有文化企业改革的有关要求，结合人教社自身实际全盘考虑，坚持正确的政治方向，始终把社会效益放在首位，以优质的教材和图书为教育服务、为教育出版服务的发展主线。

与"十三五"规划提出的品牌拓展、融合发展、合作共赢、人才兴社 4 个发展战略相比，人教社"十四五"规划保留了品牌拓展战略，增加了党建

人教社作为中国版权协会文字版权工作委员会主任委员会单位参展第八届中国国际版权博览会

引领、精品教材、深度融合、版权运营和创新赋能5大战略。党建引领战略是要把政治标准和政治要求贯穿于党支部建设和编研出版工作全过程，推动人教社各项事业高质量发展。精品教材战略要以构建中国特色高质量教材体系作为根本目标，以打造优质配套资源和服务体系作为拓展方向，聚焦教育发展远景，全面提升教材编研出版和资源开发水平，把教材打造成新时代国家文化标识。深度融合是大势所趋。目前，深度融合已是各行各业发展态势，教育出版应紧跟时代步伐，加快产品形态、服务模式、平台渠道、管理机制深度融合，进而形成企业数字化运营管理模式，增强教育出版服务教育信息化的能力。版权运营战略要以中小学教材自有版权为基础，巩固优化产品著作权授权代理经营模式，加大与各地出版集团交流合作力度，健全合作机制，提升合作质量。创新赋能战略要努力创造良好的创新环境。比如，通过创新体制机制，提升出版管理水平，持续激发企业发展活力。在两个五年规划中，人教社连续提出品牌拓展战略，在于人教社不只在中小学教材的编研出版方面有着深厚的文化积累和广泛的社会影响，还有人教人有责任将人教社品牌、人教社优良传统发扬光大传承的使命。

为了实现未来一段时间既定的奋斗目标，人教社将《规划》目标分解为8项任务：以党建促业务、以业务强党建，打造基层党组织党建工作与业务工作同谋划、同部署、同推进、同考核的局面；落实立德树人根本任务，用心打造精品教材体系；做强做亮主题出版，策划出版各类精品出版物；加大科研工作力度，提高企业核心竞争能力；加快数字能力建设，推动深度融合发展；推动物资管理印制业务齐头并进，增强仓储物流印制高质量管理能力；创新教材图书发行模式，保证各类培训服务质量；充分利用版权资源，拓宽版权运营领域。落到实处是36个重点项目，涉及党建、教材、主题出版、科研、融合出版、平台建设、印制物流仓储、市场发行、企业文化建设等9个方面。

习近平总书记强调，要“踔厉奋发、勇毅前行、团结奋斗，奋力谱写全面建设社会主义现代化国家崭新篇章”。迈上新征程，人教社要牢记习近平总书记的嘱托，奋楫扬帆，绘就全面建设的新蓝图。未来，人教社将始终秉持植根教育、服务教育、立德启智、铸魂育人的办社宗旨，坚定不移地致力基础教育教材和其他各级各类教材及教育图书的研究、编写、出版和发行。始终把社会效益放在首位，不断加强政治建设、思想建设、组织建设、作风建设、纪律建设和制度建设的发展思路，在“十四五”新的赶考之路上踔厉前行、奋而不怠。

▲ 2021 年 5 月 26 日，人教社组织召开中国版权协会文字版权工作委员会 2021 年业务研讨会——嘉宾合影

# 人民教育出版社版权工作纪实

2021 年，人民教育出版社在 2020 年良好工作业绩的基础上，继续平稳有序地推进各项版权工作，取得了长足的进步。

**在版权宏观管理方面，积极推进人教社版权管理信息系统的建设。**在完成相关招投标工作后，分步开展系统的调研、设计等各项工作，以期在系统运行后增强人教社版权管理的信息化水平，提高工作效率。

继续落实"以版权运营为重点的合作共赢战略"，将版权资源作为战略性资源，加强保护和开发，开展多领域、多区域、多形式的合作。作为人教版教科书的权利人，版权运营稳步推进，充分实现了人教版教科书版权价值的保值增值，全年中小学教材著作权收入和教辅著作权使用费均稳中有增，同时也满足了广大师生对教学资源的必要需求。

**人教社加强了出版物使用社外版权资源的管理工作。**采取多种方式，通过各种途径，积极寻找联系选用作品的著作权人签署合同，获得使用许可。2021 年岁末，为尊重并感谢作者长期以来对人教版图书出版事业的贡献，加强出版社与作者之间的联系，人教社精心制作"人教版图书选用作品荣誉作者证书"，随同《人教日历》一起寄给近 100 位作家，作为农历虎年的新年问候，赢得了选用作品作者的广泛赞誉，在业界产生了积极的反响。人教社还完

成向文著协、音著协、摄著协等集体管理组织支付法定许可使用费相关工作，荣获“文著协2021年度十大使用者”之首的美誉。

**人教社海外版权贸易工作面对新冠疫情所带来的中外交流困境，依然积极主动，稳中求进。**与日本、亚美尼亚、乌干达等国家以及我国香港特别行政区、澳门特别行政区的5家出版机构达成版权输出项目54项。与日本、英国、德国、新加坡的4家出版机构达成版权引进项目24项。人教社被评定为“2021—2022年度国家文化出口重点企业”，《澳门普通话教材》被评定为“2021—2022年度国家文化出口重点项目”，三个案例入选“一带一路”出版合作典型案例，“中国读本”（China Readers）丛书入选国际策划与组稿典型案例，“强强联合打入俄罗斯主流市场，新媒体联动培育海外无限商机”“以阳光学校为依托的海外华人子女教材渠道建设”入选国际营销和渠道案例。汉语编辑室负责人被评为“一带一路国际化人才”，《汉语熟语小词典》（日语版）获得丝路书香工程第二十七届北京国际图书博览会版权输出图书专项资助。

**人教社维权工作取得新的进展。**累计监测侵权数据28 000余项，通过投诉、调解、诉讼等手段，累计清理侵权信息10 500余项。配合京东、抖音、天猫等电商平台、行业协会和消费者鉴定疑似盗版出版物，大量的侵权商品链接最终被处理屏蔽。派专人配合各地行政执法部门查办大量的盗版案件，出色完成盗版鉴定任务。向各地公安机关举报、提供线索并配合公安机关查办侵犯著作权刑事案件，已抓捕多个犯罪嫌疑人。案件涉及人教社出版物400多个品种，包括盗版图书、平板电脑内置侵权内容、视频课程侵权等多种类型。目前已判决定罪1起，其余案件在公安侦查或司法诉讼进程中。

▲ 版权与对外交流合作部与中国文字著作权协会联合开展主题党日活动，并就业务合作进行研讨

▲ 版权与对外交流合作部会同教材中心、科文中心与中国大百科出版社商洽教辅产品合作开发事宜

▲ 版权与对外交流合作部员工参加著作权保护与诉讼实务研讨和培训活动

# 清華大學出版社 TSINGHUA UNIVERSITY PRESS

清华大学出版社成立于1980年6月，是教育相关部门主管、清华大学主办的综合性大学出版社。2009年4月由国有独资全民所有制企业改制为有限责任公司。2014年10月成立清华大学出版集团。作为国内领先的综合性教育与专业出版机构，清华社先后荣获“先进高校出版社”“全国优秀出版社”“全国百佳图书出版单位”“中国版权最具影响力企业” “全国教材建设奖全国教材建设先进集体”等荣誉，2007年、2017年分别获评“中国出版政府奖先进出版单位”，出版的一大批图书和期刊荣获中国出版政府奖、中华优秀出版物奖、全国优秀教材、中国好书等国家奖励。清华社现年出版图书、音像制品、电子出版物等近3 000种，销售规模和综合实力以及在高等教育教材市场、科技图书市场、馆配图书市场占有率均名列前茅。

清华社现设有理工、计算机与信息、经管与人文社科、外语、医学、职业教育、基础教育、音像电子与数字出版等8个分社和学术出版、期刊2个中心，下辖8个子公司，建立了完善的经营体系与集团化架构，实现了图书、音像制品、电子出版物、期刊和网络等多种媒体融合的立体化出版格局。其中，高品质、多层次、全方位的计算机图书是清华社的特色品牌，自1995年以来一直雄居我国计算机教材市场前列；依托清华大学强大的学科资源，理工和基础学科类图书已形成强势板块，经管与人文社科类图书也已跃居全国前列；外语、职业教育类图书一直保持着良好的发展势头。伴随着清华大学创建世界一流大学的步伐，清华社不断调整和优化图书结构，在文学、艺术、法律、建筑、医学等领域的出版竞争力不断增强，在全国图书出版市场的传播力和影响力得到显著提升。

清华社坚守学术出版使命，精心谋划布局，不断加强与清华大学“双一流”建设相匹配的高水平学术著作出版和学术期刊群建设，业已成为国内领先和具有一定国际知名度的综合性学术出版机构之一。在自然科学、工程技术、医学以及人文和社会科学各领域出版了一大批学术精品力作，多次入选国家出版基金、国家重点图书出版规划等项目。2011年3月，清华社成立期刊中心，加快了学术期刊集群化、国际化发展步伐。清华社现出版学术期刊45种，其中11种英文科技期刊被SCI收录，6种中文社科期刊被CSSCI及其扩展版收录。15种期刊入选中国科技期刊卓越行动计划，同时承担了该计划中科技期刊数字化传播国际平台服务项目的研发及实施工作。

清华社重视国际化发展，积极开展版权贸易和合作出版，与多家国际著名出版公司建立了长期合作关系。在引进海外优质版权资源的同时，面向全球开展组稿，自主或合作策划的英文版学术著作和期刊已销往全世界，进入了国际学术界和教育界的视野。作为“中国图书对外推广计划”成员单位，清华社迄今已有约900多项逾20个语种的各类图书版权输出到北美、欧洲和亚洲国家，另有600多项图书的中文繁体字版在中国港澳台地区出版发行。

在数字时代，清华社积极探索融合发展模式，努力实现由单一出版产品形态向复合出版产品形态升级，从传统产品提供商向内容资源、技术、服务提供商转型。在大众知识服务领域，尝试根据内容策划全版权产品形态并通过自有及多形态的渠道分发产品；在教育教学领域，实现了“书 + 互联网”的教材升级，并规划实施了以“文泉学堂”为整体教育教学服务的教材转型方案，为高校师生提供教育教学的整体解决方案；在专业内容服务领域，一方面做好数字化期刊发布平台，另一方面努力打造基于知识树构建的专业内容服务平台，为专业人员提供线上服务。在多年的融合出版发展过程中，清华社积累了专业的数字教学产品研发团队、强大的推广销售体系、立体的教学服务平台，确保为学生提供丰富的学习资源和工具，为老师提供专业便捷的数字教学服务，为学校提供科

学先进的教学管理方案。

40 多年来，清华社集聚了一批复合型、开拓型的策划编辑、市场营销和经营管理等方面的人才，形成了一支具有现代企业经营理念、结构合理、富有创造力的专业化、年轻化队伍，他们已成为清华社持续发展的主力军。

清分挺秀，华夏增辉。未来 5 年是全面建设社会主义现代化国家开局起步的关键时期，清华社以习近平新时代中国特色社会主义思想为指导，全面贯彻党的教育方针和出版方针，坚持正确的政治方向、出版导向、价值取向，秉承“传播先进文化、推动社会进步”的出版宗旨，牢牢把握高质量发展这个根本要求，进一步深化“品牌化”“集团化”“数字化”“国际化”“人才化”战略，立足清华、服务社会、走向世界，为文化强国、教育强国、科技强国建设做出新的更大的贡献。

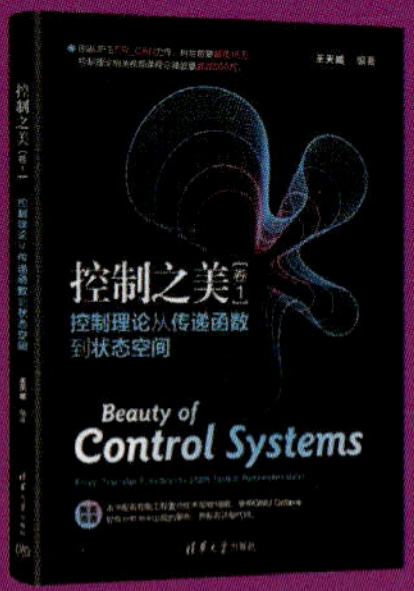


**《控制之美：控制理论从传递函数到状态空间》**（卷 1）
**作者：**王天威 编著

**《详解 FPGA：人工智能时代的驱动引擎》**
**作者：**石侃 编著

**《代码大全 2》**（纪念版）
**作者：**[ 美 ] 史蒂夫·麦康奈尔（Steve McConnell）著 陈玉毅 陈军 杨志昂 洪佳 徐东伟 王国良 徐毅 译

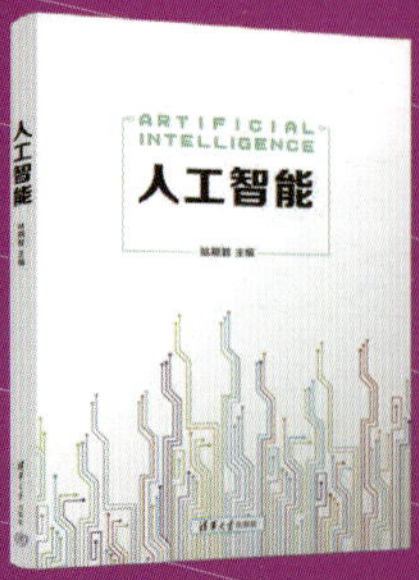


**《人工智能》**
**作者：**姚期智 主编

**《一只早飞千年的鸟：中国古代气象观测与测量科技》**
**作者：**黄卫 著 黄缨童 绘

**《生命的守卫者：免疫、癌症与治愈之道》**
**作者：**徐庞连 著

**《中国城市大趋势：未来 10 年的超级新格局》**
**作者：**凯风 著

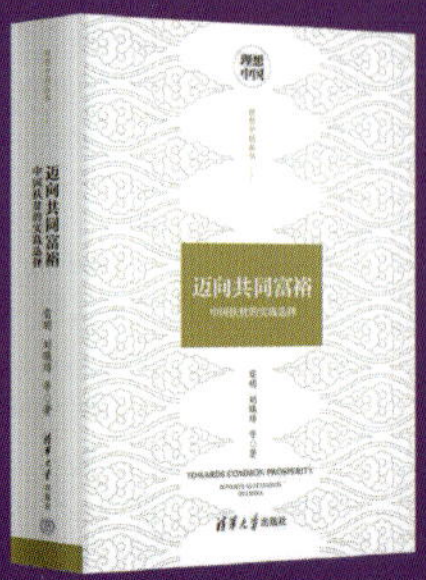


**《迈向共同富裕：中国扶贫的实践选择》**
**作者：**雷明 刘曦绯 等著

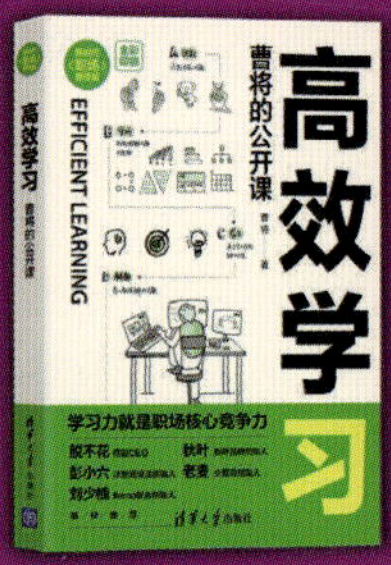


**《高效学习：曹将的公开课》**
**作者：**曹将 著

**《人工智能伦理》**
**作者：**于江生 著

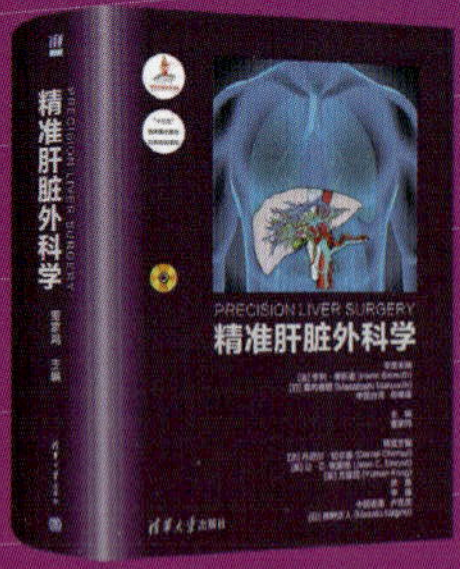


**《精准肝脏外科学》**
**作者：**董家鸿 主编

**《画里看戏：中国戏曲百图赏》**
**作者：**马紫晨 主编 关世俊 图 马紫晨 梁小斐 郭晓迎 文

# 清华大学出版社 精品期刊

传播一流学术成果

清华大学出版社目前出版期刊共33种，分别是：《清华大学学报（自然科学版）》《科技与出版》《计算机教育》《物理与工程》《实验技术与管理》《高校马克思主义理论研究》《社会主义核心价值观研究》《国际政治科学》《经济学报》《全球传媒学刊》《城市设计》《公共管理评论》《清华校友通讯》《政治经济学季刊》《清华金融评论》《汽车安全与节能学报》《石油科学通报》《分布式能源》《清华大学学报自然科学版（英文版）》《纳米研究（英文版）》《摩擦（英文）》《先进陶瓷（英文）》《建筑模拟（英文）》《计算可视媒体（英文）》《神经科学（英文）》《大数据挖掘与分析（英文）》《航天动力学（英文）》《复杂系统建模与仿真（英文）》《CAAI人工智能研究（英文）》《国际肝胆健康（英文）》《感染医学（英文）》《鸟类学研究（英文）》《中医科学杂志（英文）》。其中，中文期刊18种、英文期刊15种，科技期刊23种、社科期刊10种。多种期刊被EI、SCI、CSSCI、中文核心期刊要目总览、中国科技核心期刊等国内外核心数据库收录，屡获中国出版政府奖期刊奖、全国百强科技期刊、百种中国杰出学术期刊、中国精品科技期刊、中国最具国际影响力学术期刊等奖项。在2019年“中国科技期刊卓越行动计划”中，8种期刊分别入选“领军期刊”“梯队期刊”“高起点新刊”。2021年，《纳米研究（英文版）》《摩擦（英文）》《先进陶瓷（英文）》《建筑模拟（英文）》《清华大学学报自然科学版（英文版）》《鸟类学研究（英文）》《计算可视媒体（英文）》7种期刊被SCI收录，影响因子再创新高。其中，《纳米研究（英文版）》《摩擦（英文）》《先进陶瓷（英文）》《计算可视媒体（英文）》《鸟类学研究（英文）》均居所属学科Q1区。清华大学出版社将加快实施期刊集群化、数字化、国际化发展战略，推动世界著名大学出版集团建设，更好地服务于“双一流”建设和国家创新驱动发展战略。

《建筑模拟（英文）》（Building Simulation）于2008年创刊，是世界上专门全面反映有关建筑模拟领域研究成果的期刊，内容涵盖建筑、规划、景观3个一级学科及与能源、环境、健康等交叉方向，专注于建筑模拟分析研究，是从事建筑节能、建筑环境、规划与设计相关领域基础研究和工程技术人员的重要交流平台和媒介。该刊已被SCIE、SCOPUS、EI等国际重要数据库收录。2021年 SCI影响因子为4.008，在建筑技术学科和热力学学科中均居Q2区前列。于2019年入选“中国科技期刊卓越行动计划”梯队期刊项目。

《清华大学学报自然科学版（英文版）》（Tsinghua Science and Technology）于1996年创刊，发表计算机和电子工程领域具有创新性和重要性的研究成果。该刊已被SCIE、SCOPUS、EI、CSCD等国内外重要数据库收录。2021年SCI影响因子为3.515，在计算机软件工程、计算机信息系统和电子电气工程3个学科中均居Q2区。该刊于2018年获“第四届中国出版政府奖期刊奖提名奖”；2019年入选“中国科技期刊卓越行动计划”梯队期刊项目。

清华大学出版社
Tsinghua University Press

网址：http://www.tsinghuajournals.com
地址：北京市海淀区双清路学研大厦B座6层清华大学出版社期刊中心 100084
电话：010-83470504

# 接力出版社原创重点图书

## “章鱼先生有办法系列”（5种） 韩煦 著

**图书简介：**

“章鱼先生有办法系列”是一套适合2～5岁孩子的趣味认知图画书。通过拉页、折页、翻翻页、立体页等多种创意工艺和独特拓印拼贴技法，教会孩子认知颜色、动物、形状、方位与时间。版权输出至新加坡、越南、韩国及我国台湾地区。

## “快逃！星期八”系列（5种） 彭懿 著 田宇 绘

**图书简介：**

“快逃！星期八”系列讲述了发生在星期八幼儿园里，荒诞有趣的神奇“冒险”故事，帮助孩子释放情绪、学会共情，更好适应集体生活。关注幼儿园生活的热点问题，通过有趣的想象游戏，缓解孩子们对打针的恐惧和焦虑，建立起上厕所、睡午觉、按时上课等行为的有效规则，帮助他们树立自信和独立自主行动的意识。

## 《雨露麻》 曹文轩 著 [韩]苏西·李 绘

**图书简介：**

《雨露麻》由国际安徒生奖得主曹文轩创作，讲述了一个小女孩用自己的一番诚意打动画布的故事，是一部献给所有坚持梦想并为之努力的孩子的图画书。作品荣获“2021年博洛尼亚童书展最佳童书奖·虚构类特别提名奖”，版权输出至智利、巴西。

## “中国民间想象力图画书系列”（5种） 刘旭爽 卢璐 等 著 李清月 阿梗 等 绘

**图书简介：**

“中国民间想象力图画书系列”是一套为孩子们创作的民间文学图画书。该系列或对经典民间故事进行大胆改编，或依据民俗文化创作，作者到南宁、桂林、崇左等地方采风，将民间故事流传地的自然景观、人文景观融入书中。每本书插画结合了不同的传统艺术与传统工艺，如以水墨宣纸作画，借鉴敦煌壁画艺术风格，向孩子们展示民间文化的魅力以及多元的民族文化风貌。

## 《塔希里亚故事集》（11种） 吴淼 著

**图书简介：**

《塔希里亚故事集》是中国漫画家吴淼原创奇幻史诗漫画，以极具特色的黑白剪影画风，构建出一个气势磅礴的魔幻世界——塔希里亚。在这里，读者可以看见创世神魔间的博弈，每个故事都波澜起伏、惊心动魄……吴淼将对人性的反省和追问融入一页页神工鬼斧般笔触，为读者奉献出大开大合的人生。

# 接力出版社原创重点图书

## “中华先锋人物故事汇”系列（80种） 徐鲁 葛竞 等 著

**图书简介：**

“中华先锋人物故事汇”系列丛书秉持“让英雄伴随孩子成长”的理念，聚焦新中国成立以来的先锋人物。该系列邀请国内著名儿童文学作家，用充满浓郁童趣的美文，描述了先锋人物成长过程中的感人细节、丰富的心灵世界和在共和国发展历程中闪光的足迹；帮助青少年打好精神底色，让红色基因融入血脉；引导广大青少年学习先锋人物的杰出品质，传递给青少年读者昂扬向上的生命力量。

## “黑鹤动物文学精品系列”（7种） 格日勒其木格·黑鹤 著

**图书简介：**

“黑鹤动物文学精品系列”包括《黑焰》《黑狗哈拉诺亥》《血驹》《狼獾河》《黄昏夜鹰》《狼谷的孩子》《我和小狼芬里尔》7种。作品中描写了中国北方草原、林地等独特环境中的各种动物，叙述了这些自然生灵的生活状况、生死命运，以及人类与动物并行共生的图景。该系列作品荣获“第三届比安基国际文学奖小说大奖”“2011年冰心儿童图书奖”等奖项，版权输出至法国、加拿大、韩国、埃及、德国、越南、英国、尼泊尔、俄罗斯。

## “少年航天局”系列（6种） 段立欣 孙睿 著

**图书简介：**

“少年航天局”是所有小航天迷向往的地方，学霸星妹、航天天才小达、熊猫天骄和兔子小玉四个小伙伴，怀揣着“航天梦”来到这里，开始了新奇、有趣又充满冒险的旅程。该系列丛书用幽默漫画开篇，结合精彩的航天故事，把复杂的航天研究生活化，把空洞的专业知识故事化，把遥不可及的宇宙、航天器、卫星、宇航员训练与升空等“神秘”元素细节化，符合孩子的阅读喜好，趣味性强。

## 《六极物理》 严伯钧 著

**图书简介：**

《六极物理》通过以爱因斯坦和普朗克为主角的科学故事，穿越极快、极大、极重、极小、极热、极冷六个极限世界，展现前沿物理全貌，带领读者走进博大精深的物理世界，轻松解读物理原理。作品荣获“第十六届文津图书奖（科普类）”，版权输出至韩国和我国台湾地区。

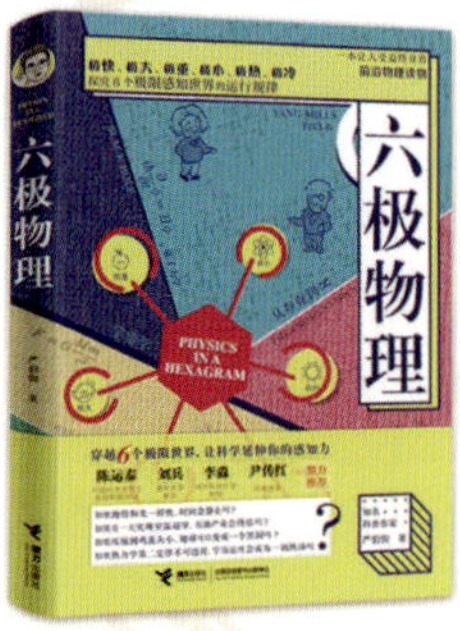

## “万物有化学”系列（5种） 胡杨 等 著

**图书简介：**

“万物有化学”系列围绕118种化学元素，引领少年儿童走进千变万化的化学世界，领略化学在饮食医疗、新能源、AI作战、陶瓷艺术等领域中的无边魅力。和100多种由化学元素化身的科学精灵轻松对话，在搞笑幽默之中与化学为友，从此爱上化学，跨入化学知识殿堂，解锁世界万物的化学密码。

# 北京大學出版社
# PEKING UNIVERSITY PRESS

## 国家文化出口重点企业

《中华文明史》多语种译本

“全国优秀输出版图书”部分获奖作品

北京大学出版社把发展版权贸易作为走向世界、融入国际社会、参与国际竞争的重要途径，在版权贸易工作中一直坚持“输出引进并举”的工作思路，并建立了让版权贸易健康发展的长效机制。目前，北大社已同几十个国家和地区的上百家出版社建立了业务往来。

PEKING UNIVERSITY PRESS

## 多次获得各级图书奖

北大社在引进版权图书上坚持“为我所需”和“双效并重”方针，坚持社会效益与经济效益并重，引进各种版权 3 000 余种。北大社组织翻译的一系列高质量的优秀外版图书，如《全球通史》《科学的旅程》《经济学原理》等，受到读者的广泛欢迎，并多次获得各级图书奖。

王明舟社长在北大博雅讲坛演讲

## 中国文化“走出去”战略代表

北大社积极响应党中央、国务院的中国文化“走出去”战略，立足于版权输出，整合全社资源，结合本社的发展规划，大力推进图书“走出去”工作。北大社根据自身的出版特点和优势，将对外汉语教材和人文社科类图书作为版权输出的重点领域，与英国剑桥大学出版社、荷兰博睿学术出版社、德国施普林格出版社等一批国际知名出版社展开深入广泛的合作，共向海外输出版权 2 000 余种，涉及英语、德语、法语、俄语、日语、韩语、泰语、越南语等十几个语种。其中，《中华文明史》成功输出了英文版、日文版、韩文版、塞尔维亚文版、匈牙利文版和印地文版，《解读中国经济》成功输出了英文版、日文版、韩文版、德文版、阿拉伯文版、泰文版、吉尔吉斯文版等，出版后在国际市场上产生了良好反响。北大社共获批“经典中国国际出版工程”、“中国图书对外推广计划”、“中华文化著作翻译出版工程”、“丝路书香工程”重点翻译资助项目、“外国人写作中国计划”、“中华学术外译项目”等“走出去”项目立项近 200 项。

参加北京国际图书博览会

建党 100 周年主题出版物

北大社是全国“新闻出版‘走出去’先进单位”、“中国版权最具影响力企业”、“中国图书对外推广计划”工作小组成员单位之一，并被商务主管部门、文化主管部门、国家广电主管部门、新闻出版主管部门联合认定为 2007—2008 年度、2009—2010 年度、2011—2012 年度、2013—2014 年度、2015—2016 年度、2017—2018 年度、2019—2020 年度、2021—2022 年度“国家文化出口重点企业”。

# 商務印書館 The Commercial Press

创于1897

2021年，商务印书馆继续与英国、美国、德国、日本等国家的一流出版机构，如英国牛津大学出版社、剑桥大学出版社、泰勒—弗朗西斯集团等保持着密切的业务往来，持续深化与战略合作伙伴的关系，加强双向出版合作，向英国、德国、俄罗斯、法国、韩国、日本、印度尼西亚等国家输出主题图书、语言、社科、管理、文学、对外汉语教学等类别的图书版权，全年输出版权99项。全年引进版权395项，引进图书品种涉及外语工具书和教材、人文社科学术著作和大众文化类图书等。

2021年9月14日，商务印书馆和英国劳特利奇出版公司在第28届北京国际图书博览会上联合举行"国家治理丛书"（英文版）新书发布会

《习近平扶贫故事》繁体中文版当年完成签约、出书；多语种外文版翻译出版持续推进。以翻译出版《新华字典》和《现代汉语词典》汉外双语版为主要内容的"中国品牌辞书海外传播"项目取得重要阶段性成果，《新华字典》7个语种（英、葡、俄、德、韩、西、日）、《现代汉语词典》1个语种（英）的汉外双语对照版以纸书和APP方式出版。多种重点图书的海外版本出版发行，如《政府管制经济学导论》《东方社会发展道路与社会主义的理论和实践》《新伦理学原理》《唐诗综论》等图书的英文版由泰勒—弗朗西斯集团旗下劳特利奇出版社出版发行，《中国语言生活状况报告》俄文版由圣彼得堡大学出版社出版发行，《炒股的智慧》韩文版由韩国金融媒体出版社发行。中华文化"走出去"再结累累硕果。2021年11月，商务印书馆被指定为"亚洲经典著作互译计划"中"中伊经典著作互译项目"主承办单位，将与中外各方努力推动项目实施，完成5年内中伊互译出版50种图书的总目标。

2021年9月14日，商务印书馆和牛津大学出版社在第28届北京国际图书博览会上联合举行《精选英汉汉英词典》（第5版）和《牛津学术英语词典》（英汉双语版）新书发布会

www.cp.com.cn

2021 年 9 月 15 日，商务印书馆与帕尔格雷夫·麦克米伦出版公司在第 28 届北京国际图书博览会上联合举行《中国社会科学手册》与“当代中国社会研究丛书”英文版合作备忘录签约仪式

2021 年，商务印书馆参加了第 28 届北京国际图书博览会，展出重点书、新书、“走出去”重点成果等 150 余种，在展场举行签约仪式、发布会等 4 场大活动：“国家治理丛书”英文版发布会、《精选英汉汉英词典》（第 5 版）暨《牛津学术英语词典》（英汉双语版）发布会、商务—帕尔格雷夫《中国社会科学手册》与“当代中国社会研究丛书”项目合作备忘录签约仪式、“回望·展望”——商务—剑桥战略合作五周年庆祝活动。此外，商务印书馆还参加了伦敦书展在线书展、香港书展、法兰克福在线书展等，推介《习近平扶贫故事》等重点图书，积极推介商务印书馆品牌及图书。

2021 年，商务印书馆“走出去”工作获得多项荣誉和奖励。商务印书馆被评为 2021—2022 年度国家文化出口重点企业。据《2021 年中国图书海外馆藏影响力报告》，在 2021 年中国出版社进入世界图书馆系统品种排行榜中，商务印书馆排名上升至第三名，馆藏品种为 447 种。《汉语世界》杂志选送 3 篇作品获评亚洲出版协会“2021SOPA 亚洲卓越新闻奖”，分别为：《农村垃圾分类进行时》获“卓越环境报道奖”正奖，《冰与人——查干湖冬捕》获“卓越摄影奖”荣誉提名奖，《身材焦虑与饮食障碍》获“卓越女性议题报道”优秀作品入围。

2021 年 9 月 15 日，商务印书馆与英国剑桥大学出版社在第 28 届北京国际图书博览会上联合举行“回望·展望：剑桥大学出版社—商务印书馆战略合作五周年”庆祝活动

服务教育 引领学术 担当文化 激动潮流

中国现代出版从这里开始！

# 中南出版传媒集团
CHINA SOUTH
PUBLISHING & MEDIA GROUP

中南出版传媒集团股份有限公司成立于 2008 年 12 月，2010 年 10 月在上海证券交易所上市（股票代码 :601098），成为中国全产业链整体上市的出版传媒龙头股。集团经营业务涵盖图书、报纸、期刊、音像、电子、网络、动漫、电视、手机媒体、框架媒体等多种媒介，集编辑、印刷、发行各环节于一体，是典型的多介质、全流程、综合性出版传媒集团，形成了出版、印刷、发行、报刊、新媒体、金融六大产业格局，下辖 31 家子（分）公司。

2021 年中南传媒实现营业收入 113.31 亿元、净利润 15.15 亿元，市值和利润均居中国出版传媒上市公司前列。连续 13 年入选“全国文化企业 30 强”，连续 13 年被五部委联合评为“国家文化出口重点企业”，被国家相关部委授予“全国版权示范单位”“中国版权最具影响力企业奖”“中国版权特别贡献奖”“版权输出优秀奖”“中国图书对外推广计划特别贡献奖”等荣誉。

## 中南传媒图书多次入选国家“走出去”项目

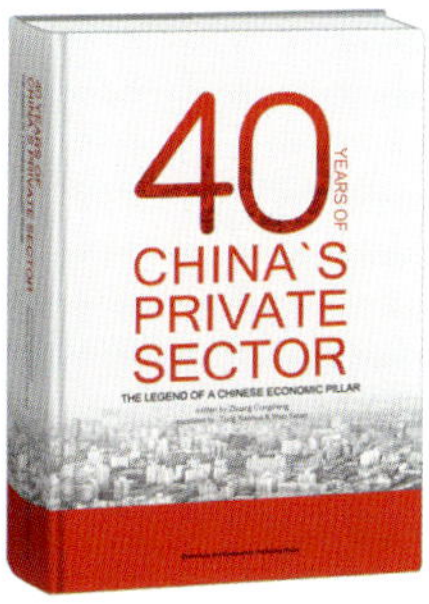


《中国民营经济 40 年》
（英文版）

《从饥寒交迫走向美好生活——中国民生 70 年 (1949—2019)》
（英文版）

《乡村国是》
（阿拉伯文版）

《托起全面小康中国梦：精准扶贫在华夏》
（俄文版）

## “十三五”时期

共向全球 93 个国家和地区译介 1 400 余种优质湘版图书版权

《简明中国史》
（马来文版）

《从你的全世界路过》
（匈牙利文版）

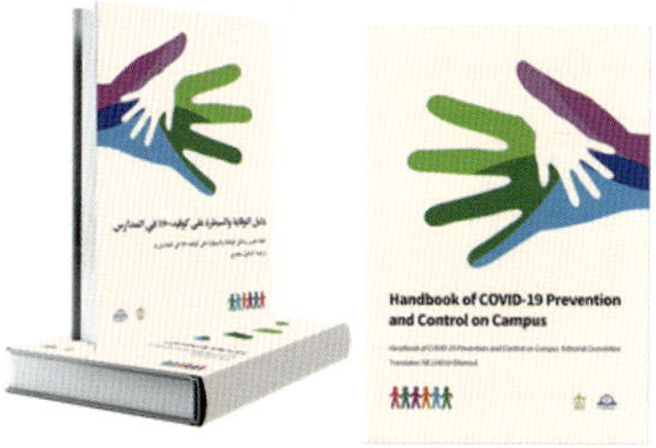


《新型冠状病毒感染的肺炎校园防控手册》（阿拉伯文版、英文版）

《长安十二时辰》
（泰文版）

《艾约堡秘史》
（俄文版）

《笨狼的故事》
（尼泊尔文版）

# 浙江教育出版社

ZHEJIANG EDUCATION PUBLISHING HOUSE

浙江教育出版社成立于1983年9月。建社以来，始终以“服务教育，繁荣学术，积累文化”为宗旨，出版的教材、文教图书和大众读物广受师生、家长好评。曾获“中国出版政府奖先进出版单位”等称号，多次入选国家文化出口重点企业名单。近年来，坚持精品出版战略，积极服务新时代文化浙江建设，实现经济效益、社会效益双丰收：年平均出书品种约4 500种、销售码洋30多亿元，在全国500多家出版单位中排名前30、在地方教育出版单位中位居前列；出版的《红船启航》等数百种图书获省级以上奖励，特别是在国家出版基金、主题出版重点出版物、中国好书等评选中屡获佳绩。

2021年9月14日，第二十八届北京国际图书博览会上，浙江教育出版集团与罗马尼亚利比瑞斯出版社中方代表签署大型党史动漫专题片《血与火：新中国是这样炼成的》罗马尼亚语版版权输出协议

2021年9月14日，第二十八届北京国际图书博览会上，浙江教育出版集团与俄罗斯斯维特出版中心副社长签署大型党史动漫专题片《血与火：新中国是这样炼成的》俄语版版权输出协议

2019年8月22日，第二十六届北京国际图书博览会上，“创新报国70年”大型报告文学丛书多语种（英文、德文、阿拉伯文、罗马尼亚文）版权输出签约仪式中外嘉宾合影

2018年8月，第二十五届北京国际图书博览会上，浙江教育出版集团与中国科学院科学传播局续签中国科普教育出版基地项目合作协议，将双方科普教育出版和多语种版权“走出去”的合作推向新高度

- 2021 年主题出版重点出版物
- 第 8 届鲁迅文学奖
- “十三五”国家重点出版物出版规划项目
- 国家出版基金专项主题出版项目
- 第 17 届文津图书奖

**《红船启航》** 丁晓平 著

该书是庆祝建党 100 周年的献礼之作，分“红船劈波行”和“精神聚人心”上下两卷，真实、生动、完整地记叙了党的伟大创建史和南湖革命纪念馆建设史，全面客观地反映了伟大建党精神的深刻内涵、历史地位和实践价值，全景式揭示了红船精神的丰富内涵、内在逻辑和精神实质，从历史和现实两个维度，书写从开天辟地到共同富裕的百年史诗。

- 第 8 届鲁迅文学奖提名作品
- 2020 年度“中国好书”
- 2021 年向全国老年人推荐优秀出版物
- 2020 年中国作家协会重点作品扶持项目

**《迟到的勋章》** 王龙 著

该书献礼中国人民志愿军抗美援朝出国作战 70 周年，是一部精彩可读、感人至深的军事题材报告文学，主要讲述黄继光生前敬仰的楷模、张富清式的埋名英雄、著名抗美援朝战斗英雄柴云振奋斗一生、淡泊名利的感人事迹，勾勒无数志愿军将士的英雄图谱，揭示人民军队逢战必胜的精神密码。

- 第 5 届中国出版政府奖图书提名奖
- 国家出版基金资助项目

**“中国青少年科学实验出版工程”丛书**（5 册）

郭传杰 主编

该项目由浙江教育出版社与中国科学院、中国教育科学研究院携手打造。旨在提升公民科学素养，加快科学精神和创新文化的传播塑造，使青少年能够更好地理解、掌握、运用和参与科技创新，夯实科技创新发展的基础。项目以科学实验为载体，以科学方法、科学思想和科学精神为精髓，以科学知识传播为目标，聚焦实验，兼顾科学史学、哲学、美学内涵，厚今薄古，通过理实相融的手法和润物无声的方式，将科学人文素养贯穿项目始终。

- 2022 年主题出版重点出版物

**《月上》** 陈新 著

该书为全面、系统、真诚书写中国探月工程的长篇报告文学，以中国工程院院士、中国探月工程总设计师吴伟仁从四川大巴山中一个普通的农民成长为中国探月工程总设计师、主持设计“嫦娥号”的艰辛付出及成长历程为主线，讲述中国探月工程从“嫦娥一号”到“嫦娥五号”“绕、落、回”全过程，礼赞中国航天精神，展示中国人民创造的科学奇迹，喜迎二十大。

- 2019 年主题出版重点出版物
- 其中《飞蝗物语》获“2019 年度中国好书”
- 其中《世界屋脊的光芒》获“2019 年度中国版协 30 本好书”
- “十三五”国家重点出版物出版规划项目
- 2020 年度中国版权最佳内容创作奖
- 国家出版基金资助项目

**“‘创新报国 70 年’大型报告文学丛书”**（17 册）

叶梅、陈应松、许晨、李春雷、纪红建、袁山山、秦岭、宁肯 等 著

该丛书为原创纪实性大型报告文学丛书，系统梳理中国科学界创新成就，回顾 70 年科技发展历程，献礼中华人民共和国成立 70 周年。丛书通过颂扬我国科技工作者竭蹶奋斗、勇攀科学高峰的感人事迹，弘扬爱国主义、集体主义和理想主义精神，奏响时代之声、爱国之声，谱写我国科技创新的“中国故事”，塑造中国形象，弘扬中国精神，传播科学思想，提高全民族科学文化素养与科学文化水平，推动中国科技事业新发展。

# 华东师范大学出版社

ECNUP

EAST CHINA NORMAL UNIVERSITY PRESS

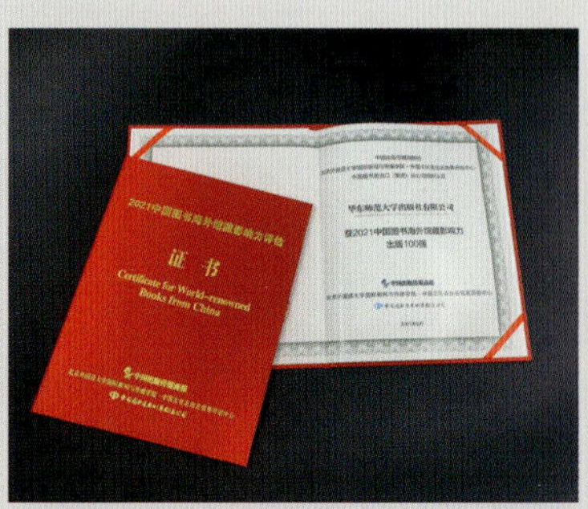

华东师范大学出版社创建于 1957 年 6 月，是全国百佳图书出版单位、国家数字出版转型示范单位、全国版权示范单位。

华东师大出版社拥有国家新闻出版主管部门授牌的“国家级出版融合发展重点实验室”、上海市委宣传部（新闻出版局）授牌的“上海学术 · 专业出版中心 · 教育学出版中心”。

华东师大出版社以“大教育”为出版特色，2021 年出版图书 5 913 种 / 次，其中初版书 1 099 种，再版书 186 种，图书重印率超 75%；荣获“第五届中国出版政府奖（提名奖）”“全国教材建设奖”“上海图书奖”“文津图书奖”等多项图书荣誉；荣获“2021—2022 年度国家文化出口重点企业”“2021 中国图书海外馆藏影响力出版百强”等企业荣誉。

## “走出去”与国际化

### 引 进

阿根廷
爱尔兰
爱沙尼亚
奥地利
澳大利亚
比利时
波兰
丹麦
德国
俄罗斯
法国
梵蒂冈
韩国
荷兰
吉尔吉斯斯坦
加拿大
美国
挪威
日本
瑞典
瑞士
塞尔维亚
塞内加尔
斯洛文尼亚
坦桑尼亚
西班牙
新加坡
新西兰
伊朗
以色列
意大利
印度
英国
中国台湾
中国香港

### 输 出

阿根廷
阿联酋
埃及
澳大利亚
巴基斯坦
巴西
白俄罗斯
保加利亚
波兰
德国
俄罗斯
法国
哥伦比亚
格鲁吉亚
古巴
哈萨克斯坦
韩国
吉尔吉斯斯坦
加拿大
捷克
黎巴嫩
马来西亚
美国
蒙古
墨西哥
南非
尼泊尔
日本
瑞士
塞尔维亚
泰国
突尼斯
土耳其
乌克兰
乌兹别克斯坦
西班牙
新加坡
以色列
意大利
印度
英国
越南
智利
中国台湾
中国香港

# 传播中国学术声音 讲好中国教育故事

## N 个 “1+1”

- “走出去” + 引进来
- 传统文化 + 当代中国
- 西方主流市场 + “一带一路”及周边国家
- 版权输出 + 实物出口
- 图书 + 期刊
- 纸质版权 + 数字版权
- ……

2021 年 9 月 15 日，在北京国际图书博览会上成功举办“《百年科学往事——杨振宁访谈录》版权输出签约仪式”，将华人科学家对世界科学史的独特贡献传播到全世界。

由华东师范大学出版社与圣智出版集团合作出版的《战“疫”天使日记》英文版获得“第十六届‘银鸽奖’（2021 年度）最佳出版奖”；由上海市妇女联合会主编的中西双语图书《木兰双城——上海—巴塞罗那女运动员的故事》获得“第十六届‘银鸽奖’（2021 年度）出版类优胜奖”。

# 陕西师範大學出版总社

SHAANXI NORMAL UNIVERSITY GENERAL PUBLISHING HOUSE

《阅读织物上的历史》荣获2020年度“输出版优秀图书奖”

首阳教育云平台入围中国数字出版创新论坛出版融合发展优秀案例

“陈彦图书项目”入选2021年“一带一路”出版合作典型案例

《主角》入选2021年“经典中国国际出版工程”

4个项目入选2021年“丝路书香工程”

2个项目入选2021年“中国当代作品翻译工程”

《中医药文化知识》走进澳门中小学校园

陕西师范大学出版总社部分精品图书

陕西师范大学出版总社成立于1985年，现已发展成为集图书、期刊、电子音像、数字出版、教育文化服务于一体的综合出版传媒机构。出版的图书荣获“中国图书奖”“国家图书奖”“中华优秀出版物奖”“鲁迅文学奖”“中国好书”“最美的书”等奖项，被授予“全国版权示范单位”“陕西省版权示范单位”“中国版权年度影响力企业”“中国版权突出贡献奖”等荣誉。2018年至今连年获评“中央宣传主管部门图书出版单位社会效益评价考核优秀单位”。

陕西师范大学出版总社高度重视版权管理与开发工作，成立英语、俄语、小语种3个翻译出版基地，加大“走出去”步伐，与美国、英国、俄罗斯、乌克兰、土耳其、韩国、阿联酋等国出版机构建立合作关系，拓展版权贸易。同时，每年都有多种图书入选“丝路书香工程”“经典中国国际出版工程”“中国图书对外推广计划”等。陕西师范大学出版总社正在将更多的精品力作推向世界，为更多读者提供服务。

# 陕西人民出版社有限责任公司

SHAANXI PEOPLE'S PUBLISHING HOUSE CO., LTD

“海外中国书系·日本学者唐代文化研究译丛”出版项目签约仪式，左一为社长赵小峰

陕西人民出版社成立于1951年1月，是西北地区建社最早的出版社。目前，已经发展成为以出版社科图书为主，具有图书、报纸、杂志、音像制品、电子出版物等多种出版能力，以及经营中小学教材等功能齐全、具有一定规模和影响力的综合性出版社。主办有陕西电子音像出版社、阳光报社、文化艺术报社、时代人物杂志社等，与人民教育出版社联合组建了陕西西北人教玉成文化传媒有限公司，与中国延安精神研究会、中共延安市委共同组建成立了延安书局。

70多年来，陕西人民出版社出版图书4万多种，发行40多亿册，数百种图书输出到日本、法国、澳大利亚等国家以及中国台湾、香港地区，数千种图书获得省部级以上奖励。

陕西人民出版社不断健全完善版权保护与版权资产管理机制，积极参与国际合作与市场竞争，扎实开展版权创造、运用、保护和管理等工作，被中国版权协会评为“2018中国版权年度最具影响力企业”；2021年，被陕西省版权局授予“陕西省版权示范单位”称号，被国家版权局授予“全国版权示范单位”称号。

70多年来 出好书 传播优秀文化

发行40多亿册

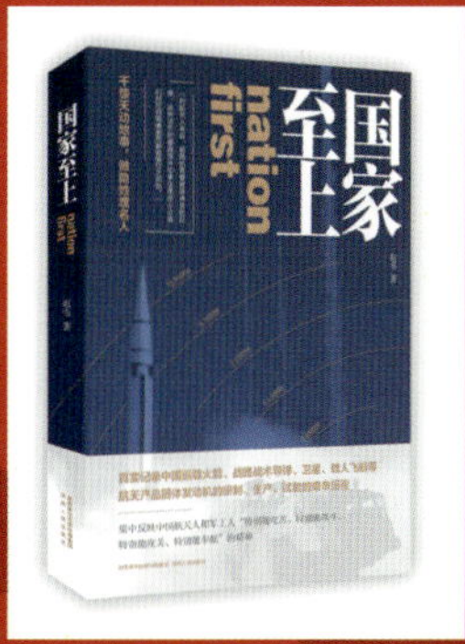

《国家至上》输出俄文版和白俄罗斯文版

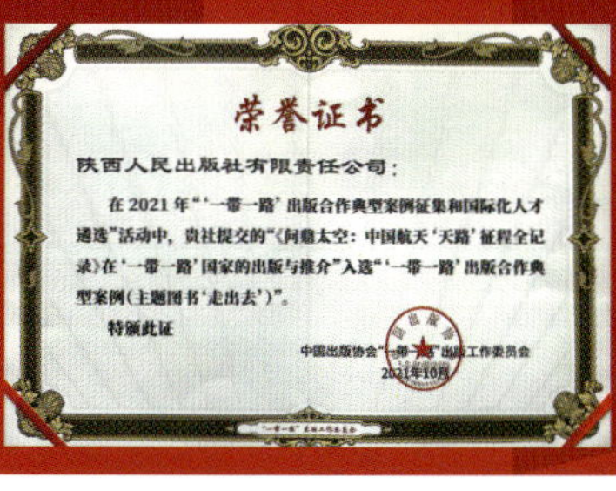
荣誉证书

陕西人民出版社有限责任公司：

在2021年“‘一带一路’出版合作典型案例征集和国际化人才遴选”活动中，贵社提交的《问鼎太空：中国航天‘天路’征程全记录》在‘一带一路’国家的出版与推介”入选“‘一带一路’出版合作典型案例(主题图书‘走出去’)”。

特颁此证

中国出版协会“一带一路”出版工作委员会

2021年10月

出版图书4万多种

数百种输出到日本、法国、澳大利亚等国家

做精品 弘扬时代精神

# 河北人民出版社有限责任公司

河北人民出版社有限责任公司成立于 1950 年，是新中国成立较早的出版社之一。现设有政法读物、经管读物、文史读物、古籍方志读物、思想品德读物、历史读物、科学读物、大学教材、教辅读物等 9 个编辑部及 10 个业务职能部室。目前年出版新书近千种，累计出版图书 3 万余种。

20 世纪 90 年代以来，该社提出了“精品带动、整体提高，在整体提高中追求精品效应”的工作思路，出版了一大批优秀图书，形成了自己的风格与特色。其中 25 种图书 29 次获全国图书三大奖项，另有 540 余种图书 600 余次获得省级以上各类图书奖，特别是《让群众过上好日子——习近平正定足迹》《知之深 爱之切》的出版发行，在社会上引起强烈反响。近年来，该社营业收入和利润总额稳步增长，在软件正版化、融合发展和“走出去”工作方面取得突破，公司经营、版权运营、传播知识等方面获得社会各界肯定，连续多年被河北出版传媒集团公司评为先进单位。

在取得良好经济效益的同时，该社多次获得国家和省授予的奖励和荣誉称号，2006 年被授予“全国新闻出版系统先进集体”称号；2007 年获“中国出版政府奖先进出版单位”奖；2019、2020 年连续入选“河北省知名文化企业 30 强”；被国家版权主管部门授予“全国版权示范单位（软件正版化）”称号。2018 年，《历史文化认同与中国统一多民族国家》获“第四届中国出版政府奖图书提名”奖；2019 年，《〈共产党宣言〉与新时代》获“第 15 届精神文明建设'五个一工程'特别奖”；2019 年，《徘徊与觉醒：改革开放的酝酿和启动》荣获“第七届中华优秀出版物奖正式奖”；《中国文化对欧洲的影响》（英文）入选“2021 年度国家社科基金中华学术外译项目”立项名单；2021 年 8 种选题入选“十四五”时期发展规划项目；4 种图书入选国家出版基金资助项目。

该社以主题出版为引领，不断调整和优化图书结构，大力推进“四名工程”建设，提出“围绕政治理论读物、党史国史读物、中外学术精品、大众文化读物 4 个主攻方向，打造具有市场竞争力的核心产品”的思路，经过多年的努力，图书结构更为优化，板块更为清晰，特色更为明显。

## 版权输出 文明互鉴

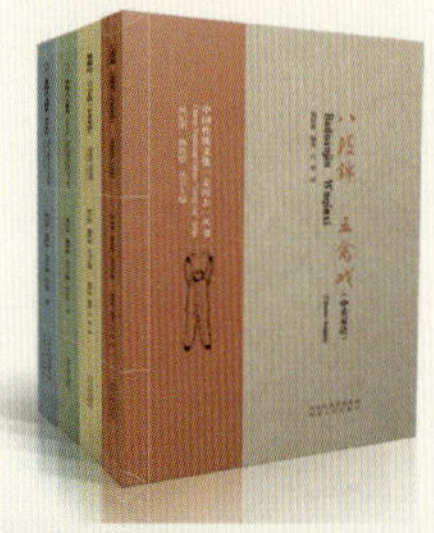

## 重点好书

**社长：**王斌贤　**总编辑：**荆彦周　**电话：**0311-88641242
**地址：**河北省石家庄市友谊北大街 330 号　**邮政编码：**050061

学术立社 品牌兴社

# 南京大学出版社
NANJING UNIVERSITY PRESS

南京大学出版社作为国内一流大学出版社，坚持“学术立社，品牌兴社”的出版理念，注重出版交流，一直以来十分重视版权工作，在实际工作中切实践行“好书引进来、文化走出去”。在版权引进方面，近20年来已累计引进近千种图书，范围涵盖学术类、大众类及少儿类读物；在版权输出方面，共面向美国、英国、德国、法国、日本、俄罗斯等多个国家及地区，完成了上百种图书的“走出去”工作，包括学术专著、高校教材及童书绘本等，与多家国际一流出版社保持着战略合作关系，如英国劳特里奇出版社、德国施普林格出版社、美国宾夕法尼亚州立大学出版社、日本东京大学出版社等。目前共有数十种图书获得了“中国图书对外推广计划”“经典中国国际出版工程”“丝路书香工程”“国家社科基金中华学术外译”等项目的资助。其中，南大社围绕《南京大屠杀史》一书进行了一系列版权“走出去”的尝试，已出版及待出版的译本包括英文版、西班牙文版、俄文版、法文版、韩文版、泰文版、希伯来文版、阿拉伯文版、哈萨克文版及波兰文版。

南京大学出版社在版权工作中秉持“中西融通，合作共赢”的原则，同时与南京大学创建一流国际化高校的办学思路相结合，努力提升国际化合作水平，始终贯彻“两条腿走路”的经营方针，秉持出自学衡派学术传统的社训“昌明国粹，融化新知”，在传播中国传统文化的同时，引进西方优秀学术著作，打造中国传统思想文化出版高地、中华民国史（1912—1949年）出版重镇，以及国外学术前沿重要译介平台。

2021年度南京大学出版社版权输出出版成果

# 重庆出版集团
# 重庆出版社

重庆出版集团多次荣获“国家文化出口重点企业”称号

重庆出版集团的前身是成立于1950年的西南人民出版社（后改为重庆出版社）。重庆直辖市设立后，重庆出版社被定为由中共重庆市委主管、重庆市人民政府主办的正厅局级事业单位。2005年4月，重庆出版社整体“转制改企”，成立重庆出版集团。

集团围绕出版主业，取得了众多版权成果。一方面版权资源高质量聚集，历年来出版发行图书数十亿册，获省部级以上奖项2 000余个，其中50多种出版物获“‘五个一工程’奖”“中国出版政府奖”“中华优秀出版物奖”等国家级大奖；41个项目入选“国家重点出版物出版规划”，39个项目获“国家出版基金”资助，精品力作不断涌现。另一方面“走出去”取得优异成果，1 000多种版权输出到全球30多个国家和地区，一大批核心价值观图书和重点出版项目在海外出版发行。近年来，集团通过“数据”和“业务”双中台不断聚集数字资源生产要素，并提供有效的版权保护和管理，围绕原创IP全产业链打造IP开发生态圈，使版权资源成为数字经济发展的新动能，有力服务了重庆“智造重镇”“智慧名城”建设。

重庆出版集团参加第八届中国国际版权博览会

重庆出版集团版权输出作品（部分）

重庆出版集团获“第五届中国出版政府奖”的出版物

《三体》版权输出到30多个国家和地区

集团秉持“书行天下，传承文明”理念，用心用情用力做好出版工作，先后获得第三届和第五届“中国出版政府奖先进出版单位”“全国文明单位”“全国百佳图书出版单位”“全国文化体制改革优秀企业”“全国精神文明建设工作先进单位”“全国新闻出版系统先进集体”“全国模范职工之家”等殊荣，自2007年起16年间、连续8次荣获“国家文化出口重点企业”称号。2021年，被评为“全国版权示范单位”。

重庆出版集团总部大楼

# 外语教学与研究出版社

FOREIGN LANGUAGE TEACHING AND RESEARCH PRESS

由北京外国语大学主办，外语教学与研究出版社、人民出版社和法国墨兰出版社共同承办的《中国共产党100年奋斗历程》（法文版）于2021年6月在北京和巴黎同步发布

第四届中国—中东欧国家出版联盟论坛以线上线下相结合方式于2021年9月成功举办，外研社作为联盟秘书处是承办单位

外语教学与研究出版社（外研社）是中国较早开展国际版权贸易的出版社之一，通过国际版权合作累计出版产品5 000多种，《新概念英语》、《书虫》、《英语》（新标准）等明星产品影响了几代英语学习者。近年来，外研社加快"走出去"步伐，在11个国家建立中国主题编辑部，在英国牛津创办以出版为特色的孔子学院，并发起成立中国—中东欧国家出版联盟。2021年，外研社在海外推出《中国共产党100年奋斗历程》（法文版）等重要主题图书，第7次入选"国家文化出口重点企业"。从"向中国介绍世界"到"向世界介绍中国"，外研社长期致力于通过出版促进中外文化交流和文明互鉴。

## 《奋斗的足迹：写给青少年的新时代故事》

**作者：**程京武 主编

**作者简介：**程京武，暨南大学教授、博士生导师，马克思主义学院院长；文化名家暨“四个一批”人才；“南粤优秀教师”“广东省优秀社会科学普及专家”。

**图书简介：**《奋斗的足迹：写给青少年的新时代故事》是迎接党的二十大胜利召开的青少年主题图书。该书全景式记录了广东学习运用总书记教导的方法论，取得辉煌成就、交出合格答卷的光辉历程，选取贴近青少年学习生活素材和热点的20个典型故事，运用链接视频、图片、数据、故事等表现形式，鲜活记录时代之精彩，展现广东省在党的十八大以来的喜人变化。

## 《中国书法之美》（共5册）

**作者：**唐翼明 主编，张天弓 副主编

**作者简介：**唐翼明，华中师范大学国学院院长、长江书法研究院院长。张天弓，国内知名书法家，湖北省人民政府文史研究馆馆员，中国书法家协会学术委员会委员。

**图书简介：**该丛书选取中国历代书法作品中最具代表性的作品，分为篆书、隶书、楷书、行书和草书5个分册。从美学的角度阐释经典书法作品的规矩、笔力、形美和意境等，结合中国传统文化和国学的研究，钩沉历代中国书法艺术中蕴含的东方美学意蕴。

## 《新时代城市党建论丛》（全3册）

**作者：**王超 编著

**作者简介：**王超，中共广州市委党校习近平新时代中国特色社会主义思想研究中心主任、教授。

**图书简介：**该书着力以广州党建实践为蓝本，立足广州市各区各系统各单位的丰富实践，总结2018年至2020年广州党建实践，进一步探索提炼与广州发展阶段相匹配的党建新模式，为城市党建工作方式方法的创新，以高质量党建引领各项工作提供理论与实践指导。

## 《光荣啊，中国共青团》

**词作者：**胡宏伟

**曲作者：**雷雨生

**图书简介：**为庆祝中国共产主义青年团成立100周年，由《光荣啊，中国共青团》歌曲的原作者胡宏伟、雷雨声与广东教育出版社联合策划，将《光荣啊，中国共青团》的钢琴伴奏五线谱歌谱和供交响乐队演奏的乐队总谱及演奏分谱整理出版。《光荣啊，中国共青团》的出版，突破了单一简谱歌谱的局限性，为团歌的奏唱和推广、共青团精神的传承以及增强广大中学生、青年的凝聚力发挥了重要作用。

## 《泉水里的中国》

**作者：**余道范 著

**图书简介：**该书是以泉水视角讲述华夏文明演化史的综合性山水文化的著作。以泉井说故事，以故事说人物，以人物说历史，以历史说文化，以文化说中国，综合诗文楹联、书法碑刻、古典建筑等，融入逸闻趣事、民俗风情、民族宗教等，视野深邃、胸怀博大，描绘出耐人寻味、意趣盎然的泉水中国，展现出清澈可爱、生动立体的美丽中国，彰显了中国山水之美、文化之美、历史之美！

## 《跟着昕融唱诗词》

**作者：**若水古社 编著，陈书良 审定，李昕融 演唱

**图书简介：**该书采用纸质图书+童声颂唱+超级IP的融合形式，甄选97首小学生必背古诗词，将优美的歌声融入小学生必背古诗词的朗读赏析中，适合6～12岁小朋友朗读、背诵。由著名作曲家李凯稠谱曲，具有千万级流量的李昕融朗诵、演唱，其代表作有家喻户晓的《你笑起来真好看》《听我说谢谢你》等歌曲。

该书注重“双减”政策下核心素养的培养，是对新课标跨学科阅读的创新实践。

# 上海外语教育出版社

外教社 SHANGHAI FOREIGN LANGUAGE EDUCATION PRESS

上海外语教育出版社(简称“外教社”)成立于1979年，是一家国际知名、国内享有盛誉的外语出版和服务基地;是国家一级出版社、全国百佳图书出版单位。

外教社的主要业务范围包括研发和出版各类外语教材、教参、学术著作、工具书、读物、对外汉语和中国文化图书以及数字出版物等。2021年，外教社获评“全国教材建设先进集体”。

外教社是我国较早开展图书版权贸易的出版单位之一，目前已同世界各地100多家出版机构有过合作，保持常年稳定合作关系的境外出版公司有40余家。外教社合作伙伴遍及英国、美国、加拿大、法国、德国、意大利 西班牙、葡萄牙、俄罗斯、荷兰、希腊、奥地利、韩国、日本、新加坡、黎巴嫩等国以及我国香港和台湾地区。2021年，外教社被评为“全国版权示范单位”。

**所获荣誉(从左至右):** “全国百佳图书出版单位” “中国出版政府奖先进出版单位” “上海市版权示范单位” “全国教材建设先进集体”

输出版图书

引进版图书

# 明天出版社

明天出版社成立于1984年，是山东省一家专业的少儿图书出版社，国家一级出版社、全国百佳图书出版单位，先后多次被评为“全国新闻出版系统先进集体”。2013年，中国版权协会授予明天社“中国版权最具影响力企业”荣誉称号；2021年，国家版权主管部门授予明天社“全国版权示范单位”荣誉称号，国家商务主管部门授予明天社“2021—2022年度国家文化出口重点企业”荣誉称号。

**“笑猫日记”系列**
**（印度尼西亚文版、德文版、韩文版）**

“笑猫日记”系列荣获“第四届‘世界知识产权组织版权金奖（中国）’作品奖”

**《雪山上的达娃》**

荣获2020年度“中国版权最佳内容创作奖”

**“童话山海经”系列**
**（阿拉伯文版）**

“第七届中华优秀出版物奖”获奖作品、2020年“丝路书香工程”项目、2021年“经典中国国际出版工程”项目“童话山海经”系列已输出阿拉伯文版、哈萨克文版。

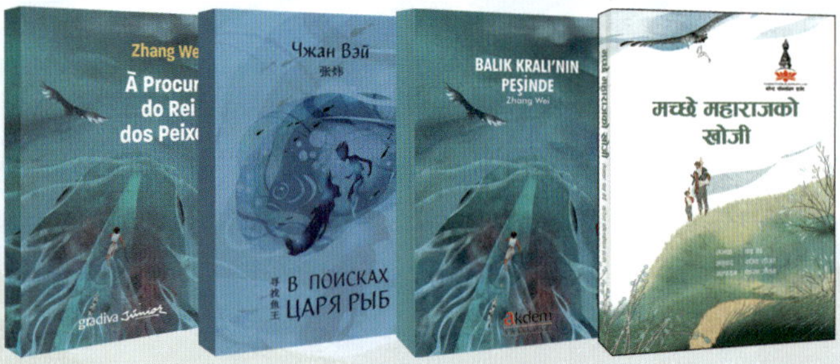


**《寻找鱼王》**
**（俄文版、葡萄牙文版、土耳其文版、尼泊尔文版）**

《寻找鱼王》已输出葡萄牙文版、法文版、俄文版、越南文版、土耳其文版、尼泊尔文版、高棉文版、阿拉伯文版等多个语种。

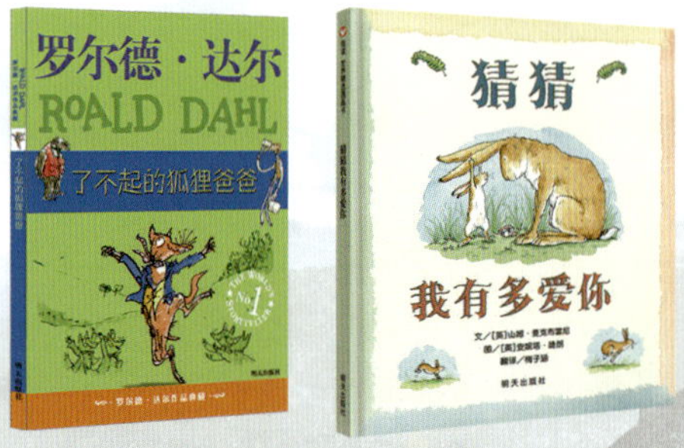


**《了不起的狐狸爸爸》《猜猜我有多爱你》**

入选2021年度“最具版权价值图书”

**“中国非物质文化遗产图画书大系”**
**（韩文版、乌尔都文版）**

“中国非物质文化遗产图画书大系”（韩文版）入选2019年“经典中国国际出版工程”

**“阳光姐姐科普小书房”**
**（印度尼西亚文版）**

联系地址：济南市市中区万寿路19号
联系电话：0531-82098622

# 大象出版社

大象出版社前身是河南教育出版社，1983 年建社，1996年更为现名，成立至今 39 年。年出版品种 1 200余种，被评为“全国优秀出版社”，目前是国家出版融合发展（郑州）重点实验室、出版业科技与标准重点实验室双融合项目成员单位，入选“全国版权示范单位”。先后有 400 多种图书获得省部级以上荣誉，入选国家“十三五”重点图书出版规划 16 种，入选国家出版基金资助项目 20 种，入选国家图书“走出去”重点项目 20 个，入选国家“十四五”重点图书出版规划 6 种。

出版社以主题出版为引领，以教育出版为基础，以学术出版、大众出版为两翼，以融合出版为支撑，基本形成了书、刊、数字出版良性互动的融合发展格局。在专业出版领域形成了史料文献、国际汉学、科技史与科普、历史与考古 4 个产品线。史料文献、国际汉学产品线经过数十年的积累、培育，已成为国内专业出版领域一线品牌。

## 精品图书

## 版权输出图书

时代出版

中国图书海外馆藏 TOP 影响力 100

# 时代出版传媒股份有限公司

## Time Publishing & Media Company Limited

2021 年，时代出版传媒股份有限公司积极开展建党百年主题外宣工作，借力国际书展等优质“走出去”平台，举办“新时代、新启航、新高度——2021 时代出版国际合作北京畅谈会”、时代好书海外联展、时代出版“十三五”“走出去”成果展等文化活动，坚持协同合作，不断扩大国际合作朋友圈。深入推进“走出去”资源库建设，发挥融媒体、短视频等技术平台作用，制作英文短视频，积极向海外推介优质作品。全年实现图书版权输出 509 项，新出外版书 109 种，版权输出总量连续 13 年位居全国前列。其中，《脚印》《人民情怀——中国共产党人的力量源泉》等 33 个项目入选“经典中国国际出版工程”“丝路书香工程”、“中国当代作品翻译工程”、国家文化出口重点项目等国家“走出去”重点工程。旗下 6 家单位入选 2021—2022 年度国家文化出口重点企业，4 家出版社入选“中国图书海外馆藏影响力 100 强”。

# 版权

# 名录

MING LU

# 版权主管部门

**国家版权局**

地　址：北京市西城区宣武门外大街40号
邮　编：100052
电　话：010-83138740
传　真：010-83138737
网　址：www.ncac.gov.cn

**北京市版权局**

地　址：北京市通州区运河东大街56号院1号楼
邮　编：100743
电　话：010-55569229
传　真：010-55569034

**天津市版权局**

地　址：天津市河西区宾水道9号环渤海发展中心A座
邮　编：300202
电　话：022-28209051
传　真：022-28208565

**河北省版权局**

地　址：石家庄市维明南大街46号
邮　编：050052
电　话：0311-87907743
传　真：0311-87907759

**山西省版权局**

地　址：太原市迎泽大街369号
邮　编：030001
电　话：0351-4045770
传　真：0351-4045770
邮　箱：sxbqzf@163.com

**内蒙古自治区版权局**

地　址：呼和浩特市如意开发区敕勒川大街1号
邮　编：010010
电　话：0471-48255542
传　真：0471-48255542
邮　箱：nmgbqjbqc@163.com

**辽宁省版权局**

地　址：沈阳市和平南大街45号
邮　编：110001
电　话：024-23128820
传　真：024-23128820
邮　箱：lnsbqj@163.com

**吉林省版权局**

地　址：长春市宽城区新发路577号
邮　编：130051
电　话：0431-88792388
传　真：0431-88965400

**黑龙江省版权局**

地　址：哈尔滨市南岗区花园街294号
邮　编：150090
电　话：0451-53605229
传　真：0451-53605229

**上海市版权局**

地　址：上海市绍兴路5号
邮　编：200020
电　话：021-64339268
传　真：021-64339268

**江苏省版权局**

地　址：南京市鼓楼区北京西路70号
邮　编：210013
电　话：025-88802956
传　真：025-88802954

**浙江省版权局**
地　址：杭州市体育场路 498 号
邮　编：311039
电　话：0571-81050763
传　真：0571-81050763

**安徽省版权局**
地　址：合肥市中山路 1 号
邮　编：230091
电　话：0551-62607437
传　真：0551-62607437
邮　箱：anhuibanquan@126. com

**福建省版权局**
地　址：福州市晋安区六一北路 233 号新闻大厦
邮　编：350001
电　话：0591-87532711
传　真：0591-87532711

**江西省版权局**
地　址：南昌市红谷滩新区卧龙路 999 号
邮　编：330038
电　话：0791-88912724
传　真：0791-88912724

**山东省版权局**
地　址：济南市纬一路 482 号
邮　编：250001
电　话：0531-51775308
传　真：0531-51775308
邮　箱：sdbq8606@126. com

**河南省版权局**
地　址：郑州市金水区金水路 17 号
邮　编：450003
电　话：0371-65905451
传　真：0371-65905450

**湖北省版权局**
地　址：武汉市武昌区黄鹂路 39 号
邮　编：430077
电　话：027-68892427
传　真：027-68892427

**湖南省版权局**
地　址：长沙市韶山北路 1 号
邮　编：410001
电　话：0731-82219530
传　真：0731-82219530
邮　箱：hncopyright@126. com

**广东省版权局**
地　址：广州市越秀区合群三马路省委大院 4 号楼
邮　编：510080
电　话：020-87197985
传　真：020-87197985

**广西壮族自治区版权局**
地　址：南宁市民族大道 112 号广西新闻中心 7 楼
邮　编：530028
电　话：0771-2092981
传　真：0771-2093005

**海南省版权局**
地　址：海口市国兴大道 69 号
邮　编：570203
电　话：0898-65396384
传　真：0898-65336134
邮　箱：wtt. tuyin@hainan. gov. cn

**重庆市版权局**
地　址：重庆市渝中区中山四路 36 号
邮　编：400015
电　话：023-63897692
传　真：023-63897326

**四川省版权局**
地　址：成都市红星路二段 119 号
邮　编：610072
电　话：028-86697076
传　真：028-86697076
邮　箱：scbbanquanchu@163. com

**贵州省版权局**
地　址：贵阳市延安中路 5—9 号
邮　编：550001
电　话：0851-85813428

传　真：0851-85823147

**云南省版权局**
地　址：昆明市环城西路 609 号新闻出版大楼
邮　编：650034
电　话：0871-64192869
传　真：0871-64192869
邮　箱：xcbbqglc@email.yn.gov.cn

**西藏自治区版权局**
地　址：拉萨市城关区江苏路 1 号
邮　编：850012
电　话：0891-6329729
传　真：0891-6329729

**陕西省版权局**
地　址：西安市雁塔路 10 号
邮　编：710054
电　话：029-85223059
传　真：029-85223196
邮　箱：sxbqc@163.com

**甘肃省版权局**
地　址：兰州市南昌路 1468 号
邮　编：730030
电　话：0931-8928809
传　真：0931-8414715
邮　箱：gsbqj@163.com

**青海省版权局**
地　址：西宁市城中区七一路 346 号
邮　编：810099
电　话：0971-8484165
传　真：0971-8484165
邮　箱：qhsbqc@163.com

**宁夏回族自治区版权局**
地　址：银川市金凤区康平路 1 号
邮　编：750066
电　话：0951-6669515
传　真：0951-6669502

**新疆维吾尔自治区版权局**
地　址：乌鲁木齐市北京南路 591 号
邮　编：830011
电　话：0991-3637543
传　真：0991-3637542

# 版权公共服务机构

**中国版权保护中心**
地　址：北京市西城区天桥南大街 1 号天桥艺术大厦 A 座 3 层
邮　编：100050
电　话：010-68003887
网　址：www.ccopyright.com

**北京版权保护中心**
地　址：北京市东城区朝阳门内大街 55 号新闻出版大厦
邮　编：100010
电　话：010-64081206

**河北省版权保护中心**
地　址：石家庄市和平西路新文里 8 号
邮　编：050071
电　话：0311-67561197
传　真：0311-67561112

**中国（上海）自由贸易试验区版权服务中心**
地　址：上海市浦东新区台中南路 138 号
邮　编：200131
电　话：021-58300613

**浙江省版权服务中心**
地　址：杭州市拱墅区万通中心 5 幢 303 室
邮　编：310006
电　话：0571-85062879
传　真：0571-85062879
网　址：home.zjbanquan.org

### 江西省版权保护中心
地　址：南昌市红谷滩区翠林路 339 号
邮　编：330038
电　话：0791-86895220
传　真：0791-86894610
邮　箱：jxcopyright@163. com
网　址：www. jxbq. gov. cn

### 湖北省版权保护中心
地　址：武汉市武昌区公正路 9 号
邮　编：430077
电　话：027-87329148
传　真：027-87329148
网　址：www. ccct. net. cn

### 重庆市版权保护中心
地　址：重庆市渝中区人民路 248 号盛迪亚商务大厦 29 楼
邮　编：400015
电　话：023-67708230
传　真：023-67708230
网　址：www. cqca. com. cn

### 山西省版权保护中心
地　址：太原市并州北路 31 号
邮　编：030001
电　话：0351-4088107
传　真：0351-4113046
邮　箱：sxbanquan@163. com

## 版权协会

### 中国版权协会
地　址：北京市朝阳区化工路甲 18 号东进国际中心 A 座 5 层
邮　编：100023
电　话：010-68003910
传　真：010-68004450
邮　箱：csc@csccn. org. cn
网　址：www. csccn. org. cn

### 首都版权协会
地　址：北京市朝阳区焦化路甲 18 号东进国际 12 层
邮　编：100010
电　话：010-64081085
邮　箱：bjcopyright@sdbq. org
网　址：www. sdbq. org. cn

### 天津市版权协会
地　址：天津市南开区长实道 19 号
邮　编：300191
电　话：022-23678898
传　真：022-23678898
邮　箱：tjbqxh@126. com

### 河北省版权协会
地　址：石家庄市和平西路新文里 8 号
邮　编：050071
电　话：0311-67561090
传　真：0311-67561112
邮　箱：hebeicopyright@126. com

### 山西省版权协会
地　址：太原市建设南路 21 号希望出版社
邮　编：030012
电　话：0351-4922243
传　真：0351-4922249
邮　箱：3523482@163. com

### 辽宁省版权保护协会
地　址：沈阳市和平区十一纬路 25 号
邮　编：110003
电　话：024-23284110

### 吉林省版权保护协会
地　址：长春市卫星路 2066 号广电大厦 18A-13
邮　编：130119
电　话：0431-85816271
传　真：0431-85816275

**黑龙江省版权保护协会**
地　址：哈尔滨市道里区田地街 106 号
邮　编：150010
电　话：0451-84691240
邮　箱：65340255@qq. com

**上海市版权协会**
地　址：上海市张江路 69 号 612
邮　编：201203
电　话：021-50278103
传　真：021-50278103

**江苏省版权协会**
地　址：南京市鼓楼区高云岭 56 号
邮　编：210009
电　话：025-83207838
传　真：025-83207838
邮　箱：jssbqxh@163. com

**浙江省版权协会**
地　址：杭州市拱墅区万通中心 5 幢 303 室
邮　编：310006
电　话：0571-88137853
传　真：0571-88137853

**安徽省版权保护协会**
地　址：合肥市桐城南路 355 号 A 座 1705 室
邮　编：230022
电　话：0551-62609342
传　真：0551-62609342
邮　箱：ahsbqbhxh@163. com

**福建省版权协会**
地　址：福州市东水路 76 号
邮　编：350001
电　话：0591-87535956
传　真：0591-87535956
邮　箱：fjsbqxh@163. com

**山东省版权协会**
地　址：济南市纬一路 482 号
邮　编：250062
电　话：0531-51775308
传　真：0531-51775308
邮　箱：sdbq8606@126. com

**湖北省版权保护协会**
地　址：武汉市武昌区黄鹂路 39 号
邮　编：430061
电　话：027-68892427
传　真：027-68892427

**湖南省版权保护协会**
地　址：长沙市开福区鸭子铺路马栏山创智园
邮　编：410001
电　话：0731-85045985

**广东省版权保护联合会（广东省版权事务所）**
地　址：广州市海珠区新港东路 1066 号国茶荟 3 楼
邮　编：510320
电　话：020-37667333，37638239
传　真：020-37638192
邮　箱：gdcopyright@gdpg. com. cn

**广西版权保护协会**
地　址：南宁市望园路 13 号
邮　编：530023
电　话：0771-5346956
传　真：0771-5346956
邮　箱：gxbq123@163. com

**海南省版权协会**
地　址：海口市海南大学社科联楼 708 房
邮　编：570100
电　话：0898-66259079
传　真：0898-66259079
邮　箱：18907526181@189. cn

**四川省版权保护协会**
地　址：成都市大石西路 36 号 9 幢 3 单元 4 楼 5 号
邮　编：610072
电　话：028-81700337
传　真：028-81700337

**陕西省版权协会**
地　址：西安市长安南路 199 号陕西师范大学校内出版总社编辑楼 104 室
邮　编：710062
电　话：029-85308548

**新疆维吾尔自治区版权协会**

地　址：乌鲁木齐市北京南路 591 号
邮　编：830011
电　话：0991-3637542
传　真：0991-3637542

**深圳市版权协会**

地　址：深圳市南山区沙河西路深圳湾科技生态园 6 栋 6 楼
邮　编：518057
电　话：0755-86185519
邮　箱：szcopyright@163. com
网　址：www. scs. org. cn

**宁波市版权协会**

地　址：宁波市江东区兴宁路 53 号
邮　编：315000
电　话：0574-89187806
传　真：0574-89187806
邮　箱：1807614413@qq. com

**苏州市版权协会**

地　址：苏州市干将路 178 号苏州大学北校区科技园 309（中）
邮　编：215004
电　话：0512-65156801
传　真：0512-65156801

**青岛市版权保护协会**

地　址：青岛市市北区郑州路 43 号 A 栋 125 室
邮　编：266045
电　话：0532-67773267
邮　箱：gy1@rubbervaley. com
网　址：bqbh. org

**大连市版权保护协会**

地　址：大连市高新园区软件园路 1A-4，16 楼 6 号
邮　编：116023
电　话：0411-84522067
传　真：0411-84522067
网　址：www. dlcopyright. org. cn

**南京市版权保护协会**

地　址：南京市中山东路 532-1 号中山坊科技文创园 A 座 103 室
邮　编：210016
电　话：025-84645491
邮　箱：1148694563@qq. com
网　址：www. njbq. org. cn

**郑州市版权协会**

地　址：郑州市西太康路 19 号郑州购书中心 820 室
邮　编：450018
电　话：0371-66280990
网　址：www. zzbq. org

**厦门市版权协会**

地　址：厦门市软件园二期望海路 6 号 2 楼
邮　编：361008
电　话：0592-2210461

# 著作权集体管理组织

**中国音乐著作权协会**
地　址：北京市东城区东单三条 33 号京纺大厦 5 层
邮　编：100005
电　话：010-65232656
传　真：010-65232657
网　址：www.mcsc.com.cn

**中国音像著作权集体管理协会**
地　址：北京市朝阳区东三环北路 38 号院 3 号楼安联大厦 22 层 2212 号
邮　编：100020
电　话：010-66086468
传　真：010-66086475
邮　箱：cavca@cavca.org
网　址：www.cavca.org

**中国文字著作权协会**
地　址：北京市西城区珠市口西大街太丰惠中大厦 1027-1036 室
邮　编：100050
电　话：010-65978926
传　真：010-65978926
邮　箱：wenzhuxie@126.com
网　址：www.prccopyright.org.cn

**中国摄影著作权协会**
地　址：北京市东城区东四 12 条 48 号
邮　编：100007
电　话：010-65978100
传　真：010-65595720
邮　箱：hyb@icschina.net

**中国电影著作权协会**
地　址：北京市西城区北展北街 5 号楼 F 座 5 层
邮　编：100044
电　话：010-62364675
传　真：010-62369799
邮　箱：cfcac2009@163.com
网　址：www.cfca－c.org

# 版权代理公司

**中华版权代理总公司**
地　址：北京市西城区天桥南大街一号天桥艺术大厦 A 座 4 层
邮　编：100050
电　话：010-68003887，84195154
网　址：www.cpcccac.com

**中国图书进出口（集团）有限公司版权部**
地　址：北京市朝阳区工体东路 16 号
邮　编：100020
电　话：010-65856782
邮　箱：publishing@cnpiec.com.cn
网　址：www.cnpiec.com.cn

**中国出版对外贸易有限公司**
地　址：北京市朝阳区安定门外安华里 504 号
邮　编：100011
电　话：010-64210403
传　真：010-64214540
网　址：www.cnpitc.com.cn

**中国国际电视总公司**
地　址：北京市海淀区羊坊店路 9 号京门大厦
邮　编：100038
电　话：010-63950016
传　真：010-63955916
邮　箱：office@citvc.com

**九洲音像出版公司版权贸易部**
地　址：北京市西城区广安大厦 12 层
邮　编：100032
电　话：010-85286515

**重庆市版权代理有限公司**
地　址：重庆市渝中区人民路 248 号盛迪亚商务大厦 29 楼
邮　编：400015
电　话：023-67708231
传　真：023-67708231

# 国家级版权交易机构

**中国人民大学国家版权贸易基地**
地　址：北京市海淀区中关村大街甲 59 号文化大厦
邮　编：100872
电　话：010-62514334
传　真：010-62516959
邮　箱：copyrightyb@126. com

**北京国际版权交易中心**
地　址：北京市朝阳区团结湖公园南门内西侧独栋
邮　编：100026
电　话：010-65978017
传　真：010-65978207
邮　箱：kf@e-bq. com
网　址：www. e-bq. com

**华中国家版权交易中心**
地　址：武汉市武昌区公正路 9 号
邮　编：430060
电　话：027-87329631
邮　箱：hzbq@ccct. net
网　址：www. ccct. net

**台儿庄国家版权贸易基地**
地　址：枣庄市台儿庄区大衙门街西首台儿庄古城
邮　编：277499
电　话：0632-6679218
邮　箱：tezgc6679218@126. com

**青岛国际版权交易中心（东区）**
地 址：青岛市市北区郑州路 43 号
邮 编：266045
电 话：0532-68862151
传 真：0532-68862087
邮 箱：rvip@rubbervalley. com
网 址：www. xjgip. com

**国家海峡版权交易中心**
地　址：厦门市软件园二期望海路 6 号 2 层
邮　编：361008
电　话：0592-5953686
传　真：0592-5953687
邮　箱：contact@hxnce. net

**广州市越秀区国家版权贸易基地**
地　址：广州市越秀区流花路 117 号流花展贸中心 13 号馆
邮　编：510014
电　话：020-83526156
邮　箱：1817698101@q. com
网　址：www. banquanmaoyi. com

**西部国家版权交易中心**
地　址：西安市雁塔区雁塔南路陕西文化大厦 B 座 6 楼
邮　编：710061
电　话：029-89131692
传　真：029-89131698
邮　箱：sxslbqw@163. com
网　址：www. slbqw. com

**国家版权贸易基地（上海）**
地　址：中国（上海）自由贸易试验区外高桥保税区马吉路 2 号
邮　编：200131
电　话：021-58697777

传　真：021-58698366
邮　箱：renlong@soict. com. cn
网　址：www. soict. com. cn

**成都国际版权交易中心**

地　址：成都市高新区世纪城南路 599 号天府软件园 D 区 2 栋 1 层
邮　编：610213
电　话：028-61375595
邮　箱：cdbqdj@cdice. com. cn
网　址：www. cdice. com. cn

**北方国家版权交易中心**

地　址：大连市经济技术开发区辽河东路 9 号
邮　编：116602
电　话：0411-39271011
邮　箱：bfbqimd@163. com
网　址：www. nncec. com

**保利国家艺术品版权贸易基地**

地　址：北京市东城区东直门南大街 14 号保利剧院写字楼 963 室
邮　编：100010
电　话：010-65513130
传　真：010-65513130
邮　箱：linchenbin@polycc. cn

**江苏国家版权贸易基地**

地　址：南京市秦淮区水西门大街 2 号锦创广场 3 楼
邮　编：210004
电　话：025-87769375
传　真：025-87769375
邮　箱：zhenglg@jsbqfw. com

**横琴国际版权交易中心**

地 址：广东省珠海市香洲区海洲路 8 号九昌大厦 6C
邮 编：519015
电 话：0756-3211668
传 真：0756-3210567
邮 箱：bjcycql@163. com

**景德镇国家陶瓷版权交易中心**

地 址：景德镇市昌江区生态路 58 号
邮 编：333000
电 话：0798-8585733
邮 箱：jdzgjtcbqjyzx@163. com

**国家民族民间文化版权贸易基地（西南）**

地 址：贵州省贵阳市双龙航空港经济区兴业西路 CCDI 工作基地
邮 编：550000
电 话：0851-82273157
邮 箱：bqdj@zywhdsj. com

**泰山国家图书版权交易中心**

地 址：山东省泰安市高新区凤天路与配天门大街交汇处泰山新闻出版小镇数字印刷产业园
邮 编：271000
电 话：15615787987
邮 箱：707194018@qq. com
网 址：www. ipcentre. cn

# 索 引

SUO YIN

# 索　引


**0～9**

16 所高校共同组建知识产权学科联盟 161a
2020 年安徽作品版权登记量达 8.47 万件 172a
2020 年北京互联网法院受理著作权案件约 2.9 万件 134a
2020 年北京市数字出版产业收入规模同比增长 27.8% 194a
2020 年度广东省版权十大案件出炉 151b
2020 年泛知识付费行业市场规模逾 230 亿元 184a
2020 年国产电视动画片发行总量共 374 部 116 687.5 分钟 182b
2020 年湖北省作品登记突破 5 万件 171b
2020 年检察机关共起诉侵犯知识产权犯罪 12 163人，同比上升 10.4% 129a
2020 年全国规模以上文化及相关产业企业营业收入增长 2.2% 182a
2020 年全国文化及相关产业增加值为 44 945 亿元 184a
2020 年全国著作权登记总量超 500 万件 171a
2020 年文著协收取版权费超 2 230 万元 171b
2020 年我国持证及备案机构网络视听收入超 2 900 亿元 183a
2020 年中国版权产业的经济贡献 199
2020 年中国电影总票房达 204.17 亿元 181b
《2020 年中国网络版权保护报告》发布 161a
《2020 年中国网络表演（直播）行业发展报告》发布 189a
2020 年中国新闻出版产业数字化业务收入保持增长 183b
2020 中国网络文学发展报告：我国网络文学用户数达 4.6 亿 183a
2021 成都数字版权交易博览会举办 162b
2021 国际版权论坛助力版权普惠于民 179b
2021 马栏山版权保护与创新论坛在长沙举办 165b
2021 年（第十三届）全国大学生版权征文获奖名单 295
2021 年版权产业国际风险防控培训班在福建厦门举行 161b
2021 年版权工作大事记 50
2021 年版权公共服务机构与社会服务组织工作 101
2021 年版权热点问题专题培训班举行 160b
2021 年春节档电影票房 78.22 亿元 182b
2021 年地方版权工作 52
2021 年地方著作权司法保护典型案件 238
2021 年度第八批重点作品版权保护预警名单 278
2021 年度第二批重点作品版权保护预警名单（院线电影） 274
2021 年度第九批重点作品版权保护预警名单（院线电影） 279
2021 年度第六批重点作品版权保护预警名单（院线电影） 277
2021 年度第七批重点作品版权保护预警名单（院线电影） 278
2021 年度第三批重点作品版权保护预警名单 274
2021 年度第十二批重点作品版权保护预警名单（院线电影） 281
2021 年度第十批重点作品版权保护预警名单 280
2021 年度第十三批重点作品版权保护预警名单（院线电影） 281
2021 年度第十四批重点作品版权保护预警名单（院线电影） 282
2021 年度第十五批重点作品版权保护预警名单（院线电影） 282
2021 年度第十一批重点作品版权保护预警名单（院线电影） 280
2021 年度第四批重点作品版权保护预警名单（院线电影） 276
2021 年度第五批重点作品版权保护预警名单 277
2021 年度第一批重点作品版权保护预警名单 273
2021 年度全国版权示范单位、示范单位（软件正版化）和示范园区（基地） 293

2021 年度全国打击侵权盗版十大案件 235
2021 年国家版权局第一期版权执法监管工作培训班在福建龙岩市举行 158b
2021 年全国版权工作 45
2021 年全国版权合同登记情况统计 406
2021 年全国版权司法保护工作 48
2021 年全国版权行政管理工作 45
2021 年全国版权执法情况 407
2021 年全国输出出版物版权汇总表 408
2021 年全国引进出版物版权汇总表 407
2021 年全国知识产权宣传周活动启动 157b
2021 年全国著作权司法保护典型案件 227
2021 年全国作品登记情况统计表 405
2021 年我国休闲电竞游戏市场规模预计达 116.4 亿元 190a
2021 年中国版权十件大事 123
2021 年中国版权统计资料 405
2021 年中国网络版权保护报告 215
《2021 年中国游戏产业报告》发布 193b
2021 年著作权图书简介 388
2021 年著作权学术论文导览 321
2021 声音探索者大会暨北京广播节音频版权论坛落幕 169a
2021 数字版权保护与发展论坛在京举办 170b
2021 阳光知识产权论坛在京举办 166a
2021 粤港知识产权与中小企业发展线上讲座顺利举行 195b
2021 中国网络版权保护与发展大会在京召开 164b
2021 重庆数字版权产品开发者大会举办 170a
400 家权利人联合发布保护广播和表演获酬权倡议书 175b
8 省市试点知识产权检察办公室 131b

**B**

B 站港股二次上市：50％募资将投入内容生态 186a
B 站获英格兰足总杯三年数字媒体独家版权 192b
CCTSS 中巴翻译工作坊搭建互译平台 180a
DCI 实验室入选国家新闻出版署重点实验室名单 172a
KTV 擅自提供百余部歌曲被判侵权 132a
WIPO 年度报告：中国多项知识产权申请量居全球首位 179a
“2021 重庆版权宣传月”开启 159b
“安徽版权在线”上线运营 178b
“大嘴猴”著作权案二审维持原判 131a
“非诚勿扰”著作权案再审判决华谊兄弟胜诉 131a
“剑网 2021”专项行动取得阶段性成果 155a
“人人影视字幕组”侵权案判决被告人获刑三年半 141a
“十四五”国家知识产权保护和运用规划 7
“小猪佩奇”信息网络传播权纠纷案二审判决被告赔偿 7.8 万元 137b
“中国版权链”上线 175a
“中国视听大数据”系统发布 2020 年度收视综合分析 182a
“著作权法实施 30 周年成就展”亮相版权博览会 159a
阿里、腾讯、字节等 33 家互联网平台签署反垄断自律公约 190b
阿里发布 2021 财年财报 188b
爱奇艺、优酷、腾讯相继取消超前点播服务 191b
爱奇艺成为英超联赛独家新媒体转播平台 191a
安徽启动知识产权示范企业软件正版化工作 160a
安徽省 243b
安徽省 71a
安徽省版权局举办全省版权工作培训班 162a
安徽省四部门率先建立知识产权案件行刑衔接机制 156b
澳门经科局向澳门妇联青年协会介绍知识产权 195b
澳门经科局支持协会举办知识产权研讨会 196a
百度智能云推出数字人平台“曦灵” 194b
版权产业创新及知识产权保护东湖论坛在武汉召开 168a
版权代理公司 417
版权工作“十四五”规划 18
《版权工作“十四五”规划》发布 149b
版权公共服务机构 413
版权协会 414
版权主管部门 411
《北京 2022 年冬奥会和冬残奥会奥林匹克标志知识产权保护专项行动方案》印发 149a
北京部署打击网络侵权盗版“剑网 2021”专项行动 153a
北京查处侵犯革命纪念场馆作品著作权首案 152b
北京多措并举加大冬奥会知识产权保护 154b
北京互联网法院高效化解社交媒体平台著作权纠纷 135b
北京举办《著作权法》普法课堂 159b

北京启动 2021 年软件正版化工作 151b
北京市 238a
北京市 52a
北京市版权保护中心已签发 230 余万张数字版权证书 179a
北京市检察院召开新闻发布会通报 2020 年度知识产权保护工作情况 133b
北京市文化市场综合执法“十大案件”发布 156a
《北京市知识产权保护条例（草案）》进行二审 127a
北京知识产权保护条例提请审议 126b
北京知识产权法院通报著作权合同纠纷案件审理情况 138b
北京执法总队对侵犯环球影城卡通形象行为进行惩处 150b
哔哩哔哩全资收购有妖气原创漫画平台 192a

C

产业发展 181b
长三角知识产权信息公共服务平台正式上线 178a

D

打击院线电影盗录传播集中行动成效显著 146b
大湾区（黄埔）版权金融服务平台发布 177a
第八届中国国际版权博览会在杭州举行 158b
第二届中国国际著作权集体管理高峰论坛举办 169b
第十二届中国国际影视动漫版权保护和贸易博览会举办 159a
第十三届全国大学生版权征文获奖名单公布 158b
第四届虹桥国际经济论坛知识产权保护与营商环境优化分论坛在沪举行 165a
电竞赛事直播著作权侵权第一案判决虎牙获赔 100 万元 136b
电视剧《红高粱》被诉侵权案一审判决不构成剽窃或抄袭 130a
动态百条 125
斗鱼、虎牙签署终止合并协议 190a
斗鱼因冯提莫等主播未经授权演唱《小跳蛙》被判赔 2.9 万元 138a
抖音与中国唱片集团达成音乐版权合作 194b
抖音直播发布 2021 年生态服务报告 194b
豆瓣、爱回收、唱吧等 106 款 APP 被工信部下架 193a
《杜鹃山》案二审判决原被告共同享有版权 133a
短视频版权集体管理研讨会在北京举行 167a
短视频版权治理研讨会在京举行 166b

F

法院首次判定短视频特效有著作权 143a
反垄断法修正草案首次提请全国人大常委会会议审议 125b
凤凰新华 2020 年实现汇总营收 90.64 亿元 187a
佛山出台全国版权示范城市两年行动计划 150b
佛山印发版权发展“十四五”规划 155b
福建 2020 年版权登记同比增长 46.3% 172a
福建省 72b
福建省版权协会召开纪念《著作权法》实施 30 周年座谈会 167a

G

甘肃举办软件正版化工作培训班 160b
甘肃省 256b
甘肃省 96a
港澳台版权信息 195
工作文件 270
关于为盲人、视力障碍者或其他印刷品阅读障碍者获得已出版作品提供便利的马拉喀什条约 263
贯彻落实“十四五”规划纲要、加快建设知识产权强国发布会在京召开 146b
广电总局发布《2020 年全国广播电视行业统计公报》 182b
广东佛山成立版权产业发展联盟 179a
广东高院判决游戏地图“换皮”构成侵权 141b
广东广州市版权投资服务中心正式揭牌 173a
广东深圳市知识产权局开展版权创新发展培训 163a
广东省 247a
广东省 81b
广西：著作权案件收案数位居首位 135a
广西壮族自治区 248b
广西壮族自治区 83a
广州互联网法院发布全国首例不当投诉构成“错误通知”案件 142a
广州首个区级版权服务和保护工作站永久落户永庆坊 177a
贵州省 253b
贵州省 89a
贵州省举办 2021 年红色文化版权保护行动成果展 164a

国航公司因航班擅自提供歌曲被判侵权 132b
国际奥委会与中央广播电视总台达成新周期奥运版权合作 191a
国际唱片业协会发布全球音乐报告 185a
国际交流与合作 179a
国际条约 263
国家版权局、文化和旅游部关于规范卡拉OK领域版权市场秩序的通知 270
国家版权局关于2020年全国著作权登记情况的通报 272
国家版权局关于做好2021年全国知识产权宣传周版权宣传活动的通知 271
国家版权局要求网络平台不得非法传播东京奥运会节目 147b
国家版权局与文旅部规范卡拉OK领域版权市场秩序 145b
国家版权局在京举办2021年全国版权工作培训班 158a
国家电影局：加强电影版权保护，依法打击短视频侵权盗版行为 147a
国家级版权交易机构 418
国内首个涉外知识产权争议商事调解规则正式实施 139a
国内首个数字文创自律公约发布 163b
国内影院复工一周年票房达477亿元 190b
国务院印发《“十四五”国家知识产权保护和运用规划》 144a
国新办举办奋力开启知识产权强国建设新征程新闻发布会 148b

H

海南省 249a
海南省 84a
《海南自由贸易港知识产权保护条例》发布 127b
河北省 55b
河南警方侦破一起涉案金额9 000余万元的盗版教辅案 153b
河南举办2021年度版权执法监管暨软件正版化工作培训班 164a
河南强化联席会议制度优势推进软件正版化工作 153a
河南省 245b
河南省 76a
黑龙江省 240a
黑龙江省 63b
湖北省 246b
湖北省 78b
湖南多项举措加强知识产权质押融资 152a
湖南省 80a
互联网大厂布局虚拟偶像赛道 189b
华策影视2020年扭亏为盈 187b
欢喜传媒2020年亏损2.36亿港元 186b

J

吉林表彰全省版权保护示范单位 163b
吉林省 62a
吉林召开版权示范工作经验交流会 152a
吉林组织“扫黄打非”暨版权业务培训 162a
继往开来，守正创新，构建知识产权强国建设新体系 303
加强版权保护　促进创新发展 27
江苏警方破获一起侵犯网络游戏著作权案 157b
江苏南通召开创建全国版权示范城市推进大会 151a
江苏省 241b
江苏省 66b
江西省 74a
交流研讨 164b
今日头条、西瓜视频并入抖音 192a
京东上线灵稀数字藏品交易平台 194a

K

科大讯飞推出讯飞音乐厂牌 191b
科技部、深圳市人民政府：支持深圳开展知识产权证券化试点 144b
可信数字版权生态与标准重点实验室揭牌 174b
快手、腾讯与咪咕获奥运新媒体版权 190a
快手推出直播间场景音乐版权结算标准 172b
快手宣布与NBA达成战略合作 191b

L

李克强对保护知识产权、打击侵权假冒工作作出重要批示 143b
立法 125a
辽宁省 239a
辽宁省 60a
《辽宁省知识产权保护条例》2021年10月正式实施 126a

M

蚂蚁链助力打造“IP新零售模式” 188b

猫眼娱乐 2020 年净亏损达 6.5 亿元 186b
咪咕联合小米发布基于云技术的游戏分发计划 191a
《明朝那些事儿》二审判决被告赔偿 9.7 万余元 137a

N

《哪吒之魔童降世》侵权案一审驳回原告全部诉讼请求 135a
内蒙古自治区 59a
宁夏回族自治区 98b

P

苹果公司因侵害《人民的名义》等作品信息网络传播权被判赔 1 200 余万元 139a
青瓷游戏赴港上市 193a
青海省 258a
青海省 97b

Q

蜻蜓 FM 完成新一轮融资 192b
全国检察机关 2021 年上半年起诉侵犯知识产权犯罪 6 017 人 129b
全国人大常委会会议表决通过关于批准《马拉喀什条约》的决定 125b
全国首个知识产权保险中心落户广州 178a
全面加强版权保护 推动构建新发展格局 35

R

人民法院知识产权司法保护规划（2021—2025 年） 283

S

三部门联合部署开展集中行动严厉打击春节档院线电影盗录传播 144b
《三生三世十里桃花》著作权纠纷案百度被判赔百万 130a
山东济南一起销售侵权盗版中小学教科书案件刑罚 8 人 153b
山东省 245a
山东省 75b
山东潍坊力争到 2022 年创建为全国版权示范城市 150a
山西省 57a
《山西省知识产权保护工作条例》2021 年 7 月起施行 126a
陕西省 253b
陕西省 93a
上海成立国内首家汉服版权专业服务平台 176b
上海发布“知识产权金融 16 条” 154a
上海高院出台《关于卡拉 OK 经营者著作权侵权纠纷案件损害赔偿数额计算问题的解答》 142b
上海检察院发布《2020 年上海知识产权检察白皮书》 135a
上海交响乐团试水版权开放 175b
上海浦东率先开展跨地域作品版权登记 178a
上海启动数字文创版权保护“易盾计划” 173a
上海市 240a
上海市 64b
《上海市浦东新区建立高水平知识产权保护制度若干规定》2021 年 12 月起施行 127a
上海网络出版企业“走出去”成绩亮眼 184b
上海音乐谷举行“长三角（中国）音乐版权服务平台”揭牌仪式 174b
上海游戏市场规模超 1 200 亿元 189b
社会管理与服务 171a
深圳成功落地国内首单版权资产证券化产品 172b
深圳检察机关发布知识产权刑事法律保护工作白皮书 140b
十大事件 123
石家庄警方成功劝返一涉嫌侵犯著作权外逃人员 155b
市场监管总局依法对腾讯作出责令解除网络音乐独家版权等处罚 148b
《视听表演北京条约》生效周年庆活动举办 158a
守正创新推进版权强国建设 30
首例短视频模板侵权案判决二被告赔偿 6 万元 133b
数字版权产业融合创新发展峰会在成都举行 168b
司法 127b
司法解释 268
四川省 251b
四川省 88b
四川天府新区获批国家版权创新发展基地 154b

T

腾讯控股发布 2020 年年报 185b
腾讯起诉云游戏平台侵权获赔 88 万元 142b
腾讯音乐、网易相继与索尼音乐达成合作 189b
腾讯音乐推出虚拟音乐世界产品 TMELAND 194a
天津市 238b
天津市 53b
《推动知识产权高质量发展年度工作指引

（2021）》印发 144b
推进使用正版软件工作部际联席会议第十次全体会议在京召开 145a

W

娃哈哈侵权使用美术作品被判赔 8 800 元 140a
完美世界 2020 年营收 102.25 亿元 188a
王勇出席 2021 年全国打击侵权假冒工作电视电话会议并讲话 143b
《网络短视频内容审核标准细则》修订版发布 178b
网易云音乐与摩登天空达成战略合作 192a
网易云音乐在港交所上市 192b
微博 2020 年营收达 116 亿元 185a
微博在港挂牌上市 193a
文著协发布作家、作品及使用者排行榜 173b
我国数字阅读产业规模达 351.6 亿元 187a

X

西北五省区建立版权执法协作机制 157a
西藏自治区 92b
《西虹市首富》被诉侵权案二审判决不侵权 137b
喜马拉雅发布 2021 年听书报告 187b
香港公众对保护知识产权的意识维持高水平 195a
香港海关打击售卖或提供侵权卡拉 OK 歌曲 196b
香港海关破获历来最大宗售卖盗版电子试题库案件 195b
香港特区政府就更新香港版权制度咨询公众 196a
新华文轩 2020 年实现净利润 12.63 亿元 186a
新疆维吾尔自治区 100a
新疆维吾尔自治区 259a
行政管理 143b
宣传教育 157b
迅雷擅自提供《三生三世十里桃花》下载链接被判赔 70 万余元 134b

Y

业界热议二创短视频诉前禁令适用标准 170a
音集协推动卡拉 OK 版权许可合作 174a
音集协与百家娱乐行业协会达成合作 177b
音集协与贵阳文娱行业集体签约许可卡拉 OK 版权 174a
音乐界倡议共建数字音乐版权健康新生态 163a
音数协数字音乐工作委员会在京成立 176a
音数协知识服务与数字版权保护技术工委成立 173b
音著协 2020 年总收入税前达 4.08 亿元 175b
影著协建起了“智囊团”和“调解站” 176b
游戏擅用金庸小说元素构成侵权，完美世界起诉获赔约 2 005 万元 141b
阅文集团 2020 年全年总收入 85.3 亿元 185b
云南省 90b

Z

杂技作品《俏花旦——集体空竹》诉《俏花旦》侵权胜诉 139b
在 2021 国际版权论坛上的致辞 38
在第四届虹桥国际经济论坛“知识产权保护与营商环境优化”分论坛上的致辞 40
掌趣科技 2020 年营收同比增长 10.65%至 17.89 亿元 188a
掌阅科技版权产品收入 5 亿元增超九成 187b
浙江出台意见全面加强知识产权司法保护 130b
浙江杭州办理两起侵犯著作权案件 156a
浙江警方逮捕卖盗版热播剧夫妻 154a
浙江省 242a
浙江省 68b
浙江省高院在全省推广“版权 AI 智审” 140b
浙江在 14 个检察院设立知识产权检察办公室 132a
知识产权强国建设纲要（2021—2035 年） 3
知识产权刑事保护研讨会在中国人民大学举办 167b
知识产权质押融资入园惠企三年行动方案印发 147b
中国 2025 年将初步形成便捷高效国际知识产权风险预警和应急机制 181a
中国巴基斯坦签署关于经典著作互译出版的备忘录 180a
中国版权保护中心 101a
中国版权科技创新论坛在京举行 166a
中国版权协会 102b
中国版权协会举办网络直播领域音乐正版化发展研讨会 168b
中国出版单位集体亮相线下法兰克福书展 180b
中国电影 2020 年亏损 5.56 亿元 188b
中国电影著作权协会 117b
《中国互联网发展报告（2021）》发布 190b
中国摄影著作权协会 116b
中国文字著作权协会 112b
中国信通院发布《“十三五”中国网络版权治理白皮书》 162b
中国音乐著作权协会 107b
中国音像著作权集体管理协会 110a
中国足协与 PP 体育解除中超独家版权协议 184b

中国作协“著作权保护主题月”活动启动 160a
中韩签署关于经典著作互译出版的备忘录 180a
中老签署关于经典著作互译出版的备忘录 180b
中文传媒 2020 年实现归属净利润 18.05 亿元 186a
中亚签署关于经典著作互译出版的备忘录 181a
中伊签署关于经典著作互译出版的备忘录 180b
重庆成立数字版权区块链服务中心 175a
重庆警方侦破一起网络下载音乐类著作权侵权案件 156b
重庆启动高校“版权杯”文创设计大赛 160a
重庆市 250a
重庆市 86b
重庆市版权协会正式成立 173a
重庆市第一中级人民法院裁定禁止擅自播放《斗罗大陆》 136a
重庆知识产权法庭正式成立 137a
著作权集体管理组织 417
总台发声加大东京奥运会版权保护力度 161b
最高法 2020 年知识产权案件判赔金额同比增长 79.3% 128a
最高法：不能将源程序比对作为确定软件相同或实质相似的唯一标准 127b
最高法：知产侵权案可向滥用权利的原告索赔 125a
最高人民法院出台知识产权惩罚性赔偿司法解释 125a
最高人民法院发布第 28 批指导性案例 129b
最高人民法院关于加强新时代知识产权审判工作为知识产权强国建设提供有力司法服务和保障的意见 286
最高人民法院关于审理侵害知识产权民事案件适用惩罚性赔偿的解释 268
最高人民法院关于知识产权侵权诉讼中被告以原告滥用权利为由请求赔偿合理开支问题的批复 269
最高人民法院通报 2020 年知识产权保护情况 128a